（第6版）

教育心理学
理论与教学实践

［美］约翰·W.桑特洛克　著

郝嘉佳　蔡婧祎　忞然　译

中信出版集团｜北京

图书在版编目（CIP）数据

教育心理学 /（美）约翰·W.桑特洛克著；郝嘉佳，
蔡婧祎，忞然译 . -- 北京：中信出版社，2024.6
ISBN 978-7-5217-6364-5

Ⅰ.①教… Ⅱ.①约… ②郝… ③蔡… ④忞… Ⅲ.
①教育心理学 Ⅳ.① G44

中国国家版本馆 CIP 数据核字（2024）第 055053 号

John W, Santrock
Educational Psychology 6th Edition
ISBN 978-1-259-87034-7
Copyright © 2018 by McGraw-Hill Education.
All Rights reserved. No part of this publication may be reproduced or transmitted in any form or by any means, electronic or mechanical, including without limitation photocopying, recording, taping, or any database, information or retrieval system, without the prior written permission of the publisher.
This authorized Chinese translation edition is published by CITIC Press Corporation in arrangement with McGraw-Hill Education (Singapore) Pte. Ltd. This edition is authorized for sale in the People's Republic of China only, excluding Hong Kong, Macao SAR and Taiwan.
Translation Copyright © 2024 by McGraw-Hill Education (Singapore) Pte. Ltd and CITIC Press Corporation.

教育心理学

著者：　[美]约翰·W.桑特洛克
译者：　郝嘉佳　蔡婧祎　忞然
出版发行：中信出版集团股份有限公司
　　　　　（北京市朝阳区东三环北路 27 号嘉铭中心　邮编　100020）
承印者：　河北鹏润印刷有限公司

开本：787mm×1092mm　1/16　　　印张：45.5　　　字数：880 千字
版次：2024 年 6 月第 1 版　　　　印次：2024 年 6 月第 1 次印刷
京权图字：01-2024-0892　　　　　书号：ISBN 978-7-5217-6364-5
定价：159.00 元

版权所有·侵权必究
如有印刷、装订问题，本公司负责调换。
服务热线：400-600-8099
投稿邮箱：author@citicpub.com

《教育心理学》作者及专家团队

美国著名心理学家，在明尼苏达大学教育与人类发展学院获得博士学位，曾在查尔斯顿大学和佐治亚大学任教，目前任教于得克萨斯大学达拉斯分校，教授多门本科课程。2006 年，桑特洛克博士荣获得克萨斯大学达拉斯分校"卓越教学奖"。

他的研究成果多次发表于《教育心理学杂志》（*Journal of Educational Psychology*）。他关于父亲监护权的研究被广泛引用，并被用于专家证人证词，以促进监护权纠纷中的灵活性和作为替代性考虑。他还是《发展心理学》（*Developmental Psychology*）和《儿童发展》（*Child Development*）的编辑委员会成员。他著有多部优秀的心理学教材，本书就是其经典教材之一。

约翰·W. 桑特洛克
（John W. Santrock）

2010 年，他创立了"UT- 达拉斯桑特洛克本科生奖学金"，该奖学金每年颁发给主修发展心理学的优秀本科生，以支持他们参加研究型大会。

多年来，约翰一直从事网球运动，既是网球运动员，也是专业教练以及专业网球运动员的教练。在迈阿密大学，他所在的网球队至今保持着全美大学生体育协会（NCAA）第一组所有体育项目中最多连胜（137 场）的纪录。

约翰的妻子玛丽·乔（Mary Jo）拥有特殊教育硕士学位，曾担任教师和房地产经纪人。他有两个女儿，瑞斯（Racy）和珍妮弗（Jennifer）。他有一个孙女，24 岁的乔丹（Jordan），以及两个孙子，11 岁的亚历克斯（Alex）和 10 岁的卢克（Luke）。在过去的 20 年里，约翰还绘制了许多表现主义艺术作品。

图为桑特洛克和他的孙辈们。

教育心理学已经形成一个庞大而复杂的领域，一个甚至几个作者已经不足以跟进该领域主要内容的快速变化。为了解决这个问题，作者约翰·桑特洛克就教育心理学许多不同领域的内容征求了顶尖专家的意见。专家们对其专业知识领域的章节或内容提供了详细的评价和建议。

以下是在本书之前的一个或多个版本担任专家顾问的人：

阿尔伯特·班杜拉（Albert Bandura），斯坦福大学

罗伯特·西格勒（Robert Siegler），卡内基梅隆大学

卡罗琳·埃弗森（Carolyn Evertson），范德比尔特大学

迈克尔·普雷斯利（Michael Pressley），密歇根州立大学

凯伦·哈里斯（Karen Harris），亚利桑那州立大学

白田贤治（Kenji Hakuta），斯坦福大学

乔伊斯·爱泼斯坦（Joyce Epstein），约翰斯·霍普金斯大学

詹姆斯·考夫曼（James Kauffman），弗吉尼亚大学

巴巴拉·麦库姆斯（Barbara McCombs），丹佛大学

唐娜·福特（Donna Ford），范德比尔特大学

艾瑞克·安德曼（Eric Anderman），俄亥俄州立大学

季清华（Micki Chi），亚利桑那州立大学

丹尼尔·哈拉汉（Daniel Hallahan），弗吉尼亚大学

苏珊·吉尔曼（Susan Goldman），伊利诺伊大学芝加哥分校

艾伦·威格菲尔德（Allan Wigfield），马里兰大学

史蒂文·尤森（Steven Yussen），明尼苏达大学

以下是《教育心理学（第 6 版）》专家的简介和照片，他们是当代教育心理学领域的引领者。

卡罗尔·德韦克（Carol Dweck）博士是斯坦福大学的心理学教授。她曾在哥伦比亚大学任心理学教授。德韦克博士在耶鲁大学获得心理学博士学位。她的研究探索了个人用来了解自己并指导自己行为的思维模式的起源、它们在动机和自我调节中的作用，以及它们对成就和人际关系的影响。德韦克博士获奖无数，包括桑代克教育心理学职业成就奖、APS 詹姆斯·麦肯·卡特尔终身成就奖，以及耶鲁大学威尔伯·克罗斯奖。她的著作《终身成长》也曾多次获奖，并被广泛认为是对动机领域的重大贡献。照片由卡罗尔·德韦克提供。

"约翰·桑特洛克（John Santrock）关于动机的章节非常出色。他以引人入胜

的方式介绍了动机的各个方面，并根据最新研究成果提供了大量的实用技巧。"

——卡罗尔·德韦克博士

理查德·梅耶（Richard Mayer）博士是公认的认知心理学应用于儿童教育的顶尖专家之一。他是加利福尼亚大学圣芭芭拉分校（UCSB）心理学教授，自 1975 年以来一直在该校任教。梅耶博士在密歇根大学获得心理学博士学位。

他目前的研究兴趣主要集中在认知、教学和技术的交叉领域，尤其是多媒体学习和计算机辅助学习。他曾任美国心理学会教育心理学分会主席、《教育心理学》编辑、《教育心理学家》编辑、《教学科学》联合编辑、加利福尼亚大学圣迭戈分校心理学系主任，并因其在教育心理学领域的职业成就荣获桑代克教育心理学职业成就奖。梅耶博士曾荣获美国心理学会颁发的心理学应用于教育和培训的杰出贡献奖，被《当代教育心理学》评为最有成就的教育心理学家。他曾担任美国教育研究协会 C 分部（学习与教学）副主席，还是 12 个期刊的编委（主要是教育心理学方面的期刊）。他是 30 多项基金的首席研究员或共同首席研究员。

自 1981 年以来，梅耶博士一直在加利福尼亚州戈拉塔的地方学校董事会任职。他撰写或编辑了 500 多部作品，其中包括 30 本专著，如《计算机心理学》《多媒体学习》《学习与教学：理论研究与实践意蕴（第 2 版）》（与帕特里西娅·亚历山大合著）、《数字化学习原理与教学应用》（与 R. 克拉克合著）、《剑桥多媒体学习手册》以及《应用学习科学》。照片由理查德·梅耶提供。

"我很喜欢阅读这些章节，很欣赏书中对认知的介绍。桑特洛克博士的书是公认的领先的教育心理学教科书……对主题的涵盖是恰当的、最新的，写作风格是清晰的、友好的，本书与实际教育问题联系紧密。"

——理查德·梅耶博士

克里斯汀·布彻（Kirsten Butcher）是技术与教育方面的权威专家，现任犹他大学教育系教育技术促进中心主任。布彻博士还是犹他大学教学设计和教育技术专业的主任，以及该大学教育心理学系的教授。她获得科罗拉多大学博尔德分校的博士学位。布彻博士的研究重点是设计良好的交互式技术如何支持学生在整合、推理和迁移等领域对信息进行更高层次的认知处理。照片由克里斯汀·布彻提供。

"这本书对现代教育工作者所必需的概念和关注点进行了出色的概述。桑特洛克博士在理论与实践之间游刃有余，全面介绍了当代教学。他的书籍涵盖了 21 世纪教育工作者有效教学的基本概念和方法。"

——克里斯汀·布彻博士

戴尔·舒克（Dale Schunk）博士是研究教育环境中儿童学习和学习动机的世界顶尖专家之一。他是北卡罗来纳大学格林斯伯勒分校教育学院院长兼课程教授。舒克博士在斯坦福大学获得博士学位，曾在休斯敦大学、北卡罗来纳大学教堂山分校和普渡大学（曾任教育研究系主任）任教。他发表过100多篇文章和书籍章节，著有《学习理论（第7版）》《学术自我效能》（与玛丽亚·迪贝内德托合著）以及《教育激励（第4版）》（与朱迪斯·米斯和保罗·平特里希合著）。照片由戴尔·舒克提供。

"约翰·桑特洛克的这本教材出色地涵盖了主要的动机理论以及在教育环境中的应用。学生活动（如PRAXIS™问题、自我反思）和评论非常有帮助……写得非常清楚，易于理解。'动机、教学和学习'章节回顾了与教育高度相关的主要动机主题的当前理论和研究。书中有很多针对不同类型学生的具体应用，学生们会非常喜欢。很高兴看到该书对社会动机的论述，因为这一主题往往被忽略，大家更偏向于讨论学习动机。"

——戴尔·舒克博士

凯瑟琳·温策尔（Kathryn Wentzel）博士是马里兰大学人类发展、学习和定量方法方面的权威专家。温策尔博士在斯坦福大学获得教育心理学研究博士学位，之后在斯坦福大学和伊利诺伊大学担任博士后。她的研究重点是儿童和青少年动机与成就的社会方面。她发表了100多篇文章和书籍章节，并与他人合编了多部书籍，包括《学校动机手册（第2版）》和《学校环境中的社会影响手册》。温策尔博士现任《教育心理学》编辑，曾任《应用发展心理学》编辑。照片由凯瑟琳·温策尔博士提供。

"我很喜欢阅读第三章'社会环境和社会情感发展'和第十三章'动机、教学和学习'，这两章写得很好。我的工作主要是'微调'内容……关于学校教育中的社会环境和社会情感发展的一章，写得很好，也很全面。关于动机的一章很好地涵盖了该领域当前的工作……我特别喜欢书中的教师分享。"

——凯瑟琳·温策尔

比尔·豪伊（Bill Howe）博士是多样性和多元文化教育方面的著名专家。他曾在康涅狄格州教育部担任多元文化教育、性别平等和公民权利方面
的教育顾问。他曾任全美多元文化教育协会主席。豪伊博士是新
英格兰多元文化教育会议的创始人。他在许多组织的董事会任职，
包括 STEM 国家顾问委员会、原住民顾问委员会、康涅狄格州亚
太裔美国人联盟（APAC）以及耶鲁大学国际教育资源顾问委员
会。近年来，豪伊博士对 15 000 多名教育工作者进行了多元文化
教育方面的培训。豪伊博士最近与人合著了《成为多元文化教育者（第 2 版）》。照片
由威廉·豪伊提供。

　　"没有任何教育心理学所涉及的主题被遗漏……我很喜欢读这本书，从中学到
　　了很多东西……我喜欢这种形式。我喜欢其中与教学相关的实用建议……最重要
　　的是，我喜欢它的写作风格。它便于使用……我觉得这本书很有帮助，因为它有
　　很多很好的适用建议。"

——比尔·豪伊博士

　　詹姆斯·麦克米伦（James McMillan）博士是教育评估方面的
权威专家，现任弗吉尼亚联邦大学基础教育学教授。麦克米伦博
士在美国西北大学获得博士学位。他著有多部关于教育评估的书
籍，包括《教育研究基础（第 7 版）》和《课堂评估（第 6 版）》。
麦克米伦博士在《教育心理学》《教育测量》和《美国教育研究杂
志》等权威教育期刊上发表了大量论文。他目前的研究重点是学
生所犯的错误和从错误中学习如何增强学习动机、促进自我调节、增强学习技能和提
升后续成绩。麦克米伦博士最近获得了他所在大学教育学院的最佳教学奖。他一直积
极参与弗吉尼亚州的教师测试和问责项目。照片由詹姆斯·麦克米伦提供。

　　"这些章节（第一章'教育心理学：有效教学的工具'、第十五章'标准化测
　　验与教学'和第十六章'课堂评估和评分'）的优势在于发现可用于进一步研究和
　　讨论的问题。这些章节很好地涵盖了教育心理学的基本主题。与 PRAXIS 测试的
　　联系非常好。我还喜欢每章末尾的档案袋活动。"

——詹姆斯·麦克米伦

目　录

第三章　社会环境和社会情感发展

第四章　个体差异

第五章　社会文化的多样性

第七章　行为主义和社会认知理论

第八章　信息加工理论

第九章　复杂的认知过程

第十章　社会建构主义理论

第十一章　学科领域的学习和认知

第十二章　计划、教学和技术

第十三章 动机、教学和学习

第十五章 标准化测验与教学

第一章

教育心理学：有效教学的工具

教育使我触及未来。

——克里斯塔·麦考利夫（Christa McAuliffe）

20世纪美国教育工作者和宇航员

章节概览

1. 探索教育心理学

学习目标 1：描述教育心理学领域的基本概念。

历史背景

教学：技艺和科学

2. 有效教学

学习目标 2：明确实现有效教学的教师态度和教学技能。

专业知识和技能

投入精力的决心、动力和对学生的关爱

3. 教育心理学研究

学习目标 3：讨论为什么研究对有效教学很重要，以及教育心理学家和教师如何实施和评估研究。

研究的重要性

研究方法

项目评估研究、行动研究和教师即研究者

定量研究和定性研究

连线教师：玛格丽特·梅茨格

优秀教师知道教育心理学原则和教育研究能够帮助他们指导学生的学习。玛格丽特·梅茨格（Margaret Metzger）是马萨诸塞州布鲁克兰高中（Brookline High School）的一名英语教师，执教时间超过 25 年。她对自己指导的实习教师提出了一些建议。这些建议传达了她对教育心理学基本原则的理解，例如教授如何学习以及将教育研究应用于教学实践。具体建议如下：

强调如何学，而不是学什么。学生也许不需要知道某个特定的事实，但他们总是需要知道如何学习。教师需要教学生如何带着真正的理解去阅读，如何形成一个想法，如何掌握困难的材料，如何用写作使思维变得清晰。以前的一名学生阿纳斯塔西娅·科尔尼亚里斯（Anastasia Korniaris）写信给我说："你的课堂就像是一个五金商店，所有的工具都在里面。许多年后，我仍然在使用我头脑中的那家五金店中的工具……"

让学生参与到教与学的过程中。每天都要问一些基本问题，例如："你怎么看这项家庭作业？它对你学习相关材料有帮助吗？这项作业会不会太长或者太短？我们如何使下一项作业安排得更加有趣呢？评估的准则该是什么？"记住：我们希望学生能够拥有学习的自主权……

近期，学习风格和智力领域开展了一些有益的研究。阅读这些研究，要牢记的基本思想是：学生应该独立思考。你的工作是教他们如何思考，并提供必要的工具。你的学生将对自己的聪明才智感到无比惊喜。你不需要向他们展示你有多聪明……

在最初几年的教学中，你必须准备好投入大量的时间。如果你是医学院的实习生或律师事务所的助理，你也会投入同样长的时间。像其他专业从业者一样，教师的工作时间远长于外界所知……

你有成为一名出色的教师的潜力。我唯一担心的是，在那之前你把自己弄得筋疲力尽。当然，你会想要非常努力地学习教学技艺（Metzger, 1996, pp. 346–351）。

概览

在这一章的开篇引文中，20 世纪的美国教育工作者和宇航员克里斯塔·麦考利夫评论说，她通过自己选择的教师职业触及了未来。作为一名教师，你也将触及未来，因为在任何社会中，儿童都是未来。在本章中，我们将探讨教育心理学领域是关于什么的，以及它如何能帮助你为儿童的未来做出积极的贡献。

1 探索教育心理学

学习目标1：描述教育心理学领域的基本概念。

教育心理学：是心理学的一个分支，专门研究教育环境中的教与学。

心理学是研究行为和心理过程的科学。**教育心理学**（educational psychology）是心理学的一个分支，专门研究教育环境中的教与学。这一领域所包含的内容非常广泛，用一整本书的篇幅来描述也难以完全涵盖。

历史背景

19世纪末期，詹姆士、杜威和桑代克等教育心理学的先驱创立了这一分支学科。

詹姆士　1890年，威廉·詹姆士（William James，1842—1910）推出第一本心理学教科书《心理学原理》。之后不久，他举办了名为"与教师对话"的系列讲座。在讲座中他探讨了心理学在儿童教育中的应用。詹姆士认为，实验室条件下的心理学研究通常无法很好地回答"如何有效地教育儿童"这个问题。因此，他强调观察课堂教学对改进教育的重要性。同时，詹姆士还针对教学提出了许多建议，例如教学应从稍微超出儿童知识和理解水平的地方开始，进而拓展儿童的思维。

杜威　在教育心理学的创立过程中，第二个关键人物是约翰·杜威（John Dewey，1859—1952），他推动了心理学的实践应用。1894年，杜威在芝加哥大学建立了美国第一个教育心理学实验室。之后，他继续在哥伦比亚大学开展创新性的工作。杜威给我们留下了许多重要的思想。首先，我们应该感谢他把儿童看作一个积极的学习者。在他之前，人们认为儿童应该安静地坐在座位上，被动地死记硬背。而杜威并不认同这样的观点，他认为儿童最好的学习是动手实践（1933）。其次，杜威主张教育应该关注儿童的整体，强调儿童对环境的适应能力。他认为，教育不应该仅仅局限于学术

威廉·詹姆士　　　约翰·杜威　　　爱德华·桑代克

詹姆士、杜威和桑代克开创了教育心理学。他们对教育心理学有什么看法呢？
© Paul Thompson/FPG/Getty Images; © Hulton Archive/Getty Images; Source: *The Popular Science Monthly*, 1912

领域，儿童应该学习如何思考和适应学校以外的世界，特别是学会如何反思和解决问题。最后，杜威使我们相信，所有的儿童都应该接受良好的教育。在 19 世纪后半叶，杜威事业发展的初期，这种民主理想还并未实现。那时，只有少数的儿童能够接受良好的教育，而他们主要是来自富裕家庭的男孩。杜威努力为所有儿童——男孩和女孩——争取高素质的教育，不论他 / 她是何性别、出身和种族。

桑代克　第三位先驱是爱德华·桑代克（Edward Thorndike, 1874—1949），他专注于评估和测量，并推广了学习的科学基础。桑代克认为，学校教育最重要的任务之一就是训练学生的推理能力，他擅长对教与学进行详细的科学研究。桑代克特别提出了教育心理学必须有科学的基础，必须重视测量。

多样性和早期教育心理学　和大多数学科一样，早期教育心理学史上最杰出的人物主要是白人男性，如詹姆士、杜威和桑代克。在 20 世纪 60 年代民权法律和政策改变之前，只有少数专注于研究的非白人学者获得了必要的学位，突破了种族排斥的障碍，得以从事该领域的研究（Spring, 2014; Webb & Metha, 2017）。

两位非裔先驱，美国心理学家玛米·克拉克（Mamie Clark）和肯尼斯·克拉克（Kenneth Clark），对非裔美国儿童的自我概念和身份进行了研究。1971 年，肯尼斯·克拉克成为美国心理协会的第一位非裔美国人主席。1932 年，拉丁裔心理学家乔治·桑切斯（George Sanchez）进行的一项研究表明，智力测试对少数族裔儿童存在文化偏见。

与少数种族一样，女性在接受高等教育时也面临障碍，然而她们逐渐成为心理学研究的突出贡献者。在教育心理学的历史上，一个经常被忽视的人是利塔·霍林沃斯（Leta Hollingworth）。她第一个用"有天赋的"这个词来形容智力测验得分特别高的儿童（Hollingworth, 1916）。

玛米·克拉克和肯尼斯·克拉克

与其他学科一样，在教育心理学的早期历史中很少有少数族裔个体和女性参与。图中的两个人克服了重重障碍，为该领域做出了贡献。© Courtesy of Kate C. Harris

行为方法　桑代克研究学习的方法指导了 20 世纪上半叶的教育心理学。在美国心理学中，斯金纳（B. F. Skinner, 1938）以桑代克思想为基础的观点，对 20 世纪中叶的教育心理学产生了重大影响。斯金纳的行为方法试图精确地确定学习的最佳条件。斯金纳认为，詹姆士和杜威等心理学家提出的心理过程是不可观察的，因此不适合作为心理学科学研究的主题，他将心理学定义为观察行为及其控制条件的科学。

在 20 世纪 50 年代，斯金纳（1954）提出了程序化学习的概念，即在学生完成一系列学习步骤后对其进行强化，直到学生达到学习目标。在早期的一次实验中，他创造了一台教学机器，让机器充当导师帮助学生巩固正确答案（Skinner, 1958）。

认知革命　行为学习方法并没有满足课堂教育者的许多实际目标和需求（Hilgard, 1996）。作为回应，早在20世纪50年代，布鲁姆（Benjamin Bloom）就对认知技能进行了分类，包括记忆、理解、综合和评估，他建议教师帮助学生发展和使用这些技能。心理学的认知革命始于20世纪80年代，并由此开创了一个使用应用认知心理学的概念——记忆、思考、推理等——来帮助学生学习的时代。因此，在20世纪后期，许多教育心理学家重新强调詹姆士和杜威在20世纪初所提倡的学习观点，特别是有关认知的部分。认知方法和行为方法（尤其是认知方法）在今天仍然是教育心理学的一部分（Fuchs & others, 2016; Wang & others, 2016）。

在本书后面，我们将对这些方法进行更多的讨论。最近，教育心理学家越来越关注学生生活的社会情感方面。例如，他们将学校作为一个社会背景进行分析，考察文化在教育中的作用（Gauvain, 2016; Koppelman, 2017; Rowe, Ramani, & Pomerantz, 2016; Wentzel & Ramani, 2016）。我们在本书的许多章节中探讨了教与学的社会情感方面。

教学：技艺和科学

教师的教学方法是科学的吗？在教师的成功教学中，科学方法、巧妙的教学技巧，以及丰富的实践都发挥着重要的作用。

教育心理学中的大量知识都依托于心理学的宏大理论和研究（Graham & Taylor, 2016; Ryan & Deci, 2016）。例如，本书其他章节中会提到，皮亚杰（Jean Piaget）和维果茨基（Lev Vygotsky）的理论在教育心理学中有许多实践应用，他们的理论可以用于指导教学，尽管他们创立各自理论的目的并不是为教师提供教育学生的方法。该领域还借鉴了教育心理学家直接创立的理论、实施的研究以及教师的实践经验。例如，你会读到戴尔·申克（Dale Schunk, 2016）关于自我效能感（相信自己可以掌控局面并获得积极的结果）的课堂导向研究。教育心理学家也认识到，教学有时必须脱离科学方法，需要临场发挥（Borich, 2017; Parkay, 2016）。

作为一门科学，教育心理学的目的是，提供可以有效应用到教学情境中的研究知识和能够加深对学生学习影响因素理解的研究技能（Glesne, 2016）。但教学仍然是一门技艺，仅依靠科学研究中学到的知识技能是远远不够的。教师个人的技能、经验以及其他教师分享的教学智慧，都会指导教师课堂教学的每一个重要决策。

复习、思考和练习

学习目标1：描述教育心理学领域的基本概念。

复习

· 教育心理学是如何定义的？哪些人是教育心理学历史上的主要思想家？他们的观点是什么？

· 你如何描述技艺和科学在教学实践中的作用？

思考

· 约翰·杜威认为，儿童不应安静地坐在座位上，以死记硬背的方式学习。你同意杜威的观点吗？为什么同意或为什么不同意？

PRAXIS™①练习

1. 史密斯先生认为，所有儿童都有权接受教育，而且这种教育应该关注整个儿童。他的观点与以下哪位人士最为一致？

　A. 本杰明·布鲁姆

　B. 约翰·杜威

　C. 斯金纳

　D. 桑代克

2. 四位教师正在讨论有助于有效教学的影响因素。以下哪一个说法可能是最准确的？

　A. 应用科学研究的信息是成为优秀教师的最重要因素

　B. 要想成为一名优秀教师，你不能不考虑教师自己的个人经验

　C. 成为一名优秀教师要受到科学研究知识、教学技能和个人经验的影响

　D. 要成为一名优秀教师，教师的先天技能胜过所有其他因素

请参看书末的答案……

多重思考
自我效能感在激励中起着重要作用。连接到"动机、教学和学习"。

学习目标2：明确实现有效教学的教师态度和教学技能。

2　有效教学

　　由于教学的复杂性和学生的个体差异，有效教学并没有"放之四海而皆准"的实现方法。教师必须掌握并灵活运用各种观点和策略。这需要以下要素：（1）专业知识和技能；（2）投入精力的决心、动机和对学生的关爱。

专业知识和技能

　　优秀教师（也称高效教师，effective teacher）对自己的专业知识有良好的掌握，并

---

①　PRAXIS™是美国具有影响力、全国通用的教师资格证考试。详见第十五章"教师候选人的标准化测验"部分内容。

具有扎实的教学技能（Mayer & Alexander, 2017）。优秀的教学策略由目标设定、教学计划和课堂管理等方法共同支持。面对来自不同文化背景、处于不同能力水平的学生，优秀教师知道如何激励、沟通及有效地合作，也知道如何在课堂上使用适当的技术。

学科胜任力 在调查学生希望老师所具备的特征时发现，越来越多的中学生提到了"教师的学科知识"（NAASP, 1997）。要想成为一名优秀教师，对学科具有深刻、灵活和概念性的理解是必不可少的条件之一。当然，学科知识（subject matters）不仅仅包含事实、术语和一般概念，它还包括学科内知识间的组织与联系、思辨方式、变化模式和学科思想，以及不同学科之间的知识迁移。显然，对于学科知识的深刻理解是成为优秀教师的重要方面（Anderman & Klassen, 2016; Burden & Byrd, 2016; Guillaume, 2016）。

教学策略 从广义上讲，教师的教学方法主要有两种方式：建构主义教学法和直接教学法。建构主义方法是詹姆士和杜威教育哲学的核心。直接教学法则与桑代克的观点更为相像。

建构主义方法（constructivist approach）是一种以学习者为中心的方法，个体在老师的指导下积极建构知识，强调理解的重要性。在建构主义的观点中，教师不应该只是简单地把信息灌输给儿童。相反，教师应该鼓励儿童探索他们的世界、发现知识、反思批判，与此同时给予他们细心的监护和有意义的指导（Robinson- Zanartu, Doerr, & Portman, 2015; Van de Walle, Karp, & Bay-Williams, 2016）。建构主义者认为，太长时间以来，儿童被要求安静地坐着，被动地学习，死记硬背所有信息，包括重要的和无关紧要的信息（Parkay, 2016）。

> 建构主义方法：一种以学习者为中心的方法，个体在老师的指导下积极建构知识，强调理解的重要性。

现在，建构主义强调合作——学生在努力发现和理解的过程中相互协作（Gauvain, 2016）。一个信奉建构主义教学哲学的教师，不会让学生死记硬背所有的材料，而是会给他们机会去有意义地构建知识和理解材料，同时指导他们的学习（Bendixen, 2016）。

相比之下，**直接教学法**（direct instruction approach）是一种以教师为中心的结构化教学法。其特点是：由教师指导和控制，教师对学生进步抱有高期望，最大化学生在学习任务上花费的时间，以及教师努力将影响学生学习的负面因素降到最少。直接教学法的一个重要目标是使学生的学习时间最大化（Borich, 2017; Joyce, Weil, & Calhoun, 2015）。

> 直接教学法：一种以教师为中心的结构化教学法。其特点是：由教师指导和控制，教师对学生进步抱有高期望，最大化学生在学习任务上花费的时间，以及教师努力将影响学生学习的负面因素降到最少。

一些教育心理学家强调，许多优秀教师既使用建构主义方法，也使用直接教学法，而不是仅仅依赖其中某一种方法（Darling-Hammond & Bransford, 2005）。此外，在某些情况下可能需要建构主义方法，而在另一些情况下则需要直接教学法。例如，专家在教育有阅读或写作障碍的学生时，愈加推荐一种明确的、有智力参与的直接教学法（Berninger & others, 2015）。总的来说，不论你是更多地采用建构主义方法，还是更多地采用直接教学法，你都能够成为一名优秀教师。

思维技能　优秀教师能够对良好的思维技能进行演示和交流。**批判性思维**（critical thinking）技能是教师参与和引导学生发展的重要思维技能之一，它涉及反省性思维、富有成效地思考和证据评估。培养学生的批判性思维并不容易：许多学生养成了被动学习和死记硬背的习惯，而不是对学习材料深入思考和反思（Sternberg & Sternberg, 2017）。批判性思维不只意味着思想开放和充满好奇，同时也要小心避免在解释事物时出错。

在本书中，我们将鼓励你批判性地思考主题和问题。在后续的章节中，你会更广泛地阅读到批判性思维和其他更高层次的思维过程的相关内容，如推理、决策和创造性思维；你会学习如何通过把批判性思维融入你的课程中来鼓励你的学生。

目标设定和教学计划　不管他们采取的是建构主义还是更传统的方法，优秀教师都不会在课堂上随心所欲。他们会为教学设定高目标，并为实现这些目标制订计划（Senko, 2016），他们还会明确目标达成的具体标准。为了最大限度地提高学生的学习效果，他们在教学设计和课程组织上投入大量的时间（Burden & Byrd, 2016）。在制订计划的过程中，优秀教师会思考如何兼顾学习的趣味性和挑战性。好的教学设计需要考虑各种信息、演示、模型、探究机会、讨论和实践。这些都是学生循序渐进地理解特定的概念和发展特定的技能所需要的。虽然研究发现，所有这些都能支持学习，但教学设计的过程要求教师弄清楚学生应该在什么时候、以什么顺序、以什么方式做什么事情（Darling-Hammond & others, 2005）。

适合发展的教学实践　优秀的教师对儿童发展有着很好的理解，知道如何编写适合儿童发展水平的教学材料（Bredekamp, 2017; Morrison, 2017）。美国学校是按年级组织的（一定程度上是根据年龄划分的），但这些并不总是儿童发展的良好预测因素。

在任何年级水平，通常有一个2~3年的年龄跨度，以及更广泛的技能、能力和发展阶段分布范围。了解儿童发展的路径和进展，对于实现因材施教的教学是至关重要的（Feeney, Moravcik, & Nolte, 2016）。

在本书中，我们呼吁关注儿童教育的发展方面，并提供配合儿童发展水平的教学实例。有两个章节专门讨论发展：认知和语言发展、社会环境和社会情感发展。

课堂管理技能　成为一名优秀教师的一个重要方面是，使整个班级作为一个以课堂任务为导向的共同协作的整体（Emmer & Evertson, 2017）。优秀教师会建立并维持一个良好的学习环境。为了创造这种最佳的学习环境，教师需要一系列的策略来建立规则和程序，组织小组，监控和调整课堂活动的节奏以及处理不当行为（Evertson & Emmer, 2017; Jones & Jones, 2016）。

激励技巧　优秀教师有良好的策略来帮助学生成为自我激励、自我负责的学习者（Kitsantas & Cleary, 2016; Soloman & Anderman, 2017; Wentzel & Miele, 2016）。教育心理学家强调，要做到这一点，最好的办法是为每个学生提供具有最适宜难度和新颖的现实学习机会。当学生能够根据自己的兴趣做出选择时，他们就会受到激励。优秀教师会给学生机会对项目进行创造性地、深入地思考。

　　除了引导学生成为自我激励的学习者之外，建立对学生进步的高期望也是必不可少的（Schunk & DiBenedetto, 2016）。老师和家长需要对学生的进步抱有较高的期望，如果学生常常会在表现欠佳或中等时得到奖励，会导致他们无法充分发挥自己的潜力。创造出高期望的同时，教育的一个关键方面就是提供给学生（尤其是成绩较差的学生）有效的指导和支持，以达到这些期望。"动机、教学和学习"一章中详细介绍了动机主题。

　　沟通技巧　教师在听、说、克服语言沟通的障碍、关注学生的非语言沟通情况并建设性地解决冲突等方面的技能，在教学中也是必不可少的（Beebe, Beebe, & Redmond, 2017; Zarefsky, 2017）。沟通技巧的重要性不仅体现在教学中，也体现在与家长的互动中。不论是与学生、家长、管理人员，还是其他人交谈，优秀教师都能使用良好的沟通技巧。他们通常尽量减少批评，使用一种自信、坚定，而不是侵略性、操控性或者被动的沟通方式。优秀教师也致力于提高学生的沟通能力，这一点尤为重要，因为沟通能力已经被列为当今雇主最看重的技能之一。

　　关注个体差异：不只是说说而已　事实上，每个老师都知道在教学时考虑个体差异是非常重要的，但是做起来并没有那么容易。你将会面对拥有不同的智力水平、使用不同的思维和学习方式、具有不同的气质和性格特质的学生（Hill & Roberts, 2016; Sternberg, 2016）。你也可能遇到一些有天赋的或者有着不同缺陷的学生（Van Tassell-Baska, 2015）。

　　想想安布尔·拉金作为新手教师的挑战和经历（Wong Briggs, 2007）。她的教室被安置在拖车里，她的学生包括无家可归、不会说英语和有残障的儿童，以及从未穿过鞋或接受过任何正规教育的难民。经过四年的教学，她被《今日美国》评为"全美全明星教师"。她的学生几乎都通过了国家规定的有教无类测试（No Child Left Behind tests），但她对学生的社会情感发展同样感到满意。她的校长是这样描述她的："有一种难以言说的预感，美好的事情将会发生，这就是她每天的生活。"（Wong Briggs, 2007）。

　　要有效地教授具有如此多样化特征的学生，需要大量的思考和努力。**差异化教学**（differentiated instruction）包括认识到学生在知识、准备、兴趣和其他特征方面的个体差异，并在规划课程和参与教学时考虑这些差异（Taylor, 2015）。差异化教学强调根据学生的需要和能力来调整作业。老师不太可能制订20~30个不同的

> **多重思考**
> 最好的教师很少有纪律问题，不是因为他们是伟大的管教者，而是因为他们是伟大的教师。连接到"管理课堂"。

> 差异化教学：包括认识到学生在知识、准备、兴趣和其他特征方面的个体差异，并在规划课程和参与教学时考虑这些差异。

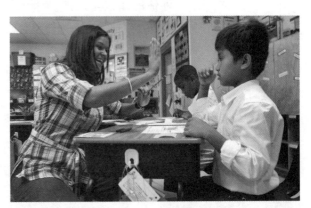

安布尔·拉金（Amber Larkin）帮助五年级学生米亚·卡帕（Miya Kpa）提高他的学业技能。关注学生的个体差异不只是说说而已。
© Davis Turner

教学计划来满足教室里每个学生的需求，然而差异化教学提倡在一个课堂群体中发现学生聚集的几个分层，从而提供 3~4 种类型或级别的教学方案，而不是 20~30 种。在"个体差异"和"特殊的学习者"两章中，我们提供了一些策略，帮助教师指导具有不同技能水平和不同特点的学生有效地学习。

与来自不同文化背景的学生有效合作　今天，每五个美国儿童中就有一个来自移民家庭，到 2040 年，估计每三个美国儿童中就有一个符合这一描述。近 80% 的新移民来自拉丁美洲、亚洲和加勒比地区的不同种族。尽管说 100 多种不同语言的儿童正在进入美国的学校，但大约 75% 的新移民说西班牙语。在今天这个跨文化接触日益增多的世界里，优秀教师需要了解来自不同文化背景的人，对他们的需求敏感（Bucher, 2015; Koppelman, 2017）。优秀教师鼓励学生之间进行积极的个人接触，并想办法创造这样的环境。他们引导学生批判性地思考文化和民族问题，预防或减少偏见，提高接受度，并充当文化调解者（Gollnick & Chinn, 2017）。一个优秀教师还需要在学校的文化和某些学生的文化之间充当中间人，尤其是那些学业不佳的学生（Sarraj & others, 2015）。

以下是有能力的教师会问自己的文化问题（Pang, 2005）：

· 我是否认识到文化对学生影响的力量和复杂性？

· 我对学生的期望是基于文化还是有偏见？

· 我做到从来自不同文化背景的学生的角度来看待生活了吗？

· 如果学生们的文化中很少有机会练习公开演讲，那么我是否有教授他们在课堂上发言所需要的技能呢？

· 我的评估是否公平公正？

评估的知识与技能　有能力的教师也具备良好的评估知识和技能。在课堂教学的各个环节，都需要教师能够有效地运用评估知识和技能（Brookhart & Nitko, 2015; Popham, 2017）。你需要决定你想用什么类型的评估来记录学生在教学后的表现。你还需要在教学前和教学中有效地使用评估方法（Chappuis & others, 2017）。例如，在讲解"板块构造"这一单元之前，你可能要评估学生是否熟悉大陆、地震和火山等相关术语。

在教学过程中，你可能需要持续的观察和检测来确定你的教学对学生的水平是否具有挑战性，并发现需要你给予个别关注的学生（Veenman, 2017）。你需要给学生打分，对他们的成绩做出反馈。

你将参与其他方面的评估（包括州级强制测试），以评估学生的水平和教师的知识和技能（Popham, 2017）。联邦政府的《有教无类》（No Child Left Behind，NCLB）法

多重思考
教师可以遵循一些准则来进行有效的多元文化教学。连接到"社会文化的多样性"。

多重思考
评估的一个重要方面是使其与当代学习和动机的观点相一致。连接到"课堂评估和评分"。

案，要求各州每年对学生进行数学、英语/语言艺术和科学测试，并要求各州对学生的学业成败负责（McMillan，2014）。最近的一次是在2009年，"共同核心州立标准倡议"得到了全美州长协会的支持，旨在建立更严格的学生教育州指导方针。共同核心州立标准规定了学生应该知道什么，以及他们应该在不同内容领域的每个年级水平上所发展的技能（*Common Core State Standards Initiative*，2016）。

美国教育的最新举措是2015年12月通过的《每个学生都成功法》（*Every Student Success Act*，ESSA），该法案在2017—2018学年全面实施（Rothman，2016）。该法取代了《有教无类》法案，在这一过程中对标准化考试进行了修改，但没有完全取消标准化考试。《每个学生都成功法》每年都会对三到八年级的学生进行读写测试，然后在高中再进行一次。新法案还允许各州减少考试在让学校对学生成绩负责方面所发挥的作用。在追踪学校的成功时，学校必须至少包含一个非学术因素，比如学生的参与度。

新法案的其他方面包括继续要求各州和地区表现最差的学校进行改进，并确保学校改进对曾经表现不佳学生的教学工作，包括英语学习者、少数种族学生和障碍学生。同时，各州和地区也被要求制定具有挑战性的学术标准，它们也可以选择不采用涉及"共同核心"的州立标准。

由于《有教无类》法案、《共同核心州立标准倡议》和《每个学生都成功法》，教学与标准应该在何种程度上相关联，或者说教学如何基于标准，已经成为教育心理学和美国课堂的一个主要问题。重点是建立优秀的标准，并确定需要什么才能让学生通过外部的大规模测试。许多教育心理学家强调，挑战在于如何在立法强加的结构中创造性地进行教学（McMillan，2014）。关于《有教无类》法案、《共同核心州立标准倡议》和《每个学生都成功法》的更多信息请参考"标准化测验与教学"一章。

在你成为一名教师之前，你的专业知识和教学技能也可能由你计划任教的州进行评估。现在，绝大多数州使用PRAXIS™测试来确定未来的教师是否有资格任教。由于越来越多地使用PRAXIS™测试，本书包含了一些资源来帮助您了解这个测试。

技术技能 技术本身不一定能直接提高学生的学习能力，但它可以成为学习的支持性因素（Maloy & others，2017；Roblyer，2016）。在教育中有效使用技术的支持条件包括：教育领导者的远见和支持，善于利用技术进行学习的教师，内容标准和课程资源，用于学习的技术有效性评估，对学生是一个积极的、有建设性的学习者的强调（ISTE，2007）。

教师需要增加学生的技术知识，并将计算机适当地整合到课堂学习中，使学生受益（Lever-Duffy & McDonald，2015；Maloy & others，2017）。这种整合应该与学生的学习需求相匹配，包括为未来工作（许多工作需要技术专长和基于计算机的技能）做准备的需求（Aleven & others，2017）。此外，优秀教师了解各种辅助手段以支持障碍学生的学习（Marchel，Fischer，& Clark，2015）。

最近，国际教育技术协会（ISTE, 2016）更新了学生的技术标准。这些标准包括：

·赋权学习者。学生积极运用技术达到学习目标。

·数字公民。学生在使用技术时表现出责任感和道德感。

·知识建构者。学生利用各种资源和数字工具建构知识，变得更有创造性，从事有意义的学习。

·创新型设计师。学生使用各种技术来解决问题，并为这些问题制定有效和富有想象力的解决方案。

·计算思维者。学生制定使用技术创造解决方案的策略并进行测试。

·创造性沟通者。学生在使用数字工具达成目标时，能有效地沟通，并有创造性地思考。

·全球合作者。学生们利用科技与世界各地的人建立联系，从而拓宽视野、提升知识水平。

与此同时，儿童和青少年在屏幕使用上花费的大量时间引起了人们广泛的担忧：他们在看电视或视频、玩电子游戏，以及使用电脑或智能手机上花费了多少时间；而花在屏幕使用上的这些时间，又会对他们的学业成绩和身心健康产生怎样的影响（Branscum & Crowson, 2016; Calvert, 2015; Wu & others, 2016）。人们还担心，媒体多任务行为的大量增加，可能会损害儿童和青少年专注于学业任务的能力。他们可能在进行学业任务的同时，还关注着某些与学业任务无关的媒体设备（Cain & others, 2016; Courage & others, 2015）。学生在社交媒体上花费的大量时间，以及社交媒体如何影响他们的学术和社会情感发展，比如成为网络欺凌的实施者或目标，也引起了相当大的关注（Fisher, Gardella, & Teurbe-Tolon, 2016; Marino & others, 2016; Selkie, Fales, & Moreno, 2015）。

关于以上技术方面的更多内容将在第十二章"计划、教学和技术"一章中讨论。

投入精力的决心、动力和对学生的关爱

成为一个优秀教师还需要投入精力的决心、动力和对学生的关爱。这包括良好的态度和对学生的关爱。

新手教师通常认为成为一名优秀教师需要投入的时间和精力是巨大的。即使是一些有经验的教师，也会说他们从九月到六月"没有生活"。即使把晚上和周末都投入工作中，还是觉得似乎有做不完的事情。

面对这些需求，教师会很容易感到受挫，或者变得墨守成规和态度消极，而投入

精力的决心和动力能够帮助优秀教师度过教学中的那些艰难的时刻。优秀教师对自己的自我效能充满信心，不会让消极情绪削弱自己的动机，会在课堂上表现出积极的态度和热情（Anderman & Klassen, 2016; Fives & Buehl, 2016）。这些品质的感染力会增强课堂对学生的吸引力。

所以，对于教学，什么可以培植积极的态度和持续的热情？像所有领域一样，成功滋养成功。重要的是要意识到你什么时候给学生的生活带来了改变。下面是本书的学术顾问之一、现任佛罗里达大西洋大学（Florida Atlantic University）教育学教授的卡洛斯·迪亚兹（Carlos Diaz）关于他的高中英语老师奥佩尔夫人（Mrs. Oppel）的一段话：

"直到今天，每当我看到某些特定的词汇，我还是会认为它们就是在形容奥佩尔夫人。作为一名教师，她平静而专注，对语言的力量和文学的美充满热忱。一定程度上来说，我是因为她才决心学好英文，成为一名教授和作家。我希望我能把这些品质传递给我的每一个学生。"

教师自身的进步会为教学工作带来更多的回报。来自学生的尊重和成功越多，教师对自己的教学投入精力的决心越大。记住这一点，停下来想一下你对自己以前老师的印象。有些老师可能很优秀，给你留下了积极的印象。在一项针对近千名 13~17 岁学生的全国性调查中，幽默感、课堂趣味性和学科知识被学生列为最重要的教师特征（NAASP, 1997）。提到差教师，中学生往往会想到：上课无聊、讲解不清晰和表现出偏袒。表 1-1 展示了学生印象中的好教师和差教师的主要特征。

学生视角

"你是最酷的"

我只是想要感谢你花了那么多时间来帮助我。你没有必要这样做，但你还是这样做了，对此我非常感谢。也感谢你对我直言不讳，不拐弯抹角，因此你是最酷的。我为我自己给你带来的麻烦而感到抱歉。你承受了那么多情绪垃圾，却依然保持冷静，你是一个伟大的老师。

杰西卡
七年级学生
美国佐治亚州梅肯市
于学年结束时给她的老师查克·罗尔斯的信

好教师的特征	占总数的百分比（%）	差教师的特征	占总数的百分比（%）
1. 幽默感	79.2	1. 沉闷乏味 / 上课无聊	79.6
2. 课堂趣味性	73.7	2. 课堂讲解不清晰	63.2
3. 学科知识	70.1	3. 表现出偏袒	52.7
4. 课堂讲解清晰	66.2	4. 态度差	49.8
5. 投入时间帮助学生	65.8	5. 对学生期待过高	49.1
6. 公平	61.8	6. 不和学生打交道	46.2
7. 把学生当作成年人对待	54.4	7. 作业太多	44.2
8. 与学生相处融洽	54.2	8. 过于严厉	40.6
9. 考虑学生感受	51.9	9. 不给予帮助 / 无个人关注	40.5
10. 不表现偏袒	46.6	10. 缺乏控制	39.9

表 1-1 好教师和差教师的学生印象

思考一下，在你作为教师的长期投入中，良好的幽默感和你自己真正的热忱可能会发挥什么作用。另外，请注意表 1-1 中与优秀教师的关爱性质相关的其他特征。优秀教师关心他们的学生，经常称他们为"我的学生"。他们真的想融入学生群体中并致力于帮助他们学习。与此同时，他们作为教师的角色又与学生的是不同的。不仅是自己关心学生，优秀教师也会寻找方法来帮助他们的学生考虑他人的感受和互相关心。

思考并完成"自我评估 1"。利用自我评估进一步探索你承诺成为一名教师背后的态度。

自我评估 1
我的老师：最好和最差的特点

当你看到表 1-1 时，你是否对学生列出的描述他们好教师和差教师的特征感到惊讶？ 在学生列出的好教师的五大特征中，哪一个最让你感到惊讶？差教师的五大特征中，最让你惊讶的特征是什么？

现在思考并写下你遇到的最好和最差的老师的五大特点，不要受限于表 1-1 中描述的特征。同样，在你列出每个特点之后，写下一个或多个反映这个特点的例子。

我遇到的最好的老师的五大特点

特点   反映该特点的具体例子

1. _____   _____

2. _____   _____

3. _____   _____

4. _____   _____

5. _____   _____

我遇到的最差的老师的五大特点

特点   反映该特点的具体例子

1. _____   _____

2. _____   _____

3. _____   _____

4. _____   _____

5. _____   _____

学生视角

一个好老师

好老师是能够做出一些吸引你的事情的老师。有时候你已经在开始学习某些知识了，可你却没有意识到这一点。一个好老师是一个能够让你思考的老师。（Nikola-Lisa & Burnaford，1994）

麦克，二年级

连线学生：最佳实践

成为优秀教师的策略

1. 有效教学需要教师扮演多种不同角色。人们很容易产生某种误解，那就是如果你拥有良好的学科知识，就会随之拥有优秀的教学能力。成为一名优秀教师需要具备许多不同的技能。在下文中，你可以了解到在北卡罗来纳州西玛丽安小学（West Marian Elementary School）教四到六年级的苏珊·布莱德本（Susan Bradburn）如何运用许多不同的技能来创建有效的课程。

2. 进行换位思考。想成为优秀教师，你就要从学生的角度进行思考。想想你的学生需要你做什么来提高他们的学习和生活技能，也要考虑你如何看待你的学生和他们如何看待你。

3. 在你的教学生涯中，保留我们在本章中与你讨论过的好教师的特征列表。在你的教学过程中，在你刚开始当教师的日子里，甚至在你作为一名有经验的教师的几年里，看看这个列表，思考一下有效教学不同的方面，这会让你受益。通过不时地查看，你可能会意识到自己忽略了某个方面，从而需要花时间来提高自己。

4. 保持投入精力的决心和动力。作为一名优秀教师，即使面对困难和不利的环境，也需要有学习的决心和动力（Anderman & Klassen, 2016）；需要克服挫折、培养良好的应对能力，以应对任何职业生涯中的艰难时期。记住，积极的态度和关爱学生的坚定决心是成为一名优秀教师的关键。

教师视角

"海龟夫人"

苏珊·布莱德本在北卡罗来纳州的西玛丽安小学教四到六年级。她创建了一个学校博物馆，学生可以在里面进行研究和举办展览。她把学校博物馆的概念付诸实践，让学生们推着展览车去其他班级、进入社区。她还用奖金把移动博物馆的使用推广到北卡罗来纳州的其他学校。由于对海龟和其他动物的兴趣，苏珊被称为"海龟夫人"。她带着学生们到南卡罗来纳州的埃迪斯托岛进行了为期三天的实地考察，寻找化石并研究沿海生态。她的学生们出售印有他们原创诗歌和艺术的日历，并用所得款项购买热带雨林的一部分，这样这部分热带雨林就不会被破坏。

复习、思考和练习

学习目标 2：明确实现有效教学的教师态度和教学技能。

复习

· 要成为一名优秀教师需要哪些专业知识和技能？

· 为什么教师投入精力的决心和动力很重要？

思考

· 从长远来看，你的教学最有可能得到的回报是什么？

PRAXIS™ 练习

1. 苏珊娜花了相当多的时间来编写教案，制定学生学业进步的标准，并组织好教学材料。她所展示的是哪种专业技能？

    A. 课堂管理

    B. 沟通

    C. 适合发展的教学实践

    D. 目标设定和教学计划

2. 马西尼罗先生在他第一年的教学工作中对自己的工作感到很沮丧。他正在形成一种消极的态度，并在他的教学中体现出来。马西尼罗先生目前最需要在以下哪个方面下功夫，以成为一名优秀教师？
   A. 课堂管理和沟通
   B. 投入精力的决心和动力
   C. 技术和多样性
   D. 学科能力和个体差异

请参看书末的答案……

学习目标3：讨论为什么研究对有效教学很重要，以及教育心理学家和教师如何实施和评估研究。

3　教育心理学研究

关于教学，科学研究是一种有价值的信息来源。我们将探讨为什么研究是重要的，它是如何完成的，包括你如何成为一个教师–研究员。

研究的重要性

有人说经验是最好的老师。不论是自己的亲身经验，还是其他老师、管理人员和专家所分享的经验，都将使你成为更好的老师。然而，研究可以通过向你提供关于教育最佳方法的有效信息，帮助你成为更好的老师（Smith & Davis, 2016）。

每个人都从个人经验中获得了大量的知识。我们从所观察到的事物中进行归纳，常常把难忘的遭遇变成一生的真理。但是这些结论的有效性如何？有时，我们会在个人观察时犯错误，或者会对所听闻的内容产生误解。你可能会在很多情况下认为别人误解了你，就像他们可能会觉得你误解了他们一样。即使只基于个人经验获取信息，我们也不都是完全客观的，因为有时自我保护的本能会干扰我们的判断。我们的信息不只来源于个人经验，还有权威或专家。在你的教学生涯中，你会听到许多来自权威和专家的意见，告诉你什么是教育学生的"最佳方式"。然而，权威和专家也不总是意见一致，不是吗？可能在这周，你听到一个专家告诉你一种最好的阅读指导方法，在下一周却可能听到另一个专家在传授另一种不同的方法。一个有经验的教师可能会告诉你应该这样对待学生，而另一个有经验的教师却给出你相反的建议。你应该如何决定相信哪一个呢？解决这一情况的方法之一是密切关注这一主题的研究。

研究方法

收集信息（或数据）是研究的一个重要方面。例如，如果教育心理学研究人员想知道经常玩电子游戏是否不利于学生的学习，一顿营养丰富的早餐是否能提高课堂上的机敏度，或者获得更多的课间活动时间能否减少缺勤，他们可以从收集研究信息的许多方法中进行选择（Gliner, Morgan, & Leech, 2017; Trochim, Donnelly, & Arora, 2016）。

教育心理学中用于收集信息的三种基本方法是描述性研究、相关研究和实验研究。

描述性研究 描述性研究的目的是观察和记录行为。例如，教育心理学家可能会观察学生在课堂上的攻击性程度，或者就他们对待特定教学策略的态度采访教师。描述性研究本身并不能证明是什么导致了某些现象，但它可以揭示人们的行为和态度的重要信息（Boynton, 2017）。

观察法 我们一直在看东西。然而，随意地观看两个学生的互动与在科学研究中进行观察是不一样的。科学观察是高度系统性的。它需要知道你的观察对象是什么，以无偏见的方式进行观察，准确地记录和分类你所看到的情况并有效地交流你的观察结果（Jackson, 2016; Salkind, 2017）。

记录观察结果的常用方法是把它们写下来，通常使用速记或符号。此外，越来越多的人使用录音机、摄像机、特殊的编码表、单向镜和计算机来提高观察的准确性、可靠性和效率。观察可以在实验室或自然环境中进行（Babbie, 2017）。**实验室**（laboratory）是一个去除了现实世界中的许多复杂因素的受控环境。

实验室：一个去除了现实世界中的许多复杂因素的受控环境。

一些教育心理学家在他们工作和教学的学院或大学的实验室进行研究。

虽然实验室经常帮助研究人员在他们的研究中获得更多控制权，但它一直因其人为性而被批评。

在**自然观察**（naturalistic observation）中，行为是在现实世界中被观察到的。教育心理学家在教室、博物馆、操场、家庭、社区和其他环境中对儿童进行自然观察。

自然观察：在现实世界中而不是在实验室中进行的观察。

在一项研究中，自然观察法被用于观察科学博物馆中父母和孩子的对话（Crowley & others, 2001）。在参观科学博物馆的不同展览时，父母与男孩进行解释性谈话的可能性是女孩的三倍。

在另一项研究中，完成高中学业的墨西哥裔美国父母与未完成高中学业的墨西哥裔美国父母相比，对在科学博物馆观察的儿童进行了更多的解释（Tennebaum & others, 2002）。

参与式观察（participant observation）发生在观察者-研究者作为活动或计划设置的积极参与者的情况下（McMillan, 2016）。参与活动的观察者通常会在一个设置的环境中观察一段时间，然后记录下他或她所观察到的内容。观察者通常在几天、几周或几

参与式观察：观察者-研究者作为活动或计划设置的积极参与者的观察。

个月内进行这些观察并写下笔记，并在观察中寻找行为模式。例如，为了研究一个在课堂上表现不好却没有明显原因的学生，老师可能会制订一个计划来不时地观察学生，记录学生的行为和当时教室里发生的事情。

以下是不同年级的教师对如何在课堂上进行参与式观察提出的建议策略：

幼儿园　我们做笔记、观察和记录孩子一整天的活动。对学龄前儿童做观察笔记是非常有挑战性的，因为当他们刚开始注意到你在专心地观察和做笔记时，他们可能会变得好奇，问很多问题，或者变得过于焦虑，说一些类似"（老师）看我"的话语。然而，随着时间的推移，孩子们习惯了这些记录，问题也不那么频繁了，这样就能更准确地评估孩子的需求。

——瓦莱丽·戈勒姆，儿童乐园公司

（Valarie Gorham, Kiddie Quarters, Inc.）

小学　我带领了分级阅读小组，通常每个级别 3~5 个学生，使用小组教学分级材料和课本。随着课程和活动的进行，当我看到某个小组或者某个孩子掌握了概念，或者没有弄懂，或者出现了"可教的时刻"时，我会迅速记下笔记。这些笔记在我之后判断进一步计划时会有所帮助：是否要重新教授某个课程／概念；开始教授新的概念／材料；因为一个"可教的时刻"或发现的联系而去做一些原本计划之外的事情。

——苏珊·弗勒利希，克林顿小学

（Susan Froelich, Clinton Elementary School）

初中　我曾经有一个学生，他经常不带必要的书本资料来上课或上课迟到。随着时间的推移，我观察这个学生，做笔记，并为自己做了一个图表，列出了这个学生没有准备好或没有按时来上课的时间。良好的记录让我发现，当那个学生在上我的课之前刚好上的是体育课时他就会迟到。然后，我与这名学生和体育老师一起想出了一个解决方案，这样学生就有时间带着必要的课堂资料来到我的课堂了。

——凯西·玛斯，爱迪生中学

（Casey Maass, Edison Middle School）

高中　在我课堂的实验部分，我有一个图表，用来标识学生什么时候没有参与课堂活动。还有一系列符号，用来表示他们没有参与课堂活动时在做什么，比如听音乐、和朋友聊天等。当图表上呈现出模式之后，我会与学生交谈，给他们看图表上的模式。相较于提醒该做什么，高中生在分心的时候更容易接受图表和数据。对我来说，图表提供了一个比打断或训斥更积极的环境。

——桑迪·斯旺森，梅诺莫尼·福尔斯高中

（Sandy Swanson, Menomonee Falls High School）

访谈法和问卷法　有时获取学生和老师信息的最快、最好的方法就是直接向他们询问。教育心理学家通过访谈和问卷调查来了解儿童和教师的经历、信念和感受。大多数访谈都是面对面进行的，当然也可以通过其他方式进行，比如通过电话或网络。问卷通常以书面形式发放给个人，也可以通过邮件或其他形式发放。

好的访谈和调查包括具体的、特定的、明确的问题，以及用于检查受访者回答的真实性的一些方法（Leary, 2017）。然而，访谈和调查也存在问题。一个关键问题是人们以一种自己认为最能被社会接受、最令人满意的方式对提问进行回答。他们给出社会所希望的答案，而不是表达他们真正的想法和感受。能够增加坦诚回答的熟练的访谈技巧和问题，对于获得准确的信息至关重要（Kazdin, 2017）。访谈和调查的另一个问题是，受访者有时并不诚实。

标准化测验　标准化测验（standardized test）具有统一的实施和评分标准。它们评估学生在不同领域的能力或技能。许多标准化测验将一个学生的成绩与其他同龄或同年级学生的成绩进行比较（在更多的情况下是全国性的比较）。学生可能会参加一些标准化测验，包括评估他们的智力、成就、个性、职业兴趣和其他技能的测试（Gregory, 2016; Mills & Gay, 2016）。这些测试可以为调查研究提供测量结果。这些信息可以帮助心理学家和教育工作者对学生个体做出判断，并对跨学校、跨州和跨国的学生表现进行比较。

标准化测验在当代教育心理学的一个主要问题中也扮演着重要的角色——责任制，这涉及让教师和学生对学生的表现负责（Popham, 2017）。正如我们早些时候指出的那样，越来越多的学生和教师在责任制方面都接受了标准化测验。美国政府的《有教无类》法案是责任制的核心：它强制规定，自 2005 年起每个州都必须对三到八年级的学生进行语言艺术和数学的标准化测验，2007 年又增加了科学成绩测试。

生理测量法　研究人员在研究儿童和青少年发育时，越来越多地使用生理测量方法（Johnson, 2016）。一种越来越多被使用的生理测量方法是神经成像，特别是功能性磁共振成像（fMRI），它使用电磁波来构建一个人的脑组织和生化活动的图像（de Haan & Johnson, 2016; Galvan & Tottenham, 2016）。心率已被用作儿童感知、注意力和记忆发展的指标（Kim, Yang, & Lee, 2015）。此外，心率还被用作情绪发展的不同方面的指标，如抑制、焦虑和抑郁（Blood & others, 2015）。研究人员在研究儿童和青少年的发育时也会评估他们的激素水平。皮质醇是肾上腺分泌的一种激素，它与身体的压力水平有关，在气质、情绪反应、同伴关系和儿童精神病理学的研究中都有被测量（Jacoby &

标准化测验：具有统一的实施和评分标准的测试。它们评估学生在不同领域的表现，并允许在全国范围内将一个学生的表现与同年龄或同年级的其他学生的表现进行比较。

others, 2016）。随着儿童进入青春期，血液中某些激素水平会升高。为了确定这些激素变化的性质，研究人员分析了来自青少年志愿者的血液样本。

此外，关于遗传和环境对儿童和青少年发展的影响的研究也大量增加（Hill & Roth, 2016）。

随着基因研究的发展，越来越多的研究开始关注特定基因或基因组合如何影响与教育相关的话题，如智力、注意缺陷多动障碍、孤独症和许多其他领域（Grigorenko & others, 2016）。在"认知和语言发展"这一章以及其他一些章节中，我们会有更多关于遗传-环境相互作用的内容。

个案研究：对一个人的深入观察。

个案研究　个案研究（case study）是对一个人的深入观察。个案研究经常在一个人生活中的特殊情况不能被复制时被使用，无论是出于现实原因还是道德原因。下面是布兰迪（Brandi Binder）的个案研究例子（Nash, 1997）。她患上了严重的癫痫，以至于在她6岁时，外科医生不得不切除她右脑的大脑皮质。布兰迪几乎完全失去了对身体左侧肌肉，即右侧大脑控制的肌肉的控制。然而，经过多年从抬腿到数学和音乐训练的治疗，布兰迪在17岁时成为一名优等生。她喜欢音乐和艺术，而这些通常被认为与右脑有关。她的恢复并不是百分之百的——例如，她的左臂还没有完全恢复——但是她的个案研究表明，大脑会寻找可能的补偿方式让身体恢复。

布兰迪·宾德证明了大脑半球的灵活性和复原力。尽管由于严重的癫痫，她的右侧大脑皮质被切除了，但布兰迪在17岁时参与了许多活动，这些活动通常被描述为"右脑"活动。她热爱音乐和艺术，图中是她正在创作一幅画。
© Brandi Binder

布兰迪的显著恢复也为"大脑左半球是逻辑思维的唯一来源，而右半球是创造力的唯一来源"的刻板印象提供了相反的证据。就大多数功能而言，大脑并没有那么整齐地划分为左右半脑，正如布兰迪的案例所表明的那样。

虽然个案研究对人们的生活提供了生动、深入的描述，但我们在解释它们时需要谨慎。个案研究的研究对象是独特的，有独一无二的基因组成和个人经验。出于这些原因，这些发现往往不适合进行统计分析，也不可能推广到其他人身上。

人种学研究：对某个民族或文化群体的行为进行深入描述和解释，包括直接参与到被观察者的生活中。

人种学研究　人种学研究（ethnographic study），又称民族志研究，是指对某个民族或文化群体的行为进行深入描述和解释的研究方法，包括直接参与到被观察者的生活中（Jachyra, Atkinson, & Washiya, 2015）。这种类型的研究可能包括自然环境下的观察和访谈，许多人种学研究都是长期项目。

有一项人种学研究的目的是调查学校在多大程度上对非母语学生进行了教育改革（U.S. Office of Education, 1998）。研究者对一些学校进行了深入的观察和访谈，以确定它们是否制定了高标准和调整了教育方式。被选中进行密集评估的学校包括加利福尼亚州圣克莱门特的拉斯·帕尔马斯小学（Las Palmas Elementary School in San Clemente,

California）。这项研究的结论是，至少这所学校正在进行必要的改革，以改进非母语学生的教育。

焦点小组　焦点小组是指在小组环境中对人们进行访谈，在大多数情况下是为了获得关于特定主题或问题的信息（Nel, Romm, & Tiale, 2015）。

焦点小组通常由5~9人组成，小组主持人会问一系列开放式问题。焦点小组可用于评估产品、服务或项目的价值，如新开发的学校网站或最近为中学生安排课外活动的好处。

个人日志和日记　可以让个人写个人日志或日记来定量记录日常活动（如个人使用互联网的频率），或定性记录生活（如他们对特定主题或问题的态度和信念）。越来越多的研究人员向参与者提供数字音频或视频记录器，而不是让他们在个人日志或日记中记录。

相关研究　相关研究（correlational research）的目标是描述两个或多个事件或特征之间的关系强度。相关研究是有用的，因为两个事件相关越强，我们就越能有效地从一个事件预测出另一个事件（Gravetter & Wallnau, 2017; Levin, Fox, & Forde, 2015）。例如，如果研究人员发现低参与性、放任自流的教学方式与学生自控能力的缺乏相关，这就表明低参与性、放任自流的教学方式可能是学生缺乏自控能力的原因之一。

> 相关研究：描述两个或多个事件或特征之间关系强度的研究。

然而，相关性本身并不等于因果关系（Heiman, 2015; Howell, 2017）。刚刚提到的相关发现并不意味着放任自流的教学必然导致学生自我控制能力低下。这只是一种可能的解释，但也可能意味着，学生缺乏自控能力，导致老师绝望地放弃掌控失控的课堂。也有可能是其他因素，如遗传、贫困或养育不足，导致了放任自流教学与学生自我控制能力低下之间的相关性。

实验研究　实验研究（experiment research）为教育心理学家确定行为的原因提供了方法。教育心理学通过实验来完成这项任务，实验程序是经过严格规范的，实验对那些被认为影响所研究行为的一个或多个因素进行操纵，而其他因素则保持不变（McMillan, 2016）。如果被操纵的因素改变了被研究的行为，我们就可以说被操纵的因素导致了行为的改变。被操纵的事件是因，由于操纵而改变的行为是果。实验研究是唯一真正可靠的确定因果关系的方法。因为相关研究不涉及因素的操纵，所以它不是一个分离原因的可靠方法（Gravetter & Forzano, 2016）。

> 实验研究：可以确定行为原因的研究，在精心规范的实验程序中，一个或多个被认为会影响所研究行为的因素被操纵，而其他因素则保持不变。

实验研究至少包含一个自变量和一个因变量。自变量（independent variable）是被操纵的、有影响的、实验性的因素。自变量的英文——independent，又有"独立的"之意，这表示这个变量是可以独立于其他因素进行更改的。例如，假设我们想设计一个实验来研究同伴辅导对学生成绩的影响，其中同伴辅导的数量和类型可以被当作自变量，它们之间是相互独立的。

> 自变量：实验中被操纵的、有影响的、实验性的因素。

因变量（dependent variable）是指在实验中被测量的因素。它会随着自变量的变化

> 因变量：实验中被测量的因素。

而变化。而它的英文——dependent，有"相关的"之意，使用这一单词的原因是该变量的值取决于操作自变量时实验参与者变化的情况。在同伴辅导研究中，成绩是因变量，它可以通过多种方式进行评估。在这项研究中，成绩是通过国家标准化成绩测试的分数来衡量的。

在实验中，自变量由一个或多个实验组和一个或多个控制组所接受的不同水平的处理组成。**实验组**（experimental group）是自变量水平被操纵的群体。**对照组**（control group）是除被操纵因素外，各方面都与实验组基本一致的对照群体。对照组作为基线，可以比较操纵条件的影响。在同伴辅导研究中，我们需要有一组接受同伴辅导的学生（实验组）和一组没有接受同伴辅导的学生（对照组）。

实验研究的另一个重要原则是**随机分配**（random assignment）：研究人员随机将参与者分配到实验组和对照组中。这种做法减少了实验结果是由于两组之间预先存在的差异造成的可能性。在我们关于同伴辅导的研究中，随机分配大大降低了两组学生在年龄、家庭地位、初始成绩、智力、个性、健康和警觉性等因素上存在差异的可能性。

概括来说，在同伴辅导和学生成绩的实验研究中，学生被随机分为两组。其中一组（实验组）接受同伴辅导，另一组（对照组）则不接受。自变量由实验组和对照组所接受的不同处理（有辅导或无辅导）组成。完成同伴辅导后，对学生进行全美标准化成绩测试（因变量）。

项目评估研究、行动研究和教师即研究者

到目前为止，我们主要对用来提高我们对一般教育实践的知识和理解的研究方法进行了讨论。同样的方法也可以应用于目标更具体的研究中，比如确定一个特定的教育策略或项目效果如何。这种更具针对性的工作通常包括项目评估研究、行动研究和教育行动研究。

项目评估研究　项目评估研究（program evaluation research）是为确定某一特定项目的有效性而设计的研究。它通常关注特定的地点或项目类型。由于项目评估研究通常是针对特定学校或学校系统的问题，因此其结果并不打算推广到其他环境。项目评估研究员可能会问这样的问题：

·两年前开始的快班计划对学生的创造性思维和学习成绩有积极的影响吗？

·一项为期一年的技术方案是否改善了学生对学校的态度？

·在这个学校系统使用的两个阅读项目中，哪一个对学生的阅读技能提高最大？

实验组：实验中其体验被操纵的群体。

对照组：除了被操纵因素外，实验中其他各方面的处理与实验组相同的群体。

随机分配：在实验研究中，参与者被随机分配到实验组和对照组。

项目评估研究：为确定某一特定项目的有效性而设计的研究。

行动研究 行动研究（action research）是用于解决特定的课堂或学校问题、改进教学和其他教育策略或在特定地点做出决策的研究（Hendricks, 2017; Kayaoglu, 2015; Rowell & others, 2015）。行动研究的目标是立即改善一两个班级、一所或几所学校的教育实践。行动研究的实施者是教师和教育管理者，而不是教育心理学研究者。然而，实践者可能会遵循前面描述的许多科学研究的指导方针，例如试图使研究和观察尽可能系统化，以避免偏见和误解（Hendricks, 2017）。行动研究可以在全校范围内进行，也可以在更有限的范围内由更少的教师和教育管理者进行，甚至可以在一个单独的班级里由一个老师来完成。

教师即研究者 教师即研究者（teacher-as-researcher），这一概念也被称作教师–研究者，是指课堂上的教师可以进行自己的研究，以改善他们的教学实践。为了获得信息，教师–研究者使用参与式观察、访谈和个案研究等方法。

一种广泛使用的技术是临床访谈（clinical interview），访谈中教师让学生感觉舒适，互相分享信念和期望，并以一种不具威胁性的方式提问。在对学生进行临床访谈之前，教师通常会收集一系列有针对性的问题。临床访谈不仅可以帮助你获得有关特定问题的信息，还可以让你了解学生的想法和感受。

除了参与式观察外，教师可能会对学生进行几次临床访谈，与学生的父母讨论学生的情况，并向学校的心理教师咨询学生的行为。基于教师–研究者的工作，教师可以建立一个干预策略来改善学生的行为。

所以，学习教育研究方法不仅能够帮助理解教育心理学实验研究，而且会有额外的实践获益。掌握更多教育心理学研究相关知识，你就能更加有效地扮演教师–研究者的角色（Thomas, 2005）。

定量研究和定性研究

前面已经描述了大量的研究方法，现在让我们用一种普遍的分类方法对它们进行分类：定量研究和定性研究（Glesne, 2016; McMillan, 2016）。

定量研究（quantitative research）使用数值计算探索发现特定主题的信息。实验和相关研究设计属于定量研究。当使用统计方法分析收集到的数据时，前述的许多描述性方法也属于定量研究，如观察法、访谈法、调查法和标准化测验。若仅使用描述性方法获取信息而不进行统计分析，这些研究方法则属于**定性研究**（qualitative research），如访谈、个案研究、人种学研究、焦点小组、个人日志等。

最近，教育心理学有一种**混合方法研究**（mixed methods research）的趋势，它混合了不同的研究设计或方法（McMillan, 2016）。例如，研究人员可能同时使用定量和定性研究方法。他们可以使用实验设计并对数据进行统计分析（定量），也可以使用焦点

行动研究：用于解决特定的课堂或学校问题、改进教学和其他教育策略或在特定地点做出决策的研究。

教师即研究者：这一概念也被称为"教师–研究者"，指课堂上的教师通过自己的研究来改进教学实践。

定量研究：使用数值计算探索发现特定主题的信息。

定性研究：使用描述性方法获取信息，如访谈、个案研究、人种学研究、焦点小组、个人日志等，但不对信息进行统计分析。

混合方法研究：混合不同研究设计或方法的研究。

小组或个案研究（定性），以获得关于特定主题的更广泛和深入的信息。

幼儿园 大脑研究表明，在生命的早期阶段，除了高质量的早期教育和护理对儿童的重大影响之外，还存在着惊人数量的学习过程。在生命的早期发生的学习以及高质量的早期教育和护理对儿童的学业和长期成功有重大影响。鉴于我们幼教中心孩子们的年龄——从幼儿到学前班——我发现这项研究非常激励人心。

——海蒂·考夫曼，西郊基督教青年会儿童保育和教育项目

（Heidi Kaufman, Metrowest YMCA Child Care and Educational Program）

小学 在采用我们新的学前班阅读课程时，我们进行了本地评估并收集了数据，阅读了相关的最佳实践研究，并通过合作来制定政策和实践，以达到州里的要求以及学校的愿景和使命。

——希瑟·佐尔达克，里奇伍德小学

（Heather Zoldak, Ridge Wood Elementary School）

初中 我参加了"学习与大脑"会议，并阅读了相关的研究论文。这些材料帮助我了解初中生的大脑发展，特别是在青春期早期的巨大变化。这种理解影响了我的课堂管理，使我能够提供差异化的教学，并帮助我理解各种学生的学习风格和需求，与他们一起合作。

——克伦·阿布拉，圣心女子修道院中学

（Keren Abra, Convent of the Sacred Heart School）

高中 对我的教学影响最大的人是南茜·阿特威尔，她是一位向教师传授教学知识的老师。她关于如何让学生爱上阅读的课程是实用、简单却非常有效的：阅读学生马上要读的书，通过与学生谈论这些书来"推销"这些书——让学生看到你在阅读，在他们阅读时阅读，在课堂上给他们时间阅读，让学生容易获得书籍，在课堂上讨论新书时保持兴奋和活力。在这一学期刚开始的时候，不读书的人（他们占全班的大多数）在我说"现在是阅读时间"时，发出呻吟声和翻白眼。然而，在短短的几周后，学生们就要求每天都有阅读时间。

——珍妮弗·海特，布莱曼高中

（Jennifer Hetter, Bremen High School）

连线学生：最佳实践

成为一个有效的教师-研究者的策略

1. 当你计划每周的课程时，想想你的学生，哪些学生可能会从你的教师-研究者角色中受益。当你回顾过去一周的课程时，你可能会注意到一个学生的表现似乎在走下坡路，而另一个学生似乎特别沮丧。当你想到这些学生的时候，你可以考虑在接下来的一周使用参与式观察或临床访谈技巧来找出他们为什么会有问题。

2. 参加教育研究方法的课程，这会让你对如何进行研究有更好的理解。

3. 利用图书馆或网络资源来学习更多关于教师-研究者技能的知识，这可能包括搜索如何成为一个熟练的临床访谈者和一个系统的、公正的观察者的信息。

4. 请别人（如另一位教师）来观察你的课堂，帮助你制定一些策略来解决特定研究问题。

复习、思考和练习

学习目标3：讨论为什么研究对有效教学很重要，以及教育心理学家和教师如何实施和评估研究。

复习

· 为什么研究在教育心理学中很重要？

· 研究的类型有哪些？相关研究和实验研究之间的区别是什么？

· 有哪些类型的研究与有效的课堂实践直接相关？

· 教师可以使用什么工具来进行课堂研究？

· 定量和定性研究的特点是什么？

思考

· 在你自己受教育的过程中，你能否记起某一位老师可能从他或她自己的教学方法有效性的行动研究中受益？什么样的行动研究问题和方法可能是该教师有效运用的？

PRAXIS™ 练习

1. 以下哪种方法更科学？

　A. 系统观察

　B. 个人经验

　C. 一个人的意见

　D. 一个记者写的一本书

2. 麦克马洪先生想知道他的学生每天花多少时间开小差。为了确定这一点，他仔细观察学生在课堂上的表现，记录下学生开小差的行为。他采用了哪种研究方法？

　A. 个案研究

　B. 实验

　C. 实验室实验

　D. 自然观察

3. 西蒙女士被雇来检验一所学校的健康教育计划在减少青少年怀孕方面的效果。她将进行哪种类型的研究？

A. 行动研究

B. 实验研究

C. 项目评估研究

D. 教师即研究者

4. 努格雷亚尔先生想用定性研究来探索学生作业懈怠的原因。他可能会使用以下哪种措施来发现关于这个问题的信息？

A. 实验研究

B. 相关研究

C. 人种学研究

D. 观察并对数据进行统计分析

请参看书末的答案……

连线课堂：案例分析
教学决策

黄老师在金小学教四年级数学。她的班级由 26 名学生组成：16 名女生和 10 名男生。他们是一个种族和经济方面多元化的群体，他们的成绩也各不相同。她有两个学生被认为是天才，还有三个学生被诊断为学习障碍。总的来说，这是一群好学上进、相互帮助的学生。

黄老师所在的学区最近购买了一门新的数学课程，强调概念理解和数学原理在现实生活中的应用。黄老师在欣赏新课程的同时也有一些顾虑。目前许多学生还没有掌握基本的数学知识，她担心这会使得理解数学原理变得毫无用处，学生仍然无法应用这些原理。她还担心这会给学生带来不必要的挫折，降低他们对数学的兴趣和动力。在过去，黄老师让她的学生们通过演练与实践的方法来掌握数学知识，如闪卡练习、四则运算问题簿和电脑游戏（基本上是一个电子版本的图形闪卡练习）。她对这种方法很满意，并说它帮助以前的学生发展了她认为他们需要的掌握能力。

她向校长表达了自己的担忧，校长回答说，出版商的代表向学区提供了证据，表明新课程也有助于学生掌握基本知识。然而，黄老师仍然持怀疑态度。她非常想为她的学生提供最有利的教学方法，但她不确定什么才是最有利的方法。她决定进行一些课堂研究，以确定哪一种更有利于她的学生——新的课程方法或她的更传统的方法。

1. 进行这项研究需要考虑哪些问题？

2. **什么类型的研究是最合适的？**

A. 个案研究

B. 相关研究

C. 实验研究

D. 自然观察法

3. 为什么？

4. 如果她比较两种不同的课程及其结果，自变量是什么？

    A. 与基本数学知识相关的学生成绩

    B. 对照组

    C. 实验组

    D. 采用了哪种课程方法

5. 如果黄老师决定进行一项实验研究，比较两种不同的课程及其结果，因变量是什么？

    A. 与基本数学知识相关的学生成绩

    B. 对照组

    C. 实验组

    D. 采用了哪种课程方法

6. 黄老师应该怎样开展她的研究呢？

本章概要

1　探索教育心理学：描述教育心理学领域的基本概念。

历史背景

·教育心理学是心理学的一个分支，专门研究教育环境中的教与学。

·教育心理学的重要先驱有：詹姆士、杜威和桑代克。詹姆士强调了课堂观察对改善教育的重要性。杜威在教育心理学中提出的重要概念包括：将儿童看作主动学习者，强调对儿童的全面教育，强调儿童对环境的适应。桑代克是学习的科学基础的倡导者，他认为学校应该提高儿童的推理能力。

·在教育心理学的早期历史中，由于种族和性别的障碍，少数族群个体和女性较少。进一步的发展包括20世纪中期斯金纳的行为主义和20世纪80年代的认知革命。近年来，人们对儿童生活的社会情感方面的兴趣也有所增加，包括文化背景。

教学：技艺和科学

·教学与科学和技艺都有联系。在技艺方面，熟练、有经验的实践有助于有效教学。在科学方面，来自心理学研究的信息可以提供有价值的想法。

2　有效教学：明确实现有效教学的教师态度和教学技能。

专业知识和技能

·优秀教师具备学科知识，使用有效的教学策略，具有良好的思维技能，并能指导学生发展这些思维技能。他们对个体差异的关注不只停留在表面，与不同种族和文化的学生合作，并具有以下领域的技能：目标设定和规划、适当的教学实践设计、课堂管理、动力、沟通、评估和技术。

投入精力的决心、动力和对学生的关爱

·要想成为一个优秀教师，需要投入精力的决心和动力，这包括有积极的态度并且关心学生。老师很容易墨守成规，形成对学生的消极态度，这一点一旦被学生发现，会对他们的学习有害。

3　教育心理学研究：讨论为什么研究对有效教学很重要，以及教育心理学家和教师如何实施和评估研究。

研究的重要性

·来自教育专家的个人经验和信息可以帮助你成为一个优秀教师。

·你从研究中获得的信息也非常重要。它将帮助你对各种教学策略进行分类，并确定哪些是最有效的，哪些是最尤效的。研究有助于消除仅仅基于个人经验的判断错误。

研究方法

·获取教育心理学各方面信息的方法很多。研究数据的收集方法可分为描述性研究、相关研究和实验研究。

·描述性研究包括观察法、访谈法和问卷法、标准化测验、生理测量法、个案研究、人种学研究、焦点小组、个人日志和日记。

·相关研究的目标是描述两个或多个事件或特征之间的关系强度。一个重要的研究原则是：相关性并不等于因果关系。

·实验研究可以确定行为的原因，是唯一真正可靠的确定因果关系的方法。进行实验需要检查至少一个自变量（被操纵的、有影响的实验因素）对一个或多个因变量（被测量的因素）的影响。实验包括将参与者随机分配到一个或多个实验组（体验被操纵的组）和一个或多个对照组（除被操纵因素外，各方面都与实验组相同的组）。

项目评估研究、行动研究和教师即研究者

· 项目评估研究的目的是评估一个特定项目的有效性。

· 行动研究用于解决特定的课堂或社会问题、改进教学策略，或在特定地点做出决策。

· 教师即研究者是指教师进行课堂研究以改进其教育实践。

定量研究和定性研究

· 定量研究使用数值计算探索发现特定主题的信息。实验和相关研究设计属于定量研究。

· 定性研究是指使用描述性方法如访谈、个案研究和人种学研究等来获取信息，但不进行信息统计分析。

· 混合方法研究混合了不同的研究设计或方法。

关键术语

行动研究（action research）

个案研究（case study）

建构主义方法（constructivist approach）

对照组（control group）

相关研究（correlational research）

批判性思维（critical thinking）

因变量（dependent variable）

差异化教学（differentiated instruction）

直接教学法（direct instruction approach）

教育心理学（educational psychology）

人种学研究（ethnographic study）

实验组（experimental group）

实验研究（experimental research）

自变量（independent variable）

实验室（laboratory）

混合方法研究（mixed methods research）

自然观察（naturalistic observation）

参与式观察（participant observation）

项目评估研究（program evaluation research）

定性研究（qualitative research）

定量研究（quantitative research）

随机分配（random assignment）

标准化测验（standardized test）

教师即研究者（teacher-as-researcher）

档案袋活动

现在你对本章有了很好的理解，请完成这些练习来扩展你的思维。

独立思考

1. 对教学的积极看法。在这一章的开头，你读到了教育工作者兼宇航员克里斯塔·麦考利夫的一句话："教育使我触及未来。"利用你的创造性思维，想出一句或多句简短的名言来描述教学的积极方面。

2. 你作为教师的目标。经过一番思考，请你写下对以下问题的个人见解：你想成为什么样的教师？你希望有哪些优点？你可能需要克服什么样的潜在弱点？把答案放在你的文件夹里或把它密封在一个信封里，等你的教学开展了一个月或两个月后再打开。

3. 为挑战做准备。想一想你打算教哪一年级的课，至少要考虑该年级的课堂可能会出现挑战的一种方式。写下你将如何应对这些挑战。

研究 / 实地体验

4. 比较学术性出版物和大众市场出版物中的文章。

有关教育心理学的信息会出现在研究期刊、杂志及报纸上。在研究或专业期刊（如《当代教育心理学家》《教育心理学家》《教育心理学回顾》《教育心理学杂志》《联谊会》）上找到一篇文章，在报纸或杂志上找到一篇同一主题的文章，看一下研究或专业文章与报纸或杂志上的文章有何不同，你从这个比较中能学到什么。写下你的结论，并保留文章的副本。

第二章

认知和语言发展

啊！若是没有了孩子，那还算得个什么世界？我们会惧怕身后的荒芜甚于惧怕眼前的黑夜。

——亨利·沃兹沃斯·朗费罗
（Henry Wadsworth Longfellow）
19世纪美国伟大的诗人

章节概览

1. 儿童发展概述

学习目标 1：定义发展并解释发展的主要过程、阶段、争论，以及发展和教育之间的联系。

探索什么是发展
发展过程和阶段
发展的各种争论
发展和教育

2. 认知发展

学习目标 2：讨论大脑的发展，比较皮亚杰和维果茨基的认知发展理论。

大脑
皮亚杰的理论
维果茨基的理论

3. 语言发展

学习目标 3：识别语言的关键特征，生物和环境因素对语言的影响，儿童语言的典型发展。

什么是语言？
生物和环境影响
语言如何发展

连线教师：多妮·波尔森

在本章中，你将学习维果茨基关于发展的社会文化认知理论。维果茨基所强调的学习者群体之间协作的重要性，在多妮·波尔森（Donene Polsh）的课堂上得到了充分的体现。多妮在盐湖城的华盛顿小学教书，这是一所创新学校，强调人们一起学习的重要性（Rogoff, Turkanis, & Bartlett, 2001）。学生们和成年人一样要计划学习活动。在校时，学生们分成小组学习。

多妮喜欢在一个学生、老师和家长像一个社区一样共同帮助学生学习的学校工作（Polson, 2001）。在学年开始之前，多妮会给每个学生做家访，为新学年做准备。她要熟悉每个家长，并制定家长可以协助课堂教学的时间表。在每月一次的家长会上，多妮和家长们一起规划课程，讨论学生们的进步。他们进行头脑风暴，探讨有哪些社区资源可以用来促进儿童学习。

许多毕业生回来告诉多妮，在她课堂上的经历对他们的发展和学习做出了重要贡献。例如，路易莎·马格里安回忆了她在多妮课堂上的经历是如何帮助她在高中与其他同学合作的：

"通过在小组中承担责任，孩子们学会了如何处理问题、互相倾听或试着理解不同的观点。他们学习如何让一个小组运作顺畅，以及如何让人们对他们正在做的事情保持兴趣……高中时期，作为学生新闻杂志的共同编辑，我必须在尽快完成工作的渴望和与其他同学合作的耐心之间取得平衡。"（Rogoff, Turkanis, & Bartlett, 2001, pp. 84–85）

正如多妮·波尔森的故事所展示的，认知发展理论可以为创新教学计划奠定基础。

概览

通过考察儿童发展的形态，我们可以更好地理解它。本书中关于儿童发展的内容有两章，其中本章是关于儿童的认知和语言发展的。不过，在深入研究这些主题之前，我们需要探索一些关于发展的基本思想。

学习目标 1：定义发展并解释发展的主要过程、阶段、争论，以及发展和教育之间的联系。

1　儿童发展概述

20 世纪西班牙裔美国哲学家乔治·桑塔亚纳（George Santayana）曾这样想："儿童处在另一个层面。他们自成一派，有属于自己的合理的感受方式。"让我们来探索一下那个层面是什么样子。

探索什么是发展

为什么要研究儿童的发展？作为教师，每一年你要对自己课堂上的新一波学生负责。你对儿童发展了解得越多，就越能理解在哪个水平上对他们进行教育更合适。

心理学家所说的人的"发展"是什么意思？**发展**（development）是一种生物的、认知的、社会情感的变化模式，这种变化从受孕开始贯穿人的一生。大多数的发展包括成长，尽管它最终也包括衰亡（死亡）。

发展过程和阶段

儿童发展的模式是复杂的，因为它是几个过程的产物：生物的、认知的和社会情感的。发展也可以用年龄阶段来描述。

生物过程、认知过程和社会情感过程　生物过程让儿童的身体产生变化，是大脑发展、身高和体重增加、运动技能和青春期激素变化的深层原因。基因遗传在其中起了很大的作用。

认知过程包括儿童思维、智力和语言的变化。认知发展使一个成长中的儿童能记住一首诗，思考如何解决一个数学问题，提出一个创造性的策略或说出有意义的连接句。

社会情感过程包括儿童与他人关系的变化、情感变化和性格变化。父母对儿童的培养、男孩对同伴的攻击行为、女孩自信心的发展以及青少年取得好成绩后的喜悦感都反映了发展中的社会情感过程。

生物过程、认知过程和社会情感的过程是交织在一起的。想想看，一个儿童对父母的触摸做出了微笑的反应。这种反应取决于生物过程（触摸的物理性质和对触摸的反应）、认知过程（理解有意行为的能力）和社会情感过程（微笑的行为往往反映了积极情绪感受，微笑有助于建立与他人的积极联系）。有两个迅速兴起的领域正在探索生物、认知和社会情感过程之间的联系：

·发展认知神经科学（developmental cognitive neuroscience）主要研究发展、认知过程和大脑之间的联系（de Haan & Johnson, 2016）。例如，在本章你将学习不同脑区的发展变化与儿童思维之间的联系。

·发展社会神经科学（developmental social neuroscience）主要研究发展、社会情感过程和大脑之间的联系（Decety & Cowell, 2016; Monahan & others, 2016）。在本章的后面部分，你会了解到大脑的发展变化如何影响青少年的冒险行为和他们的同伴关系。

发展：一种生物的、认知的、社会情感的变化模式，这种变化从受孕开始贯穿人的一生。大多数的发展包括成长，尽管它最终也包括衰亡（死亡）。

孩子是我们留给我们将无法活着看到的时代的遗产。

——亚里士多德
公元前 4 世纪
希腊哲学家

发展阶段 为便于组织知识和理解发展，通常心理学家会使用"发展阶段"这一术语来描述。在使用最广泛的分类系统中，个体发展阶段包含婴儿期、童年早期（学前期）、童年中后期（学龄期）、青少年期、成年早期、成年中期和成年后期。

婴儿期是指从婴儿出生到 18~24 个月。这一阶段的婴儿会极度依赖成年人，许多能力刚刚开始发展，如语言发展、符号思维、感觉运动协调和社会学习。

童年早期有时也叫作学前期（preschool years），是指从婴儿期结束到 5 岁左右。在这一阶段，儿童变得更加自立，逐步发展出上学的准备技能（如学习听从指令和字母识别），同时花更多的时间与同伴相处。一年级通常标志着儿童早期的结束。

童年中后期有时也称为学龄期（elementary school years），是指从 6~11 岁。儿童掌握了阅读、写作和数学的基础技能，成就变成了一个更中心的主题，自我控制能力增强。在这一阶段，儿童更多地与家庭以外的、更广阔的社会环境互动。

青少年期是童年过渡到成年的发展阶段，从 10~12 岁左右开始，到青少年晚期结束。青少年期最初表现为身体的快速变化，包括身高和体重的增加和性功能的发展。青少年强烈地追求独立，寻求自我身份认同。他们的思想变得更抽象、更有逻辑、更理想化。

成年早期作为一个从 18~25 岁的过渡阶段，在 21 世纪被提出（Arnett, 2006, 2012, 2015）。实验和探索是成年早期的特征。处于这个发展阶段的个体，多数仍然在探索他们要踏上哪条职业道路，他们想要成为什么样的人，他们想要用什么样的方式生活（例如单身、同居或者结婚）。

前面提到了成年期，但是本书的讨论仅限于与儿童和青少年教育最相关的发展阶段。人类的各个发展过程（生物过程、认知过程和社会情感过程）的相互作用产生了人类发展的各个阶段。

发展的各种争论

尽管发展主义者已经掌握了大量的知识，但关于发展过程的影响因素的相对重要性以及各发展阶段是如何相互联系的争论仍在继续。儿童发展研究中的重要争论包括先天与后天之争、连续与不连续之争、早期与后期经验之争。

先天与后天 先天–后天之争（nature-nurture issue），也称作天性与教养之争，这一问题主要是关于发展主要受先天还是后天影响的争论（Belsky & Pluess, 2016）。先天是指一个有机体的生物遗传，后天指的是环境经验。现今几乎没有人认为发展可以单独用先天或后天来解释。但是一些人（"先天"论的支持者）声称生物遗传是对发展最重要的影响因素，而另一些人（"后天"论的支持者）则认为环境经验是最重

先天–后天之争：先天指的是有机体的生物遗传，后天指的是环境影响。"先天"论的支持者声称生物遗传是对发展最重要的影响。而"后天"论的支持者则声称环境经验是最重要的。

要的。

支持先天观点的心理学家认为，环境的影响可能是巨大的，但进化和基因蓝图产生了人类生长和发展中的共性（Audesirk, Audesirk, & Byers, 2017; Buss, 2015）。我们在会说话前先会走路，在说词语之前会先说单字；在婴儿期生长发育迅速，在幼儿期发育较慢，在青春期则伴有性激素的激增；极端环境可能会阻碍发展，比如那些心理贫瘠或充满敌意的环境。但是先天观点的支持者强调，人类与生俱来的倾向会对个体发展产生影响。

相比之下，其他心理学家则强调后天教养或环境经验在发展中的重要性（Burt, Coatsworth, & Masten, 2016）。后天经验的范围很广，从个体的生物环境（营养、锻炼、医疗、药物和身体意外伤害）到社会环境（家庭、同伴、学校、社区、媒体和文化）无所不包（Gonzales & others, 2016; Pianta, 2016）。

表观遗传学观点（epigenetic view）认为，发展是遗传和环境之间持续双向交互作用的结果。让我们来看一个反映遗传学观点的例子。婴儿在受孕时继承父母双方的基因，在儿童期营养、压力、学习、对儿童的照顾和鼓励等环境经历可以改变遗传活动并直接构成行为基础的神经系统活动。因此，遗传和环境共同作用或协作影响了儿童的智力、气质、健康、阅读能力等（Moore, 2015）。

因此，如果一个漂亮、受欢迎、聪明的女孩被选为高中毕业班的班长，她的成功是遗传还是环境的作用？当然，答案是二者兼而有之。遗传和环境的相对贡献是无法量化的。也就是说，我们不能说多少比例的自然因素和多少比例的经验因素组合起来造就了我们。而"完全的基因表达只在受孕或出生的时候发生一次，那之后我们就带着自己的基因遗产进入这个世界，看看它会带我们走多远"的说法也是不准确的。人的一生中，基因会在许多不同的环境中产生或不产生蛋白质，这部分取决于这些环境的滋养或恶劣程度。

在发展心理学家大卫·摩尔（David Moore, 2013, 2015）的观点中，产生行为的生物系统是极其复杂的，但这些系统往往被描述得过于简单，可能会产生误解。因此，虽然遗传因素的确对行为和心理过程有贡献，但它们并不能独立于个体发展的环境来决定这些表型。根据摩尔（Moore, 2013, 2015）的观点，谈论眼睛颜色、智力、成就、个性或其他特征的基因是有误导性的。摩尔表示，回顾过去，我们不应该期望能够直接从 DNA 分子飞跃到对人类行为的全面了解，就像我们不该预期能够轻易地把音乐厅里的空气分子与对交响乐美妙体验的全面欣赏直接联系在一起一样。

想象一下，有一组基因在某种程度上与青少年暴力有关（这个例子是假设的，因为我们并不知道是否真的存在这样的基因组合）。携带这种基因组合的青少年可能会拥有如下的环境体验，如慈爱的父母、有规律的营养饮食、大量的书籍和一连串优秀的老师；他们也有可能经历父母的忽视，生活在充满枪击和犯罪发生的社区以及

孩子们正忙着成为某种他们还没有掌握的东西、不断变化的东西。
——阿拉斯泰尔·里德
20 世纪美国诗人

表观遗传学观点：发展是遗传和环境之间持续双向交互作用的结果。

缺乏学校教育。在哪个环境中，青少年的这种基因组合有可能成为制造犯罪的生物学基础？

儿童在成长过程中是否完全受基因和环境的支配？儿童的基因遗传和环境经历对他们的发展存在着普遍的影响（Raeff, 2017）。然而，儿童不仅是他们遗传和所经历的环境的结果，他们还可以通过改变环境来创造一条独特的发展道路。

> 事实上，我们既是世界的造物也是我们世界的创造者。我们是……我们的基因和环境的产物。然而……塑造未来的因果关系贯穿我们当前的选择……
>
> 意识至关重要……我们的希望、目标和期望影响着我们的未来。（Myers, 2010, p. 168）

连续-不连续之争：关注的是发展是渐进的、累积的变化（连续性），还是不同阶段的跳跃变化（阶段性）。

连续与不连续　连续-不连续之争（continuity-discontinuity issue）关注的是发展是如何发生和展开的，是渐进的、累积的变化（连续性），还是不同阶段的跳跃变化（阶段性）。在大多数情况下，强调后天教养的发展主义者通常把发展描述成一个渐进的、连续的过程，就像幼苗长成橡树一样。而那些强调先天遗传的心理学家经常把发展描述成一系列不同的阶段，就像从毛虫到蝴蝶的变化。

首先考虑连续性，儿童说出的第一个词语，虽然看起来是一个突发的、不连续的事件，实际上却是数周、数月的成长和练习的结果。青少年期，另一个看似突然的、不连续的阶段，实际上是一个持续数年的渐进过程。

从不连续的角度来看，每个人都被描述为经历一系列阶段，在这些阶段中，变化是定性而不是定量的。一个儿童从不能进行抽象思考到能够进行抽象思考。这是发展中一种定性的、阶段性的变化，而不是定量的、连续的变化。

早期-后期经验之争：关注的是早期经验（尤其是婴儿期）或后期经验在多大程度上是儿童发展的关键决定因素。

早期与后期经验　早期-后期经验之争（early-later experience issue）关注的是早期经验（尤其是婴儿期）或后期经验在多大程度上是儿童发展的关键决定因素。也就是说，如果婴儿经历过有害的环境，这些经历能否被后来积极的环境所改写？还是说，早期经验是婴儿最初的、典型的经验且尤为关键，以至于无法被后来更好的环境经验所修正？

这一争论有着悠久的历史，并且仍被发展主义者广泛探讨（Kuhn & Lindenberger, 2016）。一些发展主义者认为，如果婴儿没有在生命的第一年左右体验温暖的、有营养的照顾，他们将永远无法得到最好的发展（O'Connor, 2016）。相反，后期经验倡导者认为，儿童在整个发展过程中都是可塑的，发展后期的精心照顾与早期的精心照顾同样重要（Masten, 2016）。

发展争论的评论　大多数发展主义者认识到，在先天与后天、连续与不连续、早期与后期经验等问题上采取极端立场是不明智的。发展不是完全由先天天性或后天教养所决定的，不是完全以连续或不连续的方式发生和展开的，也不是完全受早期经验或后期经验所影响。然而，关于这些因素对发展的影响程度的争论仍在激烈进行（Grigorenko & others, 2016）。

发展和教育

在导论部分，我们简要地描述了开展适当的教学实践的重要性。在这一部分，我们将拓展这个重要主题并讨论发展不平衡（splintered development）的概念。

适合发展的教学是指与学生的发展水平相适应的教学。也就是说，学习的内容对学生来说既不会感到太困难和有压力，也不会觉得太容易和无聊（NAEYC, 2009）。适合发展的教学面临的挑战之一是，在教师的课堂上，学生可能年龄、能力和技能各不相同。优秀的教师能够意识到这些发展上的差异，他们知道学生们的发展和能力是复杂的，儿童在不同的技能上往往有着差异化的表现，因此不能只是简单地将学生描述成优秀的、一般的和迟钝的。

发展不平衡（splintered development）是指个体在不同领域中发展不平衡的情况（Horowitz & others, 2005）。不平衡的情况可能会以不同的形式出现。例如，某个学生可能有很好的数学能力，但是写作能力很差；在语言领域，某个学生拥有优秀的口语技能，却在阅读和写作技能上有所欠缺；某个学生可能在学习上表现优异，但缺乏社交技能。

那些认知发展超前而社会情感发展水平相对滞后的儿童将会面临特殊的挑战。例如，某个学生可能擅长科学、数学和语言，但是在情感上不成熟。这样的儿童可能会没有朋友，被同龄人忽视或排斥。这种情况下，真正对他有所帮助的，可能是一位能教他如何管理情绪和行为以适应社交需要的老师。

当我们在本章和下一章讨论发展时，请记住我们所描述的发展变化是如何帮助你理解最佳水平的教与学的。例如，在儿童还没有发展成熟之前就试图强迫他们阅读并不是一个好策略，但当他们准备好时，就应该呈现给他们适宜水平的阅读材料。

多重思考
适合发展的教育有新的指导方针。连接到"社会环境和社会情感发展"。

发展不平衡：个体在不同领域发展不平衡的情况。

复习、思考和练习

学习目标 1：定义发展并解释发展的主要过程、阶段、争论，以及发展和教育之间的联系。

复习

· 发展的本质是什么？

· 在儿童的发展过程中，哪三个过程相互作用？从出生到青少年期结束，儿童一般会经历哪些阶段？

· 发展的主要争论是什么？这些争论可以得出什么结论？

· 发展的概念对"适合发展的"学习的观点有什么影响？

思考

· 举例说明认知过程如何影响你打算执教的年龄段儿童的社会情感过程。然后举例说明社会情感过程如何影响这个年龄段儿童的认知过程。

PRAXIS™ 实践

1. 哈克斯特比先生正在给一个家长–教师组织做关于发展的讲座。在他的讲座中，他最有可能将以下哪项描述为不是发展的一个例子？

    A. 青少年期的变化

    B. 记忆力的提高

    C. 友谊的变化

    D. 遗传性的害羞倾向

2. 哈勒老师教三年级。她可能对学生哪个阶段的发展最感兴趣？

    A. 婴儿期

    B. 童年早期

    C. 童年中后期

    D. 青少年期

3. 皮亚杰认为，儿童经历了一系列的认知发展阶段。与此相反，斯金纳强调个人只是随着时间的推移学会更多的东西。他们的分歧反映出哪个发展之争？

    A. 连续与不连续

    B. 早期与后期经验

    C. 先天与后天

    D. 生物和社会情感发展

4. 亚历山大在标准化的数学成绩测试中的分数总是非常高——位于全国的最高水平。相比之下，他在阅读成绩测试中的分数表明他大约是全国学生的平均水平。这是下面哪种情况的一个例子？

    A. 适合发展的教学

    B. 早期与后期经验

    C. 先天与后天

    D. 发展不平衡

请参看书末的答案……

2 认知发展

学习目标2：讨论大脑的发展，比较皮亚杰和维果茨基的认知发展理论。

20世纪的美国诗人玛丽安·穆尔说，思想是一种迷人的东西。这个迷人的东西是如何发展的引起了许多心理学家的兴趣。首先，本节将会探索众多有关大脑发展的研究，之后会转向两个主要的认知理论——皮亚杰的认知理论和维果茨基的认知理论。

大脑

不久前，科学家们认为，基因是影响大脑如何"搭线"的首要决定因素，而且大脑中负责处理信息的细胞只是自行发展，几乎没有环境体验的输入。根据这种观点，无论基因给予个体的是什么样的大脑，个体基本上都无力改变。然而，这种关于大脑的观点被证明是错误的。相反，显而易见的是，大脑具有可塑性，它的发展取决于儿童所处的环境和经历（de Haan & Johnson, 2016; Goddings & Mills, 2017）。

日益流行的**神经建构主义观点**（neuroconstructivist view）认为，（a）生物过程（如基因）和环境体验（如丰富或贫乏）共同影响大脑发展；（b）大脑具有可塑性（改变的能力）并依赖于体验；（c）大脑发展与认知发展密切相关。这些因素制约或促进认知技能的构建（Karmiloff-Smith, 2017; Monahan & others, 2016）。也就是说，儿童做的事情可以改变他们的脑发展。

神经建构主义观点：强调大脑的发展受到生物过程和环境体验的影响，大脑具有可塑性并依赖于体验，大脑发展与认知发展密切相关。

神经元和大脑区域的发展 大脑神经末梢的数量和大小的持续增加至少会持续到青春期。大脑体积的增长也与**髓鞘形成**（myelination）有关，髓鞘形成是大脑中许多细胞被髓鞘包裹的过程。髓鞘形成加快了信息在神经系统中传播的速度（Fields, 2015）。大脑有关集中注意力的重要区域的髓鞘形成直到10岁左右才能完成，这对教学的启示是，儿童在幼儿时期很难集中并保持注意力很长时间，但他们的注意力会随着小学年级的增长而逐渐提高。在青春期，髓鞘形成最广泛的增加发生在大脑额叶，一个与推理和思考有关的重要区域（Galvan & Tottenham, 2016）。

髓鞘形成：用髓鞘包住大脑中的许多细胞的过程，提高了信息在神经系统中的传播速度。

大脑在细胞水平上发展的另一个重要表现是神经元（神经细胞）之间连接的急剧增加。突触（synapses）是神经元之间形成连接的微小间隙。研究人员发现了突触连接的一个有趣的事实，实际形成的连接数量几乎是所使用的连接数量的两倍（Huttenlocher & Dabholkar, 1997）。使用过的突触连接会变得更强并存活下来，而未被使用的连接则会被其他通路取代或消失。用神经科学的术语来描述，就是这些连接被"修剪"了。值得注意的是，在**前额叶皮质**（prefrontal cortex，进行高层次思维和自我调节的区域）中的突触密度直到青少年中期到晚期才达到成年人突触的密度。

前额叶皮质：额叶中的最高层次，涉及推理、决策和自我控制。

童年中后期的脑发展 全脑容量（total brain volume）在童年中后期结束时趋

于稳定，尽管大脑的长势渐缓，大脑的不同结构和区域仍然继续发生着显著变化（Wendelken & others, 2016）。特别是，涉及前额叶皮质的大脑通路和回路在童年中后期持续增加。这些前额叶皮质的发展与儿童注意力、推理和认知控制能力的提高有关（Monahan & others, 2016）。

发展认知神经科学的主要研究者们提出，在大脑发展过程中，前额叶皮质可能协调了许多其他大脑区域的功能（de Haan & Johnson, 2016）。作为这种组织作用的一部分，前额叶皮质可能为包括前额叶皮质在内的神经网络和连接提供了各自的优势。在这种观点下，前额叶皮质协调对解决问题最有效的神经连接。

大脑发展和儿童认知发展之间的联系涉及大脑某些区域的激活，有些区域的激活增加而另一些区域的激活减少（de Haan & Johnson, 2016）。随着儿童的成长，大脑活动会发生变化。在童年中后期，大脑活动的变化之一是从扩散的、较大的区域转移到更集中的、较小的区域。这种转变的特征是突触修剪，即大脑中未被使用的区域失去突触连接，而被使用的区域获得额外的连接。重点激活的增加与认知能力的提高有关，尤其是在认知控制方面，这涉及在许多领域的灵活和有效的控制（Durston & others, 2006）。这些领域包括控制注意力、减少干扰思想、抑制动作，以及在有竞争性的选择之间灵活切换（Casey, 2015）。

青少年期的脑发展　和身体的其他部分一样，大脑在青春期也会发生变化。在本节之前的部分曾提到，神经元之间的连接会随着儿童和青少年的发展而被"修剪"。这种修剪的结果是，到青春期结束时，个体神经元之间的连接比儿童期"更少，更有选择性，更有效"（Kuhn, 2009）。这种修剪表明，青少年参与或不参与某项活动将导致某些神经连接加强或消失。

利用功能性磁共振成像扫描，科学家最近发现青少年的大脑发生了重大的结构变化（Crone, 2017; Monahan & others, 2016）。胼胝体（corpus callosum，连接大脑左右半球的纤维）在青春期增厚，这提高了青少年处理信息的能力（Chavarria & others, 2014）。早些时候，我们描述了儿童前额叶皮质发展的进展。然而，前额叶皮质直到成年期（大约 18~25 岁或更晚）才完全成熟（Steinberg, 2015a, b）。

在皮质下的**边缘系统**（limbic system）是情感的中心，也是体验奖赏的地方，它比前额叶皮质成熟得早得多，在青春期早期几乎完全发展成熟（Monahan & others, 2016）。**杏仁核**（amygdala）是与情绪特别相关的边缘系统结构。

知名研究者查尔斯·纳尔逊（Charles Nelson, 2011）指出，尽管青少年能够产生非常强烈的情感，但他们的前额叶皮质还没有发展到能够控制这些情感的程度。这意味着，大脑中控制危险冲动行为的区域在青春期仍在建设中。或者考虑一下对青春期情绪和认知发展的这种解释："用一套相对不熟练的'驾驶技能'或认知能力来调节强烈的情绪和动机的强烈'涡轮增压'感觉的早期激活。"（Dahl, 2004）。这种发展上的脱

多重思考
人们对识别大脑中与智力有关的部分产生了浓厚的兴趣。连接到"个体差异"。

胼胝体：连接大脑左右半球的纤维。

边缘系统：情感中心，也是体验奖赏的地方。

杏仁核：与情绪特别相关的边缘系统结构。

节可能导致青少年冒险行为和其他问题的增加（Steinberg, 2015a, b）。

大脑偏侧化 大脑皮质（cerebral cortex, 大脑的最高层次）分为两个半球。**偏侧化**（lateralization）是大脑各半球功能的专门化（Francks, 2016）。在完整的大脑中，某些区域的功能是专门化的。对大脑两个半球最广泛的研究与语言有关。大多数人的语音和语法都局限于左半球，然而并不是所有的语言加工都是在大脑左半球进行的（Moore, Brendel, & Fiez, 2014）。例如，语言理解的某些部分，如在不同的语境中如何恰当地使用语言，对语言的情感表达能力的评价，以及很多幽默的表达，都有大脑右半球的参与（Godfrey & Grimshaw, 2016）。此外，当个体因为意外事故、癫痫手术或其他原因损伤了左半球的大部分区域时，右半球在许多情况下可以进行自我重组，以增强语言处理能力（Xing & others, 2016）。

偏侧化：大脑各半球功能的专门化。

由于大脑两个半球功能的不同，人们通常用"左脑的"和"右脑的"来表示某个半球是主导的。不幸的是，这种说法在很大程度上被夸大了。例如，外行人和媒体通常夸大大脑半球的专门化，声称左脑是逻辑的，而右脑是创造性的。然而普通人的高级复杂功能，如逻辑思维和创造性思维，都涉及大脑两半球之间的交互作用。研究大脑的科学家在使用"左脑的"和"右脑的"这样的术语时通常非常谨慎，因为大脑比这些术语所表达的更复杂。

可塑性 正如我们所看到的，大脑具有可塑性（plasticity, de Haan & Johnson, 2016; Nagel & Scholes, 2017）。儿童的经历会影响他们大脑的发展。可以通过让学生置身于最佳的学习环境中来刺激大脑的发展。

迈克尔·雷拜因（Michael Rehbein）的非凡病例说明了大脑的可塑性。当迈克尔四岁半的时候，他开始经历每天多达400次的无法控制的癫痫发作。医生说，唯一的解决办法是切除他的大脑左半球，因为他的癫痫发作就发生在大脑左半球。迈克尔7岁时做了第一次大手术，10岁时又做了一次。虽然恢复缓慢，但他的右脑逐渐重组并最终接管了左脑功能，比如通常是大脑左半球发挥作用的演讲（见图2-1）。发展中的大脑具有非凡的可塑性和能力，能够适应脑组织的损伤并恢复原有功能。像迈克尔这样的个体就是活生生的证据。

脑与儿童教育 不幸的是，大量关于脑科学对儿童教育影响的论述，充其量也只是推测性的，而且往往与神经科学家对脑的了解相去甚远（Busso & Pollack, 2015; Gleichgerrcht & others,

（a）

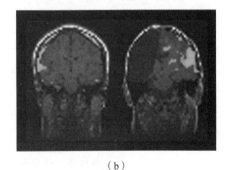

（b）

图2-1 大脑半球的可塑性

（a）14岁的迈克尔·雷拜因。

（b）迈克尔的大脑右半球（右侧）已自我重组，接管了正常情况下由完整大脑左半球相应区域执行的语言功能（左侧）。然而，右半球的效率不如左半球，需调用更多的大脑区域来处理语言。

2015）。甚至不需要深入的探讨，单是某些流行观点，如左脑型个体的逻辑性更强，右脑型个体则更有创造力，就足以说明神经科学和大脑教育之间存在着一些错误的联系（Sousa, 1995）。

神经科学和脑教育之间另一个普遍提及的联系是，在发展中存在某个关键期或敏感期，也就是一个生物的机遇期。这一时期的学习较之后会更容易、更有效和更容易保留。然而，一些研究大脑发展和学习的专家认为，关键期的观点被夸大了。一位著名的神经科学家甚至告诉教育工作者，尽管儿童的大脑在早期获得了大量的信息，但大多数的学习可能发生在突触形成稳定之后，也就是 10 岁以后（Goldman-Rakic, 1996）。

涉及脑发展的一个主要问题是，首先发生的是脑的生物变化，还是刺激这些变化的经历（Lerner, Boyd, & Du, 2008）？以一项研究为例，在该研究中，当青少年抵御同伴压力时，他们的前额叶皮质变厚并形成了更多的大脑连接（Paus & others, 2008）。科学家们还没有确定脑的变化是先于经历发生的，还是脑的变化是青少年与同伴、父母和其他人之间的相关经历的结果。在研究儿童和青少年的发展时，我们再一次遇到了先天／后天的问题。

鉴于媒体对脑教育的炒作，我们可以对目前将快速增长的脑发展研究应用于教育的知识现状得出什么结论？基于目前的知识现状，有以下结论：

·早期和后期经验，包括教育经验，对大脑的发展都非常重要。在整个青春期，大脑的细胞和结构水平继续发生重大变化。

·由于儿童和青少年的学习经验，神经元之间的突触连接会发生显著变化。当儿童参与阅读、写作和做数学题等学习活动中时，他们会集中注意力、努力记忆和思考。在这个过程中，那些被使用的神经元之间的连接得到加强，那些没有被使用的神经元连接则会被其他连接取代或消失。

·前额叶皮质是大脑的最高层次的大脑区域，与高级认知过程（如思考、推理和决策等）密切相关。它的发展至少会持续到成年早期（Monahan & others, 2016）。前额叶皮质的这种发展从较为分散到更为集中，涉及信息处理效率的提高（de Haan & Johnson, 2016）。随着前额叶皮质的激活变得更加集中，认知控制能力增强。这体现在儿童随着年龄增长，能够更有效地集中注意力和排除干扰。

·尽管随着儿童年龄的增长，前额叶皮质的局部活动增强，但青春期大脑的变化对增强认知控制提出了挑战。在青春期，参与处理情绪的边缘系统和杏仁核发展得较早，而前额叶皮质的发展却较慢，这就解释了青少年在控制情绪和冒险行为倾向方面的困难（Monahan & others, 2016）。

·大脑功能沿特定的路径产生，产生的同时也进行功能的整合。根据著名专家库尔特·费舍尔（Kurt Fischer）和玛丽·海伦·伊莫迪诺·杨（Mary Helen Immordino

Yang）2008 年的研究：

"教育神经科学的一个教训是，即使在其发展的早期阶段，儿童也会沿着特定的路径学习，但他们不会用不同的脑区行动或思考……一方面，他们会沿着特定内容（如数学或历史）定义的特定发展路径学习，但另一方面，他们在这些路径之间建立了联系。"

阅读是一个很好的例子，可以用来说明大脑的功能是如何整合地沿着特定的路径发生的。假设一个儿童被老师要求大声朗读给全班同学听。从儿童的眼睛输入的信息被传送到儿童的大脑，然后通过许多大脑系统的信息转换，黑白模式的信息被转换成字母、单词和关联的代码，通过儿童的嘴唇和舌头传达信息进行输出。儿童自己的语言天赋是有用的，因为大脑系统的组织方式允许进行语言处理。

这些结论表明，贯穿儿童期和青少年期的教育有利于儿童和青少年的学习和认知发展（Monahan & others, 2016）。在本书的其余部分，我们将适当地描述涉及大脑发展和儿童教育的研究。

皮亚杰的理论

诗人诺亚·佩里（Noah Perry）曾问道："谁知道孩子的想法呢？"这个问题的答案瑞士著名心理学家让·皮亚杰（Jean Piaget，1896—1980）比任何人都清楚。

认知过程 儿童使用什么过程建构他们对世界的知识？皮亚杰强调，以下这些过程在这个问题中尤为重要：图式、同化和顺应、组织和平衡。

图式 皮亚杰（1954）提出，在儿童试图建构对世界的理解的过程中，发展中的大脑会创造出许多行为和心理模式。这些组织知识的行为或心理表征就是**图式**（schema）。在皮亚杰的理论中，行为图式（身体活动）是婴儿期的特征，心理图式（认知活动）在儿童期得到发展。婴儿的图式是由简单的动作构成的，这些动作可以施加在物体上，例如吮吸、注视和抓握。大一些的儿童有包括解决问题的策略和计划的图式。例如，一个 6 岁的儿童可能拥有涉及按大小、形状或颜色对对象进行分类的策略的图式，而成年期的个体已经建构了大量的不同图式，包括如何驾驶汽车、如何平衡预算、公平的概念等。

同化和顺应 为了解释儿童如何使用和适应他们的图式，皮亚杰提出了两个概念：同化和顺应。当儿童把新的信息整合到他们现有的图式中时，**同化**（assimilation）就发生了；当儿童调整他们的图式以适应新的信息和体验时，**顺应**（accommodation）就发生了。

以一个 8 岁的女孩为例，她得到了一把锤子和一枚钉子，可以把一幅画挂在墙上。

图式：在皮亚杰的理论中组织知识的行为或心理表征，是已经存在于个体头脑中的那些信息，包含概念、知识，以及关于事件的信息等。

同化：皮亚杰的概念，即将新信息整合到现有的知识（图式）中。

顺应：皮亚杰的概念，即调整图式以适应新的信息和体验。

在此之前，她从没有使用过锤子。但是通过观察别人使用锤子，她意识到锤子是通过握住手柄并摆动来敲击钉子的，而且通常会摆动多次。认识到这些知识，她将自己的行为融入自己已经拥有的图式中（同化）。但是锤子很重，所以她握在了靠上的位置；挥动锤子的时候，她太过用力，锤弯了钉子，所以她调整了击打的力度，这些调整反映了她有能力稍微改变她对世界的看法（顺应）。就像同化和顺应在这个例子中都是必需的一样，它们在儿童的许多思维挑战中也是必需的。

组织　为了让自己的世界变得有意义，儿童以认知的方式组织他们的体验。在皮亚杰的理论中，**组织**（organization）是将孤立的行为和思想分组，使之成为一个更高层次系统的过程。不断改进这个组织是发展的一个固有部分。一个对如何使用锤子只有模糊概念的男孩对如何使用其他工具可能也有着模糊的概念。在学会使用其中一个工具之后，他将这些使用方法联系起来，组织自己的知识。

平衡与发展阶段　平衡作用（equilibration）是皮亚杰为了解释儿童如何从一个思维阶段转移到下一个思维阶段而提出的一种机制。在试图理解世界的过程中，儿童会经历认知冲突或不平衡，而思维阶段的转变就在这个过程中发生。最终，他们解决了冲突，也就达到了思想上的平衡。皮亚杰指出，随着同化和顺应协同工作产生认知改变，认知平衡和不平衡状态之间会存在相当大的变动。例如，如果儿童认为液体仅仅被倒入一个形状不同的容器就会产生量的变化（例如从一个又矮又粗的容器倒入一个又高又细的容器），儿童可能会困惑于"多出来"的液体来自何处，以及是否真的产生了更多的液体等问题。随着思维的进步，儿童最终会解决这些难题。而在日常生活中，儿童会经常面临这样的反例和矛盾。

同化和顺应总是把儿童带到更高的思维阶段。根据皮亚杰的观点，改变的动机是一种对平衡的内在追求。随着旧图式的调整和新图式的开发，儿童会对新旧图式进行组织和重组。最终形成的新的组织系统与旧的具有本质差异——它是一种新的思维方式。

因此，皮亚杰认为，这些过程的结果是个体经历了四个发展阶段。不同的理解世界的方式使一个阶段比另一个阶段更高级。认知在不同阶段之间存在着质的不同。换言之，儿童在不同阶段的逻辑推理方式有着本质的区别。

皮亚杰的认知发展阶段理论　皮亚杰的每个认知阶段都与年龄有关，由不同的思维方式组成。皮亚杰提出了认知发展的四个阶段：感知运动阶段、前运算阶段、具体运算阶段和形式运算阶段。

感知运动阶段　感知运动阶段（the sensorimotor stage）是指从出生至 2 岁左右，是皮亚杰认知发展理论的第一阶段。在这一阶段，婴儿通过协调他们的感官体验（如视觉和听觉）和他们的动作（伸手、触摸）来构建对世界的理解，因此被称为感知运动阶段。阶段初期，婴儿在适应现实世界时仅仅表现出反射性的模式。到了阶段的末期，他们会表现出更复杂的感觉运动模式。

　　前运算阶段　前运算阶段（the preoperational stage）是皮亚杰认知发展理论的第二阶段，对应的年龄阶段是 2~7 岁。相比于感知运动阶段，该阶段儿童的象征性思维增多，但尚不涉及运算性思维。然而，它是以自我为中心的和直觉的，而不是逻辑的。

　　前运算思维可分为象征性功能（又叫前概念思维）和直觉思维两个子阶段。**象征性功能子阶段**（symbolic function substage）发生在 2~4 岁。在这一子阶段，幼儿拥有了在头脑中表征外部事物的能力，而不需要这个物体的实际出现。这一能力拓展了幼儿心理世界的维度。语言技能的迅速发展和假装游戏的出现是该阶段儿童象征性思维增加的又一实例，幼儿开始用简单的涂鸦来表现人、房子、汽车、云彩和现实世界中的其他事物。可能是因为幼儿并不关心现实，他们的绘画是充满幻想和富有创造性的（Winner, 1986）。一个 3 岁半的孩子指着他刚画的涂鸦说是"一只鹈鹕亲吻海豹"，而学龄期儿童的绘画则变得更加真实、整洁和精确。

　　尽管幼儿的思维在这一子阶段取得了显著的进步，但他们的前运算思维仍然存在重要的局限性：自我中心主义。**自我中心主义**（egocentrism）是指不能区分自己和他人的角度，即不能从他人的角度看问题。1969 年，皮亚杰和巴贝尔·英海尔德（Bärbel Inhelder）首先通过设计"三山实验"来研究幼儿的自我中心主义。儿童首先绕着山的模型从不同角度观察山的形状和山上的不同物体。然后让儿童坐在三山模型所放置的桌子的其中一侧，同时实验者将玩偶娃娃移动到桌子边的不同位置。在每个位置，参与实验的儿童都被要求从一系列照片中选出一张最能反映玩偶娃娃所看到画面的照片。处于前运算阶段的儿童通常会选择自己所在位置的视图，而不是玩偶娃娃所在位置的视图。

　　在前运算阶段还会发生哪些认知变化？**直觉思维子阶段**（intuitive thought substage）是前运算思维的第二个子阶段，从 4 岁左右开始，持续到 7 岁左右。在这个子阶段，儿童开始使用原始推理，想知道各种问题的答案。皮亚杰称这个子阶段为"直觉的"，因为儿童似乎对自己的知识和理解很有把握，但并不知道自己是如何知晓的。也就是说，他们说自己知道一些事情，但是对该知识的获取过程缺乏理性思考。

　　前运算阶段有许多这样的例子，显示了**集中化**（centration）的思维特征，即把注意力集中在某一个特征上，而把其他所有特征排除在外。最能体现前运算阶段儿童集中化特征的表现就是**守恒性**（conservation）缺失。具体来说就是，即使物体的外观可能发生了一定的改变，它的某些特征仍然保持不变。例如，一定量的液体不论倒入何种形状的容器，液体的总量都不会发生改变。对于成年人，这是显而易见的，但是对于年幼的儿童来说不是。相反，他们会受到容器中液体高度的影响。在此种类型的守恒任务（皮亚杰最著名的任务）中，儿童会看到两个完全相同的烧杯，每个烧杯里倒入的液体有着同样的高度。当被问到两个烧杯中液体的量是不是一样多时，儿童通常会回答"是的"。接着将其中一个烧杯中的液体倒入第三个又高又细的烧杯中。此时，

前运算阶段：皮亚杰认知发展理论的第二阶段，从 2 岁到 7 岁，象征性思维增加，运算性思维尚未出现。

象征性功能子阶段：前运算思维的第一个子阶段，出现在 2~4 岁之间。表征不在眼前的物体的能力得到发展，象征性思维增加。自我中心主义开始出现。

直觉思维子阶段：前运算思维的第二个子阶段。持续时间为 4~7 岁。儿童开始使用原始的推理方法并想知道各种问题的答案。在这个阶段，他们似乎对自己的知识很有把握，但不知道自己是如何知晓这些知识的。

集中化：注意力集中在某一个特征上，而不考虑其他特征；是前运算思维的特征。

守恒性：即使一个物体在外观上可能发生变化，该物体的某些特征保持不变；根据皮亚杰的说法，这是一种在具体运算阶段发展起来的认知能力。

实验者会询问参与实验的儿童，第三个烧杯中的液体量是否和第二个烧杯中的液体量一样。8 岁以下的儿童通常会回答"不一样"，他们会参考烧杯的不同高度或宽度来证明自己的回答是正确的。而再大一些的儿童通常会回答"一样的，如果你倒回去，量还是一样的"。他们合理地证明了自己的回答。

在皮亚杰看来，液体守恒任务的失败表明儿童正处于前运算思维阶段。通过测试的儿童则进入了具体运算阶段。

根据皮亚杰的观点，他认为前运算阶段的儿童不能进行他所说的运算。在皮亚杰的理论中，运算（operations）是具有可逆性的心理表征。

正如烧杯任务中的表现，学龄前儿童很难理解逆转可以使事物回到动作开始前的原始状态。下面的两个例子将进一步帮助你理解皮亚杰的运算概念。幼儿可能知道 4+2=6，却不知道反过来说 6-2=4 也是对的；或者可以假设一个学龄前儿童每天步行去他的朋友家，但总是搭便车回家，如果让他从朋友家步行回家，他可能会说他不认路，因为他之前从来没有步行回家过。

一些发展主义者对于皮亚杰关于儿童能理解守恒概念的时间估计表示怀疑。例如，罗切尔·戈尔曼（Rochel Gelman, 1969）训练学龄前儿童熟悉守恒任务的相关方面，这提高了他们理解守恒的能力。

此外，儿童在理解守恒的能力方面表现出相当大的差异。研究人员发现，50% 的儿童在 6~9 岁时发展出数目守恒，50% 的儿童在 4~9 岁时表现出长度守恒，50% 的儿童在 7~9 岁时表现出面积守恒，50% 的儿童在 8~10 岁时才获得重量守恒（Horowitz & others, 2005; Sroufe & others, 1992）。

前运算阶段儿童的另一个特征是他们会问很多问题。这种集中的一连串式的提问从 3 岁左右开始，到了 5 岁左右，他们已经用"为什么"把周围的成年人弄得精疲力竭了。问"为什么"表明儿童开始对弄明白事情背后的原因产生了兴趣。以下是对 4~6 岁儿童的提问做的抽样调查（Elkind, 1976）：

"是什么让你长大的？"

"当每个人都还是婴儿的时候，谁是妈妈？"

"为什么树叶会落下？"

"为什么太阳会发光？"

具体运算阶段：皮亚杰认知发展理论的第三阶段，发生在 7~11 岁之间。在这个阶段，儿童的思维是运算性的。逻辑推理取代了直觉思维，但只是在具体的场景中；分类技能已经出现，但抽象问题仍然难以解决。

具体运算阶段　具体运算阶段（the concrete operational stage）即皮亚杰认知发展理论的第三阶段，从 7 岁左右开始持续到 11 岁左右。具体运算思维涉及运算的使用。逻辑推理代替了直觉推理，但是只在具体或熟悉情境中发生。这一阶段的儿童已经出现分类能力，但是还无法解决抽象问题。

具体运算是一种与真实具体的物体相关的、具有可逆性的心理活动。具体运算允许儿童协调几个特征，而不是专注于物体的某一个单一属性。在具体运算的层面上，

连线学生：最佳实践
与前运算思维者合作的最佳策略

正如前文所述，幼儿的思维方式与学龄期儿童不同，以下是一些提高幼儿思维能力的有效策略。

1. 做比较。让儿童在不同事物之间进行比较，这个过程涉及更大、更高、更宽、更重、更长的概念。
2. 练排序。帮助儿童获得排序运算的经验。例如，让他们从高到低排成一排，或者反过来从低到高排序；介绍各种生命周期不同的动植物的示例，比如一些蝴蝶发育、豆子或玉米粒发芽的照片。
3. 练习透视。让儿童用透视法来画场景。鼓励他们让画中的物体看起来和他们当下看到的场景保持位置一致。例如，如果他们看到一匹马在田野的尽头，他们应该把马放在图画中相同的位置。
4. 造斜面。通过建造斜面或小山，儿童可以将大小不一的弹珠从斜面滚落。之后，让他们比较不同大小的弹珠到达底部的速度，这应该有助于他们理解速度的概念。
5. 做证明。当儿童得出某个结论的时候，让他们对自己答案的正确性做出证明。例如当他们说把液体从一个粗矮的容器倒入一个瘦高的容器会使液体体积发生变化时，可以问他们："你为什么这么认为？"或者"你能够向你的朋友证明这一点吗？"

儿童可以在头脑中完成之前只能动手实践的物理运算，并且可以逆转具体运算。

一个重要的具体运算是将事物进行分类或划分为不同的集合和子集，并理解它们之间的相互关系（如包含关系）。关于四代家谱的推理任务揭示了儿童所具有的具体运算技能（Furth & Wachs, 1975）。家谱表明，祖父（A）有 3 个孩子（B、C 和 D），他们每个人又有 2 个孩子（E 到 J），其中 J 有 3 个孩子（K、L 和 M）。具体运算阶段的儿童能够理解分类，例如他们可以推理出 J 可以同时是父亲、兄弟和孙子，而前运算阶段的儿童则无法做到这一点。

皮亚杰的有些任务要求儿童对类别之间的关系进行推理。其中一个任务是**序列化**（seriation），这是一种具体运算，涉及根据某种量化维度（如长度）对刺激物进行排序。为了了解学生是否可以完成序列化，教师可能会随意将 8 根长度不一的木棍放在桌上，然后要求学生按照长度对木棍进行排序。许多幼儿最后得到的是 2~3 组"大"木棍或"小"木棍，而不是全部 8 根棍子的正确排序。另一个他们使用的错误策略是均匀地排列木棍的顶部，却忽略了底部。具体运算阶段的儿童则同时明白，每根木棍都必须比前面的木棍长，比后面的木棍短。

> 序列化：一种具体运算，涉及根据某种量化维度（如长度）对刺激物进行排序。

传递性（transitivity）是指对关系进行推理和逻辑关联的能力。如果一个关系存在于第一个对象和第二个对象之间，也存在于第二个对象和第三个对象之间，那么它也存在于第一个对象和第三个对象之间。例如，考虑三根不同长度的木棍（A、B 和 C），其中 A 最长，B 长度中等，C 最短。儿童是否能理解，如果 A 比 B 长，B 比 C 长，那么 A 比 C 长呢？在皮亚杰的理论中，具体运算阶段的儿童能够明白，而前运算阶段的儿童则不明白。

> 传递性：对关系进行推理和逻辑关联的能力。

连线学生：最佳实践

与具体运算思维者合作的最佳策略

正如前面所介绍的，对于大多数小学生而言，他们的思维都是在具体运算的层面上进行的。学龄期儿童的思维过程与幼儿和青少年不同。以下是一些在具体运算层面上促进儿童思维的有效策略。

1. 鼓励学生发现概念和原则。教师可以通过询问与所学内容相关的问题，帮助他们专注于学习的某个方面。不要直接告诉学生问题的答案，而是让他们尝试通过自己的思考找到答案。
2. 让学生参与运算任务。运算任务包括加、减、乘、除、序列化和反向排序。一开始给学生提供具体材料来完成这些任务，之后再引入数学符号。
3. 组织学生开展有关升序、降序的分类层级概念的练习活动。让学生按范围大小（如从大到小）排列下列各项：亚特兰大、佐治亚州、美国、西半球和地球。
4. 包含需要理解面积、重量和位移量守恒的练习活动。认识到儿童在不同领域理解守恒的能力有相当大的差异。
5. 学生解决问题后，可以继续要求他们证明自己答案的正确性。帮助他们检查结论的有效性和准确性。

形式运算阶段：皮亚杰认知发展理论的第四阶段，发生在 11~15 岁之间。在这个阶段，儿童的思想变得更抽象、更理想化和更合乎逻辑。

形式运算阶段　形式运算阶段（the formal operational stage）在 11~15 岁出现，是皮亚杰认知发展理论的第四阶段，也是最后一个阶段。在这个阶段，个体不再仅限于具体体验的推理，而是以更抽象、更理想化和更合乎逻辑的方式进行思考。

形式运算思维的抽象性在语言问题的解决中表现得最为明显。具体运算阶段的儿童需要看到具体的元素 A、B 和 C，才能做出逻辑推论，如果 A=B 且 B=C，那么 A=C。相反，形式运算思维者则可以在口头上解决这个问题。与形式运算思维的抽象本质相伴而来的，是理想化和想象可能性的能力。在这个阶段，青少年对他们希望自己和他人具有的理想品质进行了广泛的猜测。这些理想化的想法可能会在幻想中表达出来。许多青少年对他们新产生的理想以及实现这些理想可能面临的问题感到不耐烦。在青少年思维变得更加抽象和理想化的同时，他们的思维也更加逻辑化。作为形式运算思维者，他们的思维更像科学家。他们设计解决问题的方案并对方案进行系统的测试。

假设演绎推理：皮亚杰的形式运算概念，即青少年可以提出假设来解决问题，并系统地得出一个结论。

试。皮亚杰理论中假设演绎推理（hypothetical-deductive reasoning）这一术语，指的是青少年可以对解决问题的方法提出假设（根据直觉），并系统地得出结论。形式运算思维者通过谨慎选择的问题和测试来检验自己的假设。与之相反，具体运算思维者往往无法理解假设与精心选择的测试之间的关系，而是固执地坚持那些不切实际的想法。

青少年期会出现另一种自我中心主义的形式（Elkind, 1978）。青少年的自我中心主义是一种自我意识的提高，反映在青少年认为别人和他自己一样对他感兴趣。青少年的自我中心主义还包括个人独特性的感觉，他们渴望被关注、被看到，以及拥有"站在舞台中心"的感觉。自我中心主义是一种正常的青少年期现象，在初中比高中更常见。然而，对某些人来说，青少年的自我中心主义会导致鲁莽行为的发生，如自杀念头、吸毒和不采取避孕措施的性交等。它还可能会让一些青少年认为他们自己是不受

连线学生：最佳实践

与形式运算思维者合作的最佳实践策略

青少年的思维方式与儿童不同，以下是一些与形式运算阶段的青少年合作的有效策略。

1. 由于许多青少年并不是成熟的形式运算思维者，所以前面讨论的关于具体运算思维者的许多教学策略仍然适用。正如下面"教师视角"所讨论的，佐治亚州米勒磁校高中的数学教师杰里·霍尔（Jerri Hall）强调，如果一门课程过于正式和抽象，就会让学生们难以理解。

2. 提出问题并邀请学生就如何解决问题提出假设。例如，教师可能会说："想象一个女孩没有朋友，她该怎么办？"

3. 提出问题和给出几种可能的解决方法，然后问一些问题，引起学生对方法的评价。例如，描述几种调查抢劫案的方法，并要求学生评估哪种方法最好以及为什么最好。

4. 为学生设计项目和调查任务并让他们完成。定期询问他们如何收集和解释数据。

5. 鼓励学生在你要求他们写论文时创建层次化的大纲。确保他们了解如何根据一般和具体的要点来组织他们的写作。形式运算思维的抽象性也意味着教师可以鼓励学生使用隐喻。

教师视角

以皮亚杰理论作为指导

"我用皮亚杰的发展理论来指导学生学习数学。在六到八年级，儿童的认知过程正在由具体阶段走向抽象阶段。因此，在教学过程中，我试图使用多种不同方法帮助学生理解同一个概念。例如，我使用分数圆圈（将一个整圆等分成不同数量的塑料圆片，如 1/2、1/4、1/12 和整个圆等）来帮助学生理解如何加、减、乘、除分数，学生可以使用这些工具直到他们熟练使用算法。我尝试将学生自己发现规则时的实践经验结合起来，而不只是教授方法，让学生大量练习。对于学生来说，理解数学规则背后的原因是非常重要的，这样他们才能更好地理解这个概念。"

伤害的。

然而，有理由质疑个人臆测的不受伤害方面的准确性，因为有研究表明，许多青少年并不认为自己是不受伤害的（Fischoff & others, 2010）。一些研究表明，与其说青少年认为自己是不受伤害的，不如说他们更倾向于把自己描绘成容易过早死亡的（Reyna & Rivers, 2008）。

像脸书这样的社交媒体是否会成为青少年放大自我中心主义的工具？最近的一项研究发现，脸书的使用确实增加了自我中心主义（Chiou, Chen, & Liao, 2014）。

最近，我请老师们描述他们是如何将皮亚杰的认知阶段运用到课堂上的，以下是他们的回复：

幼儿园　在教处于前运算阶段的学龄前儿童唱歌的时候，我会使用幻灯片，将歌词或者其中的关键字投影在黑板上，我还会在页面边框上加一些剪贴画和图片。

——康妮·克里斯蒂，艾诺小学附属幼儿园

（Connie Christy, Aynor Elementary School, Preschool Program）

小学　在我二年级的科学课上，我会用下列方法帮助学生从具体运算思维转向更抽象的思维：给孩子们布置任务，让他们讨论所发生的事情（例如，物体下沉或漂浮；当某个东西被添加到一个系统中时，结果会发生改变）。然后，从实际观察中发展出一种理论或思想。当儿童观察并解释某一现象时，他们可以更容易地从具体的事物转向更加抽象的事物。尽管这些方法和其他类似的方法都很有效，但是我还需要经常重复使用它们。

——简妮·吉达·普特雷，克林顿小学

（Janine Guida Poutre, Clinton Elementary School）

初中　我要求七年级的学生分享他们将课堂学习应用于现实世界的例子，用这种方式让他们感觉有些挑战性。他们可以因此获得额外的学分，但他们似乎更关心分享自己成就的机会，而不是分数。例如，在完成了"进步主义"单元后，一名学生分享了他如何在自己家里使用电脑在网上为达尔富尔难民捐款。在此之前，他本来打算用这笔钱给自己买一把新吉他。这是100年前进步时代的社会行动理论在当今生活的一种应用。该学生的行动，清楚地在行为上展示了皮亚杰理论中的形式运算阶段的特征。

——马克·福德尼斯，贝米吉初中

（Mark Fodness, Bemidji Middle School）

高中　我艺术高中的学生参加了创意竞赛。在竞赛中，他们构建、创造、探索、解决问题，并为他们面临的挑战提供解决方案。这次比赛的主题是"目的地想象"，让我的学生们备受挑战。面对这项看似不可能完成的任务，他们集思广益，提出各种想法和解决方案。最终，他们赢得了地区和州的冠军，还赢得了世界冠军。

——丹尼斯·彼得森，鹿河高中

（Dennis Peterson, Deer River High School）

皮亚杰、建构主义和技术　建构主义的基本思想是学生在积极建构信息和知识的过程中学习效果最好。皮亚杰的理论是一个强有力的建构主义观点。在技术应用于儿童学习的早期，与皮亚杰一起研究了5年的西蒙·派珀特（Seymour Papert, 1980）发明了用于计算机的Logo编程语言。该编程语言基于皮亚杰的建构主义观点。一个标着"乌龟标志"的小机器人指导儿童构建问题的解决方案。今天，各种各样的课程都声称以建构主义为基础，并在世界各地的学校中被使用。例如为不同年级的学生准备的机器人工具包：BeeBots（www.bee-bot.us/）可以在编程后自主运动，即使是很小的儿童也能使用；Dash（www.makewonder.com/dash）和Finch（www.finchrobot.com/）将编程应用程序和语言配对；Cubelets（www.modrobotics.com/cubelets）是一种基于传感器的模块，可以通过编程对光线、声音、动作和其他环境线索做出反应；Arduino（www.arduino.cc/）适用于年龄稍大的儿童，用于制造使用传感器的机器人。

其他支持建设性思维的技术包括 Scratch（http://scratch.mit.edu/），这是一个为儿童提供的在线编程和交流空间，还有计算机俱乐部网络（Computer Clubhouse Network，www.computerclubhouse.org/），这是一个国际计算机俱乐部联盟，通过互联网为来自低收入社区的 10~18 岁的青少年提供一个有创意、安全的校外学习环境，由成年人导师指导。这一领域的一个重要发展是计算思维运动（computational thinking movement），它强调学生需要了解计算机如何工作，以便在 21 世纪发挥自身作用（见 https://www.iste.org/explore/ articleDetail? articleid=152）。

对皮亚杰理论的评价 皮亚杰的主要贡献是什么？他的理论经得起时间的考验吗？

贡献 皮亚杰是发展心理学领域的巨人，在儿童认知发展领域做出了重要成就。他还创造了一长串精妙的概念，包括同化和顺应、客体永久性、自我中心主义、守恒和假设-演绎推理等。当前的观点认为儿童是积极的、有建设性的思想家，与威廉·詹姆士和约翰·杜威一样，我们应该感谢皮亚杰对此观点做出的贡献。

在观察儿童方面，皮亚杰也是个天才，他的细致观察向我们展示了发现儿童如何行动和适应他们世界的创造性的方法。而对于认知发展的一些重要方面，如前运算思维到具体运算思维的转变等，皮亚杰也进行了展示。他还向我们展示了儿童如何使体验符合他们的图式（认知框架），同时也使他们的图式适应体验。

皮亚杰和他的家人。皮亚杰对其 3 个孩子（卢西恩、劳伦特和杰奎琳）的仔细观察促进了其认知理论的发展。
© Archives Jean Piaget, Geneva

批评 皮亚杰的理论并非没有遭到挑战，有心理学家在下列领域提出了问题：

• 儿童能力的评估。一些认知能力比皮亚杰认为的出现得更早，而另一些则出现得更晚（Monahan & others, 2016; Quinn & Bhatt, 2016）。数字守恒早在 3 岁时就已被证明在儿童中出现，尽管皮亚杰认为它直到 7 岁才出现。与皮亚杰所认为的不同，幼儿不总是一致地"前"这个或"前"那个，例如，前因果的、前运算的（Flavell, Miller, & Miller, 2002）。而其他认知能力的出现可能比皮亚杰估计的要晚。许多青少年仍然以具体运算方式思考，或者刚刚开始掌握形式运算（Kuhn, 2009）。

• 阶段。认知发展并不是像皮亚杰所想象的是阶段式的（Müller & Kerns, 2015）。皮亚杰将各阶段设想为单一的思维结构。然而，某些具体运算概念并不是同时出现的。例如，儿童不是在学习交叉分类的同时学习守恒的。

连线学生：最佳实践
将皮亚杰理论应用于儿童教育的策略

在本章稍前的内容中，你学习了如何将皮亚杰理论应用于不同认知发展阶段的儿童教育。以下是 5 种基于皮亚杰的儿童教育策略。

1. 采取建构主义的方法。皮亚杰强调，儿童在积极主动地为自己寻找解决方案时学习效果最好。皮亚杰反对将儿童视为被动接受者的教学方法。皮亚杰观点的教育意义在于，在所有学科中，学生通过发现、反思和讨论来获得最佳学习效果，而不是盲目地模仿教师或死记硬背。

2. 促进而不是指导学习。优秀教师设计情境，让学生在实践中学习。这些情况促进学生思考和发现。教师倾听学生的回答、观察学生的反应并进行提问，以帮助他们更好地理解知识。他们会问一些相关的问题来激发学生的思考，并要求学生解释他们的答案。正如在"教师视角"中所描述的，苏珊·兰斯勒本（Suzanne Ransleben）创造了富有想象力的课堂情境来促进学生的学习。

教师视角

苏珊·兰斯勒本在得克萨斯州的科珀斯克里斯蒂市（Corpus Christi）教九年级和十年级的英语，她设计的课堂环境能激发学生的反思和发现。苏珊创造了"语法足球"，让学生们对图表化的句子产生兴趣，她还让学生们解读诗词，以帮助他们更好地学习如何写诗。当学生们第一次接触莎士比亚时，他们画出了他们最喜欢的《罗密欧与朱丽叶》中台词的情景（资料来源：Wong Briggs, 2004, p. 7D）。

3. 考虑儿童本身的知识和思维水平。学生们来上课时并不是大脑一片空白的。他们对物质世界和自然世界有很多自己的想法，包括空间、时间、数量和因果关系的概念。这些想法往往与成年人的想法有所不同。教师需要理解学生在说什么，并以接近学生水平的话语进行回应。

4. 促进学生的智力健康。当皮亚杰来美国演讲时，有人问他，"我怎样才能让我的孩子更快地进入更高的认知阶段？"，他经常在美国被问到这个问题，所以他称之为美国问题。皮亚杰认为，儿童学习的成熟应该是自然发生的，不应该强迫儿童在他们的发展中过早取得太多的成就。

5. 把教室变成一个探索和发现的地方。当教师采用皮亚杰的观点时，实际的教室是什么样的呢？一些一年级和二年级的数学教室提供了很好的例子（Kamii, 1985, 1989），即教师注重学生自身的探索和发现。与我们认为典型的课堂相比，这些课堂的结构化程度较低。不使用作业本和预先设定的作业，相反，教师通过观察学生的兴趣和对活动的自然参与来决定学习的过程。例如，数学课的内容可以围绕着计算每天午餐费或者在学生中分发用品来进行。在课堂上，游戏经常被着重使用，用来刺激学生的数学思维。

多重思考
信息加工理论强调儿童的信息加工能力在逐步提高。连接到"信息加工理论"。

·训练儿童使用更高水平的推理方式。一些处于某个认知阶段（如前运算阶段）的儿童可以接受更高的认知阶段（具体运算阶段）的推理训练。然而，皮亚杰认为，这种训练是肤浅的和无效的，除非儿童正处在两个阶段之间的成熟过渡期（Gelman & Opfer, 2004）。

·文化与教育。文化和教育对儿童发展有着超出皮亚杰预想的巨大影响（Gauvain, 2016）。例如，儿童获得守恒技能的年龄与他们所属文化提供相关实践的程度相关（Cole, 2006）。优秀的教师可以对学生的学习经验进行引导，从而帮助他们进入更高的认知阶段。

　　不过，一些发展心理学家认为，我们不应该完全抛弃皮亚杰。这些**新皮亚杰主义者**（neo-Piagetian）认为，皮亚杰的理论在某些方面是正确的，但是需要大量的修订。在修订后的皮亚杰理论中，新皮亚杰主义者强调儿童如何通过注意、记忆和策略来处理信息（Case, 2000）。他们特别强调，要想更准确地了解儿童的思维，就必须更多地了解策略、儿童处理信息的速度和自动化程度、所涉及的特定认知任务，以及将认知问题划分成更小、更精确的步骤（Fazio, DeWolf, & Siegler, 2016）。

　　尽管存在着各种各样的批评，皮亚杰的认知发展理论依然是非常重要的。正如第52 页方框内容所示，有很多方法是将他的观点应用于儿童教育而产生的。

维果茨基的理论

　　除皮亚杰的理论外，另一个重要的儿童认知发展理论是由俄国心理学家列夫·维果茨基（Lev Vygotsky）提出的。在维果茨基的理论中，儿童的认知发展是由他们所处的文化环境所决定的（Gauvain, 2016; Holzman, 2017; Yasnitsky & Van der Veer, 2016）。

　　最近发展区　维果茨基相信社会影响，尤其是教育对儿童认知发展的重要性。这一观点在他的"最近发展区"的概念中有所体现。**最近发展区**（zone of proximal development, ZPD）是维果茨基用于描述一个特殊任务范围的术语，在这个范围内的任务儿童无法独立完成，但在成年人或更有能力的儿童的指导和帮助下能够学习掌握。因此，最近发展区的下限是儿童独立完成任务时所能达到的技能水平；上限是在有能力的指导者的帮助下，儿童能接受的额外任务水平。最近发展区反映了儿童正处在成熟过程中的认知技能，这些技能只有在更有经验的人的帮助下才能获得。

　　最近发展区的教学反映了在本章前面所描述的适合发展的教学的概念。它包括意识到"学生在他们的发展过程中处于什么位置，并充分利用他们已具备的能力；教学是为发展做好准备，而不只是等待学生做好准备"（Horowitz & others, 2005, p. 105）。

　　脚手架　与最近发展区的思想紧密相连的是**脚手架**（scaffolding，也译作搭建支架）的概念。脚手架意味着改变支持的水平。在教学过程中，更熟练的指导者（教师或更高技能的同伴）会根据儿童当前的表现调整指导的程度（Wilkinson & Gaffney, 2016）。当学生正在学习一项新任务时，指导者可以使用直接指导。随着学生能力的提升，给予的指导会随之减少。脚手架常被用来帮助学生达到他们最近发展区的上限。

　　提出探究性的问题是一个很好的方法，可以为学生的学习提供脚手架，帮助他们

新皮亚杰主义者：认为皮亚杰在某些方面是正确的，但其理论需要相当大修订的发展心理学家。他们强调儿童通过注意、记忆和策略的信息处理方式。

最近发展区：维果茨基的术语，是指那些对儿童来说难以单独掌握，但在成年人或更有能力的儿童的指导和帮助下可以掌握的任务范围。

脚手架：涉及改变对学习的支持水平的一种技术。教师或更高技能的同伴调整指导的程度，以适应学生当前的表现。

发展更复杂的思维技能。教师可以问学生下面的问题："举个例子吧？""为什么你会这样认为？""你现在需要做的下一件事是什么？"，以及"如何将这些联系起来？"。随着时间的推移，学生开始内化这些类型的探究并改进对他们自己作业的自我监控（Horowitz & others, 2005）。

许多成功使用"脚手架"的教师会随时注意教室里的每一位学生的动态，为学生提供"及时"的帮助，或者发现整体性的错误观念，然后引导讨论来纠正这个问题。他们也给学生们"解决问题的时间"，并在发现学生无法自己取得进展的时候给予指导（Horowitz & others, 2005, pp.106–107）。

语言和思维   在维果茨基看来，语言在儿童的发展中发挥着重要作用。根据维果茨基的观点，儿童不仅用语言进行社会交流，还用它来帮助自己解决问题。维果茨基进一步认为，幼儿使用语言来计划、指导和监控自己的行为。这种用语言来进行自我调节的行为被称作自言自语（private speech）。例如，幼儿会大声地和自己对话，比如谈论自己的玩具和他们试图完成的任务。因此，当一个儿童在做拼图游戏时，她可能会说："这块不合适，也许我应该试试那块。"几分钟后，她又在喃喃自语："好难啊。"在皮亚杰的观点中，自言自语是自我中心的、不成熟的，但在维果茨基看来，它是童年早期重要的思考工具（Alderson-Day & Fernyhough, 2014）。

维果茨基表示，语言和思维的发展最初是独立发展的，然后再融合在一起。他强调，所有心理功能都有外部的或社会的根源。在儿童能够专注于自己的想法之前，必须使用语言与他人交流。此外，他们还必须通过外部交流和长时间的使用语言，才能从外部语言过渡到内部语言。这个过渡时期在 3~7 岁之间出现，包括自言自语。一段时间之后，这种自我对话就成为儿童的第二天性，并且他们能够不用说出声来。当这种情况发生时，儿童已经将自我中心语言内化成了内在语言（inner speech），后者成为他们的想法。

维果茨基认为，使用自言自语的儿童比不使用自言自语的儿童的社交能力更强。他认为，自言自语代表着向更有社会交流能力的早期过渡。在维果茨基看来，当儿童在自言自语的时候，他们是在用语言来管理自己的行为，并进行自我引导。

而皮亚杰则认为，自言自语是自我中心的，是一种不成熟的表现。然而，研究者发现自言自语在儿童的发展中发挥着积极的作用，这一结果支持了维果茨基的观点（Winsler, Carlton, & Barry, 2000）。研究表明，在完成困难任务的过程中，在儿童犯错之后以及他们不确定如何继续时，他们会更多地自言自语（Berk, 1994）。进一步的研究发现，与不使用自言自语的儿童相比，使用自言自语的儿童会更加专心，并有更好的表现（Berk & Spuhl, 1995）。

最近，我询问了老师们关于他们如何将维果茨基理论应用到课堂上的问题。在阅读了他们关于维果茨基理论的回答后，你可能想把这些回答与教师对如何在课堂上应用皮亚杰理论的回答进行比较。

幼儿园 在给学龄前儿童教授音乐时，我利用自言自语来帮助孩子们学习不熟悉的节奏。例如，当我的学生学习非洲鼓的新节奏模式时，不让他们去数八分音符和四分音符，因为那太难了。相反，我建议他们在有节奏的模式中重复某些单词以学习节拍，或者他们可以想出自己的单词来配合新的节奏。我的指导让孩子们提高了对音乐节奏的理解。

——康妮·克里斯蒂，艾诺小学附属幼儿园
（Connie Christy, Aynor Elementary School, Preschool Program）

小学 灵活分组是最大限度提高学生的最近发展区的方法之一。在灵活的分组中，小组经常根据需要、兴趣等进行变动。我使用不同的分组模式，例如全班、小组、同质组和异质组。小组成员和小组风格的不同，使所有学生都能得到在其最近发展区内的指导。一个学生可能在某个领域达到年级水平，在另一个领域高于年级水平，而在另一个领域低于年级水平。关键是，灵活分组让我能够给不同水平的学生提供必要的学习指导。

——苏珊·弗勒利希，克林顿小学
（Susan Froelich, Clinton Elementary School）

初中 当我教学生一项新技能时，我需要在他们学习的过程中待在他们身旁，这是很重要的。这样一来，如果他们需要我的帮助，我就可以当场给予一些指导，来帮助他们掌握新技能。当我们在处理多步骤项目时，这种方法尤其有效。

——凯西·玛斯，爱迪生中学
（Casey Maass, Edison Middle School）

高中 艺术高中生和自主学习的学生一直是我课堂上的活跃组成部分，尤其是在帮助其他学生最大化他们的最近发展区（并增长他们自己的艺术技能）的时候。例如，在我的陶艺课上，我有几个高水平的学生，他们已经对陶艺有了丰富的知识和熟练的技能，他们为那些第一次尝试在陶轮上工作的一年级学生提供了帮助。来自高水平学生的额外帮助使我能够帮助其他需要进一步指导的学生。

> **多重思考**
> 协作学习和认知学徒制反映了维果茨基的社会建构主义取向。连接到"社会建构主义理论"。

——丹尼斯·彼得森，鹿河高中
（Dennis Peterson, Deer River High School）

之前的章节已经讨论了的皮亚杰和维果茨基的理论观点，以及这些理论在儿童教育上的相关应用。为了思考如何将他们的理论运用到自己的课堂上，请完成自我评估 1。

对维果茨基理论的评价　与皮亚杰的理论比较后发现，尽管两种理论都是建构主义观点理论，但维果茨基的理论是一种社会建构主义取向（social constructivist approach），强调学习的社会情境和通过社会互动来建构知识。

从皮亚杰到维果茨基，概念上的转变是个人到协作、社会互动和社会文化活动（Holzman, 2017; Yasnitsky & Van der Veer, 2016）。皮亚杰认知发展的终点是形式运算思维。对于维果茨基来说，个体发展的终点可能是不同的，这取决于在特定的文化中哪些技能被认为是最重要的。在皮亚杰看来，儿童通过转化、组织和重组原有的知识来构建知识。对于维果茨基而言，儿童是通过社会互动来构建知识的。皮亚杰理论的教学意义是，儿童需要支持来探索他们的世界和发现知识。而维果茨基理论对教学的主要影响是，学生需要大量机会与教师和技能更熟练的同伴一起学习。在二者的理论中，教师都是作为促进者和引导者，而不是作为学习的指导者和塑造者。图 2-2 比较了维果茨基和皮亚杰的理论。

当然，对维果茨基的理论也存在着一些批评。一些批评者指出，维果茨基对年龄相关的变化描述得不够具体（Gauvain, 2016）。另一个批评集中在维果茨基没有充分描述社会情感能力的变化如何有助于认知发展（Gauvain, 2016）。另外，他过分强调了语言在思维中的作用，对协作和指导的强调也存在潜在的缺陷。在某些情况下，辅助者可能会帮倒忙，例如父母变得过于专横和控制时。此外，有些儿童可能会变得懒惰，

社会建构主义取向： 强调学习的社会背景以及知识是互动以构建的，维果茨基的理论体现了这种取向。

	维果茨基	皮亚杰
社会文化背景	非常强调	很少强调
建构主义	社会建构主义	认知建构主义
阶段	未提出一般的发展阶段	非常强调发展阶段（感知运动、前运算、具体运算、形式运算）
关键过程	最近发展区、语言、对话、文化工具	图式、同化、顺应、运算、守恒、分类
语言的作用	主要作用，语言在思维形成过程中发挥着重要作用	语言作用很小，认知主要指导语言
教育观点	教育发挥核心作用，帮助儿童学习文化工具	教育只是完善儿童已经出现的认知技能
教学意义	教师是促进者和引导者，而不是指导者；为儿童创造许多机会，让他们与教师和更高技能的同伴一起学习	同样将教师看作促进者和引导者，而不是指导者；为儿童探索他们的世界和发现知识提供支持

图 2-2　维果茨基和皮亚杰的理论对比

在他们本可以独立完成的事情上也期望获得帮助。

在我们对认知发展的介绍中，本章集中关注了该领域的两位巨匠的观点：皮亚杰和维果茨基。然而，信息加工也已经成为理解儿童认知发展的一个重要视角（Fazio, De Wolf, & Siegler, 2016; Fuchs & others, 2016）。它强调信息如何进入大脑，如何存储和转换，以及如何被提取用于执行心理活动，如问题解决和推理等。除此之外，信息加工也关注儿童是如何自动和快速地处理信息的。由于信息加工理论将在其他章节中详细讨论，所以我们在此仅作简要介绍。

自我评估 1
皮亚杰和维果茨基理论的课堂应用

我所教授的年级是_____。

皮亚杰的理论中对于该年级儿童的理解与教学，对我最有帮助的概念是：

概念   例子

_____ _____

_____ _____

_____ _____

_____ _____

维果茨基的理论中对于该年级儿童的理解与教学，对我最有帮助的概念是：

概念   例子

_____ _____

_____ _____

_____ _____

_____ _____

连线学生：最佳实践
将维果茨基理论应用于儿童教育的策略

维果茨基的理论被许多教师所接受，并成功地应用于教育（Adams, 2015; Hmelo-Silver & Chinn, 2016）。下面是一些教育者使用维果茨基理论的应用方法：

1. 评估儿童的最近发展区。和皮亚杰一样，维果茨基也不认为正式的标准化考试是评估儿童学习的最佳方式。相反，维果茨基认为，评估应关注确定儿童的最近发展区。熟练的帮助者应向儿童展示不同难度的任务，以确定开始教学的最佳水平。

2. 在教学中利用儿童的最近发展区。教学应该朝着该区域的上限开始，这样儿童就可以在帮助下达到目标，并达到更高的技能和知识水平。提供刚刚够用的帮助，你可以问"我能帮你做什么？"；只是观察儿童的意图和尝试，并在必要时提供支持；在他们犹豫的时候给予肯定，并鼓励儿童练习这一技能；你可以观察和欣赏儿童的练习，或在儿童忘记要做什么时提供支持。在"教师视角"中，你可以读到约翰·马霍尼（John Mahoney）的教学实践，他的实践反映了维果茨基对最近发展区重要性的强调。

教师视角
通过对话和重构概念来找到最近发展区

约翰·马霍尼在华盛顿特区的一所高中教数学。在马霍尼看来，引导学生在数学上取得成功既需要合作，也需要个人努力。他鼓励学生就数学问题展开对话，在对话中他重新构建概念，帮助学生随后自己解决问题。马霍尼也从不直接告诉学生数学问题的答案，正如一名学生评论说："他会让你思考。他的测试总是包含一个学生们没见过的问题，但他们有足够的知识来想出解决方案。"（资料来源：Wong Briggs, 2005）

3. 让更高技能的同伴作为教师。请记住，不仅仅成年人在帮助儿童学习方面很重要，儿童也会受益于更高技能的同伴的支持和指导（Gredler, 2009）。例如，将一个刚开始阅读的儿童与一个更有阅读能力的儿童配对。

4. 监督并鼓励儿童使用自言自语。要意识到从幼儿时期解决问题时的外部自言自语到童年早期的私下自言自语的发展变化。在小学阶段，鼓励儿童内化和自我调节他们的自言自语。

5. 把教学放在有意义的环境中。如今教育工作者正在减少抽象的材料展示，而是为学生提供在真实环境中体验学习的机会。例如，学生们不再只是死记硬背数学公式，而是研究具有现实意义的数学问题。

6. 用维果茨基思想改造教室。心理工具（Tools of The Mind）是一门以维果茨基（1962）理论为基础的课程，特别关注文化工具和发展自我调节能力、最近发展区、脚手架、自言自语、共享活动，以及作为重要活动的玩耍的作用（Hyson, Copple, & Jones, 2006）。心理工具项目由埃琳娜·波卓娃（Elena Bodrova）和德博拉·梁（Deborah Leong）在2007年创建，已经在200多个教室中开展。参与心理工具项目的大多数儿童处于危险之中，因为他们的生活可能面临贫困和其他困难的情况，如无家可归或有毒品问题的父母。

复习、思考和练习

学习目标 2：讨论大脑的发展，比较皮亚杰和维果茨基的认知发展理论。

复习

· 大脑是如何发展的，这种发展对儿童教育有什么影响？

· 皮亚杰用哪四个主要观点来描述认知过程？他认为儿童认知发展有哪些阶段？对他的观点有哪些批评？

· 维果茨基理论的本质是什么？维果茨基的理论如何应用于教育？他的理论与皮亚杰的理论相比有何不同？对维果茨基理论的批评是什么？

思考

· 你认为自己是一名形式运算思维者吗？你是否有时仍然觉得自己是具体运算思维者？举例说明。

PRAXIS™ 练习

1. 桑德是一个 16 岁的男孩，他做事喜欢冒险，比如开快车和开车时喝酒。最近关于大脑的研究表明，这种冒险行为的一个可能原因是桑德的（   ）。

   A. 海马体受损

   B. 前额叶皮质仍在发展中

   C. 大脑的偏侧化尚未完成

   D. 髓鞘化已经完成

2. 冈萨雷斯夫人教一年级。皮亚杰最有可能赞同冈萨雷斯夫人以下哪种教学策略？

   A. 示范如何进行数学运算，让学生模仿她的做法

   B. 制作闪卡来教授词汇

   C. 使用标准化测验来评估学生的阅读能力

   D. 设计能促进学生思考和发现的情境

3. 古尔德先生的四年级学生正在学习百分比、小数和分数之间的关系。古尔德先生布置了一个作业，要求学生将分数转换成小数，然后再转换成百分比。克里斯托弗不需要古尔德先生或同学的帮助就可以完成这个作业。这项作业任务对克里斯托弗来说，维果茨基会有何看法？

   A. 这项任务对克里斯托弗来说是合适的，因为它位于他的最近发展区之内

   B. 这项任务对克里斯托弗来说是不合适的，因为它高于他的最近发展区

   C. 这项任务对克里斯托弗来说是不合适的，因为它低于他的最近发展区

   D. 这项任务对克里斯托弗来说是不合适的，因为它位于他的最近发展区之内

请参看书末的答案……

学习目标3：识别语言的关键特征，生物和环境因素对语言的影响，儿童语言的典型发展。

3 语言发展

花点时间想一想语言在儿童的日常生活中有多重要。他们需要语言来与他人交谈、倾听他人话语，以及阅读和写作；语言使得他们能够详细地描述过去的事情，并为未来做计划；语言让信息可以在历史的长河中代代相传，为人类创造了丰富的文化遗产。

什么是语言？

语言：一种基于符号系统的交流形式，无论是口语、书面语还是手语。

语言（language）是一种基于符号系统的交流形式，无论是口语、书面语还是手语。语言由一个社会群体使用的词语（词汇）、词汇变化和组合的规则（语法和句法）组成。

所有的人类语言都有一些共同特点（Clark, 2017; Hoff, 2015），其中包括无限生成性和组织规则。**无限生成性**（Infinite generativity）是指使用有限的词汇和规则生成无数有意义的句子的能力。当我们说起"规则"时，意思是语言是有序的，而这些规则描述了语言的工作方式（Berko Gleason & Rather, 2009）。语言包含五种规则系统：音位学、形态学、句法学、语义学和语用学。

音位学：一个语言的声音系统。

音位学 每种语言都是由基本的语音组成的。**音位学**（phonology）是一个语言的声音系统，包括语音以及语音的组合规则（Del Campo & others, 2015）。例如，英语中有"sp""ba"和"ar"的发音，但是没有"zx"和"qp"的发音序列。

音位（phoneme）是语言中最基本的语音单位，它是能够影响语义的最小语音单位。英语中的"/k/"就是一个很好的例子，这个音位由单词"ski"中的字母 k 和单词"cat"中的字母 c 表征。在这两个单词中"/k/"的发音略有不同，而在另一些语言（如阿拉伯语）中，这两个发音是不同的音位。

形态学：参与构词的意义单位。

形态学 **形态学**（morphology，词法学）是指参与构词的意义单位。**语素**（morpheme）是语言最小的意义单位，它是一个词或词的一部分，即那些不能被分解成更小的意义成分的部分。英语中每个单词都是由一个或多个语素组成的，有些单词由单个语素组成（例如，英语中的"help"），而有些单词由多个语素组成（例如，英语中的"helper"，它有两个语素"help"和"-er"，语素"-er"的意思是"什么样的人"，在这个例子中就是"提供帮助的人"）。因此，并不是所有的语素都是单独的单词——例如，"pre-""-tion"和"-ing"都是语素。

正如支配音位学的规则描述了语言中可能出现的语音序列一样，形态学的规则描述了有意义的单位（语素）在单词中的组合方式（Clark, 2017）。语素在语法上有很多作用，例如标记时态（"she walks"和"she walked"）和数量（"she walks"和"they walk"）。

句法学　句法学（syntax）是指词语组合形成可接受的短语和句子的方式（Los, 2015）。如果有人对你说，"张三打了李四"或者"张三被李四打了"，你就知道谁打了谁、谁被打了，因为你对这些句子结构有一个句法上的理解。你也明白"You didn't stay, did you?"是一个符合语法的句子，但"You didn't stay, didn't you?"就是不可接受、含混不清的。

语义学　语义学（semantics）是指词语和句子的含义。每个词语都有一组语义特征或与含义相关的必要属性。例如，"女孩"和"女人"有许多相同的语义特征但就年龄意义而言，它们在语义上有所不同。单词在句子中的使用有语义限制（Clark, 2017; Duff, Tomblin, & Catts, 2015）。句子"自行车说服男孩买了一个棒棒糖"在语法上是正确的，但在语义上是不正确的。这句话违背了"自行车不会说话"的语义知识。

语用学　最后一套语言规则是语用学（pragmatics），即在不同的语境中恰当地使用语言（Clark, 2014）。语用学涵盖了很多领域。当你在讨论中轮流发言时，就是在展示语用学的知识；当你在适当的场合使用礼貌用语（例如，与老师交谈时）或者讲述有趣的故事时，也会运用所说语言的语用学。

语用学的规则可能很复杂，而且它们在不同的文化中是不同的。一个日语学习者将会面对无数关于与不同社会阶层的人，以及和你有不同关系的人交谈的语用规则。

生物和环境影响

著名的语言学家诺姆·乔姆斯基认为，人类天生就会在特定的时间以特定的方式学习语言（Noam Chomsky, 1957）。一些语言学者认为，尽管世界各地的儿童接受的语言输入存在着巨大差异，他们在语言习得方面却存在显著的相似性，这有力地证明了语言是有生物学基础的（Hickok & Small, 2016）。尽管受到生物学的影响，但儿童显然不会在与社会绝缘的环境中学习语言（Pace, Hirsh-Pasek, & Golinkoff, 2016）。

儿童既不完全是生物学上的语言学家，也不完全是语言的社会建筑师。无论你和狗交谈多长时间，狗都不可能学会说话，因为它不具备人类的语言生物能力。然而不幸的是，有些儿童即使有非常好的模仿和互动的对象，也无法发展出良好的语言技能。互动主义观点强调生物学因素和环境经验对语言发展的共同贡献。也就是说，当儿童与他们的照看者互动时，他们在生理上就做好学习语言的准备了（Harley, 2017）。不论是校内还是校外，语言发展的关键都是鼓励，而不是演练与练习。语言的发展并不是简单地因为正确地说话和模仿说话者而得到奖励的事情。当父母和老师积极地让儿童参与对话，向他们提出问题，强调互动性而不是指令性的语言时，儿童就会受益。（Hirsh-Pasek & others, 2015; Pace & others, 2016）。

语言如何发展

在语言发展中有哪些关键的发展里程碑？本节内容主要是探讨在婴儿期、童年早期、童年中后期和青少年期出现的里程碑。

婴儿期　语言习得在婴儿期有许多里程碑（Cartmill & Goldin-Meadow, 2016）。本书的重点是儿童和青少年，而不是婴儿，因此这里将只描述婴儿语言发展的众多里程碑中的几个。婴儿的咿呀学语发生在半岁左右，他们通常在 10~13 个月的时候说出他们的第一个词。在 18~24 个月时，婴儿通常已经开始将两个词串在一起。在这个阶段，他们很快就掌握了语言在交流中的重要性，创造出了"Book there""My candy""Mama walk"和"Give Papa"等短语。

童年早期　当儿童结束双词句阶段时，他们会很快地进入 3 个、4 个、5 个词的组合。从表达单一命题的简单句到复合句的转变开始于 2~3 岁并持续到小学阶段（Bloom, 1998）。

语言的规则系统　这一部分将对之前描述的 5 种规则系统——音位学、形态学、句法学、语义学和语用学——在童年早期的变化进行探索。在音位学方面，大多数学龄前儿童逐渐对口语中的语音变得敏感。他们会注意到押韵，喜欢诗歌，通过用一个音代替另一个音（如 bubblegum, bubblebum, bubbleyum）来给事物取可笑的外号，并在短语的每个音节处拍手。

当儿童能说多于两个词的话语时，有明确的证据表明他们知道形态规则。儿童开始使用名词的复数和所有格形式（dogs 和 dog's），在动词后加上适当的后缀（当主语是第三人称单数时，加"-s"，过去时用"-ed"，现在进行时用"-ing"），使用介词（"in"和"on"），冠词（"a"和"the"），以及动词"to be"的各种形式（"I was going to the store"）。事实上，他们过度概括了这些规则，把它们应用到了不遵循这些规则的单词上。例如，一个学龄前儿童可能会说"foots"而不是"feet"，或者"goed"而不是"went"。

儿童对形态规则的理解是儿童语言研究者吉恩·伯科（Jean Berko, 1958）的经典实验的主题。伯科向幼儿园和小学一年级的儿童展示卡片。儿童被要求在实验者朗读卡片上的单词时看着卡片，然后儿童需要回答卡片上空缺处的单词。这听起来似乎很容易，但伯科感兴趣的不仅仅是儿童正确回忆单词的能力，还包括他们能否用形态规则规定的结尾"正确"地说出这个词。虽然儿童的回答并不完全准确，但比随机概率的结果要好得多。此外，他们展示出的形态规则的知识，不仅是使用名词的复数形式

（"There are two wugs"）、名词的所有格形式，还有动词的第三人称单数形式和过去时态形式的使用。伯科的研究表明，儿童不仅依赖规则，他们还能从所听到的内容中提取出规则，并将其应用到新的情境中。

学龄前儿童也学习和应用句法规则（Clark, 2017）。在跨越了双词句的阶段后，儿童逐渐表现出对单词排列的复杂规则的掌握。以"wh-"问题为例，比如"Where is Daddy going?"（爸爸去哪儿？）或"What is that boy doing?"（那个男孩在做什么？）。要正确地问这些问题，儿童必须知道"wh-"问句和肯定句之间的两个重要区别，例如"Daddy is going to work"（爸爸要去上班了）和"That boy is waiting on the school bus"（那个男孩在等校车）。首先，必须在句首加上"wh-"词。其次，助动词必须倒装，即与句子的主语互换。幼儿很早就学会了把"wh-"放在哪里，但是他们需要花费更长的时间来学习助动词的倒装规则。因此，学龄前儿童可能会问"Where Daddy is going?"和"What that boy is doing?"。

一个6岁儿童的口语词汇量在8000~14 000个单词之间。假设儿童在12个月大的时候就开始学习单词，那么在1~6岁之间，每天有5~8个新单词的含义被掌握。

单词学习如何达到最佳状态？有哪些重要方面？凯西·赫什-帕塞克（Kathy Hirsh-Pasek）和罗伯塔·格林考夫（Roberta Golinkoff）强调了幼儿词汇发展的6个关键原则（Harris, Golinkoff, & Hirsh-Pasek, 2011; Hirsh-Pasek & Golinkoff, 2016）：

1. 儿童学习他们最常听到的词汇。儿童在与父母、老师、兄弟姐妹和同伴的互动交流中进行词汇学习，也会从书本中学习。当遇到不认识的词时，他们的词汇学习尤为获益。

2. 儿童更多地学习他们感兴趣的事物和事件词汇。家长和教师可以引导儿童在感兴趣的语境中体验词汇，有趣的同伴互动在这方面尤其有用。

3. 相比于被动的环境，儿童在回应的、互动的环境中能够更好地学习词汇。具有下述经历的儿童会得到实现最佳词汇学习所需的脚手架：获得过轮流发言的机会，共同专注于某件事情的体验，以及在积极、敏感的社会环境中与成年人相处。相反地，当他们是被动学习者时，儿童学习单词的效率就会降低。

4. 儿童在有意义的语境中词汇学习得最好。当新单词出现在完整的语境中而不是孤立的事实中时，幼儿学习新单词的效率更高。

5. 当儿童获得关于单词含义的清晰信息时，他们词汇学习的效果最好。有些父母和老师能够敏感地察觉到，某些单词儿童可能不太理解，他们就会提示词语的意思来提供支持。这些儿童就会比那些父母和老师只是快速说出一个新单词，却不关注儿童是否理解其含义的儿童学得更好。

6. 在考虑到语法和词汇的情况下，儿童学习词汇的效果最好。那些在言语交流中体验过大量词汇和多样性表达的儿童，他们有着更丰富的词汇量，对语法也有着更好的理解。在许多情况下，词汇和语法的发展是相互联系的。

有哪些有效的策略能使用技术以支持儿童词汇发展呢？计算机可以用来支持儿童词汇发展；书籍应用程序和电子书通常都有"大声朗读"的功能，这对年幼或阅读有困难的读者很有帮助；此外，使用电脑听和看故事可以是学生阅读中心、阅读作业的一部分，也可以是学生们自由选择时间的一个选择。

如果教师为学生计划一种方法来记录新词语，那么学生学习新词语的效果会更好。例如，学生可以将新词记录在档案袋中，以供将来参考。

教师还可以使用平板电脑或教室计算机来创建支持词汇发展的听力中心。有声读物也可以用来补充印刷材料，让学生听戏剧化的故事，激发学生的兴趣。有声读物对有特殊需要的学生特别有帮助。科技为教师提供了数量惊人的阅读和写作教学策略。例如，美国英语教师委员会提供的一个特别重要的资源是他们的"读写思"（Read Write Think）网站，网址为 www.readwritethink.org/。

除了在语义学上的显著进步，幼儿在语用学方面也发生了实质性的变化。6 岁的儿童比 2 岁的更健谈。学龄前儿童在语用学方面有哪些变化？在大约 3 岁的时候，儿童谈论那些不在眼前的事物的能力有所提高。也就是说，他们提高了对被称为"移位"（displacement）的语言特征的掌握。他们变得越来越远离"此时此地"，能够谈论未发生在眼前的事情，以及过去已经发生或将来可能发生的事情。例如，学龄前儿童可以告诉你，他们明天午餐想吃什么，而这对于双词句阶段的婴儿是不可能的。学龄前儿童也越来越能够以不同的方式与不同的人交谈。

早期读写能力　对美国儿童读写能力的关注，已经引发人们对幼儿园和学前班儿童体验的仔细研究，因为人们希望能在生命早期就培养儿童对阅读和写作的积极态度。（Beaty & Pratt, 2015）。

父母和教师需要为幼儿提供一个支持性的环境来发展识字技能（Vukelich & others, 2016）。儿童应该积极参与各种有趣的听、说、读、写的体验（Tompkins, 2015）。

教学应该建立在儿童已经知道的口语、阅读和写作的基础上。此外，读写能力和学业成就的前提包括语言技能、语音和句法知识、字母识别和对书籍的喜爱。

对学龄前儿童来说，有哪些有效使用书籍的策略？　艾伦·加林斯基（Ellen Galinsky, 2010）最近强调了这些策略：

> ·使用书籍开启与儿童的对话。让儿童想象，如果他们是书中的某个角色，可能会有什么样的想法和感受。
>
> ·使用"什么？"和"为什么？"形式的提问。让幼儿描述他们认为接下来故

多重思考

教师可以指导学生采用一些认知策略，以成为更好的读者和作者。连接到"学科领域的学习和认知"。

事中会发生什么，然后看看是否会发生。

　　·鼓励儿童提出与故事有关的问题。

　　·选择一些文字巧妙的书籍。比如有关字母表的创造性书籍，包括那些押韵的书，通常会引起儿童的兴趣。

　　在"计划、教学和技术"的章节中，我们将进一步讨论儿童的识字发展。

　　童年中后期　儿童进入小学后会获得新的技能，使得他们有可能学会阅读和写作。这些技能包括，越来越多地使用语言来谈论不在眼前的事物，学习什么是单词，以及学习如何识别和谈论语音。他们也学习字母原则，这意味着字母表中的字母代表着语言的语音。

　　大多数儿童在小学阶段词汇的发展速度惊人。经过 5 年的词汇学习，6 岁儿童并没有放慢学习的速度。据估计，美国小学生正以每天 22 个单词的惊人速度前进！而美国 12 岁儿童已经达到了约 5 万个单词的口语词汇量。

　　在童年中后期，心理词汇的组织方式发生了变化。当被要求说出听到某个词时所想到的第一个词时，学龄前儿童通常会说出一个在句子中经常跟在这个词后面的词语。例如，当被要求对"狗"这个词做出回应时，幼儿可能会说"汪汪"，或者对"吃"这个词做出"中饭"的回应。在大约 7 岁的时候，儿童开始用一个和刺激词词性相同的词语进行回答。例如，这一年龄的儿童可能会用"猫"或"马"来回应"狗"这个词，而对于"吃"，他们现在可能会说"喝"。这是一个证据，表明这一时期的儿童现在已经开始根据词类来给词汇进行分类。

　　随着儿童词汇量的增加，分类的过程变得越来越容易。儿童的词汇量从 6 岁时的平均约 14 000 个单词增加到 11 岁时的平均约 40 000 个单词。

　　在语法方面，儿童也有类似的进步。在小学阶段，儿童逻辑推理和分析能力的提高，有助于他们对比较级（更短、更深）和主词等结构的恰当使用的理解。在小学阶段，儿童能够更好地理解和使用复杂的语法，比如下面这个句子："The boy who kissed his mother wore a hat."（亲妈妈的那个男孩戴着一顶帽子。）他们还学习以一种更有联系的方式使用语言，产生有联系的话语。他们能够将句子彼此联系起来，从而产生有意义的描述、定义和叙述。儿童必须能够在口头表达上做到这些，然后才有可能在书面作业中具备这些能力。

　　小学阶段词汇和语法的进步伴随着元语言意识的发展，**元语言意识（metalinguistic awareness）**是关于语言的知识，比如知道介词是什么或者能够讨论一种语言的语音。元语言意识允许儿童"思考他们的语言，理解单词是什么，甚至给它们下定义"（Berko Gleason, 2009, p.4）。元语言意识在小学阶段有很大的提高。在小学里，给单词下定义也成为课堂讨论的常规内容，儿童在学习和谈论句子的成分（如主语和动词）时也会

元语言意识：关于语言的知识。

增加他们对句法的理解。

儿童在理解如何以文化上适当的方式使用语言方面也取得了进步——语用学。当他们进入青少年期时，大多数儿童都知道如何在日常生活中使用语言的规则，也就是什么时候说什么是合适的，什么是不合适的。

青少年期　青少年期的语言发展包括越来越复杂的词汇使用（Berko Gleason, 2009）。随着青少年抽象思维的发展，他们在分析一个词在句子中的功能时比儿童做得更好。

青少年还发展出更多使用词语的微妙能力。他们在理解隐喻方面取得了很大的进步，隐喻是不同事物之间的一种隐含的比较。例如，一个人"在沙子上划一条线"来表示一个不可协商的立场；一场政治竞争被称作一场马拉松，而不是短跑。青少年变得更能理解和使用讽刺、嘲笑或机智来揭露愚蠢或邪恶。漫画是讽刺的一个例子。

更高级的逻辑思维也使得15~20岁的青少年能够理解复杂的文学作品。大多数青少年也比儿童更擅长写作。他们在写作前更善于组织思想，在写作时更善于区分常规观点和特殊要点，更善于把有意义的句子串在一起，更善于把文章组织成引言、正文和结束语的结构。

最近，我向老师们询问了他们在课堂上促进儿童和青少年语言发展的策略。以下是他们的回复：

幼儿园　我在幼儿园的学生经常聆听一段音乐，然后用自己的语言来描述他们听到的内容。我利用这个机会，通过扩展他们所说的内容来扩大他们的音乐词汇量。例如，听完音乐片段后，一个孩子可能会说："我听到一个低沉的声音"。然后我会问道："那么你认为是什么乐器发出了这么低沉的声音呢？"

——康妮·克里斯蒂，艾诺小学附属幼儿园

Connie Christy, Aynor Elementary School, Preschool Program）

小学　我经常给五年级的学生讲述一些我小时候在俄勒冈州东部成长经历中情节丰富生动的故事。学生们听得最认真的正是这些教学时刻。我有时会把故事写在电脑上，然后投影到教室的屏幕上。然后我和学生们一起讨论故事内容和语言运用，例如比喻、隐喻等修辞手法。我们作为一个小组来修改和编辑这些故事，并讨论每个故事优点和缺点。接下来我给学生们布置一个围绕类似主题的写作作业。因为在享受乐趣的同时，学生们也接触到一种新的写作方式，因此此时出现了惊人的知识迁移。当这种变化发生时，他们会当即看到写作能力的提升。

——克雷格·詹森，库珀山小学

（Craig Jensen, Cooper Mountain Elementary School）

初中 在与七年级学生的课堂讨论中，我有意加入不熟悉的单词，鼓励他们询问："这是什么意思？"例如，当我最近在课堂上谈到约翰·D.洛克菲勒（John D. Rockefeller）时，我问他们："你们当中有多少人想成为慈善家？"我鼓励学生们使用他们在家里学到的新单词，并告诉全班同学他们是如何把它运用到对话中去的。这是一个简单的让词汇学习变得有趣的方法。

——马克·福德尼斯，贝米吉初中

（Mark Fodness, Bemidji Middle School）

高中 我的高中学生经常使用我不熟悉的俚语。当这种情况发生时，我会问学生这个词是什么意思，并礼貌地告诉他们我想扩大我的词汇量。这样的对话常常让我们讨论起学生们可以在工作场所、教室或家里使用的更合适的词语。（我也学到了很多！）

——桑迪·斯旺森，梅诺莫尼·福尔斯高中

（Sandy Swanson, Menomonee Falls High School）

连线学生：最佳实践
不同发展水平的词汇发展策略

在语义发展的讨论中，我们描述了许多儿童在童年早期、童年中后期和青少年期时在词汇方面取得的令人印象深刻的进步。然而，儿童的词汇量存在着显著的个体差异，良好的词汇量对儿童在学校的成功起着重要的作用（Pan & Uccelli, 2009）。除了前面提到的利用技术来提高儿童的词汇量之外，这里还有一些可以在课堂上使用的策略：

幼儿园和学前班
·解释你读给儿童听的书中的新词汇。
·说出并描述教室里所有的东西。
·在与儿童的日常对话中，介绍并详细阐述儿童不太可能知道的单词（这个活动也可以用在更高年级水平的儿童身上）。

小学、初中和高中
·如果学生在词汇知识方面有严重的缺陷，应提供强化词汇的教学。
·一般来说，每次学习的新单词不要超过10个。
·让学生有机会在各种情况下使用单词。这些情况可能包括大声朗读、句子填空和阅读–回答活动（学生阅读有关主题的简短信息文章，其中包括目标词汇，然后回答有关文章的问题）。
·写作可以帮助学生积极地加工词义。例如，给学生布置一个题目，让他们用指定的词汇写一篇文章。
资料来源：Curtis & Longo, 2001。

复习、思考和练习

学习目标 3: 识别语言的关键特征,生物和环境因素对语言的影响,儿童语言的典型发展。

复习

· 什么是语言?描述口语的五个特征:音位学、形态学、句法学、语义学和语用学。

· 有什么证据支持人类的语言学习是"天生"的想法?有什么证据支持环境因素的重要性?

· 一个儿童在学习语言的过程中会经历哪些里程碑?这些里程碑的典型年龄是多少?

思考

· 老师是如何鼓励或打击你掌握语言的?哪些体验对提高你的语言技能作用最大?

PRAXIS™ 练习

1. 乔希已经积累了大量的词汇。这反映了哪种语言系统?

    A. 语义学

    B. 语用学

    C. 句法学

    D. 形态学

2. 在与人隔离的情况下长大的儿童往往表现出极端的、长期的语言缺陷,这种缺陷很少能通过后来的语言接触而完全克服。这一证据支持语言发展的哪个方面?

    A. 生物学

    B. 环境

    C. 互动主义

    D. 语用学

3. 塔玛拉正在讨论她看到的飞过她所住小区的鸟。她说:"我们看到一群鹅。"(We saw a flock of gooses.)如果塔玛拉的语言发展正常于她的年龄段,那么塔玛拉可能几岁?

    A. 2 岁

    B. 4 岁

    C. 6 岁

    D. 8 岁

请参看书末的答案······

连线课堂：案例分析
读书报告

　　约翰逊让他选修"美国政府"的高中学生在本学期读两本内容与政府或政治制度有关的书，并就他们所选的每本书写一篇简短的报告。班上的一个学生——辛迪，选择了乔治·奥威尔的《1984》和《动物庄园》。《1984》是一本关于根据之前的某些政治决定在"未来"1984 年可能发生的事情的书。世界本质上变成了一个可怕的地方，在这个可怕的世界里，老大哥通过双向电视似的屏幕监控着每个人的所有行为，违反小规则就会受到严厉的惩罚。《动物庄园》是一部关于政治制度的短篇小说，书中人物被描绘成各种各样的农场动物，如猪和狗。辛迪很喜欢这两本书，而且在期中考试前读完了它们。她的报告很有见地，反思了小说中的象征意义和小说对当今政府的影响。

　　辛迪的朋友露西直到最后一刻才开始读她的第一本书。她知道辛迪喜欢阅读有关政府的文章，而且已经完成了她的报告。露西问辛迪是否知道有什么"简便书"可以用来完成作业。辛迪很高兴地和她的朋友分享她的《动物庄园》，但当露西开始读这本书，她想知道为什么辛迪给了她这本书。它似乎根本不符合作业的要求。在第一份报告截止的前一天，约翰逊先生无意中听到了女孩们的谈话。露西对辛迪抱怨说："我不明白。这是一个关于猪和狗的故事。"辛迪回答说："它们其实并不是农场动物。这个故事讲的是关于政权的象征性故事。"露西说："我还是不明白。一只猪或狗能象征什么呢？它们只是动物。"辛迪目瞪口呆地看着她的朋友，她怎么可能看不懂这本书呢？它的含义是那么明显。

1. 根据皮亚杰的理论，解释为什么辛迪能够理解这本书。
2. 根据皮亚杰的理论，解释为什么露西不能理解这本书。
3. 约翰逊先生能做些什么来帮助露西理解呢？
4. 约翰逊先生能以怎样不同的方式布置这个作业，让露西不必匆匆读完一本书？
5. 在皮亚杰的认知发展阶段中，辛迪正处在哪个阶段？
　　A. 感知运动阶段
　　B. 前运算阶段
　　C. 具体运算阶段
　　D. 形式运算阶段
6. 在皮亚杰的认知发展阶段中，露西正处在哪个阶段？
　　A. 感知运动阶段
　　B. 前运算阶段
　　C. 具体运算阶段
　　D. 形式运算阶段
请解释你第 5、6 题的答案。

本章概要

> **1 儿童发展概述：定义发展并解释发展的主要过程、阶段、争论，以及发展和教育之间的联系。**

探索什么是发展

·发展是一种生物的、认知的、社会情感的变化模式，这种变化从受孕开始贯穿人的一生。大多数的发展包括成长，尽管它最终也包括衰亡（死亡）。

·你对儿童的发展了解得越多，就越能理解在哪个水平上对他们进行教育是适当的。儿童时期为成年人时期打下了基础。

发展过程和阶段

·儿童发展是生物过程、认知过程和社会情感过程的产物，这些过程通常是交织在一起的。

·发展阶段包括婴儿期、童年早期（幼儿期）、童年中后期和青少年期。

发展的各种争论

·主要的发展争论包括：先天–后天之争，连续–不连续之争，早期–后期经验之争。

·先天与后天的关系主要是指发展在多大程度上主要受到先天（遗传影响）或后天（环境影响）的影响。虽然遗传和环境对发展的影响无处不在，但人类可以通过改变环境来创造一条独特的发展道路。

·一些发展主义者把发展描述为连续的（渐进的、累积的变化），另一些人把它描述为不连续的（一系列突然的阶段）。

·早期–后期经验之争，关注的是早期经验（尤其是在婴儿期）在发展中是否比后期经验更重要。

·大多数发展主义者认识到，在先天–后天、连续–不连续和早期–后期经验问题上的极端立场是不明智的。尽管有这种共识，这些问题仍在辩论中。

发展和教育

·适合发展的教学是指与学生的发展水平相适应的教学。也就是说，学习的内容对于学生来说既不会感到太困难和有压力，也不会觉得太容易和无聊。

· 发展不平衡是指个体在不同领域的发展中存在相当大的不平衡。

2 认知发展：讨论大脑的发展，比较皮亚杰和维果茨基的认知发展理论。

大脑

· 大脑和神经系统的发展是成长中一个特别重要的部分。

· 涉及手眼协调的髓鞘形成要到 4 岁左右才完成，涉及集中注意力的髓鞘形成要到 10 岁左右才完成。

· 大脑连接中有大量的突触修剪，而突触连接密度直到青春期的某个时刻才能发展至成年人水平。

· 大脑的不同区域以不同的速度生长。童年中后期的大脑变化包括前额叶皮质功能的改善，这反映在注意力、推理和认知控制能力的提高上。在童年中后期，前额叶皮质表现出较少的扩散激活和较多的局部激活，这种变化与认知控制的增长有关。

· 研究人员最近发现，负责情绪的边缘系统和杏仁核的早期发展与负责推理和思考的前额叶皮质的后期发展之间存在着脱节。他们认为，大脑的这些变化可能有助于解释青少年的冒险行为和缺乏成熟的判断力。青春期大脑的变化也涉及胼胝体的增厚。

· 一些语言和非语言功能会发生偏侧化，但在多数情况下，某一脑功能与两个半球都有联系。

· 大脑具有相当大的可塑性，儿童所经历的学习环境的质量影响着他们大脑的发展。

· 神经科学和教育之间的联系经常被夸大。根据最近的研究，我们所知道的是，整个童年和青少年期的教育经历可以影响大脑的发展。

皮亚杰的理论

· 皮亚杰提出了儿童认知发展的主要理论，包括图式、同化和顺应、组织和平衡等重要过程。

· 在皮亚杰的理论中，认知发展是按四个阶段依次展开的：感知运动阶段（出生到 2 岁左右）、前运算阶段（2~7 岁左右）、具体运算阶段（7~11 岁左右）和形式运算阶段（11~15 岁左右）。每个阶段都是一个质的进步。

· 在感知运动阶段，婴儿通过协调他们的感觉体验和动作来建构对世界的理解。

· 虽然儿童还没有掌握一些重要的心理运算，但在前运算阶段，思维更具有象征意义。前运算阶段包括象征性功能和直觉思维两个子阶段。自我中心主义和集中化是限制因素。

·在具体运算阶段，儿童可以进行运算，当推理可以应用于特定或具体的例子时，逻辑思维代替了直觉思维。分类、序列化和传递性是重要的具体运算技能。

·在形式运算阶段，思维更加抽象、理想化和逻辑化。假设演绎推理变得很重要。青少年自我中心主义是许多青少年的特征。

·我们应该感谢皮亚杰，他提出了一长串精妙的概念，以及目前将儿童视为积极的、建构主义的思考者的观点。对他的观点批评集中在对儿童能力的评估、阶段、训练儿童在更高的认知水平上进行推理，以及新皮亚杰主义对儿童学习方式划分不够精确上。

维果茨基的理论

·列夫·维果茨基提出了认知发展的另一个主要理论。维果茨基的观点强调，认知技能需要用发展过程来解释，以语言为媒介，起源于社会关系和文化。

·最近发展区（ZPD）是维果茨基的术语，指的是那些对儿童来说难以单独掌握，但在成年人和更高技能儿童的指导和帮助下可以掌握的任务范围。

·脚手架是维果茨基理论中的一个重要概念。他还认为，语言在引导认知方面起着关键作用。

·维果茨基的思想在教育中的应用包括：利用儿童最近发展区和脚手架策略，使用更高技能的同伴作为教师，监测和鼓励儿童使用自言自语，以及准确地评估最近发展区。这些实践可以改变课堂，为教学建立一个有意义的环境。

·和皮亚杰一样，维果茨基强调儿童积极建构他们对世界的理解。与皮亚杰不同，他没有提出认知发展的阶段，他强调儿童通过社会互动构建知识。在维果茨基的理论中，儿童依赖于文化提供的工具，这决定了他们将发展哪些技能。

·一些评论家认为维果茨基过分强调了语言在思维中的作用。

3　语言发展：识别语言的关键特征，生物和环境因素对语言的影响，儿童语言的典型发展。

什么是语言？

·语言是一种基于符号系统的交流形式，无论是口语、书面语还是手语。

·人类的语言具有无限生成性。所有人类语言都有音位学、形态学、句法学、语义学和语用学的组织规则。音位学是语言的声音系统，形态学是指参与构词的意义单位，句法学是指词语组合形成可接受的短语和句子的方式，语义学是指词语和句子的含义，而语用学描述在不同的语境中恰当地使用语言。

生物和环境影响

·当儿童与他们的照看者互动时，他们在生理上已经做好了学习语言的准备。一些语言学者认为，语言具有生物学基础最有力的证据是：尽管世界各地的儿童经历的环境存在巨大差异，但他们达到语言里程碑的年龄大致相同。

·然而，儿童并不是在真空中学习语言的。当家长和老师积极地让他们参与到对话中，向他们提问、和他们说话，而不是对他们使用指令性语言时，儿童就会受益。总之，生物学基础和经验相互作用使语言发展。

语言如何发展

·语言习得是分阶段进行的。咿呀学语发生在大约 3~6 个月，第一个单词出现在 10~13 个月，双词句出现在 18~24 个月。

·正如吉恩·伯科（Jean Berko）的研究中记录的那样，当儿童跨越双词句阶段时，他们展示了他们知道一些形态学规则。在童年早期，儿童在音位学、形态学、句法学、语义学和语用学方面也有进步。

·童年早期的识字经历增加了儿童拥有从学校教育中受益所需的语言技能的可能性。

·词汇量在童年中后期阶段急剧增加。到小学结束时，大多数儿童可以应用适当的语法规则。元语言意识在小学阶段也有所提高。

·在青少年期，语言变化包括更有效地使用词汇，理解隐喻、讽刺，以及对复杂文学作品的理解和写作能力的提高。

关键术语

顺应（accommodation）

杏仁核（amygdala）

同化（assimilation）

集中化（centration）

具体运算阶段（the concrete operational stage）

守恒性（conservation）

连续–不连续之争（continuity-discontinuity issue）

胼胝体（corpus callosum）

发展（development）

早期–后期经验之争（early-later experience issue）

表观遗传学观点（epigenetic view）

平衡作用（equilibration）

形式运算阶段（the formal operational stage）

假设演绎推理（hypothetical-deductive reasoning）

直觉思维子阶段（intuitive thought substage）

语言（language）

偏侧化（lateralization）

边缘系统（limbic system）

元语言意识（metalinguistic awareness）

形态学（morphology）

髓鞘形成（myelination）

先天–后天之争（nature-nurture issue）

新皮亚杰主义者（neo-Piagetian）

神经建构主义观点（neuroconstructivist view）

组织（organization）

音位学（phonology）

语用学（pragmatics）

前额叶皮质（prefrontal cortex）

前运算阶段（the preoperational stage）

脚手架（scaffolding）

图式（schema）

语义学（semantics）

感知运动阶段（the sensorimotor stage）

序列化（seriation）

社会建构主义取向（social constructivist approach）

发展不平衡（splintered development）

象征性功能子阶段（symbolic function substage）

句法学（syntax）

传递性（transitivity）

最近发展区（zone of proximal development，ZPD）

档案袋活动

现在你对本章有了很好的理解，请完成这些练习来扩展你的思维。

独立思考

1. **与儿童沟通**。选择你希望有一天能教到的儿童的年龄。根据皮亚杰的认知发展理论，列出该年龄段儿童的思维方式特点；根据你自己的童年，列出该年龄段儿童的其他相关特征，然后再列出你自己目前的思维方式。比较这两张清单。你和儿童在哪些重要的认知方式上有所不同？当你开始与儿童沟通时，你需要在思想上做哪些调整？用一篇短文总结你的想法。

2. **形式运算思维的好处**。形式运算方式而不是具体运算方式的思考如何帮助学生发展更好的学习技能？

3. **语言发展**。你在本章中读到的有关儿童语言发展最有用的理念是什么？在你的档案袋中写下这个理念，并说明你将如何在你的课堂上运用该理念。

研究 / 实地体验

4. **全脑思考**。在杂志上或互联网上找到一篇倡导"左脑"和"右脑"学习活动的教育文章。在一份简短的报告中，根据你在本章中读到的关于神经科学和大脑教育的内容，对这篇文章进行批判。

第三章

社会环境和社会情感发展

说到底，发展背后的力量就是生命。

——埃里克·埃里克森（Erik Erikson）

20 世纪欧裔美国心理治疗师

章节概览

1. 当代理论

学习目标 1：描述当代社会情感发展的布朗芬布伦纳的生态系统理论和埃里克森的毕生发展理论两种观点。

布朗芬布伦纳的生态系统理论

埃里克森的毕生发展理论

2. 发展的社会环境

学习目标 2：讨论社会环境（家庭、同伴和学校）如何与社会情感发展相联系。

家庭

同伴

学校

3. 社会情感发展

学习目标 3：解释儿童社会情感发展的自尊、同一性、道德发展和情感发展方面。

自我与同一性

道德发展

情感发展

连线教师：克伦·阿布拉

儿童生活的社会情感环境会影响他们的学习能力。克伦·阿布拉（Keren Abra）在旧金山执教五年级。她的一个学生朱莉非常安静，安静到在课堂讨论中她回答的声音都很微弱。她的父母经历了一场痛苦的离婚，一致认为朱莉需要一个好的治疗师。

朱莉的学习成绩很差，很少做作业。一次低成绩和未完成作业的危机，让她的父母先后前往学校与克伦交谈。那个星期的晚些时候，克伦和朱莉进行了交谈，她看上去很害怕。以下是克伦对她与朱莉谈话的评论：

"我记住了一些目标。这个孩子需要知道，她是一个好学生、她是被爱的，成年人可以是一致和负责任的，她不需要躲藏和保守秘密。我告诉她，她的父母已经来过学校了，我们都很关心她，明白我们需要帮助她。我告诉她，她的父母非常爱她，

并问她是否知道这一点（她和我都认为，没有人是完美的，更何况是还有自身问题要处理的成年人）。我随后说，将有一位辅导者帮助她完成作业……我和朱莉说了我有多喜欢她，以及如何在课堂上更多地表现自己。

"朱莉的变化不是一夜之间发生的，但在课堂上她开始越来越多地看着我的眼睛，露出更自信的笑容。她更多地在课堂上发言，写作水平也有所提高。她状态最好的时候是接受心理医生和辅导者帮助的那几个月，尽管那时候她的成绩仍然像过山车一样。在学年结束时，她评价说她和她的母亲都注意到，她在感到被支持和自信的时候功课做得最好。对于一个 11 岁的孩子来说，这是一个宝贵的见解。"

概览

离婚只是儿童社会环境中对他们在校表现有着深远影响的诸多方面之一。在本章的后半部分，我们将探讨离婚的话题，并提供策略帮助学生应付父母的离婚。我们将探讨父母如何养育孩子，以及儿童的成长如何受到同伴、朋友和老师持续的影响。儿童的小世界随着他们成为学生并与许多新朋友建立关系而扩大。在关于发展的第三章中，我们将研究这些社会世界，并考察儿童的社会情感发展。

学习目标 1：描述当代社会情感发展的布朗芬布伦纳的生态系统理论和埃里克森的毕生发展理论两种观点。

1 当代理论

许多理论探讨了儿童的社会情感发展。在这一章中，我们将关注两个主要的理论：布朗芬布伦纳（Bronfenbrenner）的生态系统理论和埃里克森（Erikson）的毕生发展理论。选择这两种理论的原因是：它们全面地阐述了儿童发展的社会环境（布朗芬布伦

纳）和儿童社会情感发展的主要变化（埃里克森）。在后面，我们将探讨与社会情感发展相关的其他理论（行为和社会认知）。

多重思考
班杜拉的社会认知理论也同样强调了社会环境的重要性。连接到"行为主义和社会认知理论"。

布朗芬布伦纳的生态系统理论

由布朗芬布伦纳（Urie Bronfenbrenner，1917—2005）提出的生态系统理论主要关注儿童生活的社会环境和影响他们发展的人。

五个环境系统 布朗芬布伦纳（Bronfanbrenner, 1995; Bronfenbrenner & Morris, 2006）的生态系统理论（ecological theory）确认了从密切的人际互动到广泛的文化影响的五个环境系统。这五个系统分别是微观系统、中间系统、外层系统、宏观系统和时序系统。

微观系统（microsystem）是个体花费大量时间的环境，如学生的家庭、学校和社区。在这些微观系统中，个体与父母、老师、同伴和其他人有着直接的互动。对于布朗芬布伦纳来说，学生不是经验的被动接受者，而是与他人互惠互动，帮助构建微观系统的行动者。

中间系统（mesosystem）涉及微观系统之间的联系。例如，家庭经历和学校经历之间的联系以及家庭和同伴之间的联系。我们将在本章稍后部分更多探讨家庭与学校的联系。

当在另一种环境中（学生在这个环境中不是主要角色）的体验影响学生和教师在当前环境中的体验时，外层系统（exosystem）就开始起作用了。例如，社区中的学校和公园监事会，它们在决定学校、公园、娱乐设施和图书馆的质量方面起着重要的作用，而这些环境的质量可以帮助或阻碍儿童的发展。

宏观系统（macrosystem）涉及更广泛的文化。文化是一个非常广泛的术语，它包含了种族和社会经济因素在儿童发展中的作用。这是学生和教师生活中最广泛的环境，它强化了社会的价值观和习俗（Shiraev & Levy, 2010）。

时序系统（chronosystem）包括学生发展的社会历史条件。例如，现在的儿童生活在许多方面不同于其父母和祖父母在儿童时期的生活（Schaie & Willis, 2016）。儿童更有可能上幼儿园、使用电脑，并在分布式的、分散的新型城市中长大，而这些城市并不完全是城市、农村或郊区。

生态系统理论： 布朗芬布伦纳的理论认为，发展受到五个环境系统的影响，分别是微观系统、中间系统、外层系统、宏观系统和时序系统。

对布朗芬布伦纳理论的评价 布朗芬布伦纳的理论近年来颇受欢迎。它是为数不多系统地研究微观和宏观层面上的社会环境的理论框架之一，填补了侧重于小的环境的行为理论和分析大的环境的人类学理论之间的缺口。他的理论在展示儿童生活的不同背景是如何相互联系的方面起到了重要作用。正如我们刚才所讨论的，教师不仅需要考虑教室里发生了什么，还需要考虑学生的家庭、邻里和同伴群体中发生了什么。

连线学生：最佳实践

基于布朗芬布伦纳理论的儿童教育策略

1. 我们可以把儿童的成长看作嵌入在许多环境系统和影响之中。这些环境和影响包括学校和老师、父母和兄弟姐妹、社区和邻居、同龄人和朋友、媒体、宗教和文化。
2. 注意学校和家庭之间的联系。通过正式和非正式的接触建立这些联系。
3. 认识到社区、社会经济地位和文化对儿童发展的重要性。这些更广泛的社会背景可以对儿童的发展产生强大的影响（Gonzales & others, 2016; Zusho, Daddino, & Garcia, 2016）。纽约市格拉梅西幼儿园（Gramercy Preschool）副校长胡安妮塔·克尔顿（Juanita Kirton）在"教师视角"中描述了社区对学生的价值。

教师视角

　　利用社区的资源是非常重要的，因为社区里有大量的学习机会而且提供了大量对学生的支持。纽约市充满了机会。我与社区里的残障人士图书馆密切合作，他们很擅长为学校的学生们提供有声读物，并借给学生们特殊设备供其使用。学生们已多次实地考察当地的消防部门。因为学生们有各种各样的身体障碍，所以消防队员对他们特别关心，消防部门也来学校访问，这让学生们非常兴奋。看到消防队员们对学生们如此耐心真是令人惊讶。看到许多学院和大学送来物品、大学的学生和教师访问学校，我也很受鼓舞。节假日期间来自孩之宝玩具公司的捐赠使得一些学生家庭的度假方式发生了很大改变。我们的学生在我们所在的纽约市社区中非常显眼，这有助于我们的邻居认出学校员工和学生，从而创造一个更安全的环境。

　　值得一提的是，布朗芬布伦纳（2000）在其理论中加入了生物影响因素，并将其描述为一种生物生态学理论。然而，生态环境背景仍然在布朗芬布伦纳的理论中占主导地位（Haines & others, 2015; Orrock & Clark, 2016）。

　　布朗芬布伦纳的理论被批评为太不重视儿童发展中的生物和认知因素，没有解释循序渐进的发展变化，而这正是皮亚杰和埃里克森等理论的重点。

埃里克森的毕生发展理论

　　埃里克·埃里克森（Erik Erikson, 1902—1994）的理论补充了布朗芬布伦纳对儿童成长的社会环境和他们生活中重要人物的分析，提出了分阶段发展的观点。让我们来看看埃里克森对人类毕生发展的看法。

　　人类发展的八个阶段　在埃里克森（1968）的理论中，人的一生经历了八个发展阶段。每个阶段都包含一个发展任务，在此期间个体都会面临一个危机。对埃里克森来说，每一次危机都不是灾难性的，而是弱点和潜能增强的转折点。一个人解决每一个危机越成功，他的心理就会越健康。每个阶段都有积极和消极的方面。

　　信任对不信任（trust versus mistrust）是埃里克森社会心理发展的第一阶段，它发生在生命的第一年。信任的发展需要被给予温暖、体贴的照顾。积极的发展结果是一种舒适的和极少恐惧的感觉。当婴儿被消极对待或忽视时，不信任就产生了。

自主对羞怯和怀疑（autonomy versus shame and doubt）是埃里克森社会心理发展的第二阶段，它发生在婴儿晚期和学步期。在对照顾者产生信任后，婴儿开始发现他们可以控制自己的行为。他们坚持自己的独立性，实现自己的意志。如果婴儿受到太多的约束或太严厉的惩罚，他们就会产生羞怯感和怀疑感。

主动对内疚（initiative versus guilt）是埃里克森社会心理发展的第三阶段，它与童年早期对应，大约3~5岁。当儿童体验到一个不断扩大的社会世界时，他们受到的挑战比他们婴儿时期更多。为了应对这些挑战，他们需要积极主动、目的明确的行动。如果儿童不能自我负责或被弄得太焦虑，他们就会产生不舒服的内疚感。

勤奋对自卑（industry versus inferiority）是埃里克森社会心理发展的第四阶段。它大约与小学阶段对应，即从6岁开始到童年后期或青少年期早期。随着儿童进入小学阶段，他们的精力主要集中在掌握知识和技能上。小学阶段的危险在于形成自卑感、无价值感和无能感。

同一性对角色混乱（identity versus identity confusion）是埃里克森社会心理发展的第五阶段，与青少年期对应。青少年试图回答一系列有关自我的问题，例如我是谁、我存在的意义是什么，以及人生方向是什么。他们面临着许多新的角色和成年人状态（比如职业的和恋爱的）。青少年需要被允许探索不同的道路来获得健康的同一性。如果青少年不能充分地探索不同的角色，没有开辟出一条积极的未来道路，他们可能会一直对其同一性感到困惑。

亲密对疏离（intimacy versus isolation）是埃里克森社会心理发展的第六阶段，对应的是成年早期，即二三十岁。这一阶段的发展任务是与他人建立积极的亲密关系。这一阶段可能面临的危险是，如果一个人无法与恋人或朋友建立亲密关系，他将感到社交上的疏离感。

繁殖对停滞（generativity versus stagnation）是埃里克森社会心理发展的第七阶段，对应于成年中期，即四五十岁。繁殖是指将积极的东西传递给下一代，这也包括养育和教育的方式。通过这些方式，成年人帮助下一代发展有所作为的生活。埃里克森将停滞描述为一种感到对下一代没有任何帮助的无能感。

完整对失望（integrity versus despair）是埃里克森社会心理发展的第八阶段，也是最后一个社会心理阶段，对应成年后期，从60岁到死亡。老年人回顾他们的生活，反思他们曾经做过的事情。如果回顾的评价是积极的，他们会产生一种完整感。换言之，他们认为自己的生活是积极的、完整的、有价值的。相反，如果老年人的回顾大部分是消极的，他们就会感到失望。

最近，我询问老师们如何将埃里克森的毕生发展理论应用于他们的课堂，以下是他们的回复：

幼儿园 埃里克森理论中的"主动对内疚"阶段描述了我的课堂的特点，我希望孩子们在这一年中变得更有责任感。他们被分配了当天要完成的"工作"，如门童（美国教育机构中的一种学生职务，在小朋友们进门或进电梯的时候负责扶着门，确认所有小朋友都进去了再关门）、领队（负责排队的时候带头站好并点好人数）或传信员（负责在教室、办公室或其他地点之间传递文件或指定物品）。孩子们还被要求贯彻执行教室和学校的规则。如果儿童因违反规则或没有履行他们的职责而感到自身是不负责任的，会产生不适的内疚感。

——米西·丹格勒，市郊山丘学校

（Missy Dangler, Suburban Hills School）

小学 埃里克森的勤奋对自卑阶段理论最适用于我的二年级学生。当孩子们进入这个阶段时，有一种学习的能量。然而，这个阶段的挑战在于，如果学生无法胜任他们的学业，他们可能会感到无能。作为这个发展阶段学生的老师，给学生提高胜任感的机会是很重要的。例如，如果一个二年级学生只有幼儿园水平的阅读水平，却给他提供二年级水平的阅读材料，这个学生就会产生无能感。我在课堂上使用分级阅读材料让学生们进行阅读和拼写。每个学生都会阅读与他的水平相匹配的材料，并接受指导，这会培养学生自信。

——苏珊·弗勒利希，克林顿小学

（Susan Froelich, Clinton Elementary School）

初中 埃里克森的同一性对角色混乱阶段在我七年级的学生中体现得很明显。在这个阶段，我的很多学生都经历了自尊心的降低。为了解决这些负面情绪，我经常让他们自己成为老师。也就是说，在我的指导下，学生将进行不同的课堂活动。很多时候，我选择那些需要被同学们认可的学生当一天的老师。其他时候，我会邀请学生，尤其是那些最不愿意参与到课堂活动中的学生和我一起吃午饭。在吃饭的时候，我会告诉他们如何克服对参与课堂活动的恐惧或忧虑。

——玛格丽特·里尔登，波坎蒂科山学校

（Margaret Reardon, Pocantico Hills School）

高中 作为高中教师，面对处于同一性对角色混乱阶段的学生们，我们需要特别重视青少年作为人的价值。我认识很多老师，他们对学生的小吵小闹和情绪波动感到厌烦。然而，我们需要记得，我们也经历过同样的事情，这些挣扎有助于确定我们成年后是什么样的人。在我的实习教学生涯中，我深切地感受到了这一点。我实习的教学楼在设计上和我自己的高中学校很相似。当我走进大门时，我立刻体验到了下巴上的每一个青春痘和洗手间里流下的每一滴流泪。突然间，我变成了那个没有安全感的女孩，在舞会上听着莱昂纳尔·里奇（Lionel Richie）的歌，渴望着约翰约我出去。

——珍妮弗·海特尔，布莱曼高中

（Jennifer Heiter, Bremen High School）

对埃里克森理论的评价　埃里克森的理论抓住了人生中一些关键的社会情感任务，并将它们梳理为发展框架（Kroger, 2015）。他的同一性概念对理解大龄青少年和大学生尤其有帮助。他的整体理论是形成我们当前人类发展观的关键力量，它认为人的发展是终生的，而不仅局限于童年。

埃里克森的理论并非没有批评者（Cote, 2015）。一些专家指出他的阶段过于僵硬。毕生发展理论的先驱伯尼斯·纽加藤（Bernice Neugarten, 1988）认为，同一性、亲密关系、独立性以及社会情感发展的许多其他方面，并不是像串珠一样排列在整齐包装的年龄区间里，相反，它们是贯穿我们人生大部分时间的重要问题。尽管埃里克森理论中的一些阶段（特别是同一性对角色混乱）已经被很多研究验证，但其理论的整体范围（比如八个阶段是否总是按照他提出的顺序和时间表出现）还没有科学记录。例如，对某些个体（尤其是女性）来说，对亲密关系的关注先于或与同一性同时发展。

连线学生：最佳实践

基于埃里克森理论的儿童教育策略

1. 鼓励幼儿的主动性。在学前教育和儿童早期教育中，儿童应该被给予极大的自由去探索他们的世界。他们应该被允许挑选自己想要参与的部分活动。如果他们对某项活动的要求是合理的，那么这些要求就应该被尊重。他们需要能够激发他们想象力的令人兴奋的材料。这一阶段的儿童喜欢做游戏。游戏不仅有利于儿童社会情绪发展，也是他们认知成长的重要媒介，尤其鼓励儿童与同伴进行社交游戏以及幻想游戏。教师要帮助儿童承担起将使用过的物品归位的责任，例如玩过的玩具或用过的材料。尽量减少批评，以免儿童产生高度内疚和焦虑。为儿童安排活动和创建环境的目的是让他们能够胜任，而不是让他们失败，这可以通过给他们提供适合发展的任务来实现，例如，不要让幼儿长时间坐着写作业，这会让他们感到挫败。
2. 促进小学阶段儿童的勤奋。教师对于培养儿童的勤奋有着特殊的责任。埃里克森希望教师能够提供一种让儿童对学习充满热情的氛围。在小学阶段，儿童渴求知识。大多数儿童在刚上小学时都充满好奇心和学习动力。在埃里克森看来，培养学生的好奇心和学习动力对于教师来说格外重要。给学生挑战，但是不要让他们感到挫败。要坚定地要求学生高效学习，但不能过度批评。尤其要能够容许诚实的错误，并确保每个学生都拥有许多胜任的机会。

3. 激发青少年期阶段的同一性探索。认识到学生的同一性是多维的。让青少年写一些有关这些方面的文章，包括职业目标、智力成就、各种兴趣（如体育运动、音乐领域）等，以探索他们是谁以及他们以后想要做什么。邀请不同职业的人来和你的学生分享他们的工作，不论你教的是哪个年级。通过听取和阅读有关宗教、政治和意识形态问题的辩论，鼓励青少年独立思考和自由表达他们的观点。

4. 用埃里克森理论的八阶段理论视角来检视你的教师生活。你成功的教师生涯可能是你整体同一性的一个关键方面。与你的伴侣、一个或多个朋友，以及其他教师或导师发展积极的关系，所有这些都会让你受益匪浅，并且能够增强你作为教师的同一性。

5. 获益于埃里克森理论其他阶段的特征。称职的教师信任他人、具有主动性、勤奋好学、塑造掌控感，志愿于为下一代做一些有意义的事情。在你作为教师的角色中，你将主动地满足埃里克森理论的繁殖概念的标准。

　　在"教师视角"中，明尼苏达州东大福克斯中央中学的教师特蕾莎·奥莱杰尼克扎克（Therese Olejniczak）描述了她如何鼓励学生在开学第一天思考自己的同一性。

教师视角
借助艺术探索青少年的同一性

　　我的七年级选修艺术课的学生们第一天来上课时以为会读到一份课堂规则清单。他们却非常惊讶地发现，我只发给他们几张画纸、旧杂志和胶水，并告诉他们用撕下的纸做一幅自画像来进行自我介绍。学生们热情高涨，兴奋地关注自己的同一性，并迫不及待地开始……在这个开场活动之后，我的学生知道他们的创造性表达是被允许和鼓励的，所以他们感到很自在，而我也能更好地理解他们不断变化的态度和表达的需要。

复习、思考和练习

学习目标1：描述当代社会情感发展的布朗芬布伦纳的生态系统理论和埃里克森的毕生发展理论两种观点。

复习

· 布朗芬布伦纳理论的五个环境系统是什么？对他的理论有哪些批评意见？

· 埃里克森理论的八个阶段是什么？对他的理论有哪些批评意见？

思考

· 你认为你自己的社会情感发展在多大程度上可以用埃里克森理论来描述？

PRAXIS™ 实践

1. 以下哪项是中间系统的最佳例子？

　　A. 艾克的父母密切监视他的行为。任何时候他们都知道他在哪里、和谁在一起

　　B. 艾克的父母对他的成绩表示关注。他们参加了家长会，并和老师一样一同加入了家长教师协会，他们还以陪同人员身份参加孩子们的实地考察

　　C. 艾克定期去教堂，每周都去宗教学校，并准备参加坚信礼

　　D. 艾克相当精通计算机技术。他的父母经常要求他为他们的电子设备编程，因为他们对这些东西缺乏经验

2. 罗杰斯女士任教四年级。她对学生的日常作业有很高期望，因为她了解到学生在本州规定的成绩测试中取得好成绩很重要。她的课程常常让一些学生感到沮丧，因为他们不理解学习内容。她没有帮助他们理解，而是继续教授新内容。后来，她对学生在家庭作业中的表现感到沮丧，经常在他们的作业纸上发表尖酸刻薄的评论。从埃里克森的角度来看，罗杰斯女士的教学风格应该如何描述？

A. 罗杰斯女士的教学风格与促进小学生勤奋的需要密切相关。她的高期望值将激励儿童成功

B. 罗杰斯女士的教学风格与小学年龄段儿童发现自己是谁并建立同一性的需要密切相关

C. 罗杰斯女士的教学风格不太可能促进小学年龄段儿童的勤奋。相反，它可能会使他们感到自卑

D. 罗杰斯女士的教学风格可能会提高学生的主动性。他们会通过更积极的学习方式对她的高期望值做出反应

请参看书末的答案……

2 发展的社会环境

学习目标2：讨论社会环境（家庭、同伴和学校）如何与社会情感发展相联系。

在布朗芬布伦纳的理论中，儿童生活的社会环境对他们的发展有着重要影响。

让我们来探讨儿童所处的三种环境，他们在其中度过了大部分时间：家庭、同伴和学校。

家庭

尽管儿童在不同的家庭中成长，但几乎每个家庭的父母都在支持和激励儿童的学业成绩和对学校的态度方面发挥着重要作用（Rowe, Ramani, & Pomerantz, 2016）。父母对教育的重视程度可以决定孩子在校是否表现良好。不仅是校内成绩表现，他们还决定孩子校外活动的参与情况。儿童是否参加体育、音乐等活动在很大程度上取决于父母是否为儿童报名以及鼓励他们参与这些活动的程度（Wigfield & others, 2015）。

父母的教养方式　了解父母养育儿童的方式以及各种养育方式对儿童的影响可能对你来说很有帮助。是否有一种最佳的养育方式呢？戴安娜·鲍姆林德（Diana Baumrind, 1971, 1996）是育儿方面的权威人士，她认为有。她认为父母既不应该惩罚孩子，也不应该冷漠地对待孩子。与此相反，他们应该在支持和培养孩子的同时，为他们制定规则。这一观点得到了大量研究的支持，其中包括她自己所做的研究（Steinberg, 2014）。鲍姆林德表示，父母的教养方式主要有以下四种：

专制型教养：一种
限制性和惩罚性的
教养方式，父母与
子女之间很少有言
语交流；与儿童的
社交无能有关。

权威型教养：一种
鼓励儿童独立但仍
对他们的行为进行
限制和控制的积极
教养方式，允许大
部分的言语交流；
与儿童的社交能力
有关。

忽视型教养：一种
父母不参与儿童生
活的教养方式，父
母很少花时间与他
们的孩子在一起；
与儿童的社交无能
有关。

纵容型教养：一种
父母高度参与儿童
的生活，但对儿童
的行为几乎不加限
制或约束的教养方
式；与儿童的社交
无能有关。

· **专制型教养**（authoritarian parenting）具有限制性和惩罚性的特点。专制型父母要求儿童听从他们的指示并尊重他们。他们对儿童实施严格的限制和控制，几乎不允许言语交流。例如，一个专制型父母可能会说："照我说的做，否则……不许再讨论了！"在这种教养方式下长大的儿童，通常会表现出社交无能。他们往往对社会比较感到焦虑，不能主动发起活动，并且缺乏沟通技巧。

· **权威型教养**（authoritative parenting）鼓励儿童独立，但仍然会对他们的行为进行限制和控制。大部分的口头交流是被允许的，父母是提供抚育和支持的。权威型父母的儿童往往善于社交。他们倾向于自力更生，能够做到延迟满足，在与同龄人的相处中表现出高自尊。由于这些积极的教育结果，鲍姆林德强烈支持权威型教养方式。

· **忽视型教养**（neglectful parenting）是一种父母不参与儿童生活的教养方式。被父母忽视的儿童会产生这样一种感受：父母生活的其他方面都比自己更重要。这些儿童常常表现出社交无能。他们往往自控能力较差，难以独立，也没有实现自我成就的动力。

· **纵容型教养**（indulgent parenting）是一种父母高度参与儿童生活，但同时对儿童的行为几乎不加限制或约束的教养方式。这些父母经常让儿童做他们自己想做的任何事情，因为他们相信在抚育支持和不加约束的结合下会产生一个有创造力、自信的儿童。而结果却是这些儿童通常无法学会控制自己的行为。纵容儿童的父母没有考虑到儿童的整体发展。

权威型教养方式的好处是否能够跨越种族、社会经济地位和家庭构成的界限？虽然也有一些例外情况，但研究表明，权威型教养方式与儿童能力有关，并且这种相关性跨越了广泛的种族群体、社会阶层、文化和家庭结构（Steinberg, 2014）。

然而研究人员发现，在一些种族中，相比于鲍姆林德预测的结果，专制风格的某些方面可能和更积极的儿童教养结果有关。专制风格中的元素可能具有不同的含义，并根据不同的文化背景产生不同的影响（Clarke-Stewart & Parke, 2014）。

例如，亚裔美国人的父母通常坚持传统的亚洲育儿方式，这种方式有时被称为专制。许多亚裔父母对儿童的生活有着相当大的控制权。然而，露丝·赵（Ruth Chao, 2005, 2007）认为，许多亚裔美国父母所采用的教养方式不同于专制方式的专横跋扈的控制，相反，这种控制反映了对儿童生活的关注和参与，最好将其理解为一种"培训"。亚裔美国儿童的高学术成就可能是他们的父母提供"培训"的结果。

父母参与儿童的学校教育和成绩　当父母参与儿童的学校教育和成绩的各个方面时，儿童是否会在学校有更好的表现？在最近一项针对 15 000 多名五年级学生的研究中，父母的学校参与度和父母的教育期望值与儿童的学习成绩有关。父母对学校教育的参与程度越高、对教育的期望值越高，学生的总平均分就越高，而且他们高中毕业大约八年后，也有更高的教育成就（Benner, Boyle, & Sadler, 2016）。同样，在该研究中，父母对学校教育的参与对低社会经济地位（socioeconomic-status，SES）家庭的学生尤其有益；在高社会经济地位的家庭中，父母给予的学业建议越多，学生的学业成绩越好。

父母共同教养　共同教养是指父母在共同抚养儿童时相互给予的支持。父母之间的协作不力、来自另一方的破坏行为、缺少合作和热情，以及父母其中一方的联系中断都会将儿童置于产生问题的风险之中（Galdiolo & Roskam, 2016; Goldberg & Carlson, 2015）。

变动的社会中变动的家庭　越来越多的儿童在离异家庭、继父母家庭以及父母双方都在外务工的家庭中长大。随着离婚率的日益增高，越来越多的儿童在单亲家庭中长大。美国单亲家庭的比例实际上比其他任何工业化国家都要高。如今，美国每四个儿童中就有一个在 18 岁之前成为再婚家庭的成员。此外，在育有 6~17 岁儿童的母亲中，有工作的人数超过三分之二。

在职父母　工作对养育子女同时存在着积极和消极影响（O' Brien & others, 2014; Veira & others, 2016）。最近的研究表明，比起父母一方或双方都在外工作，父母的工作性质对儿童的发展有着更大的影响（Clarke-Stewart & Parke, 2014）。安·克劳特（Ann Crouter, 2006）最近对"父母如何将工作体验带入家庭中"进行了描述。她的结论是，工作条件差的父母，比如工作时间长、经常加班、工作压力大、在工作中缺乏自主权，可能比工作条件好的父母在家里更容易发脾气，在养育子女方面也更低效。一项与之相一致的发现是，在职母亲的儿童（尤其是女孩）较少受到性别刻板印象的影响，对性别角色有更平等的看法（Goldberg & Lucas-Thompson, 2008）。

离异家庭儿童　有研究显示，离异家庭的儿童比非离异家庭的儿童适应性更差（Arkes, 2015; Weaver & Schofield, 2015）。尽管如此，需要提示的是，大多数离异家庭的儿童并没有明显的适应问题（Ahrons, 2007）。

值得注意的是，在婚姻或离婚的背景下，婚姻冲突可能对儿童产生负面影响（Cummings & Miller, 2015; Cummings & Valentino, 2015; Davies, Martin, & Sturge-Apple, 2016; Jouriles, McDonald, & Kouros, 2016）。事实上，离异家庭儿童所经历的许多问题都开始于离婚前的时期，那段时期父母之间经常发生激烈的冲突。因此，致使离异家庭儿童出现问题的原因可能不仅仅是父母离婚，婚姻冲突也可能是导致问题发生的原因（Brock & Kochanska, 2016）。

离婚对儿童的影响是复杂的，取决于儿童的年龄、离婚时儿童的优势劣势、监护类型、社会经济情况和离婚后家庭功能是否良好等因素（Demby, 2016; Elam & others, 2016）。支持系统（亲戚、朋友、管家）的使用，监护方与前配偶之间持续的积极关系、满足儿童经济需求的能力，以及高质量的教育都会帮助儿童适应离婚的压力环境（Alba-Fisch, 2016; Lansford, 2013）。一项研究发现，离婚夫妻之间的共同教养与儿童更少的适应问题有关（Lamela & others, 2016）。

梅维斯·赫瑟林顿（E. Mavis Hetherington, 1995, 2006）的研究记录了学校对于离异家庭儿童的重要性。在整个小学阶段，父母教育和学校教育环境都是权威型的情况下，离异家庭儿童的成绩最高、问题最少（根据鲍姆林德的分类）；在离异家庭中，当父母中只有一方是权威型时，权威型学校会促进儿童的适应；父母双方都不是权威型的情况是最消极的家庭养育环境，最消极的学校环境是混乱和忽视的环境。

学校家庭联系　尽管在小学和中学阶段，父母陪伴孩子的时间通常会变少，但是父母仍然对儿童的发展有着极大的影响（Clark & others, 2015）。当儿童开始为自己承担更多责任时，父母应该承担把关者的职责并为儿童提供指导（Kobak & Kerig, 2015）。父母在支持和激励儿童的学业成绩方面，发挥着尤其重要的作用（Rowe, Ramani & Pomerantz, 2016）。父母对教育的重视程度会影响儿童在校表现。父母不仅影响儿童的在校成绩，也决定着他们的校外活动（Vandell & others, 2015）。儿童是否参与体育、音乐和其他活动，很大程度上会受到父母是否为孩子报名这些活动以及鼓励孩子参与活动的影响（Wigfield & others, 2015）。

有经验的教师知道让父母参与到儿童教育中的重要性（Chang, Choi, & Kim, 2015）。所有父母每年都需要教师的指导，才能知道如何更有效地参与儿童的教育，即使是那些受过良好教育的父母也不例外。教育专家乔伊斯·爱泼斯坦（Joyce Epstein, 2001, 2009）解释说，几乎所有的父母都希望他们的孩子在学校取得成功。因此，为了帮助他们的孩子充分发挥潜力，父母就需要从孩子的老师、其他学校和地区的领导者那里得到明确而有用的信息。例如，有时父母会问他们的孩子，"今天在学校怎么样啊？"。如我们所知，孩子可能会说"很好"或"好"就结束了，而没有提供更多有效信息。与之相反，父母应该以引导孩子回答的方式提问，"你能给我读一下你今天写的作文吗？"或"你能跟我说说今天数学课学了什么吗？"，或者类似的有关其他课程作业或课题的直接提问。那些能够让学生分享自己的想法和庆祝成功的对话或作业安排，可能会促进与学校有关的积极亲子互动。

关于发展有效的学校–家庭–社区伙伴关系和项目的方法，请访问约翰·霍普金斯大学伙伴关系全美网络（NNPS）的网站：www.pepartnership.org。标题为"In the Spotlight"（"聚光灯下"）的部分尤其值得关注。此外，教师可以利用各种技术让父母与孩子的教育活动保持联系。其中包括使用在线博客、在社交媒体上发帖，以及使用电子邮件或个人短信与家长交流。这些都是确保父母了解并参与孩子教育的很好的选择。

最近，我请执教不同年龄段儿童的老师提供关于如何让父母/监护人参与到孩子的学校教育中的建议。以下是他们的回复：

幼儿园　家长是我们课堂中不可或缺的一部分，教师在教学上的成功离不开家长的合作和参与。我们会通过持续的交流、必要时的家庭电话、每周简报、电子邮件、家长会和提供晚餐的每月研讨会来吸引家长参与教学。

——瓦莱丽·戈勒姆，儿童乐园公司
（Valarie Gorham, Kiddie Quarters, Inc.）

小学　并不是所有家长都能抽出时间到教室里帮忙做义工。出于这个原因，我为家长提供了其他参与孩子教育的方式。例如，我有时会让家长在家里准备课堂上要用的材料。此外，每个月我们都有一个需要家长和孩子一起完成的家庭作业日历，家长需要在日历背面填写一份回复表，这样我可以知道家长对孩子的了解程度，以及他们是如何帮助孩子完成任务的。

——海瑟·佐尔达克，里奇伍德小学
（Heather Zoldak, Ridge Wood Elementary School）

初中　我的团队每天都使用现代技术来与父母沟通。我们在网上发布成绩、家庭作业和每日公告。我们还要求学生使用行事历来记作业等等。如果家长有关心的问题，我们会及时联系他们；当孩子有好消息的时候我们也会联系家长。

——马克·福德尼斯，贝米吉初中
（Mark Fodness, Bemidji Middle School）

高中　我在离家25千米的一个小地方教书，但我想要学生和家长更熟悉我——这可能意味着我要去学校所在社区的商店和药店购物，而不是去离家更近的商店。当我在学校附近购物时，我经常看到我的学生在打工、学生家长在购物，这让我们变得更加亲近。我也试着去观看学校的戏剧表演、比赛和体育活动，这样当开家长会的时候，熟悉我的家长可能会更愿意参加家长会。

——珍妮弗·海特尔，布莱曼高中
（Jennifer Heiter, Bremen High School）

同伴

除了家庭和教师，同伴——处于相同年龄段或成熟水平的儿童——在儿童的发展和教育中也发挥着巨大的作用（Kindermann, 2016; Wentzel & Muenks, 2016）。例如，研

连线学生：最佳实践

建立学校-家庭-社区联系的策略

乔伊斯·爱泼斯坦（Joyce Epstein）确定了六种类型的参与方式，可以在任何小学、初中以及高中实施，以全面发展学校、家庭和社区的伙伴关系。这些以目标为导向的、与年龄相适应的活动包括：

1. 向家庭提供帮助。学校可以向家长提供有关育儿技能、家庭支持的重要性、儿童和青少年发展以及促进学习的家庭环境的信息。教师是学校与家庭之间的重要联结，可以了解家庭是否满足学生的基本生理和健康需求。

2. 就学校课程和学生进步与家庭进行有效沟通。这包括学校对家庭以及家庭对学校的沟通。鼓励父母参加家长会和其他学校活动，为父母安排他们方便参加的时间。努力发展父母可以互相了解的活动，而不仅仅停留在对老师的了解。

3. 鼓励父母做志愿者。尽量使志愿者发挥与课堂需要相匹配的作用。在一些学校，父母广泛参与教育规划并协助教师教学。

父母和孩子一样都有不同的天赋和能力，密歇根州里奇伍德小学的教师海瑟·佐尔达克（Heather Zoldak）在"教师视角"中的评论就反映了这一点。

教师视角
鼓励家长参与

在鼓励家长支持课堂教学时，了解父母对学校环境的不同适应程度是很重要的。创造各种各样的机会，让父母参与到课堂中来，并以其他方式支持课堂教学。由于繁忙的日程安排、工作的限制，或者根据以往参与课堂教学的经验，一些父母可能会更多地选择在课外实地考察的旅行中提供帮助，或者在家为即将到来的课程准备材料。有步骤地建立与父母的舒适和融洽的关系是鼓励父母成为志愿者的关键因素。

4. 让父母和孩子一起参与到在家的学习活动中。这包括家庭作业和其他与学校课程相关的活动。爱泼斯坦（Epstein, 1998）创造了"互动家庭作业"这个术语，并设计了一个鼓励学生向父母寻求帮助的方案。在一所使用爱泼斯坦方法的小学里，老师每周都会给家长写一封信，告知他们每项作业的目的，给出指导，并征求他们的意见。

5. 让家庭参与学校的决策。父母可被邀请加入 PTA/PTO 董事会、各种委员会、理事会和其他家长组织。在威斯康星州郊区的安特瓦小学，父母－教师组织会议将讨论学校和地区教育目标、适合年龄的学习、孩子纪律和考试表现等问题。

6. 协调社区协作。帮助将社区企业、机构、学院和大学的工作以及资源相互联系起来，以丰富学校的教学安排、家庭实践和学生学习（Epstein, 2009）。学校也会提醒家庭注意有益于他们的社区项目和服务。

究者发现，与他人相处融洽且至少有一个亲密伙伴的儿童，能够更好地适应幼儿园到小学一年级的过渡、在校成绩更好，并有更好的心理健康水平（Ladd, Birch, & Buhs, 1999）。同伴群体最重要的功能之一是提供家庭以外的世界和与他人进行比较的信息。

同伴地位　发展学家提出了同伴地位的五种类型：受欢迎儿童（popular children）、一般儿童（average children）、被忽视儿童（neglected children）、被拒绝儿童（rejected children）和有争议儿童（controversial children）。

许多儿童担心他们是否受欢迎。受欢迎儿童经常被提名为"最好的朋友"，很少有人不喜欢他们，受欢迎儿童会给予同伴支持、认真倾听、与同伴保持坦诚的沟通、积极快乐、表现真实的自己、对他人表现出热情和关心、自信而不自负（Hartup, 1983）；一般儿童从他们的同伴那里获得的积极或消极提名的数量相当；被忽视儿童很少被提名为某人最好的朋友，但也不会被同伴讨厌；被拒绝儿童几乎不会被提名为某人最好的朋友，而且经常被同伴讨厌；而有争议儿童被提名为某人最好的朋友或不喜欢的同伴的次数都很多。

被拒绝儿童通常比被忽视儿童有更严重的适应问题，特别是当被拒绝儿童具有高度攻击性时（Rubin & others, 2016）。一项社会技能干预训练成功地提高了被拒绝儿童的社会接受度和自尊，降低了抑郁和焦虑水平（DeRosier & Marcus, 2005）。学生们每周参加一次干预训练（50~60 分钟），持续 8 周。课程包括如何管理情绪，如何提高亲社会技能，如何成为更好的沟通者，以及如何妥协和谈判。

特殊的同伴关系问题涉及校园霸凌（Espelage & Colbert, 2016）。在"管理课堂"这一章我们将会提供应对霸凌的策略。

友谊　友谊会影响学生对待学校的态度以及他们在课堂上的表现（Wentzel & Muenks, 2016）。一项为期两年的纵向研究强调了友谊的重要性（Wentzel, Barry, & Caldwell, 2004）。没有朋友的六年级学生会表现出更少的亲社会行为（合作、分享、助人）、更差的成绩和更多的情绪问题（抑郁、低幸福感），两年后，那些没有朋友的六年级学生到了八年级，他们面临更大的情绪困扰。

拥有朋友可以是一种发展优势，但要注意并不是所有的友谊都是一样的。拥有以学业为主、擅长社交的支持性的朋友是一种发展优势（Choukas-Bradley & Prinstein, 2016），但拥有某些类型的朋友也可能成为一种发展劣势。例如，最近的一项研究显示，拥有具有犯罪行为的朋友与个体早发或更持久的犯罪行为有关（Evans, Simons, & Simons, 2016）。

学校

在学校里，儿童作为小社会中的一员度过了很多年，这对他们的社会情感发展有着巨大的影响。这个小社会又是如何随着儿童的发展而变化的呢？

学校中变化的社会发展环境　学前期、学龄期和青少年期的学校社会环境各有不同（Minuchin & Shapiro, 1983）。学前期的环境是一个边界为教室的受保护环境。在这种有限的社交环境中，儿童会与 1~2 位教师进行互动，这些教师通常是女性、是儿童生活中的权威人物，幼儿也会以两人或小团体的形式与同伴互动。

教室仍然是小学的主要环境，尽管相比于学前期的教室，小学教室更像一个社会

连线学生：最佳实践

提高儿童社交能力的策略

　　在你任教的每个班级中，都会出现一些社交能力较弱的儿童，其中一两个可能为被拒绝儿童，其他几个可能为被忽视儿童。以下是一些提高儿童社交能力的好方法：

1. 帮助被拒绝儿童学会倾听同伴的想法。"听他们说什么"，而不是试图控制同伴。

2. 帮助被忽视儿童以积极的方式吸引并保持同伴的注意力。 他们可以通过提问、以热情友好的方式倾听、谈论同伴感兴趣的事情来达到吸引注意力的目的。 也可以与同样被忽视的同伴合作，以更有效地融入集体。

3. 为缺乏社交能力的儿童提供如何提高社交技能的知识。在一项针对六年级和七年级学生的研究中，对交友策略的了解程度与同伴接受度呈正相关（Wentzel & Erdley, 1993）。

4. 与学生一起阅读和讨论有关同伴关系的书籍，并设计支持性的游戏和活动。把这些书作为主题单元列入幼儿课程中。为年龄稍大的儿童和青少年提供关于同伴关系和友谊的书籍。

适宜的策略包括：

·可以通过询问一个人他最喜欢的活动并邀请他一起去参与这项活动来开始互动。

·友好、善良、体贴是非常重要的。

·通过礼貌地倾听别人所说的话来表达尊重是很必要的。

不适宜的策略包括：

·咄咄逼人、不尊重他人、不体谅他人、伤害他人感情、搬弄是非、散布谣言、让他人难堪或批评他人均不是良策。

·不要表现消极的一面，避免以自我为中心，不要只关心自己，或者总是表现出嫉妒、发牢骚或生气。

·不要有反社会的行为，比如打架、对别人大喊大叫、挑剔别人的毛病、取笑他人、不诚实、违反校规、吸毒等。

单位。教师是权威的象征，他们确立了课堂氛围、社交互动的环境和群体功能的性质。此时，同伴群体变得更加重要，学生对友谊产生了更加浓厚的兴趣。

　　随着儿童进入初中和高中，学校环境扩大、变得更加复杂（Wigfield, Tonks, & Klauda, 2016）。此阶段的社交领域是整个学校而不只是教室；青少年所交往的同伴和教师文化背景更多元，兴趣也更加广泛；教师多是男性；青少年社会行为的重心也更多地向同伴、课外活动、俱乐部和社区转移（Vandell & others, 2015）。中学生更多地意识到学校是一个社会系统，并可能被激发出遵守它或挑战它的动力。

　　儿童早期教育　儿童早期教育的方式有很多种（Burchinal & others, 2015）。然而，越来越多的教育专家主张下文的教育方式是适合儿童发展的（Feeney, Moravcik, & Nolte, 2016; Morrison, 2017）。

适合发展的教育：注重儿童的典型发展模式（年龄适当性）和每个儿童的独特性（个体适当性）的教育。

　　适合发展的教育　之前章节已经提及了儿童参与适合发展的教育实践（developmentally appropriate practice，DAP）的重要性。以下内容在讨论从出生到 8 岁儿童的适合发展的教育实践时，扩展了这一主题。适合发展的教育（developmentally appropriate education）是基于特定年龄段儿童的典型发展（年龄适当性，age-appropriateness）以及对儿童独特性（个体适当性，individual-appropriateness）的了解。教育中适合发展的实践强调创造环境以鼓励儿童成为主动学习者的重要性，并反映儿童的兴趣和能力。适合发展的实践期望儿童获得批判性思考、合作性学习、问题解决、自我调节等能力的发展并且能够享受学习。它强调的是学习过程而不是内容（Bredekamp，2017）。美国国家幼儿教育协会（National Association for the Education of Young Children，NAEYC）在 2009 年发布了最新的适合发展的指导方针。

适合发展的教育实践能促进儿童的发展吗？一些研究人员发现，在适合发展的教室里学习的儿童承受的压力更小，学习习惯更好，更有创造力，社交能力也更强（Hart & others, 2003; Stipek & others, 1995）。然而，并不是所有的研究都显示出适合发展的教育存在显著优势（Hyson, Copple, & Jones, 2006）。难以对适合发展的教育研究进行概括的原因之一是，每个研究的项目都是不同的，而适合发展的教育是一个不断发展的概念。该概念的近期变化对社会文化因素给予了更多关注，如教师的积极参与以及应该如何强调和教授学术技能（NAEYC, 2009）。

蒙特梭利教学法 蒙特梭利学校是在玛利亚·蒙特梭利（Maria Montessori，1870—1952）的教育哲学理念上建立起来的，她是一名意大利物理学家，后来成为教育家。在 20 世纪初，她创造了一种具有革命意义的儿童教学法。这种教学法已经被美国的私立学校广泛采用，尤其是那些有幼儿教育项目的学校。

蒙特梭利教学法（Montessori approach） 是一种教育哲学理念，儿童在选择活动时有相当大的自由度和自发性，并可以按照自己的意愿从一个活动转移到另一个活动。教师扮演的是辅助者而不是指导者的角色。教师向儿童展示如何进行智力活动以及探索课程材料的有趣方法，并在儿童要求的时候提供帮助（Cossentino, 2008; Lillard, 2017）。蒙特梭利学校特别强调的是鼓励儿童在很小的时候就自主做决定，成为能够自我调节的问题解决者，并能有效地管理时间（Hyson, Copple, & Jones, 2006）。近年来，美国的蒙特梭利学校数量急剧增长，从 1959 年的 1 所学校到 1970 年的 355 所学校，再到 2016 年的约 4500 所学校，预计 2016 年全球蒙特梭利学校约为 20 000 所（North American Montessori Teachers' Association, 2016）。

一些发展学家支持蒙特梭利教学法，但另一些人认为它忽视了儿童的社会发展。例如，尽管蒙特梭利教学法培养儿童独立和认知技能的发展，但它不强调教师和儿童之间以及同龄人之间的言语互动。蒙特梭利的批评者还认为，它限制了想象力的发挥，而且它对自我纠正方面的严重依赖可能对创造性有所限制，或不能充分适应多种学习方式（Goffin & Wilson, 2001）。

儿童早期教育中的争议 目前幼儿教育的争议涉及课程体系（Bredekamp, 2017; Feeney, Moravcik, & Nolte, 2016）。一方主张以儿童为中心的建构主义方法，就像全美幼儿教育协会（NAEYC）所强调的那样，遵循适合儿童发展的实践路线。另一方主张学术性的、直接的教学方法。

多重思考
适合发展的实践（DAP）是指教学内容对于儿童的发展水平来说，既不是太难和有压力，也不是太容易和无聊。连接到"教育心理学：有效教学的工具"。

蒙特梭利教学法：一种教育哲学理念，儿童在选择活动时有相当大的自由度和自发性，并可以按照自己的意愿从一个活动转移到另一个活动。

事实上，许多高质量的幼儿教育项目都同时涉及建构主义的和学术性的方法。然而，许多像丽莲·卡茨（Lilian Katz, 1999）这样教育专家担心，学术性方法给儿童施加了太多的压力，使他们无法获得成功，而且也不能提供任何积极构建知识的机会。合格的幼儿教育项目也应该同时关注认知发展和社会情感发展，而不仅仅是认知发展（NAEYC, 2009）。

来自低收入家庭的儿童早期教育 从 20 世纪 60 年代开始，开端计划（Project Head Start，PHS）旨在为来自低收入家庭的儿童提供取得成功所需的重要技能和经验。在今天，由联邦政府资助的开端计划仍然为现在处于弱势地位的儿童提供帮助，它也是联邦政府资助的最大的儿童项目。

在高质量的开端计划项目中，家长和社区都以积极的方式参与其中。教师对儿童的发展了如指掌，并且使用适合儿童发展的教学方法。

然而，开端计划的实践结果好坏不一（Miller, Farkas, & Duncan, 2016）。最近的一项研究发现，一年的开端计划与早期数学、早期阅读和接受性词汇方面的较高表现有关（Miller & others, 2014）。另一项研究发现，初始认知能力较低、父母受教育程度较低、每周参加学前教育超过 20 小时的开端计划的儿童取得了最好的结果（Lee & others, 2014）。然而，这些早期发现的教学效果在小学阶段消失不见的情况也是很常见的。

向小学的过渡 随着儿童进入小学，他们会结识重要的新朋友，并与他们互动和发展关系。学校为学生提供了丰富的思想资源来塑造他们的自我意识。

特别值得关注是，对于低年级的小学课堂，教学不能主要在负面反馈的基础上进行。我清楚地记得我一年级的老师。可惜的是，她从来没有笑过。她是课堂上的独裁者，学习（或缺乏学习）的进展更多的是基于恐惧，而不是快乐和热情。幸运的是，后来我遇到了一些更温暖、对学生更友好的老师。

儿童在开始上小学时的自尊心要比完成小学学业时更高（Blumenfeld & others, 1981）。这是因为他们在小学期间一路上经历了太多的负面反馈，承受了很多批评的缘故吗？本书将在其他章节更多探讨强化和惩罚对儿童学习和课堂管理的作用。

教师在包括小学在内的学校教育的各个层面都发挥着重要作用（Borich, 2017; Wentzel, 2016）。在从婴儿期到小学三年级的一系列研究中我们发现，积极的师生关系与许多积极的儿童教育结果有关（Howes & Ritchie, 2002）。在这项研究中，即使儿童对之前的照顾者缺乏信任，儿童与教师目前的积极关系也可以弥补早期的消极关系。拥有温暖、积极的师生关系的儿童对学校的态度更积极、对学习更有热情、在学校取得的成绩也更好（Martin & Collie, 2016）。

最近，"教育应用程序"的数量急剧增加，这些应用程序宣传能帮助儿童学习和取得成就。在最近的一项分析中，凯西·赫什-帕塞克（Kathy Hirsh-Pasek）及其同事

（2015）提供了以下可以帮助老师和家长选择对儿童有益的应用程序的建议：

· 选择那些能够为儿童持续参与教育任务提供支持的应用程序，而不是那些充斥着让儿童分心的铃声和口哨声的应用。

· 选择能引导探索的应用程序，鼓励儿童自己发现信息，而不仅仅是给儿童提供信息以及告诉他们要知道什么。

· 选择那些可能通过对话和讨论引起社交互动的应用程序，而不是那些避免与他人互动的应用程序。

青少年的学校教育　关于青少年教育的三个特别关注是：（1）小学向初中的过渡，（2）青少年前期的有效教育，（3）高中教育质量。对大多数学生来说，向初中阶段过渡会有什么困难呢？

小学向初中过渡　这个过渡可能令学生感到压力，因为它与许多其他发展变化同时发生（Wigfield & others, 2015）。学生们开始进入青春期，对自己的身体形象越来越关注。青春期的激素变化促进了他们对性有关问题兴趣的增加。学生越来越独立于父母，并希望花更多的时间与同伴一起度过。他们必须从较小的、更具个性化的教室转而进入一个较大的、非个性化的学校学习。成绩成为更加严肃的事情，取得好成绩的竞争变得更加激烈。

当学生从小学升入初中时，他们会体验到优势者现象（top-dog phenomenon）。这是指从最高的位置（小学阶段是学校里年龄最大、个头最高、最厉害的学生）移至最低的位置（初中阶段是学校里年龄最小、个子最矮、最没有权力的学生）。提供更多支持、更少匿名性、更多的稳定性、更少的复杂性的学校，能够改善学生在这一过渡时期的适应情况（Fenzel, Blyth, & Simmons, 1991）。

过渡到初中也有积极的方面。学生们更有可能感到自己长大了，有更多的科目可供选择，有更多的机会与同龄人相处并找到合适的朋友，同时更多地享受独立，不受父母的直接监督。此外，他们也可能在智力上受到学业的挑战。

青少年期早期的优秀学校　教育学家和心理学家担心，初中已经变成了掺水版的高中，模仿高中的课程和课外活动安排。批评者认为，这些学校应该提供反映青少年生理和心理发展中广泛个体差异的活动。20世纪末，卡内基基金会（1989）对美国中学发表了极其负面的评价。它得出的结论是：大多数青少年在规模庞大、缺乏人情味的学校就读，他们学习着无关紧要的课程，几乎不信任学校里的成年人，缺乏健康管理和享受咨询服务的机会。基金会建议国家发展较小的"社区"或"居屋"，以减轻大型中学缺乏人性化的情况，这降低了学生与辅导员之间的比例（10比1，而不是数百比1）；让家长和社区领导者参与学校活动、开发新课程；让教师团队在设计得更为灵活的课程模块中进行教学，这些课程模块整合了多个学科；通过更多的校内项目促进学生的健康和提升学生的身体素质，并帮助需要公共卫生保健的学生获得这些服务。大约 30 年后，专家们仍然发现，要想有效地教育青少年，就需要对美国的中学进行大规模的重新设计（Roeser, 2016; Soloman & Anderman, 2017）。

改善美国的高中教育　正如人们对美国的初中教育感到担忧一样，人们对美国的高中教育也感到担忧（Eccles & Roeser, 2015）。批评者强调，许多高中对成功的期望和学习的标准太低。批评者还认为，高中很多时候培养的是被动性，学校应该创造各种途径让学生获取他们的同一性。许多高中毕业的学生在阅读、写作和数学技能方面都有欠缺（许多大学的学生也是如此），这让他们不得不参加当地的补习班。还有一些学生在高中辍学，他们不具备获得体面工作的技能，更不用说成为知情公民了。

正如小学向初中的过渡一样，初中向高中过渡的过程也会有问题出现。这些问题可能包括以下几点（Eccles & Roeser, 2015）：高中通常比初中更大、更官僚、更没有人情味；师生之间缺乏更多互相了解的机会，可能会导致不信任；教师也很少能做到将学习内容和学生自身兴趣联系起来。以上这些经历都可能削弱学生的积极性。

罗伯特·克罗斯诺（Robert Crosnoe, 2011）的新书《融入，脱颖而出》（*Fitting In, Standing Out*）强调了美国高中的另一个主要问题：青少年生活中消极社会因素如何破坏他们的学业成就。在他看来，青少年沉浸在复杂的同伴群体文化中，这种文化要求从众。高中本应是以接受教育为重，但实际上未必如此。对许多青少年来说，高中更多的是游走在各种同伴关系间的社交世界，而这些同伴关系可能重视教育和学业成就，也可能不重视。那些无法融入这个社交世界的青少年，尤其是那些肥胖或同性恋者，会受到歧视。克罗斯诺建议增加学校的咨询服务、课外活动，以及改善家长的监督，以减少此类问题。

在 20 世纪后半叶和 21 世纪前 10 年，美国高中生的辍学率有所下降（美国教育统计中心，2016）。在 20 世纪 40 年代，美国 16~24 岁的青少年中，有超过一半的人辍学；到 1990 年，这一比例下降到 12%；2014 年，这一数字进一步下降到 6.5%。虽然拉丁裔青少年的辍学率仍然很高，但在 21 世纪这一数字已经大幅下降（从 2000 年的 28%、2010 年的 15% 到 2014 年的 12%）。

2014 年辍学率最低的是亚裔美国青少年（1%），其次是非拉丁裔白人青少年（5%）、非裔美国青少年（7%）和拉丁裔青少年（12%）。

美国辍学率存在性别差异。2012 年，男性的辍学率高于女性（7.3% ：5.9%）。拉丁裔青少年辍学率的性别差异显示，女性仍然保持较低辍学率的优势——女性为 11.3%、男性为 12.7%，但这一性别差距近年来已显著缩小（美国教育统计中心，2014）。

国家关于美洲印第安人青少年的数据是不充分的，因为统计数据是零星或从小样本中收集的。然而，有一些迹象表明，美洲印第安人青少年的辍学率可能最高。此外，刚刚描述的美国高中较低的平均辍学率掩盖了内陆低收入地区非常高的辍学率。例如，在底特律、克利夫兰和芝加哥等城市，辍学率超过 50%。此外，之前引用的百分比是来自 16~24 岁群体。如果以四年内没有高中毕业的学生来计算辍学率，这个比例也会高得多。因此，在考虑高中辍学率时，必须考察年龄、完成高中学业所需的年数以及包括种族、性别和学校所在地在内的各种背景因素。

学生辍学的原因很多（Dupere & others, 2015）。在一项研究中，将近 50% 辍学者的离校原因与学校有关，例如不喜欢学校、被开除或停学（Rumberger, 1995）；有 20% 辍学者（但拉丁裔学生中有 40%）的离校原因与经济有关；三分之一的女学生因怀孕或结婚等个人原因而辍学。

根据一篇研究综述，最有效阻止高中辍学的方案包括早期干预、咨询和指导（Lehr & others, 2003）。他们还强调要创造充满关爱的环境和关系，使用分段课程表，并提供社区服务的机会。

尽早发现儿童与学校相关的困难，并让儿童以积极的方式融入学校，是降低高中辍学率的重要策略（Crosnoe, Bonazzo, & Wu, 2015）。比尔及梅琳达·盖茨基金会致力于降低高辍学率学校的辍学率。盖茨基金会赞助的项目中强调的一个策略是，让有辍学风险的学生在高中期间避免更换教师。希望教师们能更好地了解这些学生，改善他们与学生的关系，并且能够监督和指导学生从高中毕业。盖茨基金会最近的举措包括创建新一代适应学生学习需求的课件，并将面对面教学与帮助学生独立学习的数字工具相结合。

参加课外活动也与降低辍学率有关（Eccles & Roeser, 2015）。美国学校的青少年通常有大量的课外活动可供选择。这些成年人认可的活动通常在放学后，可以由学校或社区赞助。课外活动多种多样，如体育运动、学术研究、乐队演出、编排戏剧和团体服务等。除了降低辍学率，研究人员还发现，参加课外活动与更好的成绩、更高的学校参与度、更高的上大学可能性、更高的自尊、更低的抑郁、更低的犯罪率和药物滥用率有关（Simpkins, Fredricks, & Eccles, 2015）。相比专注于单一的课外活动，参与一系列不同的课外活动会让青少年更加受益。此外，青少年在课外活动中花费的时间越多，与积极的发展结果之间的联系就越强（Mahoney, Parente, & Zigler, 2010）。最近的一项研究显示，那些参与课外活动的移民青少年表现出学业成绩的改善和学校参与度的增加（Camacho & Fuligni, 2015）。

当然，课外活动的质量至关重要。有可能促进青少年积极发展的高质量课外活动往往具有以下特点：提供了称职的和富有支持性的成年人导师，提供了增加与学校联系的机会，提供了具有挑战性和有意义的活动以及提高技能的机会（Mahoney, Parente, & Zigler, 2010）

复习、思考和练习

学习目标 2：讨论社会环境（家庭、同伴和学校）如何与社会情感发展相联系。

复习

· 鲍姆林德提出了哪四种教养方式，哪种方式可能是最有效的？家庭的各个方面，如在职父母、离婚和再婚家庭，是如何影响儿童的发展和教育的？如何加强学校和家庭之间的联系？

· 如何定义同伴，五种同伴地位是什么？某些同伴地位会带来哪些风险？友谊的重要性如何？

· 不同教育阶段（童年早期教育、向小学的过渡和青少年的学校教育），学校有哪些特点和关键方面？

思考

· 你目睹和经历过的父母教育方式是什么？它们有什么效果？

PRAXIS™ 实践

1. 以下哪位教师最有可能鼓励家长适当参与儿童教育？

   A. 巴斯蒂安先生每周都会把进度报告寄给提出要求的家长。他邀请每位家长在第一个评分期结束时参加家长会。如果孩子在学校遇到了严重的麻烦，他会与家长联系

   B. 华盛顿女士在学年开始前与家长联系。她举行家长会，讨论她对孩子和家长的期望并回答家长的问题。她要求志愿者在课堂上提供帮助，并陪伴学生们参加实地考察。她每周都会把包括学业和社交信息在内的进度报告寄到学生家

   C. 杰弗逊女士告诉家长，他们的孩子需要培养独立性，如果他们在孩子身边徘徊并干扰教育过程，就无法培养孩子的独立性

   D. 赫尔南德斯女士每年举行两次家长会，如果孩子们的学业落后或在课堂上出现任何问题，她会给家长发电子邮件。她偶尔也会在孩子有明显进步或完成了某些特别的事情时给家长发电子邮件

2. 塞缪尔正在上四年级。他的年龄很大，但不是很成熟。他对任何形式的批评——无论是否有建设性——都非常敏感。当有人取笑他时，他就会哭，这种情况经常发生。塞缪尔经常因为自己的参与而受到同伴的取笑。对塞缪尔来说，他最有可能处于哪种同伴地位？

   A. 有争议的

   B. 被忽视的

   C. 受欢迎的

   D. 被拒绝的

3. 以下关于先驱者生活主题单元的学习方法，哪项最适合三年级学生发展？

   A. 约翰逊先生的班级已经阅读了关于先驱者的日常生活的内容，现在正在建造小木屋，以展示他们对那个时期的典型小木屋的理解。约翰逊先生教室中巡视，在需要时给予帮助，询问学生他们的小木屋为什么会有某些特征，并确保所有的人都能完成任务

   B. 在林肯女士的班上，每个学生都读了一本关于先驱者生活的不同书籍，现在正在写一份读书报告。学生们在课桌前安静地写他们的报告。她偶尔会责备学生说话或发呆

   C. 罗斯福先生的班级正在轮流朗读一本关于先驱者生活的书籍。每个学生轮流朗读书中的一个段落。当他们读完这本书后，罗斯福先生将就书的内容对他们进行测试

   D. 西尔弗女士正在给她的学生讲授先驱者的生活。她已经讲了先驱者西迁的原因、交通方式，以及如何开垦土地和建造小屋。她将在周五对学生进行一次关于先驱者生活的测试

请参看书末的答案……

3　社会情感发展

学习目标3：解释儿童社会情感发展的自尊、同一性、道德发展和情感发展方面。

到目前为止，我们已经讨论了影响学生社会情感发展的三个重要社会环境：家庭、同伴和学校。在本节中，我们将更多地关注学生个体本身，探讨自我、同一性、道德和情感的发展。

自我与同一性

根据20世纪意大利剧作家于戈·贝蒂（Ugo Betti）的说法，当儿童在说"我"时，他们指的是某种独一无二的、不能与其他任何事物混淆的东西。心理学家通常把这个"我"称为自我。自我的两个重要层面分别是自尊和同一性。

自尊　自尊（self-esteem）是个体对自己的整体看法。自尊也被称为自我价值（self-worth）或自我意象（self-image）。例如，一个高自尊儿童可能会认为自己不仅仅是一个人，而且是一个好人。

对多数学生来说，低自尊时期出现又消失。但对某些学生来说，持续的低自尊会演变成其他更严重的问题。有研究表明，持续的低自尊与成绩不佳、抑郁、进食障碍和犯罪行为有关（Harter, 2016）。新西兰的一项纵向研究评估了个体在11岁、13岁和15岁时的自尊以及26岁时的适应能力和胜任力（Trzesniewski & others, 2006）。研究结果显示，相比于那些适应良好、能力更强的成年人，那些身心健康状况较差、经济前景较差、犯罪行为较严重的个体，在青少年时期更有可能具有低自尊水平。

问题的严重性不仅取决于学生的低自尊，还取决于其他状况。当低自尊与艰难的学校过渡期（如从小学过渡到中学）或家庭问题（如父母离婚）同时存在时，学生的问题可能会加剧。

研究人员发现，自尊随着儿童的发展而变化（Harter, 2016）。在一项研究中，男孩和女孩在童年时均表现出高自尊，但是其自尊水平在青少年期早期会大幅下降（Robins & others, 2002）。在青少年期，女孩自尊滑落的幅度是男孩的两倍。其他研究同样发现，在青少年中，相比于男孩，女孩的自尊水平更低，而且她们的低自尊与较差的健康状况有关（McLean & Breen, 2009）。然而请注意，尽管青少年期女孩的自尊水平有所下降，但她们的平均自尊得分（3.3）仍高于量表的中位数得分（3.0）。

自尊的变化与发展的许多方面存在相关（Hill, 2015; Park & Park, 2015）。例如，一项研究发现，低自尊的青少年在成年后的心理健康、身体健康和经济前景水平都低于高自尊的青少年（Trzesniewski & others, 2006）。然而，很多关于自尊的研究都是相关

活着的目的只有一个：达到自己完整的存在，就像一棵开满繁花的树木，进入美丽春天的鸟儿，皮毛闪着光泽的老虎。
——D. H. 劳伦斯
20世纪英国作家

自尊：也称为自我价值或自我意象，是个体对自己的整体看法。

研究，而不是实验研究。请记住，相关关系不等于因果关系。因此，如果一项相关研究发现儿童的低自尊与低学业成绩之间存在相关，那么有可能是低学业成绩导致低自尊，也有可能是低自尊导致低学业成绩。

事实上，学习成绩和自尊之间只有中等程度的相关，而且这些相关关系并不表明高自尊能产生更好的学习成绩（Baumeister & others, 2003）。为增加学生的自尊所做的努力并不总是导致学习成绩的提高（Davies & Brember, 1999）。

学生的自尊往往在不同领域存在差异，如学业、运动、外表、社交能力等（Harter, 2016）。因此，一个学生可能在学业上有很高的自尊，但在运动技能、外表和社交能力方面却有较低的自尊。即使在学术领域，一个学生也有可能在某些科目（例如数学）上有较高的自尊，而在其他科目（例如英语）上有较低的自尊。

最近，我询问老师们在课堂上提升学生自尊的策略，以下是他们的回复：

幼儿园　我们的学龄前儿童在收到贴纸、邮票和表现优秀的奖状时感觉非常好。此外，每周孩子们都要带一件家里的特殊物品来学校在课堂上讨论，并说明为什么这件物品对他们很重要。

——米西·丹格勒，市郊山丘学校
（Missy Dangler，Suburban Hills School）

小学　为了帮助我二年级的学生提高自尊，我关注他们做对了什么，而不是他们做错了什么。我引导他们找到正确的答案，而不是说"不对，错啦"。在一个没有威胁的环境下，重复或改变问题的措辞也给了他们再试一次的机会。我还会坐着或弯下腰以使他们的视线和我平齐，这样我就可以直视他们的眼睛，而不是俯视他们。这些策略帮助我年幼的学生们感觉自己很重要、很有价值，同时也是课堂的一部分，帮助他们意识到自己不仅仅是作为一个学习者存在，而是作为一个人而存在。

——简妮·吉达·普特雷，克林顿小学
（Janine Guida Poutre, Clinton Elementary School）

初中　曾经我有一个学生在考试和小测验中表现很差。因为他回答不出问题，所以每次考试他都会崩溃，开始辱骂自己。然而，这个学生非常擅长画画，我就用这个技能来培养他的自尊。例如，每次我在课堂作业中需要某种图表时，我都会向他寻求帮助。我会告诉他，他有惊人的艺术能力，每个人都有自己的优点和缺点，为了改善自己的缺点，努力解决应试问题是很重要的。我也告诉他一些我自己的缺点以及我是如何改善缺点的，我还创造了包括绘画在内的复习游戏来帮助他为小测验做准备。虽然这并没有在很短的时间内提高他的自尊，但在一学年的学习过程中，他变得更加自信，不再那么贬低自己。

——凯西·玛斯，爱迪生中学

（Casey Maas, Edison Middle School）

高中 对我的高中学生，我通常大声而清晰地表扬他们，我喜欢把那些被贴上"失败者"标签的学生重新贴上"读者""语法公主"或"全校最佳辩手"的标签。虽然这些标签可能看起来很傻，但我的高中生们在赞扬下释放了自己的能力。我还记得，我对某个学生的表扬可能是他或她听到的唯一的表扬——事实上，这个学生在家里可能得不到任何表扬。表扬不仅能提高学生对自身课堂表现的自信，还能让他们提高成绩，并整体表现更好。

——珍妮弗·海特尔，布莱曼高中

（Jennifer Heiter, Bremen High School）

同一性的发展 自我的另一个重要层面是同一性。在本章前面部分，我们指出埃里克森（Erik Erikson, 1968）认为青少年期最重要的问题涉及同一性发展，即为以下问题寻找答案：我是谁？我有哪些特点？我将如何度过我的人生？这些问题通常不在儿童思考的问题之列，但在高中和大学阶段，它们几乎成为学生普遍关注的问题（Waterman, 2015）。

同一性状态 加拿大研究者詹姆斯·玛西亚（James Marcia, 1980, 1998）分析了埃里克森的同一性概念，并得出结论：把探索和投入区分开来非常重要。探索（Exploration）涉及考察有意义的替代同一性。投入（Commitment）意味着个人对某种同一性的投入，而且无论该同一性意味着什么都不会放弃。

个人投入和承诺的程度可用来将同一性划分为四种状态。

·**同一性扩散**（identity diffusion）当个人还没有经历过危机（也就是说，他们还没有探索其他有意义的可替代的同一性）或做出任何投入时，同一性扩散就会发生。他们不仅在职业和意识形态的选择上犹豫不决，而且还可能对这些事情不感兴趣。

·**同一性早闭**（identity foreclosure）当个人已做出投入但没有经历危机时，就会出现同一性早闭。这种情况最常发生在父母将投入传递给青少年的时候，通常是以一种专制的方式进行的。在这种情况下，青少年没有足够的机会去探索自己不同的同一性的可能、意识形态和职业。·

·**同一性延缓**（identity moratorium）发生在个体处于危机之中时，但他们要么没有投入，要么对投入只有模糊的定义。

同一性扩散：个人既没有探索其他有意义的可替代的同一性，也没有做出投入的同一性状态。

同一性早闭：个人已做出投入但尚未探索有意义的可替代的同一性状态。

同一性延缓：个人正在探索可行的同一性，但尚未投入的同一性状态。

连线学生：最佳实践
提高儿童自尊的策略

令人担忧的是，如今太多的儿童和青少年在成长过程中接收了太多空洞的赞扬，结果导致自尊膨胀（Graham, 2005; Stipek, 2005）。他们常常在表现平庸甚至差劲的时候受到表扬，这样他们就有可能在处理竞争和批评时出现困难。

然而，一些有建设性的方法能够提高儿童的自尊。我们可以考虑以下四种策略（Bednar, Wells, & Peterson, 1995; Harter, 2006）：

1. 找出低自尊的原因和自己看重的能力领域。这非常关键。儿童的低自尊是因为学习成绩差、家庭冲突或是社交能力差？当学生在自己认为重要的领域表现出色时，他们表现出最高的自尊。因此，从低自尊的学生身上找出他们重视的能力领域。

2. 提供情感支持和社会认可。事实上，每一个班级都有接受过太多负面评价的儿童。这些儿童可能来自虐待和贬损儿童的家庭，家长不断地打击他们；他们可能在以前的班级里收到过多的负面反馈。你的情感支持和社会认可能够对他们产生巨大的影响，帮助他们更加重视自己。在"教师视角"中，旧金山一名中学教师朱迪·洛根（Judy Logan）就强调了提供情感支持的重要性。

3. 帮助儿童获得成就。成就可以提高儿童的自尊。直接传授真正的学习技能往往会提高儿童的成绩，进而增强他们的自尊。通常，仅仅告诉儿童他们能够取得某种成就是不够的，你还必须帮助他们培养学习技能。

4. 培养儿童的应对能力。对于低自尊的学生来说，他们不良的自我评价会引发否定、欺骗和回避。这种自我生成的不认可会让学生感觉自己能力欠缺。但是儿童如果选择面对问题，并以现实的、诚实的和非防御性的方式来应对问题，将有助于他们提高自尊。

教师视角
倾听、解释和支持

我相信一个好老师应该热情地站在她的学生一边，但这并不意味着我要支持他们所做的一切。这意味着我需要他们做到最好，而且我愿意帮助他们成为最好的自己；这意味着我需要倾听、解释、支持和许可，不带任何评判、讽刺，也不需要从外部强加给他们真相。从儿童期到成年期也就是我们为青少年期的这段时间是一段非常脆弱的旅程。对学生和他们的家庭来说，这往往是一个困难的时期。青少年的"工作"是不时地叛逆，并质疑在童年时如此舒适的家庭环境是一个茧。不管父母有多好，家庭有多温暖，每个青少年都需要有其他的成年人来倾诉。

同一性获得：个人已经对有意义的可替代的同一性进行了探索，并做出投入的同一性状态。

· 同一性获得（identity achievement）当个体经历危机并做出投入时，同一性获得就会出现。

为了进一步考虑同一性，请完成自我评估 1。你可以将玛西亚的同一性状态应用到你自己生活中许多不同的同一性领域中。

种族同一性　种族同一性（ethnic identity）是自我中一个持久的方面，它包括在某一个种族群体中的成员意识，以及作为该种族群体成员的态度和感受。少数族裔青少年生活的直接环境也影响着他们的同一性发展（Azmitia, 2015）。在美国，许多少数族

自我评估 1

你现在是什么状态? 探索你的同一性

　　你的同一性是由许多不同的部分组成的,你的学生的同一性也将由许多不同的维度组成。通过完成这份清单,你应该对自己的同一性和未来学生同一性的不同方面有一个更好的认识。对于每个组成部分,你应该检查你的同一性状态处于哪种状态:扩散、早闭、延缓,还是获得?

同一性组成部分	同一性状态			
	扩散	早闭	延缓	获得
职业同一性				
宗教同一性				
成就 / 智力同一性				
政治同一性				
性同一性				
性别同一性				
关系同一性				
生活方式同一性				
民族文化同一性				
人格特质				
兴趣				

　　如果你在自我评估之后,发现自己在某些领域处于扩散或早闭的状态,那么请花点儿时间想想你需要做些什么才能在这些领域中进入同一性延缓的状态,并把它写在你的档案袋中。

裔青少年生活在贫困地区,他们接触毒品、帮派和犯罪,并与辍学或失业的成年人交往,所获得的对于发展积极的种族同一性的支持非常匮乏。在这种情况下,为青少年提供的项目可以为积极的同一性发展做出重要贡献。

　　研究人员也越来越多地发现,积极的种族同一性与少数族裔青少年积极的发展结果有关(Ikram & others, 2016; Updegraff & Umana-Taylor, 2015)。最近的一项研究发现,对自己的种族感到自豪,拥有强烈的种族认同感与青少年较低的物质滥用有关(Grindal & Nieri, 2016)。最近的另一项研究发现,强烈的种族归属感和联系在降低精神疾病风险方面发挥了重要的保护作用(Anglin & others, 2016)。

学生视角

同一性探索

　　一位名叫米歇尔·金(Michelle Chin)的16岁少女对种族同一性发展发表了这样的评论:"我父母不明白青少年需要了解自己是谁,这意味我要做很多尝试,经历很多情绪波动,产生很多情绪和遭遇很多尴尬。和其他青少年一样,我也面临着同一性危机。我仍在努力弄清楚我究竟是华裔美国人还是有着亚洲面孔的美国人。"

道德发展

道德发展：人与人之间公正互动的规则和习俗的发展。

随着儿童自我意识和同一性的发展，他们也会发展道德感。**道德发展**（moral development）是指人与人之间公正互动的规则和习俗的发展。首先，我们将阐述劳伦斯·科尔伯格（Lawrence Kohlberg）的道德发展理论，然后我们将探索最近提出的道德发展领域理论。

科尔伯格的道德发展理论　科尔伯格（1976，1986）强调道德发展主要涉及道德推理，并分阶段发生。科尔伯格就一系列道德两难情境对儿童、青少年和成年人（主要是男性）进行访谈，而后提出了他的理论。理解各个层次和阶段进展的关键概念是，道德发展会逐渐变得更加内在化或成熟。也就是说，他们做出道德决策或价值评价的理由，已经开始超越他们年龄更小时所给出的外在或肤浅的理由。让我们进一步探索科尔伯格的道德发展阶段。

前习俗推理水平：科尔伯格道德发展理论的最低水平。在这个水平上，道德往往关注奖励和惩罚。前习俗推理水平的两个阶段是惩罚和服从取向阶段（阶段 1），以及个人主义、工具性目的和交换阶段（阶段 2）。

水平 1：前习俗推理水平　前习俗推理水平（preconventional reasoning）是科尔伯格道德发展理论的最低水平，它包括两个阶段：惩罚和服从取向阶段（阶段 1）和个人主义、工具性目的和交换阶段（阶段 2）。

· 阶段 1 惩罚和服从取向阶段（punishment and obedience orientation）是科尔伯格道德发展理论的第一阶段。在这个阶段，道德观念往往与惩罚联系在一起。例如，儿童和青少年服从成年人，因为成年人告诉他们要服从。

· 阶段 2 个人主义、工具性目的和交换阶段（individualism, instrumental purpose, and exchange）是科尔伯格道德发展理论的第二阶段。在这个阶段，个人追求自身利益，并让别人也这么做。由此，他们认为正确的事情涉及平等的交换。人们对别人友好，所以别人也会对他们友好。

习俗推理水平：科尔伯格道德发展理论中的第二水平（中间水平）。该水平的个体会遵守某些标准（内部的），但这些标准是他人的标准（外部的），如父母或社会法律。习俗推理水平的两个阶段：相互的人际期望、人际关系和人际一致性阶段（阶段 3）和社会体系道德阶段（阶段 4）。

水平 2：习俗推理水平　习俗推理水平（conventional reasoning）是科尔伯格道德发展理论的第二水平，或者说是中间水平。该水平的个体会遵守某些标准（内部的），但这些标准是他人的标准（外部的），如父母或社会法律。习俗推理水平包括两个阶段：相互的人际期望、人际关系和人际一致性阶段（阶段 3）和社会体系道德阶段（阶段 4）。

· 阶段 3 相互的人际期望、人际关系和人际一致性阶段（mutual interpersonal expectations, relationships, and interpersonal conformity）是科尔伯格道德发展理论的

第三阶段。在这个阶段，个体把信任、关心和对他人的忠诚作为道德判断的基础。儿童和青少年在这一阶段往往采用父母的道德标准，力求被父母视为"好女孩"或"好男孩"。

· 阶段 4 社会体系道德阶段（social systems morality）是科尔伯格道德发展理论的第四阶段。在这个阶段，道德判断是基于对社会秩序、法律、正义和职责的理解。例如，青少年可能会说，一个社区的有效运作需要其成员所遵守的法律的保护。

水平 3：后习俗推理水平 后习俗推理水平（postconventional reasoning）是科尔伯格道德发展理论的第三水平，即最高水平。在这个水平上，道德是更为内在的。后习俗推理水平包括两个阶段：社会契约或效用和个人权利阶段（阶段 5）和普遍伦理原则阶段（阶段 6）。

· 阶段 5 社会契约或效用和个人权利阶段（social contract or utility and individual rights）是科尔伯格道德发展理论的第五阶段。在这个阶段，个体认为价值观、权利和原则支撑了或超越了法律。个人会根据维护和保护基本人权和价值观的程度，来评估法律实际的有效性、审查社会体系的完善度。

· 阶段 6 普遍伦理原则阶段（universal ethical principles）是科尔伯格道德发展理论的第六阶段和最高阶段。在这一阶段，个人已经形成了基于普遍人权的道德标准。当面对法律和良心之间的冲突时，人们会遵从良心，即使所做的决定可能涉及个人风险。

后习俗推理水平：科尔伯格道德发展理论中的第三水平（最高水平）。在这个水平上，道德是更为内在的。后习俗推理水平包括两个阶段：社会契约或效用和个人权利阶段（阶段 5）和普遍伦理原则阶段（阶段 6）。

在科尔伯格理论的研究中，纵向数据显示了阶段与年龄的关系，尽管很少有人能达到最后的两个最高阶段，特别是第 6 阶段（Colby & others, 1983）。在 9 岁之前，大多数儿童都是在前习俗推理水平的层面上思考道德两难问题的。到了青少年期早期，他们更可能在习俗推理水平上进行推理。

科尔伯格强调，认知发展的根本变化促进了更高级的道德观念。他还表示，儿童并不只是被动接受道德文化规范，在经历不同道德发展阶段的过程中，他们会建构自己的道德观念。科尔伯格认为，儿童的道德观念可以通过与其他处于下一个更高道德阶段的人进行讨论来提高。科尔伯格认为，同伴关系中的相互平等交换促进了更高级的道德思考，因为它们为儿童提供了角色扮演的机会。

对科尔伯格理论的批评 科尔伯格的理论也遭到了质疑（Narváez, 2015, 2016; Roseth, 2016; Turiel, 2015）。较为集中的一种批评观点是，道德

劳伦斯·科尔伯格（Lawrence Kohlberg）是具有争议性的道德发展理论的提出者。他的理论的本质是什么？
Harvard University Archives, UAV 605.295.8, Box 7, Kohlberg

卡罗尔·吉利根（Carol Gilligan）。吉利根对道德发展有什么看法？
© Dr. Carol Gilligan

正义视角：关注个人权利的道德视角。科尔伯格的理论便属于正义视角。

关怀视角：关注人与人之间联系和关系的道德视角。吉利根的学说反映了关怀视角。

道德发展的领域理论：道德发展包括社会习俗和道德推理的理论。

社会习俗推理：关注的是由社会共识建立、为控制行为和维护社会系统的习俗规定。

道德推理：关注的是伦理问题和道德规则。

观念并不总是预测道德行为。批评者认为，科尔伯格的理论过于强调道德观念，而对道德行为的重视不够。道德上的理由有时可以成为不道德行为的借口。挪用公款者赞同最崇高的道德品质，但他们的行为可能是不道德的。没有人想要一个由知道什么是对的、拥有科尔伯格的第六阶段观念但行为背道而驰的人组成的国家。

另一种批评的观点认为科尔伯格的理论过于个人主义。卡罗尔·吉利根（Carol Gilligan, 1982, 1998）将正义视角和关怀视角区分开来。科尔伯格理论属于**正义视角**（justice perspective），关注个人权利，个人孤立地做出道德决策。**关怀视角**（care perspective）是从人与人之间的联系来看待个人，强调人际关系和对他人的关心。根据吉利根的观点，科尔伯格对关怀视角极力轻描淡写——可能是因为他是男性、他的研究大多以男性为对象，而且他生活在男性主导的社会。

在对 6 ~ 18 岁女孩的大范围访谈中，吉利根及其同事发现女孩总是从人际关系的角度来解读道德两难问题，并将这些解读建立在观察和倾听他人的基础上（Gilligan, 1992; Gilligan & other, 2003）。一些研究者因此得出结论，认为女孩的道德取向在一定程度上更侧重于关心他人，但总体上道德观念的性别差异很小（Blakemore, Berenbaum, & Liben, 2009）。

科尔伯格认为情感对道德推理有负面影响。然而，越来越多的证据表明，情感在道德观念中起着重要作用。研究人员发现，大脑前额叶皮质某一特定区域受损的个体，丧失了将情感融入道德判断的能力（Damasio, 1994）。他们同时也失去了什么是对、什么是错的直觉，无法充分决定应该采取什么行动，也无法做出涉及道德问题的选择。对健康个体的研究也表明，个体做出的道德决定与前额叶皮质和杏仁核的情感强度和激活程度有关（Shenhav & Greene, 2014）。

领域理论 道德发展的**领域理论**（domain theory of moral development）指出，社会习俗和道德推理属于不同的领域。在领域理论中，道德和社会习俗领域之间的区别是特别重要的。在领域理论中，儿童和青少年的道德和社会习俗领域产生于他们对理解和处理不同形式的社会体验的尝试（Killen & Smetana, 2015; Turiel, 2015）。

社会习俗推理（social conventional reasoning）关注的是由社会共识建立、为控制行为和维护社会系统的习俗规定。这些规定本身就是武断的，比如在上课发言之前要举手，在学校用一个楼梯上楼、另一个楼梯下楼，排队买电影票时不能插队，开车时遇到停止路牌就要停车。如果我们违反这些规定，就会受到制裁，尽管这些规定可以通过共识来改变。

相比之下，**道德推理**（moral reasoning）侧重于伦理问题和道德规则。与传统规则不同，道德规则不是武断的。它们是强制性的、被广泛接受的，而且有点不近人情

（Turiel, 2015）。与说谎、欺骗、偷窃和伤害他人身体有关的规则属于道德规则，因为违反这些规则是对存在于社会共识和习俗之外的道德标准的冒犯。道德判断涉及正义的概念，而社会习俗判断则是社会组织的概念。违反道德规则通常比违反习俗规定更为严重。

领域理论是对科尔伯格理论的一个严重挑战。因为科尔伯格认为，社会习俗是通往更高道德水平道路上的一个中转点，但对于领域理论的倡导者来说，社会习俗推理并不低于后社会习俗推理，而更确切地说，社会习俗推理是需要从道德推理中分离出来的东西（Killen & Smetana, 2015）。

作弊 教师关心的一个道德发展问题是，学生是否作弊以及如果发现作弊应该如何处理（Ding & others, 2014）。学术作弊可以采取多种形式，包括剽窃他人作品、考试时使用小抄、考试时抄袭他人、购买论文和伪造实验室结果。2006 年的一项调查显示，60% 的中学生报告说，他们在过去一年的学校考试中有过作弊行为，三分之一的学生报告说，他们在过去一年中曾从互联网上剽窃了信息（Josephson Institute of Ethics, 2006）。

学生为什么会作弊？学生给出的作弊理由包括获得高分的压力、时间压力、认为自己没有能力考过的自我认知、教师糟糕的教学、对课程的低兴趣，以及对作弊被抓住和惩罚的低可能性预测（Stephens，2008）。就获得高分的压力来看，如果学生的目标仅仅是获得高分，那么他们更有可能作弊；如果他们的目标是掌握所学的材料，那么他们更不可能作弊。在认为自己没有能力考过的自我认知方面，学生对自己能力的怀疑和有关失败的焦虑可能会导致他们作弊。就对作弊被抓住和惩罚的低可能性预测来说，学生通过权衡利弊，可能会认为作弊获得好成绩的风险低于不作弊但获得不及格分数的成本（Anderman & Anderman, 2010）。就教师糟糕的教学而言，当学生认为老师不称职、不公平、漠不关心时，他们更容易作弊（Stephens, 2008）。

长久以来的研究也表明了情境在决定学生是否作弊方面的重要影响（Hartshorne & May, 1928, 1930; Anderman & Anderman, 2010）。例如，当学生在考试中没有被严密监控、当他们知道有同伴作弊、当他们知道是否有其他学生因作弊被抓住、当学生的分数会被公开时，他们更有可能作弊（Carrell, Malmstrom, & West, 2008）。

减少学术作弊的策略之一是采取预防措施，例如：确保学生知晓什么是作弊以及作弊会有什么后果，在考试时密切监视学生的行为，强调做一个有道德、负责任、注重学术诚信的人的重要性。在促进学术诚信方面，许多大学都制定了荣誉守则政策，强调自我责任、公平、信任和学术成就。然而，很少有中学制定荣誉守则政策。国际学术诚信中心（www.academicintegrity.org/icai/home.php）有丰富的资料可以帮助学校制定学术诚信政策。

亲社会行为 关心他人的福利和权利、关心和同情他人、以有益于他人的方式行

连线学生：最佳实践
提高儿童亲社会行为的策略

　　家长和教师在促进儿童亲社会行为方面具有重要作用，他们可以树立亲社会行为的榜样，并为儿童提供参与亲社会行为的机会。例如，教师可以采取以下方法（Eisenberg, Fabes, & Spinrad, 2006; Eisenberg, Smith, & Spinrad, 2016; Eisenberg & Spinrad, 2016; Eisenberg, Spinrad, & Knafo Noam, 2015; Wittmer & Honig, 1994）：

1. 鼓励儿童对自己的行为负责，以友善和尊重的态度对待他人。
2. 树立乐于助人、乐于合作、关心他人的榜样，鼓励儿童的这些行为。例如，如果一个老师在学生有压力的时候对他/她进行安慰，她很可能会观察到其他学生也在模仿她的安慰行为。
3. 重视和强调考虑他人的需求会鼓励儿童表现出更多的帮助行为。
4. 在儿童从事亲社会行为后，告诉他你对此有多开心。不仅仅说"那很棒"或"那非常好"，在肯定亲社会行为时要具体，你可以说"你的帮助很管用"或者"你分享是因为你喜欢帮助别人"。
5. 建立促进利他主义的班级和学校项目。让儿童举出他们能做的有助于他人的事情的例子。这些事情可能包括清理校园、给陷入困境的儿童写信、为有需要的人收集玩具或食物，以及在参观养老院期间与老年人交朋友等。

利他主义：一种无私帮助他人的兴趣。

事，这些都是亲社会行为的组成部分。亲社会行为涉及超越狭隘的自我利益和重视他人观点。最纯粹的亲社会行为形式是由**利他主义**（altruism），一种无私帮助他人的兴趣所激发的（Eisenberg, Spinrad, & Knafo Noam, 2015）。

　　学会分享是亲社会行为的一个重要方面。重要的是让儿童形成这样一种信念：分享是社会关系必不可少的一部分，并且涉及对与错的问题。儿童和与他们互动的人都会从体验**感恩**（gratitude）中受益，这是一种感谢和感激的情绪体验，尤其是对某人的善举或帮助的回应。

感恩：一种感谢和感激的情绪体验，尤其是对某人的善举或帮助的回应。

　　性别差异是亲社会行为的特点。女性认为自己更亲社会、更有同情心，她们也比男性参与更多亲社会行为（Eisenberg & Spinrad, 2016; Eisenberg, Spinrad, & Knafo-Noam, 2015）。

　　道德教育　有没有一种最好的培养学生获得更好道德观和价值观的方法？道德教育是教育界热议的话题（Narváez, 2014; Roseth, 2016; Turiel, 2015）。我们将研究道德教育最早的分析之一，然后转向一些当代道德教育的观点。

　　隐性课程　约翰·杜威是教育心理学的先驱之一。杜威（1933）认识到，即使学校没有具体的道德教育计划，它们也通过"隐性课程"提供道德教育。**隐性课程**（hidden curriculum）是由作为每所学校一部分的道德氛围来传达的。隐性课程是由学校的规章制度和课堂规则、教师和学校管理者的道德取向以及课本材料所创造的。教师是道德或非道德行为的榜样（Sanger, 2008）。学校的课堂规则和同伴关系传递了关于作弊、撒谎、偷窃和关心他人的态度；学校管理部门通过其规章制度为学校注入了价

隐性课程：杜威提出的概念，即每所学校都有一种渗透于其中的道德氛围，即使学校没有开设道德教育课程。

值体系。

品格教育 目前美国 50 个州中有 40 个州都对**品格教育**（character education）进行了要求，这是一种直接的道德教育方式，涉及教导学生基本的道德素养，以防止他们从事不道德行为，伤害自己或他人（Annas, Narváez, & Snow, 2016）。其观点是，诸如说谎、偷窃和作弊等行为是不对的，学生应该在整个教育过程中接受这方面的教育（Narváez, 2015, 2016）。根据品格教育的方法，每一所学校都应该有一套明确的道德准则并清楚地传达给学生，任何违反准则的行为都应受到制裁。针对具体行为（如作弊）的道德概念指导可以采取的形式有：举例、下定义、课堂讨论和角色扮演，或对学生的正向行为进行奖励。最近，人们强调了鼓励学生发展关爱视角的重要性，并且将其作为品格教育的一个相关方面（Noddings, 2008）。关爱视角要求学生认识到亲社会行为的重要性，例如考虑他人的感受、对他人需求保持敏感和帮助他人，而不仅仅是教导青少年要避免不道德的行为。批评者认为，一些品格教育项目过于引导学生被动接受和不具备批判性。

品格教育：直接的道德教育方式，涉及教导学生基本的道德素养，以防止他们从事不道德行为，伤害自己或他人。

价值观辨析 价值观辨析（values clarification）是指帮助人们弄清自己的人生目标及价值取向。该方法鼓励学生明确自身价值观并理解他人的价值观。价值观辨析不同于品格教育在于，它不会告诉学生应当拥有什么样的价值观。在价值观辨析的练习中，答案没有正确或错误。价值观辨析是每个学生自己的事。价值观辨析的支持者说它是价值中立的。然而，批评者认为其有争议的内容违反了社会标准。他们还说，由于该方法具有相对主义的性质，价值观辨析破坏了已被大家接受的价值观，却没有强调道德上正确的行为。

价值观辨析：道德教育的一种方法，强调帮助人们弄清自己的人生目标及价值取向，鼓励学生明确自身价值观并理解他人的价值观。

认知道德教育 认知道德教育（cognitive moral education）是基于这样一种信念的教育方法：学生在道德推理的发展过程中，应该学会重视民主、正义等价值理念。科尔伯格的道德发展理论是许多认知道德教育工作的基础。在一个典型的项目中，高中生参加一门为期一学期的课程，对很多道德问题进行讨论。其中，教师是引导者而不是指导者，希望学生能在这一过程中形成对合作、信任、责任和社区等概念更先进的观念（Enright & others, 2008）。

认知道德教育：道德教育的一种方法，其基于的信念是，学生在道德推理的发展过程中，应该学会重视民主、正义等价值理念。科尔伯格的道德发展理论是许多认知道德教育工作的基础。

在科尔伯格（1986）职业生涯的末期，他认识到，学校的道德氛围比他最初设想的更为重要。例如，在一项研究中，基于科尔伯格理论的一个为期一学期的道德教育课程在三所民主制学校成功地促进了学生的道德观念，但在三所专制学校则没有达到预期效果（Higgins, Power, & Kohlberg, 1983）。

服务学习 服务学习（service learning）是增强社会责任感和服务社会意识的一种教育形式。在服务学习中，学生们从事一些活动，如家教、帮助老人、到医院和日托中心帮忙，或将空地清理成游戏场所。服务学习的一个重要目标是让学生不再以自我为中心，而是更加积极地帮助他人（Eisenberg, Spinrad, & KnafoNoam, 2015; Roseth,

服务学习：增强社会责任感和服务社会意识的一种教育形式。

珠尔·卡什（Jewel Cash），一个精力充沛的青年

珠尔·卡什是由她的单身母亲在波士顿政府为低收入者提供的住房中抚养长大的。作为波士顿拉丁学院的一名高中生，珠尔是波士顿学生咨询委员会的成员，她指导儿童，在一个女性收容所做志愿者，管理两个剧团并在其中跳舞，还是一个社区活动监督小组的成员。珠尔对《波士顿环球报》的一位采访者说："我看到一个问题，我会说，'我怎样才能有所作为呢？'……尽管我可以尝试，但我不可能对整个世界负责。我在前进，但我想确保人们一起前进。"（Silva, 2005, pp. B1, B4）如今，作为一个刚刚成年的年青人，珠尔与一个公共咨询小组合作，并继续作为导师和社区组织者帮助他人。

2016）。当满足以下两个条件时，服务学习通常更为有效（Nucci, 2006）：（1）让学生在一定程度上选择他们参与的服务活动；（2）为学生提供机会来反思他们的参与情况。

服务学习将教育带到社区。青少年志愿者往往性格外向、对他人有奉献精神，并且具有很高的自我理解能力（Eisenberg, Spinrad, & KnafoNoam, 2015）。

研究人员发现，服务学习在很多方面对青少年有益（Hart, Matsuba, & Atkins, 2014）。这些与服务学习相关的青少年发展进步包括更高的在校成绩、更高的目标设定、更高的自尊、更能够为他人带来改变的感觉，以及未来成为志愿者的更高可能性（Benson & others, 2006）。一项针对4 000多名高中生的研究显示，那些直接与需要帮助的人一起工作的学生在学业上适应得更好，而那些为组织工作的学生获得了更好的公民结果（Schmidt, Shumow, & Kackar-Carm, 2007）。在一项研究中，学生们自己也看到了参加服务学习项目的好处——74%的非裔青少年和70%的拉丁裔青少年说，服务学习项目对防止学生辍学可以产生"相当或非常大的影响"（Bridgeland, DiIulio, & Wulsin, 2008）。

最近，我询问了老师他们用什么策略来促进学生的道德发展、价值观，以及与同学的亲社会行为。以下是他们的回复：

幼儿园　我们为幼儿园孩子制定了一个对打架零容忍的亲社会规则。然而，对于一些幼儿来说，这是一个很难教授的概念，因为当他们生气的时候，他们想做的第一件事就是打人。解决打架问题的一种方法是不断地教儿童进行自我控制。例如，我们会对孩子说，"当我们在走廊上行走时，我们可以控制自己的身体，让它按某种特定方式行走"。我们的目标是使自我控制成为孩子的第二天性。

——瓦莱丽·戈勒姆，儿童乐园公司
（Valerie Gorham, Kiddie Quarters, Inc.）

小学　我的五年级学生每年至少接受两个社区服务项目。今年，我们去了俄勒冈食物银行进行实地考察。我的学生们了解了俄勒冈州那些在温饱线上挣扎的家庭，还了解了可以做些什么来帮助这些家庭，然后在食物银行接到了一项任务。我们装了大约725千克的胡萝卜，这相当于接济了大约57个家庭。这是一项艰苦的工作，但我的学生们看到了成果，并对自己感到很满意。

——克雷格·詹森，库珀山小学

（Craig Jensen, Cooper Mountain Elementary School）

初中 当我的七年级学生学习历史时，我喜欢向他们提出道德两难问题并进行讨论："如果……你会怎么做？"之类的问题。老师可以提问无数个与学生日常生活有关的问题。例如，罗伯特·E·李（Robert E. Lee，美国南北战争时的南方军总司令）将军不得不决定他要效忠于自己的州还是效忠于国家。在这节课中，我会问学生一些问题，比如："你的忠诚是否受到过考验？如果是的话，你是如何做出决定的？"这些问题会引发激烈的讨论并让学生思考自己的价值观和道德观。

——马克·福德尼斯，贝米吉初中

（Mark Fodness, Bemidji Middle School）

高中 我有时会和我的学生讨论我自己的道德两难问题，并将它们与课堂主题联系起来，以便他们有一个行为榜样。例如，我曾经告诉他们我和我的女儿（她是个小婴儿）在超市的故事。她不知怎么地从货架上拿出一罐婴儿食品，把它塞进她的汽车座椅里。直到我们回到家，我把她从座椅上抱起来的时候才注意到这个罐子。虽然这罐食品的价值只有37美分，但我还是把它还给了商店。当我们讨论剽窃和现代语言协会（MLA）引文样式时，我与我的学生分享了这个故事，以强调诚实的重要性。

——珍妮弗·海特尔，布莱曼高中

（Jennifer Heiter, Bremen High School）

情感发展

想象一下没有情感的生活。情感是生活的色彩和音乐，也是人与人之间的纽带。**情感**（emotion）是指个体处于对自身来说很重要，尤其是对自身的幸福而言很重要的状态或互动中时所产生的一种感受或体验，有时也被称为情绪。

当我们想到情感时，脑海中通常会浮现出一些戏剧性的感受，如愤怒或巨大的喜悦。但是情感也可以是微妙的、难以捕捉的，比如在陌生环境中的不安或者母亲抱着孩子时的满足感。心理学家用许多方法对各种各样的情感进行了分类，但几乎所有的分类都会将一种情感认定为积极的或消极的。积极情感包括热情、喜悦和爱；消极情感包括焦虑、愤怒、内疚和悲伤。

情感发展 现在让我们来探讨情感发展是如何展开的，以及教师如何引导和支持学生情感的积极发展。

> 情感：个体处于对自身来说很重要，尤其是对自身的幸福而言很重要的状态或互动中时所产生的一种感受或体验，有时也被称为情绪。

童年早期　在 2~4 岁，儿童用来描述情绪的词语数量大幅度增加（Lewis, 2016）。同一时期，他们也在学习产生各种感受的原因及感受带来的后果。

到了 4~5 岁，他们表现出更强的情绪反思能力。他们也开始明白，同一个事件可以在不同的人身上引起不同的感受。此外，他们越来越意识到需要管理自己的情绪以符合社会的标准（Eisenberg, Spinrad, & Valiente, 2016）。而且，大多数 5 岁儿童都能准确地识别因挑战性环境而产生的情绪，并能描述出他们可能需要采取的应对日常压力的策略（Blair, Raver, & FineGood, 2016; Cole, 2016）。

情绪预防计划（Emotion-Based Prevention Program，EBP）是一个旨在提高幼儿情绪理解能力的项目（Izard & Other, 2008）。该项目包括教师在课堂上讲授的情绪课程、情感辅导和指导教师对话，以及每周一次的家长信息以巩固课堂教学。在课堂教学部分中，教师要求儿童标记或演示情绪表达，分享产生他们所描述的情绪的原因，比较不同情绪的表达方式及其强度，并为他们的同学画出来或表演出来。最近的一项研究发现，EBP 有效地提高了参与开端计划儿童的情绪知识，而且参与该项目的儿童的负面情绪表达和内化行为均有所减少（Finion & others, 2015）

童年中后期　在童年中后期，许多儿童在理解和管理他们的情绪方面表现出明显的能力改善（Calkins & Perry, 2016）。然而，在某些情况下，当他们处在有压力的环境中时，他们的应对能力可能会受到挑战。以下是童年中后期情绪的一些重要发展变化（Denham, Bassett, & Wyatt, 2015; Kuebli, 1994; Thompson, 2015）：

· 在小学期间，儿童抑制或隐藏负性情绪反应的能力明显提高。此时的儿童有时会故意隐藏自己的情绪。尽管一个男孩可能会因为一个朋友不想和他一起玩而感到难过，但他可能不会想要与父母分享这些感受。

· 这一时期，儿童也会使用自创的策略来重新引导情绪。在小学阶段，儿童对情感体验有更多的反思，并发展出应对情感生活的策略。儿童可以通过认知手段更加有效地管理他们的情绪，例如使用分散注意力的想法。一个男孩可能会对他下午晚些时候将举行的生日聚会感到兴奋，但他在白天时仍然能够集中精力完成课业。

· 同时在童年中后期，儿童发展出了真正的共情能力。例如，两个女孩在操场上看到另一个陷入困境的同学，可能会跑过去询问她是否需要帮助。

青少年期　青少年期一直被描述为情绪动荡的时期（Hall, 1904）。青少年并不总是处于"风暴和压力"状态，但在青少年期早期，情绪的起伏确实会增加（Rosenblum & Lewis, 2003）。青少年可以在这一刻兴奋至极，在下一刻却沮丧万分。在某些情况下，他们的情绪强度似乎与引发情绪的事件不相称（Morris, Cui, & Steinberg, 2013）。青少年可能会经常生闷气，不知道如何恰当地表达自己的感受，他们甚至会因为一点点或根本不存在的挑衅就对父母或兄弟姐妹大发雷霆。这一反应可能反映了一种防御机制，即把自己的感受转移到他人身上。对于一些青少年来说，这种情绪波动可能反映出严重的问题。女孩在青少年期特别容易罹患抑郁症（Nolen-Hoeksema, 2011）。但重要的是，成年人要认识到，喜怒无常是青少年期早期的正常现象，并且要明白大多数青少年都能度过这些喜怒无常的时期，成为有能力的成年人。

社会情感教育方案　越来越多的社会情感教育方案被制定出来，以改善儿童和青少年生活的许多方面。其中两个方案是儿童委员会（Committee for Children, 2016）创建的第二步计划（Second Step Program）和学业、社会和情感学习融合方案（the Collaborative for Academic, Social, and Emotional Learning，CASEL，2016）。许多社会情感教育方案只针对幼儿，但第二步计划适合学龄前到八年级的学生使用，CASEL适合学龄前到十二年级的学生使用。

　　·第二步计划　重点关注学龄前到八年级学生的社会情感学习的以下几个方面：（1）学龄前：自我调节和执行功能，以提高他们的注意力，帮助他们控制自己的行为；（2）小学：结交朋友、自我调节情绪和解决问题；（3）沟通技巧、应对压力和决策，以帮助他们避免卷入问题行为。

　　·学业、社会和情感学习融合方案　针对五个核心的社会和情感学习领域：（1）自我觉察（例如识别自己的情绪以及它们如何影响行为），（2）自我管理（例如自我控制、压力应对和控制冲动），（3）社会意识（例如观点采择和移情反应），（4）关系技能（例如发展积极的关系，与来自不同背景的个体进行有效沟通），（5）负责任的决策（例如参与道德行为以及理解自己行为的后果）。

应对压力　在服务学习和综合伦理的教育中，让学生帮助他人是一个重要的主题。然而，学生自己也会需要帮助，尤其是他们经历压力事件的时候（Brenner, 2016; Masten, 2016）。随着年龄的增长，儿童能够更加准确评估压力情境，并确定自己对压力的控制程度。在面对压力情境时，年龄稍大的儿童会产生更多可选择的应对方式，并使用更多的认知应对策略（Saarni & others, 2006）。相比年幼的儿童，他们能够更善于有意识地将思维转移到压力更小的事情上，更善于重构或改变自己对压力情境的看法。例如，一个年幼的儿童可能会因为在他到达教室时老师没有跟他打招呼而感到非常失望，而大一点儿的儿童则可能会重塑情境，认为"我的老师可能忙于其他事情，只是忘了打招呼"。

　　到10岁时，大多数儿童能够使用这些认知策略来应对压力（Saarni, 1999）。然而，在那些没有给予支持、通常以动荡和创伤为特征的家庭中，儿童可能会被压力压倒以至无法使用这些策略（Frydenberg, 2008）。

灾难尤其会损害儿童的发展并产生适应问题。经历过灾难的儿童往往表现出急性应激反应、抑郁症、惊恐障碍和创伤后应激障碍（Sullivan & Simonson, 2016）。灾难发生之后，儿童出现上述问题的比例与以下因素有关：灾难的性质和严重程度，以及儿童可以获得的支持等。2001 年 9 月 11 日在纽约市世界贸易中心和华盛顿特区五角大楼发生的恐怖袭击事件，以及 2012 年 12 月发生在康涅狄格州桑迪胡克市的大规模枪杀小学生和教师事件，引发了人们对如何帮助儿童应对此类应激事件问题的特别关注。那些已经发展出一些应对技能的儿童在面对灾难和创伤时最有可能快速适应和良好处理（Ungar, 2015）。

以下是教师可以用来帮助学生应对压力事件的一些策略（Gurwitch & others, 2001, pp. 4–11）：

· 向儿童保证他们的安全和能获得的保障（必要时多次）。

· 允许儿童复述事件并耐心倾听。

· 鼓励儿童谈论任何令人不安或困惑的感受并安慰他们，这些情绪感受是压力事件后的正常反应。

· 避免让儿童再次遭遇可怕的情境，并避免提醒儿童曾经的创伤——例如，禁止在儿童面前讨论该事件。

· 帮助儿童理解发生的事件，记住儿童可能会对发生的事情产生误解。例如，年幼的儿童"可能会责怪自己、相信某些没有发生的事情已经发生，相信学校有恐怖分子等"。温柔地帮助儿童对事件进行现实的理解。

本章主要在一般模式上探索了学生是如何发展的。在"个体差异"一章中，我们将探讨学生在智力和其他个人特征方面的差异。

复习、思考和练习

学习目标3：解释儿童社会情感发展的自尊、同一性、道德发展和情感发展方面。

复习

· 什么是自尊，有哪些方法可以提高学生的自尊？什么是同一性发展的本质？有哪四种同一性状态？

· 什么是道德发展？科尔伯格确定了哪些道德发展水平？对他的理论的三个批评是什么？对比正义视角和关怀视角。如何描述道德发展的领域理论？学术作弊的特点是什么？道德教育都有哪些形式？

· 什么是情感？情感是如何发展的？如何帮助儿童应对压力？

思考

· 你打算教的学生处于何种道德发展水平？这将如何影响你处理学生与班上其他人关系的方法？

PRAXIS™ 练习

1. 教师可以通过以下哪种方式对学生的自尊和成绩产生最积极的影响？

    A. 使学习任务变得简单

    B. 让那些经常从同伴那里得到负面反馈的儿童与这些同伴分组工作，以培养社会认同感

    C. 通过教给儿童适当的学习策略来帮助他们胜任功课

    D. 对儿童的问题进行干预，使他们不受挫

2. 玛丽卡看到贾马尔拿走了洋介的零食。不久之后，她看到洋介报复性地拿走了贾马尔最喜欢的笔。玛丽卡并没有向老师报告这件事，因为它们涉及平等的交换。根据科尔伯格的理论，玛丽卡达到了道德发展的哪个阶段？

    A. 阶段1

    B. 阶段2

    C. 阶段3

    D. 阶段4

3. 德尔加多女士在一个社区教三年级，在这个社区里，一名枪手向当地商场的顾客开枪射击。她的学生对这一消息以及枪手尚未被逮捕的事实感到害怕不安，这种感受是可以理解的。根据格维奇（Gurwitch）及其同事（2001）的观点，以下哪项是最不合适德尔加多女士做的事情？

    A. 允许她的学生谈论发生的事情以及他们对这种情况可能在学校里发生的恐惧

    B. 不允许谈论枪击事件，以免学生们感到不安

    C. 向她的学生保证他们在学校是安全的，包括简要讨论适当的应急程序

    D. 听取学生的陈述，确保他们对造成枪击事件的原因没有误解

请参看书末的答案……

连线课堂：案例分析
打架

许多学校，包括马赫尼小姐（Mahoney）任教的学校，都对品格教育极为重视，并将其视为预防暴力的一种策略。其基本思想是增强学生之间的同理心，并禁止诸如取笑、取外号和任何形式的威胁等行为。马赫尼小姐已将品格教育纳入了她的五年级课程。然而，她的许多学生，特别是男生，仍然表现出一些她致力于消除的行为。

马赫尼小姐班上的两名学生，桑塔纳（Santana）和卢克（Luke），他们是同一支俱乐部足球队成员，尽管他们都欣赏对方在球场上的才能，但是经常发生口角。周二晚上的训练中，桑塔纳违反了球队的规则，对卢克说，"你烂透了"。卢克决定对此不予理会。他不希望桑塔纳遭受禁赛一场的惩罚，因为那个周末球队将要面对一个强硬的对手，他明白桑塔纳对球队的价值。

星期四上课时，卢克指责桑塔纳偷了他用来组织一个项目的卡片。卢克非常生气。桑塔纳也被激怒了，声称自己没有偷。然后他发现了地上的卡片，并把它们递给卢克。"这是你的那些笨蛋卡片，卢克，"他说，"看吧，我没有偷。"

卢克愤怒地答道："好吧。可是为什么它们都皱巴巴的？你知道，没准我会揍你一顿。"

"对，没错。除了你，还有谁？"桑塔纳冷笑着问道。

两个在一旁忙活的男孩听到了他们的争吵，开始煽风点火。

"对，桑塔纳，卢克会踢你的屁股。"格兰特说。

"我觉得桑塔纳会赢。"彼得插话说。

"明天放学后在公园见，咱们走着瞧！"桑塔纳要求道。

"没问题！"卢克也不示弱。

当天晚上，他们都在练习足球。无人提及第二天放学后将要发生的打架事件。

第二天早上，桑塔纳的妈妈打电话给马赫尼小姐，告诉她桑塔纳不敢去上学，因为卢克威胁要打他。不用说，马赫尼小姐很担心，意识到她必须解决这个问题。桑塔纳的妈妈还把情况通报给了校长。然而，桑塔纳的妈妈告诉所有人，卢克威胁要打她的儿子。她不知道事情原委，而且认为原因根本不重要。她想保护自己的儿子，让另一个男孩受到惩罚。

那天早上，卢克的妈妈因为其他事也在学校。校长拦住并告诉她，桑塔纳跟他的妈妈说他害怕来学校，因为卢克要打他。卢克的妈妈询问了详细的情况。听到桑塔纳的说法（即卢克威胁他），卢克的妈妈告诉校长，"这听起来不太对劲——卢克很冲动，如果他想打桑塔纳，可能当时就动手了，而不是定好日子再打"。在得出结论之前，她想先和卢克谈谈，并要求马赫尼小姐及校长和另外两个男孩及其他牵扯的孩子聊一聊。

马赫尼小姐和校长都照卢克妈妈的要求做了。实际情况就是你之前所读到的内容。他们决定，卢克第二天应休学，并取消一周的课间休息，"因为这是他今年第三次'闯祸'了"。桑塔纳没有受到惩罚，笑着离开了。

1. 这个案例有哪些问题？
2. 根据你掌握的信息，你认为这些男孩处在道德发展的哪个阶段？关于每个男孩的自我意识及情感发展你会做出什么样的预测？
3. 你会对两个男孩的妈妈说些什么？
4. 你怎么看待卢克受到的惩罚？你怎么处理这种情况？
5. 你认为这件事会对这两个男孩今后的关系有何影响？对他们关于学校的态度有何影响？

本章概要

1 当代理论：描述当代社会情感发展的布朗芬布伦纳的生态系统理论和埃里克森的毕生发展理论两种观点。

布朗芬布伦纳的生态系统理论

·布朗芬布伦纳的生态系统理论试图解释环境系统如何影响儿童的发展。布朗芬布伦纳描述了包括微观和宏观输入的五个环境系统：微观系统、中间系统、外层系统、宏观系统和时序系统。布朗芬布伦纳的理论是为数不多的包含微观和宏观环境的系统性分析之一。批评者指出，该理论缺乏对生物和认知因素的关注，也没有呈现出逐步发展的变化。

埃里克森的毕生发展理论

·埃里克森的毕生发展理论提出了八个阶段，每个阶段都聚焦在特定类型的挑战或困境上：信任对不信任、自主对羞怯和怀疑、主动对内疚、勤奋对自卑、同一性对角色混乱、亲密对疏离、繁殖对停滞、完整对失望。埃里克森的理论为理解社会情感发展做出了重要贡献，尽管一些批评人士认为这些阶段过于僵硬，而且它们的顺序缺乏研究支持。

2 发展的社会环境：讨论社会环境（家庭、同伴和学校）如何与社会情感发展相联系。

家庭

·鲍姆林德描述了四种教养方式：专制型、权威型、忽视型和纵容型。权威型教养方式与儿童的社交能力有关，可能是最有效的教养方式。

·当父母共同养育儿童时，儿童就会受益。父母工作的性质会影响他们的育儿质量。

·多种因素被认为与离异家庭儿童的适应性有关。

·学校与家庭联系的一个重要方面是父母的参与。促进学校与家庭的合作关系包括向家庭提供援助，就学校教学方案和学生进步与家庭进行有效沟通，鼓励父母成为志愿者，让家人和子女一起参与家庭学习活动，如让家庭参与学校决策、协调社区合作等。

同伴

·同伴是年龄段或成熟水平相同的儿童。父母以多种方式影响他们儿童的同伴世界。同伴关系与儿童合格的社会情感发展有关。

·同伴地位分成五种类型：受欢迎、一般、被拒绝、被忽视或有争议的。被拒绝儿童往往比被忽视儿童具有更严重的适应问题。

·友谊是学生社交关系的一个重要方面。有朋友的学生会有更多的亲社会行为、更高的成绩、更少的情感痛苦。

学校

·学校涉及从学前到高中不断变化的社会发展环境。儿童早期的环境是一个受保护的环境，有一两名教师，通常是女性。在小学时同伴群体更重要。在中学，社交领域扩大到整个学校，社会系统变得更加复杂。

·儿童早期教育课程存在争议。一方主张适合发展的、以儿童为中心的、建构主义的课程，另一方主张教导性的学习取向。蒙台梭利教学方法是一个越来越受欢迎的儿童早期教学计划。

·开端计划为低收入家庭提供儿童教育。高质量的开端计划是有效的教育干预措施，但可能有高达40%的计划是没有效果的。一个特别令人关注的问题是，许多小学低年级课堂主要依赖负面反馈。

·对许多学生来说，从小学到初中的过渡是很有压力的，因为在这段时间里会同时出现身体、认知和社会情感上的很多变化。它涉及从学校优势者位置中最高的位置挪到最低的位置。

·人们已经提出一些改进美国中学的建议。越来越多的教育专家也认为，美国高中教育需要做出实质性的改变。参加课外活动对青少年有一些积极的效果。

3 社会情感发展：解释儿童社会情感发展的自尊、同一性、道德发展和情感发展方面。

自我与同一性

·自尊，也被称为自我价值或自我意象，是个体对自己的整体看法。自尊往往在不同领域有一些差异，而且在青少年期表现得更为不同。提高学生自尊的四个关键是：

找出学生低自尊的原因和学生看重的能力领域，提供情感支持和社会认可，帮助学生取得好成绩以及培养学生的应对能力。

·玛西亚认为，青少年具有四种同一性状态（根据他们已经探索或正在探索替代途径的程度以及他们是否做出投入来分类）：同一性扩散、同一性延缓、同一性早闭、同一性获得。

·种族同一性是少数族裔学生同一性的重要维度。

道德发展

·道德发展是指人与人之间公正互动的规则和习俗的发展。

·科尔伯格强调，理解道德发展的关键是道德推理，它是分阶段展开的。科尔伯格发展了一种具有争议性的道德发展理论。他认为道德推理的发展包括三个水平（前习俗推理水平、习俗推理水平、后习俗推理水平）和六个阶段（每个水平各有两个阶段）。科尔伯格认为这些阶段与年龄有关。对科尔伯格理论的两个主要批评是科尔伯格没有对道德行为给予足够的关注；科尔伯格的理论给予了个体太多的关注，而没有关注与他人的关系。在这方面，吉利根认为科尔伯格的理论是一个以男性为导向的正义视角。她认为，在道德发展中需要的是以女性为导向的关怀视角。

·道德发展的领域理论指出，社会习俗和道德推理是两个不同的领域。这一理论对道德推理和社会习俗推理做了特别重要的区分。

·学术作弊是普遍存在的，而且可以以多种方式发生。长期的研究表明，情境将影响学生是否作弊。亲社会行为的一个重要方面是利他主义，即一种无私帮助他人的兴趣。分享和感恩是亲社会行为的两个方面。隐形课程就是每个学校都有的道德氛围。三种类型的道德教育是品格教育、价值观辨析、认知道德教育。服务学习在学校中越来越重要。

情感发展

·情感是指个体处于对自身来说很重要，尤其是对自身的幸福而言很重要的状态或互动中时所产生的一种感觉或体验，有时也被称为情绪。情感理解的重大变化贯穿于童年早期、中期和晚期以及青少年时期。

·随着年龄的增长，儿童会更多地使用应对策略和认知策略。教师可以帮助学生制定有效的策略来应对恐怖袭击和飓风等应激事件，方法是提供安慰、鼓励儿童谈论令人不安的感觉，并帮助儿童理解所发生的事情。

关键术语

利他主义（altruism）

专制型教养（authoritarian parenting）

权威型教养（authoritative parenting）

关怀视角（care perspective）

品格教育（character education）

认知道德教育（cognitive moral education）

习俗推理（conventional reasoning）

适合发展的教育（developmentally appropriate education）

道德发展的领域理论（domain theory of moral development）

生态系统理论（ecological theory）

情感（emotion）

感恩（gratitude）

隐性课程（hidden curriculum）

同一性获得（identity achievement）

同一性扩散（identity diffusion）

同一性延缓（identity moratorium）

同一性早闭（identity foreclosure）

纵容型教养（identity parenting）

正义视角（justice perspective）

蒙特梭利教学法（Montessori approach）

道德发展（moral development）

忽视型教养（neglectful parenting）

后习俗推理水平（postconventional reasoning）

前习俗推理水平（preconventional reasoning）

自尊（self-esteem）

服务学习（service learning）

社会习俗推理（social conventional reasoning）

价值观辨析（values clarification）

档案袋活动

现在你已经很好地理解了本章的内容，请完成这些练习来扩展你的思维。

独立思考

1. **满足学生的社会情感需求。** 想一想你打算执教的学生年龄。埃里克森理论中的哪一个阶段可能是他们发展的核心阶段？如果有的话，布朗芬布伦纳的理论对该年龄段学生获取重要资源有什么建议？他的理论是否提出了针对该年龄段学生的特定挑战，对于老师促进儿童学业成功的方法是否提出相关建议？把你的想法写在你的档案袋中。

研究／实地体验

2. **促进家庭–学校的联系。** 采访当地学校的几位教师，了解他们是如何促进家庭–学校的联系的。试着与幼儿园教师、小学教师、初中教师和高中教师交谈。总结你的发现。

合作学习

3. **学校中道德教育的作用。** 你最喜欢道德教育的哪种方法（品格教育、价值观辨析或认知道德教育），为什么？学校是否应该提供具体的道德教育课程？与本班的其他几位同学聚在一起讨论你们的观点。然后写一份简短的声明反映你自己对道德教育的看法。

第四章

个体差异

每个人都以千差万别的方式演绎自己的人生。

——托马斯·赫胥黎（Thomas Huxley）

19 世纪英国生物学家

章节概览

1. 智力

学习目标 1：讨论什么是智力，如何测量智力，多元智力理论，智力神经科学，以及关于教育工作者使用智力测验的一些争议和问题。

什么是智力?

智力测验

多元智力理论

智力神经科学

关于智力的争议和问题

2. 学习和思维风格

学习目标 2：描述学习和思维风格。

冲动型 / 沉思型

深层型 / 表层型

乐观型 / 悲观型

对学习和思维风格的评价

3. 人格和气质

学习目标 3：描绘人格和气质的本质特征。

人格

气质

连线老师：希非·兰达

密苏里州圣路易斯市爱普斯坦·希伯来学院（H. F. Epstein Hebrew Academy）一年级教师希非·兰达（Shiffy Landa）在课堂上采用了霍华德·加德纳（Howard Gardner, 1983, 1993）的多元智力理论。加德纳认为，智力不是只有一种一般类型，而是至少有八种特殊智力。

兰达（2000）认为，多元智力理论是了解儿童的最佳途径，因为他们拥有许多不同类别的能力。用兰达的话说：

我作为教师所起的作用与几年前完全不同。我不再站在教室前面给学生讲课了。我认为我的角色是一个促进者，而不是一个站在前面的老师。我课堂上的桌子不是整齐地排成一排……学生们正忙着在合作学习小组中心讨论学习，这给了他们发展人际交往智力的机会"。

在学习写字时，学生们运用"身体运动智力来形成所学字母的形状……当他们开始阅读时，他们还利用这种智力来改变他们正在学习的元音的发音，将它们与字母混合在一起拼出单词。

兰达说："自知智力是一种在传统课堂上常常被忽视的智力。"在她的课堂里，学生们"在中心

© Shiffy Landa

完成作业后填写自己的评估表。他们评估自己的作业并创建自己的作品档案袋"，通过这种方式，他们在档案袋中保存自己的作业，以便看到自己的进展。

在课堂上实践多元智力理论时，兰达意识到她也需要教给家长们这些知识。她创建了一个名为"家长-教师关系"的家长教育课程，家长定期聚在一起观看视频，谈论多元智力，并讨论如何将多元智力引入课堂。她还每周给家长发一份学习简报，告诉他们本周的多元智力活动和学生的进步。

概览

希非·兰达的课堂技巧建立在霍华德·加德纳的多元智力理论之上，这是我们将在本章探讨的智力理论之一。你会看到，关于人是否具有某种一般性智力或若干种特殊智力这个问题仍然处于激烈的辩论当中。智力只是本章的主题之一，我们还将考察学习、思维方式、人格和气质。每一个主题，包括学生的个体差异，以及教师所使用的与这些差异相关的最佳策略都是学习的重点之一。

1 智力

学习目标 1：讨论什么是智力，如何测量智力，多元智力理论，智力神经科学，以及关于教育工作者使用智力测验的一些争议和问题。

智力是我们最珍贵的财富之一。然而，即使是最聪明的人也无法就如何定义和衡量智力的概念达成一致。

什么是智力？

智力这个术语对心理学家意味着什么？一些专家把智力描述为解决问题的能力，另一些人则把它描述为适应和从经验中学习的能力，还有人认为智力包括创造力和人际交往能力等能力。

智力的问题在于它与身高、体重和年龄不同，不能直接测量。我们不能打开一个人的头颅，看看他或她有多聪明。我们只能通过研究和比较人们表现出来的智力行为来间接地评估智力。

智力的主要组成部分与其他章节所讨论的记忆和思维的认知过程相似。如何描述这些认知过程与我们将如何讨论智力之间的不同在于个体差异和评估的概念。个体差异是指人与人之间稳定、一致的差异。智力的个体差异通常是通过智力测验来衡量的，这些测验旨在告诉我们一个人是否比参加智力测验的其他人拥有更强的推理能力。

我们将把解决问题、适应和从经验中学习的能力作为**智力**（intelligence）的定义。但即使是这个宽泛的定义也不能满足所有人。正如你马上就要看到的，罗伯特·斯腾伯格（Robert Sternberg）提出，实用知识应被视为智力的一部分。他认为，智力包括仔细权衡各种选择和明智行事，以及制定策略来改掉缺点。最近，斯腾伯格（2014）也将智力描述为适应、塑造和选择环境的能力。在适应环境的过程中，如果个人发现环境不太理想，他们可以改变环境，使其更适合自己的技能和需求。相比之下，基于诸如列夫·维果茨基理论的智力定义必须包括在更高技能个体的帮助下使用文化工具的能力。由于智力是一个如此抽象、宽泛的概念，所以有不同的定义方式也就不足为奇了。

智力：解决问题、适应和从经验中学习的能力。

> **多重思考**
> 维果茨基的社会建构主义方法强调智力是通过与更高技能个体的互动来构建的，这反映在他的最近发展区的概念中。连接到"认知和语言发展"。

智力测验

在这一节中，我们将首先描述个体智力测验，然后再探讨团体智力测验。

个体智力测验 目前，针对儿童进行的个体智力测验主要有两种，即斯坦福-比奈测验（The Stanford-Binet Tests）和韦克斯勒量表（The Wechsle Scales）。正如你接下来将看到的，早期版本的比奈测验是世界上第一个智力测验。

多重思考
认为儿童是天才儿童的最常见的方式是儿童在智力测验中获得130及以上的分数。连接到"特殊的学习者"。

心理年龄：个体相对于他人的心理发展水平。

智商：一个人的心理年龄（MA）除以生理年龄（CA）再乘以100。

正态分布：一个对称的分布，大多数分数集中在可能得分区域的中间位置，趋于两端位置的分数很少。

比奈测验　1904 年，法国教育部要求心理学家阿尔弗雷德·比奈（Alfred Binet）设计一种方法来识别无法在学校学习的儿童。学校官员希望通过在特殊学校安置那些无法从常规课堂教学中受益的学生来减少教室拥挤的情况。为此，比奈和他的学生泰奥菲勒·西蒙（Theophile Simon）开发了一个智力测验，称为 1905 年量表，它包括 30 个问题，包括从触摸耳朵的能力到根据记忆绘制图案和定义抽象概念的能力。

比奈提出了**心理年龄**（mental age，MA）的概念，即个体相对于他人的心理发展水平。1912 年，威廉·斯特恩（William Stern）提出了**智商**（intelligence quotient，IQ）的概念，指一个人的心理年龄除以生理年龄（chronological age，CA）再乘以 100，即 IQ=MA/CA×100。

如果心理年龄与生理年龄相同，那么这个人的 IQ 是 100。如果心理年龄高于生理年龄，那么这个人的智商就超过 100。例如，一个 6 岁的儿童，如果心理年龄为 8 岁，那么他的 IQ 会达到 133。如果心理年龄低于生理年龄，那么这个人的智商则低于 100。例如，一个 6 岁的儿童，如果心理年龄为 5 岁，那么这个儿童的 IQ 是 83。

随着对智力和智力测验理解的不断深入，比奈测验经历多次修订。这些修订版本被称为斯坦福-比奈测验（因为修订是在斯坦福大学进行的）。通过对来自不同背景、不同年龄段的大量人群进行测试，研究人员发现斯坦福-比奈测验的分数接近正态分布。正如"标准化测验与教学"一章中所描述的那样，**正态分布**（normal distribution）是对称的，大多数分数集中在可能得分区域的中间位置，趋于两端位置的分数很少。

当前的斯坦福-比奈测验用于对 2 岁到成年人群的单独施测。它包括多种题目，其中一些需要言语作答，另一些需要非言语反应。例如，反映典型 6 岁儿童表现水平的题目包括定义至少 6 个单词的语言能力（如"橙色"和"信封"），以及在迷宫中找到通路的非言语反应能力。反映一个普通成年人表现水平的题目包括定义"不成比例"和"尊重"等词语、解释一句谚语，以及比较无所事事和懒惰之间的区别。

目前的斯坦福-比奈测验是第五版。它对第四版的一个重要补充是对认知能力的五个方面（流体推理、知识、数量推理、视觉空间推理和工作记忆）和智力的两个方面进行分析（Bart & Peterson, 2008）。认知能力的五个方面分别是流体推理（抽象思维）、知识（概念信息）、数量推理（数学技能）、视觉空间推理（理解视觉形式和空间布局）和工作记忆（回忆新信息）。斯坦福-比奈测验第五版所评估的智力的两个方面是言语智力和非言语智力。一般综合得分仍然是用来反映整体智力的。斯坦福-比奈测验是使用最广泛的学生智力测试之一。

韦克斯勒量表　另一种广泛用于评估学生智力的测验称为韦克斯勒量表（简称韦氏量表），由心理学家大卫·韦克斯勒（Devid Wechsler）编制。该量表包括：韦氏幼儿智力量表-第四版（WPPSI-IV），适用于 2 岁 6 个月至 7 岁 3 个月的儿童；韦氏儿童智力量表-第五版（WISC-V），适用于 6 岁至 16 岁的儿童和青少年；韦氏成年人智力量表-

---

连线学生：最佳实践
理解智力测验得分的策略

心理测验是一种工具（Anastasi & Urbino, 1997）。与所有工具一样，它们的有效性取决于使用者的知识、技能和正直的态度。锤子可以用来建造一个漂亮的橱柜，也可以用来打破一扇门。同样，心理测验也可以被很好地使用或滥用。以下是一些关于使用测验的提醒，可以帮助教师避免以消极的方式使用有关学生智力的信息：

1. 避免基于 IQ 分数对学生形成无根据的刻板印象和负面预期。通常情况下，人们会根据 IQ 分数进行笼统的概括。想象一下，新学期开始的第二天，你在教师休息室提到了你的一个学生，另一个老师说她去年教过他。她说他真是个笨蛋，IQ 测试只得了 83 分。你在上课的时候要做到无视这个信息有多难呢？这可能很难。但重要的是，你不能因为约翰尼在智力测验中得分很低就预期花很多时间教他是没有用的（Weinstein, 2004）。智力测验应始终被视为对当前表现的一种测量。它不是固定潜能的测试。成熟的变化和丰富的环境体验可以提高学生的智力。
2. 不要把 IQ 测验作为能力的主要或唯一指标。高智商不是人类的终极价值。教师不仅要考虑学生在言语技能等方面的智力能力，还要考虑学生的创新能力和实践能力。
3. 在解释总体 IQ 得分的意义时要特别谨慎。明智的做法是把智力看作由许多领域组成。许多教育心理学家强调，考虑学生在不同智力领域的优缺点是很重要的。像韦氏量表这样的智力测验可以提供关于这些优点和缺点的信息。

第四版（WAIS-IV）。

韦克斯勒量表不仅提供了一个总体的 IQ 分数和一系列子测验的分数，还得出了几个综合指数（例如，言语理解指数、工作记忆指数和加工速度指数）。子测验和综合分数可以让施测者快速判断学生的强项和弱项。

像斯坦福–比奈测验和韦克斯勒量表这样的智力测验都是对个体施测的。心理学家将个体智力评估视为施测者和学生之间的结构性互动。这为心理学家提供了对学生行为进行取样的机会。在测验过程中，施测者观察建立融洽关系的难易程度、学生的热情和兴趣、焦虑对学生表现的影响，以及学生对挫折的容忍程度。

团体智力测验 学生也可以在团体环境中接受智力测验。团体智力测验包括洛奇–桑代克（Lorge-Thorndike）智力测验（LTIT）和奥提斯–勒农（Otis-Lennon）学校能力测验（OLSAT）。团体智力测验比个体测验更方便、更经济，但也有其缺点。当很多人同时施测时，施测者不能与学生建立融洽关系，不能确定学生的焦虑程度等。在一个大型团体测验中，学生可能不理解测验指导语或者被其他学生分散注意力。

由于这些局限性，当做出关于学生的重要决定时，团体智力测验应以其他有关学生能力的信息作为补充。就这一点而言，同样的策略也适用于个体智力测验。通常，团体智力测验分数的准确性有待商榷。很多学生在学校都是接受团体施测的，但不应该仅仅依据团体测验的分数来决定一个学生是否该加入智力迟滞学生的班级或天才学生的班级。在这种情况下，除了测验还应该考虑大量关于学生能力的信息。

多元智力理论

将学生的智力看作一种一般能力还是一系列特殊能力，哪种看法更合适？心理学家从 20 世纪初就开始思考这个问题并继续就这个问题进行辩论。

斯腾伯格的智力三元论   根据罗伯特·斯腾伯格（1986, 2004, 2010, 2012, 2013, 2014, 2015a, 2016a, b）的**智力三元论**（triarchic theory of intelligence），智力有三种形式：分析性智力、创造性智力和实践性智力。分析性智力包括分析、判断、评估、比较和对比的能力。创造性智力包括创造、设计、发明、创新和想象的能力。实践性智力的核心是运用、应用、执行和实践的能力。

为了理解分析性、创造性和实践性智力的含义，让我们看看反映这三种智力类型的人的例子：

> ·以勒蒂莎为例，她在斯坦福-比奈测验等传统智力测验中得分很高，是一位优秀的分析性思维者。勒蒂莎的分析性智力近似于传统意义上的智力，也是智力测验通常评估的内容。
>
> ·托德的传统智力测验分数不是最出色的，但他富有洞察力和创造力。斯腾伯格称托德擅长的思维方式为创造性智力。
>
> ·最后，以伊曼纽尔为例，他在传统智力测验中的得分很低，却能迅速找到解决现实问题的方法。他很容易掌握有关世界运转的知识。伊曼纽尔的"街头智慧"和实践知识是斯腾伯格所谓的实践性智力。

斯腾伯格（2015a, 2016a, b）说，在学校里，不同智力类型的学生看起来不同。在传统的学校里，分析能力强的学生往往受到青睐。他们经常在老师讲授和学生进行客观性测验的课堂上表现出色。这些学生通常能取得好成绩，在传统的 IQ 测验和 SAT 测验中表现出色，然后进入竞争激烈的大学。

创造性智力高的学生往往不是班上的尖子生。有创造力的学生可能不会遵照老师的期望来完成作业。他们会给出独特的答案，并可能会因此受到训斥或被扣分。

与创造性智力高的学生一样，实践性智力高的学生往往不能很好地适应学校的要求。然而，这些学生经常在教室外表现良好。他们的社交能力和常识可以让他们成为成功的管理者或企业家，尽管他们的学习成绩并不出众。

斯腾伯格（2015a, 2016a, b）强调很少有任务是纯粹的分析性、创造性或实践性的。大多数任务都需要这些技能的某种组合。例如，当学生写读书报告时，他们可能会分析这本书的主题，产生关于如何更好地写这本书的新想法，并思考如何将这本书的主题应用到人们的生活中。斯腾伯格认为，课堂教学必须让学生有机会通过这三种智力

智力三元论：斯腾伯格认为，智力表现为三种主要形式：分析性智力、创造性智力和实践性智力。

形式进行学习。

斯腾伯格（2016c）认为，智慧既与实践性智力有关，也与学术智力有关。他认为，学术智力是智慧的必要条件，但在很多情况下光有学术智力是不够的。关于现实生活的实践知识也是智慧所必需的。在斯腾伯格看来，在自我利益、他人利益和环境之间的平衡产生了一种共同的利益。因此，聪明的人不仅要考虑自己，还需要考虑他人的需要和观点，以及所涉及的特定环境。斯腾伯格通过向个体呈现问题来评估智慧，这些问题的解决方案强调各种个人内部的、人与人之间的和环境的利益。他还强调，学校应该教授这些不同方面的智慧（Sternberg，2016c）。

罗伯特·斯腾伯格，他提出了智力三元论。
© Robert J. Sternberg

加德纳的八种智力成分　正如我们在本章开头"连线教师"专栏中所指出的，霍华德·加德纳（1983, 1993, 2002）认为，智力有许多特定类型或智力成分。下面我们一一对它们进行描述，并举例说明它们在哪些职业中表现出优势（Campbell, Campbell, & Dickinson, 2004）：

· 言语智力。用语言思考和使用语言表达意思的能力（作者、记者、演讲者）。

· 数学智力。进行数学运算的能力（科学家、工程师、会计师）。

· 空间智力。三维空间思维能力（建筑师、艺术家、水手）。

· 身体运动智力。操纵物体和身体敏捷的能力（外科医生、工匠、舞者、运动员）。

· 音乐智力。对音调、旋律、节奏和音色的敏感度（作曲家、音乐家和音乐治疗师）。

· 自知智力。理解自己并有效指导自己生活的能力（神学家、心理学家）。

· 社交智力。理解他人并与他人有效互动的能力（成功的教师、专业心理健康人员）。

· 自然认知智力。观察自然模式并理解自然和人为系统的能力（农民、植物学家、生态学家、景观设计师）。

加德纳认为，每一种智力成分都可能因不同模式的脑损伤而受到损害，每一种智力成分都涉及独特的认知技能，每一种智力成分都以独特的方式出现在天才学者和智障学者身上（有智力障碍但在特定领域——如绘画、音乐或数值计算——有特殊才能的人）。

在不同时期，加德纳曾考虑将涉及对生命意义的关注和推理的存在智力作为第九种智力（McKay, 2008）。然而，他至今还没有将其作为一种不同的智力成分加以补充。

尽管加德纳赞同将他的模型应用于教育，但他也目睹了这种理论取向的一些误用。以下是他对使用该智力模型的一些警告（Gardner, 1998）：

- 没有理由认为每门课程都能以八种不同的方式有效地教授，试图做到这一点是徒劳的。

- 不要以为仅仅运用某种类型的智力就足够了。例如，就身体运动智力而言，随意的肌肉运动与认知技能的培养无关。

- 没有理由相信当学生们参加与不同类型的智力活动时，把其他某种智力活动作为背景活动是有帮助的。例如，加德纳指出，在学生解决数学问题时在后台播放音乐是对他的理论的误用。

技术可用于促进智力的各个领域的学习（Dickinson, 1998, pp. 1-3）：

- 言语智力。"计算机鼓励学生修改和重写作文，这应该有助于他们写出更有竞争力的文章。许多通过计算机进行交流的方式，如电子邮件、在线聊天和短信，为学生提供了练习和扩展言语智力的机会"。网络出版、博客、云工具、视频制作和视频直播也可以帮助他们编写和修改文档以及演示文稿。

- 逻辑/数学智力。"每种能力的学生都可以通过有趣的软件程序有效地学习，这些程序提供即时的反馈，远远不止训练与练习。"Mathcmatica 等公式处理软件（www.wolfram.com/products/mathematica/index.html）以及在程序商店上提供的用于移动设备的数学应用程序可以帮助学生提高逻辑/数学智力。寻找那些提供有用的错误反馈的应用程序，以及那些除了提供程序练习之外还以概念知识为目标的应用程序。

- 空间智力。计算机能让学生查看和操纵材料。虚拟现实技术还可以为学生提供锻炼其视觉空间智力的机会。

谷歌纸板（Google Cardboard）是一种廉价的将虚拟现实技术应用到课堂中的方法。3D 打印也越来越普及——并非只在个别学校中使用，有时可通过地区或当地图书馆和学院使用。3D 打印允许学生进行物理操作以提升空间推理能力。

- 身体运动智力。"计算机的操作主要依赖于眼和手的协调、键盘操作以及鼠标或触摸屏的使用。这种动觉活动……使学生成为学习的积极参与者"。一些新开发的学习机可用于提高学生的身体运动智力。

·音乐智力。苹果电脑的"库乐队"（www.apple.com/mac/garageband/）软件是练习音乐智力的好方法。苹果和安卓都有许多应用程序，可为学生创建、录制和播放音乐。

·社交智力。"当学生以两人或小组形式使用计算机时，他们的理解和学习能力将得到促进和提升。当学生们分享发现、互相帮助以解决问题，并在小组作业上合作时，就会产生积极的学习经验"。

·自知智力。"技术为深入探索思路提供了手段"。对个人自知智力的技术支持可能包括进行视频会议、建设性的在线评论和网络礼节练习。

·自然认知的智力。电子技术可以"促进科学研究、科学探索和其他自然认知活动"。例如，《国家地理》在线频道能让学生与著名的探险家和摄影师一起进行虚拟探险。此外，还有一些有吸引力的科学项目，使学生可以在当地环境中收集数据，并通过在线提交数据或结果为科学做出贡献。比如：饲养观察项目（Project Feederwatch, http: //feederwatch.org/），大黄蜂观看项目（Bumble Bee Watch, www.bumblebeewatch.org）和野生动物路死调查项目（Roadkill Survey, www.adventurescience.org/roadkill.html）。

最近，我询问老师们如何在课堂上运用加德纳的多元智力理论，以下是他们的回复：

幼儿园　因为每个学龄前儿童都不一样，我认识到他们拥有不同的技能和需求。例如，有一个孩子特别擅长体育活动，比如拍球和把球扔进网里，但是她很难学会如何数数。为了提高她的数数技能，我们让她去数拍球的次数和球进网的次数。

——海蒂·考夫曼，大都会西基督教青年会儿童保育和教育项目
（Heidi Kaufman, Metro West YMCA Child Care and Educational Program）

小学　学生需要有多重选择。有些学生需要时不时地在教室里走动、坐在地板上或者在黑板上写字。有些学生却需要一个不受干扰的、位于教室靠边的座位。虽然教师提供指导、向学生提问、同伴交流可以帮助巩固学习，但有些学生需要老师给予安静的、个人的提示。在期末作业的形式上，我也会为学生提供选择，例如口头报告、图形表述、文章论述、诗歌或者幻灯片展示。

——克伦·阿布拉，圣心女子小学
（Keren Abra, Convent of the Sacred Heart Elementary School）

初中　小组活动提供了极好的将加德纳的理论融入课堂的机会。我尝试开发一些小

组活动，要求参与者阅读书籍、完成艺术作品、做数学题、创造性地思考、在公共场合发言等。通过这些不同的技能，小组成员能够以符合他们个人学习风格的方式表达他们的知识。

——凯西·玛斯，爱迪生中学

（Casey Maass, Edison Middle School）

高中 当涉及如何完成一个作业时，我经常给我的学生选择的权力。例如，他们可以以艺术作品、书面作品或演示的方式完成一个项目，这样学生就可以选择最适合自己的模式学习。

——珍妮弗·海特尔，布莱曼高中

（Jennifer Heiter, Bremen High School）

我们已经讨论了关于加德纳多元智力概念的一些观点。请完成自我评估 1，来评估你在八种智力类型上的强项和弱项。

情绪智力 加德纳和斯腾伯格的理论都包括一个或多个与理解自己和他人以及与世界相处的能力相关的类别。在加德纳的理论中，这些相关类别是社交智力和自知智力；在斯腾伯格的理论中，是实践性智力。其他强调社交智力、自知智力和实践性智力的理论家则关注所谓的情绪智力，这一概念由丹尼尔·戈尔曼（Daniel Goleman, 1995）在其著作《情商》（*Emotional Intelligence*）中推广而普及。

情绪智力的概念最初是由彼得·萨洛维（Peter Salovey）和约翰·梅尔（John Mayer）在 1990 年提出的。他们将**情绪智力**（emotional intelligence）定义为能够准确地、适应性地（如从他人的角度看问题）感知和表达情绪，理解情绪和情绪知识（如理解情绪在友谊和其他关系中的作用），利用情感促进思考（如积极的情绪与创造性思维有关），并管理自己和他人的情绪（例如能够控制自己的愤怒）的能力。

> 情绪智力：能够准确地、适应性地感知和表达情绪，理解情绪和情绪知识，管理自己和他人的情绪和感受，对它们进行区分，并利用这些信息来指导自己的思维和行动的能力。

人们持续对情绪智力的概念表现出浓厚兴趣（Boyatzis & others, 2015; Conn, Fisher, & Rhee, 2016; Fernandez-Berrocal & Checa, 2016）。近期的一项研究表明，情绪智力能力与学业成绩的关系超过认知和人格因素（Lanciano & Curci, 2014）。然而批评人士认为，情绪智力过于扩展了智力的概念，并没有得到充分的评估和研究（Humphrey & others, 2007）。

儿童拥有一种智力还是多种智力？ 加德纳的智力理论包含了许多其他理论没有涉及的智力类型，而斯腾伯格在强调创造性智力方面是独一无二的。这些多元智力理论有很多可借鉴的东西。它们促使我们更广泛地思考构成年人们智力和能力的因素（Moran & Gardner, 2006）。他们还鼓励教育工作者开发在不同领域指导学生的课程设计（Winner, 2006）。

连线学生：最佳实践

贯彻加德纳多元智力的策略

　　加德纳的多元智力理论一直应用于儿童教育领域。以下是教师可以使用的与加德纳八种智力有关的策略（Campbell, Campbell, & Dickinson, 2004）：

1. 言语智力。为儿童读书，并且也让他们读书给你听；和儿童一起去图书馆和书店；让儿童总结和复述他们读过的故事。
2. 数学智力。与儿童一起玩逻辑游戏，留意能激发儿童思考和建构对数字理解的情境；带儿童去计算机实验室、科学博物馆和电子产品展览会进行实地考察。
3. 空间智力。准备各种各样的创意材料供儿童使用；带儿童去艺术博物馆和可以动手操作的儿童博物馆，和儿童一起散步；当他们回到教室时，让他们直观展示自己去过哪里，然后画出他们游览的地图。
4. 身体运动智力。为儿童提供体育活动的机会并鼓励他们参与；提供儿童可以在室内和室外玩耍的区域；鼓励儿童参加舞蹈活动。
5. 音乐智力。给儿童一个演奏乐器的机会；创造机会让他们用声音和乐器一起创作音乐；带他们去听音乐会。
6. 自知智力。鼓励儿童有兴趣爱好；倾听儿童的感受，并及时给予他们反馈；让儿童用日记或剪贴簿记下自己的想法和经历。
7. 社交智力。鼓励儿童分组学习，帮助他们培养沟通技巧，为他们提供小组游戏。
8. 自然认知智力。在教室里建立一个自然认知学习中心；让儿童参加户外自然认知活动，如在自然中散步或领养树木，让他们收集动植物并分类。

　　在专栏"教师视角"中，一位高中英语教师乔安娜·史密斯（Joanna Smith），描述了她如何将加德纳的多元智力理论运用到她的课堂中。

教师视角

让学生们选择他们想在学科作业中使用哪种类型的智力

　　我通过布置各种各样的作业，努力在全年的教学中借鉴加德纳的八种智力成分。我的学生有时可以根据他们的作业选择使用哪种智力。例如，在第一学期末，学生根据自己选择的书籍完成一个课外阅读项目。他们根据书的主题和人物创建这个项目。例如，学生可以从角色的角度创作独白，编制家谱，制作主题歌曲的CD，在现场或用录音对该书的背景设置进行"介绍"。这种类型的作业总是成功的，因为它允许学生选择以何种方式、何种类型的智力来展示他们的知识。

　　多元智力理论也受到了许多批评。批评者们认为，支持这些理论的研究基础尚未形成。特别是，有人认为加德纳的分类似乎过于武断。例如，如果音乐能力代表了一种智力，为什么我们不同时提出象棋智力、职业拳击手智力等呢？许多心理学家仍然支持一般智力（g）的概念（Burkhart, Schubiger, & van Schaik, 2016; Checa & Fernandez Berrocal, 2015; Shakeshaft & others, 2015）。例如，一位智力专家内森·布罗迪（Nathan Brody, 2007）认为，那些擅长一种智力任务的人很可能也擅长其他智力任务。因此，擅长记忆数字列表的人也可能擅长解决语言问题和空间布局问题。一般智力还包括抽象推理或思维能力、获取知识的能力和解决问题的能力。

自我评估 1
用加德纳的八种智力成分评估自己

阅读下列各项陈述，并在 4 点量表上给自己打分。每个评分对应了每一份陈述所描述的情况与你的相符程度：1= 和我的情况一点都不相似，2= 和我的情况不怎么相似，3= 和我的情况有些相似，4= 和我的情况非常相似。

	1	2	3	4

言语思维

1. 我的言语类测试成绩很好，比如 SAT 考试的言语题。

2. 我擅于阅读，阅读量很大。

3. 我喜欢应对语言问题的挑战。

逻辑 / 数学思维

4. 我是一个逻辑性很强的思考者。

5. 我喜欢像科学家一样思考。

6. 数学是我最喜欢的科目之一。

空间智力

7. 我擅长从不同的角度想象物体和布局。

8. 我能在脑海中描绘空间地图和位置图。

9. 如果我愿意的话，我想我可以成为一名建筑师。

身体运动智力

10. 我的手眼协调性很好。

11. 我擅长运动。

12. 我擅长用我的身体进行表达，例如跳舞。

音乐智力

13. 我可以熟练演奏一种或多种乐器。

14. 我对音乐很有鉴赏力。

15. 我擅长歌曲创作。

深刻地自我认知能力

16. 我很了解自己，对自己有积极的评价。

17. 我的想法和感觉是一致的。

18. 我有很好的应对能力。

深刻地理解他人能力

19. 我很擅长"读懂"别人。

20. 我擅长和别人合作。

21. 我是一个很好的倾听者。

自然认知智力

22. 我擅长观察自然界的模式。

23. 我擅长识别和分类自然环境中的物体。

24. 我了解自然和人造系统。

评分和解释

　　将你在八种智力上的得分汇总，然后把总数填在每一种智力标签后面的空白处。哪些智力领域是你的优势所在？你最不擅长什么？你不太可能在所有八个方面都很强，或者在所有八个方面都很弱。通过了解你在不同智力领域的强项和弱项，你可以了解到哪些领域的教学对你来说是最简单的，哪些是最困难的。如果我（作者）不得不传授音乐技能，就会麻烦多多，因为我没有音乐天赋。不过，我确实有相当好的运动技能，我年轻时的一部分时间都花在打网球和指导他人打网球上。如果你在加德纳提出的某些领域不太精通，而你又必须从事这些领域的教学，那么考虑从社区里寻找志愿者来帮助你。例如，加德纳说，学校需要更好地发挥退休人员的余热，他们中的大多数人可能会乐于帮助学生提高在自己擅长领域的技能。这一策略也有助于将社区和学校通过某种"代际黏合剂"联系起来。

　　一般智力概念的倡导者指出，一般智力在预测学业和工作成就方面取得了成功（Deary & others, 2007）。例如，一般智力测验的分数与学业成绩和成就测验成绩有着显著的相关性，不管是在测试时还是在几年后（Cucina & others, 2016; Kyllonen, 2016; Strentze, 2007）。例如，最近对240个独立样本和10万多人进行的元分析发现，智力与学业成绩之间的相关系数为+0.54（Roth & others, 2015）。

　　智力测验与工作表现有中度相关（Lubinski, 2009）。在一般智力测验中得分较高的人往往会得到更高报酬、更有声望的工作（Lubinski, 2009）。然而，一般智力测验只能预测四分之一的工作成功率变化，大多数差异是由其他因素引起的，如动机和教育（Wagner & Sternberg, 1986）。此外，智力和成就之间的相关性会随着人们工作时间的延长而降低，这可能是因为随着人们获得更多的工作经验，他们的表现就更好（Hunt, 1995）。

　　一些质疑存在一般智力的专家得出结论，个体还拥有特殊智力能力（Brody, 2007）。总而言之，争议的焦点仍然在于将智力概念化为一般能力、特殊能力还是两者兼而有之（Sternberg, 2016a, b）。斯腾伯格（2016a, b）实际上承认传统智力测验评估的分析性任务是一种一般智力，但他认为这些测验所测量的任务范围太窄。

智力神经科学

　　在这个对大脑进行广泛研究的时代，人们对智力的神经基础越来越感兴趣（Deary, 2012; Santarnecchi, Rossi, & Rossi, 2015）。关于大脑在智力中的作用，人们正在探索的问题包括：拥有一个更大的大脑是否与更高的智力有关？智力是否位于某些脑区？大脑处理信息的速度与智力有关吗？

　　脑容量大的人比脑容量小的人聪明吗？使用核磁共振扫描评估全部脑容量的研究表明，大脑的大小与智力之间存在中度相关（约1.3～1.4）（Carey, 2007; Luders &

others, 2009）。

智力可能与大脑的特定区域有关吗？早期的共识是，额叶可能是智力对应的位置。如今，一些专家继续强调，与智力有关的高水平思维技能与大脑前额叶皮质有关（Santarnecchi, Rossi, & Rossi, 2015; Sternberg & Sternberg, 2016）。然而，其他研究人员最近发现，智力更为广泛地分布在大脑各个区域（Lee & others, 2012）。脑成像研究最突出的发现是，涉及额叶和顶叶的分布式神经网络与更高的智力有关（Margolis & others, 2013）。近期的一项研究表明，额叶和顶叶网络负责认知控制和与该网络外脑区的连接（Cole & others, 2012）。阿尔伯特·爱因斯坦的总脑容量处于平均水平，但他大脑顶叶中的一个区域在处理数学和空间信息时非常活跃，其面积比平均数大 15%（Witelson, Kigar, & Harvey, 1999）。其他与更高智力相关的大脑区域（尽管其重要性不如额叶和顶叶网络）包括颞叶、枕叶以及小脑（Luders & others, 2009）。

研究人员最近发现，额叶和顶叶的神经网络与更高水平的智力有关。颞叶、枕叶以及小脑也被发现与智力有关，但与额叶和顶叶网络相比，相关程度要小。目前的共识是，智力可能分布在大脑的各个区域，而不是局限在额叶等特定区域。

对智力的神经科学的研究也引发了关于神经系统的加工速度在智力中作用的研究（Waiter & others, 2009）。尽管最近的一项研究发现，天才儿童比一般儿童表现出更快、更准确的信息加工能力，但有关这一可能的联系的研究结果并不一致（Duan, Dan, & Shi, 2013）。

随着科技的进步，在未来几十年里，人们可以对大脑的功能进行更深入的研究，我们很可能会看到关于大脑在智力中作用的更具体的结论。随着这项研究的进行，请记住，遗传和环境都可能影响大脑和智力之间的联系，包括我们讨论的大脑容量和智力之间的联系。此外，罗伯特·斯腾伯格（2014）得出结论，关于大脑在智力中作用的研究在回答某些问题（例如"大脑的哪些方面参与了单词列表的学习"）时比回答其他问题（例如"为什么有些人认为握手是社交智慧，而另一些人却不这么认为？"）时更有效。

关于智力的争议和问题

关于智力的话题充满了争议。是什么决定了智力，先天更重要还是后天更重要？智力测验是否有文化偏见？是否应该使用智力测验判断是否把孩子送入特殊的学校教育项目中？

先天和后天　先天–后天之争（nature and nurture issue）是指关于发展是主要受先天影响还是受后天影响的辩论。先天是指一个人的生物遗传，后天是指环境经历。

先天说的拥护者认为，智力主要是遗传的，而环境经历在智力的表现中所起的作用微乎其微。关于先天–后天之争的新兴观点是，许多复杂的品质（如智力）可能具有某种遗传因素，使每个人都倾向于某一特定的发展轨迹，如发展为低智商、中等智商或高智商，然而智力的实际发展需要的不仅仅是遗传因素。

多重思考
先天–后天之争是发展心理学的主要争议之一。连接到"认知和语言发展"。

今天大多数专家都认为环境在智力方面也起着重要作用（Grigorenko & others, 2016; Sternberg, 2016a, b）。这意味着改善儿童的环境可以提高他们的智力，还意味着丰富儿童的环境可以提高他们的学业成绩，并促进他们掌握日后就业所需的技能。克雷格·雷米（Craig Ramey）和他的同事（1988）发现，高质量的早期幼儿园教育（至5岁）显著提高了贫困家庭幼儿的智力测验成绩。这种早期干预的积极效果在这些学生13岁和21岁时的智力和成就测验中仍然很明显（Ramey, Ramey, & Lanzi, 2009）。理查德·尼斯贝特（Richard Nisbett）及其同事（2012）的研究支持了环境对智力的影响：从低收入家庭被收养到中高收入家庭的儿童的IQ提高了12%~18%。

关于环境对智力影响的另一个论据是，世界各地的智力测验分数不断提高。这些测验的分数上升得如此之快，以至于在20世纪初被认为具有平均智力的人中有很大一部分在今天看来会被认为智力低于平均水平（Flynn, 1999, 2007, 2011, 2013）。如果今天的儿童参加1932年使用的斯坦福–比奈测验的测试，大约四分之一的儿童会被定义为非常优秀，而通常只有不到3%的人符合此标准。由于这一增长是在相对较短的时间内发生的，所以不可能是由于遗传导致的，而很可能是由人们所接触的信息爆炸和接受教育的人口比例大大提高等环境因素造成的。最近对1972年以来的53项研究进行的元分析发现，自那一年以来，智力得分每十年增加3分左右，而且智力得分的上升趋势似乎并没有减弱（Trahan & others, 2014）。世界范围内智力测验分数在短时间内的增长被称为弗林效应（Flynn Effect），以发现该效应的研究者詹姆斯·弗林（James Flynn）命名。

对学校教育的研究也揭示了其对智力的影响（Sternberg, Jarvin, & Grigorenko, 2009）。当大量儿童长期被剥夺正规教育时，这种影响会非常大，会导致这些儿童智力下降。

一项有关学校教育和智力研究的分析认为，学校教育和智力相互影响（Ceci & Williams, 1997）。例如，高中毕业的人比辍学的人更聪明。这可能是因为聪明的个体在学校待的时间更长，或者学校的教育环境有助于他们的智力提升。

研究人员越来越有兴趣操纵面临智力低下风险的儿童的早期环境（Duncan, Magnuson, & Votruba-Drzal, 2015; Wadsworth & others, 2016）。重点是预防而不是补救。许多低收入家庭的父母很难为他们的孩子提供一个智力上刺激丰富的环境。教育父母成为更敏感照料者和更好教师的计划，以及优质儿童照料计划等支持服务，可以对儿童的智力发展产生积极影响（Bredekamp, 2017; Morrison, 2017）。

要区分先天或后天的影响是极其困难的，以至于心理学家威廉·格里诺夫

（William Greenough, 1997, 2000）说，问先天和后天哪个更重要就像问一个长方形，它的长或宽哪个更重要一样。我们仍然不知道（如果有的话）是哪些特定的基因实际上促进或限制了一般智力水平。如果存在这样的基因，那么它们肯定既存在于那些家庭和环境似乎促进儿童能力发展的儿童中，也存在于那些家庭和环境似乎不支持儿童能力发展的儿童中。不管一个人的基因背景如何，在"具备所有优势"的环境中成长并不能保证高智力或成功，尤其是当这些优势被认为是理所当然的时候。没有这些优势也未必一定智力低下或失败，特别是如果家庭和儿童能够充分利用他们所能获得的一切机会的话。

种族和文化　智力存在种族差异吗？传统的智力测验有偏见吗？如果有，我们能否编制出文化公平测验？

种族比较　在美国，非裔美国家庭和拉丁裔美国家庭的儿童在标准化智力测试中的得分低于白人家庭的儿童（Yeung, 2012）。平均而言，非裔美国在校儿童在标准化智力测试中的得分比白人在校儿童低 10~15 分（Brody, 2000）。不过，这些都是平均分。大约 15%~25% 的非裔美国儿童的得分高于一半的白人儿童，许多白人儿童的得分低于大多数非裔美国儿童。原因是非裔美国儿童和白人儿童的分数分布重叠在一起。

随着非裔美国人在社会、经济和教育方面机会的增加，非裔美国人和白人在标准化智力测验中的差距开始缩小（Ogbu & Stern, 2001）。最近的一项研究表明，近年来，非裔美国人和非拉丁裔白人之间的智力得分差距已经大大缩小（Nisbett & others, 2012）。这一差距的缩小在大学里尤其明显，与小学和中学时期相比，非裔美国学生和白人学生在大学里经历的环境更相似（Myerson & others, 1998）。此外，当来自不利环境非裔美国家庭的儿童被领养到条件较好的中等社会经济地位的家庭时，他们在智力测验中的得分更接近中等社会经济地位儿童的全美平均水平，而不是社会经济地位较低的儿童水平（Scarr & Weinberg, 1983）。此外，最近一项使用斯坦福–比奈智力量表的研究发现，当儿童的年龄、性别和父母教育水平匹配时，非拉丁美裔白人学龄前儿童和非裔美国学龄前儿童的总体智力没有差异（Dale & others, 2014）。然而，最近的一项分析得出结论，非裔美国人在 STEM（科学、技术、工程和数学）科目和职业中的代表性不足与从业者的期望有关，即他们认为自己的天赋不如非拉丁美裔白人（Leslie & others, 2015）。

文化偏差与文化公平测验　许多早期的智力测验都存在文化偏差，对城市儿童而非农村儿童有利，对中等收入家庭的儿童而非低收入家庭儿童有利，以及对白人儿童而非少数族裔儿童有利（Miller Jones, 1989）。早期测验的标准几乎完全以中等社会经济状况非拉丁裔白人儿童为基础，当代智力测验试图减少这种文化偏差（Merenda, 2004）。

智力测验成绩的一个潜在影响因素是**刻板印象威胁**（stereotype threat），即担心

刻板印象威胁：担心自己的行为可能证实了针对自己所在群体的负面刻板印象。

自己的行为可能证实了针对自己所在群体的负面刻板印象（Pennington & others, 2016; Scott & Rodriquez, 2015; Steele & Aronson, 2004; Spencer, Logel, & Davies, 2016; Suad Nasir, Rowley, & Perez, 2016）。例如，当非裔美国人参加智力测验时，他们可能因为担心自己的表现会证实黑人"智力低下"的陈旧刻板印象而感到焦虑。一些研究证实了刻板印象威胁的存在（Appel & Kronberger, 2012; Wasserberg, 2014）。例如，非裔美国学生如果认为自己正在接受评估，那么他们在标准化测验中的表现就会更差；如果他们认为考试不作数，他们的表现就和白人学生一样好（Aronson, 2002）。然而，批评者认为，用刻板印象威胁来解释测验差距的程度被夸大了（Sackett, Borneman, & Connelly, 2009）。

文化公平测验（culture-fair test）是旨在消除文化偏差的智力测验。已经编制出的文化公平测验有两种类型。第一种测验包括所有社会经济背景和种族背景的人都熟悉的问题。例如，在假设几乎所有的儿童都熟悉鸟和狗的情况下，一个儿童可能会被问到一只鸟和一只狗有什么不同。第二种类型的文化公平测验不包含言语问题。一个被广泛使用的文化公平测验是瑞文推理测验（Raven's Progressive Matrices Test）。尽管像瑞文推理测验这样的测验是为了文化公平而设计的，但受教育程度高的人的分数仍然高于受教育程度低的人。

> 文化公平测验：旨在消除文化偏差的智力测验。

为什么编制文化公平测验如此困难？大多数测验倾向于反映主流文化所重视的内容（Zhang & Sternberg, 2012）。如果测验有时间限制，那么它对那些不关心时间的群体而言就是不公平的。如果语言不同，同一个单词对于不同的语言群体可能有不同的含义。即使是图片也会产生偏差，因为有些文化群体在图片和照片方面的经验较少。即使在同一文化中，不同的群体也可能有不同的态度、价值观和动机，这可能会影响他们在智力测验中的表现。鉴于编制文化公平测验的困难，罗伯特·斯腾伯格得出结论，没有文化公平测验，只有文化偏差减少测验。

能力分组与分轨 另一个有争议的问题是，利用学生在智力测验中的分数来对他们进行能力分组是否有益。在教育中有两种类型的能力分组：班级间和班级内。

班级间能力分组（分轨） 班级间能力分组（分轨）[between-class ability grouping (tracking)]是根据学生的能力或成绩对学生进行分组。长期以来，学校一直用分轨方法来组织学生，特别是在中学阶段。关于分轨的积极观点是，它缩小了一组学生的技能范围，更容易进行教学。据说分轨是为了防止笨学生"拖"聪明学生的后腿。

> 班级间能力分组（分轨）：根据学生的能力或成绩对学生进行分组。

一个典型的分轨包括将学生分为大学预科和普通科。在这两个轨道内，可能会进一步进行能力分组，例如将大学预科生的数学教学分为两个水平。另一种形式的分轨是考虑学生在不同学科领域的能力。例如，同一个学生可能在一个高级数学班和一个中级英语班。

批评分轨的人士认为，这会让被置于低水平班级的学生蒙羞（Banks, 2014）。例如，学生可能会被贴上"低水平"或"笨蛋组"的标签。批评者还说，低水平的课堂往往缺少经验丰富的教师、资源更少、期望值更低。此外，批评者强调，分轨被用来根据种族和社会经济地位将学生进行隔离，因为高水平的班级里，少数族裔和贫困背景的学生更少（Banks, 2014）。这样一来，分轨系统相当于在学校里重现了种族隔离。反对分轨制的人还认为，平均水平和高水平的学生并没有因为与同水平的学生分在一组而获得实质性的好处。

研究是否支持批评者的观点，即分轨对学生有害？研究人员发现分轨会损害低水平学生的成就（Kelly, 2008）。然而，分轨似乎有利于高水平的学生（比如那些有天赋的学生）。此外，研究人员还发现，"被分到高水平班级'或接触到更严格课程的学生，比那些具有相同能力但被分到低水平班级或接触到不具有挑战性课程的学生学得更多……"（Banks & others, 2005, p. 239）。

无年级（跨年龄）计划：班级间能力分组的一种变式，根据学生在特定学科中的能力分组，而不考虑其年龄或年级水平。

乔普林计划：一个标准的无年级计划，针对阅读教学。

班级间能力分组的一个变式是**无年级（跨年龄）计划**［nongraded（cross-age）program］，该计划根据学生在特定学科中的能力分组，而不考虑其年龄或年级水平（Fogarty, 1993）。这类计划在小学比在中学更常见，尤其是在一到三年级。例如，数学课上的学生可能包括一年级、二年级和三年级的学生，因为他们的数学能力相似。**乔普林计划（Joplin plan）**是一个标准的无年级计划，针对阅读教学。在乔普林计划中，二年级、三年级和四年级的学生可能因为他们的阅读水平相似而被安排在一起学习。

我们提到分轨对低水平学生有负面影响。当分轨存在时，特别重要的是给成绩差的学生一个提高他们的学习成绩的机会，并得以转轨。在圣地亚哥郡公立学校，"个人决心学习进步"计划（the Advancement Via Individual Determination program，AVID）为成绩差的学生提供支持。他们不是被分到一个低水平班级，而是要去上严格的课程，但不会被要求独自努力实现目标，全面的支持服务体系会帮助他们取得成功。例如，该计划的一个关键方面是通过一系列的工作坊教授学生记笔记的技巧、提问的技巧、思考的技巧和沟通的技巧。学生们还聚焦成各个学习小组，老师督促他们互相帮助，弄清作业中的问题。大学生担当学生的榜样、教练和激励者，他们中许多人也毕业于AVID计划。在每一所AVID学校，都有一名主管教师负责监督一个由学校心理辅导员和各学科教师组成的团队。近年来，AVID学校的辍学率下降了三分之一以上，令人吃惊的是99%的AVID毕业生已经进入了大学。许多美国的学校已经创建了AVID计划，研究人员发现这些计划对学生的高中和大学成绩有积极影响（Griffen, 2013; Huerta & Watt, 2015; Huerta, Watt, & Butcher, 2013）。

总之，分轨是一个存在争议的问题，特别是因为它对低水平学生的限制。通常情况下，单一的团体智商测验的分数被用来作为确定学生特定水平的依据。研究人员发现，团体智商测验并不能很好地预测学生在某一特定学科领域的表现（Garmon & others, 1995）。

连线学生：最佳实践
使用分轨制的策略

正如你已经了解到的，使用分轨需要注意许多事项。如果你所任教的学校实施分轨制，那么你可以采取以下策略：

1. 使用其他方法测量学生在特定学科领域内的知识和潜力，将学生按能力分组，而不是采用团体智商测验的分数。
2. 避免将各组标记为"低水平""中水平"和"高水平"。避免各组间的比较。
3. 能力小组的数量不要超过两个或三个。你无法给予更多的小组足够的关注和指导。
4. 学生在不同能力组中的位置应被视为可评估和可更改的。仔细观察学生的表现，如果一个低水平学生取得了足够的进步，就把该学生调到一个更高水平的小组。如果一个高水平的学生表现不佳，评估该学生是否适合高水平组，并决定该学生可能需要哪些支持来提高成绩。
5. 特别要考虑针对低水平学生分轨的替代方法。在整本书中，我们将讨论针对低水平学生的教学策略和支持服务，例如那些在 AVID 计划中使用的策略和支持服务。

班级内能力分组 班级内能力分组（within-class ability grouping）是指基于学生能力的差异，将一个班级的学生分成两个或三个小组。如小学教师根据学生的阅读能力将他们分成几个阅读小组，这就是典型的班级内能力分组。二年级教师可能会将班上的学生分为三个组，一组使用三年级第一学期的阅读课程，另一组使用二年级第一学期的课程，还有一组学生使用一年级第二学期的课程。这种班内分组在小学比在中学更为普遍。最常涉及的学科是阅读，其次是数学。尽管许多小学教师使用一些班内能力分组的形式，但这一策略并没有得到明确的研究支持。

班级内能力分组：基于学生能力的差异，将一个班级的学生分成两个或三个小组。

复习、思考和练习

学习目标 1：讨论什么是智力，如何测量智力，多元智力理论，智力神经科学，以及关于教育工作者使用智力测验的一些争议和问题。

复习

- 智力的概念是什么？
- 比奈和韦克斯勒对智力领域的贡献是什么？个体智力测验和团体智力测验的利弊是什么？
- 什么是斯腾伯格的智力三元论？加德纳的"智力成分"系统是什么？梅尔、萨洛维和戈尔曼的情绪智力概念是什么？每种理论与教育的关系如何？关于一般智力与多元智力哪个更好地表达了智力的概念这一争论有哪些方面？
- 大脑是如何与智力联系在一起的？
- 与智力有关的三个争议是什么？

思考

- 假设你将第一次教某一群学生，并得到了班上每个学生的智力测验分数。你是否会犹豫要不要看这些分数？为什么？

PRAXIS™ 练习

1. 以下哪项是高智力的最佳指标？

　A. 在智商测验中得到 105 分

　B. 凭记忆背诵林肯总统的葛底斯堡演说

　C. 当有机会在得到反馈后重复一项任务时，不会犯与第一次同样的错误

　D. 学业获得高分

2. 苏珊参加了奥提斯–勒农的学校能力测验，以确定她是否有资格参加学校的资优计划。由于她得了 125 分，她没有资格参加该计划。以下哪项是关于这个筛选程序的有效陈述？

　A. 因为这是一个个体测验，心理学家能够确保已经建立了融洽的关系，而且焦虑不会干扰她的表现。因此，该决定应该成立

　B. 因为这是一个团体测试，心理学家无法确保已经建立了融洽的关系，也无法保证焦虑没有干扰她的表现。因此，该决定不应成立，需要更多的信息

　C. 由于她的分数远高于平均水平，她应被纳入资优计划

　D. 因为她的分数只是平均水平，她不应该被纳入资优计划

3. 在这些学生中，哪一位最能体现斯特腾伯格的实践性智力？

　A. 贾马尔，他写了精彩的科幻故事

　B. 钱德拉，他能够在复杂的层面上理解《了不起的盖茨比》的象征意义

　C. 马克，他是学校里最有天赋的运动员

　D. 苏珊，与他人相处融洽，善于"解读"他人的情绪

4. 这些陈述中，哪一个最能反映目前已知的大脑在智力方面的作用？

　A. 一个儿童的大脑总的容量大小与智力密切相关

　B. 智力可能广泛分布于各个脑区

　C. 智力几乎完全位于大脑的前额叶中

　D. 关于大脑和智力最一致的发现是，较高的智力与较低的灰质体积有关

5. 在这些陈述中，哪一个最符合目前关于智力的先天–后天之争的研究？

　A. 因为智力主要是遗传的，所以提高学生智力的空间很小

　B. 因为智力受遗传和环境的影响，为学生提供一个丰富的课堂环境可能会对他们的智力产生积极影响

　C. 延迟上学的学生在智力测验中的得分往往高于那些没有延迟上学的学生。这表明环境对智力的影响比遗传更重要

　D. 最近智力得分的急剧增长表明，智力主要由遗传决定

请参看书末的答案……

2 学习和思维风格

学习目标2：描述学习和思维风格。

智力是指能力。**学习和思维风格**（learning and thinking style）并不是能力，而是自身能力运用方式的偏好（Sternberg, 2015c）。事实上，老师会告诉你，学生们学习和思考的方式多种多样、令人惊奇。教师自身的学习方式和思维风格也各不相同。没有谁的学习和思维风格是单一的，我们每个人都有许多不同的学习和思维风格。个体差异如此之大，以至于教育者和心理学家提出了数百种学习和思维风格。

我们对学习和思维风格的进一步探讨并不代表我们的探讨详尽无遗，而是介绍三组风格类型（冲动型/沉思型、深层型/表层型和乐观型/悲观型）以及对学习和思维风格概念的一些评论。

学习和思维风格：自身能力运用方式的偏好。

冲动型/沉思型

冲动型/沉思型（impulsive/reflective style）也被称为概念动率，是指学生的反应倾向：要么快速和冲动地反应，要么花更多的时间来思考和反思答案的准确性（Kagan, 1965）。冲动型的学生往往比沉思型的学生犯更多的错误。

对冲动型/沉思型的研究表明，沉思型学生比冲动型学生更有可能在以下任务中表现出色（Jonassen & Grabowski, 1993）：记住结构化信息、阅读理解和文本解读、解决问题和决策。

沉思型学生比冲动型学生更有可能设定自己的学习目标并专注于相关信息。沉思型学生通常有更高的表现标准。事实证明，沉思型学生比冲动型学生能更有效地进行学习，表现更好。

在考虑冲动型/沉思型风格时，请记住，虽然大多数儿童安静思考时的学习效果胜过冲动的时候，但是某些儿童确实是快速、准确的学习者和决策者。只有当给出错误的答案时，快速反应才是一个糟糕的策略。此外，一些沉思型的儿童总是反复思考问题，难以完成任务。教师可以鼓励这些儿童保持他们的反思性取向，但要更及时地找到解决问题的办法。在关于"行为主义和社会认知理论"的章节中，我们将讨论一些帮助学生自我调节行为的其他策略。

冲动型/沉思型：学生的反应倾向：要么快速和冲动地反应，要么花更多的时间来思考和反思答案的准确性。

> **多重思考**
> 自我调节，涉及对思想、情感和行为的自我生成和自我监测，以达到目标。自我调节越来越被认为是学习的一个关键方面。连接到"行为主义和社会认知理论"。

深层型/表层型

深层型/表层型（deep/surface style）是指学生处理学习材料的程度：是以一种有助于他们理解材料含义的方式（深层型）学习，还是仅仅简单地对内容进行（表层型）

连线学生：最佳实践

与冲动型学生相处的策略

　　你的课堂上可能有一些冲动型学生，你可以通过以下策略帮助他们减少冲动：

1. 观察班上的学生，以确定哪些学生属于冲动型。
2. 与冲动型的学生交谈，让他们在回答问题之前先仔细思考答案。
3. 鼓励学生在处理新信息时进行标注。
4. 以教师的身份树立沉思型风格学生的榜样。
5. 帮助学生为自己的表现制定高标准。
6. 当冲动型学生开始花更多的时间去思考时认可并表扬他们取得的进步。
7. 引导学生制订自己的计划以减少冲动。

多重思考

有关记忆的一种观点认为，对信息进行深度加工预计会比对信息的浅层加工生成更好的记忆。连接到"信息加工理论"。

深层型/表层型：学生处理学习材料的程度：是以一种有助于他们理解材料含义的方式（深层型）学习，还是仅仅简单地对内容进行（表层型）学习。

学习（Marton, Hounsell, & Entwistle, 1984）？采用表层型方式学习的学生无法将他们所学的东西与一个更大的概念框架联系起来，他们倾向于被动地学习，经常死记硬背信息。深层型学习者会主动建构他们所学的知识，并使记忆内容具有意义。因此，深层型学习者采用的是建构主义学习方法。深层型学习者更有可能主动自发地去学习，而表层型学习者更有可能由外部奖励来驱动学习，如成绩和来自教师的积极反馈（Snow, Como, & Jackson, 1996）。

　　最近，我请老师们说出他们用来影响学生学习和思维风格的策略，以下是他们的回复：

　　幼儿园　学龄前儿童非常渴望回答问题或参加活动，这意味着他们经常与他人交谈，以便老师能听到他们。虽然我们总是很乐于看到有热情的学生，但我们也教他们要等待老师喊他们的名字，并在回答问题之前慢下来。

——米西·丹格勒，市郊山丘学校

（Missy Dangler, Suburban Hills School）

　　小学　我们使用"思考时间"程序。在这个过程中，学生在经过时间充分思考之后，根据信号回答问题。我们还加入了一个"思考–配对–分享"程序，让所有学生都有机会思考一个问题、与一个伙伴配对，然后分享他们的想法。我还会问学生他们的搭档说了些什么来鼓励他们的倾听技能。

——海瑟·佐尔达克，里奇伍德小学

（Heather Zoldak, Ridge Wood Elementary School）

　　初中　我努力提供不同的学习机会以适应所有学生的学习风格。例如，有天赋的学

连线学生：最佳实践
帮助表层型学生深入思考的策略

在你的教室里，除了冲动型学生，你还有可能面对那些表层型学生。下面是一些有效的策略，可以帮助表层型学生成为深层型的学生。

1. 观察学生以确定哪些学生是表层型学生。

2. 与学生讨论不要单纯死记硬背学习内容的重要性。鼓励他们把现在学到的知识和过去学到的内容联系起来。

3. 提出问题并布置任务，要求学生将信息融入一个更大的知识框架中。例如，与其只要求学生说出某个州的首府，不如问他们是否去过那里、有何体验、这个地区还有哪些城市，或者这个城市有多大或有多小。

4. 为学生树立深入加工信息而非停留在表面上的榜样。深入探讨主题，并谈论你们正在讨论的信息该如何融入更大的思想网络。

5. 避免提问那些具有现成答案的问题。相反，提问需要学生对信息进行深度加工的问题。更有效地将课程与学生现有的兴趣结合起来。

在"教师视角"中，明尼苏达州东大福克斯市的一个初中教师特蕾莎·奥莱杰尼克扎克（Therese Olejniczak）描述了她如何让学生放慢速度，这样他们对重要材料的理解就不会只是浮于表面。

教师视角
关注细节

七年级的学生总是很匆忙，不管他们喜欢或使用哪种智力。我经常教学生一些学习技巧，帮助他们放慢速度，收集他们在匆忙完成作业时可能遗漏的细节。

一种我使用的方法是让全班学生安静地阅读一篇我根据他们的兴趣而选择的文章。然后我让学生们在黑板上列出文章的细节。当学生们热情地举手时，我每次叫一位学生，其余的每个学生（青少年期的每个人都需要归属感）都通过在表格上提供细节来参与活动。之后，我和学生们回顾这些细节，我惊叹于他们发现的信息的深度。当学生发现其他人略过了晦涩难懂的东西时，就会出现计划外的同伴辅导——暗示对方他们需要放慢速度。最后，小组创建最终报告，其中包括书面摘要和示意图。

生可以从事广泛的独立研究项目，喜欢技术的学生可以使用演示文稿完成一个研究项目。我还给那些喜欢画画或开发创意项目的学生提供实践项目。

——菲利西亚·彼得森，波坎蒂科山学校

（Felicia Peterson, Pocantico Hills School）

高中 作为一名美术教师，我在课堂上培养学生具有了一种开放和接纳的态度，这有助于促进学生的学习。当学生认为自己的想法会得到尊重和倾听时，他们就不会恐惧尝试不同的东西。

——丹尼斯·彼得森，鹿河高中

（Dennis Peterson, Deer River High School）

乐观型 / 悲观型

乐观型 / 悲观型（optimistic/pessimistic style）是指对未来持有积极的（乐观的）或消极的（悲观的）预期。在《教出乐观的孩子》一书中，马丁·塞利格曼（Martin Seligman, 2007）描述了父母、教师和教练该如何给予孩子乐观主义的引导，他认为这有助于让孩子们更有韧性，更少抑郁，更有可能在学业上取得成功。

一项针对青少年的研究发现，对于那些经历过负面和潜在创伤性生活事件的个体来说，拥有乐观型思维方式可以减少自杀意念（Hirsch & others, 2009）。另一项研究显示，与悲观型青少年相比，乐观型青少年患抑郁症的风险更低（Patton & others, 2011）。

人们对将学业乐观主义的概念应用于教学有着浓厚的兴趣（Sezgin & Erdogan, 2015）。这一概念强调，如果教师（1）相信他们可以改变学生的学业成绩，（2）信任学生和家长会合作达成这一目标，（3）相信他们有能力克服问题且面对困难时有韧性，则会产生积极的学业成果（Hoy, Hoy, & Kurtz, 2008）。研究人员发现，学业乐观主义与学生的学业成功有关（Fahey, Wu, & Hoy, 2010; Gurol & Kerimgil, 2010; Hoy, Tatter, & Hoy, 2006）。

对学习和思维风格的评价

批评的矛头直指学习和思维风格的概念。研究人员对学习和思维风格领域的研究进行的一项调查，关于这些风格，最常见的三种批评包括：（1）风格的信度低（评估时缺乏一致性），（2）风格的效度低（所使用的测验是否真的测量了所要评估的风格），（3）风格的定义混乱（Peterson, Rayner, & Armstrong, 2009）。最近的两篇研究综述支持了这些批评，发现学习风格理论缺乏科学支持（Cuevas, 2015; Willingham & others, 2015）。

尽管如此，一些教育者认为学习和思维风格的概念是有价值的。本章所讨论的三组风格是冲动型 / 沉思型、深层型 / 表层型，乐观型 / 悲观型，之所以选择这三组风格，是因为和其他风格相比，它们可能在帮助学生更有效地学习方面有更多有意义的应用。

复习、思考和练习

学习目标 2：描述学习和思维风格。
复习
· 学习和思维风格的含义是什么？描述冲动型 / 沉思型。
· 如何描述深层型 / 表层型？
· 什么是乐观型 / 悲观型？
· 学习和思维风格是如何被批评的？

思考

· 用本节介绍的学习和思维风格来描述你自己或你熟悉的人。

PRAXIS™ 练习

1. 加西亚女士让她的学生们阅读一本小说中的段落,然后给他们 30 分钟的时间来描述他们所读内容的要点。哪些学生有可能在这项任务中表现出色?

    A. 具有冲动型思维风格的学生

    B. 具有沉思型思维风格的学生

    C. 具有实践性智力的学生

    D. 智力一般的学生

2. 哪个问题鼓励深层型思维风格?

    A. 二分之一的倒数是什么?

    B. 最小的素数是什么?

    C. 你要用多少面粉来制作出配方中一半数量的饼干?

    D. "加法是减法的相反运算"是什么意思?

3. 以下哪位教师可能会对他或她的学生产生最积极的影响?

    A. 霍伊尔夫人,她相信自己在面对困难时能够保持韧性

    B. 温克尔先生,他不太相信自己能改变学生的成绩

    C. 奥弗顿女士,她认为相信父母会配合她的工作不是个好主意

    D. 康斯坦丁先生,他不确定自己是否能克服在课堂上面临的问题

请参看书末的答案……

3 人格和气质

学习目标 3:描绘人格和气质的本质特征。

我们已经看到,意识到儿童认知的个体差异是很重要的。了解他们人格和气质的个体差异也很重要。

人格

我们一直都在对人格发表看法,并且喜欢和具有某种人格特征的人相处。让我们来探究人格这个术语的含义。

人格(personality)是指构成一个人适应世界的方式的独特思想、情感和行为。想想你自己。你的人格是什么样的? 你是外向的还是害羞的? 是贴心的还是照顾他人的? 友好的还是充满敌意的? 这些都是人格的一些特征。

青少年期的人格特征有多稳定? 一些研究人员发现,青少年期的人格并不像成年期那样稳定(Roberts, Wood, & Caspi, 2008)。青少年期人格很大程度的变化可能与新的

人格:构成一个人适应世界的方式的独特思想、情感和行为。

同一性的探索有关。

"大五"人格因素　与智力一样，心理学家也对确定人格的主要维度感兴趣（Engler, 2009）。一些人格研究者认为，他们已经确定了"大五"人格因素（"Big Five" factors of personality），即描述人格主要维度的"超级特质"：开放性（openness）、责任心（conscientiousness）、外倾性（extraversion）、宜人性（agreeableness）和神经质（情绪稳定性，neuroticism）。请注意，如果你把这些特质名称的英文首字母合在一起，你会得到 OCEAN 这个词。

证明大五因素重要性的证据表明，它们与儿童、青少年和成年人生活的重要方面有关，如健康、智力、认知功能、成就、工作以及人际关系（Hill & Roberts, 2016）。

关于儿童和青少年期大五因素研究的一个主要发现是，责任心的出现是预测适应性和能力的关键因素（Hill & Roberts, 2016）。事实上，最近的分析得出结论，责任心是预测学业成就的最重要的人格因素（Poropat, 2016）。例如，近期的一项研究表明，16 岁时的责任心可以预测 19 岁时的学业成绩（Rosander & Backstrom, 2014）。在另一项研究中，高责任心的学生不太可能逃避或拖延学习（Klimstra & others, 2012）。此外，还有一项研究发现，7 岁时责任心强的人，50 岁时不太可能吸烟（Pluess & Bartley, 2015）。

预测学业成就的第二大人格因素是经验开放性（Poropat, 2016）。中学阶段的责任心和经验开放性与中学而非小学的学业成绩的相关性更高，而经验开放性与小学学业成绩的相关性更强（Poropat, 2016）。

大五因素可以为你提供思考学生人格特征的框架。你的学生在情绪稳定性、外倾性、经验开放性、宜人性和责任心等方面会有所不同。

个人与情境交互作用　在讨论学习和思维风格时，我们指出学生的风格可以根据学生正在学习或思考的主题而变化。人格特征也是如此。根据**个人与情境交互作用**（person-situation interaction）的概念，表征个体人格的最佳方式不是单纯地从个人特质或特征出发，而是从所涉及的情境出发。研究人员发现，学生选择处于某些情境，而回避其他情境（Carver & Scheier, 2017）。

假设你的班级里有一个外向的学生和一个内向的学生。根据个人与情境交互作用的理论，除非你考虑到他们所处的情境，否则你无法预测哪一个人会表现出最佳的适应性。个人与情境交互作用理论预测，当要求与他人合作时，外向的学生最能适应；当要求独立完成任务时，内向的学生最能适应。同样，外向的学生在聚会上和很多人交往时可能会更快乐，而内向的学生在更私密的场合时可能会更快乐，比如独处或与好朋友在一起时。

总之，不要总是认为人格特征让学生在所有情况下都会表现出特定的行为方式，环境或情境很重要（Friedman & Schustack, 2016）。观察那些具有不同人格特征的学生在什么情境下感觉最舒服，并为他们提供在这些情境下学习的机会。如果某一特殊的

"大五"人格因素：开放性、责任心、外倾性、宜人性和神经质（情绪稳定性）。

个人与情境交互作用：表征个体人格的最佳方式不是单纯地从个人特质或特征出发，而是从所涉及的情境出发。

人格特征对学生的学习成绩不利（也许一个学生过于内向、害怕参加小组活动），应想办法支持学生去努力改变。

气质

气质与人格、学习和思维风格密切相关。气质（temperament）是一个人的行为风格和特有的反应方式。一些学生很活跃，另一些则很安静；有些人待人热情，另一些人则大惊小怪，容易烦躁。此类描述都和气质上的差异有关。

气质：一个人的行为风格和特有的反应方式。

另一种描述气质的方法是根据情绪反应性和自我调节的倾向（Bates & Pettit, 2015）。反应性是指个体对涉及积极或消极情绪的情境做出反应的速度和强度。自我调节是指个体控制自身情绪的程度。

气质分类 研究气质的科学家们试图找到对气质进行分类的最佳方法。众所周知的分类是由亚历山大·切斯（Alexander Chess）和斯特拉·托马斯（Stella Thomas）提出的（Chess & Thomas, 1977; Thomas & Chess, 1991）。他们得出结论，气质有三种基本类型，或者说集群：

· **容易型儿童**（easy child）通常会有积极的情绪，在婴儿期很快就能建立起有规律的生活，并且很容易适应新体验。

容易型儿童：一种气质类型。通常会有积极的情绪，在婴儿期很快就能建立起有规律的生活，并且很容易适应新体验。

· **困难型儿童**（difficult child）通常反应消极，经常哭闹，日常生活缺乏规律，并且很难接受变化。

· **迟缓型儿童**（slow-to-warm-up child）通常活动水平低，有点消极，表现出低强度的情绪。

困难型儿童：一种气质类型。通常反应消极，经常哭闹，日常生活缺乏规律，并且很难接受变化。

在他们的纵向调查中，切斯和托马斯发现，他们研究中40%的儿童可以归类为容易型，10%归类为困难型，15%归类为迟缓型。请注意，还有35%的儿童不符合这三种类型中的任何一种。研究人员发现，这三种基本气质类型在整个儿童期都是适度稳定的。困难型气质，或者反映出缺乏控制的气质，会使儿童有面临问题的风险。

另一种对气质进行分类的方法关注害羞、抑制、胆小的儿童和善于交际、外向、大胆的儿童之间的区别。杰罗姆·卡根（Jerome Kagan, 2002, 2010, 2013）将面对陌生人（同龄人或成年人）时的害羞视为一种广泛的气质类型，称其为对陌生事物的抑制型。

迟缓型儿童：一种气质类型。通常活动水平低，有点消极，表现出低强度的情绪。

玛丽·罗斯巴特和约翰·贝茨（Mary Rothbart & John Bates, 2006）强调，有三个广泛的维度最能代表研究人员发现的气质特征。以下是对这三个气质维度的描述（Rothbart, 2004, p.495）：

·外向/外倾包括可接近、愉悦的、活跃的、微笑的和大笑的。卡根的非抑制型的儿童符合这一类。

·消极情感包括恐惧、沮丧、悲伤和不适。这些儿童很容易感到苦恼，他们可能经常烦躁和哭泣。卡根的抑制型儿童符合这一类。

·努力控制（自我调节）是气质的一个重要维度。那些努力控制水平高的婴儿表现出一种可以防止他们的兴奋变得过于强烈的能力，并且有办法安抚自己。相比之下，那些努力控制水平低的儿童往往无法控制他们的唤起程度，他们容易激动、变得情绪化。一项对美国和中国学龄儿童的研究显示，在这两种文化中，努力控制水平低与外化问题（针对外部环境的问题）有关，例如说谎、作弊、不听话和过度攻击（Zhou, Lengua, & Wang, 2009）。此外，最近的一项研究表明，对来自低收入家庭的学龄前儿童来说，努力控制是其学业成功技能的一个强有力的预测因素（Morris & others, 2013）。

在儿童气质风格的发展过程中出现了诸如努力控制这样的个体差异（Bates, 2012a, b）。例如，尽管大脑前额叶的发展成熟可以提高儿童的注意力并表现出努力控制，但有一些儿童没有发展出努力控制能力。儿童的这些个体差异是气质特征的核心（Bates & Pettit, 2015）。

关于气质分类，切斯和托马斯以及罗斯巴特和贝茨的一个重要观点是，儿童不应被只归类为一个气质维度，例如"困难型"或"消极情感"。当尝试将儿童的气质类型分类时，一个好的策略是将气质视为由多个维度组成（Bates, 2012a, b）。例如，一个儿童可能外向，很少表现出消极情绪，并且有良好的自我调节能力；另一个儿童可能内向，很少表现出消极情绪，自我调节能力低。

拟合度　一个人的气质和他所必须应对的环境要求之间的匹配度，被称为**拟合度**（goodness of fit），这对他或她的调整而言很重要。一般来说，努力控制、容易型和宜人性的气质特征减少了不利环境的影响，而消极情绪增加了其影响（Bates & Pettit, 2015）。

拟合度：一个人的气质和他所必须应对的环境要求之间的匹配度。

连线学生：最佳实践

针对不同气质儿童的教学策略

以下是一些与儿童气质类型有关的教学策略（Keogh, 2003; Sanson & Rothbart, 1995）：

1. 关注和尊重个性（Sanson & Rothbart, 1995）。教师需要对每个儿童的信号和需求具有敏感性。可以根据儿童的气质，采用不同的方式实现好的教学目标。

2. 考虑儿童环境的结构（Sanson & Rothbart, 1995）。与"容易型"儿童相比，拥挤、嘈杂的教室往往给"困难型"儿童带来更大的问题。害怕、孤僻的儿童往往从缓慢适应新环境中受益。

3. 警惕给儿童贴上"困难型"和"困难型儿童"的标签可能带来的问题（Sanson & Rothbart, 1995）。承认有些儿童比其他儿童更难教往往是有帮助的。关于如何应对特定气质类型的建议也可能有用。然而，一个特定的特征是不是真正的"困难型"取决于它与环境的拟合度，所以问题不一定在于儿童。就像给儿童贴上高或低的智力标签一样，给儿童贴上"困难型"的标签有可能成为自证预言。还要记住，气质在一定程度上可以改变（Sanson & Rothbart, 2002）。

以下是一些在课堂上应对困难型儿童的有效策略（Keogh, 2003）：

· 通过预测儿童的问题情境，尽量避免冲突和权力争斗；如果儿童有破坏性行为，在破坏的第一时间进行干预。

· 评估教室的物理环境，例如困难型儿童坐在哪里，谁坐在他或她旁边等，以获得减少破坏性行为的方法的线索。

· 尽量减少活动之间的时间间隔和排队时间，这样困难型儿童做出破坏性行为的时间就会减少。

4. 用有效的策略应对害羞、迟缓型儿童。记住，害羞、迟缓型儿童很容易被忽视，因为他们不太可能在课堂上制造问题。以下是帮助这些儿童的一些策略（Keogh, 2003）：

· 不要把这种类型的儿童立即放在小组活动中，让他们以自己的节奏参与小组活动。如果在一段时间后，害羞的儿童仍然不愿意积极参加团体活动，鼓励但不要强迫他们。

· 根据儿童的气质类型安排他们的学习伙伴；例如，不要将紧张、困难型的儿童与害羞、迟缓型的儿童匹配在一起。

· 帮助害羞、迟缓型的儿童参与他们在一开始感到犹豫的活动，并在这些活动中提供帮助。

5. 帮助有问题的儿童控制情绪，以调节他们的行为。在这方面，你可以：

· 与儿童互动时控制自己的情绪。通过观察你如何处理困难情境，儿童可能模仿你的平静行为。

· 认识到你是引导儿童调节情绪的重要人物。指导儿童用可能有助于减少沮丧和兴奋的方式自言自语。例如，如果儿童很难控制自己的愤怒，他们可以学会分散自己的注意力，不去激发情绪，或者停下来做一系列深呼吸。

复习、思考和练习

学习目标3：描绘人格和气质的本质特征。

复习

· 人格概念的含义是什么？什么是"大五"人格因素？个人与情境交互作用的观点对人格有什么启示？气质与人格有什么不同？描述一下容易型、困难型和迟缓型儿童。气质的其他分类还有哪些？有哪些与儿童气质有关的良好教学策略？

思考

· 用"大五"人格因素来描述你自己。在你学前班至高中教育中，你认为你的老师对你的人格优势和劣势有多了解？如果他们更了解你，情况可能会有所不同吗？

PRAXIS™ 练习

1. 玛利亚是一个外向、合群、爱玩的孩子。根据个人与情境交互作用的概念，以下哪项可能是玛利亚的特征？

   A. 玛利亚喜欢独立完成注重细节的工作

   B. 玛利亚喜欢从事涉及与其他学生互动的工作

   C. 玛利亚更喜欢自己在角落里阅读

   D. 玛利亚需要被教导控制她的冲动

2. 斯坦顿一直是个具有挑战性的学生。他对挫折的容忍度很低，当他遇到挫折时，经常用爆发愤怒来扰乱课堂。他的老师很难应付他。什么建议最有可能帮助老师处理斯坦顿的问题？

   A. 她应该在处理他的问题时表现出她的挫折感，因为一旦他意识到他的行为对别人的影响，他就会学会控制自己的行为

   B. 她应该对斯坦顿保持冷静，这样他就能观察到面对挫折的更多适应性反应

   C. 每次他生气时，她应该把他送出教室

   D. 她应该把他和他的同学分开，让他自己做作业。这样，其他学生就不会效仿他的行为

请参看书末的答案……

连线课堂：案例分析
工作坊

华盛顿先生和他的同事罗萨里奥女士刚刚参加了一个关于使教学适应儿童学习风格的工作坊。雅各布森女士和她的同事哈桑先生，刚刚参加了一个关于调整教学以涵盖多元智力的工作坊。四个人在办公室里相遇，讨论他们学到的东西。

"好吧，"华盛顿先生说，"这确实解释了为什么有些学生似乎想坐下来听我讲课，而另一些学生则更喜欢积极地参与进来。乔显然属于执行型，他喜欢听老师滔滔不绝地讲解。另一方面，玛莎肯定属于立法型，她只喜欢做课业项目，但她无法忍受我告诉她怎么做。"

"不，我不这么认为，"雅各布森女士回答，"我认为乔的言语智力很强，这就是为什么他能理解你讲授的内容，他写文章也写得很好。玛莎喜欢动手做事，她的空间智力和身体运动智力较强。"

华盛顿先生回答说："不，不，不。学习风格能更好地解释他们的差异。来，看看这个。"

这时，华盛顿先生向雅各布森女士展示了他和罗萨里奥女士参加的工作坊所发的材料。哈桑先生也拿出了他和雅各布森女士参加工作坊时的讲义。他们开始对照笔记。他们都能将讲义上的每个计划与自己的学生相对应。事实上，他们可以在两套讲义中确认同一个学生。

这时，另外两位老师——彼得森夫人和达比夫人走进了办公室。她们对于自己在附近一所大学里参加的研究生课程感到非常兴奋。

彼得森夫人说："你知道，我在考虑教学方法时从来没有考虑过人格的问题。难怪玛莎在我的课上表现不太好，她就是太冲动了，不适应我的课堂结构。"

雅各布森女士感到很沮丧。"你的意思是，他们告诉你，我们现在也必须让课堂适应学生的人格？"她问道。

哈桑先生同样不太开心。"哎呀，"他说，"刚才我还以为自己已经都搞清楚了。以前我们只需要考虑智商，现在需要考虑这一切。我们班有25个孩子，我们怎么可能适应所有这些差异？我们应该怎么做，准备25份不同的教学计划吗？也许我们应该对每个学生建立档案，然后按照档案分组。你们觉得呢，伙计们？"

1. 这个案例中的问题是什么？
2. 教师应在多大程度上使教学适应学生的优势、学习风格和人格？为什么？
3. 你会在课堂上做些什么来适应个体差异，比如学生的优势、学习风格和人格？
4. 你认为还有哪些个体差异你可能需要适应？你将如何做到这一点？
5. 雅各布森女士对乔和玛莎的评论是基于哪个理论？
   A. 加德纳的八种智力成分
   B. 一般智力
   C. 斯腾伯格的智力三元论
   D. 维果茨基的社会文化理论

本章概要

> **1　智力：讨论什么是智力，如何测量智力，多元智力理论，智力神经科学，以及关于教育工作者使用智力测验的一些争议和问题。**

什么是智力？

·智力包括解决问题、适应和从经验中学习的能力。对智力的兴趣通常集中在个体差异和评估上。

智力测验

·比奈和西蒙编制了第一个智力测验。比奈提出了心理年龄的概念，斯特恩提出了智商，即 $IQ = MA/CA \times 100$ 的概念。斯坦福–比奈测验的得分接近正态分布。

·韦氏量表广泛用于评估智力。它们将一些子量表分数和综合指数相加得到一个总体的智商分数。

·团体智力测验比个体测验更方便、更经济，但团体测验有许多缺点（施测者缺乏建立融洽关系的机会，个体容易被其他学生分散注意力）。在对学生做出决定时，团体智力测验应始终辅以其他相关信息（这也适用于个体智力测验）。

多元智力理论

·根据斯腾伯格的智力三元论，智力有三种形式：分析性、创造性和实践性智力。

·加德纳认为，有八种类型的智力成分或思维框架：言语、数学、空间、身体运动、音乐、自知、社交和自然认知智力。

·情绪智力的概念最初由萨洛维和梅尔提出。戈尔曼在他的著作《情商》中推广了情绪智力的概念。萨洛维、梅尔和戈尔曼强调，情绪智力是成为一个有能力的人的重要方面。

·所有这些理论都让我们对智力有了更深的理解，激励教师更广泛地思考构成学生能力的因素。然而，这些理论也遭到了批评，因为它们包括了一些不应归类为智力的技能，并且缺乏支持这些理论的研究基础。此外，一般智力概念的倡导者认为，一般智力可以很好地预测学业和工作表现。

智力神经科学

·脑成像技术的进步使人们对发现大脑和智力之间的联系越来越感兴趣。我们发现脑的整体大小和智力之间存在适度的相关性。最近的研究揭示了额叶和顶叶的分布式神经网络与智力之间存在联系。

关于智力的争论与问题

·与智力有关的三个争议和问题是：（1）有关遗传和环境如何相互作用产生智力的先天–后天问题，（2）智力测验在文化和种族群体中应用的公平性，（3）是否应根据智力（分轨）对学生进行分组。特别重要的是要认识到，智力测验是当前表现的指标，而不是固定的潜力。

2 学习和思维风格：描述学习和思维风格。

冲动型 / 沉思型

·风格不是能力，而是使用能力的偏好方式。每个人都有许多学习和思维风格。

·冲动型 / 沉思型风格也被称为概念动率。这种二分法涉及学生是快速而冲动地反应还是会花费更多的时间来思考和反思答案的准确性。冲动型学生通常比沉思型学生犯更多的错误。

深层型 / 表层型

·深层型 / 表层型风格是指学生处理学习材料的程度。他们是以一种有助于他们理解材料含义的方式（深层型）学习，还是仅仅简单地对内容进行（表层型）学习。深层型学习者更有可能自我激励学习并采取建构主义的学习方法，表层型学习者更有可能在外部奖励的驱动下学习。

乐观型 / 悲观型

·乐观型 / 悲观型风格是指对未来持有积极的（乐观的）或消极的（悲观的）的预期。乐观型比悲观型的人更有韧性，更少抑郁，更可能在学业上取得成功。人们对学业乐观的概念也产生了兴趣，这种概念也与学生的学业成就有关。

对学习和思维风格的评价

·批评意见包括：（1）风格的信度低，（2）风格的效度低，（3）风格的定义混乱。

3 人格和气质：描绘人格和气质的本质特征。

人格

·人格是指构成一个人适应世界的方式的独特思想、情感和行为。

·心理学家已经确定了"大五"人格因素：开放性、责任心、外倾性、宜人性和神经质（情绪稳定性）。"大五"人格因素为教师提供了一个思考学生人格特征的框架。大五因素中的责任心越来越成为儿童和青少年发展的重要因素。

·个人与情境交互作用的概念表明，表征个体人格的最佳方式不是单纯根据个人特质，而是根据个人特质和所涉及的情境。

·气质是指一个人的行为风格和特有的反应方式。

气质

·切斯和托马斯认为，有三种基本的气质类型或集群：容易型（通常处于积极的情绪中）、困难型（反应消极、容易哭闹）和迟缓型（活动水平低、有点消极）。困难型儿童有面临问题的风险。

·卡根（对陌生事物的抑制型）及罗斯巴特和贝茨［外向／外倾、消极情感和努力控制（自我调节）］提出了其他的气质分类。

·在涉及学生气质的教育中，教师可以表现出对人格的关注和尊重，考虑学生的环境结构，警惕给学生贴上"困难型"标签所带来的问题，对困难型儿童、迟缓型儿童以及难以控制情绪的儿童使用有效的课堂策略。

关键术语

班级间能力分组（分轨）［between-class ability growping（tracking）］

"大五"人格因素（"Big Five" factors of personality）

文化公平测验（culture-fair test）

深层型／表层型（deep/surface style）

困难型儿童（difficult child）

容易型儿童（easy child）

情绪智力（emotional intelligence）

拟合度（goodness of fit）

冲动型／沉思型（impulsive/reflective style）

智力（intelligence）

智商（intelligence quotient，IQ）

乔普林计划（Joplin plan）

学习和思维风格（learning and thinking style）

心理年龄（metal age，MA）

无年级（跨年龄）计划［nongraded（cross-age）program］

正态分布（normal distribution）

乐观型 / 悲观型（optimistic/pessimistic style）

人格（personality）

个人与情境交互作用（person-situation interaction）

迟缓型儿童（slow-to-warm-up child）

刻板印象威胁（stereotype threat）

气质（temperament）

智力三元论（triarchic theory of intelligence）

班级内能力分组（within-class ability grouping）

档案袋活动

现在你已经很好地理解了本章的内容，请完成这些练习来扩展你的思维。

独立思考

1. 根据加德纳的观点，评估你自己的智力状况。你在哪些智力成分下表现得最有优势？你觉得自己在斯腾伯格的三个智力形式中的哪一个形式最有优势？写下你的自我评价。

研究 / 实地体验

2. 了解学生不同的学习和思维风格。采访几位教师，询问他们使用什么教学策略来适应学生的这些差异。写下访谈内容的概要。

3. 讨论学生的人格和气质。从你的班级中抽出 5~6 名学生组成一个小组，让其中一人确定他或她的人格和气质特征。让其他成员依次做同样的事情。所有的人都确定完之后，讨论你们小组中的人有什么相似或不同之处。你们的人格和气质将如何转化为教学风格？记录这段经历。

第五章

社会文化的多样性

我们需要每一个人的天赋,我们无法接受因为性别、种族、阶层或国籍等人为障碍而忽视任何天赋。

——玛格丽特·米德（Margaret Mead）
20世纪美国人类学家

章节概览

1. 文化与种族

学习目标 1：讨论如何在教育儿童时考虑文化、社会经济地位和种族背景的差异。

文化
社会经济地位
种族
第二语言学习与双语教育

2. 多元文化教育

学习目标 2：描述一些促进多元文化教育的方法。

为学生赋权
文化相关的教学
以问题为中心的教育
改善不同种族儿童之间的关系

3. 性别

学习目标 3：解释性别问题的各个方面，包括男孩和女孩的相似性和差异；讨论教学中的性别问题。

探索性别观
性别刻板印象、相似性和差异
关于性别的争议
性别角色分类
具体情境中的性别
消除性别偏见

连线教师：玛格丽特·朗沃斯

玛格丽特·朗沃斯（Margaret Longworth）担任高中教师多年，曾经被评为年度最佳教师。她最近转到初中教学，目前在佛罗里达州圣卢西市的西部初中教授语言艺术。在思考社会文化多样性的时候，她认为教师应该让学校对家长来说具有"亲和性"。用她的话说：

图为玛格丽特·朗沃斯和她的学生们
© Margaret Longworth

许多家长，尤其是有色人种的少数族裔家长非常害怕学校。他们认为老师无所不知，校长同样无所不知，而且上帝禁止他们接近学校董事会。为了消除这种恐惧，我变得对"家长友好"。我所在社区的教堂是很多学生和家长生活的轴心。所以，为了打破学校和家庭之间的壁垒，我的海地助教开始在海地教会为我安排集会。教堂为我留出了他们周日晚上的礼拜时间，他们做完礼拜之后，就把时间交给了我。通过翻译的帮助，我介绍了通过教育帮助父母提高学习和生活技能的机会。我与他们谈论了特殊教育班级、超常儿童班级、语言课程和奖学金，并鼓励他们让孩子继续上学。而他们也有了足够的自信向我了解学校里发生的各种事情。因为能够将家长、学校和教会联系起来，我很少遇到纪律问题。如果我不得不给某个学生的父母打电话，他们会放下手头的工作来到我的教室。许多家长与校长和辅导员建立了良好的关系，并与学校行政人员自由交谈。

玛格丽特·朗沃斯认为，在课堂上改善孩子们的种族关系的关键是促进理解。她评论说：

理解他人的观点需要花时间和他们在一起，了解他们是如何思考和感受的。当学生们互相交谈并开始欣赏对方时，他们很快就会发现在很多方面他们并没有那么不同。

概览

我们生活在一个有着不同背景、习俗和价值观的多元文化世界中，玛格丽特·朗沃斯的故事向我们展示了教师如何通过建立与社区之间的桥梁来改善学生的生活和教育定位。在本章中，我们将探讨老师们教育来自不同文化、社会经济和种族背景的学生的多种方法，包括使课堂与这些学生相关联的方法。我们还将研究学校中的性别问题，包括教师与男孩和女孩互动的不同方式。

1 文化与种族

学习目标 1：讨论如何在教育儿童时考虑文化、社会经济地位和种族背景的差异。

在华盛顿特区附近的弗吉尼亚州费尔法克斯县，这里学校的学生来自 182 个国家，说一百多种语言。尽管费尔法克斯县的学校在某种程度上是一个极端的例子，但它们却预示着美国学校正在发生的变化。在许多学校，大多数学生来自少数族裔，这对"少数族裔"一词的现行定义提出了挑战。

在本节中，我们将探讨文化、社会经济地位和种族方面的多样性。我们还将考察语言问题，重点是第二语言学习和双语教育。

文化

文化（culture）是指某一特定群体代代相传的行为模式、信仰和其他所有产物。这些产物是多年来群体和环境之间相互作用的结果（Samovar & others, 2017）。一个文化群体可以大到覆盖整个美国，也可以小到只是一个与世隔绝的亚马孙部落。无论规模大小，群体的文化都会影响其成员的行为（Cole & Tan, 2015; Holloway & Jonas, 2016; Matsumoto & Juang, 2017）。

文化：某一特定群体代代相传的行为模式、信仰和其他所有产物。

心理学家唐纳德·坎贝尔（Donald Campbell）及其同事（Brewer & Campbell, 1976; Campbell & LeVine, 1968）的研究发现，来自不同文化的人们往往认为，在他们的文化中发生的事是"自然的"和"正确的"，而在其他文化中发生的事则是"不自然的"和"不正确的"；他们在行为上偏袒自己的文化群体，而对其他文化群体怀有敌意。

研究文化的心理学家和教育学家往往对将一种文化中发生的事情与一种或多种其他文化中发生的事情进行比较感兴趣（Qu & Pomerantz, 2015; Rowe, Ramani, & Pomerantz, 2016）。在许多国家，男性比女性有更多受教育的机会、更多追求各种职业的自由、更少的性活动限制（UNICEF, 2016）。**跨文化研究**（cross-cultural studie）涉及这类比较，并就人们在多大程度上是相似的，以及某些行为在多大程度上是某些文化所特有的提供了信息（Chen & Liu, 2016）。例如，一项研究发现，从七年级开始到八年级结束，美国学生对学业的重视程度降低，他们在学校取得成功的动机降低（Wang & Pomerantz, 2009）。相比之下，中国青少年对学业的重视在这段时间内并没有改变，他们追求学业成功的动机维持不变。

跨文化研究：将一种文化中发生的事情与一种或多种其他文化中发生的事情进行比较的研究。它们就人们在多大程度上是相似的，以及某些行为在多大程度上是某些文化所特有的提供了信息。

个人主义与集体主义文化　一种描述文化差异的方式是个人主义和集体主义（Kormi-Nouri & others, 2015）。**个人主义**（individualism）是一套优先考虑个人目标而非集体的价值观。个人主义包括个人感觉良好、获得个人独特性和独立性。**集体主义**（collectivism）由一套支持集体的价值观组成。个人目标服从于维护集体的完整性、集

个人主义：一套优先考虑个人目标而非集体的价值观。

集体主义：一套支持集体的价值观。

多重思考

中国、日本的学生在数学成绩方面一直超过美国学生。新加坡和中国香港的学生最近在阅读成绩方面取得的进步远远超过了美国学生。连接到"标准化测验与教学"。

体成员之间的相互依赖以及和谐的团体关系（Masumoto & Juang, 2017）。许多西方文化，如美国、加拿大、英国和荷兰的文化被描述为个人主义；许多东方文化，如中国、日本、印度和泰国，都被贴上了集体主义的标签。墨西哥文化也比美国文化具有更强的集体主义特征。然而，美国有许多集体主义亚文化，如华裔美国人和墨西哥裔美国人。1970 年至 2008 年进行的一项研究发现，尽管中国仍以集体主义价值观为特征，但在此期间，标示个人主义价值观的词汇量有所增加（Zeng & Greenfield, 2015）。

最近的一项分析提出了四种价值观，它们反映了在个人主义文化中儿童有效发展自主性所需的父母信念：（1）个人选择，（2）内在动机，（3）自尊，（4）自我最大化，即实现一个人的全部潜力（Tamis-LeMonda & others, 2008）。该分析还提出了三种反映集体主义文化中父母信念的价值观：（1）与家庭和其他亲密关系的联系，（2）对更大群体的适应，（3）尊重和服从。

个人主义和集体主义文化概念的批评者认为，这些术语过于宽泛和简单化，尤其是在全球化日益加剧的情况下（Kagitcibasi, 2007）。不管文化背景如何，要实现全面发展，都需要人们有积极的自我意识和与他人的联系。卡洛琳·陶米什-莱蒙达及其同事（Carolyn Tamis-LeMonda, 2008）的分析强调，许多家庭的儿童并不是在一致认可个人主义或集体主义价值观、思想和行为的环境中长大的。相反，在许多家庭中，儿童"被期望是安静的、自信的、恭敬的、好奇的、谦虚的、自我肯定的、独立的、依赖的、有感情的，或者是保守的，这要视情况、在场的人、儿童的年龄，以及社会政治和经济地位而定。"

青少年在时间使用上的跨文化比较　除了考察个人主义文化还是集体主义文化，另一个重要的跨文化比较涉及儿童和青少年如何度过他们的时间（Larson, 2014; Larson & Dawes, 2015; Larson, Wilson, & Rickman, 2009）。里德·拉森和休曼·维尔马（Larson & Verma, 1999）研究了美国、欧洲和东亚的青少年如何在工作、游戏和诸如教育等发展活动中度过他们的时间。美国青少年花在课业上的时间大约是东亚青少年的 60%，这主要是因为美国青少年的家庭作业较少。与大多数发达国家的同龄人相比，美国青少年花在有偿工作上的时间也更多。此外，美国青少年比其他工业化国家的青少年有更多的闲暇时间。美国青少年大约 40%~50% 的（不包括暑假）清醒时间都花在了自由支配的活动上，而东亚和欧洲的这一比例分别为 25%~35% 和 35%~45%。当然，对于美国青少年来说，这些额外的自由支配时间是一种不利因素还是一种有利因素，取决于他们如何利用这些时间。

美国青少年的大部分闲暇时间都花在了使用媒体和从事非结构化的休闲活动上，通常是和朋友一起。与东亚青少年相比，美国青少年在诸如运动、爱好和组织等自愿活动上花的时间更多。

根据拉森（2007, 2014）的研究，美国青少年可能有太多的自由时间而不利于最佳发展。当青少年被允许选择如何打发时间时，他们通常会从事一些没有挑战性的活动，比如闲逛和看电视。虽然放松和社交互动是青少年重要的方面，但每周花大量的时间在没有挑战性的活动上似乎不大可能促进发展。有组织的自愿活动可能比松散的消磨时光更能为青少年的发展提供希望，特别是如果成年人在这些活动中赋予青少年责任、给他们挑战并提供足够指导的话（Larson & Dawes, 2015）。

多重思考
对美国和东亚学生的比较显示了数学教育的差异，包括花在学习任务上的时间。连接到"计划、教学和技术"。

社会经济地位

社会经济地位（socioeconomic status，SES）是根据相似的职业、教育和经济特征对人进行的分类。社会经济地位意味着某些不平等。一般来说，社会成员有（1）声望各不相同的职业，有些人比其他人更容易获得地位更高的职业；（2）不同的受教育程度，有些人比其他人有更多机会接受更好的教育；（3）不同的经济资源；（4）不同程度影响社区机构的权力。这些在控制资源和参与社会奖励的能力上的差异产生了不平等的机会（McLoyd, Purtel, & Hardaway, 2015; Roche, 2016; Wadsworth & others, 2016）。社会经济差异是"家庭内外物质、人力和社会资本的代理"（Huston & Ripke, 2006）。在美国，社会经济地位对教育有着重要影响。社会经济地位较低的人往往受教育程度较低，对社区机构（如学校）的影响力较小，经济资源也较少。

父母的社会经济地位和学生居住的社区及就读的学校有关（Murry & others, 2015）。这些差异会影响学生在学校的成绩和适应情况（Crosnoe & Benner, 2015）。

到目前为止，我们一直关注的是许多来自低收入家庭的学生所面临的挑战。然而，苏妮娅·卢瑟和她的同事（Ansary, McMahon, & Luthar, 2012, 2016; Luthar, 2006; Luthar, Crossman, & Small, 2015）发现，来自富裕家庭的青少年也面临着挑战。卢瑟所研究的富裕家庭的青少年容易有很高的药物滥用率。此外，她的研究还发现，来自这类家庭的男性青少年比女性青少年有更多的适应困难，而富裕家庭的女性青少年更有可能取得优异的学业成绩。卢瑟和她的同事（Luthar, Barkin, & Crossman, 2013）还发现，和中产阶级家庭的青少年相比，中产偏上家庭的青少年更有可能吸毒，有更多内化和外化问题。

美国的贫困程度　在一份关于美国儿童状况的报告中，儿童保护基金会（the Children's Defense Fund, 1992）描述了许多儿童的生活状况。一个圣路易斯贫困地区的六年级学生被要求描述完美的一天时，一个男孩说他会消灭世界，说完后坐在座位上做思考状；当被问

社会经济地位：根据相似的职业、教育和经济特征对人进行的分类。

维尼·麦克劳德（右）对家庭贫困、种族和父母失业在儿童和青少年发展中的作用进行了许多重要的调查。她发现，经济压力往往会削弱儿童和青少年对教育效用的信念以及他们对成就的追求。
© Vonnie C. McLoyd, Ph.D.

及他是否愿意出去玩时，男孩回答说："你在开玩笑吧，到外面去？"

在贫困中长大的儿童特别值得关注（Duncan, Magnuson, & Votruba-Drzal, 2015; Tran, Luchters, & Fisher, 2016; Wadsworth & others, 2016）。2014 年，21.1% 的美国 18 岁以下儿童生活在收入低于贫困线的家庭中，其中非洲裔和拉丁裔家庭的贫困率尤其高（超过 30%，DeNavas-Walt & Proctor, 2015）。2014 年，12.7% 的非拉丁裔白人儿童生活贫困。与非拉丁裔白人儿童相比，少数族裔儿童更有可能长期贫困，更有可能生活在孤立的贫困社区，那里的社会支持很少，并存在很多危害积极发展的因素。

21% 的比例比 2001 年（16%）有所增长，但与 1993 年 23% 的峰值相比略有下降。美国有 21% 的儿童生活在贫困中，这个数字远远高于其他工业化国家。例如，加拿大的儿童贫困率为 9%，瑞典为 2%。

按照受教育程度来划分的话，2014 年美国 25 岁及以上的成年人中，29% 没有高中文凭，14% 有高中文凭但没有进入大学，10% 进入了大学但没有拿到学位，5% 有学士或更高学位的人生活在贫困中。

教育低社会经济地位背景的学生 贫困学生在家里和学校里经常会遇到影响他们学习的问题（Gardner, Brooks-Gunn, & Chase-Lansdale, 2016; Tran, Luchters, & Fisher, 2016）。一项对贫困儿童生长环境的综述得出结论，与经济条件优越的同龄人相比，贫困儿童会经历以下逆境（Evans, 2004）：更多的家庭冲突、暴力、混乱和与家庭分离，更少的社会支持，更少智力上的刺激，看更多电视，所在的学校和托儿所设施更差，家长参与学校活动较少，更多污染、拥挤、嘈杂的家庭环境，以及更加危险、日益恶化的社区。

贫困家庭学生就读的学校的资源往往比高收入社区的学校要少。在低收入地区，学生的考试成绩往往较低、毕业率较低、大学入学率也较低。学校的建筑和教室经常是年久失修、维护不善。与高收入社区的学校相比，这些学校更有可能配备经验不足的年轻教师。低收入地区的学校更倾向于鼓励死记硬背，而高收入地区的学校更倾向于帮助学生提高他们的思维能力。总之，有太多低收入社区的学校为学生提供了不利于有效学习的环境。

在《野蛮的不平等》（*Savage Inequalities*）一书中，乔纳森·科佐尔（Jonathan Kozol, 1991）生动地描述了贫困儿童在社区和学校面临的一些问题。例如，科佐尔观察到，98% 的居住人口为非裔美国人的伊利诺伊州的东圣路易斯，没有产科服务，没有定期的垃圾收集，工作机会也很少。一幢接一幢的房屋由残破的、简陋的建筑物构成。居民们呼吸着附近孟山都化学公司化学污染过的空气，未经处理的污水不断地回流到家里。儿童营养不良很常见，人们对暴力的恐惧真实存在。居住的问题也蔓延到了学校，污水不时地倒流，教室和走廊陈旧而缺乏吸引力，体育设施不足，老师们缺少粉笔和纸，科学实验室已经过时了 30~50 年。

科佐尔说，任何去过像东圣路易斯这样地方的人，即使是短暂的一段时间，离开的时候都会深受震撼。科佐尔还指出，尽管低收入社区和学校的儿童经历了许多不平等，但这些儿童和他们的家庭也有许多优点，包括富有勇气。在这样贫困的环境下，父母可能会积极寻求方法，让他们的孩子拥有更优秀的教师和更好的机会。

人们对发展两代人的教育干预措施以提高贫困儿童的学业成功率越来越感兴趣（Gardner, Brooks-Gunn, & Chase-Lansdale, 2016; Sommer & others, 2016）。例如，阿斯彭研究所（Aspen Institute）最近开展的一项旨在帮助儿童摆脱贫困的大规模活动是提升对两代人的教育干预（King, Chase-Lansdale, & Small, 2015）。干预措施的重点是强调教育（加强对母亲的高等教育和提高其子女儿童早期教育的质量）、经济支持（住房、交通、金融教育、医疗保险和粮食援助）和社会资本（包括朋友和邻居在内的同伴支持，参与社区和基于信仰的组织，学校和工作联系）。

对于生活在贫困中的儿童和青少年来说，下降趋势并非不可避免（Philipsen, Johnson, & Brooks-Gunn, 2009）。对于生活在低收入环境下的学生来说，一个潜在的积极途径是与一位有爱心的导师一起互动。由福特基金会资助的量子机会计划（The Quantum Opportunities Program）是一项为期四年、全年制指导项目（Carnegie Council on Adolescent Development, 1995）。项目学生是一所学生贫困率很高的高中九年级少数族裔学生，来自接受公共援助的家庭。四年来，导师每天都为他们的学生提供持续的支持、指导和具体的帮助。

量子机会计划要求学生参加三种类型的活动：（1）放学后学业相关的活动，包括阅读、写作、数学、科学和社会科学、同伴辅导和计算机技能培训；（2）社区服务项目，包括辅导小学生、清扫社区、在医院和疗养院以及图书馆做志愿者等；（3）丰富的文化和个人发展活动，包括生活技能培训、大学和工作规划。为了使学生全心投入，计划为他们设置了经济奖励，以鼓励学生参与、完成计划和进行长期规划，并会将接受辅导的学生与未接受辅导的对照组进行比较以作为量子机会计划有效性的评估。接受辅导的学生中有 63% 的人高中毕业，而对照组中只有 42% 的人高中毕业；接受辅导的学生中有 42% 的人目前在上大学，而对照组中只有 16% 的人在上大学。此外，对照组获得食品救济券或福利的可能性是接受辅导的学生的两倍，而且对照组被逮捕的人数也更多。这些计划显然有克服贫困的代际传递及其负面后果的潜力。

最初的量子机会计划已不复存在，但艾森豪威尔基金会（2010）正在亚拉巴马州、南卡罗来纳州、新罕布什尔州、新墨西哥州、弗吉尼亚州、马萨诸塞州、密西西比州、俄勒冈州、马里兰州、华盛顿特区和威斯康星州复制量子机会计划。在最近一次对量子机会计划的评估中，与未参与该计划的对照组学生相比，参与该计划的学生平均成绩更高，更有可能从高中毕业并被大学录取（Curtis & Bandy, 2016）。

最近的一项研究评估了"积极行动"计划在芝加哥 14 所市区低收入学校实施的效

果。该计划为期六年，从三年级到八年级（Lewis & others, 2013）。积极行动计划关注自我概念、自我控制、责任心、身心健康、诚实、与他人相处，以及不断追求自我完善。该计划包括教师、心理辅导员、家庭、社区培训及活动，以改善全校的氛围。与没有实施积极行动计划的对照组学校相比，参与该计划学校的学生暴力相关行为发生率更低，受到的纪律处分和停学处分也更少。

另一项研究通过随机抽签的方式，从生活在洛杉矶低收入环境中的九到十二年级学生中选出 500 多名进入高质量的公立特许学校（Wong & others, 2014）。与没有进入

连线学生：最佳实践
与贫困儿童相处的策略

正如我们所看到的，贫困儿童在学校面临着挑战。以下是一些与贫困儿童相处的有效策略：

1. 提高思维和语言能力。如果你在一个低收入社区的学校任教，那么你的目标就是帮助儿童提高他们的思维和语言能力。正如你在"教师视角"栏目中看到的，这是吉尔·中村在课堂上的一个重要目标，她是加利福尼亚州弗雷斯诺市的一名一年级教师。
2. 不要过于严厉。在贫穷和其他因素使得难以维持安全和纪律的情况下，努力在纪律和儿童自由之间取得可行的平衡。我们将在"管理课堂"一章中更多地讨论课堂纪律。
3. 优先考虑儿童的学习动机。因为班里的很多儿童来自低收入家庭，父母对成绩的要求可能并不高，因此他们可能缺乏学习动力，所以要特别注意激发这些儿童的学习动力。我们将在"动机、教学和学习"这一章中进一步讨论这个话题。
4. 想办法支持父母和与父母合作。认识到许多贫困地区的父母不能为他们的孩子提供更多的学业监督或帮助。想办法支持那些可以接受培训和提供帮助的父母。
5. 寻找方法让贫困社区的人才参与进来。要认识到，贫困地区的父母可能是非常有才华、有爱心、积极回应的人，这是老师们意想不到的。大多数贫困社区都有一些人，他们的智慧和经验不受刻板印象的束缚。找到这些人，让他们自愿提供支持，他们能帮助儿童在你的教室里学习，陪儿童去实地考察，让学校更有吸引力。
6. 观察低收入家庭儿童的优点。许多这样的儿童来到学校时都有大量尚未开发的知识，而老师可以接触到这些丰富的知识。例如，这些儿童可能对如何使用公共交通有丰富的知识，而高收入家庭的儿童则是父母开车接送的。

中村老师正在愉快地对其学生阿什莉·乔丹进行家访。
© The Jordan Family and Courtesy of Jill Nakamura

教师视角
为一所高度贫困学校的学生举办每日课外阅读俱乐部

吉尔·中村在一所位于高度贫困地区的学校任教。她会在学年开始的时候到学生家里家访，努力与他们建立联系，并与他们的父母建立伙伴关系。"她每天举办课外阅读俱乐部，让学生们阅读低于年级水平的书籍……；那些不想参加的学生必须打电话告知父母。"在 2004 学年，她"将学生阅读水平达到或高于年级水平的比例从 29% 提高到了 76%"（Wong Briggs, 2004）。

高质量公立特许学校的对照组学生相比，进入特许学校的学生在数学和英语标准化考试中取得了更好的成绩，并且辍学的可能性更低。

种族

"ethnic"这个词来自希腊语，意思是"民族"。**种族**（ethnicity）指的是文化遗产、国籍、人种、宗教和语言等特征的共有模式。每个人都是一个或多个族群的成员，不仅在美国，实际上在世界上的每个角落，不同种族背景的人之间的关系往往充满了偏见和冲突。

移民 没有什么比美国公民之间不断变化的种族平衡更能体现美国文化格局的变化（Gollnick & Chinn, 2017; Schaefer, 2015）。相对较高的少数族裔移民率是少数族裔在美国人口中所占比例上升的原因之一。2014 年，在 18 岁及以下的儿童和青少年中，有 62% 是非拉丁裔白人；到 2060 年，这一数字预计将下降到 44%（Colby & Ortman, 2015）。2014 年，美国有 17% 的人是拉丁裔，但到 2060 年，这一数字预计将上升到 29%。亚裔美国儿童预计将成为增长最快的儿童族群：2014 年，亚裔美国儿童占总人口的 5%，预计到 2060 年，这一比例将升至 9%。预计非裔美国儿童的比例从 2014 年到 2016 年将略有上升（从 12.4% 到 13%）。

虽然少数族裔学生人数在迅速增长，但公立学校的大部分教师是非拉丁裔白人。2011~2012 年，82% 的教师是非拉丁裔白人，8% 是拉丁裔美国人，7% 是非裔美国人（Maxwell, 2014）。

当少数族裔学生由他们的少数族裔成员教授时，他们是否会取得更好的成绩？最近的一项研究发现，当为非裔美国人和非拉丁裔白人的三到十年级学生分配本种族的教师教授阅读课，为非裔美国人、亚裔美国人和非拉丁裔白人学生分配本种族的老师教授数学课时，这一举措在阅读和数学方面都出现了虽小但积极的作用（Egalite, Kisida, & Winters, 2015）。表现较差的非裔美国人和非拉丁裔白人学生尤其受益于同种族的老师。

无论任何族群都有一个重要的特点，那就是它的多样性（Koppelman, 2017）。有很多现成的例子：墨西哥裔美国人和古巴裔美国人都是拉丁裔，但他们移民到美国的原因不同、来自不同的社会经济背景、有不同的习俗、在美国的就业率和就业类型也不同。出生在波多黎各的人与移民到美国的拉丁裔人的区别在于，前者出生就是美国公民，所以无论他们住在美国什么地方他们都不能被认为是移民。美国政府目前承认 511 个不同的印第安部落，每个部落都有独特的祖先背景，有不同的价值观和特点。

亚裔美国人包括华裔、日本裔、菲律宾裔、韩国裔等，每个群体都有各自的祖先

种族：文化遗产、国籍、人种、宗教和语言等特征的共有模式。

和语言。亚裔美国人的多样性反映在他们的受教育程度上。其中一些人接受了高水平的教育，还有一些人几乎没有受过教育。例如，90%的韩裔美国男性高中毕业，而越南裔美国男性只有71%。亚裔美国人的这种多样性常常被忽视，因为很多亚裔美国人在学业上非常成功，不会冒健康风险，也不会有不良行为，由于这些特点他们被称为"模范少数族裔"。然而，许多亚裔美国学生也遇到了适应问题，包括孤独、焦虑和抑郁（Sue, Sue, & Sue, 2016, 2017）。

近几十年来，许多移民到美国的家庭，如亚裔美国人和墨西哥裔美国人，都来自集体主义文化，在这种文化中，家庭义务和家庭责任感非常强烈（Fuligni & Tsai, 2015）。承担家庭义务和责任的方式可以是协助父母工作或对家庭福祉做出贡献。这通常发生在服务业和体力劳动工作中，如建筑、园艺、清洁和餐馆服务。许多移民学生为他们的家庭充当翻译和谈判人员。亚裔美国人和拉丁裔美国人比非拉丁裔白人家庭更重视家庭责任和义务。

种族与学校　在美国，有色人种学生仍然面临着教育隔离的现实（Banks, 2014）。近三分之一的非裔美国人和拉丁裔美国人就读的学校中，90%或以上的学生来自少数族裔，且通常这些学生自己也属于此族裔。不同族裔学生的学校体验也各不相同（Banks, 2015）。例如，非裔和拉丁裔美国学生比非拉丁裔白人或亚裔美国学生进入学术性大学预科课程的可能性要小很多，而进入补习和特殊教育项目的可能性更大。亚裔美国学生比其他少数族裔学生更有可能在高中学习高等数学和科学课程。非裔美国学生被勒令停学的可能性是拉丁裔、印第安人或白人美国学生的两倍。在美国最大的学区里，有色人种学生占大多数。然而，美国学校90%的教师是非拉丁裔白人，预计在未来几年少数族裔教师的比例还会更低。

此外，正如低收入家庭学生的学校资源比高收入家庭学生的学校资源少一样，少数族裔学生的学校资源也比非拉丁裔白人家庭学生的学校资源少（Zusho, Daddino, & Garcia, 2016）。例如研究发现，在加州以少数族裔为主的学校的学生接触到所有被调查的教学资源的机会都比较少，包括教科书、教学用品和计算机，而且与以非拉丁裔白人为主的学校相比，这些学校有无证教师的可能性是后者的5倍（Oakes & Saunders, 2002; Shields & others, 2001）。

在《国家的耻辱》（*The Shame of the Nation*）一书中，乔纳森·科佐尔（Jonathan Kozol, 2005）描述了他对美国11个州的城市里低收入地区的60所学校所进行的访问。他看到许多学校的少数族裔学生占总数的80%~90%。他得出的结论是，对许多贫穷的少数族裔学生来说，学校的隔离制度仍然存在。科佐尔看到了许多不平等——凌乱的教室、走廊和卫生间，教材和物资不足，以及缺乏教师资源。他还发现，教师主要教导学生死记硬背材料，尤其是为强制性考试做准备，而不是让学生进行更高层次的思考。科佐尔还经常观察到教师们使用威胁性的惩戒策略来控制课堂教学。

歧视和偏见 科佐尔描述的许多少数族裔儿童的负面教育体验可能涉及偏见和歧视（Marks & others, 2015）。**偏见**（prejudice）是一种只是因为某个个体是某个群体的成员，而对此人持有的无根据的负面态度。偏见所指向的群体可能由种族、性别、年龄或几乎任何其他可觉察的差异来定义。我们这里关注的是针对肤色不同的少数族裔群体的偏见。

反对偏见和歧视的人往往持有截然相反的观点。一些人重视和赞扬近年来在公民权利方面取得的进步。其他人则批评美国学校和其他机构，因为他们认为许多形式的歧视和偏见仍然存在（Bucher, 2015）。

多样性与差异 历史、经济和社会经验在不同的种族之间产生了引起偏见的、合理的差异。生活在特定种族或文化群体中的个体会适应该文化的价值观、态度和压力。他们的行为可能不同于我们自己的行为，却对他们有用。认识和尊重这些差异是在一个多元文化世界中共处的一个重要方面。回顾早先提出的观点，即每个种族群体的另一个重要方面是其多样性，不仅美国文化存在差异，美国文化中的每一个种族也存在差异。

偏见：一种只是因为某个个体是某个群体的成员，而对此人持有的无根据的负面态度。

第二语言学习与双语教育

学习第二语言有敏感期吗？也就是说，如果一个人想要学习第二语言，那么开始学习的年龄有多重要？对于那些来自英语不是母语的家庭的儿童，美国学校教导他们的最好方法是什么？

第二语言学习 多年来，人们一直认为，如果一个人在青少年期之前没有学习第二语言，那么他的第二语言水平就永远达不到母语学习者的水平（Johnson & Newport, 1991）。然而，有研究表明了一个更复杂的结论：学习第二语言有一个敏感期。此外，这些敏感期可能因语言系统的不同部分而有所不同（Thomas & Johnson, 2008）。例如，晚期语言学习者，比如青少年和成年人，学习新词汇可能比学习新发音或新语法更容易（Neville, 2006）。而且，儿童学习第二语言后以类似母语口音发音的能力通常会随年龄的增长而

许多国家的儿童不止学习一种语言。2015 年，本书作者约翰·桑特洛克在观察摩洛哥菲斯市的一所幼儿园。儿童用三种不同的语言唱歌——阿拉伯语、法语和英语。你认为美国的儿童应该学一种以上的语言吗？

© Dr. John Santrock

下降，尤其是在 12 岁之后。成年人学习第二语言的速度往往比儿童快，但他们掌握第二语言的水平不如儿童高。儿童和成年人学习第二语言的方式有些不同。与成年人相比，儿童对反馈不那么敏感，不太可能使用明确的策略，更可能从大量输入中学习第二语言（Thomas & Johnson, 2008）

在学习第二语言方面，美国学生远远落后于许多同等发达水平国家的学生。例如，俄罗斯学校有 10 个年级，大致相当于美国学校的 12 个年级。俄罗斯儿童 7 岁开始上学，并从三年级开始学习英语。由于对英语教学的重视，如今大多数 40 岁以下的俄罗斯公民至少会说一些英语。作为科技发达的西方国家，美国是唯一一个在高中阶段没有学习外语要求的国家，甚至在严格的学术课程中也没有。

不学习第二语言的美国学生失去的可能不仅仅是获得一项技能的机会。双语——说两种语言的能力——对儿童的认知发展有积极的影响（Tompkins, 2015）。精通两种语言的儿童在注意力控制、概念形成、分析推理、认知灵活性和认知复杂性测试上的表现均优于单一语言的儿童（Bialystok, 2001, 2007, 2011, 2014, 2015）。他们也更注意口语和书面语的结构，更善于注意语法和语意上的错误，这些技能有利于他们阅读能力的发展（Bialystok, 2014, 2015）。

研究表明，双语儿童在每种语言中所掌握的词汇量确实比单语儿童要少（Bialystok, 2011）。大多数学习双语的儿童所接触到的每种语言的数量和质量并不相同。然而，双语儿童在整体习得语言的速度上并没有表现出延迟（Hoff, 2016）。在一项研究中，继续学习西班牙语和英语的 4 岁儿童的词汇总量增长比单语儿童要快（Hoff & others, 2014）。

总的来说，双语对儿童的语言和认知发展有着积极影响。许多婴幼儿的父母所面临的一个特别重要的发展问题是，同时教他们两种语言是有用的还是会令他们混乱不清？答案是，同时教婴幼儿两种语言（比如母亲的母语是英语，父亲的母语是西班牙语）有很多好处，却很少有坏处（Bialystok, 2014, 2015）。

在美国，许多移民儿童从只会说母语发展为会说母语和英语，最后只会说英语。这就是所谓的减法双语，它会对儿童产生负面影响，他们经常会对自己的母语感到羞愧。

双语教育　目前有关双语的争议涉及数百万美国儿童，他们来自英语非母语的家庭（Echevarria, Richards-Tutor, & Vogt, 2015）。教授这些英语学习者（English language learners，ELLs）最好的方法是什么？

加州奥克兰市的一位执教一、二年级的双语教师（英语、汉语）正在用汉语给学生教学。
© Elizabeth Crews

　　教授英语学习者的方式主要有两种：（1）只用英语授课，（2）使用母语和英语授课的双语教学。双语教学方法用英语和母语授课，在不同年级每种语言的授课时间长短不一。先前讨论的研究表明，双语儿童比单语儿童拥有更高级的信息加工技能，这是支持双语教学法的论据之一。

　　如果使用双语教学策略，人们往往认为移民儿童只需要一两年这类教学。然而，一般来说，移民儿童需要大约 3~5 年的时间来提高英语口语能力，7 年的时间来提高英语阅读能力（Hakuta, Butler, & Witt, 2000）。此外，移民儿童的英语学习能力也各不相同。来自较低社会经济背景的儿童比来自较高社会经济背景的儿童更困难（Hakuta, 2001）。因此，特别是对于社会经济背景较低的移民儿童来说，他们需要接受双语教育的年份可能比目前所接受的要更长。

　　关于英语学习者计划的结果，研究人员有什么发现？由于各个计划在实施年限、教育类型、除英语学习者教学外的学校教育质量、教师、儿童和其他因素方面存在差异，因此很难对英语学习者教学计划的效果做出结论。此外，美国还没有进行过有效的实验来比较双语教育和单一英语教育（Snow & Kang, 2006）。一些专家得出结论，在决定教学效果方面，教学质量比教学所使用的语言更为重要（Lesaux & Siegel, 2003）。

　　尽管如此，其他专家，如贤治·柏田（Kenji Hakuta, 2001, 2005），仍支持母语和英语相结合的方法，因为（1）儿童在学习一门他们不懂的语言时会遇到困难，（2）当两种语言在课堂上融合时儿童学习第二语言更容易、参与性更高。支持柏田观点的是，大多数大规模研究发现，在双语课程中英语学习者的学术成就要高于在单一英语课程中（Genesee & Lindholm-Leary, 2012）。

连线学生：最佳实践
与不同语言和文化背景的儿童相处的策略

以下是一些课堂建议，可以帮助不同语言和文化背景的儿童：

1. "认识到所有儿童在认知、语言和情感上都与其家庭的语言和文化有联系"。
2. "承认儿童可以通过很多方式展示他们的知识和能力"。无论他们说什么语言，他们都应该能够展示自己的能力，并感到被欣赏和重视。
3. "要明白，如果没有可以理解的输入，第二语言学习可能会很困难"。任何语言都需要时间来获得胜任力。
4. "示范英语的合理使用，并为儿童提供使用新掌握的词汇和语言的机会"。至少学习儿童母语的一些单词以示对其文化的尊重。
5. "使父母和家庭积极参与到儿童早期学习和教育环境设置中"。鼓励和帮助父母了解儿童掌握一门以上语言的价值。为父母提供策略以支持和维持其母语学习。
6. "要认识到，即使在使用和尊重母语的情况下，儿童也能够而且将学会使用英语"。在"教师视角"中，佛罗里达州布劳沃德市的一名中学英语教师丹尼尔·阿努克斯（Daniel Arnoux）描述了他如何努力改变那些母语不是英语的学生的生活。
7. "与其他老师合作，学习如何与语言和文化上不同的儿童相处"。

教师视角
使学生产生自豪感

在过去的七年里，我除了教授其他中学课程外，还教授非英语使用者说英语。我相信，通过使学生们对其文化传统产生一种自豪感，并为他们提供一个成长的学习环境，我已经改变了他们的生活。

为了实现平等，教育制度必须意识到学生的种族背景和性别。学生的家庭文化不应该被抛弃，而应该作为一种教学工具来使用。改善学生种族间问题的最佳方法是直面问题。我开设了一些课程，教导学生对他人怀有同理心和宽容。我利用空闲时间和学生讨论人权和对不同国籍、不同文化的学生的偏见，特别是海地学生，他们在学校里经常受到骚扰，有时还被殴打。试着把你的学生当作人来看待，他们一定会向你敞开心扉、努力学习。告诉他们你相信他们。如果你相信他们能够学业有成，他们就会学业有成（National Association for the Education of Young Children, 1996, pp. 7–11）。

复习、思考和练习

学习目标 1：讨论如何在教育儿童时考虑文化、社会经济地位和种族背景的差异。

复习
· 什么是文化？个人主义和集体主义文化有什么不同？与欧洲和东亚的青少年相比，美国的青少年是如何度过他们的时间的？
· 什么是社会经济地位？来自贫困背景的儿童在哪些方面可能会有学习上的困难？
· 种族是如何影响儿童的在校教育的？第二语言学习的性质是什么？双语教育的特点是什么？

思考
· 在教育方面，所有的种族差异都是负面的吗？想出一些在美国课堂上可能是积极的种族差异。

PRAXIS™ 练习

1. 奥斯汀先生在美国中西部长大，如今在一所高中教数学。这所学校里的学生来自墨西哥、韩国、越南、印度、巴基斯坦、波兰和捷克共和国。他经常使用竞争性比赛作为课堂活动。其中许多游戏涉及个人比赛，学生要解决黑板上的问题。他的一些学生似乎非常喜欢这些游戏，但也有一些学生因为无法解决问题而感到不安。当奥斯汀先生建设性地批评他们时，他们变得更加不安。关于那些不喜欢此类游戏的学生的最合理解释是：

    A. 不是好的运动员

    B. 自尊心不强

    C. 在集体主义文化中长大

    D. 在个人主义文化中长大

2. 莎莉是一所经济多元化学校的三年级学生。萨利生活在贫困之中，和她班上大约四分之一的学生一样。班上另有四分之一的学生来自中等偏上收入家庭，另外一半来自中等收入家庭。萨利的老师罗伯茨女士给她布置了一个制作立体透视模型（一种用雕刻的人物和栩栩如生的物体再现某个场景的模型）的任务，以代替关于《夏洛特的网》一书的标准读书报告。

    卡内沙是班上较富裕家庭的学生之一，在一个大鞋盒里制作了一个精致的立体透视模型。她把塑料动物和小娃娃放在立体透视模型中。她的盒子里面用工艺棒镶了板，看起来像谷仓的壁板。她还用细渔线做了一个网。

    虽然莎莉也很喜欢阅读这本书，但她的立体透视模型与卡内沙的相比逊色不少。首先，她没有鞋盒可以使用，所以她用了一个在杂货店找到的旧箱子。她用纸做了小动物，因为她买不起塑料动物。她还用一条旧鞋带做了网。

    当莎莉看着她的立体透视模型和卡内沙的放在一起时，她差点哭了；当罗伯茨女士不停夸赞卡内沙的立体透视模型多么可爱时，她确实哭了。罗伯茨女士应该采取什么不同的做法？

    A. 她应该在学生们开始这项任务之前向他们解释收入差异

    B. 她应该让学生们写传统的读书报告

    C. 她应该提供材料，然后让学生们制作立体透视模型

    D. 她对莎莉的立体透视模型的称赞应该多于对卡内沙的称赞

3. 罗伯特在一所种族多样性的小学任教。自从他决定成为一名教师，他的目标就是在这样的学校里教书，因为他想帮助少数族裔儿童。在他的课堂上，他付出了相当大的努力，以确保所有的学生都能学业有成，并感到自己是这个大集体的一部分。他对学生很热情，也很有爱心。有时甚至为那些忘记带午餐或没有足够钱去食堂买饭的学生提供午餐。他经常表扬少数族裔学生的作业，而他认为多数族裔学生的作业只是一般般。罗伯特做错了什么？

    A. 他用养育代替了学业标准

    B. 他应该为所有学生提供一个更适宜发展的环境

    C. 他应该为所有的学生提供午餐，或者不为他们提供

    D. 他为少数族裔学生设定的标准太高了

4. 威廉姆斯先生执教一年级，他认为他的学生会从学习第二语言中受益，所以他在教室里的许多物品上都贴上了英语和西班牙语的标签。他选择西班牙语，是因为西班牙语是他所执教地区的第二种最常见的语言。哪项研究支持威廉姆斯先生的做法？
A. 一年级是学习以第二语言进行阅读的合适年龄，而且学生年龄还不算太大，还可以学好第二语言口语表达
B. 因为大多数国家的学生都不学习以第二语言进行阅读，所以威廉姆斯先生给他的学生增加了一个重要的优势
C. 学生在这个年龄段学习第二语言比他们长大后学习第二语言更好、更容易
D. 威廉姆斯先生应该选择一种对他班上大多数学生来说都不熟悉的第二语言

请参看书末的答案……

学习目标2：描述一些促进多元文化教育的方法。

2　多元文化教育

人们希望多元文化教育能有助于让美国变得更像已故民权领袖马丁·路德·金所梦想的那样：在这样一个国家里，对儿童的评价将不是基于他们的肤色，而是基于他们的品格。

多元文化教育：一种重视多样性的教育，并经常包括各种文化群体的观点。

多元文化教育（multicultural education）是一种重视多样性的教育，并经常包括各种文化群体的观点。它的支持者认为有色人种儿童应该被赋予受教育的权利，多元文化教育应惠及所有学生（Banks, 2014, 2015）。多元文化教育的一个重要目标是为所有学生提供平等的教育机会。这包括缩小大部分学生和弱势群体学生在学业成绩上的差距。

多元文化教育起源于20世纪60年代的民权运动，以及为妇女和有色人种争取平等和社会正义的呼吁（Gollnick & Chinn, 2017）。多元文化教育作为一个新领域包括与社会经济地位、种族和性别相关的问题。然而，多元文化教育日益增长的趋势不是把种族作为焦点，而是把社会经济地位、性别、宗教、残障、性取向和其他形式的差异也包括进来（Koppelman, 2017）。关于当代多元文化教育的另一个重要观点是，许多人认为它只关乎有色人种学生。然而，所有的学生，包括非拉丁裔白人学生，都能从多元文化教育中受益。

因为社会公正是多元文化教育的基本价值观之一，减少偏见和公平教学法是其核心组成部分（Banks, 2014, 2015）。减少偏见是指教师为消除关于他人的负面成见和刻板印象而在课堂上开展活动。公平教学法是指修改教学过程，以纳入适合不同性别和不同种族学生的教材和学习策略。

如果你选修了一门涉及多元文化教育的课程或做了一些准备，你和你的学生都将

受益。例如，对数学和科学教师的研究显示，当"教师有一个自己所教领域的学位并在多元文化教育、特殊教育和英语语言发展方面有所准备，学生的学习成绩会得到提升"（Wenglinksy, 2002; Banks & others, 2005）。

多元文化教育专家班克斯（James Banks, 2014）描述了多元文化学校的特征。以下是他认为如果一个学校实行多元文化教育应该具备的一些特征：

· 学校职员的态度、信念和行动。学校职员应该对所有学生都有很高的期望，并热衷于帮助他们学习。

· 课程。多元文化教育应该改革学习课程，使学生能够从不同种族和社会经济群体的不同观点来感知事件、概念和问题。

· 教学材料。教材和学习材料中存在着许多偏见。因为这些偏见，有色人种、英语为第二语言的少数族裔、妇女和低收入者的体验被边缘化。在多元文化学校，教学材料应该代表来自不同种族和文化群体的人的背景和经历。

· 学校文化与隐性课程。隐性课程是指没有明确教授，却应该存在并被学生学习的课程。学校对多样性的态度可以通过一些微妙的方式表现出来，比如学校公告栏上的照片类型、学校员工的种族构成，以及来自不同背景的学生受到纪律处分或停课的公平性。在一个多元文化的学校里，学校的环境会进行调整，从而使隐性课程的信息反映出多样性的积极方面。

· 咨询项目。多元文化学校的咨询项目应该指导来自不同背景的学生进行有效的职业选择，并帮助学生选择适当的课程，使他们能够坚持这些选择。学校的辅导员应该鼓励不同学生的不同梦想，并为他们提供实现这些梦想的策略。

最近，我询问一些老师他们是如何在课堂上促进多样性和接纳他人的，以下是他们的回复：

幼儿园　在我的教室里，到处都是多种语言的多元文化书籍、海报和其他物品——比如服饰、玩偶和音乐——它们展示着教室的多样性。在正餐和零食时间，提供给孩子们的食物是来自不同种族群体的菜肴。在讲故事时间，父母用不同的语言阅读书籍，并为孩子解释让其理解。我们的理念是我们不需要教授多样性，它本身已经存在了。

——瓦莱丽·戈勒姆，儿童乐园公司
（Valarie Gorham, Kiddie Quarters, Inc.）

小学　我执教将英语作为第二语言的综合班级的二年级。在新学年开始的时候，由于我们正在打造课堂社区，所以我们花时间创建了一个公告栏，在其中心位置贴上一张标题为"我们是孩子……我们就是世界"的世界地图海报，以此来认识每一个学生。每个孩子的照片都被拍下来，然后用线连到他 / 她的原籍国。在我们探索和了解世界以及彼此的文化背景的过程中，我们全年都使用这张地图作为地理和社会科学课程的跳板。

——伊丽莎白·弗拉塞拉，克林顿小学

（Elizabeth Frascella, Clinton Elementary School）

初中　我有时听到学生们在走廊和食堂里互相取外号（通常是冒犯性的外号）。我没有忽视这种行为，而是把这些事件作为教学时机，向学生们解释为什么取外号是错误的。我也利用我的课堂时间来教授学生关于不同宗教和文化群体的信仰和习俗。我是我们学校的团结俱乐部的顾问，这个俱乐部通过展示不同的文化来庆祝我们学校的多样性。例如，俱乐部最近制作了一个特别的公告牌，上面展示了我们学校学生所代表的每个国家的国旗。

——凯西·玛斯，爱迪生中学

（Casey Maass, Edison Middle School）

高中　我们学校三分之一的人口是美国原住民（印第安人）。作为一名艺术老师，我提供有关印第安人艺术形式的资料，包括陶器、串珠、桦树皮篮子、豪猪毛装饰品和黑灰篮子。所有的学生都要学习什么是印第安人的药轮（生命轮回），以及各种各样的符号——包括不同颜色、方向和动物——的含义。学生们为自己及自己的个人文化做了一个药轮，无论他们是不是印第安人。每一件作品都是独一无二的，这说明了学校内部的多样性。

——丹尼斯·彼得森，鹿河高中

（Dennis Peterson, Deer River High School）

为学生赋权

赋权（empowerment）是指为人们提供成功所需的智力和应对技能，并创造一个更公平的世界。从20世纪60年代到20世纪80年代，多元文化教育关注赋予学生权力，并在课程和教科书中更好地代表少数族裔和不同文化群体。赋权仍然是当今多元文化教育的一个重要主题（Gollnick & Chinn, 2017）。据此观点，学校应该给学生机会去了解许多不同种族和文化群体的经验、奋斗经历和愿景（Koppelman, 2017）。此举旨在提高少数族裔学生的自尊、减少偏见，并提供更平等的受教育机会。他们还希望，这能帮助白人学生更加了解少数族裔群体，而且白人学生和有色人种学生将在他们的课程

赋权：为人们提供成功所需的智力和应对技能，并创造一个更公平的世界。

中发展出多种视角。

班克斯（Banks, 2014）建议，未来的教师可以写一篇关于他们感受到被另一个群体边缘化（排斥）的短文，这可以使他们从中受益。几乎每个人，无论是来自少数族裔还是多数族裔，都在某些时刻经历过类似的情况。班克斯强调，在写完这样一篇文章后，你应该能更好地理解社会文化多样性的问题。

文化相关的教学

文化相关的教学是多元文化教育的一个重要方面（Gollnick & Chinn, 2017）。它寻求与学习者的文化背景建立联系。

多元文化教育专家强调，优秀教师会意识到并将与文化相关的教学融入课程中，因为这会使教学更有效（Koppelman, 2017）。一些研究人员发现，来自某些种族的学生的行为方式可能会使一些教育任务比其他任务更难完成。例如，杰基·欧文（Jackie Irvine, 1990）和贾尼丝·哈尔-本森（Janice Hale-Benson, 1982）观察到，非裔美国学生往往表现力强、精力充沛，他们建议当学生有这种表现时，相比总是要求他们在笔试中表现不错，给予他们口头表述的机会可能是一个好策略。其他研究人员发现，许多亚裔美国学生比他们的欧洲同龄人更喜欢视觉化的学习（Litton, 1999）。因此，对于这些学生，老师可能需要使用更多的三维模型、信息组织图、照片、表格和板书。

走进你的学生生活和他们父母工作的社区，可以增进你对他们的种族和文化背景的了解（Banks, 2014; Gollnick & Chinn, 2017）。知识基金法（funds of knowledge approach）强调教师应该家访，并与学生的家庭成员建立社交关系，从而更多地了解他们的文化和种族背景，如此一来他们就可以将这些知识纳入教学中（Moll & González, 2004）。

通过这种方法，教师可以更多了解学生家庭的职业、兴趣和社区特征。知识基金法的例子包括指导学生理解父母的木工技能如何与几何学相关，以及学生在课堂之外遇到的语言种类如何有助于教师在学校的英语教学。研究人员发现，当使用知识基金法时，拉丁裔学生学业成绩得到了提高（González, Moll, & Amanti, 2005）。知识基金法在学生所在的学校和社区之间起到了桥梁的作用。

教师需要对来自少数族裔和低收入背景的学生有很高的成就期望，并让他们参与严格的学业项目（Zusho, Daddino, & Garcia, 2016）。当高成就期望和严格的学业项目与文化相关教学和社区联系相结合时，来自少数族裔和低收入背景的学生将受益匪浅。在一项对加州学生的研究中，为期四年的评估发现，参加严格学业项目的拉丁裔学生，其以社区为基础的写作和学习、学业指导和与社区领袖接触的时间，申请和上大学的可能性，几乎是没有参加该项目的同龄人的两倍（Gandara, 2002）。

以问题为中心的教育

以问题为中心的教育也是多元文化教育的一个重要方面。在这种方法中，学生被教导系统地研究涉及社会和公平公正的问题。当他们对某一问题采取特定立场时，他们不仅清楚地阐明自己的价值观，还能考虑其他的选择和后果。以问题为中心的教育与我们在"社会环境和社会情感发展"一章中讨论过的道德教育密切相关。

考虑一下一些高中生担忧午餐政策的情况（Pang, 2005）。参加联邦补贴计划的学生被迫在食堂单独排成一列，这就给他们贴上"穷人"的标签。许多来自低收入家庭的学生感受到羞辱和尴尬，以至于他们不去吃午饭。学生向老师反映了他们的遭遇，并和老师一起制订了行动计划。他们向学区提交了这个计划，学区修改了受影响的10所高中的午餐排队政策。

改善不同种族儿童之间的关系

有许多策略和计划可以改善来自不同种族群体儿童之间的关系。首先，我们将讨论一种最有效的策略。

拼图教学法　当社会心理学家埃里奥特·阿伦森（Elliot Aronson）还是得克萨斯大学奥斯汀分校的教授时，教育部门联系了他，希望他能提供一些想法以缓解教室里日益紧张的种族关系。阿伦森（Aronson, 1986）提出了**拼图教学法（jigsaw classroom）**的概念，即让来自不同文化背景的学生通过完成作业任务的不同部分来合作，以达到共同的目标。阿伦森使用"拼图"这个词是因为他认为这种技术很像一群学生合作，把不同的拼图块拼在一起来完成一个拼图。

这种方式如何发挥作用呢？试想一个班级，学生中有白人、非裔美国人、拉丁裔美国人、印第安人，还有亚裔美国人。授课的内容是关于约瑟夫·普利策（Joseph Pulitzer，1847—1911，创立了美国新闻界最负盛名的普利策奖）的生平。可以将全班学生分成六人一组，每组在种族构成和学业水平方面尽可能地均等。把关于普利策生平的课程分为六个部分，每个小组的每个成员都要负责完成其中一部分。这些部分可能是普利策传记中的一些段落，比如普利策一家如何来到美国、普利策的童年、他的早期作品等等。每组的所有学生都要在规定时间内学习自己所负责的那一部分，然后小组成员聚在一起，每个成员努力将自己负责的部分传授给小组其他成员。学习效果取决于学生在达成同一目标时的相互依赖和合作。

有时拼图教学法策略被描述为给学生创造了一个高级目标或共同任务。团队体育运动、戏剧创作和音乐表演是另外一些例子。在这些情境中，学生具有非常高的参与热情，通力合作以达成一个共同的目标。

与来自不同文化背景的人进行积极的个人接触 接触本身并不总是能改善关系。例如，将少数族裔学生送到以非拉丁裔白人为主的学校（或反之），并不会减少偏见或改善种族间的关系（Frankenberg & Orfield, 2007）。重要的是学生到达学校后发生了什么。

当学生们互相谈论他们的个人烦恼、成功、失败、应对策略、兴趣等时，关系就会得到改善。当学生分享自己的个人信息时，他们更有可能被视为个体，而不仅是某一群体的成员。分享个人信息经常会带来这样的发现：来自不同背景的人有着许多相同的希望、担忧和感受。分享个人信息可以帮助个体打破内/外群体和我们/他们之间的障碍。

观点采择 帮助学生从别人的角度看问题的练习和活动可以改善种族间的关系。在一个练习中，学生学习两个不同文化群体的某些适宜行为（Shirts, 1997）。随后，两组人依照这些行为进行互动。结果，他们体验到了焦虑和恐惧。这个练习的目的是帮助学生理解在一种文化环境中，人们的行为方式与他们所习惯的行为非常不同时所产生的文化冲击。还可以鼓励学生编写涉及偏见或歧视的故事或演出剧本。通过这种方式，学生们"站在了与自己文化不同的学生的立场上"，感受到了不被平等对待的感觉。

学习来自世界不同地方的人也能鼓励学生理解不同的观点。在社会科学课中，学生可能会被问到，为什么某些文化背景下的人有不同于他们自己的习俗。老师也可以鼓励学生阅读关于不同文化的书籍。

技术连接世界各地的学生 以前，学生都是在教室里学习，并与老师和班上的其他学生互动。现在，技术可以通过视频会议、社交媒体和在线协作工具等扩大了课堂活动的范围。此外，随着通信技术的进步，学生可以与世界各地的老师和学生一起学习，或向他们学习。

例如全球学生实验室项目，这是一个基于电子通信技术的国际项目。在该项目中，学生调查了当地和全球环境（Globallab, 2016; Schrum & Berenfeld, 1997）。目前有130多个项目可供选择，涉及的主题包括世界货币、管理一家旅行社、自然 pH 值指标、让我们的世界更美好的方法以及"浪费：危险还是机遇？"。在一项活动中，学生分享他们的发现，然后一起合作确定活动的各个方面，讨论研究计划并使用相同的

© GlobalLab Project

在肯特州立大学教育技术研究中心 AT&T 教室的学生们，正在与墨西哥城托马斯·杰斐逊研究所的学生们一起学习植物生物学。

© Research Center for Educational Technology, Kent State University

方法和程序进行分散式研究。参与项目的学生来自世界不同地方，比如俄罗斯莫斯科、波兰华沙、威斯康星州基诺沙、得克萨斯州圣安东尼奥、科罗拉多州普韦布洛、南卡罗来纳州艾肯。随着数据收集和评估的进行，学生继续与世界各地的同龄人交流、学习更多的知识，不仅是关于科学，而且是关于全世界。

第一乐高联盟是一项面向 9~14 岁儿童的全球竞赛，关注科学和机器人技术挑战以及学习协作性的学习技能。许多学校赞助学生参加当地比赛，这样学生就有机会参加国家和国际赛事。

电子通信的新进展使得世界各地的学生通过互联网视频会议进行交流成为可能。例如，通过基于互联网的视频会议和电子邮件，在俄亥俄州肯特州立大学的教育技术研究中心，小学生及其老师正与位于墨西哥城的托马斯·杰弗逊研究所的同龄人合作各种项目，包括植物生物学、环境和传记类研究（Swan & others, 2006）。教育技术研究中心的研究人员发现，那些具有共同理解但突出地方差异的项目尤其有成效。

视频会议是不同学生交流和合作的一种很好的方式。例如，越来越多的学校也使用基于互联网的视频会议进行外语教学。美国学生可以和法国学生在真正的法国咖啡馆里交谈，而不是在典型的法语课上模拟法式咖啡馆。同时，神秘 Skype 也是小学教室里的一项有趣的活动。微软还赞助了一个页面，在这里你可以通过视频会议为你的课堂找到特邀演讲者（https://education.microsoft.com/connectwithothers/guestspeakers）。

这样的全球科技项目可以大大减少美国学生的种族优越感。通过电信在世界各地积极建立联系，可以让学生有机会获得他人的观点，更好地理解其他文化、减少偏见。

减少偏见　如果儿童从小就学会尊重其他种族的人，他们会受益匪浅。例如，在童年早期，教师需要直接面对儿童在互动中出现的任何种族主义或歧视迹象。

路易斯·德曼–斯帕克斯（Louise Derman-Sparks）和反偏见课程工作小组（Anti-Bias Curriculum Task Force, 1989）创造了许多工具来帮助儿童减少、处理甚至消除他们的偏见。

以下是推荐给教师的一些反偏见策略：

·展示来自不同种族和文化群体的学生的图片。为学生选择反映这种多样性的书籍。

·选择能够促进种族理解和文化理解的游戏材料和活动。通过戏剧性的表演来展现非刻板印象的角色和来自不同背景的家庭。

·与学生谈论关于他人的刻板印象和歧视。制定一个严格的规则，不允许任何学生因为他或她的种族或人种而被嘲笑或排斥。

·让家长参与讨论学生形成偏见的过程，告诉家长你在课堂上为减少种族偏见所做的努力。

提高包容度 培养对不同种族个体的包容和尊重是多元文化教育的一个重要方面（Gollnick & Chinn, 2017）。"传授包容计划"（Teaching Tolerance Projet）为学校提供资源和材料，以提高跨文化理解和改善白人儿童与有色人种儿童之间的关系（Heller & Hawkins, 1994）。半年刊《包容》（*Teaching Tolerance*）被分发到美国的每一所公立和私立学校。该杂志的目的是分享关于包容的观点，并提供资源来传授如何变得包容。对于小学教师来说，关于"差异与共性"的视频和材料可以帮助儿童变得更加包容。

学校和社区作为一个团队 耶鲁大学精神病学家詹姆斯·科默（James Comer, 1988, 2006, 2010）强调，社区团队是教育儿童的最好方式。"科默改变计划"的三个重要方面是：（1）一个开发全面的学校计划、评估策略和员工发展计划的治理和管理团队，（2）心理健康或学校支持团队，（3）家长计划。科默改变计划强调无过错方法（重点是解决问题而非指责）、除非达成一致否则无决策，无瘫痪情况（即唱反调的人不能阻碍大多数人的决定）。科默说整个学校社区应该采取合作而不是对抗的态度。科默计划目前在 26 个州的 82 个学区的 600 多所学校开展。

图中是詹姆斯·科默（左）和一些住在市中心的非裔美国学生。这些学生就读于一所实施科默社区团队教学法的学校。

© Chris Volpe Photography

在《不让一个孩子掉队》一书中，科默（2004）赞同美国学校越来越强调更高的标准和问责制，但他认为仅仅强调考试成绩和课程是不够的。科默说如果教育改革想要成功，学生的社会情感发展以及其与照料者的关系也需要得到改善。

连线学生：最佳实践

多元文化教育的最佳实践和策略

我们已经讨论了许多有利于改善儿童与来自不同种族和文化背景的人之间关系的观点。多元文化教学的进一步指导方针包括来自多元文化教育专家詹姆斯·班克斯（James Banks, 2006, 2008）的以下建议：

1. 对材料和课堂互动中的种族主义内容保持敏感性。保罗·基维尔（Paul Kivel）1995 年出版的《根除种族主义》（Uprooting Racism）是一本很好的读物，能够加深你对种族主义的了解。

2. 更多地了解不同的种族群体。根据多元文化专家卡洛斯·迪亚兹（Carlos Diaz, 2005）的说法，只有当你认为自己是"多元文化学者"时，你才有可能鼓励学生对多样性进行深入和批判性的思考。否则，迪亚兹说，"教师往往会把多样性看作一连串的麻烦而不想有所涉及，因为他们缺乏背景知识来解释它"。为了提高你的多元文化素养，阅读至少一本关于美国少数族裔历史和文化的专业书籍。班克斯的《文化多样性和教育》（Cultural Diversity and Education）对这些群体的历史做了描述。

3. 留意学生的种族态度，以敏感的方式回应学生的文化观点。内布拉斯加州汉弗莱市的一名高中教师凯西·福彻（Kathy Fucher）在"教师视角"栏目中描述了一些减少学生偏见的策略。

教师视角

减少内布拉斯加州学生对拉丁裔学生偏见的探索

　　内布拉斯加州的肉类加工业为我们这个地区带来了很多拉美人。我发现我的学生对他们有明确的负面态度，而这通常是受他们父母的影响。为了帮助他们认识到自己的偏见，我把大卫·古特森（David Gutterson）的《雪落香杉树》（Snow Falling on Cedars）教给高年级学生。尽管这部虚构的小说发生在普吉特湾，讲述的是二战期间日本移民的故事，但我带领学生们所讨论的问题与他们对拉美人的偏见惊人地相似。我无法衡量偏见的程度，但我觉得教育学生认识偏见是减少这一问题的关键步骤。

4. 通过商业书籍、电影、录像带和录音来描绘不同种族的视角。班克斯（2003）所著的《种族研究的教学策略》（Teaching Strategies for Ethnic Studies）一书中描述了这些内容。在"教师视角"栏目中，明尼苏达州新乌尔姆市的四年级教师玛琳·温德勒（Marlene Wendler）描述了她在这方面的教学策略。

教师视角

用文学作品展示少数族裔是如何被对待的

　　我用文学作品来帮助学生理解他人，以及他们有时是如何受到不公平对待的。在 1 月份，我的社会科学课主要关注美国东南部，并通过让全班同学阅读《遇见艾迪》（Meet Addy）和《密西西比大桥》（Mississippi Bridge）来整合语言艺术。在马丁·路德·金日，我们读他的传记。通过《数星星》（Number the Stars），我们可以大致了解犹太人在二战中是如何被对待的。我们也对更多地了解安妮·弗兰克感兴趣。当孩子们读到这些少数族裔是如何被对待的时候，他们会更充分地理解所有人都是相似的而不是不同的。

5. 在选择不同的文化材料时，应考虑学生的发展状况。在童年早期教育和小学的教育中，应使学习体验变得明确和具体。班克斯强调，小说和传记是向这些年级较小的学生介绍文化概念特别好的选择。这一年龄段的学生可以学习相似性、差异、偏见和歧视等概念，但他们的发展还未成熟到可以学习种族主义之类概念的程度。

6. 以积极的方式看待所有的学生并对他们持有高期望，不论他们来自哪个种族。当老师对学生有高成就期望并支持他们的学习时，所有的学生都能学得更好。在"动机、教学和学习"一章中，我们将会详细介绍对学生的成就抱有高期望的重要性。

7. 要认识到，无论什么种族，大多数父母都对孩子的教育感兴趣，并希望孩子在学校学有所成。然而，要知道，许多有色人种的父母对学校有着复杂的感情，因为他们自己也有过被歧视的经历。想出一些积极的方法，让有色人种的父母更多地参与到孩子的教育中来，并将他们视为孩子的学习伙伴。

复习、思考和练习

学习目标2：描述一些促进多元文化教育的方法。

复习

· 什么是多元文化教育？为学生"赋权"的目的是什么？

· 什么是文化相关的教学？

· 什么是以问题为中心的教育？

· 教师如何改善来自不同种族群的学生之间的关系？

思考

· 在多元文化教育方面，作为一名教师，你希望自己的做法和上一任教师的做法有何不同？

PRAXIS™ 练习

1. 根据桑妮亚·尼托（Sonia Nieto）的说法，以下哪项是为学生赋权的最佳教育实践？

    A. 避免讨论偏见和歧视问题

    B. 向所有非拉丁裔白人学生教授第二语言

    C. 每周单独开设多元文化主题的课程

    D. 鼓励所有学生批判性地研究文化

2. 哪位教师的做法最能体现出多元文化教育的概念？

    A. 林肯先生，他不允许在他的课堂上讨论人种或种族问题，认为这与他的教学无关

    B. 彼得斯先生，他根据性别、种族和社会经济地位对他的学生有不同的期望

    C. 韦尔奇先生，他对少数族裔群体的成员表现出偏袒的态度

    D. 帕特森先生，他认识到自己与学生来自不同的背景，他花时间在社区中以更好地了解他们的文化

3. 以下哪项是以问题为中心教育的最佳例子？

    A. 当德罗萨先生的学生学习他们的历史课文时，他们从对所有群体的公平性和长期的社会影响的角度来看待事件

    B. 彭女士的学生讨论历史事实及其对主流文化的影响

    C. 布罗德豪斯女士的学生被鼓励对问题进行辩论，但是辩论的获胜者总是与布罗德豪斯女士持相同的观点

    D. 塔哈先生的学生本周五要举办文化展

4. 米德尔斯堡高中是一所种族多样化的学校，种族关系相当紧张、冲突不断。在可能的情况下，学生们会自行选择单一种族的小组。当被迫在多种族的小组中工作时，学生们经常争吵、无法合作。本学年发生了几起出于种族原因的暴力事件。根据上述的信息，哪种做法最有可能改善来自不同种族群体的学生之间的关系？

    A. 指派学生阅读有关各种族历史和贡献的书籍，并在课堂上以混合种族小组的形式进行讨论

    B. 继续把不同种族的学生放在一个课堂和作业任务组中，这样他们就会相互了解，冲突就会减少

    C. 允许学生留在单一种族的小组中，因为他们已经长大了，可以自己做出选择

    D. 完全忽视种族问题，这样学生就会逐渐减少对种族差异的认识

请参看书末的答案……

学习目标3：解释性别问题的各个方面，包括男孩和女孩的相似性和差异；讨论教学中的性别问题。

3 性别

性别是一个在日常生活中，包括学校和教育中广泛使用的词，关于性别有哪些不同的观点？

探索性别观

性别：人作为男性或女性的特征。

性别角色：一组期望，规定女性或男性应该如何思考、行动和感受。

性别类型化：传统男性或女性角色的习得。

性别（gender）是指人作为男性或女性的特征。**性别角色**（gender roles）是一组期望，规定女性或男性应该如何思考、行动和感受。**性别类型化**（gender typing）是指传统男性或女性角色的习得。例如，攻击性是传统男性角色的特征，而养育性则是传统女性角色的特征。

看待性别发展的方式有很多种（Leaper, 2015）。一些观点强调生物因素对男性和女性行为的影响，另一些则强调社会或认知因素。即使是具有强烈环境取向的性别专家也承认，女性和男性受到不同的对待是因为他们的生理差异和他们在繁殖过程中扮演的不同角色。

关于性别的社会观点特别强调儿童成长所处的各种社会环境，如家庭、同伴、学校和媒体。许多家长鼓励男孩和女孩参与不同类型的游戏和活动（Leaper & Farkas, 2015）。女孩更有可能被给予洋娃娃，当她们足够大时，更有可能被安排去照看幼儿。和男孩相比，父母会鼓励女孩学习如何更好地照顾家人。与女儿相比，父亲更有可能与儿子玩攻击类游戏。与青少年期的女儿比，父母给予青少年期的儿子更多自由。

多重思考
记忆的图式理论认为，当儿童重构记忆时，他们会将其融入已经存在于他们头脑中的信息中。连接到"信息加工理论"。

同伴也会奖励或惩罚性别相关行为（Rubin, Bukowski, & Bowker, 2015）。经过对小学教室的广泛观察，两位研究者将玩耍环境描述为"性别帮派"（Luria & Herzog, 1985）。在小学里，男孩通常和男孩在一起玩，女孩和女孩在一起玩。对于"假小子"女孩来说，加入男孩团体比"女性化"男孩加入女孩团体更容易，因为我们的社会对男孩施加了更大的性别类型化压力。发展心理学家埃莉诺·麦考比（Eleanor Maccoby, 1997, 2007）研究性别已有数十年，她总结说，同伴在性别社会化过程中扮演着特别重要的角色，他们教导彼此什么是可接受的、什么是不可接受的性别行为。

学校和教师对男孩和女孩具有重要的性别社会化影响。稍后，我们将探讨与学校、学生与教师互动、教育成就相关的性别差异，以及课堂中的性别偏见等话题。

媒体也对性别社会化有影响，将男性和女性描绘成特定的性别角色（Senden, Sikstrom, & Lindholm, 2015）。尽管近年来越来越多的多样化节目开始出现，但研究人员仍然发现，电视节目中呈现出的男性比女性更有能力（Starr, 2015）。

除了生物和社会因素之外，认知因素也有助于儿童的性别发展（Martin & Ruble,

2010）。**性别图式理论**（gender schema theory）是目前最被广泛接受的性别认知理论。该理论认为，随着儿童逐步发展性别图式，即认识到其文化中什么行为是适合性别的，什么行为是不适合性别的时候，性别类型化就产生了。图式是一种认知结构，一种引导个人感知的联想网络。性别图式根据男性和女性来对世界进行分类。儿童有内在的动机去感知世界，并按照他们发展中的图式行事。儿童一点一点地学会了在他们的文化中什么行为是适合性别的，什么行为是不适合性别的，并发展出性别图式。这些图式塑造了他们对世界的认知和记忆。儿童积极以符合这些性别图式的方式行事（Martin & others, 2013）。

性别图式理论：认为性别类型化是随着儿童逐渐发展出性别图式而出现的，即认识到其文化中什么行为是适合性别的，什么行为是不适合性别的。

性别刻板印象、相似性和差异

男孩和女孩的真正区别是什么呢？在回答这个问题之前，我们先来考虑一下性别刻板印象的问题。

性别刻板印象　**性别刻板印象**（gender stereotype）是一个宽泛的类别，它反映了人们对男性和女性适宜行为的印象和信念。所有的刻板印象——无论它们与性别、种族或其他类别是否有关——都是指一个类别中典型成员的形象。许多刻板印象是如此普遍以至于变得模糊不清。考虑一下"男性化"和"女性化"的分类。不同的行为可以被划分为不同的类别，比如橄榄球达阵得分或蓄胡子代表"男性化"，玩洋娃娃或涂口红代表"女性化"。将学生刻板地分为"男性化"或"女性化"可能会导致严重的后果（Best, 2010）。给男性贴上"女性化"的标签或给女性贴上"男性化"的标签会降低他或她的社会地位和群体中的被接纳程度。

性别刻板印象：一个宽泛的类别，它反映了人们对男性和女性适宜行为的印象和信念。

最近的研究仍然发现性别刻板印象是普遍存在的。研究人员发现，男孩的性别刻板化比女孩更严重（Blakemore, Berenbaum, & Liben, 2009）。

性别的刻板化会随着发展而发展（Zosuls, Lurye, & Ruble, 2008）。到儿童上小学的时候，他们已经相当清楚哪些活动与男性或女性有关。

学术相关领域中的性别相似性与差异　可以对学生生活的多个方面进行研究，以确定男孩和女孩之间相似和差异的程度。

大脑　性别是否影响大脑结构和活动？无论是男性大脑还是女性大脑，人类的大脑都非常相似（Hyde, 2014）。然而，研究人员发现了一些差异。下面介绍一些已经发现的差异：

- 女性大脑比男性的小，但是女性大脑有更多的褶皱；与男性相比，女性头骨中较大的褶皱（称为折叠）有着更多的表层脑组织（Luders & others, 2009）。
- 男性顶叶中负责视觉空间技能的区域往往比女性大（Frederikse & others, 2000）。

·与男性相比，女性大脑中与情感表达有关的区域往往表现出更多的代谢活动（Gur & others, 1995）。

·男性和女性大脑的相似和差异可能源于进化、遗传以及社会经验。

体育成绩　由于体育教育是美国教育体系中不可分割的一部分，因此了解男女在体育成绩上的异同是很重要的。一般来说，男孩在跑步、投掷和跳跃等运动技能上胜过女孩。在小学阶段，这种差异并不明显；进入中学，这些差异变得非常明显。青春期的激素变化导致男孩肌肉质量增加、女孩身体脂肪增加，这使得男孩在与强度、体型和力量有关的活动中具有优势。尽管如此，即使在青春期之后，环境因素也会影响体能表现。女孩不太可能参加提高运动技能的活动，而这些技能是在运动中取得好成绩所必需的。

运动水平是另一个存在性别差异的体能表现领域。在很小的时候，男孩在大肌肉运动方面就比女孩更活跃（Blakemore, Berenbaum, & Liben, 2009）。在教室里，这意味着男孩比女孩更容易坐立不安、在房间里四处走动，而且他们不太可能集中注意力。在体育课上，男孩在运动中消耗的能量比女孩更多。

智力　在一般智力能力上不存在性别差异，但在某些认知领域，如数学和语言能力上，性别差异确实存在（Halpern, 2012）。

数学与科学技能　在数学能力方面是否存在性别差异？一项针对700多万美国二到十一年级学生的大规模研究显示，男孩和女孩的数学成绩没有差别（Hyde & others, 2008）。此外，在最近的《美国教育进展评估》（National Assessment of Educational Progress，NAEP, 2015）报告中，在四到八年级的数学成绩上，几乎没有性别差异。然而，从1972年的第一次评估到2015年，男孩在SAT数学部分的得分普遍高于女孩：2015年，男孩的平均得分为527分，女孩为496分（College Board, 2015）。

研究者研究是否存在性别差异的数学领域之一是视觉空间技能，其中包括能够在头脑中旋转物体，并确定它们旋转后的样子。这些技能在平面几何、立体几何和地理等课程中非常重要。一项研究表明，男孩比女孩有更好的视觉空间技能（Halpern, 2012）。例如，尽管参加国家地理竞赛的男女人数相同，但在大多数年份里，所有10名决赛选手都是男孩（Liben, 1995）。然而一些专家认为，视觉空间技能的性别差异很小（Hyde, 2007）。

那科学方面呢？科学领域内是否存在性别差异？在2009年的《美国教育进展评估》中，高中毕业生在特定的科学课程（高级生物、化学和物理）上的得分，男孩普遍高于女孩（Cunningham, Hoyer, & Sparks, 2015）。在这项高中毕业生的研究中，男孩所报告的对科学的喜爱度高于女孩。在另一项针对八年级和十年级学生的研究中，男孩在科学测试中的得分高于女孩，尤其是在中等能力和高能力的学生中

（Burkham, Lee, & Smerdon, 1997）。在强调动手实验活动的科学课上，女孩的科学测试成绩有了很大提高。这表明了学生积极参与科学课堂的重要性，这可能促进了性别平等。

语言能力　20 世纪 70 年代，一项关于性别相似和差异的重要综述得出结论，女孩比男孩有更好的语言表达能力（Maccoby & Jacklin, 1974）。在小学和中学阶段，女孩在阅读和写作方面胜过男孩。在最近一项针对美国学生的研究中，四年级和八年级的女孩比男孩的阅读成绩更高（NAEP, 2015）。然而，就 SAT 分数而言，多年来，男孩在阅读部分的得分一直高于女孩（College Board, 2015），尽管差异比数学部分要小得多：2015 年，男性平均为 497 分，女性为 493 分。

在四年级和八年级，女孩在写作技能方面也比男孩表现得好得多（NAEP, 2007）。自 2006 年写作纳入 SAT 以来，女孩写作部分的成绩一直高于男孩：2015 年，女孩的平均成绩是 490 分，男孩的平均成绩是 478 分（College Board, 2015）。

教育成就　在学业成绩方面，女孩比男孩取得更好的成绩，完成高中学业的比率也更高（Halpern, 2012）。男孩比女孩更有可能被分配到特殊班 / 补习班。女孩比男孩更专注于学习材料，在课堂上更专心、更努力学习、更积极参与（DeZolt & Hull, 2001）。

请记住，学业成绩或数学、科学、阅读和写作的标准化测验分数也可能反映出认知能力之外的许多因素。例如，在学校的表现可能部分反映了试图符合性别角色或动机、自我调节或其他社会情感特征的差异（Klug & others, 2016; Wentzel & Miele, 2016; Wigfield & others, 2015）。

人际交往技能　研究人员发现，女孩更"以人为本"，而男孩更"以物为本"（Galambos & others, 2009）。在最近的一项研究综述中，这一结论得到了以下发现的支持：女孩花在人际关系上的时间更多，而男孩花在玩电子游戏和运动上的时间更多；女孩从事以人为本的兼职工作，如服务员和儿童照看者，而男孩更有可能从事涉及体力劳动和使用工具的兼职工作；女孩更喜欢以人为对象的职业，如教学和社会工作，而男孩更喜欢以物为对象的工作，如力学和工程（Perry & Pauletti, 2011）。

此外，研究人员发现，相比青少年期男孩，青少年期女孩在亲密关系中更多地进行自我表露（交流关于自己的亲密细节），在谈话中更善于积极倾听，更强调从属关系或合作（Leaper, 2013, 2015）。尤其是，青少年期的女孩比男孩更有可能进行自我表露，并在友谊中提供情感支持（Leaper, 2013, 2015）。相比之下，在与朋友和同龄人的互动中，男孩比女孩更看重自我主张和支配地位（Leaper, 2013, 2015）。

亲社会行为　在亲社会行为方面是否存在性别差异？女孩认为自己比男孩更亲社会、更有同情心（Eisenberg, Spinrad, & Knafo-Noam, 2015）。在儿童期和青少年期，女孩会做更多的亲社会行为（Hastings, Miller, & Truxel, 2015）。最大的性别差异出现在善良和体贴行为方面，分享方面的差异较小。

多重思考
教师在促进儿童的亲社会行为和为他们提供亲社会行为的机会方面可以发挥重要作用。连接到"社会环境和社会情感发展"。

多重思考

严重的、持续的攻击性问题可导致儿童被归类为有情绪和行为障碍。连接到"特殊的学习者"。

攻击行为　研究中最一致的性别差异之一是，男孩比女孩更具攻击性（Underwood, 2011）。这种差异在儿童被激惹时尤其明显——这种差异在所有文化中都存在，并且在儿童发展的早期就出现了（Ostrov, Keating, & Ostrov, 2004）。生物和环境因素都被认为是造成身体攻击行为差异的原因。生物因素包括遗传和激素；环境因素包括文化期望、成年人和同伴榜样，以及对男孩身体攻击的奖励。

虽然男孩普遍比女孩的身体攻击性更高，但女孩是否比男孩有更高的言语攻击性呢，比如大喊大叫？在考查言语攻击性时，性别差异要么不存在，要么在女孩身上比较显著（Eagly & Steffen, 1986）。

近年来，研究者日益对关系攻击感兴趣，是指通过操控关系来伤害他人（Blakely-McClure & Ostrov, 2016; Busching & Krahe, 2015; Mulvey & Killen, 2016; Orpinas, McNicholas, & Nahapetyan, 2015）。关系攻击包括这样一些行为，比如散播关于某人的谣言或排斥某人。关于女孩是否比男孩表现出更多关系攻击的研究有不同的发现，但有个一致的发现是，关系攻击在女孩的总体攻击中所占的比例大于男孩（Putallaz & others, 2007）。一项研究表明，女孩在青少年期比男孩参与更多的关系攻击，但在儿童期没有（Smith, Rose, & Schwartz-Mette, 2010）。

情绪及其管理　情绪的某些方面存在性别差异（Deng & others, 2016; Leaper, 2015）。最近的研究综述发现，儿童情绪表达的整体性别差异很小，女孩表现出更多的积极情绪（如同情）和更多的内化情绪（如悲伤和焦虑）（Chaplin, 2015; Chaplin & Aldao, 2013）。在这项分析中，积极情绪的性别差异随着年龄的增长变得更加明显，在童年中后期和青少年期，女孩比男孩更强烈地表达积极情绪。

一项重要的技能是调节和控制自己的情绪和行为的能力（Thompson, 2015）。男孩通常比女孩表现出更少的情绪自我调节性，这种低自控会转化为行为问题（Pascual & others, 2012）。

关于性别的争议

前面的章节揭示了性别在体能表现、写作技能、攻击性、自我调节性和亲社会行为方面存在一些实质性的差异，但性别在沟通、数学和科学方面的差异很小或根本不存在。关于这些相似和差异之处争议不断。进化心理学家，如巴斯（David Buss, 2012, 2015）认为，性别差异是广泛存在的，是由整个进化历史中所面临的适应性问题造成的。伊格力（Alice Eagly, 2012, 2013）也认为性别差异是存在的，但是对于其形成原因得出了非常不同的结论。她强调，性别差异是因为社会条件导致女性比男性拥有更少的权力和控制更少的资源。

相比之下，珍妮特·希布利·海德（Janet Shibley Hyde, 2014）认为性别差异被极大地夸大了，特别是在约翰·格雷（1992）的《男人来自火星，女人来自金星》和黛博拉·泰南（1990）的《听懂另一半：从沟通差异到弦外之音》等畅销书的推动下。她认为，研究表明女性和男性在大多数心理因素上是相似的。

性别角色分类

不久以前，人们接受男孩应该男性化，女孩应该女性化。然而，在20世纪70年代，由于女性和男性都对其刻板角色所带来的负担感到不满，人们提出了女性化和男性化的替代方案。不再将男性气质和女性气质描述为一个连续体，即其中一个多一点儿就意味着另一个少一点儿，而是提出个体可以同时拥有男性和女性特征。

这种想法导致了**双性化（androgyny）**概念的发展，即在同一个人身上出现积极的男性特征和女性特征（Bem, 1977; Spence & Helmreich, 1978）。双性化的男孩可能是自信的（男性化的）和擅于照顾人的（女性化的）。双性化的女孩可能是强大的（男性化的）和对他人的感受很敏感的（女性化的）。研究已经证实，社会变化正导致女孩更加自信（Spence & Buckner, 2000），而男孩比他们的父亲更中性化（Guastello & Guastello, 2003）。

> 双性化：在同一个人身上出现积极的男性特征和女性特征。

性别专家，如桑德拉·贝姆（Sandra Bem）认为，双性化的人比男性化或女性化的同伴更灵活、更有能力、心理更健康。然而，在某种程度上，哪种性别角色类型最好则取决于具体情况。例如，在亲密关系中，女性化和双性化的取向可能更受欢迎。一项研究发现，女性化程度高的儿童比男性化程度高的儿童表现出更强的关心他人的兴趣（Karniol, Grosz, & Schorr, 2003）。然而，在传统的学术和工作环境中，因为对成就的要求，男性化和双性化的取向可能更可取。

尽管谈到了"敏感的男性"，但波拉克（William Pollack, 1999）认为人们几乎不会做什么来改变传统的抚养男孩的方式。他说，"男孩准则"告诉男孩们，他们应该少表露情感，要表现强硬。男孩们在很多环境中学习男孩准则，尤其是同伴环境——沙坑、操场、教室、营地和聚会场所。根据波拉克的说法，其结果是一场"全美性的男孩危机"。波拉克和其他人认为，男孩可以从表达焦虑和担忧，并更好地控制攻击性的社会化中受益。请参阅自我评估1，考虑你的性别角色取向。

具体情境中的性别

前面我们说过，性别角色类型的概念涉及根据人格特征对人进行分类。然而，回想一下我们在"个体差异"一章中对人格的讨论，从个人与情境交互作用的角度而非只根据人格特征来考虑人格是有益的。现在让我们进一步探讨具体情境中的性别。

自我评估 1
我将向我的学生展示何种性别角色取向？

以下各项条目考察你认为自己是什么样的人。在最能描述你自己的那一栏上打钩：1= 一点都不像我，2= 有点不像我，3= 有点像我，4= 非常像我。

条目

	1	2	3	4
1. 我是独立的。				
2. 情感生活对我来说很重要。				
3. 我为他人提供社会支持。				
4. 我是有竞争力的。				
5. 我是个善良的人。				
6. 我对他人的感受是敏感的。				
7. 我是自信的。				
8. 我会自我反思。				
9. 我很有耐心。				
10. 我很果断。				
11. 我很强势。				
12. 我愿意冒险。				
13. 我喜欢将秘密告诉朋友。				
14. 我喜欢强有力的感觉。				

计分与解释

条目 1、4、7、10、11、12、14 是男性化条目。条目 2、3、5、6、8、9 和 13 是女性化条目。看看你的回答。如果你在男性化的条目中主要选择了 3 和 4，在女性化的条目中主要选择了 1 和 2，那么你很可能是男性化的；如果你在女性化的条目中主要选择了 3 和 4，男性化的条目中主要选择了 1 和 2，那么你可能是女性化的。如果你在男性和女性条目上都主要选择了 3 和 4，那么你可能是双性化的。如果你在男性和女性条目上都主要选择了 1 和 2，那么你的性别角色类型很可能是未分化的。

助人行为与情绪　在助人方面，人们的刻板印象是女性比男性更擅长帮助他人，但做出帮助行为的可能性取决于具体情境。与男性相比，女性更愿意抽出时间来帮助有个人问题的儿童，并参与照料行为。然而，在男性感到胜任或涉及危险的情况下，男性更有可能提供帮助（Eagly & Crowley, 1986）。例如，男性比女性更有可能停下来帮助路边因爆胎而被困的人。

女性是情绪化的，而男性不是。这是主要的情绪刻板印象。然而，就像帮助行为一样，男性和女性的情绪差异取决于所涉及的特定情绪及当时的情境（Chaplin, 2015; Shields, 1991）。当男性感到自己受到了挑战时，他们更有可能对陌生人，尤其是陌生男性表现出愤怒。男性也更有可能将他们的愤怒转化为攻击行为。在强调社会角色和人际关系的情境中，往往会出现男性和女性之间的情绪差异。例如，女性更有可能从关系的角度来讨论情绪，她们也更有可能表达恐惧和悲伤的情绪。

文化 在考察世界各地不同国家对女性和男性行为的文化规定时，在具体情境中考虑性别的重要性最为明显（Matsumoto & Juang, 2017）。在美国，现在有更多的人接受男性和女性行为的相似性，但在许多其他国家，社会角色仍然有性别区分（Best, 2010）。例如，在许多中东国家，男性和女性之间的劳动分工非常明显。在伊拉克和伊朗，男性接受社会化和教育，以便在公共领域工作；女性社会化主要是为了待在家庭中和养育儿童。对这些传统男性和女性行为的任何偏离都会遭到强烈反对。同样地，在中国农村，尽管已经取得了一些进步，但男性角色仍然占主导地位。

文化和种族背景也会影响男孩和女孩在美国的社会化程度。一项研究表明，美国的拉丁裔男性青少年和拉丁裔女性青少年在成长过程中的社会化是不同的（Raffaelli & Ontai, 2004）。在宵禁、与异性交往、取得驾照、找工作和参加课外活动方面，拉丁裔女性青少年比拉丁裔男性青少年的限制更多。

消除性别偏见

教师和学生之间的社会互动是如何性别化的？教师可以做些什么来减少或消除课堂中的性别偏见？

教师与学生的互动 性别偏见存在于课堂中。在各级学校教育中，教师与男孩的互动多于与女孩的互动（Blakemore, Berenbaum, & Liben, 2009）。有什么证据表明这种互动是对男孩有偏见？以下是一些需要考虑的因素（DeZolt & Hull, 2001）：

· 在许多班级，遵守指示、遵守规则、整洁有序的行为都受到重视和强化。这些行为通常与女孩而不是男孩联系在一起。

· 大多数教师是女性，尤其是在小学。这可能会使男孩比女孩更难认同他们的老师并以他们的老师为榜样。

· 男孩比女孩更容易被认定为有学习问题。

· 男孩比女孩更容易受到批评。

· 学校的工作人员倾向于将男孩的行为定性为有问题。

· 自20世纪70年代中期以来，在天才资优班计划中，女孩的数量已经超过了男孩（Freeman & Garces-Bascal, 2015）。

有什么证据表明课堂教学对女孩有偏见？请考虑以下因素（Sadker, 2016; Sadker & Sadker, 1994, 2005）：

·在典型的课堂上，女孩更顺从，男孩更吵闹。男孩需要更多的关注，女孩更可能安静地等待自己的机会。教育工作者担心，女孩的顺从和安静会付出代价：削弱自信。

·在许多课堂上，老师花更多的时间注意男孩并与之互动，而女孩则安静地自己学习和玩耍。大多数老师并不是有意偏袒男孩才花更多的时间和他们在一起，但不知怎么的，每次的课堂通常以这种性别化的局面结束。

·当男孩遇到问题时，他们比女孩得到更多的指导和帮助。老师经常给男孩留出更多的时间来回答问题，给予他们更多有关正确答案的提示，并且如果他们回答错误，会给他们再次尝试的机会。

·女孩和男孩进入一年级时的自尊水平大致相同，但到了中学阶段，女孩的自尊水平明显低于男孩（Robins & others, 2002）。

因此，有证据表明学校对男孩和女孩都存在性别偏见（Leaper & Brown, 2015）。许多学校的工作人员没有意识到他们的性别偏见。这些态度深深扎根于文化中并得到文化的支持。提高学校对性别偏见的认识显然是减少这类偏见的一项重要策略。

对儿童来说，单一性别教育（即分为男校和女校）可能比男女同校教育更好吗？支持单一性别教育的理由是，它消除了人们受异性干扰的可能，减少了性骚扰。近年来，男女分开的公立学校显著增加。2002 年，美国只有 12 所公立学校提供单一性别教育；在 2011—2012 学年，除 116 所公立学校是单一性别教育外，还有 390 所学校提供这种教育（NASSPE, 2012）。

《有教无类》法案的实施，尤其推动了作为改善低收入有色人种学生的教育体验和学业成绩的手段的单一性别教育的发展，似乎在许多提供单一性别教育的公立学校中，这类学生的比例很高（Klein, 2012）。然而，有三篇研究综述得出结论，没有证据表明单一性别教育的好处，尤其是在顶级研究中（Goodkind, 2013; Halpern & others, 2011; Pahlke, Hyde, & Allison, 2014）。哈普恩（Diane Halpern）及其同事（2011）在一篇题为"单一性别教育的伪科学"的综述中指出，单一性别教育被严重误导、误解，并没有任何有效的科学证据支持它的效果。他们强调，在反对单一性别教育的众多争论中，最有力的观点是它减少了男孩和女孩在一个有监督的、目的明确的环境中一起学习的机会。其他有关性别的权威专家最近也认为，有利于学生教育和发展的因素更有可能在男女同校的学校中，而不是在单一性别教育的学校中被发现（Bigler, Hayes, & Liben, 2014; Huston, 2015; Liben, 2015）。

由于非裔美国男性青少年群体历来学业成绩差、辍学率高，有人特别呼吁对他们实行单一性别（男校）的公共教育（Mitchell & Stewart, 2013）。2010 年，城市男青年预备学校（Urban Prep Academy for Young Men）成为美国第一所全非裔美国男孩的公立特许学校。该校的第一批毕业生全部上了大学，尽管该校地处芝加哥贫困、帮派和犯罪猖獗的地区。因为很少有公立学校只关注非裔美国男孩的教育，所以要判断这种单一性别教育是否在大范围内有效还为时过早（Barbarin, Chinn, & Wright, 2014）。

课程内容和体育内容　学校在减少书籍和课程材料中的性别歧视和性别刻板印象内容方面取得了相当大的进展，这主要是为了响应1972年《美国教育修正案》第九条，其中规定学校必须平等对待男性和女性。因此，今天的教科书和课堂材料更加性别中立。此外，与她们的父母和祖父母上学时相比，现在学校为女孩提供了更多参加职业教育课程和体育活动的机会。1972年，7%的高中运动员是女孩；2013年，这个数字上升到57%（Child Trends Data Bank, 2015）。2013年，美国中学生参加体育运动的比例如下——八年级：66%的男生，62%的女生；十年级：65%的男生，58%的女生；十二年级：66%的男生，52%的女生。此外，学校不再可以开除怀孕青少年或拒绝为其提供服务。

尽管如此，偏见仍然存在于课程层面。例如，学校的教材并不经常更新，因此许多学生继续使用过时的、带有性别偏见的书籍。

最近，我询问了一些老师，他们是如何在课堂上防止性别偏见的，以下是他们的回复：

幼儿园　我们在课堂上使用的图书展示了男性和女性各种角色。例如，我们的一些书中有女医生和男护士。我们还鼓励男孩做饭，女孩搭建建筑物。然而，当男孩表现出对洋娃娃或和女孩玩"穿衣打扮"游戏的兴趣时，他们的父母通常会担忧。为此，我们举办了一个关于这些问题的家长工作坊，我们告诉家长，在这个发展阶段，孩子会通过游戏体验各种角色并解决各种情况。这是一次艰难的工作坊，因为尽管家长们倾听，但他们对打破传统没有兴趣。

——瓦莱丽·戈勒姆，儿童乐园公司
（Valarie Gorham, Kiddie Quarters, Inc.）

小学　为了让我的五年级学生认识到性别偏见，我将我多年来收集的有明显性别偏见内容的旧书整合成了一个小单元。我们讨论这些书的历史方面，以及男性和女性的角色是如何变化的。除了讨论女性角色的变化，我还指出男性现在有了过去没有的机会，比如当护士和幼儿教师。

——克雷格·詹森，库珀山小学
（Craig Jensen, Cooper Mountain Elementary School）

初中　为了防止我的七年级学生按性别扎堆，即男孩和男孩、女孩和女孩坐在一起，我让他们混坐在一起，每个合作小组由两个男孩和两个女孩组成。我在课堂上使用的另一个策略是绝不随机挑选学生参与。相反，我按我的班级名单或者按男孩和女孩的顺序来挑选学生，这样每个人都有机会。

——凯西·玛斯，爱迪生中学

（Casey Maass, Edison Middle School）

高中　在性别问题上，我喜欢在我们班上做与传统做法完全相反的事情。例如，我让女孩帮我搬沉重的书，或者让男孩帮我清理洒出来的液体。最近，我告诉学生们如何处理正式的商业信函，我们讨论了如何使用"小姐"（Miss）、"先生"（Mr）、"夫人"（Mrs 或 Ms）。我告诉他们，我认为用婚姻状况来定义女性是很愚蠢的，而男性任何时候都是用"先生"。有几个学生，有男孩有女孩，恍然大悟地说："我以前从没想过这个。"我可能已经播下了一颗种子，这颗种子将成长为他们对传统的质疑，而传统在我们现代世界已经没有什么价值了。

——珍妮弗·海特尔 布莱曼高中

（Jennifer Heiter, Bremen High School）

性骚扰　女孩可能会遭遇多种形式的性骚扰——从性别歧视言论、隐秘的身体接触（轻拍、蹭身体）到公然的求欢和性侵犯。每年都有数百万女孩在教育环境中遭受这样的性骚扰。最近一项针对 12~18 岁美国女孩的研究显示，90% 的女孩至少遭受过一次性骚扰，而且这种可能性随着年龄的增长而增加（Leaper & Brown, 2008）。此外，最近一项关于青少年关系的全国调查发现，卷入各种类型虐待（施暴和受害）的青少年的百分比如下（Taylor & Mumford, 2016）：

·*心理虐待*：64% 的人表示他们曾遭受心理虐待（例如被人取辱骂性的外号和过度跟踪）。

·*性虐待*：18% 的人表示自己是性虐待的受害者，12% 的人表示自己有过性虐待行为。

·*性骚扰*：31% 的人表示自己曾是性骚扰的受害者，11% 的人表示自己曾实施性骚扰；13% 的人表示他们曾是网络性骚扰的受害者，4% 的人表示他们曾犯下此类罪行。

此外，在这项研究中，12~14 岁的女孩比男孩更容易遭受严重威胁或身体暴力，但男孩更有可能在 15~18 岁时发生这些行为。

美国民权办公室（2016）出版了一本关于性骚扰的指南。在该指南中，对交换型性骚扰和敌对环境性骚扰进行了区分：

· 当学校员工威胁将教育决定（如成绩）根据学生是否接受不情愿的性行为而定时，**交换型性骚扰**（quid pro quo sexual harassment）就发生了。例如，教师给一个允许教师对其进行性挑逗的学生打 A，或者给一个拒绝教师接近的学生打 F。

· **敌对环境性骚扰**（hostile environment sexual harassment）发生于学生受到不情愿性的行为的影响，而这种不情愿的性行为非常严重、持久或普遍，限制了学生从教育中获益的能力。这种敌对环境通常是由一系列事件造成的，比如反复的性暗示。

在教育环境中，任何性骚扰都是非法的，但因为没有一个明确的报告和调查机制，潜在的受害者往往无法投诉。

性骚扰是一种权力和一个人支配另一个人的形式，这可能会给受害者带来不利后果。当作恶者是对学生有相当大权力和权威的教师时，性骚扰的破坏性尤其大。

交换型性骚扰： 发生于当学校员工威胁将教育决定（如成绩）根据学生是否接受不情愿的性行为而定时。

敌对环境性骚扰： 发生于学生受到不情愿的性行为的影响，而这种不情愿的性行为非常严重、持久或普遍，限制了学生从教育中获益的能力。

复习、思考和练习

学习目标 3：解释性别问题的各个方面，包括男孩和女孩的相似性和差异；讨论教学中的性别问题。

复习

· 什么是性别，性别角色和性别类型化的概念意味着什么？心理学家如何尝试从生物、社会和认知的角度来解释性别？

· 什么是性别刻板印象？性别刻板印象造成了哪些问题？男孩和女孩有什么相似性和差异？

· 性别角色分类的特点是什么？

· 观察情境中的行为如何能减少性别刻板印象？

· 有什么证据表明课堂上存在性别偏见？学校在减少偏见方面取得了哪些进展？

思考

· 从你自己的高中教育中，至少想出一个例子，说明你的学校或老师偏爱男孩或女孩。作为一名教师，你将如何努力纠正这种性别偏见？

PRAXIS™ 练习

1. 在杰克的家里，做饭的人不洗碗。因为一般是杰克的母亲做饭，他的父亲洗碗。有一天，在杰克的学前班 "家务" 区，杰克假装是一个家庭的父亲，他的 "妻子" 艾米丽假装在玩具炉子上做晚饭。在一家人吃完后，艾米丽开始假装洗碗。杰克喘着粗气，抗议道："嘿！我是爸爸！" 这个例子最能支持性别发展的哪种理论？

A. 生物理论

B. 认知发展理论

C. 社会认知理论

D. 精神分析理论

2. 哪位教师关于性别差异的观点得到了当前研究的最好支持？
   A. 凯恩先生，他认为女孩比男孩更健谈
   B. 纳什先生，他认为男孩的数学成绩比女孩好
   C. 金女士，她认为男孩比女孩更具有身体攻击性
   D. 沃尔特女士，她认为男孩一般比女孩更公平、更守法

3. 哪位学生最适合被描述为双性化？
   A. 亚历克斯，他对他人的感受很敏感，喜欢与朋友分享秘密，并为他人提供社会支持
   B. 克里斯，他独立、有竞争力、有耐心、能自我反省，并为他人提供社会支持
   C. 帕特，他善良、敏感、自我反省，喜欢向朋友倾诉秘密
   D. 特里，他独立、有竞争力、自信、有进取心，并且愿意承担风险

4. 一个男性在哪种情况下最有可能表现出帮助行为？
   A. 一个朋友的汽车电池坏了，需要搭电重新启动汽车
   B. 一个小孩子需要帮助，因为他要为语言艺术课写一首诗
   C. 一位家庭成员生病了，需要有人提供照顾
   D. 一个朋友需要关于个人问题的建议

5. 范特女士执教五年级。她的班级是由大约相同数量的男孩和女孩组成。她经常想，为什么男孩不能表现得更像女孩？女孩们安静地坐着，遵守规则，并且合作愉快。而男孩们总是坐不住，他们吵闹不休。范特女士试图对所有学生一视同仁，但她经常需要训斥那些男孩。她应该怎么做？
   A. 让孩子们有时间和空间来活动和发泄压力。这将有助于男孩在课堂上更好地听讲，也有助于女孩的社交活动
   B. 当男孩的行为不恰当时，继续训斥他们，他们将学会安静地坐着并服从命令
   C. 将孩子们分成不同性别的小组，这样男孩就不会干扰女孩的学习了
   D. 指出女孩的服从行为，以给男孩作榜样，这样他们就会明白对他们的期望是什么

请参看书末的答案……

连线课堂：案例分析
这些男孩

　　想象一下，拉里是一个九岁的男孩，他在你所实习的四年级班上。你已经听到他和其他一些学生抱怨他们的老师琼斯夫人有性别偏见。有一天，你无意中听到拉里因为和女同学安妮发生口角而受到琼斯夫人的训斥。

　　"这不公平，琼斯夫人，"拉里说，"安妮拿走了我的作业并把它撕了，而我因为把作业拿回来而惹上了麻烦。"

　　"听着，拉里，"琼斯夫人告诫道，"你知道安妮不会那样做的。你去跟她道歉，放学后来办公室找我。"

　　拉里一脸愤怒地走开了，喃喃地说："女孩永远不会惹上麻烦。总是男孩倒霉。"

　　你曾经从琼斯夫人的学生那里听到过这句话，但你从来没有当真过。在接下来的三个星期里，你更加密切地关注琼斯夫人的行为，并对性别偏见保持敏感性。你发现除了数学以外，女孩的成绩都比男孩高。男孩放学后多次被要求留下，而女孩从来没有过。当琼斯夫人在课间休息期间值班时，如果男孩和女孩在操场上发生争执，男孩们都靠墙站着，而女孩们则微笑着走开了。在课堂上，女孩比男孩更频繁地被当作行为榜样。她们的学习也受到了更多赞扬。若你检查学生们在这一年中读了哪些书，到目前为止，他们的必读书目包括《大草原上的小木屋》《夏洛特的网》和《小妇人》。

你注意到的唯一对男孩有利的地方是他们得到了琼斯夫人更多的关注。然而，在进一步的考察中，你会发现大部分的关注实际上是纪律方面的关注。

有一次，当琼斯夫人走过大厅时，你无意中听到她对同事说："这些男孩，我真不知道该拿他们怎么办。"

1. 这个案例中的问题是什么？
2. 基于你在文章中获得的观点和信息，讨论你认为在这个教室里正在发生的事情，以及琼斯夫人性别观念可能产生的影响。引用性别发展的研究和理论。
3. 你认为琼斯夫人的行为会对她的学生产生什么影响？为什么？
4. 此时琼斯夫人应该做什么？为什么？什么样的外部援助可以帮助她？
5. 如果你是这个班级的实习老师，你会怎么做？为什么？
6. 在你自己的课堂上，你会做些什么来尽量减少性别偏见？

本章概要

① 文化与种族：讨论如何在教育儿童时考虑文化、社会经济地位和种族背景的差异。

文化

·是指某一特定群体代代相传的行为模式、信仰和其他所有产物。这些产物是多年来人与人、人与环境相互作用的结果。

·文化被分为个人主义文化（一套优先考虑个人目标而非集体的价值观）和集体主义文化（一套支持集体的价值观）。许多西方文化是个人主义的，许多东方文化是集体主义的。

·与欧洲和东亚的同龄人相比，美国青少年花在学校和做家庭作业上的时间更少，花在有偿工作上的时间更多，而且有更多的自由支配时间。人们对美国青少年如何利用他们所有可自由支配的时间表示担忧。

社会经济地位

·社会经济地位（SES）是根据相似的职业、教育和经济特征对人进行的分类。最需要注意的是低社会经济地位和中等社会经济地位的个体之间的区别。与高社会经济地位的人相比，低社会经济地位的人通常受教育较少，影响学校和其他社区机构的权力较小，拥有的经济资源也较少。

·目前，超过 17% 的美国儿童生活在贫困中。贫困儿童在家庭和学校都面临着阻碍他们学习的问题。低收入社区的学校通常资源更少，老师也缺乏经验，他们更有可能鼓励死记硬背，而不是扩展思维技能的活动。

种族

·有色人种儿童在学校人口中所占比重越来越大。学校隔离仍然是影响有色人种儿童受教育的一个因素。相比非拉丁裔白人和亚裔美国学生，非裔美国学生和拉丁裔美国学生更不可能就读大学预科课程。

·历史、经济和社会经验在各民族之间产生了合理的差异，认识到这些差异是很重要的。然而，与主流的非拉丁裔白人群体相比，这些差异往往被视为少数族裔群体的缺陷。重要的是要认识到存在于每个文化群体中的广泛多样性。

第二语言学习与双语教育

·研究人员发现，婴幼儿阶段同时学习两种语言对认知发展有好处。相比青少年期，在儿童期学习第二语言更可能成功。

·"双语教育"这个术语用来描述为英语非母语的学生设计的方案和课程。不论英语学习者（ELL）主要接受英语教学，还是接受英语和他们的母语相结合的教学，双语教育课程会有所不同。对 ELL 学生来说，精通英语通常是一个非常漫长的过程。

2 多元文化教育：描述一些促进多元文化教育的方法。

为学生赋权

·多元文化教育重视多样性，并且通常包含不同文化群体的观点。

·赋权是当今多元文化教育的一个重要方面，即为人们提供获得成功的智力和应对技能，并创造一个更公平的世界。它包括让学生有机会了解许多不同种族和文化群体的经验、奋斗和愿景。我们希望赋权将提高少数族裔学生的自尊、减少偏见，并提供更平等的教育机会。

文化相关的教学

·文化相关的教学是多元文化教育的一个重要方面。它寻求与学习者的文化背景建立联系。

以问题为中心的教育

·以问题为中心的教育也是多元文化教育的一个重要方面。在这种方法中，学生被教导系统地研究涉及公平和社会公正的问题。

改善不同种族儿童之间的关系

·改善不同种族儿童之间关系的策略/方法包括拼图教学法（让来自不同文化背景的学生通过完成作业任务的不同部分来合作，以达到共同的目标）、积极的个人接触、观点采择、减少偏见、提高包容度、学校和社区作为一个团队。

3　性别：解释性别问题的各个方面，包括男孩和女孩的相似性和差异；讨论教学中的性别问题。

探索性别观

·性别是指人作为男性或女性的特征。性别的组成部分包括性别角色和性别类型化。

·现在已提出的性别观有生物的、社会的和认知的性别观。一些观点强调生物因素，其他观点则强调社会或认知因素。当今被广泛接受的认知观点是性别图式理论。

性别刻板印象、相似性和差异

·性别刻板印象是一个宽泛的类别，它反映了人们对男性和女性适宜行为的印象和信念。所有的刻板印象都是指一个类别中典型成员的形象。一些性别刻板印象可能对儿童有害。

·心理学家研究了在体能表现、大脑、数学和科学技能、语言技能、学校成绩、人际关系技能、攻击性/自我调节性和亲社会行为方面的性别相似性与差异。

关于性别的争议

·某些领域的性别差异是显著的（体能表现、阅读和写作技能、学校成绩、身体攻击性和亲社会行为），而在另一些领域性别差异很小或根本不存在（智力、小学和中学的数学和科学能力）。关于这些相似性和差异的程度与原因，争议不断。一些心理学家将性别差异追溯到进化史上所面临的适应性问题，而另一些人指出性别差异是因为社会条件导致女性比男性拥有更少的权力。还有一些人认为，男女之间的差异被极大地夸大了。

性别角色分类

·性别角色分类关注于个体的男性化、女性化或双性化的程度。在过去，有能力的男性应该是男性化的（例如强大的），女性应该是女性化的（例如善于照顾人的）。20世纪70年代出现了"双性化"（雌雄同体）的概念，即最有能力的人同时具有男性和女性的积极特征。一个特别值得注意的问题是关于学习了"男孩准则"的青少年的。

具体情境中的性别

·在助人行为和情绪等领域对性别角色类别、性别相似性与差异的评估表明，思考性别的最佳方式不是从人格特征的角度来考虑，而是从人与环境互动（情境中的性别）的角度来考虑。

·虽然美国儿童通常可以选择双性化和多种性别角色，但世界上许多其他国家仍然是男性主导的。

消除性别偏见

·学校中存在关于男孩和女孩的性别偏见。许多学校工作人员并没有意识到这些偏见。一个重要的教学策略是努力消除性别偏见。

·学校在减少书本和课程材料中的性别歧视和性别刻板印象方面已经取得了相当大的进展，但某些偏见依然存在。

·性骚扰是一个特别值得关注的学校问题，而且比以往更加普遍。最近，人们对交换型性骚扰和敌对环境性骚扰进行了区分。

关键术语

双性化（androgyny）

集体主义（collectivism）

跨文化研究（cross-cultural studie）

文化（culture）

赋权（empowerment）

种族（ethnicity）

性别（gender）

性别角色（gender role）

性别图式理论（gender schema theory）

性别刻板印象（gender stereotype）

性别类型化（gender typing）

敌对环境性骚扰（hostile environment sexual harassment）

个人主义（individualism）

拼图教学法（jigsaw classroom）

多元文化教育（multicultural education）

偏见（prejudice）

交换型性骚扰（quid pro quo sexual harassment）

社会经济地位（socioeconomic status，SES）

档案袋活动

现在你已经很好地理解了本章的内容，请完成这些练习来扩展你的思维。

独立思考

1. 培养课堂上的文化理解。假设你正在教一节关于美国历史上的西进运动的社会科学课。一个学生发表了一份诸如"印第安人脾气暴躁，对白人定居者表现出敌意"等关于美国印第安人的种族主义的、刻板印象的言论。你会如何处理这种情况？（Banks, 1997）。请说明你将采取的策略。

研究 / 实地体验

2. 互动中的公平。观察包括来自不同种族的男性和女性学生的几间教室里的教学过程。教师与女学生和男学生的互动是否不同？如果有不同，是怎样的不同？教师是否以不同的方式与来自不同种族的学生互动？如果是的话，是怎样不同的方式？描述一下你的观察结果。

合作学习

3. 规划多样性目标。与班上其他三四名学生一起，为你们未来的教室制定一份具体的多样性目标清单。同时集思广益，想出一些创新的活动来帮助学生获得积极的多样性体验，例如本章中的拼图教学法。总结一下多样性目标和活动。

第六章

特殊的学习者

只有受过教育的人才是自由的。

——伊壁鸠鲁（Epicurus）

公元前 4 世纪希腊哲学家

章节概览

1. 障碍儿童

学习目标 1：描述各种类型的障碍。

学习障碍

注意缺陷多动障碍

智力障碍

身体障碍

感觉障碍

言语和语言障碍

孤独症谱系障碍

情绪和行为障碍

2. 与障碍儿童有关的教育问题

学习目标 2：解释服务于障碍儿童的法律框架和技术。

法律方面

技术

3. 天才儿童

学习目标 3：定义什么是天才，讨论执教天才儿童的方法。

天才儿童的特征

先天 / 后天和特定领域的天才

天才儿童的教育

连线教师：弗娜·罗林斯·海斯

弗娜·罗林斯·海斯（Verna Rollins Hayes）在密歇根州的伊普斯兰蒂社区学校教授语言艺术课，并因成功地教授所谓的"难教"或"困难学生"而闻名。她发现，与这些学生相处时，最好的策略是发现他们的需要，探索如何提供所需，并不断评估策略是否有效。如何对障碍儿童进行有效的教育是许多常规教育教师面临的挑战。许多情况下，在常规教育教室中，障碍儿童的教育是在特殊教育教师或工作人员的协调下进行的。弗娜·罗林斯·海斯描述了她在教一名重度障碍学生的过程中所做的协调努力。

杰克是一个接受特殊教育的身体障碍儿童。他出生时就有脑部损伤、双腿扭曲、患有脑瘫、癫痫。他的注意力持续时间也相对较短。由于他流口水，说话声音大且语音单调，激动时说话结巴，几乎无法控制自己的动作以致字迹难以辨认，所以人们常常认为他有智力障碍。

我的策略包括确保他拥有获得成功所需的所有设备。我为他准备好纸巾，在双方同意的情况下提醒他擦嘴。我发现，如果他平静下来，他可以轻声说话，也不会结巴。我们约定了一个暗号，当他说话声音太大时，我会清一清嗓子；当他激动得说不出流畅的话时，我会告诉他"说慢点"。

他使用电脑参加测验，完成任何任务都需要多一点时间，但他对"置身于现实世界"感到无比兴奋，如此一来，他的注意广度得到了改进，他的自我价值感也提高了。事实上，他的母亲给我写了一封信来表示感谢："你给他带来了最积极的影响，你重新燃起并大大增加了他对阅读和写作的热爱。你给了我的孩子一份奇妙的礼物。"

概览

弗娜·罗林斯·海斯面临的挑战是，如何在她的课堂上找到教一个有多种障碍的儿童的最好方法，并与杰克的特殊教育老师配合教学。像弗娜·罗林斯·海斯一样，如果你在常规的教室里教学，你可能会遇到障碍儿童。过去，公立学校基本不会接收这些儿童。然而，今天，障碍儿童必须获得免费的、适宜的教育，而且他们越来越多地在常规教室里接受教育。在本章中，我们将研究许多不同类型的障碍儿童以及另一个特殊儿童群体，即那些有天赋的儿童。

学习目标1：描述各种类型的障碍。

1 障碍儿童

在美国所有的儿童中，有 12.9% 的 3~21 岁的儿童在 2012—2013 年接受了特殊教育或相关服务，比 1980—1981 年增加了 3%（Condition of Education, 2015）。

教育工作者越来越多地使用"有障碍的儿童"代替"障碍儿童"，更强调人而不是残障。此外，障碍儿童不再被称为"残障人"，但是术语残障状况（handicapping condition）仍然被用来描述社会强加给残障人士的学习和功能障碍。例如，当使用轮椅的儿童不能充分使用卫生间、交通工具等，这被称为残障状况。

学习障碍

博比的二年级老师抱怨他的拼写很糟糕；8岁的蒂姆说，阅读对他来说真的很难，很多时候，这些词是没有多大意义的；阿丽莎有良好的口语能力，但在算术问题的计算方面有相当大的困难。这些学生都有学习障碍。

特征与识别　美国政府在1997年提出了学习障碍的定义，然后在2004年做了一些细微的修改，重新修订了该定义。以下描述了政府对儿童学习障碍的定义。有学习障碍（learning disability）的儿童在理解、使用口语或书面语方面有困难，这种困难可能表现在听力、思维、阅读、写作和拼写方面，也可能表现在数学运算方面。作为学习障碍的一种类型，其学习问题主要不是视力障碍、听力障碍、运动障碍、智力发展障碍、情感障碍的结果，也不是由于环境、文化或经济上的劣势。

从20世纪70年代中期到90年代初，美国接受特殊教育的学生比例急剧上升：1976—1977年为1.8%，1994—1995年为12.2%（National Center for Education Statistics, 2008）。一些专家说，这种急剧的增长反映了不良的诊断实践和过度鉴定。他们认为，教师有时太急于给有轻微学习问题的儿童贴上学习障碍的标签，而没有认识到问题可能出在他们的无效教学上。其他专家则表示，被贴上"学习障碍"的标签的儿童数量增加是合理的（Hallahan, Kauffman, & Pullen, 2015）。

被归类为有学习障碍的男孩大约是女孩的三倍。造成这种性别差异的原因包括男孩有更高的生物脆弱性和转介偏见（也就是说，男孩更容易因为他们的行为而被老师转介治疗）。

大多数学习障碍是终身的。与没有学习障碍的儿童相比，有学习障碍的儿童更有可能表现出糟糕的学习成绩、高辍学率、糟糕的就业和高等教育记录（Berninger, 2006）。在没有广泛支持的常规教室接受教育的学习障碍儿童很少能达到无学习障碍儿童的能力水平，即使是跟那些学习成绩较差的儿童相比（Hocutt, 1996）。然而，尽管他们遇到了这些问题，依然有许多学习障碍儿童长大后过着正常的生活，从事有效益的工作（Heward, Alber-Morgan, & Konrad, 2017）。

诊断一个儿童是否有学习障碍通常是一项艰巨的任务（Smith & others, 2016）。因为联邦政府的指导方针仅仅是指导方针，具体是由每个州，或者在某些情况下是一个州内的学校系统，来决定如何定义学习障碍和实施对学习障碍的诊断。同一个儿童可

学习障碍：在理解、使用口语或书面语方面有困难，这种困难可能表现在听力、思维、阅读、写作和拼写方面，也可能表现在数学运算方面。作为学习障碍的一种类型，其学习问题主要不是视力障碍、听力障碍、运动障碍、智力发展障碍、情感障碍的结果，也不是由于环境、文化或经济上的劣势。

多重思考
越来越多的专家认为,语音训练的直接指导是学习阅读的一个关键方面。连接到"学科领域的学习和认知"。

能在一个学校系统中被诊断为有学习障碍并接受服务,但在另一个学校系统中却没有被诊断出有障碍且不用接受服务。在这种情况下,父母有时会搬到另一个学区,以获得或避免诊断。

通常是由任课教师来初步确定可能存在的学习障碍。如果某个学生被怀疑有学习障碍,教师就会向专家寻求帮助。一个由专业人员组成的跨学科团队最适合评估学生是否有学习障碍。需要进行个人心理评估(智力)和教育评估(如当前的成就水平)(Hallahan, Kauffman, & Pullen, 2015)。此外,还可以使用视觉 – 运动技能、语言和记忆测试。

阅读、书写和数学困难 学习障碍儿童最常见的学习障碍是阅读、书写和数学。

阅读障碍 在有学习障碍的儿童中,80% 有阅读障碍。这些儿童在语音技能方面(涉及能够理解声音和字母如何匹配来组成单词的能力)有困难,而且他们在理解方面也可能有问题。阅读障碍(dyslexia)是指个体的阅读和拼写能力严重受损(Hulme & Snowling, 2015; Thompson & others, 2015)。

书写障碍 书写障碍(dysgraphia)是学习障碍的一种,涉及书写方面的困难(Berninger, Richards, & Abbott, 2015; Dohla & Heim, 2016)。有书写障碍的儿童可能会写字非常慢,他们写的单词几乎无法辨认,他们可能会犯很多拼写错误,因为他们无法将字母和发音匹配起来(Berninger & others, 2015)。一项研究显示,男孩的书写能力比女孩差(Berninger & others, 2008)。

计算障碍 计算障碍(dyscalculia),又称发展性算术障碍,是学习障碍的一种,涉及数学运算方面的困难(Kucian & von Aster, 2015; Rapin, 2016)。据估计,有 2%~6% 的美国小学儿童有计算障碍(National Center for Learning Disabilities, 2006)。研究人员发现,有数学运算困难的儿童往往存在认知和神经心理缺陷,包括糟糕的工作记忆、视觉感知和视觉空间能力(Mammarella & others, 2015)。一个儿童可能既有阅读障碍又有数学障碍,这两种障碍有着共同的认知缺陷,例如糟糕的工作记忆(Siegel, 2003)。

原因和干预策略 学习障碍的确切原因至今尚未确定。但是,研究者也提出了一些可能的原因。学习障碍往往发生在父母一方有阅读障碍或计算障碍的家庭中,但学习障碍的具体基因遗传尚不清楚。此外,某些学习障碍可能是由产前发育期间或分娩时的问题导致的。例如,研究人员已经发现,学习障碍在低出生体重儿童和早产儿中更为普遍(Jarjour, 2015)。

研究人员还使用脑成像技术,如核磁共振成像(MRI),来揭示大脑中可能与学习障碍有关的区域(Shaywitz, Morris, & Shaywitz, 2008)。这项研究表明,学习障碍不太可能只存在于一个特定的大脑区域。更有可能的是,学习障碍是因为来自多个大脑区域的信息整合问题或大脑结构和功能的不易察觉的困难(National Institutes of Health, 1993)。

对有学习障碍的儿童的干预往往聚焦于提高阅读能力(Bursuck & Damer, 2015;

阅读障碍:阅读和拼写能力严重受损。

书写障碍:涉及书写方面困难的一种学习障碍。

计算障碍:又称发展性算术障碍,是学习障碍的一种,涉及数学运算方面的困难。

Reid & others, 2009）。一个有能力的教师在一段时间内的强化教学可以帮助很多儿童
（Del Campo & others, 2015, 2015）。儿童阅读技能的提高和涉及阅读的大脑区域的改变，
往往需要早期干预和 / 或强化阅读指导（Lyytinen & others, 2015）。

最近，我询问老师们是如何帮助有学习障碍的学生的，以下是他们的回复：

幼儿园　为了照顾有学习障碍的儿童，我们会让他们做手工的时候坐在靠近老师的
位置上；使用更多过渡性的提醒，这样所有的儿童都能清楚地知道我们什么时候将进
行另一项不同的活动；准备直观的和动手操作的课程。在我们学校拥有不同能力的儿
童不仅有利于障碍儿童的学习，而且极大地帮助那些"典型"发展的同龄人去接受与
他们不同的人。

——瓦莱丽·戈勒姆，儿童乐园公司

（Valarie Gorham, Kiddie Quarters, Inc.）

小学　学习障碍有不同的形式和严重程度，我们的教学需要加以调整，以确保所有
的学生都能充分发挥他们的潜力。对注意缺陷多动障碍学生的调整不能用来帮助有阅
读障碍的学生。我在课堂上所做的一些调整和变化是使用可视教具、立体模型、信息
组织图和帮助记忆的工具。许多有学习障碍的学生很难通过一种感官来学习知识。因
此，你在教学中运用到的感官越多，孩子就越有可能进行良好学习。

——肖恩·施瓦兹，克林顿小学

（Shane Schwarz, Clinton Elementary School）

初中　我在帮助有学习障碍的学生时，会在组织方面提供帮助（通过为每个科目提
供一个带有彩色编码的单独文件夹的笔记本）；提供一个具有高期望的结构化课堂环
境；与学生就特定的障碍问题私下进行坦诚的讨论；保持一贯的课堂常规活动和时间
表（有学习困难的学生往往难以应对变化）；总结学生每天的情况。

——菲利西亚·彼得森，波坎蒂科山学校

（Felicia Peterson, Pocantico Hills School）

高中　对于高中生，我发现让有学习障碍的学生与关心他们、乐于助人的同伴配对
是非常有效的。有时候有必要让同伴知道应该期待什么或如何帮助另一个学生，然而
要把握好一个界线，因为你不希望其他学生知道该学生的障碍。我还发现，有声书可
以帮助有学习障碍的学生掌握信息，提供额外的时间来完成测试也是如此。

——桑迪·斯旺森，梅诺莫尼·福尔斯高中

（Sandy Swanson, Menomonee Falls High School）

注意缺陷多动障碍

马修有注意缺陷多动障碍，其外在表现相当典型。他很难专心听老师的指示，很容易分心。他一次坐不了几分钟，而且他的字写得乱七八糟。他母亲说他很烦躁。

特征　注意缺陷多动障碍（attention deficit hyperactivity disorder，ADHD）是指儿童在一段时间内持续表现出如下一种或多种特征：（1）注意力不集中，（2）多动，（3）易冲动。对于 ADHD 的诊断来说，这些特征必须在儿童早期就出现，且它们使儿童衰弱。

注意力不集中的儿童很难专注于任何一件事，而且可能在几分钟后就会对任务感到厌烦。一项研究发现，维持注意力问题是 ADHD 儿童最常见的一种注意力问题类型（Tsal, Shalev, & Mevorach, 2005）。好动的儿童表现出高水平的身体活动，似乎总是处在运动状态。冲动的儿童很难控制自己的反应，而且在行动之前不会思考。根据 ADHD 儿童所表现出的特征，他们可以被诊断为（1）注意力不集中为主的 ADHD，（2）好动 / 冲动为主的 ADHD，（3）同时具有注意力不集中和好动 / 冲动的 ADHD。

诊断与发展状况　确诊和接受 ADHD 治疗的儿童的数量大幅增加，据估计其人数在 20 世纪 90 年代翻了一番。美国精神病学协会（2013）在 DSM-5 手册中报告说，5% 的儿童有 ADHD，但在社区样本中的估计更高。例如，美国疾病控制与预防中心（2016）估计，ADHD 在 4~17 岁的儿童中持续增加，从 2003 年的 8% 增加到 2007 年的 9.5%，到 2016 年的 11%。根据美国疾病控制与预防中心的数据，13.2% 的美国男孩和 5.6% 的美国女孩曾被诊断为 ADHD。

然而，对于 ADHD 确诊数量的增加是存在争议的（Lewis, Wheeler, & Carter, 2017; Turnbull & others, 2016）。一些专家认为，增加主要是由于人们对这种障碍的认识有所提高。另一些人则担心，许多儿童的诊断并没有根据多种来源的信息进行广泛的专业评估。

与学习障碍不同，ADHD 不应该由学校团队来诊断，因为 ADHD 是一种出现在精神障碍类别中的疾病，有特定的诊断标准。虽然一些学校团队可能会诊断一个儿童有 ADHD，但这是错误的，可能会给学校和教师带来法律问题。学校团队不应该对 ADHD 进行诊断的一个原因是 ADHD 很难与其他儿童障碍区分开来，而准确的诊断需要该障碍领域内的专家进行评估，比如儿童精神病学家。

虽然 ADHD 的症状通常出现在学龄前，但 ADHD 儿童通常直到小学才被归类。正规学校教育在学业和社交方面的要求越来越高，对行为控制的标准也越来越严格，这往往会使得 ADHD 儿童的问题更明显。小学教师通常报告说，这种类型的儿童在独立做事、完成其任务和组织事务方面有困难，躁动不安和分心的情况也经常被注意到。这些问题更容易出现在做重复性或困难的任务，或儿童认为无聊的任务（如完成家庭

注意缺陷多动障碍：儿童在一段时间内持续表现出如下一种或多种特征：（1）注意力不集中，（2）多动，（3）易冲动。

多重思考
持续注意力是指在一段时间内保持注意力的能力。持续注意力是认知发展的一个非常重要的方面。连接到"信息加工理论"。

连线学生：最佳实践
执教学习障碍儿童的策略

1. 在教学期间考虑到学习障碍儿童的需要。清楚地陈述每节课的目标，呈现在黑板上或投影仪上。确保目标明确，并给出口头解释。用具体的例子来说明抽象的概念。

2. 为考试和作业提供便利。改变学习环境，以便这些儿童能够展示他们所知道的东西。这里的便利通常不是改变儿童必须的学习量。常见的便利措施包括为儿童大声朗读所需步骤、突出重要的单词（如用下划线划出）、使用不计时测试，以及提供更多时间来完成作业。

3. 修改作业。这种策略改变了作业的内容，使学习障碍儿童的作业与其他儿童不同，以鼓励儿童成功的信心。例如让一个有阅读障碍的儿童做口头报告，而其他儿童做书面报告。

4. 提高组织能力和学习能力。许多有学习障碍的儿童缺乏良好的组织技能。教师和家长可以鼓励他们制定长期和短期的日程表，并创建"待办事项"清单。作业任务应该被分解成各个要素，为每个部分制定步骤和截止日期。

5. 锻炼阅读和写作能力。如前所述，最常见的学习障碍包括阅读问题。有阅读问题的儿童通常阅读速度较慢，所以要提前通知他们有课外阅读作业和留出更多的课堂阅读时间。许多有写作缺陷的学习障碍儿童发现，使用电脑可以帮助他们更快、更胜任地完成书写任务，所以要为他们提供使用电脑完成作业的机会。在"教师视角"中，你可以读到一位二年级教师为有学习障碍的儿童制定的独特策略。

6. 给有学习障碍的儿童挑战，让他们变得独立，充分发挥他们的潜力。重要的是不仅要为有学习障碍的儿童提供支持和服务，而且要引导他们变得有责任感和独立。教师需要给有学习障碍的儿童挑战，让他们成为他们所能成为的人。在本章后面，我们将更多地谈到给障碍儿童挑战以发挥其潜力的重要性。

7. 熟悉为有学习障碍的儿童提供学习策略的移动设备应用程序，并将它们推荐给儿童的父母。

我们所描述的这七种教学策略，并不是要让有学习障碍的儿童比其他儿童占据更多优势，只是要给他们提供平等的学习机会。平衡学习障碍儿童和其他学生的需求是一项具有挑战性的任务。

教师视角
创建字符 Uey Long

南希·唐宁（Nancy Downing）是阿肯色州小石城唐·R. 罗伯茨小学（Don R. Roberts Elementary School）的一名教师，她采用的是一种多感官教育方法，这是她在帮助自己班上有学习困难的儿童时开发出来的。她用语音、手语和生动的歌谣创作了唐菲尔德拼读法，让学生们的学习变得有趣。她用发明的字符 Uey Long（"Uey"是短元音上的符号）来演示元音规则。

© Kathryn Cantrell, Courtesy of Nancy Downing

作业）时。

过去人们认为 ADHD 儿童在青少年期会有所改善，但现在看来往往并非如此。据估计，只有大约三分之一的青少年的 ADHD 症状减轻。人们越来越认识到这些问题可能会持续到成年期（Fritz & O'Connor, 2016; Marshall & others, 2016）。

原因与治疗 ADHD 的确切原因尚未找到。然而，人们已经提出了许多病因（Turnbull & others, 2016）。有些儿童可能从父母那里遗传了 ADHD 的倾向（Gallo &

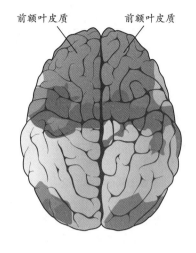

前额叶皮质　　前额叶皮质

延迟 2 年以上
延迟 0~2 年

图 6-1　注意缺陷多动障碍儿童的大脑发育在大脑皮质厚度峰值出现时间上的延迟

Posner, 2016），其他儿童可能因为在产前或产后发育过程中大脑受损而患上 ADHD（Chiang & others, 2015）。可能导致 ADHD 的早期因素包括吸烟、饮酒、低出生体重，以及孕妇在产前发育期的高度压力（Obel & others, 2016; Say & others, 2016）。

与学习障碍一样，脑成像技术的发展使我们可以更好地理解大脑在 ADHD 中所起的作用（Berger & others, 2015; Wolfers & others, 2016）。一项研究表明，ADHD 儿童的大脑皮质厚度峰值的出现时间（10.5 岁）比非 ADHD 儿童晚 3 年（7.5 岁）（Shaw & others, 2007）。这种延迟在大脑中负责注意和计划的前额叶区域更为明显（见图 6-1）。研究人员也在探索各种神经递质，如血清素和多巴胺，在 ADHD 中可能发挥的作用（Zhong, Liu; & Yan, 2016）。最近的一项研究发现，多巴胺转运体基因 DAT1 与 ADHD 儿童前额叶皮质厚度的减少有关（Fernandez-Jaen & others, 2015）。

刚刚所描述的大脑发育的延迟发生在与执行功能相关的区域。在 ADHD 儿童的研究中，他们在涉及执行功能方面的困难越来越受到关注，如必要时的行为抑制、工作记忆的使用和有效计划的方面（Craig & others, 2016; Dovis & others, 2015）。研究人员还发现 ADHD 儿童在心理理论方面存在缺陷（Mary & others, 2016）。

兴奋剂药物如哌甲酯（Ritalin）或阿得拉（Adderall，副作用比哌甲酯少）能有效改善许多 ADHD 儿童的注意力，但通常不能将他们的注意力提高到与非 ADHD 儿童相同的水平（Brams, Mao, & Doyle, 2009）。研究人员往往发现，将药物（如哌甲酯）与行为管理相结合比单独用药或单独行为管理更能改善 ADHD 儿童的行为，尽管并非在所有情况下都能如此（Centers for Disease Control and prevention, 2016）。

教师在监测 ADHD 药物的处方剂量是否合适方面起着重要的作用。例如，服用药物的学生通常在早上能完成学业任务，但到了下午，当药效逐渐消失时，他们就会注意力不集中或过度活跃。

批评人士认为，许多医生过于轻易地给患有轻度 ADHD 的儿童开兴奋剂处方。另外，在 2006 年，美国政府发布了一个关于使用兴奋剂治疗 ADHD 的心血管风险的警告。

最近，研究人员一直在探索三种类型的大脑、认知和身体训练减少 ADHD 症状的可能性。首先，神经反馈可以提高 ADHD 儿童的注意力（Zuberer, Brandeis, & Drechsler, 2015）。接受神经反馈训练的个体对自己的生理反应更加敏感，这样他们就能更好地控制大脑的前额叶皮质，而前额叶皮质是执行控制发生的区域。

其次，正念训练也被发现可以减少 ADHD 儿童的 ADHD 症状（Anderson & Guthery, 2015）。正念训练特别侧重于让个体专注于每时每刻的体验，可以包括瑜伽、冥想和太极等活动。一项元分析研究得出结论，正念训练显著提高了 ADHD 儿童的注意力（Cairncross & Miller, 2016）。

第三，运动作为一种可能的儿童 ADHD 治疗方法，正在被考察（Pan & others, 2016）。在最近的一项研究中，青少年期较频繁的身体活动与成年初期的低 ADHD 发病率有关（Rommel & others, 2015）。

此外，最近的一项元分析得出结论，短时间的有氧运动可以有效地减少注意力不集中、多动和冲动等症状（Cerillo-Urbina & others, 2015）。另一项最近的元分析表明，运动与 ADHD 儿童执行功能的改善有关（Vysniauske & others, 2016）。

最近，我询问老师们如何与那些被诊断为 ADHD 的学生相处，以下是他们的回复：

幼儿园 在我们这里，我们为被诊断为注意缺陷多动障碍的学龄前儿童创造了一个非常有组织的环境，他们适应得很好。虽然我们会像对待教室里的其他儿童一样对待 ADHD 儿童，但我们会给他们安排充足的体育活动，有时还会给他们额外的时间来整理思绪，并通过深呼吸让他们平静下来。必要时，会为他们提供儿科医生开的处方药。

——米西·丹格勒，市郊山丘学校
（Missy Dangler, Suburban Hills School）

小学 我发现经常性的短暂休息（比如让学生把东西拿给学校秘书或把东西收起来）有助于给孩子一个动一下，然后重新集中注意力的机会。在二年级的时候，在课间或者当我看到很多孩子"坐不住"的时候，我们会玩很多唱歌和运动的游戏（比如"西蒙说"）。所有这些游戏 / 歌曲都允许站起来、活动、唱歌或大笑，并让身体伸展和提供身体知觉，这可以帮助 ADHD 儿童集中注意力。另外，我不介意孩子躺在地板上或站在书桌上写作业，如果这是孩子集中注意力所需要的。只要孩子没有打扰到其他人，并且正在完成手边的任务，这就没有问题。

——简妮·吉达·普特雷，克林顿小学
（Janine Guida Poutre, Clinton Elementary School）

初中 与 ADHD 学生一起上课需要组织和计划。我会安排 ADHD 学生坐在教室的一个战略位置。我通常会选择一个方便他们自由地站起来，并在必要时四处走动的地方。我还确保这些学生坐在我可以很方便接近他们的地方。我会给出明确的提示，并要求 ADHD 学生向我重复提示，以确保他们不仅在听，而且可以理解。

——凯西·玛斯，爱迪生中学
（Casey Maass, Edison Middle School）

连线学生：最佳实践

与注意缺陷多动障碍学生相处的策略

1. 监控学生服用的兴奋剂是否有效。
2. 重复和简化课堂作业和家庭作业的指令要求。
3. 邀请特殊教育教师参与教学。
4. 提出明确的期望并给予学生及时的反馈。
5. 使用被证明有效的行为管理策略，例如对学生的进步提供积极的反馈。我们将在"行为主义和社会认知理论"一章中详细探讨这些方法。
6. 提供结构化的学习环境和教师指导。在很多情况下，一个结构化的学习环境会给注意缺陷多动障碍学生带来帮助。在"教师视角"中，高中英语教师乔安娜·史密斯描述了她如何布置教室以适应注意缺陷多动障碍学生。
7. 为学生提供站起来活动的机会。
8. 把作业分解成较短部分。

教师视角
构建课堂，让注意缺陷多动障碍学生受益

　　我发现，当我把注意缺陷多动障碍学生安排在第一排、给出明确的指示、把大的任务分解成小的任务、在黑板上写下必要的信息并指出它的确切位置、在测试中给予他们额外的时间（根据他或她的计划所规定的）并经常查看学生的情况时，他们就能够学得很好。通过这种频繁的接触，我可以了解学生的表现、了解他们理解了多少内容，这种接触也给予了他们一个聊天的好机会。

　　高中　我在教学中面临的最大挑战之一就是与未接受治疗的 ADHD 学生相处。我会让 ADHD 学生坐在前排。当我走过时，我可能会碰一下 ADHD 学生的肩膀，或者轻轻敲一下课桌，让他/她重新集中注意力。当我在教室走动时，我会"绕圈"回到学生的桌子旁，或者轻声地要求学生把指示重复给我。我经常检查他们的档案袋，以确保作业被正确地记了下来。当然，与父母的沟通也很重要。

——珍妮弗·海特尔，布莱曼高中

（Jennifer Heiter, Bremen High School）

智力障碍

　　越来越多的智力障碍儿童在常规教室内接受教育。智力障碍最显著的特征是智力功能不足（Kaderavek, 2015）。早在评估智力的正式测试被开发出来之前，智力障碍的人就被认为在学习和照顾自己方面缺乏与年龄相对应的技能。一旦智力测试被编制出来，便可以通过数字来表明智力障碍有多轻微或多严重。一个学生可能有轻微的智力障碍，能够在常规教室里学习；或者有严重的智力障碍，无法在常规教室里学习。

　　除了低智力，适应性行为缺陷和发病时间较早也被纳入智力障碍的定义中（Green,

Landry, & Iarocci, 2016）。适应性技能包括自我照料和承担社会责任所需的技能，如穿衣、如厕、进食、自我控制和同伴互动。根据定义，**智力障碍**（intellectual disability）是指在 18 岁之前开始发病，症状包括智力低下（通常在传统的个人智力测试中得分低于 70）和难以适应日常生活。如果一个人被诊断为智力障碍，那么他的低智商和低适应能力应该在儿童时期就表现出来，而不是在相当长的一段时间里功能正常，却突然因意外事故或其他类型的大脑损伤而显现。

智力障碍：在 18 岁之前开始发病，症状包括智力低下（通常在传统的个人智力测试中得分低于 70）和难以适应日常生活。

智力发展障碍的分类与类型　智力障碍分为轻度、中度、重度和极重度。大约 89% 的智力障碍学生属于轻度智力障碍。到了青少年期晚期，轻度智力障碍的人的学业技能大概可以达到六年级的水平。在他们成年后，许多人可以找到工作，在一些支持性的管理下独立生活或生活在集体之家。重度智力障碍的人需要更多支持。

如果你的课堂上有一个智力障碍的学生，其智力受损的程度可能是轻微的。重度智力障碍的儿童更有可能同时出现其他神经系统并发症的迹象，如脑瘫、癫痫、听力障碍、视力障碍或其他影响中枢神经系统代谢的先天缺陷（Terman & others, 1996）。

多重思考
斯坦福－比奈特测验和韦克斯勒量表是两个最广泛使用的，面对单个个体施测的智力测验。连接到"个体差异"。

大多数学校系统仍然使用轻度、中等、重度和极重度的分类方法。然而，由于这些基于智商范围的分类并不能完美地预测智力障碍个体的机能，一种更新的分类系统是基于学生发挥其最高水平的机能所需要的支持程度来创立的（Hallahan, Kauffman, & Pullen, 2015）。基于该分类系统的类别是间歇性支持、有限的支持、广泛的支持和全面的支持。

决定因素　遗传因素、脑损伤和环境因素是智力障碍的决定因素。让我们先来探讨一下遗传方面的原因。

遗传因素　最常见的智力障碍形式是**唐氏综合征**（Down syndrome），这是一种遗传疾病。患有唐氏综合征的儿童有 47 条而不是 46 条染色体（Lewanda & others, 2016）。他们有圆圆的脸、扁平的头骨、眼外侧上斜、内眦赘皮、舌头突出、四肢短，还有运动和智力障碍。目前尚不清楚为什么会有多余的染色体，但可能与男性精子或女性卵子的健康有关。年龄在 18~38 岁之间的女性生下患有唐氏综合征的儿童的可能性要比更年轻或年长的女性低得多。每 700 个新生儿中就有 1 个患有唐氏综合征。非裔美国儿童很少出生时患有唐氏综合征。

唐氏综合征：一种遗传性的智力障碍，染色体多出一条（即共有 47 条）。

通过早期干预和来自儿童家庭和专业人士的广泛支持，许多唐氏综合征儿童可以成长为独立的成年人（Skotko & others, 2016）。患有唐氏综合征的儿童通常有轻度至重度智力障碍。

脑损伤和环境因素　癫痫、感染和环境危害导致脑损伤（Pisani & Spagnoli, 2016）。准妈妈感染某些疾病，如风疹（德国麻疹）、梅毒、疱疹和艾滋病，可导致儿童的智力障碍。脑膜炎和脑炎是会在儿童期发病的感染。它们会引起大脑炎症，并可能导致智力障碍。可能导致智力障碍的环境危害包括出生前孕妇酗酒，分娩损伤，出生后头部被重击、营养不良、中毒（Alexander, Dasinger, & Intapad, 2015）。

连线学生：最佳实践

与智力障碍学生相处的策略

在校期间，针对智力障碍学生的主要教学目标是教授基本的教育技能，如阅读和数学，以及职业技能（Boyles & Contadino, 1997）。以下是一些积极的教学策略，为智力障碍学生提供最佳的学习体验：

1. 帮助有智力障碍的学生练习自主选择，并在可能的情况下让其自己做决定。
2. 永远记住学生的心理功能所达到的水平。有智力障碍的学生，其心理功能水平要比同班大多数其他学生低得多。如果你从某个水平开始教学，学生没有做出有效的反应，那就转到更低的水平。
3. 个性化你的教学，以满足学生的需要。
4. 和其他有障碍的学生一样，确保给出概念的具体例子。使你的教学清楚和简单。
5. 给学生机会去实践他们所学到的东西。让他们不断重复这些步骤，并大量学习某个概念直到记住这个概念。
6. 对学生的学习有积极的期望。人们很容易陷入这样的误区，即认为一个有智力障碍的学生无法取得学业成就。设定一个目标来最优化他或她的学习效果。
7. 寻求资源支持。利用助教和招募志愿者，如退休人员，来帮助你教授智力障碍学生。他们可以帮助你使更多学生得到一对一的指导。
8. 考虑使用应用行为分析策略。一些教师报告说，这些策略提高了学生的自我照料、社交和学习技能。如果你对使用这些策略感兴趣，可以求助于一些资源，比如保罗·阿尔贝托（Paul Alberto）和安妮·特劳特曼（Anne Troutman, 2017）所写的《教师应用行为分析技术》（*Applied Behavior Analysis for Teachers*）。应用行为分析中涉及的精确步骤可以帮助你有效地对有智力障碍的学生使用正强化。

身体障碍

儿童的身体障碍包括肢体障碍（如脑瘫）和发作性障碍（如癫痫）。许多有身体障碍的儿童需要特殊教育和相关服务，如交通、物理治疗、学校健康和心理服务。

肢体障碍 肢体障碍（orthopedic impairment）包括由肌肉、骨骼或关节问题而导致的运动受限或对运动缺乏控制能力。问题的严重程度各不相同。肢体障碍可由产前或围产期问题造成，也可由儿童期的疾病或事故造成。在适应性设备和医疗技术的帮助下，许多有肢体障碍的儿童在课堂上表现良好（Lewis, Wheeler, & Carter, 2017）。

脑瘫（cerebral palsy）是一种包括肌肉不协调、颤抖或口齿不清的障碍。脑瘫最常见的原因是出生时缺氧。特殊的电脑可以帮助脑瘫儿童学习。

发作性障碍 最常见的发作性障碍是癫痫（epilepsy），这是一种神经系统疾病，其特征是反复出现的感觉运动性发作或运动性抽搐（Berg & others, 2014）。癫痫发作的儿童通常使用一种或多种抗惊厥药物治疗，这些药物通常对减少癫痫发作有效，但并不一定消除癫痫发作（Mudigoudar, Weatherspoon, & Wheless, 2016）。

在癫痫没有发作的情况下，患有癫痫的学生行为正常。如果你班上有一个患有癫痫的学生，要熟悉在癫痫发作时监控和帮助学生的程序。

肢体障碍：由于肌肉、骨骼或关节问题而导致的运动受限或对运动缺乏控制能力。

脑瘫：一种包括肌肉不协调、颤抖或口齿不清的障碍。

癫痫：一种神经系统疾病，其特征是反复出现的感觉运动性发作或运动性抽搐。

感觉障碍

感觉障碍包括视力障碍和听力障碍。视力障碍包括矫正镜片可矫正、低视力和教育意义上的失明三个不同的程度。听力障碍的儿童可能是天生失聪或在发育过程中听力受损。

视力障碍　一小部分学生（约每1000名学生中就有1名）有非常严重的视力问题，这包括低视力的学生和失明的学生。低视力的学生佩戴矫正镜片后的视力在20/70到20/200之间（根据大家都熟悉的斯内伦视力表，20/20的视力是正常的）。低视力的学生可以阅读大字体的书籍或借助放大镜阅读普通书籍。教育意义上的失明学生不能通过他们的视觉来学习，必须依靠他们的听觉和触觉来学习。大约每3000名学生中就有1名教育意义上的失明学生。许多教育意义上的失明学

生有正常的智力，在适当的支持和学习辅助之下，他们学业表现良好。3D打印为有视力障碍的学生提供了重要的技术支持。此外，研究发现触觉设备（包括触觉）可以增加有视力障碍的学生的学习和探索能力（Nam & others, 2012; Pawluk & others, 2015）。

与有视力障碍的学生相处的一项重要任务是，确定学生学习的最佳方式（如使用触觉或听觉）。坐在教室前面通常对视力障碍学生有好处。

听力障碍　听力障碍会使学生的学习变得非常困难。天生失聪或在生命的最初几年经历重大听觉损害的儿童通常不会发展出正常的语言。你的班上可能也有一些听力障碍学生，但还没有被检测出来。如果你的学生在聆听其他人说话时需要将一只耳朵转向说话者、经常要求重复一些内容、不听从指示，或者经常抱怨耳朵疼痛、寒冷和敏感，那么可以考虑让专业人士（如听力专家）对学

学生视角

与众不同没什么大不了

为什么是我？我经常问自己，为什么必须是我？为什么我被选中与其他人不一样？我花了十多年的时间来寻找答案，然后意识到我和其他人并没有太大的不同。我的双胞胎妹妹出生时没有先天缺陷，而我出生时患有脑瘫。

人们认为我很笨，因为我无法写出自己的名字。所以，当我是班里唯一一个用打字机的学生时，我开始觉得自己与其他人不一样了。更糟糕的是，当三年级升四年级的时候，我不得不留级。因为老师们认为我打字速度不够快，跟不上老师的进度，所以我被留级了。同学们告诉我那是谎言，我被留级的原因是因为我是个智障。而被那些我以为是朋友的人嘲笑真的很痛苦……

我明白了没有人应该为我的障碍负责。我意识到，我可以做一些事情，并且我可以做得很好。有些事情我不能做，比如在课堂上记笔记或参加赛跑，但我将不得不接受这个事实……

有些时候，我希望自己不是天生脑瘫，但哭对我没有任何好处。我只能活一次，所以我想尽我所能过最好的生活……没有人能成为写这篇文章的安吉拉·埃里克森。我不可能成为别人，也不想成为别人。

——安吉拉·埃里克森
明尼苏达州维扎塔市九年级学生

学生视角

闭上双眼

在幼儿园，孩子们真正开始欣赏彼此间的差异，而不是害怕或觉得这些差异很奇怪。几年前，我所在幼儿园的一个孩子闭着眼睛在走廊上走路，并撞到了墙上。当我问他在做什么时，他说："我只是想学达里克，为什么他做得这么好？"达里克是他的同学，双目失明。他想体验一下失明的感觉。在这种情况下，模仿确实是最好的欣赏。

——安妮塔·玛丽·希区柯克
佛罗里达州圣罗莎县，赫勒·纳瓦拉初级学校，幼儿园教师

连线学生：最佳实践
与听力障碍学生相处的策略

1. 要有耐心。
2. 正常语速说话（不要太慢或太快）。
3. 不要大喊大叫，因为这样做无济于事。咬字清楚会有帮助。
4. 减少干扰和背景噪声。
5. 面向你正在与之说话的学生，因为他需要读你的唇语，看你的手势。
6. 获取课文录音。在过去的半个多世纪里，为盲人和阅读困难者录制的课本已经大大促进了对有视力、知觉或其他障碍的学生的教育。

多重思考
句法是一种语言系统，涉及单词组合以形成可接受的短语和句子的方式。连接到"认知和语言发展"。

生的听力进行评估。

　　许多有听力障碍的学生会在常规课堂之外接受额外的辅导。有两类教育方法来帮助听力障碍的学生：口语法和手语法。口语法包括唇读、言语阅读（依靠视觉线索来阅读），以及学生的残余听力。手语法包括手语和手指拼写。手语是一种用手势来表征词语的系统，手指拼写包括通过手势"拼出"每个单词。

言语和语言障碍

言语和语言障碍：包括许多言语障碍（如发音障碍、声音障碍和语畅障碍）和语言障碍（接受信息和表达思想的困难）。

　　言语和语言障碍（speech and language disorder）包括许多言语障碍（如发音障碍、声音障碍和语畅障碍）和语言障碍（接受信息和表达思想的困难）（Owens, Farinella, & Metz, 2015）。

　　在所有接受特殊教育的儿童中，大约有21%有言语或语言障碍（Condition of Education, 2015）。

发音障碍：无法正确发音的问题。

　　发音障碍　发音障碍（articulation disorder）是无法正确发音的问题（Bauman-Waengler, 2016）。儿童在六七岁时的发音仍然不是完全正确的，但在8岁时就应该正确了。有发音问题的儿童可能会发现与同学和老师交流很困难或尴尬。因此，儿童可能会避免提问、参与讨论或与同伴交流。发音问题通常可以通过语言治疗得到改善或解决，尽管这个过程可能需要花费数月或数年（Bernthal, Bankson, & Flipsen, 2017）。

声音障碍：反映在声音嘶哑、刺耳、太大，声调太高或太低。

　　声音障碍　声音障碍（voice disorder）反映在声音嘶哑、刺耳、太大，声调太高或太低。腭裂儿童经常有声音障碍，使他们的语言难以被理解。如果孩子说话的方式总是让人难以理解，建议父母带孩子去找语言治疗师。

语畅障碍：通常包括日常所说的"口吃"的一种障碍。

　　语畅障碍　语畅障碍（fluency disorder）通常包括日常所说的"口吃"的一种障碍。一个儿童在说话时出现一阵阵的停顿、发音拉长或重复现象即为口吃。许多儿童因为口吃而感到焦虑，这只会使他们的口吃更加严重。建议带儿童进行语言治疗（Bernthal,

Bankson, & Flipsen, 2017）。

语言障碍 语言障碍（language disorder）包括儿童在接受性或表达性语言方面存在重大缺陷的障碍。**接受性语言**（receptive language）涉及对语言的接受和理解。**表达性语言**（expressive language）涉及使用语言来表达自己的思想和与他人交流。语言障碍会导致严重的学习问题（Owens, Farinella, & Metz, 2015）。语言治疗师的治疗通常会使儿童的语言障碍得到改善，但问题通常无法根除。语言障碍包括以下方面的困难：提出恰当的问题以获得所需信息，遵循口头指示，理解对话（尤其是快速和复杂的对话），以及理解句子中单词的含义并在句子中正确使用单词。

语言治疗师莎拉帮助一名幼儿提高他的语言和沟通技能。儿童会面临哪些不同类型的语言问题？
© Sharla Peltier

特殊语言障碍（specific language impairment，SLI）涉及没有其他明显的生理、感觉或情感障碍的语言发展问题（Kaderavek, 2015; Swanson, 2016）。在某些情况下，这种障碍被称为发展性语言障碍。

有特殊语言障碍的儿童在句子的理解和单词使用方面存在问题。5岁儿童特殊语言障碍的一个指标是他们对动词的不完全理解。他们通常会把动词时态中的 -s 去掉（比如"She walk to the store"而不是"She walks to the store"），问问题时不用动词"be"或"do"（不说"Does he live there?"，而是说"He live there?"）。这些特征使得有特殊语言障碍的儿童看起来比其实际年龄小两岁。

特殊语言障碍的早期识别很重要，通常来说，在5岁或更早的时候就能准确地识别出特殊语言障碍。干预方法包括示范正确的表达，在对话中纠正儿童的错误表达，以及阅读指导。父母也可能希望将特殊语言障碍儿童送到言语或语言病理学家那里。

孤独症谱系障碍

孤独症谱系障碍（autism spectrum disorder，ASD）又称广泛性发育障碍，范围从较严重的孤独症到较轻的阿斯伯格综合征。孤独症谱系障碍儿童的表现特点是社会互动问题、语言和非语言沟通问题以及重复性的行为（Bernier & Dawson, 2016; Boutot, 2017; Wheeler, Mayton, & Carter, 2015）。具有这些障碍的儿童也可能对感官体验表现出非典型性反应（National Institute of Mental Health, 2016）。孤独症谱系障碍通常可以在1~3岁的儿童中发现。

近期对孤独症谱系障碍发生率的估计表明，其发生率正在急剧增加，或正在越来越多地被发现。几十年前，人们认为每2500名儿童中只有1人会受到孤独症谱系障碍的影响；但据估计，2002年，每150名儿童中就有1人会受其影响（Center for Disease

语言障碍： 儿童在接受性或表达性语言方面存在重大缺陷的障碍。

接受性语言： 对语言的接受和理解。

表达性语言： 使用语言来表达自己的思想和与他人交流。

特殊语言障碍： 涉及没有其他明显的生理、感觉或情感障碍的语言发展问题。在某些情况下，这种障碍被称为发展性语言障碍。

孤独症谱系障碍： 又称广泛性发育障碍，范围从较严重的孤独症到较轻的阿斯伯格综合征。孤独症谱系障碍儿童的表现特点是社会互动问题、语言和非语言沟通问题以及重复性的行为。

Control and Prevention, 2007）；2008 年，每 88 名儿童中就有 1 人会受其影响（Center for Disease Control and Prevention, 2012）。在最近的一次调查中，在男孩中发现的孤独症谱系障碍患者是女孩的五倍，在 3~21 岁的孤独症谱系障碍患者中，有 8% 的人正在接受特殊教育服务（Condition of Education, 2015）。

孤独症（autistic disorder）是一种严重的发育性孤独症谱系障碍，发病年龄为生命的头三年，包括社交关系缺陷、沟通异常，以及限制性的、重复性的、刻板的行为模式。

阿斯伯格综合征（Asperger syndrome）是一种相对轻微的孤独症谱系障碍，这类儿童有相对良好的语言技能、较轻微的非语言问题，以及有限的兴趣和关系范围（Boutot, 2017; Helles & others, 2015）。患有阿斯伯格综合征的儿童常常会陷入强迫性的、重复性的日常活动中，并专注于某个特定的主题。例如，一个儿童可能痴迷于棒球比分或短视频。

是什么导致了孤独症谱系障碍呢？目前的共识是，它是一种以大脑结构和神经递质异常为特征的大脑功能障碍（Conti & others, 2015）。研究者近来的兴趣聚焦于大脑区域之间缺乏的连接，并将其作为孤独症谱系障碍的一个关键因素（Fakhoury, 2015）。遗传因素也可能在其发展中发挥作用（Ning & others, 2015），但并没有证据表明家庭的社会化程度会导致孤独症。一些孤独症谱系障碍儿童存在智力缺陷，而其他儿童则表现出平均水平或高于平均水平的智力（Memari & others, 2012）。

孤独症谱系障碍儿童受益于结构良好的课堂、个性化的指导和小组指导（Simmons, Lanter, & Lyons, 2014）。行为矫正技术有时能有效地帮助这类儿童学习（Wheeler, Mayton, & Carter, 2015; Zirpoli, 2016）。

情绪和行为障碍

大多数学生在求学阶段的某个时期都出现过情绪问题。一小部分人的问题非常严重且持续存在，以至于他们被认为有情绪或行为障碍（Hallahan, Kauffman, & Pullen, 2015）。**情绪和行为障碍**（emotional and behavioral disorder）由很多严重的、持续存在的问题组成，涉及与个人或学校事务有关的人际关系、攻击性、抑郁、恐惧，以及其他不恰当的社会情绪特征。大约 6% 的患有某种障碍且需要个性化教育计划的儿童属于这一分类（Condition of Education, 2015）。男孩出现这些障碍的可能性是女孩的三倍。

被用来描述情绪和行为障碍的术语五花八门，包括情绪障碍（emotional disturbances）、行为障碍和适应不良的儿童。近来，情绪障碍（ED）一词被用于描述有这类问题的儿童，对他们来说，制订个性化的学习计划是很有必要的。然而，批评人士认为，这一类别尚未得到明确界定。

孤独症：一种严重的发育性孤独症谱系障碍，发病年龄为生命的头三年，包括社交关系缺陷、沟通异常，以及限制性的、重复性的、刻板的行为模式。

阿斯伯格综合征：一种相对轻微的孤独症谱系障碍，这类儿童有相对良好的语言技能、较轻微的非语言问题，以及有限的兴趣和关系范围，常常会陷入强迫性的、重复性的日常活动中。

情绪和行为障碍：由很多严重的、持续存在的问题组成，涉及与个人或学校事务有关的人际关系、攻击性、抑郁、恐惧，以及其他不恰当的社会情绪特征。

攻击性的失控行为　一些患有严重情绪障碍的学生会做出破坏性、攻击性、挑衅或危险的行为，会被带离教室。这些学生更有可能是男学生，而不是女学生；更有可能来自低收入家庭，而不是中高收入家庭（Powers, Bierman, & Coffman, 2016）。当这些学生回到常规课堂时，常规课堂的教师和特殊教育的教师或顾问都必须花大量的时间帮助他们适应环境和进行有效的学习。

在"社会环境和社会情感发展"一章中，我们讨论了被拒绝的学生和提高学生的社交技能，并提出了许多意见和建议，这些意见和建议也适用于有严重情绪障碍的儿童。在其他章节中，我们将讨论更多的策略和计划，以有效地帮助表现出情绪和行为问题的儿童。

抑郁、焦虑和恐惧　有些儿童将情绪问题内化。他们的抑郁、焦虑或恐惧变得如此强烈和持续，以至于他们的学习能力严重受损。所有的儿童都会时不时地感到沮丧，但大多数儿童会在几小时或几天内从沮丧、低落的情绪中走出来。然而，对某些儿童来说，他们的消极情绪更严重，持续时间更长。抑郁是一种情绪障碍，患者会觉得自己没有价值，认为事情不太可能好转，并长时间表现得无精打采。如果儿童的这些症状持续了两周或更长时间，他们可能正在经历抑郁。食欲缺乏和睡眠不好也可能与抑郁有关。

相比于儿童期，抑郁症更容易出现在青少年期，而且女孩的发病率也比男孩高得多（Salk & others, 2016）。研究抑郁症的专家说，这种性别差异可能是由多种因素造成的。女性倾向于反复思考自己的抑郁情绪并将其放大，而男性则倾向于将自己从消极情绪中转移出来；在青少年期，女孩的自我意象往往比男孩更消极，并且还可能与社会对女性成就的偏见有关（Schwartz-Mette & Rose, 2016）。

因为抑郁是向内针对自身的，所以相比攻击性的发泄行为，它更不容易被发现。如果你觉得一个学生变得抑郁了，让这个学生和学校的辅导员聊聊（Kauffman & Landrum, 2009）。

焦虑包括一种模糊的、极度不愉快的恐惧和忧虑感。当学生们面对生活的挑战时，担心或担忧是正常的，但一些学生具有强烈的、长期的焦虑，这大大影响了他们的学业表现（Griffiths & Fazel, 2016）。有些学生还有个人或学校相关的恐惧，从而干扰了他们的学习。如果学生长期表现出明显的或实质性的恐惧，请让他去求助学校辅导员。在"动机、教学和学习"这一章，我们会介绍更多关于焦虑的信息。

至此，我们已经探讨了许多不同的障碍。为了评估你与这些有障碍的人相处的经验，请完成自我评估 1。

> **多重思考**
> 被拒绝的学生不常被提名为某人的好朋友，而且还经常被他们的同龄人所不喜欢。连接到"社会环境和社会情感发展"。
> 教师可以使用有效的策略来处理打架、欺凌和对教师有敌意的问题。连接到"课堂管理"。

> **多重思考**
> 为了降低学生的焦虑水平，已经开发了许多教学项目。连接到"动机、教学和学习"。

自我评估 1
评估你与那些有障碍的人相处的经验

阅读以下描述，并在与你的经验相符的选项上打钩。

1. 学习障碍
（　）我认识一个有学习障碍的学生，并与她或他谈论过其障碍。
（　）我曾在课堂上观察过有学习障碍的学生，并与他们的老师讨论过教育这些学生的策略。

2. 注意缺陷多动障碍
（　）我认识一个患有注意缺陷多动障碍的学生，并与他或她谈论过其障碍。
（　）我曾在课堂上观察过有注意缺陷多动障碍的学生，并与他们的老师讨论过教育这些学生的策略。

3. 智力障碍
（　）我认识一个有智力障碍的学生，并与她 / 他的父母谈论过其障碍。
（　）我曾在课堂上观察过有智力障碍的学生，并与他们的老师讨论过教育这些学生的策略。

4. 身体障碍
（　）我认识一个有身体障碍的学生，并与她 / 他谈论过其障碍。
（　）我曾在课堂上观察过有身体障碍的学生，并与他们的老师讨论过教育这些学生的策略。

5. 感觉障碍
（　）我认识一个有感觉障碍的学生，并与她 / 他谈论过其障碍。
（　）我曾在课堂上观察过有感觉障碍的学生，并与他们的老师讨论过教育这些学生的策略。

6. 言语和语言障碍
（　）我认识一个有言语和语言障碍的学生，并与她 / 他谈论过其障碍。
（　）我曾在课堂上观察过有言语和语言障碍的学生，并与他们的老师讨论过教育这些学生的策略。

7. 孤独症谱系障碍
（　）我认识一个孤独症谱系障碍学生。
（　）我曾在课堂上观察过有孤独症谱系障碍的学生，并与他们的老师讨论过教育这些学生的策略。

8. 情绪和行为障碍
（　）我认识一个有情绪和行为障碍的学生，并与她 / 他谈论过其障碍。
（　）我曾在课堂上观察过有情绪和行为障碍的学生，并与他们的老师讨论过教育这些学生的策略。

对于那些你没有在旁边打钩的障碍，一定要去特别关注并与有这类障碍的人交谈。在教室里观察这些学生，然后和他们的老师谈谈适合他们的教学策略。

复习、思考和练习

学习目标 1：描述各种类型的障碍。

复习

· 学习障碍的定义是什么？有哪些常见的学习障碍？如何识别它们？它们如何得到最好的治疗？

· 什么是注意缺陷多动障碍？教师需要了解注意缺陷多动障碍的哪些重要方面？

· 智力障碍的本质是什么？

· 教师可能会在儿童身上看到哪些类型的身体障碍？

· 儿童中常见的视力和听力障碍有哪些？

· 发音障碍、声音障碍、语畅障碍和语言障碍之间有什么区别？孤独症谱系障碍的特点是什么？

· 情绪和行为障碍的主要类型是什么？

思考

· 考虑到你即将执教的儿童的年龄和你计划教授的科目，在我们讨论过的障碍中，你觉得哪一种会给你的教学带来最大的困难？你应该更加关注这一障碍的哪些方面，以了解更多信息？

PRAXIS™ 练习

1. 马蒂是一名四年级的学生。智力测验表明，他的智力水平在平均水平以上。然而，他的阅读、社会科学、拼写和科学课程的成绩都很低。另一方面，他的数学成绩相当高，而且他的写作能力还可以。成就测验表明，他的阅读能力达到了一年级的水平。当他大声朗读时，他很明显在语音和字母的匹配上有些困难。马蒂最有可能患有？

   A. 注意缺陷多动障碍

   B. 计算障碍

   C. 阅读障碍

   D. 书写障碍

2. 以下哪种课堂环境最有可能帮助注意缺陷多动障碍学生取得好成绩？

   A. 卡斯特女士的课堂，结构非常松散，学生只需在短时间内关注某件事情

   B. 道奇女士的课堂，结构紧凑，对学生有明确的期望。学生的学习经常以电脑游戏和体育活动为补充

   C. 伊伯特女士的课堂，学生被要求长时间坐着不动，独立完成课堂作业

   D. 菲什女士的课堂，学生以自己的节奏完成自己选择的学习任务，并收到有关其进展和行为的零星反馈

3. 马西是一名非拉丁裔白人学生，有轻度智力障碍。除了认知方面的缺陷，她的运动技能也很差。她的腿和胳膊都比一般人短。她有一张圆脸，眼睑上有一圈多余的皱褶。她的舌头向前突出。下列哪种情况是最有可能导致马西智力障碍的原因？

   A. 唐氏综合征

   A. 胎儿酒精谱系障碍

   B. 脆性 X 染色体综合征

   C. 怀孕期间的母体疾病

4. 马克是沃尔什女士语言艺术课上的一名初中生。沃尔什女士观察到马克经常盯着窗外看。有时叫他的名字，会让他把注意力转移到她身上；其他时候，他会继续盯着窗外几秒钟，似乎对沃尔什女士的训斥视而不见。由于马克注意力不集中，他的成绩受到影响。对于马克的注意力不集中，最可能的解释是什么？

A. 注意缺陷多动障碍

B. 失神发作

C. 强直–阵挛性发作

D. 脑瘫

5. 阿米尔的一年级老师注意到他经常眯着眼睛，并且把书本紧贴在脸上。阿米尔最有可能患有以下哪种疾病？

A. 身体障碍

B. 言语和语言障碍

C. 感觉障碍

D. 孤独症谱系障碍

6. 嘉莉的三年级老师布朗女士，在嘉莉试图回答课堂问题时经常感到沮丧。嘉莉要花很长时间来回答。她的句子结构不如班上其他学生好，而且她经常以听起来很随意的方式表达观点。布朗女士应该怀疑嘉莉患有？

A. 发音障碍

B. 表达性语言障碍

C. 接受性语言障碍

D. 特殊语言障碍

7. 迈克是一个七年级的男孩，智力高于平均水平。他有良好的语言能力，但不善于与其他青少年互动。他有一个朋友，他与母亲和与他一起工作的朋友互动良好，但他不愿与其他人接触。只要他的生活规律不被打乱，他在学校的表现相当不错。他特别喜欢数学以及任何与数字有关的东西。他已经记住了所有美国职业棒球大联盟棒球队首发阵容的平均打击率。迈克最有可能患有？

A. 孤独症

B. 阿斯伯格综合征

C. 行为障碍

D. 特殊语言障碍

8. 下面哪位中学生发展出严重情绪障碍的风险最大？

A. 吉尔，七年级最受欢迎的女孩，她有时会对不太受欢迎的女孩说一些贬低性的话

B. 凯文，八年级学生，在大多数科目中取得好成绩，与同学互动有困难，并且熟记了莎士比亚的所有十四行诗

C. 哈丽特，六年级女孩，她的注意缺陷多动障碍症状通过药物治疗得到很好的控制

D. 马克，七年级男孩，在许多课程中成绩很差，而且经常有愤怒、暴力的行为

请参看书末的答案……

2 与障碍儿童有关的教育问题

学习目标2：解释服务于障碍儿童的法律框架和技术。

法律要求公立学校在尽可能少限制的环境中为所有障碍儿童提供服务。我们将探讨与障碍儿童相处的法律问题，并研究技术在障碍儿童教育中的作用。

法律方面

从 20 世纪 60 年代中期到 70 年代中期，立法机构、联邦法院和美国国会赋予了障碍儿童接受特殊教育的权利。在此之前，大多数障碍儿童要么被拒绝入学，要么得不到学校的充分服务。1975 年，美国国会颁布了《94–142 公法》（*Public Law 94-142*），即《全体障碍儿童教育法案》，要求所有障碍学生都能得到免费的、适当的公共教育，并为实施这项教育提供了资金。

《94–142 公法》：《全体障碍儿童教育法案》。该法要求为所有障碍学生提供免费的、适当的公共教育，并为实施这项教育提供了资金。

《残疾人教育法案》（IDEA） 1990 年，《94–142 公法》被重新修订为《残疾人教育法案》（*Individuals with Disabilities Education Act*，IDEA）。在 1997 年 IDEA 被修订，然后在 2004 年重新授权，并重新命名为《障碍者教育促进法案》（*Individuals with Disabilities Education Improvement Act*）。IDEA 明确规定了要为所有障碍儿童提供的服务（Heward, Alber-Morgan, & Konrad, 2017），包括评估和确定受服务资格，适当的教育和个体化教育计划（IEP），以及在最少限制环境（LRE）下的教育（Smith & others, 2016）。

残疾人教育法案：该法案明确规定了要为所有障碍儿童提供的服务，包括评估和确定受服务资格，适当的教育和个体化教育计划（IEP），以及在最少限制环境（LRE）下的教育。

应对被认为有障碍的儿童进行评估，以确定他们是否有资格接受 IDEA 提供的服务。禁止学校预先规划特殊教育计划，也不允许学校在常规教室仍有名额时提供此类计划。换句话说，学校必须为所有确认需要特殊教育的儿童提供恰当的教育服务（Turnbull & others, 2016）。

在学校开始提供特殊教育服务之前，必须对障碍儿童进行评估和诊断。然而，由于评估需要花费很长时间，许多学校都提供了各种转介前干预措施。学校必须邀请家长参与评估过程。当家长要求或情况表明有必要时，至少每三年（有时是每年）重新评估一次。如果家长不同意学校做出的评估，那么他的孩子可以获得一次独立的评估，学校在决定是否提供特殊教育服务时必须考虑这一评估结果。如果评估发现儿童存在障碍、需要特殊服务，学校必须为儿童提供适当的服务。

IDEA 要求为有障碍的学生提供**个体化教育计划**（individualized education plan，IEP）。IEP 是一份书面声明，是为某个有障碍的学生量身定制的教育计划。一般来说，IEP 应（1）与学生的学习能力有关；（2）专门为满足学生的个人需求而制订，而不仅仅是照搬提供给其他学生的计划；（3）旨在提供教育福利。

个体化教育计划：一个书面声明，是为某个有障碍的学生量身定制的教育计划。

《残疾人教育法案》中还有许多其他与障碍儿童的父母有关的具体规定，其中包括要求学校向家长发送拟行动内容的通知，允许家长参加关于儿童的安置或个体化教育计划的会议，以及家长有权就学校的决定向公正的评估员提出上诉。

1997年，《残疾人教育法案》进行了一些修订，其中两项涉及积极的行为支持和功能性行为评估。

积极的行为支持（positive behavioral support）侧重于应用具有文化适宜性的积极行为干预，以实现儿童的重要行为变化。"文化适宜性"是指考虑到儿童独特的、个体化的学习历史（社会、社区、历史、性别等）。积极的行为支持特别强调在与残障或障碍儿童相处时，要支持可取的行为而不是惩罚不可取的行为。

功能性行为评估（functional behavioral assessment）包括确定后果（行为目的）、前因（触发行为的原因）和背景事件（行为发生的情境）。功能性行为评估强调的是在行为发生的情境中理解行为，并指导相关且有效的积极行为干预。

2004年对《残疾人教育法案》重新授权的一个主要方面是使其与政府的《有教无类》法案保持一致，该法案旨在提高所有学生的教育成就，包括那些有障碍的学生。《残疾人教育法案》和《有教无类》法案都要求将大多数障碍学生纳入教育进展的一般评估中。这种一致性包括要求大多数障碍学生参加学业成就的标准化考试，并达到与非障碍学生相同的水平。这一期望是否合理还是一个有争议的问题（Hallahan, Kauffman, & Pullen, 2015）。对障碍学生的替代性评估以及提供资金以帮助各州改善面向障碍学生的教育指导、评估和问责制都包含在2004年重新授权的《残疾人教育法案》中。

最少限制的环境 根据《残疾人教育法案》，障碍儿童必须在最少限制的环境中接受教育。最少限制的环境（least restrictive environment，LRE）意味着环境要尽可能类似于正常儿童接受教育的环境，并且学校必须努力让障碍儿童在普通教室接受教育。**全纳教育**（inclusion）这个词意味着让有特殊教育需要的儿童在普通教室里接受全日制教育。在2014年的一个学年里，61%的有障碍的美国学生，80%以上的在校时间是在普通教室里度过的（1990年只有33%）（Condition of Education, 2015）。

什么是最少的限制可能在某种程度上取决于儿童的障碍类型（Smith & others, 2016）。一些有学习障碍或语言障碍的儿童可以在普通教室接受教育，但有严重听力或视力障碍的儿童可能需要在单独的班级或学校接受教育（Lewis, Wheeler, & Carter, 2017）。

在过去的20年里，人们越来越多地提倡对障碍儿童的协同合作（collaborative teaming）教育（Hallahan, Kauffman, & Pullen, 2015）。在协同合作中，具有不同专业知识的人合作为障碍儿童提供服务。研究人员发现，协同合作往往会给障碍儿童带来好处，也会改善教师的技能和态度（Snell & Janney, 2005）。

多重思考
《有教无类》法案是联邦政府的法案，要求各州每年对学生进行不同科目的测试。连接到"教育心理学：有效教学的工具"和"标准化测验与教学"。

最少限制的环境：尽可能类似于正常儿童接受教育的环境。

全纳教育：让有特殊教育需要的儿童在普通教室里接受全日制教育。

理想情况下，协同合作鼓励在制订计划和做出决策过程中分担责任。它还使具有不同专业知识的教育工作者能够构建有效的传统教育方法的替代选择。当采用协同合作教学时，许多障碍儿童留在普通教室中，并且普通课堂的教师积极参与到障碍儿童的教育计划中。

许多关于障碍儿童的法律变化是非常积极的。与几十年前相比，今天有更多的儿童获得了合格的专门服务。对于许多儿童来说，将其纳入经过调整的或提供补充服务的常规课堂是合适的（Heward, albert-morgan, & Konrad, 2017）。然而，一些权威的特

连线学生：最佳实践
一名常规课堂教师与障碍儿童相处的策略

1. 实施每个儿童的个体化教育计划（IEP）。
2. 鼓励你的学校在如何教育障碍儿童方面提供更多的支持和培训。在"教师视角"中，六年级教师米歇尔·埃文斯（Michelle Evans）描述了他与资源提供者的关系，以及一些对儿童有效的策略。
3. 更多地了解你班上的障碍儿童的类型。阅读教育类期刊，如《特殊儿童》《特殊儿童教学》和《学习障碍杂志》，以了解关于这些儿童的最新信息。考虑学习关于特殊儿童、智力障碍、学习障碍、情绪和行为障碍等主题的学院或大学的课程或继续教育课程。
4. 当心，不要给儿童贴上障碍标签。我们很容易落入用标签来解释儿童学习困难的陷阱。例如，一个老师可能会说，"嗯，拉里在阅读方面有困难，因为他有学习障碍"，而事实上拉里在阅读方面有困难的原因是未知或尚未确定的。同样，在儿童有了很大的进步之后，标签也会被保留下来。记住，像智力障碍和学习障碍这样的术语是对障碍的描述性标签。永远要记住障碍儿童的最佳学习条件是什么、如何帮助他们取得进步，而不是一成不变的标签。
5. 请记住，障碍儿童受益于许多适用于正常儿童的教学策略，反之亦然。这些包括关心、接纳和耐心，对学习有积极的期望，帮助儿童提高他们的社交和沟通技能以及学习技能，并激励障碍儿童充分发挥他们的潜力。
6. 帮助正常儿童理解和接受障碍儿童。向正常儿童提供有关障碍儿童的信息，并为他们创造以积极的方式互动的机会。同伴辅导和合作学习活动可以用来鼓励正常儿童和障碍儿童之间的积极互动。我们将在"社会建构主义理论"一章中进一步讨论这些活动。

教师视角
与障碍儿童相处的策略

支持和资源提供者是无价的。与家长、学生以及任何相关人员的沟通都是至关重要的。确保你也和整个班级进行了沟通……因为我想让每个学生都能感到成功，所以设置了不同难度的学习目标。

一名脑瘫学生有站立困难、智力障碍和其他问题。她几乎没有短时记忆。当我们坐在一起聊天时，我发现她的强项是喜欢抄写单词、故事和其他东西。她的双手缺乏力量，但书写使其双手获得了力量。她的父母希望她去做任何她能做的事。通过利用她对抄写的喜爱，她最终学会了数学知识和单词拼写。我布置了一首关于积极态度的诗让全班同学背诵。一开始，有几个孩子抱怨说，这首诗太难记了。她把这首诗抄了很多遍，以至于三天后，她能将整首诗一字不差地背给全班同学听。当大家都意识到她是第一个能背诵这首诗的人时，可想而知，那些抱怨渐渐消失了。她的父母见证了她的成就。当她背完的时候，房间里每个人都感动地流下了眼泪。她教会了我们很多东西。

殊教育专家认为，在某些情况下，让障碍儿童参与全纳教育的努力已经变得过于极端。例如，詹姆士·考夫曼（James Kauffman）及其同事指出，全纳教育往往意味着在常规教室中做出调整，而这并不总是有利于障碍儿童（Kauffman, Hallahan, & Pullen, 2015; Kauffman, McGee, & Brigham, 2004）。他们提倡一种更加个体化的方法，这种方法并不总是涉及完全的全纳，而是提供一些选择，如常规课堂之外的特殊教育。考夫曼及其同事承认，障碍儿童"确实需要那些受过专门训练的专业人员提供的服务以充分发挥他们的全部潜力。他们有时确实需要改变课程或对内容进行调整，以使他们的学习成为可能。然而，当我们假装障碍儿童与一般儿童没有什么不同时，我们就欺骗了他们。如果我们假装障碍儿童一定不需要付出额外的努力就有可能以不同的方式学会或做出某件事情时，我们也是犯了同样的错误"。与普通教育一样，特殊教育的一个重要方面应该是使障碍儿童"成为他们所能成为的人"。

有关特殊教育的一个担忧是，来自少数族裔背景的学生在特殊教育计划和班级中比例过高。美国教育部（2000）对少数族裔学生在特殊教育计划和班级中的比例过高有三个担忧：（1）学生可能得不到服务或接收到的服务不符合他们的需要，（2）学生可能被错误分类或者被不恰当地贴上标签，（3）安置在特殊教育班级有可能是一种歧视。

技术

《残疾人教育法案》（IDEA，包括其 1997 年的修正案），要求为障碍儿童提供必要的技术设备和服务，以确保他们获得免费的、适当的教育（Dell, Newton, & Petroff, 2017）。

可以用来改善障碍儿童教育的两种技术是教学技术和辅助技术。教学技术包括各种类型的硬件和软件，结合创新的教学方法，以适应学生课堂学习的需要（Luiselli & Fischer, 2016）。如今，用于障碍儿童的教学技术包括软件、网站和移动设备应用程序（Butcher & Jameson, 2016）。

辅助技术由各种服务和设备组成，旨在帮助障碍儿童在他们的环境中发挥作用（Marchel, Fischer, & Clark, 2015）。例如，沟通辅助设备、替代性计算机键盘和适应性开关。以下是一些关于辅助技术的优秀网站：

· www.unicef.org/disabilities/files/Assistive-Tech-Web.pdf。

· www.edutopia.org/article/assistive-technology-resources。

Edutopia 网站为有身体和学习障碍的儿童提供了一套宝贵的资源。

> **复习、思考和练习**
>
> **学习目标 2：解释服务于障碍儿童的法律框架和技术。**
>
> **复习**
>
> · 什么是 IDEA？它与 IEP 和 LRE 有何联系？目前人们如何看待全纳教育？
> · 教学技术和辅助技术之间的区别是什么？
>
> **思考**
>
> · 你认为在执教障碍儿童时，最大的挑战会是什么？
>
> **PRAXIS™ 练习**
>
> 1. 珍妮有中度学习障碍。她在学校的特殊教育班级接受教育，在过去的两年里她一直如此。
>   她和她的同学们也在资料室吃午饭。由于能力和障碍情况的不同，资料室里的每个学生都
>   在做不同的事情。之所以这样安排，是因为珍妮所在学校的普通教育老师没有具备必要的
>   技能来给珍妮教学。因此，她被安置在资料室，由学校唯一的特殊教育工作者负责。这种
>   安置有什么法律问题？
>   A. 珍妮的个体化教育计划（IEP）没有明确的诊断
>   B. 珍妮没有在最少限制的环境中接受教育
>   C. 珍妮的安置需要至少每 6 个月重新考虑一次
>   D. 功能性行为评估没有考虑技术的使用
> 2. 阿泽尔患有脑瘫。他的老师用电脑键盘来帮助他学习。老师使用的是什么类型的技术？
>   A. 教学技术
>   B. 计算机辅助教学
>   C. 辅助技术
>   D. 复杂的超媒体
>
> **请参看书末的答案……**

③ 天才儿童

学习目标 3：定义什么是天才，讨论执教天才儿童的方法。

我们将讨论的最后一种例外情况与我们迄今为止所描述的残障和障碍有很大的不同。天才儿童的智力高于平均水平（通常定义为智商 130 或更高），并且在某些领域，如艺术、音乐或数学方面，也有出众的天赋。学校对天才儿童的录取标准通常是基于智力和学术能力（Molinero & others, 2016）。然而，越来越多的人呼吁放宽标准，将创造力和投入等因素包括在内（Ambrose & Sternberg, 2016a, b）。美国政府描述了天才（gifted）的五个方面：智力、学术、创造力、视觉和表演艺术以及领导力。

一些批评人士认为，在"天才计划"中，有太多的儿童并不是真的在某个特定领域有天赋，只是有些聪明，通常合作性强，而且通常是非拉丁裔白人。他们说，许多儿童身上都披着才华的外衣，而他们也仅仅是"聪明的正常人"（Winner, 2014）。

多重思考

罗伯特·斯腾伯格认为，创造性的思考应该被认为是智力的一种不同形式，而不是由传统的标准化智力测验所测试的智力。连接到"个体差异"和"复杂的认知过程"。

天才儿童：儿童的智力高于平均水平（通常定义为智商130或更高），并且在某些领域，如艺术、音乐或数学方面，也有出众的天赋。

总体智商分数所定义的一般智力仍然是许多州决定是否让一个儿童进入天才计划的关键标准，但不断变化的智力概念日益纳入了加德纳的多元智能和创造力等观点。因此，未来的选拔决策可能不再以智商为标准（Ambrose & Machek, 2015; Olszewski-Kubilius & Thomson, 2015）。

天才儿童的特征

埃伦·温纳（Ellen Winner, 1996）是一位创造力和天赋方面的专家，她描述了天才儿童（children who are gifted）的三个特征：

1. 早慧（precocity）。天才儿童在有机会使用其天赋或才能时是早熟的。他们比同龄人更早开始掌握某个领域。对他们来说，他们在自己擅长的领域里的学习比那些没有天赋的儿童更容易。在大多数情况下，天才儿童是早慧的，因为他们在一个或多个领域有天生的超强能力，尽管这种天生的早慧需要被识别和培养。

2. 按照自己的节奏学习。天才儿童的学习方式和一般儿童有着本质区别。与资质平平的同龄人相比，天才儿童在学习时需要较少的成年人支持或"脚手架"。他们常常拒绝明确的指导。他们也经常在自己的天赋领域内以独特的方式发现和解决问题。他们在其他领域可能属于正常水平或低于正常水平。

3. 掌握知识的热情。有天赋的儿童有动力去理解他们具备超强能力的领域。他们表现出强烈的、痴迷的兴趣和专注的能力。他们无须父母督促，他们通常具有很强的内在动机。

天才儿童的第四个特征是信息加工能力强。研究人员发现，与普通儿童相比，天才儿童学习节奏更快、处理信息的速度更迅速、推理能力更强、使用更有效的策略、更善于明晰自己的理解程度（Ambrose & Sternberg, 2016a）。

研究也支持这样的结论：有天赋的儿童往往比其他儿童更成熟，比其他儿童更少有情绪问题，并成长在一个积极的家庭氛围中。例如，最近的一项研究表明，父母和老师认为，没有天赋的小学儿童比有天赋的儿童有更多的情绪和行为风险（Eklund & others, 2015）。在这项研究中，如果天才儿童确实有问题时，他们的问题更有可能是内化的问题，如焦虑和抑郁，而不是外化的问题，如付诸行动和高攻击性。

先天 / 后天和特定领域的天才

儿童教育中的两个重要问题是：（1）先天和后天在天才中扮演什么角色？（2）天才在多大程度上是领域特定性的？

先天 / 后天 天才是遗传还是环境的产物？两者都有可能（Duggan & Friedman, 2014）。有天赋的人回忆说，他们在很小的时候，在接受正式训练之前或刚开始正式训练的时候，就在某一特定领域表现出了很强的能力。这表明了先天能力在天才中的重要性。然而，研究人员还发现，在艺术、数学、科学和体育领域拥有世界级地位的人都报告了强大的家庭支持和多年的训练与练习（Bloom, 1985）。刻意练习是成为某一特定领域专家的重要特征。例如，在一项研究中，最好的音乐家一生中有意识地练习的次数是最不成功的音乐家的两倍（Ericsson, Krampe, & Tesch-Romer, 1993）。

特定领域的天才 天赋高的人通常不会在多个领域都是天才，关于天才的研究越来越多地集中在特定领域的发展轨迹上（Winner, 2014）。在儿童时期，个人具有天赋的领域便会显现出来。因此，在儿童时期的某个时候，一个将来会成为天才艺术家的儿童或一个将来会成为天才数学家的儿童开始在该领域显示出专长。关于特定领域的天赋，微软的创始人、世界上最富有的人之一、软件天才比尔·盖茨（Bill Gates, 1998）评论说，当你擅长某件事时，你可能不得不抵制那种认为你会擅长所有事情的看法。盖茨说，因为他在软件开发方面如此成功，人们期望他在其他领域也能出类拔萃，而他在这些领域远非天才。

天才儿童的教育

越来越多的专家认为，美国天才儿童的教育需要进行重大改革（Ambrose & Sternberg, 2016a, b; Winner, 2014）。缺乏挑战的天才儿童可能会变得不守规矩、逃课，并对学业成就失去兴趣。有时这些儿童就像是不存在了一样，变得被动和对上学毫无兴趣。教师需要挑战那些天才儿童，对其提出高期望，并使其达到期望值。

以下是为天才儿童提供的四种教学计划（Hertzog, 1998）：

·特殊课程。这一直是教育天才儿童的一种常见方式。在普通教学日的特殊课程被称为"抽离"（pull out）计划。某些特殊课程也在放学后、星期六或暑假期间举行。

·在常规的课堂环境中加速和丰富知识计划。这可能包括允许提前进入学前班、跳级（也称为双升级）、课程压缩（在一年内完成两个年级）、大学预科、学习加速和自定进度的学习（Cloud, 2007）。课程压缩是加速的一种变化形式，即

学生视角

天才儿童如是说

詹姆斯·德莱尔（1987）采访了数百名小学的天才儿童。以下是他们的一些评论。

对"请描述一下你典型的学校生活"的回答：

哦，坐在那里听老师讲我们已经知道的东西真是没劲，做过的事情不断重复，但我们必须坐下来听讲。老师一遍又一遍地要求我们再读一遍。哎，烦死了，烦死了。（女孩，9岁，来自纽约）

我坐在那儿假装和其他同学一起按进度看书，实际上我已经多看了六页。我已经明白了老师所讲的内容，而班上还有一半人懵懵懂懂，我只好坐在那里听着。（女孩，10岁，来自康涅狄格州）

对"是什么让一个老师成为一个有天赋的教师？"的回答：

她有能力处理我们的问题，有很好的想象力来帮助我们学习。（女孩，10岁，来自路易斯安那州）

为你设置挑战，挑战你的极限。（男孩，11岁，来自密歇根州）

开启你的思维以帮助你的生活。（男孩，11岁，来自新泽西）

教师跳过他们认为天才儿童不需要的课程内容。

· 导师和学徒计划。这些都是用以激励、挑战，并有效地教育天才儿童重要的、尚未充分利用的方法。

· 工作 / 学习或社区服务计划。教育改革把许多曾经是单独的天才计划策略带进了普通的课堂。这包括强调基于问题的学习、让儿童做大型作业任务、创建档案，以及批判性思维。随着越来越重视在普通教室里对所有儿童进行教育，许多学校现在试图挑战和激励那些在普通教室里的天才儿童。一些学校还开设课后及周六课程，或开展导师学徒制、工作 / 学习或社区服务计划，从而提供了一系列的校内和校外机会。

约瑟夫·伦祖利（Joseph Renzulli，1998）开发的全校范围的丰富教学模式（The Schoolwide Enrichment Model，SEM）是一个针对天才儿童的计划，它聚焦于整个学校教育的改善。伦祖利说，当丰富性在全校范围内得到重视时，积极的结果可能就会产生，不仅对天才儿童，对普通儿童以及普通授课教师和资源型教师都可能产生

积极的结果。当强调全校范围的丰富性时，"我们"与"他们"之间的障碍往往会减少，授课教师更愿意使用与最有天赋的儿童紧密结合的课程。资源型教师不再感到孤立，他们开始觉得自己更像是团队中的一员，特别是当他们与常规课堂的教师一起丰富课堂时。因此，SEM 的重要目标是提高天才儿童和普通学生的成绩，提升授课教师并改善资源教师的教学贡献和他们之间的关系（Reis & Renzulli，2014）。

许多专家认为，天才儿童在课堂上往往被孤立，而且得不到足够的挑战（Winner，2014）。他们常常被排斥并被贴上"书呆子"或"奇葩"的标签。一个真正有天赋的儿童往往是教室里唯一一个没有机会和有同样能力的学生一起学习的儿童。许多杰出的成年人报告说，上学对他们来说是一个负面的经历，他们感到无聊，有时他们比老师知道的还多（Bloom，1985）。维纳（Winner，2006）指出，如果提高所有儿童的教育标

准，美国的教育将会受益。当一些儿童还没有受到足够的挑战时，她建议允许他们参加自己拥有杰出能力领域的高级课程，比如允许一些特别早慧的中学生参加其专业领域内的大学课程。例如，微软创始人比尔·盖茨13岁时便上大学数学课，并黑进了一个计算机安全系统；著名大提琴家马友友15岁就从高中毕业，之后就读于纽约市茱莉亚音乐学院。

一些教育家认为，联邦政府《有教无类》的政策加剧了天才儿童得不到充分教育的情况，这项政策旨在提高那些在学校表现不佳的学生的成绩，却忽视了为天才儿童提供丰富的教育（Clark, 2008）。在实施《有教无类》政策的时代，一些担心天才学生被忽视的人认为，学校花了更多时间来发现学生的不足，而不是培养学生的才能（Cloud, 2007）。例如，美国学校每年花费大约80亿美元用于教育智力障碍学生，而只有8亿美元用于教育天才学生。批评者说，在很多情况下，美国教育浪费了美国最有天赋的年轻头脑的潜在贡献（Cloud, 2007）。

最后一个担忧是，非裔、拉丁裔和印第安儿童在天才计划中的代表性不足（Ford, 2012, 2014, 2015a, b; Mills, 2015）。大部分代表性不足的情况涉及这些儿童的考试分数低于非拉丁裔白人和亚裔美国儿童，这可能是由于测验偏差和较少的机会来发展语言技能，如词汇和理解（Ford, 2012, 2014, 2015a, b）。

最近，我询问了老师们是如何与天才学生相处的，以下是他们的回复：

幼儿园 每一天在学校中，那些被认为具有天赋的学龄前儿童要去完成更有挑战性的项目，并承担更多责任。我们也会联系家长，给出关于课外活动的策略和建议，从而激发孩子的优势。

——米西·丹格勒，市郊山丘学校
（Missy Dangler, Suburban Hills School）

小学 当与天才儿童相处时，重要的是要记住，他们不需要更多的任务，但他们需要具有挑战的任务。此外，无论学生们多么有天赋，他们的作业也需要经常被检查，以确保他们没有误解什么。

——艾斯特·林德布洛姆，库珀山小学
（Esther Lindbloom, Cooper Mountain Elementary School）

初中 不要让你的班级里的天才学生感到无聊厌烦，这一点很重要。例如，如果天才儿童正在学习内战的原因和影响，并且他们已经知道了被涵盖的信息，我就会让他们应用他们已经知道的东西，让他们创建一份关于那个时代生活的人的日记。

——凯西·玛斯，爱迪生中学
（Casey Maass, Edison Middle School）

高中　有天赋的学生面临一些独特的问题。他们需要接受更高层次的挑战，但他们也需要接受一个事实，即其他普通学生也有他们的价值。我所负责的小班就是一个很好的例子。在我的 18 个学生中，有一个总是第一名的学生，他从来没有遇到过他不能解决的数学或科学问题；一个是有学习障碍的癫痫患者；三名学生因入狱而错过了上学时间。我们在一起的三年时间里，我们一直致力于尊重彼此的差异、开展团队合作活动，并努力在小班竞赛中取胜。人际关系是让各种能力的学生一起工作并感觉自己是学校或班级的一部分的关键。为了实现这一目标，教师需要与他人建立信任。

——桑迪·斯旺森，梅诺莫尼·福尔斯高中

（Sandy Swanson, Menomonee Falls High School）

连线学生：最佳实践
与天才儿童相处的策略

以下是与天才儿童相处的一些策略（Colangelo, Assouline, & Gross, 2004, pp.49-50）：

1. 要认识到天才儿童在学业上是领先的。
2. 引导天才儿童接受新的挑战，确保学校生活是积极的体验。来看看才华横溢的教师玛格丽特·卡格尔（Margaret Cagle）是如何做到这一点的吧，参见"教师视角"。
3. 记住天赋通常是领域特定性的。不要期望一个儿童在大多数领域都有天赋。
4. 监测对天才儿童是否准备好接受加速训练的准确评估。
5. 与父母讨论适当的挑战天才儿童的方法。
6. 学习并利用那些为天才儿童准备的资源。其中包括康涅狄格大学的美国国家天才教育研究中心和艾奥瓦大学的贝林－布兰克中心，《天才儿童》季刊和《今天的天才儿童》，以及关于天才儿童的书籍如《21 世纪的天才和天赋》（Ambrose & Sternberg, 2016a）。

教师视角
热爱教天才学生数学

玛格丽特·卡格尔在加州查茨沃斯的劳伦斯中学教授七年级和八年级的天才班学生的数学。她特别提倡让那些有天赋的学生去进行智力上的探险。为了鼓励合作，她经常让学生四人一组一起学习，并经常在午餐时间辅导学生。正如 13 岁的马德琳·刘易斯（Madeline Lewis）所言："如果我不理解某个知识点，她会用另一种方法来解释，跟你一起讨论并展示给你看，直到你真正理解。"玛格丽特说，重要的是热爱数学教学，为学生打开一个世界，向他们展示学习数学是多么美好（Wong Briggs, 2007, p. 6D）。

复习、思考和练习

学习目标3：定义什么是天才，讨论执教天才儿童的方法。

复习

· 天才的定义是什么？对天才计划有哪些批评？维纳认为天才儿童有什么特征？

· 先天／后天、发展性变化和领域特定性在天才中扮演什么角色？资优的作用？

· 教育天才学生有哪些教学计划？

思考

· 假设你的班上有几位学生天赋异禀。这是否会导致问题？请解释。你可以做什么来防止这种问题的发生？

PRAXIS™ 练习

1. 拉森女士的学前班上有一个学生，他不断给她带来惊喜。他要求拉森女士允许他玩一个多年来没有孩子玩过的美国拼图。她观察到他熟练地把每个州的位置放好，他一边做一边说着它的名字。很快，他就开始教班里的其他学生每个州的名称、首府以及它在拼图中的位置。在最近一次去学校学习中心的时候，他要求查看一本各国国旗的书。该书是以八年级的水平编写的。她的本能反应是拒绝他的要求，但是她没有这样做。相反，她问他关于这本书的情况。他告诉她："我知道有些地方我看不懂，但是我能读懂每个国家的名称，而且我想了解更多的国旗，看看我已经知道多少了。"然后他翻开书，正确地识别了大部分的国旗。这名学生表现出哪些天才的特征？

   A. 数字能力、高度发展的社交技巧和早慧

   B. 言语能力、强度和对掌握知识的热情

   C. 很高的阅读水平、按照自己的节奏学习以及固执

   D. 早慧、按照自己的节奏学习、有掌握知识的热情

2. 罗伯托在数学方面有天赋，但在社会科学和英语方面没有天赋。罗伯托的天赋最好被描述为：

   A. 天生的因素多于后天的因素

   B. 领域特定性

   C. 反映了刻意练习

   D. 一般领域

3. 拉森老师班上的学前班学生在学校里持续进步。四年级时，他在学校的地理竞赛中获得第三名。接下来的两年里，他都获得了第一名。七年级时，他终于上了第一门地理课。他得了 C。他经常向他的父母抱怨说，他已经知道所教的内容。他想学习"新的东西，而不只是听同样的旧垃圾"。他的老师非常强调完成地图工作表，而他的工作表完成得非常快，而且很潦草。他经常在课堂上捣乱。地理老师应该如何处理这种情况？

   A. 老师应该惩罚这个扰乱课堂的学生。该学生应该继续和其他学生做一样的作业，因为他需要明白，不是所有的作业都是有趣的

   B. 老师应该考虑课程压缩，因为该学生已经掌握了课程内容。一旦他受到挑战，他的破坏性行为可能会减少

   C. 老师应该请求这个学生成为合作教师

   D. 老师应该把这个学生的马虎作业作为一个负面的例子来警示课堂上的其他同学

请参看书末的答案……

连线课堂：案例分析
现在该怎么办？

在新学年开始之前，伊内兹女士总是会和即将上学前班的孩子的家长们开一次"熟悉会"。她这样做是为了解释孩子们在学前班会做什么，她的教育理念和期望，以及第一天送孩子上学的程序。她鼓励父母提出问题，并分享他们可能有的担忧。家长们不可避免地总会有很多担忧和问题。

以下是她从父母那里听到的一些具有代表性的问题：

"乔伊仍然有下午小睡的习惯。我们能不能把他换到上午班？"

"阿什利有严重的哮喘。她需要随身带着雾化器以防哮喘发作。你知道怎么使用雾化器吗？"

"我只知道史蒂夫无法长时间坐住。你会让孩子们经常走动吗？"

"我希望你能给孩子们大量的活动时间。比尔也不能坐很长时间。"

"相对他的年龄来说，亚历克斯的智力非常超前。你能做些什么来挑战他呢？"

"阿曼达也很超前。"

"我的蒂米也是。"

"嗯，彼得似乎有些落后于他人，他口头表达能力不太好。"

伊内兹女士礼貌地倾听着父母们的每一个担忧或问题，并向父母保证，"我会尽我所能确保你的孩子在我的班上度过一个美好的学年。所有的孩子都是不同的，学习的速度也不同，所以不要太担心你的孩子有点落后或领先。我想孩子们都会一起茁壮成长。"晚上散会的时候，她暗笑那么多家长都认为自己的孩子智力超前。每年都是如此——大约三分之一的父母相信他们的孩子就是未来的爱因斯坦。

新学年开始了，一切都很顺利。伊内兹女士在孩子们自由玩耍时观察他们。虽然孩子们之间有明显的差异，但她没有发现哪个孩子是真正特殊的，也许哈曼和罗文除外。他们在老师讲故事的时候缺乏注意力，也不能安静地坐着，扰乱了课堂秩序。伊内兹女士提醒自己要与哈曼和罗文的父母谈谈，他们可能患有注意缺陷多动障碍，并建议他们去做检查。其他一些学生也可能有这样的问题，包括亚历克斯。虽然伊内兹女士已经学会了如何使用阿什利的雾化器，但她目前还不需要使用。

每天开始上课前，伊内兹女士都会用一个大大的 x 在日历上标出当天的日期，然后在黑板上写一段话，描述那天的天气。开学第十天，她在黑板上写道："今天阳光明媚，天气很热。"然后，她把这段话念给学生听，这样他们就可以开始进行单词联想。"今天阳光明媚，天气暖和。"亚历克斯喊道，"你不是这么写的。你写的是今天阳光明媚，天气很热。"伊内兹女士大吃一惊。后来，在自由活动时间，她让亚历克斯坐在她身边。亚历克斯恋恋不舍地看着拼图，但还是不情愿地答应了。"亚历克斯，你可以给我读读这本书吗？"

"当然可以。"亚历克斯回答，他读得一字不差。

伊内兹女士问："你家里有这本书吗？"

亚历克斯："是的。还有很多其他书呢。"

伊内兹女士："这本书呢？你有吗？"

亚历克斯："没有。"

伊内兹女士："那好，你可以试着读给我听。"

亚历克斯："好吧，但之后我可以去玩拼图吗？"

伊内兹女士："当然。"

亚历克斯给伊内兹女士读了这本书，只漏了几个字，然后就匆匆跑去玩拼图、搭积木塔、拆积木、玩卡车。第二天，在标记日期的时候，伊内兹女士问全班同学："如果今天是这个月的第十五天，而这个月有三十天，我们怎么才能知道还剩下几天呢？"

孩子们喊道："我们可以数一数没有标记 X 的日子。"

"很好。"伊内兹女士答道。

亚历克斯看起来一脸困惑。"怎么了,亚历克斯?"伊内兹女士问道。

"我们为什么不做减法呢?"他问道。

1. 在这个案例中存在什么问题?

2. 你觉得伊内兹女士为什么不太重视父母眼中孩子的长处呢?

3. 伊内兹女士应该如何与她认为可能患有注意缺陷多动障碍的学生的父母沟通?

4. 她建议对某个孩子进行检查合适吗? 为什么? 她推荐某位医生做这项检查合适吗? 为什么?

5. 如果亚历克斯已经具备阅读能力,而且会做减法,他可能还掌握了其他技能吗? 如果有,可能是哪些技能? 这将如何影响他在学前班的经历?

6. 伊内兹女士应该如何应对这个问题?

7. 关于亚历克斯,下列哪项最有可能是正确的?

A. 亚历克斯有语言障碍

B. 亚历克斯有学习障碍

C. 亚历克斯有注意缺陷多动障碍

D. 亚历克斯是天才儿童

本章概要

1 障碍儿童:描述各种类型的障碍。

学习障碍

· 据估计,13% 的 3~21 岁的美国儿童接受特殊教育或相关服务。现在使用的术语是"障碍儿童"而不是"障碍儿童",有障碍的儿童也不再被称为障碍儿童。

· 接受特殊教育的儿童中,学习障碍儿童最多。有学习障碍的儿童在理解或使用口头或书面语言方面有困难,这种困难可能出现在听、思考、阅读、写作和拼写方面。学习障碍也可能包括数学学习方面的困难。

· 被归类为学习障碍的儿童,其学习问题主要不是由以下原因造成的:视力障碍、听力障碍、运动障碍、智力障碍、情感障碍,或由于环境、文化或经济上的不利因素。有学习障碍的男孩是女孩的三倍。

· 学习障碍儿童最常见的学业问题是阅读、书写和数学方面的问题。阅读障碍是一种阅读和拼写能力的严重损害。书写障碍是一种涉及书写困难的学习障碍。计算障碍是一种涉及数学计算困难的学习障碍。

·围绕"学习障碍"的争议，一些评论家认为这是过度诊断，其他人则认为并非如此。诊断很难做出，特别是对表现出轻度学习障碍的学生来说。有学习障碍的儿童的初步鉴定通常是由课堂教师做出的，然后让专家对儿童进行评估。研究者已经提出了导致学习障碍的各种因素。许多针对学习障碍的干预措施注重阅读能力，包括提高解码技能等策略。即使是精心设计的干预措施，其成功与否也取决于教师的培训和技能。

注意缺陷多动障碍

·注意缺陷多动障碍（ADHD）是指儿童持续出现以下一个或多个特征：注意力不集中、多动和易冲动。对于 ADHD 的诊断，这些特征必须在童年早期就出现，并使儿童衰弱。虽然 ADHD 的症状可能在童年早期就出现了，但通常要到小学阶段才得到诊断。

·许多专家建议结合学术、行为和医学干预来帮助 ADHD 学生的学习和适应。ADHD 不应该由学校团队来诊断，因为准确的诊断需要专家的评估，比如心理医生。对于教师来说，监测医生是否开了恰当剂量的 ADHD 药物，邀请有特殊教育资源的教师参与，使用行为管理策略，为儿童提供即时反馈，明确陈述期望，以及提供结构和教师指导都是很重要的。近期为减少 ADHD 症状所做的其他努力包括神经反馈、正念训练和运动。

智力障碍

·智力障碍通常在 18 岁之前发病，包括智力低下（在智力测试中的得分通常低于 70）和难以适应日常生活。

·根据智商，智力障碍分为轻度、中度、重度和极重度四类。最近，有人提出了一种以所需支持程度为基础的分类体系。智力障碍的决定因素包括遗传因素（如唐氏综合征）、脑损伤（可能源于多种不同的病毒感染，包括艾滋病）和环境危害。

身体障碍

·儿童的身体障碍包括肢体障碍（如脑瘫）和发作性障碍（如癫痫）。

感觉障碍

·感觉障碍包括视力障碍和听力障碍。

·视力障碍包括低视力和教育意义上的失明。视力低下的儿童可以阅读大字体的书籍或借助放大镜阅读普通书籍。教育意义上的失明儿童不能通过他们的视觉来学习，只能依靠他们的听觉和触觉来学习。一项重要的任务是确定视力障碍学生学习的最佳方式（如触觉或听觉）。许多技术设备可以帮助这些学生学习。

·有两类教育方法来帮助听觉有障碍的学生：口语法和手语法。这两种方法越来越多地被用于同一个学生身上，以促进他们的整体沟通方式。

言语和语言障碍

·言语和语言障碍包括一些言语障碍（如发音障碍、声音障碍和语畅障碍）和语言障碍（接受性和表达性语言困难）。发音障碍是无法正确发音单词的问题。声音障碍表现为说话沙哑、声音太大、音调太高或太低，患有腭裂的儿童通常有声音障碍。语畅障碍包括我们通常所说的"口吃"。

·语言障碍涉及儿童接受性或表达性语言的显著受损。接受性语言涉及对语言的接受和理解。表达性语言涉及使用语言来表达自己的思想和与他人交流。特殊语言障碍（SLI）是儿童可能患有的另一种语言障碍，涉及在句子中理解和使用单词的问题。

孤独症谱系障碍

·孤独症谱系障碍（ASD）是一个越来越流行的术语，指的是广泛的孤独症障碍，包括典型的、严重的孤独症，以及阿斯伯格综合征。

·孤独症是一种严重的孤独症谱系障碍，在生命的头三年开始发病，涉及社会关系和沟通的异常。它还具有重复性的行为特征。目前的共识是，孤独症涉及的是大脑的器质性功能障碍。

情绪和行为障碍

·情绪和行为障碍涉及一系列严重的、持续存在的问题，包括人际关系、攻击性、抑郁、与个人或学校事务有关的恐惧，以及其他不适当的社会情绪特征。

·尽管情绪障碍（ED）这个术语受到了批评，近来却常常被使用。如果出现严重的攻击性、失控行为，学生就会被带离教室。这些问题在男孩身上比女孩身上更典型。与男孩相比，女孩更容易出现抑郁、焦虑和恐惧等问题，也更容易出现内化问题。

2 与障碍儿童有关的教育问题：解释服务于障碍儿童的法律框架和技术。

法律方面

·障碍儿童受教育的权利从 20 世纪 60 年代中期开始确立。1975 年，国会颁布了《94–142 号公法》，即《全体障碍儿童教育法案》，规定所有儿童都应接受免费的、适当的公共教育。1990 年，《94–142 号公法》被重新修订为《残疾人教育法案》（IDEA），它明确了为所有障碍儿童提供服务的广泛要求。那些被认为有障碍的儿童须得到评估以确定他们是否有资格获得服务。

·《残疾人教育法案》中有许多关于障碍儿童父母的规定。《残疾人教育法案》在 1997 年进行了修订，于 2004 年重新获得批准并更名为《障碍者教育促进法案》。2004 年的版本特别注重与《有教无类》法案保持一致，这引起了人们的疑问，即障碍学生能否达到与非障碍学生相同的普通教育标准和成绩。

·《障碍者教育促进法案》是专门为障碍儿童制订的一份书面计划。计划应（1）与儿童的学习能力有关；（2）个体化，而不是复制提供给其他儿童的计划；（3）旨在提供教育福利。

·《残疾人教育法案》中包含了最少限制的环境的概念。它规定，障碍儿童必须在与非障碍儿童受教育的环境尽可能相似的环境中接受教育。这一构想为努力在常规教室教育障碍儿童提供了法律依据。"全纳教育"一词指的是让障碍儿童在常规教室接受全日制教育。人们越来越多地使用全纳教育教室。相较于把他们安置在不同教室所造成的影响而言，儿童在学业和社会上的成功更多地受到教育质量的影响。

技术

·教学技术包括各种类型的硬件和软件，结合创新的教学方法，以满足儿童在课堂上的需求。辅助技术包括各种服务和设备，以帮助障碍儿童在其环境中发挥作用。

3 天才儿童：定义什么是天才，讨论执教天才儿童的方法。

天才儿童的特征

·天才儿童的智商高于平均水平（通常定义为智商 130 或更高）且 / 或在某些领域（如艺术、音乐或数学）有过人的天赋。一些批评人士认为，天才计划包括了太多只是有些聪明的儿童，他们通常合作性强，而且通常是非拉丁裔白人。温纳形容天才儿童有三个主要特征：早慧、按照自己的节奏学习以及掌握知识的热情。

先天 / 后天和特定领域的天才

·天赋可能是遗传和环境共同作用的结果。发展过程中变化是天才的特征。有意练习对于天才儿童的成就往往是很重要的。人们越来越多地强调特定领域的天才。

天才儿童的教育

·为天才儿童提供的教育计划包括特殊课程（"抽离"计划）、加速和丰富知识计划、导师和学徒计划，以及工作 / 学习或社区服务计划。争论的焦点是加速或丰富化的课程是否最有利于天才儿童。

·越来越多天才儿童在常规教室接受教育。一些专家建议，提高常规教室的教学标准将有助于那些天才儿童，但对于那些仍然感觉缺乏挑战的儿童，诸如辅导和额外的指导可能是需要的。人们的担忧是，《有教无类》法案将注意力集中在了障碍儿童上，从而损害了对天才儿童的教育。

关键术语

发音障碍（articulation disorder）

阿斯伯格综合征（Asperger syndrome）

注意缺陷多动障碍（attention deficit hyperactivity disorder，ADHD）

孤独症谱系障碍（autism spectrum disorder，ASD）

孤独症（autistic disorder）

脑瘫（cerebral palsy）

天才儿童（children who are gifted）

唐氏综合征（Down syndrome）

计算障碍（dyscalculia）

书写障碍（dysgraphia）

阅读障碍（dyslexia）

情绪和行为障碍（emotional and behavioral disorder）

癫痫（epilepsy）

表达性语言（expressive language）

语畅障碍（fluency disorder）

全纳教育（inclusion）

个体化教育计划（individualized education plan，IEP）

《残疾人教育法案》（*Individuals with Disabilities Education Act*，IDEA）

智力障碍（intellectual disability）

语言障碍（language disorder）

学习障碍（learning disability）

最少限制的环境（least restrictive environment，LRE）

肢体障碍（orthopedic impairment）

《94-142 号公法》（*Public Law 94-142*）

接受性语言（receptive language）

特殊语言障碍（specific language impairment，SLI）

言语和语言障碍（speech and language disorder）

声音障碍（voice disorder）

档案袋活动

现在你已经很好地理解了本章的内容，请完成这些练习来扩展你的思维。

独立思考

1. 为障碍儿童培养积极的学校和家庭联系。把自己放在父母的角色上。想象一下学校刚刚通知你，你的孩子有学习障碍。回答以下问题：（1）作为家长，你可能会有什么感受？（2）作为家长，你想问老师什么问题？（3）现在把自己放在老师的角色上，你会如何回应这些问题？

研究 / 实地体验

2. 运作中的全纳教育。采访小学、初中和高中教师，了解他们对全纳教育以及教育障碍儿童的其他方面的印象；询问他们在与障碍儿童相处方面最成功的策略是什么；同时询问他们最大的挑战是什么。写一份采访总结。

合作学习

3. 为天才学生提供技术资源。与班上其他三四名学生一起，列出你认为对天才学生有利的软件程序清单，并对这些软件进行说明。有关这类软件的一个良好资料来源是《电子学习杂志》（*Journal of Electronic Learning*）。

第七章

行为主义和社会认知理论

学习乃是一种与生俱来的快乐。

——亚里士多德（Aristotle）

公元前 4 世纪古希腊哲学家

章节概览

1. 什么是学习？

学习目标 1：定义学习并描述关于学习的五种理论。

学习是什么，不是什么

关于学习的理论

2. 学习的行为主义理论

学习目标 2：对比经典条件作用与操作性条件作用。

经典条件作用

操作性条件作用

3. 教育中的应用行为分析

学习目标 3：将行为分析应用于教育中。

什么是应用行为分析？

增加可取的行为

减少不可取的行为

对操作性条件作用与应用行为分析的评价

4. 学习的社会认知理论

学习目标 4：总结学习的社会认知理论。

班杜拉的社会认知理论

观察学习

认知行为理论和自我管理

对社会认知理论的评价

连线教师：露丝·西德尼·查尼

露丝·西德尼·查尼（Ruth Sidney Chaney）的教师生涯已经持续了超过 35 年。她开发了一种回应式课堂教学法，这种方法强调对学生的良好行为的正强化。以下是她关于强化学生学习的一些想法（Charney, 2005）。

当我们注意到孩子的表现时，我们就在对孩子们进行强化。我们注意到孩子们在学校表现出的个人细节，注意到他们在行为举止和学习上的努力……我们为数学试卷上的 5 个正确答案（上周只有 2 个）、写作作业中额外的语句、清晰的形容词、游戏中 10 分钟的公平竞争……喝彩。

我们通过注意到孩子们在遵守规则和满足班级期望方面所做出的积极努力来进行强化。当孩子们在练习新技能或展现出最近示范的行为时，我们都会给予强化。

我们注意到和对学生进行强化的例子包括：

· "就是今天，是吗？" 老师低声对赫克托说。

赫克托对老师笑了笑，两人相互迅速击掌，庆贺赫克托即将在教堂唱诗班中进行独唱表演。

· 当莱拉昂首阔步地走进教室时，老师问她："时髦的新靴子吗？"

· "谢谢你帮助特莎完成她的拼写。我注意到你给了她很恰当的提示，所以她可以自己拼出一些单词。"

· "我注意到今天排队花的时间少了很多。你们注意到什么了？"

· "我注意到你今天早上在没有被干扰的情况下完成了数学作业。这需要很强的专注力……"

· "谢谢你今天非常有效的清理工作。我注意到你把笔帽套回了马克笔上，铅笔放回了铅笔盒，地板上的纸也收拾干净了。"

· "你真的找到了一个有趣的方法来解决这个问题，并完成了这个作业任务。"

概览

几乎每个人都认同帮助学生学习是学校的一个重要职能。然而，关于什么是学习的最佳方式，并不是所有人都能达成一致。在本章的开始部分，我们先研究学习的内涵，然后再讨论主要的行为主义学习理论。接下来，我们将探讨行为原则如何应用于教学中。在最后一部分，我们将讨论学习的社会认知理论。

学习目标 1：定义学习并描述关于学习的五种理论。

1 什么是学习？

学习是教育心理学的核心内容。当询问人们学校的用途时，一个常见的回答是"帮助学生学习"。

学习是什么，不是什么

当学生们学习如何使用电脑时，他们可能会犯一些错误，但在某一时刻，他们会掌握有效使用电脑所需的行为技巧。学生们将从不会操作电脑的个体变成会操作电脑的个体。一旦他们学会了如何操作，他们就不会失去那些技能。这就像学习开车一样，一旦你学会了如何驾驶，你就不必每次开车都重新学习。因此，**学习**（learning）可以被定义为源于经验的，对行为、知识和思维技能的一种相对永久性的影响。

我们知道的一切并非全都是学来的。我们遗传了某些能力——它们是与生俱来，而不是后天习得的。例如，我们不需要学习就会吞咽，面临巨大的噪声不需学习就会退缩，或者当一个物体太靠近眼睛时我们不需学习就会眨眼。然而，大多数人类行为不仅仅与遗传有关。当学生们以一种新的方式使用电脑、更努力地解决问题、提出更好的问题、以更合乎逻辑的方式解释答案，或更专心地倾听时，便是学习的经验在发挥作用了。

学习的范围很广（Powell, Honey, & Symbaluk, 2017），它涉及学业行为和非学业行为，会发生在学校和学生们体验其周围世界的所有其他地方。

> 学习：源于经验的，对行为、知识和思维技能的一种相对永久性的影响。

关于学习的理论

人们提出了许多学习理论，接下来，我们将探讨学习的行为主义理论和认知理论。

行为主义理论 我们在本章第一部分讨论的学习理论叫作行为主义理论。**行为主义**（behaviorism）认为，行为应该由可观察到的体验，而不是由心理过程来解释。对于行为主义者来说，行为就是我们所做的一切，无论是言语的还是非言语的，都是可以被直接看到或听到的：一个学生在自制海报，一个教师在向某个学生解释什么，一个学生在欺负另一个学生，等等。心理学家将**心理过程**（mental process）定义为我们每个人都经历过但其他人却无法观察到的想法、感觉和动机。虽然我们不能直接看到想法、感觉和动机，但它们同样是真实的。心理过程包括学生们思考如何制做出最好的海报，教师对学生们的努力感到欣慰，以及学生们控制自己行为的内在动机。

> 行为主义：行为应该由可观察到的体验，而不是由心理过程来解释。

> 心理过程：我们每个人都经历过但其他人却无法观察到的想法、感觉和动机。

对于行为主义者来说，这些想法、感觉和动机并不适合作为行为科学的主题，因为它们不能被直接观察到。行为主义者并不否认想法、感觉和动机的存在，而是认为这些心理过程并不是解释行为所需要的。我们接下来要讨论的两种行为主义的观点，经典条件作用和操作性条件作用便是采用这种立场。这两种观点都强调**联想学习**（associative learning），即通过两件事物之间的联系或关联进行学习（Domjan, 2015）。例如，当一个学生把一件愉快的事情和在学校学到的东西联系起来时，联想学习就会发生，例如当学生提出一个好问题时，教师就会微笑。

> 联想学习：通过两件事物之间的联系或关联进行学习。

认知理论 认知的意思是"思维",在 20 世纪后期,心理学变得更倾向于认知取向(或者说开始更关注思维)。对认知的强调延续至今,认知是现在许多学习理论的基础(Ashcraft & Radvansky, 2016; Sternberg, 2016a, b)。在本书中,我们将讨论四种主要的认知学习理论:社会认知、信息加工、认知建构主义和社会建构主义。本章后半部分首先将会讨论社会认知理论,它强调行为、环境和人(认知)三种因素如何相互作用从而影响学习(Bandura, 2012, 2015)。第二种理论取向是信息加工,关注儿童如何通过注意、记忆、思维和其他认知过程来加工信息(Siegler, 2016a, b)。第三种理论是认知建构主义,强调儿童对知识和理解的认知构建(Grenell & Carlson, 2016)。第四种理论是社会建构主义,侧重于与他人合作以产生知识和理解(Gauvain, 2016)。

这四种认知理论加上行为主义理论,这就是我们在本书中将要讨论的五种主要的学习理论:行为主义、社会认知、信息加工、认知建构主义和社会建构主义。所有这些都有助于我们理解学生是如何学习的。

当你阅读有关学习和认知的书籍时,请记住,学生在适宜的学习环境中更有可能以最佳的方式学习。当学习环境适合特定的学习目标、适合学生的背景和已有知识,以及与学习过程将会发生的环境适配时,学生的学习效果最好。因此,教师不仅需要了解学习的基本原则,还必须知道如何在学生们拥有不同需求的环境下利用这些原则来实现不同的学习目标(Bransford & others, 2005; Yasnitsky & Vander Veer, 2016)。

复习、思考和练习

学习目标1:定义学习并描述关于学习的五种理论。

复习

· 什么是学习? 有没有什么行为不是学习的反映?

· 行为主义的本质是什么? 四种主要的学习认知理论是什么?

思考

· 你是如何学习的? 想一想你的行为,并描述你是如何学会的。

PRAXIS™ 练习

1. 根据学习的心理学定义,下列各项哪一个不是学习的例子?

　　A. 写作

　　B. 打喷嚏

　　C. 游泳

　　D. 洗碗

2. 泽勒先生认为他的学生没有学到任何东西，除非他们展示给他看。这种展示可以通过他们
上交的作业、在课堂上回答问题，或他们的行为方式来完成。哪种学习理论是与泽勒先生
的观点最为一致？

A. 认知建构主义

B. 行为主义

C. 社会认知

D. 条件作用

请参看书末的答案……

2 学习的行为主义理论

学习目标 2：对比
经典条件作用与操
作性条件作用。

行为主义理论强调儿童在体验和行为之间建立联系的重要性。我们要考察的第一
种行为主义理论是经典条件作用。

经典条件作用

经典条件作用（classical conditioning）是一种生物体学习将刺激物联系起来的学
习方式。在经典条件作用中，一种中性刺激（比如看到一个人）与一种有意义的刺激
（比如食物）联系起来，并获得了引发类似反应的能力。经典条件作用是由伊凡·巴甫
洛夫（Ivan Pavlov, 1927）提出的。为了充分理解巴甫洛夫的经典条件作用理论，我们
需要理解两种刺激和两种反应：无条件刺激（unconditioned stimulus，UCS）、无条件反
应（unconditioned response，UCR）、条件刺激（conditioned stimulus，CS）和条件反应
（conditioned response，CR）。

无条件刺激（UCS）是一种无须事先学习就能自动产生反应的刺激。在巴甫洛夫
的实验中，食物是无条件刺激。无条件反应（UCR）是由无条件刺激自动引发的非
习得反应。在巴甫洛夫的实验中，狗对食物分泌唾液的反应是无条件反应。条件刺激
（CS）原先是一种中性刺激，在与无条件刺激结合后，最终引发条件反应。在巴甫洛夫
的实验中，条件刺激包括在狗真正吃东西之前出现的各种景象和声音，比如在把食物
放进狗的盘子之前关门声。条件反应（CR）是对条件刺激的习得反应，发生在无条件
刺激–条件刺激配对之后。

经典条件作用涉及学生在教室里的积极和消极体验。在学生的学校教育中，很多
事情会带来快乐，因为它们产生了经典条件作用，比如一首他们喜欢的歌曲和教室是

经典条件作用：联
想学习的一种形式。
在这种学习中，一
种中性刺激与一种
有意义的刺激联系
起来，并获得了引
发类似反应的能力。

图 7-1　在老师对学生考试的批评中，涉及经典条件作用

© Elizabeth Crews

一个安全而有趣的地方的感觉之间可以产生联系，一首歌对学生来说可能是中性的，但是当学生与其他同学在教室唱起这首歌，并伴随着积极的感受时，经典条件作用就会发挥作用。

如果学生们把课堂和批评联系在一起，他们就会对课堂产生恐惧，批评就变成了恐惧的条件刺激。考试焦虑也与经典条件作用有关。例如，一个学生考试没有通过，受到了批评，进而产生焦虑。此后，学生将考试与焦虑联系起来，考试成了焦虑的条件刺激（参见图7-1）。

一些学生的健康问题也可能涉及经典条件作用（Chance, 2014）。某些生理上的问题，如哮喘、头痛和高血压，可能部分是由经典条件作用造成的。我们通常说这类健康问题是由压力引起的。然而经常发生的情况是，某些刺激，如父母或老师的严厉批评，是生理反应的条件刺激。随着时间的推移，生理反应出现的频率会导致健康问题。老师对学生的持续批评会导致学生头痛、肌肉紧张等。任何与老师有关的事情，如课堂练习和家庭作业，都可能引发学生的压力，并随后与头痛或其他生理反应联系起来。

泛化、分化与消退　在研究狗对各种刺激的反应时，巴甫洛夫在给狗喂肉粉之前摇了摇铃铛。通过与无条件刺激（肉）配对，铃声变成了条件刺激，引起狗的唾液分泌。过了一段时间，巴甫洛夫发现狗对其他声音也有反应，比如哨声。声音与铃声越像，狗的反应就越强烈。在经典条件作用中，泛化（generalization）指的是一个类似于原来条件刺激的新刺激通常会引发一个类似反应的现象。让我们考虑一个课堂上的例子，一个学生因为生物学考试成绩不好而受到批评。当学生开始准备化学考试时，他也变得非常紧张，因为这两门学科在自然科学上是密切相关的。因此，学生的焦虑可以从一个科目的考试泛化到另一个科目的考试。

当有机体只对某些刺激有反应而对其他刺激没有反应时，就发生了经典条件作用的分化（discrimination）。为了产生分化，巴甫洛夫只在摇铃后给狗喂食，在任何其他声音之后不喂食。后来，狗只对铃声做出反应。在学生参加不同课程考试的情况下，他对参加英语考试或历史考试几乎不会感到紧张，因为它们是非常不同的学科领域。

经典条件作用中的消退（extinction）是指在没有无条件刺激（UCS）的情况下条件反射（CR）的减弱。在一次试验中，巴甫洛夫反复摇铃，却不给狗任何食物。最后那只狗即使听到铃声也不再流口水。同样，如果考试时感到紧张的学生在考试中取得了不错的进步，他的焦虑就也会逐渐消失。

系统脱敏法　有时，与消极事件相关的焦虑和压力可以通过经典条件作用来消除。

系统脱敏法（systematic desensitization）是一种基于经典条件作用的方法，它通过让个体循序渐进地想象引起越来越多焦虑的情境，并在此过程中将深度放松与这些情境联系起来，从而减少焦虑。想象一下，你班上有一个学生，他非常害怕在全班同学面前讲话。系统脱敏法的目的是让学生将公开演讲和放松（比如在安静的海滩上散步）联系起来而不是和焦虑联系起来。通过连续的可视化想象，学生可以从演讲的前两周开始，在前一周、前四天、前两天、前一天、演讲的当天早上、进入演讲房间、走向讲台的途中，以及演讲时都练习系统脱敏法。

脱敏涉及一种对抗条件作用（Rajiah & Saravanan, 2014）。学生想象的放松感觉（UCS）产生放松（UCR），然后学生将产生焦虑的刺激（CS）与放松的感觉联系起来。这种放松与焦虑是不相容的。一开始，将产生微弱焦虑的刺激与放松配对，然后逐步增加强度（从演讲前两周到走上讲台演讲），直至所有产生焦虑的刺激都产生放松（CR）。

你可能会遇到害怕在课堂上发言或有其他焦虑的学生，在你自己的生活中可能也会有这样的情况，你可以受益于用放松代替焦虑。例如，一些老师在学生面前讲话时怡然自得，但在被要求教学会议上做报告时却很紧张，这是很正常的。心理咨询师和心理健康专家已经非常成功地用系统脱敏法让人们克服了对公开演讲的恐惧。如果你对采用这种策略感兴趣，应在学校心理老师的帮助下进行，不要自行尝试。

对经典条件作用的评价　经典条件作用帮助我们更好地理解学习的某些方面（Domjan, 2015）。它很好地解释了中性刺激是如何与未经学习的、无意识的反应联系在一起的（Poulos & Thompson, 2015）。这对理解学生的焦虑和恐惧特别有帮助。然而，它并不能有效地解释自发行为，比如为什么一个学生为了考试而努力学习，或者为什么他对历史比对地理更感兴趣。对于这些方面，操作性条件作用更为相关。

操作性条件作用

操作性条件作用（operant conditioning，也称为工具性条件作用）是学习的一种形式，在这种学习中，行为的后果会改变行为发生的概率。操作性条件作用是 B. F. 斯金纳（B. F. Skinner, 1938）行为学观点的核心。结果——奖励和惩罚——取决于有机体的行为。

强化与惩罚　强化（reinforcement，也称为奖赏）是一种增加行为发生概率的后果。相反，惩罚（punishment）是一种减少行为发生概率的后果。例如，你可以告诉你的一个学生"祝贺你！我真的为你写的故事感到骄傲"，如果这个学生加倍努力，下次写出更棒的故事，你的积极评论就可以说是对学生写作行为的强化或奖赏；如果你因为一个学生在课堂上讲话而对他皱眉头，而这个学生讲话的次数减少了，你皱眉的举动就可以说是对这个学生讲话的惩罚。

系统脱敏法：基于经典条件作用的方法，该方法要求个体循序渐进地想象引起越来越多焦虑的情境，并在此过程中将深度放松与这些情境联系起来，从而减少焦虑。

操作性条件作用：学习的一种形式。在操作性条件作用中，行为的后果会改变行为发生的概率。

强化：增加行为发生概率的后果。

惩罚：减少行为发生概率的后果。

正强化：基于反应频率因反应后的奖赏刺激而增加的原理的一种强化。

强化行为就是加强该行为（Domjan, 2015）。强化的两种形式是正强化和负强化。在正强化（positive reinforcement）中，反应的频率会增加，因为反应之后伴随了奖赏刺激，例如教师的积极评论会增加学生的写作行为。同样，在家长会上，教师对父母出席家长会进行称赞可能会鼓励他们再次参加家长会。

负强化：基于反应频率因反应后令人反感的（不愉快的）刺激而消退的原理的一种强化。

相反，在负强化（negative reinforcement）中，反应频率的增加是因为在反应之后令人反感的（不愉快的）刺激会消退。例如，一个父亲总是唠叨，要其儿子去做家庭作业。最后，儿子厌倦了父亲的唠叨，便开始做作业。儿子的反应（做作业）消退了不愉快的刺激（唠叨）。

区分正强化和负强化的一种方法是，在正强化中增加了一些东西；在负强化中，某物被减去或移除。人们很容易混淆负强化和惩罚。二者的区别在于，负强化会增加反应发生的概率，而惩罚会降低反应发生的概率。

泛化、分化与消退　在我们对经典条件作用的介绍中，我们讨论了泛化、分化与消退。这些过程也是操作性条件作用的重要维度（Miltenberger, 2016）。记住，在经典条件作用中，泛化是与条件刺激相似的刺激产生与条件反射相似反应的趋势。操作性条件作用中的泛化意味着对相似的刺激做出相同的反应。特别令人感兴趣的是行为从一种情况推广到另一种情况的程度。例如，如果教师表扬学生提出了与英语相关的好问题，学生的努力学习是否也会泛化到历史、数学和其他科目中？

记住，在经典条件作用中，分化意味着对某些刺激做出反应，而不对其他刺激做出反应。操作性条件作用中的分化包括对刺激或环境事件的区分。例如，一个学生知道她应该把当天的数学作业放在老师桌子上标有"数学"的文件托盘里，而当天的英语作业应该放在另一个标有"英语"的文件托盘里。这可能听起来过于简单，但它很重要，因为学生的世界充满了这类分化刺激。在学校周围，这样的分化刺激可能包括"请勿入内""在此排队"等标志。

在操作性条件作用中，当先前强化的反应不再得到强化，而且反应减少时，消退就发生了。在课堂上，"消退"最常见的应用是，教师将注意力从持续关注的行为上移开。例如，在某些情况下，教师的注意力会无意中强化了学生的破坏性行为，比如当一个学生掐了另一个学生，教师会立即与肇事者对话。如果这种情况经常发生，这个学生可能会发现掐其他学生是引起教师注意的好方法；如果教师收回其注意力，该学生掐人的行为可能就会消退。

复习、思考和练习

学习目标 2：对比经典条件作用与操作性条件作用。

复习

· 什么是经典条件作用？什么是 UCS、UCR、CS 和 CR？什么是经典条件作用下的泛化、分化、消退和系统脱敏法？

· 什么是操作性条件作用？解释强化和惩罚的不同类型。什么是操作性条件作用下的泛化、分化和消退？

思考

· 你认为你的情绪是经典条件作用、操作性条件作用的结果，还是两者共同作用的结果？请解释。

PRAXIS™ 练习

1. 西尔维娅正在参加一个班级拼写比赛。老师要求她拼出单词 "mortgage"。"别忘了 t，别忘了 t，" 西尔维娅对自己说。"M–O–R–T–A–G–E。" 西尔维娅说。"对不起，答错了，西尔维娅。" 她的老师说。一个后面的一个学生窃笑着说："哎呀，是时候了，自作聪明的小姐弄错了。看，她并不那么聪明。" 其他一些学生也一起笑了起来。西尔维娅开始哭泣并跑出了教室。此后，西尔维娅变得对拼写比赛感到非常焦虑。根据经典条件作用理论，这个场景中的条件刺激是什么？

   A. 老师告诉她，她答错了

   B. 其他学生的笑声

   C. mortgage 这个词

   D. 拼写比赛

2. 泰勒是一个四年级的学生。他喜欢讲笑话，经常以取笑他的老师为乐。有一天，他称他的老师巴特女士为 "放屁女士"。巴特老师很快对他的行为进行了训诫，并告诉他给别人取侮辱性的外号是不可接受的。她让泰勒放学后留下来讨论他的行为。班上的其他学生认为泰勒给巴特老师起的绰号很搞笑，他们和泰勒一起笑，后来还告诉他这是巴特女士的一个好绰号。第二天，泰勒再次用这个侮辱性的绰号称呼巴特女士。根据操作性条件作用理论，泰勒继续使用这个绰号，尽管前一天他不得不在放学后留下来，是因为：

   A. 该行为已经持续了很长时间

   B. 他的行为得到了同学们的正强化

   C. 老师对他的行为进行了负强化

   D. 他的行为受到了老师的惩罚

请参看书末的答案……

学习目标3：将行为分析应用于教育中。

多重思考
应用行为分析可以作为有效管理课堂的一部分。连接到"课堂管理"。

应用行为分析：应用操作性条件作用的原理来改变人类的行为。

3 教育中的应用行为分析

操作性条件作用已经在实验室之外的教室、家庭、企业、心理治疗室、医院和其他现实环境中得到了更广泛的应用（Spiegler, 2016）。本节描述教师如何使用应用行为分析来改善学生的行为和学习。

什么是应用行为分析？

应用行为分析（applied behavior analysis）是应用操作性条件作用的原理来改变人类的行为。应用行为分析的三个用途在教育中特别重要：增加可取的行为，使用提示和塑造，以及减少不可取的行为（Alberto & Troutman, 2017）。应用行为分析的运用通常采用一系列的步骤。这些通常始于一些一般性的观察，然后确定具体的需要改变的目标行为以及观察它的前提条件。然后设定行为目标，选择特定的强化物或惩罚物，实施行为管理计划，并评估该程序的成功或失败（Miltenberger, 2016）。

增加可取的行为

六种操作性条件反射策略可用于增加儿童的可取行为：选择有效的强化物，根据情况及时给予强化，选择最佳强化程序表，签订契约，有效使用负强化，使用提示和塑造。

选择有效的强化物 并不是所有的强化条件对每个学生都是一样的。应用行为分析专家建议教师找出对某个学生来说最有效的强化物，也就是说，个性化使用特定的强化条件。对一个学生来说，这可能是表扬；对另一个学生来说，这可能是花更多的时间参加自己喜欢的活动；对第三个学生来说，这可能是当一个星期的大厅监督员；对第四个学生来说，这可能是上网。为了找出对学生最有效的强化物，你可以考察过去激励学生的因素（强化历史），了解学生希望得到但无法轻易或经常得到的东西，以及学生对强化物价值的感知。一些应用行为分析专家建议直接询问学生最喜欢哪一种强化物，另一个建议是考虑新的强化物来减少学生的厌倦感。通常建议使用自然强化物，如表扬和特权，而不是糖果、星星和金钱等物质奖励。

活动是教师们最常使用的强化物。以心理学家大卫·普雷马克（David Premack）的名字命名的**普雷马克原理**（Premack principle）指出，一个高概率的活动可以作为一个低概率活动的强化物。当一名小学教师告诉学生，"当你完成你的写作作业后，就可以玩电脑游戏"（但只有玩电脑游戏比写作作业对学生更有吸引力的情况下才有效），

普雷马克原理：一个高概率的活动可以作为一个低概率活动强化物的原理。

此时普雷马克原理就起作用了。普雷马克原理也可以用于整个班级。教师可能会告诉全班同学："如果大家在星期五之前完成作业，我们下周就会进行实地考察。"

强化物的条件性与及时性　为了使强化物有效，教师必须只在学生表现出特定行为后才给予强化物。应用行为分析专家经常建议教师们对学生们做"如果……那么……"的陈述。例如，"托尼，如果你完成了十道数学题，那么你就可以出去玩了"这让托尼清楚地知道他必须做什么才能得到强化物。应用行为分析专家说，根据学生的行为来给予强化物，这一点很重要。也就是说，学生必须表现出某种行为才能得

到奖赏。如果托尼没有完成十道数学题，而教师仍然让他出去玩，强化的条件性就没有建立起来。

在学生完成目标行为后尽快给予强化物会更有效果，这有助于学生们看到奖赏和他们行为之间的联系。如果学生完成了目标行为（比如在上午 10 点左右做完了 10 道数学题），而教师直到下午晚些时候才给学生玩耍的时间，那么学生可能很难建立起强化的条件性联系。

选择最佳强化程序表　到目前为止，我们给出的大多数例子都假设了采用连续强化的方式——也就是说，学生每次做出反应都会得到强化。在持续强化的过程中，学生们学得很快，但当强化停止时（教师停止表扬），消退也迅速发生。在教室里，持续强化是罕见的。在一个有 25~30 名学生的教室里，教师不能在学生每次做出适当的反应时都给予表扬。

部分强化指的是只在部分时间内对反应进行强化。斯金纳（1957）提出了**强化程序表（schedule of reinforcement）**的概念，这是确定何时强化某个反应的部分强化时间表。四种主要的强化程序表是固定比率强化程序表、可变比率强化程序表、固定时距强化程序表和可变时距强化程序表。

在固定比率强化程序表中，一种行为在出现一定次数之后才得到强化。例如，教师可能每四次正确回答后才表扬学生，而不是在每一次正确回答后都给予表扬。在可变比率强化程序表中，一种行为出现几次后才得到强化是不确定的，但平均次数有一定规律。例如，一个教师可能平均每五次回答后给予表扬，但给予表扬的具体时机可能是，在第二个正确回答之后、达到或超过八个正确回答之后、在接下来的七个正确回答之后，以及在接下来的三个正确回答之后不等。

时距强化程序表是由行为在上一次被强化后的时间间隔所决定的。在固定时距强

强化程序表：确定何时强化某个反应的部分强化时间表。

化程序表中，在固定时距之后的第一个适当反应会得到强化。例如，教师可能会对学生在两分钟后提出的第一个好问题给予表扬，或者每周进行一次测验。在可变时距强化程序表中，某种反应在经过不确定的时间后获得强化。基于该程序表，教师可能会在间隔三分钟、然后间隔十五分钟、再间隔七分钟、学生提出问题时给予表扬，诸如此类。以不均匀的时间间隔进行突击测验是可变时距强化程序表的另一个例子。

对学生使用这些强化程序表有什么效果呢？通过连续的而不是间隔的强化，初始学习通常更快。换句话说，当学生第一次学习一种行为时，连续强化效果更好。然而，间隔强化比连续强化产生效果更持久、抗消退效果更强。因此，一旦学生们掌握了一种反应，间隔强化比持续强化效果更好。

相比可变强化程序表，以固定强化程序表进行强化的学生表现出更差的持久性，反应消退的速度更快。以可变时距强化程序表进行强化的学生表现出最强的持久性。这种程序表会产生缓慢而稳定的反应，因为学生们不知道奖励什么时候会到来。正如我们前面所提到的，以不均匀的时间间隔进行随堂测验是可变时距强化程序表的一个好例子。如果教师开始让小测验变得更容易预测（例如，每周五一次），学生们就会开始表现出固定时距强化程序表下的"停止-开始"工作模式。也就是说，他们在一周的大部分时间里都不会努力学习，而是在临近周末的时候开始为测验而临时抱佛脚。因此，作为一名教师，如果你

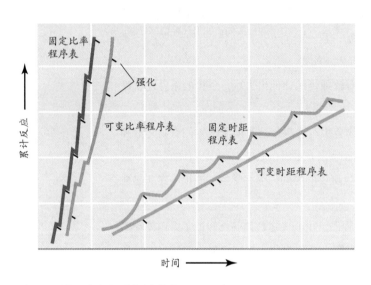

图 7-2　强化程序表和不同反应模式

在这个图中，每一个短线代表了一次强化。请注意，比率强化程序表（强化与响应次数有关）产生的响应率高于时距强化程序表（强化与间隔的时间有关）。奖励的可预测性也很重要，因为可预测的（固定的）强化程序表与不可预测的（可变的）强化程序表相比能产生更高的反应率。

的目标是为了让学生们在建立某种行为后能够保持更加持久，可变强化程序表的效果是最好的，特别是可变时距强化程序表。图 7-2 显示了与不同的强化程序表相关联的不同反应模式。

签订契约　签订契约（contracting）即以书面形式约定强化的条件性。如果出现问题，学生们不遵守协议，教师可以让学生们查阅他们同意的契约。应用行为分析专家认为，课堂契约应该是教师和学生共同商定的结果。课堂契约采用"如果……那么……"的陈述形式，由教师和学生签订，并注明日期。教师和学生可能会商定一个契约，该契约规定"学生通过做＿＿＿＿＿和＿＿＿＿＿来成为一个好公民。作

签订契约：以书面形式约定强化的条件性。

为契约的一部分，如果学生照此执行，教师同意学生做＿＿＿＿＿＿。"在某些情况下，教师要求另一个学生作为协议的见证人在契约上签字。

有效使用负强化　记住，在负强化的条件下，反应的频率增加是因为反应消除了令人厌恶的（不愉快的）刺激（Alberto & Troutman, 2017）。教师说："托马斯，你必须坐在座位上写完你的故事，才能和其他同学一起做海报。"这是一种惩罚。然后，当托马斯完成他的作业时，负强化被用来消除惩罚的后果。

使用负强化也有一些弊端。有时，当教师试图使用这种行为策略时，学生们会发脾气、跑出教室或破坏材料。当学生们不具备技能或能力去做教师要求他们做的事情时，这些消极后果就会发生。

使用提示和塑造　在之前对操作性条件作用的讨论中，我们指出了分化涉及对不同刺激或环境事件的区分。学生可以通过不同的强化来区分不同的刺激或事件，教师可用的两种差别化的强化策略是提示和塑造（Alberto & Troutman, 2017）。

提示　提示（prompt）是在反应之前给出的额外的刺激或提示，它增加了反应发生的可能性。一位阅读教师手里拿着一张写着 w-e-r-e 的卡片，说道："不是 was，而是……"，这正是在使用口头提示。一位美术教师把"水彩画"的标签贴在一组颜料上，把"油画"的标签贴在另一组颜料上，他也是在使用提示。提示有助于行为的进行。一旦学生能够始终做出正确的反应，他就不再需要提示了。

指令可以作为提示（Alberto & Troutman, 2017）。例如，当美术课快要结束时，教师说："让我们开始阅读吧。"如果学生还在继续绘画，教师会提示："OK，把你的绘画材料收起来，跟我到阅读区去。"有些提示以示意的形式出现，比如教师告诉学生"安静地"排队。公告栏是最常看到提示的地方，经常会张贴班级规则的提醒、任务的截止日期、会议的地点等。有些提示可以形象化地呈现，比如当学生说话不够大声时，教师把手放在耳朵上就是一个例子。

塑造　当教师使用提示时，他们假定学生可以做出所期望的行为，但有时学生没有能力做出这些行为。在这种情况下，就需要塑造行为。<u>塑造（shaping）涉及通过强化与特定目标行为越来越相似的行为来教给学生新的行为。</u>一开始，你要强化任何在某种程度上与目标行为相似的反应。随后，你强化一个更接近目标的反应，以此类推，直到学生表现出目标行为，然后你再强化它。

假设你有一个学生从来没有完成 50% 或以上的数学作业。你将目标行为设定为 100% 完成作业，但你要强化她逐渐接近目标的行为。一开始你可能会在她完成 60% 的时候提供一个强化物（比如某种类型的特殊待遇），下一次当她完成 70% 的时候才给予强化，然后是 80%，再是 90%，最后是 100%。

塑造可以是授课教师的一个重要工具，因为大多数学生在达到学习目标的过程中需要强化（Chance, 2014）。塑造对于需要时间和毅力才能完成的学习任务特别有帮助。

提示：在反应之前给出的额外的刺激或提示，它增加了反应发生的可能性。

塑造：通过强化与特定目标行为越来越相似的行为来教给学生新的行为。

但是请记住，只有在其他类型的正强化和提示不起作用时才能使用塑造。还要记住要有耐心，塑造可能需要在实现目标行为的过程中强化许多小步骤，而这些步骤的实现可能需要一段较长的时间。

减少不可取的行为

当教师想要减少学生们的不可取行为（如取笑同学、扰乱课堂讨论或向教师要小聪明）时，他们有什么选择？应用行为分析师保罗·阿尔贝托和安妮·图特曼（Paul Alberto & Anne Troutman, 2017）建议按照以下顺序采取相应步骤：

1. 使用差别强化。
2. 终止强化（消退）。
3. 去除愉快的刺激。
4. 呈现令人反感的刺激（惩罚）。

因此，教师的第一选择应该是差别强化。惩罚只应作为最后的手段，并始终与向儿童提供有关适当行为的信息联系在一起。

使用差别强化 在差别强化中，教师强化更恰当的行为或与学生当时行为不相容的行为。例如，教师可能会强化学生用电脑学习而不是用电脑玩游戏，强化礼貌行为而不是打断别人，强化坐在教室里而不是在教室里跑来跑去，或者强化按时完成作业而不是延期完成。

终止强化（消退） 终止强化的策略涉及不再正强化学生的不恰当行为。许多不恰当的行为无意中被正强化所维持，尤其是教师的注意。应用行为分析专家指出，即使教师通过批评、威胁或对学生大喊大叫来关注不恰当的行为时，这种情况也会发生。许多教师很难确定他们是否对不当行为给予了太多的关注。一个好的策略是让某人多观察几次你的课堂，并绘制出你对学生使用的强化模式（Alberto & Troutman, 2017）。如果你意识到你对学生的不当行为给予了太多关注，那就忽略这种行为，并把注意力放在学生的适当行为上。例如，在你转移注意力后，某个学生不再在小组讨论中独占话语权，此时你可以称赞他行为上的改进。

去除愉快的刺激 假设你尝试了前两种方法，但都没有成功。第三种选择是去除学生想要的刺激。实现此目的的两种策略是"计时隔离"和"反应代价"。

计时隔离：让个体远离正强化。

计时隔离 教师们用来去除愉快刺激的最广泛使用的策略是**计时隔离**（time-out），即让学生远离正强化。例如，一个教师可能会对一个不愿待在座位上或与教师发生大声冲突的学生使用计时隔离。

反应代价　去除愉快刺激的第二种策略涉及反应代价，反应代价（response cost）指的是拿走学生的正强化物，比如学生失去某些特殊待遇。例如，在学生出现行为不端后，教师可能会取消他十分钟的休息时间或撤销他班级监管人的职务。反应代价通常涉及某种类型的惩罚或罚款。与计时隔离一样，反应代价应该与增加学生积极行为的策略一起使用。

反应代价：拿走个体的正强化物。

最近，我询问了老师们是如何在课堂上使用应用行为分析的。以下是他们的回复：

幼儿园　我们通过让行为不端的孩子计时隔离的方式对学龄前儿童使用应用行为分析。例如，如果一个孩子在自由玩耍的时候把玩具扔到房间的另一边，打另一个孩子，或者说话不尊重他人，我们会解释为什么这种行为是不合适的，并实施计时隔离。这个孩子必须坐在椅子上，远离其他孩子，并且错过五分钟自由玩耍的时间。因此，孩子们了解到消极行为是不可接受的。

——米西·丹格勒，市郊山丘学校

（Missy Dangler, Suburban Hills School）

小学　对于我的二年级学生来说，有形的或隐含的奖励（我的一个微笑或关注）效果最好。我还发现，在我的课堂上，将个人奖励和集体奖励相结合的效果很好。例如，我在学年开始时给每个学生一张"表扬纸"。当我看到我想要鼓励的行为时，我会公开告诉学生，他或她可以得到表扬。这个学生便在表扬纸上涂黑一个圆圈，班里其他同学看到这个学生的某种行为得到了奖励后，几乎会立即模仿这个学生的行为。规则是，任何表扬都不会被删除，学生也不能要求表扬。当表扬纸填满后，这个学生可以去奖品箱，选择一个小礼物，如贴纸。起初，这是一种调节行为的外部方式，但孩子们似乎很快就从想要"某样东西"转到想要得到表扬，到想要得到积极关注，再到做正确的事情。

——简妮·吉达·普特雷，克林顿小学

（Janine Guida Poutre, Clinton Elementary School）

初中　我不太喜欢对六年级学生进行奖励。我认为那些在课堂上行为不当的学生需要学习如何处理和控制其行为，而不是期望得到什么回报。我赋予那些将消极行为转变为积极行为的学生更多职责，而不是给予他们奖励。例如，分配给那些表现出良好行为的学生一些课堂工作，如分发铅笔和纸张、在总办事处帮我查看邮箱、打开/关闭电脑。学生喜欢承担责任，当我依靠他们在课堂上履行重要职责时，他们很开心。

——菲利西亚·彼得森，波坎蒂科山学校

（Felicia Peterson, Pocantico Hills School）

连线学生：最佳实践
使用计时隔离策略

在使用计时隔离策略时，你有几种选择：

1. 让学生待在教室里，但不让学生得到正强化。这种策略最常用于学生在做一些小事情的时候。教师可能会让学生把头趴在桌子上几分钟，或者将学生移到活动区域外，这样学生仍然可以观察到其他学生正在经历的正强化。在"教师视角"中，学前班教师罗斯玛丽·摩尔（Rasemary Moore）描述了计时隔离的创新用法。

2. 为了使计时隔离发挥作用，要求学生远离的环境必须是正强化的环境，而学生被安置的环境中必须缺乏正强化。例如，如果你让一名学生坐在教室外的走廊上，其他班级的学生走到走廊上与之交谈，那么，计时隔离显然不会达到预期的目的。

3. 如果你使用了计时隔离，一定要确定导致了计时隔离的学生行为。例如，你对学生说："你撕坏了科里的作业纸，现在立即计时隔离五分钟。"不要和学生争论，也不要接受学生不应该被计时隔离的蹩脚借口。如果有必要，将学生带到计时隔离的区域。如果不良行为再次发生，再次明确该行为并重复计时隔离。当你实施计时隔离时，如果学生开始大喊大叫、打翻课桌椅等，则增加计时隔离时间。当远离正强化的时间已到时，一定要让学生解除计时隔离。不要评论学生在计时隔离期间的表现，只是让学生回到之前的活动中。

4. 当学生没有被计时隔离时，正强化学生的积极行为。在正常的上课期间强化积极的行为。例如，如果一个学生因为捣乱行为被计时隔离，教师可以表扬在课堂上安静地完成作业的学生。

5. 对每次计时隔离进行记录，特别是在使用计时隔离室的情况下。这将帮助你有效和合乎道德的使用计时隔离。

教师视角
和平之地

对孩子们来说，解决冲突总是困难的。当我的学前班上的孩子们卷入权力斗争时，他们经常找我当裁判。我想，如果他们自己能达成和解会更有益，共同制订的计划将使它更容易为各方所接受。为了做到这一点，我在房间的一个角落里放了两把小椅子。椅子上方有一块牌子，上面写着：和平之地。然后，当我听到有争吵发生时，我就将各方送到这个角落里。他们面对面坐着，双方膝盖几乎碰在一起。他们的任务是协商一个"和平计划"。达成一致后，他们就来找我。我会听取他们的计划，要么赞成，要么让他们再协商一次。起初，这花费了一些时间，但是当孩子们开始意识到，他们的争论减少了他们所争论的活动的时间，他们会更快地达成一致计划。看到他们协商能力不断提高，我感到很开心。

高中　我为我的学生设定了明确的期望。例如，我期望上我的课的学生铃声一响便准备开始学习。学生们很快就会知道，迟到会导致他们不知道课堂上发生了什么，如果他们不能完成一项活动，他们的分数可能会较低。准时上课是很重要的，不要让迟到的人来决定什么时候上课。

——桑迪·斯旺森，梅诺莫尼·福尔斯高中
（Sandy Swanson, Menomonee Falls High School）

呈现令人反感的刺激（惩罚）　大多数人把呈现令人反感（不愉快）的刺激与惩罚联系在一起，比如教师对学生大喊大叫或家长打孩子屁股时便是如此。然而，根据本章前面部分所给出的惩罚定义，令人反感的刺激只有在它减少了不可取的行为时才是惩罚。然而，令人反感的刺激往往不是有效的惩罚，因为它们并没有减少不当行为，有时反而随着时间的推移还会增加令人讨厌的行为。

教师最常使用的令人反感刺激的类型是言语训斥。如果教师离学生很近而不是隔着整个教室并同时使用皱眉或目光接触等非言语训斥时，在不当行为出现后立即给予训斥且训斥简短而中肯时，训斥更有效。这样的训斥不需要大喊大叫，因为大喊大叫往往只会提高教室里的噪声水平，且会让学生觉得教师是一个失控的榜样。相反，一句坚定的"不要再这样做了"，并与之进行眼神交流，往往足以制止令人讨厌的行为。另一种策略是把学生拉到一边，不在全班同学面前，而是私下里对其进行训斥。

许多国家，如瑞典，已经禁止了校长和教师对学生的体罚（通常是学校打屁股体罚，school paddling）。然而，在 2015 年，美国依然有 19 个州允许体罚存在，其中南部各州的比率最高。对 11 个国家的大学生的研究发现，美国和加拿大比许多国家更赞成体罚（Curran & others, 2001）。在美国的每个州，父母体罚孩子都是合法的，据估计，70%~90% 的美国父母曾打过孩子的屁股（Straus, 1991）。一项针对有 3~4 岁孩子的美国父母的全国性调查发现，26% 的父母称他们经常打孩子的屁股，67% 的父母称他们经常对孩子大喊大叫（Regalado & others, 2004）。

在美国的学校里，来自低收入家庭的少数族裔男生是最常受到体罚的人。许多心理学家和教育家认为，在任何情况下都不应该体罚学生。

无论体罚还是其他方式，许多问题都与使用令人反感的刺激作为有意的惩罚有关：

> ·特别是当你使用激烈的惩罚，如大声喊叫或尖叫时，你示范给学生的是一种面对压力情境时失控的应对。
>
> ·惩罚会使学生恐惧、愤怒或逃避。斯金纳最大的担忧是：惩罚教会学生的是如何避免某些事。例如，受到老师惩戒的学生可能会表现出不喜欢这个老师、不想来上学。
>
> ·当学生受到惩罚时，他们可能会变得非常不安和焦虑，以至于在惩罚后的很长一段时间内都不能集中精力在学习上。
>
> ·惩罚告诉学生不要做什么，而不是应该做什么。如果你做出惩罚性的声明，如"不，那是不对的"，一定要同时提供积极反馈，比如"你为什么不试试这样做呢？"。
>
> ·本意作为惩罚的措施可能反而会起到强化作用。一个学生可能会认识到，不良行为不仅会得到老师的关注，还会引来同学们对自己的注目。
>
> ·惩罚可能是虐待性的。当父母管教他们的孩子时，他们可能并不想虐待他

多重思考

专制的养育方式是限制性和惩罚性的，专制的课堂管理方式也是如此。两者都不如权威型（而不是专制型）养育方式和权威型课堂管理方式有效。连接到"社会环境和社会情感发展"和"管理课堂"。

们，但是当他们在惩罚孩子的时候，他们可能会变得非常生气和愤怒，以至于出现虐待行为。根据法律，全美50个州的教师在产生他人可能虐待儿童的怀疑时都必须向警察或当地儿童保护机构报告。教师应该了解他们所在州的法律和学区关于报告儿童虐待的政策。

关于惩罚对儿童发展影响的争论仍在继续（Ferguson, 2013; Gershoff, 2013; Gershoff & Grogan-Kaylor, 2016; Laible, Thompson, & Froimson, 2015; Theunissen, Vogels, & Reijneveld, 2015）。正在进行的一场关于惩罚的辩论涉及温和的惩罚和更严厉的惩罚之间的区别。一项关于26项研究的综述得出结论：与对儿童的其他管教措施相比，只有使用重度惩罚或主要使用暴力打屁股的方式来管教，才会对儿童的发展产生不利的影响（Larzelere & Kuhn, 2005）。事实上，很少有关于惩罚的纵向研究，也很少有研究能充分区分中度和重度使用惩罚。最近的一项元分析将非虐待性的体罚与身体虐待区分开来，发现体罚与有害的儿童结果有关（Gershoff & Grogan-Kaylor, 2017）。

然而，关于惩罚的研究本质上是相关研究，很难发现因果关系。此外，还要考虑到互惠社会化的概念，即孩子和父母的双向影响。研究人员发现，随着时间的推移，童年早期的行为问题与父母更多地使用体罚之间存在联系（Laible, Thompson, & Froimson, 2015）。尽管如此，绝大多数有名的亲子教育专家们得出结论：体罚对孩子有消极影响，不应使用。

在最近的一项研究综述中，惩罚方面的专家伊丽莎白·格肖夫（Elizabeth Gershoff, 2013）得出结论，支持打孩子屁股的人没有提出任何证据表明打屁股对孩子有积极的影响，而且许多研究也重复验证了打屁股的负面影响。此外，有一件事是明确的，那就是当体罚涉及虐待时，它可能会对儿童的发展造成很大的伤害，正如本章后面部分所讨论的那样（Cicchetti & Toth, 2015, 2016）。

多重思考
课堂管理的新趋势更加强调引导学生自律，而不是外在的控制学生。连接到"管理课堂"。

与减少惩罚有关的最后一个经验教训是，要花更多的课堂时间监控学生做对了什么，而不是他们做错了什么。往往破坏性行为而非胜任行为，会吸引教师的注意力。每天都要特别注意，你的教室里是否有你平时不会注意到的积极的学生行为，并为此给予学生足够的关注。

对操作性条件作用与应用行为分析的评价

操作性条件作用和应用行为分析对教学实践做出了贡献（Alberto & Troutman, 2017）。强化和惩罚性后果是教师和学生生活的一部分。教师给学生打分、表扬和训斥学生、对学生微笑和皱眉，了解这些后果如何影响学生的行为，可以提高你作为教师的能力。有效地使用行为技术可以帮助你管理你的课堂。强化某些行为可以改善某些学生的行为，如果与计时隔离一起使用，可以增加一些难以管教的学生的适当行为。

操作性条件作用和应用行为分析的批评者认为，该套理论过于强调对学生行为的外部控制——更好的策略是帮助学生学会控制自己的行为，并具备内在驱动力。一些批评者认为，改变行为的不是奖励或惩罚，而是对某些行为将会受到奖励或惩罚的信念或期望（Schunk, 2016）。换句话说，行为主义理论没有对学习过程中的认知过程给予足够的重视（Ashcraft & Radvansky, 2016）。批评人士还指出，当操作性条件作用被不恰当地使用时，可能会出现伦理问题，比如，教师没有首先考虑强化策略，而是立即惩罚学生，或者在没有告知学生有关适当行为信息的情况下惩罚学生。另一种批评是，当教师花费大量时间使用应用行为分析时，他们可能过多地关注学生的行为，而对学业关注不够。关于学生的行为，我们将在"管理课堂"这一章中介绍更多内容。

复习、思考和练习

学习目标 3：将行为分析应用于教育中。

复习

· 什么是应用行为分析？
· 增加可取行为的六种方法是什么？
· 减少不当行为的四种方法是什么？
· 操作性条件作用和应用行为分析有哪些有效和无效的应用？

思考

· 分别举出自己的例子说明上述增加可取行为的六种方法在教育环境中的应用。

PRAXIS™ 练习

1. 应用行为分析在教育中的应用包括以下所有内容，除了：
   A. 要求学生反思不可取的行为
   B. 增加可取行为
   C. 使用提示和塑造
   D. 减少不可取的行为

2. 桑德斯女士希望她的学生在课间休息结束之后能尽快安静下来并为上课做好准备。有时候孩子们太兴奋了，很难安静下来。为了提醒他们是时候安静下来听课了，桑德斯女士会打开、关闭电灯开关数次。当她这样做时，孩子们立即安静下来并听她上课。根据应用行为分析，桑德斯女士在开关灯时，她在做什么？
   A. 提示
   B. 惩罚
   C. 强迫
   D. 塑造

3. 希德在课堂上是一个让老师感到非常头疼的学生。他在应该安静地工作时说话，他未经允许就擅自离开他的座位，他经常扰乱课堂秩序。他三年级的老师马林女士，当他行为不端时，就把他送到走廊里，作为一种计时隔离的形式。然而，希德仍然行为不端。有一次，马林女士在走廊里检查希德的情况，发现他正在安静地与另一个班的孩子互相扔球。为什么计时隔离对希德没有效果？
A. 马林女士没有给希德带来足够的厌恶性刺激
B. 马林女士没有有效地使用不同的强化手段
C. 希德发现在课堂上是一种强化
D. 希德发现在走廊上是一种强化

4. 应用行为分析技术的批评者经常指出，当这些技术在课堂上使用时，他们会：
A. 导致对学生的身体虐待
B. 不能有效地发挥作用
C. 占用了学生的学习时间
D. 强调对行为的外部控制

请参看书末的答案……

学习目标4：总结学习的社会认知理论。

4 学习的社会认知理论

由于学生的思想影响他们的行为和学习，所以人们提出了许多关于学习的认知理论。在本节中，我们将从社会认知理论开始，探讨几种社会认知理论。社会认知理论由行为主义理论演化而来，但已经逐渐向认知方向转化（Spiegler, 2016）。

班杜拉的社会认知理论

社会认知理论：班杜拉提出的理论，认为社会和认知因素以及行为在学习中起着重要的作用。

社会认知理论（social cognitive theory）认为，社会和认知因素以及行为在学习中起着重要的作用。认知因素可能涉及学生对成功的期望，社会因素可能包括学生对父母成就行为的观察。社会认知理论是课堂应用的一个日益重要的来源（Schunk, 2016）。

阿尔伯特·班杜拉（Albert Bandura, 1986, 1997, 2001, 2009, 2012, 2015）是社会认知理论的主要缔造者。他认为，当学生学习时，他们可以在认知上表征或转换他们的体验。回想一下，在操作性条件作用中，只有环境体验和行为之间会发生联系。

班杜拉创立了交互决定论模型（reciprocal determinism model），该模型由三个主要因素组成：行为、个人/认知和环境。这些因素可以相互作用，从而影响学习：环境因素影响行为，行为影响环境，个人（认知）因素影响行为，等等。班杜拉用的是个人（person）这个词，但我把它改成了个人/认知（person/cognitive），因为他描述的很多个人因素都属于认知。班杜拉所描述的不具有认知倾向的个人因素主要是人格特质和气质。这些因素可能包括内向或外向、活跃或不活跃、冷静或焦虑，以及友好或敌对。认知因素包括期望、信念、态度、策略、思维和智力。情感和情绪因素，如情绪的自我调节或气质，也包括在个人/认知因素中。

让我们考虑一下班杜拉的模型是如何在一个被我们称为桑德拉的高中生的成就行为中起作用的：

阿尔伯特·班杜拉提出了社会认知理论
© Dr. Albert Bandura

·认知影响行为。桑德拉发展了认知策略来更深入、更有逻辑地思考如何解决问题。认知策略改善了她的成就行为。

·行为影响认知。桑德拉的学习（行为）使她取得了好成绩，这反过来使她对自己的能力产生了积极的期望，并给予了她自信（认知）。

·环境影响行为。桑德拉所在的学校最近推出了一项试验性学习技能计划，以帮助学生掌握记笔记、管理时间和提高考试成绩的方法。学习技能计划改善了桑德拉的成就行为。

·行为影响环境。学习技能计划成功地改善了桑德拉班上许多学生的成就行为。学生的成就行为得到改进，这促使学校拓展该计划，从而使所有高中学生都能参与其中。

·认知影响环境。学校校长和教师们的期望和规划使学生制订学习计划成为可能。

·环境影响认知。学校建立了资源中心，供学生和家长查阅关于提高学习技能的书籍和材料。资源中心还为学生提供学习技能辅导服务。桑德拉和她的父母充分利用了中心的资源和辅导服务。这些资源和服务提升了桑德拉的思维能力。

在班杜拉的学习模型中，个人/认知因素起着重要的作用。班杜拉（2009, 2015）近年来最强调的个人/认知因素是**自我效能感**（self-efficacy），即对于自己可以掌控某种局面并产生积极结果的信念。班杜拉（2009, 2010c）认为自我效能感对行为具有强大的影响。例如，一个自我效能感低的学生可能甚至不会为了考试而学习，因为他认为考试对他没有任何好处。关于自我效能感，我们将在"动机、教学和学习"这一章介绍更多的内容。

接下来，我们将讨论观察学习的重要学习过程，这是班杜拉的另一个主要贡献。当你阅读关于观察学习的内容时，注意个人/认知因素是如何参与其中的。

多重思考
"大五"人格因素包括开放性、责任心、外倾性、宜人性和神经质（情绪稳定性）。连接到"个体差异"。

自我效能感：对于自己可以掌控某种局面并产生积极结果的信念。

多重思考
作为一名教师，你的自我效能感将对学生的学习质量产生重要影响。连接到"动机、教学和学习"。

观察学习

观察学习（observational learning）是通过观察他人来获得技能、策略和信念的学习。观察学习涉及模仿，但不限于模仿。通常所学到的并不是被模仿内容的精确复制，而是观察者以创造性的方式应用的一般形式或策略。通过观察来学习行为模式的能力避免了烦琐的试错学习。在许多情况下，观察学习比操作性条件作用花费的时间更少。

观察学习的过程　班杜拉（1986）描述了观察学习中的四个关键过程：注意、保持、复现和动机。

·注意。在学生能够做出示范的动作之前，他们必须注意示范者在做什么或说什么。对示范者的关注受到许多特性的影响，例如，热情的、强大有力的、非典型的人比冷淡的、软弱的平常者更引人关注。学生更可能关注地位高的示范者，而不是地位低的示范者。在大多数情况下，对学生来说，教师是地位高的示范者。

·保持。为了重现示范者的行为，学生必须对信息进行编码并将其保存在记忆中以便提取。一个简单的口头描述或示范者所做事情的生动画像也有助于学生保持记忆。例如，当演示如何解答一道数学题时，教师可能会说："我正在示范解答本题的正确方法。你必须先做第一步，接着是第二步，然后是第三步。"考虑学生的感受对记忆的有效存储也很重要。通过一个有趣角色的视频来展示，可能比只是由教师告诉学生这么做更容易被记住。这些有趣角色是《芝麻街》受学生们欢迎的根本原因。当教师给出生动、有逻辑、清晰的演示时，可以提高学生的记忆能力。

·复现。学生们可能会注意到一个示范者，并在记忆中编码他们所看到的景象——但是，由于其运动能力的限制，他们无法重现示范者榜样的举动。一个13岁的学生可能会看到篮球运动员勒布朗·詹姆斯（Lebron James）和高尔夫球手米歇尔·维（Michelle Wie）将他们的运动技能发挥到极致，或者观察一位著名的钢琴家或艺术家，却无法复现他们的动作。教学、指导和练习可以帮助学生们提高他们的动作能力。

·动机。通常，学生们会注意到示范者说了什么或做了什么，把信息保存在记忆中，并掌握实施该行为的运动技能，但他们却没有实施这些示范行为的动机。这在班杜拉（1965）的经典波波玩偶研究中得到了证明，当儿童看到示范者因攻击行为受到惩罚时，他们不会复现示范者的攻击行为（见图7-3）。然而，当他们随后被给予强化或奖励（贴纸或果汁）时，他们就会模仿示范者的行为。

班杜拉认为，观察学习并不总是需要强化。但是，如果儿童没有复现所期望的行为，四种类型的强化有帮助达到目的：（1）奖励示范者；（2）奖励儿童；（3）教导儿童通过语言来自我强化，如"很好，我做到了！"或者"好，大部分都对，干得不错，如果我现在继续努力，其他的也不在话下"；（4）展示行为是如何导致结果的。

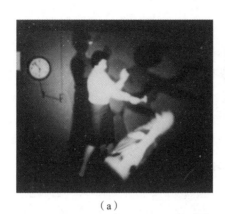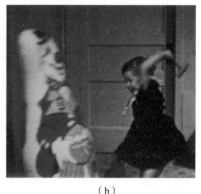

（a） （b）

图 7-3　班杜拉经典的波波玩偶研究：观察学习对攻击性的影响

（a）一位成年示范者对波波玩偶拳脚相加。（b）一位学前班的小女孩目睹了示范者攻击行为，她也表现出攻击行为。在班杜拉的实验中，儿童在什么条件下会复现示范者的攻击行为？

（Both）©Dr. Albert Bandura

课堂上的示范者　正如你所看到的，你将成为学生生活中的一个重要示范者。你的学生在一个学年的每一天里都会无数次地观察你的行为。一种教师可以有意使用观察学习的方式是通过示范展示（modeled demonstrations），在这种示范中，教师描述并向学生演示如何解决问题和成功完成作业任务。例如，教师可能会演示如何建构论文大纲或进行幻灯片演示。同时，通过观察示范者，学生可以变得更具备反思能力、更善于批判性地思考。

除了观察和学习你在课堂上的行为之外，学生们还可以通过观察许多其他的示范者来学习，包括父母、导师和同伴。学生尤其有可能关注和尝试学习那些有能力和有威望的人的行为（Schunk, 2016）。例如，一个教师可能会邀请一个著名的职业运动员来她的课堂，并谈论阅读和在学校取得好成绩是多么重要。因为运动员的声望，学生可能会注意运动员说了什么，并被激励着采取他或她建议的行为。

同伴也可以成为课堂上的重要示范者（Wentzel & Muenks, 2016）。当一个学生观察到同伴（特别是学生喜欢或钦佩的同伴）成功地完成了学习任务时，学生在学校表现良好的自我效能感可能会增加。

有关儿童和青少年在课堂上观察和互动的示范者的担忧是缺乏种族和性别多样性。近几十年来，美国学校的学生在种族上变得越来越多元化，但绝大多数教师却仍然是非拉丁裔白人女性。2012 年，美国公立学校约 18% 的学生是非裔美国人，但只有 7% 的教师是非裔美国人（National Center for Education Statistics, 2015），其中只有一小部分是男性。同年，拉丁裔占美国公立学校学生的 24%，但只有 8% 的教师是拉丁裔。美国大多数公立学校仍然没有少数族裔教师。

2012 年，76% 的公立小学和中学教师是女性，24% 是男性（National Center for

Education Statistics, 2015）。男性教师约占小学教师的10%，但占初中和高中教师的近一半（他们中的许多人受到担任运动队教练的额外激励措施的吸引）。此外，近年来只有1.8%的小学和中学教师是非裔美国男性，也只有1.6%的教师是拉丁裔美国人（Toldson & Lewis, 2012）。

　　不管你的种族背景如何，请在周围的社区里为学生寻找可能的导师，特别是来自低收入家庭的学生，他们缺乏积极的榜样。例如，3对1辅导计划的目标是让每个少数族裔男生身边有三个积极的少数族裔榜样。该计划始于几名非裔美国男性响应扎克·霍姆斯（Zach Holmes）在达拉斯圣·路加卫理公会教堂布道时提出的号召。在布道中，霍姆斯牧师敦促他的会众更多地参与学生们的教育，包括他们自己的学生和社区中缺乏好榜样的学生。已经有200多名男性和100多名男孩（4~18岁）报名参加这个三对一的辅导计划。这远远没有达到为每个男孩提供三个导师的目标，但这些人正在努力增加计划中的导师数量。参加辅导计划的一些成年男性也有自己的孩子，比如医生伦纳德·贝里（Leonard Berry），他有两个儿子和一个女儿。他响应了牧师提出的号召，并定期参加辅导计划，其中包括学术辅导、文化以及体育等户外活动。导师们还带着学生们参观了休斯敦的约翰逊航天中心。完成自我评估1，以评估榜样和导师在你的生活中扮演的角色，以及能够在你的学生的生活中扮演的角色。

　　最近，我询问老师们如何在课堂上使用观察学习，以下是他们的回复：

　　幼儿园　幼儿园儿童花很多时间做非正式的观察，并可能试图模仿别人的行为，看看他们自己是否能得到类似的结果。例如，当一个老师告诉一群孩子要走过而不是跑过走廊，并表扬那些好好走的学生时，那些跑着的孩子通常会放慢速度并开始好好走，希望自己能得到老师的表扬。

　　——海蒂·考夫曼，大都会西基督教青年会儿童保育和教育项目（Heidi Kaufman, Metro West YMCA Child Care）

　　小学　我对小学生的基本假设是，他们通过观察和经验来学习适当的行为。班级规则是在学年开始时制定并达成一致的。我示范有效的学习行为，在学生使用它们时明确指出来，教授学习技巧，并在每节课结束时指出1~2项表现良好的行为技能。

　　——克伦·阿布拉，圣心女子小学（Keren Abra, Convent of the Sacred Heart Elementary School）

　　初中　我一直对六年级的学生使用观察学习。我不仅和学生们讨论我对他们的期望，还要向他们展示我的期望，以确保他们理解。例如，我在学年之初为学生们制定了任务清单，这样他们就可以评估其作业并监控其进度。接下来，我们一对一地检查

自我评估 1
在我和学生生活中的榜样和导师

　　拥有积极的榜样和导师能够对个人的最佳发展和充分发挥其潜力产生重要影响。首先，评估在你生活中扮演重要角色的榜样和导师的影响；第二，想想你要为你的学生树立什么样的榜样；第三，考虑一下如何将其他榜样和导师融入学生的生活中；第四，探索谁有可能成为你的教育导师。

我的榜样和导师
列出你生活中最重要的榜样和导师，然后描述他们的积极示范和指导对你的发展具有的意义。

榜样和导师	他们的作用
1.＿＿＿＿＿＿＿＿＿	＿＿＿＿＿＿＿＿＿＿＿＿＿＿
2.＿＿＿＿＿＿＿＿＿	＿＿＿＿＿＿＿＿＿＿＿＿＿＿
3.＿＿＿＿＿＿＿＿＿	＿＿＿＿＿＿＿＿＿＿＿＿＿＿
4.＿＿＿＿＿＿＿＿＿	＿＿＿＿＿＿＿＿＿＿＿＿＿＿
5.＿＿＿＿＿＿＿＿＿	＿＿＿＿＿＿＿＿＿＿＿＿＿＿

我想要成为学生心中的榜样类型
描述你认为成为学生的榜样最重要的特征和行为。

1.＿＿＿＿＿＿＿＿＿	＿＿＿＿＿＿＿＿＿＿＿＿＿＿
2.＿＿＿＿＿＿＿＿＿	＿＿＿＿＿＿＿＿＿＿＿＿＿＿
3.＿＿＿＿＿＿＿＿＿	＿＿＿＿＿＿＿＿＿＿＿＿＿＿
4.＿＿＿＿＿＿＿＿＿	＿＿＿＿＿＿＿＿＿＿＿＿＿＿
5.＿＿＿＿＿＿＿＿＿	＿＿＿＿＿＿＿＿＿＿＿＿＿＿

如何将榜样和导师引入我的课堂
阐述一个系统的计划，在你计划执教的一个或多个领域中，比如数学、英语、科学和音乐，将榜样和导师引入学生的生活。

＿＿＿＿＿＿＿＿＿＿＿＿＿＿＿＿＿＿＿＿＿＿＿＿＿＿＿＿＿＿＿＿＿＿＿＿＿＿＿

＿＿＿＿＿＿＿＿＿＿＿＿＿＿＿＿＿＿＿＿＿＿＿＿＿＿＿＿＿＿＿＿＿＿＿＿＿＿＿

谁将成为我的教育导师？我理想中的教育导师是什么样子？
你心中是否有一个人可以在你成为一名教师时担任你的教育导师？如果有，请描述一下这个人。

＿＿＿＿＿＿＿＿＿＿＿＿＿＿＿＿＿＿＿＿＿＿＿＿＿＿＿＿＿＿＿＿＿＿＿＿＿＿＿

＿＿＿＿＿＿＿＿＿＿＿＿＿＿＿＿＿＿＿＿＿＿＿＿＿＿＿＿＿＿＿＿＿＿＿＿＿＿＿

你理想中的教育导师是什么样子？

＿＿＿＿＿＿＿＿＿＿＿＿＿＿＿＿＿＿＿＿＿＿＿＿＿＿＿＿＿＿＿＿＿＿＿＿＿＿＿

＿＿＿＿＿＿＿＿＿＿＿＿＿＿＿＿＿＿＿＿＿＿＿＿＿＿＿＿＿＿＿＿＿＿＿＿＿＿＿

清单，并以小组为单位讨论如何改进他们的作业或行为，以达到他们想要的目标。

——凯西·玛斯，爱迪生中学

（Casey Maass, Edison Middle School）

高中　作为一名高中美术教师，我很幸运地在一个涉及视觉、动手能力和创造性的领域工作。通过一对一的演示、小组演示，有时是全班的讲座 / 演示，我的学生观察和学习艺术技巧。

——丹尼斯·彼得森，鹿河高中

（Dennis Peterson, Deer River High School）

媒体中的榜样——以《芝麻街》为例　学生们在媒体中接触到大量的榜样，所以确保这些榜样是积极的尤为重要。电视节目《芝麻街》是一个非常有效果的教育节目，它为幼儿提供了许多积极的观察学习机会。该节目于 1969 年开始播出，至今仍在继续。《芝麻街》传达的一个基本信息是，完全可以寓教于乐。在《芝麻街》节目中，学习是令人兴奋和有趣的。最近一项对 14 个国家的研究进行的元分析发现，观看电视节目《芝麻街》在三个方面产生了积极的结果：认知技能、对世界的了解、社会推理和对外部群体的态度（Mares & Pan, 2013）。

认知行为理论和自我管理

操作性条件作用催生了许多应用和真实世界的设置，对认知行为理论的兴趣也产生了这类应用。公元前 5 世纪，中国哲学家孔子说："授人以鱼不如授人以渔"。当你阅读有关认知行为理论和自我管理的内容时，你会发现它们反映了孔子的简单观察。

认知行为理论　在认知行为理论（cognitive-behavioral approach）中，重点是让学生监测、管理和调节自己的行为，而不是让行为受到外部因素的控制。某些学派将其称为认知行为矫正（Spiegler, 2016）。认知行为理论源于认知心理学和行为主义，前者强调思想对行为的影响，后者强调改变行为的技巧。认知行为理论试图改变学生的错误观念，加强他们的应对技能，增加他们的自我控制能力，并鼓励建设性的自我反思（Miltenberger, 2016）。

自我指导法（self-instructional method）是一种认知行为技术，旨在教导个体改变自己的行为。自我指导法帮助人们改变他们的自我对话。

想象一下这样一种情况：一名高中生对参加标准化考试（如 SAT）感到极度紧张。我们可以鼓励他以积极的方式进行自我对话。以下是一些学生和教师可以用来更有效地应对这种压力情境的自我对话策略（Meichenbaum, Turk, & Burstein, 1975）：

认知行为理论：通过让学生监测、管理和调节自己的行为的方式来改变行为，而不是让行为受到外部因素的控制。

自我指导法：一种认知行为技术，旨在教导个体改变自己的行为。

连线学生：最佳实践
有效使用观察学习的最佳实践和策略

1. 想想你要向学生展示的是哪种类型的榜样。学生们每时每刻都在观察你的一言一行。只要围绕在你的周围，学生们就会汲取大量的信息。他们会习得你的好习惯或坏习惯，了解你对他们或高或低的成就期望，你的态度是满腔热情还是了无生趣，你面对压力时能否控制得当，你的学习风格，你对不同性别学生的态度，以及你自身行为的许多其他方面。那么一个好的策略是，你希望你的学生表现出什么样的行为，你就以身作则。

2. 示范和教授新的行为。示范意味着身为教师的你是学生观察学习的榜样。不论是解决数学问题、阅读、写作、思考还是控制愤怒或表现身体技能，示范如何做某事都是教师常用的技巧。例如，教师可以示范如何图解一个句子，推导出求解代数方程的方法，或者如何投篮。在演示时，你需要提醒学生注意学习情境的相关细节。你的演示还应该清晰明白，符合逻辑。

3. 想想如何使同伴成为有效的榜样。教师并不是教室里唯一的榜样。和教师一样，学生们可以通过观察习得同伴的好习惯和坏习惯，高成就取向或低成就取向等。记住，学生通常会被激励去模仿高地位的榜样。年长的同伴通常比同龄的同伴有更高的地位。因此，一个好的策略是让高年级的年长同伴示范你想让学生习得的行为。对于那些能力较差或表现不佳的学生来说，一名学习成绩差但努力学习并最终表现良好的学生可以是一个很好的榜样。在"社会建构主义理论"一章中，我们将更多地讨论同伴协作和同伴作为导师的内容。

4. 想想通过何种方式将导师作为榜样。学生和教师均会受益于导师（一个他们仰望和尊重的人，一个有能力的榜样，一个愿意与他们一起工作并帮助他们实现目标的人）。每周花几个小时与导师在一起，就能改变学生的生活，尤其当学生的父母不是好榜样时。作为一名教师，你的潜在导师是一名更有经验的教师，此人可能就在另一间教室任教，他/她在处理一些你将不得不处理的相同问题方面有着多年经验。

5. 评估哪些课堂嘉宾会为学生提供好的榜样作用。为了改变你和学生的课堂生活的节奏，邀请那些可以谈论或展示其有意义经历的嘉宾到课堂上来。回想一下加德纳的多元智力理论：很可能在某些领域（体育、音乐、艺术或其他）你不具备成为学生称职的示范者的相关技能。当你需要向学生展示这些技能时，花一些时间在社区中寻找合适的人选，邀请他们到你的课堂来展示和讨论他们的技能。如果无法进行这样的安排，你可以带学生去他们工作或表演的地方实地考察。在"教师视角"中，四年级教师马琳·温德勒（Marlene Wendler）描述了她的学校给教师的课堂带来的积极榜样作用。

6. 考虑学生在电视、视频和数字化内容中看到的榜样。学生在观看电视节目、视频或电影时，或在课堂上、电脑和移动设备上体验数字化内容时，都会观察别人的举动。我们前面描述的观察学习的原理同样适用于这些媒体。例如，学生知觉到媒体榜样地位的高或低、有趣或无聊等都会影响其观察学习的程度。

教师视角
法官来了

　　我们当地的法官在消除青少年行为问题方面发挥了积极的作用。他和六名来自社区的成年人来到我们所在地区的四年级教室，上演了一出关于欺凌的短剧。他们首先展示了一伙人在公共汽车上欺凌一个学生。短剧结束后他们重新演了一遍，但这次这伙人中有人制止了欺凌行为。接下来学生们进行欺凌情境下的角色扮演，学习如果他们被欺凌了该怎么办以及如何帮助被欺凌的人。法官来到我们学校，给学生们留下了深刻的印象。

·做好应对焦虑或压力的准备。"我该怎么办？""我要制订一个计划来应对它""我只需想想我必须做什么""我不担心。担心也无济于事""我有很多不同的策略可以使用"。

·直面并处理焦虑或压力。"我可以迎接挑战""我会坚持一步一步地走下去""我可以应付。我只需放松、深呼吸，然后使用某个策略""我不会去想我的压力。我只需考虑我必须要做的事情"。

·处理好关键时刻的感受。"我必须做什么？""我知道我的焦虑可能会增加。我必须控制好自己""当感到焦虑时，我会暂停下来，继续专注于我必须要做的事情"。

·使用强化式自我陈述。"太好了，我做到了""我处理得很好""我就知道我能做到""等我告诉别人我是如何做到的！"。

在很多情况下，用积极的自我陈述来代替消极的自我陈述是一种策略。例如，一个学生可能会对自己说："我绝不可能在明天之前完成这个作业。"这可以用积极的自我陈述来代替，比如"这是很艰难的，但我认为我能做到""我要把这看作一种挑战，而不是压力""如果我真的很努力，也许能够完成它"或者，在必须参加课堂讨论时，一个学生可能会将"每个人都知道得比我多，我说什么又有什么用呢？"这样的消极想法替换为积极的自我陈述，比如"我和其他人一样有很多话要说""我的想法可能不一样，但还是不错的""有点紧张没有关系，我会放松下来，然后开始说话"。

积极的自我对话可以帮助教师和学生充分发挥他们的潜力，无法抵制的消极思想有可能成为自我实现的预言。你认为你做不到，所以你就不做了。如果消极的自我对话对你来说是一个问题，那么在一天中的任意时刻问问自己："我现在要对自己说些什么？"那些你认为会有潜在压力的时刻是审视你的自我对话的绝佳时机。同时还要监测学生的自我对话。如果你听到学生说，"我做不了这个"或"我太慢了，我绝不可能做完"，花点时间让他们用积极的自我对话代替消极的自我对话。

认知行为学家建议学生通过监控自己的行为来提高其学习成绩（Schunk, 2016）。这可能包括让学生通过图表等方式记录自己的行为。在我（作者）编写这本书的时候，我在墙上贴了一张图表，上面列出了每一章的内容。我计划了完成每一章需要多长时间，然后每当我完成每一章的时候，我把它划掉并写下完成日期。教师可以让学生对自己的进度做一些类似的监控，让他们记录已经完成了多少作业，读了多少本书，按时提交了多少作业，连续多少天没有打断老师，等等。在某些情况下，教师会把这些自我监控图表贴在教室的墙上。或者如果教师认为与其他学生进行负面的社会比较会给一些学生带来很大的压力，那么更好的策略可能是让学生做私人记录（例如在笔记本上），由教师定期检查。

自我监控是一个很好的改进学习的策略，你可以通过它帮助学生有效地学习。通过完成自我评估 2，你应该能意识到自我监控带给学生的益处。

自我调节学习 教育心理学家越来越重视自我调节学习的重要性（Kitsantas & Cleary, 2016）。**自我调节学习**（self-regulatory learning）包括对思想、情感和行为的自我生成和自我监控，以达到一个目标。这些目标可能是学术性的（提高阅读理解能力、成为一个更有条理的作家，学习乘法、提出相关问题），也可能是社会情感的（控制自己的愤怒、更好地与同伴相处）（McClelland, Diaz, & Lewis, 2016; McClelland, Wanless, & Lewis, 2016）。

随着儿童年龄的增长，他们的自我调节能力不断增强（Miele & Scholer, 2016）。自我调节能力的增强与大脑前额叶皮质的发展有关（Blair, Raver, & Finegood, 2016）。

自我调节的学习者有哪些特点？自我调节的学习者通常会（Winne, 2001, 2005）：

- 为扩展他们的知识和维持他们的动力而设定目标。
- 意识到自己的情绪构成，具有管理情绪的策略。
- 定期监控他们达成目标的进展情况。
- 根据他们取得的进展调整或修改他们的策略。
- 评估可能出现的障碍并做出必要的调整。

自我调节是为上学做准备的一个重要方面（Blair & Raver, 2015）。在 35 个包括开端计划的芝加哥学校准备计划中，改善师生关系和增强学生的自我调节能力为学生带来了积极的成绩（Jones, Bub, & Raver, 2013）。

研究人员还发现，成绩优秀的学生往往是自我调节的学习者（Schunk, 2016）。例如，与学习成绩差的学生相比，学习成绩好的学生设定了更具体的学习目标，使用了更多的学习策略，对学习进行了更多的自我监控，更系统地评估了他们朝向目标的进展。

自我调节在帮助儿童和青少年变得更加自觉方面也发挥着重要作用，不仅是在儿童期和青少年期，在以后的生活中也是如此。例如，研究表明，自我调节可以直接或通过它与学业动机／成功以及对规范的内化服从的联系来培养自觉性（Eisenberg & others, 2014）。

教师、助教、导师、咨询师和家长可以帮助学生成为自我调节的学习者。巴里·齐默尔曼，塞巴斯蒂安·邦纳和罗伯特·科维奇（Barry Zimmerman, Sebastian Bonner, and Robert Kovach, 1996）率先提出了一个模型，此模型旨在将低自我调节的学生变成主动采用如下策略的学生：（1）自我评价和监控，（2）设定目标和策略规划，（3）将计划付诸实施并对其进行监控，（4）监控结果并改进策略（见图 7-4）。

自我调节学习：对思想、情感和行为的自我生成和自我监控，以达到一个目标。

自我评估 2
自我监控

自我监控可以使你和你的学生都受益。许多成功的学习者定期自我监控他们的学习进度，以了解他们在完成一个任务、发展一项技能或在测试或其他评估中努力表现良好的过程中做得如何。在接下来的一个月里，自我监控你学习教育心理学这门课程的学习时间。为了取得高分，大多数教师会建议学生在大学课堂上每上一个小时的课，就要在课后花两到三个小时学习和做作业（Santrock & Halonen, 2009）。自我监控自身学习时间的经验应该能让你知道这些技能对学生的发展是多么重要。例如，你可以将此表格应用于学生的作业。还记得我们讨论过的班杜拉的社会认知理论吗？里面提到自我效能感是指相信自己能够掌控局面并产生积极的结果。评估自我效能感的一种方式是评估你对在即将到来的小测验或考试中获得特定分数的期望。确定你希望在下次测验或考试中获得的分数或成绩。然后，在每天学习时，按照 3 分制给自己取得理想分数的自我效能感打分：1 分表示不太自信，2 分表示一般自信，3 分表示非常自信。

自我监控学习时间表

学习内容

日期	作业	开始时间	结束时间	地点	同伴	分心的事	自我效能感

齐默尔曼及同事描述了一个历史成绩很差的七年级学生，并将他们提出的自我调节模型应用于这名学生。首先，她通过详细记录自己的学习和备考情况来进行自我评估。在如何做记录方面，教师给了她一些指导。几周后，这名学生上交了记录单，并将自己考试成绩不佳的原因归结于对难懂的阅读材料理解不足。

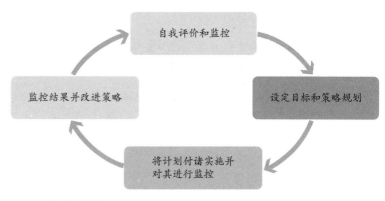

图 7-4　自我调节模型

第二步，该学生设定了提高阅读理解能力的目标，并计划如何达到目标。教师帮助她把目标分解成几个部分，比如找出主要观点、理解课本中的一系列段落。教师还为学生提供一些策略，比如先把注意力集中在每段文字的第一句话上，然后快速浏览其他句子，从而确定主要观点。教师可能给予学生的另一种支持是在可行的情况下，提供阅读理解方面的成年人辅导或同伴辅导。

第三步，学生将计划付诸实施，并监控自己的进展。一开始，她可能需要教师或导师的帮助来确定阅读材料的主要观点。这种反馈可以帮助她更有效地独立监控自己的阅读理解。

第四步，学生通过评估阅读理解是否对她的学习成果有影响来监控其阅读理解方面的进步。最重要的是，她在阅读理解方面的进步有没有让她在历史考试中取得更好的成绩？

自我评价表明，寻找主要观点的策略只是部分提高了该学生的理解能力，而且只有在每段第一句话包含了段落的主要观点时才有所提高，所以教师提出了进一步的策略。图 7-5 描述了教师如何将自我调节模型应用于家庭作业。

自我调节能力的发展受到诸多因素的影响，其中包括示范和自我效能感（Bandura，2012, 2015）。想想齐默尔曼的四阶段模型，以及在提高阅读和写作的自我调节技能和自我效能感方面，示范如何成为有效的策略（Schunk & Zimmerman, 2006）。示范者可以参与的自我调节技能包括有效地计划和管理时间、关注和集中注意力、战略性地组织和编码信息、建立一个高效率的学习环境以及利用社会资源。例如，学生可能会观察到一位教师在实施有效的时间管理策略，并用言语说出适当的原则。通过观察这些示范者，学生可以相信他们也可以有效地计划和管理时间，这就产生了一种学业自我调节的自我效能感，并激励他们参与这些活动。

自我效能感可以影响学生对任务的选择，也会影响他们的努力程度、恒心和取得的成就（Bandura, 2012, 2015）。相较于怀疑自己学习能力的学生而言，对习得技能或完

1. 自我评价和监控

- 教师分发表格,以便学生可以监控他们学习的具体方面。
- 教师每天给学生布置作业,以培养他们的自我监控技能,并每周进行测验,以评估他们对这些方法的掌握程度。
- 几天后,教师开始让学生与同伴交换作业。要求同学评价作业的准确性以及学生自我监控的有效程度。然后,教师收集作业进行评分,并阅读同学们的建议。

2. 设定目标和策略规划

- 经过一周的自我监督和第一次评分练习,教师要求学生给出他们学习策略的优缺点。教师强调学习策略和学习成果之间的联系。
- 教师和同伴向学生提出可以用来提高学习成绩的具体策略。学生可以使用这些建议或提出新的建议。教师要求学生在这一点上设定具体的目标。

3. 将计划付诸实施并对其进行监控

- 学生们监督他们实际实施新策略的程度。
- 教师的角色是确保新的学习策略被公开讨论过。

4. 监控结果并改进策略

- 教师继续给学生机会,让他们评估自己使用新策略的效果。
- 教师通过回顾自我调节学习的每个步骤,帮助学生总结自我调节方法并与学生讨论了学生必须克服的障碍以及他们所获得的自信。

图 7-5 将自我调节模型应用于家庭作业

成任务有较高自我效能感的学生准备更完备、学习更努力、面对困难时更能坚持不懈,取得的成就也更高。自我效能感对成就有着强有力的影响,但并不是唯一的影响。如果缺乏必要的知识和技能,高自我效能感不会带来出色的成就。我们将在"动机、教学和学习"一章中进一步探讨自我效能感、目标设定、计划与自我调节。

鼓励学生成为自我调节的学习者的教师所传达的信息是:学生要对自己的行为负责、要受教育、要成为对社会有贡献的公民。自我调节学习传递的另一条信息是,学习是一种个人体验,需要学生积极主动的全力参与。以下网站提供了一款 ipad 应用程序,学生们可以用它来提高自我调节能力:www.selfregulationstation.com/sr-ipad-app/。

对社会认知理论的评价

社会认知理论为儿童教育做出了重要贡献(Bandura, 2012, 2015; Spiegler, 2016)。在保留行为主义者的科学品味和强调仔细观察的同时,它们极大地扩展了学习的范围,纳入了社会和认知因素。大量的学习是通过观察和聆听有能力的示范者，然后模仿他们的所作所为来进行的。认知行为理论对自我指导、自我对话和自我调节学习的重视提供了一个重要的转变，即从由他人控制的学习转向自己为学习负责（Miltenberger, 2016）。这些自我实施的策略可以显著提高学生们的学习效果。

对社会认知理论的批评来自多个阵营。一些认知理论家指出，这些理论仍然过多地关注外显行为和外部因素，而对诸如思考、记忆和问题解决等认知过程如何实际发生的细节关注不够。一些发展主义者批评它们是非发展性的，因为这些理论没有具体说明学习中与年龄相关的一系列变化。的确，社会认知理论并没有深入探讨发展问题，因为它主要是关于学习和社会行为的理论，但是认为它是非发展性的是不准确的。此外，人本主义理论家还指责社会认知理论家对自尊和关心、支持的关系没有给予足够的重视。所有这些批评也同样指向了行为主义理论，比如斯金纳的操作性条件作用等。

连线学生：最佳实践
鼓励学生成为自我调节的学习者的策略

以下是一些引导学生自我调节学习的有效策略：

1. 逐步引导学生成为自我调节的学习者。帮助学生成为自我调节的学习者需要时间，并且需要你大量的监督、指导和鼓励。与成绩差的学生相比，成绩好的学生更有可能已经成为自我调节的学习者。所有的学生都能从练习自我调节的学习技能中获益，但要认识到成绩差的学生将需要更多的指导和时间来发展这些技能。
2. 使课堂学习对学生来说富有挑战性和趣味性。当学生感到无聊和对学习不感兴趣时，他们就不太可能成为自我调节的学习者。与其让学生阅读某一本书，不如让学生阅读各种各样有趣的书，这更可能会激发他们的阅读动机。给予学生选择的机会增加了学生在学习上的个人投入，提高了他们的自我调节能力。
3. 提供一些关于想法和行动的建议，帮助学生进行自我调节。这些建议可能包括根据需要给出具体的指导方针，比如"拿出 30 分钟来做计划会有助于你……"和"每天都要停下来并监控你在想要完成的事情上的进展"其他建议包括鼓励学生在学习情境中反思自己的优势和劣势，鼓励他们寻找帮助和有效使用帮助的方法（All Kinds of Minds, 2009）。
4. 让学生有机会体验齐默尔曼及其同事（1996）推荐的活动类型。也就是说，为学生创建任务，让他们自我评估当前的学习情况，设定提高学习效果的目标，并计划如何达成目标，将计划付诸行动，监控自己达成目标的进展，以及监控结果并改进其策略。通过这些步骤监控学生的进步，并鼓励他们独立参与这些学习活动的能力。
5. 示范自我调节的学习。为学生讲述有效的自我调节策略，并告诉学生你如何在学习中运用自我调节。
6. 确保学生不只是自我调节，而是将自我调节与有效的学习策略结合起来。学生们可以随心所欲地自我调节，但如果他们没有"诀窍"，他们的自我调节就不太可能带来好处。

复习、思考和练习

学习目标 4：总结学习的社会认知理论。

复习

- 如何总结班杜拉的社会认知理论？他所说的自我效能感是什么意思？
- 班杜拉的观察学习模型是什么？
- 自我指导法的核心是什么？自我调节学习涉及哪些内容？
- 社会认知理论的一些贡献和批评是什么？

思考

- 举一些例子说明你如何在个人生活中使用自我指导和自我调节方法。这些方法的效果如何？你应当更多地使用这些方法吗？请解释。

PRAXIS™ 练习

1. 梅茜坐在那里盯着她的数学作业。她没有尝试去解答任何一个问题。"有什么用呢？"她叹了口气，"我永远都做不对。"根据班杜拉的社会认知理论，对梅茜的反应最合理的解释是什么？

    A. 梅茜不具备做家庭作业所需的语言技能

    B. 梅茜的自我效能感低

    C. 梅茜有太多的数学焦虑

    D. 梅茜的老师对她的数学作业没有提供足够的负面反馈

2. 马特是所在高中篮球队的明星。这支球队今年表现非常好，很大程度上是因为马特的表现。这使他成为一个非常受欢迎的学生。篮球赛季进行到一半时，马特决定剃光头。很快篮球队的其他成员也剃了光头。然后，这一趋势蔓延到学校的其他人。到了二月底，学校里 30% 的男学生都剃了光头。根据班杜拉的社会认知理论，对学生们的行为最合理的解释是什么？

    A. 马特是一个高地位的榜样

    B. 马特没有受到惩罚

    C. 马特得到了积极的强化

    D. 马特的自我效能感得到提高

3. 玛莎是一名高中三年级学生，她有考试焦虑症。她对高风险的考试，如期末考试特别焦虑。她经常变得如此焦虑，以至于"大脑空白"，忘记了她所学过的一切。作为一名教师，你应该如何使用认知行为矫正法来帮助她应对考试焦虑症？

    A. 帮助玛莎制定焦虑管理策略并使用自我指导法

    B. 给她一本学习技巧的书来阅读

    C. 鼓励她多想想如果她在考试中做得更好会有什么后果

    D. 告诉玛莎要学习，直到她把材料学透

4. 社会认知理论建立在行为主义理论之上的一个重要方式是它强调：

    A. 人格

    B. 自我效能感

    C. 态度

    D. 仔细观察

请参看书末的答案……

连线课堂：案例分析
后果

亚当是波特先生四年级班上的一名学生，虽然他非常聪明，但时常会捣乱。有一天，在语言艺术课上，亚当开始大声地和他附近的同学说话，还一边笑一边讲笑话。波特先生选择无视亚当的行为，希望他能自己停止这些不当行为。但是亚当并未停止，相反，他变得更加喧闹。波特先生仍然不予理睬。很快亚当就制造出巨大的噪声，以致波特先生担心隔壁教室的学生受到干扰，所以他口头斥责了亚当。

接下来的几分钟里，亚当稍微安静了一些。然而，此后他再次变得喧闹不止，扰乱课堂秩序。波特先生再次训斥了他。这次他还告诉亚当，如果他继续捣乱的话，他就得去学校办公室了。亚当的举动甚至变本加厉，所以波特先生只好把他送到了办公室。当亚当到达办公室时，办公室里挤满了人——收邮件和复印材料的老师、签到的志愿者、生病的学生、跑腿的学生，以及其他因为纪律问题而被送到办公室的学生。学校秘书让亚当坐下，他坐了下来。他和每一个进入办公室的人交谈，也和那些已经在办公室的人交谈。在办公室待了半小时后，他被送回了教室。在当天剩下的时间里，他表现得很好，波特先生松了一口气。

第二天，当学生们被要求写一篇短文时，亚当又开始捣乱。他大声地给同学讲笑话，笑得眼泪都出来了，还在教室里扔纸飞机。波特先生斥责了他，并要求他停止这些行为。亚当对老师的要求置若罔闻，波特先生把他送到办公室，那里依然一派热闹景象。

在接下来的两周里，亚当每天都会被送到办公室，因为他总是在写作任务时间扰乱课堂秩序。波特先生困惑不解。更让人费解的是，不到三天的时间，其他学生也开始捣蛋并要求老师也将他们送到办公室。

使用行为主义学习理论的原理和正确术语回答下列问题。

1. 本例中的问题是什么？

2. 为什么亚当不顾后果继续扰乱课堂？

3. 亚当习得了什么？

4. 为什么其他学生也加入了亚当的捣乱行列？

5. 波特先生现在应该怎么办？

6. 波特先生最初无视亚当的破坏行为时，他最有可能想做什么？

    A. 他试图通过不强化这种行为来让其消失

    B. 他试图对这种行为施以负强化

    C. 他试图对这种行为施以正强化

    D. 他试图惩罚这种行为

7. 如果亚当的目标是逃避写作任务，以下哪一项最好地解释了操作性条件作用的后果？

    A. 亚当的行为受到了负强化：一种令人反感的刺激被移除

    B. 亚当的行为得到了正强化：一种令人愉快的刺激出现了

    C. 亚当因他的行为而受到惩罚：一种愉快的刺激被消除了

    D. 亚当因他的行为而受到惩罚：一种令人反感的刺激出现了

本章概要

1 什么是学习：定义学习并描述研究学习的五种理论。

学习是什么，不是什么

·学习是在行为、知识和思维技能方面发生的相对永久性的影响，这种影响是通过经验发生的。学习并不涉及先天性的、与生俱来的行为，如眨眼或吞咽。

关于学习的理论

·行为主义的观点认为，行为应该由可直接观察到的体验来解释，而不是由心理过程来解释。经典条件作用和操作性条件作用都是强调联想学习的行为主义观点。

·心理学在 20 世纪后半叶变得更加注重认知，这种强调认知的趋势一直续到今天。这反映在四种认知学习理论上：社会认知、信息加工、认知建构主义和社会建构主义。社会认知理论强调行为、环境和人（认知）在学习过程中的相互作用。信息加工理论关注儿童如何通过注意、记忆、思维和其他认知过程来加工信息。认知建构主义理论强调儿童对知识和理解的认知建构。社会建构主义理论注重与他人合作来产生知识和理解。

2 学习的行为主义理论：对比经典条件作用与操作性条件作用。

经典条件作用

·在经典条件作用中，生物体学会将刺激连接或联系起来。一个中性刺激（比如看到一个人）会与一个有意义的刺激（比如食物）联系起来，并获得引起类似反应的能力。经典条件作用包括：无条件刺激（UCS）、条件刺激（CS）、无条件反应（UCR）和条件反应（CR）。

·经典条件作用还涉及泛化、分化与消退。泛化是指一个与原始条件刺激相似的新刺激产生类似反应的趋势。当生物体对某些刺激做出反应而对其他刺激没有反应时，就会产生分化。消退是指在缺乏无条件刺激的情况下条件反射的减弱。

·系统脱敏法是一种基于经典条件作用的方法，通过让个体将深度放松与越来越焦虑的情境想象相联系来减轻焦虑。相比有意识的行为，经典条件作用能更好地解释无意识行为。

操作性条件作用

·在操作性条件作用（也称为工具性条件作用）中，行为的后果导致行为发生的概率发生变化。操作性条件作用的主要代表人物是斯金纳。

·强化（奖赏）是一种增加行为发生概率的后果（不管是积极的还是消极的行为）；惩罚是一种降低行为发生概率的后果。在正强化中，行为的增加是因为紧随其后的是奖赏刺激（如表扬）。在负强化中，行为增加是因为反应消退了反感的（不愉快）刺激。

·操作性条件作用也涉及泛化、分化和消退。泛化是指对相似的刺激做出相同的反应。分化是对刺激或环境事件的区分。当先前得到强化的反应不再受到强化，该反应就会减退，消退就发生了。

---

3 教育中的应用行为分析：将行为分析应用于教育中。

什么是应用行为分析？

·应用行为分析涉及应用操作性条件作用的原理来改变人类的行为。

增加可取的行为

·增加可取行为的策略包括：选择有效的强化物，根据情况及时给予强化，选择最佳强化程序表，签订契约，有效使用负强化，使用提示和塑造。找出哪些强化物对哪些学生来说最有效。

·普雷马克原理指出，可以使用高概率活动来强化低概率活动。应用行为分析师建议，强化应是条件性的——也就是说，强化应及时，而且只有当学生执行了某个行为时，才能得到强化。"如果……那么……"这种陈述可以用来让学生清楚他们必须做什么才能得到奖励。

·斯金纳描述了多个强化程序表。课堂上的大多数强化都是部分强化。斯金纳描述了四种部分强化的程序表：固定比率、可变比率、固定时距和可变时距。签订契约涉及以书面形式提出强化的条件性。虽然负强化可以增加某些学生的可取行为，但对那些没有良好自我调节能力的学生要谨慎使用。提示是额外的刺激或线索，它会增加刺激物产生预期反应的可能性。塑造包括通过强化与特定目标行为的逐步接近的系列行为来形成新的行为。

减少不可取的行为

·减少不可取行为的策略包括：使用差别强化、终止强化、去除愉快的刺激和呈现令人反感的刺激。

·在差别强化中，教师可能会强化更恰当的行为或与学生目前行为不相容的行为。

·终止强化（消退）涉及取消对某种行为的强化。许多不恰当的行为被教师的关注所维持，所以去除关注可以减少该行为。

·最广泛使用的消除愉快刺激的策略是计时隔离。消除愉快刺激的第二个策略涉及反应代价。当一个积极的强化物，如特殊待遇，被从学生身上拿走时，反应代价就会发生。

·令人反感的刺激只有在其减少行为时才会成为一种惩罚。在教室里最常见的惩罚形式是口头训斥。惩罚只能作为最后一种选择，并与可取反应的强化相结合。在教室里不应该进行体罚。

对操作性条件作用与应用行为分析的评价

·如果使用得当，行为技术将有助于你管理课堂。批评人士认为，这些方法过于强调外部控制，而对内部控制不够重视。他们还认为，忽视认知因素就会忽略学生生活中的许多丰富内容。有些批评人士警告说，不当使用操作性条件作用可能会导致潜在的伦理问题。另外一些批评人士说，过于注重使用操作性技术来管理课堂的教师可能过于强调行为，而对学习不够重视。

---

4 学习的社会认知理论：总结学习的社会认知理论。

班杜拉的社会认知理论

·班杜拉是社会认知理论的主要缔造者。他关于学习的交互决定论模型包括三个主要因素：行为、个人/认知和环境。近年来，班杜拉最强调的个人（认知）因素是自我效能感，即相信自己可以掌控某种局面并产生积极的结果。

观察学习

·观察学习是通过观察他人来获得技能、策略和信念的学习。班杜拉描述了观察学习的四个关键过程：注意、保持、复现和动机。观察学习涉及儿童生活的许多方面，包括课堂和媒体。

认知行为理论和自我管理

·自我指导法是一种认知行为技术，旨在教导个体改变自己的行为。在很多情况下，它建议学生用积极的自我评价取代消极的自我评价。认知行为主义者认为，学生可以通过监控自己的行为来提高自己的成绩。

·自我调节学习包括为实现目标而对思想、情感和行为的自我生成和自我监控。成绩好的学生通常是自我调节的学习者。自我调节学习的一种模型包括以下几个成分：自我评估和监控、设定目标和策略规划、将计划付诸实施并对其进行监控、监控结果并改进策略。自我调节学习是准备好入学的一个重要方面。自我调节学习的一个重要方面是，它让学生对自己的学习负责。

对社会认知理论的评价

·社会认知理论极大地扩展了学习的范围，除了行为之外，还纳入了认知和社会因素。大量的学习是通过观察、倾听有能力的榜样，然后模仿他们的行为进行的。

·对自我指导、自我对话和自我调节学习的强调，提供了一个重要的转变，即从由他人控制的学习到自我管理的学习。

·批评者指出，社会认知理论仍然过分强调外在行为和外部因素，而对思维等认知过程如何发生的细节不够重视。还有批评指出，这些理论是非发展性的（尽管社会认知的倡导者认为这个标签是不合理的），并且没有给予自尊和温暖足够的关注。

关键术语

应用行为分析（applied behavior analysis）

联想学习（associative learning）

行为主义（behaviorism）

经典条件作用（classical conditioning）

认知行为理论（cognitive-behavioral approache）

签订契约（contracting）

学习（learning）

心理过程（mental process）

负强化（negative reinforcement）

观察学习（observational learning）

操作性条件作用（operant conditioning）

正强化（positive reinforcement）

普雷马克原理（Premack principle）

提示（prompt）

惩罚（punishment）

强化（reinforcement）

反应代价（response cost）

强化程序表（schedule of reinforcement）

自我效能感（self-efficacy）

自我指导法（self-instructional method）

自我调节学习（self-regulatory learning）

塑造（shaping）

社会认知理论（social cognitive theory）

系统脱敏法（systematic desensitization）

计时隔离（time-out）

档案袋活动

现在你已经很好地理解了本章的内容，请完成这些练习来扩展你的思维。

独立思考

1. 设计自我调节方案。莱蒂亚是一名高中生，她没有足够的自我调节能力，这导致她有严重的学业问题。她对学习缺乏规划或组织，学习策略欠佳，并且时间管理的效率非常低。采用齐默尔曼的四步策略，为莱蒂亚设计一个有效的自我调节方案。

研究 / 实地体验

2.《芝麻街》和社会认知学习。《芝麻街》使用许多有效的方法来提高儿童的注意力，并帮助他们学习。观看一集《芝麻街》，并分析这个节目。你所看的那一集节目是如何运用这些方法的？描述你观察到的可用于课堂教学的任何其他方法。

合作学习

3. 减少不良行为的发生。与你班上的三四位同学一起，考虑以下学生的不良行为。

对每种不良行为来说，减少它们的最好策略是什么？与小组讨论并比较你们的策略。

A. 安德鲁，他喜欢时不时地说些脏话

B. 桑迪，当你问她问题时，她告诉你不要再烦她了

C. 马特，他喜欢把其他学生的作业弄得一团糟

D. 丽贝卡，经常在你讲解或做示范时与周围的其他学生讲话

第八章

信息加工理论

心智是一种迷人的东西。

——玛丽安·摩尔（Marianne Moore）
20 世纪美国诗人

章节概览

1. 信息加工理论的本质
学习目标 1：描述信息加工理论。
信息加工理论
认知资源：信息加工的容量和速度
变化机制

2. 注意
学习目标 2：描述注意的特征并总结其在发展过程中的变化。
什么是注意?
发展变化

3. 记忆
学习目标 3：从编码、存储和提取的角度探讨记忆。
什么是记忆?
编码
存储
提取与遗忘

4. 专业能力
学习目标 4：从专家的思维方式中总结出一些学习经验。
专业能力和学习
获取专业能力
专业能力和教学

5. 元认知
学习目标 5：解释元认知的概念并提出一些改善儿童元认知的方法。
发展变化
良好的信息加工模型
策略与元认知调节

连线教师：劳拉·比克福德

劳拉·比克福德（Laura Bickford）是美国加州欧海市诺多夫高中英语系的主任。她最近谈到了自己如何鼓励学生进行思考。

我认为教学就是教学生如何思考。在鼓励批判性思维方面，文本资料已经为我们做了大量的准备工作，但是我们仍然要做学生的向导。我们必须提出好问题。我们必须向学生展示自己的提问、进行的讨论和对话的价值。除了阅读和讨论文本，写作是促进学生进行批判性思考的最佳方式。我们一直在以各种方式写作：日记、正式论文、信件、事实报告、新闻报道、演讲或其他正式的口头汇报。我们必须指出学生在思考和写作中仅仅浮于表面，我称这些时刻为"打了就跑"（hits and runs）。当我看到作业中有"打了就跑"的情况时，我会在作业纸上画一扇窗户，告诉学生这是一扇等待深入、详细描述和澄清的"机会之窗"。许多学生只在受到督促的时候才会进行此类思考。

我也一直在使用元认知策略，即帮助学生了解他们所知的。这些策略包括要求学生在完成特定的任务内容之后对自己的学习做出评论，并且要求他们在新任务或新活动开始之前对可能要学习的内容进行讨论。我还要求他们坚持写阅读日志，以便他们可以观察自己的想法。例如，他们可以从阅读

© Laura Johnson Bickford

的文本中挑选一段话，并对其评论。在学习塞林格（J. D. Salinger）的《麦田里的守望者》中的一个段落时，有的学生可能会写："我从未像霍尔顿·考尔菲德（Holden Caulfield，主人公）那样思考人生。也许我和他对世界有着不同的看法。他总是那么沮丧，而我并不会这样。塞林格很好地描绘出了一个总是沮丧的人，他是如何做到的？"另外，我要求学生通过给自己打分的方式对自己的学习进行评价。今年，我从一位曾经的学生那里看到这样一句话："阅读时，我不再只是机械思考。"这是她在阅读成长中最有见地的评价之一。我不知道她是否领会了这种思维的重要性，也不知道她是如何改变的。当学生看到自己这样的成长是很神奇的。

概览

在开篇故事中，教师劳拉·比克福德讲述了她是如何使用元认知策略的，这是认知学习的重要方面之一，也是本章的主题。除了元认知，本章还将探讨在教学中采用信息加工理论的意义，并研究认知的三个重要方面：注意、记忆和专业能力。

1　信息加工理论的本质

学习目标 1：描述
信息加工理论。

儿童的能力如何呢？信息加工理论的支持者认为儿童具有很强的能力。儿童注意
到所呈现的信息并对其进行思考。他们发展出记忆策略、形成概念、推理并解决问题。
这些重要技能是本节的主题。

信息加工理论

信息加工理论（information-processing approach）强调儿童操纵、监控信息和制定
策略。该理论的核心是认知过程，如注意、记忆和思考（Bauer & Larkina, 2016; Casey
& others, 2016; Reynolds & Romano, 2016）。根据信息加工理论的观点，儿童信息加工的
能力不断增强，使得他们能够获得越来越复杂的知识和技能（Mayer & Alexander, 2017;
Siegler, 2016a, b; Siegler & Braithwaite, 2017）。

行为主义及其联想学习模型曾经是心理学的主导力量。直到 20 世纪 50、60 年代，
许多心理学家开始承认，如果不提及心理过程，如记忆和思维，将无法解释儿童的学
习。认知心理学（cognitive psychology）成为试图通过研究心理过程来解释行为标志性
理论（Gluck, Mercado, & Myers, 2016）。虽然有很多因素促进了认知心理学的发展，但
是计算机的发展无疑是其中最重要的因素。约翰·冯·诺伊曼（John von Neumann）在
20 世纪 40 年代末开发的第一台现代计算机证明了，无生命的机器可以执行逻辑操作。
这表明某些心理操作可能可以通过计算机来完成，也许能够展示有关人类认知思考方
式的一些信息。认知心理学家经常用计算机进行类比以帮助解释认知和大脑之间的联
系。物理的大脑被比作计算机的硬件，认知被比作软件。尽管计算机和软件并不能完
美地类比大脑和认知活动的关系，但是这种比较有助于我们把儿童的大脑视为一个活
跃的信息加工系统来思考。

> 信息加工理论：一
> 种认知理论，认为
> 儿童操纵、监控信
> 息，并对其进行策
> 略安排。该理论的
> 核心是认知过程，如
> 注意、记忆和思考。

认知资源：信息加工的容量和速度

随着儿童的成长和日益成熟，在他们体验世界的同时，其信息加工能力也在逐渐
增强。加工容量和加工速度的提高可能会对这种增强产生影响。这两个特征通常被称
为认知资源（cognitive resources），它对记忆和问题解决有重要影响。

生物因素和后天经验都有助于认知资源的增长。大脑的发展为认知资源的增加提
供了生物基础。随着儿童的成长和日益成熟，重要的生物学发展同时发生在他们的大
脑结构中（如额叶的变化）和神经元层面（如神经元之间连接的扩散和修剪或神经元

多重思考

在神经元之间建立的突触连接几乎是将被使用连接的两倍。被使用的连接会得到加强并存活下来，未使用的连接会被其他路径取代或消失。连接到"认知和语言发展"。

之间产生更少但更强的连接）（de Haan & Johnson, 2016）。此外，髓鞘化（用髓鞘覆盖轴突的过程）提高了大脑中电脉冲的速度。髓鞘形成过程一直持续到成年期（Monahan & others, 2016）。

大多数信息加工心理学家认为，信息加工容量的增加可以改善信息的加工（Ashcraft & Radvansky, 2016; Siegler, 2016a, b）。例如，随着儿童信息加工容量的提高，他们能够同时记住一个主题的多个维度，而年幼的儿童可能只关注一个维度。美国青少年可以讨论美国国父们的不同经历是如何影响《独立宣言》和《美国宪法》的内容的，小学年龄段的儿童更有可能专注于有关美国国父们生活的简单事实。

加工速度的作用是什么？儿童加工信息的速度常常会影响他们对信息的加工方式。如果一个青少年想要心算在杂货店所购买物品的总花费，那么他需要在忘记单个物品的价格之前计算出总价。儿童加工信息的速度与他们的思维能力有关（Chevalier & others, 2015）。例如，儿童能以多快的速度说出一连串单词，会影响他们能够存储和记忆的单词数量。一般来说，快速加工与认知任务中的良好表现相关。然而，较慢的加工速度也可以通过有效的策略得到一定程度上的弥补。

研究者已经设计了多种方式对加工速度进行评估。例如反应时任务（reaction-time task），在该任务中人们被要求在看到刺激物（例如灯光）的瞬间立刻按下按钮，或者要求个体将字母或数字与计算机屏幕上的符号进行匹配。

有大量证据表明，在整个儿童期，儿童完成此类任务的速度显著提高（Ferrer & others, 2013）。例如，一项关于8~13岁儿童的研究表明，儿童的加工速度随着年龄的增长而加快，并且加工速度的发展变化先于工作记忆容量的扩充（Kail, 2007）。

对于加工速度的提高应该归因于经验还是生物成熟这一问题存在着争议。经验显然发挥着重要的作用。想一想相比于儿童期，我们在青少年期处理简单算术问题要快多少。还可以想一想，你处理母语信息的速度比处理第二语言信息的速度要快多少。生物成熟的影响可能涉及髓鞘形成。

变化机制

罗伯特·西格勒（Robert Siegler, 1998, 2016a, b）认为，儿童认知能力的改变涉及三种机制共同作用：编码、自动化和策略构建。

编码：信息进入记忆的过程。

编码（encoding）是将信息存储在记忆中的过程。儿童认知能力的改变依赖于他们编码相关信息与忽视无关信息的能力的提高。例如，对于4岁的儿童，手写体的"s"与印刷体的"s"有很大不同。但是，一个10岁的儿童已经学会对两者都是字母"s"的相关事实进行编码，而忽略两者在形状上不相关的差异。

自动化：无需努力或只需些许努力就能加工信息的能力。

自动化（automaticity）是指无需努力或只需些许努力就可以加工信息的能力。练习可以使儿童能够自动编码越来越多的信息。例如，当儿童学会了阅读，他们就不再把单词中的每个字母当作单独的字母思考，相反，他们对整个单词进行编码。一旦任务变得自动化，个体就不再需要有意识的努力。其结果是，随着信息加工变得越来越自动化，个体可以更快地完成任务并可以同时处理多个任务。想象一下，如果你没有自动对单词进行编码，而是将注意力集中在每个单词中的每个字母上，那么读完这一页将花费多长的时间？

策略构建（strategy construction）是指新信息加工程序的创建。例如，当儿童发展出一种策略，即周期性地停下来对他们目前所读的内容进行评估会使他们的阅读受益。成为高效学习者的关键之一是制定一套有效的学习策略，并能够根据学习任务选择最适合的策略（Bjorklund, 2012）。

策略建构：信息加工新程序的创建。

除了这些变化机制外，儿童的信息加工还具有自我修正（self-modification）的特点（Siegler, 1998, 2016a, b）。换言之，儿童学习使用以前所学的旧知识来调整他们的反应以适应新情境。例如，一个已经熟悉了猫和狗的儿童，第一次去动物园看到了狮子和老虎。然后，他修正了"动物"的概念以纳入新知识。这种自我修正一部分基于元认知（metacognition），即"对认知的认知"（Flavell, 2004; Guerten, Lejeune, & Meulemans, 2016; Sobel & Letourneau, 2016）。元认知的一个例子是儿童对记住他们所读内容的最佳方式的了解。他们是否知道，如果他们能以某种方式将所读内容与自己的生活联系起来，他们就能更好地记住所读内容？因此，在研究信息处理在儿童发展过程中的作用时，西格勒认为当儿童发展元认知策略时，他们在其认知发展中发挥了积极的作用。

元认知：对认知的认知，或"关于认识的认识"。

复习、思考和练习

学习目标1：描述信息加工理论。

复习

· 什么是信息加工理论？

· 什么是两个重要的认知资源，它们是如何促进儿童信息加工的发展变化的？

· 信息加工理论中的一些关键变化机制是什么？

思考

· 就你的学习能力而言，你是否希望自己更像一台计算机？或者你在信息加工的所有方面都比任何计算机好？请解释你的回答。

PRAXIS™ 练习

1. 信息加工理论最符合哪一理论的观点：

　　A. 行为主义

　　B. 认知心理学

　　C. 社会认知理论

　　D. 生物学理论

2. 根据信息加工理论，一个 15 岁的青少年可以比 10 岁的儿童计算得更快，因为：

A. 15 岁青少年的大脑有更多的时间发展，而且 15 岁青少年有更多处理数字的经验

B. 15 岁青少年有更多的正强化和负强化的经验

C. 15 岁青少年的大脑已经失去了许多原有的连接，并经历了脱髓鞘

D. 15 岁青少年有更多的时间来发展死记硬背的技能

3. 帕克斯女士希望她的学生们不需要停下来思考就知道基本的数学知识。因此，帕克斯女士和她的二年级学生玩了很多数学游戏，如加减法宾果游戏、数学蜜蜂和卡片游戏。帕克斯女士与她的学生玩这些游戏的目的是什么？

A. 帮助她的学生发展了解数学事实的自动化能力

B. 鼓励策略建构

C. 培养编码技能

D. 提高元认知技能，如自我意识

请参看书末的答案……

学习目标 2：描述注意的特征并总结其在发展过程中的变化。

2 注意

这个世界有很多需要我们去感知的信息。什么是注意，它有什么作用？注意在发展中是如何变化的？

什么是注意？

注意：心理资源的集中。

注意（attention）是心理资源的集中。在许多任务中，注意都可以提高认知加工能力，从击中棒球到读一本书或把数字相加（Rothbart & Posner, 2015）。但是，在任何时候，儿童和成年人一样都只能注意有限的信息量。他们以不同的方式分配其注意力（Reynolds & Romano, 2016）。心理学家将注意的类型分为选择性注意、分配性注意、持续性注意、执行性注意。

选择性注意：将注意力集中在经验中相关的特定方面，同时忽略不相关的其他方面。

· **选择性注意**（selective attention）是指将注意力集中在经验中相关的特定方面，同时忽略不相关的其他方面。在拥挤的房间或嘈杂的餐厅中，将注意力集中在许多人中的某一个人的声音上，就是选择性注意的一个例子。

分配性注意：同时专注于一项以上的活动。

· **分配性注意**（divided attention）是指同时专注于一项以上的活动。如果你在阅读这段文字的同时听音乐，那么你就在使用分配性注意。

持续性注意：长时间保持注意力的能力，也被称为警觉性。

· **持续性注意**（sustained attention）是指长时间保持注意力的能力。持续性注

意也被称为警觉性。从头到尾不间断地专注阅读这一章节就是一个持续性注意的
例子。最近一项研究发现，学前期儿童更好的持续性注意，与 25 岁前完成大学学
业的更大可能性有关。

·**执行性注意**（executive attention）包括规划行动、分配注意力给目标、检测
并补偿错误、监控任务进展，以及处理新的或困难的情况。执行性注意的一个例
子是，在为历史课程写一篇 10 页的论文时，有效地分配注意力来完成上述认知
任务。

执行性注意：包括
规划行动、分配注
意力给目标、检测
并补偿错误、监控
任务进展，以及处理
新的或困难的情况。

关于分配性注意的一种趋势是儿童和青少年的多任务处理，在某些情况下，这
不仅发生在两个活动之间，甚至需要儿童和青少年在三个或更多活动之间分配注意力
（Courage, 2015）。

对于多任务处理能力的提升的主要影响因素之一是多种电子媒体的使用。许多儿
童和青少年都有各种各样的电子媒体可供他们使用。对于青少年来说，一边做作业，
一边聊天、上网、看视频是很常见的。多任务处理是有益还是有害？最近的一项综述
研究得出结论，一般来说，数字技术（上网、发短信）在学习者进行学习任务时（阅
读、听演讲）会分散学习者的注意力，并导致学习者在多任务上的表现受损（Courage
& others, 2015）。

持续性注意和执行性注意也是认知发展中非常重要的方面。当儿童和青少年被要
求参与需要更长时间完成的更大、更复杂的任务时，他们保持注意力的能力对于成功
完成任务至关重要。执行性注意的增强支持了有效参与这些复杂的学术任务所需的努
力控制的快速增长（Rothbart & Posner, 2015）。

发展变化

注意的一些重要变化发生在儿童期（Ristic & Enns, 2015）。随着年龄的增长，儿童
注意力集中的时长会有所增加。学步期的儿童四处走动，他们的注意力不断从一种活
动转移到另一种活动，似乎对任何事物都只花很少的时间去关注。相比之下，学龄前
儿童可能会一次看半小时电视。

学龄前儿童控制和维持注意力的能力与童年后期的入学准备度和成就有关
（Rothbart & Posner, 2015）。例如，一项对 1000 多名儿童的研究表明，儿童在 54 个
月大（4.5 岁）时维持注意力的能力与他们的入学准备（包括成绩和语言技能）有
关（NICHD Early Child Care Research Network, 2005）。在另一项研究中，儿童在 5 岁
时具有更好的集中注意力的能力与 9 岁时更高的学业成绩水平有关（Razza, Martin, &
Brooks- Gunn, 2012）。从 5、6 岁到 11、12 岁，持续性注意会有所提高，并且这种注意

多重思考
研究人员发现，在7~30岁，前额叶皮质的焦点激活增加。连接到"认知和语言发展"。

力的增强与认知任务上更好的表现有关（Betts & others, 2006）。最近的一项研究还发现，持续性注意在青少年期仍会继续改善，这种改善与大脑额叶的成熟有关（Thillay & others, 2015）。

对注意力的控制在儿童期表现出重要的变化（Ristic & Enns, 2015）。外部刺激可能决定了学龄前儿童的注意目标，突出的或明显的东西会捕获他们的注意。例如，假设一个华丽的、迷人的小丑说出了解决问题的指示。学龄前儿童很可能去注意小丑，而忽略了指示，因为他们会受到环境中突出特征的强烈影响。7岁以后，儿童会更加关注与完成任务或解决问题相关的特征，比如指示。因此年龄较大的儿童能够将注意力转移到更重要的刺激上，而不是被环境中最引人注目的刺激所控制。这种变化反映了儿童在注意力的认知控制上的一种转变：他们会减少冲动行为，更多思考。

儿童对相关信息的注意在小学和中学阶段稳步增长，对不相关信息的处理在青少年期会减少。

随着儿童的成长，他们选择性注意和分配性注意的能力也在提高。比起年幼的儿童，年龄大一些的儿童和青少年在需要注意力转移的任务上表现得更好。例如，写一篇好故事需要在许多相互竞争的任务之间转移注意力——拼写单词、构成语法、组织段落结构以及传达整个故事。儿童同时做两件事的能力也会提高。例如，在一项调查中，在同时完成两个任务（分配性注意）的情况下，12岁儿童的注意力分配能力明显优于8岁儿童，略差于20岁成年人（Manis, Keating, & Morrison, 1980）。这些分配性注意的改善可能是由于认知资源的增加（通过加快加工速度或扩大加工容量）、自动化或者分配资源技能的提升。

个体差异也是儿童的特点，一些儿童有非常严重的注意力问题，以至于他们被归类为患有注意缺陷多动障碍（ADHD）。一项研究表明，儿童期的这种注意力问题与青少年期晚期的信息加工困难有关（Friedman & others, 2007）。在这项研究中，有注意问题（包括注意力不集中、混乱、冲动和多动）的7~14岁儿童在17岁时存在工作记忆和反应抑制的困难。

最近，我询问老师们是如何帮助学生在课堂上集中注意力的，以下是他们的回复：

幼儿园　非常年幼的儿童正在逐渐拓展自己的注意力广度。为了帮助他们，我们经常使用歌曲或乐器来作为从游戏时间到学习时间的过渡。在完成材料介绍之后，我们会点名提问，从而让他们关注新介绍的物品。在故事时间，我们使用夸张的肢体动作并模仿书中人物的声音，以保持孩子们的积极性和持续倾听。

——瓦莱丽·戈勒姆，儿童乐园公司
（Valarie Gorham, Kiddie Quarters, Inc.）

小学　我用来保持四年级学生注意力集中的策略之一是进入角色。例如，当我读《牛仔王子布巴》(*Bubba, the Cowboy Prince*) 时，我会戴上牛仔帽，加上自创口音。我还发现，"你将在今晚的家庭作业中看到这一点"和"这将会出现在你的考试中"这样的说法也能吸引他们的注意力。

——肖恩·施瓦兹，克林顿小学

(Shane Schwarz, Clinton Elementary School)

初中　当我让学生相互传授知识时——也就是说，我让他们轮流扮演教师的角色——他们格外地专注。

——凯西·玛斯，爱迪生中学

(Casey Maass, Edison Middle School)

高中　当高中生了解到课堂上呈现的事件和信息与他们自己的生活有何关联时，他们会更加专注。例如，食源性疾病这个话题对我的大多数学生来说都很无聊，但是当我告诉他们我的亲身经历（我如何在当地餐馆因食用鸡肉沙拉而导致沙门氏菌感染，以及我因此经历了数天的强烈痛苦）之后，他们对沙门氏菌及感染的原因、如何预防感染和感染后症状都越来越感兴趣。

——桑迪·斯旺森，梅诺莫尼·福尔斯高中

(Sandy Swanson, Menomonee Falls High School)

连线学生：最佳实践

帮助学生集中注意力的策略

　　由于有那么多的课堂作业要完成，而一个班级里有那么多的学生，教师很容易忽视与学生共同努力以提高他们的信息加工能力，如注意力。以下是一些提高学生注意力的有效策略：

1. 鼓励学生全神贯注，最大限度减少干扰。和学生们谈论在需要记住某件事时，集中注意力是多么重要。给学生锻炼机会，让他们练习全神贯注于某件事。例如，在匈牙利等国家，学前班儿童会参与提升注意力的练习 (Mills & Mills, 2000; Posner & Rothbart, 2007)。在这种练习中，学生围成一圈坐着，教师坐在圆圈中心。每个学生在被允许离开小组之前必须引起教师的注意。在其他练习中，教师让儿童参加停停走走的活动，在此期间，他们必须在听到一个特定的信号后（例如击鼓声或确切数量的有节奏的节拍）才可以停下来不动。

2. 使用提示或手势来表明某件事很重要。这可能包括提高嗓音，重复强调某些内容以及在黑板或幻灯片上写下概念。

3. 帮助学生在需要集中注意时生成他们自己的提示语或口头语。词语的选择可能每个月更换一次。让他们从词语列表中选择如"警惕""专心"或"集中注意力"等词语。教导他们在走神的时候，安静而坚定地对自己说出这些提示语或者口头语。

4. 让学习变得有趣。学生们很容易感到无聊，一旦他们对学习失去兴趣，他们的注意力就会减弱。将想法与学生的兴趣联系起来可以提高他们的注意力。换句话说，我们所教的内容应该与学生的生活相关。在教室里布置新奇的、不寻常的或令人惊奇的练习。例如，以"你能活到 100 岁吗？"或者"也许某个人某天能活到 400 岁？"这样的问题，开始一个关于遗传和衰老的生物学练习。思考一些相关的问题（比如上面提到的问题）来介绍不同的主题，因为学生更有可能关注与他们有关的材料。

5. 有效地使用多媒体技术，以改变课堂节奏。视频和电视节目有内置的吸引注意力的形式，比如放大图像，在屏幕上闪现生动、多彩的图像，以及切换背景。寻找相关的视频和电视节目，来帮助你变换课堂节奏并保持学生的注意力。不幸的是，太多教师播放视频只是为了让学生保持安静，而这并不能促进学习。当然，如果课程本身很枯燥，那么不论教师使用哪种"技巧"或"花哨的方法"都没有用——学生们将无法有效学习。确保你使用的多媒体技术能以有意义且促进有效学习的方式吸引学生的注意力。此外，新技术工具的使用使嵌入问题和收集学生的回答变得更加容易（例如，请参见 EdPuzzle：https://edpuzzle.com/ 和 PlayPosit：www.playposit.com/）。最近已经有一些计算机练习被开发用来提高儿童的注意力（Rothbart & Posner, 2015）。例如，一项研究发现，在市售程序 Captain's Log（船长的日志）中的注意力练习可以有效地减少一年级学生的注意力问题（Rabiner & others, 2010）。这项研究中使用了十项专注于训练听觉和视觉注意力的练习。在一项练习中，学生需要对电脑屏幕上出现的符号做出反应，即在每一次与屏幕已有符号相匹配的符号出现时按下空格键；其他练习要求学生记住物体最近出现的位置。随着任务变得越来越困难，为了完成该任务，学生们必须保持更长的注意力。

6. 注重主动学习，让学习成为一种乐趣。一个不同的练习、一个嘉宾、一次实地考察，以及许多其他活动都可以用来使学习更愉快，减少学生的无聊感并增强学生的注意力。在"教师视角"中，中学英语和戏剧教师林恩·艾尔斯（Lynn Ayres）描述了游戏如何增加各个年级学生的兴趣。

7. 不要给学生过多的信息负载。我们生活在一个信息过载的社会，学生如果快速地得到太多信息，往往很难集中注意力。

8. 意识到学生在注意力技能上存在个体差异。有些学生在集中注意力方面有严重困难。在呈现材料时，你需要考虑到这一点。在开始练习之前环顾四周，看看教室里潜在的干扰，比如打开的窗户外面是人声嘈杂的操场。为了消除干扰，应关上窗户、拉上窗帘。

教师视角
将无聊的练习变得主动学习的游戏

© St. James the Apostle School, Glen Ellyn

我发现即使最无聊的练习（如出现在作业纸和教科书中的那种练习），也能转变成积极学习的游戏。"sit–set, rise–raise"（坐–放，起–举）是一个在我的七年级英语课上最受欢迎的游戏。我让两个学生坐在桌子旁边的椅子上，并在每张桌子上放一本书。如果我说"rise"（起），他们就需要站起来；如果我说"raise"（举）他们就举起书本；如果我说"sit"（坐）他们就坐下；如果我说"set"（放）他们就把书放到桌子上。如果我说"rise"（起），其中一个站了起来，另一个举起了书，拿着书的那个学生就出局了，被一个队友取代；如果两人都站起来，先站起来的那个留下来，另一个人会被他的队友取代。学生们很喜欢这个游戏，而且在这个过程中，他们真的学会了这两对经常混淆的动词之间的区别。

这个游戏让我明白了让学生们亲身参与的有效性。我开发了几十个游戏，包括铃铛、定时器和两支队伍。让学生在房间里跑来跑去，敲响铃铛，通过告诉我一个词是名词还是形容词，来打败对方队伍的一名队员。如果你认真思考的话，几乎任何练习册或课本上的练习都可以变成一种体育活动游戏。中学生能从这种既锻炼身体又锻炼脑力的练习中学到更多的东西。

复习、思考和练习

学习目标 2：描述注意的特征并总结其在发展过程中的变化。

复习

· 什么是注意？注意被分配的四种方式是什么？

· 注意在儿童和青少年期是如何发展的？

思考

· 想象一下，你是一名小学教师，一个学生在学习任务中难以保持注意力。你会采取什么策略来帮助他 / 她保持注意力？

PRAXIS™ 练习

1. 萨姆森女士执教一年级。通常当她与一组学生一起学习时，她必须监督班上其他学生的行为，偶尔也会以某种方式进行干预。有时她的桌子边有三四个学生，每个人都需要从她那里得到不同的东西。这似乎丝毫不会让她感到不安。她可以一边和一个学生交谈，一边给另一个学生系鞋带，并监督其他学生。萨姆森女士掌握了什么技能？

　　A. 分配性注意

　　B. 选择性注意

　　C. 持续性注意

　　D. 个人注意

2. 马克快速把他的注意力从一件事转移到另一件事。颜色越鲜艳、越喧闹的东西，就越有可能吸引他的注意。他很少被一件事情吸引超过几分钟。根据这一描述，马克最有可能是一个：

　　A. 婴儿

　　B. 学前期儿童

　　C. 学龄期儿童

　　D. 青少年

请参看书末的答案……

3　记忆

学习目标 3：从编码、存储和提取的角度探讨记忆。

　　20 世纪的剧作家田纳西·威廉斯（Tennessee Williams）曾经评论道：生命就是由所有的记忆组成的，除了那些转瞬即逝又无法挽留的瞬间。但，究竟什么是记忆？

什么是记忆？

记忆：对信息的长期保留，包括编码、存储和提取。

　　记忆（memory）是对信息的长期保留。教育心理学家主要研究信息最初是如何嵌

记忆的蜘蛛网

我认为拥有记忆的意义在于分享它们，尤其是和亲密的朋友和亲人分享。如果你不分享你的记忆，那么它们就只会在你大脑里结满蜘蛛网。如果你有一段关于圣诞的美好记忆却无人与你分享，那这段记忆又有什么意义呢？

美国密歇根州伊普西兰蒂市西部中学七年级学生

入或编码进入记忆中的，又是如何在编码之后被保留或存储的，以及如何在以后为了特定目的而被检索或提取的。记忆保持了自我的连续性。如果没有记忆，你就无法把昨天的经历和今天发生的事情联系起来。如今，研究的重点不再是如何让儿童在记忆中加入某件事物，而是强调儿童如何积极构建他们的记忆（Howe, 2015）。

在本章节中，我们对记忆的讨论主要集中在记忆的编码、存储和提取上，从这些记忆加工过程的角度思考记忆应该有助于你更好地理解它。为了让记忆发挥作用，儿童必须接收信息，将其存储或表征出来，然后在以后为了某种目的而提取它。

正如你之前所学到的，编码（encoding）是信息进入记忆的过程。存储（storage）是对信息的长期保留。提取（retrieval）意味着从存储中提取信息。现在我们将更详细地逐一探讨这三种重要的记忆活动。

编码

注意是编码过程的一个关键方面（Schneider, 2015）。当儿童听教师讲课、做作业、写作文、看书、看电影、听音乐或和朋友聊天时，通过集中注意力，他们可以将信息编码到记忆中。除了注意，编码还包括许多其他的过程：复述、深度加工、精细加工、构建图像和组织。

复述　复述（rehearsal）是在一段时间内有意识地重复信息，以延长信息保留在记忆中的时间。例如，当你约好朋友共进午餐时，你很可能会复述日期和时间"好，星期三下午一点半"。当你需要在短暂的时间内编码并记住一系列物品清单时，复述是最有效的方式。但当你必须在很长一段时间内保留信息时，比如当你在为下周才参加的考试而学习时，其他的策略通常比复述更有效。复述不能很好地长期保留信息，因为它通常只涉及死记硬背的重复信息而不对信息赋予任何意义。当你以有意义的方式构建你的记忆时，你会记得更好。正如我们接下来将看到的，当你对材料进行深入加工和详细阐述时，你就会记得更清楚。

深度加工　在发现复述并不是将信息编码进入长期记忆的有效方法后，弗格斯·克雷克和罗伯特·洛克哈特（Fergus Craik & Robert Lockhart, 1972）提出我们可以在多个水平上对信息进行加工。他们的加工水平理论（level of processing theory）指出，记忆

复述：在一段时间内有意识地重复信息，以延长信息在记忆中存留的时间。

加工水平理论：该理论认为记忆的加工是由浅入深的连续过程，加工水平越深，记忆效果越好。

的加工是由浅入深的连续过程，加工水平越深，记忆效果越好。浅层加工（或低水平加工）是指在浅层次上分析刺激的感官特征或物理特征。这可能包含注意到印刷体字符的笔画、拐角和轮廓，口语中词语的频率、音长和响度。在加工过程的中间水平，你识别刺激并给予它一个标签。例如，有四条腿、吠叫的物体被识别为狗。然后，在记忆加工的最深层水平，信息通过语义即意义进行加工。例如，如果儿童看到单词 boat，在浅层加工中她可能会注意到字母的形状，在中间加工水平她可能会想到单词的特征（例如，它与 coat 类似），在最深层加工水平中，她可能会想起上一次和爸爸一起在船上钓鱼的情景，以及船是什么样的。研究人员发现，当人们在最深层次中加工信息时，他们会更好地记住这些信息（Abbassi & others, 2015; Soravia & others, 2016）。

精细加工 然而，认知心理学家很快认识到，好的编码不仅仅是进行深度加工。他们发现，当个体在信息编码中运用精细加工时，他们能够记忆得更好（Ashraft & Radvansky, 2016）。**精细加工**（elaboration）是与编码有关的信息加工的广泛扩展。因此，当你向学生介绍民主的概念时，如果他们能举出适宜的例子，他们可能会更好地记住这个概念。举例是对信息进行精细加工的好方法。例如，自我参照（self-reference）就是精细加工信息的有效方式。如果你试图让学生记住公平的概念，他们能想到越多个人经历中的不公平和公平的例子，他们就越有可能记住公平的概念。

精细加工：与编码有关的信息加工的广泛扩展。

精细加工的运用随着年龄的发展而变化（McDonnell & others, 2016）。相比于儿童，青少年更有可能会自发地使用精细加工。学龄儿童可以被教导在某一学习任务中使用精细加工策略，但是他们不像青少年，能够在日后将精细加工策略迁移到其他学习任务中去。尽管如此，即使是对小学低年级学生来说，言语的精细加工也是一种有效的记忆策略。在一项研究中，实验者要求二年级和五年级的儿童使用某个关键词造句（例如"邮递员在他的马车里放了一封信"，其中的关键词是"马车"）（Pressley, Levin, & McCormick, 1980）。在二年级和五年级的儿童中都发现，与仅告知儿童关键词及其定义相比，儿童完成关键词造句任务后，对该关键词的记忆效果更好。

精细加工在编码中如此有效的一个原因是它增加了记忆编码的独特性（Hofmeister & Vassishth, 2014）。为了记住一条信息，比如一个名字、一次经历，或者一个关于地理的事实，学生需要在长时记忆大量的编码中搜索包含这些信息的编码。如果记忆编码有其独特性，则搜索过程更容易。这种情况和在拥挤的机场寻找一位朋友没什么两样，如果你的朋友身高 1.9 米，有着一头火红的头发，那么在人群中找到他要比寻找一个拥有更多普通特征的人容易得多。同时，当一个学生对信息进行精细加工时，更多的信息被存储。随着存储的信息越来越多，会更容易将当前记忆与其他记忆区分开。例如，如果一名学生目睹另一名学生被一辆疾驰而去的汽车撞到，那么当她有意识地编码自己观察到的这辆车的信息，即一辆红色的 2005 年庞蒂亚克轿车，车上安装着有色车窗，车轮上有轮毂盖，而不是只记住那是一辆红色汽车，她对这辆车的记忆就会更加深刻。

构建图像　当我们构建某个事物的图像时，就是在对信息进行精细加工。例如，你和你的家人长期居住的公寓或房子里有多少扇窗户？我们很少有人会记住这些信息，但你可能会给出差不多的答案，特别是如果你能在脑海中复现每个房间的心理图像的话。

阿伦·佩维奥（Allan Paivio, 1971, 1986, 2013）认为记忆是以两种方式存储的：作为语言编码或图像编码。例如，你可以通过一个标签（语言编码，如《最后的晚餐》）或一个心理图像来记住一幅画。佩维奥认为图像编码越详细、越独特，对信息的记忆就越好。

研究人员发现，鼓励儿童使用图像来记忆言语信息，对年龄较大的儿童的效果要比对年龄较小的儿童的效果更好（Schneider, 2004）。在一项研究中，实验者向一到六年级的儿童展示了20个句子以供记忆（例如"愤怒的小鸟冲着白狗大叫"和"警察在大风天给马戏团的帐篷涂上了油漆"）（Pressley & others, 1987）。儿童被随机分配到图像组（在你的脑海中构建每个句子的图像）和对照组（只是告诉儿童努力去记住）。图像构建对年龄较大（四到六年级）儿童的记忆改善程度大于对年龄较小（一到三年级）儿童的记忆。研究人员发现，与语句等语言材料相比，低龄的学龄儿童使用图像记忆图片的能力更强（Schneider & Pressley, 1997）。

组织　如果学生在编码信息时对信息进行组织，那么他们的记忆效果就会更好（Schneider, 2015）。要了解组织在编码中的重要性，请完成以下练习：尽可能快地回忆一年中的12个月。你花了多长时间？你的回忆顺序是什么？你可能在几秒钟内就能给出答案，而且是按自然顺序排列的（1月、2月、3月等）。现在试着按字母顺序回忆月份。你的回答出错了吗？你花了多长时间？按自然顺序回忆月份和按字母顺序回忆月份存在明显的差别。这是一个很好的练习，可以帮助你的学生理解以有意义的方式组织他们的记忆的重要性。

当你有条理有组织地呈现信息时，你的学生更有可能记住它们。按照层次结构组织信息或对其进行概述时尤其如此。此外，如果你鼓励学生组织信息，他们通常会比你没有给他们组织指示时的记忆更好（Mandler, 1980）。

组块（chunking）是一种很好的组织记忆策略，涉及将信息分组或"打包"成"高阶"单元，以作为单个单元进行记忆。组块可以使大量信息更易于管理，更有意义。例如，考虑这个简单的单词列表：hot, city, book, forget, tomorrow, smile。试着把这些记下来，然后默写。如果你回忆起这六个单词，你就成功地记住了30个字母。但要单独记住这30个字母则困难得多，因为把它们组合成词使它们有意义。

组块：将信息分组或"打包"成"高阶"单元，以作为单个单元进行记忆。

存储

在儿童编码信息之后，他们需要保留或存储信息。儿童能记住某些信息的时间不足一秒，某些信息可持续大约半分钟，而另外一些信息却可记住数分钟、数小时、数年，甚至一生。对应于不同的记忆时间，可分为三种类型的记忆，分别是感觉记忆（持续时间不足一秒或只有几秒）、短时记忆（持续时间为30秒左右）、长时记忆（持续时间可以长达一生）。

感觉记忆 感觉记忆（sensory memory）以最初的感觉形式，短暂地保存来自外界的信息，保持时间并不比学生接触视觉、听觉和其他感觉刺激的短暂时间长多少。

学生对声音的感觉记忆可长达几秒钟，类似于短暂的回声。然而，他们对视觉图像的感觉记忆仅持续约四分之一秒。由于感觉信息转瞬即逝，学生的一项重要任务是在感觉信息消失之前，快速地注意到那些对学习很重要的感觉信息。

短时记忆 短时记忆（short-term memory）是一种容量有限的记忆系统，在这种系统中，信息被保留的时间只有30秒。只有经历进一步加工（复述或其他形式）的信息，才可以保留更长时间。和感觉记忆相比，短时记忆容量有限，但持续时间相对较长。它的有限容量引起了乔治·米勒（George Miller, 1956）的兴趣，他在一篇题为《神奇的数字7，加上或减去2》的论文中描述了这一点。米勒指出，在许多任务中，学生在没有外部帮助的情况下，能够掌握的信息量是有限的，通常限制在7±2个数目的范围内。

最常使用的7±2现象的例子是**记忆广度**（memory span），即呈现一次后个体能够准确无误报告出的数字数量。个体可以报告的数字量取决于他们的年龄。在一项研究中，记忆广度从两岁时的2个数字增加到7岁的5个数字，再增加到12岁的6至7个数字（Dempster, 1981, 见图8-1）。很多大学生都能记住8~9个数字。请记住，这些数据只是记忆广度的平均数，个体之间还存在差异。例如，很多7岁儿童的记忆广度小于6个数字，而其他7岁儿童的记忆广度则达到8个数字以上。

与短时记忆相关的是，英国心理学家艾伦·巴德利（Alan Baddeley, 2000, 2007, 2012, 2013）提出的**工作记忆**（working memory），这是一个由三部分组成的系统，用于临时保存人们执行任务时所用的信息。工作记忆是一种心理"工作台"，信息在这里被处理和组装，以帮助我们做出决定，解决问题，以及理解书面和口头语言。请注意，在移至长时记忆之前，工作记忆并不像一个装满存储信息的被动的仓库。相反，工作记忆是一个非常活跃的记忆系统（Logie & Cowan, 2015）。

感觉记忆：以最初的感觉形式，短暂地保存来自外界的信息的记忆。

短时记忆：一种容量有限的记忆系统，在这种系统中，信息被保留的时间只有30秒。只有对信息进一步加工，才能延长信息保存的时间。

记忆广度：呈现一次后个体能够准确无误报告出的数字数量。

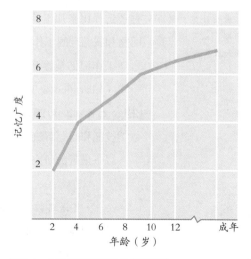

图 8-1 记忆广度随年龄的发展变化

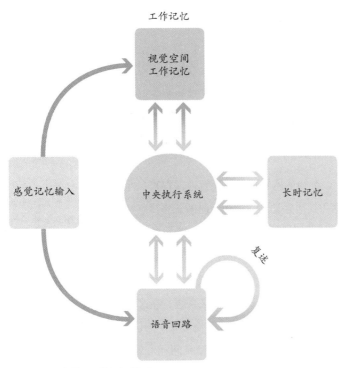

工作记忆

图 8-2　巴德利的工作记忆模型

工作记忆：由三部分组成的系统，用于临时保存人们执行任务时所用的信息。工作记忆是一种心理"工作台"，信息在这里被处理和组装，以帮助我们做出决定，解决问题，以及理解书面和口头语言。

图 8-2 显示了巴德利关于工作记忆的观点及其三个组成部分：语音回路、视觉空间工作记忆和中央执行系统。可以把它们想象成一个拥有两个助手（语音回路和视觉空间工作记忆）的主管（中央执行系统）来帮助你完成工作。

· 语音回路（phonological loop）专门用来短暂存储以言语为基础的语音信息。语音回路包含两个独立的组成部分：在几秒钟内衰减的声音编码以及允许个人在语音存储中重复单词的复述。

· 视觉空间工作记忆（visuospatial working memory）存储视觉和空间信息，包括视觉图像在内。与语音回路一样，视觉空间工作记忆的容量也是有限的。语音回路和视觉空间工作记忆独立运作。你可以在语音回路中复述数字，同时在视觉空间工作记忆中对字母进行空间排列。

· 中央执行系统（central executive）不仅整合来自语音回路和视觉空间工作记忆的信息，而且整合来自长时记忆的信息。

在巴德利看来，中央执行系统在注意、计划和组织行为方面发挥着重要作用。中央执行系统的行为很像一个主管，它决定哪些信息和问题值得关注，哪些应该被忽视。它还选择用来加工信息和解决问题的策略。与工作记忆的其他两个组成部分——语音回路和视觉空间工作记忆一样，中央执行系统的容量也是有限的。

工作记忆是逐渐发展的。即使到了 8 岁，儿童能记住的条目数量也只有成年人的一半（Kharitonova, Winter, & Sheridan, 2015）。工作记忆与儿童发展的许多方面有关（Bigorra & others, 2016; Gerst & others, 2016）。例如，工作记忆较好的儿童在阅读理解、数学技能和问题解决方面，比工作记忆较差的儿童表现更好（Swanson, 2016）。

以下最近的研究反映了工作记忆在提高儿童在这些领域表现的作用：

· 言语工作记忆在 7~11 岁儿童长时间活动中遵循指令的能力中起着关键作用（Jaroslawska & others, 2016）。

· 工作记忆较好的儿童在数学流畅性、计算能力、阅读流畅性和段落理解等方面表现出更高的学业成就（Blankenship & others, 2015）。

·儿童的言语工作记忆与第一语言和第二语言学习者语言习得的形态学、句法和语法等方面有关（Verhagen & Leseman, 2016）。然而，他们的言语工作记忆与词汇发展无关。

·在四年级时实施的工作记忆训练计划（CogMed）的学生在六年级时数学和阅读成绩比接受常规教育的对照组成绩更高（Soderqvist & Bergman, 2015）。如果想要了解更多有关“CogMed”儿童工作记忆培训计划以及如何在课堂上使用该计划的信息，请访问 www.cogmed.com/educators。

·一项工作记忆训练计划提高了 8~10 岁儿童的算术问题解决能力（Cornoldi & others, 2015）。

·工作记忆训练计划提高了一年级儿童的听力理解能力（Peng & Fuchs, 2016）。

青少年的工作记忆比儿童的工作记忆好吗？在一项研究中，研究者调查了儿童和青少年在言语和视觉空间工作记忆任务中的表现（Swanson, 1999）。研究发现，工作记忆在 8~24 岁都有显著的增长，无论任务是什么。因此，青少年期可能是改善工作记忆的重要发展时期。

长时记忆　长时记忆（long-term memory）是一种以相对永久的方式长期保存大量信息的记忆类型。人类长时记忆的容量是惊人的，个人检索提取信息的效率也令人印象深刻。我们通常只需要一点时间便能在这个巨大的记忆存储仓库里搜索到我们想要的信息。想想你自己的长时记忆：谁发表的葛底斯堡演说？你一年级的老师是谁？你可以立刻回答出来成千上万个这样的问题。当然，并非所有的信息都能如此容易地从长期记忆中提取出来。

长时记忆：一种以相对永久的方式长期保存大量信息的记忆类型。

三级记忆存储模型　我们所描述的三阶段的记忆概念是由理查德·阿特金森和理查德·希夫林（Richard Atkinson &Richard Shiffrin, 1968）提出的。根据**阿特金森–希夫林模型**（**Atkinson-Shiffrin model**），记忆包括感觉记忆、短时记忆和长时记忆这三个阶段（见图 8-3）。正如我们所看到的，很多信息不过是对声音和影像的感觉记忆，这种信息仅保留很短的时间。然而，某些信息，特别是我们所关注的信息，会被转移到短时记忆中，在那里它可以被保留大约 30 秒的

阿特金森－希夫林模型：包括感觉记忆、短时记忆和长时记忆三个阶段的记忆模型。

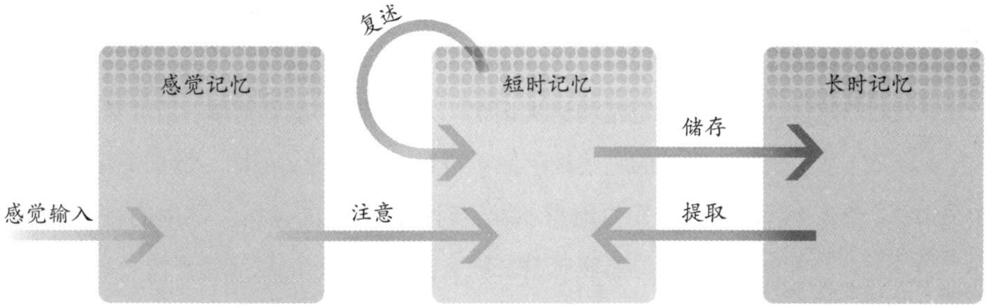

图 8-3　阿特金森–希夫林的记忆模型

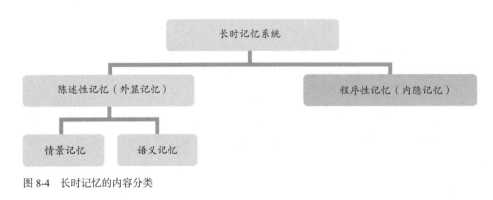

图 8-4　长时记忆的内容分类

时间（或者通过复述保留更长的时间）。阿特金森和希夫林声称，通过复述使得信息在短时记忆中保留的时间越长，该信息进入长时记忆的机会就越大。同样，长时记忆中的信息也可以经提取返回短时记忆中。

一些当代的记忆专家认为，阿特金森－希夫林模型过于简单（Bartlett，2015）。他们认为，记忆并不总是像阿特金森和希夫林所阐述的那样，整齐地按照三个阶段的顺序进行存储。例如，这些当代专家强调，工作记忆会以一种更灵活地方式使用长时记忆中的内容，而不仅仅是从长时记忆中提取信息。尽管存在这些问题，该模型在提供记忆组成成分的概览时还是很有用的。

长时记忆的内容　正如不同类型的记忆可以通过其持续时间来区分一样，记忆也可以根据其内容来区分。对于长时记忆，许多当代心理学家接受图 8-4 中所描述的记忆内容的层次结构模型（Bartlett，2015）。在这个层次结构中，长时记忆被分为陈述性记忆和程序性记忆，陈述性记忆又分为情景记忆和语义记忆。

陈述性记忆和程序性记忆　陈述性记忆（declarative memory）是对信息的有意识的回忆，例如对通过言语交流的具体事实或事件的记忆。陈述性记忆也被称为"知道是什么"，最近被称为"外显记忆"。学生所表现出的陈述性记忆包括复述他们曾经目睹的事件，或者是描述一个基本的数学原理。然而，学生并不需要通过说话来使用陈述性记忆。只要他们坐在那里回忆自己的某次经历，他们就是在使用陈述性记忆。

程序性记忆（procedural memory）是以技能和认知运算为形式的非陈述性知识。程序性记忆不能被有意识地回忆，至少不能以特定事件或事实的形式进行回忆。这使得程序性记忆难以用语言进行交流。程序性记忆有时被称为"知道怎么做"，也被称为"内隐记忆"。当学生应用自己的技能进行舞蹈表演、骑自行车或在电脑键盘上打字时，他们的程序性记忆就已经在发挥作用了。同样地，当学生不假思索地说出语法正确的句子时，程序性记忆也在起作用。

情景记忆和语义记忆　认知心理学家恩德尔·托尔文（Endel Tulving，2000）区分了两种类型的陈述性记忆：情景记忆和语义记忆。**情景记忆**（episodic memory）是关于生活事件的发生地点和发生时间的信息的保留。学生们对开学第一天和谁共进午餐，或者上周哪位嘉宾应邀来班上参加座谈的记忆都属于情景记忆。

语义记忆（semantic memory）是个体关于世界的一般知识。它包括以下内容：

陈述性记忆：对信息的有意识的回忆，例如对通过言语交流的具体事实或事件的记忆。

程序性记忆：以技能和认知运算为形式的非陈述性知识。程序性记忆不能被有意识地回忆，至少不能以特定事件或事实的形式进行回忆。

情景记忆：关于生活事件的发生地点和发生时间的信息的保留。

语义记忆：个体关于世界的一般知识，与个体在过去的同一性无关。

·在学校学到的知识（例如几何知识）。

·不同专业领域的知识（例如一个棋艺高超的 15 岁棋手的象棋知识）。

·关于词语含义、名人、重要地点和普通事物的"日常"知识（比如"固执"这个词的意思或纳尔逊·曼德拉是谁）。

语义记忆与个体过去的同一性无关。例如，学生可能接触到某个事实，比如"利马是秘鲁的首都"，却不知道他们在何时何地学到的。图 8-5 比较了情景记忆和语义记忆的特点。

类别	情景记忆	语义记忆
存储对象	事件	事实、观点、概念
组织方式	时间	概念
情绪参与	重要	不重要
提取过程	有意（需要努力）	自动
提取报告	"我记得"	"我知道"
教育	无关	有关
智力	无关	有关
在法庭上作为证词	在法庭上被采信	在法庭上不被采信

图 8-5 情景记忆和语义记忆的差异

在记忆中表征信息 学生如何在他们的记忆中表征信息？这里有三个主要的理论已经解决了这个问题：网络理论、图式理论和模糊痕迹理论。

网络理论 网络理论（network theory）描述了记忆中的信息是如何被组织和连接的，它们强调记忆网络中的节点。节点代表标签或概念。以"鸟"这个概念为例，最早的网络理论之一将记忆表征描述为分层排列的，将更为具体的概念（例如"金丝雀"）嵌套在更抽象的概念（例如"鸟"）之下。然而，人们很快就意识到，这样的层次结构网络过于工整，无法准确地描述记忆表征的实际运作方式。例如，学生们回答"鸵鸟是鸟吗？"所花的时间要比回答"金丝雀是鸟吗？"所花的时间更长。因此，目前的记忆研究者认为记忆网络更加不规则和扭曲（Ashraft & Radvansky, 2016）。典型的鸟，如金丝雀，比非典型的鸵鸟更接近"鸟"类概念的中心。

> 网络理论：描述了记忆中的信息是如何被组织和连接的理论。该理论强调记忆网络中的节点。

图式理论 长时记忆被比作收藏了大量书籍的图书馆，而记忆的存储就像图书馆储藏书籍一样。在这一类比下，学生提取信息的方式与他们查找和借阅一本书的过程相似。然而，从长时记忆中提取信息的过程并不像从图书馆查找借阅书籍这个类比那样精确。当我们搜索我们的长时记忆库时，我们并不能总是找到我们想要的"书"，或者我们可能找到了我们想要的"书"，但发现只有"几页"是完整的，我们必须对其余的部分进行重建。

图式理论（schema theory）认为人们在重建信息时会将其融入头脑中已经存在的信息之中。图式（schema）是已经存在于个体头脑中的那些信息，包含概念、知识，以及关于事件的信息等。不同于网络理论假定提取准确呈现了具体事实，图式理论认为长时记忆的搜索并不是非常精确。我们常常不能准确找到自己想要的东西，而且不得不重建其余部分。在被要求提取信息时，我们往往会用各种准确和不准确的信息来填补我们零散的记忆之间的空白。

> 图式理论：认为人们在重建信息时会将其融入头脑中已经存在的信息之中的理论。

我们拥有各种信息的图式（Gluck, Mercado, & Myers, 2016）。如果你在课堂上给学生们讲述任意一个故事，然后让学生写下故事的内容，你可能会得到很多不同的版本。也就是说，你的学生不会记得你所讲故事的每一个细节，他们重构的故事会留下他们自己独特的故事印记。假设你给班上的学生讲了一个关于两男两女在法国发生火车事故的故事。一个学生可能会说故事中的人物死于飞机失事，另一个学生可能会说三男三女，还有学生可能会说这个灾难发生在德国，等等。记忆的重构和扭曲在法庭证人的记忆中最为明显。在刑事法庭审判中，人们对所发生事情的记忆的不同版本，突出说明了我们如何重建过去，而不是对过去事件有着精确的记忆。

总而言之，图式理论准确地预测了人们并不总是以一种类似于计算机的方式冷冰冰地存储和提取数据。当我们编码并存储对现实的印象时，就会在意识中对某一个事件产生扭曲。

脚本：关于某个事件的图式。

脚本（script）是关于某个事件的图式。脚本通常包含物理特征、人和典型事件的信息。当教师和学生需要了解他们周围发生的事情时，这种信息是有帮助的。在一个艺术活动的脚本中，学生们可能会记住你告诉他们画什么，告诉他们应该在衣服外面穿上工作服，告诉他们必须使用橱柜里的画纸和颜料，以及结束后要清洁画笔，等等。例如，一个在参加艺术活动时迟到的学生很可能知道自己该做什么，因为他脑中有一个艺术活动的脚本。

模糊痕迹理论：通过考虑两种类型的记忆表征，可以最佳程度理解记忆：（1）逐字记忆痕迹和（2）模糊痕迹，即要义。在该理论中，年长儿童更好的记忆被归因于通过提取要点信息而产生的模糊痕迹，因为相比于逐字记忆痕迹，模糊痕迹更不容易被遗忘。

模糊痕迹理论　对于个体是如何重构记忆的另一种解释是**模糊痕迹理论**（fuzzy trace theory），它指出当个体对信息进行编码时，它会产生两种类型的记忆表征：（1）逐字记忆痕迹（a verbatim memory trace），由精确的细节组成；（2）模糊痕迹（fuzzy trace，即要义），即信息的中心思想（Brainerd & others, 2006, 2015; Brainerd & Reyna, 2014）。例如，假设告诉儿童某个宠物店的具体信息，这个宠物店有10只鸟、6只猫、8只狗和7只兔子。然后问儿童两种不同的问题：（1）逐字记忆的问题，比如"宠物店里有多少只猫，6只还是8只？"；（2）要点问题，比如"宠物店里猫和狗哪一个更多？"研究人员发现学龄前儿童对逐字信息的记忆往往好于要点信息，而小学年龄儿童则更容易记住要点信息（Brainerd & Reyna, 2014）。因此，在模糊痕迹理论中，小学年龄儿童对要点信息使用的增加是他们记忆力增强的原因，因为相比于逐字记忆痕迹，模糊痕迹更不容易被遗忘。

提取与遗忘

学生对信息进行编码并在记忆中进行表征之后，他们或许能够提取其中某些信息，但也会遗忘一些信息。影响学生提取信息的因素有哪些呢？

提取　当我们从大脑"数据库"中提取某个信息时，我们会搜索自己存储的记忆来寻找相关的信息。就像编码一样，这个搜索可以是自动的，也可以是需要意志努力的。例如，如果你问学生现在是几月份，他们能马上说出答案，这是因为提取是自动的；但是如果你让学生说出两个月前来班上演讲的嘉宾的名字，那么这个信息的提取过程可能需要更多的意志努力。

条目在序列中的位置也会影响其被记忆的难易程度。在**系列位置效应**（serial position effect）中，位于序列开头和结尾位置的条目比位于中间的条目更容易被回忆起来。假设当你给学生指示，告诉他应该去哪里获得辅导帮助的时候，你说"到了莫金伯德大街向左转，到了中央大街向右转，在巴波亚大街向左转，到了桑德斯通大街再向左，然后在帕克赛德大街向右转"，那么相比于"在巴波亚大街向左转"，可能"到了莫金伯德大街向左转"和"在帕克赛德大街向右转"学生的记忆效果更好。首因效应（the primacy effect）是指，序列开头的条目往往会更容易被记住。近因效应（the recency effect）是指，序列末尾的条目也同样易于识记。

系列位置效应：记忆一组条目时开头和结尾部分的记忆效果优于中间部分的原理。

图 8-6 展示了一个典型的系列位置效应，其近因效应略强于首因效应。系列位置效应不仅适用于序列，也适用于事件。如果你将一堂历史课分散在一周时间内讲解，然后在下一周的星期一提问学生，他们可能会对周五课上的内容记得最好，而对周三的内容记得最差。

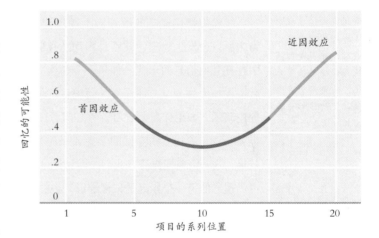

图 8-6　系列位置效应

人们用来促进记忆的线索的性质是影响提取的一个因素（Schneider, 2015; van Lamsweerde, Beck, & Johnson, 2016）。学生可以学习创造有效的线索。例如，如果一个学生难以记住两个月前来上课的嘉宾名字，她可以通过字母表中的字母逐一地生成名字来回忆。如果她偶然发现了正确的嘉宾名字，她很可能会认出来。

提取的另一个影响因素是**编码特异性原则**（encoding specificity principle），即在编码或学习时形成的关联，往往是有效的信息提取线索。例如，想象一下，一个 13 岁的学生将有关修女特蕾莎的信息编码在一起：她出生在阿尔巴尼亚，在印度生活了大半辈子，后来成为一名天主教修女，她因为看到加尔各答街头人们生病和死亡的景象而感到悲伤，她致力于帮助穷人和受难者的人道主义努力使她获得诺贝尔奖。之后，当这名学生试图记起修女特蕾莎的细节时，她可以用诺贝尔奖、加尔各答和人道主义等字眼作为提取线索。编码特异性的概念与之前提到的关于精细加工的讨论是一致的：儿童在编码信息时使用的精细加工越多，他们对信息的记忆就越好。编码的特异性和

编码特异性原则：认为编码或学习时形成的关联易于成为有效的提取线索的原则。

精细加工揭示了编码和提取是如何相互依赖的。

提取任务本身的性质也是提取的一个影响因素。回忆（recall）是一项记忆任务，在这项任务中，个人必须提取先前学习的信息，例如学生必须完成填空题或论述题。再认（recognition）也是一种记忆任务，在这种任务中，个人只需识别（认出）所学的信息，单项选择题便是这种任务。许多学生喜欢单项选择题，因为它们提供了很好的信息提取线索，而填空题和论述题则没有。

遗忘   有一种遗忘的形式涉及我们刚刚讨论过的线索。**线索依赖性遗忘**（cue-dependent forgetting）是由于缺乏有效的提取线索而导致的信息提取失败。线索性遗忘的概念可以解释为什么一个学生即使确信自己"知道"某个信息，却可能无法在考试时提取出来。例如，如果你正在备考教育心理学这门课程，有道题问的是回忆和再认在信息提取中的区别，如果你拥有"填空"和"单项选择"这两个线索，那么你就能够更好地记住这两个概念之间的区别。

线索依赖性遗忘的原理与**干扰理论**（interference theory）是一致的，干扰理论认为之所以会发生遗忘，并不是因为从存储中丢失了记忆，而是因为在尝试记忆的过程中存在其他信息的干扰。如果一个学生先是准备生物考试，之后又准备历史考试，然后去参加生物考试，那么有关历史课的信息就会干扰对生物知识的记忆。因此，干扰理论暗示，如果你需要复习备考多门考试，你应该最后复习你马上要参加的考试科目。也就是说，参加生物考试的学生如果先学历史，再复习生物学，就会取得比较理想的效果。这一策略同样符合我们之前讨论过的近因效应。

遗忘的另一个原因是记忆衰退。根据**衰退理论**（decay theory），新的学习涉及一种神经化学的"记忆痕迹"的产生，而这一记忆痕迹最终会消失。因此，衰退理论认为时间的流逝是遗忘的原因。

记忆以不同的速度衰退。有些记忆是鲜活的，能够长期保留，特别是那些涉及情感联系的记忆。我们常常能够以相当准确和生动的形象记住这些"闪光灯"的记忆。例如，回想你曾经经历或亲眼看见的一场车祸、高中毕业的那天夜晚、初恋的滋味，还有何时何地听到世贸大厦被摧毁的消息。很有可能，在事件发生多年后，你依然能够从记忆中提取这些信息。

最近，我询问了老师们如何帮助学生提升记忆能力，以下是他们的回复：

幼儿园   重复经常有助于学龄前儿童的记忆。例如，作为每周的主题，我们关注这周的一个字母。幼儿被要求在一周内写同一个字母。他们也会听到与该字母有关的故事，并被要求带一些以该周所学字母为开头的东西来进行"展示和介绍"。

—— 米西·丹格勒，市郊山丘学校

（Missy Dangler, Suburban Hills School）

线索依赖性遗忘：由于缺乏有效的提取线索而导致的信息提取失败。

干扰理论：该理论认为之所以会发生遗忘，并不是因为从存储中丢失了记忆，而是因为在尝试记忆的过程中存在其他信息的干扰。

衰退理论：该理论认为新的学习涉及一种神经化学的"记忆痕迹"的产生，而这一记忆痕迹最终会消失。因此，衰退理论认为时间的流逝是遗忘的原因。

小学 有一个策略对我的学生很有效，那就是玩智力竞赛游戏《危险边缘》，包括诸如数学、语法、科学、社会科学和名人故事等主题都可以使用这个游戏来学习。这个游戏让他们保持兴奋并专注于这些主题。回答正确学生们会得到加分，他们可以用这些积分换取某些课堂的特殊待遇。

——克雷格·詹森，库珀山小学

（Craig Jensen, Cooper Mountain Elementary School）

初中 我使用自我测试来帮助我的七年级学生提高记忆力。根据课堂上记的笔记，学生们创建自己的小测试。测试问题在纸的这一面，答案在另一面。当他们学习时，他们看到的是问题，而不是答案。这种方法不仅有助于学生记忆，而且有助于消除许多学生的考试焦虑，因为他们在上课时就知道考试是什么样子的。

——马克·福德尼斯，贝米吉初中

（Mark Fodness, Bemidji Middle School）

高中 我发现记忆术（mnemonic devices）、可爱儿歌（silly little rhymes）和舞蹈在帮助学生记忆信息时效果最好。令人惊讶的是，尽管这听起来有点傻，但我的高中学生仍然记得使用这些方法的信息。

——珍妮弗·海特尔，布莱曼高中

（Jennifer Heiter, Bremen High School）

连线学生：最佳实践
帮助学生提高记忆力的策略

与注意力相同，当教师与学生一起努力以提升他们的记忆力时，学生就会有所受益。以下是一些教师可以用来提高学生记忆技能的有效策略：

1. 鼓励学生通过理解记忆材料，而不是死记硬背。如果学生能够理解信息，而不是仅仅复述和背诵信息，那么他们能在长时间内更好地记住该信息。复述对于将信息编码到短时记忆中很有效，但当学生需要从长时记忆中提取信息时，它的效率就低得多了。对于大多数信息来说，我们应该鼓励学生理解它，赋予它一定的意义，对该信息进行精细加工，并使信息个人化。给学生们提供需要记住的概念和想法，然后询问他们如何将这些概念与他们自身经历和意义联系起来。让他们练习对概念进行精细加工，这样他们就能更深入地加工信息。

2. 以不同方式重复教学信息，并尽早且频繁地建立连接。记忆发展研究专家帕特里夏·鲍尔（Patricia Bauer, 2009）建议通过两种方法来改善学生对所学信息的巩固和再巩固：提供课程主题的多种变化以增加记忆存储中的联想数量，连接以扩展记忆存储中的联想网络。这两种策略都扩展了从记忆存储中提取信息的路径。

3. 帮助学生组织他们将要记忆的内容。如果学生分层组织信息，他们就能更好地记住信息。让学生练习整理和重新加工需要一些结构化的材料。

4. 教授记忆策略。记忆术是用于记忆信息的辅助工具。记忆策略可以涉及图像和文字（Homa, 2008）。不同种类的记忆术包括：

  · 位置记忆法。在位置记忆法中，学生想象需要记住的物品的图像，并将这些图像储存在熟悉的地点。房屋里的房间和街上的商店是该记忆策略中常用的位置。在"教师视角"中，罗斯玛丽·摩尔（Rosemary Moore）老师描述了拼写单词教学的类似理念。

  · 韵律记忆法。使用韵律记忆法的例子有：拼写规则，"i 在 e 之前，如果前面是 c 则例外"；月份规则，"一个月是 30 天的月份有 4 月、6 月、9 月和 11 月"；螺栓转动规则，"右紧左松"；以及字母歌。

  · 首字母缩写记忆法。这种方法是根据要记的单词的第一个字母来拼成一个新单词。例如，HOMES 可以作为记住北美五大湖的线索：休伦湖（Huron）、安大略湖（Ontario）、密歇根湖（Michigan）、伊利湖（Erie）和苏必利尔湖（Superior）。

  · 关键词记忆法。另一种涉及图像的记忆策略是关键词记忆法，即把鲜明的图像附在关键词上。这种方法在教授学生如何快速掌握新信息方面具有实践价值，如学习外语词汇、美国各州及其首府、美国总统名字等。

教师视角
用心灵的眼睛看文字

　　许多学生很容易就能记住单词是如何拼写的，但也有一些学生很难做到。我想尽可能多地帮助这些学生，因此我会把拼写的单词写在索引卡上，然后随意地把它们放在不同的位置（教室墙上、桌子上、储物柜上）。一整周我们都在做拼写作业、练习和游戏，当学生们遇到困难时就可以去这些地方查看索引卡做参考。在周五考试前，索引卡被取了下来，但当我说出某个单词让学生们拼写时，我注意到学生们的目光都转向了原来显示该单词的地方。我相信他们是在自己的"心灵的眼睛"里看到这个词的。我的学生们的拼写成绩得到了大幅提高。

5. 在对学生进行教学时嵌入与记忆相关的语言。不同教师在使用与记忆相关的语言鼓励学生记忆信息的程度上有很大差异。在最近的研究中，彼得·翁斯坦（Peter Ornstein）及其同事（Ornstein, Coffman, & Grammer, 2007; Ornstein & others, 2010）在课堂上对一些一年级教师进行了大量的观察发现，在观察的时间段内教师很少使用策略建议或元认知（对认知的认知）问题。在这项研究中，当成绩较差的学生被安排在那些经常在教学中嵌入记忆相关信息的、被归类为"高记忆能力教师"的教室里时，他们的成绩有所提高（Ornstein, Coffman, & Grammer, 2007）。

6. 指导学生使用分散式练习，该练习需要创建一个练习时间表，将学习活动分散到不同的时间。学生们倾向于将大部分的内容学习推迟到考试前才开始。虽然填鸭式学习总比不学习好，但学生们可以通过分散学习内容来更好地应对考试（Dunlosky & others, 2013）。

7. 给学生提供测验练习，鼓励他们给自己进行测试。测验练习可以包括让学生问自己关于学习内容的问题，看看他们能否回答出来，让学生回答教科书每一章末尾的问题或测验题，以及让学生们做教师出的测验练习或从课本的电子补充资料中提取出来的测验练习（Dunlosky & others, 2013）。

8. 鼓励学生对自己进行详尽提问（elaborative interrogation），其中包括尝试对为什么某些事实或信息是准确或真实的做出解释（Dunlosky & others, 2013）。在进行学习和研究时，学生会从问他们自己"为什么？"中有所获益。在最近的一篇研究综述中，约翰·邓洛斯基（John Dunlosky）及其同事（2013）发现，分散式练习和测验练习在帮助学生学习和记忆信息方面具有很好的作用。他们还发现，详尽提问具有适度的效用，有利于学生的学习和记忆。这篇研究综述表示，高亮和下划线、总结、重读、关键词记忆法，以及使用图像法来学习课文的效用较低。

复习、思考和练习

学习目标3：从编码、存储和提取的角度探讨记忆。

复习

· 记忆是什么？记忆发挥作用的必要因素是什么？

· 这五个过程——复述、深度加工、精细加工、构建图像和组织——是如何在编码中发挥作用的？

· 记忆的三阶段是什么？长时记忆的内容是如何描述的？关于这些长时内容如何在记忆中表征的三种理论是什么？是什么使记忆更容易或更难被提取？有哪些理论是关于我们为什么会遗忘的？

思考

· 在我们关于记忆的讨论中，哪些原理和策略可能对你计划执教的科目和年级有用？

PRAXIS™ 练习

1. 娜塔莉在一个生日聚会上玩一个叫"记忆"的游戏。房间里放一个有盖的托盘，盖子下面放有15个物品。然后盖子被移开，孩子们有30秒的时间来记住这些物品。接下来他们会写下他们所记住的物品。记住最多物品的孩子赢得游戏。娜塔莉注意到其中有五个是与头发有关的物品——梳子、刷子、洗发水、发夹和头绳，她注意到另外五个物品是学习用品——铅笔、圆珠笔、尺子、马克笔和固体胶。最后的五件物品似乎是随机的。娜塔莉记住那些她能归类的物品没有问题但她只记得其他物品中的两个。娜塔莉使用的是什么记忆策略？

   A. 组块
   B. 构建图像
   C. 精细加工
   D. 复述

2. 为了测试学生的记忆能力，沃特金斯先生给学生们读了一些无意义的单词，并要求他们尽可能多地回忆出这些单词。维罗妮卡可以回忆起五个单词。如果她的表现与她的年龄相符，那么维罗妮卡最有可能是几岁？

   A. 4
   B. 7
   C. 12
   D. 17

3. 当被要求详细描述如何制作一个花生酱加果冻的三明治时，玛利亚跳过了几个步骤。当被要求做一个三明治时，玛利亚却做得完美无缺。为什么尽管玛利亚知道如何制作三明治，但她却不能详细描述制作过程？

   A. 将程序性记忆转化为言语是很困难的
   B. 玛利亚没有把这个过程编码到长时记忆中
   C. 很难将情景记忆转化为语义记忆
   D. 玛利亚的情景记忆是有问题的

4. 麦迪逊先生希望他的学生知道美国所有州的名字。为了帮助学生们记忆，他教给他们一首歌曲，在这首歌中每个州的名字都是按字母顺序唱的。他的大多数学生都能比较容易地学会这首歌。当麦迪逊先生给学生测验，要求他们写下每个州的名字时，他们甚至会唱这首歌给自己听。然而，当麦迪逊先生给学生们空白的美国地图，让他们填上州名时，学生们不能成功地完成这个任务。为什么他们能够记住各州的名字，却不能记住它们的位置？
A. 记忆术，如麦迪逊先生教给学生的那首歌，对于记忆材料是无效的
B. 记忆术，如麦迪逊先生教给学生的那首歌，增加了线索依赖性遗忘的可能性
C. 记忆术，如麦迪逊先生教给学生的那首歌，增加了系列位置效应
D. 记忆术，如麦迪逊先生教给学生的那首歌，涉及死记硬背，不能推广到其他的记忆任务中

请参看书末的答案……

学习目标4：从专家的思维方式中总结出一些学习经验。

4 专业能力

在上一节中，我们对记忆的多个方面进行了讨论。我们对某一主题新信息的记忆能力，在很大程度上取决于我们对该主题的了解程度。例如，一个学生讲述她在图书馆所看到的东西的能力，在很大程度上是由她对图书馆的了解所决定的，比如某些主题的书可能放在哪里以及如何借书。如果她对图书馆知之甚少，那么她就很难描述那里的情况。

当我们比较某一特定知识领域的专家和新手的记忆时，先验内容知识对我们记忆新材料能力的贡献尤其明显（Ericsson, 2014; Ericsson & others, 2016; Gong, Ericsson, & Moxley, 2015）。专家和新手（刚开始学习某一内容领域的人）正好相反。专家在他们的专业领域表现出特别令人印象深刻的记忆力（Baer, 2015）。儿童的记忆比成年人差的一个原因是，儿童在大多数领域都是新手。

专业能力和学习

研究专家的行为和心理过程可以让我们了解如何引导学生成为更高效的学习者（Cianciolo & Sternberg, 2016; Neumann, & Lotze, Eickhoff, 2016）。专家究竟是如何记忆和学习的？根据美国国家研究委员会（National Research Council, 1999）的研究，专家在下述方面优于新手：

· 觉察结构的特征和有意义的模式。

·积累更多的内容知识，并以利于理解该主题的方式组织知识。

·顺畅提取知识的重要方面。

·调整方法以适应新情况。

·使用有效的策略。

在本节中，我们将讨论多种方法，使你能够帮助学生学习和应用专家们轻松使用的那些技能。

觉察结构的特征和有意义的模式　专家更善于注意到新手可能会忽略的问题和环境的重要特征（Bransford & others, 2006）。因此，在学习情景中，专家的注意力优势使得他们在一开始就比新手处在更有利的水平之上。专家对自己所属专业领域的信息也有着卓越的记忆力。我们之前讨论的组块加工，就是他们能够拥有出色记忆力的方法之一。例如，"国际象棋大师能够感知有意义的信息组块，从而影响他们对所见事物的记忆……由于缺乏该领域层级性的、高度条理性的结构，新手无法应用组块策略"（National Research Council, 1999）。

在儿童拥有知识和胜任力的领域，他们的记忆力往往非常好。事实上，对于某个内容领域，在成年人为新手的情况下，儿童专家经常会超越成年人。这一结果在以一些年仅10岁的国际象棋专家为对象的研究中得到了证实（Chi, 1978）。这些儿童是出类拔萃的棋手，但在其他方面不是特别突出。和大多数10岁的儿童一样，他们对数字的记忆广度比成年人要短。然而，他们对国际象棋棋盘上棋子布局的记忆要比那些初学国际象棋的大学生好得多。

专家教师能够识别新手教师没有注意到的特征和模式（National Research Council, 1999）。例如，在一项研究中，专家教师和新手教师对课堂教学录像中的事件有着非常不同的理解，录像是通过三个屏幕同时显示整个教室发生的事情（左、中、右区域）（Sabers, Cushing, & Berliner, 1991）。一位专家教师说："在左边的显示器上，学生的笔记情况表明他们以前见过类似的作业纸；此时的教学就比较有效，因为他们已经习惯了正在使用的格式。"一位新手教师则很少回应："要看的东西太多了。"

知识的组织和深度　与新手相比，专家的知识是围绕重要的观点或概念加以组织的（National Research Council, 1999）。这使得专家能够比新手对知识有着更为深刻的理解（Bransford & others, 2006）。

某一特定领域的专家通常比新手拥有更加精细复杂的信息网络（参见图8-7）。他们在记忆中表征的信息有更多的节点、更多的连接以及更好的层级组织。

这对教学的启示是，很多课程的设计方式往往使学生难以用有意义的方式组织知识。当课堂上只是对事实进行肤浅陈述就转向下一个主题时，就会发生这种情况。在这种情况下，学生几乎没有时间深入探索该主题、系统化并了解哪些观点是重要的。

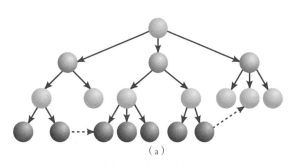

图 8-7　专家和新手如何组织信息的例子

（a）专家的知识是建立在多年经验的基础上的，其中的小块信息与许多其他小块信息联系在一起，这些小块信息加在一起被放在一个更一般的类别中。这个范畴又被置于一个更一般的知识范畴中。虚线是一种指示器，用于连接较低分支的特定知识，并在专家的大脑中提供心理捷径。
（b）新手的知识与专家的知识相比联系、捷径和层级更少。

这种肤浅的陈述可能出现在任何学科领域，但在强调事实的历史和自然科学课本中尤为常见（National Research Council, 1999）。

顺畅提取　相关信息的提取有时可能需要极大的努力，有时却顺畅而毫不费力。专家提取信息时非常容易，几乎是自动化的，而新手则颇为吃力（Ericsson & Moxley, 2013）。

毫不费力的提取对有意识的注意的要求较低。由于学生在同一时间能处理的信息量是有限的，所以如果任务某些方面的信息加工比较轻松容易，就能够释放出心理资源，让学生有更多资源处理任务的其他方面。

考虑一下专家级阅读者和新手阅读者之间的区别。专家级阅读者可以快速浏览句子和段落中的单词，这使他们能够集中精力去理解他们所读的内容。然而，新手阅读者还不能熟练地解读文字，因此他们必须在这个任务上投入相当多的注意力和时间，这就限制了他们对于篇章的理解。教学的一个重要方面就是帮助学生培养有效完成认知任务的顺畅性。

适应性专业能力　专业能力的一个重要方面是"是否某些组织知识的方式能够更有效地"帮助人们"灵活变通地适应新情况"（National Research Council, 1999）。适应性强的专家能够灵活地处理新情况，而不是总以僵化、固定的常规方式做出反应（Ericsson, 2014）。《为不断变化的世界培养教师》（Darling-Hammond & Bransford, 2005）一书中，一个重要主题是"帮助教师成为'适应性专家'，为有效的终身学习做好准备，使他们能够不断增加知识和提升技能"。因此，具有适应性专业能力特点的教师具有灵活性和开放性，可以重新思考重要的想法和实践，以提高学生的学习能力。

事实上，创新和效率是一个适应性专业能力模型的两个主要维度（Bransford & others, 2006）。以效率（efficiency）为特征的专家，能够快速提取信息，并熟练运用信息来解释事物或解决问题；以创新（innovation）为特征的专家能够抛开效率，至少在短期内是这样，并且忘掉先前的惯常做法。当个体"放飞"并重新思考他们做事的常规方式时，创新就产生了。

在这个模型中，适应性专家在效率和创新之间取得了平衡（Bransford & others,

2006）。例如，当教师指导学生快速完成数学计算时，效率就在起作用，但当学生面对新的数学问题时，这种效率可能会限制他们的能力。当以效率为导向的教师为了理解和应用而调整教学内容时，创新就发生了。他所教授的新技能，可能会在学生遇到新的数学问题时增强他们的胜任力。

适应性专家乐于向他人学习。当学习涉及使教师惯常方式和练习更加有效时，这可能并不困难。然而，正如上文刚刚指出的，适应性专业能力还包括需要时不时替换或改变之前的常规方式和实践的创新，这并不容易做到。如果你向其他有能力的教师寻求反馈，即使他们的教学方法和你的并不相同，你的教学也可能从中受益。当你与能够向你提供反馈的其他教师一同观看你的教学录像，或者邀请一位同事到课堂上来观看你的教学时，这种情况就有可能发生。

总之，适应性的专业能力是成为一名优秀教师的关键。最有可能引导学生达到更高的学习和成就水平的教师们拥有丰富的知识，并且为了满足不同学生的不同需求，他们善于调整不同的方法、实践活动和策略。

策略　专家使用有效的策略来理解他们专业领域的信息，并推动其发展（Ericsson & others, 2016; Gong, Ericsson, & Moxley, 2015）。本章内容的前半部分已经对学生可以使用的一些记忆策略进行了描述，后面的内容将在有关元认知的讨论中，进一步研究这些策略。

帕特里夏·亚历山大（Patricia Alexander, 2003）使用适应（acclimation）这个词来描述某一特定领域（如英语、生物学或数学）专业能力的初始阶段。在这一阶段，学生的能力受到其有限且零散的知识的限制，而无法察觉准确与不准确、相关与无关之间的区别。为了帮助学生跨越适应阶段，教师需要引导学生确定哪些内容是核心内容，哪些是次要内容，以及哪些内容是准确的、得到充分支持的，哪些内容是不准确的、没有得到支持的。在亚历山大（Alexander, 2003）的观点中，学生们来到课堂，并不具备跨越适应阶段的策略。教师必须帮助学生学习有效的策略，并在相关的情境中进行练习，从而让学生体会到它们的价值。此外，教师还需要鼓励学生去改变和结合策略来解决当前的问题。

拓展和巩固学习　教师与学生谈论定期复习所学知识的重要性对学生的学习是有益的。那些不得不备考的学生将受益于把学习时间分散到较长时间中去，而不是在最后一刻临时抱佛脚。临阵磨枪式的学习倾向于产生短时记忆，这种记忆是以浅层而非深层的方式进行加工的。临考前集中一段时间的准备比最后一刻填鸭式的学习效果更佳。

自我提问　当儿童询问自己读过哪些内容或参加了什么活动时，他们就扩大了与那些需要提取的信息之间的联系。至少早在小学中期，自我提问策略就能帮助儿童记忆。例如，可以鼓励正在阅读的儿童不时停下来问自己一些问题，比如"我刚刚读的内容是什么意思？""为什么这很重要？"以及"我刚才读到的概念的例子是什么？"。学生在听你讲课、听嘉宾演讲或观看视频时，也可以采用相同的自我提问策略。如果你不时提醒学生就自己的经历进行自我提问，他们就更有可能记住这些经历。

做好笔记　做好讲座笔记或课文笔记均有助于学习（Halonen & Santrock, 2013）。儿童在没有任何策略指导的情况下，所做的笔记往往是简短而杂乱无章的。他们通常会把他们听到的内容一字不差地写下来。让学生练习做笔记，然后评价他们的笔记。鼓励儿童在记笔记的时候不要把所有听到的内容都写下来。无论如何，一字不差地记录所有内容是不可能的，而且这样做也会妨碍他们对演讲者所讲内容有更全面的了解。下面是一些很好的记笔记的策略：

· 总结。让儿童听几分钟，然后写下演讲者在这段时间内试图传达的主要观点。然后让儿童再听几分钟，再次写下主要观点，诸如此类。

· 概括提纲。向儿童展示如何概括出说话者所表达内容的提纲，将主题作为一级标题，将一级标题下的副主题作为二级标题，将二体标题下的次主题作为三级标题。

· 使用概念图。帮助儿童练习画概念图，概念图类似于提纲，但概念图以一种更像蜘蛛状的视觉形式直观地描绘信息（参见"复杂的认知过程"一章）。

到目前为止所描述的三种记笔记的策略——总结、概括提纲和使用概念图——都能帮助儿童评估哪些是最重要的、需要记住的观点。提纲和概念图也可以帮助儿童对学习材料进行层次安排，这就强调了学习中的一个重要主题：有组织的学习效果最好。

使用学习系统　为了帮助人们记忆从书本中学到的信息，已经有各种各样的系统被开发出来。最早的系统之一是SQ3R，代表着：Survey（纵览），Question（提问），Read（细读），Recite（背诵）和Review（复习）。近期开发的一个系统叫作PQ4R，代表着Preview（预览），Question（提问），Read（阅读），Reflect（思考），Recite（背诵）和Review（复习）。因此，PQ4R系统在SQ3R系统的基础上增加了一个额外的步骤"思考"。从小学高年级开始，学生就可以通过练习PQ4R系统而获益。该系统通过让学生有意义地组织信息、针对信息提出问题、对信息进行思考和复习而从中获益。以下是关于PQ4R系统中各个步骤的更多细节：

· 预览。让学生简要浏览一下材料，以了解书中观点的整体结构；阅读标题，以了解将要涉及的主题和次要主题。

· 提问。鼓励儿童在阅读时就学习材料自我提问。

· 阅读。现在让儿童去阅读材料。鼓励学生成为积极主动的阅读者——让他们沉浸在所阅读的内容中，并努力领会作者的意思。这有助于避免学生在阅读时头脑空空，只是眼睛在字里行间扫过，但脑海中并未记住任何重要的内容。

·思考。不时停下来思考阅读的内容能够增强学生们对材料的理解。此时，鼓励学生们在学习中学会分析。在学生读过一部分内容之后，让他们挑战打开思路，对材料进行深层分析。这是一个很好的时机，可以让学生们思考信息的应用和解释，并将其与自己长时记忆中已有的信息联系起来。

·背诵。背诵即儿童的自我测试，以了解他们是否能记住材料并把它重构出来。此时鼓励儿童就阅读材料自行提出一系列问题，然后试着回答它们。

·复习。要求学生复习学习材料，评估他们知道的和不知道的内容。此时，学生应该重读和学习他们不记得或理解不透彻的地方。

为了评估你使用良好记忆和学习策略的程度，请完成自我评估 1。

自我评估 1
我的记忆和学习策略有多有效?

如果教师自己使用较好的记忆和学习策略，他们比不采用这些策略的教师更有可能为学生示范和传授这些方法。诚实地回答这些关于你自己的记忆和学习策略的问题。对自己进行 1~5 的评分：1=从不，2=有时，3=经常，4= 几乎，5= 总是。然后计算你的分数。

	1	2	3	4	5

1. 我擅长管理时间和做出规划。
2. 我擅长集中注意力，尽量减少干扰。
3. 我努力理解学习材料，而不是死记硬背。
4. 我就自己所读的内容或课堂活动进行自我提问。
5. 我的课堂笔记和课本笔记都记得很好。
6. 我定期复习我的笔记。
7. 我使用记忆策略。
8. 我编码信息的方式很有条理。
9. 我分散学习来巩固自己的学习。
10. 我使用很好的提取线索。
11. 我使用 PQ4R 方法或类似的学习方法。

得分和解释

如果你的总分是 50~55 分，你可能使用了良好的记忆和学习策略；如果你的总分是 45~49 分，你可能有一些较好的记忆和学习策略；如果你的分数低于 45 分，那就花点时间来提高你的记忆和学习策略。

如果你想了解更多关于有效记忆和学习策略的知识，可以参考书籍《大学成功指南》(*Your Guide to College Success*, Santrock & Halonen, 2009)。同时，为了获得更多发展良好记忆和学习策略的经验，联系你所在学院或大学的学习技能中心，那里的专家应该能够帮助你。

获取专业能力

是什么决定了一个人能否成为专家？动力和练习能使一个人达到专家水平吗？掌握专业能力也需要极高的天分吗？

练习和动力　一种观点认为，要想成为专家，就需要进行一种特殊的练习——刻意练习（deliberate practice）。刻意练习包括：适合个体难度水平的练习，提供纠正性反馈，并允许有重复的机会（Ericsson, 2014）。

在一项以音乐学院小提琴手为被试的研究中，学生在刻意练习中时间投入的程度区分了新手和专家（Ericsson, Krampe, & Tesch-Romer, 1993）。到 18 岁时，顶尖的小提琴手平均要进行 7500 个小时的刻意练习，而水平尚可的小提琴手则只有 5300 个小时。许多人放弃成为一名专家，因为他们不愿付出所需的努力，在数年的时间里进行大量的刻意练习。

这种大量练习需要相当大的动力。没有动力进行长时间练习的学生不太可能成为某一特定领域的专家。例如，一个抱怨所有的作业、不能坚持，也没有持续多年进行大量数学题练习的学生，是不会成为数学专家的。

天赋　一些研究专业能力的心理学家强调，专业能力不仅需要刻意练习和动力，还需要天赋（Hunt, 2006; Sternberg & Sternberg, 2016）。

许多能力似乎都有先天遗传因素，比如音乐和体育能力（Santos & others, 2016; Seesjarvi & others, 2016）。例如，莫扎特能成为如此杰出的作曲家，仅仅是因为他长时间的刻苦练习吗？勒布朗·詹姆斯（LeBron James）有可能仅仅因为他有动力，就成为如此出色的篮球运动员吗？许多有才华的人都曾梦想成为像莫扎特或詹姆斯那样杰出的人，但都因表现平庸而选择了放弃。显然，遗传因素非常重要。尽管如此，如果莫扎特和詹姆斯没有强大的动力和大量的刻意练习，就不可能在他们的领域发展出专业能力。只有天赋并不能成为专家。

专业能力和教学

成为一个特定领域的专家——比如物理、历史或数学——并不意味着这名专家擅长帮助别人学习该领域的知识（Bransford & others, 2006）。事实上，"专业能力有时会损害教学，因为许多专家忘记了什么对学生来说是容易的，什么是难懂的"（National Research Council, 1999）。

教学内容知识　一些教育工作者已经对专业能力所需要的内容知识和有效教学中必要的教学内容知识进行了区分。学科教学知识（pedagogical content knowledge）包括学生在努力学习某一内容领域时所面临的常见困难，学生理解该领域所必须采取的典型途径，以及帮助学生克服他们所遇到的困难的策略。

专家型教师善于监测学生的学习，评估学生的进步。他们也知道学生可能会遇到什么类型的困难，了解学生现有的知识，并利用这种意识在正确的水平上进行教学，使新信息变得有意义。一些教育心理学家认为，由于对自己的学生缺乏专业的教学意识，业务不熟练的教师简单地根据出版的教科书材料进行教学，当然，这些材料并不包含关于课堂上学生的特殊教学需求的信息（Brophy, 2004）。

复习、思考和练习

学习目标4：从专家的思维方式中总结出一些学习经验。

复习

· 在学习过程中，专家做了什么新手没有做的事情？

· 成为一个专家需要哪些条件？

· 仅拥有学科经验是否足以成为一名好教师？还需要哪些其他条件？

思考

· 选择一个你认为自己至少是某种专家的领域，将你在该领域的学习能力与新手进行比较。

PRAXIS™ 练习

1. 本文中的案例研究旨在帮助教育心理学学生学习材料并开始发展专业知识。每个案例的第一个问题要求学生说出案例中的问题。作者很可能在每个案例中都包括了这个问题，因为他知道：

    A. 对学生来说，巩固他们的学习是很重要的

    B. 对学生来说，重要的是学会确定哪些是核心内容，哪些是边缘内容

    C. 在学习中，在效率和创新之间取得平衡是很重要的

    D. 学生在发展流畅的提取技能方面需要大量的帮助

2. 瑞安是他的足球队中最好的球员。他的教练认为他是教练的梦想球员，因为他非常努力。在最初介绍一项技能时，瑞安很少会比他的队友做得更好，但到了下一次训练时，他就已经掌握了这项技能。有一次，瑞安希望能够从角球中得分。他收集了所有他能找到的足球，然后从角落里一个接一个地踢，试图把它们踢进球门。当他踢完后，他把球收集起来，再做一次。他这样踢了一整个下午，此后每天放学后至少踢一个小时。在下一场比赛中，瑞安射进一个角球，这让他的教练感到非常惊喜。为什么瑞安发展出了足球方面的专长？

    A. 他进行了大量的刻意练习

    B. 他依靠的是与生俱来的天赋

    C. 他的教练中有一位优秀的教师

    D. 他使用了 PQ4R 方法

3. 威廉姆斯先生是一位前大学历史教授，现在在高中教授美国历史。他与学生讨论他的研究和写作，并试图通过告诉他们历史学家如何发现过去，使历史变得生动形象。经过一个月的教学，他发现学生们在课堂讨论中显得很困惑，在事实知识的测试中表现不佳。最有可能的解释是威廉姆斯先生缺乏：
   A. 内容方面的专业能力
   B. 教学内容知识
   C. 元认知
   D. 依赖线索的知识

请参看书末的答案……

学习目标 5：解释元认知的概念并提出一些改善儿童元认知的方法。

5　元认知

到目前为止，我们在本章中已经探索了多种可以帮助学生提高他们在学习过程中加工信息能力的方法，包括提高他们注意力和记忆力的方法，以及增加他们从新手到专家的可能性的策略。帮助儿童更有效地加工信息的另一种方法是，鼓励他们检验自己所知道的关于他们的大脑如何加工信息的情况（Sobel & Letourneau, 2015）。正如你在本章开头读到的，这涉及元认知（metacognition），即关于认知的认知，或"关于认识的认识"（Flavell, 2004）。元认知知识和元认知活动是有区别的。元认知知识（metacognitive knowledge）涉及对一个人当前或近期想法的监控和反思。这既包括事实性知识，如关于任务、目标或自身的知识，也包括策略性知识，比如如何以及何时使用特定程序来解决问题。元认知活动（metacognitive activity）是指学生在解决问题和有目的的思考过程中有意识地调整和管理自己的思维策略。

元认知可以帮助儿童更有效地完成许多学业任务（Lai & others, 2015）。元认知技能也被教授给学生以帮助他们解决问题（Koenig & others, 2015）。在一项研究中，30 节日常课程中的每一节都包含数学故事问题。教师指导低成就的学生学习识别自己何时不知道一个词的意思，何时没有掌握解决一个问题所需的全部信息，何时不知道如何将问题分解成具体的步骤，或是何时不知道如何进行计算（Cardelle-Elawar, 1992）。在30 节日常课程之后，接受元认知训练的学生数学成绩更好，对数学的态度也更加积极。

儿童思维专家迪安娜·库恩（Deanna Kuhn, 2009）认为，为了帮助儿童成为更好的批判思维者，应该将元认知视为工作重点，尤其是在初中和高中阶段。她区分了一级认知技能和二级认知技能，前者使儿童了解世界（这一直是批判性思维课程的重点），后者是元认知技能，包括了解对自己（和他人）的认识。

发展变化

元认知在儿童期是如何变化的？青少年期的元认知有进一步的变化吗？

儿童期　许多研究集中在儿童的元记忆，或关于记忆如何运作的知识上。在过去的几十年里，人们对儿童关于人类思维如何运作的理论产生广泛的兴趣。

元记忆　到 5、6 岁时，儿童通常知道熟悉的条目比不熟悉的更容易学习，短列表比长列表更容易学习，识别比回忆更容易，而且随着时间的推移，遗忘的可能性越来越大（Lyon & Flavell, 1993）。然而在其他方面，幼儿的元记忆是有限的。他们不明白相关的条目比不相关的更容易记住，或者记住一个故事的要点比逐字记忆更容易。在五年级的时候，学生们明白了要点回忆比逐字回忆更容易。

学龄前儿童对自己的记忆能力也有夸大的倾向。例如，在一项研究中，大多数学龄前儿童预测他们能够回忆起清单上所列的全部十项内容。经过测试，没有一个儿童能做到这一点（Flavell, Friedrichs, & Hoyt, 1970）。随着儿童进入小学阶段，他们会对自己的记忆能力做出更现实的评估（Schneider & Pressley, 1997）。

学龄前儿童也不太重视记忆线索的重要性，比如"如果你能想出一个例子就会有所帮助"。到 7、8 岁时，儿童就能更好地理解记忆线索的重要性。一般来说，儿童从小学开始对自己的记忆能力和评估记忆任务表现的能力的理解相对较差，但到了 11、12 岁时，就会有很大的改善（Bjorklund & Rosenblum, 2000）。

心理理论　即使是幼儿也会对人类心智的本质感到好奇（Hughes & Devine, 2015; Lane & others, 2016; Wellman, 2015）。他们有一种心理理论（theory of mind），指的是意识到某人自己的心理过程和其他人的心理过程。心理理论的研究将儿童视为"试图解释、预测和理解人们的想法、情感和话语的思考者"（Harris, 2006）。研究人员越来越多地发现，儿童的心理理论与认知过程和障碍有关。例如，3 岁时的心理理论与 5 岁时较高的元记忆水平有关（Lockl & Schneider, 2007）。研究人员还发现，孤独症儿童在发展心理理论方面存在困难，尤其是在理解他人的信念和情感方面（Kana & others, 2015）。最近的研究也表明，患有注意缺陷多动障碍（Mohammadzadeh & others, 2016）和特殊语言障碍（Nilsson & de Lopez, 2016）的儿童都有心理理论缺陷的问题。

儿童在儿童期的成长过程中，语言的发展可能在心理理论日益具有反思性的特性中扮演着重要的角色（Meins & others, 2013）。研究人员发现，儿童语言技能的差异可以预测他们在心理理论任务上的表现（Hughes & Devine, 2015）。

影响儿童心理理论发展的其他因素包括前额叶皮质功能的发展（Powers, Chavez, & Heatherton, 2015），参与假扮游戏（Kavanaugh, 2006），以及社会互动的各个方面（Hughes & Devine, 2015）。在促进儿童心理理论发展的社会互动因素中，包括父母参与儿童的心理状态谈话，且儿童可以安全地依恋于父母（"你的想法很好"或"你能说出

心理理论：意识到自己的心理过程和其他人的心理过程。

他在想什么吗？"）（Laranjo & others, 2010）以及拥有参与心理状态谈话的哥哥姐姐和朋友（Hughes & others, 2010）。

随着儿童经历童年期和青少年期，他们的心理理论会发生改变：

· 2~3 岁。在这个时间阶段内，儿童开始了解三种心理状态：知觉、情绪和渴望。知觉（perceptions）：儿童意识到别人看到的是别人眼前的东西，不一定是自己眼前的东西。情绪（emotions）：儿童能够区分积极情绪（如快乐）和消极情绪（如悲伤）。他可能会说："汤米感到很糟糕。"渴望（desires）：儿童明白如果有人想要某样东西，他或她会努力去得到它。儿童可能会说："我想要我的妈妈。"与思考、知晓和信念等认知状态相比，儿童会更早更频繁地提及渴望（Rakoczy, Warneken, & Tomasello, 2007）。2~3 岁的儿童理解渴望与行为和简单情绪之间相互关联的方式（Harris, 2006）。例如，他们知道人们会找寻他们想要的东西，如果他们得到了想要的东西，他们可能会感到高兴，但如果他们没有得到想要的东西，他们会继续寻找，但很可能会因此感到悲伤或愤怒。

· 4~5 岁。儿童逐渐明白，头脑能够准确地或不准确地表征物体和事件。大多数人在 5 岁的时候就发展出了对错误信念（false beliefs）的认识——不是真实事实的信念（Wellman, Cross, & Watson, 2001）。在一项有关错误信念的研究中，研究者向儿童展示了一个创可贴盒子，并询问他们盒子里有什么。令儿童吃惊的是，盒子里居然装的是铅笔。当一个没见过这个盒子的儿童被问及认为盒子里面装的是什么时，3 岁的儿童通常会回答"铅笔"。然而，那些 4~5 岁的儿童会因预感到其他没有看到盒子里东西的儿童的错误信念而发笑，他们更有可能说"创可贴"。儿童对思维的理解在童年早期存在一定的局限性（Bianco, Lecce, & Banerjee, 2016）。他们常常低估了心理活动有可能发生的时刻。例如，他们不会把心理活动联系到一个安静地坐着的人、看书的人或在说话的人（Flavell, Green, & Flavell, 1995）。

· 童年中后期。只有过了幼儿期，儿童才会加深对心智本身的理解，而不仅仅加深对心理状态的理解（Wellman, 2011, 2015）。直到童年中后期，儿童才把心智看作积极的知识构建者或加工中心（Flavell, Green, & Flavell, 1998）。在童年中后期，儿童从理解信念可能是错误的，转变为理解信念和心智是"可解释的"，意识到同一事件可以有多种解释（Carpendale & Chandler, 1996）。

· 青少年期。元认知的重要变化也发生在青少年期（Kuhn, 2009）。与儿童相比，青少年监控和管理认知资源以有效满足学习任务需求的能力有所增强。这种元认知能力的增强会导致更有效的认知功能和学习。

青少年（通过提高加工速度、能力和自主性）比儿童拥有更多的可利用资源，而且他们更善于指挥调配这些资源。此外，青少年对策略有更好的元水平理解——也就是说，他们知道在完成学习任务时如何使用最佳策略以及何时使用它（Kuhn, 2009）。接下来，我们将探讨一个模型，该模型高度重视学生使用策略作为提高学校成绩的有效途径。

良好的信息加工模型

迈克尔·普雷斯利（Michael Pressley）及其同事（Pressley, Borkowski, & Schneider, 1989; Schneider & Pressley, 1997）开发了一个元认知模型，称为良好的信息加工模型（good information-processing model）。该模型强调深入有效的认知源自许多相互作用的因素。这些因素包括策略、内容知识、动力和元认知。他们认为，儿童认知能力的提高主要有三个步骤：

1. 父母或教师教儿童使用一种特定的策略。通过练习，他们会了解这种策略在学习特定知识（specific knowledge）方面的特点和优势。家庭和学校对儿童的智力激发程度越高，他们接触和学会使用的特定策略就越多。

2. 教师可以在某一特定领域（如数学）中，展示多种策略之间的相似与不同之处，促使学生看到不同策略的共同特点。这将形成更好的关系知识（relational knowledge）。

3. 此时，学生认识到使用策略的一般好处，由此形成一般的策略知识。他们学会将成功的学习结果归因于他们在评估、选择和监控策略使用（元认知知识和元认知活动）方面所做的努力。

策略与元认知调节

在普雷斯利和他的同事们看来（Pressley, 1983, 2007; Pressley & Harris, 2006; Pressley & Hilden, 2006），教育的关键是帮助学生掌握大量的策略以便解决问题。优秀的思考者经常使用策略和有效的计划来解决问题。同时，他们也知道应在何时何地使用策略（关于策略的元认知知识）。对应在何时何地使用策略的理解，通常来自学习者对学习情况的监控。

普雷斯利和他的同事们认为，当给予学生们有效策略的指导时，他们通常能够应用自己以前没有使用过的策略。他们强调，如果教师对适当的策略进行示范，并清楚地叙述策略步骤时，学生们就会受益。随后，学生在教师反馈的指导和支持下练习该策略，直到学生能够自主使用策略。在指导学生如何使用策略时，向他们解释使用这种策略有什么好处也是一个好主意。然而，这种方法有一些发展上的限制。例如，幼儿尚不具备熟练地使用心理意象的能力。

仅仅让学生练习新策略通常不足以让他们继续使用该策略并迁移到新的情境中。为了有效地持续使用和迁移，应鼓励学生通过比较自己在考试和其他评测中的表现来监测新旧策略的有效性（Harris & others, 2008）。普雷斯利称，仅仅说"试一试，你会喜欢的"是不够的；相反，你应该说"试一试，比较一下"。

元认知的一个重要方面是监测自己在任务上的表现如何（Fiorella & Mayer, 2015）。这可能包括意识到自己没有为考试做好足够的准备，或者需要重读一章的特定部分，以便更好地理解它们。错误监测是常见的问题，例如，小学生通常认为他们对考试的准备比实际情况更好，认为他们对课文的理解比实际情况更好。一种策略是鼓励那些错误监测的学生创建模拟测试来完整评估他们的理解程度。

学习如何有效地使用策略通常需要时间。最初，学习执行这些策略需要一定的时间，也需要教师的指导和支持。通过练习，学生学会更快更好地执行策略。练习意味着学生反复地使用有效的策略，直到他们自动地去执行这些策略。为了有效地执行这些策略，他们需要将这些策略保存在长时记忆中，而大量的练习使之成为可能。同时还需要激发学习者使用这些策略的动力。因此，对于帮助学生发展诸如"组织"等策略的一个重要意义是，一旦学会了某个策略，学生通常需要更多的时间才能有效地使用它。此外，教师应当意识到，学生可能会放弃一种有效的策略，或者继续使用一种对其没有帮助的策略。

儿童在记忆和解决问题时是使用单一策略还是多种策略？他们经常使用一种以上的策略。大多数儿童都获益于掌握各种替代策略，对一个问题尝试不同的解决方法，并且发现在何时、何地用何种方法效果最好。尽管一些认知心理学家认为，即使是年幼的儿童也应该被鼓励去练习不同的策略，但对于小学中年级以上的儿童来说尤其如此（Siegler, 2016a, b）。

普雷斯利和他的同事（Pressley & others, 2001, 2003, 2004）花费了大量时间来观察教师在中小学课堂中的策略指导以及学生对策略的使用。他们得出的结论是，教师对策略的教学，远远没有达到学生学习如何有效使用策略所需要的完整和深入。他们认为教育需要进行重组，以便为学生提供更多的机会，让他们成为合格的策略学习者。

关于策略的最后一点是，许多策略依赖先前的知识。例如，学生不能将组织策略应用到一个条目列表中，除非他们知道条目的正确类别。先前的知识在策略使用中的重要性在我们之前讨论的"专家比新手更有效地使用策略"中已有体现。

连线学生：最佳实践
帮助学生使用策略的指南

以下是教师引导学生发展和使用策略的一些有效方法（Pressley, 1983, 2007; Pressley & McCormick, 2007）：

1. 认识到策略是解决问题的一个关键方面。监控学生对策略的了解和认识，以取得有效的学习成果。许多学生没有使用好的策略，也没有意识到策略可以帮助他们学习。此外，在学生学会一种策略之后，他们往往会减少使用该策略，在此过程中会丢失重要的组成部分。因此，确保监控那些以降低策略有效性的方式修改策略的学生。

2. 为学生示范有效的策略。

3. 给学生练习策略的机会。当学生练习策略时为学生提供指导和支持。不断给他们反馈，直到他们能够独立使用这些策略。作为反馈的一部分，应告诉他们这些策略在何时何地最有用。

4. 鼓励学生监控新策略的有效性，并与旧策略的效果进行比较。

5. 请记住，学生需要相当长的时间来学习如何使用有效的策略。在枯燥的学习过程中，要有耐心，给予学生持续的支持。不断鼓励学生反复使用该策略，直到他们能够自主使用。

6. 理解学生需要被激励去使用这些策略。学生并不总是会有动力去使用这些策略。对于学生的动力来说，特别重要的是他们对策略会带来成功学习效果的期望。如果学生设定了学习有效策略的目标也会有一定的帮助。而且，当学生将他们的学习成果归功于他们的努力时，也会促进他们的学习。"动机、教学和学习"这一章提供了许多指导学生变得更有动力的建议，你可以将其与帮助学生变得有动力使用策略联系起来。

7. 鼓励儿童使用多种策略。了解到某些策略在何时何地效果最佳，大多数儿童都能从试验多种策略中获益。

8. 阅读更多关于策略指导的内容。有两个很好的资源：《读写教学的最佳实践》（*Best Practices in Literacy Instruction*, Gambrell, Morrow, & Pressley, 2007）以及迈克尔·普雷斯利和凯伦·哈里斯（Michael Pressley& Karen Harris，2006）撰写的文章《认知策略教学：从基础研究到课堂教学》，两者均包括许多关于如何改善儿童对策略使用的有益想法。特别好的在线资源是（1）http://iris.peabody.vanderbilt.edu/module/srs/（一个免费的策略教学在线交互式教程），以及（2）http://cehs.unl.edu/secd/teaching-strategies/（罗伯特·里德出色的网站，专门用于讨论策略教学）。

9. 提出问题，引导学生在不同的内容领域进行思考。这些问题可能包括"校对如何帮助我撰写论文？""为什么在阅读时定期停下来并试图理解到目前为止所读的内容很重要？"和"学习此公式的目的是什么？"。

10. 认识到成绩差的学生和障碍学生通常需要更多的支持、更长的时间才能有效地独立使用策略。

复习、思考和练习

学习目标5：解释元认知的概念并提出一些改善儿童元认知的方法。

复习

· 在元认知能力方面，幼儿与更年长儿童有何异同？

· 根据普雷斯利及其同事的"良好的信息加工模型"，良好的认知源于哪些相互作用的因素？

· 如何帮助儿童学习元认知策略和自我调节？

思考

· 良好的信息加工模型中的三个步骤如何成为向儿童教学某个主题的一部分？选择一个你可能会在某一天教授的主题，并尝试使用该模型的三个步骤作为一个示例。

PRAXIS™ 练习

1. 莎玛拉的叔叔刚刚对她耍了个把戏。他向她展示了一个罐子，看起来像一罐花生米。然而，当她打开罐子时，一条布蛇向她蹿了过来。莎玛拉认为这个把戏非常有趣，并迫不及待地想对她的弟弟玩这个游戏。当她叔叔问她，她认为她弟弟会在罐子里看到什么时，她咯咯笑着回答说："花生，但他不会感到惊讶。"这是莎玛拉发展出下列哪种能力的一个例子：

   A. 将注意力分配到问题的不同方面的能力
   B. 问题解决的专业能力
   C. 元记忆能力
   D. 心理理论

2. 漫威学会了使用策略来解决数学问题，但没有使用这些策略来备考历史考试或拼写测验。根据良好的信息加工模型，漫威的元认知发展的下一步最有可能是：

   A. 向他的老师请教学习历史的具体策略
   B. 向他的父母询问使用数学策略的好处
   C. 了解许多不同策略的共同特点
   D. 学会把成功的学习归功于策略的使用

3. 昆廷先生向他的学生传授了阅读教科书的 PQ4R 策略，希望对他们下一次的历史考试有所帮助。班上的大多数学生的分数都提高了。尽管成绩有所提高，但许多学生没有继续使用 PQ4R 策略，这让昆廷先生感到失望。下面哪项是对学生的行为最合理的解释？

   A. 他们没有将使用 PQ4R 的结果与他们以前的策略进行比较
   B. 他们没有必要的背景知识来有效使用 PQ4R 策略
   C. 他们没有足够的实践机会来有效使用 PQ4R 策略
   D. 他们还没有掌握使用 PQ4R 所需的专业知识

连线课堂：案例分析

考试

下周，乔治要参加他八年级历史课的考试。他在记忆术语、名字和事实方面有相当大的困难。在他的最后一次测试中，他认为谢尔曼将军是越战英雄，西贡是日本的首都。历史上的日期使他很困惑，他甚至都不去记它们。此外，乔治在拼写方面有困难。

考试将包括 50 个客观题（单项选择题、是非题、填空题）和两个简答题。一般来说，乔治在简答题上做得更好。他故意省略不确定的名字，而且总是省略日期。不过，他有时会混淆事实，而且经常因为拼写错误而失分。他真正有问题的是客观题。在他看来，正确的选项不止一个。他常常"确信"自己是正确的，但后来发现自己错了。

在最后一次考试之前，乔治试图设计一些助记符来帮助他记忆信息。他使用了首字母缩写，比如 HOMES（是北美五大湖的英语首字母的缩写）。虽然他记得很清楚他的首字母缩略词，但他不记得每个字母代表什么。结果他的试卷满是缩写。还有一次，一个同学建议乔治尝试使用概念图。这个同学把自己设计的概念地图借给乔治用。乔治看着它们，发现它们繁杂而混乱——他甚至搞不懂它们到底什么意思，它们对他一点用都没有。

乔治已经决定，如果他想通过这门课，他需要一些真正的帮助。他需要您帮助他学习材料。

1. 这个案例中的问题是什么？
2. 乔治在哪种学习方式上有困难？
3. 哪种学习方式对乔治来说比较容易？
4. 根据认知的信息加工理论，为乔治设计一个学习程序。

本章概要

> 1　信息加工理论的本质：描述信息加工理论。

信息加工理论

·信息加工理论强调儿童操纵、监控信息和制定策略。这种理论的核心是认知过程，如注意、记忆和思考。

认知资源：信息加工的容量和速度

·信息加工的容量和速度，通常被称为认知资源，在整个儿童期和青少年期都在不断增加。大脑的发展是认知资源发展变化的生物学基础。就容量而言，这种增长反映在年龄较大的儿童能够同时记住一个主题的多个维度。

·反应时任务经常被用来评估加工速度。在青少年期早期，信息加工的速度会持续提高。

变化机制

·根据西格勒的观点，儿童认知能力的改变涉及三种机制：编码（信息如何进入记忆），自动化（能够轻松或不费力地加工信息的能力）和策略构建（信息加工新程序的创建）。

·儿童信息加工的特点是自我修正，而自我修正的一个重要方面涉及元认知，即对认知的认知。

> 2　注意：描述注意的特征并总结其在发展过程中的变化。

什么是注意？

·注意是心理资源的集中。儿童和青少年可以通过四种方式来分配他们的注意。选择性注意（将注意力集中在经验中相关的特定方面，同时忽略不相关的其他方面）、分配性注意（同时专注于多个活动）、持续性注意（长时间保持注意力）和执行性注意（规划行动，把分配注意力给目标，检测并补偿错误，监控任务进展，以及处理新的或困难的情况）。

·多任务处理是分配性注意的一个例子，当儿童和青少年从事具有挑战性的任务时，多任务处理可能会对他们的注意力产生有害影响。

发展变化

·明显的刺激会引起学龄前儿童的注意。在 7 岁之后，儿童开始转向对注意力的更多认知控制。选择性注意在整个儿童期和青少年期得到提升。

---

3 记忆：从编码，存储和提取的角度探讨记忆。

什么是记忆？

·记忆是对信息的长期保留，包括编码、存储和提取。

编码

·在日常语言中，编码与注意和学习有很大关系。复述、深度加工、精细加工、构建图像和组织都是编码所涉及的过程，编码是信息进入记忆的机制。复述增加了信息保留在记忆中的时间。在深度加工中，信息是根据其语义即意义进行加工的。精细加工涉及信息加工的广泛扩展。构建图像有助于详细说明信息，而且当信息以一种有组织的方式呈现时，就更容易被记住。

存储

·记忆变化的一种方式与时间有关：感觉记忆、短时记忆和长时记忆。工作记忆是一种心理工作台，人们对它越来越感兴趣。

·阿特金森-希夫林模型指出，记忆包括三个阶段的序列：感觉记忆、短时记忆和长时记忆。长时记忆包括不同类别的内容。

·许多当代心理学家接受长时记忆内容的这种层次结构：分为陈述性记忆和程序性记忆，而陈述性记忆又细分为情景记忆和语义记忆。陈述性记忆（外显记忆）是有意识回想起来的信息，比如特定的事实或事件。程序性记忆（内隐记忆）是关于如何做某事的技能和认知操作的知识，这些知识难以用言语进行交流。情景记忆是对生活事件何时何地发生的信息的保留，语义记忆是关于世界的一般知识。

·关于信息如何被表征的三种主要理论是网络理论（着重于信息的组织和连接方式，强调记忆网络中的节点）、图式理论（强调学生经常重构信息使其符合现有的图式）和模糊痕迹理论（认为对记忆的最佳理解是通过考虑两种记忆表征：逐字记忆痕迹和模糊痕迹，即要义。根据这一理论，年龄较大的儿童记忆力较好，是因为他们在提取信息要点时产生了模糊的记忆痕迹）。脚本是某个事件的图式。

提取与遗忘

·提取受到系列位置效应（对列表开头的和结尾条目的记忆优于对列表中部条目的记忆）、提取线索的有效性、编码特异性和提取任务（如回忆与再认）的影响。

·遗忘可以用线索依赖性遗忘（缺乏有效的提取线索）、干扰理论（因为其他 信息阻碍了我们试图记住的东西）和衰退理论（随着时间的推移丢失信息）来解释。

4 专业能力：从专家的思维方式中总结出一些学习经验。

专业能力和学习

·专家的五个重要特征是：（1）能够注意到新手没有注意到的结构的特征和有意义的模式；（2）积累了大量的内容知识，这些知识的组织方式反映了对该主题的深刻理解；（3）可以顺畅提取自己知识的重要方面；（4）能够调整自己的方法适应新情况；（5）使用有效的策略。

获取专业能力

·成为专家通常需要刻意练习、动力和天赋。

专业能力和教学

·成为一个特定领域的专家并不意味着该专家擅长帮助别人学习，要有效地教授一门学科需要教学内容知识。

5 元认知：解释元认知的概念并提出一些改善儿童元认知的方法。

发展变化

·儿童的元记忆在小学阶段有了很大的提高。在5、6岁的时候，大多数儿童明白人们可能会有错误的信念，而在童年中期和童年后期，他们明白人们会积极地构建知识。尽管在青少年期元认知存在相当大的个体差异，但青少年监控和管理资源的能力不断增强，能够有效满足学习任务的要求。

良好的信息加工模型

·由迈克尔·普雷斯利和他的同事开发的良好的信息加工模型，强调了有效的认知源自许多相互作用的因素，包括策略、内容知识、动力和元认知。

策略与元认知调节

·在普雷斯利和他的同事们看来，教育的关键是帮助学生掌握大量的策略，从而产生解决问题的方案。大多数儿童受益于使用多种策略，并探索哪种策略在何时何地行之有效。例如，教师可以为学生示范策略，并提出问题以帮助指导学生在各个内容领域的思考。

关键术语

阿特金森－希夫林模型（Atkinson-Shiffrin model）

注意（attention）

自动化（automaticity）

组块（chunking）

线索依赖性遗忘（cue-dependent forgetting）

衰退理论（decay theory）

陈述性记忆（declarative memory）

分配性注意（divided attention）

精细加工（elaboration）

编码（encoding）

编码特异性原则（encoding specificity principle）

情景记忆（episodic memory）

执行性注意（executive attention）

模糊痕迹理论（fuzzy trace theory）

信息加工理论（information-processing approach）

干扰理论（interference theory）

加工水平理论（level of processing theory）

长时记忆（long-term memory）

记忆（memory）

记忆广度（memory span）

元认知（metacognition）

网络理论（network theory）

程序性记忆（procedural memory）

复述（rehearsal）

图式理论（schema theory）

脚本（script）

选择性记忆（selective attention）

语义记忆（semantic memory）

感觉记忆（sensory memory）

系列位置效应（serial position effect）

短时记忆（short-term memory）

策略构建（strategy construction）

持续性记忆（sustained attention）

心理理论（theory of mind）

工作记忆（working memory）

档案袋活动

现在你已经很好地理解了本章的内容，请完成这些练习来扩展你的思维。

独立思考

1. 增加对专家的了解。想一想你认识的那些专家。你的父母或导师被认为是他们领域的专家吗？你认为他们是如何成为专家的？他们花了多长时间？根据你所了解的专家对信息进行加工的方法，你认为这些专家使用哪些策略来组织、记忆和利用他们的知识和技能？

研究／实地体验

2. 保持学生的注意力。观察幼儿园、小学、初中和高中的课堂，关注教师如何保持学生的注意力。每位教师的策略效果如何？你会用不同的方法来吸引学生的注意力吗？

合作学习

3. 加强记忆的策略。与班上三四名学生一起集思广益，讨论指导学生发展出更好的记忆和学习策略的最佳方式。讨论如何对不同年级的儿童和青少年采取不同的方法。例如，学生应该从什么年龄开始学习有效的记笔记策略？对于太小的儿童来说，是否有一些类似游戏的活动可以帮助他们开始学习记笔记，或对某些事件的概念和价值进行流水记录？写下你的结论。

第九章

复杂的认知过程

我思故我在。

——勒内·笛卡儿（René Descarter）
17世纪法国哲学家、数学家

章节概览

1. 概念理解
学习目标1：讨论概念理解和概念的教学策略。
什么是概念?
促进概念形成

2. 思维
学习目标2：描述思维的几种类型和教师培养它们的方法。
什么是思维?
执行功能
推理
批判性思维
决策
创造性思维

3. 问题解决
学习目标3：采用系统的方法进行问题解决。
问题解决的步骤
问题解决的障碍
发展变化
基于问题的学习和基于任务的学习

4. 迁移
学习目标4：定义迁移并阐述作为教师如何提升迁移。
什么是迁移?
迁移的类型

连线教师：玛丽莲·惠利

玛丽莲·惠利（Marilyn Whirry）是美国加州曼哈顿海滩米拉·科斯塔高中十二年级的英语教师。1999年，她被评为美国年度教师，并在白宫招待会上受到表彰。以下对玛丽莲教学的描述出现在美国各州教育官员委员会的一份报告中（Council of Chief State School Offices, 2005）。

玛丽莲把对生活的热爱带到课堂中。她这样谈论自己的生活：“它是一幅用旋转的笔触描绘我人生经历的主题油画。”玛丽莲还说，教师们可能永远不会知道，会有多少学生的生活因为他们的责任感和对生活的激情而变得更好。

玛丽莲的教学理念是以接纳和赞美学习行为为中心的。她说，教师需要帮助学生获得动力去追求知识，去寻找有关“为什么”和“如何做”的问题

的答案。作为一名教师，玛丽莲最重要的目标之一是让学生在阅读和写作的过程中进行深入思考……她的教学策略包括让学生了解文学作品中的写作技巧，“在小组讨论中促进对话和辩论”。

玛丽莲之前的一位学生玛丽–安娜·瑞（Mary-Anna Rae）说，玛丽莲的“脑力投入和对生活的热情，使她成为学生们的强大榜样。玛丽莲所做的每一件事情，都清楚地表明她在倾听，关注学生最深层的思考”。现在已成为教师的玛丽补充说，玛丽莲“丰富和扩展了她的世界”。她还表示，“玛丽莲帮助她对自己要说的话越来越自信，找到了自己的声音，发现自己可以赋予自己生活的目标。

概览

玛丽莲·惠利的主要目标之一是让她的学生深入思考，这也是本章的一个重点。除了探讨思维的许多方面外，我们还考察了教师如何引导学生参与这些复杂的其他认知过程：概念理解、问题解决，以及将所学知识迁移到其他情景中。

学习目标1：讨论概念理解和概念的教学策略。

1　概念理解

概念理解是学习的一个关键方面。一个重要的教学目标是帮助学生理解一门学科的主要概念，而不是仅仅记住孤立的事实。在许多情况下，当教师深入探讨一个话题，并对所涉及概念给出恰当的、有趣的例子时，学生们对于概念的理解就会得到加强。如你所见，概念是思维的基石。

什么是概念?

概念(concept)是在共同属性的基础上对物体、事件和特征进行分组。概念帮助我们简化、概括和组织信息(Quinn, 2016; Quinn & Bhatt, 2016)。

想象一下,在一个没有概念的世界里:我们看到的每个物体都是独一无二的,我们将无法进行任何概括。如果没有概念,我们会发现即使最微不足道的问题也变得难以表述,更不可能被解决。事实上,概念帮助学生理解世界。考虑一下"书"这个概念,如果一个学生不知道一本书是由一张张大小相同的纸张构成的,所有的纸张都沿着一条边装订在一起,并且以某种有意义的顺序印满了文字和图片,那么每当这个学生遇到一本新书时,她就不得不弄清楚这是什么。因此,从某种程度上说,概念使我们不必在每次遇到新信息时都重复加工。

概念也有助于使记忆过程更高效。当学生将物体分组来形成一个概念时,他们就能记住这个概念,进而提取该概念的特征。因此,当你布置数学作业的时候,你可能不需要详细地说明什么是数学、什么是家庭作业。学生会在他们的记忆中嵌入一些适当的联想。在这样的方式中,概念不仅有助于唤起记忆,而且还能使交流更加有效。如果你说"现在该上艺术课了",学生们就明白了你的意思,你就不必赘述什么是艺术。因此,概念有助于学生简化和概括信息,提高他们的记忆、交流和时间使用的效率。

学生通过对他们世界中事物的直接体验来形成概念。例如,在构建"卡通"这一复杂的概念时,儿童可能会先体验电视上的卡通片,然后阅读连环漫画,最终会看一些政治讽刺漫画。学生们还会通过符号(代表或表征其他事物的东西)的体验形成概念。例如,文字是符号,数学公式、图表和图片也是符号。

一些概念相对简单、清晰和具体,而另一些则更复杂、模糊和抽象。简单的概念更容易达成一致意见。例如,大多数人都对"婴儿"的含义形成共识,但很难对"年轻"或"年老"的理解达成一致。我们就某物是不是苹果的看法,比某物是不是水果的看法更容易达成一致。有些概念特别复杂、模糊和抽象,如物理学的弦理论中所涉及的概念。

促进概念形成

教师可以通过多种方式来引导学生认识并形成有效概念。这个过程从了解一个给定概念的特征开始。

了解概念的特征 概念形成的一个重要方面是学习概念的关键特征、属性或特性(Quinn & Bhatt, 2016)。这些都是概念的决定性元素,是使它区别于其他概念的方面。例如,在我们之前关于"书"的概念示例中,书的关键特征包括纸张、沿一条边装订

概念:在共同属性的基础上对物体、事件和特征进行分组。

在一起，以及以某种有意义的顺序印满了印刷文字和图片。其他诸如尺寸、颜色和长度等特征并不是定义"书"这一概念的关键特征。再来看看"恐龙"这个概念的关键特征：已灭绝和爬行动物。因此，就"恐龙"的概念而言，"已灭绝"这个特征很重要。

定义概念和举例　对概念进行教学的一个重要方面是清晰地定义概念并提供精心选择过的例子。规则–示例策略（rule-example strategy）是一个有效的方法（Tennyson & Cocchiarella, 1986）。该策略包括四个步骤：

1. 定义概念。在定义某一概念时，应将其与上位概念联系起来，并确定其关键特征或特点。上位概念（superordinate concept）是包含此概念的更大类别。因此，在标明"恐龙"这一概念的关键特征时，你可能需要提到它所属的更大类别：爬行动物。

2. 澄清定义中的术语。确保关键特征或特点被充分理解。因此，在描述"恐龙"概念的关键特征时，重要的是让学生了解什么是爬行动物——通常是一种体表被鳞片或角质板覆盖，用肺呼吸的卵生脊椎动物。

3. 举例说明关键特征或特点。关于恐龙，我们可以举例和描述不同种类的恐龙，如三角龙、雷龙和剑龙。这个概念还可以通过举出恐龙之外的其他爬行动物做进一步说明，比如蛇、蜥蜴、鳄鱼和海龟。事实上，在概念形成的教学过程中，列举一个概念的实例和非实例，往往是一个很好的策略。当你在进行复杂概念的教学，或者教授缺乏经验的学习者时，就需要提供更多的例子。

4. 提供更多示例。要求学生对概念进行分类，解释其分类原因，或让他们举出自己的概念示例（Rawson, Thomas, & Jacoby, 2015）。可以举其他恐龙的例子比如暴龙、嗜鸟龙和异齿龙等，或者让学生自己找更多的例子。还可以要求他们想出其他不是恐龙的例子，比如狗、猫和鲸鱼。

> **多重思考**
> 当学生为某一事物构建图像时，他们就会对该事物的信息详细说明。这有助于他们记住该事物。连接到"信息加工理论"。

层级分类和概念图　分类非常重要，因为一旦一个概念被分类，它就成为某一类别成员，从而具有该类别的特点和特征（Sloutsky, 2015）。例如，只要学生们知道恐龙是爬行动物且三角龙是恐龙，他们就可以推断出三角龙是爬行动物，即使他们从未被告知这一事实。知道三角龙是一种恐龙让学生推断出三角龙具有恐龙的特征（它是一种爬行动物）。

概念图：对概念关系和层级结构的图示。

概念图（concept map）是对概念关系和层级结构的图示。让学生创建一个概念特征或特点的图示可以帮助他们学习概念（Jin & Wong, 2015）。概念图还可以将概念嵌入上位类别中，并包含概念的子例和非例（Tzeng, 2014）。概念图的视觉方面与记忆中图像的使用有关。你可以帮助学生创建一个概念图，或者让他们单独或小组合作创建一个概念图。

教师可以在课堂上使用一些概念图软件程序。如 Inspiration 和 Kidspiration（www.

inspiration.com）是很好的软件。维基百科还有一些可供教师使用的概念图软件的链接列表（https://en.wikipedia.org/wiki/List_of_concept-_and_mind-mapping_software）。

肯特州立大学教育技术研究中心 AT&T 教室里的一名学生正在展示他用 Kidspiration 软件制作的概念图。
© Research Center for Educational Technology, Kent State University

假设检验 假设（hypotheses）是可以检验其准确性的特定设想和预测。学生们可以从提出关于概念是什么和不是什么的假设练习中受益。提出假设的一种方法是提出一个规则，说明为什么有些物体属于这个概念，而另一些则不属于这个概念。以下是如何让学生练习提出此类假设的一个例子：向学生展示如图9-1 所示的几何形式的图片。然后选择其中一种几何

形式的概念（如"几何图形 1 号"），并要求学生对你选择的概念提出假设。他们通过询问与几何形态有关的问题和排除非实例来锁定你的概念。你也可以让学生轮流选择一个概念并回答其他学生的问题。与你的学生一起制定最有效的策略来识别正确的概念。

> **多重思考**
> 除了概括提纲和构建概念图之外，总结也是学习和记忆信息的一个好策略。连接到"信息加工理论"。

1	2	3	4	5	6
7	8	9	10	11	12
13	14	15	16	17	18

图 9-1 让学生对一个概念提出假设

原型匹配 在原型匹配（prototype matching）中，个体通过将某物体与某个类别中最典型的物体进行比较来决定该物体是否属于该类别（Rosch, 1973）。该物体与原型越相似，个体就越可能认为该物体属于这个类别；物体与原型越不相似，个体就越有可能判断它不属于这个类别。例如，一个学生对橄榄球运动员的概念可能是像进攻内锋（offensive lineman）那样身材高大、肌肉强壮的队员。但是有些橄榄球运动员，如踢球手（field goal kickers），并不那么高大和强壮。与踢球手相比，进攻内锋更像是橄榄球运动员的原型。当学生们考虑某个人是否属于"橄榄球运动员"的范畴时，他们更有可能考虑某个人看起来像不像一个进攻内锋，而不是看起来像不像一个踢球手。同样，相比于鸵鸟或企鹅，知更鸟被视为更典型的鸟类。虽然一个类别的成员可以有很大的不同，但它们仍然具有使其成为该类别成员的特征。

> 原型匹配：个体通过将某物体与某个类别中最典型的物体进行比较来决定该物体是否属于该类别。

连线学生：最佳实践

帮助学生形成概念的策略

1. 使用规则–示例策略。记住这一策略包括四个步骤：（a）定义概念，（b）澄清定义中的术语，（c）举例说明关键特征或特点，（d）提供更多示例。要求学生对这些示例进行分类并解释，或让学生举出自己的概念示例。

2. 帮助学生不仅理解某个概念是什么，还要理解该概念不是什么。让我们回到"卡通"这个概念。学生们能够明白，尽管笑话、小丑和打油诗很幽默，但它们都不是卡通。如果你在讲授"三角形"的概念，请学生列出"三角形"的特征，如"有三条边""几何形状""可以是任何大小""可以是任何颜色""三条边的长度可以各不相同""三个角的度数可以不相同"等等；还可以让他们列出非三角形的例子，例如圆形、正方形和矩形。

3. 使概念尽可能清晰，并给出具体示例。花些时间思考展现一个新概念的最佳方式，特别是抽象概念。使概念尽可能清楚明了。如果你想让学生理解"交通工具"的概念，让他们举出一些例子。他们可能会说"汽车"，也可能说"卡车"或"公共汽车"，给他们看其他交通工具的照片，例如雪橇和小船，来说明这个概念的广度。

4. 帮助学生将新概念与已知概念联系起来。在"信息加工理论"一章中，我们讨论了记笔记时概括提纲的策略。一旦学生学会了这个方法，他们就更容易学会如何构建概念图，因为你可以向他们展示概念图是如何在分层组织方面与概括提纲相联系的。

5. 鼓励学生创建概念图。让学生绘制出概念的层级结构，可以帮助他们从一般到具体的更好的理解概念的特征。层次结构有利于记忆。

6. 要求学生对一个概念提出假设。提出假设会鼓励学生思考和发展策略，与学生一起制定最有效的策略来确定某个概念的内涵。

7. 让学生获得原型匹配的经验。想出不同的概念，然后问学生概念的原型是什么。然后问他们这个概念的非原型例子。

8. 检查学生对一个概念的理解，并激励他们将此概念应用到其他情境中。确保学生不只是记住一个概念，而是问他们如何在不同的情境中运用这个概念。例如，在学习公平的概念时，询问学生公平如何在学校里、在游戏中、在家庭和工作中使生活更顺畅。

复习、思考和练习

学习目标 1：讨论概念理解和概念的教学策略。

复习

· 什么是概念，为什么它们对思维来说不可或缺？

· 有哪些方法可以引导学生构建有效的概念？

思考

· "艺术"这个概念对一个 3 岁的儿童意味着什么？对一个 10 岁的儿童意味着什么？对一个 16 岁的青少年意味着什么？对一个专业的艺术家来说意味着什么？这种差异是如何产生的？

PRAXIS™ 练习

1. 以下哪个是上位概念的最佳例子？

　　A. 牧羊犬

　　B. 狗

　　C. 德国牧羊犬

　　D. 贵宾犬

2. 佩洛蒂女士希望她的学生了解"鸟"这个概念。她与学生讨论了鸟的特征，包括一个决定性的特征：羽毛。然后她还讨论了一些无关紧要的特征，如飞行——昆虫和蝙蝠也会飞，但它们不是鸟类。鸵鸟不会飞，但它们是鸟类。最后，全班同学讨论了一个典型的鸟的样子。最终他们一致认为，最典型的鸟是知更鸟。然后，佩洛蒂女士给学生们提供了一份动物清单，要求他们通过与知更鸟的比较来确定这些动物是不是鸟。这个任务代表了概念形成的什么策略？

A. 概念图
B. 假设检验
C. 原型匹配
D. 相关概念

请参看书末的答案……

2 思维

学习目标 2：描述思维的几种类型和教师培养它们的方法。

思维意味着什么？教师如何帮助学生成为更好的思考者？在本节中，我们将尝试回答这些重要问题。

什么是思维？

思维（thinking）涉及运用和转换记忆中的信息。我们通过思维来形成概念、推理、批判性思考、决策、创造性思考和问题解决。学生可以思考具体的主题，例如如何在海边度假或如何在电子游戏中获胜；他们还可以思考更抽象的主题，比如自由或同一性的意义。他们可以思考过去（比如上个月发生的事情）和未来（2030 年他们的生活会是什么样子）。他们可以思考现实（例如如何在下一次数学考试中做得更好），或进行幻想（遇到猫王普雷斯利或是在火星上降落航天器会是什么样子）。

思维：运用和转换记忆中的信息。思维通常用来进行概念形成、推理、批判性思考、决策、创造性思考和问题解决。

执行功能

最近，人们对儿童执行功能（executive function）的发展越来越感兴趣，这是一个伞状的概念，包含了许多与大脑前额叶皮质发展相关的高级认知加工过程（Cassidy, 2016; Groppe & Elsner, 2016; Moriguchi,

学生视角

思考教室

最近，我和孙女乔丹·鲍尔斯（Jordan Bowles）聊天，她刚刚在北卡罗来纳州阿佩克斯市上二年级。我问她今年的课程怎么样。

她回答说："没什么特别的。对了，现在多了门新课，每周上一次。上课地点在思维教室。"

我接着问她在那里学什么。

乔丹说："他们打算教我们不要匆忙下结论，妈妈对此很高兴。"

执行功能：一个伞状的概念，包含了许多与大脑前额叶皮质发展相关的高级认知加工过程。执行功能是指管理一个人的思想以从事目标导向的行为和自我控制。

Chevallier, & Zelazo, 2016）。执行功能是指管理一个人的思想以从事目标导向的行为和自我控制（Griffin, Freund, & McCardle, 2015; Muller & Kerns, 2015）。在"信息加工理论"一章中描述了近期人们对于执行性注意（executive attention）和工作记忆（working memory）的兴趣，这两者都属于执行功能的范畴。

在童年早期，执行功能尤其涉及认知抑制（如抑制不正确的强烈倾向）、认知灵活性（如将注意转移到另一个事物或主题）、目标设定（如分享玩具或掌握接球等技能）和延迟满足（能够放弃眼前的快乐或奖励，以便日后获得更理想的快乐或奖励）等方面的发展进步（Casey & others, 2016）。在童年早期，相对刺激驱动的幼儿逐渐发展成为一个能够灵活地、以目标为导向地解决问题的儿童，该能力便是执行功能的特征（Zelazo & Muller, 2011）。

研究人员发现，学龄前儿童执行功能的发展或障碍与数学技能、语言发展和入学准备水平有关（Blair & Raver, 2015）。最近的一项研究显示，执行功能可以预测幼儿园儿童的数学成绩（Fuhs & others, 2014）。近期对幼儿的另一项研究表明，执行功能与他们的识字和词汇发展有关（Becker & others, 2014）。近期还有一项研究发现，执行功能发育迟缓的幼儿的入学准备水平较低（Willoughby & others, 2016）。

执行功能在童年中后期会发生怎样的变化，并与儿童在学校的成功有什么联系？阿黛尔·戴蒙德和凯瑟琳·李（Adele Diamond & Kathleen Lee, 2011）最近强调了执行功能的以下方面，他们认为这些方面对4~11岁儿童的认知发展和学业成功最为重要：

· 自我控制 / 抑制。儿童需要发展自我控制能力，使他们能够集中精力，坚持学习，抑制他们重复不正确反应的倾向，并抵制现在做一些以后可能会后悔的事情的冲动。

· 工作记忆。儿童需要一个有效的工作记忆来有效地处理他们在上学期间以及从学校毕业后将遇到的大量信息。

· 灵活性。儿童需要具有思维的灵活性来考虑不同的策略和观点。

许多不同的活动和因素已经被发现可以提升儿童的执行功能，例如使用游戏改善工作记忆的计算机训练（CogMed, 2013）；某些语言的方面，包括词汇量大小、言语标签和双语能力（Nesbitt, Farran, & Fuhs, 2015）；有氧运动（Hillman & others, 2014）；搭建脚手架（心灵工具计划就是一个例子）（Bodrova & Leong, 2015）；正念训练（Gallant, 2016）；想象力（Carlson & White, 2013）；以及某些种类的学校课程（如蒙特梭利课程）（Diamond, 2013）。

父母、教师和同伴在执行功能的发展中扮演着重要的角色。安·马斯滕和她的同事（Masten, 2013, 2014a, b, 2016; Masten & Cicchetti, 2016; Masten & Labella, 2016; Masten

& others, 2008）发现，执行功能和父母养育技能与无家可归儿童在学校的成功有关。马斯滕认为，执行功能和良好的养育技能是相关的。她说，经常可以观察到具有良好执行功能的儿童，他们身边的成年人都是良好的自我调节者。父母为他们树立榜样，提供支持，并为这些技能的发展提供脚手架。近期的一项研究表明，在童年早期经历过同伴问题（如受害和被拒绝）与童年后期较低的执行功能有关（Holmes, Kim-Spoon, & Deater-Deckard, 2016）。此外，这项研究还表明，更好的执行功能降低了在童年后期出现同伴问题的可能性。

研究青少年认知发展的知名专家迪安娜·库恩（Deanna Kuhn, 2009）认为，青少年期最重要的认知变化是执行功能的改善。她特别认为，这种变化的一个关键方面是认知控制能力（cognitive control）的增强，这涉及在许多领域的有效控制，包括控制注意力、减少干扰性想法和具有认知灵活性（Carlson, Zelazo, & Faja, 2013）。认知控制能力在青少年期和成年早期持续增长（Casey, 2015; Casey, Galvan, & Somerville, 2016）。

思考青少年需要进行认知控制的每个时刻，例如以下情况（Galinsky, 2010）：

·认真努力坚持完成一项任务，避免被干扰性想法或环境事件分心，去做最有效的事情。

·在行动前停下来思考，避免脱口而出一些一两分钟后就让他们追悔莫及的言论。

·当有更有趣的事情可以做时，继续做一些重要却无聊的事情，抑制自己的行为，做那些无聊但重要的任务，对自己说："我必须表现出自律性才能完成这件事。"

控制注意力是青少年期学习和思考的一个关键方面。让青少年分心的可以是来自外部环境的干扰（例如，当学生努力听教师讲话时有其他学生在讲话，或者学生在课堂上打开笔记本电脑或平板电脑，查看社交网络上新朋友的请求），也可以是来自个人头脑中相互竞争的想法的侵入性干扰。自我导向的想法，如担心、自我怀疑和强烈的、充满情感的想法，可能会特别妨碍思维任务的注意力集中。

推理

推理（reasoning）是运用归纳和演绎得出结论的逻辑思维（Ricco, 2015）。我们首先关注归纳推理。

归纳推理 归纳推理（inductive reasoning）涉及从具体到一般的推理。也就是说，它通过从对类别中的部分成员的观察，得出关于类别中所有成员的结论（形成概念）

归纳推理：从具体到一般的推理。

（Hawkins, Hayes, & Heit, 2016）。研究人员发现归纳推理能力通常是学习成绩的良好预测因素（Cracolice & Busby, 2015; Murawska & Zollman, 2015）。

在课堂上使用归纳推理的例子有哪些？当一个学生在英语课上读了几首艾米莉·狄金森（Emily Dickinson）的诗后被要求从中得出狄金森诗歌的一般性质的结论时，就涉及归纳推理；当一个学生被问到数学课上的一个概念是否适用于其他领域如商业或自然科学时，也涉及归纳推理。教育心理学的研究是归纳性的，它研究被试样本以得出所抽取样本所属人群的结论。另外，科学家很少把单一研究作为强有力的证据来得出关于某一主题的结论，而是需要对该主题进行大量研究，才能在得出结论时更有信心。就这一点而言，它也是归纳性的。

事实上，归纳推理的一个重要方面是重复观察。通过重复观察，类似经验的信息会逐渐积累到可以发现重复模式的程度，从而得出更准确的结论。为了研究归纳推理的这一方面，研究人员根据两个同时发生事件的实例（Kuhn, Katz, & Dean, 2004）的证据来检验归纳推理是否合理。当两个事件在时间和空间上同时发生时，我们常常得出结论：尽管有可能涉及其他因素，但一个事件导致了另一个事件。例如，一位家长可能会得出这样的结论："哈里给我女儿带来了不良影响，莎朗在遇到他之前并不喝酒"。这个男孩可能是原因，但这件事也可能是个巧合。当然，如果有重复的证据（例如哈里交往过的每一个女孩都会出现酗酒问题），那么这个论点就更有说服力了。

再考虑另一个例子，某个儿童观察到一条黑蛇并得出结论：所有的蛇都是黑色的。他的表妹给他发了一封电子邮件，说她最近买了一条宠物蛇，儿童得出结论：宠物蛇一定是黑色的。然而，这个儿童显然没有观察到世界上所有的蛇，他只观察到了只有一种蛇，所以他只看到了世界上蛇群的一个小样本。当然，如果他看到一条灰色的蛇或一条白色的蛇，他会被迫改变他的看法。归纳推理得出的结论从来不是绝对肯定的，只是或多或少的可能。但是归纳法可以提供结论性的否定结果，例如，当看到一条黄色的蛇时，就证明"所有的蛇都是黑色"这一论断是错误的。

注意，归纳的结论从来都不是完全确定的，也就是说，它们可能是不确定的。归纳的结论可能是正确的，但也有可能是错误的，正如一个样本并不完全代表其总体（Kuhn, 2009）。教师可以帮助学生们提高他们的归纳推理能力，鼓励他们考虑到自己所得出的结论取决于可用信息的质量和数量。学生们经常夸大一个结论，使其比证据显示的更加明确。

类比：不同事物之间的对应关系。

现在我们来考虑归纳推理的另一个方面：它是类比的基础。类比（analogy）是不同事物之间的对应关系。通过将新概念与已学概念进行比较，类比可以用来加深学生对新概念的理解。

一种类型的类比涉及形式推理，共有四个事物，前两者之间的关系与后两者之间的关系相同或非常相似。例如，完成下列类比填空：贝多芬之于音乐就像毕加索之于

_____。为了正确地回答（"绘画"），你必须归纳贝多芬和音乐（前者创作了后者）之间的关系，并把这种关系应用到毕加索身上（他创作了什么？）。

儿童和青少年归纳推理能力如何？青少年在归纳推理的许多方面都好于儿童，包括从单个事件中归纳出的类比和错误包含，但要差于年轻成年人（Kuhn, 2009）。

演绎推理 与归纳推理不同的是，**演绎推理**（deductive reasoning）是从一般到具体的推理形式。图 9-2 直观地展示了归纳推理和演绎推理之间的区别。

当你解谜或猜谜语时，你就在进行演绎推理。当你了解了某个一般规则，并懂得它可以用于在某些情境中，而不能用于其他情境时，你也是在进行演绎推理（Johnson-Laird, 2008）。演绎推理总是确定的，因为如果最初的规则或假设是真的，那么结论就是正确的。当教育者和心理学家利用理论和直觉做出预测，然后通过进一步的观察来评估这些预测时，他们使用的就是演绎推理。

人们对演绎推理的许多方面进行了研究，包括当知识与推理产生冲突的情况。在青少年期，即使被推理的前提是错误的，个体能够进行演绎推理的能力也在逐渐加强（Kuhn, 2009）。思考一下这个演绎推理问题：

所有的篮球运动员都是摩托车司机。所有的摩托车司机都是女性。

假设这两个陈述是真的，那么判断下面的陈述是真还是假：

所有篮球运动员都是女性。

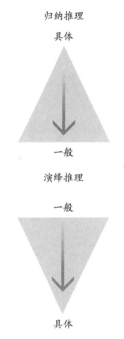

图 9-2 归纳推理和演绎推理

儿童很少会认为这样的结论是从前提中得出的有效推断。从青少年期早期到成年早期，当知识和推理发生冲突时，个体做出准确结论的能力会有所提高。也就是说，他们可以在"独立于前提的真实状态下进行推理"（Kuhn & Franklin, 2006）。

> 演绎推理：从一般到具体的推理形式。

批判性思维

目前，心理学家和教育工作者对批判性思维表现出相当大的兴趣，尽管批判性思维不是一个全新的观点（Bonney & Sternberg, 2017）。**批判性思维**（critical thinking）涉及反思、有效的思考以及对证据的评估。本书的每个章节中出现的"多重思考"问题，都需要批判性思维。

觉知 根据埃伦·兰格（Ellen Langer, 1997, 2005）的观点，觉知是批判性思维的关键。**觉知**（曾译为专念，mindfulness）意味着在生活的日常活动和任务中保持警觉、对当下的关注和认知灵活性。觉知的学生对他们生活中的情况保持着积极的觉知（Bostic

> 批判性思维：反思、有效的思考以及对证据的评估。
>
> 觉知：是批判性思维的关键，意味着在生活的日常活动和任务中保持警觉、对当下的关注和认知灵活性。

& others, 2015; Roeser, 2016)。

觉知的学生会创造新想法，以开放的态度对待新信息，并且能够意识到看待问题有多种视角。相比之下，头脑简单的学生被旧观念所束缚，从事自动化行为，只从单一视角考虑问题。此外，他们会全盘接受自己读到或听到的内容，而不会质疑信息的准确性。这类学生常常被困在僵化的思维模式中，没有考虑到可能的环境和视角的变化。兰格强调，提出好的问题是有意识觉知的一个重要方面。她还强调，把重心放在学习过程，而不是结果上是很重要的。例如，特丽莎在本周早些时候的数学考试中没有考好。她所想到的只是她考得有多糟糕。如果她持有觉知的观念，特丽莎会评估她为什么会考得这么差，并思考她可以做些什么，让自己在下一次考试中取得更好的成绩。

最近，罗伯特·勒瑟（Robert Roeser）和他的同事（Roeser, 2016; Roeser & Eccles, 2015; Roeser & others, 2014; Roeser & Zelazo, 2012; Zelazo & Lyons, 2012）提议可以在学校实施觉知训练，比如使用适合年龄的活动来增加儿童对当下体验的反思，从而提高自我调节能力（Roeser, 2016; Roeser & Eccles, 2015）。例如，在最近的一项研究中，一个关于觉知和关心他人的训练项目有效地提高了四年级和五年级学生的认知控制能力（Schonert-Reichl & others, 2015）。最近的其他研究发现，觉知训练可以提高学龄前儿童的注意力和自我调节能力（Poehlmann-Tynan & others, 2016）、小学生的成绩（Singh et al., 2016）、小学生在压力情境中的应对策略（Dariotis & others, 2016），以及青少年的情绪和成就（Bennett & Dorjee, 2016）。此外，在最近的两项研究中，基于觉知的干预改善了公立学校教师的生活，减轻了他们的压力，改善了他们在学校和家中的情绪，同时改善了睡眠（Crain, Schonert-Reichl, & Roeser, 2016; Taylor & others, 2016）。

除了觉知之外，其他像瑜伽、冥想和太极拳等活动也被认为是改善儿童认知和社会情感发展的有效方法。这些活动一起被归为沉思科学（contemplative science）的主题之下，这是一个跨学科的术语，包括各种类型的心理和身体训练如何促进儿童的发展的研究（Roeser & Eccles, 2015; Zelazo & Lyons, 2012）。

学校中的批判性思维　除了觉知训练，以下是一些教师可以有意识地在课程计划中建立批判性思维的方法：

·不仅要询问发生了什么，还要询问"如何发生"和"为什么发生"。
·检验假定的"事实"，以确定是否有证据支持它们。
·以理性而不是情绪主导争论。
·认识到有时不止有一个好的答案或解释。
·比较一个问题的各种答案，判断哪一个才是最好的答案。
·评价并质疑其他人所说的观点，而不是立即将其视为真理并接受。

·提出问题并超越已有的知识进行推测，从而创建新想法和新信息。

让杰奎琳和马丁·布鲁克斯（Jacqueline & Martin Brooks, 1993, 2001）感到痛惜的是，很少有学校真正教会学生进行批判性思考。在他们看来，学校花太多时间让学生以模仿的方式给出唯一正确的答案，而不是鼓励学生通过提出新的想法和重新思考先前的结论来拓展他们的思维。他们认为教师经常要求学生背诵、定义、描述、陈述和列举，而不要求他们进行分析、推断、联系、综合、批评、创造、评价、思考和反思。

鼓励学生进行批判性思考的一种方法是向他们提出有争议的话题或文章，并就所提问题的两个方面进行讨论。一些教师避免让学生参与这些类型的批判性思维的辩论或讨论，因为这不太"礼貌"或"友好"（Winn, 2004）。然而，当学生遇到相互冲突的论点和辩论时，这会激励他们在一个问题上钻研得更加深入，试着解决问题，从而促进批判性思维的发展（Kuhn, 2009）。在这种情况下，如果教师不发表自己的观点，而是让学生更自由地探索问题的不同方面和多个视角，学生往往会从中受益。

此外，最近的一项元分析研究得出结论，在试图提高学生的一般批判性思维能力方面，对话（讨论）是有帮助的，特别是当教师提出问题时，进行教师主导的全班讨论和教师主导的小组讨论的情况下尤其有益（Abrami & others, 2015）。同样在这篇元分析综述中，当学生遇到真实的或情境中的问题和例子时，特别是为了解决实际的问题而进行思考时，他们的一般批判性思维技能得到了提高。

让学生批判性地思考并不总是一件容易的事情（Bonney & Sternberg, 2016）。许多学生在上课时都有被动学习的经历，他们被鼓励背诵问题的正确答案，而不是用更复杂的方式进行思考。通过更多要求学生专注于一个问题（一个疑问或难题），而不仅仅要求背诵知识，教师可以激发学生的批判性思考能力。

青少年期的批判性思维　如果在儿童时期没有打下坚实的基本技能基础（如识字和数学技能），那么就不可能在青少年期熟练掌握批判性思维技能。对于那些缺乏基本技能的青少年来说，他们不太可能在青少年思维方面获得潜在的收益。对于其他青少年来说，这段时间是批判性思维发展的重要过渡时期（Kuhn, 2009）。在青少年期发生的一些认知变化有助于批判性思维的改善，包括（Keating, 1990）：

·信息加工的速度、自动化程度和信息加工容量增加了，从而为其他目的释放了认知资源。
·在各种领域掌握更多的知识。
·构建新的知识组合的能力增强。
·更广泛和更自发地使用策略或程序，如计划、考虑替代方案和认知监控。

技术和批判性思维　越来越多的技术应用可以提高学生的批判性思维能力。大卫·乔纳森（David Jonassen, 2006, 2010）认为，技术在教育中的最佳应用之一是计算机应用，它鼓励学生批判性地思考他们正在学习的内容。他将这些应用程序称为"思维工具"，并将其视为建构主义工具，为学生创建学科知识和对学科内容进行推理提供脚手架。乔纳森将思维工具分为几个类别，包括语义组织工具（semantic organization tools）、动态建模工具（dynamic modeling tools）、信息解释工具（information interpretation tools）以及对话和协作工具（conversation and collaboration tools）。

语义组织工具，如数据库和概念图工具，可以帮助学生组织、分析和可视化他们正在学习的信息。例如，研究气候的学生可以查询全球数据库来测试他们关于气候和人口之间联系的假设。"Inspiration"和"Kidspiration"是为高中生设计的概念图工具，价格相对便宜且使用方便（见 www.inspiration.com）。这些概念图工具的一个优点是，它们为那些阅读能力不强的学生或英语非母语的学生提供了可视化的图示。这些工具可以作为笔记本电脑或台式电脑的软件，也可以作为移动端的应用程序进行购买，供拥有这些设备的学校／教师使用。

动态建模工具可以帮助学生探索概念之间的联系。这些工具包括电子表格、专家系统、系统建模工具和微观世界。例如，在数学课上使用电子表格帮助学生探索数字之间的数学关系。微观世界模拟现实世界的现象，比如基因组合。"PhET"模拟有助于对现象的模拟和对关系的探索。

信息解释工具帮助学习者获取和解释信息。它们包括可视化和知识构建工具。例如，可视化工具是复杂现象的可视化模型，使现象更易于理解。知识构建工具，如网络开发、在线工具、视频编辑或网页设计程序，为学生构建各种形式的知识提供脚手架支持。以下是一些知识构建工具的好例子：

　　·拍摄和注释图片以展示概念／知识。

　　·使用在线工具创建视频动画（例如 GoAnimate）。

　　·使用在线程序（如 Weebly for Education）或谷歌网站（Google Apps for Education）进行网站开发。

　　·结合动手制作和数字捕捉的定格动画片（例如，HUE 动画软件或 MyCreate 应用程序）。

最后，各种数字对话和协作工具，如电子邮件、在线讨论、聊天、视频会议和博客，使学生能够与世界各地的专家和其他学生互动和协作。例如，学习外语的学生可以通过计算机与英语母语者进行交流。

最近，我询问教师们如何帮助学生提高批判性思维能力，以下是他们的回复：

在肯特州立大学教育技术研究中心的 AT&T 教室里，学生们通过使用 Better Homes 和 Gardens Home Designer 软件设计节能住宅来学习关于能源的知识。
© Research Center for Educational Technology, Kent State University

在肯特州立大学教育技术研究中心 AT&T 教室里，学前班的学生们通过给 Logo 机器龟编程来探索不同模式。
© Research Center for Educational Technology, Kent State University

幼儿园　我们用来培养学龄前儿童批判性思维能力的方法之一是让他们把最喜欢的东西放进一个神秘的盒子里。然后，学生告诉班上其他同学关于盒子里是什么的三个线索，由班上其他的学生进行猜测，直到他们猜出盒子里是什么。这个游戏是轮流进行的，这样每个孩子都有机会把某个东西放进盒子里。

——米西·丹格勒，市郊山丘学校

（Missy Dangler, Suburban Hills School）

小学　批判性思维的一个基本特征是智力勇气（intellectual courage）。我通过让我的二年级学生思考这样的问题来教授这种特质，比如"为什么当你周围的每个人都相信'这样那样'时，你很难提出不同意见呢？""什么时候提出不同意见是好的？"或者"为什么人们在被质疑或怀疑时会生气？"，这些问题帮助我的学生跳出思维框架。

——伊丽莎白·弗拉塞拉，克林顿小学

（Elizabeth Frascella, Clinton Elementary School）

初中　我总会把这样一个问题"……有什么意义/重要性？"写在教室白板上。当我们在六年级社会科学课上讨论任何话题时，我都会指向这个问题。我也让学生在记事本中写下对历史事件的反思，并让他们讨论如果事件从未发生，今天会有什么不同。

——凯西·玛斯，爱迪生中学

（Casey Maass, Edison Middle School）

高中　我们让选修心理学课程的学生编写一本"人格剪贴簿"，其中包括已完成的人格测试，以及对测试结果的反思日志，因为它们与学生有关。然后学生们写一篇题为"我是谁？"的期末论文，其中包括他们"重新思考"对自身的假设和对自己的人格发展描述。学生也可以对人格测试的有效性进行一般性的评论和评估。

——约瑟夫·梅利，南伯灵顿高中

（Joseph Maley, South Burlington High School）

连线学生：最佳实践
改善儿童思维的策略

20 世纪的德国独裁者阿道夫·希特勒曾经说过，大多数人都不去思考，这是当权者的幸运。教育应该帮助学生成为更加善于思考的人。每位教师都会赞同这一目标，但是学校达到这一目标的手段并不总是到位的。以下是一些有助于学生成为更好的思考者的指导方针：

1. 成为帮助学生构建其独立思维的指导者。你不能也不应该替学生进行思考，但是，你可以（也应该）成为帮助学生构建其独立思维的有效指导者。以下是一些教师帮助学生构建自己的独立思维时可以遵循的指导原则（Brooks & Brooks, 1993, 2001）：

应当
· 高度重视学生的问题。
· 把学生看作具有关于世界的新兴理论的思考者。
· 寻求学生的观点。
· 寻求学生最初的反应的详细描述。
· 培养学生的求知欲。

不应当
· 把学生的头脑看成空洞的，也不要把教师的职责看成简单地把信息灌输给学生。
· 过于依赖课本和练习册。
· 单纯寻求正确的答案来验证学生的学习状况。

2. 采用以思考为基础的问题。分析你的教学策略的一个方法是确保你在以授课为基础的方法和以事实为基础的提问之外，还使用了以思考为基础的提问（Sternberg & Spear-Swirling, 1996）。在以授课为基础的方法中，教师以授课的形式呈现信息。这是一种有助于快速呈现大量信息的方法，例如导致法国大革命的因素。在以事实为基础的提问中，教师提出的问题主要是为了让学生描述事实性信息。这种方式最适合应用于巩固新获得的信息或测试学生的内容知识。例如，教师可能会问："法国大革命是什么时候发生的？当时的法国国王和王后是谁？"在以思考为基础的提问中，教师会提出激发思考和讨论的问题。例如，教师可能会说："比较法国和美国的革命。它们有什么相似之处？它们有什么不同？"尽可能在你的教学中包含以思考为基础的问题。它们将帮助你的学生对某一主题形成更深刻的理解。在"教师视角"中，艾伦·哈斯克维茨（Alan Haskvitz）描述了他如何给学生们挑战，让他们更加独立和创造性地思考。

教师视角

给学生挑战，让学生成为有头脑的冒险者

　　艾伦·哈斯克维茨在加利福尼亚州胡桃市的苏珊娜中学（Suzanne Middle School）教授社会科学，他认为在实践中学习，以及激励学生改善环境很重要。他的学生们重新撰写了投票须知，并被洛杉矶县采用，为一项要求州政府大楼具有抗旱景观的法律进行游说，并制定了措施减少城市的涂鸦。艾伦在 www.reacheverychilD.com 上发布了数千条包含教师资源的链接。他给学生挑战，让学生成为独立的思考者和有头脑的冒险者。他让学生们创造一个理想的岛屿，并讨论岛上的政府的各个地理方面会是什么样子（Briggs, 1999; Educational Cyber Playground, 2006）。

艾伦·哈斯克维茨和中学生西蒙·阿拉孔和特蕾西·布洛齐斯一起，研究骨骼并试图弄清它们是哪种动物骨骼。

© Alan Haskvitz

3. 为思考提供积极的榜样。环顾你的社区，寻找能够展示有效思考的积极榜样，并邀请他们到课堂上与学生交谈。还要考虑社区的一些环境，如博物馆、大学、医院和企业，你可以带学生去参观这些地方，使他们可以观察善于思考的人并与他们进行互动。

4. 成为学生思维榜样。你自己要有一个积极的、善于探究的头脑。考虑我们在本章中所说的关于思维的内容。通过练习这些策略，努力成为学生积极的思维的榜样。

5. 了解思维发展的最新动态。在你成为一名教师后，应继续积极学习有关教导学生成为更高效的思考者最新发展动态。在未来十年里，很可能会有新的技术项目来提高学生的思维能力。你要去图书馆翻阅教育期刊，参加包含思维信息的专业会议。例如，时刻注意有关教师和学生的觉知训练的新发展。最近，一本名为《觉知》（Mindfulness）的新杂志诞生了，它可以为你提供关于这个主题的最新信息。此外，帕特里夏·詹宁斯（Patricia Jennings, 2015）最近出版的一本书《教师的觉知：课堂上的安宁与生产力的简单技能》（Mindness for Teachers: Simple Skills for Peace and Productivity in the Classroom）提供了极好的课堂策略。

6. 把技术作为提高学生思维能力的工具。技术、在线出版和社交媒体的各个方面都可以作为教育 21 世纪学习者更有效地与世界互动和交流的工具。

教师视角

让学习和技术对学生有意义

　　凯西·卡西迪（Kathy Cassidy）是加拿大萨斯喀彻温省穆斯乔市的一名一年级教师，她充分利用现有技术提高学生的学习能力。她使用的技术包括博客、Skype 视频电话和推特。除了教书，她还写了几本书，包括最近写的一本电子书《从开始连接》（Connected from the Start），并定期在会议上发言。有关她在课堂上广泛使用技术的详细信息，请参见 http://kathycassidy.com。

凯西·卡西迪在她的一年级教室里使用技术。

© Kathy Cassidy

决策

想想你一生中必须做出的所有决定。我应该教哪个年级和科目？大学毕业后，我应该马上去读研究生还是先找一份工作？在成家之前，我应该先打拼自己的事业吗？我应该买房还是租房？**决策**（decision making）是个体衡量事物的各种可能情况，并从中进行选择的思维过程。

决策：个体衡量事物的各种可能情况，并从中进行选择的思维过程。

在演绎推理中，人们使用明确的规则得出结论。而在做决策时，规则通常是不明确的，我们对各种决策所产生的后果的了解也是有限的。除此之外，我们可能会遗漏重要信息，而且可能并不相信自己所掌握的所有信息。

决策中的偏差和错误 决策研究的另一个富有成果的类别涉及影响决策质量的偏差和有缺陷的启发式（经验法则）。在许多情况下，我们的决策策略非常适合处理各种问题。然而，我们的思维容易出现某些错误（Stanovich, 2013）。常见的错误包括证实偏差、信念固着、过度自信偏差和后见之明偏差。当我们意识到这些潜在的缺陷时，决策的制定就会得到改进。

证实偏差：寻找和使用支持我们观点的信息，而不是反驳它们的信息的倾向。

证实偏差 证实偏差（confirmation bias）是指寻找和使用支持我们观点的信息，而不是反驳它们的信息的倾向。因此，在做决定时，学生可能会有一个初步的信念，认为某个方法是可行的。他测试了一下这个方法，发现它有时确实有效。他便得出结论，认为他的方法是正确的，而没有进一步研究该方法在其他情况下不起作用的事实。

我们倾向于寻找和倾听那些与自己观点一致者的意见，而不愿意听取不同的观点。因此，你可能具有一种特定的教学风格，比如说你喜欢使用讲授的教学方式。如果是这样的话，你可能倾向于向采用这种风格的其他教师寻求建议，而不是向具有其他风格（如学生合作解决问题）的教师寻求建议。

信念固着：在面对相互矛盾的证据时，仍然坚持自己的信念的倾向。

信念固着 与证实偏差密切相关，信念固着（belief perseverance）是一种在面对相互矛盾的证据时仍坚持自己的信念的倾向。人们一旦接受了某种观点或策略便很难放弃（Stanovich, 2013）。想想麦当娜，我们可能很难把她看作一位母亲，因为我们对她的固有信念是个狂野、喜好玩乐的摇滚明星。

多重思考
大脑的前额叶皮质是决策等高级思维的重要区域，其可能在青少年期没有得到充分发展。连接到"认知和语言发展"。

信念固着的另一个例子给一些大学生带来了麻烦。他们可能在高中时通过考前临阵磨枪取得过好成绩。那些没有采用新策略——在整个学期中更均匀地安排学习时间——的学生在大学里往往表现不佳。

过度自信偏差：基于概率或过去的经验，对判断和决策表现出过分自信的倾向。

过度自信偏差 过度自信偏差（overconfidence bias）是指基于概率或过去的经验，对判断和决策表现出过分自信的倾向。人们对那些患有致命疾病的人能活多久，哪些企业会破产，在法庭审判中被告是否有罪，以及哪些学生会在大学里表现出色的判断过于自信。人们对自己的判断总是比基于统计上客观测量的预测更有信心。

在一项研究中，大学生被要求对自己在下一学年的情况做出预测（Vallone & others, 1990）。他们被要求预测是否会放弃任何课程，是否会在选举中投票，是否会和他们的女朋友或男朋友分手。该学年结束时，检验他们预测的准确性。结果是：他们放弃某门课程、不在选举中投票，以及和女朋友或男朋友分手的可能性高于之前他们的预测。

后见之明偏差 人们不仅对他们预测未来会发生什么事情的准确度过于自信（过度自信偏差），而且倾向于高估他们过去在预测方面的表现。**后见之明偏差**（hindsight bias）是我们在事后错误地报告自己准确地预测了一个事件的倾向。

在我写这一章的时候，新的棒球赛季才刚刚开始。各个城市里都有许多人都预测他们的球队会进入世界大赛。到了10月，几乎所有的球队都被淘汰出局后，同样这拨人中的很多人又说："我就说嘛，我们的球队在这赛季不会表现得好。"

青少年期的决策 青少年期是一个需要做出更多决策的时期，青少年需要选择和哪一个人做朋友，和哪一个人约会，是否发生性关系，是否寻求即时满足或延迟满足以换取积极结果，是否上大学，等等（Reyna & Zayas, 2014）。青少年的决策能力如何？年龄稍大的青少年往往比年龄较小的青少年做出更好的决策，而年龄较小的青少年则会比儿童做出更好的决策。

相比于情绪激动时，大多数人处于冷静状态时会做出更好的决策，对青少年来说尤其如此（Steinberg, 2015a, b）。因此，那些在冷静状态能做出明智决策的青少年，可能会在情绪激动时做出不明智的决策。

社会环境在青少年决策中起着关键作用。例如，青少年更容易在物质和其他诱惑很容易获得的情况下做出危险的选择（Steinberg, 2015a, b）。最近的研究表明，在冒险情境中同龄人的存在增加了青少年做出冒险决策的可能性（Silva & others, 2016）。在一项涉及模拟驾驶任务的冒险行为研究中，同龄人的存在使青少年做出危险驾驶的决策增加了50%，但对成年人没有影响（Gardner & Steinberg, 2005）。一种观点认为，同龄人的存在会激活大脑的奖励系统，特别是多巴胺路径（Monahan & others, 2016; Smith & others, 2015）。

解释青少年决策的一种说法是双过程模型（dual-process model），该模型指出决策受到两个认知系统的影响，一个是分析系统，另一个是经验系统，它们相互竞争（Reyna, Weldon, & McCormick, 2015）。双过程模型强调，正是对实际经验进行监控和管理的经验系统而不是分析系统有利于青少年的决策。在这种观点下，青少年不会从进行反思性的、详细的、更高层次的认知分析中获益，尤其是在高风险的现实环境中。在这种情况下，青少年只需要知道有些情况非常危险，需要不惜一切代价避免。然而，一些研究青少年认知的专家认为，在许多情况下，分析系统和经验系统都会使青少年受益（Kuhn, 2009）。

后见之明偏差：在事后错误地报告自己准确地预测了一个事件的倾向。

双过程模型：该模型指出决策受到两个认知系统的影响，一个是分析系统，另一个是经验系统，它们相互竞争。在该模型中，正是对实际经验进行监控和管理的经验系统而不是分析系统有利于青少年的决策。

连线学生：最佳实践

让自己和学生做出明智决策的策略

1. 权衡各种结果的成本和收益。在很多情况下，你都会从这个策略中受益。例如，你的学生会从以小组或讲座形式探究特定主题中受益吗？
2. 避免证实偏差。你是否倾向于只找那些能支持自己观点的人谈话？某个特定的学生是不是会回避持不同意见的人？如果是，你如何帮助他或她？
3. 抵制信念固着。你是否坚守着一些可能已经过时并需要改变的信念？学生有没有基于他们过去的经验而坚持一些不符合他们当前情况的信念？如果是，你怎样才能帮助他们？
4. 防止过度自信偏差。你对自己基于概率或过去的经验所做的决定的信心是否超过应有的信心？你未来的学生是否有可能掩饰自己在你课上前一次考试中表现不佳的事实，而过于自信不投入更多时间来学习呢？
5. 避免后见之明偏差。要意识到人们在事实发生后，有一种错误报告他们能够预测一个事件的倾向。
6. 如果你打算在初中或高中任教，花点时间阅读并进一步思考青少年如何做出决策以及影响他们做出决策的因素。青少年需要把时间花在积极的活动上，以限制他们从事冒险行为的机会。

创造性思维

思维的一个重要方面是能够创造性地思考（Ambrose & Sternberg, 2016; Renzulli, 2017; Sternberg, 2017; Sternberg & Sternberg, 2016）。**创造力**（creativity）是一种以新颖和不寻常的方式思考问题并提出独特解决方案的能力。

> 创造力：一种以新颖和不寻常的方式思考问题并提出独特解决方案的能力。

吉尔福特（J. P. Guilford, 1967）区分了聚合性思维和发散性思维，**聚合性思维**（convergent thinking）指产生一个正确答案的思维形式，是传统智力测验所要求的思维类型，**发散性思维**（divergent thinking）指对同一问题产生多个答案的思维形式，是创造力的特征。例如，传统智力测验中典型的聚合思维问题是："60 个 10 分硬币能换多少个 25 分的硬币？"这个问题只有一个正确答案。相反，发散性思维问题则有不止一个答案。例如，思考这些问题："当你想到独自一人坐在一个黑暗的房间里时，你的脑海里会浮现哪些画面？"和"回形针有什么独特的用途？"。

> 聚合性思维：产生一个正确答案的思维形式，是传统智力测验所要求的思维类型。

> 发散性思维：对同一问题产生多个答案的思维形式，是创造力的特征。

智力和创造力有关吗？尽管大多数有创造力的学生都很聪明（以传统智力测验的高分来衡量），但反过来则不一定如此。许多高智商的学生并不是很有创造力（Ambrose & Sternberg, 2016; Barbot & Tinio, 2015）。

创造过程的步骤 创造过程通常被描述为下列五个步骤的序列：

1. 准备（preparation）。学生沉浸在他们感兴趣的问题中，他们的好奇心被激发。
2. 酝酿（incubation）。学生们在头脑中反复思考，有可能在他们的思维中建立一些不寻常的联系。

3. 顿悟（insight）。当所有思维碎片拼凑在一起时，学生们体验到"啊哈！"的时刻。

4. 评价（evaluation）。现在学生必须决定这个想法是否有价值，是否值得追求。他们需要思考"这个想法是新颖的还是显而易见的？"。

5. 细化（elaboration）。最后一步往往花费时间最长，工作也最艰苦。这一步正是 20 世纪美国著名发明家爱迪生（Thomas Edison）所思考的，当时他说，创造力是 1% 的灵感和 99% 的汗水。

多重思考
在斯腾伯格看来，创造性思维与分析性思维截然不同，而分析性思维是传统智力测验的核心。连接到"个体差异"。

米哈里·契克森米哈赖（Mihaly Csikszentmihalyi, 1996）认为，五步序列为思维如何发展出创造性的想法提供了一个有用的框架。不过他强调，有创造力的人并不总是按固定的顺序走完这些步骤。例如，细化阶段常常被准备阶段打断。在顿悟、评价和细化过程中可能会出现新的洞见。顿悟可能需要数年时间，也可能只需要几个小时就能形成。有时候，创造性的想法是由一种深刻的顿悟组成。在其他时候，它是一系列的小顿悟。完成自我评估 1，评估你的创造性思维能力。

教学和创造力 教学的一个重要目标是帮助学生变得更有创造力（Beghetto & Kaufman, 2017; Renzulli, 2017）。教师需要认识到，学生在某些领域会比其他领域表现出更多的创造力（Sternberg, 2017）。例如，在数学方面表现出创造性思维能力的学生可能不会在艺术方面表现出这些能力。

现今特别值得关注的问题是，美国儿童的创造性思维似乎正在下降。一项对约 30 万名美国儿童和成年人的研究发现，创造力得分在 1990 年之前一直在上升，但从 1990 年起就开始稳步下降（Kim, 2010）。造成这种下降的可能原因包括美国儿童将时间花在看电视和玩电子游戏上，而不是从事创造性活动，以及学校对创造性思维能力的不重视（Gregorson, Kaufman, & Snyder, 2013）。不过，有些国家的学校越来越重视创造性思维。例如，从历史上，中国的学校通常不鼓励创造性思维。然而，中国的教育工作者现在鼓励教师把更多的课堂时间花在创造性活动上（Drucker, 2010）。

如果你是一个创造性的思考者，并且在日常教学中从事创造性思考，你的学生也会受益匪浅。米哈里·契克森米哈赖（Mihaly Csikszentmihalyi, 1996）推荐了一些提高创造力的策略，这些策略可以帮助你成为一个更有创造力的思想者。他采访了 90 位艺术、商业、政府、教育和科学界的领军人物，以了解创造力是如何发挥作用的。他发现，有创造力的人经常会经历一种他称为"心流"（flow）的状态。这是一种当我们全神贯注于一种精神或体能的挑战时所体验到的一种高度愉悦状态。契克森米哈赖指出，每个人都有能力实现心流（Csikszentmihalyi, 2000）。根据他对世界上最有创造力的人的采访，迈向更有创造力生活的第一步是培养你的好奇心和兴趣。这里有一些方法可以做到这一点：

·试着每天都为一些事物感到惊讶。也许是你看到、听到或读到的东西。全神贯注于一个讲座或一本书。持开放态度接受世界正在向你展示的东西。生活是体验的溪流，在其中广泛而深入地游走，你的生活将更加丰富。

·试着每天至少给一个人带来惊喜。你做的很多事情都必须是可预测的和模式化的，但可以做一些不同的事情来改变。例如，问一个你平时不会问的问题、邀请某人和你一起去一个你从未参观过的博物馆。

·每天记下让你吃惊的事情，以及你让别人吃惊的事情。大多数有创造力的人都会记日记、笔记或实验室记录，以确保他们的体验不会转瞬即逝或被遗忘。从一个具体的任务开始。每天晚上记录当天发生的最令人惊讶的事件和你最令人惊讶的举动。几天后，重读你的笔记，反思你过去的经历。几周后，你可能会在笔记中看到一个有趣的模式，该模式可能表明某个你可以深入探索的领域。

·当某件事激发你的兴趣时，跟着它走。通常，当某件事引起你的注意时，它是短暂的，比如一个想法、一首歌、一朵花。我们常常太忙，无法进一步探索这个想法、歌曲或花朵；或者我们认为这些领域与我们无关，因为我们不是这方面的专家。但这个世界就是我们的事业，我们不知道世界哪一部分最符合我们的兴趣，除非我们认真努力地尽可能多地了解它的方方面面。

·早上醒来，要有一个值得期待的特定目标。有创造力的人醒来后渴望开始新的一天。为什么？不一定是因为他们是开朗、热情的人，而是因为他们知道每天都有一些有意义的事情要完成，他们迫不及待地要开始。

·花时间在能够激发你创造力的环境中。在契克森米哈赖的研究中，他给了人们一个电子寻呼机，并在一天中的不同时间随机地发出哔哔声（Csikszentmihalyi, 1996）。当他问他们感觉如何时，他们报告说在走路、开车或游泳时创造力水平最高。我（本书作者）在慢跑时进行最有创造性的思考。这些活动是半自动的，因为它们需要一定的注意力，同时能留出一些时间建立各种想法之间的联系。

> **多重思考**
> 专家认为，美国的天才学生教育需要进行重大改革。连接到"特殊的学习者"。

回想一下，当前的一个关注点是旨在满足《每个学生都成功法案》等立法要求的基于标准的教育，以满足学生的需求为目的，不利于有天赋的儿童的教育。此外，越来越多的人担心，这项立法迫使学生为了在标准化考试中取得好成绩而背诵信息，从而损害了学生创造性思维的发展。

最近，我询问老师们如何帮助学生们发展创造性思维能力，以下是他们的回复：

幼儿园 当我给学龄前学生教授音乐时，我让他们从我们的乐器库中推荐一种乐器来发出书中人物的声音。学生还必须说明他们为什么选择这种乐器。

——康妮·克里斯蒂，艾诺小学附属幼儿园

（Connie Christy, Aynor Elementary School Preschool Program）

小学 当我教社会科学时，我让学生们建立一个模拟旅行社。我们首先谈论环游世界的旅行，这强调了地理学知识。然后我们讨论旅行社的业务，学生们集思广益地讨论旅行社的工作需要做些什么，以及在一家真正的旅行社能找到什么。然后学生成立旅行社，制作旅行手册，预订旅行等。这个社会科学课程任务很有趣，涉及阅读、写作、研究、艺术和市场营销。

——克雷格·詹森，库珀山小学

（Craig Jensen, Cooper Mountain Elementary School）

初中 我常常在给学生讲故事时，把故事的最后部分留空，让学生们编写一个结尾。答案没有对错之分，只是给学生一个拓展他们的创造性思维的机会。

——玛格丽特·里尔登，波坎蒂科山学校

（Margaret Reardon, Pocantico Hills School）

高中 通过提供一个自由和安全的环境，教师可以培养学生的创造性思维。特别是，我发现让学生们就各种各样的话题进行头脑风暴，会产生源源不断的创造性想法。

——丹尼斯·彼得森，鹿河高中

（Dennis Peterson, Deer River High School）

连线学生：最佳实践
引导学生进行更多创造性思考的策略

一个重要的教学目标是引导学生成为更好的创造性思维者（Ambrose & Sternberg, 2016）。以下是一些帮助学生提高创造性思维能力的有效策略：

1. 在日常教学课程中进行创造性思考。当学生与那些有创造性思维的教师在一起，并有机会让学生们观察他们创造性的思考方式时，学生的创造性思维将会受益。定期回顾契克森米哈赖关于成为一名创造性思维者的建议以提高你的创造性思维能力。

2. 鼓励基于小组和个人的创造性思维。头脑风暴（brainstorming）是一种技术，它鼓励小组成员提出创造性的想法，互相讨论彼此的想法，对于任何似乎与某个特定问题有关的想法畅所欲言。参与者通常被告知至少在头脑风暴会议结束前不要批评他人的想法。

3. 提供激发创造力的环境。一些课堂会培养创造力，而另一些则会抑制创造力（Beghetto & Kaufman, 2017; Renzulli, 2017）。鼓励创造力的教师通常依赖学生与生俱来的好奇心（Gottlieb & others, 2017; Skiba & others, 2017）。他们提供练习和活动，鼓励学生找到见解深刻的问题解决方案，而不是提出很多需要死记硬背的问题。教师还可通过带学生去重视创造力的地方实地考察来鼓励创造力。霍华德·加德纳（Howard Gardner, 1993）强调，科学、发现和儿童博物馆提供了丰富的机会来激发创造力。学校和教室的设计可能会影响学生的创造力（Baer, 2016）。鼓励独立工作、有启发性但不分散注意力，并随时提供资源的学校环境可能会鼓励学生的创造力（Runco, 2016）。

4. 不要过度控制学生。特丽莎·阿马比尔（Teresa Amabile, 1993）说，告诉学生具体如何做事会让他们觉得原创是错误的，探索是浪费时间。如果你让学生选择他们的兴趣，支持他们的倾向，而不是规定他们应该从事哪些活动，那么你就不太可能破坏他们与生俱来的好奇心。阿马比尔还强调，当教师总是学生身边徘徊时，他们会让学生感觉自己在完成学习任务时一直被监视。当学生处于持续的监视之下时，他们的创造性冒险和冒险精神就会减弱。

5. 鼓励内在动力。过度使用奖品，如金色星星、金钱或玩具，会破坏学生从创造性活动中获得的内在快乐，从而扼杀创造力。创造性强的学生的动机是活动本身所产生的满足感。争夺奖品的竞争和正式评估往往会削弱内在动机和创造力（Hennessey, 2011, 2017）。但是物质奖励不必完全排除，我们将在"动机、教学和学习"一章中详细介绍内在和外在动机。

6. 引导学生，帮助他们以灵活的方式思考。创造性的思考者通过以多种不同的方式解决问题而不是陷入僵化的思维模式中，来表现出灵活性。让学生有机会在思维中锻炼这种灵活性（Ambrose & Sternberg, 2016）。

7. 建立学生的自信心。当教师鼓励学生相信他们自己有能力创造一些创新的和有价值的东西时，就会对提升其创造力有所帮助。建立学生对其创造能力的信心，与班杜拉（Bandura, 2012, 2015）的自我效能感（self-efficacy）概念相一致，即相信自己可以掌控某种局面并产生积极的结果的信念。在"动机、教学和学习"一章中，我们将讨论更多关于自我效能感的内容。

学生视角
12 岁的电影制作人和渗出的红色黏液

史蒂文在童子军获得了电影制作徽章时，他才 12 岁。他的父亲给他买了一台超 8 毫米电影摄影机，于是他开始想象制作电影需要做些什么。史蒂文拍了一部名为《最后的枪战》的电影。他的母亲任由他在房子里自由发挥，他差不多把它改造成了一个电影工作室。在他 16 岁拍摄一部名为《火光》的电影时，他需要一些"从厨房橱柜里渗出的看起来血淋淋的红色黏液"，于是他说服母亲购买了 30 罐樱桃。史蒂文把樱桃扔进高压锅里，捣鼓出了"能够渗出的红色黏液"。

史蒂文就是史蒂文·斯皮尔伯格（Steven Spielberg），他的母亲支持他的想象力和对电影制作的热情。当然，斯皮尔伯格后来成为好莱坞最伟大的导演之一，凭借《E.T》《侏罗纪公园》和《辛德勒名单》等影片获得了全世界的认可（Goleman, Kaufman, & Ray, 1993）。

8. 引导学生坚持不懈和延迟满足。大多数高度成功的创意产品需要数年的时间来开发。大多数有创造力的人都致力于数月或数年没有回报的努力（Ambrose & Sternberg, 2016; Sternberg, 2017）。儿童不会一夜之间成为体育、音乐或艺术的专家。通常需要多年的努力，才能成为专家；所以，成为一个有创造力的思考者，生产出独特的、有价值的产品，也是如此。

9. 鼓励学生勇于冒险。有创造力的人敢于冒险，寻求发现或发明一些以前从未发现或发明过的东西（Sternberg, 2017）。他们冒着在一个可能行不通的想法或项目上花费大量时间的风险。有创造力的人不怕失败或犯错，他们经常把失败看作学习的机会。他们在想出一个成功的创新之前，可能已经走入了 20 条死胡同。

10. 向学生介绍有创造力的人。一个好的策略是找出你所在社区中最有创造力的人，邀请他们到你的课堂上描述是什么帮助他们成为有创造力的人，或是展示他们的创造能力。作家、诗人、工匠、音乐家、科学家，还有许多其他人都可以把他们的道具和作品带到你的课堂上。

11. 与技术连接。越来越多的互联网网站为增强学生的创造性思维提供了极好的资源。下面列出了其中一些网站：
· Doodlecast for Kids（儿童涂鸦）。这个应用程序让学生们把他们的艺术作品带到生活中。他们一边画画一边叙述，然后以视频的形式播放动画草图。
· Strip Designer（连环画设计师）和 ComicBook（漫画书）是帮助学生创建连环画的优秀应用程序。
· Digital Storytelling and Writing（数字讲故事和写作）。木偶伙伴们为人物和场景提供脚手架支持，这样即使是年幼的儿童也可以录制故事。对于实际的图书创作，My Story Book Creator（我的故事书创作者）应用程序适合幼儿使用，而 Book Creator（图书创作者）应用程序可以让学生和教师创建有吸引力的、经过修饰加工的图书，这些图书可以作为 iBooks 电子书发布，也可以作为 PDF 文件导出。
· Music Shop（音乐商店）可供年龄较大的儿童录制各种音乐作品，Toca Band（托卡乐队）是一款类似的应用程序，年龄较小的儿童也可以使用。

自我评估 1
我有多善于创造性地思考问题？

根据你参与这些活动的频率来评估这些活动对你的适用程度：1=从不，2=很少，3=有时，4=很多。

	1	2	3	4	5
1. 我想出了新颖独特的想法。					
2. 我和其他人一起头脑风暴，创造性地找到解决问题的方法。					
3. 我有内在动力。					
4. 我对待事情很灵活，想法天马行空。					
5. 我阅读关于创造性项目和创造性人才的文章。					
6. 我每天都为某些事情感到惊讶，也会使他人惊讶。					
7. 我在早上醒来时明确知道自己要做什么。					
8. 我寻找问题的替代性解决方案，而不是给出一个现成的答案。					
9. 我有信心有能力创造出一些创新和有价值的东西。					
10. 我延迟满足且坚持不懈，直到我发展出创造性的想法和产品。					
11. 我在发展创造性思维。					
12. 我花时间与有创造力的人待在一起。					
13. 我花时间在能够激发自身创造力的环境和活动上。					

审视你的整体反应模式。你在创造力方面的优势和劣势是什么？继续练习你的长处，努力改进你的短处，为学生提供一个创造性的榜样。

复习、思考和练习

学习目标 2：描述思维的几种类型和教师培养它们的方法。

复习

·什么是思维？

·执行功能是如何定义的，它在发展过程中是如何变化的，是什么影响它的发展？

·归纳推理和演绎推理有何不同？

·批判性思维的重点是什么？大多数学校是否教学生进行批判性思考？什么是决策？有哪些缺陷会阻碍有效的决策？

·什么是创造性思维？教师如何培养学生的创造性思维？

思考

·一些专家感叹，很少有学校教学生进行批判性思考。你自己的体验是否支持这一观点？如果你同意专家的观点，为什么批判性思维没有得到更广泛或有效的教授？

PRAXIS™ 练习

1. 桑普森先生想提高学生的执行功能技能。以下哪项活动最有可能帮助他实现这一目标？

    A. 帮助学生背诵一首诗

    B. 给学生提供有效处理多任务的提示

    C. 为学生创造机会来管理他们的思想和设定目标

    D. 让学生做计算性的数学问题

2. 麦克道格女士的教室里有一只宠物兔。有一天，当阿玛丽抚摸兔子的时候，兔子咬了她。阿玛瑞认为所有的兔子都很可恶。这是何种推理的例子？

    A. 类比

    B. 批判性思维

    C. 演绎推理

    D. 归纳推理

3. 哪种教学策略最有可能促进社会科学课中批判性思维能力的发展？

    A. 让学生创建重要历史日期的时间线

    B. 给学生提供作业纸，要求他们回忆课本上呈现的事实

    C. 让学生对诸如"林肯是我们最伟大的总统"这样的陈述来进行辩护或反驳

    D. 进行单项选择题测试

4. 许多学生在学习教育心理学课程时认为，当一个权威人物向儿童呈现厌恶性刺激，而儿童的不良行为减少时，权威人士就对儿童的行为进行了负强化。当然，我们知道其实是权威人物惩罚了儿童的行为。许多带着这种错误观念进入你课堂的学生会在期末考试中答错测试这个观点的题目，并且在他们离开课堂时，仍然会有这种错误的观念。对这种现象的最佳解释是什么？

    A. 信念固着

    B. 证实偏差

    C. 后见之明偏差

    D. 以上都不是

5. 中央学校五年级的所有班级都刚读过《森林王子》(*The Jungle Book*)。哪项作业最有可能促进创造力？
   A. 学生们写一个故事，讲述如果他们像莫格利一样在野外长大，他们的生活会有什么不同
   B. 学生们完成一个故事图，在图中描述书中的背景、人物、情节、高潮和主题
   C. 学生们按照教师构建的原型，制作猴子居住的寺庙模型
   D. 学生们完成包含有关书中情节和人物问题的作业纸

请参看书末的答案……

3　问题解决

学习目标3：采用系统的方法进行问题解决。

让我们将问题解决作为一个认知过程来考察，包括它涉及的步骤、遇到的障碍以及什么是教授问题解决的最佳方式。

问题解决（problem solving）是指寻找适当的方法实现目标。思考以下需要学生进行问题解决的任务：为科学展设计一个展板，为英语课写一篇论文，增强社区的环保意识，以及就导致人们产生偏见的因素发表演讲。尽管这些任务看起来很不一样，但每个任务都涉及一系列类似的步骤。

> 问题解决：寻找实现目标的适当方法。

问题解决的步骤

人们一直在努力确定个体在有效的问题解决过程中所经历的步骤。如下所示（Bransford & Stein, 1993）：

1. 发现并确定问题。在着手解决一个问题之前，你必须认识到它的存在。过去，学校里的大多数问题解决练习都涉及明确界定的问题，这些问题可以通过特定的、系统化的操作产生清晰的解决方案。如今，教育工作者越来越认识到，有必要让学生学会界定问题，而不是仅仅提供清楚界定的问题来让他们解决（Ashraft & Radvansky, 2016）。

假设有个学生的主要目标是设计一个科学展展板。她选择什么学科作为展板主题最合适呢——生物学、物理学、计算机科学、心理学？在做出决定后，她必须进一步缩小这个问题的范围。例如，心理学的哪个领域——知觉、记忆、思维、人格？在记忆领域中，她可能会提出这样一个问题：人们对所经历的创伤性事件的记

忆有多可靠？因此，该学生可能需要进行大量的探索和改进，才能将问题缩小到能够产生具体的解决方案。探索这样的替代性方案是问题解决的一个重要部分。

2. 制定良好的问题解决策略。一旦学生发现问题并给出了清楚的界定，他们就需要制定解决该问题的策略（Ericsson & others, 2016）。设定子目标、运用算法、启发式方法和手段–目的分析都是有效的策略。

设定子目标（subgoaling） 是指设定中间目标，使学生处于实现最终目标或解决方案的更好的位置上。学生在解决问题时可能表现不够理想，是因为他们没有生成子问题或子目标。让我们回到关于人们对其经历过的创伤性事件记忆的可靠性的科学展课题上。该课题可能有哪些子目标策略？一种可能是找到关于记忆相关书籍和研究期刊；另一种可能是采访那些经历过创伤的人，其中的基本事实已经被记录下来。在学生研究这个子目标策略的同时，她可能会受益于为了实现最终目标（完成科学展展板课题）而制定下一步子目标。如果科学展板在三个月后就要展出，她可能会设定以下子目标：在最后期限之前两周完成展板初稿，在截止日期前一个月结束研究工作，截止日期前两个月完成研究工作的一半，从今天开始两周内完成三次创伤性事件的访谈，明天开始去图书馆收集资料。

注意，我们在设定子目标时，用倒推的方式制定，通常是一个好的策略。学生首先创建一个最接近最终目标的子目标，然后再倒推到最接近问题最初状态的子目标。

算法（algorithm） 是保证问题得到解决的策略。算法有不同的形式，如公式、指令，以及对所有可能的解决方案的检验。

当学生按照既定程序解决乘法或长除法问题时，他们就是在使用一种算法。当他们按照指示图解一个句子时，他们也是在使用一种算法。算法有助于解决清晰界定的问题。但由于现实世界中的许多问题并不那么直观，因此也就需要更宽松的策略。

启发式方法（heuristics） 是一种策略或经验法则，它可以提出一个问题的解决方案，而不保证该方案会起作用。启发式方法帮助我们缩小可能的解决方案的范围，并帮助我们找到一个可行的解决方案。假设你出去远足一天，发现自己迷失在山里。要想"不迷路"，一个常见的启发式方法就是径直下山，然后寻找最近的小溪，沿着小溪走，小溪汇成河流，河流附近常有人烟。因此，这种启发式方法通常是有效的，尽管它可能会把你带到一个荒凉的海滩上。

面对单项选择题，有几种启发式方法可能是有用的。例如，如果你对某个答案不确定，可以先试着排除看起来最不可能的答案，然后在剩下的答案中进行猜测。此外，你还可以研究试卷中其他问题的描述或答案选项，来寻找解答某个题目的线索。

手段–目的分析（means-end analysis） 是一种启发式方法，它确定问题的目标（目的），评估当前情况，并评估需要做哪些事情（手段）来缩小两个状态之间的

设定子目标：设定中间目标，使学生处于实现最终目标或解决方案的更好的位置上。

算法：保证问题得到解决的策略。

启发式方法：一种策略或经验法则，它可以提出一个问题的解决方案，而不保证该方案会起作用。

手段–目的分析：一种启发式方法，它确定问题的目标（目的），评估当前情况，并评估需要做哪些事情（手段）来缩小两个状态之间的差距。

差距。手段-目的分析的另一个名称是差异减少（difference reduction）。手段-目的分析也可以涉及我们在前面描述过的子目标的使用。手段-目的分析是问题解决中的常用方法。思考一下我们所举的例子，一个学生想要制作一个科学展的展板（目的），但还没有找到一个合适的主题。通过手段-目的分析，她可以评估目前的状况，即她才刚刚开始考虑这个任务。然后她可以制订一个计划来缩小她的目前状况和目标（目的）之间的差距。她的"手段"可能包括与社区中的几位科学工作者谈论潜在的课题，前往图书馆就所选主题进行研究，以及在互联网上探索其他可能的课题项目和实施途径。

3. 评估解决方案。一旦我们认为自己已经解决了一个问题，我们可能不知道我们的解决方案是否有效，除非我们对它进行评估。心中有一个明确的标准来确定解决方案的有效性是有帮助的。例如，学生有效设计科学展展板的标准是什么？只是完成展板吗？展板完成后能否获取正面反馈、赢取奖项或赢得第一名？会通过设定目标、筹划实施该目标并最终实现目标而获得自我满足感吗？

4. 随着时间的推移，重新思考和定义问题和解决方案。问题解决的最后一个重要步骤是不断地重新思考和定义问题和解决方案。善于解决问题的人会被激励去改进他们过去的表现并做出原创性的贡献。因此，完成科学展展板任务的学生可以回顾该任务，思考如何使其更上一层楼。学生可以利用评委或参加展览的其他人的反馈意见，来对展板进行完善，以便在将来的某个地点再次展示。

问题解决的障碍

问题解决的一些常见障碍是固着和缺乏动力和坚持。我们还将讨论情绪控制不足，这是有效解决问题的另一个绊脚石。

固着　个体很容易陷入固着于某种特定的问题解决策略的陷阱。固着（fixation）是指使用以前的策略，而没有从一个全新的角度看待问题。功能固着（functional fixedness）是固着的一种类型，由于个人仅从通常的功能来考虑问题所涉及的因素，因而无法使问题得到解决。例如，一个用鞋来捶打钉子的学生就克服了功能固着，解决了问题。

心理定势（mental set）是一种固着，在这种固着中，个体尝试以过去有效的特定方式解决问题。我（本书作者）有一种用打字机而不用电脑写作的心理定势。我喜欢用打字机写作，而且所写的内容从未丢失过。我花了很长时间才摆脱了该心理定势。一旦抛开这种心理定势，我发现用电脑写作要轻松得多。你可能对教室里使用新电脑和影音技术也有类似的心理定势，一个好的解决策略是对这些变化保持开放的心态，并监控你的心理定势是否妨碍你尝试能够激活课堂气氛、提高课题效率的新技术。

缺乏动力和坚持　即使你的学生已经有了很好的问题解决能力，如果他们没有动

固着：指使用以前的策略，而没有从一个全新的角度看待问题。

心理定势：固着的一种类型，即个体尝试以过去有效的特定方式解决问题。

力去使用它们，这些能力也就没有什么用了。对学生来说，具有解决问题的内在动力并坚持寻找解决方案尤其重要。有些学生会回避问题或轻易放弃。

教师的一项重要任务是设计或引导学生解决对他们有意义的问题，并鼓励和支持他们寻找解决方案。比起课本上那些对他们没有个人意义的问题，学生们更有动力去解决与他们个人生活相关的问题。基于问题的学习采用的就是这种贴近现实的个人取向方法。

情绪控制能力不足　情绪会促进或阻碍问题的解决。积极性很高并善于解决问题的人往往能够控制自己的情绪，集中精力寻找解决问题的方法。过多的焦虑或恐惧尤其会限制学生解决问题的能力。有能力解决问题的人通常不怕犯错误。

> **多重思考**
> 动机涉及被激发、指导和持续的行为。连接到"动机、教学和学习"。

发展变化

幼儿有一些使他们无法有效地解决许多问题的缺点。尤其值得注意的是他们缺乏计划性，这种情况在小学和中学阶段有所改善。幼儿计划能力差的原因之一，是他们倾向于以牺牲准确性为代价，更快地解决问题，并且无法抑制某项活动。计划通常需要抑制当前的行为，以便停下来进行思考。学龄前儿童通常很难抑制正在进行的行为，尤其是当当前行为很愉快时。幼儿问题解决能力的另一个缺点是，尽管他们可能知道一个规则，但他们可能无法使用它。

其他年龄较大的儿童和青少年比年龄较小的儿童成为更好的问题解决者的原因包括知识和策略。年龄较大的儿童和青少年必须解决的问题往往比幼儿面临的问题更为复杂，准确解决这些问题通常需要知识的积累。儿童对某一特定主题的了解越多，他们就越有能力解决与该主题相关的问题。关于某一主题的知识积累的增加，与我们在"信息加工理论"一章中对专家和新手的讨论有关。

年龄较大的儿童和青少年也比年龄较小的儿童更有可能拥有帮助他们解决问题的有效策略。回想一下我们在"信息加工理论"一章中对元认知和策略的广泛讨论，其中我们讨论了儿童如何随着年龄的增长而改善对策略的使用。在使用策略解决问题时，特别重要的是一系列可供选择的策略，在小学和中学阶段，学生的策略储备会不断增加。青少年也更有能力来监测和管理他们的资源，以有效地满足问题解决任务的要求，他们也更善于筛选出与解决问题无关的信息。

基于问题的学习和基于任务的学习

> **基于问题的学习：**解决诸如日常生活中发生的真实问题的学习。

我们已经讨论了问题解决的许多方面，现在我们将注意力转向涉及问题的两类学习。首先，我们将描述基于问题的学习，然后我们将解释基于任务的学习。

基于问题的学习　基于问题的学习（problem-based learning）强调解决真实的问

题，就像那些发生在日常生活中的问题。在印第安纳波利斯儿童博物馆，基于问题的学习被用在一个叫作"YouthALIVE"的程序中。在那里，学生们解决与构思、规划和布置展品有关的问题，设计视频，制作帮助游客理解和解释博物馆展品的程序，以及集思广益地制定让展览被更广泛传播的策略。

与教师提出想法和展示技能的直接教学不同，在基于问题的学习中，教师引导学生面对一个或多个问题，并让学生自己探索和发现解决方案（Lozano & others, 2015; Winfrey Avant, & Bracy, 2015）。基于问题的学习在培养学生产生对自身思维能力的信心方面特别有效。

基于问题的学习的一般流程包括五个阶段：（1）引导学生了解问题，（2）组织学生学习，（3）协助个人和小组调查，（4）开发和展示制品，（5）分析和评估问题解决过程（Arends, 2004）。图 9-3 提供了关于基于问题的学习的五个阶段的更详细信息。我们将在"计划、教学和技术"一章中进一步讨论基于问题的学习。

基于任务的学习 在**基于任务的学习**（project-based learning）中，学生致力于解决真正有意义的问题，并创造有形的产品（Tobias, Campbell, & Greco, 2015）。基于任务的学习和基于问题的学习有时被视为同义词。然而，虽然仍然强调以建构主义的方式学习的过程，但基于任务的学习比基于问题的学习更注重最终产品。在基于任务的学习中探索的问题类型类似于科学家、数学家、历史学家、作家和其他专业人士所研究的问题（Langbheim, 2015）。

> 基于任务的学习：解决真正有意义的问题并创造有形的产品的学习。

基于任务的学习环境具有五个主要特征（Krajcik & Blumenfeld, 2006）：

1. 一个驱动问题。学习过程从一个需要解决的关键问题或难题开始。

2. 真实的、情景化的探究。当学生研究关键问题时，他们会了解本学科专家在相关背景下所从事的问题解决过程。

3. 协作。学生、教师和社区参与者通过合作来寻找问题的解决方案。

4. 提供脚手架。对技术的学习被用来给学生挑战，使其超越他们在问题解决的背景下通常会做的事情。

5. 最终产品。学生创造有形的最终产品来解决关键问题。

完成自我评估 2，评估你的思维和问题解决能力。

阶段	教师的角色
阶段 1：引导学生了解需解决的问题	清楚地传达课程的目标，告知学生对他们的期望，并提升学生主动参与自主解决问题的动力
阶段 2：组织学生学习	帮助学生定义和组织与问题相关的学习任务
阶段 3：协助个人和小组调查	鼓励学生获取适当的信息，进行实验，并寻找解释和解决方案
阶段 4：开发和展示制品	指导学生制订计划和创造适当的展示品，如报告和视频，并帮助他们与其他人分享他们的工作
阶段 5：分析和评估问题解决过程	鼓励学生反思他们的调查以及他们使用的策略和步骤

图 9-3 基于问题的学习的五个阶段

连线学生：最佳实践
提高学生问题解决能力的策略

1. 给学生提供大量解决现实世界问题的机会。把这作为教学的一部分，开发与学生生活相关的问题。这种现实世界界的问题通常被称为"真实的"，而教科书上的问题往往对学生没有多大意义。
2. 监控学生有效和无效的问题解决策略。当你给学生提供解决问题的机会时，请记住问题解决的四个步骤。同时也要记住，妨碍问题有效解决的障碍为：固着、没有动力及不能坚持、情绪控制能力不足。在"教师视角"中，在美国加州威利茨市贝克特尔·格罗夫初中任教的劳伦·吉尔斯（Lawren Giles）描述了她如何鼓励学生使用不同策略。

教师视角
策略工具箱

　　在数学教学中，我使用这样的问题解决的策略，比如倒推工作，提出一个类似但更简单的问题，画一张类似但更简单的图，制作一张类似但更简单的表格，以及寻找更简单的模式。我们讨论在不同类型的问题中什么策略最有效。当学生们成功地解决了一个问题时，我们会查看他们使用了哪些方法，通常会发现学生们使用了不止一种方法。我谈论多种策略，就像木匠的工具箱里有不止一种锤子一样。

3. 让父母参与到儿童的问题解决。加州大学伯克利分校（University of California at Berkeley）开发了一个名为"亲子数学"的计划，帮助家长以积极、支持的方式与孩子一起体验数学（Schauble & others, 1996）。在该计划中，亲子数学课程通常按年级授课。许多数学活动都需要父母和孩子之间进行团队合作和沟通，他们不仅能更好地理解数学，还能更好地理解彼此。在美国，亲子数学课程已经为40多万名父母和孩子服务。
4. 与儿童和青少年一起解决问题，提高他们在解决问题时对规则、知识和策略的使用。要认识到儿童可能知道一个能够解决问题的规则却没有使用它，所以你可能需要鼓励儿童使用他们知道的规则。鼓励儿童建立知识库，提高他们对能够帮助他们解决问题的有效策略的认识。
5. 有效运用技术。要积极地把多媒体课程融入你的课堂。这些课程可以显著提高学生的思考和问题解决能力。

自我评估 2
我的思维和问题解决策略有效性如何？

　　采用有效的思维问题解决策略的教师比不采用这些策略的教师更有可能为学生树立榜样，并将这些策略传授给学生。就你自己所采取的思维及问题解决策略如实回答以下各项。给自己打分：1＝和我的情况极不相似，2＝和我的情况不太相似，3＝和我的情况有些类似，4＝和我的情况极为相似。然后计算总分。

	1	2	3	4

1. 我能意识到有效和无效的思维策略。
2. 我定期监控所使用的思维策略。
3. 我擅长推理。
4. 我使用良好的策略来形成概念。
5. 我善于批判性地深入思考问题。
6. 我构建自己的思维，而不是被动地接受别人的想法。
7. 我喜欢把使用技术作为有效思考的努力的一部分。
8. 我有很好的思维榜样。
9. 我一直留意思维方面最新的教育发展。
10. 我利用系统来解决问题，比如文中描述的四个步骤系统。
11. 我很擅长发现和构建问题。
12. 我能够做出良好的决定，并监控自己决策中的偏差和缺陷。
13. 在解决问题的时候，我会使用一些设立子目标和倒推工作的策略。
14. 我不会陷入问题解决陷阱，比如固着、缺乏动力或不能坚持，以及无法控制自己的情绪。
15. 在解决问题时，我会为自己的成功设定标准，并评估自己在多大程度上达到了解决问题的目标。
16. 我习惯于在一段时间之后，对问题进行反思和重新定义。
17. 我喜欢参与问题解决的任务。
18. 我擅长创造性思维。
总分 ____

评分和解释

　　如果得分在66~72分，你的思维策略可能非常好。如果得分在55～65分，你可能具有不错的思维策略。如果得分低于54分，加强思维策略方面的训练会让你从中受益。

复习、思考和练习

学习目标3：采用系统的方法进行问题解决。

复习

· 什么是问题解决？问题解决的主要步骤是什么？
· 问题解决的三个障碍是什么？
· 问题解决中的一些发展变化是什么？
· 什么是基于问题的学习？什么是基于任务的学习？

思考

· 在解决一个困难的问题时，你是否遵循了我们所描述的四个步骤？为了更好地为学生示范如何进行问题解决，你需要做些什么呢？

PRAXIS™ 练习

1. 以下哪项是使用启发式方法的最佳例子?

    A. 贝蒂娜需要计算一系列数字的平均数。首先,她计算出了它们的和,然后用这个数除以这串数字的个数

    B. 安德斯在商店里和他的母亲走散了。他去找收银员告诉她他迷路了。收银员把他带到服务台,向其母亲发送了信息

    C. 萨马里需要记住所有五大湖的名字。他使用首字母缩写 HOMES 的策略

    D. 玛琼莉想要知道她需要多少地毯来铺满她的房间。她使用长方形的面积公式,并将平方英尺换算成平方米

2. 以下哪项是功能固着的最佳例子?

    A. 扎克需要拧紧一个螺丝,但他没有螺丝刀。他的口袋里有一些零钱,但他并没有尝试用一角钱来代替螺丝刀

    B. 泽维尔继续使用重复多次加同一个数字的策略,而不是学习如何用乘法

    C. 玛利亚在解决一个要求她算出三角形面积的问题时,使用了长方形的面积公式

    D. 索尔在树林里迷路了。他记得母亲告诉他,如果他像这种情况迷了路,他应该"拥抱一棵树"。他一直待在一个地方,30 分钟内他的家人找到了他

3. 杰克逊今年 16 岁,在解决问题方面比他年轻时要好得多。以下哪项最有可能解释他在青少年期解决问题的能力有所提高?

    A. 由于他不再处于青少年期,他的激素水平更加稳定

    B. 他更善于监控问题解决任务的要求

    C. 他的行动更多由刺激驱动,这有助于他在遇到问题时对更多的刺激物进行分类

    D. 他使用熟知的策略

4. 以下哪项是基于问题的学习的最佳例子?

    A. 克里斯琴女士的科学课学生用一个鞋盒来保护一个从学校屋顶掉下来的鸟蛋不被摔碎

    B. 科勒女士的学生通过解决文字问题来帮助他们了解数学知识在日常生活中的应用

    C. 克林格女士的学生解决了一系列难度逐渐增加的加法和乘法问题

    D. 兰德尔女士的学生回答历史课本中章节末尾的问题

请参看书末的答案……

4 迁移

一个重要的复杂的认知目标能让学生能够将他们在一种情境下学到的东西应用到新情境中。学校教育的一个重要目标是让学生学习那些他们可以应用到课堂之外的东西。如果学生在语言艺术课的考试中表现出色,却写不出一封合格的信作为求职申请的一部分,那么学校教育就没有很好地发挥作用。如果学生在数学课的考试中成绩优秀,却不能解决工作中的算术问题,学校的教育同样没有尽到责任。

什么是迁移?

当一个人将先前的经验和知识应用于新情境中的学习或问题解决时,就会发生**迁移**(transfer)。因此,如果一个学生学会了某个数学概念,然后用这个概念来解决一个自然科学中的问题,就发生了迁移。如果一个学生在学校里阅读和研究关于公平的概念,然后在课外更公平地对待他人,这也是发生了迁移。

一些专家认为,确保产生迁移的最佳方式是"为迁移而教学"(Schwartz, Bransford, & Sears, 2005)。他们强调,当教学发生在个人需要执行的情境中时,难以迁移的问题实际上会被消除。教师通过让学生做好准备,使他们在现实生活中可能遇到的最坏的问题也接近迁移的问题,那么学生当前的学习水平和学习目标之间的差距就会显著缩小(Bransford & others, 2005)。其他一些可以改善迁移的策略包括给出两个或两个以上的概念例子,因为一个例子往往是不够的;给学生提供有助于他们构建问题解决活动的表征或模型,如矩阵;鼓励学生自己生成更多的信息,这就增加了他们记住需要迁移的信息的可能性(Sears, 2008)。另一个提高迁移的策略是给学生提供结构良好的对比性案例,在让他们在听取专家的解决方案之前,尝试自己发现解决方案。这个想法是,通过首先发现一个解决方案,学生们可以把他们之前的知识运用到这个问题上,并与问题的特征建立联系。当学生看到专家的解决方案,以及它如何将关键特征相互联系起来时,他们应该能够更好地理解它是如何起作用的,从而在未来更有效地对它进行迁移。

迁移:将先前的经验和知识应用于新情境中的学习或问题解决。

迁移的类型

有哪些不同类型的迁移?迁移分为(1)近迁移或远迁移,(2)低通路迁移或高通路迁移(Schunk, 2016)。

近迁移或远迁移 当课堂学习情境与初始学习情境相似时,就会出现**近迁移**(near transfer)。例如,如果几何教师指导学生如何通过逻辑证明一个概念,然后在学生学习该概念的同一情境中测试他们的逻辑,这就涉及近迁移。

远迁移(far transfer)指的是将学习迁移到一个与最初学习时完全不同的情境中。例如,如果一个学生在建筑师的办公室得到了一份兼职工作,并将他在几何课上学到的知识用于帮助建筑师分析一个从未在几何课上遇到过的空间问题上,那么就发生了远迁移。

低通路或高通路迁移 加百利·所罗门和戴维·珀金斯(Gabriel Salomon & David Perkins, 1989)区分了低通路迁移和高通路迁移。当先前的学习自动地、通常是无意识地迁移到另一种情境中时,就发生了**低通路迁移**(low-road transfer)。这种情况最常发生在熟练操作的、无需过多思索的技能上。例如,优秀的阅读者遇到用母语书写的新

近迁移:将学习迁移到与最初学习发生的情境相似的另一种情境中。

远迁移:将学习迁移到与最初学习发生的情境截然不同的情境中。

低通路迁移:将先前的学习自动地、通常是无意识地迁移到另一种情境中。

句子时，他们就会自动阅读。

相比之下，**高通路迁移**（high-road transfer）是有意识努力的结果。学生们有意识地将先前所学的知识和现在面临的新情境之间建立联系。高通路迁移是有意识的，也就是说，学生必须意识到他们正在做什么并思考情境之间的联系。高通路迁移意味着从以往的经验中抽象出一个一般规则或原则，然后将其应用到新情境下的新问题。例如，学生可能会在数学课上学习子目标（设定中间目标）的概念。几个月后，其中一个学生想到，子目标也许对完成一项篇幅很长的历史课家庭作业有帮助。这是高通路迁移。

所罗门和珀金斯（Salomon & Perkins, 1989）将高通路迁移细分为顺向迁移和逆向迁移。**顺向迁移**（forward-reaching transfer）是指学生思考如何将所学知识应用于新情境（立足当前情境，将信息"顺向"应用于未来的新情境）。为了实现顺向迁移，学生必须了解他们将要迁移学习的情境是什么样的。当学生回顾以前的（"旧"）情境（逆向），寻找有助于他们在新环境下解决问题的信息时即为**逆向迁移**（backward-reaching transfer）

为了更好地理解这两类高通路迁移，想象一位上英语课的学生，她刚刚学会了一些写作策略，可以让句子和段落变得生动和"有活力"。该学生开始考虑明年向校报投稿时如何运用这些策略来吸引读者，这就是顺向迁移。现在考虑一下第一天担任校报编辑的学生的情况。他正在试着给校报的版面排版。他思索片刻，想到以前所学的地理和几何知识。他借助从前的经验，想到了给校报排版的好点子，这就是逆向迁移。

文化实践和迁移　文化实践可能涉及迁移的难易程度。先前的知识包括学习者通过文化经验获得的知识，例如涉及种族、社会经济地位和性别的知识（Natianal Rescarch Council, 1999）。在某些情况下，这种文化知识可以支持儿童的学习并促进迁移，但在另一些情况下可能会产生干扰。

对于来自某些文化背景的儿童来说，他们在家庭环境中学到的知识与学校教育中所学知识之间的匹配度或迁移微乎其微。例如，考虑一下讲故事的语言技巧。欧美儿童使用的线性风格更接近于大多数学校教授的线性说明性写作和演讲风格（Lee & Slaughter-Defoe, 1995）。这可能涉及以严格的时间顺序叙述一系列事件。相比之下，在一些种族群体中，比如亚洲人、太平洋岛民或美洲原住民，讲故事更为常见的是一种非线性的、整体的/循环的风格，非拉丁裔白人教师可能认为他们的叙述缺乏条理（Clark, 1993）。此外，在非裔美国儿童中，非线性、主题相关的故事讲述方法也很常见（Michaels, 1986）。

支持某些信念的论证方法也因文化而异。中国人更喜欢先提出支持性证据，然后再引出主要观点或主张（与率先提出主题句，然后补充支持性细节的方式相反）。其他国家的人有时会将这种风格认为是在"拐弯抹角"（Tsang, 1989）。教师不应该认为这种交流方式上的差异让某种风格显得混乱或必然不如欧美风格，而是应该对它们敏感，

高通路迁移：以有意识和努力的方式将信息从一种情境应用到另一种情境。

顺向迁移：学生寻找方法将学到的信息应用于未来的情境。

逆向迁移：学生回顾以前的情境以获取信息来解决新环境中的问题。

并意识到文化差异。这一点在小学低年级尤为重要，此时学生正在经历从家庭环境向学校环境的转变。

最近，我询问了老师们如何帮助学生把课堂知识迁移到外部世界。以下是他们的回复：

幼儿园 我们将课堂知识与外部世界联系起来的一种方式是在课堂上使用乐器，这些乐器发出的声音与孩子在家时听到的音乐相似。例如，我们有来自不同文化背景的孩子，他们及其家人听的音乐由康加鼓、钢鼓和吉他演奏，我们在课上使用这些乐器，并鼓励孩子们演奏它们。

——瓦莱丽·戈勒姆，儿童乐园公司
（Valarie Gorham, Kiddie Quarters, Inc.）

小学 在与我的二年级学生讨论移民话题时，我首先让他们想一想他们何时搬到一个新地方，比如新教室、新学校、新房子、新社区或新国家。然后我问他们搬到这个新地方时的感受（例如，快乐、悲伤、紧张），以及他们为什么会有这种感受。接下来我让他们带着这些想法，画一幅他们生活中这段时间的场景。这项练习有助于学生把在课堂上学到的有关移民的信息迁移到他们自己生活中类似的经历中。

——伊丽莎白·弗拉塞拉，克林顿小学
（Elizabeth Frascella, Clinton Elementary School）

初中 在教社会科学时，我经常让学生阅读关于某个特定主题的报纸文章，然后让他们写一篇报纸文章来就他们所读到的内容发表感想。这会让他们更深入地参与到这个话题中。

——凯西·玛斯，爱迪生中学
（Casey Maass, Edison Middle School）

高中 高中生，特别是高中三年级和高中四年级的学生，对未来的职业特别感兴趣。作为一名职业和技术教育教师，我发现我的学生特别喜欢职业意识这一部分内容，在这部分课程中，他们确定个人技能和兴趣，并确定这些技能和兴趣最适合的职业。

——桑迪·斯旺森，梅诺莫尼·福尔斯高中
（Sandy Swanson, Menomonee Falls High School）

连线学生：最佳实践
帮助学生迁移信息的策略

1. 想想你的学生在生活中取得成功需要什么。我们不希望学生在高中毕业时只是拥有一个庞大的内容知识数据库，却不知道如何将其应用于现实世界。一个思考学生需要知道什么的策略是使用我们在本章前面讨论过的"倒推"问题解决策略。例如，雇主们希望高中毕业生和大学毕业生具备哪些能力？一项针对雇用大学生的雇主所做的全美调查发现，雇主最希望毕业生具备的三项技能是（1）口头沟通技能，（2）人际交往技能，（3）团队合作技能（Collins, 1996）。雇主还希望学生精通自己的领域，有领导能力、分析能力，具有灵活性，并且能够使用电脑。通过思考和练习你的学生在未来所需要的能力，并与他们一同努力提高这些技能，你将能够引导他们进行积极的迁移。

2. 为学生提供从现实世界学习的诸多机会。很多时候，学校的学习常常是人为设计的结果，很少考虑到课堂或课本以外的迁移。如果你给学生尽可能多地提供现实世界的问题解决和思维挑战的机会，情况就会有所不同。你可以邀请各行各业的人士与学生座谈，把现实世界带入课堂。此外，还可以利用技术来降低社区参与的障碍，也可以让专家和客人参与到你的教学中。或者你可以把参观博物馆、企业、大学等纳入课程安排，让学生感受真实世界。技术也可用于在线实地考察。例如，美国国家美术馆提供超过 45 000 幅图片的在线开放访问（https://images.ngA.gov/en/page/show_home_page.html）。在"教师视角"中，你可以读到克里斯·拉斯特（Chris Laster）的故事，他是一位杰出的教师，其教学的方式可以帮助学生将所学知识迁移到课堂之外的世界中。

教师视角
赋予科学以生命，并将学生与社区联系起来

克里斯·拉斯特的学生说，他让科学有了生命。在拉斯特创新的现实世界教学策略中，他帮助学生将知识和理解迁移到课堂之外的策略如下：

· 科学冲击波。学生为学校的闭路电视台制作短片。

· 科技探险。暑假期间，学生们都可以到引人入胜的地方，如奥克芬诺基沼泽进行实地考察来获得亲身体验。

· 无畏号。学生们进行严格的训练，准备乘坐由拉斯特和其他教师建造的一架逼真的航天飞机执行 27 小时的模拟太空任务，该航天飞机的零件来自当地企业和附近的空军基地（Copeland, 2003）。

克里斯·拉斯特和一名学生在拉斯特和其他教师共同建造的航天飞机的飞行甲板上操作。
© Michael A. Schwarz

3. 在应用中扎根概念。你越是试图把信息灌输到学生的头脑中，产生迁移的可能性就越小。当你提出一个概念时，首先要定义它（或者让学生帮助你定义它），然后要求学生举例。让他们将这个概念应用到他们的个人生活或其他情境中。

4. 为了加深意义的理解而教学。理解和意义的教学比事实记忆教学更有利于迁移。而且，当学生积极建构意义并努力理解学习材料时，他们对所学内容的理解就会有所提高。

5. 使用提示来鼓励学生进行自我解释。研究人员发现，为自己做出解释会增加迁移。例如一项研究表明，鼓励三至五年级的学生参与数学的问题解决练习，以及解释他们是如何得出答案的，与更好地将知识迁移到新型数学问题有关（Rittle-Johnson, 2006）。

6. 传授一些可以推广的策略。迁移不仅涉及技能和知识，还涉及策略（Schunk, 2016）。学生经常学习了策略但不知道如何应用于其他情境。他们可能不明白该策略也适合于其他情境，可能不知道如何调整该策略以便在其他情境中使用，或者可能没有机会应用该策略（Pressley, 2007）。

一个传授可推广策略的模型包括三个促进迁移的阶段（Phye & Sanders, 1994）。在最初的习得（initial acquisition）阶段，学生会得到关于策略重要性、如何使用策略的信息，以及练习使用策略的机会。在被称为保持（retention）的第二阶段，学生获得更多使用策略的练习机会，并且可以检验他们对如何使用策略的记忆。在第三阶段，即迁移（transfer）阶段，学生会被给出一些新的问题来解决。这些问题要求他们使用相同的策略，但这些新问题表面上看起来似乎是不同的。

多重思考
教师可以采取一些策略来帮助学生使用更有效的学习策略。连接到"信息加工理论"。

复习、思考和练习

学习目标 4：定义迁移并阐述作为教师如何提升迁移。

复习

· 什么是迁移？教师为什么要思考这个问题？

· 有哪些不同类型的迁移？

思考

· 在你的学校教育中，是否有一些经验似乎不能迁移到校外生活中呢？你认为这种情况是怎么回事呢？

PRAXIS™ 练习

1. 以下哪项不是迁移的例子？
    A. 玛利亚阅读了一本写于 18 世纪的小说，并利用她所获得的关于婚姻习俗的信息来回答历史课上的一个问题
    B. 弗兰克努力学习，在数学课上学会了一种算法
    C. 丹妮尔在科学课上了解了濒临灭绝的两栖动物，并利用这些信息来完成一个科学展任务
    D. 艾玛在语言艺术课上学会了使用字典，并使用它来查询一个社会科学课的术语

2. 以下哪项是远迁移的最佳例子？
    A. 科里使用她在统计课上学到的技术来分析一项研究计划的数据
    B. 黛比在开姐姐的车时一点都不紧张，因为她有开自己的车的经验
    C. 杰森使用他所学的关于计算机的故障诊断过程，成功地诊断出他的汽车的问题
    D. 迈克能够读懂西班牙语中的电视（televisión）一词，因为它看起来像英文单词

请参看书末的答案……

连线课堂：案例分析
统计测验

　　卡桑德拉这个星期五有一个数学测验。前几个晚上她一直在复习测量数据的集中量数和差异量数的统计公式，因为她知道这些公式一定会考到。为了记住这些公式，她反复对自己进行测验。一开始，她把这两个概念搞混了，但经过反复的尝试，现在她可以准确无误地背出每个概念的公式。她确信这场考试没问题。

　　星期五考试时，她拿到考卷后所做的第一件事就是把所有的公式都写下来，以免忘记。她确信这样能让自己考得不错。在写下公式后，她开始阅读试卷。第一个问题给出一个分数列表，要求算出平均数、中位数、众数、方差和标准差。

　　卡桑德拉焦急地看着她的公式清单。她知道哪一个公式与哪一个度量值对应，例如，她知道平均数的公式是 Sx/n，问题是她不知道 Sx 是什么意思。她相当肯定 "$/n$" 表示她要除以 n，但 n 代表什么呢？当看到其他公式时，她意识到自己也有类似的问题。她沮丧地盯着试卷。经过这么久的努力学习和仔细记忆，考试中她仍然一题都无法完成。

1. 这个案例中有哪些问题？

2. 卡桑德拉有什么问题？

3. 如果她想在下一次考试中做得更好，她该怎么做呢？

4. 如果你是卡桑德拉的老师，你会如何帮助你的学生准备此类考试？

5. 以下哪种策略最有可能帮助卡桑德拉考好下一次的统计测验？

　　A. 每次只集中精力学习一个公式

　　B. 忘掉背诵公式的事情

　　C. 学习平均数、中位数、众数、方差和标准差的定义

　　D. 进行每种类型问题的练习

6. 以下哪种教学策略最有可能帮助学生在此类考试中取得好成绩？

　　A. 通过在课堂上做许多例题，确保学生理解公式的含义

　　B. 测试学生对平均数、中位数、众数、方差和标准差的定义的理解

　　C. 测验学生对公式的掌握情况

　　D. 教给学生一种记忆方法，帮助他们记住公式

本章概要

1 概念理解：讨论概念理解和概念的教学策略。

什么是概念？

·概念是在共同属性的基础上对物体、事件和特征进行分组。概念帮助我们简化、概括和组织信息。概念可以改善记忆、沟通和对时间的利用。

促进概念形成

·在儿童概念形成的教学中，与他们讨论概念的关键特征、定义概念和举例（使用规则–示例策略）、层级分类和概念图、假设检验和原型匹配是很有帮助的。

2 思维：描述思维的几种类型和教师培养它们的方法。

什么是思维？

·思维涉及运用和转换记忆中的信息。思维通常用来进行概念形成、推理、批判性思考、决策、创造性思考和问题解决。

执行功能

·执行功能是一个伞状概念，包含了许多与大脑前额叶皮质发展相关的高级认知加工过程。

·执行功能是指管理一个人的思想以从事目标导向的行为和自我控制。

·在童年早期，执行功能包括在认知抑制、认知灵活性、目标设定和延迟满足方面的发展进步。在童年中后期，进步体现在自我控制 / 抑制、工作记忆和灵活性方面。在青少年期，认知控制能力增强。

·在对执行功能做出贡献的众多因素中，包含多种不同的活动，例如计算机训练、有氧运动、搭建脚手架、正念训练、父母养育和教学等。

推理

·归纳推理涉及从具体到一般的推理。类比采用的是归纳推理。演绎推理是从一般到具体的推理。归纳推理和演绎推理的能力都在青少年期有所增强。

批判性思维

·批判性思维涉及反思、有效的思考以及对证据的评估。觉知是一个反映批判性思维的概念。布鲁克斯等人认为很少有学校教学生进行批判性地、深入地思考。他们强调,学校经常给学生一个正确答案,而不是鼓励他们通过提出新想法来拓展他们的思维。

决策

·决策是个体衡量事物的各种可能情况,并从中进行选择的思维过程。决策的一种类别涉及权衡多种结果的成本和收益。各种各样的偏差(证实偏差、信念固着、过度自信偏差和后见之明偏差)会对良好的决策产生干扰。

·年龄稍大的青少年能够做出更好的决策,而即使是年龄稍小一些的青少年在决策方面也比儿童表现得更好。青少年在冷静的时候往往能够比情绪激动的时候做出更好的决策。社会环境,尤其是同伴的存在,会对青少年的决策产生影响。双过程模型已被提出用来解释青少年决策的本质。

创造性思维

·创造力是一种以新颖和不寻常的方式思考问题并提出独特解决方案的能力。

·吉尔福特区分了聚合性思维(产生一个正确答案,被认为是传统智力测验所要求的思维类型的特点)和发散性思维(对同一问题产生多个答案,是创造力的主要特征)。

·尽管多数有创造力的学生都是非常聪明的,反过来却未必正确。

·创造性过程通常包含五个步骤,尽管它们并不总是遵循相同的顺序。

·教师培养学生创造力的一些方法:鼓励基于小组和个人的创造性思维,提供激发创造力的环境,不要过度控制学生,鼓励内在动力,培养思维灵活性,建立学生的自信心,鼓励学生承担风险,引导学生坚持和延迟满足,以及把学生介绍给有创造力的人。

---

③ 问题解决:采用系统的方法进行问题解决。

问题解决的步骤

·问题解决是指寻找合适的方法实现目标。问题解决的四个步骤是:(1)发现并确定问题，（2）制定良好的问题解决策略（如设定子目标、算法、启发式方法和手段–目的分析），（3）评估解决方案，（4）随着时间的推移，重新思考和定义问题和解决方案。

问题解决的阻碍

·问题解决的阻碍包括固着（功能固着和心理定势）、缺乏动力和坚持，以及控制情绪能力不足。

发展变化

·在问题解决方面存在发展变化。知识的积累和策略的有效运用可以提高儿童和青少年问题解决的能力。

基于问题的学习和基于任务的学习

·基于问题的学习强调解决真实问题，类似于日常生活中发生的问题；而在基于任务的学习中，学生致力于实际的、有意义的问题，并创造有形的产品。

4　迁移：定义迁移并阐述作为教师如何提升迁移。

什么是迁移？

·当个体把先前的经验和知识应用于新的情境中进行学习或问题解决时，就会发生迁移。当学生能够将课堂所学应用于课堂之外的生活情境中时，他们尤其受益。

迁移的类型

·迁移类型包括近迁移和远迁移、低通路迁移和高通路迁移。近迁移发生在情境相近的情况下，远迁移则在情境差异较大时发生。当先前的学习自动迁移到一个新的情境中时就发生了低通路迁移，而高通路迁移是有意识且需要努力的。高通路迁移又可以被细分为顺向迁移和逆向迁移。

关键术语

算法（algorithm）

类比（analogy）

逆向迁移（backward-reaching transfer）

信念固着（belief perseverance）

概念图（concept map）

概念（concept）

证实偏差（confirmation bias）

聚合性思维（convergent thinking）

创造力（creativity）

批判性思维（critical thinking）

决策（decision making）

演绎推理（deductive reasoning）

发散性思维（divergent thinking）

双过程模型（dual-process model）

执行功能（executive function）

远迁移（far transfer）

固着（fixation）

顺向迁移（forward-reaching transfer）

启发式方法（heuristics）

高通路迁移（high-road transfer）

后见之明偏差（hindsight bias）

归纳推理（inductive reasoning）

低通路迁移（low-road transfer）

手段-目的分析（means-end analysis）

心理定势（mental set）

觉知（mindfulness）

近迁移（near transfer）

过度自信偏差（overconfidence bias）

问题解决（problem solving）

基于问题的学习（problem-based learning）

基于任务的学习（project-based learning）

原型匹配（prototype matching）

设定子目标（subgoaling）

思维（thinking）

迁移（transfer）

档案袋活动

现在你已经很好地理解了本章的内容，请完成这些练习来扩展你的思维。

独立思考

1. **评估你的决策技能**。思考你做决策的方式。你是否能够不顾他人的反对做出高质量的决策？讨论你的决策在多大程度上受到证实偏差、信念固着、过度自信偏差和后见之明偏差的影响？你可以做些什么来加强你的决策能力？

研究 / 实地体验

2. **创造性研究**。阅读创造力领域的主要研究者，如特丽莎·阿马巴尔（Teresa Amabile）或马克·朗科（Mark Runco）的研究工作。研究中关于创造力的关键发现是什么？这项研究在多大程度上可以在课堂上实施？

合作学习

3. **设计一个基于问题的学习任务**。与班上其他三四名学生一起创造性地思考，设计一个数学以外的学科领域，诸如科学、社会科学或文学领域的问题解决任务。把它写下来。

第十章

社会建构主义理论

从本质上讲，人是一种社会性动物。

——亚里士多德（Aristotle）
公元前4世纪古希腊哲学家

章节概览

1. 教学中的社会建构主义理论
学习目标1：比较社会建构主义理论与其他建构主义理论。

更广泛的建构主义背景下的社会建构主义

情境认知

2. 教师与同伴共同促进学生的学习
学习目标2：解释教师和同伴如何共同促进儿童的学习。

脚手架作用

认知学徒关系

辅导

合作学习

3. 组织小组活动
学习目标3：讨论在组织小组工作时的有效决策。

分组

小组建设技能

组织小组互动

连线教师：查克·罗尔斯

查克·罗尔斯（Chuck Rawls）在美国佐治亚州梅肯市的阿普林中学教授语言艺术。他讲述了一个关于同伴辅导的教学故事，这是一种社会建构主义的教学方法。

在我开始教学的第一年，我被哄骗去尝试一些不一样的东西——在全校活动的伪装下进行同伴教学，名为"交换日"。活动内容是被选中的学生与教职工交换身份。每一个想要交换的学生需要选择一位教职工，然后写一篇文章解释为什么他想和这位教职工交换身份。让我惊讶的是，克里斯写了一篇很出色的文章，并且选择与我交换身份。

活动进行得很顺利。克里斯的授课非常专业，学生们都很投入，因为这对他们来说是一种不一样的全新体验。观看克里斯上课的场景，我感到十分有趣，因为克里斯有意无意地使用了许多我喜欢的短语和习惯用语。不过，他确实教得很好，在帮助学生做课堂作业时也展示了这一点。

正如俗语所言，"我不知道他还有这本事"。克里斯成为"主谓一致性"的"常驻专家"，因为这正是他给同学们上课时教授的内容，而且学生们也记住了他所讲的内容。那天我学到了两件事：（1）不要害怕去尝试不一样的东西；（2）同伴教学是有成效的，但前提是合适的学生在合适的环境下教授合适的内容。

概览

儿童有时会独立思考，但由于我们是社会性动物，正如查克·罗尔斯的故事所揭示的，学生们合作时也能进行有效学习。由于美国社会更强调个体而非集体，合作思维直到近期才成为美国教育中的重要议题。本章主要探讨社会建构主义理论所倡导的合作思维。

学习目标1：比较社会建构主义理论与其他建构主义理论。

1　教学中的社会建构主义理论

社会建构主义理论涉及课堂学习的一些创新。在学习这些创新之前，让我们先巩固关于各种建构主义观点的知识，以及社会建构主义理论在整体建构主义框架中的位置。

更广泛的建构主义背景下的社会建构主义

回想一下，建构主义强调的是个体如何积极地建构知识和理解。在第二章中，我们介绍了皮亚杰和维果茨基的发展理论，两者都属于建构主义。在其他章节中，我们重点关注了学习的信息加工理论，包括一些关于儿童如何使用信息加工技能以建构主义的方式进行思考的观点。根据所有这些建构主义理论的观点，学生们建构了他们自己的知识。

总的来说，**社会建构主义理论**（social constructivist approach）强调学习的社会环境，认为知识是通过互动建立和构建起来的。与他人的互动为学生创造了评估和完善自身理解的机会，因为他们可以接触他人的想法，并参与到和他人达成共识的过程中（Gauvain, 2016; Hmelo-Silver & Chinn, 2016; Sinha & others, 2015）。通过这种方式，社会环境中的经验为学生的思维发展提供了一种重要的机制（Adams, 2015）。

维果茨基的社会建构主义理论与本章尤为相关。维果茨基的模型将社会性儿童嵌入社会历史背景中。从皮亚杰到维果茨基，概念上从个人变为合作、社会互动和社会文化活动。在皮亚杰的认知建构主义理论中，学生通过对已有知识和信息的转换、组织和重组来构建知识。维果茨基的社会建构主义理论强调学生通过与他人的社会互动来构建知识。这些知识的内容受到学生所处文化的影响，包括语言、信仰和技能（Yasnitsky & Van der Veer, 2016）。

皮亚杰强调，教师应该支持学生探索和发展认知理解能力。维果茨基强调，教师应该为学生创造许多学习机会，让他们通过与教师和同伴共同构建知识来学习（Gauvain, 2016）。在皮亚杰和维果茨基的模型中，教师是学生学习的促进者和引导者，而不是指导者和塑造者。

请注意，我们说的是强调，而不是明确的区分。通常在社会建构主义和其他建构主义理论之间并没有明确的区分。例如，当教师作为学生发现知识的引导者时，建构就会存在社会维度。加工信息也是如此。如果教师让学生们头脑风暴来想出好的记忆策略，那么显然有社会互动牵涉其中。

一些社会文化理论，如维果茨基的理论，强调文化在学习中的重要性。例如，文化可以决定哪些技能是重要的（如计算机技能、沟通技能、团队合作技能）（Gauvain, 2016）。其他理论则更专注于课堂上的即时社会环境，比如当学生合作解决一个问题时。

在一项关于合作学习的研究中，来自美国两所公立学校的学生以配对的方式一起合作（Matusov, Bell, & Rogoff, 2001）。每对学生中都有一名来自传统学校，这种学校只偶尔给学生们提供合作学习的机会。另一名学生来自一所非常重视合作学习的学校。与有传统教育背景的学生相比，有合作教育背景的学生更经常以合作的方式借鉴搭档

> **多重思考**
> 关于教学的主要争论之一是建构主义和直接指导方法哪一个是更好的策略。连接到"教育心理学：有效教学的工具"和"计划、教学和技术"。

> **社会建构主义理论**：强调学习的社会环境，以及知识是通过互动建立和构建起来的理论。

> **多重思考**
> 教师在教学时可以使用一些与维果茨基理论有关的策略。连接到"认知和语言发展"。

的想法。传统学校的学生主要使用"测验"作为指导方式，即提出已知答案的问题和隐藏信息来测试搭档的理解能力。合作学习在有明确学习目标的课堂中往往效果最好。

越来越多的人尝试将课堂上的合作学习和技术联系起来（Huang, 2015; Wardlow & Harm, 2015）。例如，计算机支持的合作学习（Computer-Supported Collaborative Learning，CSCL）试图通过技术增加同伴之间的互动和知识的共同构建（Howland & others, 2015; Jeong & Hmelo-Silver, 2016; Xiong, So, & Toh, 2015）。

情境认知

情境认知：认为思维存在于（位于）社会和物理环境中，而不是存在于个人的头脑中的观点。

情境认知（situated cognition）是社会建构主义理论中的一个重要假设。它指的是思维存在于（位于）社会和物理环境中，而不是存在于个人的头脑中。换句话说，知识嵌入使知识得以发展的环境中并与之相连（Gomez & Lee, 2015; Malinin, 2016）。如果是这样，创造尽可能接近现实环境的学习情境是有意义的。例如，为了扩展学生对火山知识的理解，一些学生被安排扮演研究活火山的科学家的角色，另一些学生则被安排向紧急疏散小组报告将要发生的事情的任务（PSU, 2006）。扮演科学家的学生需要利用互联网资源搜索关于活火山的新闻报道；向疏散小组报告的学生则需要搜索有关火山爆发对居民的影响，以及如何将人们安全转移的信息。在第九章"复杂的认知过程"中，我们对"基于问题的学习"和"基于任务的学习"的讨论也同样强调了情境认知。

多重思考
基于问题的学习强调解决真实的问题。基于任务的学习涉及解决真正有意义的问题并创造有形的产品。连接到"复杂的认知过程"。

复习、思考和练习

学习目标1：比较社会建构主义理论与其他建构主义理论。

复习

· 尽管皮亚杰和维果茨基的理论有重叠之处，但它们的基本区别是什么？

· 什么是情境认知？

思考

· 从你在"认知和语言发展"一章中所学到的知识来看，你觉得自己更倾向于皮亚杰的理论还是维果茨基的理论？这种倾向在你自己的课堂教学方法中有何体现？

PRAXIS™ 练习

1. 以下哪项是社会建构主义理论的一个例子？

　　A. 在汉拉蒂先生的课堂上，学生们共同完成社会科学作业任务

　　B. 在贝克女士的班上，学生们独立探索科学的基本原理

　　C. 在雷诺萨女士的班上，学生们每天有一个小时的家庭作业

　　D. 在弗朗索瓦先生的课上，学生们安静地阅读自己挑选的书籍

2. 以下哪项最能反映情境认知?
   A. 学生们阅读一本关于治安法官在法律体系中作用的书
   B. 教师安排学生参观当地的治安法官办公室,与治安法官交谈,并观看治安法官开会
   C. 给学生布置一项作业,让他们相互合作,写一份关于治安法官在法律体系中作用的报告
   D. 教师分配给学生的任务是搜索有关治安法官工作的文章,并就他们所发现的内容做口头报告

   请参看书末的答案……

2 教师与同伴共同促进学生的学习

学习目标2:解释教师和同伴如何共同促进儿童的学习。

社会建构主义理论强调,教师和同伴都对学生的学习有促进作用。实现这一目标的四个工具是脚手架作用、认知学徒关系、辅导和合作学习。

脚手架作用

在第二章"认知和语言发展"中,我们描述了脚手架作用是在教学过程中改变支持水平的技术:一个技能更熟练的指导者(教师或更高技能的同伴)根据学生当前的表现调整提供指导的多少。当学生学习一项新任务时,教师可能会使用直接指导。随着学生能力的提高,教师提供的指导越来越少。你可以把学习中的脚手架想象成用来修建桥梁的脚手架。脚手架在需要时提供支撑,但随着桥梁接近完工,它会逐渐被移除。研究人员发现,当教师和同伴在合作学习中使用脚手架时,学生的学习就会受益(Molenaar, Sleegers, & van Boxtel, 2014)。

> **多重思考**
> 脚手架作用与维果茨基的"最近发展区"概念密切相关。连接到"认知和语言发展"。

寻找在教室里使用脚手架的机会。正如我们很快就会看到的那样,好的辅导和脚手架作用有关。此外,当技术被加入学习中时,学生也会更多地用到脚手架(Jung & Suzuki, 2015)。努力提供适量的帮助,不要为学生做他们自己能做的事。但是要留意观察他们的努力,给他们提供必要的支持和帮助。Oppia 网站提供了一个很好的技术工具,可以为学生创建个性化的学习路径。教师也可以通过使用网页和视频来创建合适的教学内容。

认知学徒关系

发展心理学家芭芭拉·罗格夫（Barbara Rogoff, 2003, 2015）强调教育的一个重要
工具是**认知学徒关系**（cognitive apprenticeship），这是一种专家延伸和帮助新手理解和
使用文化技能的技术。学徒关系这个术语强调了主动学习的重要性，并强调了学习的
情境性（Peters-Burton & others, 2015）。在认知学徒关系中，教师经常为学生示范策略。
然后，教师或能力更强的同伴会支持学生努力完成任务。最后，他们鼓励学生独立完
成学习任务。

为了说明认知学徒关系在学习中的重要性，罗格夫描述了来自中等收入家庭和贫
困家庭学生之间截然不同的经历。许多中等和高收入的美国父母早在孩子上幼儿园或
小学之前就让他们参与到认知学徒关系中。他们和孩子一起读书，让孩子置身于言语
交流的环境中。相反，生活在贫困中的美国父母不太可能让他们的孩子参与到包括书
籍、大量的言语交流和脚手架作用的认知学徒关系中（Heath, 1989）。

认知学徒关系在课堂上很重要。研究人员发现，如果教师将他们与学生的关系视
为认知学徒关系，通过脚手架作用和引导参与来帮助学生学习，学生的学习将会从中
受益（Grindstaff & Richmond, 2008）。

辅导

辅导基本上是专家和新手之间的认知学徒关系。辅导可以发生在成年人和儿童之
间，也可以发生在能力较强的儿童和能力较弱的儿童之间。个别辅导是一种有效的策略，
使许多学生受益，特别是那些在某一科目上表现不佳的学生（Slavin & others, 2009）。

助教、志愿者和导师　令人沮丧的是，有些学生需要更多的个人帮助，但由于全
班的整体需求，作为教师的你无法为他们提供额外的帮助。助教、志愿者和导师可以
帮助你减少这种挫败感。监督并评估你的班级中可能受益于一对一辅导的学生。在社
区中寻找有能力的人，他们能在那些学生需要更多个人关注的领域给予你无法给予的
帮助。一些家长、大学生和退休人员可能会对这类辅导需求感兴趣。

目前已有一些个人辅导计划建立起来。阅读恢复（Reading Recovery）计划为接受
一年正式教学后阅读仍有困难的学生提供每天半小时的一对一辅导课程（Serry, Rose,
& Liamputtong, 2014）。最近一项对 147 所学校的阅读恢复计划实施情况的分析显示，
阅读恢复计划对阅读有困难的一年级学生的总体阅读成绩有积极影响（What Works
Clearinghouse, 2014）。

另一个使用辅导的计划是"成就每个人"（Success for All，SFA）。由罗伯特·斯莱
文及其同事开发（Slavin & others, 1996, 2009），这个综合性计划包括以下元素：

·系统的阅读计划，强调语音、词汇发展，以小组形式讲故事及复述故事。

·每天 90 分钟的阅读时间，一到三年级的学生被重新分为跨年龄段的同质能力组。

·由经过特殊培训的认证教师对阅读能力低于年级水平的学生进行一对一的阅读辅导。

·每八周进行一次评估，以确定学生的阅读进展，调整阅读小组的安排，并在需要时安排辅导。

·教师和导师的专业发展，包括在学年开始时的三天在职培训和指导，以及全年的后续培训。

·家庭支持小组，旨在提供家长教育和支持家庭参与学校活动。

"成就每个人"初中计划的参与者。"成就每个人"计划的本质是什么？
© Success For All Foundation

在早期的一项分析中，研究表明，"成就每个人"计划对学生的字母技能有积极的影响，比如语音意识（What Works Clearinghouse, 2009）。然而，最近的一项分析得出结论，1983—2012 年对"成就每个人"计划的研究并不符合严格的科学规范（What Works Clearinghouse, 2012）。

导师在改善一些学生的学习能力方面起着重要作用（Weiler & others, 2016）。导师通常被视为年长的、更有智慧的人，他们指导、教导和支持学生，而学生有时被称为"徒弟"或"门徒"。

指导是在一段很长的时间内，或多或少地定期通过演示、指示、挑战和鼓励来完成的。在这个过程中，导师和年轻人会建立一种特殊的相互承诺的联结。此外，年轻人与导师的关系呈现出一种尊重、忠诚和认同的情感特征（Hamilton & Hamilton, 2004）。

大部分的辅导计划是在校外进行的，包括美国最大的正式辅导计划"大哥哥大姐姐"（Big Brothers and Big Sisters），以及"美国男孩女孩俱乐部"（Boys and Girls Clubs of America）"基督教青年会"和"基督教女青年会"。然而，越来越多的辅导工作在学校开展，无论是对学生还是对接受经验丰富教师的辅导的新教师都是如此（What Works Clearinghouse, 2009）。导师来到学校和学生一起学习，在很多情况下每周辅导一个小时。学校可以帮助确定哪些学生可能会从辅导中受益。一个好的策略是，不仅选择高风险、成绩差的学生进行辅导，也选择其他学生。此外，有些辅导关系比其他辅导关系更有效，学生与导师的匹配需要仔细选择、进行监督（Rhodes & Lowe, 2009）。

同伴辅导者　同学也可以成为有效的辅导者（Clarke & others, 2015; Wilkinson & Gaffney, 2016）。同伴辅导是指一个学生教另一个学生。在跨年龄同伴辅导中，同伴的

多重思考
辅导包括为学生提供积极的模范作用。在儿童教育中，缺乏男性和少数族裔的榜样和导师。连接到"行为主义和社会认知理论"。

年龄更大；在同年龄同伴辅导中，同伴是同班同学。跨年龄同伴辅导通常比同年龄同伴辅导效果更好。年长同伴比同龄同伴更有能力，而且由同年龄同学辅导更容易让学生感到尴尬，从而导致消极的社会比较。

同伴辅导使学生参与到积极的学习中，并使上课的教师在教室里走动时可以指导和监督学生的学习。研究人员发现，同伴辅导往往有利于学生的学业成就。最近的一项研究发现，同伴辅导提高了英语语言学习者的接受性语言能力和文字知识（Xu, 2015）。此外，一项元分析得出结论，同伴辅导有利于学生的学业成就（Leung, 2015）。在这项元分析中，中学生的进步最大，其次是大学生、小学生和幼儿园学生。

多重思考

同伴在儿童教育的许多方面发挥着重要作用。连接到"社会环境和社会情感发展""计划、教学和技术"，以及"动机、教学和学习"。

在某些情况下，辅导对辅导者和学生都有好处，特别是当年龄较大的辅导者本身就是一个成绩较差的学生时。尽管研究人员发现，被辅导者比辅导者的学习受益更多，但向他人传授知识仍是最好的学习方法之一（Roscoe & Chi, 2008）。

一项获得美国教育研究协会最佳研究奖的研究对三种类型的学习者进行了全班范围内同伴阅读辅导计划有效性的评估，其中包括有障碍的成绩较差的学生、无障碍的成绩较差的学生，以及成绩一般的学生（Fuchs & others, 1997）。12 所小学和中学被随机分配到实验组（同伴辅导）和对照组（无同伴辅导）。同伴辅导计划定期安排阅读指导，每周进行 3 天，每次 35 分钟，共进行 15 周。对同伴辅导者的培训着重于帮助学生练习朗读叙述性文本、回顾和排序所读信息、总结大量阅读材料、陈述主旨、预测和核对故事结局以及使用其他阅读策略。

研究者收集了辅导前和辅导后的阅读成绩数据。不管学生属于哪种类型，在 15 周后，接受同伴辅导的学生比没有接受同伴辅导的学生在阅读方面取得了更大的进步。

同伴协助学习策略 上述应用于学习中的同伴辅导计划被称为同伴协助学习策略（Peer-Assisted Learning Strategies，PALS）。同伴协助学习策略由约翰·肯尼迪中心和范德堡大学皮博迪学院特殊教育系共同创建。在同伴协助学习策略中，教师确定哪些学生在特定技能上需要帮助，哪些学生最适合帮助其他学生学习这些技能。利用这一信息，教师把班里的学生两两配对，让他们同时有效地进行不同的活动，这些活动正是针对他们目前遇到的问题。配对伙伴定期更换，以便学生在学习各种技能时，所有的学生都有机会成为"教练"和"选手"。

同伴协助学习策略是一个 25~35 分钟的活动，每周进行 2~4 次。通常一个班级有 13~15 对学生。它被设计用于从幼儿园到六年级的阅读和数学领域，但不取代现有课程。

"回馈"（Giving Back）是一个非营利组织，它让 50 岁以上的人担任学生的导师，帮助他们发展认知能力和人际交往能力。图中展示的是一位"回馈指导"的导师帮助一个小女孩提高认知能力。
© Giving Back, Inc.

在数学课上，学生需解决某一技能领域的一系列问题，如加法、减法、数字概念和图表。同伴协助学习策略将学生作为"教练"和"选手"并进行配对。教练会使用一张列有一系列旨在指导选手的问题的纸张，并向选手提供反馈。然后，学生们交换纸张并相互打分。学生通过在指导过程中合作、创建优秀的解释，以及在练习中正确地解决问题来获得分数。同伴协助学习策略对培养学生的数学和阅读能力是有效的（Fuchs, Fuchs, & Burish, 2000; Mathes, Torgesen, & Allor, 2001）。

参加同伴协助学习策略的学生。
© Larry Wilson, PALS Tutoring Program, Vanderbilt Kennedy Center, Vanderbilt University

同伴协助学习策略对于教育状况堪忧的学生非常有效，特别是小学低年级学生、少数族裔学生和市中心学校的学生（Rohrbeck & others, 2003）。一项研究对三到六年级的母语为西班牙语的英语学习者采用同伴协助学习策略教学模式，与采用其他阅读教学模式相比，前者阅读理解水平提高得更多（Saenz, Fuchs, & Fuchs, 2005）。最近一项对研究证据以严格标准进行分析的结果显示，同伴协助学习策略对阅读成绩有潜在的积极影响（What Works Clearinghouse, 2007）。

另外两个同伴辅导计划是互惠同伴辅导（Reciprocal Peer Tutoring，RPT）和全班同伴辅导（Class Wide Peer Tutoring，CWPT）（Ginsburg-Block, 2005）。互惠同伴辅导最初是为学习成绩差的城市小学生开发的，为学生提供了轮流担任辅导者和被辅导者的机会。全班同伴辅导包括辅导者培训、互惠教学和激励策略，如团体赛（Bowman-Perrott, 2009）。最近的一项研究发现，在三年的时间里，全班同伴辅导在提高中学生每周小测验成绩方面效果显著（Kamps & others, 2008）。

"有价值青年"（Valued Youth）计划是另一个有效的同伴辅导计划。在美国和巴西的 24 个城市中，有价值青年计划（现在由跨文化发展研究协会和可口可乐公司联合赞助，被称为可口可乐有价值青年计划）让那些成绩不好或面临学业相关问题的中学生承担辅导小学生的责任（IDRA, 2013; Simons, Finlay, & Yang, 1991）。有价值青年计划始于 1984 年，今天仍在继续发展，已有超过 65 万名学生参加了该计划。该计划希望辅导不仅提高被辅导学生的成绩，也提高辅导者的成绩。在该计划实施期间，参与该计划的美国和巴西学生中，只有 1% 和 2.2% 的学生辍学（IDRA, 2013）。

参加有价值青年计划的一名学生辅导者说："辅导他人让我变得愿意上学了，因为我不得不去学校来教比我小的孩子。"他还说，他不再像以前那样多次缺课了，因为如果他没有去上学，他辅导的小学生们总是会问他在哪里，并告诉他他们很想他。他说自己真的很喜欢他所教的那些孩子，如果他不是辅导者的话，他可能早就辍学了。

"可口可乐有价值青年"计划的学生。该计划有哪些
特点和成果？
© IDRA Coca-Cola Valued Youth Program

在线同伴辅导　在线同伴辅导正越来越多地被用于小学、中学和大学。在线同伴辅导通常始于教师让学生在线辅导同伴。随着学生获得越来越多的在线辅导经验，一些在线辅导活动由训练有素、知识渊博的学生组织实施。当然，和面对面的辅导一样，学生需要培训和指导才能成为成功的合作者和同伴辅导者。其中一个名为"微软同伴指导"（Microsoft Peer Coaching）的计划将技术与针对教师的同伴指导结合起来（Barron, Dawson, & Yendol-Hoppey, 2009）。微软同伴指导计划的一个重点是让教师指导其他教师使用技术来提高学生的学习。此外，任何在线视频会议程序（例如，Skype 或 Google Hangouts）都可以用于促进在线同伴辅导。

最近，我询问了一些老师们是如何在课堂上应用同伴辅导策略的。以下是他们的回复：

幼儿园　我们经常在课堂上带领孩子们进行各种各样的活动，如"展示和讲述"（show and tell），让他们有机会互相学习。

——米西·丹格勒，市郊山丘学校
（Missy Dangler, Suburban Hills School）

小学　我用不同的方式为二年级的学生安排同伴辅导者："伙伴式读者"将阅读能力强的学生和阅读困难的学生配对，"驻校专家"让充分了解数学、科学和社会研究新技能的学生有机会与在这些领域需要额外帮助的学生一起合作。在"先问三人，再问我"活动中，完成写作任务的学生要与其他三位同学讨论其作业（并按照建议进行修改），然后再与我分享。

——伊丽莎白·弗拉塞拉，克林顿小学
（Elizabeth Frascella, Clinton Elementary School）

初中　我们首先确定哪些学生可能会成为成功的同伴辅导者，以及哪些学生可能会从辅导中受益。然后我们让同伴辅导者参加一个培训课程——没有这种培训，辅导就不太可能成功。辅导不仅帮助了需要额外帮助的学生，而且也使辅导者受益，因为学习概念的最好方法之一就是把它教给其他人。

——马克·福德尼斯，贝米吉初中
（Mark Fodness, Bemidji Middle School）

高中 我的食品服务班的学生是隔壁小学一年级学生的导师。我的学生和这些孩子们开展阅读活动，包括表演和烹饪"石头汤"。这些活动在帮助一年级学生的同时，也加强了高中生们重要的社交技能。

——桑迪·斯旺森，梅诺莫尼·福尔斯高中
（Sandy Swanson, Menomonee Falls High School）

合作学习

合作学习（cooperative learning）是学生以小组形式互相帮助的学习形式。合作学习小组的规模各不相同，尽管典型的小组人数是 4 人。在某些情况下，合作学习是以两人一组的形式进行的。当学生被分配到一个合作小组时，小组成员通常在一起待几个星期或几个月，但合作小组通常只占用学生部分上学时间。在一个合作学习小组中，每个学生通常学习一个大单元的一部分，然后把这一部分内容教给小组成员（Akcay, 2016; Jurkowski & Hanze, 2015）。当学生教别人一些东西时，他们往往会学得更深入。

合作学习：学生以小组形式互相帮助的学习形式。

关于合作学习的研究 研究人员发现，合作学习可以成为提高成绩的有效策

连线学生：最佳实践
使用同伴辅导的最佳实践和策略

以下是一些关于如何最好地使用同伴辅导的建议（Goodlad & Hirst, 1989; Jenkins & Jenkins, 1987）：

1. 花时间培训辅导者。同伴辅导要想成功，必须花时间培训辅导者。要让同伴辅导成功地开展，需要讨论有效的同伴辅导策略。向学生演示脚手架策略如何起作用。给辅导者明确、有组织的指导，并邀请他们就作业提出问题。将同伴辅导者分成两人一组，让他们练习刚才你所演示的内容。让他们轮流做辅导者和被辅导者。
2. 尽可能使用跨年龄辅导，而不是同年龄辅导。
3. 让学生同时扮演辅导者和被辅导者的角色。这有助于学生认识到他们既可以帮助别人，也可以被别人帮助。通常不要让最好的朋友配对，因为他们很难集中注意力在完成学习任务上。在"教师视角"中，你可以看到关于动物园里跨年龄同伴辅导的应用。
4. 不要让辅导者给被辅导者做测验。这可能会破坏学生之间的合作。
5. 不要过度使用同伴辅导。我们很容易陷入一种误区，即过于频繁地让优秀学生作为同伴辅导者。确保这些学生自己也有足够的机会参与挑战性的智力任务。
6. 让父母知道他们的孩子将参与同伴辅导。向他们解释这种学习策略的优势，并邀请他们参观教室，观察同伴辅导是如何进行的。

教师视角
动物园里的跨年龄同伴教学

在美国内布拉加州的林肯市，几名高中自然科学课教师将福尔松儿童动物园和植物园作为指导学生学习的环境。自然科学课是在动物园的两辆拖车里进行的。教师强调学生、教师、动物园和社区之间的合作关系。该课程的亮点之一是"虫子大扫荡"，即由高中生为四年级学生讲解关于昆虫的知识。

略（Han, 2015）。在最近的一个涉及 26 项研究的元分析中，合作学习对数学成绩和对数学的态度有积极影响（Capar & Tarim, 2015）。在最近的一项对五年级学生的研究中，合作学习教学法比讲授式教学法更能提高学生的成绩和满意度（Mohammadjani & Tonkaboni, 2015）。在另一项研究中，合作学习比传统的教学方法更能提高四年级学生的词汇技能（Bilen & Tavil, 2015）。

实施合作学习的两个重要条件是（Slavin, 1995, 2015）：

· 实行小组奖励。给予小组某种认可或奖励，让小组成员感到帮助彼此学习符合他们的最大利益。

· 每个人都要承担责任。需要使用某些方法来评估学生的个人贡献，如个人测验或报告。如果没有这种个人责任感，一些学生可能会产生"社会懈怠"（让其他学生完成自己的工作），而某些学生可能会被排除在外，因为其他人认为他们没做什么贡献。

当小组奖励和个人责任的条件得到满足时，合作学习可以提高不同年级学生和不同任务（从基本技能到解决问题）的成绩（Johnson & Johnson, 2002）。

动机　学习动机的增强在合作小组中很常见（Gambrari, Yusuf, & Thomas, 2015; Johnson & others, 2014）。在一项研究中，以色列五年级和六年级的学生可以选择继续学习还是出去玩（Sharan & Shaulov, 1990）。只有当学生在合作小组中时，他们才可能放弃出去玩。积极的同伴互动和自主决策的积极感受是学生选择参与合作小组的动机因素。在另一项研究中，高中生在合作学习环境中比在个人学习环境中学习代数概念时能获得更大的收获，并表现出更强的内在动机（Nichols & Miller, 1994）。

互相依赖和同伴教学　合作学习也会促进与其他学生的相互依赖和联系（Johnson & Johnson, 2015; Johnson & others, 2014）。一项研究表明，如果五年级学生的搭档能清楚地解释自己的想法并考虑彼此的建议，他们更有可能在解决小数问题时采用正确策略（Ellis, Klahr, & Siegler, 1994）。

合作学习最有效的任务类型　是否有些任务在合作和协作中效果更好，而有些任务在个人单独进行时效果更好？研究人员发现，在没有奖励的情况下实施的合作学习对简单任务（如死记硬背、背诵或基础数学）几乎没有好处，但在更复杂的任务中会产生更好的效果（Sears, 2006）。

合作学习方法　人们已经开发了许多合作学习方法，包括学生–小组–成就划分（Student-Teams-Achievement Divisions，STAD）、拼图式课堂（The Jigsaw Calssroom I 和 II）、共同学习（Learning Together）、小组调查（Group Investigation）和合作剧本（Cooperative Scripting）。若要了解这些方法，请参见图 10-1。

学生—小组—成就划分

学生—小组—成就划分涉及混合能力组中学习的小组认可和小组责任（Slavin, 1995）。会对那些小组成员与过去相比进步最大的小组给予奖励。学生被分配到四人或五人的小组中。教师通常先用一到两个课时讲授一节新课。接下来，学生根据教师提供的材料学习。学生监督小组成员的进度，以确保所有成员都掌握了材料内容。

小组一起练习解决问题，一起学习，但成员单独进行测验。个人得分会影响小组的整体得分，但个人对小组得分的贡献基于个人的进步，而不是绝对得分，这会激励学生努力学习，因为每一个人的贡献都很重要。在使用此方法的课堂里，每周都会发布一份课堂通讯，根据小组和个人的表现进行表扬。

学生—小组—成就划分方法已用于各种科目（包括数学、阅读和社会研究）以及不同年级的学生。它最适用于有明确目标或问题以及具体答案或解决方案的学习情况。其中包括数学计算、语言使用、地理技能和科学事实。

拼图式课堂

在"社会文化的多样性"一章中，我们描述了拼图式课堂，这种方式让来自不同文化背景的学生完成项目的不同部分以达成一个共同的目标。这里我们将对这个概念进行详细阐述。

拼图式课堂Ⅰ是由埃利奥特·阿伦森和他的同事们在1978年发展出来的一种合作学习方法，六人小组学习一份被分解成各个部分的材料，每个团队成员负责一个部分。研究过相同部分的不同小组成员会聚在一起讨论他们的部分，然后返回各自小组，在那里他们轮流教导其他小组成员他们负责的那一部分。

罗伯特·斯拉文（1995）创造了拼图Ⅱ，这是拼图Ⅰ的改进版本。拼图Ⅰ是由六人组成的团队，拼图Ⅱ通常是由四或五人组成的小组。所有小组成员都研究整节课程而不仅仅是一部分，个人得分相加形成整体小组得分，就像学生—小组—成就划分方法一样。在他们研究整节课程之后，学生们对课程中某个方面变得非常专业，然后相同部分的学生在专家小组中进行讨论。随后，他们返回各自小组并帮助其他成员学习该材料。

共同学习

由戴维和罗杰·约翰逊在1994年提出的这种方法包含四个部分：（1）面对面的互动，（2）积极的相互依赖，（3）个人责任感，（4）人际群体技能的发展。因此，除了斯拉文对成就的关注之外，约翰逊的合作学习方法还强调了社会情感发展和群体互动。学生们将在强调讨论和团队建设的任务中组成四或五人的异质性小组展开工作（Johnson & Johnson, 2009）。

小组调查

这种方法由沙洛莫·夏兰于1990年开发（Sharan & Sharan, 1992），它包括独立学习、两到六人小组的集体工作，以及对组员个人成就进行整组奖励。教师为班级选择一个问题进行研究，但学生可以决定他们在探索问题时想要研究什么。工作被分配给小组的成员，他们独立工作。

然后，小组聚在一起，整合各自的结果，形成小组的整体结果并将结果作为一个小组项目进行展示。教师的角色是促进调查并保持合作努力。学生与教师合作评估他们的努力。在夏兰看来，这是全世界许多社区解决实际问题的方式。

合作剧本

学生们以互惠的方式两两配对工作，轮流总结信息并口头向对方进行介绍（Dansereau, 1988; McDonald and others, 1985）。配对中的一名成员负责呈现材料，另一名成员则聆听，监控介绍是否有错误，并提供反馈。呈现下一组材料时角色颠倒，改为第一位成员倾听并评估同伴的介绍。

图10-1　合作学习方法

创建合作社区   学校社区由教职员工、学生、家长和所在地区的居民组成。更广泛地说，学校社区还包括核心管理人员、大学招生人员和未来的雇主。要创建有效的学习社区，戴维和罗杰·约翰逊（David & Johnson, 2002）认为，需要在不同层面实现合作和积极的相互依赖关系：班级内的学习小组（我们刚刚在上文做过讨论）、整个班级、班级间、学校、学校–家长，以及学校–所在社区：

·班级合作。有很多方法可以为整个班级创造合作和相互依赖的氛围。可以制定班级目标并给予班级奖励。这可以通过在所有班级成员达到某个目标时，给他们的学业成绩加分来实现；或者通过"给予非学业奖励，比如额外的自由时间、额外的课间活动时间、小贴纸、食物、T恤，或者举办班级聚会"来实现。通过"让团队负责日常的班级大扫除、经营班级银行或业务，或参与其他有利于班级整体的活动"，都可以促进班级合作。班级的相互依赖也可以通过"资源划分来构建，例如出版一期班级通讯，让每个合作小组贡献一篇文章……有个班级在学习地理，班级的天花板被改造成了一幅巨大的世界地图。该班被分成八个合作小组，每组被分配一个地理位置，要求就该地理位置完成一份报告。然后，全班学生制定了一份前往这八个地方的旅程安排。用纱线来标记行程。当他们到达每个地点时，相应的小组就要提交关于该地点的报告"。

·班级间合作。一个跨学科的教师团队可以将他们的班级组织为一个"社区"或一所"学校里的学校"，在这样的社区或校中校里，各个班级一起完成合作的任务。

·全校性的合作。整个学校层面的合作可以通过多种方式实现。"校训可以阐明学校所有成员的共同目标，并展示在学校的墙上"，或在学校网页上高亮显示。"教师可以在各种合作小组中工作……教职员工可以以教学小组和或学习小组的方式每周会面……教师可以被分配到特别工作组中计划和实施全校范围问题的解决方案……最后，学校之间的相互依存关系可以在各种全校范围的活动中加强，如每周由学生制作的学校新闻广播……所有学校计划任务，以及定期学校集会"。

·学校–家长合作。通过"让家长参与建立共同目标和实现目标的战略计划……分享资源以帮助学校实现目标"、创建活动以提高家长对学校的积极态度，从而促进学校和家长之间的合作。

·学校–社区合作。如果学校位于社区中，那么学校和社区之间积极的相互依赖关系对双方都有好处。学校的使命"可以得到社区商人的支持，他们可以为各种活动给予物力和财力援助。班级也可以开展社区服务项目，比如打扫公园"。

对合作学习的评价   合作学习的积极方面包括：增加与其他学生的相互依赖和互

动，增强学习动机，并通过向他人讲授学习材料来提升学习效果（Johnson & Johnson, 2015; Slavin, 2015）。合作学习可能存在的缺点是：一些学生更喜欢单独学习；成绩差的学生可能会阻碍成绩好的学生的进步；有些学生可能承担了大部分或全部的认知工作，而另一些学生则几乎什么也没有做（被称为"社会懈怠"）；一些学生可能因为喜欢和其他组员聊天或互动而分散了对小组任务的注意力；许多学生缺乏必要的技能来与他人有效合作、参与富有成效的讨论、解释自己的想法或有效评估他人想法（Blumenfeld, Kempler, & Krajcik, 2006）。在课堂上实施合作学习的教师需要注意这些弊端并努力减少。

最近，我询问了一些老师，他们是如何在课堂上运用合作学习的。以下是他们的回复：

幼儿园 我们经常让学龄前儿童通过创作艺术作品或一起做饭来进行合作。在这些任务中，孩子们被分配不同的责任，并学习如何合作以实现一个共同的目标。

——米西·丹格勒，市郊山丘学校
（Missy Dangler, Suburban Hills School）

小学 我在课堂上使用有持续性学习伙伴的基础小组。这些小组由4个孩子组成，他们彼此之间建立了一种信任感，合作得很好，并且在性别、能力和兴趣上保持平衡。我引入学习伙伴的概念，有困难的阅读者被安置在这些小组中，小组中有的学生能够成为支持性的阅读者，并对同学的需求具有同理心。

——伊丽莎白·弗拉塞拉，克林顿小学
（Elizabeth Frascella, Clinton Elementary School）

初中 最好的团体任务对每个参与者都有作用，每个参与者都需要感觉到自己对团队有一些作用。我开发的团体任务要求参与者阅读、制作艺术作品、创造性思考、公开发言等。通过将这些技能纳入活动，小组成员应该能够以符合他们学习风格的方式来把知识表达出来。

——马克·福德尼斯，贝米吉初中
（Mark Fodness, Bemidji Middle School）

高中 我了解到最好不要让学生自行选择小组成员。相反，我用扑克牌来随机选择组员，并且每个任务都变更小组成员。另外，许多学生都有过合作学习的经历。不幸的是，有些人学会了袖手旁观，让小组里的其他人来做所有的工作。教师需要监督这些小组，以确保所有的学生都努力在小组中做出贡献。

——桑迪·斯旺森，梅诺莫尼·福尔斯高中
（Sandy Swanson, Menomonee Falls High School）

复习、思考和练习

学习目标 2：解释教师和同伴如何共同促进儿童的学习。

复习

· 什么是脚手架作用？

· 什么是认知学徒关系？

· 辅导是否有效？有哪些可供选择的辅导者来源？

· 什么是合作学习，它如何使学生受益？有哪些方法可以构建合作学习？

思考

· 如果家长因为合作学习占用了学生的时间，致使他们孩子的独立学习时间减少而感到恼火，你会如何处理这种情况？

PRAXIS™ 练习

1. 以下哪项是脚手架作用的最佳例子？

   A. 史蒂夫把今天家庭作业的答案给了他的朋友弗拉德

   B. 史蒂夫通过在每道题上给出最少量的帮助，来帮助他的朋友弗拉德完成今天的家庭作业

   C. 史蒂夫通过给每道题答案提示，来帮助他的朋友弗拉德完成今天的家庭作业

   D. 史蒂夫告诉他的朋友弗拉德，他必须自己做作业

2. 以下哪项是认知学徒关系的例子？

   A. 诺维茨基女士向她的学生提出很多问题。如果一个学生不知道某个问题的答案，她就会让另一个学生回答，因为她不希望学生感到尴尬

   B. 埃德加女士注意到学生在理解她的课程时会给她言语和非言语提示。如果她问学生一个问题，她可以通过这些提示判断这名学生是在思考，还是困惑不解。她经常给学生一些提示，帮助他们回答

   C. 林德尔女士向她的学生提出很多问题。如果学生没有快速回应，她就会给出正确答案

   D. 塞缪尔女士给她的学生讲课，学生们做笔记。在课程结束时她回答学生提出的任何问题

3. 哪位教师使用的同伴辅导方式对辅导者和被辅导者都最积极？

   A. 加索尔女士让六年级学生来辅导三年级学生学习数学，每周四次，每次三十分钟。她给每个辅导者明确的指示

   B. 马修斯女士在她的班上使用同伴系统。孩子们自己选择辅导他们的人选，以及他们想学的内容。一般来说，他们会选择一个关系要好的朋友

   C. 兰考斯基女士从高年级学生中挑选成绩较差的学生每周至少来她的班级一次，辅导她的学生学习。她一般会让他们帮忙做一些事情，比如进行拼写测试

   D. 泰勒女士喜欢对她的学生进行同伴辅导，特别是在数学方面。她发现，其他学生往往能够比她更容易地向学生们解释问题。因此，她让班上成绩更好的学生来教那些难以理解数学概念的学生

4. 科特先生让学生们合作完成一个关于美国内战的作业任务。他把学生分成四人一组的异质小组，并给每个小组提供任务指导。最后要以小组为单位完成作业，以此获得小组成绩。他感到惊讶的是，有些学生对他们小组的作业几乎没有贡献。科特先生做错了什么？

   A. 科特先生在他的评估中没有包括任何个人责任

   B. 科特先生不应该给学生们打集体分

   C. 科特先生不应该使用异质小组

   D. 科特先生不应该在历史课上使用合作学习

请参看书末的答案……

学习目标3：讨论在组织小组工作时的有效决策。

3 组织小组活动

我们已经看到小组活动对学生有很多好处。然而，这需要教师的精心策划。当你组织学生开展小组活动时，你必须决定如何分组、教授小组建设技能，以及组织小组互动。

分组

教师经常会问，他们应该如何将学生分配到班级小组中。图 10-1 所示的合作学习方法一般推荐给包含不同能力、种族背景、社会经济地位和性别的异质群体。异质分组的原因是，它可以最大化同伴辅导和支持的机会，改善跨性别和跨种族学生的关系，并确保每个小组至少有一名学生具有完成所要求任务的能力。

异质能力 使用异质能力小组的主要原因之一是可以使低能力学生受益，低能力学生可以向高能力学生学习。然而，一些批评者认为，这种异质分组方式阻碍了高能力学生的发展。但是在大多数研究中，成绩好的学生在异质小组或同质小组学习后，在成绩测试中表现同样出色（Hooper & others, 1989）。在异质小组中，高能力学生经常扮演教师的角色，向其他学生解释概念；在同质小组中，高能力的学生不太可能承担这种教学角色。

异质小组的一个问题是，如果小组中包含高能力、低能力和中等能力的学生，中等能力的学生在一定程度上会受到冷落；高能力学生和低能力学生形成教师–学生的人际关系，而将中等能力的学生排除在群体互动之外。中等能力的学生可能在大多数或全部成员都是中等能力的小组中表现得更好。

种族、社会经济地位和性别的异质性 建立合作学习小组的部分初衷是为了改善来自不同种族和社会经济背景的学生之间的人际关系。我们希望合作团队中平等地位的互动能减少偏见。然而，让学生在平等地位的基础上互动比最初预想的要困难得多。

在组建种族和社会经济方面的异质小组时，关注小组的构成是很重要的。一个建议是不要让小组的构成特征太明显。因此，你可以同时改变不同的社会特征（种族、社会经济地位和性别），例如将一个中等收入的非洲裔美国女生和一个来自低收入家庭的非拉丁裔白人男生归为一组等，这样就打破了白人男生都来自高收入家庭的偏见。另一个建议是，如果可能的话尽量避免组建只有一名少数族裔学生的小组，这样就可以避免对该学生的"独行状态"的关注。

在男女混合的小组中，男生往往更加活跃和占主导地位。因此，当男女混合成组时，教师的一项重要任务就是鼓励女生大胆发言，鼓励男孩允许女生表达自己的观点，为小组的运作做出贡献。一般的策略是让男生和女生的人数相等。

小组建设技能

在课堂上良好的合作学习需要花时间在小组建设技能上。这包括思考如何在学年开始时开始小组建设，帮助学生成为更好的倾听者，让学生练习如何为小组成绩做出贡献，让学生讨论小组领导者的价值，以及与小组领导者合作以帮助他们处理问题情境。

组织小组互动

促进学生开展小组学习的一个方法是给学生分配不同的角色。例如，考虑一下学生在小组中可以承担的这些角色（Kagan, 1992）。

· 鼓励者——鼓励不想参加的学生参与进来，是一个激励者的角色。
· 把关者——使学生在小组中的参与度保持均衡。
· 教练——在学术内容方面提供帮助。
· 检查员——确保小组成员理解学习材料。
· 监督者——让小组专注于任务。
· 记录员——记录想法和决策。
· 安静队长——监测小组的噪声水平。
· 材料监督员——领取和归还学习用品。

这些角色有助于小组更顺利地运作，并让小组中的所有成员感觉到自己对于小组的重要性。请注意，尽管我们刚刚描述了可以在小组中发挥作用的8种角色，但正如我们前面指出的那样，大多数专家建议小组成员不要超过5或6人，这样小组才能有效地发挥作用。有些成员可以担任多个角色，而且并非所有角色都需要有人担任。

使角色专门化的另一种方式是指定一些学生作为"总结者"，另一些学生作为"倾听者"。研究人员一致发现，总结比倾听更有利于学习，所以如果使用这些角色，教师必须让所有成员都有机会成为总结者（Dansereau, 1988）。

为了评估你对社会建构主义理论的态度，以及你是否有可能在教学中使用这些策略，请完成自我评估1。

连线学生：最佳实践
培养学生小组建设技能的策略

以下是一些帮助学生发展小组建设技能的指导方针（Aronson & Patnoe, 1997）：

1. 在学年开始时，不要以合作学习的方式开展一项困难的任务。教师报告说，当学生之前在小组建设练习中一起学习过时，合作学习通常效果最好。通常情况下，连续几周每天花一小段时间进行小组建设就足够了。很多学生在合作小组中没有太多的经验，所以让他们参与小组建设练习，可以帮助他们在开始一个困难的小组任务之前学会如何有效地相互交流。

2. 在合作小组（2~6 名学生）的层面上进行小组建设，而不是在整个班级的层面上进行小组建设。小组中的一些学生会更有主见而其他人则更加被动。小组建设的目标是给所有成员一些在成为有价值的小组成员方面的经验，并让他们知道合作比竞争的学习方式更有效。

3. 在小组建设中与学生合作，帮助他们成为更好的倾听者。让学生在同一时间介绍自己的名字，可以帮助他们认识到，他们必须轮流发言、倾听对方，而不是独占交谈时间。你也可以让学生进行一些行为描述，表明他们正在倾听，这些行为可能包括直视演讲者，重新表述演讲者刚刚所说的内容，总结演讲者的陈述，等等。

4. 作为小组建设的一部分，让学生练习为一个小组共同的产品做出贡献。要求每个学生参与画一幅小组画。每个学生画完就把画纸和画笔传递给下一个学生。画纸在小组中传递多次，每个学生的任务是在图画中添加一些东西。当图画完成后，讨论每个学生对小组的贡献。学生们会感觉到，除非每个成员都有自己的贡献，否则这幅作品就不完整。在"教师视角"中，你可以看到一个九年级的历史教师如何有效地使用这个策略。

5. 在小组建设过程中，你可能需要讨论一下拥有小组领导者的价值。你可以让学生们讨论一个领导者应该以何种具体方式发挥作用来使小组的表现达到最佳水平。通过头脑风暴，他们可能会得出这样的结论："有助于小组变得更有组织""让小组专注于任务""充当教师和小组之间的联络员""表现出热情""有耐心，有礼貌""帮助小组处理分歧和冲突"。教师可以指定小组领导者，或者让学生选出领导者。

6. 与小组领导者合作，帮助他们处理问题情境。例如，一些成员可能很少说话，一个成员可能会在小组中占主导地位，成员之间可能会互相取外号，一些成员可能能拒绝做事，一个成员可能想单独做事，成员可能会同时说话。你可以把小组领导者召集到一起，让他们演练这些情况，讨论处理问题的有效策略。

教师视角
同一视线水平的思想交流

吉米·弗洛（Jimmy Furlow）让几组学生总结教科书上的章节，并做成幻灯片，以帮助全班准备考试。弗洛在越南失去了双腿，但他很少待在一个地方，他坐在轮椅上在教室中来回移动，和学生保持在同一视线水平处进行交流。当学生完成了对幻灯片上所有要点的讨论时，弗洛对他们所说的内容进行编辑，以简明、清晰的语言展现出要点，并帮助学生把注意力集中在要点上（Marklein, 1998）。

九年级的历史教师吉米·弗洛在课堂上和一个学生交谈。

© Todd Lillard

自我评估 1
评估我的社会建构主义体验

你在社会建构主义思考和学习方面有过什么体验？你可能在学校或其他环境中有过此类体验。对于你体验过的每一种环境，至少记录一个你现在回想起来能够看到社会建构主义原则起效的例子。

1. 你的家庭：

_____

_____

2. 某个俱乐部或者项目组：

_____

_____

3. 高中的学校经历：

_____

_____

4. 大学：

_____

_____

这些经历如何影响你对以下课堂教学理念的判断？

1. 思维应该被视为存在于社会和物理环境之中，而不仅仅存在于个人的头脑中：

_____

_____

2. 维果茨基的理论：

_____

_____

3. 脚手架作用：

_____

_____

4. 同伴辅导：

_____

_____

5. 合作学习：

_____

_____

6. 小组学习：

_____

_____

复习、思考和练习

学习目标 3：讨论在组织小组工作时的有效决策。

复习

· 在将学生分组时，有哪些重要的考虑因素？

· 教师可以做些什么来培养小组内的团队技能？

· 哪些类型的角色分配可以改善小组的结构？

思考

· 假设你和其他五个学生决定组成一个小组，共同备考教育心理学的期末考试。你将如何组建这个小组？你希望被分配为什么角色？

PRAXIS™ 练习

1. 以下哪项代表了组建工作小组的最佳做法？

   A. 一名成绩优异的非拉丁裔白人女孩，三名成绩中等的非裔美国男孩

   B. 一名成绩优异的非裔美国男孩，两名成绩中等的非拉美裔白人女孩，一名成绩差的亚裔美国男孩

   C. 两名成绩优异的亚裔美国男孩，两名成绩差的非拉美裔白人男孩

   D. 两名成绩优异的非裔美国女孩，一名成绩中等的非裔美国男孩，一名成绩差的非裔美国女孩

2. 范丹戈先生决定在新学年开始时进行小组建设。为此，他把他的整个班级带到外面，让他们连成一个人结①。然后，他们必须一起努力解开这个"结"。一些学生在活动中感到挫败和恼火。范丹戈先生进行干预，鼓励学生们选出一个领导者，并相互倾听。根据"连线学生：最佳实践——培养学生小组建设技能的策略"，范丹戈先生做得不正确的地方是？

   A. 他没有强调倾听技巧的重要性

   B. 他没有在小组中安排足够的学生

   C. 他没有使用异质分组

   D. 他在新学年开始时就布置了一个困难的任务

3. 乔治、约翰、保罗、卡西和麦肯锡正在一起完成一个涉及南北战争的小组作业。乔治是南北战争方面的常识专家。在完成该任务作业的过程中，乔治回答了其他学生的问题。约翰自愿去买小组需要的所有用品。任务进行得很顺利，每个学生都参与其中，因为卡西提醒他们，每个人的贡献都是有价值的。在一次小组工作会议上，小组开始讨论上周末的足球比赛。保罗说："嘿，伙计们，我们应该关注在这个作业上。"在这之后，该小组重新开始工作。他们全神贯注于他们的讨论，以至于变得相当吵闹。这时，麦肯锡提醒她的同伴安静下来。哪位学生扮演了把关者的角色？

   A. 乔治

   B. 约翰

   C. 麦肯锡

   D. 卡西

请参看书末的答案……

---

① 每个人交叉手臂互相握手，需要在不松开手的情况下变成每个成员面朝内手牵手的圆环。

连线课堂：案例分析

社会建构主义课堂

　　玛丽安娜是一名对工作充满热情的二年级新教师。她认为，学生应该非常积极地构建自己的知识并在此过程中合作。为此，她决定让她的课堂成为一个社会建构主义课堂，并就她今年想和学生们一起做的一些事情做出了一些决定。

　　首先，她知道当学生学习新知识的时候，她必须为学生提供脚手架帮助，并逐步调整对学生的辅导量。为此，她想在班里使用同伴辅导策略，因为她相信孩子们从彼此身上学到的东西往往比从成年人身上学到的要多。因此，她建立了一个系统，让班上成绩更好的学生帮助较落后的学生。

　　玛丽安娜也喜欢合作学习的想法。她将学生们分组，这些小组是异质的，在能力、性别、种族和社会经济地位方面具有多样性。然后她给小组中每位成员分配角色，比如教练、鼓励者、检查员、监督者、记录员和材料监督员。她在许多学科领域都使用了这种方法。有时她会使用一种组合方式，让每个学生负责某一特定领域，成为这一领域的专家，然后与其小组成员分享专业知识。她在科学和社会科学中使用这种方法。

　　在数学方面，玛丽安娜感到非常幸运，因为她的学校采用了"日常数学"（Everyday Mathematics）课程。该课程与现实世界相联系，她认为这在数学教学中是非常重要的。小组合作在教学中也得到了强调。

　　玛丽安娜希望她的学生及其家长能在"一起学习"的过程中和她一样兴奋。然而，她很快就失望了。当她给学生分组时，她听到了一些抱怨的声音："别再分组了。""我干吗非得和她一组？她什么都不懂。""他太专横了。""我总是和他分在一组，然后什么事情都是我一个人做。""她从不让我插手，只让我在一边旁观。"家长也有诸多怨言。她收到了来自父母的电话和信件，对这种做法表示不解。他们似乎都只关心考试分数和成绩，而不是孩子们一起学习的内容。一位家长要求她的孩子不要再和另一个孩子分在同一组，因为那个孩子"拖累"了自己孩子的学习。

1. 这个案例中的问题是什么？
2. 你认为玛丽安娜做错了什么？
3. 她现在该怎么做才能恢复建构主义课堂呢？
4. 她怎样才能得到父母的配合呢？
5. 关于同伴辅导，你会向玛丽安娜做出以下哪项建议？
　　A. 允许孩子们选择自己的搭档
　　B. 无论父母的感受如何，坚持让成绩较好的学生帮助成绩较差的学生
　　C. 使用跨年龄的同伴辅导而不是同龄的同伴辅导
　　D. 让互相不喜欢的同学作为彼此的同伴辅导者，这样他们就不会总想着一起玩耍，而不是学习
6. 关于玛丽安娜对学生小组的使用，你会向她提出以下哪项建议？
　　A. 组成同性别的小组，让学生感觉更舒适
　　B. 组成同种族的小组，让学生感觉更舒适
　　C. 给害羞的学生分配领导者的角色，帮助他们表现自己
　　D. 不时打乱小组成员的构成，使中等能力的学生不会被忽视

本章概要

1 教学中的社会建构主义理论：比较社会建构主义理论与其他建构主义理论。

更广泛的建构主义背景下的社会建构主义

·皮亚杰和维果茨基的理论是建构主义的。皮亚杰的理论是认知建构主义理论，而维果茨基的理论是社会建构主义理论。

·维果茨基的教学模型的含义是，在构建知识和理解的过程中，为学生提供机会，使他们通过与他人（教师和同伴）的社会互动来学习。在皮亚杰看来，学生通过对已有知识和信息的转化、组织和重组来构建知识。

·在皮亚杰和维果茨基的模型中，教师是促进者而不是指导者。认知建构主义和社会建构主义理论之间的区别并不总是很明确。所有的社会建构主义理论都强调社会因素有助于学生知识的建构和理解。

情境认知

·情境认知认为思维存在于社会和物理环境中，而不是存在于个人的头脑中。

2 教师与同伴共同促进学生的学习：解释教师和同伴如何共同促进儿童的学习。

脚手架作用

·"脚手架"是一种在教学过程中提供不断变化的支持水平的技术，由高技能的个人——教师或成绩更好的同伴——提供指导，以适应学生当前的表现。

认知学徒关系

·认知学徒关系包含一个新手和一个专家，后者延伸和帮助新手理解和使用文化技能。

辅导

·辅导是一种专家和新手之间的认知学徒关系。辅导可以在成年人和儿童之间进行，也可以在能力较强的儿童和能力较弱的儿童之间进行。

·个人辅导是有效的。助教、志愿者和导师可以作为辅导者来为教师和课堂学习提供支持。

·"阅读恢复"和"成就每个人"是有效的辅导计划的例子。在许多情况下，学生们从跨年龄的辅导中比从同年龄的辅导中受益更多。辅导可以使被辅导者和辅导者都受益。

合作学习

·合作学习是指学生在小组中互相帮助彼此学习。研究人员发现，合作学习是提高学生成绩的一种有效策略，尤其是在确定了小组目标和个人问责制的情况下。

·合作学习对于复杂的任务比简单的任务效果更好。合作学习常常提高学生的内在动机，鼓励学生相互依赖，促进深入理解。

·合作学习方法包括学生–小组–成就划分（STAD）、拼图式课堂（Ⅰ和Ⅱ）、共同学习、小组调查和合作剧本。

·合作学习方法通常被推荐用在能力、种族、社会经济地位和性别方面具有多样性的异质小组。创建一个合作社区需要在几个层面上发展积极的相互依存关系：班级内部的小组、整个班级、班级之间、整个学校、家长和学校之间、学校和社区之间。

·合作学习有许多优点，但在使用中也有一些潜在的缺点。

3　组织小组活动：讨论在组织小组工作时的有效决策。

分组

·分组有两种策略：一是将学生分配到异质小组，二是小组内的成员能够反映出能力、种族背景、社会经济地位和性别的多样性。

小组建设技能

·组织小组工作还需要注重小组建设技能。一个好的策略是在学年开始的时候花几周时间培养小组技能，帮助学生成为更好的倾听者，并让他们练习为小组工作做出贡献。每个小组指派一名学生担任领导者，有助于小组的建立。

组织小组互动

·为了帮助团队更顺利地运作，需要给学生分配不同的角色——例如鼓励者、把关者、监督者、安静队长和材料监督员——小组成员也会受益于这些角色。

关键术语

认知学徒关系（cognitive apprenticeship）

合作学习（cooperative learning）

情境认知（situated cognition）

社会建构主义理论（social constructivist approach）

档案袋活动

现在你已经很好地理解了本章的内容，请完成这些练习来扩展你的思维。

独立思考

1. 评估社会建构主义体验。你在教育经历中在何种程度上体验过各种社会建构主义理论？想一想你成长过程中不同层次的学校教育（幼儿园、小学、初中、高中和大学）并评估你在脚手架作用、认知学徒关系、辅导和合作学习方面的体验（或缺乏体验）。

合作学习

2. 平衡个人和小组活动。与班上其他四五名学生讨论在幼儿园、小学、初中和高中阶段，有多少课程应包括小组活动，有多少应该包括个人活动。描述一下你们小组的想法，也讨论一下是否有些学科领域比其他学科更适合开展小组活动。

第十一章

学科领域的学习和认知

> 意义不是别人赋予我们的，而是我们自己赋予的。
>
> ——埃利诺·达克沃斯（Eleanor Duckworth）
>
> 当代美国教育家

章节概览

1. 专业知识和学科教学知识

学习目标 1：区分专业知识和学科教学知识之间的差异。

2. 阅读

学习目标 2：解释阅读能力是如何发展的，并讨论一些有效的阅读教学方法。

阅读的发展模型

阅读方法

认知方法

社会建构主义方法

3. 写作

学习目标 3：描述写作能力是如何发展的，并讨论一些有效的写作教学方法。

发展变化

认知方法

社会建构主义方法

4. 数学

学习目标 4：描述数学思维的发展特点，并确定数学教学的相关问题。

发展变化

数学教育中的争议

认知过程

一些建构主义原则

技术与数学教学

5. 自然科学

学习目标 5：明确一些与教授学生如何科学地思考有关的挑战和策略。

科学教育

建构主义的教学策略

6. 社会科学

学习目标 6：概述社会科学学习如何变得更具建构主义。

什么是社会科学?

建构主义方法

连线教师：温迪·纳尔逊·考夫曼

温迪·纳尔逊·考夫曼（Wendy Nelson Kauffman）在康涅狄格州布卢姆菲尔德市的一所高中执教十年级和十二年级的社会科学课。温迪离开令她毫无成就感的新闻工作后，转而从事教学工作。为了提高学生的思维能力和写作能力，她让学生们参加了以下各种活动：

·每个学年开始都写自传。

·每天都写日记，并对历史问题撰写论文以阐明立场。

·参与戏剧性的角色扮演。

·开展辩论并举行模拟"市镇会议"，讨论有争议的问题，如种族问题。

·解读政治漫画和歌曲。

·制作海报。

·到真实世界中去学习。其中包括参观埃利斯岛，在此之后，学生们在全校范围内表演了移民的生活经历，并为编写口述历史书采访了养老院的居民，了解大萧条和第二次世界大战时的情况。

用温迪的话来说，"他们必须学习某些技能：

© Stace Rowe, Courtesy of Metropolitan Learning Center

写作、批判性思维、课堂参与。如果你将这些内容与他们感兴趣的内容结合起来，并发挥他们的优势，我想他们的课堂学习会变得更容易"。温迪还指导新手教师，她说："我希望他们感到安全，我希望他们敢于冒险，我希望他们成为自己想成为的人。"

（资料来源：Kauffman, Wendy, Nelson, "USA Today's 2003 All-USA Teacher Team." USA Today, October 16, 2003）

概览

在前面的章节中，我们描述了儿童学习和认知的基本原则。在本章中，我们将把这些学习和认知原则应用于五个领域：阅读、写作、数学、科学和社会科学。本章开篇，我们将重新审视专业知识的概念，并探讨专业知识与学科教学知识之间的区别，以及像温迪·纳尔逊·考夫曼这样的教师用来进行有效教学的知识。

学习目标1：区分专业知识和学科教学知识之间的差异。

1 专业知识和学科教学知识

在"信息加工理论"一章中，我们讨论了专家和新手之间的区别。我们发现，在某些特定领域（如数学或生物学）的专家，有时并不擅长帮助他人有效学习知识。这些专家有专业知识，但缺乏学科教学知识。让我们来探讨这两种知识之间的区别。

专业知识（expert knowledge），有时被称为学科知识（subject matter knowledge），指的是关于某一特定学科内容的杰出知识（Ericsson & others, 2016）。很明显，专业知识是很重要的，教师自己都不了解的东西，他又怎么能教给学生（Burden & Byrd, 2016）？然而，一些拥有某一特定学科领域（如阅读、数学或科学）的专业知识的人，很难以一种能有效向他人传授该学科知识的方式来理解该学科知识。有研究者提出专家盲点（expert blind spot）这个术语，用以描述专家和学生所了解的知识之间的差距（Nathan & Petrosino, 2003）。很多时候，教师（专家）并不知道向学生（新手）传达学习某一特定学科内容所需的所有信息和步骤（Bransford, Darling-Hammond, & LePage, 2005）。

> 专业知识：也称为学科知识，指的是关于某一特定学科内容的杰出知识。

除了需要专业知识外，教师还需要学科教学知识（pedagogical content knowledge）。学科教学知识是关于如何有效地教授一门特定学科的知识。专业知识和学科教学知识都是成为专家型教师所必需的。专家型教师（expert teacher）了解所教学科的知识结构，这一知识使他们有能力创建认知路线图，从而用以指导他们给学生布置作业、评估学生的学习进展以及在课堂上向学生提出问题和给出答案（Natianal Reasearch Cauncil, 2005）。成为某一特定学科的专家型教师，还需要知道对学生而言，该学科的哪些知识是难点，哪些容易掌握（Mayer & Alexander, 2017）。

> 学科教学知识：如何有效地教授一门特定学科的知识。

在前面的章节中，我们探讨了适用所有学科的一般性教学策略。例如，任何学科的优秀教师都会提出能够激发学生好奇心的问题，鼓励学生超越主题的表面去深入理解该主题，并关注学习过程中学生的个体差异。然而，关于特定学科的学科教学知识超出了这些一般性的教学策略（Cunningham, 2017; Mayer & Alexander, 2017; Van de Walle, Karp, & Bay-Williams, 2016）。我们将研究阅读、写作、数学、科学和社会科学这五个领域，并描述每一个领域的有效教学策略。

复习、思考和练习

学习目标1：区分专业知识和学科教学知识之间的差异。

复习

· 专业知识与学科教学知识有何不同？

思考

· 你是否遇到过这样的教师，他显然是他所教学科的专家，却不是一个好教师？他缺失了什么知识？

> **多重思考**
> 教师可以指导学生学习一些有效的学习策略和元认知学习策略。连接到"信息加工理论"。

学习目标 2：解释阅读能力是如何发展的，并讨论一些有效的阅读教学方法。

2　阅读

阅读专家史蒂夫·斯特尔（Steve Stahl, 2002）认为，阅读教学的三个主要目标应该是帮助儿童（1）自动识别单词，（2）理解文本，（3）培养阅读兴趣和爱上阅读。这些目标是相互关联的。如果儿童不能自动识别单词，他们的理解力就会受到影响。如果他们不能理解文章，他们就不太可能对阅读产生兴趣。

理查德·梅耶的分析集中在儿童阅读书面文字需掌握的认知过程（Richard Mayer, 2004, 2008）。他认为，需要掌握以下三个过程：

1. 意识到单词中的发音单位，包括识别音素。
2. 解码单词，这涉及把书面单词转换成声音。
3. 获取单词的意思，包括找到一个单词含义的心理表征。

儿童是如何发展出斯特尔和梅耶所描述的阅读技能的呢？教授儿童阅读的最好方法是什么？儿童如何培养自己的阅读技能？这些都是我们在本章节中要探讨的主要问题。当我们讨论这些问题时，你会发现教师在儿童阅读技能的发展中起着关键的作用（Fisher & Frey, 2016）。

阅读的发展模型

一种观点认为，阅读技能的发展分为五个阶段（Chall, 1979）。年龄界线只是近似值，并不适用于每个儿童。例如，一些儿童在小学一年级之前就学会了阅读。但是，查尔（Chall）的阶段划分大致表明了学习阅读所涉及的发展变化：

> ·阶段 0：从出生到一年级，儿童掌握了阅读的一些必备技能。许多儿童学会了阅读顺序是从左到右、如何识别字母表中的字母以及如何书写自己的名字。有些儿童认识了那些经常出现在标志牌上的单词。通过观看《芝麻街》（*Sesame Street*）等电视节目，以及上学前班和幼儿园等，如今的儿童与过去的儿童相比，在更小的年龄就掌握了更多的阅读知识。

> ·阶段 1：在一、二年级，许多儿童开始阅读。他们通过学习拼读单词来阅读（也就是说，将单个字母或一组字母转化成声音，再将声音组合成单词）。在这个阶段，他们还完全认识了每个字母，并掌握了每个字母的发音。

> ·阶段 2：在二、三年级，儿童在阅读单个字词和其他阅读技能方面愈加熟练。然而，在这个阶段，阅读还没有太多地用于学习。此时学习如何阅读的要求非常繁重，以至于儿童几乎没有多余的精力处理阅读内容。

> ·阶段 3：从四年级到八年级，学生从书本上获得新信息的能力越来越强。从阶段 2 到阶段 3 的转变包括从"学习如何阅读"到"阅读学习知识"的转变。在阶段 3，学生仍然很难理解同一故事中从多个角度呈现的信息。对于那些还没有学会阅读的学生来说，无法阅读会导致他们在许多学科的学习中出现严重的困难，进而会陷入一种恶性循环。

> ·阶段 4：在高中阶段，许多学生成为完全合格的阅读者。他们发展了从不同角度理解材料的能力。这使一些学生能更深入地讨论文学、历史、经济和政治。直到高中才让学生阅读名著绝非偶然，因为理解这些小说需要高级的阅读技能。

请记住，查尔模型中的年龄界线是近似值，并不适用于每个儿童。然而，这些阶段传达出成为一名合格的阅读者所涉及的发展变化。

正如前面的讨论所暗示的那样，阅读是理解书面文字的能力。如果儿童们所能做的只是对单词学习闪卡做出反应，那就不能说他们能阅读。优秀的阅读者已经掌握了我们在"认知和语言发展"一章中所讨论的音位学、形态学、句法学和语义学方面的基本语言规则。

阅读方法

教授儿童阅读有哪些方法？关于如何教授儿童阅读，教育学专家和语言学专家之间一直存在争议。

其中一个争议是语音教学法和整体语言教学法之争。**语音教学法**（phonics

> 语音教学法：该教学法强调阅读教学应注重语音学和把书面符号转化成语音的基本规则，早期阅读教学应使用简单的素材。

approach）强调阅读教学应注重语音学和把书面符号转化成语音的基本规则，早期阅读教学应使用简单的素材。只有在儿童学习了把语音和字母联系起来的对应规则后，才可以接触更复杂的阅读材料，例如书籍和诗歌（Leu & Kinzer, 2017）。

整体语言教学法：该教学法强调阅读教学应平行于儿童的自然语言学习，阅读材料应该是完整的和有意义的。

与之相比，**整体语言教学法（whole-language approach）**强调阅读教学应平行于儿童的自然语言学习，阅读材料应该是完整的和有意义的。也就是说，应该给儿童提供完整的阅读材料，例如故事和诗歌，便于他们理解语言的沟通功能。阅读应该与听、写技能相结合。尽管整体语言教学课程各不相同，但大多数人都认为阅读应该与其他技能和诸如科学、社会科学等科目相结合，并且应该关注真实世界的材料。因此，一个班级可能会阅读报纸、杂志或书籍，然后开展相关的写作和讨论。在一些整体语言课程中，教师会教阅读新手认识整个单词甚至整个句子，并根据上下文来猜测不熟悉的单词的意义。

哪种方法更好呢？这两种方法都能使儿童受益，但是语音教学需要格外被重视，尤其是在学前班和小学一年级时（Bear & others, 2016; Cunningham, 2017）。

美国国家阅读研究小组（2000）得出的结论表明，儿童受益于有指导的朗读，即在有指导和反馈的情况下大声朗读。最近的一项研究发现，个体化和小组化的指导性阅读干预措施都提高了阅读困难者的阅读理解能力和阅读态度（Oostdam, Blok, & Boendermaker, 2015）。诸如监控自己的阅读进度和进行总结之类的阅读理解学习策略，也有利于儿童阅读的进步（Allyn, 2016; Cunningham & Allington, 2016）。

在一项研究中，迈克尔·普雷斯利及其同事调查了美国 5 个班级的读写教学情况（Pressly, 2001）。在最高效的课堂上，教师表现出基于正强化与合作的杰出课堂管理能力，达到技能、文学和写作教学之间的平衡：提供脚手架支持使任务需求与学生的技能水平相匹配，鼓励学生自我调节，以及形成跨学科的紧密联系。总的来说，大量的观察结果并不支持任何特定的阅读方法（例如整体语言教学法或语音教学法）。相反，优质教学需要包括多方面的、良好整合的组成要素。这项研究的一个重要观点是，有效的阅读教学不仅仅使用特定的教学方法，还包括有效的课堂管理、对自我调节的鼓励以及其他组成要素。

和其他的重要技能一样，阅读需要时间和努力才能掌握（Allington, 2015）。在一项全美范围的评估中，每天在学校和家庭作业中要阅读 11 页及以上内容的四年级儿童在全美阅读测试中得分更高（National Assessmerrt of Educational Progress, 2000）。相比于那些几乎不要求学生阅读的教师，那些要求学生每天大量阅读的教师，其学生的阅读能力更强。

认知方法

认知性的阅读方法强调对单词的解码和理解，应用已有知识，并发展专家级的阅读策略。

单词的解码和理解　在我们开始讨论阅读的时候，我们描述了梅耶（2008）的观点：解码单词是学习阅读的关键认知过程。认知方法强调单词解码和理解的认知过程（Allyn, 2016; Fox & Alexander, 2017; Oakhill, Berenhaus, & Cain, 2016）。在这方面，重要的是某些元认知能力和以流畅为特征的日益增强的自动化加工（Cunningham & Allington, 2016）。

阅读中涉及元认知，是因为优秀的阅读者会发展出对其阅读技能的控制，并理解阅读是如何运作的（Allyn, 2016）。例如，优秀的阅读者知道理解一部作品的"主旨"是很重要的。

教师可以通过让学生监控自己的阅读来帮助他们发展良好的阅读元认知策略，特别是当他们在阅读过程中遇到困难的时候（Fox & Alexander, 2017; Kostons & van der Werf, 2015）。以下是一些元认知策略，教师可以鼓励学生使用这些策略来提高阅读技能（Pressley & Harris, 2006）：

- 阅读前纵览全文。
- 在阅读过程中寻找重要的信息并予以更多关注；就重要观点向自己提出一些问题，或者把它们与你已知的东西联系起来。
- 尽量确定不认识的单词的含义（利用该词的上下文来推测它的意思，使用字典或暂时忽略生词，等待进一步确定含义）。
- 监控你对文本的理解。
- 理解文章各部分内容之间的关系。
- 意识到什么时候可能需要重读某一段落（例如你第一次读的时候没理解这段内容；你想要理清一个重要的观点；这些材料似乎很重要，需要记住；你需要划出或总结重点，以便以后复习）。
- 根据阅读材料的难度调整阅读速度。

当学生自动加工信息时，他们几乎不需要有意识的努力（Tompkins, 2016）。当单词识别迅速发生时，意义的理解往往也随之迅速跟进。相比之下，许多阅读新手或阅读困难者不能自动识别单词。他们的加工资源被消耗在单词识别上，因此他们只有较少的加工资源用于理解词组或句子。随着他们对单词和段落的加工变得更加自动化，他们的阅读变得更加流畅（Calet, Gutierrez-Palma, & Defior, 2015）。在最近一项针对四年级学生的研究中，朗读流畅性（但不是默读流畅性）与更好的阅读理解有关（Price & others, 2016）。

当学生执行以下操作时，其阅读流畅性通常会提高（Mayer, 2008）：（1）在自己阅读某一段落之前和之后，分别听一遍别人朗读，这被称为辅助练习；（2）花大量时间阅读各种文章；（3）在朗读中运用适当的表达和节奏。

已有知识 阅读的认知方法涉及的另一个原则是，学生关于一个主题的已有知识与他们在阅读该主题时的记忆以及他们对阅读材料做出正确推断的能力有关（Mayer, 2008）。如果教师发现学生对将要阅读的主题缺乏足够的知识储备，教师应该怎么做？首先，教师需要评估阅读材料对学生来说是否太难了。如果太难，可以选择更适合学生阅读水平的文章。此外，教师可以提供与主题相关的预读活动。

发展专家级阅读策略 在认知方法中，研究人员在寻找解释阅读的基本认知过程。这种寻找引发了人们对策略的兴趣，特别是对专家级阅读者与阅读新手之间策略的比较（Cunningham & Allington, 2016）。研究人员建议教师引导学生发展出良好的阅读策略。

迈克尔·普雷斯利及其同事提出了**转化策略教学法**（transactional strategy instruction approach），这是一种强调策略教学的阅读认知方法（特别是元认知策略）（Pressley, 1992）。在他们看来，策略控制着学生记住所读内容的能力。教授学生使用元认知策略来监控其阅读进度尤为重要。总结也被认为是一种重要的阅读策略。策略方法鼓励非阅读课的其他学科教师手册的作者在手册中加入与阅读策略重要性有关的信息、如何使用以及何时使用特定策略的信息，并提示学生使用策略。

转化策略教学法：一种阅读认知方法，强调策略教学，特别是元认知策略。

社会建构主义方法

社会建构主义方法把阅读的社会方面置于显著地位（Hiebert & Raphael, 1996）。社会环境在帮助儿童学习阅读方面的作用包括下列因素：文化对阅读的重视程度；父母在孩子正式入学前让他们接触书籍的程度；教师的沟通技能，教师允许学生讨论所读内容的程度；学区规定的阅读课程等。认知建构主义者强调学生对意义的建构，而社会建构主义者强调意义是社会协商的结果。换句话说，意义不仅涉及阅读者的理解，还涉及阅读的社会背景和阅读目的。社会建构主义方法强调给予学生阅读后进行有意义对话的机会的重要性，其中一种做法是交互式教学。

多重思考
社会建构主义方法强调学习的社会背景和知识是相互构建的这一理念。连接到"社会建构主义理论"。

交互式教学 交互式教学（reciprocal teaching）是指学生轮流领导小组讨论。交互式教学也可以由一名教师和一名学生组成。在交互式教学中，教师首先解释策略并示范如何使用它们来理解课文。然后，教师要求学生演示这些策略，并在学生学习这些策略时提供帮助。就像脚手架作用一样，教师的主导作用逐渐减弱，学生变得更加主

交互式教学：学生轮流领导小组讨论的一种学习方式，也包括教师充当脚手架的教学方式。

动。例如，安娜玛丽·帕林萨尔和安·布朗（Annemarie Palincsar & Ann Brown, 1984）采用交互式教学来提高学生制定某些策略以提升其阅读理解能力的能力。在这种教师充当脚手架的教学模式中，教师与学生合作，帮助他们就所读文章提出问题弄明白他们不理解的内容，总结课文并做出预测。

关于交互式教学的研究表明，交互式教学是提高阅读理解能力的一种非常有效的策略（Webb & Palincsar, 1996）。例如，一项研究考察了阅读策略（总结、提问、澄清和预测）对小组内交互式教学、配对教学的影响，还考察了教师指导对小组的影响（Sporer, Brunstein, & Kieschke, 2009）。与接受传统教学的对照组学生相比，接受策略指导的学生在阅读理解方面得分更高。此外，在标准化阅读成就测试中，采用小组交互式教学的学生比教师指导和传统教学小组的学生得分更高。另外，最近的一项研究综述得出结论，大量研究表明交互式教学有利于提高学生阅读技能（McAllum, 2014）。

学校–家庭–社区连接 从社会建构主义者的视角来看，学校并不是阅读中唯一重要的社会文化背景，家庭和社区也很重要。

特别令人关注的是来自低收入家庭学生的语言体验（Navsaria & Sanders, 2015）。在一项研究中，接受公共援助家庭中的幼儿平均每小时能听到 600 个单词，而父母是专业人士的儿童每小时能听到 2100 个单词（Hart & Risley, 1995）。此外，低收入家庭的儿童在早年获得的语言体验只有中等收入家庭儿童的一半。研究人员还发现，高收入家庭的儿童获得的语言体验是中等收入家庭儿童的两倍。

参与交互式教学小组的学生。针对阅读能力提升的交互式教学的特点是什么？

© Global Education Systems Ltd/Connectors reading series（www.globaled.co.nz）

在小学阶段，那些没有进行课外阅读的高危学生的表现会越来越差。许多高危学生的家长都有阅读困难，也难以获取书籍。

最近，我询问了老师们如何帮助学生更有效地阅读。以下是他们的回复：

幼儿园 对于非常年幼的孩子来说，有一个丰富的印刷品环境是必要的，这使他们能够随处看到单词和短语。我们的教室里放满了故事书、图片字典、杂志等等。此外，教室里的每一件物品都贴上标签，例如，门、椅子、窗户和书架，这样孩子们就可以把标签上的单词和物体联系起来。孩子们的名字被印在很多地方，以便他们熟悉自己名字的拼写。

——瓦莱丽·戈勒姆，儿童乐园公司

（Valarie Gorham, Kiddie Quarters, Inc.）

小学 我通过强调阅读理解来帮助我的二年级学生更有效地阅读。也就是说，我把预读、阅读中、阅读后的理解策略整合在一起。在预读时，我说明了阅读的目的，并预览图片、书名、章节名、粗体单词等。在阅读中，我们会考察所选内容的意义（这说得通吗？有什么令人困惑的词语吗？），然后重读以加深理解。在阅读后，我们会考察自己是否知道读了什么并进行总结和反思。

——伊丽莎白·弗拉塞拉，克林顿小学

（Elizabeth Frascella, Clinton Elementary School）

初中 要成为一个更好的阅读者，最好的方法之一就是阅读！每当我和七年级学生讨论某个历史时期时，我都让他们知道学校图书馆里有相关的书籍。我们的图书管理员会把相应的书籍从书架上拿下来，展示给学生们看。即使是最"不喜欢读书的人"也有她/他自己喜欢的书，关键是找到合适的书！

——马克·福德尼斯，贝米吉初中

（Mark Fodness, Bemidji Middle School）

高中 以我们在美国教授阅读的方式，许多学生讨厌阅读并不奇怪。教师们把阅读变得如此痛苦和严肃——例如我们不让读小说，我们无休止地进行测验和考试。教师需要向学生展示阅读是有趣的——教师应该读一读学生们正在读的书，通过谈论最有趣的部分来向学生"推销"这些书，让学生看到教师们在阅读，在课堂上讨论新书时要充满激情和活力。

——珍妮弗·海特尔，布莱曼高中

（JenniFer Heiter, Bremen High School）

复习、思考和练习

学习目标 2：解释阅读能力是如何发展的，并讨论一些有效的阅读教学方法。

复习

·在查尔提出的阅读发展模型中，每个阶段会发生什么？

·在阅读教学中，整体语言教学法和语音教学法之间有什么不同？哪种方法更好？

·阅读的认知方法的主要观点是什么？

·阅读的社会建构主义方法的主要观点是什么？

思考

·在两种关于阅读教学的观点中，有哪些关键的考虑因素？

PRAXIS™ 练习

1. 卡里姆正在阅读他的科学课文。他边读边做笔记，以帮助自己记住信息。今年，他从课文中学到了很多科学知识。例如，他了解到有许多不同种类的岩石，它们的形成方式、硬度和颜色各不相同。然而，当遇到关于科学事实的矛盾观点时，卡里姆很容易感到困惑。查尔的哪一个阅读发展阶段最能体现卡里姆的特点？

    A. 阶段 1

    B. 阶段 2

    C. 阶段 3

    D. 阶段 4

2. 以下哪项是在阅读教学中使用整体语言教学法的最佳例子？

    A. 蒂尔曼女士使用闪卡来帮助她的学生发展他们的视觉词汇

    B. 穆罕默德女士的学生沉浸在文学中，他们阅读各种类型的文学作品并写下他们所读的内容

    C. 奥顿女士使用语音作业本来帮助她的学生发展他们的解码技能

    D. 韦德女士的学生使用一个电脑游戏来练习他们的阅读技能，在游戏中一个小人物说出一个单词，学生点击正确的单词拼写

3. 以下哪项是教师使用认知方法来帮助学生提高阅读技能的最好例子？

    A. 贝克汉姆女士使用闪卡来帮助学生学习新的单词，并对他们的正确回答给予糖果奖励

    B. 戈梅斯女士让她的学生从各种书籍中选择一本进行阅读。阅读同一本书的学生们定期见面讨论这本书

    C. 欧文老师强调使用上下文线索来帮助确定新单词含义的重要性

    D. 罗纳尔多女士让她的学生们把他们在拼写预测试中拼错的每个单词写上五遍，以帮助他们记住这个单词

4. 以下哪项是教师使用社会建构主义方法进行阅读教学的最佳例子？

    A. 贝克汉姆女士使用闪卡来帮助学生学习新的单词，并对他们的正确回答给予糖果奖励

    B. 戈梅斯女士让她的学生从各种书籍中选择一本进行阅读。阅读同一本书的学生们定期见面讨论这本书

    C. 欧文老师强调使用上下文线索来帮助确定新单词含义的重要性

    D. 罗纳尔多女士让她的学生们把他们在拼写预测试中拼错的每个单词写上五遍，以帮助他们记住这个单词

请参看书末的答案……

3　写作

人们对学生的写作能力越来越感到担忧（Graham, 2017; Graham, Rouse, & Harris, 2017; Tompkins, 2015, 2016）。一项研究表明，美国四至十二年级的学生中有70%至75%是低水平写作者（Persky, Daane, & Jin, 2003）。大学教师报告说，50%的高中毕业生不具备大学水平的写作能力（Achieve, Inc., 2005）。

一项针对美国语言艺术、社会科学和自然科学高中教师的研究引发了人们对美国高中写作教学质量的担忧（Kluhara, Graham, & Hawken, 2009）。参与该项研究的教师指出，他们所接受的大学教师教育不足以使他们为高中写作教学做好准备。该研究还表明，写作类作业很少涉及分析和解释，而且近50%的教师在过去的一个月里并没有布置任何多段式写作作业。三分之二的美国学生表示，他们的写作作业每周总共不到一小时（Applebee & Langer, 2006）。

与阅读一样，教师在学生的写作技能发展中也起着至关重要的作用（De La Paz & McCutchen, 2017; Fisher & Frey, 2016; Rouse & Graham, 2017）。普雷斯利和他的同事们对课堂的观察表明，当教师花费大量时间进行写作教学并且对教授学生写作充满热情时，学生就会成为优秀的写作者（Pressley, 2007）。他们的观察还指出，写作评估中获得高分的学生们所在的教室墙上贴满了优秀的作文，而在写作评估中得分较低的学生们所在的教室墙上很难找到这样的作文。

我们对写作的进一步探讨聚焦以下问题：写作技能如何发展？写作中的认知和社会建构主义方法是什么样的？

发展变化

儿童的写作始于他们早期的涂鸦，大约在2~3岁的时候出现。在童年早期，儿童运动技能的发展足以使他们开始书写字母和自己的名字。在美国，大多数4岁的儿童能够写出自己的名字，5岁的儿童可以写出字母并抄写几个简短的单词。随着他们书写技能的提高，儿童逐渐学会区分字母之间的鲜明特征，例如线条是弯曲的还是笔直的、开口的还是闭合的等等。在小学初期，许多儿童在写字母时仍然存在左右颠倒现象，例如b和d、p和q。在这个阶段，如果儿童其他方面发育正常，这些字母的左右颠倒不能预示识字问题。

当儿童开始写作时，他们经常自创单词的拼法。他们这样做是因为他们通常以单词发音作为拼写的线索。教师和父母应该鼓励儿童的早期写作，不要过分担心字母的组合是否正确或拼写方式是否常规。此类错误应被视为儿童成长的自然组成部分，不应该受到审查和批评。对拼读和书写的纠正可以以积极且足够明智的方式进行，以免削弱早期儿童写作的乐趣和自发性。

就像成为一名优秀的阅读者一样，成为一名优秀的写作者也需要多年的时间和大量的练习（De La Paz & McCuthen, 2017; Graham & Harris, 2016, 2017）。在中小学阶段，应该给儿童大量的写作机会（Cunningham & Allington, 2016）。随着他们的语言和认知能力在良好的教学中不断提高，他们的写作技能也会提高。例如，对句法和语法的深入了解，可以为更好地写作打下基础。组织和逻辑推理等认知技能也是如此。

学生视角

魔鬼与宝贝戈斯特

6 岁的安娜·玛德（Anna Mudd）是《魔鬼与宝贝戈斯特》这个故事的作者。安娜写故事已经至少两年了。她所写的故事中包括诗意的形象、复杂的句法和反映语言发展的词汇（Dickinson, Wolf & Stotsky, 1993）。

从小学到初中再到高中，学生发展出越来越复杂的组织其观点的方法。在小学早期，他们从只会平铺直叙，到能精细描写，最后能创作短诗。在小学后期和中学时期，他们开始写读书报告，将叙述与更多的反思和分析相结合。在高中时期，他们能够更熟练地掌握不依赖叙事结构的论述形式（Conley, 2008）。

一项元分析（将研究结果综合在一起的统计技术）表明，以下干预措施对于提高四到十二年级学生的写作质量最有效：（1）策略指导，（2）总结，（3）同伴协助，（4）设定目标（Graham & Perin, 2007）。

认知方法

写作的认知方法所强调的许多主题，与我们在"阅读"部分讨论过的主题相同，例如，建构意义和发展策略（De La Paz & McCutchen, 2017; Graham & Harris, 2016, 2017）。计划、问题解决、修改和元认知策略对提高学生的写作能力尤为重要。

计划 计划是写作的重要方面，包括在一定时间内将写作任务分解成具体的子任务和组织内容信息（Tompkins, 2016）。教师应向学生展示如何规划和组织文章，并对其努力予以反馈。图 11-1 提供了一个模型，可以帮助学生规划时间，以在截止日期前完成作文。

问题解决 学校的写作教学大多涉及教学生如何恰当地写出句子和段落。然而，写作不仅仅是避免句意杂糅，或者确保段落内容支持主题句（Graham, Rouse, & Harris, 2017）。更根本的是，写作是一种更广泛的问题解决方法，有心理学

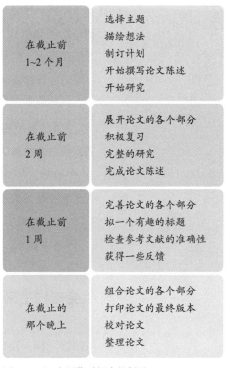

在截止前 1~2 个月	选择主题 描绘想法 制订计划 开始撰写论文陈述 开始研究
在截止前 2 周	展开论文的各个部分 积极复习 完整的研究 完成论文陈述
在截止前 1 周	完善论文的各个部分 拟一个有趣的标题 检查参考文献的准确性 获得一些反馈
在截止的 那个晚上	组合论文的各个部分 打印论文的最终版本 校对论文 整理论文

图 11-1 一个写作时间表的例子

家将写作中的问题解决过程称为"意义的创造"（Kellogg, 1994）。

作为问题解决者，写作者需要建立目标并努力实现这些目标（Graham & Harris, 2017; Harris & Graham, 2016）。认为写作者受限于他们对主题、语言系统运作知识以及写作本身的综合理解，有助于解决他们的问题。写作问题包括对文章的目的、读者和作者在文章中的角色模糊不清（Flower & Hayes, 1981）。在写作方面有困难的学生可能会在写作的任一方面出现问题。找出具体的困难是帮助学生成为一个更好的写作者的第一步。

修改   修改是成功写作的重要组成部分。修改涉及写多份草稿，从有丰富写作知识的人那里获得反馈，学习如何使用批判性反馈来改进写作，还包括检查和纠正错误。研究人员发现，年长的、更熟练的写作者比年轻的、不熟练的写作者更有可能修改自己的作品（Hayes & Flower, 1986）。

元认知和策略   强调有关写作策略的知识便进入了元认知领域，我们在"信息加工理论"一章中讨论了这一点。要想成为一名优秀的写作者，监控自己的写作进程尤 其 重 要（Fidalgo, Harris, & Braaksma, 2016; Graham & others, 2017; Harris & others, 2017）。这包括善于接受反馈，并将每次写作学到的东西应用于下一篇文章的创作中以便写得更好（McKeown & Beck, 2010）。在最近的一项研究中，研究者在二年级教师及其有写作失败风险的学生中实施了自我调节策略发展（Self-Regulated Strategy Development，SRSD）干预（Harris, Graham, & Adkins, 2015）。学生们被教授了一般性的计划策略和一般性的写作策略（创造一个吸引人的开场白，使用有效的词汇，遵循一个清晰的逻辑组织系统，包括一个有效的结尾）。该干预在体裁风格、故事写作质量、动机和努力，以及对个人写作的意义概括方面产生了积极的效果。

一项研究综述表明，教师应教授中学生以下写作策略（Graham & Perin, 2007）：

> ·写作前的构思：一个有效的策略是让学生在写作前构思，构思包括为其文章产生或组织想法。
>
> ·计划、修改和编辑：是成为优秀写作者的关键技能，学生需要在大量实践中来发展并使用这些技能。
>
> ·归纳总结：教师需要明确、系统地教给学生如何总结他们所写的文章内容。
>
> ·句子组合：学生需要练习构建更复杂、更精密的句子。

社会建构主义方法

与阅读一样，社会建构主义方法强调写作最好被理解为文化嵌入和社会建构的，而不是内部产生的。

多重思考
元认知涉及关于认知的认知，或关于认识的认识。连接到"信息加工理论"。

写作的社会环境 社会建构主义观点注重每篇文章所属的社会环境。学生需要参与到写作社区中以了解作者/读者的关系，并认识到他们的观点可能与其他人的观点有所不同（Hiebert & Raphael, 1996）。

课堂上的有些学生拥有丰富的写作经验，也曾被鼓励大量写作；其他人几乎没有写作经验，也没有被鼓励大量写作。在一些教室里，教师高度重视写作，另一些教师则认为写作不那么重要。一项研究表明，在一所学生的写作和阅读水平均表现出色的学校中，校长和教师们将语言艺术课作为重中之重（Pressley & others, 2007）。校长将资源用于阅读和写作教学，包括大量增加学校图书馆的书籍数量，并鼓励与语言艺术课有关的实地考察。

有意义的写作和师生写作会谈 根据社会建构主义方法，学生的写作应该包括创造"真实"文本的机会，即描写对个人而言有意义的情境。以安东尼为例，他的老师经常要求学生写一些个人经历。他写了一篇关于祖母的生活的文章，他的这篇有关情感体验的文章得到了老师相当大的支持。师生写作会谈在帮助学生成为更好的写作者方面起着重要的支持作用。

同伴协作和编辑 在小组中工作时，写作者体验到的调查、澄清和阐述的过程对于良好的写作来说很重要（Webb & Palincsar, 1996）。此外，学生在编辑其他学生的文章时也会受益匪浅。在线协作写作工具，如 Google docs，可以让学生很容易地进行协作，给出和接收关于特定文本的反馈，并追踪个人的贡献。

学生在合作和合著论文时，往往会带来不同的体验。如此丰富的、共享式协作可以就写作内容产生新见解。相比之下，仅仅为了满足教师的期望而写作，往往会产生受限的、模仿的、雷同的学生作文。在同伴写作小组中，教师的期望往往不那么明显。除了得益于同伴合作的动态系统，学生在编辑其他学生的文章时，他们的写作往往也会得到提高。

学校–社区联结 社会建构主义方法强调将学生在校内外的体验联结起来。一个好的策略是让写作社区参与到你的课堂中来。环顾你的社区，想想那些可能愿意去你的教室讨论他们作品的专业作家。大多数社区都有这样的专家，如记者、作家和

学生视角

写自我评价

旧金山五年级教师凯伦·阿布拉（Keren Abra）定期要求她的学生为他们写作文件夹中的作品进行评价。以下是她的几个学生在学年结束时的自我评价。

米歇尔：我现在上五年级，我喜欢写作。只要我有时间我就会写，从我记事起，我就喜欢写作。我觉得从四年级起我的写作就有了很大的进步，我对自己的作文很满意。有些作者可能不喜欢他们的文章，不像我，我从来没有扔掉过我的任何作品。我喜欢分享我的作品，从其他作者那里得到灵感。如果我能把自己描述成一个作家，我会说（不是吹嘘）我是一个善于描述的、富有想象力的、迷人的作家。

萨拉：我认为写故事很容易，因为有太多的东西可以写，如果我必须写某个特定事物，也同样有很多东西可写……如果有人读了我的文章，他们会认为我可能是一个快乐和充满活力的孩子。他们会这么想是因为我的大部分故事都是乐观向上的。

珍妮特：我觉得当我写作的时候我可以做得更好，尤其是在拼写方面。我上幼儿园的时候，我们不怎么写东西。三年级的时候，我不喜欢写作，觉得学习关于写作的新知识很可怕。在五年级的时候，我喜欢上了写作，但有时我会因为拼写不好而烦恼。我喜欢自己的作品的一个原因是我在每一篇文章中都加入了很多故事，这些故事让我变得兴奋！我觉得，如果有人读我未经修改的作品，他们可能看不懂；如果是经过修改的作品，我想人们会很喜欢我的故事。

编辑。琼·利普西茨（Joan Lipsitz, 1984）鉴定的美国四所最成功的初中之一，在其课程中设置了特别的作家周。基于学生的兴趣、作家是否有空和作家的多样性，学校邀请作家与学生讨论他们的作品。学生们报名与个别作家见面。在他们见到一位作家之前，他们要至少阅读该作家的一本书。学生为他们与作家的会面准备问题。在某些情况下，作家会花几天时间来到课堂上，和学生一起完成他们的写作任务。

在讨论阅读和写作的过程中，我们描述了一些可以在课堂上使用的工具。完成自我评估 1，评价你的阅读和写作经验。

最近，我询问了老师们如何帮助学生提高写作能力。以下是他们的回复：

幼儿园 学龄前儿童逐渐学会了写字。他们一开始是涂鸦，然后开始画形状，最后开始写简单的字母。在孩子学习和练习的过程中，鼓励和支持（而不是纠正）他们是很重要的。

——海蒂·考夫曼，大都会西基督教青年会儿童保育和教育项目
（Heidi Kaufman, Metro West YMCA Child Care and Educational Program）

小学 我帮助五年级学生成为更好的写作者的一个方法是我自己编写一个故事。我首先向他们展示我如何集思广益地写下想法，以及如何完成最后的版本。当我这样做的时候，我会大声地说出来，让学生听到我的思考过程，从而学习有效的写作策略。

——克雷格·詹森，库珀山小学
（Craig Jensen, Cooper Mountain Elementary School）

初中 同伴编辑是写作技能教学的重要组成部分。我发现让学生们互相编辑彼此的作品这一点特别重要，这样他们就可以在找出另一个学生文章中的错误的同时，学习另一个学生的写作风格。

——凯西·玛斯，爱迪生中学
（Casey Maass, Edison Middle School）

高中 尽管美国国家标准规定了要教授的写作体裁，但如何最好地教授这些体裁是由教师自己决定的。我带领我的学生完成了基本的写作阶段：头脑风暴、写作前的构思、列提纲、写作初稿、修改和写作最终稿。我还通过向学生展示如何用生动的动词替换无聊的动词，或者删除不必要的副词和形容词的方式让他们思考写作风格。

——珍妮弗·海特尔，布莱曼高中
（Jennifer Heiterk, Bremen High School）

自我评估 1
评估我的阅读和写作经历

不管你教的是什么学科、哪个年级，你的目标之一应该是帮助学生不仅能胜任阅读和写作，而且能从中获得乐趣。思考一下你自己过去和现在的阅读和写作经历：

1. 是什么让你觉得阅读学习很有趣？

_____

_____

2. 是什么使阅读学习变得困难或不愉快？

_____

_____

3. 你现在对阅读的感觉如何？

_____

_____

4. 你喜欢图书馆吗，为什么？

_____

_____

5. 你是否还需要提高阅读技能？

_____

_____

6. 是什么让你觉得写作学习很有趣？

_____

_____

7. 是什么使写作学习变得困难或不愉快？

_____

_____

8. 你现在对写作的感觉如何？

_____

_____

9. 你是否还需要提高写作技能？

_____

_____

根据你自己的经验和本章中的观点，你怎样才能使你的学生在阅读和写作的学习上更加成功，并从中获得更大的乐趣？

连线学生：最佳实践
将写作融入课程的策略

　　你将有很多机会将写作融入课程中。以下是一些示例（Bruning & Horn, 2001; Halonen, 2010）：

1. 培养对写作的积极态度。通过布置许多确保学生能够成功的写作任务和让学生选择他们将要写什么，你就可以做到这一点。

2. 通过真实的写作任务和环境培养学生的参与意识。鼓励学生撰写个人感兴趣的主题，让学生为不同的读者群进行写作，并将写作融入其他学科的教学中，如自然科学、数学和社会科学。

3. 为写作提供一个支持性的环境。鼓励学生设定写作目标，计划如何实现目标，并监控他们实现目标的进程。帮助学生设定难度适宜的目标，教授写作策略并监督学生使用策略。在学生完成写作目标的过程中给出反馈。让同伴成为读写社区中的写作伙伴。

4. 让学生通过写作来学习。这在任何学科领域都适用。例如在生物课上，学生在学习了不同物种的适应性之后，要求他们总结主要观点，并给出一些课堂上或课文中没有讲到的例子。

5. 布置自由写作任务。在自由写作中，学生可以写下他们关于任何一个主题的思考。这种作业通常是非结构化的，但是有时间限制。例如，关于美国历史的一项自由写作任务可能是"用五分钟时间来写一写美国独立战争"。自由写作帮助学生发现新的想法、联系和问题。如果没有自由写作的机会，这些新想法和问题可能不会被发现。然后他们可以与全班分享这些发现以引发进一步的讨论。

6. 给学生布置创造性写作的任务。这些任务让学生有机会以创造性的、有见地的方式探索自己及其周围世界。这些任务可能包括诗歌、短篇小说或反映个人经历的文章。通过网络在线发布或创建自己的文章账号（例如，使用类似 Book Creator 的应用程序）为写作任务提供了额外的现实性和意义。当学生发表的作品将有老师或班级同学之外的更多读者时，他们往往会更有动力去写出最好的作品。

7. 要求学生完成正式的写作任务。这包括让学生有机会用客观的观点、确切的写作风格表达自己的观点，并使用证据支持他们的结论。正式写作可以帮助学生学习如何进行规范的论证。例如，高中生可能会撰写下列主题的主要论文："全球变暖：真正的恐惧还是炒作？""深入研究福克纳的写作风格""为什么人们会有偏见？"。这些写作任务会激发学生进行分析性思考，学习如何使用资源并引用参考文献。与学生一起确定论文主题，构建论文结构，使用计划和时间管理技能按时完成论文的起草和修改，并更正拼写和语法错误。

8. 邀请作家访问你的课堂。环顾你的社区——很可能会有一些优秀的作者和未来的作家愿意来到你的课堂，与学生谈论他们的作品。在图书馆和书店工作的人可能会为你提供有关当地作家的信息。通过"教师视角"来了解三年级教师贝弗利·加拉格尔（Beverly Gallagher）是如何将这一策略纳入她的课堂的。

教师视角
想象可能性

　　贝弗利·加拉格尔是新泽西州普林斯顿走读学校（Princeton Day School）的三年级教师，她创建了"想象可能性"计划，该计划将全美知名的诗人和作家邀请到她的学校。她定期给每个学生的父母打电话，描述孩子的进步和新兴趣。她邀请高年级的学生来她的班级里参与小组合作，以便她可以与学生进行更多一对一的交流。贝弗利还在十一年级学生和她的三年级学生之间建立了诗歌合作伙伴关系，让年龄较大的学生和较小的学生共同创作诗歌。她的每个学生都有一个写作笔记本，用来记录想法、灵感和令他们感兴趣的单词。学生都有特别机会坐上"作家之椅"，向全班同学朗读自己的作品。（资料来源："All-USA first teacher team." USA Today, October 10, 2000. © 2000 ）

贝弗利·加拉格尔与她的三年级学生在一起。
© Beverly G. Gallagher

复习、思考和练习

学习目标3：描述写作能力是如何发展的，并讨论一些有效的写作教学方法。

复习

· 哪些技能是在写作中获得的？它们通常在哪个年龄段获得？

· 哪些认知过程对有效写作至关重要？

· 写作的社会建构主义方法的核心观点是什么？

思考

· 对于你计划执教的年龄组和学科而言，你给学生布置的写作任务在哪些方面可能是高度结构化和具体化的？在哪些方面可能是灵活的和开放的？

PRAXIS™ 练习

1. 以下哪项是适合一年级学生发展的写作教学的最佳例子？

　A. 巴尔博亚女士的学生正在通过演练和练习来学习如何拼写具体的单词

　B. 多诺万女士认真纠正学生在作文中的语法和拼写错误，并对他们的错误进行批评

　C. 菲戈女士的学生在他们的作品中使用自创拼写，她为他们提供了正确的拼写，但她并没有批评拼错单词的学生

　D. 拉拉斯女士的学生通过抄写她写在黑板上的故事来练习写作

2. 威廉姆斯女士向她的学生强调了写作前构思活动的重要性。她强调的是写作的认知方法的哪一方面？

　A. 元认知策略

　B. 计划

　C. 问题解决

　D. 修改

3. 以下哪项是写作的社会建构主义方法的最佳例子？

　A. 雷迪克女士的学生根据他们完成的研究，写出关于各种主题的报告

　B. 杜洪女士的学生写下他们的个人经历，并定期与她见面讨论他们的作品

　C. 威廉姆斯女士的学生就他们的社会科学课文中的材料写出了对论文问题的回答

　D. 伦道夫女士的学生选择他们自己想读的书，并就他们读完的每本书写读书报告

请参看书末的答案……

4　数学

学习目标4：描述数学思维的发展特点，并确定数学教学的相关问题。

　针对数学教育，我们将探索以下问题：儿童的数学思维与数学能力在不同的年级有何发展变化？当今数学教育中最大的争议是什么？数学学习涉及哪些关键的认知和建构主义过程？技术应在数学教育中扮演何种角色？

发展变化

美国国家数学教师委员会（NCTM, 2000）已经描述了不同年级数学教学的基本原则与标准。我们将对所有年级的内容进行讨论，首先从幼儿园到二年级这个阶段开始。

幼儿园至二年级 儿童在进入一年级之前，已经对数字有了相当程度的了解（Van de Walle, Karp, & Bay-Williams, 2016）。大部分来自中等收入家庭的学前班儿童能够数到 20 以上，很多儿童能够数到 100 以上；大部分儿童能够准确数出一组物体的数目，可以进行个位数的加法与减法，也能够判断个位数的相对大小（如，8 大于 6）（Siegler & Robinson, 1982）。然而，人们特别关注来自经济困难家庭的幼儿，他们缺乏在早期儿童教育课程或通过家庭和社区的日常活动学习数学的机会。知名专家建议幼儿在进入学校学习之前，主要学习以下两方面的数学知识：（1）数字的基本知识，（2）几何的基本知识（Cross, Woods, & Schweingruber, 2009）。研究者已经发现，童年早期的数字能力与未来的数学成功有关（Jordan, Glutting, & Ramineni, 2009）。在一项对六个纵向研究的分析中，研究者发现，儿童入学时的数学知识是其小学和初中学习成绩的三个主要预测因素之一（另外两个预测因素为阅读技能与注意力）（Duncan & others, 2007）。

数学积木计划（Building Blocks for Math）是一项发展学龄前儿童早期数学技能的计划（McGraw-Hill, 2015），该计划将数学学习与日常活动相结合，如圆圈时间和故事时间。研究者已经发现数学积木计划能够有效提高儿童的数学技能（Clements & Sarama, 2008）。

在进入小学时，每个儿童对数学的理解程度不同。有些儿童的数学学习需要额外辅导。应该使用早期评估来获取这方面的信息，将其用于教学与可能的早期干预。

在学前班至二年级阶段，对数字和几何的基本知识的理解至关重要（NCTM, 2000）。例如，处在该年级水平的儿童需要学习 10 进制的数字系统。他们必须明白 10 可以代表一个单独的实体，也可以代表 10 个独立的单元（10 个 1），并且这些表征可以互换。

儿童上小学后，他们将学习很多更高级的数学技能（NCTM, 2007a）。重要的是要意识到，儿童所做的并不仅仅是简单地学习用标准方式进行计算。事实上，儿童所学的数学知识以及解决数学问题的方式，往往反映了他们的独立思考能力以及他们所受的"教育"，甚至在学习我们大多数人最终都牢记的加法与减法的基本"事实"时也是如此。

三年级至五年级 该阶段的数学学习的三个关键主题如下：

・乘法推理。对乘法推理的强调发展了儿童进入初中后的知识基础。初中数学学习的重点是比例推理。在乘法推理中，儿童需要发展对于分数的理解，即分数既是整体的一部分，也是除法的表示。

　　·等值概念。等值（equivalence）概念能够帮助学生学习不同的数学表征形式，并且提供了探索代数概念的途径。

　　·计算的流畅性。学生需要学习高效且准确的计算方法，这些方法基于对数学性质与数字关系的良好理解。例如，298×42 能够被转换成（300×42）$-$（2×42），41×16 能够先计算出 41×8 得出 328，再将 328 翻倍得到最终结果 656。

初中　初中阶段，学生能够从包含了代数与几何的均衡数学课程中受益。教师可以帮助学生理解代数与几何之间的联系。初中数学还应培养学生解决日常生活中的数学问题的能力。

　　当学生学习代数时，他们发展出更强大的数学推理能力。一个方程式能够代表无限种情况。但是，许多在代数课上拿到 A 或 B 的学生却不能理解所学的内容——他们只是记住了方程式。这种方法在课堂上可能效果很好，但是它限制了这些学生在现实环境中运用代数的能力（NCTM, 2007b）。

高中　美国国家数学教师委员会（NCTM, 2000）建议所有学生在高中学习中都要学习数学。因为学生的兴趣在高中阶段和高中毕业后可能会发生改变，他们将能够从一系列的数学课程中获益。他们应该体验代数、几何、统计、概率和离散数学（涉及计算机数学）之间的相互作用。他们应该善于使用数学术语呈现、描述和分析情况，他们还需要有能力来证明基于数学的想法的正确性。

数学教育中的争议

　　目前，教育工作者们争论的是，数学教学是否应该采用认知、概念与建构主义的方法，还是采用以练习为导向的计算方法。认知方法的一些支持者反对在数学教学中使用记忆和练习的方法，他们更强调建构主义的数学问题解决方法。另一些人认为解题速度和自动化才是取得有效的数学成绩的基础，只有通过大量的练习和运算才能获得这些技能。近些年来，建构主义方法越来越受欢迎。在该方法中，有效的教学关注儿童参与问题解决或概念形成的过程，并探索其他解决方案的效果。

认知过程

　　在对发展变化和数学教育争议的讨论中，我们提及了若干有助于儿童数学学习的认知过程，如问题解决技能，理解数学概念之间的联系，探索其他解决方案。美国国家研究委员会（NRC, 2005）得出结论认为，概念理解、程序流畅性、知识的有效组织

加里·皮尔西（Gary Piercey）是得克萨斯州休斯敦市的一名高中数学教师，他把课堂变成了令学生们兴奋的地方。他有时会装扮一番，为同学们表演滑稽短剧，就像这里所展示的，他扮演了一个"冷冻人"。只有学生成功地解决了代数问题，他的邪恶计划才会终止。

© Paul S. Howell

和元认知策略是学习数学的重要认知过程。

在我们有关数学教育争议的讨论中，我们看到关于概念性理解或程序性能力是否应该成为数学教育的主要关注点的争论非常激烈。美国国家研究委员会（NRC, 2005）认为两者都很重要。只强调程序性能力将导致学生对概念理解太少，而对程序性知识了解太少的学生往往不能很好地解决数学问题。

随着学生从小学升入中学，他们学习的数学课程越来越复杂，新的知识和能力必须建立在先前所学知识之上，并与之整合在一起（Posamentier & Smith, 2015）。当学生开始解决代数问题时，他们必须拥有组织化的知识网络，他们可以使用这些知识来帮助理解新学的代数知识。"因此，教师所面临的挑战是帮助学生建立并巩固必要的能力，深入理解新概念，并将概念与能力组织在一个知识网络中"（Fuson, Kalchman, & Bransford, 2005）。

美国国家研究委员会（NRC, 2005）也推荐了支持学生使用元认知策略的数学教学，学生能够通过元认知自我监控来评估他们解决某个数学问题的进展，以及他们数学课程的进展。"元认知功能也可以通过将注意力从只关注答案的正确与否转移到更详细地关注'调试'（debugging）错误答案而得到促进，也就是说，找出错误在哪里，为什么错了，并加以纠正"（Fuson, Kalchman, & Bransford, 2005）。

制定一些有效的一般性问题解决策略也有助于学生的数学学习。其中的两种策略为根据情境画图和问自己问题。学生能够学习使用这些策略，作为数学学习中自我监控的一部分。

在最近出版的《数学思维模式》（*Mathematical Mindsets*）一书中，乔·博勒（Jo Boaler, 2016）描述了她关于儿童如何享受数学并在数学上取得成功的研究。她认为社会传统重视擅长记忆与计算的学生，而忽视那些在数学学习上较慢但思考更深入、更有创造力的学生。博勒指出学生经常认为学习数学最重要的事情就是能够快速解决问题，从而产生压力，导致数学焦虑。此外，那些学习较慢但思考更深入、更有创造力的学生可能会因为需要记住浅显的事实和规则而对该学科不感兴趣。在一项分析中，博勒考察了来自不同国家的共计1300万学生的数学成绩，结果发现成绩最低的学生使用的主要策略是记忆，成绩最好的学生更可能将数学视为许多概念的组合。

在教授学生数学时，博勒强调卡罗尔·德韦克（Carol Dweck）提出的思维模式（mindset）的概念，德韦克将其定义为个体为自己发展出的认知观点（Dweck, 2006,

2015a, b）。德韦克的结论是，个体拥有以下两种思维模式中的一种：（1）固定型思维，这种人认为自己的品质刻在石头上，无法改变；（2）成长型思维，这种人认为自己的品质能够通过努力来改变和提高。博勒的斯坦福大学研究中心（youcubed）提供了免费的数学学习思维模式材料，这些材料已经被超过 10 万所学校使用（见 www.youcubed.org/）。她还提供了在线材料，旨在帮助教师和家长更有效地与学生合作，还提供了帮助学生加深对数学概念理解的资源。

一些建构主义原则

从建构主义的角度看，在教授数学时可以遵循以下原则（Middleton & Goepfert, 1996）。这些原则包括使数学课程变得具有现实性和趣味性的策略，基于学生已有知识的教学策略，以及使数学课程具有社会互动性的策略。

使数学课程具有现实性与趣味性 围绕着现实与有趣的问题来进行数学教学。这些问题可能涉及激发学生兴趣的某种冲突、悬念或危机。数学问题解决活动可以聚焦于学生、社区问题、科学发现或历史事件。数学游戏能够为数学学习提供激励的环境。将数学与其他学科，如自然科学、地理、阅读和写作相结合，也是值得推荐的做法。

考虑学生的已有知识 在对认知过程的探讨中，我们指出数学教育的一个重要方面是在学生知识的基础上构建教学（National Research Council, 2005）。在学习某个单元之前，评估学生已有的知识以及授课背景。为学生提供足够的可用信息，让他们能够想出解决数学问题的方法，但也要保留一些信息，以确保学生必须拓展他们的思维来解决问题。

使数学课程具有社会互动性 开发需要学生通过合作来解决问题的数学活动（NCTM, 2007c）。在数学课程中为学生提供运用和提高沟通能力的机会，创建一些能够引发讨论、争论与妥协的数学活动。

技术与数学教学

数学教育的一个问题是技术应该多么密集（NCTM, 2007c）。美国国家数学教师委员会的课程和评估标准（Curriculum and Evaluation Standards）建议在所有水平的数学教学中都使用计算器，并且如果学生需要得到充分的教育以为未来职业做准备，使用计算机也是必要的。在许多学校中，能否获得足够的资金购买计算机是一个主要的问题。

与美国教师不同的是，日本和中国教师不允许学生在数学课堂上每天使用计算器或计算机，因为他们想要确保学生理解解决问题所需的概念和运算。一些批评者认为，美国教育中技术的过早使用妨碍了学生获得操纵具体物体的经验，这些经验对于数学概念学习来说是十分必要的（Stevenson, 2001）。只有进入高中阶段，在学生对数学概念有了清晰的理解之后，东亚学生才被允许使用计算器来解决数学问题。在美国国家教育进步评估中，四年级学生频繁使用计算器与较低的全美数学成就测验成绩有关，然而八年级与十二年级学生频繁使用计算器则与较高的全美数学成就测验成绩有关。教师可以选择以交互方式教授数学概念的在线工具与应用软件，而不是选择像计算器这种减轻计算过程负担却没有促进概念理解的工具。对于年轻学生来说，这可能包括教授数感的应用软件（例如 Pearl Diver HD）或者探索分数或函数的互动模拟程序（例如 PhET math simulations）。

最近，我请老师们描述他们在数学教学时使用的最佳策略，以下是他们的回复：

幼儿园 对学龄前儿童来说，数学是自然而然发生的东西。他们一直想要知道某些东西有多少、过去了多长时间，或者事情是否已经完成。我们以这种好奇为基础帮助学生自己发现答案。在教室中，我们有用来测量积木块和液体的称重秤、计数小熊等工具。我们每年会多次测量儿童的身高变化，并分别用英寸和厘米来表示。我们也通过让儿童计算走到浴室的步数来提高他们的计数技能。除此之外，我们在很多地方都放置时钟、计时器、尺子、计算器和数字。

——瓦莱丽·戈勒姆，儿童乐园公司

（Valarie Gorham, Kiddie Quarters, Inc.）

小学 在我的教学中，我发现数学教具（用来表征或模拟问题情境的实物）在我对二年级学生的数学教学中帮助极大，因为它们有助于学生从具体思维转向更加抽象的思维。教具不是让学生简单的记忆，而是能够让学生理解复杂的数学概念。这样的理解有助于学生将数学知识应用到其他问题和领域中。

——苏珊·弗勒利希，克林顿小学

（Susan Froelich, Clinton Elementary School）

初中 我们能够通过任何其他学科来教授数学技能。例如在社会科学课中，我通过让学生创建时间表，按时间顺序排列历史事件来应用数学技能。当我们把不同的地点定位在地图上时，我们也使用了绘图技能。

——凯西·玛斯，爱迪生中学

（Casey Maass, Edison Middle School）

高中 作为一名职业与技术教育教师，我努力向学生展示如何将数学技能应用到现实生活情境中。例如，我让食品服务课的学生们做了一个姜饼屋，在制作的过程中，他们使用了标尺、量角器等测量工具——这些工具很多学生自初中起就不曾使用过。我鼓励学生将姜饼屋配方翻倍或减半，学生通过开发出有时成功有时失败（失败的原因往往是测量出错或除的比例不对）的配方明白掌握数学技能的重要性。

——桑迪·斯旺森，梅诺莫尼·福尔斯高中
（Sandy Swanson, Menomonee Falls High School）

连线学生：最佳实践
数学教学策略

帮助学生提高数学技能的有效策略有哪些？以下是一些建议：

1. 教授学生掌握程序性技能和概念性的数学知识。学生不仅需要发展良好的计算技能，也需要理解数学概念。
2. 帮助学生发展良好的数学问题解决技能。
3. 鼓励学生使用元认知策略。引导学生监控自己在解决数学问题和提高数学能力方面的进展。
4. 增加数学的趣味性。例如，使用现实情境和游戏能够提高许多学生花时间学习数学的积极性，特别是那些数学成绩较差的学生。在"教师视角"中，你将读到亨利·布朗（Henry Brown）的故事，他认为教授现实世界的数学技能是十分重要的。
5. 有效使用技术。如前所述，一些研究表明，计算器与计算机在数学中的使用应该推迟到中学阶段，当使用计算机学习数学时，要以概念理解为目标。
6. 和家长联结。家庭数学是一项为了帮助父母和儿童以一种积极的、支持的方式体验数学的计划。除了告知家长关于家庭数学的信息外，也可以考虑举办家庭数学之夜，特别是在新学年开始的时候。在家庭数学之夜上，为家长提供可以在家中使用的资源，以帮助他们的孩子更有效地学习数学。
7. 如果你教授数学，一个良好的积极措施是加入美国国家数学教师委员会（NCTM）并且使用其资源。美国国家数学教师委员会会每年召开年度会议，出版年鉴，其中包含关于数学教育最新进展的激动人心的章节，此外还出版诸如《数学教师》（Mathematics Teacher）等期刊。

教师视角
永远不要将失败看作失败

亨利·布朗曾是一名面临退学风险的学生，但他的初中老师科拉·罗素（Cora Russell）改变了他的人生，这一经历激励着他成为一名教师。布朗是哈伦代尔成年人替代高中的数学教师，最近他被评为美国佛罗里达州的年度教师。布朗认为教师应该"永远不要将失败看作失败"。进入这所学校学习的半数学生入学时的数学技能低于五年级水平。布朗认为教授现实世界的数学技能非常重要。在一项作业任务中，布朗设计了一家虚拟公司，并让学生们扮演公司中的不同角色，在工作和决策过程中学习重要的数学技能。他还设置了"帮手"，邀请退休的老人也参与到课堂中。（资料来源："All-USA first teacher team." USA today, October 10, 2001. © 2001）

亨利·布朗
© Andrew Itkoff

复习、思考和练习

学习目标4：描述数学思维的发展特点，并确定数学教学的相关问题。

复习

· 数学能力的发展性变化有哪些？

· 数学教育中的主要争议是什么？

· 有哪些涉及数学的认知过程？

· 数学学习中的一些建构主义原则是什么？

· 技术在数学教学中可以发挥什么作用？

思考

· 你认为亚洲国家的教师不允许年幼学生使用计算器是明智的吗？美国应该效仿吗？

PRAXIS™ 练习

1. 卡彭特女士的学生正在努力发展对位值（place value）的理解。他们最可能是哪个年级的学生？

　　A. 一、二年级

　　B. 三到五年级

　　C. 初中

　　D. 高中

2. 马拉维在做乘法和除法时非常快速和准确。在数学教育的争议中，他可以作为说明下列哪种方法重要性的例子？

　　A. 建构主义

　　B. 练习、计算

　　C. 概念

　　D. 认知

3. 琼在复习她的数学考试。她正在检查自己的卷子，努力找出她哪里做错了。然后，她纠正了自己的错误，重新提交了答卷。她的老师尤因先生允许学生在经历这一过程后获得学分，因为他认为这有助于学生从错误中学习。这是下列哪项的例子：

　　A. 代数推理

　　B. 算法

　　C. 调试

　　D. 死记硬背

4. 以下哪项是将建构主义原则应用于数学教学的最佳例子？

　　A. 卡迈克尔女士的学生完成了要求掌握基本数学事实的定时测试

　　B. 道奇老师的学生玩商店游戏，他们要算出购买的物品总价，为之付款并找零

　　C. 卢克女士的学生解决应用题，但不进行计算

　　D. 平克斯先生要求学生在黑板上完成问题，这样他就可以确定他们是否掌握了相关概念

5. 根据对计算器使用和数学成绩的研究结果，英格丽应该在以下哪个年级开始使用计算器做数学题？
   A. 一年级
   B. 三年级
   C. 五年级
   D. 八年级

请参看书末的答案……

5　自然科学

学习目标 5：明确一些与教授学生如何科学地思考有关的挑战和策略。

我们对自然科学的考察集中在以下两个问题上：学生科学教育的核心思想是什么？科学教学的建构主义策略有哪些？

多重思考
对学科有深刻的理解，是成为一名合格教师的一个重要方面。连接到"教育心理学：有效教学的工具"。

科学教育

科学家通常会进行某种类型的思考，做出特定类型的行为。例如，他们经常仔细地观察，收集、组织和分析数据，测量、绘制和理解空间关系，注意和调节自己的思维，知道何时以及如何运用他们的知识来解决问题（Lehrer & Schauble, 2015）。

这些对科学实践至关重要的技能并没有在学校里尤其是小学被常规地教授，因此，许多学生的这些技能显得十分匮乏。许多科学家和教育家认为，学校需要更多地加强指导学生如何使用这些技能（Chiappetta & Koballa, 2015; Edwards & others, 2017）。

学生们有许多与科学和现实不相容的错误观念。他们可能会绞尽脑汁，试图协调看似相互矛盾的新信念和旧信念。例如，在学习了太阳系之后，学生们有时会得出这样的结论：有两个地球。一个是他们生活的看似平坦的世界，另一个是老师刚刚描述的漂浮在太空中的圆球。

优秀的教师能够感知和理解学生的潜在概念，然后将这些概念作为学习的脚手架（DeRosa & Abruscato, 2015）。有效的科学教学可以帮助学生区分各式各样的错误和误解，并取代明显错误想法，产生更准确的概念（Edwards & others, 2017）。

建构主义的教学策略

皮特·卡皮克（Pete Karpyk）在美国西维吉尼亚州的韦尔顿市教化学，他安排了一系列广泛的活动，为学生们带来了富有生命力的科学知识。图片中他用塑料薄膜把自己紧紧地包裹起来，来演示气压的影响。他让一些学生去给小学生做化学演示，并发现在某些情况下，考试成绩不佳的学生在教小孩子的时候却会表现出色。他还根据以前学生的反馈调整自己的教学，将他们大学化学考试中的题目作为附加题纳入他所教的高中学生的考试中（资料来源：Wong Briggs, 2005. p. 6D）。
© Dale Sparks

许多科学教师通过引导学生去发现来帮助学生构建科学知识（DeRosa & Abruscato, 2015）。建构主义教学强调学生必须在教师的指导下建立自己的科学知识和理解。在科学学习的每个步骤中，他们都需要在已经理解的框架内解释新知识。在建构主义方法中，教师不会把完全成形的知识灌输到学生的头脑中，而是充当向导和顾问，让学生构建对世界的、科学的、有效的认识，并向学生提供反馈，帮助他们纠正在科学上的错误观念。

建构主义方法的批评者认为，这种教学方法对学生探究技能的关注太多，而对具体的科学知识关注不够。作为回应，生物学建构主义方法的倡导者认为：这种方法培养了更多具有科学素养的公民，他们知道如何以科学的方式思考，而不仅仅是记住科学事实。

但是请记住，重要的是不要让学生完全依靠自己来构建独立于科学内容的科学知识，学生的探究应该在引导下进行（Magnusson & Palincsar, 2005）。教师至少应该在初期为学生的科学学习搭建脚手架，全面地监督他们的进展，并确保他们准确地学习科学内容。因此，在进行科学调查时，学生需要"学习探究技能和科学内容"（Lehrer & Schauble, 2015）。

连线学生：最佳实践
科学教学的最佳实践和策略

在教授科学时，可考虑采用以下策略：

1. 帮助学生学习如何像科学家一样思考。创建环境，要求学生仔细观察，有效地处理数据，并解决科学问题。
2. 监测学生对科学的错误观念，并与他们一起形成更准确的概念。
3. 引导学生发展探究技能。在教授探究技能时，不要让学生完全自己发挥，而是使用指导性探究。
4. 让学生有机会探索日常科学问题，从而使科学变得有趣。在"教师视角"中，你可以了解到美国得克萨斯州凯蒂市克莱因·奥克高中的物理教师佩吉·施威格（Peggy Schweiger）是如何做到这一点的。

教师视角
把鸡蛋扔到老师头上

佩吉·施威格通过动手实践活动来提高学生对物理学的理解，比如给玩具屋接电线，为帆船比赛制作船的复制品。她特别努力地创造出男女学生都感兴趣的任务。据她之前的一位学生19岁的艾莉森·阿奈特说："她教我们如何思考和学习，而不是如何在物理课上取得成功。我们被鼓励站在桌子上、把东西粘在天花板上，甚至往她头上扔一个鸡蛋来说明物理现象——任何能让我们发现日常生活中物理现象的事情都可以。"（资料来源："All-USA first teacher team." USA Today, October 10, 2001. © 2001）

佩吉·施威格与一名学生在一起，这名学生正在学习如何思考和发现物理学在人们日常生活中的作用。

© Patty Wood

复习、思考和练习

学习目标 5：明确一些与教授学生如何科学地思考有关的挑战和策略。

复习

·什么是科学教育的核心思想？

·有哪些建构主义的科学教学方法？

思考

·你的小学、初中和高中是如何有效地向学生教授科学的？如果不太完美的话，他们的方法应该如何改进？

PRAXIS™ 练习

1. 以下哪位教师最有可能在帮助学生克服错误的科学观念方面取得成功？

   A. 科斯特女士通过仔细询问学生问题的方式找出他们的错误观念，然后通过直接指导明确地消除他们的错误观念

   B. 奎格利女士使用科学课本，仔细测试学生对课本内容的理解

   C. 琼斯先生设置了一些情境，让学生自己探索材料，以发现他们的错误观念

   D. 福斯特先生设计实验，向学生演示他们的错误观念，并指出正确的原理

2. 以下哪项是科学课建构主义教学策略的最佳例子？

   A. 李嘉图先生的学生们在科学课考试中学习材料，并在每一章学习后进行测验

   B. 邦克先生的学生每周五都有一个"科学蜜蜂"活动。在这项活动中，他提出问题，学生们回答。回答错误的学生会被淘汰出局

   C. 默茨女士的学生进行了几个不同领域的精心设计以展示科学原理的实验，来帮助他们深入学习并了解科学探究的过程

   D. 奥康纳女士的学生准备了科学课笔记本，他们在笔记本上记下了她的讲课内容。她定期对笔记本上的材料进行测试

请参看书末的答案……

学习目标6: 概述
社会科学学习如何
变得更具建构主义。

6 社会科学

社会科学的本质是什么? 社会科学的教与学的核心主题是什么? 建构主义方法是如何应用于社会科学中的?

什么是社会科学?

社会科学: 寻求提升公民能力的学科领域。其目的是帮助作为一个文化多元、民主社会公民的学生, 在一个相互依存的世界中为公共利益做出明智合理的决定。

一般而言, 社会科学 (social studies, 也写作 social sciences) 领域旨在提升公民能力。我们生活在一个相互依存的世界中, 社会科学的目的是帮助作为一个文化多元、民主社会公民的学生, 为公共利益做出明智合理的决定 (Chapin, 2015)。在学校里, 社会科学涉及的学科, 如人类学、经济学、地理学、历史学、法学、哲学、政治学、心理学、宗教学和社会学。

在美国, 从学前班到十二年级, 学校都会教授社会科学。在小学阶段, 学生的社会科学学习经常和好几门学科整合在一起。这通常采取围绕广泛主题建构单元的形式, 并以时间、连续性和变化为依据考察这些主题 (Parker & Beck, 2017)。在初中和高中阶段, 社会科学课程可能是跨学科的, 比如整合了地理学、经济学和政治学的历史课程, 也可能是更多的聚焦某个单一学科, 比如历史课本身 (Chapin, 2015)。

美国国家社会科学委员会 (2000) 着重指出了 10 个在社会科学中应当重点关注的主题:

·时间、连续性和变化。学生需要了解历史根源, 并在时间长河中为自己定位。知道如何有效地阅读和建构过去可以帮助学生探索诸如"我是如何与过去联系在一起"以及"如何将我的个人经历视为跨越时间的整个人类历史的一部分"等问题。这个主题通常出现在历史课程中。专业的历史教师会引导学生分析和反思历史事件, 尤其是鼓励学生思考如何多角度的解释事件, 而不是简单地将历史作为一串需要记忆的事实 (Levstik, 2017)。一些专业的历史教师还会让学生参与到有关特定历史背景的证据的辩论中。

·人、地点和环境。对这些主题的研究有助于学生形成有关世界的空间观和地理观。有了这些知识, 学生就可以更好地对人与环境的关系做出明智且合理的决定。在学校, 这一主题通常出现在与地理学相关的单元和课程中。

·个人发展和身份认同。学生的个人身份认同受文化、群体和制度的影响。学生可以探究"我是谁?""人们是如何学习、思考和发展的?"以及"人们是如何在各种情况下满足自身需求的?"之类的问题。在学校里, 这一主题通常出现在与心理学和人类学相关的单元和课程中。

·个体、群体和制度。学生需要了解学校、教会、家庭、政府机构和法院如何在人们的生活中发挥不可或缺的作用。学生可以探索美国和其他国家（地区）各种制度的作用。在学校中，这一主题通常出现在与社会学、人类学、心理学、政治学和历史学相关的单元和课程中。

·政权、权威和统治。了解美国和世界其他地区的政权、权威和统治的发展对于提升公民能力至关重要。在该主题的学习中，学生会探索以下话题：什么是政权，它以什么形式发挥作用？人们如何获得、使用和证明权力？人们如何使政府回应他们的需求和利益？如何解决国家内部和国家之间的冲突？这一主题通常出现在与有关政府、政治学、历史学和其他社会科学相关的单元和课程中。

·生产、分配和消费。人们的需求和欲望有时超过了他们可获得的有限资源。因此，某些问题被提出来：我们要生产什么？如何组织生产？如何分配商品和服务？最有效的生产分配（土地、资本和管理）方式是什么？这些问题越来越具有全球性。在学校里，这一主题通常出现在与经济学相关的单元和课程中。

·科学、技术和社会。众所周知，当代生活离不开科学与技术的支持。然而，技术的发展也引发了许多问题：新技术总是更好吗？人们如何有效应对技术的迅速发展？价值观如何与技术有关？这一主题出现在涉及历史学、地理学、经济学、公民学和政府的单元和课程中。

·全球联系。国家之间相互依存度日渐提高的现实，要求我们了解世界各国及其文化。国家和全球的优先事项间的冲突可能涉及医疗保健、经济发展、环境质量、普遍人权和其他议程。这一主题通常出现在涉及地理学、文化、经济学和其他社会科学的单元和课程中。

·公民的理想和实践。了解公民权的公民理想和公民实践对于充分参与社会来说非常重要。学生关注以下问题：什么是公民参与？如何参与？什么是个人需求和社区责任之间的平衡？在学校里，这一主题通常出现在涉及历史学、政治学和人类学的单元和课程中。

·文化。对文化的研究，让学生做好准备回答以下问题：文化间的相似性和差异性是怎样的？与不同文化背景的人互动的最佳方式是什么？宗教如何影响不同文化中人们的信仰？在学校中，文化的主题通常出现在与地理学、历史学和人类学以及跨课程的多元文化主题相关的单元和课程中。接下来，我们将通过一项对联合国维和行动的研究，进一步探讨有关文化及文化多样性的教学。

一位加拿大初中的社会科学教师开展了一项有关联合国维和行动的研究活动，以鼓励学生更深入、更有成效地思考有关尊重本国公民，以及许多国家人民仍旧在水深火热中经历苦难的问题（Welshman, 2000）。在过去的 50 年中，联合国一直参与分离敌对方、维持停火、提供人道主义救济、帮助难民以及创造条件以促进民主等行动。研究联合国的倡议成为学生研究各种亲社会价值观的一种方式，例如善良、同理心、合作、忠诚、平等和责任心。在这个活动中，学生在课堂上使用了各种资源，包括书籍和互联网。

在介绍联合国维和这一主题时，教师问学生们在此之前是否与朋友或同学有过分歧。学生发言后，教师说，在很多情况下，需要第三方来理清并帮助解决问题。然后，教师将学生的注意力转移到这种冲突也是世界政治的特点上，冲突发生在不同国家和不同民族之间。各个国家、地区和少数人群之间会存在分歧，并且这种情况下不会有教师在场来使事态平息下来。这就是联合国维和人员经常介入冲突以帮助解决特定问题的原因。

然后，学生就联合国维和行动进行头脑风暴。在此期间，他们回顾了先前学习过的有关该主题的信息，并相互讨论彼此的想法。教室里有一幅世界地图，学生们可以在上面找出世界上正在进行或已经完成维和行动的地区。

接下来，这些学生被分成五个小组，每组五名学生，来探讨他们对联合国维和行动的疑问。第一组学生着重探讨了维和的历史。他们探讨的问题包括第一次维和行动任务在哪里进行，以及冷战结束以来维和行动发生了怎样的变化。第二组学生对维和行动的个人方面感兴趣。他们的问题包括一次维和行动可以派出多少维和人员以及他们面临的一些危险。第三组学生想了解维和行动的组织情况，并提出以下问题：谁为维和行动提供资金？维和人员是如何挑选的？第四组学生对加拿大在联合国维和行动中的作用很感兴趣，提出了以下问题：加拿大是何时加入联合国维和行动中的？是否有加拿大人指挥过联合国维和行动？第五组学生对为何会进行维和行动很感兴趣，并提出以下问题：什么样的决策过程用来决定何时组织联合国维和行动任务？人们如何决定哪些世界问题需要处理，哪些不需要处理？在提出这些问题之后，学生们对这些问题进行了研究并给出了答案。

建构主义方法

许多社会科学的课程仍然使用传统方式进行教学，即使用单一的教科书，由教师讲授和采用提问–回答式的教学策略。但是，一些教育工作者得出的结论是，建构主义的策略有利于社会科学的学习，例如利用多元化的信息来源、收集学生提出的问题来指导探究以及进行同伴合作，即我们在上述有关联合国维和行动单元中所使用的策略。在建构主义者的观点中，学生应形成他们自己对证据的解释，并提交出来以供大家评论。让学生这样做应该能够鼓励他们对社会问题进行更多的反思和更深刻的理解

（Levstik, 2017; Maxim, 2014）。

建构主义方法还强调了社会科学的意义（Odhiambo, Nelson, & Chrisman, 2016）。当学生发现他们在社会科学课程中学到的东西在校内和校外都很有用时，他们将从中受益。当课堂互动侧重于对一些重要主题的持续探讨而不只是浅显地讨论许多主题时，通常会发生有意义的学习。

社会科学的建构主义方法同样强调了对价值观念进行批判性思考的重要性。各种主题的道德层面和争议性问题为反思性思考和理解提供了舞台。优秀的教

在教师课程研究所的"活着的历史"课程中，学生们以四人一组的合作方式准备，让一名学生在生动的小组辩论中担任主辩。
© 教师课程研究所

师会认识到观点存在对立面、尊重受证据支持的观点、表现出对文化相似性和差异性的敏锐，以及致力于承担社会责任。从建构主义的角度来看，教师应引导学生思考主题的道德层面并解决有争议的问题，而不是直接告诉学生什么是道德的，什么是不道德的。

在本章的前面各节中，我们探讨了许多学科领域中教育学生的有效策略。现在，我们将描述一些在这些学科领域中使用技术的最佳方法。

教师可以获得大量针对具体学科的技术资源（Mayer, 2017）。其中一些资源是收费产品，而另一些资源则是免费的。

在英语语言艺术课中，有许多适合阅读新手的优秀程序，例如阅读小兔系列（Reader Rabbit series）。对于大一点的学生，谷歌文学之旅网站上（www.googlelittrips.org）有教师开发的资源，可以让所有年龄段的学生探索文学作品中提及的许多地方。古腾堡计划（www.gutenberg.org）提供了数千本版权已过期书籍的全文。许多儿童文学作家都有网站，提供有关作家及其书籍的补充信息（例如 www.judyblume.com）。大多数文字处理程序都有良好的写作支持，也有一些程序可以为学生大声朗读书面文字，如 Write: OutLoud），从而可以帮助学生提高写作水平。此外，"木偶伙伴"（the Puppet Pals）这款应用程序可以构建角色和背景，因此，即使是年幼的儿童也可以记录故事。对于实际的图书创作，"我的故事书创作者"（My Story Book Creator）这款应用程序很适合年龄较小的儿童，而"书籍创作者"（the Book Creator）应用程序允许教师和学生制作有吸引力的、精美加工的书籍，这些书籍可以作为电子书的形式发布或是以 PDF 文件的形式导出。

有许多收费程序可以让学生练习算术和代数，还有一些有趣的应用程序可以支持几何探索，例如几何假设（Geometric Supposer）。符号操纵程序，如 Mathematica（www.wolfram.com/mathematica/?source=nav）或 Maple（www. maplesoft.com）可以让学生

以多种表征形式来探索代数和微积分。还有大量有关数学学习对象的知识库（请参阅：www.walterfendt.de/ml4e/ 或 www.merlot.org/artifact/BrowseArtifacts.po?catcode=223&browsecat=223&sort=rating）支持学习特定的数学概念。此外，Sim Calc 计划（www.kaputcenter.umassd.edu/products.curriculum_new/）可在计算机和手机上模拟运算。上述这些程序旨在帮助学生探索数学中的变化。美国国家数学教师委员会（www.nctm.org）在 Illuminations（启迪）模块中为其成员提供了各种用来解释数学概念的数字对象。

探究性的科学技术包括支持进行科学调查、科学考察的在线访问、为学生提供的在线互动活动（例如 www.exploratorium.edu）以及虚拟科学实验室（例如 www.sciencecourseware.org 上免费获取的内容）。Vernier（www.vernier.com）和 Pasco（www.pasco.com）提供了各种各样的硬件和软件来支持动手操作的科学实践活动。可以在诸如 Jason 计划（www.jason.org）之类的网站上找到科学考察的在线访问。还有一些优质的用于科学教学的在线学习对象库，包括美国国家科学基金会的数字图书馆（www.scilinks.org/）以及美国国家科学教师协会的 SciLinks（www.nata.org/scilinks）。

在社会科学中，汤姆·斯奈德制作公司（Tom Snyder Productions，http://teacher.scholastic.com/products/tomsnyder.htm）提供了各种模拟角色扮演，让学生了解竞争性利益相关者之间的决策，就像规模更大、更复杂的"模拟城市"（SimCity）与 Aspyr（www.aspyr.com）发行的"文明"（Civilization）一样。My World GIS（www.myworldgis.org）是一款用于教学的探索和分析全世界地理数据的地理信息系统。系统中有的原始文件的来源令人惊叹（例如通过 http://memory.loc.gov/ammem 访问美国国会图书馆的美国记忆集或通过 www.congress.gov/congressional-record 访问的美国国会记录），或世界各地城市的虚拟旅行、世界报纸和地图集，包括 David Rumsey 历史地图集（www.davidrumsey.com）。另一个很棒的社会科学应用程序是谷歌地球（http://earth.google.com），它可以让学生以不同的分辨率来浏览世界各地的鸟瞰图。

有些特定的学科也有很好的资源。例如，网络博物馆（WebMuseum）是艺术史教学，尤其是印象派教学的一个很好的复制品来源。事实上，世界各地的博物馆都有不错的复制品可用。世界非洲乐（The Afropop Worldwide）网站上有大量有关非洲和世界音乐的信息，且允许音乐下载。

互联网上还有很多可获取的资源。例如，MERLOT（www.merlot.org）数据库中可获取的数字对象。一个名为"教师的免费技术"的博客为使用在线工具和应用程序来支持学习和教学提供了很好的想法（www.freetech4teachers.com/）。

我们用前高中历史教师罗伯特·贝恩（Robert Bain, 2005）的评论来结束我们对社会科学教育的讨论。贝恩的这些评论反映了本章强调的许多主题，不仅涉及社会科学教育，还涉及其他学科的教育：

　　当我的高中学生开始学习历史时，他们往往将这门学科视为固定不变的事物：认为历史是历史学家搜集整理放在教科书中（或在历史教师的头脑中）以供学生记忆的大量事实；历史的目的（如果有的话）是以某种方式让学生避免重复过去的错误；学习历史的过程是直截了当的，虽然并不总是那么令人兴奋，但也相对简单。讽刺的是，当我30多年前第一次成为一所学校的历史教师时，我也持有类似的观点，我所受到的教育和历史课程也常常支持这种观点……而我现在不再对学习或教授历史抱有如此天真幼稚的观点，并且我也试图让学生们改变这些观点。事实上，我们在历史课程中的经验告诉我们，用尤吉·贝拉（Yogi Berra）的话说，我们的问题并不是来自我们知道的东西，而是我们自以为很了解，但并非事实的东西……学习历史和教授历史需要教师和学生进行复杂思考。它的中心是有趣的、生成性的和组织性的问题，批判性地权衡证据和解释，放下我们的观点去了解他人的观点，使用事实、概念和解释来做出判断，然后，如果证据具有说服力，我们的观点和判断就应改变。

复习、思考和练习

学习目标6：概述社会科学学习如何变得更具建构主义。
复习
·社会研究教学的目的是什么？美国国家社会科学委员会强调的主题是什么？
·在社会科学教学中，有哪些建构主义方法？

思考
·想一想你有一天可能会在一个特定的社区任教。你将如何为这些学生量身定做社会科学教学？你怎样才能使它具有建构主义特性？

PRAXIS™练习
1.陈先生希望他的学生明白，不是所有的人都以和他们一样的方式生活。他的学生研究世界各地不同人的生活方式。陈先生强调的是社会科学的哪个主题？
　A.文化
　B.公民的理想和实践
　C.政权、权威和统治
　D.生产、分配和消费
2.下列哪项是社会科学中建构主义方法的最好例子？
　A.尤因先生的学生听他讲课并对所讲内容做笔记
　B.德雷克斯勒女士的学生对详细的地图进行着色和标注，以帮助他们学习地理
　C.伯德女士的学生学习课本上的内容，并定期参加涉及这些内容的考试
　D.乔丹先生给他的学生提出了一个有争议的问题，让他们对此进行讨论和辩论

请参看书末的答案……

连线课堂：案例分析
建构主义数学课程

康妮在一个中等收入学区的一所学校教四年级。 她所在的学区今年采用了一套基于建构主义原则的新学前班至小学六年级的数学课程。 在参加新课程的教师在职培训的过程中，她发现自己过去 20 年所教的内容与新课程有许多不同之处。新课程关注数学在"现实生活"中的应用。 数学问题不再是没完没了的速度练习，而是要求学生思考，并将他们的家庭生活和他们在数学课上学到的知识联系起来。 这些训练和练习都是在学生们共同进行的各种游戏情境中出现的。学生们可以，甚至被教导用不同的方法来解决问题，而不是局限于针对特定类型问题的单一算法。其中许多方法对康妮来说是完全陌生的，她猜想对其他的教师和家长来说也是如此。"这需要做很多工作，"她想，"为了用这种方式教学，我还得自己重新学习数学。"

随着新学年的开始，其他教师开始表达他们对新课程的担忧。 这与他们过去所做的任何事情都大不相同。 大多数教师设法保持比学生领先一两节课的进度。 一、二年级的学生似乎很喜欢新数学课程。 他们在数学课上积极参与，很多人都说数学很有趣。然而，四年级到六年级的学生对新课程的热情似乎没有那么高。 他们中的许多人不能完成家庭作业，他们似乎不能掌握如何使用新课程中教授的技巧来完成数学问题。 他们不断退回到之前所学的老式算法，这让康妮和她的同事们感到沮丧，因为他们已经非常努力地掌握了解决问题的其他方法。

更糟糕的是，家长们也在抱怨。 他们不能帮助孩子做家庭作业，因为他们也不知道如何使用新方法。 这让许多家长十分恼火。 有几位家长甚至威胁要让孩子退学，并把他们转到"教正常数学的学校去"。 一群家长将在学校董事会的下次会议上就此事发表意见。

一位中学数学教师更是火上浇油，他坚持认为这个新课程无法教给学生学习代数所需的基础知识。"学生需要对数学事实发展出自动处理能力，而新课程是无法实现这一点的。 因为它将他们引向太多的方向。 他们的代数学习将无法恢复正常"。

新课程支持者在回应这位中学教师时表示，新课程实际上会让学生为更好地学习高等数学做好准备，因为他们会更好地理解自己为什么这样做，以及传统算法是如何发挥作用的。 康妮觉得左右为难。她明白新课程的设计目的。她甚至认为从长远来看，使用新课程实际上可能会让学生真正受益。然而，每天她的课上都有学生在流泪，因为他们不明白她在要求他们做什么。 她也接到过一些愤怒的父母打来的电话。

1. 这个案例中的问题是什么？
2. 新课程似乎让一、二年级的学生收获很大，而高年级的学生却困难重重。 为什么会这样呢？ 把你的答案与建构主义原则联系起来。
3. 教师应如何处理家长对新课程的担忧？
4. 新课程的支持者们应该如何解决数学教师的顾虑？
5. 此时教师们能做些什么来帮助他们的学生呢？

本章概要

1　专业知识和学科教学知识：区分专业知识和学科教学知识之间的差异。

·专业知识，也称为学科知识，涉及成为一个学科内容方面的专家所需的知识。学科教学知识涉及如何有效地教授特定学科的知识。这两种知识都是专家型教师所必需的。

2　阅读：解释阅读能力是如何发展的，并讨论一些有效的阅读教学方法。

阅读的发展模型

·查尔的模型提出了阅读发展的五个阶段：阶段 0，从出生到一年级，识别字母表中的字母并学会写自己的名字；阶段 1，在一、二年级，学会单词发音，完成字母名称和字母发音的学习；阶段 2，在二、三年级，在阅读单个单词和其他阅读技能方面变得更加熟练；阶段 3，四年级至八年级，从书本中获取越来越多的新信息，完成从"学习如何阅读"向"阅读学习知识"转变；阶段 4，在高中阶段，成为一个完全有能力的阅读者，能够从不同的角度理解阅读材料。

阅读方法

·目前的争论集中在语音教学法和整体语言教学法上。语音教学法强调阅读教学应以语音和将书面符号转化为声音的基本规则为重点，并为幼儿提供简化的早期阅读教学材料。整体语言教学法强调阅读教学应该平行于儿童自然的语言学习水平，并给儿童提供完整阅读材料，如书籍和诗歌。

·虽然这两种方法都能使儿童受益，但在学前班和一年级尤其需要强调语音教学法。研究表明，当语音意识教学与字母训练结合起来并作为整个读写计划的一部分时，它是特别有效的。

·有效的语音意识训练需要教师主要具备两项技能：平衡和分段。儿童的阅读也受益于有指导的朗读和阅读策略的教学。

认知方法

·阅读的认知方法强调对单词的解码和理解，建立在先前知识的基础上，并发展专家级的阅读策略。

·单词的解码和理解涉及元认知策略和自动化过程。

·对一个主题的已有知识可以帮助学生对他们阅读的材料做出正确的推断。

·转化策略教学法是帮助学生学习阅读的一种方法。

社会建构主义方法

·阅读的社会建构主义方法强调社会环境在帮助儿童学习阅读方面起着重要作用，而意义是社会协商的结果。

·交互式教学可以帮助学生提高阅读能力。

·认可学校–家庭–社区与阅读的联系也反映了社会建构主义的观点。

---

③ 写作：描述写作能力是如何发展的，并讨论一些有效的写作教学方法。

发展变化

·儿童的写作遵循一个发展时间表，从涂鸦开始出现。大多数4岁的儿童都能写出自己的名字，大多数5岁的儿童都能写出字母和抄写几个简短的单词。

·儿童语言技能和认知发展的进步为写作能力的提高奠定了基础。

认知方法

·写作的认知方法所强调的许多主题与阅读所强调的相同，如构建意义和发展策略。计划、问题解决、修改、元认知和策略被认为尤其重要。

社会建构主义方法

·写作的社会建构主义方法关注写作产生的社会环境。这种社会环境包括学生参与写作社区以理解作者–读者的关系，并明白了解他人观点的重要性。

·写作的社会建构主义方法包括写出有关富有意义的经历的"真实文本"、师生写作会谈、写作中的同伴协作和编辑，以及学校–社区联系。

4　数学：描述数学思维的发展特点，并确定数学教学的相关问题。

发展变化

·儿童在进入一年级之前就对数字概念有了实质性的理解。当他们上小学后，他们会学到更高级的数字技能。

·美国国家数学教师委员会已经制定了从幼儿园到高中的数学学习标准：从幼儿园到二年级，10以内的计数；三年级到五年级，乘法推理、等值概念和计算的流畅性；初中，数学推理、代数和几何；高中，代数、几何、统计、概率和离散数学的相互作用）。

数学教育中的争议

·目前，在数学教育中，关于数学教学应该使用认知、概念和建构主义的方法还是以练习为导向的计算方法存在争议。

·在数学学习中，学生既需要发展对概念的理解，又要掌握程序性能力。

认知过程

·数学学习中涉及的认知过程包括概念理解、程序流畅性、知识的有效组织、元认知策略和思维模式。

一些建构主义原则

·一些建构主义原则包括使数学课程更具现实性与趣味性、与学生已有的知识建立联系、使数学课程具有社会互动性等。

技术与数学教学

·美国国家数学教师委员会（NTCM）制订的课程和评估标准建议，在所有年级的数学教学中都要使用计算器，学生使用计算机也是必要的。然而，一些教育专家认为，就像在东亚地区一样，为了提高学生学习数学概念的能力，在高中之前不应该使用计算器。

5　自然科学：明确一些与教授学生如何科学地思考有关的挑战和策略。

科学教育

·在美国的中学教育中，合格的科学教师严重短缺。科学家们所使用的技能，如仔细观察、绘制图表、自我调节思维以及知道何时和如何运用自己的知识来解决问题，这些都不是学校的常规教学内容。

·学生们有许多与科学和现实不相符的错误观念。好的教师能够理解学生的基本概念，然后把这些概念作为学习的脚手架。

建构主义的教学策略

·建构主义教学策略强调发现学习——然而，教师需要提供指导和反馈，并在儿童构建关于世界的科学有效的解释时充当顾问。

·有效的科学教育强调学习探究技能和科学内容。

6　社会科学：概述社会科学学习如何变得更具建构主义。

什么是社会科学？

·社会科学领域寻求提升公民能力。在学校里，社会科学涉及的学科有人类学、经济学、地理学、历史学、法学、哲学、政治学、心理学、宗教学和社会学。

·美国国家社会科学委员会建议在社会科学的单元和课程中包含10个主题：时间、连续性和变化，人、地点和环境，个人发展和身份认同，个体、群体和制度，政权、权威和统治，生产、分配和消费，科学、技术和社会，全球联系，公民的理想和实践，文化。

建构主义方法

·许多社会科学课程继续采用传统的授课形式，但人们对用建构主义角度教授这些课程越来越感兴趣。这一视角强调使用不同的信息来源，强调更多的反思、理解、意义、对价值的批判性思考的重要性，以及对几个重要主题的持续研究，而不是对许多话题的浅显概括。

关键术语

专业知识（expert knowledge）

学科教学知识（pedagogical content knowledge）

语音教学法（phonics approach）

交互式教学（reciprocal teaching）

社会科学（social studies）

转化策略教学法（transactional strategy instruction approach）

整体语言教学法（whole-language approach）

档案袋活动

现在你已经很好地理解了本章的内容，请完成这些练习来扩展你的思维。

独立思考

1. 认知和社会建构主义课堂。对于你计划执教的年级，想出一些好的教学提纲，使学习既有认知性又有社会建构主义特色。从本章和其他章节中汲取想法，并增加你自己的想法。

研究 / 实地体验

2. 研究阅读的要点和要领。阅读有关当前儿童阅读教学的趋势的资料。根据你在本章中所学到的知识评价这些趋势。将目前的趋势与你曾经所受的阅读教育进行比较。你认为哪种方法是最有效的？为什么？你认为是什么原因导致全美标准化测验中阅读成绩一直很低？

合作学习

3. 在数学争议中表明立场。在数学教育中，关于数学应该以建构主义方式还是以更传统的方式进行教学存在争议。对于在小学阶段的数学教学中是否应该使用计算器和计算机也存在争议。与几个学生一起评价这些争议，总结你们的讨论。

第十二章

计划、教学和技术

教育是文明的传承。

——阿里尔和威尔·杜兰特
（Ariel and Will Durant）
20 世纪的美国作家和哲学家

章节概览

1. 计划
学习目标 1：解释课堂计划中涉及的内容。
教学计划
时间框架和计划

2. 以教师为中心的课程计划与教学
学习目标 2：确定以教师为中心的教学的重要
形式。
以教师为中心的课程计划
直接教学
以教师为中心的教学策略
对以教师为中心的教学策略的评价

3. 以学生为中心的课程计划与教学
学习目标 3：讨论以学生为中心的教学的重要
形式。
以学生为中心的原则
以学生为中心的教学策略
对以学生为中心的教学策略的评价

4. 技术与教育
学习目标 4：概述如何有效地利用技术帮助儿
童学习。
技术革命与互联网
学生技术素养的标准
教学、学习与技术

连线教师：洛伊斯·格斯特和凯文·格罗夫斯

洛伊斯·格斯特（Lois Guest）在加利福尼亚州圣洛伦佐市的赫斯佩里安小学担任五年级教师。在她的班上，30 名学生正在使用学区提供的新笔记本电脑。电脑到位一个月后，过时的百科全书就被束之高阁，学生们也不再需要在学校的计算机实验室里争夺上机时间了。

洛伊斯·格斯特（左）和凯文·格罗夫斯（右）与学生们一起制作演示文稿。

（左）© Mark Costantini/San Francisco Chronicle/Polaris；

（右）© Kevin Groves

新笔记本电脑标志着格斯特职业生涯中的一个重大转变。她在赫斯佩里安小学教了 35 年书，还记得当年幻灯机是代表高科技的顶尖技术。现在，她正在为她执教的班级建一个网站，学习如何使用数码相机和光学扫描仪。格斯特说她正在学习很多技术知识，她的学生也在教她如何操作电脑。10 岁的比安卡·古特雷斯（Bianca Gutierrez）说，她非常喜欢在她的新笔记本电脑上学习，这让她很期待去上学。

凯文·格罗夫斯（kevin Groves）带着他班上的五年级学生去植物园进行实地考察时，学生们坚持让老师允许他们带上笔记本电脑。其中一个学生萨尔瓦多·马塔（Salvador Mata）和母亲坐在草地上向她讲解如何制作演示文稿。他的母亲很高兴萨尔瓦多在这么小的年纪就学会了使用电脑，她相信这会帮助他在以后的生活中找到一份好工作。格罗夫斯表示，他仔细审查自己网站上的每个链接，以确保这些链接具有教育意义，不会对学生造成不良影响。（资料来源：USA Today, October 10, 2001, pp. A1, A24）

概览

本章以其他章节中关于学习和认知过程的讨论为基础，并在整体课程计划或单元层面上讨论教学计划。我们探讨以教师为中心的课程计划，建立在行为主义和社会认知理论所涵盖的行为原则之上，以及以学生为中心的课程计划，建立在本书其他章节所涵盖的材料之上。最后，我们探讨技术在课堂上的重要应用，例如互联网的使用。

1 计划

有人说，如果人们没有做计划，他们就是在计划失败。许多成功人士把他们的成就归功于有效的计划。我们对计划的介绍将描述什么是教学计划以及计划的不同时间框架。

教学计划

计划是成为一名称职教师的关键方面（Burden & Byrd, 2016）。**教学计划**（instructional planning）是指系统的、有组织的授课策略。教师需要在教学开始之前决定他们要教什么和怎么教。虽然一些精彩的教学时刻是自然产生的，但课程仍然需要仔细规划（Borich, 2017）。

教学计划可能由你任职的学校规定。许多校长和教学主管要求教师保留书面课程计划，你可能会被要求提前几周提交课程计划。当教学主管去听教师讲课时，他们会检查教师是否按照课程计划进行授课。如果某教师不能来上课，代课教师可以按照课程计划授课。

美国国家学习标准规定了学生需要了解哪些知识，具备哪些技能。随着这些标准的颁布，人们对教师课程计划的期望也随之增加（Guillaume, 2016）。然而，这些标准通常没有规定教师在课堂上应该怎么做才能达到这些标准。当标准出台后，教师必须考虑如何围绕标准所隐含的最重要的方面来计划和组织他们的课程，并为他们所教的学生创建一系列独特的"学习活动"（Darling-Hammond & others, 2005）。

许多制订计划的策略都是围绕四个要素来组织的：学科的性质、学习者、背景和教师的角色（Darling-Hammond & others, 2005）。许多教师使用的一个有效的计划策略是"从目标到期望的表现，再到支持学生进步所需的活动和脚手架元素"进行反向规划（mapping backward）。事实上，一个好的策略是在制订你的计划时，先想一想你希望你的学生在学年结束时达到什么样的目标，然后再从这一目标开始反向规划。在一项分析中，许多有经验的教师描述说，在教学的最初几年里，他们在课程计划上缺乏长远的眼光；他们强烈建议新手教师多考虑大局——他们希望学生今年学习的关键内容是什么，以及如何引导学生达到目标（Kunzmann, 2003）。

琳达·哈蒙德和她的同事（Linda Darling-Hammond, 2005）描述了课程计划的一些重要方面：

> 教师必须根据自己的目标决定哪些内容是重要的，并知道如何让特定的学生

群体能够获取这些内容。这需要思考如何为学生提供所学习领域的图式或概念图（National Research Council, 2000），以及根据学生对各种学习体验的准备程度来规划具体的活动。它还需要考虑到学生需要什么样的信息、演示、模型、探究机会、讨论和练习，以理解特定的概念和发展特定的技能……

总而言之，教师需要"弄清楚学生应该在什么时候、按照什么顺序以及如何做哪些事情"，以实现他们的课程愿景。

时间框架和计划

正如我们刚才所提到的，制订系统的时间计划包括知道需要做什么以及何时去做，或者着重关注"任务"和"时间"。

你需要制订不同时间跨度的计划，从年度计划到每日计划不等（Parkay, 2016）。如果涉及整个学校的规划或你自己的职业规划，时间框架可能是数年之久。罗伯特·尹格尔（Robert Yinger, 1980）确定了教师计划的五种时间跨度：年度计划、学期计划、单元计划、每周计划和每日计划。图 12-1 展示了这些时间框架及相应的计划。尹格尔还建议教师在制订计划时要注意四个方面：目标、信息来源、计划形式和判断计划效果的标准。

> **多重思考**
> 从三个时间框架来综合考虑评估计划：教学前、教学中和教学后。连接到"课堂评估和评分"。

虽然计划是成功教学的一个关键方面，但不要过度计划，最后变成一台自动装置。制订有组织的计划并努力执行，但同时要保持灵活性；随着一年、一月、一周或一天的进程，要不断调整计划以适应不断变化的环境。当前有争议的事件或有必要进行讨论的话题可能会突然出现，而你的最初计划中却没有包括这些内容。随着学年的进行，监控并修改你的计划，以适应这些变化的情况（Borich, 2017）。

对制订计划的最后一点提醒是，越

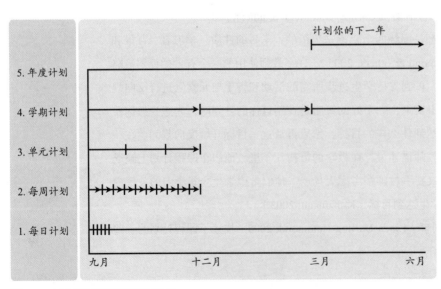

图 12-1　五个时间框架及相应的计划

注：此图为示意图，不涉及具体比例。美国有多种学期制度，此为其中一种，该制度六至九月放假。

来越多的人认识到，教师需要根据学生在整个学期中实现学习目标的进展情况来监督和评估其课程计划。因此，需要在计划过程中留出评估和为学生提供反馈的时间（Brookhart & Nitko, 2015; Popham, 2017）。

最后要考虑的是，与其他国家相比，美国学校分配给课程计划的时间有多少。最近的跨文化比较显示，课程计划在中国学校中的优先地位远远高于美国（Shen, Zhen, & Poppink, 2007; Shen et al., 2007）。许多美国教师的日程安排几乎没有留出时间来进行课程计划，很多情况下课程计划只用 30 分钟甚至更少。

最近，我向老师们询问了他们使用什么计划策略来提高教学效率，以下是他们的回复：

幼儿期 我们学龄前儿童的课程计划是由一个两人小组在月初完成的。小组通过回顾需要掌握的技能和开展适当的活动来确定课程内容。我们在制订计划时也考虑到了孩子们的兴趣。

——瓦莱丽·戈勒姆，儿童乐园公司
（Valarie Gorham, Kiddie Quarters, Inc.）

小学 为了准备我的二年级课程，我在上一周的星期四就制订好每周（有时是两周）的课程计划。这样我就可以准备好所有的复印件和必要的资料，并确保有其他的资料可用（比如图书馆的书）。然后我执行每周的计划，并检查是否留出时间来再次教学和巩固相关内容。

——简妮·吉达·普特雷，克林顿小学
（Janine Guida Poutre, Clinton Elementary School）

初中 在计划我的课程时，我使用了逆向设计法：我把想让学生在活动结束后掌握的重要问题都列出来。这些重要问题都写在我的白板上，这样学生们就知道他们要学什么。通过确切地知道我想让学生学到什么，我就可以成功地计划一堂课。

——凯西·玛斯，爱迪生中学
（Casey Maass, Edison Middle School）

高中 我早上 6 点到学校，计划并安排好一天的工作。我需要一段周围没有其他人的安静时间，而且不用排队就能使用复印机。截至上午 7 点，我已经安排好了当天的活动，准备开始工作。当然，我是一个早鸟型的人！

——桑迪·斯旺森，梅诺莫尼·福尔斯高中
（Sandy Swanson, Menomonee Falls High School）

复习、思考和练习

学习目标1：解释课堂计划中涉及的内容。

复习

·什么是教学计划？为什么需要对教学进行规划？

·需要做哪些与时间使用有关的计划？

思考

·在你自己学前班到高中的经历中，是否有教师没有在教学计划上投入足够的精力？这对学生造成了什么影响？

PRAXIS™ 练习

1. 斯文森女士正在为本学年做课程计划。她应该采取以下哪种策略？

　　A. 向前规划，从开学第一周的计划开始

　　B. 反向规划，确定她希望她的学生在学年结束前达到的目标

　　C. 不要花太多时间在计划上，而是要了解的学生在开学后一个月的学习情况

　　D. 进行循环规划

2. 在制订教学计划的过程中，托马塞罗先生考虑了由学区和州规定的标准所确立的目标，并将他的课程与这些目标相一致。在做完这些之后，他在想基于最合理的顺序应该是在什么时候教什么。最后，他准备了必要的设备，并准备了适当的材料来执行他的计划。托马塞罗先生的计划最有可能在哪个层面上？

　　A. 每日计划

　　B. 每周计划

　　C. 学期计划

　　D. 年度计划

请参看书末的答案……

学习目标2：确定
以教师为中心的教
学的重要形式。

2　以教师为中心的课程计划与教学

传统上，学校的教学重点是教师为中心的课程计划和教学。在这种方法中，计划和教学是高度结构化的，教师指导学生的学习。

以教师为中心的课程计划

在以教师为中心的计划中，有三种通用工具特别有用。它们是行为目标、任务分析和教学分类法，我们接下来将对之进行探讨。

行为目标 行为目标（behavioral objective）是对教师希望在学生的学习表现中看到的变化的说明。行为目标应该非常具体，通常有三个部分（Mager, 1962）：

- 学生的行为。关注学生将要学什么或做什么。
- 行为产生的条件。说明将如何评估或测试行为。
- 绩效标准。确定什么样的水平是可接受的。

例如，教师可以围绕学生描述大英帝国衰落的五个原因（学生的行为）的想法制定行为目标。教师计划对学生进行该主题的论文测验（行为产生的条件）。该教师认为能够写出四五个原因就算成绩合格（绩效标准）。

任务分析 以教师为中心的计划的另一个工具是**任务分析**（task analysis），它侧重于将学生将要学习的复杂任务分解成各个组成部分（Alberto & Troutman, 2017）。分析可以通过三个基本步骤进行（Moyer & Dardig, 1978）：

- 确定学生学习这项任务所需的技能或概念。
- 列出完成任务所需的所有材料，如纸张、铅笔和计算器。
- 按照必须完成的顺序列出任务的所有组成部分。

教学分类法 教学分类法也有助于以教师为中心的方法。**分类法**（taxonomy）是一种分类系统。**布鲁姆分类法**（Bloom's taxonomy）是由本杰明·布鲁姆（Benjamin Bloom）和他的同事在 1956 年提出的。它将教育目标分为三个领域：认知、情感和心理运动。布鲁姆分类法已经被许多教师用于他们的课程计划，以设定长远目标和具体目标（Tarman & Kuran, 2015; Yanchinda, Yodmongkol, & Chakpitak, 2016）。

认知领域 布鲁姆的认知分类法包含六个目标（Bloom & others, 1956）：

- 知识。学生有能力记忆信息。例如，目标可以是列出或描述使用计算机进行文字处理的四个主要优点。
- 理解。学生理解这些信息，并能用自己的语言加以解释。例如，目标可以是解释或讨论计算机如何有效地用于文字处理。
- 应用。学生用知识解决现实生活中的问题。例如，目标可以是将所学到的使用计算机进行文字处理的知识应用于各种职业领域中。
- 分析。学生们将复杂的信息分解成更小的部分，并将信息与其他信息联系起来。例如，目标可以是写一篇学期论文，比较两种类型的文字处理程序。
- 综合。学生组合不同元素并创建新的信息。例如，目标可以是组织所有已经

行为目标： 对教师希望学生的学习表现有所变化以达到理想绩效水平的说明。

任务分析： 将学生将要学习的复杂任务分解成各个组成部分。

分类法： 一种分类系统

布鲁姆分类法： 由本杰明·布鲁姆及其同事提出。它将教育目标分为三个领域：认知、情感和心理运动。

学过的关于使用电脑写作的知识。

·评价。学生做出良好的判断和决定。例如,目标可以是评论不同的文字处理程序或判断某种特定的文字处理程序的优缺点。

情感领域 情感分类包括五个与任务引起的情绪反应相关的目标(Krathwohl, Bloom, & Masia, 1964)。以下五个目标都要求学生表现出一定程度的投入或情感强度:

·接收。学生开始意识到或注意到环境中的某些东西。例如,一位嘉宾来到课堂上和学生们探讨阅读。目标可以是让学生认真地听讲。

·回应。学生由于某一经历而变得有动力去学习并表现出新的行为。目标可以是让学生们因为演讲嘉宾的出现而更有动力去阅读。

·重视。学生参与或致力于某种体验中。目标可以是让学生重视阅读,将其作为一项重要的技能。

·组织。学生将一种新的价值观融入已有的价值观体系中,并给予它适当的优先权。目标可以是让学生参加读书俱乐部。

·价值表征。学生按照价值观行事,并坚定地致力于此。目标可以使学生在整个学年的学习过程中越来越重视阅读。

心理运动领域 大多数人把肌肉运动与体育课和竞技运动联系在一起,但许多其他科目,如写字和文字处理也涉及肌肉运动。在科学领域,学生必须操作复杂的设备;视觉艺术和手工艺术需要良好的手眼协调能力。布鲁姆的心理运动目标包括:

·反射运动。学生对刺激做出不假思索的下意识反应——例如,当一个物体出乎意料地飞向他们时,学生会眨眼睛。

·基本动作。学生做出一些基本的自发动作以达到特定目的,比如抓住显微镜旋钮并正确地转动它。

·知觉能力。学生们使用他们的感官,如视觉、听觉或触觉,来引导他们使用其技能。例如观察如何拿起科学仪器,如显微镜,并听取如何使用仪器的说明。

·身体能力。学生发展耐力、力量、柔韧性和敏捷性等一般技能,如长跑或打垒球。

·熟练的动作。学生以一定的熟练程度运用复杂的身体技能,比如熟练地画一幅素描。

·非描述性行为。学生们通过身体动作来交流感受和情感,如演哑剧或跳舞来表达音乐作品。

教师可以使用布鲁姆的分类法，按照认知、情感和心理运动领域来计划教学。在过去，教学计划一般侧重于认知或行为目标。布鲁姆分类法提供了对包括情感和心理运动领域在内的技能的更广泛思考。

一群教育心理学家根据最近的理论和研究改进了布鲁姆的知识和认知过程维度（Anderson & Krathwohl, 2001）。改进后的知识维度有四个类别，处于一个从具体（事实）到抽象（元认知）的连续体上：

· 事实性知识：学生为了熟悉一门学科或解决学科内的问题而必须知道的基本要素（如技术词汇、信息来源）。

· 概念性知识：在一个更大的结构中基本要素之间使它们能够共同发挥作用的相互关系（如地质时代、企业所有权形式）。

· 程序性知识：如何做某事，探究的方法以及技能使用的标准（如画水彩画的技能、访谈技巧）。

· 元认知知识：关于认知的知识及自我认知意识的知识（如列提纲的知识和记忆策略）。

在改进后的认知过程维度中，六种类型也处于一个从简单（记住）到复杂（创造）的连续体上：

· 记住。从长期记忆中提取相关知识（如识别美国历史上重大事件的日期）。

· 理解。从包括阐述、举例、分类、总结、推理、比较和解释等过程的教学中构建意义（如解释18世纪法国重大事件发生的原因）。

· 应用。在特定情境下执行或使用程序（如在适当的情境下使用物理定律）。

· 分析。将材料分解成组成部分，并确定各部分之间的关系，以及与整体结构或目的之间的关系（如区分数学应用题中相关和不相关的数字）。

· 评估。根据标准和规范做出判断（如检测最终结果中的不一致或谬误）。

· 创造。把要素组合起来，形成一个一致的或功能性的整体，将各要素重新组织成新的模式或结构（如提出假设来解释观察到的现象）。

直接教学

直接教学（direct instruction）是一种结构化的、以教师为中心的教学方式，其特点是教师指导和控制，教师对学生的进步寄予很高的期望，学生最大限度地花时间在学业任务上，以及教师努力将负面影响降到最低。直接教学的重点是学术活动，非学术材料（如玩具、游戏和拼图）往往不会被使用，非学术导向的师生互动（如关于自我或个人顾虑的对话）也同样不被重视（Burden & Byrd, 2016）。

教师的指导和控制发生在教师替学生选择学习任务、指导学生对任务的学习，并尽量减少非学术性的对话时。教师为学生的表现设定了高标准，并期望学生达到优秀水平。

直接教学方法的一个重要目标是最大化学生的学习时间（Borich, 2017）。学生在课堂上用于学业任务的时间称为学术学习时间。学习是需要时间的，学生经历的学术学习时间越多，他们就越有可能掌握教材和达到高标准。直接教学的前提是，最大化学术学习时间的最佳方式是创造一个高度结构化的、以学术为导向的学习环境。

多重思考
一个主要的课程争议是教学应主要遵循直接教学法还是建构主义方法。连接到"教育心理学：有效教学的工具"。

关于比较不同国家学生在数学学习上所花的时间的跨文化研究揭示出许多亚洲国家的学生比美国学生花在学习上的时间和精力更多。哈罗德·史蒂文森（Harold Stevenson）是儿童学习方面的权威专家之一，他对这个问题进行了长达 50 年的研究。在 20 世纪 80 年代和 90 年代，他的研究转向通过对美国儿童和亚洲国家儿童（特别是日本、中国儿童）进行跨文化比较来发现提高儿童学习的方法（Stevenson, 1992, 1995, 2000; Stevenson & Hofer, 1999; Stevenson & others, 1990）。在史蒂文森的研究中，亚洲学生的数学成绩一直优于美国学生。而且，学生在学校的时间越长，成绩差距越大——一年级差距最小，十一年级差距最大（研究中的最高年级）。

为了进一步了解这些跨文化差异的原因，史蒂文森和他的同事们花了数千小时在教室里进行观察，以及对教师、学生和家长进行采访和调查。他们发现亚洲教师比美国教师花了更多的时间教数学。例如在日本，一年级超过四分之一的课堂时间花在了数学教学上，而在美国这一比例仅为十分之一。此外，亚洲学生平均每年在校学习 240 天，而美国学生只有 178 天。

此外，亚洲父母和美国父母之间也存在差异。美国父母对孩子教育和成就的期望比亚洲父母低得多。美国父母更可能说他们孩子的数学成绩是由于天生的能力，亚洲父母更可能说他们孩子的数学成绩是努力和训练的结果。亚洲学生比美国学生更有可能做数学作业，亚洲父母比美国父母更有可能协助孩子做数学作业（Chen & Stevenson, 1989）。

除了最大化学生的学习时间，直接教学法的另一个重点是将负面影响降到最低。研究人员发现负面情绪会干扰学习（Merrell & others, 2007）。直接教学法的支持者强调了保持学术关注和避免负面影响的重要性，比如当教师过度批评学生时，教师和学生都会产生负面情绪（Sieberer-Nagler, 2016）。

以教师为中心的教学策略

许多以教师为中心的策略反映了直接教学法。这里我们将讨论如何将学生引向新材料，讲授、解释和演示，提问和讨论，掌握学习、课堂作业和家庭作业。

引导 在呈现和讲授新材料之前，建立课程框架，并引导学生了解新内容：（1）复习前一天的教学活动，（2）讨论课程目标，（3）对学生要做的功课做出清晰、明确的说明，（4）概述当天的课程。

预先整理器（advance organizer）是建立一个框架，并让学生在新内容讲解之前了解教材的教学活动和技术。当你开始上课时，你可以使用预先整理器来帮助学生了解"大局"，即将要学习的内容以及信息是如何有意义地连接在一起的。

预先整理器有两种形式：说明性的和比较性的。**说明性预先整理器**（expository advance organizer）为学生提供新知识，使他们对即将到来的课程有所了解。每章开篇的章节概览和学习目标都是说明性预先整理器。另一种提供预先整理器的方法是描述课程的主题以及为什么学习这个主题很重要。例如在历史课上，为了引导学生探索阿兹特克文明的主题，教师说他们要学习西班牙对墨西哥的入侵，并描述阿兹特克人是谁，他们的生活是什么样子以及他们的手工艺品。为了提高学生们的兴趣，教师还说，他们将学习当西班牙征服者目睹壮观的西方文明而充满敬畏之情时不同文明之间的碰撞。该教师的班上有墨西哥裔美国学生，她强调这些信息可以帮助班上的每个人了解这些学生的个人和文化身份。

比较性预先整理器（comparative advance organizer）通过新材料与学生已有知识之间的联系来引入新材料。例如，在刚才提到的历史课上，教师说西班牙对墨西哥的入侵延续了跨大西洋的交通，从而改变了两个世界：欧洲和美洲。她要求学生们思考关于阿兹特克人的讨论是如何与他们上周学习的哥伦布航海之旅联系起来的。

讲授、解释和演示 讲授、解释和演示是直接教学法中常见的教师活动（Mowbray & Perry, 2015）。相比那些效率不高的教师，优秀教师会花更多的时间来解释和演示新材料。

有时枯燥乏味的讲课让我们度日如年，但有时我们也会深深被教师的讲解吸引，并从中学到不少知识。让我们探讨一些指导原则，看看什么时候讲课是一个好的选择以及探讨一些有效的授课策略。以下是一些讲课可以达到的目标（Henson, 1988）：

- 呈现信息并激发学生对某一学科的兴趣。
- 在学生自行阅读之前介绍一个主题，或是给出如何完成某个任务的指示。
- 在讨论或探究之后，总结或综合信息。

预先整理器：建立一个框架，并让学生在新内容讲解之前了解教材的教学活动和技术。

说明性预先整理器：为学生提供新知识，使他们对即将到来的课程有所了解的整理器。

比较性预先整理器：通过新材料与学生已有知识之间的联系来引入新材料的整理器。

连线学生：最佳实践

授课策略

　　为了确保授课成功，请遵循以下策略：

1. 做好准备。不要只是"即兴"讲课。花时间准备和组织你要介绍的内容。

2. 让授课简短而有趣，并穿插一些提问和活动。例如，讲授 10~15 分钟，提供某个主题的背景信息和框架，然后让学生分成小组进行讨论。通过穿插相关的视频片段、演示、讲义或为学生准备的活动来改变授课的节奏。想想你能说些什么来激发学生对某个话题的兴趣。

3. 遵照既定的顺序，并包含某些关键组成部分：

· 使用主题的预先整理器或预览开始一堂课。

· 语言上和视觉上强调突出任何关键概念或新想法（如本书使用粗体字印刷关键术语）。使用黑板、投影仪或其他大型显示设备。

· 呈现的新信息与学生已知的有关该主题的知识相联系。

· 定期获取学生的回应，以确保他们理解已教授的信息，并鼓励学生积极学习。

· 在授课结束时，总结或概述主要观点。

· 和未来的课程与活动建立联系。

· 在准备讨论时，提供替代性观点或澄清问题。

· 讲解对学生自学来说有困难的材料。

提问和讨论　在以教师为中心的教学中整合提问与讨论是必要的，但具有挑战性（Jiang, 2014; Robitaille & Maldonado, 2015）。教师应该回应每个学生的学习需求，同时维持群体的兴趣和注意力。同样重要的是，在保持课堂志愿者热情的同时，还要让尽可能多的学生参与。另一个挑战是让学生在保持专注于课程的同时做出贡献。在最近的一项研究综述中，提出大量问题并监控所有学生的回答是与学生成就相关的四个具体实践之一（Coe, Aloisi, Higgins, & Major, 2014）。

掌握学习　掌握学习（mastery learning）是指在完全掌握了一个概念或主题之后，再进行下一个较难概念或主题的学习。一个成功的掌握学习的方法包括以下步骤（Bloom, 1971; Carroll, 1963）：

> 掌握学习：在完全掌握了一个概念或主题之后，再进行下一个较难概念或主题的学习。

　　· 明确学习任务或课程，制定精确的教学目标，确立熟练掌握的标准（这通常是得分为 A 的学生的表现）。

　　· 将课程分解为与教学目标一致的学习单元。

　　· 计划教学程序以包括在学生未能按可接受水平（如 90% 的正确率）掌握教材时给他们提供纠错式反馈。纠错式反馈可以通过补充材料、辅导或小组教学

连线学生：最佳实践
有效使用提问的策略

让我们来看看在课堂上使用提问的一些有效策略：

1. 使用基于事实的问题来引出需要思考的问题。例如，在讲解关于环境污染的课程时，教师可能会问基于事实的问题："环境污染分为哪三种？"然后她可以接着提出这样一个需要思考的问题："你能想到什么策略来减少这些环境污染？"不要过度使用基于事实的问题，因为它们往往会导致死记硬背，而不是为了理解而学习。

2. 避免使用是非题和诱导性的问题。是非题只能作为引入更具探索性问题的过渡。例如，要避免提问诸如"湖里的死鱼是环境污染造成的吗？"这类问题。尽量少问这样的问题，只是偶尔用这些问题来热身，以引出其他问题，比如"污染是如何杀死鱼的？""你为什么认为是企业污染了湖泊？""我们可以做些什么来清理环境污染？"也要避免问一些诱导性的问题，比如"难道你不同意吗？"或者其他修辞性问题，比如"你确实想读更多关于环境污染的资料，不是吗？"这种类型的问题不会产生有意义的回答，只会将主动权交还给教师。

3. 给学生足够的时间思考答案。很多时候教师提问时，他们往往没有给学生足够的时间去思考。在一项研究中，教师提出问题之后，平均等待时间不到一秒钟，便让学生回答（Rowe, 1986）！在同一项研究中，教师等待学生回答时，平均只等了大约一秒钟，就自己给出了答案。这样的突然干扰（教师给出答案）并没有给学生足够的时间来构思答案。在同一项研究中，教师随后被要求等待三到五秒钟，再让学生回答问题。等待时间的增加让学生的回答得到了相当大的改进，其中包括对材料进行更好的推断和更多的学生提问。等上三到五秒钟甚至更长时间让学生回答问题并不像看上去那么容易，这需要练习。但是你的学生将有时间去思考和构建答案，他们会受益匪浅。

4. 提出清晰、有目的性、简短、有序的问题，避免模棱两可的问题。问题要紧扣当前的课程。提前计划，这样你的问题就能与主题有意义地联系在一起。如果你的问题太冗长，就有可能导致学生无法理解，所以问题越简短越好。同时还要按照逻辑顺序规划问题，并在开始学习新的主题之前将它们与之前讨论过的内容结合起来。

5. 监控你如何回应学生的回答。在学生回答了你的问题后，你应该怎么做？许多教师只是说声"OK"或"嗯哼"（Sadker & Zittleman, 2016）。相反，应该把学生的回答作为后续问题的基础，让该学生或其他学生参与讨论。根据学生现有的知识和理解水平提供反馈。

6. 明确向全班学生或某个学生提问的最佳时机。向全班同学提问时，班上每个学生都有责任回答问题；而向某个学生提问时，其他学生就不太可能回答。向特定学生提问的一些理由包括：（1）将不注意听讲的学生拉回课上，（2）向刚刚回答问题的学生进一步提问，（3）叫很少回答全班问题的学生发言。不要让一小群强势的学生霸占回答问题的机会，私下与他们讨论如何在不占用课堂时间的情况下继续他们的积极反应。一个让学生有平等机会回答问题的策略是，从饼干罐中抽取名字或在学生回答问题时从班级名单上划去他们的名字（Weinstein & Romano, 2015）。

7. 鼓励学生提问。如果学生提出好问题就赞扬他们，询问他们"怎么做？"和"为什么？"并且鼓励他们用"怎么做？"和"为什么？"提问。

进行。

·进行单元末或课程末测验，以评估学生是否在可接受的水平上掌握了所有的材料。

关于掌握学习的评价褒贬不一。一些研究表明，掌握学习在增加学生花在学习任务上的时间方面是有效的（Lalley & Gentile, 2009; Mitee & Obaitan, 2015），但其他人的发现对掌握学习的支持较少（Bangert, Kulik, & Kulik, 1983）。掌握学习的结果取决于教师计划和执行策略的能力（Joyce, Weil, & Calhoun, 2015）。掌握学习可能在补救性阅读（remedial reading）中特别有益（Schunk, 2016）。一个组织良好的针对补救性阅读的掌握学习计划可以让学生基于自己的技能、动机和学习时间来安排学习进度。

课堂作业　课堂作业指让所有或大部分学生在自己的座位上独立完成的练习。教师们使用课堂作业作为教学组成部分的程度各不相同（Weinstein, 2015）。有些教师每天都在使用，有些教师则很少使用它。图 12-2 总结了课堂作业对教师和学生的挑战。学习中心是纸笔式课堂作业的很好的替代品，图 12-3 为学习中心提供了一些建议，计算机工作站可以成为一个很好的学习中心。

家庭作业　另一个重要的教学决策涉及给学生布置多少家庭作业以及布置什么类型的家庭作业（Fernandez-Alonso, Suarez-Alvarez, & Muniz, 2015; Novak & Lynott, 2015; Valle & others, 2015）。著名研究者哈里斯·库珀的评论表明，在美国，相比教育的其他方面，家庭作业是学校和家庭之间产生摩擦的根源（Harris Cooper, 2006, 2007, 2009）。在前面所讨论的关注亚洲和美国学生的跨文化研究中，研究者对家庭作业花费的时间进行了评估（Chen & Stevenson, 1989）。亚洲学生比美国学生花更多的时间做家庭作业。例如，日本一年级学生周末平均要做 66 分钟的家庭作业，而美国一年级学生只有 18 分钟。此外，亚洲学生对家庭作业的态度要比美国学生积极得多。与美国父母相比，亚洲父母更愿意协助孩子完成家庭作业。

在一项研究综述中，库珀和他的同事（2006）得出结论，总体研究表明家庭作业对学生的成绩有积极影响。研究综述还表明，相比幼儿园和小学，初中和高中的家庭作业与成绩的联系更强。在一项研究中，库珀（1998）收集了 709 名二到四年级和六到十二年级的学生的数据。在低年级，家庭作业的数量与学生的态度之间存在显著的负

对教师

1. 跟踪班上其他人在做什么。
2. 让学生专心学习。
3. 应对学生不同的学习节奏（"参差不齐"的结尾）。
4. 选择或创造清晰而有意义的课堂作业。
5. 将课堂作业与学生的不同成绩水平相匹配。
6. 收集、批改、记录并归还作业。

对学生

1. 独立完成被分配的工作。
2. 了解如何以及何时获得老师的帮助。
3. 了解帮助同伴的规则。
4. 学习如何有效地获得同伴的帮助。

图 12-2　课堂对教师和学生的挑战

科学	社会科学	数学	艺术	写作	计算机
用实验表进行简单的实验 随着时间变化观察和记录结果 探索对象的属性并对其进行分类	再现不同文明使用的物品 创建人口趋势表 制作地图	数学"挑战"和谜题 操纵行为	假日或主题项目与课程研究相关的手工艺（绗缝、绗纸、折纸等）	课堂故事写作（例如添加故事） 改写文章 写剧本或木偶剧	内容相关的项目 模拟 写故事

图 12-3　关于学习中心的建议

相关，这表明小学生讨厌做家庭作业。但在六年级及以上，学生完成的家庭作业越多，成绩越好，但目前还不清楚其中的因果关系。真正优秀的学生之所以能完成更多的作业，是因为他们在学科上更有积极性和能力，还是完成家庭作业让学生取得了更好的成绩？

关于是否应该给小学生布置家庭作业的争论，其中一个关键方面是布置的家庭作业的类型。什么是好的家庭作业？尤其是对年幼的学生来说，家庭作业的重点应该是培养学习热情和提高学习技能，因此能够快速完成的简短作业应该是首选。对于年幼的学生，我们应该避免布置无法完成的冗长作业，或者是伴随着巨大压力、夹杂着眼泪和坏情绪才能够完成的作业。教师布置的家庭作业往往只是重复的功课，无法巩固课堂上所学内容。家庭作业应该是学生参与创造性、探索性活动的机会，比如口头陈述自己的家族史，或者确定社区商业的生态效应。与其把背诵南北战争中的姓名、日期和战役作为家庭作业，不如让学生们假想自己是北方人，给南方人写一封虚构的信件，表达他们对分裂国家问题的感受。家庭作业的布置应该与第二天的课堂活动联系起来，以向学生强调家庭作业是有意义的，而不仅仅是让他们受苦的阴谋。家庭作业也应该有重点，不要让学生就班级正在阅读的小说写一篇开放式的作文。让他们选择书中一个角色，并解释他或她为何会以某种特定的方式行事可能更好。

在库珀及其同事（2006）的研究综述中，家庭作业从初中开始有了回报。为什么家庭作业在小学几乎没有效果，而在初中和高中却如此有益？在较高的年级，教师更容易布置要求学生整合和应用知识的、有针对性的、实质性的家庭作业，即促进学习的家庭作业类型（Corno, 1998）。而且，到了高中，学生们已经习惯了每天的家庭作业。初中生和高中生更乐意接受放学后努力学习和掌握良好的学习技能。

一些教育心理学家认为，小学生的家庭作业效果不佳的主要原因是，它过于注重学科内容，而对培养学习态度、恒心和完成作业的责任不够重视（Corno, 1998）。他们强调，让学生受益的不是家庭作业本身，而是家庭作业为学生提供的承担责任的机会。他们认为，教师需要告知家长在下列方面指导孩子完成作业：设定目标、管理时间、控制情绪、检查作业，而不是玩逃避游戏或把艰苦的工作留到最后。教师和家长可以利用低年级的家庭作业来帮助孩子学会制定目标和执行任务。

库珀和他的同事（Cooper, 2009; Cooper & Patall, 2007; Cooper, Robinson, & Patall, 2006）还发现了以下现象：

· 布置需要在一段时间内完成的家庭作业比布置需要一次性完成的家庭作业有更积极的影响。例如，每天晚上做 10 道数学题，连续做 5 个晚上，比周末做 50 道数学题要好。

· 家庭作业对数学、阅读和英语的影响大于科学和社会科学。

·对于初中生来说，每晚一两个小时的家庭作业量是最好的。高中生可以受益于更长的作业时间，但并不清楚最长可以做多长时间的作业。

家庭作业是促进学习的宝贵工具，尤其是在初中和高中阶段（Cooper, 2006, 2007, 2009）。然而，重要的是让家庭作业有意义、监控作业的完成情况，并给予学生作业反馈。

在过去的十年中，越来越多的研究关注家长在学生家庭作业中的作用（Madjar, Shklar, & Moshe, 2016; Moroni & others, 2015; Nunez & others, 2015; Silinskas & others, 2015）。最近的一项研究综述认为，只有当父母直接参与帮助孩子完成家庭作业任务时，积极的成绩效果才会出现（Aries & Cabus, 2015）。在该综述中，家长的协助在包括元策略或帮助孩子理解家庭作业时，尤其会产生积极的结果。此外，在该综述中，当父母只是催促、安排孩子的家庭作业或提供情感上的支持时，对成绩的影响要么不确定，要么是消极的。

对以教师为中心的教学策略的评价

以教师为中心的教学研究为教学提供了许多宝贵的建议，包括：

·成为一个有组织的计划者，制定教学目标，课程开始时先花时间让学生熟悉课程内容。

·对学生的进步有很高的期望，确保学生有足够的学习时间。

·通过讲授、解释和演示来帮助学生的学习。

·通过良好的提问技巧和让学生参与课堂讨论让学生投入学习。

·让学生做有意义的课堂作业或其他作业，以便对特定的学生或小组进行个性化的指导。

·给学生布置有意义的家庭作业，以增加他们的学术学习时间，并让家长参与学生的学习。

以教师为中心的教学方法的倡导者尤其认为，该方法是教授基本技能的最佳策略，这些基本技能涉及结构清晰的知识和技能（如英语、阅读、数学和自然科学所需的知识和技能）。因此，在教授基本技能时，以教师为中心的方法可能包括教师明确或直接教授语法规则、阅读词汇、数学计算和科学事实。

然而，以教师为中心的教学也因一些原因受到批评。批评人士说，以教师为中心的教学常常导致被动的、死记硬背的学习，学生没有充分的机会构建知识和理解知识

（McCall, 2007）。他们还批评以教师为中心的教学产生了过度结构化和僵化的课堂，对学生的社会情感发展的关注不足，学习源于外在动机而不是内在动机，过分依赖纸笔作业，学生很少有机会进行现实世界的学习，以及小组合作学习太少。这样的批评经常来自以学生为中心的计划和教学的倡导者，我们接下来将探讨这一主题。

复习、思考和练习

学习目标 2：确定以教师为中心的教学的重要形式。

复习

· 在以教师为中心的课程计划中，有哪些有用的工具？

· 什么是直接教学？

· 有哪些不错的以教师为中心的教学策略？

· 以教师为中心的教学有哪些优点和缺点？

思考

· 作为一个学生，你是否曾希望教师多用（或少用）以教师为中心的教学？现在作为一名教师，你可以从中吸取什么样的经验教训？

PRAXIS™ 练习

1. 麦格雷戈先生让他的学生写一篇文章，解释在第二次世界大战期间使用原子弹的影响。这项作业最能说明布鲁姆分类法的哪一个认知级别？

    A. 分析

    B. 应用

    C. 理解

    D. 知识

2. 一位数学教师与学生一起解决更高级别的问题。该教师让学生参与讨论解决这些问题的各种方法。重点是理解解决问题的过程，而不是得到正确的答案。这种数学课是哪个国家最典型的教学方法？

    A. 美国

    B. 法国

    C. 日本

    D. 德国

3. 戴维森女士正在讲课，向她的学生介绍关于美国革命的单元。她以一个鲜为人知的事实开始以激发学生的兴趣。然后她分发了一份关于她的课程所涵盖内容的简要大纲。她根据精心准备的笔记讲课，使用视觉辅助工具帮助学生理解材料并保持他们的兴趣。在讲课过程中，她定期提出问题，以确保她的学生注意并理解材料的内容。她叫第一个举手的人回答问题。如果这名学生没有立即回答，她会自己提供答案，这样学生们就不会感到困惑，课程也不会拖沓。戴维森女士应该采取什么不同的做法？

    A. 给学生更多的时间来回答问题

    B. 避免在讲课时提问

    C. 她的讲课要更加随性

    D. 避免使用分散注意力的视觉教具

4. 班克罗夫特女士喜欢大部分时间都在讲课，确保她的学生在课堂上认真做作业，并让学生们做有意义的课堂作业。班克罗夫特女士采用的是下列方法中的哪一种？

A. 认知建构主义

B. 社会建构主义

C. 直接教学

D. 个人化

请参看书末的答案……

学习目标3：讨论以学生为中心的教学的重要形式。

3 以学生为中心的课程计划与教学

正如行为主义理论为以教师为中心的课程计划和教学提供了概念基础一样，信息加工理论和建构主义理论为以学生为中心的课程计划和教学提供了理论背景。在本节中，我们将探讨以学生为中心的教学所使用的原则和策略。

以学生为中心的原则

以学生为中心的课程计划和教学将焦点从教师转移到学生身上（McCombs, 2010, 2015）。在一项大规模的研究中，学生对积极的学习环境的感知以及与教师关系的看法——与以学生为中心的教学相关的因素——对提高学生的动机和成绩很重要（McCombs, 2001）。

人们对课程计划和教学中以学生为中心的原则的兴趣越来越浓厚，从而产生了一套指导方针，称为以学生为中心的心理学原则：学校改革和重新设计的框架（Presidential Task Force on Psychology and Education, 1992; Work Group of the American Psychological Association Board of Educational Affairs, 1995, 1997）。这些指导方针由一群来自各个学科和兴趣领域的著名科学家和教育工作者制定和定期修订。这些原则对教师的课程计划和教学方式具有重要意义，因为它们是基于对儿童学习的最有效方式的研究。

美国心理学会教育事务委员会工作组

约翰·马霍尼（John Mahoney）正在给他的一个学生讲授数学。马霍尼的另一个学生尼科尔·威廉姆斯（Nicole Williams）说，"他不会告诉你答案，他会让你思考"（Wong Briggs, 2004）。在以学生为中心的教学中，有哪些重要的认知和元认知因素？

© John Mahoney

（1997）强调，与教育相关的心理学研究提供了特别丰富的信息，促进了我们对学习的认知、动机和情境方面的理解。工作组指出，他们提出的以学生为中心的心理学原则得到了广泛支持，并越来越多地被课堂所采用。这些原则强调了学习和学习者的积极的反思特性。根据工作组的意见，当教学的重心放在学生身上时，将会带来有益的教育结果。

以学生为中心的原则共有 14 条，可以根据四组主要因素进行分类：认知和元认知、动机和情绪、发展和社会以及个体差异（Work Group of the American Psychological Association Board of Educational Affairs, 1997）。图 12-4 描述了 14 条以学生为中心的原则。

以学生为中心的教学策略

在其他章节中，我们讨论了教师在制订以学生为中心的课程计划时可以考虑的一些策略。这些策略特别包括基于皮亚杰和维果茨基理论、认知建构主义和社会建构主义在学科领域关于思维、学习和认知观点的教学策略。为了让你进一步了解以学生为中心的学习策略并将其纳入你的课程计划中，我们将探讨基于问题的学习、本质问题和发现学习。

基于问题的学习 基于问题的学习强调解决现实生活中的问题（Barber, King & Buchanan; Winfrey Avant & Bracy, 2015）。基于问题的课程让学生接触类似日常生活中出现的真实问题。基于问题的学习是一种以学生为中心的学习方法，侧重于通过小组努力来解决问题。学生们确定他们想要探索的问题，然后找到所需的材料和资源来解决这些问题。教师充当指导者，帮助监督学生自己解决问题的努力程度。

最近的一项元分析比较了基于问题的学习和传统教学方法，分析发现基于问题的学习对学生的态度有更积极的影响（Batdi, 2014）。一项研究发现，基于问题的学习与高中生在数学课程中的批判性思维能力呈正相关（Widyatiningtyas & others, 2015）。

有一个基于问题的学习计划是让六年级学生探索当地社区的真实健康问题：哮喘及其相关疾病的原因、发病率和治疗（Jones, Rasmussen, & Moffitt, 1997）。学生们学习环境如何影响他们的健康，并与他人分享这一认识。该计划综合了许多学科领域的信息，包括健康、科学、数学和社会科学。在最近的一项研究中，20 名十一年级的学生被随机分配到以教师为中心或基于问题的化学学习课程中，以了解温度、浓度和压力对电池电位的影响（Tarhan & Acar, 2007）。教学结束后对学生的访谈显示，两种情况下的学生都同样成功地获得了对该主题的理解，但在基于问题的学习条件下的学生更有动力、更自信、对解决问题更感兴趣。

本质问题 本质问题（essential question）是反映课程核心的问题，是学生应该探索和学习的最重要的内容。例如，某堂课最初的本质问题是"什么东西会飞？"。从鸟、蜜蜂、鱼、航天飞机到时间飞逝和思绪飞舞，学生们研究了这一概念的所有内容来探讨这个问题。在最初的问题之后又引出其他问题，比如"自然界中的事物如何以

本质问题：反映课程核心的问题，是学生应该探索和学习的最重要的内容。

认知和元认知因素

1. 学习过程的性质
学习复杂的学科知识时，有意识地从信息和经验中建构意义是最有效的。
2. 学习过程的目标
成功的学习者，经过一段时间的学习，在支持和教学指导下，能够创造出有意义的、连贯的知识表征。
3. 构建知识
成功的学习者能以有意义的方式将新信息与现有知识联系起来。
4. 战略思维
成功的学习者能够建立一套思维和推理策略以实现复杂的目标。
5. 关于思维的思考
选择和监控思维操作的高阶策略有助于创造性和批判性思维。
6. 学习环境
学习受环境因素的影响，包括文化、技术和教学实践。

动机和情绪因素

7. 学习动机和情绪对学习的影响
学习者的学习动机影响着学习的内容和程度，而学习动机又受学习者的情绪状态、信念、兴趣、目标和思维习惯的影响。
8. 内在学习动机
学习者的创造力、高阶思维和天生的好奇心都有助于激发学习动机。与个人兴趣相关的、最新颖和最具难度的任务，以及提供个人选择和控制的任务，都能激发内在学习动机。
9. 学习动机对努力的影响
掌握复杂的知识和技能需要学习者付出更多的努力并在指导下进行练习。如果没有学习动机，学习者就不可能在没有强迫的情况下愿意付出这种努力。

发展和社会因素

10. 发展对学习的影响
随着个人的发展，学习会有不同的机会和限制。只有考虑到身体、认知和社会情感领域的内部和跨领域发展，学习才能最有效。
11. 社会对学习的影响
学习受到社会交往、人际关系和与他人沟通的影响。

个体差异因素

12. 学习的个体差异
学习者有不同的学习策略、方法和能力，这些都与先前的经验和遗传有关。
13. 学习与多样性
只有考虑到学习者在语言、文化和社会背景方面的差异，学习才会最有效。
14. 标准与评估
制定适当的高标准和具有挑战性的标准，对学习者和学习进展进行评估，包括诊断性评估、过程评估和结果评估，这些都是学习过程不可或缺的组成部分。

图 12-4　以学生为中心的原则

及为什么飞行？""飞行对人类有什么影响？"和"飞行的前景如何？"。

诸如此类的本质问题使学生困惑，促使他们思考，激发他们的好奇心（Wiggins & Wilbur, 2015; Wilhelm, 2014）。本质问题是创造性的选择。只需一个微小的变化，一个平淡无奇的问题，如"南北战争有什么影响？"就可以变成发人深省的问题："南北战争还在继续吗？"

发现学习 发现学习（discovery learning）是一种让学生自己建构对知识理解的学习。发现学习与前面讨论过的教师直接为学生讲解知识的直接教学法形成鲜明的对照。在发现学习中，学生必须自己弄清楚事物的原理。发现学习与皮亚杰的观点相吻合，他曾经评论说，每当你教孩子一些东西时，你就在阻止孩子学习。

当教师开始使用发现学习时，他们很快会发现，要想使它成为一种有效的系统教学方法，就需要对它进行修正。这导致了**引导式发现学习**（guided discovery learning）的发展，在这种学习方式中，学生仍然被鼓励构建自己的理解，但是在教师的引导性问题和指导的帮助下（Janssen, Westbroek, & van Driel, 2014）。

一项研究综述表明，在任何情况下，引导式发现学习都优于纯粹的发现学习（Mayer, 2004）。在这篇综述中，研究者还得出结论：相比于发现学习，课程更侧重以建构主义方式的学习。

对以学生为中心的教学策略的评价

以学生为中心的课程计划和教学在许多方面都具有积极意义（McCombs, 2015）。由美国心理学会工作组提出的14项以学生为中心的原则，对指导学生的学习很有帮助。

这些原则鼓励教师帮助学生主动积极地建构其理解，设定目标和计划，深入并创造性地思考，监控自己的学习，解决现实问题，发展更积极的自尊和控制自己的情绪，形成内在动机，以适合发展的方式学习，有效地与他人合作（包括各种不同的人），评估其学习偏好，以及达到具有挑战性的标准等。

批评者认为，以学生为中心的教学过于关注学习过程（如创造性和协作性的学习），而对学术内容（如历史事实）关注不够（Hirsch, 1996）。一些批评家强调，以学生为中心的教学在某些学科上比在其他学科上更有效（Feng, 1996）。他们说，在那些存在许多不明确问题的领域，比如社会科学和人文学科，以学生为中心的教学可能效果不错。然而，他们认为在结构良好的知识领域，如数学和自然科学，以教师为中心的结构效果更好。批评人士还指出，以学生为中心的教学在一个学科领域的初始教学阶段效果不太好，因为学生还不具备相应的知识来决定他们应该学习什么以及怎样学习。批评者强调，以学生为中心学习的理论水平与其实际应用之间存在差距（Airasian & Walsh, 1997）。在课堂上实施以学生为中心的策略往往比预期更具挑战性。

发现学习：一种让学生自己建构对知识理解的学习。

引导式发现学习：在这种学习方式中，学生仍然被鼓励构建自己的理解，但是在教师的引导性问题和指导的帮助下。

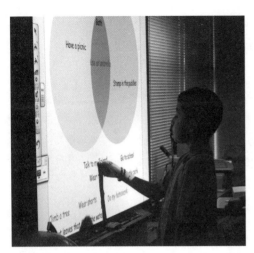

学生们在肯特州立大学教育技术研究中心的 AT&T 教室使用交互式电子白板。
© Research Center for Educational Technology, Kent State University

在最近的一项研究中，我们对一所以学生为中心的学校——明尼苏达新乡村学校（MNCS）进行了评估（Aslan & Reigeluth, 2015, 2016）。这所学校采用一种自我指导的、以方案活动为基础的学习取向。每个学生都选择一位指导老师直至他们毕业。学校的指导老师和管理人员都说，学校面临的最大的挑战是改变学生从被教师指导到参与自我指导的思维方式。

虽然我们在不同的章节中分开介绍了以教师为中心和以学生为中心的计划和教学，但不要认为它们总是非此即彼。许多优秀教师会将两者结合，为学生们创造一个积极的学习环境（Yeh, 2009）。对课堂学习活动的选择和排序的研究表明，将建构主义和直接教学方法结合通常比单独使用其中一种方法都更有效（Darling-Hammond & others, 2005）。

思考一下高中历史教师罗伯特·贝恩（Robert Bain, 2005）的描述，学生最初如何花时间在以学生为中心的教学中，如何致力于构建哥伦布到美国的航行记录并纠结如何庆祝航行周年纪念的问题。贝恩随后采用了以教师为中心的直接教学法，讲授权威的历史学家对这一话题的当前看法。此外，最近一项关于九年级技术强化课堂的研究显示，以学生为中心和以教师为中心的教学都促进了学生的概念理解，并为学生提供了不同的参与学习的机会（Wu & Huang, 2007）。

交互式电子白板（interactive whiteboards）是一种比较新的教学技术，可以用于以教师为中心和以学生为中心的教学（Swan & others, 2009）。许多学校正在用交互式电子白板取代传统的黑板和粉笔。这项新技术使教师和学生能够与电脑屏幕投射到白板表面上的内容进行互动。几乎所有可以在计算机上完成的事情都可以在交互式电子白板上完成，其优点是支持计算机输出的绘图、标记和高亮显示。整个班级的学生都可以进行互动，课程可以被保存和重新播放。

最近，我请老师们描述他们所采用的最有效的以学生为中心的策略，以下是他们的回复：

幼儿园　以学生为中心的策略在我的学前班上很常见。例如每天早上，孩子们都有自由玩耍的时间，他们可以装扮自己，在模拟厨房里假装做饭，用乐高积木搭房子。通过这些活动，孩子们不仅学到了重要的技能，还产生了对学校的热爱。

——米西·丹格勒，市郊山丘学校
（Missy Dangler, Suburban Hills School）

小学　我在几乎所有的科学课上都使用了引导式发现学习。孩子们分组学习，我在课程开始时给予指导，然后分配任务让学生找到问题的答案。当学生提问时，我会建议他们参考我给他们的指导手册，或者通过提问来引导他们思考。如果一个学生问："我们可以这样做吗？"我回答说："试试看！"我还鼓励学生们依靠同组的其他成员来发现问题的答案，并使用"三个臭皮匠顶个诸葛亮"这样的谚语。

——简妮·吉达·普特雷，克林顿小学

（Janine Guida Poutre, Clinton Elementary School）

初中　为了掌握新词汇，我经常让学生互相测试词汇。这是一个吵闹的活动，但学生们喜欢，同时还学到了知识。

——玛格丽特·里尔登，波坎蒂科山学校

（Margaret Reardon, Pocantico Hills School）

高中　在教学上，我更喜欢做"旁观的向导"，而不是"舞台上的圣人"。我组织了一个写作工作坊，在那里我每天讲一节简短的小课，让学生们选择如何度过剩下的时

连线学生：最佳实践

使用以学生为中心的教学策略

以下是一些将以学生为中心的教学纳入你的教学中的有效方法：

1. 熟悉以学生为中心的心理学原则，并将其纳入你的课程计划和教学中。
2. 关注儿童的整体。除了认知因素外，还要注意动机和情感因素，以及发展和社会因素。在"教师视角"中，你可以读到小学科学教师路易斯·雷卡尔德的故事，以及他如何关注儿童的整体，并使学生对学习产生兴趣。
3. 在教学中使用基于问题的学习、本质问题和引导式发现学习。
4. 记住，优秀教师不会只使用直接教学法或以学生为中心的教学，而是两者都使用，为学生创造一个积极的学习环境。

教师视角
培养学生学习、团结和公民自豪感

路易斯·雷卡尔德是美国康涅狄格州纽黑文市文森特·E. 莫罗小学（Vincent E. Mauro Elementary School）的一名科学教师，教授四、五年级的学生。他利用一切机会让科学变得充满魅力，并激励学生学习。雷卡尔德为科学实践体验注入了活力和热情。为了帮助学生更好地了解成为一名科学家是什么样的感觉，他把实验室外套带到教室里让学生穿。他为教师举办科学展览工作坊，并经常放弃休假时间来帮助学生完成科学项目。他组建了足球队，建造了花园，以促进非裔美国人和拉丁裔学生的团结和公民自豪感。作为一名移民，他知道在来自不同种族的学生之间培养积极关系的重要性。

小学科学教师路易斯·雷卡尔德正在他为学生们营造的动手能力强、具有浓厚兴趣的学习环境中，举着一个海藻标本。

© Stan Godlewski

间。学生们设定了自己的目标，他们的成绩部分是基于这些目标的实现情况。我每天一对一地与每个学生交谈，以监控他们的表现。学生们热爱这种自由。

——珍妮弗·海特尔，布莱曼高中

（Jennifer Heiter, Bremen High School）

复习、思考和练习

学习目标3：讨论以学生为中心的教学的重要形式。

复习

· 什么是以学生为中心的课程计划？总结美国心理学会的14条以学生为中心的原则。

· 基于问题的学习、本质问题和发现学习是如何体现以学生为中心的原则的？

· 以学生为中心的教学有哪些优点和缺点？

思考

· 作为一名学生，你是否曾希望教师能更多（或更少）地使用以学生为中心的教学方式？你能从中为自己的教师工作吸取什么经验教训？

PRAXIS™ 练习

1. 琼刚刚在她的科学考试中得到了一个D。"我就知道，"她说，"我从来就不擅长科学。"在美国心理学会的以学生为中心的原则中，哪一组因素最能体现琼的说法？

   A. 认知和元认知

   B. 发展和社会

   C. 个体差异

   D. 动机和情感

2. 威廉姆斯先生希望他的三年级学生了解海洋哺乳动物的脂肪的作用。他用冰水、乳胶手套和猪油为他的学生做了一个实验。首先，学生们将戴着手套的双手放入冰水中，直到他们无法忍受。其他学生对他们的双手浸在水中保持的时长进行计时。然后，学生们将戴着手套的双手放入猪油袋中，再次浸入冰水中。其他学生再一次对他们的双手浸没在冰水中的时间进行计时。所有的学生使用猪油袋后，双手都能在冰水中保持更长的时间。威廉姆斯先生使用的是哪种以学生为中心的教学策略？

   A. 发现学习

   B. 本质问题

   C. 引导式发现

   D. 基于问题的学习

3. 弗拉纳根女士采取以教师为中心的方法，她刚刚观察了休斯顿先生在七年级数学课上的建构主义教学。弗拉纳根女士可能会对她所观察到的以下哪一种情形批评意见最大？

   A. 休斯顿先生给学生布置家庭作业

   B. 休斯顿先生鼓励学生建立自己的数学问题解决策略

   C. 休斯顿先生对学生的学习有很高的期望

   D. 休斯顿先生使用技术来帮助学生学习

请参看书末的答案……

4 科技与教育

到目前为止，在本章中，我们已经描述了计划和教学的许多方面。在当代社会，技术在计划和教学中扮演着重要的角色。技术影响课程计划的三种重要方式是：（1）作为学生发展出一定技术能力的学习目标；（2）通过互联网上的大量材料作为课程计划的资源；（3）作为工具，通过科学中的模拟和可视化以及文献中的文本分析等技术提高学生的学习能力，（4）作为鼓励反思和提供良好表现模式的软件（Darling-Hammond & others, 2005）。

在教育中，技术是如此重要的一个主题，以至于它在本书中贯穿始终。在每一章中，你都可以读到一个或多个与该章内容相关的技术讨论。在其他章节中，你已经学习了诸如技术与儿童词汇发展、技术作为与世界各地学生联系的手段、计算机支持的有目的的学习环境（知识论坛）以及技术在阅读、写作、数学、科学和社会科学中的具体应用等主题。接下来我们将探讨技术革命与互联网、学生技术素养的标准，以及利用技术进行教学和学习。

在肯特州立大学教育技术研究中心的 AT&T 教室里，一名学生正在创建一个多媒体程序。
© Research Center for Educational Technology, Kent State University

技术革命与互联网

今天的学生所处的世界从技术上来说与其父母和祖父母学生时代的世界截然不同。如果学生要为未来的工作做好准备，科技必须成为学校和教室不可或缺的一部分（Maloy & others, 2017; Roblyer, 2016）。

互联网 互联网（internet）是一个在全球范围内运行的计算机网络系统。作为以计算机为媒介的通信的核心，互联网在技术革命中发挥着重要作用，尤其是在学校。在很多情况下，互联网比教科书拥有更多最新的信息。现在，美国几乎 100% 的公立学校都连接了互联网，学校越来越多地使用云计算（cloud computing），即将服务器、存储和应用程序等服务通过互联网传送到某个公司或机构的计算机和设备上。

直到万维网的出现，互联网才成为今天的通用门户。万维网（World Wide Web, Web）是用于浏览互联网网站的系统。它被命名为万维网，因为它是由许多链接在一起的网站所组成的。万维网向用户展示的文件被称为网页，其中充满了其他文本或信息系统的链接。选择其中一个链接，用户可以访问关于特定主题的更多信息。网页包括文本和多媒体（图像、视频、动画和声音——所有这些学生都可以通过点击或触碰来进行互动）。网络索引和像谷歌这样的搜索引擎可以帮助学生通过检查和整理各种来源的信息来找到他们想要的信息。

互联网可以成为帮助学生学习的一个宝贵工具。然而，它也有一些潜在的缺点。为了与你的学生一起有效地使用它，你必须知道如何使用它且如何用得得心应手，而且你还需要拥有最新的设备和软件。此外，人们会担心学生接触色情内容和有偏见的网站，从互联网收集的一些信息的准确性也让人存疑。其中许多问题都可以通过在学校服务器上安装防火墙或拦截软件来解决。

不过如果使用得当，互联网会扩大学生们对世界各地的知识和人群的接触，而这些是学生们无法通过其他任何方式体验到的。以下是一些在课堂上使用互联网的有效方法：

多重思考

技术和儿童的词汇发展，连接到"认知和语言发展"。与世界各地的学生建立技术联系，连接到"社会文化的多样性"。计算机支持的有意义的学习环境，连接到"社会建构主义理论"。技术在阅读、写作、数学、科学和社会科学中的具体学科应用，连接到"学科领域的学习和认知"。

· 知识导航与整合。教师可以把重点放在问题解决和探究的真实数据上，如温度记录或人口普查数据。此外，它还有助于调和多个来源的信息，对信息评估的示范和教学、分析来源的可信度，以及对互联网资源的记录。

· 协作学习。在课堂上使用互联网最有效的方法之一是通过以任务为中心的活动。发表博客（允许适当的评论）是一种很好的在线协作活动。另一种合作使用互联网的方式是让一组学生对某一主题进行调查，把它放到互联网上，希望获得来自世界各地的回应。他们可以组织、分析和总结收到的数据，然后与世界各地的其他班级共享这些数据。还有一种协作学习任务，就是让学生在互联网上进行"寻宝游戏"，以寻找信息和/或解决问题。"在线公民科学计划"本质上也具有协作性，数据被在线收集在一起进行分析。在课堂上，网络发布和在线视频可以是高度协作的活动，不同的小组担任不同的角色，承担不同职责（例如，艺术部门、脚本编写人员、技术团队）。密歇根州的肯特创新高中广泛使用基于任务的学习和互联网（Langel, 2015）。每个学生都有一台笔记本电脑，整个学校都使用谷歌云端硬盘（Google Drive），学生可以在那里存储设计、绘画、录音、故事、视频等等。教师使用谷歌云端硬盘来介绍、追踪任务，并和学生一起计划任务，学生使用它来产生想法、计划和精心安排他们自己的任务。

· 以计算机为媒介的通信（CMC）。越来越多的创新教育项目包括使用计算机作为媒介的通信。例如，有许多网站（如 www.studentsoftheworld.info 和 www.tesol.net/teslpnpl.html）允许教师和学生与世界各地的"笔友"通信。其中一些甚至提供了对更具创新性的通信形式（如聊天和博客）的安全访问。

· 增强教师的知识和理解。教师可以使用的两个很好的互联网资源是教育资源信息中心（ERIC, www.eric.ed.gov）和教育工作者参考书桌（Educators' Reference Desk, www.eduref.org），它们提供了各种教育主题的免费信息。教育资源信息中心数据库提供了自 1966 年以来的 100 多万份期刊和非期刊类教育论文的摘要，以及 10 多万篇来自教育会议的论文全文。教育工作者参考书桌提供了超过 2000 个课程计划和超过 3000 个在线教育信息的链接。其他面向教师的优秀网络资源包括 TappedIn（www.tappedin.org），这是一个在线网站，它将教育工作者聚集在学习社区，讨论教育问题，开展合作计划，以及为教师提供教学资源和在线专业发展课程链接的 PBS 教师热线。美国国家航空航天局（NASA）面向教育工作者提供了一套广泛的资源，适用于所有级别和学科领域的教师，还提供帮助教师有效利用这些资源的专业发展材料。

越来越多的教师将社交媒体作为打造职业人脉和职业发展的重要工具。许多推特聊天都针对特定领域、年级或学科的教师。教师们经常表示，这类活动是有用的、有意义的专业支持和想法的来源。教育工作者推特聊天的列表可在 www.iste.org/explore/articleDetail? articleid=7 找到。

图表和演示 图表软件包和幻灯片可以通过增强视觉辅助教学的内容和吸引力来改善许多课程的授课。图表软件包可以用来复制和创建图像，绘制图表，设置内容出现的时间并组成有效的视觉演示。如果使用得当，幻灯片和其他图表软件包可以改善学科内容的组织，使其更具活力。

学生技术素养的标准

如果学生要为未来的工作做好充分准备，学校就必须在确保学生具备技术素养方面发挥积极作用。大多数美国国家标准都承认这一点。例如，美国国家英语教师委员会/国际阅读协会的英语语言艺术标准（NCTE/IRA, 1996）包括以下内容："学生使用各种技术和信息资源（如图书馆、数据库、计算机网络和视频）来收集和综合信息，并创建和交流知识"。美国国家社会科学委员会其的社会科学课程标准（NCSS, 1994）的一个主要主题是"科学、技术和社会"。

在 2007 年，国际教育技术协会（ISTE）已经为学生和教师制定了技术标准，并在 2016 年更新了针对学生的技术标准。这些标准现在包括成为一个：

·有能力的学习者。学生积极使用技术来达到学习目标。
·数字公民。学生在使用技术时表现出责任感和道德感。
·知识建构者。学生利用各种资源和数字工具来建构知识，变得更有创造力，并参与有意义的学习。
·富有创新的设计师。学生使用各种各样的技术来解决问题，并为这些问题设计有用的和富有想象力的解决方案。

· 计算思维的思考者。学生在使用科技创造解决方案并对其进行检验的过程中发展策略。

· 创造性思维的沟通者。学生在使用数字工具达成目标的过程中能够进行有效的沟通及创造性的思考。

· 全球合作者。学生们使用技术来拓宽他们的视野，并通过与本地和世界其他地方的人联系来帮助他们学习。

此外，国际教育技术协会还从四个年级阶段提供了达到这些标准的绩效标准，分别是幼儿园到二年级，三年级到五年级，六年级到八年级，九年级到十二年级。国际教育技术协会还使用一些例子和场景来说明如何将技术素养整合到各个年级阶段的课程中。

在第二个阶段（三年级到五年级），教师可以广泛使用网络资源。教师可以利用"全球学习与观察以改善环境"（GLOBE，www.globe.gov）网站，让学生参与对学校周围环境的观察，通过 GLOBE 将数据报告给一个处理机构，并利用这些数据生成的全球图像来研究当地的环境问题。

人口增长和城市规划是九年级到十二年级社会科学基于技术的学习活动的重点。这项活动要求学生在网上或其他地方寻找描述现实世界人口困境的资料。活动可以有些改动，以探讨世界各地不同的城市和地区的问题。在课堂上，学生们可以以小组形式讨论城市人口稠密可能发生的问题。可以要求他们预测像东京那样的城市在 2050 年人口增长方面可能面临的问题。

教学、学习与技术

一个需要特别关注的问题是如何利用技术来改善教与学（Maloy & others, 2017; Roblyer, 2016）。以下是一些在课堂上使用技术的有效策略。

通过技术促进学生的理解 过去的几十年里，在哈佛大学的教育技术中心，一些教育工作者致力于开发利用技术提高学生理解能力的方法。玛莎·斯通·威斯克（Martha Stone Wiske）在创造将科技融入课堂环境从而改变学生学习方式方面发挥了特别重要的作用。威斯克和她的同事们（2005）描述了如何更有效地利用技术进行教学从而促进理解，考虑到以下方面：（1）评估哪些主题值得理解，（2）学生对这些主题应该理解什么，（3）学生如何形成和展示理解，（4）学生和教师如何评估理解，（5）学生和教师如何共同学习。这五个方面的理解是基于哈佛大学的研究者戴维·珀金斯（David Perkins）、霍华德·加德纳（Howard Gardner）和维托·佩罗内（Vito Perrone）

提出的观点。以下是威斯克及其同事（2005）关于如何利用技术增进理解的观点：

·评估哪些主题值得了解。技术特别适合生成有价值和有趣的学习主题。互联网提供了几乎所有可以想象到的主题的丰富信息，这些信息可以被挖掘来生成新的主题或扩展学生正在学习的课程内容。互联网提供的广泛信息让学生能够更多地了解自己的兴趣和想法，并在学习某一主题时开辟出一条独特的路径，而不是遵循传统教科书或作业本上千篇一律的步骤（Roblyer, 2016）。威斯克和她的同事（2005）还指出，技术通常可以有效地用来对每年都会出现问题的内容进行教学。"比如科学中的热量和温度或重量和密度，数学中的比例，以及历史和社会科学课上的刻板印象"。这些许多学生理解起来都有困难的主题是学科的中心问题，技术的使用往往使它们更容易理解。

·思考学生关于一个主题应该理解什么。当教师考虑在课堂上使用技术时，他们必须考虑他们为学生设定的学习目标。目标可能包括学习一个新概念或将一个关键概念应用于相关情况。一个与技术相关的目标可能是理解如何找到并批判性地审查互联网上与课堂主题相关的信息。以这种方式产生的目标，提醒教师们"上网""本身并不是目的"，而是一种使用"技术来完成有意义的工作"的方式（Wiske, Franz, & Breit, 2005）。

·注意学生如何形成和演示理解。利用科技帮助学生"拓展思维"，让他们以先前从未用过的方式理解事物。在提高学生的理解能力方面，威斯克和她的同事（2005）建议教师在技术能够"增强和丰富其理解能力"时使用技术。创建网站时用到的文字处理程序、数字音频和视频技术使学生能够在丰富的媒体中表达他们的理解。这些技术还能"以易修改、组合和分发的形式捕捉学生的作品"（Wiske, Franz, & Breit, 2005）。

·思考学生和教师如何评估学习。使用持续评估而不是只使用最终评估。在持续评估中，你可以引导学生理解什么是高质量的工作，或者使用同伴合作来帮助学生分析和改进他们的工作。一个有用的策略是鼓励学生评估自己的学习进度，并监控他们的学习效率。我们可以通过以下几种方式使用技术，来有效地评估学习。

"数字技术，包括录音机、录像机和电脑，可以以方便回顾的形式记录学生的作业。交互式工作空间和具有多个窗口的软件可以帮助保持评估准则可见，甚至还会提供提示和提醒……利用网络技术，学生可以将他们的作业发布到网上，这样他们的作业可以很容易地得到多位导师的点评和注释，其中包括无法面对面交流的远方的教师和同伴。技术还提供了保存学生作业数字档案的简单方法。这可以让教师和学生创建个人作业集来展示和评估学生在一段时间内的作业"（Wiske,

正在进行 GenYes 计划的学生。GenYes 有什么特点？
© Generation YES

Franz, & Breit, 2005）。

·反思学生和教师如何共同学习。"网络技术提供了多种优势，将学习者与反思的、协作的社区连接起来……"例如，"电子邮件允许用户发送和接收多对多的消息，而且速度很快。学生可以与世界各地的其他学生共享信息和合作，展开多轮反思性的对话。有数字影像、影音记录及视频会议的万维网，也允许学生与教师发布作品，就作品开展合作，开启了与教室外广泛受众沟通的可能性"（Wiske, Franz, & Breit, 2005）。社交媒体也可以成为实现这些目标的重要工具。

在进一步考虑技术在学习中的作用时，一个在学校越来越多被使用的技术计划是 GenYes 计划。GenYes 计划的目标是支持技术在教和学的过程中有效整合（GenYes, 2010）。该计划由西北地区教育实验室的丹尼斯·哈珀（Dennis Harper）创建，强调在创建课程时教师和学生是搭档，要采用可以让学生发现意义和关联的技术。GenYes 适用于中小学生，他们通过与教师共同创建课程来学习，而教师则从学生那里学习技术。GenYes 不是通过将技术技能传授给教师，希望他们能在教学中使用这些技能，而是和学生们合作，帮助他们与教师形成富有成效的技术搭档关系。学生和作为合作伙伴的教师一起学习如何使用电子设备、互联网、演示工具和其他新兴技术。

在 GenYes 计划中学生和教师合作的技术单元有：

·在线交流，如电子邮件、论坛、博客、短信和在线协作任务。
·数字媒体，如图表、动画和视频。
·数字化创作，包括规划、创建和提交多媒体项目。
·网络出版，如设计和构建网页。
·学生领导力和社区服务。

此外，一些迷你单元，如播客、评书、手机视频教程都可以纳入 GenYes 课程，或在学生们进行技术任务时使用。

GenYes 计划中的学生们以个人或团队的形式与一位搭档教师配对。通过最初的会议确定一个课程重点，该重点可以通过技术的注入来丰富课程。在 GenYes 计划中，学生负责技术的具体细节，而教师则负责内容的准确性和教学策略。

GenYes 计划于 1996 年在美国华盛顿州的奥林匹亚市发起，目前已在美国各地的许多教室中使用。教师和学生一致报告说，GenYes 为他们提供了一个极好的提高技术技能的机会。GenYes 计划反映了我们在本章前面讨论过的以学生为中心的策略，以及在相应章节中描述的社会建构主义方法。

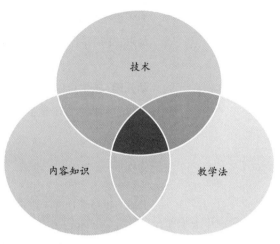

图 12-5 整合技术的学科教学知识

整合技术的学科教学法知识 技术教学内容知识是由马修·科勒和庞雅·米什拉（Mishra & Koehler, 2010, 2006）创建的一个模型，该模型强调不要将技术视为一个独立的实体，而是要处理技术、内容知识和教学法之间的联系（见图 12-5）。在他们看来，仅仅知道如何使用技术并不足以在课堂上成功教学，你还需要知道如何用它来教学。他们认为，在所有三个领域（技术、内容知识、教学法）都是专家的教师在教授某个特定主题时，与技术专家（如计算机科学家）、特定学科的内容知识专家（如自然科学），或是教学法专家（如有经验的教育工作者）相比，具有不同的专业技能水平。整合技术的学科教学法知识已经被美国教师教育学院协会所采用，该协会赞助了科勒和米什拉（2010）的一本关于整合技术、内容知识和教学法来改善课堂的教科书。教育工作者对在课堂教学中使用整合技术的学科教学法知识表现出持续的兴趣（Kennedy, 2015; Niess & Gillow-Wiles, 2014）。

将技术融入课堂教学的各个阶段 将技术整合到你的课堂教学中的顺序通常如下（Norris & Soloway, 1999）：

· 阶段 1：教师知道有某项技术的存在，但还没有使用过，可能是在回避这项技术。

· 阶段 2：教师目前正在努力学习这项技术的基本方面，但经常感到很挫败，对这项技术仍然缺乏信心。

· 阶段 3：教师开始了解如何使用某项技术，并考虑在哪些特定的情况下使用该技术。

· 阶段 4：教师对使用该技术完成某些任务越来越有信心，并且在使用技术时感到更加自如。

· 阶段 5：教师现在认为这项技术可以帮助到自己，不再对使用它缺乏信心；教师认为，可以在许多教学环境中使用该技术。

· 阶段 6：教师可以将这项技术作为有效教学工具在不同课程中使用，以实现教学目标。

为了进一步评估你的技术技能和态度，请完成自我评估 1。

最近，我询问老师们是如何利用技术帮助学生学习的，以下是他们的回复：

幼儿园 技术可以帮助学龄前儿童学习音乐——除了通过听音乐来学习歌曲外，他们还可以看到投影在屏幕上的文字以及相应的剪贴画。

——康妮·克里斯蒂，艾诺小学附属幼儿园

（Connie Christy, Aynor Elementary School Preschool Program）

小学 我经常让五年级学生使用谷歌来研究课题，并让他们筛选信息。我们讨论有效的信息来源，并试图确定哪些信息是有问题的。

——克雷格·詹森，库珀山区小学

（Graig Jensen, Copper Mountain Elementary School）

初中 作为一名西班牙语教师，我和一位智利的教师制订了一个计划，让我的学生用西班牙语给她的学生发电子邮件。反过来，她的学生要用英语给我的学生发电子邮件。这个双语交流过程可以帮助两边的学生学习各自国家的语言。

——玛格丽特·里尔登，波坎蒂科山学校

（Margaret Reardon, Pocantico Hills School）

高中 因为孩子们非常喜欢科技，所以我喜欢用幻灯片来展示课堂笔记，而不只是简单的讲课。视频剪辑和互联网超链接是可用的，所以很容易通过展示视觉效果来强化主题。我也鼓励我的学生购买一个闪存盘，这样他们的作品就可以随身携带，并且都放在一个地方。

——珍妮弗·海特尔，布莱曼高中

（Jennifer Heiter, Bremen High School）

自我评估 1
评估你的技术技能和态度

你的技术能力有多强？你对使用技术并将其融入课堂的态度有多积极？对于以下各项，考虑你最有可能执教的年级和科目，在 1~5 的范围内给自己打分，1=一点都不像我，5=非常像我。

	1	2	3	4	5
1. 我可以相当熟练地使用电脑，安装和卸载软件，以及使用平板电脑和移动设备。					
2. 我知道何时以及如何使用技术来提高学生的理解力。					
3. 我有在课堂上文字处理和其他语言学习资源一起使用的想法，并且知道用于教学的最佳应用程序。					
4. 我知道如何在互联网上高效和全面地搜索我感兴趣的信息，以及如何审查在互联网上所找到的信息的质量、准确性和充分性。					
5. 我对如何在教室里使用互联网有一些想法。					
6. 我能够熟练地使用电子邮件。					
7. 我知道如何使用演示文稿。					
8. 我参与了一些涉及技术的合作学习活动。					
9. 我知道如何通过技术在我的课堂上开展协作学习。					
10. 我了解技术和教育中所涉及的社会文化问题。					
11. 我知道一些好的网站、期刊和软件目录，可以帮助我学习如何在课堂上更有效地使用技术。					
12. 我能很好地理解社交媒体是一种交流和专业发展的工具。					
13. 我知道什么是云计算以及如何使用它。					
14. 我了解网络安全和规范。					
15. 我知道如何使用在线工具进行评估和追踪学生的学习。					

计分及其解释

看看你每一项的得分，评估你的技术优势和劣势。当你走进教室开始第一天的教学时，给自己确定的目标应该是能够自信地在每一项上为自己打出 4 分或 5 分的水平。对评分 1 分、2 分、3 分的条目，你应尽量在当地大学选修一些技术课程，以丰富你在这些领域的知识，提高相应的技能。

连线学生：最佳实践
在课堂上选择和使用技术的策略

技术将成为你的课堂的一部分，以下是一些选择和使用技术的指导原则：

1. 选择技术时，应着眼于它能如何帮助学生积极探索、建构和重组信息。寻找可以让学生直接操作信息的软件、应用程序和在线（基于云的）工具和网站。一项综述研究发现，当信息以多媒体的形式呈现时，学生们的学习效率得到了提高，多媒体的形式刺激了他们主动选择、组织和整合视觉和语言信息（Mayer, 1997）。你可能想要咨询学校或地区的媒体专家，以找到最能反映这些特点的软件。对教师来说，国际教育技术协会（ISTE）的网站是一个极好的资源，它强调使用技术来提高学生的学习效率和知识理解。软件目录和期刊也是很好的信息来源。

2. 寻找将技术使用作为协作学习和真实世界学习的一部分的方法。用安·布朗和乔·坎皮奥内（Ann Brown & Joe Campione, 1996）的话说，教育应该"培养学习者的社区"。当学生们一起合作解决具有挑战性的问题并构建创新任务时，他们通常会学得更好（Kaendler & others, 2015）。计算机支持的协作学习（computer-supported collaborative learning, CSCL）这一术语被用来描述学生在使用计算机或互联网与他人互动的过程中分享和构建知识而发生的学习（Kirschner & others, 2015; Rodriguez-Triana & others, 2015; Xiong, So, & Toh, 2015）。CSCL 的一个例子是协作写作，它能激发学生的想法并与他人分享，从而更好地理解一个主题，这可以通过使用博客、交互式电子白板和其他交流工具来完成。此外，可以将万维网、电子邮件、社交媒体和云计算等技术作为工具，为学生提供参与协作学习的机会。通过这种方式，学生可以接触到课堂之外的真实世界，并与在其他无法到达的地方的人进行交流。

3. 选择能给学生带来积极榜样的技术。检查技术在种族和文化方面的公平性，并确保所呈现的榜样是积极的榜样。

4. 记住，无论你使用什么技术，你的教学技能都是至关重要的。你不必担心技术会取代你的教师工作。只有当你知道如何使用、演示、指导技术和监督技术的使用，并将其融入更用心的执教过程中，以培养学生的学习动机、积极性和有效沟通时，技术才能在课堂上发挥作用。即使是最精细的数字工具也不会给学生带来太多好处，除非你能恰当地引导学生，向学生提出关于所学内容的好问题，协调安排技术的使用，并根据学生的需要调整技术。

5. 不断学习新技术，提高你的技术能力。数字技术仍在以惊人的速度变化。把以下几点作为个人目标：接受新技术，通过阅读教育期刊来跟上技术进步，参加计算教育课程来提高你的技能。在对技术的态度、有效使用技术的能力以及与学生交流如何有效使用技术的能力方面，你将成为学生的重要榜样。

复习、思考和练习

学习目标 4：概述如何有效地利用技术帮助儿童学习。

复习

·技术革命和互联网的特点是什么？

·具备技术知识的学生有哪些标准？

·考虑在课堂上使用技术以提高学生的理解力时，教师需要问的五件事是什么？

思考

·有没有一两种可用来支持学习和教学的技术对你计划教授的学科和年级有用？它们如何起效？

PRAXIS™ 练习

1. 卡尔森女士让她的学生参加了一个在线历史课程。这种类型的远程学习被称为？

    A. 电子邮件

    B. 虚拟学校

    C. 辅导

    D. 网络增强

2. 威尔逊先生的学生正在研究有关世界问题的各种网站。当他们审查网站时，他们评估网站上信息的质量，包括任何形式的文化、性别或政治偏见。然后，学生们将把他们的发现汇编成一份报告。如果威尔逊先生遵循的是国际技术协会的教育标准，他最有可能教哪个年级？

    A. 学前班到二年级

    B. 三到五年级

    C. 六到八年级

    D. 九到十二年级

3. 以下哪个例子最能体现有效使用技术来促进学生的理解？

    A. 罗伯托正在使用一个课堂技术游戏来帮助他学习乘法。该游戏呈现乘法运算，他输入答案。回答正确就可以得分

    B. 帕特丽夏在手写了一篇英语课的文章之后，使用文字处理程序把这篇文章输入电脑中

    C. 德肖恩正沉浸在沙漠生态系统的技术模拟中

    D. 卡明在上课时给他最好的朋友发短信，讨论他们晚上的计划

请参看书末的答案……

连线课堂：案例分析
大辩论

鲁默女士刚刚开始进行希尔塞得（Hillside）小学三年级的教学工作。在新学年开始之前，她与其他新教师和他们的导师见面，以制订课程计划。校方似乎意识到成功教学需要很多计划。鲁默女士公开地与她的导师霍姆波特女士以及小组的其他人分享她的想法。

"我真的希望有一个以学生为中心的教室，"她说，"我喜欢使用基于问题的学习、本质问题和引导式发现。我认为这样学生学到的东西要比以教师为中心的教学多得多。"

霍姆波特女士笑着说："嗯，他们可能会在学习中得到很多乐趣，但我怀疑他们的考试成绩是否能反映其学习情况。我们真的需要让我们的学生达到州级标准，鲁默女士。要做到这一点，你最好加上一些传统的直接教学法。"其他几位教师也立刻表示赞同。有位教师评论说："那些建构主义的东西太花哨了，我希望学生们认真地学习我所教的东西。"另一位教师说："我在教室里用电脑训练学生，让他们记忆材料，为必须参加的州级考试做准备，这有点像给他们提供电子闪卡。我想这不符合你的计划。"

其他教师的评论使鲁默女士感到惊讶。在学习如何教学的过程中，鲁默女士曾认识到以学生为中心的教学应该是教育学生的最好方式。她希望自己的学生积极地构建他们的知识，而不仅仅是由她将信息灌输进他们的大脑。校长向她保证，如果她想使用以学生为中心的方法，她可以自由使用。

有了校长的保证，鲁默女士开始紧锣密鼓地计划所需事物，以建立一个以学生为中心的有效课堂。她首先查阅了学区的三年级课程指南，列出了所有的目标。然后她查看了美国心理学会以学生为中心的心理学原则。做完这些之后，她意识到自己将面临一项艰巨的任务。

1. 这个案例中存在哪些问题？
2. 鲁默女士下一步该怎么办？
3. 她如何把原本以教师为中心的课程转变为以学生为中心的课程？她应该那样做吗？为什么？
4. 她怎样才能把科技融入课程中，使计算机不再只是电子闪卡？
5. 下列哪项活动最有可能吸引鲁默女士？
   A. 通过每天完成一页涵盖基本乘法知识的练习题，学生将掌握基本的乘法知识
   B. 通过玩乘法棒球游戏，学生们将掌握基本的乘法知识
   C. 学生将通过每日定时测验掌握基本的乘法知识
   D. 学生通过反复书写乘法表，掌握基本的乘法事实
6. 下列哪项活动最有可能吸引鲁默女士的同事？
   A. 学生将通过完成几个实验来学习科学过程
   B. 学生将通过关注科学中的本质问题来学习科学过程
   C. 学生将通过阅读课本和听讲座来学习科学过程
   D. 学生们将通过测试附近小溪中的水来学习科学过程

本章概要

1 计划：解释课堂计划中涉及的内容。

教学计划

·教学计划涉及为课程制定系统的、有组织的授课策略。计划对于成为一名有能力的教师至关重要，教学计划可能由学校强制要求。

时间框架和计划

·教师需要为不同的时间框架制订计划，从年度计划到每日计划。

·尹格尔确定了教师计划的五个时间框架：年度计划、学期计划、单元计划、每周计划和每日计划。

2 以教师为中心的课程计划与教学：确定以教师为中心的教学的重要形式。

以教师为中心的课程计划

·以教师为中心的课程计划包括创建行为目标、分析任务和发展教学分类法（分类）。

·行为目标是对教师希望学生的学习表现有所变化以达到理想绩效水平的说明。

·任务分析侧重于将学生将要学习的复杂任务分解成各个组成部分。

·布鲁姆分类法将教育目标分为认知、情感和心理运动三个领域，许多教师在教学计划中使用它来创建目标。

直接教学

·直接教学是一种结构化的、以教师为中心的教学方式，涉及教师的指导和控制、对学生进步的高期望、学生在学业上花费的时间最多以及教师努力将负面影响降到最低。教师选择学生的学习任务并指导学生学习这些任务。非学术材料的使用，以及师生之间非学术的互动均不受重视。

以教师为中心的教学策略

·以教师为中心的教学策略包括引导学生学习新材料，讲授、解释和演示，提问和讨论，掌握学习（完全掌握一个主题或概念，然后再学习更难的内容），课堂作业（让学生在自己的座位上独立学习）和家庭作业。

对以教师为中心的教学策略的评价

·以教师为中心的教学包括实用的技巧，其倡导者尤其相信它是教授数学计算、语法规则和阅读词汇等基本技能的最佳策略。以教师为中心的教学的批评者认为，它往往会导致被动的死记硬背，课堂过于死板和结构化，对情感发展不够重视，激发外在动机而不是内在动机，过度使用纸笔任务，学习现实世界的机会太少，以及小组的合作学习太少。

---

3 以学生为中心的课程计划与教学：讨论以学生为中心的教学的重要形式。

以学生为中心的原则

·以学生为中心的课程计划和教学将重点从教师转移到学生身上。

·美国心理学会以学生为中心的心理学原则强调学习和学生的主动性、反思性。这14项原则涉及认知和元认知因素（学习过程的性质、学习过程的目标、构建知识、战略思维、关于思维的思考、学习环境），动机和情绪因素（学习动机和情绪对学习的影响、内在学习动机、学习动机对努力的影响），发展和社会因素（发展对学习的影响和社会对学习的影响），以及个体差异因素（学习的个体差异、学习与多样性、标准与评估）。

以学生为中心的教学策略

·基于问题的学习强调现实世界的问题解决。基于问题的课程让学生接触到真实的问题。

·基于问题的学习侧重于小组讨论而不是讲课。学生确定他们希望探索的问题，教师充当向导，帮助学生监控他们解决问题的努力。

·本质问题是那些能够反映课程核心、引起学生思考并激发他们好奇心的问题。

·发现学习是学生自己构建对知识理解的学习。如今，大多数发现学习方法都涉及引导式发现学习，即鼓励学生在教师引导性问题和指导的帮助下构建自己的理解。

对以学生为中心的教学策略的评价

·以学生为中心的计划与教学模式有许多积极的特点。美国心理学会的 14 条以学生为中心的原则是指导方针，可以帮助教师制定有利于学生学习的策略（如鼓励学生积极地构建知识，深入和创造性地思考，内部驱动，解决现实世界的问题以及合作学习）。

·批评者认为，以学生为中心的计划和教学过多地关注学习过程，而对学术内容关注不够；相比科学和数学，它更适合社会科学和人文学科；当学生对某一主题知之甚少或一无所知时，不宜采用以学生为中心的教学；实施起来也比大多数教师想象的更具挑战性。

·请记住，尽管我们分别介绍了以教师为中心和以学生为中心的教学策略，但许多教师在教学过程中同时使用这两种方法。

4　技术与教育：概述如何有效地利用技术帮助儿童学习。

技术革命与互联网

·技术革命是我们所处的信息社会的一部分，学生将越来越需要掌握技术技能。今天的技术可以成为激励学生和指导他们学习的卓越工具。

·互联网是以计算机为媒介的通信的核心。万维网是浏览互联网网站的系统。在许多教室里，互联网是一个重要的学习工具，但需要谨慎使用互联网。

学生技术素养的标准

·国际教育技术协会（ISTE）已经为学生建立了技术标准，包括在数字技术支持下成为一个有能力的学习者、数字公民、知识建构者、富有创新的设计师、计算思维的思考者、创造性思维的沟通者和全球合作者。此外，ISTE 提供了在不同年级实现这些标准的绩效标准。

教学、学习与技术

·教师在探索如何在课堂上更有效地使用技术来提高学生的学习时，需要考虑以下五件事：（1）哪些主题值得了解；（2）学生对这些主题应该理解什么；（3）学生如何形成和演示自己的理解；（4）学生和教师如何评估学习；（5）学生和教师如何共同学习。

关键术语

预先整理器（advance organizer）

行为目标（behavioral objective）

布鲁姆分类法（Bloom's taxonomy）

比较性预先整理器（comparative advance organizer）

发现学习（discovery learning）

本质问题（essential question）

说明性预先整理器（expository advance organizer）

引导式发现学习（guided discovery learning）

教学计划（instructional planning）

掌握学习（mastery learning）

任务分析（task analysis）

分类法（taxonomy）

档案袋活动

现在你已经很好地理解了本章的内容，请完成这些练习来扩展你的思维。

独立思考

1. 制订一个课堂技术计划。编写一份书面计划，说明你将如何在你计划执教的科目和年级中使用数字技术。你将如何调整你的计划，以适应数字技术经验不足或没有经验的学生？你的课堂如何能从具有高级技术技能的学生那里受益？

研究 / 实地体验

2. 行动中的教学计划。请一位你打算教的年级的教师向你展示他或她在一个或多个学科中计划单元、学期和年度课程时使用的材料。根据这位教师展示的内容，制作样本供你自己以后使用，讨论对每个年级都进行计划的重要性。

合作学习

3. 评估以教师为中心和以学生为中心的课堂。与班上其他三位同学一起，分工合作。观察一个幼儿园班、一个小学班、一个初中班和一个高中班的上课情况。在你们每个人观察完一个教室后，讨论所观察班级的教师所使用的以教师为中心和以学生为中心的教学策略。评估这些方法的效果如何，写一份比较分析。

第十三章

动机、教学和学习

教学的艺术是唤醒年轻心灵中好奇心的艺术。

——阿纳托尔·法朗士（Anatole France）

20世纪法国小说家和诗人

章节概览

1. 探索动机

学习目标1：定义动机，并对动机的行为主义、人本主义、认知和社会观点进行比较。

什么是动机？

关于动机的观点

2. 取得成就的过程

学习目标2：讨论从动机到目标实现之间的重要过程。

外在动机和内在动机

归因

掌握动机与思维模式

自我效能感

目标设定、计划和自我监控

期望

延迟满足

价值观和目的

3. 社会动机、社会关系和社会文化背景

学习目标3：解释社会关系和社会文化背景如何支持或削弱社会动机。

社会动机

社会关系

社会文化背景

4. 探索学业成就困难

学习目标4：关于帮助有学业困难的学生的建议。

成绩差、对成功期望低的学生

通过避免失败来保护自我价值的学生

拖延的学生

完美主义的学生

高焦虑的学生

不感兴趣或疏离的学生

连线教师：杰米·埃斯卡兰特

一位名叫杰米·埃斯卡兰特（Jaime Escalante）的玻利维亚移民成为东洛杉矶加菲尔德高中的数学教师，这所学校的学生主要是来自低收入家庭的拉丁裔。当他开始在加菲尔德教书时发现，许多学生对自己的数学能力缺乏信心，大多数教师对学生的成绩也抱有较低的期望。埃斯卡兰特将提高学生的数学能力视为一项特殊的挑战，甚至期望学生们在美国教育考试服务中心举办的大学预修课程（AP）微积分考试中取得好成绩。

第一年很艰难。埃斯卡兰特的微积分课早上 8 点开始。他告诉学生们，他将在早上 7 点开门，在早上 7：30 开始上课。放学后和周末，他也和学生们一起工作。他准备了许多讲义，告诉学生们要做大量的笔记，并要求他们保留一个文件夹。他每天早上让他们进行一个 5 分钟的小测验，每周五进行一次大测验。刚开始时他有 14 名学生，但两周后人数减少了一半，最终只有 5 名学生撑过了春季学期。一个退出的男孩说："我不想 7 点来上课。我为什么要来这么早呢？"

当时，在 5 分制的 AP 微积分考试中（5 分最高，1 分最低）获得 3 分或 3 分以上意味着学生的表现达到了大学水平，而且可以在大多数重点大学中学习并获得该课程的学分。埃斯卡兰特的 5 名学生首次参加 AP 微积分考试的成绩是两个 4 分，两个 2 分和一个 1 分。这一成绩创造了该校的最高纪录，但埃斯卡兰特决心做得更好。

三年后，埃斯卡兰特班上 15 名学生的 AP 微积分考试成绩是一个 5 分，四个 4 分，九个 3 分和一个 2 分。此后十年，东洛杉矶加菲尔德高中共有 151 名学生在学习微积分。

埃斯卡兰特的坚持不懈、富有挑战性和启发的教学，使加菲尔德高中这所饱受资金不足、校园暴力和恶劣工作条件困扰的学校的学生微积分成绩在美国学校中一下子跃居第七名。埃斯卡兰特的全力投入和积极性对他的学生起到了积极的影响，在埃斯卡兰特出现之前，很多学生不相信他们能做到这一点。埃斯卡兰特的贡献被拍成了电影《为人师表》（Stand and Deliver）。埃斯卡兰特及其学生还和嘉宾在美国公共广播公司 PBS 系列节目《与杰米·埃斯卡兰特一起的未来 1》和《未来 2》中，向六到十二年级的学生讲解基本的数学概念。埃斯卡兰特现在已经退休，但仍从事咨询工作，帮助学生增强学好数学的动机，并提升他们的数学能力。埃斯卡兰特的故事证明了教师对学生的学习动机和成就可以产生巨大的影响。

概览

正如我们在"计划、教学和技术"一章中所看到的，动机是美国心理学会以学生为中心的心理学原则中的关键组成部分。事实上，动机是教与学的重要方面。缺乏动机的学生不会花费必要的努力去学习。正如杰米·埃斯卡兰特的教学故事所显示的那样，具有高动机的学生渴望来到学校，并全身心地投入学习过程中。

1 探索动机

年轻的加拿大人特里·福克斯（Terry Fox）完成了历史上最伟大的长跑之一（McNally, 1990）。在持续5个月的时间里，他平均每天跑42千米，总共跑了5405千米，穿越了加拿大的大部分地区。真正让他艰辛的壮举引人注目的是，特里·福克斯在跑步之前就因为癌症失去了一条腿，所以他是在使用假肢的情况下跑步的。特里·福克斯显然是一个具有动机的人，但是具有动机到底意味着什么呢？

什么是动机?

动机（motivation）是指激发、指导和维持行为的过程。为什么特里·福克斯要完成那样的长跑呢？当特里因癌症住院时，他告诉自己，如果他能活下来，他将为资助癌症研究做些事情。因此，他跑步的动机是通过帮助其他癌症患者而让自己的人生富有意义。

特里·福克斯的行为是被激发的、有指导性且持续的。在跑步穿越加拿大大部分地区时，他遇到了意想不到的障碍：强劲的逆风、倾盆大雨、鹅毛大雪和结冰的道路等。由于这些恶劣条件，在第一个月之后，他平均每天只跑了12千米。这远远少于他的计划。但他坚持了下去，并在第二个月加快步伐，直到他赶上了计划的进程。他的例子证明了动机可以帮助我们每个人走向成功。

特里·福克斯的故事后来被拍摄成了一部优秀的教学电影《目标的力量》（*The Power of Purpose*）。一位六年级教师给她的学生看了这部电影，然后让他们写下从影片中学到了什么。一个学生写道："我学到即使有不幸的事情发生在你的身上，你也要坚持走下去，继续努力。即使你的身体受到了伤害，也无法剥夺你的精神。"

关于动机的观点

不同的心理学观点以不同的方式解释动机。让我们从四个理论观点来探讨：行为主义、人本主义、认知和社会。

行为主义观点 行为主义观点强调外在的奖励和惩罚是决定学生学习动机的关键因素。**激励措施**（incentive）是能够激励学生行为的积极或消极的刺激或事件。提倡使用激励措施的人强调，激励措施可以增加课堂的趣味或兴奋感，并将学生的注意力引向适当的行为、远离不适当的行为（Emmer & Evertson, 2017; Evertson & Emmer, 2017）。

生命是一份礼物……接受它。生命是一场冒险……经历它。生命是一个谜团……解开它。生命是一场挣扎……面对它。生命是一个难题……解决它。生命是一个机会……抓住它。生命是一种使命……完成它。生命是一个目标……实现它。

——作者未知

动机：激发、指导和维持行为的过程。

激励措施：能够激励学生行为的积极或消极的刺激或事件。

人本主义观点：强调学生个人成长的能力、选择命运的自由和积极的品质的观点。

需求层次理论：马斯洛提出的概念，即个人的需求要按以下顺序得到满足：生理、安全、爱和归属感、尊重和自我实现。

自我实现：马斯洛需求层次中最高和最难以企及的需求，是充分发展一个人全部潜能的动机。

教师在课堂中采用的激励措施包括用数字打分和字母评级，这种措施同时提供了学生完成作业情况的反馈，以及给良好完成的作业打钩或贴上星星贴纸。其他激励措施还包括认可学生的努力，如展示学生的作业、颁发成就证书、把学生的名字列入荣誉榜以及口头表扬等。另一种类型的激励措施主要表现在将允许学生做一些特别的事情作为认真学习的奖励，如玩电脑游戏或进行实地考察旅行等。稍后在对内部动机和外部动机的讨论中，我们将进一步探讨激励措施是不是一个好主意。

人本主义观点 人本主义观点（humanistic perspective）强调学生个人成长的能力、选择命运的自由和积极的品质（如善解人意）。这一观点与亚伯拉罕·马斯洛（Abraham Maslow, 1954, 1971）的理念密切相关。马斯洛认为，在更高层次的需求得到满足之前，某些基本需求必须得到满足。根据马斯洛的需求层次理论（hierarchy of needs），个人的需求要按照这个顺序得到满足（见图 13-1）。

- 生理需求：饥饿、口渴、睡眠。
- 安全需求：确保生存，例如免受战争和犯罪的伤害。
- 爱和归属感需求：安全感、情感以及他人的关注。
- 尊重需求：对自己的感觉良好。
- 自我实现需求：实现个人潜能。

因此，在马斯洛看来，学生必须先满足他们对食物的需求，然后才能完成学业成就。他的观点还解释了为什么来自贫穷或受虐待家庭的学生比那些基本需求得到满足的学生在学校取得成功的可能性更小。

自我实现（self-actualization），马斯洛需求层次中最高和最难以企及的需求，是充分发展一个人全部潜能的动机。马斯洛认为，只有在较低的需求得到满足后，才有可能达到自我实现。马斯洛警告说，大多数人在发展出高水平的尊重之后就停止了成长，因此永远不会自我实现。自我实现个体的一些特征包括行为是自发的，以问题为中心而不是以自我为中心，以及具有创造性。

人类需求分层次排列的观点很有吸引力。然而，并非所有人都同意马斯洛对关键动机的选择或对动机的排序。例如，对于一些学生来

图 13-1 马斯洛的需求层次理论

亚伯拉罕·马斯洛提出了人类需求的层次理论，表明我们要先满足某些基本需求，才能满足更高层次的需求。在图中，较低层次的需求显示在金字塔的底部，较高层次的需求显示在金字塔的顶端。

说，某些需求 / 动机（如获取和理解信息和知识的认知需求 / 动机）可能比马斯洛所认为的更高层次的需求（如尊重需求）更强烈。另外一些学生可能即使没有体验到爱和归属感，也会满足尊重的需求。

认知观点　根据动机的认知观点，学生的想法引导着他们的动机。近年来，人们对动机的认知观点的兴趣激增（Schunk, 2016; Wentzel & Miele, 2016）。这种兴趣关注以下这些想法，包括学生的目标设定、归因、成功期望以及他们能够有效控制环境和努力结果的信念（Graham & Taylor, 2016; Schunk & DiBenedetto, 2016）。

因此，尽管行为主义观点认为学生的动机是外部激励的结果，但认知观点认为外部影响应该被弱化。认知观点建议给予学生更多的责任来控制自己的成就表现（Miele & Scholer, 2016; Ryan & Deci, 2016）。

动机的认知观点与怀特（White, 1959）的观点相吻合，他提出了**能力动机**（competence motivation）的概念，即人们被激励着去有效地处理他们的环境、掌握周遭的世界，并有效地处理信息。怀特提出，人们做这些事情是因为他们具有与环境有效互动的内在动机。能力动机的概念解释了为什么人类有动力去实现科技创新以及对社会做出贡献，而不仅仅是培养自己的能力。

社会观点　你是那种乐于与人交往的人，还是更愿意待在家里看书？对**归属感或关系的需求**（need for affiliation or relatedness）是与他人安全地联系在一起的动机。这包括建立、维持和修复温暖、亲密的人际关系。学生对归属感或关系的需求反映在他们花时间与同伴相处的动机、亲密友谊、对父母的依恋，以及与教师建立积极关系的渴望上（Rowe, Ramani, & Pomerantz, 2016; Wentzel, 2016; Wentzel & Ramani, 2016; Wubbels, 2016）。最近的研究表明，较亲密的关系支持和更高的满意度与更有效的活动参与、学习和更高的成就相关（Linnenbrin-Garcia & Patall, 2016）。

最近提出的**归属心态**（belonging mindset）概念，描述的是类似你归属于你的学校这样的信念（Rattan & others, 2015）。许多学生不能确定他们是否归属于学校，或者是否与学校有良好的联系，从而产生一种不安感。这种感觉尤其可能发生在来自负面刻板印象群体的学生身上。这种消极的归属感担忧与较低的学业成就有关。然而，当代表性不足的少数学生感到他们有归属感，并且与学校有良好的联系时，他们的身心会更健康，学业上也会更成功（Walton & Cohen, 2011; Walton & others, 2014）。在最近的一项研究中，当归属感不足的学生参与有关归属感的讨论后，他们的学业成绩提高了（Stephens, Hamedani, &

能力动机：人们被激励着去有效地处理他们的环境、掌握周遭的世界，并有效地处理信息。

归属感或关系的需求：与他人安全地联系在一起的动机。

梅雷迪斯·麦格雷戈（Meredith MacGregor）是科罗拉多州博尔德市费尔维尤高中的一名高四学生。她是一名有抱负的科学家，也是科罗拉多州最优秀的高中长跑运动员之一。她的平均学分绩点保持在4.0，她参加了许多学校组织，并与同学共同创办了"非洲援助俱乐部"。她被评为"今日美国高中学术全明星"，并被授予英特尔基金会青年科学家奖（Wong Briggs, 2007）。梅雷迪斯成功的动机可能涉及哪些因素？
©Kevin Moloney

Destin, 2014）。

在具有关爱和支持性人际关系的学校中，学生有更积极的学术态度和价值观，对学校更满意（Wentzel, 2016）。一项研究表明，影响学生的动机和成就的一个关键因素是他们是否认为其与教师有积极关系（McCombs, 2001）。在另一项研究中，当学生感知到他们被一位教师高度支持时，他们对数学课程的重视程度就会提高（Eccles, 1993）。

当你思考关于动机的不同理论观点时，要意识到你不必仅仅采纳其中某一种观点，所有这些观点都提供了与儿童教育相关的信息。

复习、思考和练习

学习目标 1：定义动机，并对动机的行为主义、人本主义、认知和社会观点进行比较。

复习

· 什么是有动机的行为？

· 你会如何简要地总结关于动机的四个主要观点？

思考

· 回忆一下你在什么情况下有强烈的动机去完成某件事。

· 你如何用动机的四个观点来描述你的动机？

PRAXIS™ 练习

1. 以下哪项最能体现出什么是动机？

　A. 罗比对即将到来的学年感到很兴奋，希望自己能够有好的表现

　B. 雪莉精力充沛，为自己的英语课设定了一个很高的目标，她坚持不懈、非常努力地学习，最终在这门课上取得了 A

　C. 卡梅罗善于把他的注意力放在他想要完成的事情上

　D. 拉蒂莎努力学习，对自己的学业成绩有着积极的感受，并喜欢与他人合作

2. 以下哪项最能体现出关于动机的认知观点？

　A. 当戴维森先生"发现学生表现良好"时，他就会给他们奖券，这样他们就会继续表现良好

　B. 麦克罗伯茨先生希望他的学生相信，只要他们努力，就能在任何事情上获得成功，所以他确保那些努力学习的学生们在学业上获得成功

　C. 博阿滕女士认为，如果她的学生能与她以及其他学生建立良好的关系，他们在学校就会有更高的积极性，所以她为学生们提供情感支持

　D. 波切斯女士在她的办公桌抽屉里放了一些麦片，如果她的学生饿了，她可以给他 / 她麦片充饥

请参看书末的答案……

② 取得成就的过程

学习目标2：讨论从动机到目标实现之间的重要过程。

动机的认知观点推动了学校对学生学习动机的重视，其中最重要的是与学生成就有关的过程（Linnenbrink-Garcia & Patall, 2016; Miele & Scholer, 2016; Roeser, 2016; Schunk & DiBenedetto, 2016）。在本节中，你将了解一些有效的认知策略，这些策略可以提升学生获得成功的动机。首先我们将探索外在（外部）和内在（内部）动机之间的根本区别，这将引导我们研究其他几个关于动机的重要认知观点。然后，我们将研究期望在学生动机中的作用。

外在动机和内在动机

外在动机（extrinsic motivation）是指为了获得其他东西而去做某事的动机（一种达到目标的手段）。外在动机往往受到诸如奖励和惩罚等外部激励的影响。例如，一个学生可能为了在课程中取得好成绩而努力学习。

外在动机：为了获得其他东西而去做某事的动机（一种达到目标的手段）。

行为主义观点强调外在动机在学业成功中的重要性，人本主义观点和认知观点强调内在动机（intrinsic motivation）在学业成功中的重要性。内在动机是为了某件事情本身（目的本身）而做某事的内部动机。例如，一个学生可能因为自己喜欢课程的内容而认真备考。

内在动机：为了某件事情本身（目的本身）而做某事的内部动机。

现有的证据强烈支持建立一种让学生具有内在学习动机的课堂氛围（Ryan & Deci, 2009, 2016）。例如，一项对三到八年级学生的研究发现，内在动机与成绩及标准化考试分数呈正相关，而外在动机与学业成绩结果呈负相关（Lepper, Corpus, & Iyengar, 2005）。当目标仅仅是外在的时候，学生在完成学业任务时表现出较低的独立动机和较低的坚持性（Vansteenkiste & others, 2008）。

父母对内在和外在激励方法的使用也与孩子的动机有关。一项研究发现，相比父母使用任务–外在动机实践（根据孩子的表现提供外部奖励和后果），父母采用任务–内在动机实践（鼓励孩子感受学习的乐趣和花时间投入学习中）时，9~17岁的孩子们在数学和科学方面有更高的内在动机（Gottfried & others, 2009）。

当学生有选择机会的时候，他们的学习动机会更强，专注于与自己技能相匹配的挑战，并获得具有信息价值而非用于控制的奖励。表扬也可以增强学生的内在动机。为了了解其中缘由，让我们首先探索四种类型的内在动机：（1）自我决定和个人选择，（2）最佳体验和心流，（3）兴趣，（4）认知参与和自我负责。然后我们将讨论外部奖励如何增强或削弱内在动机。接下来，我们将指出随着学生所在年级的不断增长，内在和外在动机的一些发展变化。最后，我们将提供一些关于内在动机动机和外在动机的结论。

自我决定和个人选择 一种关于内在动机的观点强调自我决定（Ryan & Deci, 2009, 2016）。在这种观点中，学生想要相信他们做某事是出于自己的意愿，而不是因为外部的成功或奖励。自我决定理论的缔造者理查德·瑞恩（Richard Ryan）和爱德华·德西（Edward Deci）把为学生创造环境进行自我决定的教师称为自主支持型教师（Ryan & Deci, 2009, 2016）。

研究人员发现，当学生有一些选择和机会为自己的学习负责时，他们对学校任务的内在动机和内在兴趣就会增加（Grolnick, Friendly, & Bellas, 2009）。在一项研究中，教师被鼓励让学生承担更多学校课程的责任（de Charms, 1984），特别是让学生有机会设定自己的目标，计划如何实现目标，并监督自己实现目标的进展。学生们在参加什么活动以及什么时候参加方面有一定的选择权。他们也被鼓励为自己的行为承担个人责任，包括达到自己设定的目标。与对照组相比，内在动机／自我决定组的学生有更高的成就，更有可能从高中毕业。

最佳体验和心流 米哈里·契克森米哈赖（Mihaly Csikszentmihalyi, 1990, 1993; Csikszentmihalyi & Csikszentmihalyi, 2006）提出了与理解内在动机相关的观点。他研究人类的最佳体验已经有 20 多年了。人们报告说，这些最佳体验包括深刻的享受和幸福的感觉。契克森米哈赖使用"心流"（flow）这个词来描述生活中的最佳体验。他发现，当人们在从事某项活动时产生一种掌握感并沉浸于一种专注状态时，最容易出现心流状态。他认为，当个人面对既不太困难也不太容易的挑战时，心流就会发生。例如，当一个学生全神贯注地做一个既具有挑战性但又没有超出其能力的科学项目时，心流就会出现。

图 13-2　学生对挑战和自己技能水平的感知的结果

对挑战和技能水平的感知会导致不同的结果

连线学生：最佳实践
促进学生自我决定和选择的策略

以下是一些在课堂上指导学生自我决定的有效方法：
1. 花时间与学生交谈，并和他们讨论为什么学习活动是重要的。
2. 为学生提供机会，让他们做出对自己有意义的选择。
3. 当学生被要求做他们不想做的事情时，要关注他们的感受。
4. 有效管理课堂，让学生自主选择。让学生为读书报告、写作作业和研究计划选择主题。让他们自己决定如何汇报作业任务，例如，让他们向你或全班同学汇报，可以单独汇报，也可以和同学一起汇报。
5. 建立学习中心，学生可以单独或与其他学生合作完成不同的作业任务，并且可以从你开发的任务列表中选择他们的活动。
6. 创建自我选择的兴趣小组，让学生一起进行相关的研究。

（见图 13-2）（Brophy, 1998）。"心流"最可能发生在学生面临挑战并认为自己拥有高技能水平的领域。如果学生技能水平很高，但活动提供的挑战很少，他们则会觉得无聊。如果挑战和技能水平都很低时，学生会感到缺乏热情。当学生面对一项他们认为自己没有足够能力掌握的具有挑战性的任务时，他们就会感到焦虑。

兴趣　教育心理学家也研究了兴趣的概念，它被认为比内在动机更具体（Alexander & Grossnickle, 2016; Linnenbrink-Garcia & Patall, 2016）。兴趣分为个人兴趣和情境兴趣。个人兴趣（individual interest）被认为是相对稳定的，而情境兴趣（situational interest）则被认为是由活动的特定方面引发的。个人兴趣可能涉及学生自身的数学能力，如学生在数学方面长期的成功；情境兴趣可能出于一个特别的教师让数学课变得有趣。

研究者对兴趣的研究主要集中在兴趣与学习和认知过程的关系，以及兴趣在各个学术领域的重要性上（Fox & Dinsmore, 2016）。与浅层学习（如回答简单问题和逐字回忆文本）相比，兴趣与深度学习的衡量标准（如回忆主要思想和回答更难的理解性问题）联系更紧密（Wigfield & others, 2015）。研究人员发现，许多情境因素，如对学

连线学生：最佳实践
帮助学生达到心流状态的策略

你如何鼓励学生达到心流状态？以下是一些策略（Csikszentmihalyi, Rathunde, & Whalen, 1993）：

1. 要有能力，有动力。让自己成为某一领域的专家，在教学时表现出热情，以身作则给学生树立具有内在动机的榜样。在"教师视角"中，朗达·纳查姆金（Rhonda Nachamkin）描述了自己如何把教室变成一个让学生兴奋的学习场所，并展现出自己的专业知识和热情。

教师视角
把教室变成了埃及金字塔、纽约市和奥林匹斯山

朗达·纳查姆金在美国佐治亚州罗斯威尔市的里弗·伊夫小学教一年级，她活力四射，对待每一个单元的知识都像对待好莱坞电影一样。她把教室变成了埃及金字塔、纽约市或奥林匹斯山。她让父母们赶紧去了解阿努比斯（埃及神话中的死神）和普罗米修斯（希腊神话中从众神那里盗取火种的泰坦巨人）是谁，这样他们就可以和 6 岁的孩子谈论这些话题。朗达喜欢使用不同版本的童话故事来教授阅读、拼写和分析概念（USA Today, 1999）。

朗达·纳查姆金在帮助她的学生帕特里克完成作业。
© Michael A. Schwarz

2. 创建最佳匹配。一个好的策略是在你要求学生做的事情和他们的技能之间形成并保持最佳的匹配。也就是说，鼓励学生实现有挑战性但合理的目标。

3. 去除教室里让人分心的东西。如果干扰太多，学生很难进入心流状态。

4. 提升信心。为学生提供教学上和情感上的支持，鼓励他们充满信心，将焦虑最小化以应对学习任务。

习自主性的支持、教师的可接近性、参与机会和课程材料的相关性都与情境兴趣相关，反过来又可能支持个人兴趣（Linnenbrink-Garcia & Patall, 2016）。

如何利用技术来激发学生的兴趣？尽可能接近真实世界或生活的真实任务，可以激发学生的兴趣和好奇心。学生们经常将基于技术的学习体验视为现实生活中的活动。事实上，作为 21 世纪的学习者和工作者，他们将使用技术作为获取信息、组织思维、与他人合作以及与利益相关者沟通的综合方法。

将技术融入课堂可以增强学生的学习动机和学习参与度，特别是当它被用来促进真实的学习时。例如，研究人员发现参与技术丰富课程计划的学生的动机（Swan & others, 2005）、参与度（Silvernail & Lane, 2004）、行为（Apple Computer, 1995）和出勤率（Apple Computer, 1995）均有改善。此外，研究表明，这样的学生更有组织能力、更独立（Zucker & McGhee, 2005）。研究还表明，在某些情况下使用技术时，特殊需求的学生可以达到与普通学生相同的水平（Swan & others, 2006）。

严肃游戏是使用游戏技术和设计原则开发的软件应用程序，其主要目的不是纯粹的娱乐，通常是为了培训或教育。教育中的严肃游戏发展是以情境学习和真实学习为框架的。《探索亚特兰蒂斯（混音版）》（*Quest Atlantis remix*）就是一个严肃游戏的例子（http://atlantisremixed.org/），这是一个由美国国家科学基金会资助的项目，它利用三维多用户环境让 9~12 岁的儿童沉浸在教育任务中。目前，来自五大洲的数千名注册用户在学校里使用《探索亚特兰蒂斯（混音版）》。研究人员发现，使用《探索亚特兰蒂斯（混音版）》的学生在科学和社会科学方面的学习成绩提高，同时他们的学术效能感也得到了提升（Gresalfi, 2015; Gresalfi & others, 2009）。

这是 2007 年版《探索亚特兰蒂斯》的电脑截屏。《探索亚特兰蒂斯》以在线角色扮演游戏模式为基础，将商业游戏世界的元素与动机和情感的教育研究相结合。该游戏的核心组件包括一个 3D 多用户环境；一个正在展开的故事，涉及一个神话委员会和一系列的社会承诺；一个可修改的主页；玩家角色可以通过各种轨迹发展，探究学习情境，包括任务道具、任务、模拟世界；以及一个由来自五大洲的参与者组成的全球社区。

资料来源：《探索亚特兰蒂斯》。

认知参与和自我负责 菲利斯·门菲尔德及其同事（Phyllis Blumenfeld, 2006）提出了内在动机的另一种变体。他们强调创造学习环境的重要性，鼓励学生在认知上参与学习并对自己的学习负责。其目的是让学生们有动力去努力坚持和掌握想法，而不是简单地做足够的功课来应付以求及格了事。尤其重要的是将学科内容和技能学习嵌入有意义的情境中，特别是与学生兴趣相吻合的真实情境（Gregory & Korth, 2016）。

外在奖励和内在动机 我们已经讨论了一些关于内在动机的观点，让我们来看看课堂奖励在某些情况下是否有用，以及某些类型的奖励是否真的可以增加内在动机。正如我们在"行为主义和社会认知理论"一章中了解到的，外部奖励在改变行为方面很有用。然而，在某些情况下，奖励会损害学习。在一项经典研究中，相比对艺术也有强烈兴趣但知道自己会因绘画而获得奖励的学生，那些已经对艺术有强烈兴趣且不期望奖励的学生会花更多的时间来画画（Lepper, Greene, & Nisbett, 1973）。

多重思考
增加理想行为的一个策略是选择有效的强化物。连接到"行为主义和社会认知理论"。

然而，课堂奖励是有用的（Cameron & Pierce, 2008）。课堂奖励的两种用途是：（1）作为参与任务的激励，这种情况下的目标是控制学生的行为；（2）传达关于掌握度的信息。当提供的奖励传达了掌握度的信息，学生的能力感可能会增强。作为激励手段的奖励会让人觉得，学生的行为是由外部奖励引起的，而不是由学生自己的动机引起的。

为了更好地理解使用奖励来控制学生的行为和使用它们来提供掌握程度的信息之间的区别，我们可以来看一个例子（Schunk, 2016）：一位教师设置了一个奖励系统，在这个系统中，学生完成的作业越多，他们的积分就越高。学生将被激励努力做功课以赚取积分，因为他们被告知积分可以用来换取某些特权。然而，积分也提供了关于他们能力的信息。也就是说学生的积分越高，他们完成的作业就越多。随着分数的累积，学生们更有可能觉得自己有能力。相反，如果积分仅仅代表了在一个任务上所花费的时间，那么这个任务可能被认为是达到目的的一种手段。在这种情况下，因为积分没有传达任何关于能力的信息，学生很可能会认为奖励控制了他们的行为。

因此，传递学生掌握能力信息的奖励可以通过增加他们的能力感来提高内在动机（Cameron & Pierce, 2008）。然而，大量的负面反馈，如批评传递了学生是无能的这一信息，就会削弱内在动机，特别是当学生怀疑他们能否胜任时（Stipek, 2002）。然而，这并不意味着学生不应该得到批判性/纠正性的反馈，因为这种批判性/纠正性的反馈是教育学生的一个关键方面。

朱迪·卡梅隆（Judy Cameron, 2001）认为奖励并不总是会降低学生的内在动机。在对大约100项研究的分析中，她发现口头奖励（表扬和积极反馈）可以用来增强学生的内在动机。她还得出结论，当有形奖励（如金色星星和金钱）根据任务表现提供或意外给予时，内在动机就会得到维持。一些批评人士认为，卡梅伦的分析是有缺陷的，例如它没有发现奖励对动机的一些负面影响（Deci, Koestner, & Ryan, 2001）。

总而言之，重要的是探究奖励传达了哪些能力信息。当奖励与能力挂钩时，它们往往会促进动机和兴趣。如果奖励与能力无关时，它们就不太可能提高动机，或者奖励被撤回后可能会削弱动机（Schunk, 2016）。

内在和外在动机的发展转变 许多心理学家和教育工作者强调，随着儿童年龄的增长，培养更多的内化和内在动机是很重要的（Wigfield & others, 2015）。然而，研究人员发现，随着学生从小学早期阶段逐步进入高中阶段，他们的内在动机会下降（Wigfield & others, 2015）。在一项研究中，内在动机最显著的下降和外在动机最显著的增加出现在六年级到七年级之间（Harter, 1981）。在另一项研究中，学生从六年级升到八年级期间，他们越来越多地表示学校很无聊，也没什么意义（Harter, 1996）。然而，在这项研究中，具有内在动机的学生比外在动机的学生在学业上表现得好得多。

为什么随着学生升到高年级，会出现向外在动机的转变呢？一种解释是，学校的评分方法强化了外部动机导向。也就是说，随着学生年龄的增长，他们会越来越看重成绩，他们的内在动机也就降低了。

多重思考

向初中或高中的过渡期可能会有压力，因为它与许多其他发展变化同时发生。连接到"社会环境和社会情感发展"。

杰奎琳·艾克尔斯（Jacquelynne Eccles）及其同事（Eccles, 2004, 2007; Wigfield & others, 2015）发现，学校环境中的一些具体变化有助于解释内在动机的下降。初中比小学更加非个性化、更正式、更具评价性、更有竞争性，学生们更多地将自己与其他学生进行比较，因为对他们的评分也越来越多地取决于他们在作业和标准化考试中的相对表现。

艾克尔斯（2004, 2007）提出了人-环境适配（person-environment fit）的概念，认为初高中环境与青少年需求的不匹配导致青少年的自我评价和对学校的态度越来越消极。她的研究表明，当青少年寻求更多自主权时，教师却变得更有控制性；而当学生寻求从父母那里获得更多独立，需要从其他成年人那里得到更多支持时，师生关系却变得更没有人情味。当青少年的自我意识不断增强的时候，越来越重视成绩和其他竞争性的比较，只会让事情变得更糟。

教师怎样才能使学校成为对青少年更有吸引力的环境？也许可以通过更好地了解学生，并把他们的兴趣和学术内容联系起来。

虽然对于向高中过渡的研究较少，但现有的研究表明，与向初中过渡一样，它也会产生类似的问题（Eccles, Wigfield, & Schiefele, 1998）。高中学校通常比初中更大、更官僚。在这样的学校里，社区意识通常被削弱，学生和教师几乎没有机会互相了解。因此，学生和教师之间很容易产生不信任，也很少有关于学生的目标和价值观的交流。这样的环境尤其会损害学业成绩差的学生的学习动机。

从这些讨论中我们可以得出什么教训呢？也许最重要的一个教训就是，只有当教师想办法让他们的学校环境更人性化、不那么正式、更具内在挑战性，初中和高中学生才会从中受益。

关于内在动机和外在动机的最后一些想法　动机研究的一个压倒性的结论是，教师应该促进学生形成内在动机。同样，教师应该创造学习环境，促进学生的认知参与和对学习的责任感。也就是说，现实世界中既包括内在动机也包括外在动机，而内在动机和外在动机往往被对立起来，形成两极。在学生生活的许多方面，内在动机和外在动机都在起作用（Cameron & Pierce, 2008）。此外，内在动机和外在动机可以同时发挥作用。因此，一个学生可能会努力学习一门课程，因为她喜欢这门课的内容，喜欢学习它（内在的），并因此获得一个好成绩（外在的）（Schunk, 2016）。但是请记住，许多教育心理学家建议，依赖外在动机本身并不是一个好的策略。

我们对外在动机和内在动机的讨论为引入激励学生学习的其他认知过程奠定了基础。当我们探索另外六个认知过程时，请注意内在和外在动机是如何继续发挥重要作用的。这七个过程分别是：（1）归因，（2）掌握动机与思维模式，（3）自我效能感，（4）目标设定、计划和自我监控，（5）期望，（6）延迟满足，（7）价值观和目的。

归因

归因理论（attribution theory）认为，个体有动机去发现自己表现和行为的潜在原因。归因是感知到的产生结果的原因。归因理论家说，在某种程度上，学生就像直觉型的科学家，试图解释所发生事情背后的原因（Graham & Taylor, 2016; Graham & Williams, 2009）。例如一个中学生会问："为什么我在这门课上表现不好？""我的好成绩是因为我努力学习，还是老师的测试太简单了，或是两者都有？"意外事件和重要事件均以失败告终最有可能让人们开始寻找原因和解释，如一个好学生得了低分。成功和失败最常推断出的原因包括能力、努力、任务的难易程度、运气、情绪，以及来自他人的帮助或阻碍。

伯纳德·韦纳（Bernard Weiner, 1986, 1992）确定了因果归因的三个维度：（1）控制源，即对行动者而言原因是内在的还是外在的；（2）稳定性，即原因保持不变或者发生变化的程度；（3）可控性，即个体对原因的控制程度。例如，一个学生可能认为他的能力是内在的、稳定的、不可控的，也可能认为机会或运气是外在的、可变的、不可控的。图13-3列出了控制源、稳定性和可控性的八种可能组合，以及它们如何与各种常见的失败理由相匹配。

归因理论：认为个体有动机去发现自己表现和行为的潜在原因。

归因的组合	学生给出的失败理由
内在的—稳定的—不可控的	我天赋较低
内在的—稳定的—可控的	我从未学习过
内在的—不稳定的—不可控的	我在考试当天生病了
内在的—不稳定的—可控的	我没有为这次考试学习
外在的—稳定的—不可控的	我的学校要求严格
外在的—稳定的—可控的	我的老师对我有偏见
外在的—不稳定的—不可控的	我运气不好
外在的—不稳定的—可控的	我的朋友们没能帮上忙

图 13-3 归因的组合与学生给出的失败理由

为了了解归因如何影响后来的成就努力，我们来看看简和苏珊这两位学生。这两个学生都没有通过数学测试，但她们把这种消极的结果进行了不同的归因（Graham & Weiner, 1996）。

当简数学考试不及格时，她会寻找失败的原因。她的分析让她把失败归咎于自己，而不是归咎于老师或运气不好。她还将失败归因于一个不稳定因素，即缺乏准备和学习时间。因此，她认为自己的失败是由内在的、不稳定的、可控的因素造成的。因为这些因素是不稳定的，所以简有一个合理的期望，即她仍然可以在未来取得成功。并且由于这些因素是可控的，她也会感到内疚。她对成功的期望使她克服了自尊的下降。她对未来的希望使她重新设定目标，并增强了她在下一次考试中取得好成绩的动机。因此，简寻求辅导，并花更多时间学习。

当苏珊考试不及格时，她也会寻找失败的原因。而她的分析使得她把失败归结为内在的、稳定的、不可控的因素。因为苏珊认为她失败的原因是内在的，所以她的自尊受到了打击；因为失败原因是稳定的，她预见了她未来的失败，对于现状的改变她无能为力，对此她感到无助；由于失败原因是无法控制的，她感到羞愧和丢脸。此外，她的父母和老师告诉她，他们为她感到遗憾，但没有给她提供任何建议或成功的策略，这进一步让她认为自己是无能的。由于对成功的期望不高、感到自卑、情绪低落，苏珊决定退学，而不是更努力学习。

要帮助像苏珊这样的学生改变归因，最好的策略是什么？教育心理学家经常建议为学生提供一系列有计划的成就体验，在这些体验中通过示范、策略信息、练习和反馈来帮助他们，包括（1）专注于手头的任务，而不是担心失败；（2）通过追溯他们的步骤来发现错误，或通过分析问题发现另一种方法来应对失败；（3）将他们的失败归因于缺乏努力，而不是缺乏能力（Dweck & Elliott, 1983）。

目前的策略不是让学生接触那些能够轻松处理任务并展示成功的榜样，而是让他们接触那些在最终成功之前努力克服错误的榜样（Brophy, 2004）。通过这种方式，学生学会如何处理挫折，坚持面对困难，并建设性地应对失败。

掌握动机与思维模式

认知参与和自我激励以求进步是掌握动机的青少年的特点（Dweck & Master, 2009）。他们也有一种成长型思维模式，一种如果他们付出努力就能产生积极结果的自信。

掌握动机 瓦兰内·亨德森（Valanne Henderson）和卡罗尔·德韦克发现，面对困难或具有挑战性的环境，儿童往往表现出两种截然不同的反应（Henderson & Dweck, 1990）。**掌握取向**（mastery orientation）的儿童是任务取向的：他们并不关注自己的能力和成就结果，而是关注学习策略和取得成就的过程。**无助取向**（helpless orientation）的儿童似乎被困难经历所困，他们把困难归结为能力的缺乏。他们经常说出类似"我

掌握取向：对困难或挑战环境的一种任务导向的反应，侧重于学习策略和取得成就过程，而非结果。

无助取向：对困难或挑战的一种反应，在这种反应中，个人感到被困难所困，并将困难归因于缺乏能力。

不太擅长这个"的话语，即使他们可能已经通过多次成功证明了自己的能力。而且，一旦他们认为自己的行为是失败的，他们往往会感到焦虑，且表现会进一步糟糕下去。图 13-4 描述了一些可能反映无助感的行为（Stipek, 2002）。

相比之下，掌握取向的儿童往往会教导自己集中注意力，仔细思考，并记住在以前的情况下对他们有用的策略。他们经常报告在面对困难的任务时感到挑战和兴奋，而不是受到威胁（Anderman & Anderman, 2010）。

关于动机的另一个问题涉及采用掌握取向还是成绩取向。**成绩取向**（performance orientation）的儿童更关注输赢而不是成就，他们相信成源于获胜。这是否意味着掌握取向的儿童不喜欢获胜，而成绩取向的儿童没有动力去体验来自自己所取得成就的自我效能感？当然不是。不过，这是一个强调程度问题。对于掌握取向的人来说，获胜不是一切；对于成绩取向的个人来说，技能发展和自我效能感要排在获胜之后。

> 学生
> ·说"我不能"
> ·不听老师的指导
> ·从不寻求帮助，即使是在需要帮助的时候
> ·什么都不做（例如，盯着窗外看）
> ·没有真正尝试就随机猜测或回答
> ·不会对成功感到骄傲
> ·看起来很无聊，不感兴趣
> ·对老师的劝诫没有反应
> ·容易气馁
> ·不会主动回答老师的问题
> ·逃避或逃避工作的策略（例如，必须去医务室）

图 13-4　可能反映无助感的行为

成绩取向：更关注输赢而不是成就，成功被认为源于获胜。

回想一下，《有教无类》法案强调测试和问责制。虽然这一法案可能激励一些教师和学生更努力地学习，但动机专家担心，它鼓励学生的成绩取向而不是掌握取向动机（Meece, Anderman, & Anderman, 2006）。

关于掌握取向和成绩取向，最后需要说明的是：它们并不总是相互排斥的。学生可以同时采用掌握取向和成绩取向，研究人员发现掌握取向与成绩取向相结合往往有利于学生的成功（Schunk, Pintrich, & Meece, 2008）。

思维模式　德韦克（Dweck, 2006, 2012, 2015, 2016）近期对成就动机的分析强调了儿童发展**思维模式**（mindset）的重要性，她将其定义为个体自己发展出的认知观点。她的结论是，每个人都有两种思维模式中的一种：（1）固定型思维，他们认为自己的品质已雕刻成型，不会改变；（2）成长型思维，他们相信自己的品质可以通过努力来改变和提高。固定型思维类似于无助取向，成长型思维更像是掌握取向。

德韦克（Dweck, 2006）在她的《终身成长》（*Mindset*）一书中提出，个人的思维模式影响他们是乐观还是悲观，塑造他们的目标以及他们为实现这些目标而努力的程度，并影响其生活的许多方面，包括在学校和体育方面的成就和成功。德韦克说，在儿童与固定型思维或成长型思维的父母、教师和教练互动的过程中，思维模式就开始成型。她描述了帕特丽夏·米兰达的成长型思维。

思维模式：德韦克提出的概念，指的是个体自己发展出的认知观点。每个人都有两种思维模式中的一种，固定型思维或成长型思维。

（她）是个胖乎乎的、不擅长运动的学生，她想参加摔跤比赛。当她在垫子上摔跤摔得很惨之后，听到有人说："你就是个笑话。"起先她哭了，后来她想：这真的让我下定了决心……我必须坚持下去，必须知道努力、专注、信念和训练能否让我成为一名摔跤手。她是从哪里得到这种决心的？米兰达在一个缺乏挑战的生活中长大。但当她的母亲在40岁死于动脉瘤时，10岁的米兰达……（想）如果你一辈子只做容易的事，那么你应该感到羞愧。因此，当摔跤带来挑战时，她已经准备好接受挑战。

她的努力得到了回报。24岁时，米兰达笑到了最后。她进入了美国奥运摔跤代表队，并从雅典带回了一枚铜牌。接下来呢？她进了耶鲁大学法学院。人们都劝她留在已经处于巅峰的领域，但米兰达觉得从头开始更令人兴奋，看看这次她能有什么样的成长（Dweck, 2006）。

再看一看芝加哥二年级教师玛瓦·柯林斯（Marva Collins）在培养学生成长型思维方面所扮演的重要角色。她告诉她的学生（其中许多人在重读二年级）：

我知道你们大多数人都不会拼写自己的名字，不认识字母表，不知道怎么阅读……我保证你能学会。你们中没有失败者，可能学校让你失望。孩子们，跟失败说再见吧，欢迎来到成功的世界。你将在这里阅读书籍，理解你所读的内容。你会每天写作……但你必须允许我来帮助你。如果你不付出任何努力，那就不要有任何期待。成功是不会向你走来的，你必须自己走向成功（Dweck, C. S. Mindset. New York: NY: Random House, 2006）。

她的二年级学生通常必须从最低水平的读物开始，但到学年结束时，大多数学生的阅读能力达到了五年级水平。柯林斯执教生活在低收入、通常是贫困环境中的儿童，挑战使他们成为他们所能成为的人。她不接受学生的失败，并教导学生要对自己每一天的行为负责。柯林斯告诉学生们，在某件事上取得优异成绩不是一时的事，而是一种习惯。决心和坚持是推动世界发展的动力，而认为别人会让你成功的想法肯定会导致失败。

在德韦克和她的同事们最近的研究中，来自低收入家庭的学生比来自富裕家庭的学生更不可能形成成长型思维（Claro, Paunesku, & Dweck, 2016）。然而，那些来自低收入家庭的具备成长型思维的学生更有可能免于贫困的负面影响，取得良好成绩。

德韦克和她的同事（Blackwell & Dweck, 2008; Blackwell, Trzesniewski, & Dweck, 2007; Dweck, 2012, 2015, 2016; Dweck & Master, 2009）将有关大脑可塑性的信息纳入他们有关提高学生的成就动机和成功的努力中。在一项研究中，他们将两组学生分配到8

个时段，进行（1）学习技能教学，或（2）学习技能教学以及阅读关于培养成长型思维重要性的信息（研究中称为增量理论）（Blackwell, Trzesniewski, & Dweck, 2007）。在成长型思维小组中，有一项名为"你可以让你的大脑成长"的练习，强调大脑就像一块肌肉，可以随着锻炼和建立新的连接而改变和成长。学生们被告知，你越是挑战你的大脑，你的脑细胞生长得就越多。在干预之前，两组学生的数学成绩都呈下降趋势。在干预之后，只接受学习技能教学的小组继续下降；接受学习技能教学和成长型思维（强调大脑受到挑战时如何发展）训练的小组，能够扭转下降趋势，提高他们的数学成绩。在德韦克和她的同事最近进行的一项研究中，成绩不佳的高中生阅读了人们努力学习和研究时大脑是如何变化的在线知识模块。在网上接触了有关大脑和学习的内容后，成绩不佳的学生提高了他们的平均学分绩点（Paunesku & others, 2015）。

在其他研究中，德韦克创建了一个基于计算机的工作坊，称为"脑科学"，来教导学生他们的智力可以改变（Blackwell & Dweck, 2008）。学生们体验了关于大脑如何运作以及如何改善大脑的六个知识模块。在纽约市 20 所学校对该课程进行测试后，学生们强烈认可基于计算机的大脑知识模块的价值。一个学生说："我会更加努力，因为我知道你尝试得越多，你的大脑知道的就越多。"（Dweck & Master, 2009）

德韦克及其同事还发现，成长型思维可以防止负面刻板印象侵蚀成就。例如，相信数学能力是可以学习的，这有助于保护女性免受关于数学的负面性别刻板印象的影响（Good, Rattan, & Dweck, 2012）。而近期的其他研究也表明，意志力实际上是一种无限思维模式（boundless mindset），它预测人们在有压力的情况下会抵制诱惑坚持工作多长时间（Dweck, 2012; Job, Dweck, & Walton, 2010; Miller & others, 2012）。同样，在一项针对大学生的纵向研究中，一个非受限理论（nonlimited theory）预测了更好的自我调节能力（如时间管理的改善、减少拖延、不健康饮食和冲动消费）。研究发现，在课业繁重的学生中，那些相信非受限理论的学生成绩较高（Job & others, 2015）。

卡罗尔·德韦克认为学生成就中最重要的方面是什么？
© Carol Dweck

自我效能感

在关于行为主义和社会认知理论的章节中，我们介绍了阿尔伯特·班杜拉的自我效能感（self-efficacy）的概念，即一个人对自己能够掌控某种局面并产生积极结果的信念。班杜拉（Bandura, 1997, 2001, 2009, 2010a, 2012, 2015）强调自我效能感是影响学生

多重思考
班杜拉的社会认知理论强调了行为、环境和个人/认知因素之间的相互联系。连接到"行为主义和社会认知理论"。

成绩的关键因素。自我效能感与掌握动机和内在动机有许多共同之处。自我效能感是"我能够"的信念，无助感是"我做不到"的信念。自我效能感高的学生认同这样的说法"我知道我能学好这门课"和"我希望能在这个活动中表现出色"。

戴尔·申克（Dale Schunk, 2008, 2016）将自我效能感的概念应用到学生成就的许多方面。在他看来，自我效能感会影响学生对活动的选择。学习自我效能感低的学生可能会回避许多学习任务，特别是那些具有挑战性的任务，而自我效能感高的学生则会渴望解决这些挑战性的学习任务。高自我效能感的学生比低自我效能感的学生更有可能在学习任务中持续努力（Schunk & DiBenedetto, 2016）。一项研究表明，高自我效能感的青少年比低自我效能感的同龄人具有更高的学术抱负，花更多的时间做作业，而且更有可能将学习活动与最佳体验联系起来（Bassi & others, 2007）。

教师的自我效能感将对学生的学习质量产生重大影响（Wyatt, 2016）。学生从自我效能感高的教师那里学到的东西比从被自我怀疑困扰的教师那里学到的东西要多。然而，当教师告诉学生他们自己犯过的错误以及他们如何从中吸取教训时，学生可以从

连线学生：最佳实践
提高学生自我效能感的策略

以下是一些提高学生自我效能感的有效策略（Stipek, 2002）：

1. 教授具体策略。教授学生具体的策略，比如列提纲和总结，这可以提高他们专注于任务的能力。

2. 指导学生设定目标。在他们制定了长期目标之后，帮助他们制定短期目标。短期目标尤其能帮助学生判断自己的进步。

3. 考虑掌握水平。根据学生的表现给予奖励，这更有可能表明他们对学科内容的掌握情况，而不是仅仅因为他们参与了某项任务就给予奖励。

4. 将策略训练与目标相结合。申克和他的同事们发现策略训练与目标设定相结合可以提高学生的自我效能感和技能发展（Schunk, 2001; Schunk & Rice, 1989; Schunk & Swartz, 1993）。给学生提供反馈，说明他们的学习策略与其成绩之间的关系。

5. 为学生提供支持。积极的支持可以来自教师、家长和同伴。在"教师视角"中，高中英语教师乔安娜·史密斯（Joanna Smith）描述了她如何帮助那些与"失败综合征"作斗争的学生。

6. 帮助学生相信他们的认知能力。在你的班级里可能有一些学生在学术上有不成功的历史。与这些学生谈论你对他们能力的信心，可以提高他们的自我效能感，帮助他们变得更有动力。

教师视角
帮助感觉自己是失败者的学生获得信心

我相信鼓励可以帮助学生克服"失败综合征"。有失败综合征的学生在感觉到任何困难的时候都会立即放弃。面对这些学生我们很容易感到沮丧，但是当我真正接触到他们的时候，我却发现了成功的可能。对我来说，接触个别学生的唯一方式是通过布置日记作业、让他们选择阅读的书籍、给予他们机会介绍自己以及向他们敞开心扉来了解他们及其家庭。这些学生也需要很多鼓励，他们需要知道你已经注意到了他们的失败，并且对他们的失败不满意，然后他们需要知道你相信他们。只有这样，有失败综合征的学生才会表现出色。

中受益。自我效能感低的教师往往会陷入问题课堂的泥潭，并倾向于认为学生能力低下是学生无法学习的原因。自我效能感低的教师对自己管理课堂的能力缺乏信心，对学生的不端行为感到有压力和愤怒，对学生的能力提高持悲观态度，对自己的工作持有一种监管的心态，经常诉诸限制性和惩罚性的纪律模式，并表示如果可以重来一次，他们不会选择教书作为职业。

学生成绩好的学校普遍存在高期望和成就标准（Walsh, 2008）。教师认为他们的学生有能力取得很高的学术成就，为他们设定具有挑战性的学术标准，并提供支持来帮助他们达到这些高标准。相比之下，成绩较差的学校对学生的学业要求不高，教师花在积极教学和监控学生学业进展上的时间较少，而且他们往往会把相当一部分学生视为不可教的学生（Brookover & others, 1979）。在这类学校里，学生的自我效能感很低并且有学业徒劳感并不奇怪。

目标设定、计划和自我监控

目标设定越来越被认为是成就的一个关键方面（Hofer & Fries, 2016; Martin & Collie, 2016; Senko, 2016）。研究人员发现，当学生设定具体的、可接近的和有挑战性的目标时，自我效能感和成就会提高（Bandura, 1997; Schunk, 2016）。一个不具体、模糊的目标是"我想要成功"，一个更具体的目标是"我想在这学期末进入荣誉榜"。

长期和短期目标 学生可以设定长期（远）和短期（近）目标。可以让学生设定一些长期目标，比如"我想从高中毕业"或者"我想上大学"，但如果你这样做了，要确保他们在这个过程中也制定一些短期目标，比如"在下一次数学考试中获得 A""在周日下午 4 点前完成所有的作业"。正如前面所提到的，注意力应该主要集中在短期目标上，相比于长期目标，短期目标能帮助学生更好地判断自己的进步。《即使是老鹰也需要鞭策》的作者大卫·麦克纳利（David McNally, 1990）建议，当学生设定目标和制订计划时，应该提醒他们过好每一天，让他们把承诺分成一点一点的小块。正如麦克纳利所说，房子是一砖一瓦建成的，大教堂是由一块块石头建起来的，画作是一次次下笔画出来的，学生也应该一点一点地学习。

有挑战性的目标 另一个好的策略是鼓励学生设定具有挑战性的目标。一个具有挑战性的目标是一种自我提升的承诺。挑战激发了人们对活动的强烈兴趣和参与。易于实现的目标很少引起人们的兴趣或努力。然而，目标应该与学生的技能水平相匹配。如果目标不切实际，将会带来一次次的失败，从而降低学生的自我效能感。

发展变化和目标设定 不幸的是，中学过渡阶段的许多变化很可能会增加学生的成绩目标动机，而不是掌握目标（Wigfield & others, 2015）。考虑到这些通常包括成绩下降、缺乏对自主性的支持，组织全班任务和班级间的能力分组可能会增加社会比较、对评估的担心以及竞争。

在一项研究中，教师和学生都报告说，与小学阶段相比，初中阶段以成绩为中心的目标更常见，而以任务为中心的目标更少见（Midgley, Anderman, & Hicks, 1995）。此外，与初中教师相比，小学教师报告更多地使用以任务为中心的目标。在小学和初中的这两个年级中，教师以任务为中心的程度与学生和教师的个人效能感有关。不出所料，初中生的个人效能感比小学生低。因此，初中教师尤其需要在教学中增加以任务为中心的目标（Anderman, Austin, & Johnson, 2002）。此外，日本的一项研究表明，在初中和高中课堂上，如果教师创建了掌握的目标结构，学生则具有更多的内在动机，有更高的学术自我概念；相比之下，在以成绩为导向的目标结构课堂中，学生的内在动机较少，学术自我概念也较低（Murayama & Elliot, 2009）。

规划和自我监控　在"计划、教学和技术"这一章中，我们描述了计划对教师的重要性。计划对学生来说也很重要。仅仅让学生设定目标是不够的，鼓励他们计划如何实现目标同样很重要。做一个好的规划者意味着有效地管理时间、设定优先级，并且有条不紊完成计划。让学生（特别是初中和高中阶段的学生）练习管理他们的时间，设定优先事项并有条理地完成它们。

期望

期望可以对学生的学习动机产生强大的影响。让我们来探讨一下学生的期望和教师的期望。

学生的期望　学生学习有多努力取决于他们期望有多大的成就。与预期失败相比，如果他们期望成功，他们更有可能努力工作来达成目标。雅克·埃克尔斯（Jacquelynne Eccles, 1987, 1993）将学生对成功的期望定义为：他们对自己在即将到来的任务中会表现如何的信念，无论是近期还是长期的任务（Wigfield & others, 2006）。根据埃克尔斯的观点，能力信念的三个方面是学生关于自己在某一特定活动中表现有多好的信念、他们与其他个体相比有多好的信念，以及自己在其他活动中的表现有多好的信念。

学生学习的努力程度也取决于他们对目标的重视程度（Wigfield, Tonks, & Klauda, 2016）。事实上几十年来，期望和价值的结合一直是许多研究努力的重点，以更好地理解学生的成就动机（Atkinson, 1957; Eccles, 1993, 2007; Feather, 1966; Linnenbrink-Garcia & Patall, 2016; Wigfield, Tonks, & Klauda, 2016）。在埃克尔斯（1993, 2007）的模型中，"期望和价值被认为能直接影响成绩、努力持久性和学习任务选择。期望和价值……影响对能力的感知、不同任务难度感知和个人目标的影响"（Wigfield & others, 2006）。

教师的期望　教师的期望影响学生的动机和表现。当教师对学生的成绩有很高的普遍期望，而学生也感知到这些期望时，学生就会获得更多的成就，体验到作为学习者更强的自尊和能力感，并能够在童年期和青少年期避免卷入问题行为（Wigfield & others, 2006）。在一项对 12 个教室的观察研究中，与期望值一般和低的教师相比，对学生期望高的教师会花更多的时间为学生的学习提供框架，提出更高层次的问题，并且能更有效地管理学生的行为（Rubie-Davies, 2007）。

相比于能力低的学生，教师往往对能力高的学生有更多的积极期望，这些期望有可能影响教师对待他们的行为。例如，与能力低下的学生相比，教师要求能力高的学生更努力，给他们更多时间来回答问题，用更具信息性和更复杂的方式回应他们，较少批评他们，更多表扬他们，对他们更友好，更经常点他们回答问题，让他们的座位更靠近教师的办公桌，在评分过程中更有可能判他们可能答错的题正确（Brophy, 2004）。在一项研究中，接受职前培训的小学教师对女孩的数学成绩的期望低于男孩（Mizala, Martinez, & Martinez, 2015）。然而，对于非裔美国人这个种族，教师对非裔美国男孩的期望低于非裔美国女孩（Rowley & others, 2014）。

一个重要的教学策略是监控你的期望，并确保自己对能力较低的学生有积极的期望。幸运的是研究人员发现，在支持下，教师可以调整并提高他们对水平较低的学生的期望（Weinstein, Madison, & Kuklinski, 1995）。

延迟满足

延迟满足也是实现目标的一个重要方面，特别是长期目标（Imuta, Hayne, & Scarf, 2014; Mischel, 2014; Schlam & others, 2013）。**延迟满足**（delay of gratification）是指为了在未来获得更大、更有价值的奖励而推迟当前的奖励。对青少年来说，虽然今天和朋友出去玩可能比完成几天后要交的作业更有吸引力，但他们不延迟满足的决定可能会对其学业成就产生负面影响。

沃尔特·米歇尔和他的同事（Walter Mischel, Ebbesen, & Zeiss, 1972; Mischel & Moore, 1973; Zayas, Mischel, & Pandey, 2014）通过棉花糖任务在学龄前儿童中开展了经典的延迟满足研究。在这项研究中，儿童被告知实验者需要离开房间去做一些事情，当他或她不在的时候，他们可以选择立即得到一块棉花糖，或者等到实验者回来，他们可以得到两块棉花糖。大多数儿童确实等了一会儿，但只有一小部分儿童等了整整 15 分钟，

延迟满足：为了在未来获得更大、更有价值的奖励而推迟当前的奖励。

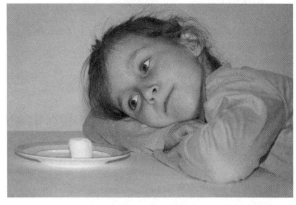

沃尔特·米歇尔及其同事如何研究幼儿的延迟满足？在他们的研究中，儿童后来的哪些发展结果与学龄前儿童延迟满足的能力有关？

© Amy Kiley Photography

哈里·普拉巴卡尔，走在通往目标之路上的学生

哈里·普拉巴卡尔（Hari Prabhakar）的志向是成为一名国际健康专家。普拉巴卡尔于 2006 年毕业于约翰斯·霍普金斯大学，获得公共卫生和写作双学位。作为一名优等生，他主动参加了多项健康领域的课外活动。在临近高中毕业时，哈里创立了印度部落健康基金会（www.tihf.org），该基金会为印度农村地区提供低成本的卫生保健援助。同时兼顾学生和基金会负责人角色的普拉巴卡尔每周花大约 15 个小时领导印度部落健康基金会，在描述他的工作时，普拉巴卡尔说（Johns Hopkins University, 2006）：

我发现协调国际业务非常具有挑战性……这需要做很多工作，而且没有很多空闲时间。但是当我去看望我们的病人，看到他们及他们的社区正在变好时，我觉得这些都是值得的。

最近，普拉巴卡尔在哈佛医学院学习，目前是那里的住院医生（资料来源：Johns Hopkins University, 2006; Lunday, 2006; Marshall Scholarships, 2007; Prabhakar, 2007）。

哈里·普拉巴卡尔（后排）在印度的一个筛查营地中，这是他创建的印度部落健康基金会的一部分。
© Hari Prabhakar

多重思考

品德教育是一种教给学生基本道德素养的直接方法；价值观辨析则强调帮助学生明确他们的人生是什么，什么是值得努力的。连接到"社会环境和社会情感发展"。

直到实验者回来。平均而言，学龄前儿童会在一分钟内屈服于诱惑而吃掉棉花糖。

在纵向研究中，米歇尔及其同事们发现，那些能够延迟满足的学龄前儿童在学业上更成功，在大学毕业时拥有更高的 SAT 分数和 GPA，并且在青少年期和成年早期能够更有效地应对压力（Mischel, 2014）。成年后，与那些在学龄前不能延迟满足的人相比，他们在事业上赚的钱更多，更守法，更有可能拥有较低的体重指数，也更快乐（Mischel, 2014; Moffitt, 2012; Moffitt & others, 2011; Schlam & others, 2013）。尽管学龄前延迟满足的能力与青少年时期的学业成功、强应对能力以及成年后的高能力有关，米歇尔（2014）强调青少年和成年人可以提升他们延迟满足的能力。

价值观和目的

拥有积极的价值观和目的的学生比没有积极价值观和目的的学生更有可能延迟满足。另外，在关于期望的讨论中，我们指出，学生的努力程度会受到他们对自己设定目标的重视程度的影响。我们也评论说，文化的成就取向影响学生的价值观。什么是"价值观"呢？价值观是我们认为事物应该怎样的信念和态度。它们涉及对个人来说什么是重要的。价值观可以与各种事情联系在一起，比如宗教、金钱、性、帮助他人、家庭、朋友、自律、欺骗、教育、事业等等。在"社会环境和社会情感发展"那一章中，我们描述了两种强调价值观在学生发展中的重要性的道德教育方法：品格教育和价值观辨析。

重要的是要注意目的在塑造学生价值观中起着不可或缺的作用。威廉·达蒙在他的书《通往目的之路：帮助孩子找到他们的人生使命》（William Damon, 2008）中把目的定义为一种完成对自己有意义的事情的意图，并为自己以外的世界做出贡献。寻找目的涉及回答这样的问题：我为什么要这样做？为什么这很重要？为什么它对我和我之外的世界很重要？我为何要努力实现这个目的？

在对 12~22 岁的青年和少年的访谈中，达蒙发现只有 20% 的人清楚地知道自己的人生目标、想要取得的成就以及原因。大约 60% 的人参与了一些有潜在目的的活动，比如服务学习或与职业顾问进行富有成效的讨论，但仍然没有真正投身其中或制订任何实现目的的合理计划。还有略高于 20% 的人表示没有任何抱负，在某些情况下，他们认为没必要拥有抱负。

达蒙总结说，大多数教师和家长都在传递努力学习和取得好成绩的重要性，但很少讨论这些行为可能带来什么，即努力学习和取得好成绩的目的。达蒙强调，学生们往往只关注短期目标，而没有探索他们一生中想要做什么这一长远蓝图。达蒙（Damon, 2008）在其研究中使用的这些访谈问题能很好地作为学生反思他们目的的出发点。

> 你生命中最重要的是什么？
>
> 你为什么关心这些事情？
>
> 你有长期目标吗？
>
> 为什么这些目标对你很重要？
>
> 拥有美好生活意味着什么？
>
> 做一个好人意味着什么？
>
> 如果你现在回顾你的人生，你希望别人如何记住你？

最近，我询问了老师们用什么策略来帮助学生取得成功，以下是他们的回复：

幼儿园 我们的学龄前儿童在一整年都有目标要实现。例如，周目标是每周识别并书写一个新的字母。为了激励孩子们实现这一目标，我们要求他们从家里带来一个以本周字母开头的特殊物品，并与全班分享。孩子们很喜欢每周带来特殊物品的职责，并感觉自己参与了学习过程。

——米西·丹格勒，市郊山丘学校

（Missy Dangler, Suburban Hills School）

小学 在新学年开始的时候，我与学生们分享我的教学目标。在那之后，我让孩子们列出他们今年的目标清单，我们把它们展示在孩子的自画像旁。这些目标和自画像全年都在展示，这样就会随时提醒我们什么是重要的。我们还制定了有益于达成学生和我的目标的课堂规则。

——伊冯·威尔逊，北部小学

（Yvonne Wilson, North Elementary School）

初中 在这个考试当道的时代，激励学生为学习而学习（而不仅仅是为了在考试中取得好成绩）非常重要。考虑到这一点，我特意选择了一些不包括在评估过程中的材料。这些材料通常是高度引起学生兴趣的冷知识，或者有时是与教学内容相关的精彩故事。虽然这材料不会出现在考试中，但我的学生们很期待学习它。

——马克·福德尼斯，贝米吉初中

（Mark Fodness, Bemidji Middle School）

高中 我的高中艺术生对表扬的反应最好。每个人都喜欢听，"哇，这看起来很棒；做得好！"对我的学生来说，另一个激励因素是，好的艺术作品可以参加我们每年的许多比赛、展示或展览。有一个奖励挂在那里是一个很好的激励工具。

——丹尼斯·彼得森，鹿河高中

（Dennis Peterson, Deer River High School）

复习、思考和练习

学习目标 2：讨论从动机到目标实现之间的重要过程。

复习

· 什么是外在和内在动机？它们是如何参与到学生的成就去的？

· 归因理论和对学生成绩的归因方法的特点是什么？

· 掌握取向与无助取向和成绩取向相比有何不同？为什么成长型思维对学生的学业成就很重要？

· 什么是自我效能感？什么类型的教学策略有利于学生的自我效能感？

· 目标设定、计划和自我监控对提高学生的成就动机有何重要意义？

· 学生和教师的期望如何影响学生的动机？

· 什么是延迟满足，它是如何影响儿童的成长结果的？

· 价值观和目的意味着什么？为什么培养学生的目的感很重要？

思考

· 肖恩和戴夫都被篮球队淘汰。第二年，肖恩又参加了球队的选拔，但戴夫没有去。什么归因（及其影响）可以解释这两个学生的不同行为？

PRAXIS™ 练习

1. 以下哪项是具有内在动机的人的最佳例子?

　　A. 埃里克正在阅读《哈利·波特》系列书中的一本,因为他想成为一个更好的阅读者

　　B. 乔丹阅读《哈利·波特》是因为他迫不及待地想知道哈利和他的朋友们会发生什么情况。

　　C. 乔希正在读一本《哈利·波特》,这样他就可以阅读足够多的页数来获得参加月底的班级比萨聚会的资格

　　D. 马蒂纳斯阅读《哈利·波特》是因为他的老师将这本书作为指定读物,他想取悦他的老师

2. 琼刚刚在科学考试中失败。"我就知道,"她说,"我从来都不擅长科学,以后也不会。"以下哪个类别最能说明琼对其失败的归因?

　　A. 外部的–稳定的–可控的

　　B. 外部的–不稳定的–不可控的

　　C. 内部的–稳定的–可控的

　　D. 内部的–稳定的–不可控的

3. 以下哪项是成绩目标导向的最佳例子?

　　A. 艾丽西亚与她最好的朋友竞争,看谁能在每次考试中获得更高的分数,并以获得高分为乐

　　B. 卡桑德拉讨厌数学,不相信自己能成功,一有困难就放弃了

　　C. 埃德在数学上很吃力,但他非常想学好这门课,所以当他遇到不会做的问题时,他就会向别人求助

　　D. 马丁按照要求做作业,而且做得不错,但他并不真正关心自己的成绩,也不关心自己学了多少东西

4. 雅各布在代数方面很吃力,因此自我效能感很低。以下哪个人可以提供最好的榜样?

　　A. 大卫,一个当地的工程师,他告诉全班同学数学在他们未来的职业中是多么有用

　　B. 贾马尔,雅各布的一个同学,他也曾在课程中挣扎过,但现在已经掌握了概念

　　C. 杰克逊夫人,雅各布的代数老师,她一直都很喜欢数学

　　D. 苏珊娜,雅各布的一个同学,她几乎没怎么努力就得了 A

5. 哪个学生的目标最不合适?

　　A. 当马克为他的高四年级选择课程时,他决定选修他的顾问向他推荐的两门课程中更具挑战性的一门

　　B. 萨姆在高四时选修几何学,因为他的数学成绩一直很差

　　C. 西尔维娅决定在高四时选修微积分 AP 课,尽管她知道这是一门很难的课程

　　D. 塞尔达是一个有能力的数学学生,但她选了一门简单的数学课,她几乎肯定能得到 A

6. 马丁女士为一个学术多元化的班级教授八年级的历史。德马库斯是一个有天赋的学生,一直都能获得高分,乔却有学习障碍。马丁女士认为,期望乔和德马库斯有同样的表现是不公平的。然而,她知道,只要提供适当的脚手架,乔就能学会这些内容。正因为如此,她让乔坐在她办公桌附近,在他做得好的时候表扬他,并在必要时给予他建设性的批评。她的期望和行为可能会怎样影响这些学生的成绩?

　　A. 她的期望可能会使得这两个学生的成绩相似

　　B. 她的期望可能会使德马库斯取得很高的成绩,而乔取得较高的成绩

　　C. 她的期望可能会使乔取得很高的成绩,而德马库斯取得较高的成绩

　　D. 她的期望可能会使得两个学生取得低成绩

7. 以下哪项可能会导致更高的学习成绩、更少的青少年期问题、成年后职业更成功以及成年
   后更好的身体和心理健康？
   A. 根据儿童的表现给他们金色星星贴纸
   B. 引导儿童制定有效的延迟满足策略
   C. 让儿童定期死记硬背内容
   D. 与儿童一起学习和做功课，让他们拥有现实的自尊心
8. 一位教师向她十一年级的学生查斯提出的以下哪个问题最能反映对他的目的的询问？
   A. 你为什么不为这周的考试更加努力地学习？
   B. 在你的生活中，什么对你来说是最重要的？
   C. 在今年剩下的时间里，你能做些什么来获得这门课程的好成绩？
   D. 你打算如何增加你成为学校领导者的机会？

请参看书末的答案……

学习目标3：解释
社会关系和社会文
化背景如何支持或
削弱社会动机。

③ 社会动机、社会关系和社会文化背景

除了成就动机外，学生还有社会动机。我们对动机的社会维度的介绍主要集中在
学生的社会动机、关系和社会文化背景上。

社会动机

社会动机：通过接
触社会而习得的需
求和欲望。

社会动机（social motive）是通过接触社会而习得的需求和欲望。学生的社会需求
反映在他们渴望在同龄人中受欢迎，拥有亲密的朋友，以及他们感受到自己所爱的人
的强烈的吸引力。虽然每个学生都有一种归属或联系的需求，但有些学生的需求比其
他人更强烈。有些学生喜欢周围有很多朋友，有些初中和高中阶段的学生觉得，如果
他们没有定期约会的女朋友或男朋友，他们的生活中就严重缺失了什么。而其他人则
没有如此强烈的归属需求。即使她们身边没有几个亲密的朋友，他们也不会精神崩溃；
如果没有男朋友或女朋友，他们也不会焦虑不安地坐在教室里。

每天在校上学，学生们都努力建立和维持社会关系。研究人员已经发现，相比缺
乏社交胜任力的学生，表现出社交胜任力行为的学生更有可能在学业上取得优异成绩
（Kindermann, 2016; Wentzel & Muenks, 2016）。但总的来说，研究人员很少关注学生的
社交世界与他们在课堂上的动机之间有什么关系。

对大多数学生来说，教师认同和同伴认同都是重要的社会动机（Wentzel, 2016）。
在小学阶段，相比取悦同伴，学生更愿意取悦他们的父母（Berndt, 1979）。到小学毕业

时，父母的认可和同伴的认可对大多数学生来说具有同等的激励。到了八年级或九年级，和同伴的一致性超过了和父母的一致性。而到了十二年级，随着学生变得更加自主，更多地自己做决定，他们和同伴的一致性会有所下降。

青少年期是成就动机和社会动机中一个特别重要的关口（Juvonen & Knifsend, 2016）。新的学业和社会压力迫使青少年扮演新的角色，承担更多责任。随着青少年体验到更强烈的成就压力，他们的社交兴趣可能会侵占他们的学习时间。在一个领域内的抱负会破坏另一个领域目标的实现，比如学术成就会导致不合群。在青少年期早期，学生们面临着一个选择，是把更多的时间花在追求社会目标还是学业目标上。这个决定的结果会对自己今后的教育和职业道路产生长期的影响。

社会关系

学生与父母、同学和朋友的关系对他们的生活有巨大的影响。他们与教师、导师和其他人的互动也会深刻地影响他们的成就和社会动机。

人们已经对父母教养方式和学生动机之间的联系进行了研究（Rowe, Ramani, & Pomerantz, 2016）。一些研究考察了家庭人口学特征、养育方式和家庭里特定体验的提供（Eccles, Wigfield, & Schiefele, 1998）。

人口结构特征　受教育程度高的父母比受教育程度低的父母更有可能相信他们参与孩子的教育是重要的，更有可能积极参与孩子的教育，更有可能在家里为孩子提供智力刺激材料（Schneider & Coleman, 1993）。当父母的时间和精力大部分被孩子以外的人或事消耗时，孩子的动机就会受到影响。生活在父母的精力都放在工作上的家庭里，以及生活在一个大家庭里，孩子的成就都会被削弱。父母的过度参与也会损害孩子的成就。

养育方式　尽管人口结构因素会影响学生的学习动机，但更重要的是父母的养育方式（Wigfield & others, 2015）。以下是一些积极的养育方法，可以提高孩子的积极性和成就：

- 充分了解孩子，提供适当的挑战和适当的支持。
- 提供一个积极的情感氛围，激励孩子内化父母的价值观和目标。
- 示范积极的成就行为——努力工作，坚持不懈地完成具有挑战性的任务。

家庭里特定体验的提供　除了一般性的养育方式，随着时间的推移，家长在家里提供各种活动或资源，可能会影响学生从事各种活动的兴趣和动机（Wigfield & others, 2015）。例如，在家中为学龄前儿童朗读和提供阅读材料与儿童后来的阅读成就和动机

多重思考

家庭管理实践，如保持结构化和有组织的家庭环境和有效监督孩子的行为，与孩子的成绩和自我责任感正相关。连接到"社会环境和社会情感发展"。

呈正相关（Wigfield & Asher, 1984）。事实上，研究人员已经发现，孩子进入幼儿园时的技能和学习习惯是他们在小学和中学学习动机和成绩的最佳预测因素之一（Entwisle & Alexander, 1993）。在小学阶段，父母在多大程度上强调学术成就或体育，是否为他们的孩子提供机会和资源来参加这些活动影响了孩子们是否会在青少年期继续选择符合这些活动的课程和课外活动（Simpkins & others, 2004）。

同伴　同伴可以通过多种方式影响学生的学习动机（Grenhow & Askari, 2016; Wentzel & Muenks, 2016）。在考虑学生的成就时，不仅要考虑学业目标，还要考虑社会目标，这一点很重要。

多重思考

儿童的五种不同的同伴地位是受欢迎的、一般的、被忽视的、被拒绝的和有争议的。连接到"社会环境和社会情感发展"。

那些更被同伴接受、社交能力好的学生通常在学校表现更好，有积极的学业成就动机。相比之下，被拒绝的学生，尤其是那些极具攻击性的学生，有可能出现一些学业上的问题，其中包括成绩较低和辍学（Dodge, 2010）。最近的一项研究表明，在青少年期拥有具有攻击性和破坏性的朋友与高中毕业的可能性较低有关（Veronneau & others, 2008）。拥有以学业为导向的朋友与青少年期更高的成就有关（Crosnoe & others, 2008）。

教师　教师在学生的成就中发挥着重要作用（Fox & Dinsmore, 2016; Wubbels & others, 2016）。当研究人员观察课堂时，他们发现有效的、有吸引力的教师为学生提供支持，使他们取得良好的进步，鼓励他们成为自我调节的成功者（Martin & Collie, 2016）。这种鼓励发生在一个非常积极的环境中，在这个环境中，学生们不断地被引导，变得积极努力并发展自我效能感。

许多在学校表现不好的学生总是与他们的教师产生消极的互动（Stipek, 2002）。他们经常会因为不完成作业、注意力不集中、胡闹或宣泄情绪而陷入麻烦。在很多情况下，他们的所作所为应当受到批评和纪律的约束，但对他们来说教室往往会成为一个非常不愉快的场所。

研究人员发现，相比于没有感受到教师支持和关心的学生，那些感受到的学生更有动力投入学业中（Wentzel, 2016）。一位研究人员通过询问中学生一些问题来考察学生对与教师良好关系的看法，比如问学生他们如何知道教师关心他们（Wentzel, 1997）。如图13-5所示，学生对那些把他们作为人来关注的教师有良好的印象。有趣的是，学生在评价教师对他们的关心程度时，也会考虑教师的教学行为。学生们表示，当教师们认真努力地促进学生学习并拥有适当的高标准时，就传达出了他们对学生的关心。

多重思考

琼·爱泼斯坦提出了一些有效的战略，以建立家庭与学校的联系。连接到"社会环境和社会情感发展"。

当教师在一个以掌握为取向的环境中（该环境包括良好的情感和认知支持，供学习和掌握的有意义和有趣的材料，以及对自主性和主动性的充分支持）为学生提供具有挑战性的任务时，学生的动机就会得到优化（Wentzel, 2016）。许多研究人员得出结论，如果学习是有意义的，那么它能维持学生的注意力和兴趣，吸引他们参与学习，并降低学生感到与学校疏远的可能性（Blumenfeld, Krajcik, & Kempler, 2006）。此外，

	关心的教师	不关心的教师
教学行为	努力使课堂有趣，以特别的方式教学	以一种无聊的方式教学，逃避任务，在学生没有集中注意力的时候教学
沟通风格	跟我说话时集中注意力倾听，问我问题	忽视我，打断我，大声叫喊
公平对待和尊重	诚实公正，信守承诺，信任我，说真话	让我尴尬，侮辱我
对个人的关注	问我出了什么事，和我谈谈我的问题，像朋友一样，问我什么时候需要帮助，花时间确保我明白，打电话给我	忘记我的名字，当我做错事时什么都不做，不解释事情或回答问题，不试图帮助我

图 13-5　学生对关心他们的教师的描述

正如我们在本章前面讨论班杜拉自我效能感时所了解到的那样，整个学校的动机和成就氛围会影响学生的动机。如果学校对学生有高期望和高学业标准，并且为学生提供学业和情感支持，那么学生往往具有追求学业成功的动机（Reksten, 2009）。

教师和家长　在过去，学校很少关注教师如何使家长成为他们的合作伙伴，为学生提供实现目标的机会。目前，人们对如何建立这一合作关系非常感兴趣（Nitecki, 2015; Regional Educational Laboratory Mid-Atlantic, 2015）。当教师系统地、经常性地向家长通报学生的进步，并让家长参与学生的学习时，学生往往会取得更高的学业成就（Horvat & Baugh, 2015）。最近的一项纵向研究发现，总体而言，十年级学生对自己的积极期望、父母对他们成功的期望，以及英语和数学教师对他们成功的期望，预测了他们四年后的高等教育（最高教育水平）状态（Gregory & Huang, 2013）。在本研究中，这些期望比学生的社会经济地位和学业表现等特征更能预测其高等教育的状况。

社会文化背景

少数族裔群体内部的多样性在他们的成就水平上表现得很明显（Banks, 2015; Koppelman, 2017）。例如，许多亚裔美国学生有很强的学术成就取向，但有些则没有（Golnick & Chinn, 2017）。

除了认识到每一个文化群体在其成就方面存在的多样性之外，还必须区分差异和缺陷。很多时候，按照中等社会地位的白人的标准，少数族裔学生，尤其是非裔美国人、拉丁裔美国人和印第安人往往被认为在成就方面存在缺陷，但这些学生只是在文化上存在差异而已。

然而，成就差异与社会经济地位的关系比与种族的关系更密切（Ballentine

& Roberts, 2009）。许多研究发现，社会经济地位比种族更能预测成就（Entwisle, Alexander, & Olson, 2010; Rowley, Kurtz-Costes, & Cooper, 2010）。无论他们的种族背景如何，来自中高收入家庭的学生比来自低收入家庭的学生在许多成就情境中表现得更好，例如对成功的期望、成就抱负和对努力重要性的认识。低收入家庭学生成绩较低的一个特别重要的因素是缺乏足够的资源，比如他们的家里没有一台最新的电脑（甚至没有任何电脑）来支持学习（Schunk, Pintrich, & Meece, 2008）。

桑德拉·格雷厄姆（Sandra Graham, 1986, 1990）开展了一系列研究，不仅揭示了社会经济地位比种族对成就有更大的影响，还揭示了在一般动机理论背景下研究少数族裔学生动机的重要性。她的研究位于归因理论的框架内，重点研究非裔美国学生为自身成功或失败所确定的原因。格雷厄姆发现，就像中产阶级的白人学生一样，中等收入家庭的非裔美国学生也有很高的成就期望，并且明白失败通常是由于缺乏努力，而不是运气不好。

对许多少数族裔学生，尤其是那些贫困的学生来说，特殊的挑战是应对种族偏见，他们的群体和多数群体之间的价值观冲突，以及在他们的文化群体中缺乏可以作为积极榜样的高成就成年人（Banks, 2015）。缺乏高成就的榜样与这些学生生活中导师的数量有关。一项研究表明，教师感知到的种族歧视与非裔美国人和加勒比地区青少年的学业成绩呈负相关（Thomas & others, 2009）。

有必要进一步考虑主要为少数族裔学生服务的学校的性质（Wigfield & others, 2015）。在美国47个城市学区中，有超过三分之一的非洲裔学生和近三分之一的拉丁裔学生就读，而白人学生和亚裔学生的比例分别只有5%和22%。这些少数族裔学生有许多来自低收入家庭（超过一半的学生有资格享受免费或低价午餐）。与其他学校相比，这些学校不太可能为条件较好的人群提供服务，也不太可能提供高质量的学术支持服务、高级课程，以及挑战学生思维能力的课程。那些有学习和成就动机的学生也会发现，在这样的环境下他们很难有好的学业表现。

教育工作者特别关注的一个问题是找到支持少数族裔学生的成就努力的各种方式，他们中的许多人来自低收入家庭（Zusho, Daddino, & Garcia, 2015; Rowley & others, 2014）。在本章开篇的连线教师中，你读到了杰米·埃斯卡兰特的故事，他在激励东洛杉矶的拉丁裔学生学习数学并

加利福尼亚大学洛杉矶分校的教育心理学家桑德拉·格雷厄姆（Sandra Graham）正在与青少年期男孩谈论动机。她进行的一系列的研究表明，和处于中等社会经济地位的白人学生一样，处于中等社会经济地位的非裔美国学生，也有很高的成就期望，并将成功归因于内部因素如努力，而不是外部因素如运气。

©Sandra Graham

取得优异成绩方面做出了重要贡献。

医生亨利·加斯金斯（Henry Gaskins）在支持华盛顿特区非裔美国学生的积极性方面表现出色，他为少数族裔学生开办了一个课外辅导班。80 名学生在每周工作日晚上和周六全天接受来自加斯金斯及其妻子、两名成年志愿者以及有学术天赋的同伴的学习帮助。那些负担得起的学生可选择捐助 5 美元作为学习用品的费用。除了辅导他们的学校科目，加斯金斯还帮助他们学习如何设定学业目标，并计划如何实现这些目标。加斯金斯还鼓励学生自我监控他们在实现目标方面的进展。许多接受辅导的学生的父母都是高中辍学生，他们没有能力或没有动力去帮助自己的子女取得成功。

亨利·加斯金斯医生正在和三名高中生交谈。他从 1983 年开始为华盛顿特区的少数族裔学生开办课外辅导班。像加斯金斯医生这样的志愿者在培养少数族裔青少年对教育重要性更加深刻的认识方面起着特别重要的作用。
©Joan Marcus Photography

每个社区都有像亨利·加斯金斯医生这样的人，他们可以为来自低社会经济背景家庭、父母无法帮助他们取得学业成就的学生提供急需的指导和辅导。许多来自社区的这些潜在导师和辅导者还没有被校方人员联系过。如果你的学生有这样的需求，就应该努力在社区中寻找像加斯金斯这样有才华的、有热情和关心学生的成年人，你可以向他们提出邀请，他们就会为弱势学生提供指导和辅导支持。

复习、思考和练习

学习目标 3：解释社会关系和社会文化背景如何支持或削弱社会动机。

复习

· 什么是社会动机和归属感的需求？

· 学生的在校表现的哪些方面与其和父母、同学、朋友以及教师之间的关系有关？

· 种族和社会经济地位是如何影响学生的成就动机的？

思考

· 假设在你的小学班级上，有一些来自低收入家庭的学生在实现其潜力方面有困难。你将如何与他们合作以提高他们成功的机会？

PRAXIS™ 练习

1. 以下哪个学生最有可能顺从同伴对学业成绩的期望？

　A. 帕特里克，二年级学生

　B. 罗斯，五年级学生

　C. 谢尔顿，八年级学生

　D. 罗斯，十二年级学生

2. 哪间教室可能会对学生的动机有最积极的影响?

    A. 戴维森女士只关心她的学生的学习成绩,不关心他们的个人生活。她的课非常具有挑战性,尽管不是非常有趣

    B. 尼尔森先生努力从个人层面和学术层面了解他的学生。因为他非常关心学生,所以他确保他的课对所有学生来说都很容易取得好成绩

    C. 帕柳卡女士努力从个人和学术的角度来了解她的学生。她给她的学生提供的作业具有挑战性和趣味性

    D. 威廉姆斯先生的课非常具有挑战性和竞争性。他的学生每天都在竞争分数

3. 以下哪位学生最不可能有强烈的成就动机?

    A. 里,一个来自中等收入家庭的非裔美国学生

    B. 佩德罗,一个来自中等收入家庭的拉丁裔学生

    C. 罗斯,一个来自富裕家庭的非裔美国学生

    D. 肖恩,一个来自低收入家庭的白人学生

请参看书末的答案……

学习目标4: 关于帮助有学业困难的学生的建议。

4 探索学业成就困难

当学生没有设定目标,没有计划如何实现目标,没有充分监控他们朝向目标的进展时,成就问题就会浮现出来(Senko, 2016)。当学生成绩差,对成功期望低,试图通过避免失败、拖延来保护自己的自我价值,完美主义,被焦虑淹没,对学校不感兴趣或疏离时,也会出现成就问题。许多阻碍取得成就的障碍在小学时期就显现出来,在初中或高中时变得更加明显。我们将讨论一些教师、辅导员、导师和家长可以用来帮助学生克服成就障碍的策略。

成绩差、对成功期望低的学生

杰雷·布罗菲(Jere Brophy, 1998)这样来描述对成功期望低的低成就学生:这些学生需要不断地保证自己能够达到设定的目标和应对挑战,并且教师会为自己提供成功所需要的帮助和支持。但是你需要提醒他们,只要他们付出了真正的努力,你就会认可他们的进步;他们可能需要个性化的教学材料或活动,来形成对他们的技能水平来说最佳的挑战;帮助他们设定学习目标,并为他们实现这些目标提供支持。要求这些学生付出相当大的努力,取得进步,即使他们可能没有能力达到班级的整体水平。

失败综合征（failure syndrome）是指对成功的期望值过低，一遇到困难就放弃。有失败综合征的学生与那些尽了最大努力却失败的低成就学生是不同的。失败综合征的学生没有付出足够的努力，经常在开始做作业时就三心二意，一遇到挑战就很快放弃。失败综合征的学生往往自我效能感较低，拥有固定型思维。

失败综合征：对成功的期望值过低，一遇到困难就放弃。

有一些策略可以用来提升失败综合征学生的动机。尤其有效的是认知再训练法，如自我效能训练和策略训练，如图 13-6 所示。

训练方法	主要强调	主要目标
自我效能训练	提高学生的自我效能感	教导学生设定并努力实现具体的、不断接近的和具有挑战性的目标；监督学生的进步，经常说"我知道你能做到"之类的话来支持学生；有效地使用成年人和同伴模型；个性化教学并根据学生的知识和技能进行调整；尽量减少社会比较；做一个勤奋的教师，对自己的能力有信心；将患有失败综合征的学生视为挑战而非失败者
策略训练	提高学生特定领域和任务的技能和策略	帮助学生掌握并自我调节他们对有效学习和解决问题策略的使用。教学生做什么、如何做、何时做，以及为什么做

图 13-6 认知再训练法增加表现出失败综合征的学生的动机

通过避免失败来保护自我价值的学生

有些人过于执着于保护自我价值和避免失败，以至于他们偏离了追求学习目标的方向，并采取无效的策略（De Castella, Byrne, & Covington, 2013）。这些策略涉及如下行为（Covington & Dray, 2002）：

·不作为。避免失败最明显的策略就是不去尝试。在课堂上，不作为的策略包括：看起来很想回答老师的问题，却希望老师提问另一个学生；从座位上滑下去以避免被老师看到；避免眼神接触。这些看起来像是小的欺骗行为，但它们可能预示着其他更长期的不参与形式，如辍学和过多缺课。

·拖延症。那些把考试复习推迟到最后一分钟才开始的人可以把失败归咎于时间管理不善，从而将人们的注意力从他们能力不足的可能性上转移开。这个策略的另一种变体是承担太多的责任，这样他们就可以为自己没有很好地完成其中任一一件事找到托词。

·设置遥不可及的目标。通过将目标设定得极高，以至于几乎不可能成功，学生可以避免任何可能表明没有能力的暗示，因为几乎任何人都无法达到这样一个具有挑战性的目标。

避免失败的努力往往涉及自我妨碍策略（self-handicapping strategies）（Akin & Akin, 2014; Callan, Kay, & Dawtry, 2014）。也就是说，有些人会通过不付出努力、将作业推迟到最后一分钟、在考前的晚上混时间等方式故意妨碍自己，所以如果他们后续的表现不佳，这些情况将被视为原因，而不是缺乏能力。近期的一项元分析证实，自我妨碍与学生较低的成绩有关（Schwinger & others, 2014）。

这里有一些策略可以帮助学生减少对保护自我价值和避免失败的关注（Covington & Teel, 1996）：

· 指导学生设定具有挑战性但现实的目标。

· 帮助学生强化自身努力和自尊之间的联系。告诉他们要为自己的努力感到骄傲，减少社会比较。

· 鼓励学生对自己的能力有积极的信念，但不要告诉他们，他们的能力很强，也不要因为他们能力强而表扬他们。

拖延的学生

妨碍学生无法发挥潜能的另一种方式是经常有拖延的习惯（Ebadi & Shakoorzadeh, 2015; Grunschel & Schopenhauer, 2015）。一项元分析显示，拖延症与低自我效能感、低责任心、注意力分散和低成就动机有关（Steel, 2007）。学生拖延的其他原因包括时间管理不善、注意力难以集中、恐惧和焦虑（例如被作业压得喘不过气、害怕成绩低）、消极信念、个人问题（经济问题、和朋友之间的问题等）、乏味无趣、不切实际的期望和完美主义（例如认为在写关于某个主题的文章之前必须阅读所有关于该主题的文章），以及对失败的恐惧（例如认为如果你得不到 A，你就是个失败者）（University of Buffalo Counseling Services, 2016）。

拖延症的形式多种多样，包括以下几种（University of Illinois Counseling Center, 2016）：

· 忽视作业，并希望它会自行消失。

· 低估作业所涉及的工作量或高估自己的能力和资源。

· 花大量的时间用于玩电脑游戏和上网。

· 做一些有价值但不那么重要的活动，比如打扫房间而不是学习。

· 相信屡次的小拖延不会有什么坏处。

· 坚持只完成部分作业，比如将文章的第一段写了又写，但从来不写文章的主体部分。

连线学生：最佳实践

帮助学生克服拖延症的策略

以下是一些帮助学生减少或消除拖延症的好方法：

1. 让他们认识到拖延是一个问题。拖延症患者往往不正视自己的问题。如果学生承认他们有拖延症，有时可以让他们开始思考如何解决这个问题。

2. 鼓励他们确定自己的价值观和目标。让他们思考拖延是如何破坏他们的价值观和目标的。

3. 帮助他们更有效地管理时间。让学生制订每年（或每学期）、每月、每周和每天的计划。然后帮助他们监控自己如何使用时间，并找到更合理地使用时间的方法。

4. 让他们把作业分成更小的部分。有时学生拖延是因为他们认为作业太艰巨，他们永远都无法完成。在这种情况下，让他们把作业分成更小的单元，并设定每次完成一个大目标的子目标。这一策略通常可以使看起来完全难以应对的作业变得可以掌控。

5. 教他们使用行为策略。让他们发现那些可能会让自己无法专注于最重要的作业任务和活动的分心因素，让他们注意到自己何时地陷入了这些分散注意力的活动，然后让他们计划如何减少和控制注意力分散。其他的行为策略包括让学生与你、他们的父母或导师签订协议，或让学生为自己设立奖励，以激励他们完成全部或部分作业。

6. 帮助他们学习如何使用认知策略。鼓励学生注意可能导致行为转移的自我减压，比如"我明天再做""现在看一两个小时电视有什么问题吗？"和"我做不到"。帮助他们学会如何抵制心理上的诱惑。例如，让他们告诉自己"我真的没有多少时间了，之后还会有其他的事情要做"或者"如果我把这件事做完，我就更能玩得开心"。

·当不得不在两个选择之间做出抉择时，会变得不知所措，例如为先做生物作业还是英语作业而苦恼，结果两个都没做完。

完美主义的学生

正如前面所提到的，完美主义有时是拖延的潜在原因。完美主义者认为错误是不可接受的，必须达到最好表现的标准。如图13-7所示，健康的成就和完美主义在许多方面有所不同。完美主义者容易受到生产力下降、健康受损、人际关系问题和低自尊的影响（Bonvanie & others, 2015; Harrison & Craddock, 2016）。抑郁、焦虑和饮食失调是完美主义的常见后果（Teixeira & others, 2016）。在近期的一项研究中，父母的完美主义与其孩子和青少年更高水平的焦虑有关（Affrunti & Woodruff-Borden, 2014）。

完美主义者

设定超出范围和合理区间的标准
从不满足于不完美的事物
当经历失败和失望时，会功能障碍性抑郁
全神贯注于对失败和不满的恐惧——这会耗尽能量水平
将错误视为不值得的证据
受到批评时变得过于防御

健康奋斗者

设定了高标准，但只高过可达到的水平一点点
享受过程和结果
从失败和失望中迅速恢复过来，重新充满活力
将正常的焦虑、对失败和不满的恐惧控制在一定范围内——利用它们来创造能量
将错误视为成长和学习的机会
对有益的批评做出积极反应

图13-7 完美主义者和健康奋斗者之间的差异

连线学生：最佳实践

帮助学生克服完美主义倾向的策略

以下是一些指导学生减少或消除完美主义倾向的有效策略（University of Texas at Austin Counseling and Mental Health Center, 2016）：

1. 让学生列出努力追求完美的好处和坏处。当学生这样做的时候，他们可能会发现努力追求完美的代价太大。
2. 引导学生逐渐意识到"全或无"思维的自我批判本质。帮助学生学会如何用更现实、更合理的想法来代替他们习惯性的过度自我批评的想法。
3. 帮助学生务实地看待他们所能达到的目标。通过让学生设定更现实的目标，你可以帮助他们逐渐认识到，不完美的结果并不会导致他们所预期和担心的负面后果。
4. 与学生讨论如何接受批评。完美主义者经常将批评视为人身攻击，并对其做出防御性的反应。引导学生更加客观地看待批评和自己。

高焦虑的学生

焦虑是一种模糊的、非常不愉快的恐惧和忧虑感。在面对学业挑战时，比如想要在考试中取得好成绩，学生们感到担心是很正常的。事实上，研究人员发现，许多成功的学生都有中等程度的焦虑（Bandura, 1997）。然而，一些学生经常会过度焦虑和持续担心，这会显著损害他们完成学业的能力（Ramirez & others, 2016）。近期的一项研究发现，考试焦虑中的担忧程度与十一年级学生的低学业成绩有关（Steinmayr & others, 2016）。

一些学生的高焦虑水平是父母不切实际的成就期望和压力的结果（Wigfield & others, 2015）。对于许多学生来说，随着他们遇到更频繁的评估，陷入社会比较，以及可能经历的失败，他们的焦虑在整个学生生涯中会逐步增加（Wigfield & others, 2015）。当学校创造这样的环境时，他们很可能会增加学生的焦虑。

许多干预计划已经被创建来缓解高焦虑水平（Garcia-Lopez & others, 2014）。一些干预计划强调放松技巧。这些计划通常在减少焦虑方面很有效，但并不总是能提高成绩。与担忧相关的焦虑干预计划强调，通过让焦虑的学生形成更积极的、以任务为中心的思维来修正其消极的、自我诋毁的思维（Watson & Tharp, 2014）。在提高学生成绩方面，这些计划比放松计划更有效（Wigfield & others, 2006）。

不感兴趣或疏离的学生

杰雷·布罗菲（Jere Brophy, 1998）认为最难应对的动机问题是学生对在校学习的冷漠、不感兴趣或疏离。学业成绩对他们来说并不具备重要的价值。要影响冷漠的学

连线学生：最佳实践

影响对学习不感兴趣或疏离的学生的策略

以下是一些你可以用来影响对学习不感兴趣或疏离的学生的方法（Brophy, 1998）：

1. 努力与学生建立积极的关系。如果这些对学习不感兴趣或疏离的学生不喜欢你，那就很难让他们朝着任何成就目标努力。要有耐心和帮助学生的决心，即使遇到挫折或阻力，也要帮助学生稳步前进。
2. 让学校本身变得更有趣。为了让这类学生从根本上对学校更感兴趣，你要发现学生的兴趣，如果可能的话可以在你布置作业时考虑到这些兴趣。
3. 使用一些使学习活动变得更有趣的策略。帮助学生理解问题是他们自己造成的，并找到方法引导他们为自己的成果感到自豪。
4. 考虑寻求一位导师的帮助。考虑在社区中寻求一位导师或一位高年级学生的帮助，最好是一个你认为那些对学习不感兴趣或疏离的学生会尊重的人的帮助。

生需要持续的努力，重新塑造他们对在校成绩的态度（Murdock, 2009）。

最近，我询问了一些老师他们会用什么策略来帮助缺乏学习动力的学生获得学习动力，以下是他们的回复：

幼儿园 有时，孩子们变得缺乏动力，因为他们害怕自己会做错事或达不到老师的期望。为了解决这个问题，我们对学龄前儿童所做的一切努力都会给予极大的赞扬。

——米西·丹格勒，市郊山丘学校

（Missy Dangler, Suburban Hills School）

小学 缺乏动力的学生通常会被他们感兴趣的事情所激励。曾经我有一个学生，他很孤僻不参加小组讨论。后来我发现了他对船的兴趣，尤其是泰坦尼克号。然后我把他的兴趣融入一些不同的活动中，他就成了一个完全不同的学习者。他更多地参与讨论，当他了解到班上其他同学和他有同样的兴趣爱好时，他在小组中的信心也增加了。

——海瑟·佐尔达克，里奇伍德小学

（Heather Zoldak, Ridge Wood Elementary School）

初中 激励的一个重要方法是为学生提供挑战。例如，在我开始讲美国南北战争这一单元时，我会告诉学生们，我们将把这个主题作为一个机会，看看大学一年级的历史课会是什么样子。尽管课程内容广泛，难度也比其他单元大，但学生期末考试的平均成绩却也比其他单元好，因为学生们受到了具有挑战性的大学水平作业的激励。

——马克·福德尼斯，贝米吉初中

（Mark Fodness, Bemidji Middle School）

高中　根据学生的兴趣与他们建立关系是提高学生学习动机的关键。例如，我最近和一个对上课不感兴趣，但喜欢衣服的学生聊天。我问起她穿过的一件衣服，上面印有一只猫（因为我喜欢猫）。她向我解释说，那套衣服是富贵猫（Baby Phat，美国知名服装品牌）牌的，并给我介绍了关于该服装品牌的各种信息，甚至还想让我试穿其中的一些衣服。更重要的是，这个之前对上课不感兴趣的学生，现在积极参与，而且交回的作业也高于平均水平。

——桑迪·斯旺森，梅诺莫尼·福尔斯高中

（Sandy Swanson, Menomonee Falls High School）

本章重点讨论了学生的动机。作为一名教师，你自身的动机也很重要。完成自我评估 1，以评估你自己的动机。

复习、思考和练习

学习目标 4：关于帮助有学业困难的学生的建议。

复习

·如何描述低成就预期的成绩不佳的学生？教师如何帮助他们？
·学生如何通过避免失败来保护他们的自我价值？如何帮助这些学生？
·拖延的学生有什么特点，有哪些策略可以帮助他们？
·追求完美的学生有什么特点，教师如何帮助有这种倾向的学生？
·什么是焦虑，高焦虑是如何影响成绩的，什么类型的课程可以使高焦虑的学生受益？
·教师如何帮助那些不感兴趣或疏离的学生？

思考

·想一想过去你的同学中那些在学校里表现出低动机的人。你认为他们为什么会那样表现？什么样的教学策略可能对他们有帮助？

PRAXIS™ 练习

1. 以下哪位学生是失败综合征的最佳例子？
　A. 安德里亚，他在校成绩不好，而且几乎不再努力
　B. 马西，她非常努力学习，并设法获得 C 的成绩
　C. 萨曼莎，在校成绩很好，但不太努力
　D. 薇薇，她对自己的成绩从不满意
2. 斯科特在他的座位上滑下来，以避免被老师提问。他的行为反映了以下哪种情况，即努力通过避免失败来保护他的自我价值？
　A. 失败综合征
　B. 不作为
　C. 拖延症
　D. 设定遥不可及的目标

3. 哪种教学策略最有可能帮助学生克服拖延症?

A. 将一个大的作业任务分成几部分完成,每部分的截止日期在不同的时间

B. 在一个学期中分配许多大型作业任务,以确保学生必须学会管理自己的时间

C. 不布置必须在课外完成的作业

D. 让学生列出他们宁愿不做作业也要做的所有其他事情

4. 贝基在一项作业中没有得到满分,她非常难过。她对任何关于作业的批评意见都很介意。以下哪种策略最有可能帮助贝基克服她的完美主义?

A. 给予贝基大量建设性的反馈,包括正面和负面的,并允许她修改作业

B. 确保贝基有能力在你给她的每项作业中获得满分

C. 确保贝基在你给她的任何作业中都不能获得满分,这样她就会习惯于此

D. 永远不要给贝基分数之外的任何形式的反馈,这样你就不会让她难过

5. 卡梅拉对学校感到很大的焦虑,这干扰了她在学校集中精力学习。以下哪种方法最有可能帮助她减少焦虑?

A. 帮助她用更积极的、以任务为中心的思维取代消极的、自我诋毁的思维

B. 鼓励她设定更高的目标

C. 引导她减少拖延行为

D. 让她更好地集中精力面对现实

6. 以下哪项是最有可能帮助教师让一个不感兴趣或疏离的学生变得更有动力,在学校表现良好?

A. 强调上大学是多么重要

B. 找出学生的兴趣,并将其纳入学生的作业中

C. 将该学生与其他更有动力的学生进行比较

D. 描述一些减少完美主义的策略

7. 以下哪个问题最有可能让学生反思他们的目的?

A. 你能做什么来获得好成绩?

B. 在你的生活中,什么对你最重要?

C. 你怎样才能制定更好的短期目标?

D. 你怎样才能更好地安排你的生活,以便找到更多的时间来学习?

请参看书末的答案……

自我评估 1
评估你的动机

　　这里有 19 个陈述，你可以用来分析自己的动机构成。对下面的每一项陈述，在 1（一点都不像我）到 5（非常像我）的范围内打分。

	1	2	3	4	5
1. 我很清楚自己生活中动机的层次，以及哪些动机对我来说是最重要的。					
2. 我有内在的动力。					
3. 我对成功有很高的期望和标准。					
4. 我的生活中有许多心流时刻。					
5. 我知道生命中最激励我的人是谁，以及他们做了什么激励了我。					
6. 在做成就归因时，我强调努力。					
7. 我是掌握动机取向，而不是无助或成绩取向。					
8. 我拥有成长型思维，而不是固定型思维。					
9. 我的学习和成功动机源于我渴望成功，而不是我想保护自我价值或避免失败。					
10. 总体而言，我的自我效能感很高。					
11. 就教学能力和有效管理课堂而言，我有很高的教学自我效能感。					
12. 我定期设定目标，计划如何实现这些目标，并系统地监督自己完成目标的进展。					
13. 我设定具体的、可接近的、有挑战性的目标。					
14. 我是一个很好的时间管理者，定期做每周计划，监控自己的时间使用情况，并制定待办事项清单。					
15. 我很善于延迟满足，而不是寻求立即的满足。					
16. 我善于从自己的错误中学习，以促进自己未来的成功。					
17. 我不会让焦虑或其他情绪影响自己的动机。					
18. 我有一个良好的动机支持系统，并且和那些可以帮助我维持动机的人具有积极的、密切的关系。					
19. 我按时完成任务，从不拖延。					
20. 我不是一个完美主义者。					

得分和解释

　　检查你的回答。如果你在每一项上给自己打 4 或 5 分，那么你就有可能让你的动机发挥出你的优势，也可能成为学生的一个积极榜样。然而，对于你给自己打分为 3 分或更低的一项，请花点时间想想如何提升你的这些动机。

连线课堂：案例分析
阅读激励计划

　　凯瑟琳在一所经济条件较差的小学教二年级。她的许多学生的阅读能力低于年级水平。有些学生几乎没有接触过课外阅读，大多数学生在课余时间也不选择阅读。凯瑟琳知道阅读技能对儿童未来在学校取得成功很重要。

　　为了吸引她的学生更多地阅读，凯瑟琳制订了一个阅读激励计划。她在教室的墙上贴了一张大图表来跟踪学生的进步。每当一个学生读完一本书，他或她会告诉凯瑟琳，然后凯瑟琳会在图表中学生名字旁边画上一颗星星。每个月读五本书的学生将能从班级奖品箱中获得一个小奖品。在任何一个月里阅读书籍最多的学生将获得更高的奖励。当凯瑟琳把新的奖励计划告诉学生们时，他们都非常兴奋。

　　"真是太棒了！"乔伊说，"我要得到最多的星星！"

　　"不，你不会的，"彼得说，"萨米能做到。她总是埋头看书，她是班上最好的阅读者。"

　　萨米是一个很好的阅读者。她的阅读水平远高于年级水平，她通常喜欢图书馆的青年小说区。这些书都很大部头，她要花很长时间才能读完，但是她真的很喜欢它们。凯瑟琳也从自己收藏的书中给萨米带了几本，因为课堂上的课本似乎都没有引起萨米的兴趣。

　　该计划开始的第一周非常令人兴奋。每天学生们都告诉凯瑟琳他们读过的书。图表上开始有星星出现。到这周结束时，除了萨米，所有学生的名字旁边都至少有一颗星星。在这个月的最后一周，许多学生都将阅读选为自由时间的活动。学生们急切地希望自己至少能够获得一个奖品，许多人如饥似渴地阅读书籍，期待着成为本月的"最佳阅读者"。到了月底，凯瑟琳的25名学生中有23名获得了5颗星星。唯一的例外是萨米和迈克尔，萨米只有1颗星，迈克尔在这个月里得了水痘。乔伊说到做到，他得到了最多的星星，共15颗。学生们兴奋地选择他们的奖品。

　　接下来的一个月，阅读热潮仍在继续。这一次，萨米也加入了同学们争夺星星数量的行列，并获得了30颗，成为当月的"最佳阅读者"。乔伊紧随其后，得到了25颗星星。班上每个学生都至少获得了5颗星，都有资格获得奖品。因为学生们都读了很多书，凯瑟琳在周五下午为他们举办了一个派对，在派对上学生们看了一部动画电影、吃了爆米花。

　　类似的模式在接下来的几个月里重复上演。图表很快就被星星填满了。凯瑟琳相信学生们已经读了足够多的书，他们会在每年的州成绩测试中取得很好的成绩。她为他们的进步而激动。她决定在考试结束后放弃奖励计划，只是悄悄地记录学生们的阅读量。然而这样做之后，她又注意到很少有学生会在空闲时间读书。即使是萨米在做完其他的作业后也不再读书了。现在她开始画画了。

1. 这个案例存在的问题是什么？
2. 从外在动机和内在动机的角度分析案例。
3. 从目标取向的角度分析案例
4. 你认为萨米为什么从第一个月的1颗星发展到第二个月的30颗星？她为什么不在课余时间读书了？
5. 这种类型的激励计划存在什么问题？怎样才能制订出一项不损害学生阅读动机的激励计划？

本章概要

> **1 探索动机：定义动机，并对动机的行为主义、人本主义、认知和社会观点进行比较。**

什么是动机？
· 动机是指激发、指导和维持行为的过程。

关于动机的观点
· 动机的行为主义观点强调外在的奖励和惩罚是决定学生学习动机的关键因素。激励措施是能够激励学生行为的积极或消极的刺激或事件。

· 人文主义的观点强调个人成长的能力、选择命运的自由和积极的品质。

· 根据马斯洛需求层次理论，个体的需求要按以下顺序得到满足：生理需求、安全需求、爱和归属感需求、尊重需求和自我实现需求。自我实现是马斯洛所描述的最高也是最难以捉摸的需求，它涉及一个人开发其全部潜能的动机。

· 从动机的认知取向来看，学生的想法引导着他们的动机。认知观点关注实现目标的内在动机，归因，学生对自己能够有效控制环境的信念，以及目标设定、计划、监控目标的进展。认知取向与怀特的能力动机概念相吻合。

· 社会取向强调归属感的需要，这反映在学生花时间与同伴相处的动机、他们的亲密友谊、对父母的依恋，以及与教师建立积极关系的愿望等。

> **2 取得成就的过程：讨论从动机到目标实现之间的重要过程。**

外在动机和内在动机
· 外在动机涉及为了获得其他东西或避免不愉快的后果而去做某事（达到目标的手段）。内在动机涉及为了某件事情本身（目的本身）而做某事的内部动机。总的来说，大多数专家建议教师应该创造一种能激发学生内在学习动机的课堂氛围。

· 关于内在动机的一种观点强调其自我决定的特性。为学生提供一些选择和承担个人责任的机会可以增加学生的内在动机。

· 契克森米哈赖使用"心流"这个术语来描述生活中的最佳体验，它涉及对活动的掌握感和全神贯注。心流最可能发生在学生面临既不太困难也不太容易的挑战领域。

·兴趣比内在动机更具体，而且兴趣与深度学习呈正相关。

·对于教师来说，重要的是要创造学习环境，鼓励学生在认知上投入，并培养他们对学习的责任感。

·在某些情况下，奖励实际上会损害学习。当使用奖励时，它们应该传达有关任务掌握的信息，而不是外部控制的信息。

·研究人员发现，随着学生从小学进入高中，他们的内在动机会下降，尤其是在初中阶段。

·人–环境适配的概念强调了学生自主兴趣的增强与学校控制的增强之间的不匹配，从而导致了学生消极的自我评价和对学校的消极态度。

·压倒性的结论是，创造激励学生内在动机的学习环境是一个明智的策略。然而，在现实世界的许多情况下，内在动机和外在动机都会同时出现，而且内在动机和外在动机通常被视为两极对立。

归因

·归因理论认为，个体有动机去发现自身表现和行为的潜在原因。

·韦纳提出了因果归因的三个维度：（1）控制源，（2）稳定性，（3）可控性。这些维度的不同组合产生了对失败和成功的不同解释。

掌握动机与思维模式

·掌握取向的学生被困难任务挑战时，他们会感到兴奋，并专注于学习策略和取得成就的过程，而不是表现结果。无助取向的学生感觉被困难任务所困，焦虑，觉得自己缺乏能力。成绩取向的学生关注的是胜利，而不是成就结果。在成就情境中，掌握取向优于无助取向或成绩取向。

·思维模式是个体自己发展出的认知观点。每个人都有两种思维模式中的一种：固定型思维或成长型思维。德韦克认为，促进青少年发展的一个关键方面是引导他们发展成长型思维。具备成长型思维的学生相信他们可以通过努力提高自己的能力。

自我效能感

·自我效能感是指一个人相信自己能够掌控局面并产生积极的结果。班杜拉强调，自我效能感是学生能否取得成就的关键因素。申克认为，自我效能感会影响学生对任务的选择，自我效能感低的学生会避免很多学习任务，尤其是那些具有挑战性的任务。强调"我能做到"的教学策略将使学生受益。

·自我效能感低的教师会陷入课堂问题。

目标设定、计划和自我监控

·研究人员发现，当学生设定具体的、可接近的和具有挑战性的目标时，自我效能感和成就会提高。

·做一个好的计划者可以帮助学生有效地管理时间，设定优先事项，变得有条理。给予学生机会发展他们的时间管理技能可能会有利于他们的学习和成就。

·自我监控是学习和成就的一个关键方面。

期望

·学生对成功的期望和他们对想要实现的目标的重视影响了他们的学习动机。期望与价值的结合一直是许多成就动机模型关注的焦点。

·教师的期望对学生的动机和成就有很大的影响。教师对能力高的学生的期望往往高于对能力低的学生的期望。重要的是，教师要监控自己的期望，并对所有学生抱有高期望。

延迟满足

·延迟满足，即为了在未来获得更大、更有价值的奖励而推迟当前奖励的能力，在儿童和青少年实现目标的能力中扮演着非常重要的角色。

·纵向研究表明，能够延迟满足的学龄前儿童更有可能在青少年期取得学业上的成功，发展过程遇到的问题也更少，成年后在事业上更成功，身心也更健康。

价值观和目的

·价值观是我们认为事物应该怎样的信念和态度，这对我们个人来说很重要。

·目的是指完成对自己有意义的事情并超越自我对世界有所贡献的意图。达蒙发现，很少有学生会有意识地反思自己的人生目标，他总结道，家长和教师需要向学生提出更多的问题，特别是"为什么"这类问题，这会鼓励他们更深入地思考自己的人生目标。

---

3 社会动机、社会关系和社会文化背景：解释社会关系和社会文化背景如何支持或削弱社会动机。

社会动机

·社会动机是通过接触社会而习得的需求和欲望。

·归属或关系的需要涉及与人形成安全联结的动机。学生们的归属需求各不相同，一些人喜欢结交很多朋友并经常约会，而另一些人则没有这种强烈的社交需求。

社会关系

·就成就和社会动机而言，来自教师、同伴、朋友和父母的认可是很重要的。同伴一致性在青少年期早期达到顶峰，这是一个关于是更多地追求学业还是社会目标的重要决定时期。

·父母对学生动机的影响主要集中于人口学特征（如父母的受教育水平、工作时间和家庭结构）、父母的养育方式（如提供适当的挑战和支持）和家庭所提供的特定的体验（如提供阅读材料）这些方面。

·同伴可以通过社会比较、社交能力、同伴共同学习和同伴群体影响来影响学生的学习动机。

·研究表明，教师的支持和关心在激发学生的动机方面起着重要作用。教师的教学风格和社会情感支持也会对学生的成就产生影响。激发学生动机的一个重要方面是让家长成为教师教育学生的伙伴。

社会文化背景

·教师应认识和重视任何文化群体内的多样性，并应小心区分社会经济地位的影响与种族的影响。

·成就的差异与社会经济地位的关系比与种族的关系更密切。许多经济贫困学生所就读学校的质量低于中等收入家庭的学生。

·非裔美国中学生的成绩下降与在学校里来自教师和同学的日常种族歧视有关。

---

④ 探索学业成就困难：关于帮助有学业困难的学生的建议。

成绩差、对成功期望低的学生

·成绩差、对成功期望低的学生往往需要保证和支持，但也需要提醒他们只有付出很多努力才能取得进步。

·失败综合征的学生（对成功的期望低，容易放弃）可能会从认知再训练法中受益，如自我效能训练和策略训练。

通过避免失败来保护自我价值的学生

·那些有动力保护自我价值和避免失败的学生往往会采取一种或多种无效策略：不作为、拖延或设定无法实现的目标。这些学生可能需要指导，以设定具有挑战性但现实的目标，强化他们的努力与自我价值之间的联系，并对自己的能力形成积极的信念。

拖延的学生

·拖延症有很多种表现形式，包括忽视一项任务并希望它自行消失，低估一项任务所需的付出，在分散注意力的活动上花费无尽的时间，以及替换为一些有价值但不那么重要的活动。

·帮助学生克服拖延症的策略包括承认他们有拖延问题，鼓励他们确定其价值观和目标，帮助他们更有效地管理自己的时间，让他们把任务分解成更小的部分，并教他们使用行为和认知策略。

完美主义的学生

·完美主义者认为错误是不可接受的，必须达到最高的表现标准。完美主义者容易受到一些生理和心理健康问题的影响。

·教师可以帮助完美主义倾向的学生，让他们列出努力追求完美的好处和坏处，引导学生更为了解其"全或无"的自我批评本质，帮助他们变得更加现实地认识到他们可以实现什么，并帮助他们学习接受批评。

高焦虑的学生

·焦虑是一种模糊的、非常不愉快的恐惧和忧虑感。父母不切实际的期望可能导致高焦虑。

·随着年龄的增长以及面对更多的评价、社会比较和失败（对一些学生来说），学生的焦虑会增加。

·在提高学生成绩方面，用积极的、有建设性的思维取代学生妨碍思维的认知计划比放松计划更有效。

不感兴趣或疏离的学生

·帮助不感兴趣或疏离的学生的策略包括：与学生建立积极的关系，让学校本身变得更有趣，使用教学策略使学习活动更愉快，在社区中寻找一位可以帮助学生的导师或高年级的学生。

关键术语

归因理论（attribution theory）
能力动机（competence motivation）

延迟满足（delay of gratification）

外在动机（extrinsic motivation）

失败综合征（failure syndrome）

无助取向（helpless orientation）

需求层次理论（hierarchy of needs）

人本主义观点（humanistic perspective）

激励措施（incentive）

内在动机（intrinsic motivation）

掌握取向（mastery orientation）

思维模式（mindset）

动机（motivation）

归属感或关系的需求（need for affiliation or relatedness）

成绩取向（performance orientation）

自我实现（self-actualization）

社会动机（social motive）

档案袋活动

现在你已经很好地理解了本章的内容，请完成这些练习来扩展你的思维。

独立思考

1. 激励、振奋你的学生，让他们变得更好。设计一个充满激励的教室。手头有哪些材料可以用上？描述一下你教室的墙和学习中心。教学将如何进行？学生将参加哪些类型的活动？写下你对教室设计的描述。

研究 / 实地体验

2. 学生动机的促进。观察你打算执教的年级的教师，并记录他或她用来激励学生的策略。哪些策略是最有效的？哪些策略是最无效的？你为什么认为是这样的？哪些学生似乎特别难有学习动机？你认为这是为什么呢？你会采取什么不同的方式来促进课堂上学生的动机？

合作学习

3. 动机的案例研究。与班上其他三名学生一起，制订一个计划来提高以下这些学生的动机：

（1）7岁的坦尼娅，能力低下，对成功的期望值也低。

（2）10岁的塞缪尔，他超时学习以保持他的自我价值处于高水平，但对失败有强烈的恐惧。

（3）13岁的桑德拉，在课堂上很安静，低估了自己的能力。

（4）16岁的罗伯特，对学校兴趣不大，目前与他的姑姑一起生活（你无法联系到他的父母）。

第十四章

管理课堂

> 在我们这个一触即发的时代，沟通的精确性比以往任何时候都更为重要，因为一个错误的或被误解的词语可能会像一个突然的、轻率的行为一样造成灾难。
>
> ——詹姆斯·瑟伯（James Thurber）
> 美国20世纪散文家和幽默大师

章节概览

1. 为什么课堂需要有效管理
学习目标1：解释为什么课堂管理既有挑战性又有必要性。
中小学课堂管理问题研究
拥挤的、复杂的和潜在混乱的教室
良好的开端
强调教学和积极的课堂氛围
管理目标和策略

2. 设计教室的物理环境
学习目标2：描述教室物理环境的积极设计。
教室布置原则
布置风格

3. 营造积极的学习环境
学习目标3：讨论如何创建积极的课堂环境。
一般性课堂管理策略
创建、教授和维护规定和程序
让学生参与合作
课堂管理和多样性

4. 成为良好的沟通者
学习目标4：确认一些对教师和学生都适用的良好沟通方式。
说话技巧
倾听技巧
非言语沟通

5. 处理问题行为
学习目标5：提供一些教师可用来处理问题行为的有效方法。
管理策略
应对攻击行为

连线教师：阿德里安·朗扎里奇

阿德里安·朗扎里奇（Adriane Lonzarich）在加利福尼亚州的圣马特奥市拥有和经营一家小型的幼儿园，名叫哈特伍德（Heartwood）。每天下午，她也为5~12岁的孩子们上美术课。她阐述了自己管理班级的理念。

我在课堂管理方面得到的最有价值的建议是，按照以下顺序提出三个问题来解决一个难题：（1）是环境的问题吗？（2）是教师的问题吗？（3）是孩子的问题吗？

比如，如果关注的问题是全班学生精力不集中，我首先会问自己，是环境出了问题？对学生的刺激过度了吗？准备得还不够充分吗？我需要重新安排教室，为安静的活动创造更多的私密空间，还是需要让他们有更多的时间待在教室外面？诸如此类。在很多情况下，我不必继续问后两个问题。

是教师的问题吗？我累了吗？紧张吗？我的教学内容乏善可陈吗？我没有花时间展示这些活动吗？我是否在呈现、监控和执行基本课堂纪律方面不一致？我对他们当天的需求没有给予足够的关注吗？

是孩子的问题吗？如果我已经考虑了所有其他的可能性，并且我确信问题出在孩子身上，而不是环境或教师的问题，那么我会弄清究竟是怎么回事。是孩子家里发生了什么事导致了他或她在学校的问题吗？是不是该开家长会了？孩子在交友方面需要帮助吗？是孩子害怕失败，因此避免有意义的学习吗？

这种方法很有作用，因为改变环境或自己要比改变别人的行为容易得多。它是有效的，因为探索完所有其他途径之前，它不会把问题归结于孩子。

概览

在教育界，人们常说，良好的课堂管理在消失之前不会引起任何人的注意。当课堂得到有效管理时，一切进展顺利，学生也会积极参与学习；当课堂管理欠佳时，教室就变成了混乱的环境，学习不再是主要的活动。本章开篇我们从探究为什么需要对课堂进行有效管理开始，然后转向设计教室物理环境的策略。接下来，我们将讨论创造一个积极的学习环境的重要性，以及如何成为一个有效的沟通者。本章最后介绍了当学生出现问题行为时该怎么做。

学习目标1：解释为什么课堂管理既有挑战性又有必要性。

1 为什么课堂需要有效管理

有效的课堂管理使儿童的学习机会最大化（Evertson & Emmer, 2017）。课堂管理专家报告说，关于管理课堂的最佳方式的认识已经发生了变化。旧的观点强调制定和应用规则来控制学生的行为；新的观点更注重满足学生培养人际关系的需要，并创造自我调节的机会（Noddings, 2007）。引导学生被动学习和严格遵守规则的课堂管理会破坏他们的主动学习、高阶思维和知识的社会建构（Jones & Jones, 2016）。课堂管理的新趋势更强调引导学生自律，而不是对学生进行外部控制（Emmer & Evertson, 2017）。从历史的观点来说，在课堂管理中，教师被认为是一个指挥者。在当前以学生为中心的课堂管理取向中，教师更多是作为一个指导者、协调者和促进者（Emmer & Evertson, 2017）。新的课堂管理模式并不意味着滑向一种放任的模式。强调关心和学生的自我调节并不意味着教师放弃了对课堂上发生的事情的责任。

卡梅拉·威廉姆斯·斯科特（Carmella Williams Scott）是佐治亚州纽曼市费尔蒙特另类学校（Fairmont Alternative School）的初中英语和法律教师。她创建了青少年视频法庭，这是一个由学生管理的司法系统，以便学生可以作为法官、律师、法警和摄像师来体验"长凳的另一边"。她特别将帮派头目纳入系统，因为他们掌管着学校。卡梅拉喜欢用有意义的问题来引导学生的批判性思维。她认为，相互尊重是她作为一名教师取得成功的关键因素，也是她的课堂上很少有纪律问题的关键因素（Wong Briggs, 1999）。

当你探索课堂管理的各个方面时，要意识到与其他教师就管理问题进行咨询和合作的重要性。还要认识到，你的班级是学校文化大背景的一部分，在纪律和冲突管理等领域，你的政策需要反映学校和学校其他教师的政策，并与之保持一致。我们将通过探索在小学和中学课堂上管理问题的差异，来开始有效课堂管理之旅。

中小学课堂管理问题研究

中小学教室里有许多类似的管理问题。在各级教育中，优秀的管理者为最有效学习而设计教室，创造积极的学习环境，建立和维护规则，让学生合作，有效地处理问题并使用良好的沟通策略。

然而，研究者发现，同样的课堂管理原则在中小学中的应用有时不同，因为这两类学校的结构不同（Emmer & Evertson, 2017; Evertson & Emmer, 2017; Weinstein & Novodvorsky, 2015; Weinstein & Romano, 2015）。在许多小学，教师面临着一个挑战，那就是一整天都要管理同一群20~25个儿童。在初中和高中，教师面临的挑战是管理五六组不同的20~25名青少年，每天约50分钟。与中学生相比，小学生在同一间教室的狭小空间里与同一个同学相处的时间要多得多，整天不得不与同一批人打交道会滋生禁锢感和厌倦感等问题。然而，面对100~150名学生的初中教师面临的问题可能比小学教师要纷繁复杂得多。此外，由于中学教师在课堂上与每个学生相处的时间较少，因此他们可能更难与学生建立个人关系。并且由于课时太短，中学教师需要快速地进行课堂教学，并有效地管理时间。

中学生的问题可能比小学生的问题更持久、更根深蒂固，因此更难解决。此外在中学，纪律问题往往更严重，学生可能更不守纪律，甚至更危险。因为大多数中学生比小学生有更高级的推理能力，他们可能要求对规则和纪律有更详细和富有逻辑的解释。并且在中学，走廊社交活动可能会带入课堂。每个小时就会有一个"安定下来"的过程。在我们进一步探讨如何有效管理课堂时，请记住中小学之间的这些差异。正如我们接下来所看到的，在小学和中学阶段，教室可能是拥挤的、复杂的和潜在混乱的。

拥挤的、复杂的和潜在混乱的教室

卡罗尔·温斯坦和安德鲁·米格纳洛（Carol Weinstein & Andrew Mignano, 2007）使用本节标题"拥挤的、复杂的和潜在混乱的教室"来警示潜在的问题，他们还强调了沃尔特·道尔所说的六个特征（Walter Doyle, 1986, 2006），这些特征反映了教室的复杂性和潜在问题：

·教室是多维的。教室是许多活动的场所，从阅读、写作、数学等学术活动到游戏、与朋友交流、争吵等社交活动。教师必须保持记录，并让学生按照日程安排参与学习活动。作业必须被布置、监督、收集和评估。当教师考虑到学生的个人需求时，这些需求就更有可能得到满足。

·活动同时进行。许多课堂活动是同时进行的。一组学生可能在课桌上写作，另一组学生可能在和教师讨论一个故事，一个学生可能在刁难另一个学生，其他人可能在谈论他们放学后要做什么，等等。

·事情发生得很快。教室里的事件往往发生得非常快，经常需要立即做出反应。例如，两个学生突然就笔记本的所有权发生争执，一个学生抱怨另一个学生在抄袭她的答案，一个学生不按顺序发言，一个学生用记号笔在另一个学生的胳膊上做乱涂乱画，两个学生突然开始欺负另一个学生，或者一个学生对你态度粗鲁。

·事件往往不可预测。尽管你可能会仔细计划一天的活动，并且组织得很好，但还是会发生一些你从未预料到的事件：火灾警报器突然响起来，一个学生生病，两个学生打架，电脑出故障，举办没有事先宣布的集会，隆冬季节教室供暖出现问题等。

·几乎没有隐私。教室是学生观察教师如何处理纪律问题、突发事件和挫败情境的公共场所。一些教师报告说他们感觉自己好像身处"鱼缸"中被展览一般，或一直位于舞台的聚光灯之下。发生在一个学生身上的大部分事情都能被其他学生观察到，而学生们也会对发生的事情进行归因。在某种情况下，他们可能会认为教师惩罚学生的方式不公平。在另一种情况下，他们可能会感激教师对学生情感的敏感性。

·教室是有历史的。学生们还记得早些时候在教室里发生的事情。他们还记得今年早些时候教师是如何处理纪律问题的，哪些学生得到了比其他人更多的特权，以及教师是否遵守诺言。因为过去会影响未来，所以教师今天的管理课堂方式必须支持而不是破坏明天的学习。这意味着就建立有效的管理原则而言，学年的头几周至关重要。

> **学生视角**
>
> **开学第一周**
>
> 9月8日：现在我知道我的老师是什么样的了，我真希望我还不知道。我最好的朋友安妮遇到了一个好老师，哈特韦尔女士。相比之下我的老师伯德桑女士简直是个女巫。她做的第一件事就是向我们宣读所有的规则，这一定花了半个小时。我们不可能获得任何乐趣了，我的五年级就这样完蛋了。
>
> 9月12日：伯德桑女士仍然很严格，但我开始有点喜欢她了，她甚至开始变得有点有趣。我猜她只是想让我们认真地学习。
>
> 布鲁克
> 密苏里州圣路易斯市五年级学生

如果教室没有得到有效的管理，教室拥挤、复杂的性质可能会导致一些问题。事实上，这些问题正是公众对于学校的主要担忧。

良好的开端

管理复杂的课堂的关键是好好利用开学的前几天和前几周。为了实现这一目标，你需要在学年开始前预先制订计划，以确定如何在第一天及以后管理课堂（Evertson & Poole, 2008; Sterling, 2009）。在新学年开始时，你要（1）向全班学生传达你的规章制度和程序，并让学生配合遵守；（2）让学生有效地参与所有的学习活动。

在开学的第一周花点时间建立这些期望、规定和惯例，将有助于你的课堂顺利进行，并为营造积极的课堂环境奠定基础。

强调教学和积极的课堂氛围

尽管公众认为缺乏纪律是学校的头号问题，但教育心理学强调的是如何建立和维持一个支持学习的积极课堂环境（Jones & Jones, 2016）。这涉及使用预防性的、主动的策略，而不是沉浸在被动的纪律战中。

在一项经典研究中，雅各布·库宁（Jacob Kounin, 1970）对教师如何应对学生的不

连线学生：最佳实践
新学年良好开端的策略

以下是开学时应采取的一些有效教学策略（Emmer & Evertson, 2009, 2017）：

1. 确立对行为的期望，消除学生的不确定感。在学年开始的时候，学生们不确定你对你的课堂会有什么期待。他们可能会根据自己在其他教师那里的经验，对你的课堂产生一些期望，但却不同于你原本的期望。在开学的头几天，列出你对学生学习和行为的期望。在开学的头几天和几周，不要只关注课程内容。一定要花时间清楚而具体地阐明课堂规则、程序和要求，让学生知道在你的课堂上会有什么期待。在"教师视角"中，中学历史教师查克·罗尔斯（Chuck Rawls）描述了他在开学时所做的事情。

教师视角
以积极的方式建立自己的形象

我最初的几天和几周是高度结构化的——日程排得井井有条，日常作业从第一天就开始。我尽量使最初的环境条理化、简单化和结构化。游戏和轻松的意见交换是在确定了谁是班上的负责人，以及孩子们是否有能力做到这一点之后进行的。有时候他们做不到。

我不是说要吓唬孩子们，他们仍然需要感到安全和舒适。最主要的是要让自己，至少在孩子们的心目中，成为一个有条理、自信、坚定但公平的学科专家。

有人说持久的印象是在第一次介绍的前 15 或 45 秒内形成的。这是真的。

2. 确保学生体验到成功。在开学的第一周，上课内容、活动和作业的安排要确保学生能取得成功。这有助于学生形成积极的态度，并为他们以后处理更困难的任务提供信心。

3. 学生可以随时找到和看到你。让你的学生了解到，当他们需要信息时，他们可以向你寻求帮助。学生在写课堂作业或小组工作时，让学生可以随时找到你而不是只在办公室完成文书工作。在教室里走动，监督学生的进度，并在需要时提供帮助。

4. 你掌管规章制度。即使你已经清楚地说明了你的课堂规则和期望，有些学生会忘记，有些学生则会试探你是否真的会执行规则，特别是在开学的前几周。在你的课堂上，你需要不断地在可接受和不可接受的东西之间确立界限。

良行为感兴趣。他惊讶地发现，有效和无效的课堂管理者对行为不端者的反应非常相似。他们之间的差异主要体现在小组活动的管理上，有效管理者的管理远远好于无效管理者。教育心理学的研究人员一致发现，那些有能力指导和组织课堂活动的教师比强调纪律作用的教师更有教学效果（Panayiotou & others, 2014; Wong & others, 2012）。

我们在整本书中强调的观点是把学生视为参与到有意义任务中的积极的学习者，能够进行反思性和批判性的思考，并经常与其他学生在合作学习中互动。从历史上看，有效管理的课堂被描述为一台"运转良好的机器"，但对于今天有效管理的课堂来说，更恰当的比喻是"活动蜂巢"（Randolph & Evertson, 1995）。这并不意味着教室应该非常嘈杂和混乱。

© Elizabeth Crews

相反，学生应该主动地学习和做自己想做的事情，而不是静静地、被动地坐在座位上。他们往往在建构自己的知识和理解的过程中与对方和教师进行互动。

最近，我询问老师们如何创造一个积极的课堂环境，以下是他们的回复：

幼儿园　我们通过经常表扬孩子、用平静的声音说话、遵循每天的时间表、制定明确的规则并希望他们遵守，来为我们的学龄前儿童创建积极的课堂。

——米西·丹格勒，市郊山丘学校
（Missy Dangler, Suburban Hills School）

小学　为了给我的二年级学生创建一个积极的课堂，我在教室的一面墙挂了一条横幅，上面写着"这是一个积极的学习区"，这句话是我所做的一切的基础。上课第一天，我告诉学生们，我们会互相学习——他们向我学习，我也向他们学习。我和他们一起努力把我们的教室建成一个学习者的社区，以建立信任、尊重和理解。有了这些价值观，学生就可以开始学习了。

——伊丽莎白·弗拉塞拉，克林顿小学
（Elizabeth Frascella, Clinton Elementary School）

初中　为六年级学生创造一个积极环境的最好方法之一是监管教室里的座位安排。我知道谁和谁能坐在一起，谁和谁不能坐在一起。在中学阶段，学生非常容易形成社交圈子，所以我大约每三周就调整一下座位。

——玛格丽特·里尔登，波坎蒂科山学校
（Margaret Reardon, Pocantico Hills School）

高中　我通过保持较高的期望值和始终如一的执行来维持一个积极的环境。例如，我希望学生能够按时交作业，不接受迟交的作业。但我会告诉学生，如果他们熬夜做作业，并且被作业压得喘不过气来，他们可以来找我，要求作业延期。我期望这些延期申请是例外，而不是常态。我的高中生对明确的规则和期望反应良好。

——约瑟夫·梅利，南伯灵顿高中
（Joseph Maley, South Burlington High School）

连线学生：最佳实践

增加学习时间的策略

增加学习时间的策略包括保持活动流程，尽量缩短过渡时间，让学生负有学习的责任（Weinstein, 2007; Weinstein & Romano, 2015）：

1. 保持活动流程。在对课堂教学的分析中，雅各布·库宁（Jacob Kounin, 1970）研究了教师启动和维持活动流程的能力。然后他寻找了活动流程与学生参与度和不良行为之间的联系。他发现有些教师在"颠来倒去"——结束一项活动，开始另一项活动，然后再回到第一项活动。其他教师则被一件无须注意的小事分散了注意力，从而中断了正在进行的活动。例如，一位教师在黑板上解释一道数学题时，注意到一个学生在做这道题时身体斜靠在左胳膊上。这位教师走到学生跟前告诉他坐直，从而打断了课堂的流程。有些教师对学生已经理解的内容"说得太多"，或者对适当的行为发表长篇大论。所有这些情况——翻来覆去，回应干扰，长篇大论——都会打断课堂的流程。

2. 尽量缩短过渡时间。在从一个活动到另一个活动的过渡中，发生扰乱行为的可能性更大。教师可以通过让学生为即将到来的过渡做好准备，建立过渡程序，并明确界定课程的界限，来减少过渡期间发生扰乱事件的可能性。

3. 让学生承担学习的责任。如果学生知道他们要对自己的学习负责，他们就更有可能好好利用课堂时间。明确传达的作业和要求能够增强学生的责任感。向学生解释他们将要做什么，为什么要这样做，他们将在活动中花多长时间，如何在需要时寻求帮助，以及活动结束后要做什么。帮助学生建立目标、制订计划并监控他们的进展情况也可以增强学生的责任感。保持良好的记录有助于你让学生对自己的表现负责。

管理目标和策略

> **多重思考**
> 课堂管理包括有效的计划，并涉及知道需要做些什么和什么时候做，或者说关注"任务"和"时间"。连接到"计划、教学和技术"。

有效的课堂管理有两个主要目标：帮助学生把更多的时间用于学习，减少用于非目标导向活动的时间；防止学生出现学业和情感问题。

帮助学生把更多的时间用于学习，减少用于非目标导向活动的时间　在其他章节中，我们讨论了成为一个好的时间管理者的重要性。有效的课堂管理将帮助你最大限度地利用教学时间和学生的学习时间。卡罗尔·温斯坦和英格丽德·诺沃德沃尔斯基（Carol Weinstein & Ingrid Novodvorsky, 2015）描述了一学年中，一个典型的42分钟的中学课堂上各种课堂活动的可用时间。每年的实际学习时间只有大约62小时，相当于一个典型班级法定学习时间的一半。虽然他们的时间数据只是推测得出的，但他们认为可供学习的时间远远少于预期。正如我们在"计划、教学和技术"一章中所强调的那样，学习需要时间。

防止学生出现问题　一个管理良好的课堂不仅有助于培养有意义的学习，而且有助于防止学业和情感问题的产生（Eisenman, Edwards & Cushman, 2015）。管理良好的课堂让学生忙于参与具有吸引力和适当挑战性的任务，并拥有让学生全神贯注、积极学习的活动，此外管理良好的课堂还建立了学生必须遵守的明确规章制度。在这样的课堂上，学生不太可能出现学业和情感问题。相比之下，在管理糟糕的课堂上，学生的学业和情感问题更容易恶化。缺乏学习动机的学生对学习越来越没有兴趣，胆怯的学生越来越退缩，欺凌者越来越可恶。

管理教学　课堂管理不仅涉及学生行为管理，还涉及教学管理（Jones & Jones, 2016; Martella & Marchand Martella, 2015）。理想的情况下，两者相辅相成，沉浸于学习任务的学生不太可能出现行为问题。最近，课堂反应系统已被用作课堂管理的一部分（Baumann, Marchetti, & Soltoff, 2015; Brookhart, 2015）。

通过学生反应系统，教师能够提出问题，给全班学生提供练习，并收集所有学生的即时数据，用于快速评估学生的理解能力（Miles & Soares da Costa, 2016）。这种真实的、形成性的评估使教师能够识别学生的误解和错误，然后立即给予纠正。此外，它鼓励学生积极参与，帮助学生探索他们知道和不知道的东西，从而掌控自己的学习。大多数学生反应系统也会产生学生反应的记录，这些记录可以作为成绩自动输入。

许多公司提供学生反应系统。其中最受欢迎的两个是 TurningPoint 的观众响应系统（www.turningtechnologies.com/higher-education），以及 Quizdom 的学生反应系统（www.qwizdom.com/education_solutions_applications.htm）。

与过去几年相比，需要特定硬件的学生反应系统的使用率有所下降；现在，这些系统正被那些无论教师拥有何种设备（计算机、手机等）都可以使用的系统所取代。Poll Everywhere（www.pollverywhere.com/）就是一个基于订阅的例子。为学生提供的最佳解决方案之一是令人惊讶的低技术应用软件：Plickers（http://plickers.com/）。为了使用这款应用软件，教师需要一个移动设备，比如智能手机，可以扫描学生持有的卡片，以显示他们的答案。这个应用程序是免费的，教师们已经有了设备，可以随时在学校扫描卡片。

学生可以通过他们的无线点击器，简单地点击一个按钮来回答问题，并记录他们的答案。如图片所示，课堂反应系统越来越多地使用于课堂教学和管理中。

© Turning Technologies, LLC

很多研究表明（Cohn, Stephen, & Fraser, 2016; Hooker & others, 2016），这些相对简单的系统可以成为有效的课堂管理工具。它们往往提高学生的参与度、教师对学生知识的认识以及学生对内容的理解。

复习、思考和练习

学习目标 1：解释为什么课堂管理既有挑战性又有必要性。
复习
· 为什么管理原则必须以不同的方式应用于小学和中学课堂？
· 教室出现拥挤、复杂和潜在混乱现象的六个原因是什么？
· 哪些策略可以帮助教师在新学年有一个良好的开端？
· 专家们认为课堂管理的基本方法应该是什么？库宁发现有效教师和无效教师在管理课堂方面有什么不同？
· 有效课堂管理的两个主要目标是什么？

思考

· 对你来说，小学课堂和高中课堂哪一个可能更容易管理？为什么？

PRAXIS™ 练习

1. 下述场景中最能体现出教室的哪种特征？霍莉和亚历克斯正在发生冲突。霍莉拿着一支黑色的永久性记号笔，在亚历克斯的衬衫上画了一个很大的印记。布朗森先生目睹了这一事件，但没有采取任何措施。两周后，在另一次冲突中，亚历克斯用钢笔在霍莉的衬衫后面画了一个印记。这一次，布朗森先生让亚历克斯放学留校。亚历克斯因认为他遭受了不公平的待遇而感到愤愤不平。
   A. 教室是多维的
   B. 教室是有历史的
   C. 几乎没有隐私
   D. 事情发生得很快

2. 麦克卢尔先生想让他的学生明白，他对他们有很高的期望。因此，他在开学第一周就进行了一次非常难的考试。麦克卢尔先生忽视了哪条良好的开端原则？
   A. 学生可以随时找到和看到你
   B. 你掌管规章制度
   C. 确立对行为期望，消除学生的不确定感
   D. 确保学生体验到成功

3. 下面哪位教师最容易出现课堂管理问题？
   A. 奈特先生。为了不让学生感到无聊，他在上课时间安排了许多活动。所有这些活动都需要过渡时间
   B. 奎恩先生。他的学生知道他们必须完成大量的作业，这些作业将在下课时交给他
   C. 利菲女士。她的学生总是积极地参与到要求学生合作的活动中
   D. 杰弗逊女士。她在学年初就制定了规则和程序，并始终执行这些规则

4. 以下哪位教师可能在最大限度地增加学术学习时间方面最有效？
   A. 张女士。她专注于课堂纪律。每当她注意到学生没有在做功课时，就会对他们进行训斥
   B. 乔治女士。她经常开始一项活动，然后中止，转而进行另一项活动，接着又回到第一项活动中
   C. 兰格女士。她告诉学生们要在多长时间内完成一项活动，还剩 5 分钟的时候提醒他们，然后在过渡时间播放一段音乐。在音乐结束时，学生们应该准备好进行下一个活动
   D. 珀迪女士。她要求她的学生坐直，双脚着地，以吸引他们的注意力

请参看书末的答案……

学习目标 2：描述教室物理环境的积极设计。

2 设计教室的物理环境

在考虑如何有效地管理课堂时，缺乏经验的教师有时会忽视物理环境。正如你将在本节中所看到的，教室物理环境的设计远不止在布告栏上摆放一些物品。

教室布置原则

以下是布置教室时可以使用的四个基本原则（Evertson & Emmer, 2009, 2017）：

· 减少事务繁忙区域的拥堵。在事务繁忙的区域经常会出现分心和干扰。事务繁忙区域包括小组活动区域、学生课桌、教师办公桌、削笔器周围、书架、计算机和杂物处等。尽可能将这些区域彼此隔开，同时还要保证其易达性。

· 确保你可以清楚地看到所有学生。一项重要的管理任务是认真监督学生。要做到这一点，你需要在任何时候都能够看到所有的学生。确保你的办公桌、教学区域、学生课桌和所有学生活动区域之间都能被清晰地观察。站在教室的不同位置检查是否有盲区。

· 把常用的教学材料和学生用具放在容易拿到的地方。这样可以最小化准备和清理时间，以及最小化活动流程中的减速和中断现象。

· 确保所有学生能够很容易地观看同学做报告。确定你和你的学生向全班做报告时的位置。进行这些活动时，学生应该不必移动他们的椅子或伸长他们的脖子。你可以坐在教室不同位置的学生座位上，以了解学生的可视范围。

布置风格

在思考如何组织教室的物理空间时，你应该问问自己，学生们将主要参与什么类型的教学活动（全班、小组、还是个人作业等）。考虑最能支持这类活动的物理空间布局（Weinstein, 2007）。

标准教室座位安排 图 14-1 显示了五类教室座位安排风格：礼堂型、面对面型、错开型、研讨型和群组型（Renne, 1997）。在传统的礼堂型风格（auditorium style）中，所有的学生都面对教师而坐（见图 14-1a）。这种安排限制了学生面对面的接触，教师可以随意在教室里走动。礼堂型风格经常用于教师讲课或是有人向全班做报告的时候。

在面对面型风格（face-to-face style）中，学生面对面地坐着（见图 14-1b）。在这种座位安排风格中，来自其他学生的干扰要多于礼堂型风格。

在错开型风格（offset style）中，少数学生（通常是三个或四个）坐在同一张桌子旁，但不是直接面对面（见图 14-1c）。该风格产生的干扰小于面对面型，而且对合作学习活动来说也很有效。

在研讨型风格（seminar style）中，更多的学生（十个或更多）围坐成圆形、方形或 U 形（见图 14-1d）。如果你希望让学生彼此交谈或与你进行交流时，这种座位安排风格尤其有效。

礼堂型风格：所有学生面对教师而坐的教室座位安排风格。

面对面型风格：学生面对面而坐的教室座位安排风格。

错开型风格：少数学生（通常是三个或四个）坐在同一张桌子旁，但不是直接面对面的教室座位安排风格。

研讨型风格：很多学生（十个或更多）围坐成圆形、方形或 U 形的教室座位安排风格。

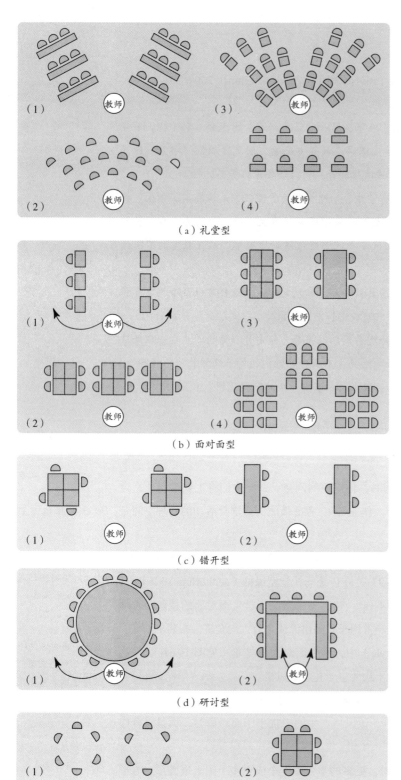

（a）礼堂型

（b）面对面型

（c）错开型

（d）研讨型

（e）群组型

图 14-1　教室座位安排风格

在群组型风格（cluster style）中，少数学生（通常是四到八个）以小而紧密的小组形式进行学习（见图 14-1e）。这种安排对于协作学习活动尤其有效。

课桌摆放在一起可以鼓励学生之间的社会互动。相比之下，一排排的课桌摆放减少了学生之间的社会互动，并把学生的注意力引向了教师。当学生在完成各自作业时，成排地放置课桌可以使他们受益，而将课桌聚集在一起则有助于合作学习。在座位成排布置的教室里，教师最有可能与坐在教室前面和中间的学生互动（Adams & Biddle, 1970，见图 14-2）。这个区域被称为"行动区"，因为在前面和中间位置的学生与教师的互动最多。例如，他们最常问问题，最有可能发起讨论。

如果你采用成排摆放课桌的方式，尽可能在教室里走动，与坐在"行动区"之外的学生进行眼神交流，引导在外围座位上的

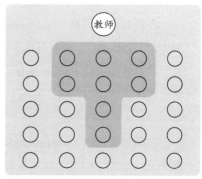

图 14-2　行动区

学生发表意见，并定期让学生更换座位，以便所有学生都有平等的机会坐在前排和中间的座位上。

教室的个性化　根据教室管理专家卡罗尔·温斯坦和安德鲁·米格纳诺（Carol Weinstein & Andrew Mignana, 2007）的观点，教室往往类似于汽车旅馆的房间，令人愉快但不具人情味，无从知晓使用者的任何信息。这种匿名性在中学教室尤其如此，因为在中学里，每一天都可能有六到七个不同的班级使用同一间教室。为了使教室个性化，可以在教室里张贴学生的照片、艺术作品、书面作业、列出每个学生的生日图表（幼儿园和小学时期），以及其他积极表达学生身份的物品。布告栏可以用来展示"本周最佳学生"，也可以用来展示每个学生自己选择的本周最佳作品。

我们所描述的教室没有哪个会完全符合你的情况。但是，记住我们所描述的基本原则应该可以帮助你为学生的学习创造最佳的教室布置。

> 群组型风格：少数学生（通常是四到八个）以小而紧密的小组形式进行学习的教室座位安排风格。

连线学生：最佳实践
设计教室布置的策略

遵循以下步骤，以确保成功地对教室布置进行设计（Weinstein, 2007; Weinstein & Mignano, 2007）：

1. 考虑学生将参与哪些活动。如果你要教的是幼儿园儿童或小学生，你可能需要为朗读、小组阅读教学、分享时间、小组数学教学和工艺美术创造环境。中学科学教师可能需要为全组教学、"动手实践的"实验室活动和媒体演示提供条件和场所。在一张纸的左边，列出你的学生将要进行的活动。在各项活动旁边，列出需要考虑的特殊安排，例如，艺术和科学区域需要靠近洗手池，计算机需要靠近电源插座。在"教师视角"中，佐治亚州佩里市佩里中学的科学教师威廉·威利福德（William Williford）为教室布置提供了建议。

教师视角
发声蟑螂和迷你摄像机

在我的教室里，每张课桌周围大约坐四个学生。这样布置教室有利于个人或团体活动的开展，因为不需要太多的过渡时间，也不需要把座位移来移去。由于我现在教授的科目是自然科学，所以教室里有一个养鱼的水族箱，一个装有蜥蜴或螳螂的玻璃箱，还有一个放着马达加斯加发声蟑螂的笼子。此外，还有一张桌子，上面摆放着各种小装置和小型实验。当学生们进入教室时，迷你摄像机可以聚焦在蚯蚓或蜘蛛上，并通过电视把图像展现出来。这样布置就是为了促进对科学的探究、质疑和思考。

威廉·威利福德，在佩里中学担任科学教师。
© William Williford, Perry Middle School, Perry, GA

2. 绘制平面图。在你搬动任何桌椅之前，先画几个平面图，然后选择一个你认为最合适的平面图。
3. 让学生参与教室布局的规划。你可以在开学前完成大部分的环境规划，但开学后，问问学生他们喜不喜欢你的布置。如果他们提出的整改建议是合理的，尽量采纳。学生们经常报告说，他们需要足够的空间和一个可以存放自己东西的地方。
4. 实施布置方案，并随时重新设计。开学几周后，评估你的教室布置是否有效。对布置可能产生的问题保持警惕。

学习目标 3：讨论如何创建积极的课堂环境。

3 营造积极的学习环境

学生需要一个积极的学习环境。我们将讨论一些能够提供这种环境的一般性课堂管理策略，建立和维护规定的有效方法，让学生合作的积极策略，以及管理课堂多样性的建议。

一般性课堂管理策略

权威型课堂管理风格：鼓励学生成为独立思考者和行动者，但仍然提供有效的监督的管理风格。权威型教师让学生参与到相当多的言语交流中，对学生表现出关爱的态度。然而，他们仍然在必要时设置限制。

一般性课堂管理策略包括使用权威型课堂管理风格和有效管理课堂活动。

权威型课堂管理风格（authoritative classroom management style）源于戴安娜·鲍姆林德（Diana Baumrind, 1971, 1996）提出的父母教养方式，这在"社会环境和社会情感发展"一章中进行了讨论。像权威型父母一样，权威型教师所教的学生也倾向于自力更生，延迟满足，与同龄人相处融洽，表现出很高的自尊。权威型课堂管理策略鼓励学生成为独立的思考者和行动者，但仍然需要有效的监控。权威型教师让学生参与到相当多的言语交流中，并对他们表现出关爱的态度。然而，他们在必要时还是会对学生有些限制。权威型教师明确规章制度，根据学生的意见制定这些标准。

与权威型风格形成鲜明对比的是两种无效的策略：专制型和放任型。**专制型课堂管理风格**（authoritarian classroom management style）是限制性和惩罚性的。教师主要是维持课堂秩序，而不是教学和学习。专制型教师对学生施加严格的限制和控制，很少与学生进行语言交流。专制型课堂上的学生往往是被动的学习者，不能主动开展活动，表现出对社会比较的焦虑，沟通能力较差。**放任型课堂管理风格**（permissive classroom management style）为学生提供了相当大的自主性，但在培养学习技能或管理他们的行为方面几乎没有支持。毫不奇怪，放任型课堂的学生往往缺乏足够的学术技能和自我控制能力。

总的来说，权威型风格会比专制型或放任型风格更有益于学生。权威型风格将帮助你的学生成为积极的、自我调节的学习者。除了采用权威型风格外，在"连线学生：最佳实践"中所描述的策略也有助于你的课堂管理。

专制型课堂管理风格：是一种限制性和惩罚性的管理方式。教师主要是维持课堂秩序，而不是教学或学习。

放任型课堂管理风格：允许学生有相当大的自主性，但在发展学习技能或管理学生的行为方面，很少为学生提供支持。

创建、教授和维护规定和程序

为了顺利运行，课堂需要具备明确的规定和程序。学生需要确切知道你希望他们如何表现。如果没有明确的课堂制度和程序，就会出现不可避免的误解，从而导致混乱的局面。例如，思考下面的程序或常规要求：当学生进入教室时，他们是直接坐到自己的座位上，还是可以先和同学聊天直到你叫他们坐好？当学生想去图书馆时，他们需要通行证吗？当学生在座位上学习时，他们可以互相帮助，还是必须独立完成？

规定和程序都是对行为的明确期望（Evertson & Emmer, 2009, 2017）。规定侧重于对行为的一般或特定的期望或标准。"尊重他人"就是一般性规定的一个例子。更具体的规定的例子是"在教室时，手机必须关机"。程序或常规要求也传达了对行为的期望，但它们通常适用于特定的活动，其目标是完成一些事情，而不是禁止一种行为或制定一个通用标准（Evertson & Emmer, 2009, 2017）。你可以建立收集家庭作业、作业晚交、使用卷笔刀或某设备的程序。你可以为下列事件制定程序，开始一天的学习（例如，帮助学生"适应"课堂的程序——可以是一个社会化内容，如为学生答疑或提供关于学校活动的简短说明）、离开教室（例如去上厕所）、回到教室（例如午饭后）以及放学（例如清理桌子、准时离开教室）。

规章制度往往不会改变，因为它们涉及我们待人接物的基本方式，例如尊重他人及其财产，管好我们自己的手和脚。另一方面，程序可能会因为教室日常活动的改变

连线学生：最佳实践

成为有效课堂管理者的策略

有效的课堂管理者：

1. 表现出他们"明察秋毫"。前面讨论过其观点的雅各布·库宁（Jacob Kounin, 1970）用**明察秋毫**（withitness）这个词来描述一种管理策略，在这种策略中，教师向学生表达他们意识到的正在发生的事情。这些教师定期监控学生的行为，这使得他们的不当行为在失控之前及早被发现。不"明察秋毫"的教师很可能意识不到这种不良行为，直到这些行为势头恶化并蔓延开来。

2. 有效应对事情同时发生的情况。库宁观察到，有些教师似乎只有一种单线程思维，一次只处理一件事。这种无效的策略常常导致课堂的频繁中断。例如，一位教师在组织一组学生阅读时，发现教室另一边有两个男孩厮打在了一起。她立刻站起来，走到教室的另一边，严厉地批评他们，然后又回到阅读小组。然而，当她回到阅读小组的时候，阅读小组的学生们已经失去了兴致，并且开始不守纪律了。相比之下，有效的管理者能够以破坏性较小的方式处理同时发生的情况。例如，在阅读小组的情形下，有效的管理者会迅速回应来自小组外的学生提出的问题，但不会显著改变阅读小组的活动流程。当他们在教室里走来走去，检查每个学生的课堂作业时，会用眼睛的余光一直观察班上的其他同学。

3. 保持课程的流畅性和连续性。有效的管理者保持课程流畅地进行，保持学生的兴趣，不给他们分心的机会。在本章的前面部分，我们提到了一些无效的做法，这些做法可能会中断课程的流程，包括颠来倒去和长篇大论。另一种扰乱课程流程的教师行为称为"碎片化"，即教师将一个活动分解为若干部分，即使该活动可以作为一个整体来开展。例如，一个教师可能会分别要求六个学生做一些事情，比如拿出他们的美术用品，而教师可以要求这六个学生作为一个小组来做这件事。

4. 让学生参与各种具有挑战性的活动。库宁还发现，有效的课堂管理者会让学生参与各种具有挑战性但又不是太难的活动。学生们经常独立学习，而不是由教师徘徊在学生身边直接监督。在"教师视角"中，明尼苏达州贝米吉市一位获奖的七年级社会科学教师马克·福德尼斯（Mark Fodness）就如何管理课堂给出了一些建议。

教师视角

优秀教师的课堂上很少有纪律问题

减少学生不良行为的最有效方法是提高教学方法的有效性。优秀教师的课堂上很少有纪律问题，并不是因为他们是厉害的纪律主义者，而是因为他们是了不起的教师。为了向我的一位实习教师强调这一点，我让她跟着我们班的学生走出教室，来到他们下一堂课的教室。回来后，她对所看到的一切感到不可思议。她原认为表现很好的学生在其他课堂上却没有专心学习或出现捣乱行为。在一间教室里，一位代课教师正在尽力代好这堂课，她将学生们的行为描述为"令人震惊"。然而在另一间教室里，教师在讲一本引人入胜的小说，同样的学生再次表现良好，而该教师似乎也没有使用任何具体的纪律策略。

马克·福德尼斯正在社会科学课堂上给学生上课。
© Mark Fodness

许多第一年执教的新教师和老教师一样，认为纪律是他们首要的教学挑战。然而，最好的解决办法是使用示范性教学策略。我让七年级学生找出那些具有良好课堂表现的教师的特点。以下是他们回答的一个例子：准备充分、很有趣、诙谐幽默、有条理、公平、关心他人、友善、精力充沛。

而改变。

让学生学习规定和程序的最佳方法是什么？教师应该制定规定和程序，然后告知全班学生吗？是否应该允许学生参与制定规定和程序？

一些教师喜欢让学生参与制定规定，希望这能鼓励他们对自己的行为承担更多责任（Emmer & Evertson, 2009, 2017）。学生参与可以采取许多不同的形式，包括讨论制定规定的原因和特定规定的含义。教师可以先让学生讨论为什么需要规定，然后再讨论一些具体的规定。教师可以通过描述或要求学生描述规定所涉及的一般行为领域来阐明规定。学生通常可以提供该规定的具体例子。

有些教师会先让全班讨论课堂规定。在讨论过程中，教师和学生提出可能的课堂规定，教师将这些规定记录下来，通过投影仪投影出来，或是直接写在黑板或一张大的图表纸上。然后，教师和学生将它们分成大类，并为这些类别拟定标题。在有些课堂里，讨论活动之后是让学生对每个规定进行角色扮演。

在有些学校里，学生可以参与制定整个学校的校规校纪。在某些情况下，每个班级或年级的学生代表在教师和学校管理人员的指导下参与制定校规。然而，在各个班级内部，尤其是在小学，学生参与制定规定的情况并不多见。大部分教师喜欢制定和呈现他们的规定，但如前所述，他们可能会鼓励学生对规定进行讨论。在中学里，尤其是高中，学生对规定制定的贡献可能更大，因为他们拥有更高水平的认知和社会情感知识及技能。

明察秋毫：库宁所描述的一种管理策略。在这种管理策略中，教师向学生表达他们意识到的正在发生的事情。这些教师定期监控学生的行为，这使得他们的不当行为在失控之前及早被发现。

连线学生：最佳实践
建立课堂规定和程序的策略

当你为课堂制定规定和程序时，要牢记以下四个原则：

1. 规定和程序应该是合理的和必要的。问问自己，你正在制定的规定和程序是否适合这个年级的学生。还要问问自己，是否有充分的理由来制定某个规定或程序。例如，一位中学教师有一条规定：学生必须按时上课。学生们被明确告知，如果他们迟到，即使第一次违规，他们也会被留堂。这名教师在开学时向学生们解释了这条规定，并告诉他们制定这条规定的理由：如果他们迟到，他们可能会错过重要的学习内容。

2. 规定和程序应该清楚和易于理解。如果你有一般性的规定，确保你清楚地说明了它们的意思。例如，一位教师有一条规定是"做好准备"。该教师具体说明了做好准备的含义，并描述了涉及这条规定的具体程序：每天带着自己的家庭作业、笔记本、钢笔或铅笔、课本来上学。

3. 规定和程序应与教学和学习目标一致。确保规定和程序不影响学习。有些教师非常在意教室的整洁和安静，以至于他们限制了学生之间的互动，也限制了学生参与协作学习活动。

4. 课堂规定应与学校规定一致。了解学校的规章制度是什么，比如在大厅和食堂等是否有特定的行为要求等。许多学校都有一本手册，详细说明什么是可以接受的，什么是不可以接受的。让学生自己熟悉手册内容，也有一些教师在开学时会和学生一起翻阅手册，以便学生清楚地了解学校关于旷课、逃学、打架、吸烟、物质滥用、辱骂性语言等方面的规定。

许多有效课堂的教师都会清楚地向学生展示他们的规定，并给出解释和例子。教师如果制定了合情合理的规定，提供了可理解的理由，并且始终如一地执行这些规定，他们通常会发现，班上大多数学生都会遵守这些规定。

让学生参与合作

多重思考
采用不同的强化手段来减少不良行为是应用行为分析师推荐的第一种策略。连接到"行为主义和社会认知理论"。

你希望学生与自己合作，遵守课堂规定，而不必总是用纪律规定来维持秩序。怎样才能让学生合作呢？有三个主要策略：与学生建立积极的关系，让学生分担并承担责任，以及奖励适当的行为。

与学生建立积极的关系 当回想起自己最喜欢的老师时，我们大多数人想到的都会是一个关心我们是否学有所获的人。除了关心学生的学业情况之外，你要表现出真正关心学生个人，这样有助于使他们合作（Jones & Jones, 2016）。教师很容易被学业成绩和课堂事务的迫切需求所困，从而忽视了学生的社会情感需求。

一项研究发现，除了制定有效的规定和程序外，成功的课堂管理者还表现出对学生关爱的态度（Emmer, Evertson, & Anderson, 1980）。这种关爱一定程度上体现在课堂环境中，学生感到安全和有保障，并受到公平对待。教师对学生的需求和焦虑很敏感（例如，他们在开学头几天开展了令人愉快的活动，而不是给他们做诊断测试），并且具有良好的沟通技能（包括倾听技能），他们有效地向学生表达了自己的感受。课堂气氛轻松愉快。例如，教学重点仍然放在学生的学业上，但教师会让学生休息，让他们有时间阅读，使用电脑或画画。图 14-3 展示了一些与学生建立积极关系的指南。

让学生承担责任 在本章前面部分，我们讨论了在课堂上形成权威氛围的重要性，以及是否应该允许学生参与制定课堂规定的问题。一些课堂管理专家（Blumenfeld, Kempler, & Krajcik, 2006）认为，与学生一起承担做出课堂决策的责任会增加学生对决策的承诺。

奖励适当的行为 我们在"行为主义和社会认知理论"一章中对奖励进行了广泛的讨论。你可能想再次阅读该章中关于奖励的讨论，特别是"教育中的应用行为分析"部分，并思考如何运用奖励有效地管理课堂（Alberto & Troutman, 2017）。"动机、教学和学习"一章中关于奖励的讨论也与课堂管理有关，特别是关于奖励和内在动机的信息。以下是在管理课堂时使用奖励的一些指导原则。

1. 在门口友好地向学生问好。
2. 就学生生活中发生的事情进行简短的一对一对话。
3. 给学生写一个简短的鼓励语。
4. 在课堂上多用学生的名字。
5. 表现出与学生相处的热情（即使是在一天、一周或一年的最后）。
6. 冒更多自我暴露的风险，这有助于学生将你视为一个真实的人。但是不要越界，也不要走得太远。在向学生透露自己的信息时，要始终考虑到学生的理解水平和情感脆弱性。
7. 做一个积极的倾听者，认真倾听学生说的话，即使是琐碎的事情。
8. 让学生知道你在那里支持和帮助他们。
9. 请记住，发展积极、信任的关系需要时间。对于来自高风险环境的学生来说尤其如此，他们最初可能不相信你。

图 14-3   与学生建立积极关系的指南

连线学生：最佳实践
引导学生承担责任的策略

以下是一些让学生在课堂上承担责任的准则（Fitzpatrick, 1993）：

1. 让学生参与学校和课堂计划的规划和实施。这种参与有助于满足学生的自信和归属感需求。

2. 鼓励学生评判自己的行为。与其对学生的行为进行评判，不如问一些能激发学生评价自己行为的问题。例如，你可以问，"你的行为是否反映了班级规定？"或者"规定是什么？"，把责任交给学生。起初，一些学生试图指责他人或转移话题。在这种情况下，保持注意力集中，引导学生承担责任。请记住，学生不会一夜之间培养出责任感。许多学生的不良行为是根深蒂固的习惯，需要很长时间才能改掉。耐心一点，要比学生期望的多一点耐心——这很难做到，但是个好建议。

3. 不接受借口，甚至不要讨论借口。借口只是推卸或逃避责任。相反，询问学生当下一次出现类似情况时，他们能做些什么。

4. 通过召开班级会议让学生参与决策。威廉·格拉瑟（William Glasse, 1969）在他的经典著作《没有失败的学校》（*Schools Without Failure*）中指出，班会可以用来处理学生的行为问题或者几乎所有教师和学生关心的问题。

选择有效的强化物　找出哪些强化物对于哪些学生最有效，并进行个性化强化（Alberto & Troutman, 2017）。对某个学生来说，最有效的奖励可能是表扬；而对另一个学生来说，最有效的奖励可能是进行自己喜欢的活动。记住，就使学生合作而言，愉快的活动往往特别有价值。你可以告诉学生，"完成数学作业之后，你可以去媒体区玩电脑游戏"。

有效地使用提示和塑造　请记住，如果你等待学生表现完美，他们可能永远都做不到。一个好的策略是使用提示并通过奖励学生的进步来塑造学生的行为（Alberto & Troutman, 2017）。提示的形式可以是暗示，也可以是提醒，例如"记住排队的规定"。塑造行为是指奖励学生连续地表现出接近指定目标行为的行为。因此，你可能会在学生答对了 60% 的数学题时给予奖励，在答对了 70% 的数学题时第二次给予奖励，以此类推。

使用奖励来提供关于学生掌握程度的信息，而不是控制学生的行为　对学生掌握信息进行奖励能够提高他们的内在动机和责任感（Vargas, 2009）。然而，用来控制学生行为的奖励不太可能促进自我调节和责任感。例如，一个学生的学习可能会受益于被选为本周最佳学生，因为他或她参与了大量富有成效的、需要能力的活动。然而，学生可能不会受益于因为安分守己地坐在座位上而得到奖励。这样的奖励是教师控制学生的一种努力，在严格控制的学习环境中，学生往往表现得像"棋子"。

> **多重思考**
> 奖励要传达出能力这一点很重要。连接到"动机、教学和学习"。

课堂管理和多样性

多重思考
文化回应性（或文化相关性）教学寻求与学习者的文化背景建立联系。连接到"教育心理学：有效教学的工具"。

学生日益多样化使得课堂管理更具挑战性（Coronel & Gomez-Hurtado, 2015）。有色人种儿童，尤其是非裔和拉丁裔美国儿童，以及来自低收入家庭的儿童在学校因纪律问题而被转介到上一级纪律办公室的人数中占了多数（Rueda, 2015）。特别值得关注的是，非裔美国学生，尤其是男生，受到了大量的纪律处分（Simmons-Reed & Cartledge, 2014）。非裔男学生被停学或开除的可能性是非拉丁裔白人男学生的三倍（Chatmon & Gray, 2015）。

许多学者认为，教师和学生之间的沟通不畅以及教师对学生的文化和社会经济差异缺乏敏感性，导致了这种转介数量比例（Banks, 2015; Koppelman, 2017）。如果学校的教师绝大多数是来自中产阶层的非拉丁裔白人，而大多数学生是来自低收入家庭的有色人种儿童，文化上的不匹配更可能出现。

参与这种文化反应性教学，并对学生的文化和社会经济差异表现出敏感性，可以帮助教师减少课堂纪律问题（Holloway & Jonas, 2016）。越来越多的课程方案表明，教师对社会文化多样性的学生表现出更高的文化敏感性，有利于那些面临学术和情感问题风险的学生走出风险（Zusho, Daddino, & Garcia, 2016）。

复习、思考和练习

学习目标3：讨论如何创建积极的课堂环境。

复习
- 创造积极的学习环境的一般性课堂管理策略有哪些？
- 良好的课堂规定有哪些特点？
- 哪些是让学生合作的最佳方法？
- 对于教师来说，了解课堂管理和多样性有什么重要意义？

思考
- 在你的课堂上，哪些"良好"的行为标准是不可商量的？你会对某些事情采取灵活态度吗？请解释。

PRAXIS™ 练习
1. 洛克菲勒女士对学生的行为有很高的期望。当学生没有达到这些期望时，她的惩罚是相当严厉的，并且不接受对不遵守规定的解释。她对借口的标准反应是"我不想听。你违反了规定。你知道后果是什么"，洛克菲勒女士是哪种管理风格的示例？
   A. 权威型
   B. 专制型
   C. 放任型
   D. 忽视型

2. 以下哪项是明确规定的课堂程序的最佳例子?

    A. 管好自己的手,不要互相打闹和乱碰东西

    B. 进教室时,把所有的家庭作业放在家庭作业文件夹里

    C. 尊重他人的财产

    D. 在座位上坐好,除非你被允许站起来

3. 哪位教师最有可能在遵守课堂规定和程序方面获得学生的合作?

    A. 贝奈斯女士和她的学生们在开学时制定了一份规定和程序清单,然而她并没有执行所制定的规定和程序。正确的行为没有得到强化,不恰当的行为也没有任何后果

    B. 科斯坦萨女士希望她的课堂非常有秩序。因此,即使是最轻微的违纪行为,她也会惩罚学生

    C. 克雷默女士的学生参与了课堂规定的制定。他们全都认为每条规定都是必要的,而且这些程序会使事情运作得更顺利。当学生不遵守规定时,她会问他们的行为是否合适

    D. 佩特曼女士有一长串的规定和程序清单供学生遵守。例如当他们进入教室时,首先要把作业放进适当的文件夹里,然后换上体育课的鞋子。如果学生在做这些事情时顺序相反,他们就会受到训斥

4. 在社会科学课的课堂讨论中,一名非裔美国高中男生说,史密斯先生是一名非拉丁裔白人教师,他似乎并不理解许多少数族裔群体所经历的困难和歧视。以下哪项是这位非拉丁裔白人教师最恰当的回答?

    A. 忽略学生所说的话,而不是强化他所说的话

    B. 告诉该学生,他似乎反应过度了

    C. 说他赞赏该学生对讨论的贡献,并说他希望能更好地理解这些困难和歧视

    D. 说他不欣赏这个学生对他的知识的不尊重

请参看书末的答案……

4 成为良好的沟通者

> 学习目标4:确认一些对教师和学生都适用的良好沟通方式。

说话技巧

如果你具备有效的说话技巧,并且和学生一起努力培养他们的说话技巧,你和你的学生都将会受益匪浅。让我们先来探讨一些在课堂上对学生讲话的策略。

在课堂上与学生讲话 在课堂上和个别学生讲话时,要记住的最重要的一点是清楚地传达信息(Grice, Skinner, & Mansson, 2016; Hogan & others, 2017)。说话清晰是良好教学的关键。

在课堂上清晰表达的一些好策略包括(Florez, 1999):

    1. 选择学生能理解的、适合其水平的词汇。

2. 语速适当，既不能太快也不能太慢。

3. 准确沟通，避免含糊其词。

4. 运用良好的计划和逻辑思维能力作为与全班学生清晰交流的基础。

有效言语交流的障碍 有效言语交流的障碍包括（Gordon, 1970）：

·批评。对另一个人严厉、消极的评价通常会减少交流。批评的一个例子是告诉学生，"考试不及格是你的错，你应该好好学习"。比起批评，你可以让学生评估为什么他们在考试中表现不好，并试图让他们得出一个原因，表明成绩不佳是因为缺乏努力。

·辱骂别人和贴标签。这些都是贬低对方的方法。学生们经常辱骂别人和贴标签。他们可能会对另一个学生说"你是个失败者"或"你太蠢了"。监控学生使用这种辱骂性的称呼和标签。当你听到这些词语时，进行干预并与他们谈论其他学生的感受。

·建议。建议就是以高人一等的姿态告诉别人一个问题的解决方案。例如，一名教师可能会说："这很容易解决。我不明白为什么……"

·命令。命令一个人做你想要他做的事通常是无效的，因为这会产生阻力。例如，一名教师可能会对一个学生喊道："清理这个地方！立刻马上！"相反，一个平静的、坚定的提醒，比如"记住当我们完成任务时要清理东西的规定"效果更好。

·威胁。威胁的目的是通过语言力量来控制对方。例如，教师可能会说："如果你不听我的话，我会让你在这里的生活很悲惨。"一个更好的策略是更冷静地接近学生，与学生谈论如何更好地倾听。

·说教。这意味着向对方宣讲他或她应该做什么。例如，教师可能会说："你知道你应该按时交作业的。你应该为此感到难过。"说教会增加学生的内疚感和焦虑感。在这种情况下，一个更好的策略是不要使用诸如"本该"和"应该"之类的词语，而是用一种不那么严厉的方式与学生谈论为什么作业没有按时交上来。

发表有效的演讲 你不仅可以每天在课堂上以正式和非正式的方式向学生演讲，你还有机会在教育和社区会议上发表演讲。了解一些好的演讲策略可以显著降低你的焦虑，帮助你进行有效的演讲（Pearson & others, 2017; Zarefsky, 2016）。

此外，当我们大多数人反思自己学生时期的经历时，我们会发现我们很少有机会在课堂上进行演讲，除非我们要上一节特殊的演讲课。但现在的学生不仅有机会在课堂上做正式的演讲，他们还可以参加小组讨论和辩论。所有这些活动都为学生提供

学生视角

辩论术教师汤米·林赛的学生

汤米·林赛（Tommie Lindsey）在加利福尼亚州联合市洛根高中教授竞技辩论（公开演讲和辩论）。美国大多数学校的辩论课程主要集中在富裕地区，但林赛的学生大多来自贫困或有风险的环境。他的学生获得了许多公开演讲的荣誉。

以下的学生评论反映了林赛突出的教学技能：

"他是我认识的少数几个如此关心学生的老师之一。他花费很多时间——很多晚上，包括很多周末——帮助我们学习。"

——J. 贾斯汀·希诺霍萨，17 岁

"我经历了一段艰难的时期。林赛先生帮了我。我问如何回报他，他说，'就像我帮助你一样帮助别人'。"

——罗伯特·霍金斯，21 岁

"我们学生现在有一个极好的机会，如果不是林赛先生，就不会有这样的机会。"

——米歇尔·乔希，17 岁

汤米·林赛与他的学生一起提高他们的公共演讲和辩论技能。
© 汤米·林赛

在九年级时，汤米·林赛想成为一名公众演讲者。他说他的英语老师怀疑他的能力，他想向她展示他在公共演讲方面有多出色。他准备了一场演讲，赢得全场起立鼓掌。林赛记得："她预计我会失败，而我却打败了她……我们的辩论课程也是如此。我们刚开始的时候，很多人不相信我们的孩子能做到他们所做的事情。"由于出色的教学成果，汤米·林赛在 2005 年获得了著名的麦克阿瑟奖学金（Seligson, 2005）。

了提高表达、组织和思维能力的机会（Ford Brown & Kindersley, 2017; Seiler, Beall, & Mazer, 2017）。

以下是一些发表有效演说的指导方针，可以使学生和教师受益（Alverno College, 1995）：

- *与听众沟通。直接与听众交谈，不要只是读笔记或背诵熟记的稿子。*
- *陈述你的目的。在演讲过程中始终关注这一重点。*
- *有效地发表演讲。使用眼神交流、支持性手势和有效的声音控制。*
- *有效地使用媒体。这有助于听众掌握关键观点，并改变演讲的节奏。*

倾听技巧

如果你和你的学生都有良好的倾听技巧，那么有效地管理你的课堂将会更容易。倾听是建立和保持关系的关键技能（Devito, 2017; Manning, 2017）。如果你是一个好的倾听者，学生、家长、其他教师和管理者都会被你吸引。如果你的学生是好的倾听者，他们将从你的教学中受益更多，并将有更好的社会关系。拙劣的听众"独霸"谈积极倾听：一种倾听方式，听者给予说话者充分的关注，并注意到信息知识和情感内容。

话。他们单方面诉说而不是与某人交谈。好的听众积极倾听（active listening）（Beebe, Beebe, & Ivy, 2016）。他们不只是被动地吸收信息。积极倾听意味着给予说话者充分的关注，并注意到信息知识和情感内容。

一些好的积极倾听策略如下：

- 仔细关注说话的人，包括保持眼神交流。
- 复述。
- 归纳主题和内容。
- 以适当的方式提供反馈。

非言语沟通

除了你所说的话语可以交流之外，你还可以通过双臂合拢、目光一瞥、嘴巴移动、双腿交叉或碰触他人来进行交流。事实上，许多沟通专家认为，大多数人际沟通是非言语的（Pearson & others, 2017）。即使一个人坐在角落里默默地看书，也是在进行非言语沟通，表明他或她想一个人待着。当你注意到你的学生茫然地盯着窗外看时，很可能表明他们感觉乏味无趣。非言语沟通很难被掩饰。要意识到，它可以告诉你，你和其他人的真实感受。

让我们通过研究面部表情、个人空间和沉默来进一步探讨非言语沟通。人们的面部表情会透露出他们的情绪，并流露出对他们来说真正重要的事情是什么（Alberts, Nakayama, & Martin, 2016）。一个微笑、一个皱眉或是一个困惑的神情都是在交流。

我们每个人都有一个个人空间，有时我们不想让别人侵入。毫不奇怪，鉴于教室拥挤，学生们拥有自己的空间来放置他们的学习材料和个人物品十分重要。确保所有学生都有自己的课桌和空间。告诉学生，他们有权拥有这个单独的空间，他们应该礼貌地尊重其他学生的空间。

多重思考
在提问后等待三到五秒或更长时间，往往可以让学生做出更好的回答。连接到"计划、教学和技术"。

在我们快节奏的现代文化中，如果有人在别人对他说了什么之后沉默时间长达一两秒钟，我们通常会觉得他好像有什么问题。在向学生提出问题之后，教师需要保持足够长的沉默，让学生在给出答案之前进行思考。通过保持沉默，一个好的倾听者可以观察说话者的眼睛、面部表情、姿势和手势，思考对方在表达什么，思考最合适的反应是什么。当然，沉默可能有些太过，有时也不合适。长时间倾听而不给出口头回应是很不明智的。

一些可用于课堂管理和交流的具体技术工具包括：

· Class Dojo（www.classdojo.com）用于跟踪学生的行为。

自我评估 1
评估我的沟通技巧

　　良好的沟通技巧是有效管理课堂的关键。阅读每一个陈述，并评价陈述与自己的相符程度，在1（非常不像我）到5（非常像我）的范围内打分。

	1	2	3	4	5

1. 我知道成为课堂上良好演说者和学生有效沟通者的特点。
2. 我擅长公共演讲。
3. 我不倾向于主导谈话。
4. 我"与"人交谈，而不是"对"人说话。
5. 我不怎么批评别人。
6. 我不会居高临下地对别人说话，也不会贬低他们。
7. 我与别人交谈时不说教。
8. 在别人和我说话时，我善于全神贯注。
9. 在和别人说话时，我会保持眼神接触。
10. 当与人互动时，我经常微笑。
11. 我知道沉默在交流中的价值以及如何有效地使用它。

评分和解释

　　看看你的自我评分。对那些你没有给自己打4分或5分的陈述，努力提高这些方面的沟通技巧。你和你的学生都会从中受益。

　　·Faronics Insight（www.faronics.com/products/insight/）通过控制设备的访问来管理学生的计算机。

　　·Remind（www.remind.com），一个用于联系家长和学生的通讯应用程序。

　　我们已经讨论了一些可以帮助你有效管理课堂的沟通技巧。请完成自我评估1，以评估你的沟通技巧。

　　最近，我请求一些老师描述他们在课堂上的有效沟通技巧，以下是他们的回复：

　　幼儿园 在我们的幼儿园，我们的交流方式是让孩子知道他们能做什么，而不是他们不能做什么。例如，我们告诉孩子"用他们的耳朵去听"，而不是告诉他们"保持安静"。

　　——海蒂·考夫曼，大都会西基督教青年会儿童保育和教育项目
（Heidi Kaufman, MetroWest YMCA Child Care and Educational Program）

　　小学 我使用了很多一唱一和（call and response）的方法来吸引二年级学生的注意。例如，我说，"一,二,三，看着我"，孩子们则回答说，"一,二,三，看着你"。在上学

的第一天，我就告诉他们，当他们听到我说这句话时，要停下手头正在做的事情，并转向我寻求新的指示或信息。

——简妮·吉达·普特雷，克林顿小学

（Janine Guida Poutre, Clinton Elementary School）

初中　有效沟通的关键之一是良好的倾听技能。我教我的学生要尊重演讲者，每当有人，不管是教师或学生在演讲时，他们要把桌上的东西清理干净。这一策略确保全班都在倾听和尊重演讲者，而不是在笔记本上涂鸦或看书。

——马克·福德尼斯，贝米吉初中

（Mark Fodness, Bemidji Middle School）

高中　通过给学生一套复杂的言语指导（比如如何正确折叠餐巾纸），然后让他们在不与任何人交谈的情况下完成任务，我向学生们展示了成为一个有效沟通者的重要性。活动结束后，我举行了一次讨论，主题是为什么在沟通指示不力的情况下不可能完成任务。这一活动很快向学生展示了有效沟通的价值。

——桑迪·斯旺森，梅诺莫尼·福尔斯高中

（Sandy Swanson, Menomonee Falls High School）

复习、思考和练习

学习目标 4：确认一些对教师和学生都适用的良好沟通方式。

复习

· 有效演讲的障碍有哪些？精彩的演讲有哪些原则？什么是积极倾听，教师和学生可以做些什么来发展积极倾听技能？

· 教师需要了解非言语沟通的哪些重要方面？

思考

· 你自己在沟通方面有哪些优势和劣势？你可以做些什么来提高你的沟通技巧？

PRAXIS™ 练习

1. 卡迈克尔女士对她五年级的学生扎克很不满，因为他在过去的一周里已经三次没有交作业了。她正在和他讨论这件事，试图表达按时交作业的重要性。以下哪项可能是她对这种情况的最佳反应？

　　A. "好吧，扎克，你可以明天再交。"

　　B. "你是怎么了，扎克？这已经是一周内的第三次了！　我知道你可以完成作业。你只是因为懒惰吗？是这样吗？这越来越荒唐了。你想要不及格吗？"

　　C. "扎克，我知道你可以完成作业。你不交作业是想让事情变得更糟糕吗？"

　　D. "扎克，如果你不交作业，我就不可能评估你对学习内容的理解。不能再这样下去了。请在今天放学前把作业做完交给我。不要再迟交作业了。"

2. 爱德华和詹姆斯正在讨论使学生对美国历史感兴趣的最佳方式。以下哪项最能体现积极倾听？
   A. 当爱德华谈到将电子媒体整合到他们的课程中的重要性时，詹姆斯打断了他，他认为原始资料更加有用和准确
   B. 当爱德华谈到将电子媒体整合到他们的课程中的重要性时，詹姆斯发出了粗鲁的声音，并告诉他那些都是胡扯
   C. 当爱德华讲话时，詹姆斯保持着眼神接触，并偶尔点头。然而，詹姆斯实际上是在计划如何反驳爱德华的观点，即电子媒体会吸引学生
   D. 当爱德华说话时，詹姆斯保持着眼神接触，偶尔点头，并将身体前倾。当爱德华说完后，詹姆斯说："那么你的意思是如果我们使用更多的电子媒体，孩子们会更感兴趣，对吗？"
3. 当爱德华谈到将电子媒体融入其美国历史课程的重要性时，詹姆斯看了看手表，朝门口看了看，然后用手指敲了敲桌子。詹姆斯传达的是什么信息？
   A. 感兴趣
   B. 不屑一顾
   C. 焦虑
   D. 乏味无趣

请参看书末的答案……

5 处理问题行为

学习目标5：提供一些教师可用来处理问题行为的有效方法。

　　无论你如何努力计划和创造一个积极的课堂环境，问题行为都会出现。重要的是你要及时、有效地处理这些问题。

管理策略

　　课堂管理专家卡罗琳·埃弗森和爱德华·埃默（Carolyn Evertson & Edward Emmer, 2009, 2017）区分了针对问题行为的轻度干预和中度干预。以下讨论描述了他们的方法。

　　轻度干预　有些问题只需要轻度干预即可。这些问题涉及的行为如果不经常发生，通常不会扰乱课堂活动和学习。例如，学生可能会不按顺序向教师提问，未经允许离开座位，在不允许的情况下进行交谈，或者在课堂上吃糖果。当问题行为只需要简单干预时，这些策略是有效的（Evertson & Emmer, 2009）：

　　　　·使用非言语线索。与学生进行眼神交流，并发出一个信号，如把手指放在嘴

卡罗琳·埃弗森（中）是一位权威的课堂管理专家，她与伊芙琳·哈里斯共同创建了一个被称为 COMP 的课堂管理计划。COMP 包含了我们在开发积极的学习环境中强调的许多主题。COMP 强调支持学生学习，引导学生对自己的决定、行为和学习负责。COMP 还包括问题预防、管理和教学整合、学生参与和教师之间专业合作的策略。该计划通过培训研讨会、课堂应用和合作反思来实施。研究表明，COMP 对教师和学生的行为产生了积极的影响（Evertson & Harris, 1999）。

© Carolyn Everston

唇上、摇头或用手势发出停止的信号。

· 保持活动进行。有时活动之间的过渡时间过长，或者在学生无事可做的情况下发生活动中断。在这种情况下，学生可能会离开座位，相互聊天，开玩笑，局面开始失控。一个好的策略不是纠正学生在这些情况下轻微的不当行为，而是更及时地开始下一个活动。通过有效地计划一天的活动，你应该能够避免这些长时间的过渡和活动中的中断现象。

· 靠近学生。当学生开始行为不当时，只是靠近这个学生就常常会使其停止不当行为。

· 重新引导行为。如果学生在做和学习无关的事情，让他们知道他们应该做什么。你可能会说，"好吧，记住，这个时候每个人都应该做数学题"。

· 提供必要的指导。有时学生在不知道如何完成布置的作业时，就会有轻微的不良行为。由于无法有效地进行活动，他们用行为不端来打发时间。解决这一问题需要认真监督学生的作业完成情况，并在需要时提供指导。

· 直接而果断地告诉学生停止违规行为。与学生建立直接的眼神交流，态度坚决，并告诉学生停止这种行为。你的评论要言简意赅，并监控局势直到学生遵守纪律。将此策略与重新引导行为结合起来，以鼓励理想的行为。

· 给学生选择的机会。把责任交到学生的手中，告诉他或她可以选择表现出适当的行为或接受负面后果。一定要告诉学生正确的行为是什么，不这样做的后果是什么。

中度干预 有些不良行为需要更有力的干预。例如，当学生滥用特权，扰乱课堂活动，游手好闲，干扰你的教学或其他学生的学习时。以下是一些处理这类问题的中度干预措施（Evertson & Emmer, 2009）：

· 取消特权或学生想要参加的活动。不可避免地，有些学生会滥用他们得到的特权，例如能够在教室里走动或与朋友一起做任务。在这些情况下，你可以撤销特权。

· 隔离或让学生离开。在"行为主义和社会认知理论"一章中，我们讨论了

"计时隔离"，即让学生离开正强化。如果选择使用"计时隔离"，你有以下几个选项。你可以（1）让学生留在教室里，但不让学生获得正强化；（2）带学生离开活动区或教室；（3）把学生安排在学校指定的计时隔离室里。如果你使用了计时隔离，一定要明确指出导致"计时隔离"的学生行为，例如"你因为打了德里克而被计时隔离30分钟"。如果错误行为再次发生，重新确认并再次将学生计时隔离。计时隔离结束后，不要评论学生在计时隔离期间表现如何，只需让学生返回被中断的活动即可。

·施加惩罚。可以用少量的重复性工作作为对不良行为的惩罚。在写作课上，学生可能要多写一页；在数学课上，学生可能要多做一些题；在体育课上，学生可能要多跑一圈。惩罚带来的问题是，它们可能会损害学生对所学学科的态度。

学生也可能因为他们的不当行为而留堂，比如在午餐时间、课间休息、放学前或放学后行为不当。教师通常会对胡闹、浪费时间、反复违反规定、不完成作业和扰乱课堂秩序的学生进行留堂的处罚。有些留堂是在教室里进行的；有些学校有一个留堂大厅，可以把学生送到那里。如果留堂发生在你的班级里，你必须监督。如果不当行为不严重，留堂时间最初不宜太长，应保持在10～15分钟。就像使用计时隔离一样，你需要保留一份留堂记录。

利用他人作为资源 可以帮助你让学生做出更适宜行为的人包括同伴、家长、校长或辅导员以及导师。

同伴调解 同伴有时能非常有效地让学生的行为更得体。同伴调解员经过培训后能够帮助学生解决争吵和改变不良行为。例如，如果两个学生开始互相争吵，指定的同伴调解员可以帮助调解争议，正如我们在本章后面部分讨论冲突解决时所述。

家长会 你可以给学生的家长打电话，也可以和他们进行面对面的交流。有时候只是通知家长就可以让学生改善行为。不要让父母处于防御状态，也不要暗示你是在责怪他们孩子在学校的不良行为。只是简单地向他们描述一下问题，并说你会感激他们能给你的任何支持。

寻求校长或辅导员的帮助 许多学校都规定了特定问题行为的后果。如果你试图处理这种行为但没有成功，可以考虑向学校管理部门寻求帮助。这可能涉及将学生转介给校长或辅导员，进而可能导致学生被留堂或警告，校长还有可能约见家长。让校长或辅导员来处理这个问题可以节省你的时间。然而，在许多学校，这样的帮助并非总是切实可行的。

寻找导师 之前我们强调了在学生的一生中至少有一个人关心并支持他们发展的重要性。一些学生，特别是那些来自高风险贫困环境的学生，缺少一个这样的人的支持。导师可以为这些学生提供减少问题行为所需的指导（Pennanen & others, 2016; Roscoe,

2015）。另一项近期研究表明，当青少年主动提出辅导需求时，这种辅导关系更有可能持续。特别是当青少年从他们的社会网络中非父母的其他成年人（如教师、家庭朋友、大家庭成员）中提名导师而不是由父母或项目工作人员推荐时，以及当导师与青少年属于同一种族群体时（Schwartz & others, 2013）。同样在这项研究中，当青少年提出的辅导持续存在时，辅导与三年后的教育和职业成功有关。

你的班级里可能会有一些学生可以从辅导中受益。在社区中寻找高风险、家庭低收入学生的潜在导师，或者让学生想想他们希望谁来做导师。

最近，我询问老师们是如何处理学生在教室里的不当行为的，以下是他们的回复：

幼儿园   我们教导学龄前儿童，不当行为总是会带来一定后果。我们首先和学生讲明为什么这种行为是错误的，以及下次该如何行事。当不良行为出现时，我们也会通知父母。学生被计时隔离将作为最后的手段。

——米西·丹格勒，市郊山丘学校
（Missy Dangler, Suburban Hills School）

小学   在开学的第一个月，我会特意打电话给每一位家长，建立一种没有威胁性的融洽关系，让这个善意的电话成为我们本学年的第一次沟通。在电话中，我会做自我介绍，说一些关于孩子的积极方面，并问家长有什么问题要问我。如果因为学生的不良行为而需要打电话给家长，在我已经与家长取得了积极联系的情况下，家长可能更愿意帮助解决这个问题。

——简妮·吉达·普特雷，克林顿小学
（Janine Guida Poutre, Clinton Elementary School）

初中   如果一个学生出现了可能对其他同学造成伤害的问题，要么让这个学生离开，要么让整个班级离开。学生们向成年人寻求安全。

——菲莉西亚·彼得森，波坎蒂科山学校
（Felicia Peterson, Pocantico Hills School）

高中   我尊重我所有的学生，即使是那些行为不端的学生。例如，当我看到学生有不当行为的迹象时，我会在课外单独与学生见面，对她说："在我说话的时候，如果你和莎莉说话，会让我分心。你能为我解决这个问题吗？我不想中断上课，因为我觉得那会让你很尴尬。"大多数学生都能接受我在这些情况下给予他们的尊重。

——约瑟夫·梅利，南伯灵顿高中
（Joseph Maley, South Burlington High School）

应对攻击行为

校园暴力是一个重大的、不断严重的问题。在许多学校里，学生打架、欺负其他学生，用语言或武器相互威胁或威胁教师的情况已司空见惯。这些行为会引起你的焦虑和愤怒，但重要的是要为它们的发生做好准备，并冷静地处理它们。避免争吵或情绪对抗将有助于你解决冲突。

校园暴力　现在让我们来探讨不同类型的攻击行为问题以及教师有效处理这些问题的策略。

打架　课堂管理专家卡罗琳·埃弗森和埃德蒙·埃默（Carolyn Evertson & Edmund Emmer, 2009, 2017）对于如何处理打架的学生提出了以下建议。在小学，你通常可以在不冒受伤风险的情况下制止学生打架。如果由于某种原因你无法进行干预，立即寻求其他教师或管理人员的帮助。当你进行干预时，大声地发出口头命令："住手！"把打架的人分开，当你把打架者分开时，告诉其他学生离开或回到他们正在做的事情中去。如果你干预一场涉及中学生的打斗，你可能需要另外一两个成年人的帮助。你们学校可能会有关于学生打架的相关规定。如果有的话，你应该按照学校有关政策处理，必要时让校长和／或家长参与进来。

一般来说，最好让打架者有一个冷静期，这样他们才能平静下来。然后与打架者会面，了解他们对打架理由的看法。必要时询问证人。将打架双方召集起来开会，强调打架是不合适的、考虑对方观点的重要性以及合作的价值。

欺凌　相当多的学生成为欺凌的受害者（Connell, Morris, & Piquero, 2015; Naidoo & others, 2016; Wang & others, 2016; Wu, Luu, & Luh, 2016）。在一项对全美 15 000 多名六年级到十年级学生进行的调查中，几乎每三个学生中就有一个说他们偶尔或频繁地作为受害者或肇事者参与欺凌活动（Nansel & others, 2001）。在这项研究中，欺凌被定义为旨在骚扰弱小者的言语或身体行为。因长相或言语而被贬低是最常见的欺凌类型。男孩比女孩更容易成为欺凌者，但是在欺凌的受害者上，性别差异则不那么明显（Peets, Hodges, & Salmivalli, 2011）。

谁有可能受欺负？在刚刚描述的研究中，男孩和初中低年级学生最有可能受到影响（Nansel et al., 2001）。那些说自己被欺负的学生报告了更多的孤独感和交友困难，而那些欺负他们的学生则更可能学习成绩差，而且抽烟喝酒。

研究人员发现，焦虑、社交退缩和好斗的儿童往往是欺凌的受害者（Rubin et al., 2016）。焦虑和社交退缩的儿童可能会成为受害者，因为他们没有威胁性，如果受到欺负，他们不太可能报复。而好斗的儿童可能成为欺凌的目标是因为他们的行为激怒了欺凌者。超重和肥胖儿童也经常受到欺凌（Puhl & King, 2013）。

社会环境如贫困、家庭、学校和同伴群体会影响欺凌行为（Prinstein & Giletta,

2016; Force Gordon & Ladd, 2015）。近期的一项元分析表明，积极养育行为（包括良好的沟通、温暖的关系、投入和参与对儿童的监督）的缺乏和消极养育行为的存在（包括虐待儿童——身体虐待和忽视）与在学校更有可能成为欺凌者或受害者有关（Lereya, Samara, & Wolke, 2013）。

同伴群体的社会环境在欺凌行为中也起着重要作用（Force-Gordon & Ladd, 2015）。研究人员发现，70%~80% 的受害者和他们的欺凌者在同一个学校、同一个教室里（Salmivalli & Peets, 2009）。同学们往往知道欺凌事件且在许多情况下目睹了欺凌行为（Barhight et al., 2015）。在许多情况下，欺凌者折磨受害者以在同伴群体中获得更高的地位，欺凌者需要其他人见证他们的权力展示。许多欺凌者都不会被同伴群体拒绝。

欺凌的后果是什么？一项研究显示，五年级时受到的同伴伤害与十年级时的身心健康状况恶化有关（Bogart et al., 2014）。研究人员发现，相比于没有被欺凌的儿童，被欺凌的儿童更容易产生抑郁、自杀念头和企图自杀（Undheim, 2013; Yen et al., 2014）。一项研究表明，小学期间的同伴伤害是青少年期内化问题（例如抑郁症）发生的主要指标（Schwartz et al., 2015）。此外，一项纵向研究发现，6 岁时受欺负的儿童，12~13 岁时更可能体重增加过多（Sutin et al., 2016）。另一项研究显示，在儿童期遭受欺凌的受害者与他们 50 年后使用心理健康服务增多有关（Evans-Lacko et al., 2016）。

考虑一下这些与自杀有关的欺凌案例：休斯敦市，一个 8 岁的儿童从一栋两层楼高的建筑物里跳了下来；休斯敦市，一个 13 岁的儿童上吊自杀；马萨诸塞州，几个青少年无情地骚扰一个女孩，以至于她后来自杀。此外，最近的一项分析得出结论，欺凌会产生长期影响，包括难以建立持久的关系和解决工作中的问题（Wolke & Lereya, 2015）。

人们越来越关注互联网上的同伴欺凌和骚扰（网络欺凌）（Barlett, 2015; Vollink, Dehue, & McGuckin, 2016; Wolke, Lereya, & Tippett, 2016）。最近一项涉及三至六年级学生的研究显示，参与网络攻击与孤独感、较低的自尊、较少的朋友关系以及较低的同伴受欢迎程度有关（Schoffstall & Cohen, 2011）。此外，最近的研究发现，相比于传统欺凌，网络欺凌与自杀意念的关系更密切（van Geel, Vedder, &Tanilon, 2014）。此外，一项纵向研究发现，经受社会和情感困难的青少年更可能同时受到网络欺凌和传统欺凌，而不仅仅遭受传统欺凌（Cross, Lester, & Barnes, 2015）。在这项研究中，遭受这两种欺凌的青少年比那些只受到传统欺凌的青少年更可能远离学校。

人们越来越关注如何预防欺凌和治疗伤害（Cantone et al., 2015; Flannery et al., 2016; Menesini, Palladino, & Nocentini, 2016; Olweus, 2013; Saarento, Boulton, & Salmivalli, 2014）。不同学校的干预措施差别很大，有让全校参与反欺凌运动，也有提供个性化的社会技能培训（Alsaker & Valanover, 2012）。丹·奥尔维斯（Dan Olweus, 2003, 2013）创建了一个极有前景的欺凌干预计划。这项计划的对象主要是 6~15 岁的

连线学生：最佳实践

减少欺凌的策略

以下是一些减少欺凌的建议：

1. 以坚定的态度面对欺凌者。如果可能的话，私下里和欺凌者对质通常是个好主意。如果有需要你可以在公共场合（有其他学生在场的教室或操场）与欺凌者对质，接近欺凌者，描述你所看到的情况，解释为什么该行为是不能接受的，并告知其后果是什么。警告、计时隔离、向受害者道歉以及取消特权都是欺凌可能的后果。

2. 让年长的同伴充当欺凌的监督者，当他们看到欺凌发生时对其进行干预。在选择这些监督者时，要选择受同伴尊敬的学生。

3. 请注意，欺凌行为经常发生在教室之外，所以你可能看不到它的发生。此外，许多受害者没有向成年人报告遭受了欺凌。无人监督的操场、公共汽车和学校走廊等区域是学生受欺凌的常见场所。

4. 如果你在教室或其他地方观察到欺凌行为，你需要做出决定，看它是否严重到需要向学校管理者或家长报告。如果你观察到一个学生在多个场合参与欺凌行为，可以召集欺凌者的父母会谈，请求他们帮助阻止欺凌行为。

5. 与其他教师和学校管理部门一起制定全校范围内的规定和制裁措施，反对欺凌行为，并在全校张贴。

6. 了解你的学校和教师可以就网络欺凌问题与学生进行有效沟通的方法。关于网络欺凌主题，可以阅读《校园之外的欺凌：预防和应对网络欺凌》（Hinduja & Patchin, 2015）。

儿童及青少年，目标是减少欺凌的机会和奖励。学校教职工被指导如何改善同伴关系，使学校更安全。如果实施得当，该计划可将欺凌行为减少 30%～70%（Ericson, 2001; Olweus, 2003, 2013）。有关如何实施该计划的信息可以从科罗拉多大学暴力预防中心获得（www.colorado.edu/espv/blueprints）。最近一项研究显示，聚焦整个学校的欺凌干预措施（如奥尔维斯计划）比涉及课堂课程或社会技能培训的干预措施更有效（Cantone et al., 2015）。此外，最近在中小学进行的一项教师干预措施，旨在减少欺凌现象。其重点是增加欺凌者的同理心并谴责他们的行为，有效地增强了欺凌者停止欺凌的意图（Garandeau et al., 2016）。在这项研究中，责备欺凌者没有任何效果。

对教师的违抗或敌意 卡罗琳·埃弗森和埃德蒙·埃默讨论了以下应对违抗教师或对教师怀有敌意的学生的策略（Evertson & Emmer, 2009, 2017）。如果学生的这种行为没有受到惩罚，这种行为很可能会继续，甚至蔓延开来。因此，如果可能的话，化解事件时尽量保持私密性和单独处理学生。如果这种违抗或敌意并不极端，并且发生在上课期间，那么试着不受个人情感的影响，并说明你将在几分钟后再处理，以避免权力之争。之后在一个适当的时机，与学生见面并说明不良行为可能造成的后果。

在极端和罕见的情况下，学生会完全不合作，在这种情况下，你应该派另一个学生去办公室寻求帮助。不过，在大多数情况下，如果你保持冷静，不与学生发生权力之争，学生就会冷静下来，然后你可以和学生谈论这个问题。

复习、思考和练习

学习目标 5：提供一些教师可用来处理问题行为的有效方法。

复习

· 哪些是管理课堂环境中问题行为的轻度和中度干预措施？还有谁可以帮忙？

· 对于打架、欺凌和违抗行为，教师可以做些什么？有哪些有效的学校内的欺凌干预计划？

思考

· 你对你打算执教的学生中的问题行为有多担心？考虑到你自己目前的技能、性格和价值观，你可以采取哪些方法来为处理这些问题做好准备？

PRAXIS™ 练习

1. 马丁先生正在告诉他的学生如何完成明天的作业。当他说话的时候，莎莉和谢利正在讨论他们的放学后计划。马丁先生应该怎么做？

　A. 中断他的讲课，说："好好听我讲话，姑娘们，否则你们的课余时间就要和我一起度过了。"

　B. 中断他的讲课，问道："你们有什么想和同学们分享的吗，姑娘们？"

　C. 继续上课，但要直视莎莉和谢利；如果这不起作用，就慢慢靠近她们

　D. 中断他的讲课，静静地等待女孩们停止说话，同时看着她们。然后说："谢谢你们，姑娘们。"

2. 肯是一个五年级学生，他不太被他的同伴所喜欢。他们取笑他的长相、他的穿着，他缺乏协调性，以及他缺乏情绪的自我调节能力。这种轻视主要发生在操场上的课间休息时间。这些取笑常常使肯流泪，这似乎对取笑是火上浇油。以下哪项措施最有可能减少这种欺凌行为？

　A. 对欺凌者进行校内停课

　B. 将肯与他的同伴隔离，这样他就不必面对欺凌行为了

　C. 取消欺凌者的课间活动权利

　D. 对欺凌者和肯进行社会技能培训

请参看书末的答案……

连线课堂：案例分析
爱说话的学生

　　韦尔奇夫人是一位新来的初中语言艺术教师。在开始新的工作之前，她基于学校的行为准则制订了一个课堂管理计划。她希望学生们对她和其他同学都要有礼貌，她还希望他们爱护学校财产和学习环境。此外，她希望他们管好自己的行为和财物。轻微的违规行为将受到口头警告。进一步的违规行为将导致更严重的后果：留堂、转介到学校办公室以及打电话给学生家长。韦尔奇夫人对她的管理计划很满意。她第一天上课就把它分发给学生。她还在开学第一周的年度返校日把它分发给家长。

　　达利斯是韦尔奇夫人教的七年级学生中的一个，被韦尔奇夫人称为"爱说话"的人。他很喜欢交际，把课上的大部分时间都花在和其他学生聊天上，而不是去做功课。韦尔奇夫人试着把他安排在教室的不同地方，并试着让他坐在她从未看见在课堂上说过话的学生旁边，这两种方法都对他无效。他只是去结交了新朋友继续闲聊，有时还会扰乱课堂秩序。她试着让他坐在女孩旁边，这似乎让事情变得更糟。

　　达利斯除了喜欢交际外，还很聪明。虽然他才上七年级，但他正在和一群数学高级班的八年级学生一起学习代数。这属于该校的罕见现象；事实上，这样的事以前从未发生过。代数教师扎西内利夫人和达利斯关系很好。他从来没有扰乱过她的课堂，也没有在她的课堂上表现出任何行为不当。扎西内利夫人听说达利斯在其他课堂上行为不当时，感到很惊讶。

　　扎西内利夫人是韦尔奇夫人的导师。她帮助韦尔奇夫人制订了课堂管理计划，并在她遇到困难时给她出谋划策。有一次，当韦尔奇夫人在讨论八年级的代数课时，扎西内利夫人把和八年级学生一起上代数课视为"一种特权，而不是权利"。她进一步告诉韦尔奇夫人，她希望她的学生在任何时候都要表现得当。

　　第二天，达利斯在课堂上说的话特别多。韦尔奇夫人要求他安静。他照做了，但不到五分钟，他又打开了话匣子。当他再次说话时，韦尔奇夫人把他拉到一边，大声对他说："够了，达利斯。我把你从代数课上除名。你知道上那门课是一种特权，而不是理所当然的事。"

　　达利斯惊呆了。在剩下的时间里，他静静地坐着，但没有参与课堂活动。他都没有看韦尔奇夫人或其他学生一眼。放学之前的时间他都是在迷糊中度过的。他不知道该怎么向父母解释。

　　当达利斯告诉他母亲，他将因语言艺术课上的行为而被从代数课中除名时，母亲立即去找了韦尔奇夫人。她试图告诉韦尔奇夫人，把达利斯从代数课中除名，等于剥夺了他应享有的免费而适当的公共教育的权利。韦尔奇夫人坚持自己的立场，坚持说她可以而且会改变对达利斯上代数课的安排。

1. 案例中存在哪些问题？
2. 对达利斯来说，把他从代数课上除名这一处罚合适吗？为什么？
3. 你认为把达利斯从代数课上除名会对他的行为产生积极影响吗？为什么？
4. 你认为这对他的学习动机有什么影响？
5. 你认为这种情况会对韦尔奇夫人和达利斯之间的关系产生什么影响？
6. 你觉得达利斯的母亲现在会怎么做？
7. 你认为扎西内利夫人听到这个情况后会有什么反应？
8. 你认为校长会有什么反应？
9. 韦尔奇夫人应该怎么做？
10. 韦尔奇夫人让达利斯安静下来的策略该如何定性？
　　A. 这是一个轻度干预的例子
　　B. 这是一个中度干预的例子
　　C. 这是一个重度干预的例子
　　D. 这是一个有效干预的例子

11. 以下哪项可能是韦尔奇夫人处理达利斯说话行为的最有效方法？
　　A. 让达利斯抄写一页字典
　　B. 用胶带封住达利斯的嘴
　　C. 在剩下的时间里把达利斯和他的同伴隔离开来
　　D. 把达利斯送到办公室让校长管教

本章概要

① 为什么课堂需要有效管理：解释为什么课堂管理既有挑战性又有必要性。

中小学课堂管理问题研究

·许多管理问题在小学和中学课堂上是相似的。然而，中小学课堂的差异对课堂管理的方式而言有着重要的意义。

·小学教师经常一整天都要面对一群同样的学生（20~25 名），中学教师每天要见100~150 名学生大约 50 分钟。在小学里，封闭、厌倦感以及整天和同样的人互动会产生问题。

·中学教师必须快速推进课程。他们也可能遇到更多问题，他们的学生可能会有更多长期存在的问题，更难以改变。这些问题可能比小学生的问题更严重。中学生可能要求对规定和纪律进行更详细、更合乎逻辑的解释。

拥挤的、复杂的和潜在混乱的教室

·教室拥挤、复杂和潜在混乱的六个原因是：（1）教室是多维的，（2）活动同时进行，（3）事情发生得很快，（4）事件往往不可预测，（5）几乎没有隐私，（6）教室是有历史的。

良好的开端

·与学生有一个良好开端的好策略是：（1）确立对行为的期望，消除学生的不确定感；（2）确保学生体验到成功；（3）学生可以随时找到和看到你；（4）你掌管规章制度。

强调教学和积极的课堂氛围

·教育心理学的重点曾经是在纪律方面。今天，教育心理学的重点在于发展和维持一个支持学习的积极的课堂环境。这涉及使用积极主动的管理策略，而不是沉浸在被动的纪律战中。

·从历史上看，管理良好的课堂被概念化为一台"运转良好的机器"，但今天它更常被视为"活动蜂巢"。库宁发现，优秀的课堂管理者能有效地管理小组的活动。

管理目标和策略

·课堂管理的目标和策略包括：（1）帮助学生把更多的时间用于学习，减少用于非目标导向活动的时间（保持活动流程，尽量缩短过渡时间，让学生承担学习的责任）；（2）防止学生出现学业和情感问题。

2 设计教室的物理环境：描述教室物理环境的积极设计。

教室布置原则

·有效设计教室物理环境的基本原则包括：（1）减少事务繁忙区域的拥堵，（2）确保你可以清楚地看到所有学生，（3）把常用的教学材料和学生用具放在容易拿到的地方，（4）确保所有学生能够很容易地观看同学做报告。

布置风格

·课堂座位安排风格包括礼堂型、面对面型、错开型、研讨型和群组型风格。重要的是要使教室个性化，考虑学生将参与哪些活动，绘制平面图，让学生参与教室设计中，并实施布局和灵活地重新设计。

3 营造积极的学习环境：讨论如何创建积极的课堂环境。

一般性课堂管理策略

·采用权威型课堂管理风格，而不是专制型或放任型风格。权威型风格包括与学生进行大量的言语交流，对学生采取关心的态度，必要时限制学生的行为。

·权威教学与胜任的学生行为密切相关。此外，对学生的种族和社会经济差异保持敏感也是有效管理课堂的一个重要方面。

·库宁的工作揭示了与有效课堂管理相关的其他特征：表现出他们明察秋毫，有效应对事情同时发生的情况，保持课程的流畅性和连续性，以及让学生参与各种具有挑战性的活动。

创建、教授和维护规定和程序

·区分规定和程序，并考虑让学生参与讨论和制定规定的适当性。课堂规定应该是：（1）合理的和必要的，（2）清楚和易于理解的，（3）与教学和学习目标一致，（4）与学校规定一致。

让学生参与合作

·让学生合作包括：（1）与学生建立积极的关系；（2）让学生承担责任（让学生参与学校和课堂计划的规划和实施，鼓励学生评判自己的行为，不接受借口，并给予自我负责策略一些时间来生效）；（3）奖励适当的行为（选择有效的强化物，有效地使用提示和塑造，并使用奖励来提供关于学生掌握程度的信息）。

课堂管理和多样性

·学生的日益多样化使得课堂管理更加复杂。教师往往不了解学生的文化背景，因此与学生沟通不畅。

·文化不匹配尤其可能发生在绝大多数教师是非拉丁裔白人，而学生主要来自少数族裔的学校。进行文化反应性教学可以帮助教师减少课堂纪律问题。

4 成为良好的沟通者：确认一些对教师和学生都适用的良好沟通方式。

说话技巧

·有效说话的障碍包括不精确和含糊不清，使用错误的语法，使用不适合学生水平的词汇，以及说得太快或太慢。

·如果你拥有有效的说话技巧，并且和学生一起努力培养他们的说话技巧，那么你和你的学生将会受益匪浅。

·有效地与学生交谈包括清晰地沟通，与听众建立联系，有效地使用媒体，避免言语交流的障碍，如批评、辱骂、建议、命令、威胁和说教。教师和学生都能从如何有效地演讲中受益。

倾听技巧

·当一个人全神贯注于说话者，把注意力集中在信息知识和情感内容上时，就会产生积极倾听。一些好的积极倾听策略是：（1）仔细关注说话的人，包括保持眼神交流；（2）复述；（3）归纳主题和内容；（4）以适当的方式提供反馈。

非言语沟通

·许多沟通专家强调，大多数沟通是非言语沟通，而不是言语沟通。非言语沟通很难隐藏，因此一个好的策略是意识到非言语沟通通常反映一个人的真实感受。

·非言语沟通包括面部表情和眼神交流、碰触、个人空间和沉默。

---

5 处理问题行为：提供一些教师可用来处理问题行为的有效方法。

管理策略

·干预措施可分为轻度干预或中度干预。

·轻度干预包括使用非言语线索，保持活动进行，靠近学生，重新引导行为，提供必要的指导，直接而果断地告诉学生停止违规行为，并给学生选择的机会。

·中度干预措施包括取消一项特权或学生想要参加的活动，隔离或让学生离开，以及施加惩罚或留堂。一个好的管理策略是拥有支持性的资源。其中包括利用同伴作为调解员，呼吁家长提供支持，寻求校长或辅导员的帮助，以及为学生寻找导师。

应对攻击行为

·校园暴力是学校中一个重大的、不断严重的问题。准备好应对学生的攻击行为，以便你能冷静地应对他们。尽量避免争吵或情感冲突。

·面对打架、欺凌、违抗或敌视教师的行为，有效的指导包括制定和公布全校范围内针对欺凌的规定和制裁措施，通过保密和单独处理学生来化解敌意事件，以及在需要时派另一名学生到办公室寻求帮助。两个学校层面的欺凌干预计划是奥尔维斯欺凌干预计划（Olweus Bullying Prevention）和预防校内欺凌行为计划（Bully-Proofing Your School）。

关键术语

积极倾听（actlve listening）
礼堂型风格（auditorum style）

专制型课堂管理风格（authoritarian classroom management style）

权威型课堂管理风格（authorltative classroom management style）

群组型风格（cluster style）

面对面型风格（face-to-face style）

错开型风格（offset style）

放任型课堂管理风格（permissive classroom management style）

研讨型风格（seminar style）

明察秋毫（withitness）

档案袋活动

现在你已经很好地理解了本章的内容，请完成这些练习来扩展你的思维。

独立思考

1. **培养相互尊重的师生关系。**教师应如何对学生进行自我表露和敞开心扉？教师与学生建立积极的关系是很重要的，但是否存在教师与学生过于亲密的情况？就这一问题写一篇个人反思，包括可能与你未来的教师工作有关的想法。

研究 / 实地体验

2. **研究学校的惩戒政策。**采访小学、初中或高中的学校辅导员。请他们描述其学校的纪律政策，并评估这些政策的效果。还请他们描述他们曾经处理过的最困难的学生问题。把问题写成个案研究。

合作学习

3. **制定课堂规定。**列出你认为你的学生们必须遵守的规定。描述当学生违反这些规定时你会如何反应，然后与你的三四个同学一起讨论彼此的清单。根据他们的反馈意见，修改你的规定。

第十五章

标准化测验与教学

> 不是每个人都拥有同样的才华，但是每个人都应该拥有同等的机会去发展他们的才华。
>
> ——约翰·肯尼迪（John F. Kennedy）
> 20世纪美国总统

章节概览

1. 标准化测验的性质
学习目标 1：讨论标准化测验的性质和目的及其评价标准。
标准化测验及其目的
评价标准化测验的标准

2. 能力倾向测验和成就测验
学习目标 2：比较能力倾向测验和成就测验，描述不同种类的成就测验以及这些测验涉及的一些问题。
比较能力倾向测验和成就测验
标准化成就测验的种类
高风险的基于州立标准的测验
教师候选人的标准化测验

3. 教师的作用
学习目标 3：确定教师在标准化测验中的作用。
为学生参加标准化测验做准备
理解和解释测验结果
使用标准化测验分数来制订教学计划和改进教学

4. 标准化测验存在的问题
学习目标 4：评估标准化测验中的一些关键问题。
标准化测验、替代性评估和高风险测验
多样性和标准化测验

连线教师：芭芭拉·贝瑞

芭芭拉·贝瑞（Barbara Berry）在美国密歇根州伊普斯兰蒂高中（Ypsilanti High School）教授法语和人文科学，她也是该校外语系主席。她讲述了一个关于标准化测验的故事。

我有一个学习法语四年的学生，她是一个优秀的学生，而且显然很有语言天赋。作为一名少数族裔学生，她已经被一所重点州立大学录取，如果她在学术评估测验（SAT）中的分数达到一定的要求，还可以获得全额奖学金。她参加了测验，语言部分表现不错，但数学部分不够好，达不到奖学金要求。她当时正在上第四年的数学课，成绩高于平均水平，但她说她就是不喜欢数学，也不懂数学。

虽然我当时教的是法语，但我很喜欢数学，而且我的在校成绩和标准化测验成绩都很不错。我知道 SAT 的数学部分包括很多代数题。在她重新参加 SAT 之前，我提出可以帮她辅导数学，她接受了我的提议。我从数学系弄来了一些代数材料来帮助她学习。不过大多数时候她都是自学，自己看书、做题，只有在遇到棘手的问题时才来找我。我们大约一周见一次面。大约六周后，她重新参加了测验，SAT 数学成绩提高了 110 分。最后她获得了奖学金。

我没有教这个学生很多数学知识，但我确实帮助她解决了一些难题。我对她最大的帮助是两件事：（1）我表达了自己对数学的热情，并表达了我对她数学能力的信心；（2）我让她集中精力于复习测验所测试的那些题目上。因为我们在法语课上的关系很好，所以我对我可以帮助她的数学更有信心。

概览

正如芭芭拉·贝瑞的故事所示，标准化测验可以对学生的生活产生重大影响。它们被广泛用于评价学生的学习和成绩。尽管它们越来越多地被用于比较不同学校、地区、州和国家的学生的成绩，但它们并非没有争议。近年来标准化测验的一个重大变化是，对传统的标准化测验的重视程度大大降低，而更加重视测验建立的标准，这些测验由美国各州制定并用于问责。

在本章中，我们首先讨论标准化测验的一些基本概念，然后区分能力倾向测验和成就测验。接下来，我们将探讨作为一名教师，你在标准化测验方面可能起到的作用，最后探讨标准化测验中的几个重要问题。

1 标准化测验的性质

或许你已经参加了多次标准化测验。上学前班时，你可能参加过入学准备测试（school readiness test），在小学时参加过一些基本技能或成就测试，在高中时参加过 SAT 或 ACT（American College Test，美国高等学校测验）大学入学测试。但所谓的"标准化"测验是什么意思呢？目的又是什么？

标准化测验及其目的

标准化测验（standardized tests）具有统一的施测和评分程序，通常允许将一个学生的成绩与全国范围内其他同年龄或同年级学生的成绩进行比较。标准化测验可以达到以下几种目的：

· 提供关于学生进步的信息。标准化测验是了解学生成绩好坏的信息来源。可能一个班级的学生成绩为 A，但在全国标准化测验中成绩平平；另一个班级的学生成绩为 B，在同样的全国标准化测验中却成绩非常出色。如果没有一个外部的、客观的参照标准，如标准化测验，每个任课教师很难知道他们的学生与本州或全美其他地方的学生相比表现如何。标准化测验也被用来展示学生几个月或几年之内的成绩增长情况。

· 诊断学生的强项与弱项。标准化测验也可以提供关于学生学习强项或弱项的信息。通过不同的分量表的得分可以表明学生的强项和弱项。个体施测的测验可以被用来确定学生的学习弱项。

· 提供对学生进行特殊教学的依据。标准化测验可以用来决定是否可以让某个学生参与一个特定的课程计划。在小学，根据标准化测验所提供的信息，教师把学生分到不同的阅读小组。在高中，教师根据标准化测验结果来判断学生应该上哪些数学课。在某些情况下，标准化测验和其他信息一起被用来评估学生是否可以跳过某个年级或是否可以毕业。学生也可以参加标准化测验，以确定他们是否适合特定的职业。有一种标准化测验——基准测验或期中考试——每季度开展一次，以帮助教师确定学生需要进一步指导的领域。

· 为教学计划和改进教学提供信息。教师将学生的其他信息与标准化测验分数结合起来，做出教学决策。例如，在学年开始时，学生在阅读技能标准化测验中的成绩可以帮助教师确定他们需要开展何种水平的阅读教学。学生在期末标准化测验中的成绩可以告诉教师其阅读教学的效果如何，基于这些信息，教师可以继

多重思考
教师需要将评估整合到教学计划中。连接到"课堂评估和评分"。

续进行类似的教学或做出相应的调整。

·有助于问责制。学校和教师越来越多地被要求对学生的成绩负责。虽然这一做法存在争议，但标准化测验正在被用来确定学校是否有效使用了纳税人所交的税款。在得克萨斯州，如果学校学生的标准化测验成绩不达标，校长可能会失去工作。在马里兰州，测验成绩不好的学校会失去数千美元的奖金。对问责制的关注导致了**基于标准的测验**（standards-based test）的产生，这种测验评估学生是否在升入下一年级或获准毕业前掌握了应掌握的技能。采用基于标准的测验的学校通常要求没有通过测验的学生在暑假参加特别课程，以帮助他们达到学校系统所要求的最低能力水平。**高风险测验**（high-stakes testing）是指以一种会对学生产生重要影响的方式进行测验，测验结果将决定学生是否可以升学或毕业等。在本章后面部分，我们将讨论美国各州立标准的测验，这些测验越来越多地被用于做出这种"高风险"的决定。尽管如此，请注意，贯穿本章的一个重要主题是标准化测验不应该成为评估学生学习的唯一方法，标准化测验本身也不应该被当作让学校对学生的成绩负责的唯一信息（McMillan, 2014; Popham, 2017）。

评价标准化测验的标准

评估标准化测验的方法包括了解测验是常模参照测验还是标准参照测验，以及测验分数在多大程度上是有效、可信和公平的。让我们从常模参照和标准参照测验来开始接下来的讨论。

常模参照测验与标准参照测验   标准化测验可以是常模参照测验，也可以是标准参照测验。**常模组**（norm group）是一组之前接受过测验的人，他们为解释测验分数提供了基础。因此，在**常模参照测验**（norm-referenced test）中，学生的分数是通过与他人（常模组）成绩进行比较来解释的。

当常模组由具有全国代表性的学生群体组成时，常模参照测验被认为基于全国常模（national norms）。例如，四年级科学知识和技能的标准化测验可能会对全国范围的四年级学生样本进行施测。数千名四年级学生的代表性样本的分数就成为比较的基础。这个常模组应该包括来自城市、郊区和农村，不同的地理区域，私立和公立学校，男孩和女孩，以及不同族裔的学生。根据每个学生在标准化科学考试中的分数，教师可以确定某个学生的成绩是高于、等于还是低于全国常模（Brookhart & Nieto, 2015）。教师也可以看到整个班级相对于普通学生群体的学习情况。

与常模参照测验不同，**标准参照测验**（criterion-referenced test）是一种将学生的成绩与已确立的标准进行比较的标准化测验（McMillan, 2014）。美国州立标准化测验是典型的不使用常模的标准参照测验。例如，州立标准参照测验可以评估学生是否达

基于标准的测验：评估学生在升入下一年级或获准毕业前应掌握的技能的测验。

高风险测验：以一种会对学生产生重要影响的方式进行测验，测验结果将决定学生是否可以升学或毕业等。

常模组：一组之前接受过测验的人，他们为解释测验分数提供了基础。

常模参照测验：学生的分数是通过与他人（常模组）成绩进行比较来解释的标准化测验。

标准参照测验：将学生的成绩与已确立的标准进行比较的标准化测验。

到了被称为"熟练"的成绩水平，或者达到了某个百分比水平，如答对80%的题目。这些成绩水平是由美国各州制定的，用于确定《有教无类》法案所要求的年度进步（AYP）。标准参照测验的目的是评估学生在特定领域的技能和知识，如英语、数学和科学。

效度、信度与公平性　无论是常模参照的标准化测验还是标准参照的标准化测验，评估测验的三个重要方法都是判断它是否有效、可信和公平。首先让我们来探讨一下如何评估一个标准化测验的效度。

效度　传统上，效度被定义为一个测验在多大程度上测量了它所要测量的内容。然而，越来越多的教育测验专家认为，不仅要考虑测验本身是有效的或无效的，更重要的是要考虑到对测验分数的推论（McMillan, 2014, 2016）。因此，**效度**（validity）是指一个测验测量了其所要测量内容的程度，以及对测验分数的推论是否准确和适当。

根据测验本身的特征——测验的实质——可以分为三种效度：内容效度、效标效度和建构效度。一个有效度的标准化测验应该有良好的**内容效度**（content validity），即测验对所要测量的内容的取样能力。这个概念类似于"与内容相关的证据"。例如，如果一个标准化的四年级科学测验旨在评估内容信息和解决问题的能力，那么测验应该包括测量科学内容信息的题目和测量解决问题能力的题目。

效度的另一种形式是**效标效度**（criterion validity），即该测验对通过其他评估或标准来衡量的学生成绩的预测能力。如何评估标准化科学测验的效标效度？一种方法是，让代表四年级教师的样本对学生在他们所执教的科学课上的能力进行评估，然后将这些能力评定情况与学生在标准化测验中的成绩进行比较。另一种方法是将学生参加标准化测验的成绩与同样的学生参加另一种测量相同内容的测验的成绩进行比较。

效标效度可以是同期的，也可以是预测性的（Biggs & Colesante, 2015; Davison & others, 2015）。**共时效度**（concurrent validity）是测验的分数和目前（同时期的）可用的其他标准之间的关系。例如，四年级的标准化科学测验是否与学生本学期的科学成绩相一致？如果是，我们就可以说该测验具有很高的共时效度。**预测效度**（predictive validity）是指测验成绩与学生未来成绩之间的关系。例如，四年级科学测验的分数可以用来预测不同的学生会在高中上多少门科学课，初中女生是否对追求科学事业感兴趣，或者学生在未来的某个时候是否会获得科学方面的奖项。

第三种效度是建构效度。**建构**（construct）是一个人所具有的不可观察到的特点或特征，如智力、创造力、学习风格、性格或焦虑。**建构效度**（construct validity）是指有证据表明测验测量了一个特定建构的程度。建构效度是我们讨论过的最广泛的效度类型，包括来自共时效度和预测效度的证据（Salvia, Ysseldyke, & Witmer, 2017）。对建构效度的判断也取决于对测验编制的描述、测验与其他重要因素之间的关系模式（例如与类似测验的高相关、与测量不同建构测验的低相关），以及任何其他有助于理解测

效度：一个测验测量了其所要测量内容的程度，以及对测验分数的推断是否准确和适当。

内容效度：测验对所要测量的内容的取样能力。

效标效度：某个测验对通过其他评估或标准来衡量的学生成绩的预测能力。

共时效度：测验的分数和目前（同时期的）可用的其他标准之间的关系。

预测效度：测验成绩与学生未来成绩之间的关系。

建构：一个人所具有的不可观察到的特点或特征，如智力、创造力、学习风格、性格或焦虑。

建构效度：有证据表明测验测量了一个特定建构的程度。

验分数含义的证据。因为一个建构通常是抽象的，所以可能需要各种各样的证据来确定一个测验是否有效地度量了一个特定的建构。

前面我们指出，在确定效度时，我们不仅应该考虑测验的实质内容，还应该考虑对测验分数的推论是否准确（McMillan, 2014, 2016）。让我们通过一个例子来说明这一点。一位教育督导决定使用学生每年春季的标准化测验成绩作为教师能力的指标。换句话说，通过测验成绩来推论教师是否称职。这种情况就会引发效度问题：用标准化测验分数来衡量教师能力的合理性如何？与学生得分低相比，学生得分高说明教师更有能力，这种说法是真实的（准确的）吗？

信度　信度（reliability）是指测验可以得出一致的、可重复的分数的程度。测验要可靠，分数必须是稳定的、可信的，并且相对来说没有测量误差（Popham, 2017）。信度可以通过几种方式进行衡量，其中包括重测信度、复本信度和分半信度。

重测信度（test-retest reliability）是指一个学生在两个场合进行同一个测验，其测试结果相同的程度。因此，有一组学生今天接受标准化的四年级科学测验，一个月后再次接受同一测验，如果学生在两次测验中的分数一致，那么该测验就被认为有重测信度。重测信度有两个缺点：有时学生在第二次测验时表现更好，是因为他们对测验题目比较熟悉；一些学生可能在两次测验期间学到了某些知识，也会导致成绩的变化。

复本信度（alternate-forms reliability）是让同一组学生在两个不同场合对同一测验的两种不同形式进行测试，并观察得分的一致性来确定的信度。测验的两种形式中的测验题目相似，但不完全相同。这种方法避免了学生在第二次测验中因为熟悉题目而成绩更好的可能性，但它无法消除学生的知识增长和对测验程序与策略的熟悉程度的提高。

分半信度（split-half reliability）是指将测验题目分成两部分，例如按题号将奇数题和偶数题各为一组。比较这两组题目的得分，以确定学生在每组试题中的得分是否一致。当分半信度较高时，我们会说测验是内部一致的（internally consistent）。例如，在四年级的标准化科学测验中，可以比较学生在奇数题和偶数题上的得分。如果他们在两组题上的得分相似，我们可以得出结论，该科学测验具有很高的分半信度。

信度受到测量中的许多误差的影响。一个学生可能有足够的知识和技能，但因为一些内部和外部因素，在多次测验中仍然得分不一致。内部因素包括健康、动机和焦虑。外部因素包括主考教师的指导语不充分，题目写得含糊不清，信息取样较差，以及评分一致性低下。当学生在相同或类似的知识和技能测验中得分不一致时，应仔细分析可能造成这种情况的内部和外部因素。

效度和信度是相关的。一个有效的测验分数是可信的，但是一个可信的测验分数不一定是有效的。人们可以在测验中做出一致的反应，但测验可能并没有测量它想要测量的东西。为了理解这一点，请想象一下你要投掷三只飞镖。如果这三只飞镖落点

信度：测验可以得出一致的、可重复的分数的程度。

重测信度：一个学生在两个场合进行同一个测验，其测试结果相同的程度。

复本信度：让同一组学生在两个不同场合对同一测验的两种不同形式进行测试，并观察得分的一致性来确定的信度。

分半信度：将测验题目分成两部分，例如按题号将奇数题和偶数题各为一组。比较这两组题目的得分，以确定学生在每组试题中的得分是否一致的信度。

很近，你就有了信度。然而，只有三只飞镖都投中靶心，你才具有效度。

公平性与偏见　公平的测验是无偏见和无歧视的（McMillan, 2014）。它们不受诸如性别、种族或主观因素（如评分者的偏见）的影响。如果测验是公平的，学生就有机会展示他们的学习情况，使他们的成绩不受性别、种族、障碍或与测验目的无关的其他因素的影响。

不公平的测验是一种把特定学生群体置于不利地位的测验。这种情况经常发生在测验的某些内容使得测验对于具有某些特点的学生更加困难的时候。例如，假设一项旨在评估写作技能的测验要求学生们写一篇关于一个男孩苦练橄榄球并被选入球队的短篇故事。显然，这种类型的题目对男孩来说会比女孩更容易，因为男孩通常更熟悉橄榄球，所以用这个测验评估女孩的写作技能是不公平的。再考虑一个可能用于评估阅读理解能力的文章，文章是关于一次航海经历的。因此，有过航海经验的学生比没有航海经验的学生更容易阅读和理解这篇文章。要完全消除测验对每个学生的不公平因素是不可能的，但是测验编制者可以做很多事情来创造一个尽可能公平的测验。

对于障碍学生来说，公平性往往需要在测验的施测时对测验用一些适应措施进行调整。许多适应措施是针对特定类型的障碍的（Turnbull & others, 2016）。这样做的目的是减轻障碍对被测特质的负面影响。例如，对于听力有障碍的学生，一定要有书面指导语；对于有视觉障碍的学生，确保给出了口述的指导语。

> **多重思考**
> 当教师构建测验来评估学生的学习和成绩时，建立有效、可信和公平的高质量评估是教师的一个重要目标。连接到"课堂评估和评分"。

复习、思考和练习

学习目标1：讨论标准化测验的性质和目的及其评价标准。

复习

·标准化测验指的是什么？标准化测验有哪些用途？

·什么是常模参照测验和标准参照测验？为什么效度、信度和公平性对判断标准化测验的质量很重要？

思考

·举出一个具有信度但无效度的测验分数的例子。

PRAXIS™ 练习

1. 以下哪项是使用标准化测验结果为教学计划和改进教学提供信息的最佳例子？

　A. 在林肯小学，学生每年都要参加一次标准化成就测验，来帮助确定哪些学生需要特殊教学

　B. 在杰弗逊小学，教师工资的增长部分基于学生在州立标准化测验中的成绩情况

　C. 惠特尼先生使用学生们在州立标准化测验中社会科学部分的得分结果，来帮助他了解其教学在帮助学生达到州标准方面的效果如何

　D. 沃克女士利用标准化阅读测验的结果，将她的学生分到不同的教学阅读小组中。她在整个学年中多次对学生进行相同的测验，以衡量学生的进步并重新分组

2. 以下哪项是测验的预测效度的最佳例子？
　　A. 在高三时参加 ACT 考试并取得好成绩的学生，在大学第一年的学业表现往往好于那些成绩差的学生
　　B. 标准化测验的阅读部分应该同时测量阅读理解和词汇知识，包含与词汇有关的考题和一个带有题目的阅读段落
　　C. 在州立标准化测验中取得良好成绩的学生在全国统一的标准化测验中也同样取得好成绩
　　D. 在州立标准化测验的阅读部分做得很好的学生，其阅读课的分数也很高

请参看书末的答案……

学习目标 2：比较能力倾向测验和成就测验，描述不同种类的成就测验以及这些测验涉及的一些问题。

② 能力倾向测验和成就测验

标准化测验主要有两种：能力倾向测验和成就测验。首先，我们将定义和比较这两种类型的测验，然后考察不同种类的成就测验。接下来，我们将描述高风险的基于州立标准的测验，以及对教师候选人的标准化测验。

比较能力倾向测验和成就测验

能力倾向测验：预测学生通过进一步的教育和训练学习某种技能或完成某件事的能力的测验。

能力倾向测验（aptitude test）的目的是预测学生通过进一步的教育和训练学习某种技能或完成某件事的能力。能力倾向测验包括一般心理能力测验，如我们在关于"个体差异"一章中描述的智力测验（斯坦福–比奈智力测验、韦克斯勒量表等），还包括用于预测在特定学科或职业领域取得成功的测验，如一项能力倾向测验可用于预测学生未来在数学方面的成功，而另一项能力倾向测验可用于预测一个人是否有可能在销售或医学方面表现出色。

成就测验（achievement test）的目的是测量学生学到了什么知识或掌握了什么技能。然而，能力倾向测验和成就测验之间的区别有时是模糊的。这两种测验都是评估学生的现状，它们所使用的问题通常非常相似，而且两种测验的结果通常高度相关。

作为大学入学考试的一部分，SAT 考试通常被称为能力倾向测验，但 SAT 可以是能力倾向测验，也可以是成就测验，这取决于它的用途。如果它被用来预测你在大学的成功，那它就是能力倾向测验。如果它是用来确定你学到了什么（比如词汇、阅读理解和数学技能），那它就是一个成就测验。

多重思考
关于智力是什么以及如何评估它一直存在争议。连接到"个体差异"。

成就测验：测量学生学到了什么知识或掌握了什么技能的测验。

标准化成就测验的种类

标准化成就测验的种类有很多（Kara & Celikler, 2015; Osadebe, 2015）。一种常见的分类方法是将它们分为成套测验、特定学科测验或诊断测验。

成套测验 成套测验是为特定水平的学生设计的一组独立的学科测验。成套测验是美国使用最广泛的常模参照标准化测验（McMillan, 2008）。一些常见的成套测验包括加州成就测验（California Achievement Tests）、艾奥瓦州基本技能测验（Iowa Tests of Basic Skills）、大都会成就测验（Metropolitan Achievement Tests）和斯坦福成就测验系列（Stanford Achievement Tests Series）。

许多成套测验还包含了某个学科领域内的子测验。例如，大都会成就测验将阅读作为每个级别的学科领域之一。大都会成就测验的阅读部分包括词汇量、单词识别和阅读理解。

早期的成套测验由单项选择题构成，以评估学生所掌握的学科知识。然而，最近的版本越来越多地加入了开放式题目，来评估学生的思维和推理能力。

特定学科测验 一些标准化成就测验评估特定学科领域的技能，如阅读或数学。因为关注的是一个特定的领域，它们通常会用一种比成套测验更详细、更广泛的方式来评估技能。两个涉及阅读的特定领域测验的例子是伍德科克阅读掌握测验（Woodcock Reading Mastery Tests）和盖茨–麦基洛普–霍洛维茨阅读诊断测验（Gates-McKillop-Horowitz Reading Diagnostic Test）。一些标准化的学科领域测验涵盖了诸如化学、心理学或计算机科学等不包括在成套测验中的学科。

诊断测验 如前所述，诊断是标准化测验的一个重要功能。诊断测验包括对特定学习领域的相对深入的评估。其目的是确定学生的具体学习需求，以便通过常规教学或补习来满足这些需求（Cil, 2015; Kim, 2015）。经常用标准化测验来进行诊断的两个领域是阅读和数学。

所有常模参照标准化成就测验的发布者都声称他们的测验可以用于诊断（McMillan, 2008）。然而，要使一项测验在诊断方面有效，就应针对其所测量的每项技能或目标设置若干个测试题目，而许多测验在这方面有诸多不足。

高风险的基于州立标准的测验

随着公众和政府要求加强对学校如何有效地教育儿童的问责制，基于州立标准的测验发挥了更强大的作用。实际上，最近标准化测验的一个趋势是，对传统标准化测验的重视程度大大降低，而更多地强调由各州制定的、用于问责的测验的全年标准。今天大多数教师更关心这些问责制测验，而不是能力倾向测验或更传统的成就测验。

多年来，各州都设立标准进行测验，但最近测验的重点发生了变化。在 20 世纪 90 年代之前，测验内容与课堂上实际教授和学习的内容并没有紧密联系。早期的州立标准测验只是对该州学生在某些学科领域的成绩提供了一个整体的概览，尤其是阅读和数学。

20 世纪 90 年代，人们开始努力将州立标准测验与各州认可的教学目标联系起来。大多数州已经确定或正在确定本州期望学生达到的目标。这些目标——通常称为标准——不仅构成了这些基于州立标准测验的基础，也构成了教师教育和课程决策等活动的基础。我们强烈鼓励教师将这些目标融入他们的课堂规划和教学中。在许多州，这些目标都反映在该州对每个学生进行的成就测验中。许多学区使用课程进度指南，以确保所有学生都能为州立标准测验做好准备。

基于州立标准的测验的形式　基于州立标准的测验大部分是（或只有）单选题。然而，这些类型的题目并不支持或促进建构主义学习。当包含基于建构主义的评估时，它们通常包括简答题或论述题。很少有州将成绩档案作为其评估的一部分。几乎所有的州都使用标准参照分数，这意味着根据预先确定的标准评估学生的成绩。

高风险测验的潜在能优势和用途　一些政策制定者认为，高风险的基于州立标准的测验将产生一系列积极影响：

- 提高学生成绩。
- 花更多时间教授被测验的科目。
- 对所有学生具有高期望。
- 识别表现不佳的学校、教师和行政人员。
- 随着测验分数的提高，学校的信心增强。

这些测验在指导学生个人进步方面最广泛的用途与补习、升级和毕业的决定有关。补习包括把测验成绩不好的学生分配到特殊班级。这种补习通常在放学后、星期六或暑假进行。目前，有 13 个州要求并资助补习计划，以帮助成绩较差的学生达到州立标准。

许多提倡基于州立标准测验的人认为，学生在测验中未达到一定的成绩标准就不应该升到下一个年级。在这一点上，测验的目的是结束社会升学（基于学生不应该落后于同龄人这一理念的升学）。

在许多州，基于州立标准的测验也被用于决定是否准许一个学生从高中毕业。这样的决定会对年轻人的未来产生重大影响。此外，基于州立标准的测验还被用来做出关于学校和工作人员问责制的决定。让学校负起责任意味着利用测验成绩将学校归入一定类别，如观察 / 警告（公开报告，要求进行改进），察看（通常要求学校提交一份全面的改革计划），不合格 / 处于危机中（需要外界认真协助制订改进计划），达标，带有警告的达标，未达标。这给学校带来了相当大的压力，让学校尽一切可能取得及格分数。

关于基于州立标准测验的批评 批评基于州立标准的测验的人认为，基于州立标准的测验会导致以下不良后果（McMillan, 2002）：

·课程低智化，强调死记硬背，忽略了解决问题和批判性思维技能的培养。在一项分析中，大多数的州测验侧重于要求不高的知识和技能，而不是更复杂的认知技能（Quality Counts, 2001）。这就简化了课程内容，将重点放在低阶的认知技能上。坚持测验驱动的课程通常意味着对主题的肤浅涉猎。

·应试教学。教师越来越多地教授州测验所考察的知识和技能。他们把太多时间花在类似测验的活动和练习上，而用于重要学科内容和技能的真正教学的时间却很少。

·歧视低社会经济地位（SES）和少数族裔儿童。当这些儿童中有较大比例未达到州标准，而高社会经济地位和非拉丁裔白人学生达到了州标准时，就会产生这种结果。研究人员发现，被安置在最低的分轨制课程或补习计划中的学生——过高比例的低收入和少数族裔学生——最有可能经历随后的劣质教学和成绩下降（Zusho, Daddino, & Garcia, 2016）。有证据表明，高风险的基于州立标准的测验，根据学生的平均分数来对学校进行奖励或制裁，会导致分数低的学生不得不接受特殊教育，鼓励他们留级、辍学，这样学校的平均分数就会好看些（DarlingHammond, 2001）。

·缩小课程范围。由于在州立标准测验中表现不佳有潜在的负面影响，许多学校将课程限制在测验所涵盖的范围内。在某些情况下非测验科目，如外语或艺术，不再被重视。

由于这些原因以及其他原因，美国心理学会、美国教育研究协会和美国国家教育测量委员会已经发布了测验的使用标准，指出测验分数是非常有限和不稳定的，不能作为任何关于学生安置或升学的重大决定的唯一信息来源。在做出关于学生的重要决定时，测验成绩应该与其他关于学生成绩的信息来源结合使用（National Research Council, 2001）。

当前人们有一些对高风险测验的结构方式严重的担忧（National Council of Teachers of English, 2014; Sadker & Zittleman, 2016）。其中一个担忧涉及从结果中得出的推论的有效性（National Research Council, 2001）。仅仅记录更高的测验分数并不意味着教育水平已经得到改善。事实上，如果测验评估的是错误的技能或测验有缺陷，这可能意味着测验结果与实际情况恰恰相反。到目前为止，我们还不知道这种高风险的测验是否

学生视角

似乎测验成绩就是一个人的全部

如果你在学校里待的时间够长，你就会开始认为标准化测验是生活中唯一重要的事情。我的标准化测验成绩令人失望，但我以名列全班前 4% 而自豪。我的 GPA 是 4.0。如果我能在很难的课程（包括三门大学预修课程）中取得这样的成绩，我不得不思考，这些测验到底证明了什么？

似乎测验成绩就是一个人的全部。我喜欢各种各样的创造性写作，我晚上会花很长时间来理解学校里学的科目，而不仅仅是记住公式。但对于标准化测验来说，这些都不重要。

塔尼亚·加西亚
美国加利福尼亚州奥克兰市
奥克兰中学十二年级学生

会让学生为上大学和工作的准备更充分。

然而，另一个担忧是高风险测验在多大程度上有助于改善教学和学习——这是教育改革的最终目标（Wei, Pecheone, & Wilczak, 2015）。目前大多数高风险测验为教师和学校管理者提供的信息非常有限，既无法说明为什么学生成绩不佳，也无法说明他们如何改进教学以提高学生成绩。大多数高风险测验只提供了学生相对于同伴所处位置的一般信息（比如得分超过 63% 的学生），或者学生在某些领域是否成绩不佳（比如数学低于平均水平）。这样的测验不能提供关于学生是否使用了错误的策略来解决问题的信息，或确定学生在某个学科领域中不理解的具体概念。总而言之，目前大多数高风险测验并不能提供能够提高学生成绩的干预措施的信息，甚至无法提供关于学生强项和弱项的信息。

多重思考
由于《有教无类》法案的存在，基于标准的教学已经成为美国教育的一个主要问题。连接到"教育心理学：有效教学的工具"。

《有教无类》 在本书的开篇中，我们描述了美国联邦政府 2002 年签署的《有教无类》法案。《有教无类》法案是美国政府要求学校和学区对学生的成功或失败负责的成果。这项立法将责任转移到了各州，要求各州为学生在数学、英语/语言艺术和科学方面的成绩制定自己的标准。在 2006 年，三到八年级必须进行阅读和数学评估。从 2007—2008 学年开始，科学评估在小学、初中和高中进行。2014 年的目标是让每个美国学生都接受熟练掌握核心数学和读写技能的测验（Shaul, 2007）。

各州必须建立一个问责制体系，确保学生每年在上述学科领域取得足够的进步。连续两年没有取得足够的年度进步（AYP）的学校会被贴上"表现不佳"的标签。表现不佳的学校将得到特别的帮助，但他们必须允许家长选择让他们的孩子去表现更好的学校。如果表现不佳的学校四年后没有改善，各州就必须在学校中实施重大的师资和课程改革，如果五年之后仍没有取得进展，各州就必须关闭这些学校。实现足够的年度进步面临的一个困难是，必须实现整个学校以及某些学生亚群体的进步，包括那些经济贫困的学生、少数族裔学生、有障碍的学生，以及英语水平有限的学生（Hallahan, Kauffman, & Pullen, 2015; Smith & others, 2016）

《有教无类》法案还要求各州和地区提供反映学校表现水平的成绩单，以便公众了解哪些学校表现不佳。《有教无类》法案的另一个方面是，现在所有的教师都被要求是"高度合格的"，这意味着教师要有教师资格证，并在他们任教的领域拥有学位。如果教师"不合格"，学校必须告知家长。一项分析显示，在什么是高素质教师方面，各州存在很大差异（Birman & others, 2007）。在特殊教育教师、英语水平有限学生的教师、中学教师、高贫困率与多族裔学校的教师中，"不合格"教师的比例较高。

每个州都有各自的标准来衡量学生通过或不通过《有教无类》法案的规定，这导致了许多问题。例如，对《有教无类》法案的统计数据的分析表明，密西西比州的四年级学生几乎都知道如何阅读，但马萨诸塞州只有一半的学生知道（King, 2007）。当这些学生同时进行评估时，马萨诸塞州学生的成绩远远高于密西西比州学生的成绩。显然，密西西比州的阅读测验的通过标准远远低于马萨诸塞州。在最近涉及各州比较的分析中，显然许多州采取了安全路线，并且把通过标准保持在较低水平。因此，虽然《有教无类》法案的目标之一是提高美国学校的成绩标准，但允许各州制定自己的标准可能会降低成绩。

人们对《有教无类》法案提出了许多批评。一些评论家认为《有教无类》法案弊大于利（Lewis, 2007）。一种被广泛接受的批评强调，使用一次测验中的一个分数作为学生和教师进步与能力的唯一指标，只是反映了学生和教师技能的一个非常细微的方面。这种批评类似于在关于个体差异的章节中对智力测验的批评。

为了更准确地评估学生的进步和成绩，许多心理学家和教育家认为，应该使用一系列的测量——包括测验、小测试、作业任务、作品集和课堂观察——而不是只看一次测验中的一个分数。此外，作为《有教无类》法案的一部分，学校用来评估学生成绩和进步的测验并没有测量诸如创造力、动力、毅力、发散思维和社交技能等重要技能。批评者指出，教师和学校用太多的时间来"应试教学"，训练学生并让他们记住孤立的事实，而牺牲了更多以学生为中心的侧重于高级思维能力的建构主义教学，而高级思维能力正是学生在生活中取得成功所需要的。

另一个批评是，在全州范围内实施标准化测验的增加了教育成本，包括创建测验、实施测验、测验评分，并向联邦政府报告测验结果，当时大多数州正面临预算紧缩。不得不在测验上花费如此多的钱意味着，其他领域的一些现有资源和课程方案将不得不削减或取消。

对《有教无类》法案的另一种批评是，高风险测验助长了测验分数的膨胀（test score inflation）。测验分数膨胀是指在几年的时间里测验分数上升，但测验分数不反映学生学习的实际进步。

《有教无类》法案的目标之一是缩小种族间成绩差距，非洲裔和拉丁裔学生成绩较低，而亚裔和非拉丁裔白人学生成绩较高。然而，著名专家琳达·哈蒙德（Linda Darling-Hammond, 2007）得出结论，《有教无类》法案未能实现这一目标。她批评《有教无类》法案对英语学习者和有特殊需要的学生的评估并不恰当，导致把成绩差的学生排除在学校之外以达到测验分数目标，而且高需求的学校仍然缺乏高素质的教师。

人们还对《有教无类》法案提出了其他批评意见。一些人担心，在《有教无类》法案的时代，在努力提高成绩不好学生的成绩水平的同时，有天赋的学生却被忽视了。

> **多重思考**
> 对《有教无类》法案的批评包括忽视有天赋的儿童，损害儿童创造性思维能力的发展，以及鼓励以成绩为导向而不是以掌握知识为导向的成就动机。连接到"特殊的学习者"和"动机、教学和学习"。

一位新墨西哥州的教师使用技术来改进对学生的评估。

© Martha McArthur, Reading First Program, NM

因此，越来越多的人担心，《有教无类》法案将聚焦于实际内容，从而损害了学生创造性思维的发展。还有人担心，《有教无类》法案鼓励学生以成绩为导向，而不是以掌握知识为导向。

教育工作者对如何有效地将技术与标准化测验结合使用越来越感兴趣。《有教无类》法案引发了对数据处理能力和数据驱动决策的日益重视，这促使教育者们对标准化评估和结果数据如何能够指导课堂教学并最终影响学生成绩进行不同的思考。因此，全国各地的教育工作者正在努力制定战略，为各级教育系统的利益相关者提供标准化测验数据，并为教师提供技术援助，以评估并使用测验结果。

新墨西哥州的早期识字计划就是一个很好的例子。作为联邦教育部"阅读优先"（Reading First）拨款的受惠者，该州认识到"阅读优先"不仅为他们提供了一个支持识字教育的独特机会，而且还提供了一种以标准化方式收集和使用数据的方式。州教育官员与无线世代公司签订了合同，该公司提供用于早期识字评估的移动软件，教师可以使用该软件评估并记录学生数据，这些数据以图表形式呈现。这让教师可以查看学生的评估结果，以及个别学生数据与以前的评估或同一班级其他学生的评估数据之间的对比（Good & Kaminski, 2003）。

最近，我询问了老师们对《有教无类》法案的看法，以下是他们的回复：

幼儿园 我们的幼儿园接受州资助，这样经济上处于不利地位的孩子就能得到高质量的学前教育，否则他们的父母负担不起教育费用。《有教无类》法案是有争议的，而且激烈的争论将持续下去。然而，无论你的观点如何，除非教育机会是为最没有经济能力的人创造的，否则美国的教育制度永远不会对所有人都是平等的。每个人都有发光的机会，优质的学前教育就是一个开始。

——瓦莱丽·戈勒姆，儿童乐园公司

（Valarie Gorham, Kiddie Quarters, Inc.）

小学 《有教无类》法案是测量学生成长和教师效能的理想化的方法。正如没有一个课程方案在每个班级都有效一样，我们不能期望所有的孩子都达到同样的标准，而不考虑他们的背景或经历如何。必须达到各州的标准、提高州和 / 或全国测验的分数，这种压力对老师造成了负面影响。对我们来说，教学不再是一件有趣的事——我们现在被要求教授太多应试技能，以至于我们无法培养学生终身学习的热情。

——凯伦·佩里，库珀山小学

（Karen Perry, Cooper Mountain Elementary School）

初中 《有教无类》法案就是一个典型的例子，说明教育的"钟摆"在任何既定的方向上都摇摆得太远了。虽然测验很重要，但《有教无类》法案使测验成了终极测量工具。许多在阅读或数学方面不优秀的学生（或者在标准化测验中挣扎的学生）被视为失败，就像他们所就读的学校一样。具有讽刺意味的是，这些学生和学校花了那么多时间试图通过补课以通过测验，以至于无法探索其他可能让学生茁壮成长的选择。

——马克·福德尼斯，贝米吉初中

（Mark Fodness, Bemidji Middle School）

高中 我觉得根据学生的成绩来给老师打分有点可笑。那么牙医的评判标准是有多少病人没有蛀牙吗？另一方面，《有教无类》法案确实要求教师负起责任，并提高了标准。从这个意义上说，它是有益的。

——珍妮弗·海特尔，布莱曼高中

（Jennifer Heiter, Bremen High School）

共同核心 2009 年，"共同核心州立标准"（Common Core State Standards）倡议得到了全美州长协会（National Governors Association）的支持，旨在实施更严格的州教育指导方针。"共同核心州立标准"规定了每个年级的学生在各个内容领域内应掌握的知识和应发展的技能（Common Core State Standards, 2016）。45 个州已经同意实施这些标准，但是这些标准引起了相当大的争议。一些批评人士认为，这些标准只是联邦政府进一步控制教育的努力，他们强调的是一种"一刀切"的方法，很少注意学生的个体差异。"共同核心"的支持者表示，该标准提供了急需的详细指导方针和学生应达到的重要阶段性目标。支持者还认为，该标准比《有教无类》法案更注重批判性思维、解决问题、沟通和技术。

《每个学生都成功法》美国教育领域最新的举措是 2015 年 12 月通过的《每个学生都成功法》（ESSA），该法案将在 2017—2018 学年全面实施（Rothman, 2016）。该法案取代了修改中的《有教无类》法案，但并没有完全取消标准化测验。《每个学生都成功法》保留了三到八年级的阅读和写作的年度测验，然后在高中再进行一次测验。新法案还允许各州按比例减少测验在让学校对学生成绩负责方面的作用。而且在追踪学校的成功时，学校必须至少纳入一种非学术因素，比如学生参与度。

新法案的其他方面还包括，仍然要求各州和地区改善表现最差的学校，并确保它们改进对既往表现不佳的学生的教学，如英语学习者、少数族裔学生和障碍学生。此外，各州和地区被要求制定具有挑战性的学术标准，但它们可以选择不采用涉及"共同核心"的州标准。

世界级标准 由于美国学生定期参加阅读、数学和科学方面的标准化测验，他们的成绩可以与许多其他国家的学生相比较。美国学生与其他国家学生相比表现如何？最近对学生阅读、数学和科学方面的国际评估包括：（1）国际阅读素养进步研究（Progress in International Reading Literacy Study，PIRLS），该研究每五年评估一次四年级学生的阅读能力（第一次评估是在 2001 年）；（2）国际学生评估计划（Program for International Student Assessment，PISA），每三年评估一次 15 岁学生的阅读、数学和科学成绩（第一次评估在 2000 年）；（3）国际数学和科学研究趋势（Trends in International Mathematics and Science Study，TIMSS），每四年评估一次四年级和八年级学生的数学和科学成就（第一次评估是在 1995 年）。

· 阅读。就国际阅读素养进步研究在 2011 年评估的阅读成绩而言，美国四年级学生的平均阅读成绩为 556 分，高于 45 个国家和地区的平均成绩 500 分（Mullis & others，2012a）。从 2006 年到 2011 年，美国四年级学生的阅读成绩有了惊人的提高（从 540 到 556）。得分最高的四年级学生来自中国、俄罗斯、芬兰、新加坡和北爱尔兰，美国学生的平均阅读成绩排在第六位。在 2012 年的国际学生评估计划的评估中，15 岁的美国学生的平均成绩为 498 分，略高于 65 个国家和地区的平均成绩 496 分（Kelly & others，2013）。得分最高的 15 岁青少年来自中国、新加坡、日本和韩国。

· 数学。就国际数学和科学研究趋势在 2011 年评估的数学成绩而言，美国四年级和八年级学生的数学成绩（分别为 540 分和 509 分）高于平均分 500（Mullis & others，2012b）。50 个国家和地区中有 10 个国家和地区的四年级学生得分高于美国学生，而 50 个国家和地区中有 8 个国家和地区的八年级学生得分高于美国学生。数学成绩最高的四年级和八年级学生来自东亚国家，其中新加坡四年级数学成绩最高，韩国八年级数学成绩最高。关于 2012 年国际学生评估计划的数学成绩，美国 15 岁学生的平均数学成绩为 481 分，低于 65 个国家和地区学生的平均数学成绩 494 分（Kelly & others，2013）。来自中国、新加坡和韩国的 15 岁学生的数学分数最高。65 个国家和地区中有 35 个国家和地区的 15 岁学生的得分高于美国的 15 岁学生。

· 在 2011 年的国际数学和科学研究趋势科学评估中，四年级和八年级的美国学生在科学方面都高于国际平均水平（四年级 539 分，八年级 520 分，平均分为 500 分，Martin & others，2012）。在科学比较方面，新加坡、中国和日本等东亚国家和地区在国际科学比较中得分最高。在 2012 年的国际学生评估计划的评估中，15 岁学生的科学成绩（497 分）低于平均水平（501 分），使得美国学生在国际比较中处于后三分之一（Kelly & others，2013）。在 2012 年的评估中，15 岁学生科学得分最高的国家和地区是中国、新加坡、日本和芬兰。

这些国际评估表明，美国近年来在小学生和中学生的阅读、数学和科学方面取得了一些进步。然而，尤其令人不安的是，在大多数比较中，美国学生从小学到高中的阅读、数学和科学方面的排名与其他国家和地区的学生相比有所下降。此外，美国学生在数学和科学方面的成绩仍然远低于许多东亚国家和地区的学生。

教师候选人的标准化测验

不仅学生要参加标准化测验，正如你可能知道的那样，教师候选人也要参加标准化测验。许多教师候选人都需要参加 PRAXIS™ 测验或由各州设立的测验。

面向教师的 PRAXIS™ 测验和州测验 大多数州现在要求教师候选人参加职业资格证考试。在某些情况下，这涉及一个或多个由教育考试服务中心（Educational Testing Service，ETS）发布的 PRAXIS™ 测验，或者仅由特定州使用的测验。现在有超过 40 个州在使用 PRAXIS™ 测验。各州用于教师候选人职业资格的测验评估包括：（1）基本技能或一般学术能力；（2）学科知识（如数学、英语、科学或社会科学）；和 / 或（3）教学知识。在许多情况下，各州所使用的特定测验之间几乎没有一致性。

PRAXIS™ 测验包括 PRAXIS I™、PRAXIS II™ 和 PRAXIS III™。PRAXIS I™ 测验是对基本技能的初步筛选，通常在本科课程早期或学生正式学习教师资格认证课程之前进行。

PRAXIS II™ 测验本质上是毕业考试，通常在本科学校的大三或大四进行，以确保学生在获得初级教师证书之前了解自己的专业内容领域和 / 或有效的教学方法。PRAXIS II™ 测验包括四个主要类别：（1）为学生的学习组织学科内容知识，（2）创造学生的学习环境，（3）以学生为中心的教学，（4）教师的专业精神。他们使用案例研究方法来测量学生的教学知识。PRAXIS II™ 测验面向特定年龄组的教师（分为小学组，初中组以及高中组）。

PRAXIS III™ 测验是对课堂教学表现的评估。它们通常在教学的第一年进行施测，可以作为聘用决定的一部分。PRAXIS III™ 测验包括论文、口头反应测试、听力任务、作品集审查、视频刺激和课堂观察。

目前针对教师候选人的 PRAXIS™ 和州职业资格测验，有人提出了批评。以下是其中三种（Darling-Hammond & BaratzSnowden, 2005）：

· 测验评估的是"低层次或无关紧要的知识和技能"，而不是"对学科的深层知识和实际教学技能"。

· 测验的录用分数线有时很低，或者没有进行测验。如果州面临教师短缺的问题，"他们通常会放弃测验要求"，雇佣那些没有通过测验的人。

·由于各州缺乏一致性，限制了教师的流动性。这是一个重要的问题，因为一些州的教师盈余，而另一些州则教师短缺。

最近，我询问了一些老师参加标准化教师资格测验的经历，以下是他们的回复：

幼儿园 幼儿园教师不需要通过州标准化测验。不过，对于那些选择从事幼儿教育的人，有面向他们的资格证书课程。

——瓦莱丽·戈勒姆，儿童乐园公司
（Valarie Gorham, Kiddie Quarters, Inc.）

小学 老实说，我不太记得我参加过的测验，因为那是 19 年前的事了。我只记得测验很严格，在考试前我复习了所有我能想到的数学、阅读和写作知识。我也在思考和反思我的教育，以及作为一名教师我想要采用什么样的教育理念。

——克雷格·詹森，库珀山小学
（Craig Jensen, Cooper Mountain Elementary School）

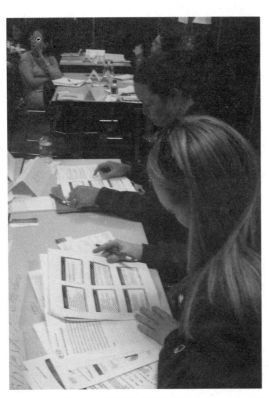

教师候选人在参加西肯塔基大学为期两天的 PRAXIS™ 工作坊，PRAXIS™ 测验的特点是什么？
© WKU-Elizabethtown/Radcliff/Fort Knox

初中 参加 PRAXIS™ 测验，让我感到非常紧张和有压力。为了准备 PRAXIS II™，我买了一本学习指南。在大约测验前两周，我一直在使用这本指南，为测验做好准备——然而，测验对我来说仍然很难。你要么知道答案，要么不知道答案。

——凯西·玛斯，爱迪生中学
（Casey Maass, Edison Middle School）

高中 在参加这类测验时，能够在电脑屏幕上闪烁着计时器的情况下作答是很重要的。我通过玩电子游戏来练习这种特殊的场景，所以我习惯了在有计时器的压力下作答。

——桑迪·斯旺森，梅诺莫尼·福尔斯高中
（Sandy Swanson, Menomonee Falls High School）

呼吁实施教师候选人的国家级测验 目前没有针对教师候选人的国家级测验，但已经有对国家级测验的呼吁，并且一种新的测验正在推出并投入使用。美国国家教育学院由一群杰出的教育家组成，它发布了名为《为每个班级都准备一位好老师》的报告（Darling-Hammond & Baratz-Snowden, 2005）。该报告指出，国家级测验应该评估成为教师需拥有的共同核心知识，包括如何创造学习机会，使所有学生都能学习各种学科。美国国家教育学院还建议，测验结果应纳入州教师职业资格证要求中。这样的测验，就像医生、律师和建筑师职业资格证测验，不仅要表明教师是否了解他们所学的科目以及如何教授这些科目，而且要知道自己可以在课堂上做什么。例如，他们是否能计划和实施课程来达到教学标准，评估学生的需求和设计教学以满足他们的需要，使用各种教学策略，并保持一个有目的的、富有成效的课堂。幸运的是，使用教学录像带以及教师和学生的作业样本来评估教师在课堂上的实际教学质量的方法，已经被美国国家专业教学标准委员会（用于认证有成就的老教师）以及康涅狄格州等州开发。这种评估方式用于新教师职业资格证书的认证（Darling Hammond & Baratz-Snowden, 2005）。

最近，教育教师绩效评估（Education Teacher Performance Assessment，edTPA）是由斯坦福大学评估、学习和公平中心（SCALE）开发的，收集了数百名教师教育工作者的信息。这一新的国家级教师测验既包括学科知识的笔试，也包括对教师候选人课堂表现的观察，以确定教师在计划、教学和评估学生学习方面是否发挥作用。教师候选人必须提交一份自己的课堂教学录像作为评估其教学的一部分，之后由教育工作者进行评分。国家级教学测验针对 27 个不同科目进行考试。

复习、思考和练习

学习目标 2：比较能力倾向测验和成就测验，描述不同种类的成就测验以及这些测验涉及的一些问题。

复习

· 如何比较能力倾向测验和成就测验？

· 什么是成套测验、特定学科测验和诊断测验？

· 高风险的州立标准的测验有哪些可能的优势？有哪些使用其结果的方式？对于高风险的州立标准的测验有哪些批评？

· 如何概括针对教师的标准化测验？

思考

· 你在《有教无类》法案中看到了哪些价值？看到了哪些问题？

"有教无类"法案应该被废除还是保留？请解释。

PRAXIS™ 练习

1. 以下哪项是能力倾向测验的适当用途？

　A. 乔希参加了一个标准化测验，以帮助确定他是否有可能在医学院学有所成

　B. 皮特参加了一个标准化测验，以帮助确定他在教师准备课程中学到了什么知识

　C. 斯坦参加了一个标准化测验，以确定他在多大程度上达到了州立数学标准

　D. 佩内洛普参加了一个标准化测验，以确定她能否从高中毕业

2. 杰罗维茨女士正在查看其学生们的标准化成就测验成绩。她仔细检查并记录了学生们在测验中每个子测验的得分。她有学生们的数学推理、计算、词汇、阅读理解、拼写、科学和社会科学方面的成绩。她的学生最可能参加了哪种类型的测验?

A. 诊断测验

B. 能力倾向测验

C. 智力测验

D. 成套测验

3. 科默女士对她必须对三年级学生进行州立标准的测验感到沮丧。州政府对该学区的资助现在与这些测验的成绩挂钩。因此,科默女士和其他教师受到来自管理部门和教育委员会的压力:确保所有学生达到州标准。以下哪项是这种情况下最可能出现的结果?

A. 科默女士和其他教师会成为更好的教师,这样他们的学生就会达到更高的成绩水平

B. 科默女士和其他教师开始只教州立标准的测验中所涉及的内容,从而缩小了课程内容和学生的学习机会

C. 科默女士和其他教师将无视来自管理部门和教育委员会的压力,继续像以前一样教学,并希望得到最好的结果

D. 科默女士和其他教师会花更多的时间来丰富他们的课程,以使学生达到更高的水平

4. 莎莉对她将参加的教师资格证考试感到紧张。考试内容包括教育心理学和儿童发展方面的知识。莎莉最有可能参加哪种考试?

A. PRAXIS I™

B. PRAXIS II™

C. PRAXIS III™

D. 国家级教师资格考试

请参看书末的答案……

学习目标3:确定教师在标准化测验中的作用。

3　教师的作用

　　教师在标准化测验中的作用包括为学生参加标准化测验做准备、理解和解释测验结果,并将测验结果与家长沟通。教师们也使用测验成绩来计划和改进教学。

为学生参加标准化测验做准备

　　所有的学生都需要有机会去尽最大努力为测验做准备。其中一种方法是确保学生有良好的应试技能(Popham, 2017)。你应该向学生传递对测验的积极态度。解释测验的性质和目的,并将其描述为机遇和挑战,而不是折磨。避免说任何可能使学生对测验感到紧张的话。如果你观察到一些学生的焦虑可能会影响其表现,可以考虑让辅导

员和他们谈谈如何减少他们的考试焦虑。此外，使用需要批判性思维的具有挑战性的任务，而不是强调死记硬背的"题海"战术（Bonney & Sternberg, 2016）。

教师在准备学生参加标准化测验过程中需要注意的一些事项包括（McMillan, 2014）：不要只为测验而教学；不要在课堂测验中使用标准化测验的形式；不要把测验描述为一种负担；不要告诉学生重要的决定将完全取决于一次测验结果；不要用同一测验先前的版本来为学生做准备；不要传递关于测验的消极态度。

最近，我询问老师们是如何让学生准备标准化测验的，以下是他们的回复：

幼儿园 我们的学龄前儿童每学年接受两次标准化测验。在9月份，标准化测验测试他们知道多少知识；在春天，测试他们学到了多少知识。测验考察的是动手操作，孩子们操作材料并大声回答问题。这个测验不需要任何准备。

——瓦莱丽·戈勒姆，儿童乐园公司

（Valarie Gorham, Kiddie Quarters, Inc.）

小学 我们会在测验样题上练习，讨论测验中会出现的问题种类、回答问题的策略，以及对待考试的良好态度（例如不急躁、通读整道题）。我们还重新摆放桌椅，使学生习惯测验时的桌椅摆放。我让学生们伸展身体、深呼吸、活动手指，为测验做热身。我也会在测验开始前营造一个愉快的氛围来使他们放松。

——克伦·阿布拉，圣心女子小学

（Keren Abra, Convent of the Sacred Heart Elementary School）

初中 作为一名社会科学教师，我帮助语言艺术和阅读教师来培养学生的写作技能，从而帮助学生为标准化测验做准备。我在学完每个单元后会布置论文，并教学生以州测验需要的方式准备论文。我所在地区的社会科学系每月都要与语言艺术系一起开会，以便我们共同努力提高学生的成绩。

——凯西·玛斯，爱迪生中学

（Casey Maass, Edison Middle School）

高中 除了复习标准化测验的应对策略，我们还强调了考试当天吃一顿丰盛的早餐和考试前一晚睡个好觉的重要性。

——珍妮弗·海特尔，布莱曼高中

（Jennifer Heiter, Bremen High School）

理解和解释测验结果

了解一些基本的描述性统计知识将有助于你理解标准化测验。你理解和解释标准化测验结果的能力将在开家长会时派上用场。我们将讨论这些基本的统计数据以及测验结果的一些常见的报告方式。

描述性统计：以一种有意义的方式描述和总结数据（信息）的数学过程。

理解描述性统计 我们主要关注**描述性统计**（descriptive statistics），这是一种以有意义的方式描述和总结数据（信息）的数学过程。我们将介绍频次分布、集中量数、差异量数以及正态分布。

频次分布：分数列表，通常由高到低排列，统计每个分数出现的次数。

频次分布 组织数据的第一步是创建一个**频次分布**（frequency distribution），即分数列表，通常从高到低排列，统计每个分数出现的次数。假设在一次测验中，21 名学生的得分是：96、95、94、92、88、88、86、86、86、86、84、83、82、82、82、78、75、75、72、68 和 62。图 15-1（A）显示了这些分数的频次分布。频次分布通常用图表表示。例如，**直方图**（histogram）是以图表形式表示的频次分布。竖条表示每个类别得分的频次。图 15-1（B）是 21 个分数的直方图。直方图通常称为柱状图。注意，在直方图中，横轴（x 轴）表示测验分数，纵轴（y 轴）表示每个分数出现的频次。

直方图：以图表形式表示的频次分布。

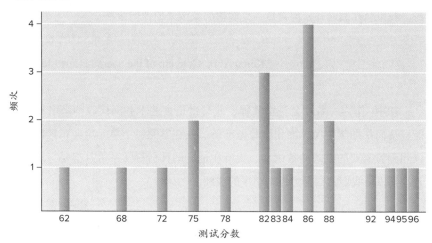

（A）频次分布

分数	频次
96	1
95	1
94	1
92	1
88	2
86	4
84	1
83	1
82	3
78	1
75	2
72	1
68	1
62	1

（B）直方图

图 15-1　频次分布和直方图

虽然用图形呈现一组分数有利于我们了解学生的成绩，但一些用数字表示分数的其他统计技术也可以做到。这些技术涉及集中量数和差异量数，接下来我们将分别讨论这些概念。

集中量数：提供关于一组数据中的平均数或典型分数的统计数字。

集中量数 一个**集中量数**（measure of central tendency）是指提供关于一组数据中的平均数或典型分数的统计数字。集中量数有三种主要的度量方法：平均数、中位数和

连线学生：最佳实践
提高学生应试技巧的策略

以下是一些重要的应试技巧，供你与学生一起讨论（Waugh & Gronlund, 2013）：

1. 仔细阅读指导语。
2. 仔细审题。
3. 掌控时间，在规定时间内完成测验。
4. 跳过难题，稍后再回来作答。
5. 不会做的题目尽量根据已有条件进行猜测，而不要略过不答，这样做可能有助于得分。
6. 在单选题中尽可能多地排除答案。
7. 在标记答案时要遵循指导语（比如涂黑整个圆圈）。你可以通过给学生做示范，确保他们知道如何去标记答案。
8. 请检查是否在答题纸上标注了正确的答案。
9. 如果时间允许，再检查一下答案。

明尼苏达州新乌尔姆市的小学四年级教师马琳·温德勒（Marlene Wendler）在"教师视角"中描述了她的学生参加标准化测验的经历。

教师视角
确保你不仅仅通过测验来评估你的学生

标准化测验只是孩子的一个很小的、孤立的形象描述。一个更完整的"形象"来自日常观察。不要根据测验给孩子贴上标签。在学校里，我的学生很少或从未遇到过诸如填空之类的标准化测验中的题目。因此，为了公平起见，在标准化测验之前，我给他们提供了与测验形式类似的样题。如果成年人参加一项特殊形式的考试，他们会通过练习这种形式来准备考试。为什么对孩子来说就要不一样呢？

众数。**平均数（mean）**是一组分数的平均数，通常被统计学家记为 M。平均数的计算方法是将所有的分数相加，然后除以分数的个数。因此，上述 21 名学生测验成绩的平均数是 1740 /21 = 82.86。平均数通常是测量一组分数集中趋势的良好指标。

平均数：一组分数的平均值。

中位数（median）是指将所有分数从高到低排列（或排名）后，恰好位于正中间的分数。在我们 21 个测试分数的例子中，中位数是排名第 11 位的分数（上面 10 个，下面 10 个），所以中位数是 84。

中位数：将所有分数依大小排列后位于分数分布正中间的分数。

众数（mode）是出现次数最多的分数。众数可以通过查看频次分布或直方图很容易地确定。在我们的例子中，众数是 86（该分数出现了 4 次）。当它的值比其他数值或分数更频繁出现时，该众数最凸显。例如，在我们的例子中，如果 21 个分数中有 15 个是相同的，那么众数可能就是数据集中趋势的最佳衡量方法。在这种情况下，平均值和中位数就没那么有意义了。

众数：出现次数最多的分数。

一组分数可能包含多个众数。例如，在我们的 21 名学生参加测验的例子中，如果 4 名学生获得 86 分，4 名学生获得 75 分，那么这组分数将具有两个众数（86 和 75）。具有两个众数的一组分数称为双峰分布（biomedical distribution）。一组分数也可能有两个以上的众数，在这种情况下，它被称为多峰分布。

差异量数：能够说
明分数之间差异程
度的量数。

差异量数 除了获取关于一组分数集中趋势的信息外，了解它们的差异性也很重要。差异量数（measure of variability）告诉我们分数之间的差异程度。差异量数有两种：全距和标准差。

全距：最高分和最
低分之间的距离。

全距（range）是最高分和最低分之间的距离。在我们的例子中，21 名学生的测验分数全距是 34 分（96–62=34）。全距是一个相当简单的差异量数，并不经常使用。最常用的差异量数是标准差。

标准差：表明一组
分数围绕平均数变
化程度的量数。

标准差（standard deviation）是衡量一组分数围绕平均数变化的程度。换句话说，它揭示了分数与平均数之间的距离（Frey, 2005）。标准差越小，分数偏离平均数的程度就越小；标准差越大，分数越偏离平均数。

计算一个标准差并不难，如果你有一个计算平方根的计算器就更简单了。要计算标准差，请遵循以下四个步骤：

1. 算出平均数。

2. 用每个分数减去平均数，然后求分数与平均数之间差值的平方（对分数进行平方处理，可消除分数与平均数相减出现的负数）。

3. 把这些平方值相加，然后除以分数的个数。

4. 计算第 3 步中获得的值的平方根，就得到了标准差。

公式如下：

$$\sqrt{\frac{\Sigma(X-\bar{X})^2}{N}}$$

其中，X 是个人分数，$\bar{X}$ 是平均数，N 是分数个数，Σ 表示"……的总和"。用这个公式计算 21 名学生测验成绩的标准差：

1. 我们已经计算出这些分数的平均数是 82.86。

2. 从第一个分数开始，用个人分数减去 82.86：96–82.86=13.14。计算 13.14 的平方，得到 172.66。保存该值并继续对第二个分数、第三个分数进行相同操作，以此类推。

3. 将这 21 个平方值相加，得到 1 543.28。再除以 21：1 543.28/21 = 73.49。

4. 求出 73.49 的平方根，结果是 8.57，即标准差为 8.57。

在计算标准差时，计算器非常有用。为了评估你在计算各种集中量数和差异量数的知识和技能，请完成自我评估 1。掌握这些描述性统计不仅对课堂教学有用，而且对理解研究结果也很有用。标准差是比全距更好的差异量数，因为全距只表示两个数据

自我评估 1

评估你在计算集中量数和差异量数方面的知识和技能

仔细阅读下列各句，如果你对自己在计算这些量数或使用工具方面的概念知识和技能有信心，就在该句旁边打钩。

（　　）我知道什么是频次分布。
（　　）我可以描述什么是直方图，并知道如何制作直方图。
（　　）我知道什么是平均数，并知道如何计算它。
（　　）我知道什么是中位数，并知道如何计算它。
（　　）我知道什么是众数，并知道如何计算它。
（　　）我知道什么是全距，并知道如何计算它。
（　　）我知道什么是标准差，并知道如何计算它。
（　　）我有一个很好的计算器，而且知道如何使用它来计算基本的描述性统计量。

对于任何你没有打钩的句子，回到前面部分重新学习相关概念。如果你对各种量数的计算还是没有信心，请向大学教师、数学技能辅导员（许多大学都有），或有能力的朋友寻求更多帮助。练习计算过程以掌握这些概念。

的信息（最高和最低分数），而标准差是关于所有数据的综合信息。知道测验分数有多集中或有多分散通常比知道最高和最低分更有帮助。如果教师进行测验，结果标准差很小，这意味着分数倾向于聚集在同一个值附近。这可能意味着班上的每个人对学习材料的掌握程度一样好，但更有可能的是测验太简单了，没有很有效地区分掌握学习材料和没有掌握的学生。

正态分布　在正态分布（a normal distribution）中，大多数分数聚集在平均数周围。距离平均数越远的两端（高于平均数或低于平均数），分数出现的频率就越低。正态分布也被称为正态曲线、钟形曲线（bell-shaped curve, bell curve）。许多特性，如通过智力测验来衡量的人类智力、运动能力、体重和身高等，都遵循近似正态的分布。了解正态分布是很有用的，因为当用一个良好的标准化测验测试大量学生时，所得分数将趋向于一个正态曲线（Bart & Kato, 2008）。

我们在"个体差异"一章中介绍了标准化智力测验的正态分布。在这里我们提供了关于正态分布的更详细的描述，包括一些重要的特征（见图 15-2）。首先，正态分布是对称的。由于这种对称性，平均数、中位数和众数在正态分布中是相同的。其次，它的钟形表明，最常出现的分数主要集中于中间位置附近。距离中间越远，分数出现的频率越低（也就是分数极高或极低时出现频率较低）。第三，正态分布包含了关于平均数和标准差的信息。正态曲线上高于平均数 1 个标准差和低于平均数 1 个标准差之间的区域代表了 68.26% 的分数。高于平均数和低于平均数 2 个标准差之间的区域代表

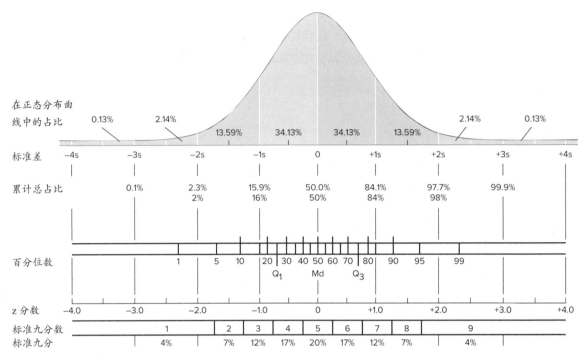

图 15-2   正态分布曲线

了 95.42% 的分数。最后，99.74% 的分数被包括在高于平均数和低于平均数 3 个标准差之间的区域中。如果我们把这个信息应用到智商分数的正态分布，68% 的人的智商在 85 ～ 115，95% 的人的智商在 70 ～ 130，99% 的人的智商在 55 ～ 145。

原始分数：学生在测验中正确回答的题目得分。

解读测验结果　对描述性统计的理解为有效解释测验结果提供了基础。原始分数（raw score）是学生在测验中正确回答的题目得分。原始分数本身并不是很有用，因为它们不能提供有关测验难易程度的信息，也不能说明该学生与其他学生相比表现如何。测验发行商通常会给教师提供许多不同类型的分数，而不仅仅是原始分数。这些分数包括百分位数、标准九分、年级分数和标准分数。

百分位数：位于或低于某分数的百分比分布情况。

百分位数　百分位数（percentile-rank score）显示了等于或低于某分数的百分比分布情况。它还提供了某个分数相对于其他分数的位置信息。百分位数的全距是从 1 到 99。如果一个学生在测验中的百分位数是 81，这意味着该学生在测验中的成绩相当于或高于常模组中 81% 学生的成绩。请注意，百分位数不是指个体在测验中答对题目的百分比。标准化测验的百分位数是通过与常模组分布的比较来确定的。在计算百分位数时，可能会使用不同的比较组，例如城市学生常模或郊区学生常模。

标准九分数：描述了学生的测验成绩在全距从 1~9 的 9 分量表上的情况。

标准九分数　标准九分数（stanine score）描述了学生的测验成绩在全距从 1~9 的 9 分量表上的情况。1、2 和 3 分通常被认为低于平均水平，4、5、6 分相当于平均水平，7、8、9 分高于平均水平。和学生的百分位数一样，一个学科领域（如科学）的标准九分数可以与该学生在其他领域（如数学、阅读和社会科学）的标准九分数进行比较。

标准九分指的是正态曲线面积的特定百分比。图 15-3 显示了标准九分数和百分位数之间的对应关系。标准九分数提供了更一般的学生成绩指数，而百分位数则提供了更精确的估计。

年级分数　年级分数（grade-equivalent score）表明与常模组相比，学生的成绩相当于几年级和学年中几个月（假设一学年是 10 个月）的水平。因此，年级分数 4.5 分相当于四年级学生在学年中第 5 个月时的水平。年级分数 6.0 相当于六年级学生在学年刚开始时的水平。 在一些测试报告中，小数点被省略了，45 等于 4.5，60 等于 6.0。

标准九分数	百分位数
9	96% 以上
8	89–95
7	77–88
6	60–76
5	40–59
4	23–39
3	11–22
2	4–10
1	低于 4%

图 15-3　标准九分数和百分位数之间的对应关系

年级分数只能用于解释学生的进步，不能用来决定学生该上哪个年级。由于年级分数容易产生误导，且常被误解，所以其他类型的分数，如标准分数使用起来更合适。

年级分数：表明学生的成绩相当于几年级和学年中几个月（假设一学年是 10 个月）的水平的分数。

标准分数　标准分数（standard score）表示为平均数的离差（deviation），这涉及我们之前讨论过的标准差概念。在标准分数中使用的术语标准不是指成绩或期望的具体水平，而是指标准正态曲线（McMillan, 2002）。 我们在之前的高风险测验章节中讨论过的州立标准测验的分数是来自原始分数分布的标准分数，对每个州而言都是独一无二的。例如，在弗吉尼亚州，标准分数的全距是从 0 到 600，其中 400 分表示"熟练"。实际上，我们已经介绍过的标准九分数和年级分数都是标准分数。 我们将在这里评估另外两个标准分数：z 分数和 t 分数（Peyton, 2005）。

标准分数：表示为平均数的离差，涉及标准差。

z 分数（z-score）提供了关于原始分数高于或低于平均数多少个标准差的信息。计算 z 分数的公式如下所示：

$$z \text{ 分数} = \frac{X - \overline{X}}{SD}$$

z 分数：关于原始分数高于或低于平均数多少个标准差的信息的分数。

其中，X 表示任意一个原始分数，$\overline{X}$ 表示原始分数的平均数，SD 表示原始分数分布的标准差。

再来看看前面所举的 21 名学生的例子。 如果一个学生的原始分数是 86，那么他的 z 分数是多少？ 用刚才的公式计算应该是：

$$\frac{86 - 82.6}{8.57} = 0.37$$

因此，原始分数 86 比平均数高出 0.37 个标准差。z 分数的平均数为 0，标准差为 1。

除了表明学生在测验中的相对位置外，标准分数还可以在不同类型的测验中进行比较。 例如，一个学生可能在数学测验中的得分高于平均数 1 个标准差，在阅读测验中的得分低于平均数 1 个标准差，而原始分数并不总是能够进行这样的比较。

在解释测验分数的微小差异时一定要谨慎，尤其涉及百分位数和年级分数时更是如此。所有的测验都存在一定程度的误差。一个好的策略是，不要把一个分数看成一个单一的数字，而应该考察其在一组数据中的位置。测验分数之间的细微差异通常是没有意义的。

一些测验报告包括百分位数段（percentile bands），即以百分位数表示的分数区间（而不是单一的分数），例如 80 分的百分位数段为 75 到 85。这被称为测量的标准误差。大都会成就测验的分数报告中使用了百分位数段。两个学生之间 6 到 8 点的百分位数排名差异，或 2 到 5 个月的年级分数差异通常不能表明任何有意义的成绩差异。

在考虑来自标准化测验的信息时，不要孤立地评估它（McMillan, 2014; Popham, 2017）。结合你所知道的有关该学生和课堂教学的其他信息进行评估。大多数伴随标准化测验的教学手册都警告教师不要过度解释分数。

使用标准化测验分数来制订教学计划和改进教学

教师可以根据前一年年底的标准化测验分数来规划下一年的教学，也可以在教授知识和技能后，将其作为一种评估教学效果的方式（McMillan, 2007）。任何标准化测验结果的使用都应结合其他来源的信息。

在进行教学之前，标准化测验的结果可以作为班级学生一般能力的参考。这可以帮助教师选择合适的教学水平和材料来开始新的学年。教师不应该依据一个标准化测验形成对一个学生或整个班级的低期望或高期望，期望应该是适当的和合理的。如果阅读准备测验的结果表明整个班级的学生都缺乏适当的阅读技能，那么教师就需要仔细选择阅读材料，以便学生能够理解。

最近的一个发展是，测验出版商和学区开发了与州测验标准相对应的题目，然后允许学校或教师从题目库中抽取题目来"测试"学生达到标准的情况，测试通常在每学年的第九周进行（McMillan, 2014）。其目的是对学生的学习情况进行评估，用于计划每周或每月的后续教学。通常这些"基准"测验或"中期"测验都是在网上进行的，有关它们的信息可以在主要测验机构的网站上找到，比如教育考试服务中心（ETS）。

标准化测验有时也用于对学生进行分组。在合作学习中，将学生分组是一种普遍的做法，学生的各种能力能在小组中得以体现。然而，单一的测验成绩或单一的测验本身不应用于任何教学目的——它应该与其他信息结合起来使用。

测验的分量表（如阅读和数学）可以用来确定即将学习某个学科的学生在该学科领域的强项和弱项，这可以帮助教师确定不同领域的教学量。如果学生的成绩远远低于能力测验的预期，他们可能需要进一步的测验、特别关注或辅导。

教学后的标准化测验可以用来评估教学和课程的有效性。学生应该在教学中强调的内容领域取得好成绩。如果没有，那么就需要对测验本身和教学进行分析，以确定为什么会出现这种情况。

在使用标准化测验来计划和改进教学时，我们再次强调，重要的是不要使用单一的测验或测验分数来做决定，这一点在将学生分到哪个班级的决定中尤为重要，分班决定应基于多种来源的信息，包括前任教师的评语、成绩、系统观察和进一步的评估。同样重要的是，要防止用单一的测验形成对学生能力的期望，并确保学生的测验分数是公平评估的反映。作为一名教师，你很可能会需要向家长传达包含统计数据的测验结果。在"连线学生：最佳实践"中，你可以了解到一些与家长有效沟通测验成绩的策略。

连线学生：最佳实践
与家长沟通测验成绩的策略

以下是一些与家长沟通测验结果的好策略（McMillan, 2014）：

1. 不要只报告测验成绩。结合学生的整体表现和其他课堂评估中的表现报告成绩，这将有助于防止父母过分重视单一标准化测验的分数。
2. 当你向家长描述学生的测验成绩时，尽量使用易于理解的语言。不要使用晦涩难懂的测验语言，要用自己的语言报告成绩。
3. 让父母知道分数是粗略估计的而不是绝对的。你可以对家长说各种内部和外部因素如何影响学生的考试成绩。
4. 要认识到百分位或百分位数段是父母最容易理解的分数。
5. 在家长会之前，花一些时间熟悉学生的测验报告。确保你知道如何解释向父母报告的每个分数。仅仅给父母看测验报告上的数字并不是一个好主意，你需要阐述一下分数的意义。
6. 准备好回答父母可能会问的关于学生的强项、弱项和进步的问题。
7. 用讨论的方式"与"家长"交谈"，而不要用讲课的方式"对"家长"讲话"。在你描述完测验结果之后，请家长提出问题，这些问题将帮助你进一步为他们阐明测验结果的含义。请阅读"教师视角"，来了解一位教师关于与家长沟通的有效方法的评论。

教师视角
家长支持的重要性

维姬·斯通（Vicki Stone）是美国西弗吉尼亚州亨廷顿市的一名中学语言艺术教师，她说，家长的支持对她的教学策略的成功至关重要。她召开家长会，请家长成为该学年学生教育计划的合作伙伴；他们讨论学生的强项和弱项。根据斯坦福成就测验和家长的意见，她的教学计划考虑了学生的弱项，确定了需要给予针对性教学的领域。

复习、思考和练习

学习目标3：确定教师在标准化测验中的作用。

复习

· 让学生做好准备进行标准化测验有哪些有效方法？

· 频次分布、集中量数和差异量数以及正态分布在描述标准化测验结果方面起着什么样的作用？有哪些不同类型的分数？应该如何评价分数？

· 标准化测验如何用于制订教学计划和改进教学？

思考

· 考虑到你计划执教的年级和科目，标准化测验结果对你的教学计划有什么帮助？

PRAXIS™ 练习

1. 马克、珍妮、尼科尔和克里斯今年都要参加 SAT 考试。哪位学生的准备最明智？

   A. 克里斯，他在整个高中阶段每年都参加应试技巧测试

   B. 珍妮，她一直在学习相对容易的高中课程，并取得了全 A 的成绩

   C. 马克，他参加了一个专门的、昂贵的 SAT 准备课程

   D. 妮可，她参加了一个严格的高中学习计划，而且已经复习了她在高中早期学习的一些数学课程

2. 斯科特女士刚刚收到她所教班级的标准化测验成绩。当她查看每个学生的成绩时，她注意到皮特在这次全国常模参照测验中的阅读部分得分达到了 98% 的水平。这意味着什么？

   A. 皮特在测验中的成绩比除 2% 以外的所有常模组都要好

   B. 皮特的分数比常模组的平均分数高一个标准差

   C. 在测验的阅读部分，皮特有 98% 的答案是正确的

   D. 皮特的分数比常模组的平均分数高出 3 个标准差

3. 以下哪项是使用标准化测验结果来进行教学计划和改进教学的最佳做法示例？

   A. 卡特女士使用其学生的标准化测验成绩来决定他们在班上的分组

   B. 皮博迪先生决定，当其学生在他课堂上强调的某一领域成绩不佳时，标准化测验的分数是无效的

   C. 莱姆赫特先生看了每个学生的标准化测验分数，并利用这些信息来帮助他确定学生的相对强项和弱项

   D. 齐格勒女士用她学生的标准化测验成绩向家长解释他们的课堂表现

请参看书末的答案……

学习目标4：评估标准化测验中的一些关键问题。

4 标准化测验存在的问题

正如我们已经提到的，标准化测验是有争议的。其中一个争论的焦点是，标准化测验与其他评估方法相比有什么优势，尤其是高风险的州立标准的测验。另一个争论涉及标准化测验是否对少数族裔学生和来自低收入背景的学生有歧视。

标准化测验、替代性评估和高风险测验

正如我们将在"课堂评估和评分"一章中详细解释的那样，替代性评估包括对学生成绩的评估，比如对口头陈述、现实世界问题、作业任务和档案袋（对学生作业系统和有组织地收集，展示学生的技能和成就）的评估（Burke, 2010）。评估学生成绩的最佳方法是什么？是主要依赖于单选题的标准化测验，还是替代性评估？

一些专家认为，应该使用绩效测验（performance tests），而不是主要包括单选题的标准化测验，或者将绩效测验至少作为学生总体评估的一部分（Wiggins, 2013, 2014）。他们认为绩效评估更有意义，涉及更高层次的思维技能，更适合当前强调建构主义和社会建构主义学习的教育改革（Ernst & Glennie, 2015; Parsi & Darling-Hammond, 2015）。肯塔基州和佛蒙特州将数学中的问题解决以及数学思想的书面交流纳入州立标准的测验中，这使得教师在数学教学中更多地关注这些方面。然而，在大规模评估中使用绩效评估可能会有问题，因为它们的可靠性可能很低，所需的时间和精力往往过多，而且绩效评估通常不涉及广泛的学习结果。

标准化测验特别有助于从"宏观"角度提供关于可比性的信息。将自己的班级与走廊尽头的班级进行比较，并不能让教师了解到自己的学生与其他更广泛学生群体相比所处的位置。标准化测验可以提供更好的关于"宏观"问题的信息：我的四年级学生在学习基础数学吗？我的七年级学生的阅读能力能达到预先设定的水平吗？

与此同时，教师要谨慎地避免任何滥用测验或测验结果的行为，并主动学习有关测验的知识，以便了解测验的能力和局限性，不奢求测验解决超出其能力或目的的事情。教师们还被提醒，标准化测验应该只是众多用来评估学生的方法之一。

> **多重思考**
> 替代评估的一个趋势是越来越多地使用真实评估，即尽可能地接近真实的生活。连接到"课堂评估和评分"。

多样性和标准化测验

在本章前面部分，我们提出了标准化测验中的公平性问题（McMillan, 2014）。在"个体差异"一章中，我们讨论了与多样性和评估相关的问题。一个特别需要关注的问题是测验中的文化偏见，以及为诊断和教学目的创建符合文化的测验的重要性（Banks, 2014; Gollnick & Chinn, 2017; Koppelman, 2017）。由于标准化测验中可能存在文化偏见，因此使用多种方法来评估学生是很重要的。如前所述，一些评估专家强调，绩效和档案袋评估可以减少存在于标准化测验中对少数族裔学生和低收入背景学生的不公平现象（Wiggins, 2013, 2014）。

综上所述，档案袋评估通过强调高水平思维技能的教

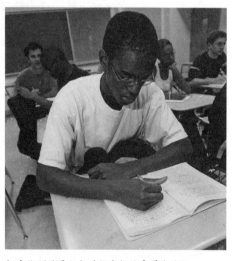

标准化测验是如何歧视少数族裔学生的？
© McGraw-Hill Education/Gary He, photographer

学，为教师提供关于学生思维技能的有效反馈，并强调现实世界的问题解决，从而带来了希望（Popham, 2017）。然而，档案袋评估目前并没有作为《有教无类》法案或其他大规模标准化测验的一部分使用。如前所述，将档案袋评估和绩效评估作为大规模标准化测验的一部分会带来一些问题。

复习、思考和练习

学习目标4：评估标准化测验中的一些关键问题。

复习

· 为什么有人认为在高风险测验中，绩效评估应该与标准化测验一起进行？在使用绩效评估作为大规模标准化测验的一部分时有哪些问题？

· 对多样性和标准化测验的担忧有什么特点？

思考

· 在什么情况下，你更愿意进行标准化测验的测试？在什么情况下更愿意进行绩效评估？为什么？

PRAXIS™ 练习

1. 以下哪项是用于颁发驾驶证的绩效测验的最佳例子？
    A. 真实道路测试
    B. 涵盖道路规则的书面测试
    C. 视力测试
    D. 涵盖道路标志含义的计算机化测验

2. 什么是避免文化偏见的良好测验策略？
    A. 使用单一的、良好的标准化测验来控制外在的影响因素
    B. 使用各种方法评估学生
    C. 假设种族差异是由遗传引起的
    D. 避免使用档案袋评估

请参看书末的答案……

多重思考

创建文化公平测试是非常困难的，以至于罗伯特·斯腾伯格（Robert Sternberg）得出结论说：没有文化公平的测验，只有降低文化差异性的测验。连接到"个体差异"。

连线课堂：案例分析
标准化测验的压力

普莱尔女士在斯蒂尔顿的普拉斯基小学执教三年级。在她所在的州，三年级是学生第一次接受全州立标准化测验的年级。该测验于每年三月举行，旨在衡量学校在数学、科学、阅读、写作和社会科学方面达到州立标准的情况。该测验给出个人、班级、学校和学区的分数，并将这些与州平均分进行比较。该州使用学区的分数来解决学校的经费问题。有较大比例的学生达不到或没有超过州立标准的学校会面临失去部分经费的风险。近年来，斯蒂尔顿学区拓展了该州强制测验的用途，包括教师在帮助其学生达到州立标准方面做得如何。

学生的分数已经成为教师评估过程的一部分。根据班级所达到或超过州立标准的百分比，斯蒂尔顿学区的教师们获得自己的积分。那些有较多积分的教师要求学区内调动、报销参加会议的费用或寻求更多其他发展活动的时间时，会更多被考虑。普莱尔女士总是因为其学生在该测验中的成绩表现而获得更多积分。

除了州测验，该学区还使用全国性常模参照测验来评估成绩。这项测验产生的是与全美常模有关的个人分数。这些分数以百分位数和年级分数的形式报告。这种测验通常在学年开始的时候进行，该学区利用这些测验结果来确定需要特殊教育服务或强化课程的学生。

普莱尔女士对学生们要参加这么多标准化测验并不感兴趣。她说："有时候我们所做的似乎就是为这些测验做准备，然后参加测验。"然而，她确保自己教会了学生适当的应试策略。她还试图给学生提供一些与标准化测验类似的体验，比如在答题纸上涂圈圈，以及在有限的时间内完成测验。她仔细地查看往年的测验，并依据它们来制订教学计划。她确保在 3 月份的测验之前，将以前的州测验中所涉及的知识都教给学生，把"有趣的内容"留到学年结束时再教。在州测验的前一周，普莱尔女士通知家长们，要求他们确保学生在测验那几周有充足的睡眠和吃早餐。毕竟，学生在这些测验中的表现会影响人们对学校的看法，也会影响普莱尔女士能否获得积分。

在过去，一些学生群体可以免于参加州测验。这些学生包括有学习障碍的学生和英语不熟练的学生。然而，今年规则发生了变化。州政府现在要求所有学生都要参加测验，无论他们的能力如何，以及第一语言是什么。这让普莱尔女士感到担忧。如果这些学生参加了州测验，她的班级则不太可能全部达到或超过州立标准，这将导致普莱尔女士得不到积分。

在收到全国性常模参照测验的结果后，普莱尔女士制定了一个策略，以确保更多的学生在春季的州测验中达到或超过州立标准。她首先查看学生的全国百分位数。她将学生分为三组：得分高于第 60 百分位的，得分在第 40 到第 60 百分位之间的，以及得分低于第 40 百分位的。她的理由是，那些得分高于第 60 百分位的学生完全可以达到州立标准。事实上，考虑到他们在全国性测验中的年级分数，他们中的许多人可能已经达到了三年级的州立标准。她不必为这群人担心。无论她做什么，得分低于第 40 百分位的人都不太可能达到州立标准。有些可能接近州立标准，但她为之努力的回报不可能太大。剩下的是中间群体。她的理由是，如果她与这个群体紧密合作，她就有机会帮助他们达到州立标准——如果他们做到了，她就能达到自己的目标，即获得积分。

1. 在这个案例中存在哪些明显的测验问题？
2. 普莱尔女士在帮助学生备考标准化测验方面做了哪些正确的事情？
3. 普莱尔女士在帮助学生备考标准化测验方面做了哪些错误的事情？
4. 如果一个学生的全国百分位数是 60，这意味着什么？
   A. 该学生答对了 60% 的题目
   B. 该学生的成绩与 60% 的常模组学生的成绩一样好或更好
   C. 该学生的成绩与 60% 的常模组学生的成绩一样或更差
   D. 该学生的成绩达到或超过班上 60% 的学生

5. 当普莱尔女士使用全国性常模参照成就测验的百分位数来评估学生在州立标准测验中可能的表现时，她可能对全国性常模参照测验会有什么期待？
   A. 她希望全国性常模参照测验具有预测州立标准测验分数的能力
   B. 她希望全国性常模参照测验具有共时效度
   C. 她希望全国性常模参照测验具有复本信度
   D. 她希望全国性常模参照测验具有分半信度
6. 从哪些方面可以明显看出州立标准测验是一项高风险测验？
7. 你觉得普莱尔女士为什么决定只努力帮助中间水平的学生？
8. 你在多大程度上同意她的策略？为什么？

本章概要

① 标准化测验的性质：讨论标准化测验的性质和目的及其评价标准。

标准化测验及其目的

· 标准化测验有统一的施测和评分程序。

· 许多标准化测验允许将一名学生的成绩在全国范围内与同年龄或同年级的其他学生的成绩进行比较。

· 标准化测验的目的包括提供关于学生进步的信息，诊断学生的强项和弱项，提供对学生进行特殊教学的证据，为教学计划和改进教学提供信息，并促进问责制的建立。

· 对问责制的关注导致了基于标准的高风险测验的产生。关于学生的重要决定不应该基于单一的标准化测验，而应该基于各种评估信息。

评价标准化测验的标准

· 评价标准化测验最重要的方法涉及它们是常模参照测验还是标准参照测验，以及它们在多大程度上产生有效、可信和公平的分数。

· 常模参照测验是指将学生的成绩与他人（常模组）成绩进行比较，常模组的分数为解释学生的分数提供了基础。全国性的常模是基于一个具有全国代表性的学生群体。

· 标准参照测验是将学生的成绩与已确立的标准进行比较，而不是与常模相比的标准化测验。州立标准测验是典型的标准参照测验，标准参照测验旨在评估特定领域的技能和知识，如英语、数学和科学。

· 效度是指一个测验在多大程度上测量了其想要测量的内容，以及对测验分数的推断在多大程度上是准确和适当的。三种重要的效度类型是内容效度、效标效度（共时效度或预测效度）和建构效度。

· 信度是一个测验在多大程度上能够得出一致的、可重复的分数测验。具有信度的测量是指稳定、可信、相对无误差的测量。信度可以用几种方法来衡量，包括重测信度、复本信度和分半信度。

· 公平的测验是无偏见和无歧视的，不受无关因素的影响，如性别、种族或评分者的偏见。

---

2 **能力倾向测验和成就测验：比较能力倾向测验和成就测验，描述不同种类的成就测验以及这些测验涉及的一些问题。**

比较能力倾向测验和成就测验

· 能力倾向测验可以预测学生的学习能力，或者学生通过进一步的教育和训练能完成什么任务。

· 成就测验衡量的是学生学到了什么知识，或学生掌握了什么技能。

· 能力倾向测验包括一般的心理能力测验，如智力测验，以及用于预测在某一学科或职业领域是否成功的特定测验。SAT 测验既可以作为能力倾向测验，也可以作为成就测验。

标准化成就测验的种类

· 标准化成就测验包括成套测验（为特定水平的学生设计的独立的学科测验）、特定学科测验（能比成套测验更详细、更广泛地评估技能）和诊断测验（给予学生明确的学习需求，使得这些需求可以通过定期教学或补习来满足）。

高风险的基于州立标准的测验

· 高风险基于州立标准的测验的一些可能的优势是：提高学生的成绩；花更多时间教授被测验的科目；对所有学生具有高期望；识别表现不佳的学校、教师和行政人员；随着测验分数的提高，学校的信心也增强。

· 基于州立标准的高风险测验被用于有关补习、升级和毕业的决定中。基于州立标准的高风险测验被批评为低智化课程和缩小了课程范围，提倡死记硬背，鼓励教师为考试而教学，歧视低收入和少数族裔背景的学生。

·标准化测验的国际性比较表明，与其他国家相比，美国近年来取得了一些进步。但令人不安的是，美国学生在小学阶段的阅读、数学和科学方面的排名较高，到了中学阶段就没有那么好了。此外，美国学生在数学和科学方面的成绩也远远落后于东亚学生。

教师候选人的标准化测验

·大多数教师候选人必须参加一个或多个标准化测验，作为在特定州任教的许可证的一部分。许多州使用美国教育考试服务中心开发的一个或多个 PRAXIS™ 测验，但也有一些州开发自己的测验。

·人们对目前的教师候选人测验提出了批评，并呼吁对教师候选人进行全国性的测验。2013 年，一个全美的教师测验 edTPA 被开发出来：测验既包括关于学科的知识的笔试，也包括对教师候选人课堂表现的观察。

3　教师的作用：确定教师在标准化测验中的作用。

为学生参加标准化测验做准备

·教师可以通过以下方式为学生参加标准化测验做好准备：确保学生具备良好的应试技能，向学生传达积极的测验态度，把测验描述为一次机会而不是一场磨难，避免可能会引起学生焦虑的话语。

理解和解释测验结果

·描述性统计是一种以有意义的方式来描述和总结数据的数学过程。

·频次分布是一种分数列表，通常从高到低排列，并给出每个分数出现的次数，直方图是表示频次分布的一种方法。

·集中量数包括平均数、中位数和众数。

·差异量数说明了分数之间的差异程度，包括全距和标准差。

·正态分布也称为钟形曲线，其中大多数分数聚集在平均数周围。正态分布是对称的，并结合了关于平均数和标准差两方面的信息。

·原始分数是指学生在测验中答对的题目得分，通常不像许多其他类型的分数那样有用。

·百分位数显示了等于或低于特定分数的百分比分布。标准九分数用从 1 到 9 的 9 分量表来描述学生的成绩。年级分数使用和学生成绩相同水平的年级水平来表达学生成绩。

·标准分数表示为平均数的离差，涉及标准差的概念（z分数是标准分数的一个例子）。

·避免过度解释测验结果。一个好的策略是，不要把分数看作一个单一的数字，而是一个大概范围。评价标准化测验的成绩时，不要脱离学生的其他信息，如课堂表现和教学性质。

使用标准化测验分数来制订教学计划和改进教学

·标准化测验分数可以用来制订教学计划和改进教学，无论是在教学前或教学后。标准化测验有时被用于对学生进行分组，但重要的是要防止根据测验成绩对学生产生不切实际的期望。

·测验的分量表可以用来确定学生在特定的学科领域的强项和弱项，这可以帮助教师确定在不同领域的教学。标准化测验应始终与学生的其他信息结合使用，并应考虑测验的适当性和公平性。

4 标准化测验存在的问题：评估标准化测验中的一些关键问题

标准化测验、替代性评估和高风险测验

·对于标准化测验与替代性评估（如绩效测验和档案袋评估）的价值，人们存在分歧。如果使用得当，标准化测验是有价值的，但只能作为评估的一部分，并且也有其局限性。

·一些评估专家和教师强调，高风险的基于州立标准测验应该包括更多的替代性评估。然而，在大规模标准化测验中使用绩效评估可能会有问题。

多样性和标准化测验

·文化偏见是标准化测验中特别关注的一个问题。一些评估专家认为，绩效评估有可能减少测验中的偏见。

关键术语

成就测验（achievement test）

复本信度（alternate-forms reliability）

能力倾向测验（aptitude test）

集中量数（measure of central tendency）

共时效度（concurrent validity）

建构（construct）

建构效度（construct validity）

内容效度（content validity）

效标效度（criterion validity）

标准参照测验（criterion-referenced test）

描述性统计（descriptive statistics）

频次分布（frequency distribution）

年级分数（grade-equivalent score）

高风险测验（high-stakes testing）

直方图（histogram）

平均数（mean）

差异量数（measure of variability）

中位数（median）

众数（mode）

常模组（norm group）

常模参照测验（norm-referenced test）

百分位数（percentile-rank score）

预测效度（predictive validity）

全距（range）

原始分数（raw score）

信度（reliability）

分半信度（split-half reliability）

标准差（standard deviation）

标准分数（standard score）

基于标准的测验（standards-based test）

标准九分数（stanine score）

重测信度（test-retest reliability）

效度（validity）

z 分数（z-score）

档案袋活动

现在你已经很好地理解了本章的内容，请完成这些练习来扩展你的思维。

独立思考

1. **找出频次分布**。创建以下数字的频次分布和直方图：98、96、94、94、92、90、90、88、86、86、86、82、80、80、80、80、80、78、76、72、70、68、64。

研究／实地体验

2. **批评者对标准化测验的看法是什么？** 写一篇短文来评价下列对标准化测验的批评，说明你是否同意该批评意见然后解释你的理由。（1）高风险的单项选择测验将导致教学和学习的"低智化"，（2）建立全国性的测验会破坏州级别和地方级别的新教育课程。

合作学习

3. **计算和解释测验结果**。与你班上的学生搭档，一起计算第一题中刚刚列出的 23 个分数的平均数、中位数、众数、全距和标准差。这些数字意味着什么？

第十六章

课堂评估和评分

我把测验看成是学生用另一种方式思考自己的"机会"。

——伯特·摩尔（Bert Moore）
当代美国心理学家

章节概览

1. 课堂作为评估背景
学习目标 1：讨论作为评估背景的课堂。
评估是教学中不可分割的一部分
评估要与当代的学习和动机观点相符合
制定清晰适当的学习目标
建立高质量的评估
当前趋势

2. 传统测验
学习目标 2：为传统测验的编制提供一些指导。
选择反应题
建构反应题

3. 替代性评估
学习目标 3：描述一些替代性评估的种类。
替代性评估的发展趋势
绩效评估
档案袋评估

4. 评分与报告成绩
学习目标 4：制定一个合理的评分方法。
评分的目的
评分系统的组成部分
向家长汇报学生的进步和成绩
评分中的一些问题

连线教师：维姬·法罗

维姬·法罗（Vicky Farrow）曾是一名高中教师，目前在美国得克萨斯州博蒙特市的拉马尔大学教授教育心理学。她对持续进行的课堂评估过程以及在构建测验时应该做什么和不应该做什么进行了反思。

评估是一个持续的过程。它不仅仅是实施测验或给出分数，它是教师为确定他或她的学生是否在学习而做的一切。它可能是向学生提问，活动期间在教室里来回走动观察他们的理解情况，注意到困惑的学生皱着眉头，或注意到学生因为掌握了概念而微笑。没有这种持续的评估，教师永远不知道教学是否有效或是否需要调整。如果实施有效，评估可以为教师提供有价值的信息，以便为每个孩子提供最佳的学习体验。

当你要实施测验时，测验中的每一道题都应该与目标相关。这有助于教师避免"陷阱"问题——那些对预期的学习结果可能微不足道或不重要的问题。如果它不够重要，不值得学生花宝贵的课堂时间来学习，它可能也无须出现在测试学生的测验中。

要注意试题的文字叙述水平是否恰当。测验应该测试学生对单元内容的理解，而不是他们的阅读能力（当然，除非测验考察的是阅读能力）。我记得我还是个学生的时候，我参加了一个旨在评估我识别概念之间关系的能力的类比测试。但是，词汇太难了，我无法完成某些题目，因为词汇难度超过了当时的学习水平。

如果考试中出现了论述题，请在评分前写一份标准答案。你会根据一个学生的试卷（这份试卷里包括一些错误答案）为单项选择题确定答案吗？当然不会！论述题也是一样，在论述题中用学生的答卷确定答案没有任何意义。如果一篇论述题答得很好，并且你事先就有了标准答案，那么学生得到的成绩将更准确地反映出学生对所考察材料的理解程度。

概览

近年来，对学生学习的评估引起了教育界相当大的兴趣。这种兴趣集中在诸如教师应在何种程度上将州立标准纳入其教学和评估，以及教师应在何种程度上使用传统测验或替代性评估等问题上。我们在本章对课堂评估的介绍，开始于对作为评估背景的课堂的各种特征的考察。然后我们对比了传统考试和替代性评估，最后我们讨论了评分在教育中的作用。

学习目标1：讨论作为评估背景的课堂。

1 课堂作为评估背景

当你想到评估的时候，你会想到什么？也许是测验或考试。然而，当我们将课堂作为评估的背景进行讨论时，你会发现当代的评估策略不仅仅是测验。

评估是教学中不可分割的一部分

教师花在评估上的时间比你想象的要多。《有教无类》法案所要求的高风险测验意味着教师必须将这种测验纳入他们的评估计划（McMillan, 2014）。例如，许多教师花费大量的时间帮助学生为这样的测验做准备。在最近美国对全年级教师的调查中，大多数教师表示他们把太多的时间花在了考试上（Grunwald & Associates, 2014）。70%的教师报告说，州政府强制的问责制测验占用了学生太多的学习时间。以下是这项全美性调查的其他发现：

- 教育工作者和学生都重视评估，但是他们认为评估应该支持学习。
- 教师经常通过评估结果来得知他们的教学情况。
- 教师指出，学生在课堂测验中的成绩比州立问责制测验为学生提供了更好的反馈和更多的教学支持。

人们在评估上花了这么多时间，就应该把它做好（Popham, 2017）。评估专家詹姆斯·麦克米伦（McMillan, 2014）强调，有能力的教师经常根据学习目标对学生进行评估，并据此调整教学。评估不仅记录学生知道什么和能做什么，而且影响他们的学习和动机。这些观点代表了人们对评估的看待方式的改变：从评估是教学完成后的孤立结果的概念，向评估与教学相结合的概念转变。

思考三个不同时间段教学和评估的整合：教学前、教学过程中（形成性）和教学结束后（总结性）（O'shea, 2009）。20世纪90年代初，由美国教师联合会、全美教育测量委员会和全美教育协会共同制定的《教育评估中教师能力标准》描述了教师在这三个时间段内对学生进行评估的职责（见图16-1）。

教学前评估 假设你在开始进行更高水平的正式教学前想了解学生们解决特定水平数学问题的能力如何。你可以看看他们以前的成绩和他们在标准化数学测验中的得分，还可以观察学生们几天，看看他们的表现如何。这些评估旨在回答这样一个问题：我的学生能展示何种数学技能？如果你的评估结果表明学生缺乏必备的知识和技能，你将决定从简单的材料开始；如果他们在你的教学前评估中表现非常好，你将把你的

多重思考
阅读和数学是经常用标准化测验评估的两个领域。连接到"标准化测验与教学"。

教学前	教学中（形成性）	教学后（总结性）
我的学生是否具备成功必备的知识和技能？	学生们在听我讲课吗？	我的学生学到了多少？
我的学生会对什么感兴趣？	学生理解材料了吗？	接下来我该做什么？
什么会激励我的学生？	我应该直接提问哪些学生？	我需要为学生复习他们不懂的东西吗？
我应该计划多长时间教授每个单元？	我应该提问什么类型的问题？	我应该给多少分？
我应该使用什么教学策略？	我应该如何回答学生的问题？	我应该告诉我的学生什么？
我应该如何给学生打分？	我什么时候应该停止讲课？	下次我该如何修改我的课程？
我应该使用哪种类型的小组学习？	哪些学生需要额外的帮助？	考试成绩真的能反映学生的知识和能力吗？
我的学习目标是什么？	哪些学生应该单独待着？	有什么是学生误解的吗？

图 16-1　教师在教学前、教学中和教学后应回答以进行评估的问题

教学提升到一个更高的层次；如果没有这种教学前评估，你就会面临让课程不堪重负（如果你教授的内容太难）或无聊（如果你教授的内容太简单）的风险。

许多教学前评估是非正式的观察。在开学的头几个星期，你会有很多机会观察学生的特点和行为。要注意一个学生是内向还是外向，词汇量是多还是少，能否清晰表达和专注倾听，考虑他人还是以自我为中心，行为得体还是不得体等等。还要关注学生的非言语行为，寻找可能揭示紧张、无聊、沮丧或缺乏理解的线索。

在教学前评估中，要防止形成预期，以免扭曲你对学生的看法。对学生不抱期望几乎是不可能的。因为教师的期望对学生的学习有潜在的巨大影响，一些教师甚至不愿意了解学生以前的成绩或标准化测验得分。无论你是否考察这些评估信息，努力使你的期望切合实际。如果你的期望有误，错误的方向也应该是对学生抱有过于积极的期望。

一个好的策略是把你对学生的第一印象当作假设，然后用随后的观察和信息来支持或修正。你的初步观察有些将是准确的，有些则需要修正。在你试图了解学生是什么样的人时，不要相信道听途说的信息，不要仅仅根据一两次观察就做出持久的判断，也不要给学生贴标签。

有些教师还在所教学科领域内实施诊断性前测，以检查学生的知识和技能水平。

许多学校越来越多地从学生成绩档案里收集学生的信息（成绩档案伴随着学生进入不同的年级）。与教师道听途说的其他评论相比，学生成绩档案为教师的评估提供了更具体、更少偏见的信息。我们将在本章后面更深入地描述学生成绩档案。

教学过程中的评估　课堂评估中最重要的趋势之一是**形成性评估**（formative assessment）的使用越来越多。形成性评估是指在教学过程中而非教学完成后进行的评估。形成性评估已经成为一个流行词，它强调为了学习而评估而不是对学习的评估（Loughland & Kilpatrick, 2015; Mandinach & Lash, 2016）。成为一名优秀教师的一个重要方面是评估学生的理解能力，而形成性评估在这方面尤为重要。你在教学过程中对学生学习情况的持续观察和监控可以让你了解下一步该做什么（Decristan & others, 2015; Shirley & Irving, 2015）。在教学过程中进行评估可以帮助你将教学设定在一个能够挑战学生并拓展其思维的水平，它还可以帮助你发现哪些学生需要你的个别关注。

在教学过程中进行评估的同时，你还要决定下一步该做什么、说什么、问什么以保证课堂的顺利进行，并帮助学生积极学习。它要求你倾听学生的回答，观察其他学生理解或困惑的迹象，构思下一个问题，并环顾全班以发现是否有不当行为（McMillan, 2014）。同时，教师需要监控活动的节奏，决定应该提问哪些学生，评估答案质量，并组织教学内容的顺序。在小组中，教师可能需要同时注意几个不同的活动。

口头提问是教学过程评估中一个特别重要的方面。有些教师一天要问 300 ～ 400 个问题，不仅是为了激发学生的思考和探究，也是为了评估他们的知识和技能水平。

当你问问题的时候，记住要避免过于宽泛、笼统的问题；让全班同学都参与提问，而不是一直让同一拨学生回答问题；在提出问题后，留出足够的"等待时间"；用后续问题探究学生的回答；高度重视学生自己提出的问题。

形成性评估的一个发展趋势是让学生每日评估自己的进步（Brown, Andrade, & Chen, 2015）。学生自我评估的一个重要目标是让学生深入评估他们的课业，这样他们就可以更快地确定他们自己如何得到发展。在最近一项针对社区大学学生的研究中，那些参加自我评估课程的学生比参加传统评估课程的学生表现出更强的自我调节能力和更大的继续大学教育的可能性（Mahlberg, 2015）。

鼓励学生评估自己的进步也可以增加他们的自信和学习动力。让学生反思并监督自己的进步是学生自我评估的一个关键方面。自我评估与我们在"行为主义和社会认知理论"一章中讨论的自我调节以及在"信息加工理论"一章介绍的元认知有关。将学生的自我评估纳入课堂评估的最大挑战之一是让学生习惯于这样做。一个好的教学策略是创建学生自我评估的工作表、检查表和已经准备好的其他材料，以促进他们对自己的进步的评价。

提供有效的反馈是形成性评估的一个重要方面，也是优质教学不可缺少的一个组成部分（Mandinach & Lash, 2016）。这个想法不仅是在学生学习的过程中不断地对他们

形成性评估：在教学过程中而非教学完成后进行的评估。

多重思考
成绩好的学生往往是自我调节的学习者。连接到"行为主义和社会认知理论"。元认知调节涉及学习问题解决方案的一些策略。监测一个人在一项任务中的表现是元认知的一个重要方面。连接到"信息加工理论"。

进行评估，而且还要提供信息反馈，以便使学生的注意力集中在适当的地方。研究人员发现，形成性评估中的积极反馈可以提高学生学习的自我调节（Boud, Lawson, & Thompson, 2015）。作为形成性评估反馈的一部分，教学"纠正"被用来帮助学生取得进步。其理念是提供评估、反馈，然后是更多的指导（McMillan, 2014）。在形成性评估中反馈的重要方面之一是它应该是即时的、具体的和个性化的。图 16-2 描述了给予表扬作为反馈的一部分时要做的事情和不要做的事情。

教学结束后的评估 总结性评估（summative assessment）或者正式评估，是指教学结束后的评估，目的是记录学生的表现。教学结束后的评估提供了一些信息，包括学生对材料的掌握程度，学生是否为学习下一单元做好了准备，应该给他们什么分数，你应该对父母做什么评价，以及你应该如何调整你的教学（McMillan, 2014）。

评估要与当代的学习和动机观点相符

贯穿本书，我们都在鼓励你将学生视为发现和构建意义的主动学习者，设定目标、计划和实现目标，以有意义的方式将新信息与现有知识联系起来，反思、批判和创造性地思考，培养自我监控能力，对学习有积极的期望、对自己的技能有信心，有热情和内在的动机去学习，将他们所学到的应用到现实生活中，以及有效沟通。

评估在努力、参与度和成绩表现中发挥着重要作用（Doe, 2015; San, 2016）。你的非正式观察可以提供关于学生学习某一科目的动机的信息。如果你和学生的关系很好，在私人谈话中直接口头提问通常可以对学生的动机产生有价值的洞察。在思考评估和动机是如何联系在一起的时候，问问你自己，你的评估是否会鼓励学生更有意义地参与到学习中来，并使其更有内在的动机去学习这个主题。有挑战性但公平的评估应该能提高学生的学习热情。评估难度过大，会降低学生的自尊和自我效能感，增加焦虑感。用过于简单的方法来评估学生，会让他们感到无聊，并不能激发他们足够努力地学习。

苏珊·布鲁克哈特（Susan Brookhart, 1997, 2008）开发了一个模型，解释课堂评估如何帮助激发学生学习。她认为，每间教室环境都有一系列反复的评估活动。在每次评估事件中，教师通过作业、活动和对学生表现的反馈与学生进行交流。学生的反应

要做的事情

专注于具体的成就。

把成功归因于勤奋和能力。

不由自主地表扬。

参考之前的成就。

个性化和多样化的表扬。

好的行为出现时立即给予表扬。

表扬通向成功的正确行动策略。

准确、可信地表扬。

私下表扬。

关注进步。

不要做的事情

专注于整体或全部人的成就。

把成功归因于运气或他人的帮助。

表扬可以被预测。

忽略先前的成就。

对所有学生给予同样的表扬。

表扬比好的行为出现要晚得多。

忽略行动策略，只关注结果。

表扬不合格的表现。

公开表扬。

只关注当前的表现。

图 16-2　给予表扬作为反馈的一部分时要做的事情和不要做的事情

总结性评估：教学结束后进行的评估，目的是记录学生的表现，也叫做正式评估。

取决于他们对这些学习机会的理解，以及他们认为自己能够表现得有多好。布鲁克哈特认为，这种关于课堂评估的观点表明，教师应该用多种表现来评估学生，尤其是用对学生来说有意义的表现。

同样，许多其他的课堂评估专家强调，如果你把动机、主动学习作为教学的一个重要目标，你应该创建替代性评估，它们与传统的测验有很大不同。传统测验不评估学生如何建构知识和理解、如何设定并达到目标、如何批判性和创造性地思考（McMillan, 2014; Popham, 2017）。在本章的后面，我们将探讨如何使用替代性评估来考察学生学习和动机的这几个方面。

制定清晰适当的学习目标

将评估与当前对学习和动机的看法联系起来还包括制定明确适当的学习目标。学习目标包括学生应该知道什么和能够做什么。你应该建立用来判断学生是否达到了学习目标的标准（McMillan, 2014）。图 16-3 提供了单元学习目标的一些例子。

> 通过口头回答一系列有关文化差异及其影响的问题，学生将能够解释不同文化的差异，以及文化如何影响人们的信仰和生活。

> 学生将通过填写所学植物各部分的文字或图表来展示他们对植物各部分的了解。

> 学生将通过正确识别之前未读过的关于公民身份的陈述是真是假来展示他们对公民身份的理解。大量的项目被用来抽查所学的大部分内容。

> 学生将能够通过撰写文章来说明如果我们废除宪法会发生什么，从而解释为什么美国宪法很重要。试卷将被综合评分，寻找理由、宪法知识和组织结构的证据。

> 学生将通过正确识别 8 个长复合句中的 7 个句子的动词、副词、形容词、名词和代词，来证明他们知道句子组成部分之间的区别。

> 学生将能够通过正确计算 10 个分数问题中的 8 个来学习分数乘法。这些问题对学生来说是全新的，有些类似于书中的"挑战"问题。

> 学生将能够运用加法、减法、乘法和除法的知识来解决类似于六年级标准化考试中的应用题。

> 学生将通过正确的口头表达展示他们对视觉艺术如何传达思想和情感的理解。

图 16-3　单元学习目标

建立高质量的评估

课堂作为评估背景的另一个重要目标是实现高质量的评估。就像标准化测验一样，当评估产生关于学生成绩的有效和可信的信息时，它就是高质量的。高质量的评估也是公平的（McMillan, 2014）。

效度　正如"标准化测验与教学"一章所述，效度指的是评估能在多大程度上测出其想要测量的内容，以及从信息中得出的推论及其使用的恰当性（McMillan, 2014）。推论（inferences）是教师从信息中得出的结论。

你不能对学生所学的任何东西都进行评估。因此，你评估的必然是学生学习情况的一个样本。那么，关于你课堂效度的最重要的信息来源将是与内容相关的证据（content-related evidence），即评估在多大程度上反映了你所教的内容（McMillan, 2014）。

内容的充分抽样显然是有效评估的一个重要目标。在对内容抽样时，运用你最专业的判断。你不会想只用单选题来评估学生对某一章节地理知识的掌握程度。现在的趋势是越来越多地采用多种评估方法，它们可以提供更全面的内容抽样。因此，教师可能会通过一些单选题、几个论述题和一个需要完成的作业任务来评估学生对某章节地理知识的掌握。经常问问自己，你对学生的评估是否抽取了足够的样本，准确地反映了他们的知识和理解。

将课堂上的教学和评估联系起来，就引出了**教学效度**（instructional validity）的概念：评估在多大程度上是课堂上实际教学过程的合理样本（McMillan, 2014）。例如，课堂评估应该同时反映教师的教学内容和学生学习材料的机会。假设有一节数学课，教师给学生进行了一次测试其解决乘法问题的能力的测验。对于教学效度而言，教师有能力指导学生解决问题，并给予学生足够的机会来练习这一技能是很重要的。

提高课堂评估效度的一个重要策略是系统地将学习目标、内容、教学和评估结合起来（McMillan, 2014）。假设你是一名科学教师，你的学习目标之一是让学生在设计科学任务时更具有创造性和批判性思维。问问自己，要达到这个学习目标，哪些内容是重要的。例如，是否需要帮助学生阅读著名科学家的传记，其中包括他们如何产生自己想法的信息？也问问自己，你将在教学中强调什么学习目标，根据学生的学习目标在整个教学过程中帮助学生批判性和创造性地思考科学是很重要的。

信度　正如"标准化测验与教学"一章中所指出的，信度是指测验产生一致的、可重复的分数的程度。可信的分数具有稳定性、可靠性，且测量误差相对较小。一致性取决于参加应试时的环境，以及随着测验的不同而变化的学生因素（McMillan, 2011）。

信度不是指评估信息的适当性，而是用于确定评估如何一致地测量它被设计来测量的内容（Suen, 2008）。如果教师在数学课上的两次不同场合给学生进行了两次相

教学效度：评估在多大程度上是课堂上实际教学过程的合理样本。

同的测验，而学生在测试中得分一致，这表明该测验是可信的。然而，学生得分的一致性（得分高者在两次测验中都高，得分中等者同样在两次测验中都是中等，成绩不佳的低分者两次都低）并不能说明测验是否测量了它想测量的内容（例如，使用一个准确的、具有代表性的样题测量所教授的数学内容）。因此，可信的评估不一定是有效的。

测量误差也会降低信度。某个学生可能掌握了足够多的知识和技能，但由于许多因素的影响，在一些评估中的得分缺乏一致性。内部因素可能包括身体健康状况、动机和焦虑。外部因素可能包括教师给出的指导语不充分、题目含糊不清、糟糕的内容抽样、对学生回答的无效评分等。例如，一个学生可能在第一次的阅读理解测验中表现得非常好，但是在第二次测验中表现得很差。学生缺乏知识和技能可能是两次评估低信度的原因，但低信度也可能是由于测量误差造成的。在课堂评估中，通常缺乏对信度的统计衡量，而是，教师依靠他们的观察和判断来确定是否出现了可能的误差影响。

多重思考
效度、信度和公平性不仅仅是教师构建的测验的重要方面，也是标准化测验的重要方面。连接到"标准化测验与教学"。

公平性　高质量的课堂评估不仅有效、可靠，而且公平（McMillan, 2014）。当所有学生都有平等的机会学习和展示他们的知识和技能时，评估就是公平的。当教师制定了适当的学习目标，提供了与这些目标匹配的适宜内容和教学，并选择了反映目标、内容和教学的评估时，评估就是公平的。

评估偏见包括冒犯和不公平的惩罚（Popham, 2008）。如果一个评估冒犯了亚群体的学生，那么这个评估就是有偏见的。当测验中包含了关于特定亚群体的消极刻板印象时，就属于一种冒犯。例如，假设在一个测验中，试题所描述的男性都从事高收入和高声望的工作（如医生和商业主管），而女性从事低收入和低声望的工作（如职员和秘书），由于一些参加测验的女性很可能会被这种性别不平等所冒犯，相应地，测验带来的这种压力可能会导致女性在测验中得分不够理想。

如果学生因为其群体成员身份，如种族、社会经济地位、性别、宗教和障碍，而遭到测验不公平时，那么该评估也可能是有偏见的。例如，一项评估侧重的内容是富裕家庭的学生比低收入家庭的学生更可能熟悉的信息（Popham, 2017）。一名教师打算了解学生以小组形式合作解决问题的能力，而他／她准备讨论的问题内容是一系列当地上演的歌剧和交响乐，但这些可能只有那些能负担得起高昂票价的人才会去观看，即使富裕家庭的学生自己没有参加这些音乐活动，他们也可能听到父母谈论过这些活动。因此，来自低收入家庭的学生在与音乐活动有关的合作解决问题的练习中表现得较差，不是因为他们在解决这类问题方面的技能较差，而是因为他们对这些活动不熟悉。

一些评估专家认为，建立多元评估（pluralistic assessment）很重要，其中包括对课堂和学校的文化多样性做出反应，通常包括教学期间和教学后的成绩评估。

吉内娃·盖伊（Geneva Gay, 1997）评估了种族和文化在评估中的作用，并推荐了一些在评估学生时的文化回应策略。她主张（1）修改当前美国教学和成绩评估以欧洲为中心的性质；（2）采用更多样化的评估方法，考虑到有色人种学生的文化；（3）根据学生自身成绩记录进行评价；（4）评估学生的方式要服务于文化适宜性的诊断和发展功能。

盖伊指出，成绩评估"旨在确定学生知道什么，它们大概反映了学校所教的内容"。她认为，"尽管在过去的30年里，在使学校课程更加包容种族和文化多样性方面取得了进步，但教师所教授的大部分知识以及相应的成绩测验，仍然以欧洲为中心"。她指出，即使是对技能的掌握也往往"通过以欧洲为中心的语境来呈现"。例如，成就测验可能将技能嵌入与有色人种学生的文化背景和生活经历不相关的场景中，例如教师要求"来自加勒比海的移民学生（从未经历过下雪）参与解决评估暴风雪带来的挑战和困境类问题"。对于这个问题，学生们可能有解决问题的能力，但是他们对寒冷冬天的不熟悉会影响他们有效完成该任务。

这并不意味着少数族裔的学生不应该被评估或者他们不应该被期望达到高成就标准。评估和期望都是应该有的。然而，为了避免通过评估程序使教育不平等持续下去，不应该总是期望这些学生展示他们并不熟悉的环境相关的知识和技能。一个好的策略是使用多种评估方法，以确保没有哪种方法会使一个种族优于另一个种族。这些方法应该包括对社会情感的测量和对学业内容的测量。教师还应该仔细观察和监控学生的表现，以获取在评估环境下的言语和非言语信息。

盖伊强调，评估应该始终"服务于诊断和发展功能，并对文化负责……陈述性报告、发展概况、家长会和逸事记录都应该包含在学生的进展报告中"。

当前趋势

客观测验：评分标准相对清楚、明确的测验，常见形式为单选题。

绩效评估：要求创建出可以展示知识或技能的答案或产品。绩效评估的例子包括写一篇论文，进行一个实验，开展一个计划，解决一个现实世界的问题，以及创建作品集。

以下是课堂评估的一些当前趋势（Hambleton, 1996; McMillan, 2014; National Research Council, 2001）：

· 至少使用一些基于绩效的评估。从历史上看，课堂评估强调使用**客观测验**（objective test），比如单选题，它有相对清晰、明确的评分标准。相反，**绩效评估**（performance assessment）要求学生创建答案或产品来展示他们的知识或技能。绩效评估的例子包括写一篇论文，进行一个实验，开展一个计划，解决一个现实世界的问题，以及创建作品集（Stiggins, 2008）。

· 考察更高层次的认知技能。现在的趋势是评估学生的高级认知技能，如解决问题、批判性思维、决策、推理和战略思维，而不是像许多客观化测验那样只评估内容知识。

有许多在线评估工具可以用来评估学生的高级思维。实现这个目的最好的在线评估工具是 Kahoot! 和 Socrative。

多重思考
复杂的认知过程包括推理、批判性思维、决策、问题解决和创造性思维。连接到"复杂的认知过程"。

·使用多种评估方法。在过去，评估意味着使用测验——通常是单选题——作为评估学生的唯一手段。目前的趋势是采用多种方法来评估学生。因此，教师可以使用任何数量的以下方法：单选题测验、论文、访谈、作业任务、作品集和学生的自我评价。多重评估比单一的评估方法提供了更广阔的视角来看待学生的学习和成就。

·使用更多的单选题，为学生参加高风险的基于州立标准的测验做准备。在评估与认知、建构主义和动机理论（绩效评估、成绩档案的使用和学生自我评估）日益融合发展的趋势下，教师们又开始使用客观的评估方式，而且在很多情况下的使用比以前更多。在评估专家詹姆斯·麦克米伦看来，许多教师需要在《有教无类》法案的测验要求与他们所知道的最大化学生学习效果和积极性的最佳教学和评估实践之间取得平衡（McMillan, 2007）。显然，在当前强调高风险测验的环境下，必须考虑课堂评估。

·设定高绩效标准。另一个趋势是解释教育结果对高绩效标准的需求，甚至是世界级的绩效标准。世界级的绩效标准可以通过提供目标来使当代的课堂评估受益。然而，关于谁应该制定这些标准以及是否应该制定这些标准出现了争议。

·将计算机作为评估的一部分。传统上，计算机一直被用于测验评分、分析测验结果和报告成绩。如今，计算机越来越多地被用于构建和管理测验，以及在多媒体环境中向学生展示不同的评估形式（Greenhow, 2015）。随着科技的进步，评估实践可能会与传统的纸笔测验大不相同。

许多学校系统正转向基于网络的评估——可以在互联网上进行的评估——因为它有提高准确性和降低成本的潜力。一些测验公司，包括美国教育考试服务中心，正在开发在教室、学校或学区的电脑上进行的测验，但这些不是基于网络的评估。如果评估是基于网络的，学生可以使用电脑在互联网上接受评估（Ibrahim & others, 2015）。

一些好的基于网络的评估可以很容易地适应你在课堂上讲授的课程。有些评估侧重于记录和评估学生的行为，有些涉及学业进步，而其他的则包括所有方面。最好的网络评估可以让教师"开发自己的测验，通常包括一个问题数据库或其他评估工具"。大多数网络评估都与各州和国家标准或《有教无类》法案相一致。

评估的趋势还包括强调综合的技能而不是孤立的技能，让学生参与评估的各个方面，给学生提供更多的反馈，制定标准并将标准公开而不是保密。

复习、思考和练习

学习目标1：讨论作为评估背景的课堂。

复习

·描述教学前、教学过程中和教学完成后的评估。

·如何使评估更符合学习和动机的当前观点？

·什么是学习目标？

·哪些标准可以用来评判课堂评估的质量？

·目前在评估学生的学习方面有哪些趋势？

思考

·想一想你在上学期间遇到的一位较好的老师。现在回想起来，你将如何从"评估背景"的角度来描述这位教师的课堂呢？

PRAXIS™ 练习

1. 以下哪项是形成性评估的最佳例子？

　　A. 哈里森先生的学生们在一个单元的教学结束时要写一篇文章。这使得他能够评估他的学生们在多大程度上理解了该单元的内容

　　B. 肖克先生在教学中向学生提出开放式问题。这样他就能确定他的学生在多大程度上理解了他的课程内容

　　C. 曼宁女士在她的教学单元结束时玩了一个"危险边缘"游戏，以评估学生对单元内容的理解

　　D. 沃克女士在开始一个单元的教学之前，给她的学生做了一个简短的评估，所以她知道她的学生们已经具备哪些能力了。这使她能够根据学生的近似发展区来调整教学

2. 以下哪项评估最有可能提高学生的学习动机？

　　A. 迪克塔先生给他的学生布置了一个作业任务，该任务需要从教学单元中获得知识才能顺利完成

　　B. 佩顿先生定期进行测验，这些测验对所有的学生来说都很简单，只要他们上课，就能获得高分

　　C. 里维拉先生在每次测验中都会出两到三个易错的题目，这样他就可以确定哪些学生在回答问题前仔细阅读了题目

　　D. 辛格莱蒂先生设计了非常具有挑战性的考试，以确保只有那些认真学习了材料的学生才会获得高分

3. 拉米雷斯女士布置给学生们的作业是分析附近一条溪流中的水，确定该河流的污染程度，并制定一个解决污染问题的方案。她创建了什么类型的学习目标？

　　A. 影响

　　B. 知识

　　C. 产品

　　D. 推理

4. 维克女士创建了一个评估，以衡量她的学生在多大程度上掌握了美国宪法单元的内容。测验中包括有关《权利法案》、其他宪法修正案、美国革命和第二次世界大战的题目。对这项评估的最佳描述是什么？

   A. 它有可能产生有效和可信的分数

   B. 分数不太可能是有效或可信的

   C. 虽然分数可能是可信的，但它们不会是有效的

   D. 虽然分数可能是有效的，但它们将不可信

5. 沙舍夫斯基女士正在教授一个关于解剖学的科学单元。学生们一直在研究各种动物的解剖结构。以下哪项是对该材料进行绩效评估的最好例子？

   A. 学生回答有关不同动物的结构的口头问题

   B. 学生写一篇文章，对青蛙和猪的解剖结构进行比较和对比

   C. 学生解剖动物并识别其解剖部位

   D. 学生参加涵盖本单元材料的单项选择测验

请参看书末的答案……

2 传统测验

学习目标2：为传统测验的编制提供一些指导。

传统测验是典型的纸笔测验，学生从给定的选项中选出正确答案、进行数字计算、构建简短的回答或写论文。我们对传统测验的介绍集中在评估中的两种主要的题目形式上：（1）选择反应题，（2）建构反应题。

选择反应题

选择反应题（selected-response item）的客观题型可以让学生的回答迅速得到评分。阅卷人员或计算机可以使用事先准备好的正确答案进行评分。单选题、是非题和匹配题是选择反应测验中使用最广泛的题目类型。

选择反应题：使得学生的回答可以被快速评分的一种客观题型。

单选题 单选题（multiple-choice item）由两部分组成：题干加上一组可能的答案备选项。题干是一个问题或陈述。不正确的选项被称为干扰项（distractors）。学生的任务是从干扰项中选出正确答案，例如：

佛蒙特州的首府在哪里？（题干）

A. 波特兰（干扰项）

B. 蒙彼利埃（答案）

C. 波士顿（干扰项）

D. 威斯顿（干扰项）

苏珊·布鲁克哈特（Susan Brookhart, 2015）最近描述了单选题的两个优势：（1）它们只需要选择，不需要大量的口头或书面的回答，这意味着学生没有良好的书面或口头语言能力仍然可以展示他们的思维能力；（2）相比于开放性问题，教师可以在规定的时间内，提出更多单选题让学生回答。这样教师可以就学生所学内容的更多方面提出问题。

四年级以下的学生应该直接在试卷上回答问题，而不是在单独的答题纸上答题。当低年级的小学生不得不使用答题纸时，他们往往反应不过来，而且很容易把答题顺序弄错。高年级的学生使用答题纸通常可以节省答题时间，因为答案通常只需写在一页纸上。许多学区都有商业印刷的答题纸，教师们可以为他们的课程订购。如果你准备对单选题进行手动计分，可以考虑准备一个评分模板，在答题纸上正确答案的位置上剪洞或打孔。

大多数情况下，只需计算正确答案的数量就可以了。有些教师对错误答案进行扣分以惩罚学生胡乱猜测，但评估专家说，这样劳神费力并不划算，而且还经常会导致评分错误。

图 16-4 列出了单选题的优势和局促性。

是非题　是非题要求学生判断某一陈述是对还是错，例如：

蒙彼利埃是佛蒙特州的首府。

A. 正确

B. 错误

是非题的编制很简单，但也有一个潜在的缺点。教师在出是非题的时候，有时会

优 势	局限性
1. 简单和复杂的学习内容都可以衡量。	1. 构建好的题目非常耗时。
2. 任务是高度结构化和清晰的。	2. 通常很难找到合理的干扰因素。
3. 可以衡量广泛的成就样本。	3. 单选题的形式对于衡量某些类型的问题解决能力以及组织和表达想法的能力是无效的。
4. 不正确的替代方案提供了诊断信息。	4. 阅读能力会影响成绩。
5. 与真假条目相比，猜测对分数的影响更小。	
6. 评分简单、客观、可靠。	

图 16-4　单选题的优势和局限性

连线学生：最佳实践
单选题的出题策略

编写高质量单选题的好策略包括以下几条（Gronlund & Waugh, 2009; McMillan, 2014）：

1. 把题干写成一个问句。
2. 给出三到四个可供选择的选项。
3. 尽可能肯定地陈述题干和选项。

   小学生尤其会对否定的表述感到困惑。如果你在题干中使用了"不"字，请用斜体形式或下划线标出。例如：

   以下哪个城市不在新英格兰？
   A. 波士顿
   b. 芝加哥
   C. 蒙彼利埃
   D. 普罗维登斯

4. 在题干中包含尽可能多的内容，从而使题目相对较长，可选答案相对较短。例如：

   葛底斯堡演说是由哪位美国总统发表的？
   A. 托马斯·杰斐逊
   B. 亚伯拉罕·林肯
   C. 詹姆斯·麦迪逊
   D. 伍德罗·威尔逊

5. 选项应该在语法上与词干匹配，这样答案在语法上是正确的。例如，第一题比第二题要好：

   奥维尔·莱特和威尔伯·莱特因为哪种交通工具而声名远扬？
   A. 飞机
   B. 汽车
   C. 轮船
   D. 火车

   奥维尔·赖特和威尔伯·赖特之所以声名远扬是因为：
   A. 飞机
   B. 汽车
   C. 轮船
   D. 火车

6. 编写的试题具有一个明显正确的选项或最佳选项。除非你给出另外的指导语，否则学生们会认为一个问题只有一个正确答案或最佳答案。

7. 变化正确选项的位置。不确定正确答案的学生倾向于选择中间的选项，而避免第一个或最后一个选项。将答案选项按字母顺序排列（按答案的第一个字母排列）将有助于变化正确选项的位置。

8. 注意选项长度的提示。正确答案往往比不正确的答案要长，因为它需要包括使其正确的说明和限定性条件。将干扰项（错误的答案）拉长到与正确答案大致相同的长度。

9. 不要期望学生区分选项中的细微差别。例如，第一题比第二题要好：

   水的冰点是：
   A. −3.8℃
   B. 0℃
   C. 3.8℃
   D. 7.8℃

水的冰点是：

A. −1.1℃

B. −0.5℃

C. 0℃

D. 0.5℃

10. 不要过度使用"以上都不是"和"以上都是"。也要避免使用"（a）和（b）"或"（c）和（d）但不是（a）"的变体。

11. 在编写题目时，不要使用与教科书中一模一样的措辞。功课不好的学生可能会认出正确答案，但并不真正理解其含义。

12. 至少编写一些鼓励学生进行高层次思考的题目。正如我们前面所指出的，当前的趋势是在课堂评估中更多地使用单选题，因为高风险的基于州立标准的测验对教师提出了要求。重新使用更多单选题的一个重要的问题是题目对认知水平的要求。许多教师报告说他们使用的是"高层次"测验题目，但实际上他们主要使用的是低层次的回忆和再认题目（McMillan, 2014）。怎样才能写出需要更高层次思维的单选题呢？以下是一些建议（Center for Instructional Technology, 2006）：

（1）每天不要超过四个涉及高层次思维的题目，因为它们比简单直接的题目更难写，花费的时间也更多。

（2）每次课后编写一两个题目（对于编写任何测验题目来说都不失一个好主意），在编写测验时只需将它们汇总在一起。

（3）使用一些基于类比的题目（见"复杂的认知过程"一章中关于类比的讨论）。一个使用类比的单选题示例是：班杜拉之于社会认知理论就像_____之于社会建构主义理论：

A. 皮亚杰

B. 西格勒

C. 维果茨基

D. 斯金纳

（4）编写一些案例研究题目。你们已经在这本教科书中遇到了很多案例。每一节内容结束时的"PRAXIS™ 练习"和章节末尾的"连线课堂：案例分析"单选题都涉及案例研究。

（5）编写一些题目，让学生不得不在你提供的场景中选择有哪些内容缺失，或需要改变什么。

直接从教材中提取陈述，或是稍加修改。要避免这种做法，因为它倾向于鼓励学生死记硬背，而缺乏对材料的理解。

图 16-5 中描述了是非题的优点与缺点。

匹配题 许多教师使用匹配题测试年龄较小的学生，这种题型要求学生正确地将一组刺激物与另一组刺激物连接起来。匹配特别适合用于评估两组信息之间的关联或联系。在典型的匹配题型中，教师将一列术语放在页面的左侧，而将对这些术语的描述或定义放在页面的右侧。学生的任务是在两列之间画线，正确地连接术语和它们的定义或描述。另一种题型是，每个术语左边留一个空格，让学生写出正确的描述的数字序号或字母序号。在使用匹配题时，将匹配项的数量限制在8~10个以内。每套试题匹配题不超过 6 个是一个不错的策略。

匹配测验对于教师来说很方便，因为（1）它紧凑的格式只需要很少的空间，所以很容易高效地评估大量的信息；（2）使用正确答案模板可以很容易地进行评分

（Popham, 2017）。

但是匹配测验可能倾向于要求学生把琐碎的信息联系起来。此外，尽管可以编写出要求更复杂认知技能的题目，但大多数匹配任务只要求学生将他们简单记住的信息联系起来。

建构反应题

建构反应题（constructed-response item）要求学生在答案中写出信息内容，而不是从选项中选择答案。简答题和论述题是传统建构反应题中最常用的题型。在评分时，许多建构反应题需要考官进行判断。

简答题　简答题（short-answer item）是一种建构反应题题型，它要求学生根据提示写出一个单词、一个简短的短语或几个句子。例如，学生可能会被问道："谁发现了青霉素？"

简答题的形式可以使学生回忆所学内容，还可以对大量材料进行问题解决式评估。简答题的缺点是在评分时需要做出判断，且通常测量的是死记硬背的学习。

填空题（sentence completion）是简答题的一种变体，学生通过完成句子的方式展现所掌握的知识和技能。例如，学生可能会被要求完成下面这个句子：青霉素发现者的名字是_____。

论述题　论述题（essay item）让学生在回答问题时有更多的自由，但比其他题型需要更多的写作。论述题特别适合评估学生对概念的理解、更高层次的思维能力、组织信息的能力和写作能力。下面是一些高中阶段论述题的例子：

> 政府采取民主方式的优点和缺点是什么？
> 描述你刚刚阅读的小说的主题。
> 论述美国是一个有性别偏见的国家。

论述题要求学生书写的答案可以是简单的几句话，也可以是几页纸的内容。在某些情况下，教师会要求所有的学生回答同样的论述题。在其他情况下，教师让学生从一组题目中选择他们喜欢的题目作答，这种策略使得比较不同学生的回答更加困难。图 16-6 列出了论述题的一些优点和缺点。

优势

1. 这种题目对于只有两种可能选择的结果是有用的（例如，事实或意见，有效或无效）。
2. 与单选题相比，对阅读能力的要求更低。
3. 在一个典型的测试周期内，可以回答的题目相对较多。
4. 评分简单、客观、可靠。

局限性

1. 对拥有高水平的知识和思维的学生编写这种题目是没有歧义的。
2. 当一个学生正确地指出一个陈述是错误的时，这个回答不能证明这个学生知道什么是正确的。
3. 不正确的答案不提供诊断信息。
4. 比起其他类型的题目，猜测对分数的影响更大。

图 16-5　是非题的优势和局限性

建构反应题：要求学生在答案中写出信息内容，而不是从选项中选择答案的题目。

优势

1. 可以测量最高的学习成果水平（分析、综合、评价）。
2. 可以强调思想的整合和应用。
3. 准备时间通常比选择题要短。

局限性

1. 由于回答每个问题需要时间，成绩可能无法充分抽样。
2. 由于选择、组织和表达思想的自由，将回答与预期的学习结果联系起来是不可能的。
3. 写作技巧和写作能力会提高分数，书写糟糕、拼写错误和语法会降低分数。

图 16-6　论述题的优势和局限性

好的论述题的出题建议包括（Sax, 1997）：

·明确限制。一定要详细说明答题的字数要求，以及在评分或判断时给予每个题目权重。

·建构和阐明任务。写清楚要求学生回答什么。一个措辞糟糕的题目是"乔治·华盛顿是谁？"这个问题可以用六个字来回答："美国第一任总统。"在这种情况下，问问自己，你还想让学生写些什么。更结构化的论述要求学生进行更多的思考：讨论乔治·华盛顿生活中证实或违背"他从未说过谎"这一论断的几件事。利用这些事件来支持你自己关于华盛顿诚实程度的主张。

·直接提问。题目和评分不要太难以捉摸。在论述和其他测验中给学生打分时，你可能会听到"评分标准"这个词。在这种情况下，"评分标准"只是指一个计分系统。

连线学生：最佳实践
论述题评分策略

以下是一些为论述题评分的好策略（Sax, 1997）：

1. 在对学生的回答进行管理或评分之前，先制定一个好答案或可接受答案的标准（McMillan, 2011）。论述题的评分可以是整体性的，也可以是分析性的。整体评分是指对学生的答案做出一个整体的判断，并给出一个单一的数字或字母分数。你可以根据你对论述的总体印象来做出判断，也可以根据你提出的几个标准来做出判断。当论述题回答篇幅较长时，通常采用整体评分法。分析性评分指的是根据不同的标准分别进行评分，然后把这些分数加起来，得出总分。分析性评分可能很耗时，所以要避免为一个论述题制定三或四个以上的评分标准。
2. 设计一种方法，让你可以在给学生的论述题评分时不知道是谁写的。你可以给学生编号，然后在回答论述题时只写自己的编号。当你记录成绩时，你可以把学生的编号和名字匹配起来。这就减少了你对学生的积极或消极期望影响评分的可能性。
3. 把对同一问题的所有回答放在一起评估。阅读并给所有学生对某一道题的回答进行评分，然后再进行下一道题的评分。对你来说，记住一道论述题的评分标准比记住所有论述题的评分标准要容易得多。此外，如果你阅读了某个学生的所有论述题的回答，那么你对前几个题目的评价将会影响你对其余题目的评价。
4. 制定处理不相关或不正确回答的策略。有些学生在论述中会虚张声势。另一些学生则把他们所知道的关于某个主题的所有内容都写下来，而没有花时间去明确该题目的要求。还有一些学生可能会使用糟糕的语法，拼错单词，或者字迹难以辨认。提前决定你是否会惩罚此类回答，以及惩罚的程度。

5. 如果可能的话，把试卷还给学生之前再读一遍。这有助于避免你在评分过程中的任何错误或疏忽。
6. 在论述题试卷上写上评语。对于论述题，尤其是篇幅较长的论述题而言，仅有一个数字或字母分数并不能给学生提供足够的反馈。如果你只是圈出或纠正拼写和语法错误，你并没有让学生对他们的论述内容有深刻的见解。一个好的策略是在论述文章中适当的地方写一些简短的评语，比如"进一步扩展这个想法""表述不清楚"或者"需要举个例子"，除此之外，还要在论述回答的开头或结尾处给出整体的评论。

复习、思考和练习

学习目标 2：为传统测验的编制提供一些指导。

复习

· 在创建选择题、是非题和匹配题时，要记住哪些重要的观点？

· 什么是建构反应题？简答题与论述题有何不同？

思考

· 你认为为什么传统的测验在课堂上能够一直延续使用？

PRAXIS™ 练习

1. 布朗先生是一名大学教师，他在关于家庭对学生的影响的测验中包括以下题目：荷马·辛普森①表现出什么样的教养方式？布朗先生的答案选项是权威型、专制型、忽视型和放任型。以下哪项是对布朗先生的问题和答案选项最恰当的批评？

   A. 因为没有列出所有的教养方式，所以太容易排除错误选项

   B. 教养方式与家庭对学生的影响无关

   C. 这个问题有利于看过《辛普森一家》的学生

   D. 有不止一个明显正确的答案

2. 丹特先生刚刚把玛西娅打了分的论述题试卷还给了她。他在试卷上写了拼写错误和语法错误的注释，以及 42/50-B 的成绩。哪一项是对这一评估最恰当的批评？

   A. 一篇论文不应该在考试中占这么多分

   B. 论文不应该用数字来评分

   C. 没有任何评论可以帮助玛莎了解她在哪些方面做得好，哪些方面失了分

   D. 拼写和语法错误不应该在论文中标注

请参看书末的答案……

---

① 美国动画片《辛普森一家》里的爸爸角色。——编者注

学习目标3：描述一些替代性评估的种类。

3 替代性评估

除了我们刚刚讨论的传统评估，还有一些替代性评估（McMillan, 2014; Popham, 2017）。让我们来看看这方面的一些发展趋势。

替代性评估的发展趋势

当前的一种趋势是要求学生解决某些类型的真实问题，要求学生完成一个任务，或展示测验和论述题所能测量的技能之外的其他技能（Chai & others, 2015; Cirit, 2015）。另一种趋势是让学生创建一个学习档案袋，以展示他们所学到的知识（Cote & Emmett, 2015; Qvortrup & Keiding, 2015）。这样的替代性评估在使教学与当代学习和动机的观点相一致方面是必要的。

选择中世纪选项

说明：
制作一个中世纪生物或人物的模型。用半页纸到一页纸的篇幅描述你的角色（写明你这个角色是谁或者是什么，以及它在中世纪的重要性）。
您的模型必须通过有适当的服装、道具或其他属性作为生物或角色的特色。
评分指南：
25分 模型通过使用服装、道具和其他属性来描绘人物、生物和时代
10分 描述模型在中世纪的重要性
15分 模型提供了有效的证据
50分 包括一个半页到一页的人物描述

选择家族史选项

说明：
制作一张家谱的海报，至少可以追溯三代人。提供尽可能多的家庭成员信息，包括但不限于出生日期、死亡日期（如果不在人世）、职业、出生地、成就等等。另外，提供至少两件关于你家族历史的逸事（例如，他们是如何来到我们镇上生活的，特别的名誉、荣誉、奖励、奖章）。你必须把你的家谱写出来，不能复制一份购买的家谱并粘贴在海报上）！让你的海报吸引人。
评分指南：
25分 家谱至少包括在你之前的三代人
25分 除姓名外，大多数条目还包括诸如出生日期、死亡日期和出生地等信息
25分 海报包括至少两个有趣的或知名的家庭成员的逸事
15分 海报是由你打印或书写的，整齐美观
10分 整体结构清晰，单词拼写、语法正确

图 16-7 关注中世纪和家族史的替代性评估的说明和评分指南

与参加测验或写论述文相比，替代性评估给学生提供了更多选择（Hoachlander, 2015; Kim & Covino, 2015）。设想一位中学语言艺术课教师设计的几种不同的评估方法（Combs,1997）。她给学生们提供了一系列选择，包括读书报告、艺术作品、视频录像和模型。例如，在悬疑小说单元中，学生可以选择写一篇关于悬疑小说作者的报告、写一篇原创悬疑小说、制作一本儿童悬疑故事读本，或者对一位私家侦探进行采访。每个选项都附带了一套详细的说明和评分指南。图 16-7 展示了关注中世纪和家族史的替代性评估的说明和评分指南。

真实性评估（authentic assessment）是指在尽可能接近真实世界或现实生活的环境中评估学生的知识或技能。传统评估使用的是纸笔测验，与现实世界的环境相去甚远。越来越多的人倾向于用更贴近现实的题目来评估学生。在某些领域，绩效评估和真实性评估这两个术语是可以互换使用的。然而，并不是所有的绩效评估都是真实的（McMillan, 2014）。

"真实性评估"的批评者认为，这类评估不一定优于传统评估（如单选题和论文测验）（Terwilliger, 1997）。他们说，真实性评估的支持者很少提供数据来支持真实性评估的有效性。他们还指出，真实性评估并不能充分检验知识和基本技能。

真实性评估：以在尽可能接近真实世界或现实生活的环境中评估学生的知识或技能的评估。

绩效评估

从采用客观测验的传统评估到绩效评估被描述为从"知道"到"展示"（Burz & Marshall, 1996）。绩效评估包括通常认为的学生的实际表现（如舞蹈、音乐、艺术和体育），以及论文、作业任务、口头报告、实验和作品集。

一些学科，如艺术、音乐和体育，多年来一直使用绩效评估。绩效评估的主要变化是将这些评估形式引入传统的"学术领域"。事实上，最近越来越多的人开始对将绩效评估纳入有关学生学习和进步的州评估中感兴趣（Darling-Hammond & Falk, 2013; Parsi & Darling-Hammond, 2015）。

绩效评估的特征 绩效评估通常包括强调"进行"开放式的活动，这些活动没有正确客观的标准答案，可用于评估更高层次的思维（Peterman & others, 2015）。绩效评估的任务有时也是现实的问题。绩效评估通常包括直接评估法、自我评估法、小组绩效评估法，以及在延长的评估期内的个人绩效评估法。

传统测验强调的是学生掌握了什么知识。绩效评估不仅测试学生所掌握的知识，还要测试学生的能力。在许多情况下，没有客观的正确答案。例如，当学生在课堂上发言、创作一幅画、表演一个体操动作，或者设计一个科学方案时，就没有一个"正确答案"。许多绩效评估给了学生相当大的自由来构建他们自己的答案，而不是将他们的回答限制在一个很小的范围里。尽管这增加了评分的难度，但它为评估学生的高层次思维技能提供了一个环境，比如对一个问题或话题进行深入思考的能力。

绩效评估采用直接的评估方法，比如通过评估写作样本来评估写作技巧，通过评价口头陈述来评估语言表达技巧。观察学生的口头陈述比在纸笔测验中问学生一系列关于语言表达技巧的问题更直接。

一些绩效评估还包括让学生评估自己的表现，这将责任从教师身上转移到了学生的肩上。在学生进行自我评估时，**评分标准**（rubric）是有用的辅助工具。评分标准是一种列出学术论文、作业任务或测验的具体评分标准的指南。例如，学生可能被要求评估他们所创建的剪贴簿。评估的一个标准可能是"是否给出了足够的细节"，对应一下可能的回答：优秀（"是的，我提供了足够的细节来让读者了解时间、地点和事件"），良好（"是的，我给出了一些细节，但忽略了一些关键细节"），及格（"我没有给出足够的细节，但确实包括了一些细节"）和不合格（"我几乎没有给出细节"）。

有些绩效评估评估的是一组学生的表现，而不仅仅是学生个人的表现。因此，可能会给一组学生布置一个科学方案的作业任务，而不是让每个学生单独做一个任务。对学生的评价可以包括个人的贡献和小组成果。小组任务通常是复杂的，可以对合作能力、沟通能力和领导能力进行评估。

最后，正如我们所指出的，绩效评估可能在一段较长的时间内进行。在传统评估中，评估发生在一个单一的时间框架内。例如，教师让学生在一小时内完成一个单选题测验。相比之下，绩效评估通常需要几天、几周甚至几个月的持续工作。例如，学生可能每个月都要接受一次科学方案任务进度评估，然后在任务完成后才会收到最终评估。

绩效评估指导原则　绩效评估的指导原则涉及四个一般性问题：（1）明确目的，（2）确定可观察的标准，（3）提供适当的环境，（4）对表现做出评判或评分（Russell & Airasian, 2012）。

确保任何绩效评估都有明确的目的，并可以根据评估结果做出明确的决定。它的目的可以是多种多样的：给学生评分，评估学生的进步，识别成绩表现中的重要步骤，制作可以包含在档案袋中的作品，为学生申请大学或其他课程的学习提供具体的例证，等等。

绩效标准（performance criteria）是学生需要有效表现作为评估一部分的具体行为。建立绩效标准有助于教师超越一般的描述（如"做一个口头报告"或"完成一个科学项目"）来确定学生需要做什么。绩效标准有助于你的观察更加系统化和集中。作为指导方针，它们指导你的观察。如果没有这样的标准，你的观察可能是无系统、无计划的。在教学之初就将这些绩效标准传达给学生，让学生知道如何在学习中抓重点。

一旦你清楚地列出了绩效标准，明确你即将进行观察的环境这一点就变得很重要。你可能想要在日常的课堂活动中直接观察学生的行为，在你为学生营造的特殊课堂情

评分标准：一种列出学术论文、作业任务或测验的具体评分标准的指南。

绩效标准：学生需要有效表现作为评估一部分的具体行为。

境中或在课堂外的情境中直接观察行为。根据大拇指法则（经验法则），在多个场合下观察学生是一个好主意，因为单一的表现可能无法有效地代表学生的知识或技能。

最后，你需要对学生的表现进行评分或评价。评分标准涉及用于评判成绩表现的标准，表现的质量范围应该在什么区间，应该给出什么分数，这个分数意味着什么，以及应该如何描述和区分不同的质量水平。

在准备评分标准时，你可能希望（Learning by Design, 2000）：

1. 包括评分时可使用的分值范围。高分通常被给予最好的作业。通常使用 4、5 或 6 作为最高分，以 1 或 0 作为最低分。

2. 为每项绩效标准提供描述，以提高可靠性和避免评分偏差。

3. 决定评分标准是通用的、特定类型的还是任务特异性的。如果是通用的，该评分标准可以用来判断广泛的行为表现，如沟通或问题解决能力。如果是特定类型的，则该评分标准适用于更特定的表现类型，比如论文、演讲、用于交流的叙述、问题解决中的开放式或封闭式问题。任务特异性的评估标准只适用于单一任务，例如一道数学题或关于某一特定主题的演讲。

4. 确定评分标准是不是纵向的。这种类型的评分标准用于评估随着时间的推移学生掌握教育目标的进展。制定评分标准的一种策略是从范例——学生的作业示例进行反推（McMillan, 1997）。通过分析这些范例，可以确定能够区分它们的描述。这些例子也可以用作进行判断的锚文件（anchor paper），并且可用以向学生

评分标准	高 ← 作业质量 → 低			
目的	报告解释了这项发明的主要目的，也指出了不太明显的目的	报告解释了这项发明的所有主要目的	该报告解释了该发明的一些目的，但遗漏了主要目的	报告没有提到发明的目的
特征	该报告详细介绍了该发明的主要和隐藏特征，并解释了它们的用途	报告详细说明了本发明的主要特征，并解释了它们的用途	这份报告忽略了这项发明的一些特点或它们的用途	该报告没有详细说明本发明的特点或其用途
自评	该报告讨论了该发明的优点和缺点，并提出了改进的方法	报告讨论了这项发明的优点和缺点	报告讨论了这项发明的优点或缺点，但没有两者都讨论	报告没有提到这项发明的优点或缺点
联系	该报告将本发明的目的和特征与许多更广泛的现象联系起来	报告在发明的目的和特征与一两个现象之间建立了适当的联系	报告不清楚或不恰当地将发明与其他现象联系起来	这份报告没有把这项发明和其他事情联系起来

图 16-8　发明报告的评分标准

说明各方面的维度。锚点（anchor）是作品或表现的样本，用于为某个评分级别设定具体的表现标准。因此，在描述六级写作成绩的标准时要附加两三个例子，来说明不同的成绩水平。图 16-8 显示了关于一份"发明报告"的评分标准。图 16-9 显示了在制定评分标准时清晰度的重要性。

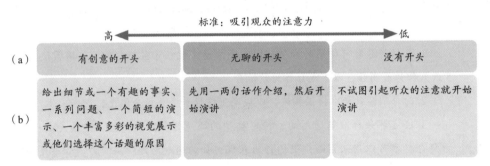

图 16-9　为演讲的评分创建清晰的评分标准

对绩效评估的评价　许多教育心理学家支持越来越多地使用绩效评估（McMillan, 2014; Parsi & Darling-Hammond, 2015; Popham, 2017）。他们认为，绩效评估让学生更多地参与到学习中来，鼓励学生发展更高层次的思维能力，能够衡量课程中真正重要的东西，还能够将评估更多地与现实生活经验联系起来。

然而，"尽管在美国和加拿大的许多地方对绩效评估的支持程度很高，但绩效评估的有效实施"却面临着一些障碍（Hambleton, 1996）。绩效评估通常"比客观测验需要更多的时间来创建、施测和评分"。而且，许多绩效测验也不符合许多教育心理学家所提倡的效度和信度标准。此外，绩效测试的研究基础也没有很好地建立起来。

然而，即使是传统测验最坚定的支持者也承认，传统测验并不能衡量学校期望学生学习的全部内容（Hambleton, 1996）。尽管绩效测验的计划、构建和评分具有挑战性，但教师应该尽一切努力将绩效评估作为教学的一个重要方面。

最近，我询问了老师们是如何在课堂上使用绩效评估的，以下是他们的回复：

幼儿园　儿童早期课堂上的大多数评估基于绩效评估模型。教师观察并记录孩子在游戏和课堂活动中的参与表现。例如，教师可能会在孩子第一次写出完整电话号码的纸上标注日期，以此来证明孩子对同一性的认识、写具体数字的能力、排序、记忆等方面的能力。这一信息将保存在孩子的档案袋中，作为评估过程的一部分与家人共享。

——海蒂·考夫曼，大都会西基督教青年会儿童保育和教育项目
（Heidi Kaufman, Metro West YMCA Child Care and Educational Program）

连线学生：最佳实践
制定评分标准的策略

以下是一些在绩效评估中纳入评分标准的有效策略（McMillan, 2014; Learning by Design, 2000）：

1. 将评估的类型与评估的目的相匹配。如果你的目的是全面的，而且你需要一个一般性的判断，那么就使用整体量表。如果你的目的是对成绩表现的不同方面提供具体的反馈，就使用更具分析性的方法。
2. 在教学前与学生分享标准。这会鼓励学生将标准描述作为指导他们学习的标准。
3. 从最高水平构建评分标准，始于对模范成绩表现的描述。即使没有学生能达到模范水平，评分标准也应该从优秀的表现开始建立，以此作为评分的锚点。一个好的策略是使用两个或三个优秀的范例，而不是一个单一的范例，这样学生就不会将思维局限于什么是优秀的表现。在你描述了最佳水平之后，对最差水平进行描述，然后再补充中间水平。
4. 仔细地为每个标准或分数建构评分语言。使用优秀和良好等字样，并仔细描述其含义。通常情况下，每个标准或分数都需要一段文字说明，其中包括具体的指标，说明哪种情况才能达到该标准或分数。
5. 让评分标准更加真实。标准应该有效地而不是武断地区分不同水平的成绩表现。例如，在大规模绩效测验中，经常用于评估写作的标准包括：结构、措辞、重点、句子结构、技术性细节和表达。然而，下列标准更加真实，因为它们与写作的影响更加相关（而且它们在没有条条框框限制学生的情况下包括了前面提到的标准）：清晰、令人难忘、具有说服力和吸引力。
6. 为学生提供范例。让学生看看符合期望和不符合期望的范例。明确范例好或差在什么地方。
7. 采取适当的措施尽量减少评分误差。评分系统应该是客观和一致的。特别是某些类型的错误，应该避免在评分过程中出现。最常见的错误包括阅卷者的个人偏差和光环效应（halo effect）。当教师倾向于给学生打高分（如在1~6分制中，大部分得分为5和6）、低分（大部分得分为1或2）或中间分数（大部分得分为3或4）时，就产生了个人偏差（personal bias）。当教师对学生的总体印象影响到他对学生特定成绩的评分时，就产生了光环效应。

小学　我布置了一份家庭作业，让学生在课堂上和回家后进行准备。例如，他们可以背诵一首诗，或者写一篇关于某个人权活动家的演讲稿并在课堂演讲。我评估学生的表现、所做调查、演讲内容、演讲语言、努力和用心程度。

——克伦·阿布拉，圣心女子小学
（Keren Abra, Convent of the Sacred Heart Elementary School）

初中　我给学生布置了一个年代研究的作业任务。学生们可以选择自己感兴趣的年代进行研究，并向全班展示他们的发现。他们可以选用新闻报道的方式来呈现，并把自己打扮成那个年代的人。他们还可以带来那个年代的音乐和纪念品。这对学生来说是一个非常有趣的学习经历。

——凯西·玛斯，爱迪生中学
（Casey Maass, Edison Middle School）

高中　在高中二年级的英语课上，学生要做四次演讲。一次是演示一种方法，一次是使用 PPT 作为视觉辅助工具，一次是分享一个个人故事，还有一次演讲会被录像并进行正式反思。我们还会做即兴演讲，学生选择一个主题，演讲两分钟。对于很多高中生来说，演讲通常是很有压力的，我却常常从每一次演讲中看到成长。

——珍妮弗·海特尔，布莱曼高中

（Jennifer Heiter, Bremen High School）

档案袋评估

近年来，人们对档案袋评估的兴趣急剧增加（Qvortrup & Keiding, 2015; Ugodulunwa & Wakjissa, 2015）。档案袋与传统的学习测验有很大的不同。图 16-10 概述了档案袋和传统测验之间的差异。

档案袋（portfolio）由系统的、有组织的学生作品集所构成，它们展示了学生的技能和成就。档案袋有目的地收集能够反映学生进步和成就的作业。它不只是塞进马尼拉文件夹的学生论文汇编，也不只是贴在剪贴簿上的纪念品收藏。为了达到被纳入档案袋的标准，每一件作品都应该以一种能够证明进步和目的的方式来创建和组织。档案可以包括很多不同类型的作业，比如作文、日记、录像带、艺术作品、教师的评论、海报、访谈、诗歌、测验结果、问题的解决方案、外语沟通能力的录音、自我评价，以及教师认为展示了学生的技能和成就的任何其他表现形式。档案资料收集的形式可

> **档案袋：** 有组织的和系统的学生作品集，能够展示学生的技能和成就。

传统测验	档案袋
·独立的学习、测试和教学	·把评价和教学联系起来
·不能通过使用孤立和不熟悉的短文来评估先前知识对学习的影响	·通过使用真实的评估活动，强调学生的先验知识作为学习的关键因素的重要性
·依赖只要求文字信息的材料	·提供展示推理和批判性思维的机会，这对构建意义至关重要
·在评估过程中禁止合作	·代表一种涉及学生和教师的合作评估方法
·经常在孤立的背景下处理学生的技能，以便报告目的确定的成绩	·使用多方面的活动，同时认识到学习需要整合和协调沟通技巧
·在有限的作业范围内对学生进行评估，这些作业可能与学生在课堂上的表现不相符	·代表学生正在进行的所有教学活动
·在内容固定的情况下评估学生	·能够衡量学生在意外情况下的表现能力
·对所有学生进行相同的评估	·衡量每个学生的成绩，同时允许个人差异
·只关注结果	·讨论改进、报告和成绩
·很少提供工具来评估学生监控自己学习的能力	·通过让学生监控自己的学习来实施自我评估
·学生被机械地评分或由很少参与评估的教师评分	·让学生参与评估他们的进步和／或成就，并建立持续的学习目标
·很少包括评估学习情绪反应的项目	

图 16-10   档案袋和传统测验之间

以是书面材料、照片、录音磁带、视频、计算机磁盘或 CD 盘。如今，可以使用基于云存储的档案工具创建档案袋。

有四类证据可以放置在学生的档案中，分别是文件、复制品、证明文件和产品（Barton & Collins, 1997）：

·文件（artifacts）是在课堂上正常的学习活动中产生的文件或产品，如学生的论文和家庭作业。文件可以通过图像文件、视频文件和音频文件进行数字化，然后这些文件可以在云存储库中在线保存。有一些应用程序可以用来数字化学生的工作。

·复制品（reproductions）包括学生在课堂之外的作品记录，如特殊计划和访谈。例如，一名学生访谈了社区内一位当地科学家的工作，对这次访谈的整理便是复制品。

·证明文件（attestations）是指教师或其他负责人关于学生学习进步的文件记录。例如，教师可能会对学生的口头陈述写一个评价性的说明，并把它们放在学生的档案袋里。

·产品（productions）是学生特别为档案袋准备的文件，由三种类型的材料组成：目标陈述、反思和题注。学生写出他们的目标陈述，说明他们想要在档案中完成什么成就，写下他们对自己作品的反思，描述他们的进步，并创建描述档案袋中每一份作业及其重要性的题注。

有效使用档案袋 有效地使用档案袋进行评估需要：（1）确定档案袋的目的，（2）让学生参与有关档案袋的决策，（3）与学生一起回顾档案袋的内容，（4）设定评估标准，（5）对档案袋进行评分和判断，（6）学生自我反思。

确定目的 档案袋可以用于不同的目的。其中两种主要目的是记录成长和展示最佳的作品。**成长档案袋**（growth portfolio）由学生在很长一段时间内（整个学年或更长的时间）的作业组成，反映学生实现学习目标的进展情况。成长档案袋有时也被称为"发展档案袋"。成长档案袋在提供关于学生在一段时期内如何变化或学习的具体证据方面特别有用。当学生们审视他们的档案时，他们可以看到自己进步了多少。成长档案袋的一个例子是阿拉斯加州朱诺小学使用的综合语言艺术档案袋（Arter, 1995）。它的目的是作为一种取代成绩报告单和分数评价的展示成长和成就的方式。学生在阅读、写作、发言和听力水平的成长沿着发展过程被记录下来。学生在班级中的位置会在学年中的几个指定时间点标记出来。学生作品的样本被用作判断学生发展水平的基础。

最佳作品档案袋（best-work portfolio）展示了学生最优秀的作品。有时它甚至被称为"展示档案"。最佳作品档案袋比发展档案袋更具选择性，通常包括学生的最新作

成长档案袋：很长一段时间内（整个学年或更长的时间）的作业档案，反映学生实现学习目标的进展情况。

最佳作品档案袋：展示了学生最优秀的作品。

品。最佳作品档案袋对于家长会、学生未来的教师和学生申请进入高等院校学习特别有用。

"合格档案袋""熟练档案袋"有时被用来证明学生有能力和准备好进入一个新的学习阶段。例如，科学档案袋是加利福尼亚州"金州评估"的一个方面（California State Department of Education, 1994）。它是在为期一年的科学课学习过程中产生的，包括问题解决研究、具有创意的表达（以独特和原创的方式呈现一个科学观点）、"通过写作成长"的部分（展示了随着时间的推移在理解概念以及自我反思上的进步）。纽约市的中央公园东部中学使用档案来确定毕业资格。学生必须完成 14 份档案袋，以证明他们在科学和技术、伦理和社会问题、社区服务和历史等领域的能力（Gold & Lanzoni, 1993）。

让学生参与选择档案资料   许多教师至少让学生对档案袋的内容做出部分决定。在允许学生为他们自己的档案袋选择内容时，一个很好的策略就是鼓励自我反思，让他们写一个简短的说明，阐述他们选择每一件作品的理由。

与学生一起回顾   在学年开始向学生解释什么是档案袋，以及如何使用它们。你还应该在这一学年中召开一些师生会议，以回顾学生的进步，并帮助学生为档案袋计划未来的学习（McMillan, 2014）。

设定评价标准   清晰和系统的绩效标准对于有效地使用档案袋是必不可少的。为学生制定明确的学习目标使制定绩效标准变得容易得多。问问你自己，你希望你的学生拥有什么知识和技能。这应该是你的教学和绩效标准的重点。

评分和评判   对档案袋进行评分和评判需要相当长的时间。教师不仅要对每个作品进行评价，还要对整个档案袋进行评价。如果档案袋是为了给下一年级教师提供关于学生的描述性信息，那么就没有必要对它们进行评分或总结。然而，如果档案的目的是诊断、反映进步、为有效教学提供证据、激励学生反思他们的作业或给学生打分时，就需要进行总结性评分和评判。核对清单和评分表通常用于此目的。与档案评估的其他方面一样，一些教师给学生机会来评估和评论他们自己的作品。

对档案袋在评估中的作用的评价   学习档案袋的几个优点：其综合性本质抓住了学生学习和成就的复杂性和完整性，它们提供了鼓励学生做出决策和自我反省的机会，它们激发学生进行批判性思考和深入思考，它们还提供了一个很好的机制来评估学生的发展和进步。

学习档案袋也有其缺点。教育者需要花费大量的时间来协调和评估它们。它们的复杂性和独特性使其难以评估，信度往往远低于传统测试。而且在大规模评估（如全州评估）中使用它们是昂贵的。然而，即使考虑到这些缺点，大多数教育心理学专家和教育组织，如美国国家教育协会，依然支持档案袋的使用。

最近，我询问了一些老师们是如何在课堂上使用档案袋的，以下是他们的回复：

幼儿园　我们用档案袋来收集孩子们完成的具体作品，比如写作样本和图片，一年中有三次。我们以相似的方式排列这些档案，这样我们就可以评估和比较孩子在这一年中的发展情况。在家长会期间，家长们会看到这些档案，从而了解他们的孩子取得了怎样的进步。我们也使用档案袋作为评估可能发展迟缓的工具。

——瓦莱丽·戈勒姆，儿童乐园公司
（Valarie Gorham, Kiddie Quarters, Inc.）

小学　我的四年级学生做了两个写作档案袋，一个用来收集"最佳作品"，一个用来收集"草稿"。为这两个档案袋收集材料大约需要五周时间。到年底，学生可以通过检查自己的草稿和最佳作品档案袋来了解自己的写作进展。

——肖恩·施瓦兹，克林顿小学
（Shane Schwarz, Clinton Elementary School）

初中　我让我的学生把他们的考试、小测验、报告、任务作业、论文和其他重要的作业放在档案袋里。档案袋制作过程中的一个关键部分是，我指导学生把档案袋带回家，与他们的父母或监护人一起评估他们的作品，然后带着一系列目标回到学校，以改进他们的课堂表现。

——凯西·玛斯，爱迪生中学
（Casey Maass, Edison Middle School）

高中　我为有工作经验的学生们使用档案袋。一年四次，包括上司对他们工作职责的评价、他们对工作本身的反思、填写的工作申请，以及对他们所参与的面试的反馈。我鼓励学生们在寻找下一份工作时，专门整理他们的档案袋。

——桑迪·斯旺森，梅诺莫尼·福尔斯高中
（Sandy Swanson, Menomonee Falls High School）

既然你已经了解了许多类型的评估，现在是一个思考你的课堂评估理念的好时机，自我评估 1 给你提供了这个机会。

自我评估 1
规划我的课堂评估实践

基于你计划执教的学科和年级，考察我们在本章中讨论过的以下评估方式。用5点量表评估每一种评估方法：1=我不打算使用该评估方式，2=我打算偶尔使用，3=我打算适度使用，4=我准备经常使用，5=这是我将使用的最重要的评估之一。

	1	2	3	4	5
1. 教学前评估中的非正式观察。					
2. 教学前评估中的结构化练习。					
3. 教学过程中的观察。					
4. 教学过程中提问。					
5. 学生自我评估。					
6. 评估学生的动机、努力程度和参与程度。					
7. 是非题。					
8. 单选题。					
9. 匹配题。					
10. 简答题。					
11. 论述题。					
12. 真实性评估。					
13. 实验。					
14. 作业任务。					
15. 口头报告。					
16. 访谈。					
17. 绩效。					
18. 展览。					
19. 档案袋。					

回顾你的回答，然后使用这些信息帮助你形成你的课堂评估理念。如果你需要更多的空间，可以写在书本外或学生网站上。

复习、思考和练习

学习目标3：描述一些替代性评估的种类。

复习

· 什么使评估具有"真实性"？对真实性评估有哪些批评意见？

· 绩效评估的一些特点是什么？使用它们的一些准则是什么？

· 什么是档案袋？如何在评估中使用档案袋？档案袋有哪些优势和劣势？

思考

· 假设你在教授教育心理学课程。你将如何评估前述三个题目答案的评分标准？

PRAXIS™ 练习

1. 妮可刚刚被告知，将会有一个绩效评估作为她的教师认证过程的一部分。以下哪项是对妮可的教学技能的最佳表现评估？

  A. 单选题考试

  B. 论述题考试

  C. 基于案例研究的考试

  D. 对课堂教学的直接观察

2. 凯尔正在为新闻报道课制作他的档案袋。该档案袋包括他的教师对他为学校报纸所写的文章的评价说明。这些评价说明是以下哪项的例子：

  A. 文件

  B. 证明文件

  C. 产品

  D. 复制品

请参看书末的答案……

4 评分与报告成绩

学习目标4：制定一个合理的评分方法。

评分（grading）是指将描述性的评估信息转换成字母、数字或其他符号，以表明学生的学习或表现的质量。

评分：将描述性的评估信息转换成字母、数字或其他符号，以表明学生的学习或表现的质量。

评分的目的

评分是为了传达关于学生学习和成就的有意义的信息。在这个过程中，分数服务于四个基本目的（Russell & Airasian, 2012）：

·管理目的。分数决定了学生的班级排名、毕业学分以及是否应该升入下一个年级。

·信息目的。分数可以用来与学生、家长和其他人（如后续学校的招生人员）就学生的学习情况进行交流。分数代表教师对学生达到教学目标和学习目标程度的整体结论。

·激励目的。许多学生学习更加努力是因为他们受到渴望得高分和害怕得低分的外在动机的驱使。

·指导目的。分数可以帮助学生、家长和辅导员为学生选择适宜的课程和作业水平。它们提供的信息包括哪些学生可能需要特殊服务，以及学生未来可能能够接受何种程度的教育。

评分系统的组成部分

分数反映了教师的判断。教师评分体系中主要有三种类型的教师判断（Russell & Airasian, 2012）。（1）评分时使用了什么比较标准？（2）我将根据学生表现的哪些方面来确定分数？（3）在打分时，我将如何衡量不同种类的依据？

比较标准　学生的表现可以通过与其他学生的表现或预定义的表现标准进行比较来进行评分。

比较学生们的表现　常模参照评分（norm-referenced grading）是将一个学生的表现与班上其他学生或其他班级学生的表现进行比较的一种评分体系。在这样一个系统中，学生比他们的大多数同学表现得好就得高分，表现差就得低分。常模参照评分通常被称为曲线评分。在常模参照评分中，评分量表决定了多少比例的学生获得特定分数。在大多数情况下，这个比例的设定是为了让最多的学生得到 C。

常模参照评分：将一个学生的表现与班上其他学生或其他班级学生的表现进行比较的一种评分体系。

这是一个典型的分数分配：15% 的 A，25% 的 B，40% 的 C，15% 的 D，5% 的 F。在分配分数时，教师经常寻找分数范围内的断层。如果有 6 名学生得分在 92 到 100 分之间，10 名学生得分在 81 到 88 分之间，而没有分数在 88 到 92 分之间，那么教师就会把 92 到 100 分之间的分数定为 A，81 到 88 分之间的分数定为 B。常模参照评分被批评降低了学生的积极性，增加了他们的焦虑，增加了学生之间的消极互动，且阻碍了学习。因此，常模参照评分没有被广泛使用。

标准参照评分：当学生的表现达到一定的水平便获得一定的分数，而不考虑与其他学生进行比较。

将表现与预先确定的标准进行比较　标准参照评分（criterion-referenced grading）是指当学生的表现达到一定的水平便获得一定的分数，而不考虑与其他学生进行比较。有时标准参照评分被称为绝对评分。通常，标准参照评分是基于在测验中获得的分值，或者在表现技能方面达到的熟练程度，比如做口头陈述并满足所有预定的标准。相比常模参考评分，我们更推荐标准参照评分。

在理论上，所确立的标准应该是绝对的，但在实践中并不总是这样（McMillan, 2014）。例如，一个学校系统通常会发展出这样的评分系统：A = 94%~100% 的正确率，B = 87%~93% 的正确率，C = 77%~86% 的正确率，D = 70%~76% 的正确率，F = 70% 以下的正确率。虽然这个系统具有绝对意义，即每个学生都必须达到 94 分才能得到一个 A，没有达到 70 分的学生会得到一个 F，但是由于教师和班级的极大差异，教材掌握多少会得到 94 分、87 分、77 分和 70 分上会有很大不同。一个教师可能会给出非常难的测验，另一个教师可能会给出非常简单的测验。

许多教师使用不同于上述提到的分数线。一些教师认为低分会挫伤学生的积极性，拒绝给出 D 或 F 的分数；其他一些教师只会在学生的分数低于 50 时，才会让他们不及格。

　　基于标准的评分（standards-based grading）是在标准参照评分基础上新近发展起来的。它涉及根据学生在课程学习中应该达到的标准来评分。在某些情况下，国家协会，如全国数学教师理事会（NCTM）制定了学生应该达到的标准。因此，在基于标准的评分的一种形式中，数学教师可能会将学生的成绩与他们达到这些国家标准的程度相挂钩。

　　在基于标准的评分中，评分标准（rubric）通常用来表明学生达到标准的程度。分数则是基于达到了何种级别的评分标准（McMillan, 2011）。例如，教师可能会根据以下类别来分配分数：基本水平以下、基本水平、熟练水平和高级水平。

　　绩效的各个方面　在评分的过程中，学生们可能已经创造了许多可拿来评估和用作评分基础的作品，其中包括测验和随堂小测验结果，以及各种不同的评估，如口头报告、访谈和家庭作业。档案袋越来越多地被用来作为接受评分的全部材料，或作为整体评分的学习成果的一部分。一些教育工作者认为，分数应该只基于学习成绩；在其他教育工作者看来，分数应该主要基于学习成绩，但教师对动机、努力程度和参与程度的评分也可以考虑在内。

　　许多教师把测验作为评定成绩的主要依据，甚至是唯一依据。然而，许多评估专家建议基于一系列测验和其他类型的评估来建立一个整体的分数（McMillan, 2014）。因此，一个学期的地理成绩可能是基于两次主要考试和一次期末考试、八次小测验、家庭作业、两次口头报告和一个作业任务。根据一系列的测试和不同类型的评估来评分有助于平衡学生的强项和弱项，还可以弥补由于内部和外部的测量误差而导致的一两次成绩不佳。

　　一些教育工作者提倡将动机、努力和参与程度等因素考虑到分数中，尤其是通过给位于临界线的学生分数加上"+"或"—"的做法来实现这一点。因此，如果一个学生表现出很强的学习动机，付出了相当大的努力并积极地参与课堂活动，那么教师可以把这名学生的 B 转化为 B+；如果这个学生缺乏学习动机，没有付出努力，也没有积极地参与课堂活动，教师可以把这名学生的 B 转化为 B–。然而，其他教育工作者强调分数应该只基于学习成绩。在分数中包括努力等因素的问题之一是很难确定努力评价的信度和效度。通过制定评分标准和实例，可以使努力或进步的测量更加系统化和可靠（McMillan, 2014）。

　　对不同种类的证据进行加权　你需要确定赋予学生分数的不同组成部分多少权重。例如，教师可能会得出类似这样的一个加权体系：

主要考试	20%
期末考试	25%
随堂测验	20%
家庭作业	5%
口头报告	10%
作业任务	20%

很多教师没有把家庭作业作为成绩的一个组成部分。原因之一是，当一个学生的成绩取决于家庭作业或其他课外作业时，家长可能会为了孩子拿到高分而代替孩子做作业。另一个原因是，把家庭作业作为评分的一个组成部分有利于那些来自支持性家庭环境的学生。和课堂评估的其他方面一样，你的判断也会影响为学生打分时的信息整合。如果某个学生没有交一定数量的家庭作业，一些教师会降低该学生的分数。

向家长汇报学生的进步和成绩

成绩是让家长了解学生在课堂上的进步和表现的最常用方法。在报告学生的进步时，特别重要的是成绩单。

成绩单　成绩单是向家长报告学生进步和表现的最常用方法（McMillan, 2014）。成绩单上的评判形式因学校系统的不同而不同，在许多情况下，也因年级的不同而不同。有些成绩单用字母表示分数（通常是 A、B、C、D 和 F，有时也包括 + 和 –）；有些成绩单使用数字分数（例如数学 91 分，英语 85 分等）；其他成绩单则提供一个或多个科目的及格 / 不及格类别；还有一些成绩单上有说明学生已达到的目标或学会的技能的清单；有些成绩单还具有情感特征的分类，比如努力、合作以及其他恰当和不恰当的行为。

技能和目标清单主要用于小学或幼儿园。在小学高年级和中学阶段，主要使用字母成绩，尽管这些成绩可能伴有其他信息，如书面评语。

书面进展报告　另一种汇报策略是每周、每两周或每月向家长提供学生进步和成就的报告（McMillan, 2014）。这些书面报告可以包括学生在考试和小测验、作业任务、口头报告等方面的表现。它们也可以包括关于学生在动机、合作和行为等方面的信息，以及父母如何帮助学生提高其成绩的建议。

家长会　家长会是另一种交流成绩和评估信息的方式。这样的会议既是一种责任，也是一种机会。父母有权知道他们的孩子在学校的表现如何，以及如何才能改善孩子

连线学生：最佳实践

与成绩和评估有关的家长会的最佳策略

    在会见父母汇报其孩子的进步和成绩时，可以使用如下有效策略（Payne, 2003）：

1. 做好准备。在与家长见面之前，回顾学生的成绩表现，想想你要对父母说什么。

2. 持肯定态度。即使学生表现不佳，至少也要找出一些学生好的方面来讨论。这并不是说要掩盖和忽视学生缺乏成就的事实，而是说除了消极方面，还要包括积极方面。

3. 保持客观。你与家长沟通学生积极方面的同时，也要客观诚实地指出哪些方面还需要改进。如果学生在某一学科能力低下，不要带给家长不切实际的希望。

4. 使用良好的沟通技巧。良好的沟通意味着成为一个积极的倾听者，给父母充分的机会参与对话。确保家长和学生理解你的评分标准。在"教师视角"中，美国密歇根州伊普斯兰蒂市东部中学的英语教师林恩·艾尔斯（Lynn Ayres）给出了她对这个话题的看法。

5. 不要谈论其他学生。家长会的重点应该放在家长的孩子身上，不要把孩子和其他学生比较。

教师视角

一些评分策略

    我认为对家长和学生而言，如果学生想把我这门课学好，清楚地知道对学生的期望是什么是极其重要的。我努力帮助学生们明白，课程分数是由他们自己掌控的。如果学生认为一个评分系统反复无常或不可知，这就会带来挫折感、焦虑感，而且激励学生也毫无用处。通过让他们看到自己的成绩掌握在自己手中，我变成了一个课堂上的"促进者"。学生们把我看作帮助他们取得成就的人，而不是坐在那里评判他们的表现并给他们评分的人。

的表现。家长会为教师提供了向家长提供有用信息的一个机会，让家长了解如何与教师合作，来帮助学生更有效地学习。

评分中的一些问题

    未交的作业或论文应该得零分吗？教师在评分时应该严格按照数字打分吗？评分应该被废除吗？分数膨胀现象是不是太严重了？这些都是当今许多教育者关心的重要问题。

    未交的作业或论文应该得零分吗？   评分有一个问题是，如果学生未交某次作业或论文，是否应该给他零分还是至少给他一些分数？将零分与其他分数一起计算，会严重扭曲分数的平均值。许多评估专家建议不要以这种方式使用零分，因为 0 到 65 或 70 之间的间隔比其他等级的分数之间的间隔要大，所以它会使未交的作业或论文的权重比预期的要大（McMillan, 2014）。对于未交的某次作业或论文，给出 60 分被认为是更合理的。

    教师应该严格按照数字打分吗？   一个令人担忧的问题是，在打分时，太多教师陷入"无意识"数字运算，而现在有了评分软件，这种情况更有可能发生。无论平均分数和评分的过程有多客观，评分是一个专业判断的问题。严格按照数字来评分可能会导致分数与学生的实际知识和技能不一致，尤其是如果被小作业、家庭作业或后来的论文拉低分数的话。最后，重要的是教师要确信，他们给出的分数反映了学生的知识、理解，以及与表现标准相关的能力（McMillan, 2014）。

评分应该被废除吗？　偶尔也会有人呼吁废除评分，这通常是基于这样一种信念：对学生的评价是必要的，但竞争性的评分为了评判而削弱了学习的重要性。批评人士认为，评分挫伤了绝大多数学生的积极性，尤其是那些成绩低于平均水平的学生。批评者经常呼吁进行更具建设性的评价，通过强调学生的长处、找出具体的改进方法和提供积极的反馈，鼓励学生尽最大努力。批评人士还指出，评分常常会促使学生只学习会出现在考试中的材料。

正如课堂评估专家迈克尔·罗素和彼得·艾拉西恩（Michael Russell & Peter Airasian, 2012）总结的那样，成绩已经成为社会强有力的象征，学生、教师和公众都会严肃对待。无论你是喜欢目前的评分方式，还是认为应该进行大幅改变，在可预见的未来，认真对待给学生评分，并以一种对学生公平的方式进行评分是很重要的。永远不要因为你喜欢或不喜欢某个学生就用成绩来奖励或惩罚他。始终根据学生对所学科目的掌握程度，基于学习的客观证据来给学生评分。

成绩膨胀现象是不是太严重了？　一些教师不喜欢给学生低分，因为他们指出低分会削弱学生的学习积极性。然而一些批评者认为，成绩膨胀（grade inflation），尤其是给表现平平的学生很高的分数，会让学生误以为他们比实际情况学到了更多的知识，取得了更多成就。其结果是许多学生发现，即使他们的表现远远低于其能力，却仍然可以获得高分。

在一项纵向研究中，大学理事会（the College Board）发现1996年毕业的大四学生的平均成绩点数（GPA）是2.64，但到了2006年他们的GPA增加了大约四分之一，达到2.90，尽管SAT分数相对保持不变（Godfrey, 2011）。在ACT进行的另一项研究中，高中平均成绩显示，从2004年到2011年，学生整体成绩几乎没有变化（Zhang & Sanchez, 2013）。然而在这一纵向研究中，高中学校里的成绩膨胀／压分（grade deflation）存在显著的差异，这些差异与贫困或少数族裔的入学率没有关系。

复习、思考和练习

学习目标4：制定一个合理的评分方法。

复习

· 评分的目的是什么？

· 教师的评分系统是由哪些类型的评判所组成的？对每一种类型进行评论。在向家长汇报学生的进步时，有哪些选择？

· 评分过程中有哪些问题？

思考

· 你会采用什么标准来决定一个教师在评分方面是否做得很好？

PRAXIS™ 练习

1. 阿玛尔把她的学校成绩单带回家。成绩单表明阿玛尔的数学、阅读和社会科学课获得了A，科学和体育课获得了B。她的父母看了看她的成绩，在成绩单上签了字，然后把它还给了学校。这些成绩的用途是什么？

   A. 行政管理

   B. 指导

   C. 信息性

   D. 激励

2. 沃克先生教代数。在上课的第一天，他告诉学生们，在25名学生中，5人将获得A，6人将获得B，7人将获得C，4人将获得D，3人将获得F。沃克先生使用的是哪种评分系统？

   A. 标准参照评分

   B. 常模参照评分

   C. 基于标准的评分

   D. 加权

3. 伊莎贝拉把她的季度成绩单带回家。成绩单表明伊莎贝拉在数学、语言艺术和社会科学课获得了A，在科学和体育课获得了B。以下哪项是对这种评分制度的有效批评？

   A. 它给家长提供了太多关于学生成绩的信息

   B. 它过于具体

   C. 字母成绩是不公平的

   D. 它没有提供足够的信息让父母能够评估他们孩子的成绩

4. 格雷戈里女士和邓普顿女士正在讨论评分问题。格雷戈里女士和邓普顿女士提出的以下哪项意见最不可能得到教育心理学家的支持？

   A. 许多学生表现平平却被给予了高分的奖励

   B. 在过去的几十年里，成绩一直在上升，而SAT的分数却在下降

   C. 一些教师不喜欢给学生低分，是因为他们认为低分会削弱学生的积极性

   D. 成绩应该被取消

请参看书末的答案……

连线课堂：案例分析
作业任务举例

安德鲁斯先生在六年级古代史课上通常使用传统的单选题测验，但学生们似乎对这些测验和他的讲课感到无趣。因此，对于古代美索不达米亚单元，他决定让学生完成一个作业任务，而不是参加测验。他给出了以下选择：

· 编写一个涵盖美索不达米亚章节知识的测验。
· 开发一个关于美索不达米亚的游戏。
· 制作一个美索不达米亚的立体模型。
· 创作一个关于美索不达米亚生活的剧本。
· 制作考古学家有可能会发现的来自美索不达米亚的文物。

安德鲁斯先生的助理教师本杰明女士告诉学生们，他们不能使用电脑来完成他们的作业任务。

莎莉选择编写一个测验。她仔细阅读这一章，一边读一边构思问题。她选择编写简答题，因为她担心写不出好的单选题。她的经验告诉她，选择题中使用的干扰项常常使人迷惑不解。她对是非问题也有同样的感觉。她想让她的问题尽可能清晰，因为她不想让同学们在做她出的试题时感到十分恼火。

由于禁止使用电脑，莎莉书写出每个题目时都非常仔细。然后，她制作了一份参考答案，以便对同学们的试卷进行评分。最终成型的试卷由 25 道简答题构成。上交作业的那一天，她为自己的作品感到非常自豪。

安德鲁斯先生看了看她出的试卷，对她说："这可不行，你为什么不把它打印出来？"

"本杰明女士告诉我们不能使用电脑。"

"她并不是这个意思，她是说你不能使用互联网，"安德鲁斯先生回答说，"拿回去把它打印出来。明天交上来。"

莎莉离开了教室，非常沮丧。她把她的试卷带回家，仔细地把试题和参考答案打印了出来。第二天她把它们交了上去。三天后，莎莉得到如下分数：

内容：B，没有包含关于宗教的问题（实际上莎莉有一个关于多神论的问题）。应该包括各种类型的问题，比如单选题、匹配题和是非题。
技巧使用：A，打印得非常工整，拼写正确。
准确性：B。
努力程度：C。
总体成绩：C。

莎莉对她的成绩很不满意。"努力程度只得了个 C？我真的很努力！我甚至做了两次，愚蠢的本杰明女士！"她把成绩单和试卷带回家拿给妈妈看。莎莉的母亲也同样感到很生气，尤其是她的努力程度得分很低。她打电话给安德鲁斯先生，要求看看这项作业任务的指导方针和评分标准。这两样东西安德鲁斯先生一样也拿不出来。她询问他内容和准确性之间的区别是什么，他也说不出个所以然。她还问他是如何衡量学生的努力程度的，他的回答是："我会先考虑我对学生的期望，然后再考虑他们交给我的东西是什么。"

"所以你是说你对内容打了三次分。一次 B，再一次 B，还有一次 C，对吗？"

安德鲁斯先生不知道该如何回答她的问题。

1. 这种情况下教学有什么问题？
2. 安德鲁斯先生做错了什么？
3. 他应该如何制定他的替代性评估呢？
4. 他应该如何制定他的评分指南？
5. 你如何看待将学生的努力程度纳入作业任务评分的做法？为什么？

本章概要

1 课堂作为评估背景：讨论作为评估背景的课堂。

评估是教学中不可分割的一部分

·教学前评估、教学过程中的评估和教学结束后的评估是教学中不可分割的一部分。许多教学前的评估涉及需要加以解释的非正式观察。在非正式观察中，要注意那些非言语线索，它们可以带来对学生的深刻洞察。结构化练习也可用于教学前评估。

·提防那些会歪曲你对学生看法的期望。把你最初的看法当作假设，通过随后的观察和信息加以确认或修正。一些教师还在所教学科领域进行预测验。

·一个日益增长的趋势是，检查学生前几年的学习档案。形成性评估是指在教学过程中进行的评估，强调的是为了学习而评估，而不是对学习的评估。

·让学生参与自我评估也成为一种趋势。学生们评估自己每一天的进步，作为形成性评估的一部分。

·总结性评估或正式评估，是在教学结束后进行的评估，目的是记录学生对材料的掌握程度，学生是否为学习下一单元做好了准备，你的教学应该如何调整，学生应该得到什么分数，你应该对父母做什么评价等。

评估要与当代的学习和动机观点相符

·为了使评估与当代的动机和学习观点相符，需要重点关注学生的以下方面：主动学习和建构意义，使用教学计划和目标设定，反思、批判和创造性地思考，培养学生的自我监控能力、对学习的积极期望和对技能的信心、学生的学习动机、将所学知识应用于现实世界的能力，以及有效的沟通。

·考虑评估（特别是替代性评估）在努力、参与和表现方面的作用。

制定清晰适当的学习目标

·学习目标像教学目标一样，由学生应该知道什么和能够做什么组成。

建立高质量的评估

·高质量的评估是有效的、可信的和公平的。效度是指一个评估在多大程度上测出其想要测量的内容，以及教师推断的准确性和实用性。信度是指评估在多大程度上产生一致的、可重复的分数。当所有学生都有平等的机会学习和展示他们的知识和技能时，评估就是公平的。拥有多元化的评估理念，包括对文化多样性的敏感，也有助于实现公平性。

当前趋势

·当前的课堂评估趋势包括至少使用一些基于绩效的评估，考察更高层次的认知技能，使用多种评估方法，使用更多的单选题，设定高绩效标准，以及将计算机作为评估的一部分。

·其他的趋势还包括评估强调综合技能，让学生参与评估的各个方面，给学生提供更多的反馈，以及制定并公开评估标准。

② 传统测验：为传统测验的编制提供一些指导。

选择反应题

·单选题包括两个部分：题干和一组可能的答案备选项。不正确的选项被称为干扰项。

·是非题似乎很容易编写，但鼓励了死记硬背。

·匹配题经常被用于年龄较小的学生。

建构反应题

·建构反应题要求学生在答案中写出信息内容，而不是从菜单中选择答案。简答题和论述题是最常用的建构反应。简答题要求学生写出一个单词，一个短语，或几个句子来回答一个问题，通常也是鼓励死记硬背。

·与其他题目形式相比，论述题给予学生更多回答问题的自由。论述题特别适合评估学生对概念的理解、更高层次的思维能力、组织信息的能力和写作能力。

③ 替代性评估：描述一些替代性评估的种类。

替代性评估的发展趋势

·真实性评估是以在尽可能接近真实世界或现实生活的环境中评估学生的知识或技能的评估。批评者认为，真实性评估不一定比传统评估更好，很少有数据支持其效度，而且它们不能充分地检验知识和基本技能。

绩效评估

·针对高层次思维的绩效评估往往强调"进行"没有唯一正确答案的开放式活动。有时任务是现实的，而且许多（但不是所有）绩效评估是真实的（近似于真实世界或现实生活）。

·绩效评估通常包括直接评估法、自我评估法、小组绩效评估法以及在延长的评估期内的个人绩效评估法。

·使用绩效评估有四个主要的指导原则：（1）确定一个明确目的，（2）确定可观察的标准，（3）提供适当的环境，（4）对表现做出评判或评分。

档案袋评估

·档案袋是一个系统的、有组织的学生作品集，以展示学生的技能和成就。其中包含四类证明：文件、复制品、证明文件和产品。

·有效地使用档案袋进行评估需要：（1）确定档案袋的目的，（2）让学生参与有关档案袋的决策，（3）与学生一起回顾档案袋的内容，（4）设置评估标准，（5）对档案袋进行评分和判断，（6）学生自我反思。

·档案袋的两种主要目是通过成长档案袋来记录成长，并通过最佳作品档案袋来展示学生最优秀的作品。

·学习档案袋有其优点，比如能够抓住学生学习和成就的复杂性和完整性，以及鼓励学生做出决策和自我反思；也有其缺点，比如协调和评估它们所需的时间太多以及评估的难度较大。

4 评分与报告成绩：制定一个合理的评分方法。

评分的目的

·评分的目的包括管理目的（帮助确定学生的班级排名、毕业学分以及是否应该升入下一个年级），信息目的（与家长、教师、学生沟通），激励目的（学生对更高分数的渴望），指导目的（为学生选择适宜的课程和作业水平）。

评分系统的组成部分

·教师判断的三种主要类型构成了评分系统：（1）用于评分的比较标准（常模参照评分或标准参照评分，相比之下更推荐标准参照评分）；（2）学生表现的各个方面（一个好的策略是基于一系列评估的综合成绩，包括测验和其他评估）；（3）不同种类证据的权重（评判教师如何综合信息来给出学生的成绩）。

向家长汇报学生的进步和成绩

·成绩单是标准的报告方法。技能和目标清单有时在幼儿园和小学使用，字母成绩是小学高年级和中学时使用。汇报还包括书面进展报告和家长会。

评分中的一些问题

·评分的问题包括：（1）教师是否应该给未交的作业或论文打零分；（2）教师是否应该严格按照数字评分；（3）是否应该废除评分（虽然未来评分的形式可能会改变，但仍会对学生的表现做出评判，并与学生、家长等沟通）；（4）成绩膨胀现象是不是太严重。

关键术语

真实性评估（authentic assessment）

最佳作品档案袋（best-work portfolio）

建构反应题（constructed-response item）

标准参照评分（criterion-referenced grading）

形成性评估（formative assessment）

评分（grading）

成长型档案袋（growth portfolio）

教学效度（instructional validity）

常模参照评分（norm-referenced grading）

客观测验（objective test）

绩效评估（performance assessment）

绩效标准（performance criteria）

档案袋（portfolio）

评估标准（rubric）

选择反应题（selected-response item）

总结性评估（summative assessment）

档案袋活动

现在你已经很好地理解了本章的内容，请完成这些练习来扩展你的思维。

独立思考

1.**说明你对评估的看法。**思考以下说法，看看你是否同意。解释你的立场。

（1）不应该用单选题来评估学生的学习，（2）教师不应使用单一的方法来评估学生的学习，（3）基于绩效的评估过于主观。

研究／实地体验

2.**平衡传统评估和替代性评估。**回想你在小学或高中学过的某个课程，其中你的成绩是传统评估的。用简短的表述，解释如何使用替代性评估或传统评估与替代性评估的某种组合来评估学生。使用替代性评估会有什么好处（或坏处）？

合作学习

3.**制订一个评估计划。**与某个计划教授同一学科和同一年级的教师聚在一起交流。选择一个学科，并制订一个在整个教学过程中进行评估的计划。

PRAXIS™ 练习答案

第一章

教育心理学：有效教学的工具

探索教育心理学

1.B   2.C

有效教学

1.D   2.B

教育心理学研究

1.A   2.D

3.C   4.D

第二章

认知和语言发展

儿童发展概述

1.D   2.C

3.A   4.D

认知发展

1.B   2.D

3.C

语言发展

1.A   2.B

3.B

第三章

社会环境和社会情感发展

当代理论

1.B   2.C

发展的社会环境

1.B   2.D

3.A

社会情感发展

1.C   2.B

3.B

第四章

个体差异

智力

1.C   2.B

3.D   4.B

5.B

学习和思维风格

1.A   2.D

3.A

人格和气质

1.B   2.B

第五章

社会文化的多样性

文化与种族

1.C   2.C

3.A   4.C

多元文化教育

1.D   2.D

3.A   4.A

性别

1.C   2.C

3.B   4.A

5.A

第六章

特殊的学习者

障碍儿童

1.C   2.B

3.A   4.B

5.C   6.B

7.B   8.D

与障碍儿童有关的教育问题

1.B   2.C

天才儿童

1.A   2.A

3.B

第七章

行为主义和社会认知理论

什么是学习？

1.B   2.B

学习的行为主义理论

1.D   2.B

教育中的应用行为分析

1.A   2.A

3.D   4.D

学习的社会认知理论

1.B   2.A

3.A   4.D

第八章

信息加工理论

信息加工理论的本质

1.B   2.A

3.A

注意

1.A   2.A

记忆

1.A   2.B

3.A   4.D

专业能力

1.B   2.A

3.B

元认知

1.D   2.C

3.A

第九章

复杂的认知过程

概念理解

1.B   2.C

思维

1.D   2.C

3.A   4.A

5.A

问题解决

1.B   2.A

3.B   4.A

迁移

1.B   2.C

第十章

社会建构主义理论

教学中的社会建构主义理论

1.A   2.C

教师与同伴共同促进学生的学习

1.B   2.B

3.A   4.A

组织小组活动

1.B   2.D

3.D

第十一章

学科领域的学习和认知

专业知识和学科教学知识

1.B

阅读

1.C   2.C

3.B   4.C

写作

1.C   2.B

3.B

数学

1.A   2.B

3.C   4.B

5.D

自然科学

1.D   2.C

社会科学

1.A   2.D

第十二章

计划、教学和技术

计划

1.B   2.D

以教师为中心的课程计划与教学

1.A   2.C

3.A   4.C

以学生为中心的课程计划与教学

1.D   2.C

3.B

科技与教育

1.B   2.A

3.C

第十三章

动机、教学和学习

探索动机

1.B   2.B

取得成就的过程

1.B   2.D

3.A   4.B

5.D   6.B

7.B   8.B

社会动机、社会关系和社会文化背景

1.C   2.C

3.D

探索学业成就困难

1.A   2.B

3.A   4.A

5.A   6.B

7.B

第十四章

管理课堂

为什么课堂需要有效管理

1.B   2.D

3.A   4.C

设计教室的物理环境

1.B   2.D

营造积极的学习环境

1.B   2.B

3.C   4.C

成为良好的沟通者

1.D   2.D

3.D

处理问题行为

1.C   2.D

第十五章

标准化测验与教学

标准化测验的性质

1.B   2.A

能力倾向测验和成就测验

1.A   2.D

3.B   4.B

教师的作用

1.D   2.A

3.C

标准化测验存在的问题

1.A   2.B

第十六章

课堂评估和评分

课堂作为评估背景

1.B   2.A

3.D   4.C

5.C

传统测验

1.C   2.C

替代性评估

1.D   2.B

评分与报告成绩

1.C   2.B

3.D   4.D

术语表

A

阿斯伯格综合征：一种相对轻微的孤独症谱系障碍，这类儿童有相对良好的语言技能、较轻微的非语言问题，以及有限的兴趣和关系范围，常常会陷入强迫性的、重复性的日常活动中。

阿特金森－希夫林模型：包括感觉记忆、短时记忆和长时记忆三个阶段的记忆模型。

B

百分位数：位于或低于某分数的百分比分布情况。

班级间能力分组（分轨）：根据学生的能力或成绩对学生进行分组。

班级内能力分组：基于学生能力的差异，将一个班级的学生分成两个或三个小组。

本质问题：反映课程核心的问题，是学生应该探索和学习的最重要的内容。

比较性预先整理器：通过新材料与学生已有知识之间的联系来引入新材料的整理器。

边缘系统：情感中心，也是体验奖赏的地方。

编码：信息进入记忆的过程。

编码特异性原则：认为编码或学习时形成的关联易于成为有效的提取线索的原则。

标准参照测验：将学生的成绩与已确立的标准进行比较的标准化测验。

标准参照评分：当学生的表现达到一定的水平便获得一定的分数，而不考虑与其他学生进行比较。

标准差：表明一组分数围绕平均数变化程度的量数。

标准分数：表示为平均数的离差，涉及标准差。

标准化测验：具有统一的实施和评分标准的测验。它们评估学生在不同领域的表现，并允许在全国范围内将一个学生的表现与同年龄或同年级的其他学生的表现进行比较。

标准九分数：描述了学生的测验成绩在全距从 1~9 的 9 分量表上的情况。

表达性语言：使用语言来表达自己的思想和与他人交流。

表观遗传学观点：发展是遗传和环境之间持续双向交互作用的结果。

布鲁姆分类法：由本杰明·布鲁姆及其同事提出。它将教育目标分为三个领域：认知、情感和心理运动。

C

参与式观察：观察者－研究者作为活动或计划设置的积极参与者。

操作性条件作用：学习的一种形式。在操作性条件作用中，行为的后果会改变行为发生的概率。

策略建构：信息加工新程序的创建。

差异化教学：包括认识到学生在知识、准备、兴趣和其他特征方面的个体差异，并在规划课程和参与教学时考虑这些差异。

差异量数：能够说明分数之间差异程度的量数。

长时记忆：一种以相对永久的

方式长期保存大量信息的记忆类型。

常模参照测验：学生的分数是通过与他人（常模组）成绩进行比较来解释的标准化测验。

常模参照评分：将一个学生的表现与班上其他学生或其他班级学生的表现进行比较的一种评分体系。

常模组：一组之前接受过测验的人，他们为解释测验分数提供了基础。

陈述性记忆：对信息的有意识的回忆，例如可以通过言语交流的具体事实或事件。

成绩取向：更关注输赢而不是成就，成功被认为源于获胜。

成就测验：测量学生学到了什么知识或掌握了什么技能的测验。

成长档案袋：很长一段时间内（整个学年或更长的时间）的作业档案，反映学生实现学习目标的进展情况。

程序性记忆：以技能和认知运算为形式的非陈述性知识。程序性记忆不能被有意识地回忆，至少不能以特定事件或事实的形式进行回忆。

惩罚：减少行为发生概率的后果。

迟缓型儿童：一种气质类型。通常活动水平低，有点消极，表现出低强度的情绪。

持续性注意：长时间保持注意力的能力，也被称为警觉性。

冲动型 / 沉思型：学生的反应倾向：要么快速和冲动地反应，要么花更多的时间来思考和反思答案的准确性。

重测信度：一个学生在两个场合进行同一个测验，其测试结果相同的程度。

传递性：对关系进行推理和逻辑关联的能力。

创造力：一种以新颖和不寻常的方式思考问题并提出独特解决方案的能力。

错开型风格：少数学生（通常是三个或四个）坐在同一张桌子旁，但不是直接面对面的教室座位安排风格。

D

档案袋：有组织的和系统的学生作品集，能够展示学生的技能和成就。

道德发展：人与人之间公正互动的规则和习俗的发展。

道德发展的领域理论：道德发展包括社会习俗知识和道德推理的理论。

道德推理：关注的是伦理问题和道德规则。

低通路迁移：将先前的学习自动地、通常是无意识地迁移到另一种情境中。

敌对环境性骚扰：发生于学生受到不情愿的性行为的影响，而这种不情愿的性行为非常严重、持

久或普遍，限制了学生从教育中获益的能力。

癫痫：一种神经系统疾病，其特征是反复出现的感觉运动性发作或运动性抽搐。

定量研究：使用数值计算探索发现特定主题的信息。

定性研究：使用描述性方法获取信息，如访谈、个案研究、人种学研究、焦点小组、个人日志等，但不对信息进行统计分析。

动机：激发、指导和维持行为的过程。

短时记忆：一种容量有限的记忆系统，在这种系统中，信息被保留的时间只有 30 秒。只有对信息进一步加工，才能延长信息保存的时间。

对归属感或关系的需求：与他人安全地联系在一起的动机。

对照组：除被操纵因素外，实验中在其他各方面的处理与实验组相同的群体。

多元文化教育：一种重视多样性的教育，并经常包括各种文化群体的观点。

F

发散性思维：对同一问题产生多个答案的思维形式，是创造力的特征。

发现学习：一种让学生自己建构对知识理解的学习。

发音障碍：无法正确发音的问题。

发展：一种生物的、认知的、社

会情感的变化模式，这种变化从受孕开始贯穿人的一生。大多数的发展包括成长，尽管它最终也包括衰亡（死亡）。

发展不平衡：个体在不同领域发展不平衡的情况。

反应代价：拿走个体的正强化物。

放任型课堂管理风格：允许学生有相当大的自主性，但在发展学习技能或管理自己的行为方面，很少为学生提供支持。

分半信度：将测验题目分成两部分，例如按题号将奇数题和偶数题各为一组。比较这两组题目的得分，以确定学生在每组试题中的得分是否一致的信度。

分类法：一种分类系统。

分配性注意：同时专注于一项以上的活动。

服务学习：增强社会责任感和服务社会意识的一种教育形式。

负强化：基于反应频率因反应后令人反感的（不愉快的）刺激而消退的原理的一种强化。

复本信度：让同一组学生在两个不同场合对同一测验的两种不同形式进行测试，并观察得分的一致性来确定的信度。

复述：在一段时间内有意识地重复信息，以延长信息在记忆中存留的时间。

赋权：为人们提供成功所需要的智力和应对技能，并创造一个更公平的世界。

拼图教学法：让来自不同文化背景的学生通过完成作业任务的不同部分来合作，以达到共同的目标目标的教学策略。

G

概念：在共同属性的基础上对物体、事件和特征进行分组。

概念图：对概念关系和层级结构的图示。

感恩：一种感谢和感激的感觉。尤其是对某人的善举或帮助的回应。

感觉记忆：以最初的感觉形式，短暂地保存来自外界的信息的记忆。

感知运动阶段：皮亚杰认知发展理论的第一阶段，从出生到 2 岁左右。婴儿通过协调感官体验和动作来构建对世界的理解。

干扰理论：该理论认为之所以会发生遗忘，并不是因为从存储中丢失了记忆，而是因为在尝试记忆的过程中存在其他信息的干扰。

高通路迁移：以有意识和努力的方式将信息从一种情境应用到另一种情境。

个案研究：对一个人的深入观察。

个人与情境交互作用：表征个体人格的最佳方式不是单纯地从个人特质或特征出发，而是从所涉及的情境出发。

个人主义：一套优先考虑个人目标而非集体的价值观。

个体化教育计划：一个书面声明，详细说明为某个有障碍的学生量身定制的教育计划。

工作记忆：由三部分组成的系统，用于临时保存人们执行任务时所用的信息。工作记忆是一种心理"工作台"，信息在这里被处理和组装，以帮助我们做出决定，解决问题，以及理解书面和口头语言。

共时效度：测验的分数和目前（同时期的）可用的其他标准之间的关系。

孤独症：一种严重的发育性孤独症谱系障碍，发病年龄为生命的头三年，包括社交关系缺陷、沟通异常，以及限制性的、重复性的、刻板的行为模式。

孤独症谱系障碍：又称广泛性发育障碍，范围从较严重的孤独症到较轻的阿斯伯格综合征。孤独症谱系障碍儿童的表现特点是社会互动问题、语言和非语言沟通问题以及重复性的行为。

固着：指使用以前的策略，而没有从一个全新的角度看待问题。

关怀视角：关注人与人之间联系和关系的道德视角。吉利根的学说反映了关怀视角。

观察学习：通过观察他人来获得技能、策略和信念的学习。

归纳推理：从具体到一般的推理。

归因理论：认为个体有动机去发现自己表现和行为的潜在原因。

过度自信偏差：基于概率或过去

的经验，对判断和决策表现出过分自信的倾向。

H

合作学习：学生以小组形式互相帮助的学习形式。

后见之明偏差：在事后错误地报告自己准确地预测了一个事件的倾向。

后习俗推理水平：科尔伯格道德发展理论中的第三水平（最高水平）。在这个水平上，道德是更为内在的。后习俗推理水平包括两个阶段：社会契约或效用和个人权利阶段（阶段5）和普遍伦理原则阶段（阶段6）。

忽视型教养：一种父母不参与儿童生活的教养方式，父母很少花时间与他们的孩子在一起；与儿童的社交无能有关。

混合方法研究：混合不同研究设计或方法的研究。

J

积极倾听：一种倾听方式，听者给予说话者充分的关注，并注意到信息知识和情感内容。

基于标准的测验：评估学生在升入下一年级或获准毕业前应掌握的技能的测验高风险测验：以一种会对学生产生重要影响的方式进行测验，测验结果将决定学生是否可以升学或毕业等。

基于任务的学习：解决真正有意义的问题并创造有形的产品的学习。

基于问题的学习：解决诸如日常生活中发生的真实问题的学习。

激励措施：能够激励学生行为的积极或消极的刺激或事件。

集体主义：一套支持集体的价值观。

集中化：注意力集中在某一个特征上，而不考虑其他特征；是前运算思维的特征。

集中量数：提供关于一组数据中的平均数或典型分数的统计数字。

计时隔离：让个体远离正强化。

计算障碍：又称发展性算术障碍，是学习障碍的一种，涉及数学运算方面的困难。

记忆：对信息的长期保留，涉及编码、存储和提取。

记忆广度：呈现一次后个体能够准确无误报告出的数字数量。

绩效标准：学生需要有效表现作为评估一部分的具体行为。

绩效评估：要求创建出可以展示知识或技能的答案或产品。绩效评估的例子包括写一篇论文，进行一个实验，开展一个计划，解决一个现实世界的问题，以及创建作品集。

加工水平理论：该理论认为记忆的加工是由浅入深的连续过程，加工水平越深，记忆效果越好。

假设演绎推理：皮亚杰的形式运算概念，即青少年可以提出假设来解决问题，并系统地得出一个结论。

价值观辨析：道德教育的一种方法，强调帮助人们弄清自己的人生目标及价值取向，鼓励学生明确自身价值观并理解他人的价值观。

建构：一个人所具有的不可观察到的特点或特征，如智力、创造力、学习风格、性格或焦虑。

建构反应题：要求学生在答案中写出信息内容，而不是从选项中选择答案的题目。

建构效度：有证据表明测验测量了一个特定建构的程度。

建构主义方法：一种以学习者为中心的方法，个体在老师的指导下积极建构知识，强调理解的重要性。

交互式教学：学生轮流领导小组讨论的一种学习方式，也包括教师充当脚手架的教学方式。

交换型性骚扰：发生于当学校员工威胁将教育决定（如成绩）根据学生是否接受不情愿的性行为而定时。

脚本：关于某个事件的图式。

脚手架：涉及改变对学习的支持水平的一种技术。教师或更高技能的同伴调整指导的程度，以适应学生当前的表现。

教师即研究者：这一概念也被称为"教师—研究者"，指课堂上的教师通过自己的研究来改进教学实践。

教学计划：系统的、有组织的授课策略。

教学效度：评估在多大程度上是课堂上实际教学过程的合理样本。

教育心理学：是心理学的一个分支，专门研究教育环境中的教与学。

接受性语言：对语言的接受和理解。

近迁移：将学习迁移到与最初学习发生的情境相似的另一种情境中。

经典条件作用：联想学习的一种形式。在这种学习中，一种中性刺激与一种有意义的刺激联系起来，并获得了引发类似反应的能力。

精细加工：与编码有关的信息加工的广泛扩展。

句法学：词语组合形成可接受的短语和句子的方式。

具体运算阶段：皮亚杰认知发展理论的第三阶段，发生在 7~11 岁之间。在这个阶段，儿童的思维是运算性的。逻辑推理取代了直觉思维，但只是在具体的场景中；分类技能已经出现，但抽象问题仍然难以解决。

聚合性思维：产生一个正确答案的思维形式，是传统智力测验所要求的思维类型。

决策：个体衡量事物的各种可能情况，并从中进行选择的思维

过程。

觉知：是批判性思维的关键，意味着在生活的日常活动和任务中保持警觉、对当下的关注和认知灵活性。

K

刻板印象威胁：担心自己的行为可能证实了针对自己所在群体的负面刻板印象。

客观测验：评分标准相对清楚、明确的测验，常见形式为单选题。

跨文化研究：将一种文化中发生的事情与一种或多种其他文化中发生的事情进行比较的研究。它们就人们在多大程度上是相似的，以及某些行为在多大程度上是某些文化所特有的提供了信息。

困难型儿童：一种气质类型。通常反应消极，经常哭闹，日常生活缺乏规律，并且很难接受变化。

L

乐观型/悲观型：对未来持有积极的（乐观的）或消极的（悲观的）预期。

礼堂型风格：所有学生面对教师而坐的教室座位安排风格。

利他主义：一种无私帮助他人的兴趣。

连续—不连续之争：关注的是发展是渐进的、累积的变化（连续性），还是不同阶段的跳跃变化（阶段性）。

联想学习：通过两件事物之间的联系或关联进行学习。

类比：不同事物之间的对应关系。

M

蒙特梭利教学法：一种教育哲学理念，儿童在选择活动时有相当大的自由度和自发性，并可以按照自己的意愿从一个活动转移到另一个活动。

面对面型风格：学生面对面而坐的教室座位安排风格。

描述性统计：以一种有意义的方式描述和总结数据（信息）的数学过程。

明察秋毫：库宁所描述的一种管理策略。在这种管理策略中，教师向学生表达他们意识到的正在发生的事情。这些教师定期监控学生的行为，这使得他们的不当行为在失控之前及早被发现。

模糊痕迹理论：通过考虑两种类型的记忆表征，可以最佳程度理解记忆：（1）逐字记忆痕迹和（2）模糊痕迹，或要点痕迹。在该理论中，年长儿童更好的记忆被归因于通过提取要点信息而产生的模糊痕迹，因为相比于逐字记忆痕迹，模糊痕迹更不容易被遗忘。

N

脑瘫：涉及肌肉不协调、颤抖或

口齿不清的一种障碍。

内容效度： 测验对所要测量的内容的取样能力。

内在动机： 为了某件事情本身（目的本身）而做某事的动机。

能力动机： 人们被激励着去有效地处理他们的环境、掌握周遭的世界，并有效地处理信息。

能力倾向测验： 预测学生通过进一步的教育和训练学习某种技能或完成某件事的能力的测验。

拟合度： 一个人的气质和他所必须应对的环境要求之间的匹配度。

逆向迁移： 学生回顾以前的情境以获取信息来解决新环境中的问题。

年级分数： 表明学生的成绩相当于几年级和学年中几个　月（假设一学年是 10 个月）的水平的分数。

批判性思维： 反省性思考、富有成效地思考和证据评估。

偏见： 一种只是因为某个个体是某个群体的成员，而对此人持有的无根据的负面态度。

P

批判性思维： 反思、有效的思考以及对证据的评估。

胼胝体： 连接大脑左右半球的纤维。

频次分布： 分数列表，通常由高到低排列，统计每个分数出现的次数。

品格教育： 直接的道德教育方式，涉及教导学生基本的道德素养，以防止他们从事不道德行为，伤害自己或他人。

平衡作用： 是皮亚杰为了解释儿童如何从一个思维阶段转移到下一个思维阶段而提出的一种机制。在试图理解世界的过程中，儿童会经历认知冲突或不平衡，而思维阶段的转变就在这个过程中发生。最终，他们解决了冲突，也就达到了思想上的平衡。

平均数： 一组分数的平均值。

评分： 将描述性的评估信息转换成字母、数字或其他符号，以表明学生的学习或表现的质量。

评分标准： 一种列出学术论文、作业任务或测验的具体评分标准的指南。

普雷马克原理： 一个高概率的活动可以作为一个低概率活动强化物的原理。

Q

启发式方法： 一种策略或经验法则，它可以提出一个问题的解决方案，而不保证该方案会起作用。

气质： 一个人的行为风格和特有的反应方式。

迁移： 将先前的经验和知识应用于新情境中的学习或问题解决。

签订契约： 以书面形式约定强化的条件性。

前额叶皮质： 额叶中的最高层次，涉及推理、决策和自我控制。

前习俗推理水平： 科尔伯格道德发展理论的最低水平。在这个水平上，道德往往关注奖励和惩罚。前习俗推理水平的两个阶段是惩罚和服从取向阶段（阶段 1），以及个人主义、工具性目的和交换阶段（阶段 2）。

前运算阶段： 皮亚杰认知发展理论的第二阶段，从 2 岁到 7 岁，象征性思维增加，运算性思维尚未出现。

强化： 增加行为发生概率的后果。

强化程序表： 确定何时强化某个反应的部分强化时间表。

乔普林计划： 一个标准的无年级计划，针对阅读教学。

情感： 个体处于对自身来说很重要，尤其是对自身的幸福而言很重要的状态或互动中时所产生的一种感受或体验，有时也被称为情绪。

情景记忆： 关于生活事件的发生地点和发生时间的信息的保留。

情境认知： 认为思维考存在于（位于）社会和物理环境中，而不是存在于个人的头脑中的观点。

情绪和行为障碍： 由很多严重的、持续存在的问题组成，涉及与个人或学校事务有关的人际关系、攻击性、抑郁、恐惧，以及其他不恰当的社会情绪特征。

情绪智力： 能够准确地、适应性

地感知和表达情绪，理解情绪和情绪知识，管理自己和他人的情绪和感受，对它们进行区分，并利用这些信息来指导自己的思维和行动的能力。

权威型教养：一种鼓励儿童独立，但仍对他们的行为进行限制和控制的积极教养方式，允许大部分的言语交流；与儿童的社交能力有关。

权威型课堂管理风格：鼓励学生成为独立思考者和行动者，但仍然提供有效的监督的管理风格。权威型教师让学生参与到相当多的言语交流中，对学生表现出关爱的态度。然而，他们仍然在必要时设置限制。

全距：最高分和最低分之间的距离。

全纳教育：让有特殊教育需要的儿童在普通教室里接受全日制教育。

群组型风格：少数学生（通常是四到八个）以小而紧密的小组形式进行学习的教室座位安排风格。

R

人本主义观点：强调学生个人成长的能力、选择命运的自由和积极的品质的观点。

人格：构成一个人适应世界的方式的独特思想、情感和行为。

人种学研究：对某个民族或文化群体的行为进行深入描述和解释，包括直接参与到被观察者的生活中。

认知道德教育：道德教育的一种方法，其基于的信念是，学生在道德推理的发展过程中，应该学会重视民主、正义等价值理念。科尔伯格的道德发展理论是许多认知道德教育工作的基础。

认知行为理论：通过让学生监测、管理和调节自己的行为的方式来改变行为，而不是让行为受到外部因素的控制。

认知学徒关系：是一种专家会延伸和支持新手对文化技能的理解和使用的技术。

任务分析：将学生将要学习的复杂任务分解成各个组成部分。

容易型儿童：一种气质类型。通常会有积极的情绪，在婴儿期很快就能建立起有规律的生活，并且很容易适应新体验。

S

设定子目标：设定中间目标，使学生处于实现最终目标或解决方案的更好的位置上。

社会动机：通过接触社会而习得的需求和欲望。

社会建构主义理论：强调学习的社会环境，以及知识是通过互动建立和构建起来的理论。

社会建构主义取向：强调学习的社会背景以及知识是互动以构建的，维果茨基的理论体现了这种取向。

社会经济地位：根据相似的职业、教育和经济特征对人进行分类。

社会科学：寻求提升公民能力的学科领域。其目的是帮助作为一个文化多元、民主社会公民的学生，在一个相互依存的世界中为公共利益做出明智合理的决定。

社会认知理论：班杜拉提出的理论，认为社会和认知因素以及行为在学习中起着重要的作用。

社会习俗推理：关注的是由社会共识建立、为控制行为和维护社会系统的习俗规定。

深层型/表层型：学生处理学习材料的程度：他们是以一种有助于他们理解材料含义的方式（深层型）学习，还是仅仅简单地对内容进行学习。

神经建构主义观点：强调大脑的发展受到生物过程和环境体验的影响，大脑具有可塑性并依赖于体验，大脑发展与认知发展密切相关。

生态系统理论：布朗芬布伦纳的理论认为，发展受到五个环境系统的影响，分别是微观系统、中间系统、外层系统、宏观系统和时序系统。

声音障碍：反映在声音嘶哑、刺耳、太大，声调太高或太低。

失败综合征：对成功的期望值过低，一遇到困难就放弃。

实验室：一个去除了现实世界中

的许多复杂因素的受控环境。

实验研究：可以确定行为原因的研究，在精心规范的实验程序中，一个或多个被认为会影响所研究行为的因素被操纵，而其他因素则保持不变。

实验组：实验中其体验被操纵的群体。

手段—目的分析：一种启发式方法，它确定问题的目标（目的），评估当前情况，并评估需要做哪些事情（手段）来缩小两个状态之间的差距。

守恒性：即使一个物体在外观上可能发生变化，该物体的某些特征保持不变；根据皮亚杰的说法，这是一种在具体运算阶段发展起来的认知能力。

书写障碍：涉及书写方面困难的一种学习障碍。

衰退理论：该理论认为新的学习涉及一种神经化学的"记忆痕迹"的产生，而这一记忆痕迹最终会消失。因此，衰退理论认为时间的流逝是遗忘的原因。

双过程模型：该模型指出决策受到两个认知系统的影响，一个是分析系统，另一个是经验系统，它们相互竞争。在该模型中，正是对实际经验进行监控和管理的经验系统而不是分析系统而不是分析系统有利于青少年的决策。

双性化：在同一个人身上出现积极的男性特征和女性特征。

顺向迁移：学生寻找方法将学到的信息应用于未来的情境。

顺应：皮亚杰的概念，即调整图式以适应新的信息和体验。

说明性预先整理器：为学生提供新知识，使他们对即将到来的课程有所了解的整理器。

思维：运用和转换记忆中的信息。思维通常用来进行概念形成、推理、批判性思考、决策、创造性思考和问题解决。

思维模式：德韦克提出的概念，指的是个体自己发展出的认知观点。每个人都有两种思维模式中的一种，固定型思维或成长型思维。

塑造：通过强化与特定目标行为越来越相似的行为来教给学生新的行为。

算法：保证问题得到解决的策略。

随机分配：在实验研究中，参与者被随机分配到实验组和对照组。

髓鞘形成：用髓鞘包住大脑中的许多细胞的过程，提高了信息在神经系统中的传播速度。

T

唐氏综合征：一种遗传性的智力障碍，染色体多出一条（47 条）。

特殊语言障碍：没有其他明显的生理、感觉或情感障碍的语言发展问题。在某些情况下，这种障碍被称为发展性语言障碍。

提示：在反应之前给出的额外的

刺激或提示，它增加了反应发生的可能性。

天才儿童：儿童的智力高于平均水平（通常定义为智商130或更高），并且在某些领域，如艺术、音乐或数学方面，也有出众的天赋。

同化：皮亚杰的概念，即将新信息整合到现有的知识（图式）中。

同一性获得：个人已经对有意义的可替代的同一性进行了探索，并做出投入的同一性状态。

同一性扩散：个人既没有探索其他有意义的可替代的同一性，也没有做出投入的同一性状态。

同一性延缓：个人正在探索可行的同一性，但尚未投入的同一性状态。

同一性早闭：个人已做出投入但尚未探索有意义的可替代的同一性状态。

图式：在皮亚杰的理论中组织知识的行为或心理表征，是已经存在于个体头脑中的那些信息，包含概念、知识，以及关于事件的信息等。

图式理论：认为人们在重建信息时会将其融入头脑中已经存在的信息之中的理论。

W

外在动机：为了获得其他东西而去做某事的动机（一种达到目标

的手段）。

网络理论：描述了记忆中的信息是如何被组织和连接的理论。该理论强调记忆网络中的节点。

文化：某一特定群体代代相传的行为模式、信仰和其他所有产物。

文化公平测验：旨在消除文化偏差的智力测验。

问题解决：寻找实现目标的适当方法。

无年级（跨年龄）计划：班级间能力分组的一种变式，根据学生在特定学科中的能力分组，而不考虑其年龄或年级水平。

无助取向：对困难或挑战的一种反应，在这种反应中，个人感到被困难所困，并将困难归因于缺乏能力。

X

习俗推理水平：科尔伯格道德发展理论中的第二水平（中间水平）。该水平的个体会遵守某些标准（内部的），但这些标准是他人的标准（外部的），如父母或社会法律。习俗推理水平的两个阶段：相互的人际期望、人际关系和人际一致

系列位置效应：记忆一组条目时开头和结尾部分的记忆效果优于中间部分的原理。

系统脱敏法：基于经典条件作用的方法，该方法要求个体循序渐

进地想象引起越来越多焦虑的情境，并在此过程中将深度放松与这些情境联系起来，从而减少焦虑。

先天—后天之争：先天指的是有机体的生物遗传，后天指的是环境影响。"先天"论的支持者声称生物遗传是对发展最重要的影响。而"后天"论的支持者则声称环境经验是最重要的。

线索依赖性遗忘：由于缺乏有效的提取线索而导致的信息提取失败。

相关研究：描述两个或多个事件或特征之间关系强度的研究。

项目评估研究：为确定某一特定项目的有效性而设计的研究。

象征性功能子阶段：前运算思维的第一个子阶段，出现在2~4岁之间。表征不在眼前的物体的能力得到发展，象征性思维增加。自我中心主义开始出现。

效标效度：某个测验对通过其他评估或标准来衡量的学生成绩的预测能力。

效度：一个测验测量了其所要测量内容的程度，以及对测验分数的推断是否准确和适当。

心理定势：固着的一种类型，即个体尝试以过去有效的特定方式解决问题。

心理过程：我们每个人都经历过但其他人却无法观察到的想法、感觉和动机。

心理理论：意识到自己的心理过程和其他人的心理过程。

心理年龄：个体相对于他人的心理发展水平。

新皮亚杰主义者：认为皮亚杰在某些方面是正确的，但其理论需要相当大修订的发展心理学家。他们强调儿童通过注意、记忆和策略的信息处理方式。

信度：测验可以得出一致的、可重复的分数的程度。

信念固着：在面对相互矛盾的证据时，仍然坚持自己的信念的倾向。

信息加工理论：一种认知理论，认为儿童操纵、监控信息，并对其进行策略安排。该理论的核心是认知过程，如注意、记忆和思考。

行动研究：用于解决特定的课堂或学校问题、改进教学和其他教育策略或在特定地点做出决策的研究。

行为目标：对教师希望学生的学习表现有所变化以达到理想绩效水平的说明。

行为主义：行为应该由可观察到的体验，而不是由心理过程来解释。

形成性评估：在教学过程中而非教学完成后进行的评估。

形式运算阶段：皮亚杰认知发展理论的第四阶段，发生在11~15岁之间。在这个阶段，儿童的思想变得更抽象、更理想化和更合

乎逻辑。

形态学：参与构词的意义单位。

杏仁核：与情绪特别相关的边缘系统结构。

性别：人作为男性或女性的特征。

性别角色：一组期望，规定女性或男性应该如何思考、行动和感受。

性别刻板印象：一个宽泛的类别，它反映了人们对男性和女性适宜行为的印象和信念。

性别类型化：传统男性或女性角色的习得。

性别图式理论：认为性别类型化是随着儿童逐渐发展出性别图式而出现的，即认识到其文化中什么行为是适合性别的，什么行为是不适合性别的。

性阶段（阶段3）和社会体系道德阶段（阶段4）。

性智力和实践性智力。

需求层次理论：马斯洛提出的概念，即个人的需求要按以下顺序得到满足：生理、安全、爱和归属感、尊重和自我实现。

序列化：一种具体运算，涉及根据某种量化维度（如长度）对刺激物进行排序。

选择反应题：使得学生的回答可以被快速评分的一种客观题型。

选择性注意：将注意力集中在经验中相关的特定方面，同时忽略不相关的其他方面。

学科教学知识：如何有效地教授一门特定学科的知识。

学习：源于经验的，对行为、知识和思维技能的一种相对永久性的影响。

学习和思维风格：自身能力运用方式的偏好。

学习障碍：在理解、使用口语或书面语方面有困难，这种困难可能表现在听力、思维、阅读、写作和拼写方面，也可能表现在数学运算方面。作为学习障碍的一种类型，其学习问题主要不是视力障碍、听力障碍、运动障碍、智力发展障碍、情感障碍的结果，也不是由于环境、文化或经济上的劣势。

Y

延迟满足：为了在未来获得更大、更有价值的奖励而推迟当前的奖励。

言语和语言障碍：包括许多言语障碍（如发音障碍、声音障碍和语畅障碍）和语言障碍（接受信息和表达思想的困难）。

研讨型风格：很多学生（十个或更多）围坐成圆形、方形或U形的教室座位安排风格。

演绎推理：从一般到具体的推理形式。

因变量：实验中被测量的因素。

音位学：一个语言的声音系统。

引导式发现学习：在这种学习方式中，学生仍然被鼓励构建自己的理解，但是在教师的引导性问题和指导的帮助下。

隐性课程：杜威提出的概念，即每所学校都有一种渗透于其中的道德氛围，即使学校没有开设道德教育课程。

应用行为分析：应用操作性条件作用的原理来改变人类的行为。

语畅障碍：通常包括日常所说的"口吃"的一种障碍。

语言：一种基于符号系统的交流形式，无论是口语、书面语还是手语。

语言障碍：儿童在接受性或表达性语言方面存在重大缺陷的障碍。

语义记忆：个体关于世界的一般知识，与个体在过去的同一性无关。

语义学：词语和句子的含义。

语音教学法：该教学法强调阅读教学应注重语音学和把书面符号转化成语音的基本规则，早期阅读教学应使用简单的素材。

语用学：在不同的语境中适当地使用语言。

预测效度：测验成绩与学生未来成绩之间的关系。

预先整理器：建立一个框架，并让学生在新内容讲解之前了解教材的教学活动和技术。

元认知：对认知的认知，或"关于认识的认识"。

元语言意识：关于语言的知识。

原始分数：学生在测验中正确回

答的题目得分。

原型匹配：个体通过将某物体与某个类别中最典型的物体进行比较来决定该物体是否属于该类别。

远迁移：将学习迁移到与最初学习发生的情境截然不同的情境中。

阅读障碍：阅读和拼写能力严重受损。

Z

z 分数：关于原始分数高于或低于平均数多少个标准差的信息的分数。

早期－后期经验之争：关注的是早期经验（尤其是婴儿期）或后期经验在多大程度上是儿童发展的关键决定因素。

掌握取向：对困难或挑战环境的一种任务导向的反应，侧重于学习策略和取得成就过程，而非结果。

掌握学习：指在完全掌握了一个概念或主题之后，再进行下一个较难概念或主题的学习。

真实性评估：以在尽可能接近真实世界或现实生活的环境中评估学生的知识或技能的评估。

整体语言教学法：该教学法强调阅读教学应平行于儿童的自然语言学习，阅读材料应该是完整的和有意义的。

正强化：基于反应频率因反应后的奖赏刺激而增加的原理的一种

强化。

正态分布：一个对称的分布，大多数分数集中在可能得分区域的中间位置，趋于两端位置的分数很少。

正义视角：关注个人权利的道德视角，科尔伯格的理论便属于正义视角。

证实偏差：寻找和使用支持我们观点的信息，而不是反驳它们的信息的倾向。

肢体障碍：由于肌肉、骨骼或关节问题而导致的运动受限或对运动缺乏控制能力。

执行功能：一个伞状的概念，包含了许多与大脑前额叶皮质发展相关的高级认知加工过程。执行功能是指管理一个人的思想以从事目标导向的行为和自我控制。

执行性注意：包括规划行动、分配注意力给目标、检测并补偿错误、监控任务进展，以及处理新的或困难的情况。

直方图：以图表形式表示的频次分布。

直接教学法：一种以教师为中心的结构化教学法。其特点是：由教师指导和控制，教师对学生进步抱有高期望，最大化学生在学习任务上花费的时间，以及教师努力将影响学生学习的负面因素降到最少。

直觉思维子阶段：前运算思维的第二个子阶段。持续时间为 4~7

岁。儿童开始使用原始的推理方法并想知道各种问题的答案。在这个阶段，他们似乎对自己的知识很有把握，但不知道自己是如何知晓这些知识的。

智力：解决问题、适应和从经验中学习的能力。

智力三元论：斯腾伯格认为，智力表现为三种主要形式：分析性智力、创造

智力障碍：在 18 岁之前开始发病，症状包括智力低下（通常在传统的个人智力测试中得分低于 70）和难以适应日常生活。

智商：一个人的心理年龄（MA）除以生理年龄（CA）再乘以 100。

中位数：将所有分数依大小排列后位于分数分布正中间的分数。

种族：文化遗产、国籍、人种、宗教和语言等特征的共有模式。

众数：出现次数最多的分数。

注意：心理资源的集中。

注意缺陷多动障碍：儿童在一段时间内持续表现出如下一种或多种特征：（1）注意力不集中，（2）多动，（3）易冲动。

专业知识：也称为学科知识，指的是关于某一特定学科内容的杰出知识。

专制型教养：一种限制性和惩罚性的教养方式，父母与子女之间很少有言语交流；与儿童的社交无能有关。

专制型课堂管理风格：是一种限

制性和惩罚性的管理方式。教师主要是维持课堂秩序，而不是教学或学习。

转化策略教学法：一种阅读认知方法，强调策略教学，特别是元认知策略。

自变量：实验中被操纵的、有影响的、实验性的因素。

自动化：无需努力或只需些许努力就能加工信息的能力。

自然观察：在现实世界中而不是在实验室中进行的观察。

自我调节学习：对思想、情感和行为的自我生成和自我监控，以达到一个目标。

自我实现：马斯洛需求层次中最高和最难以企及的需求，是充分发展一个人全部潜能的动机。

自我效能感：对于自己可以掌控某种局面并产生积极结果的信念。

自我指导法：一种认知行为技术，旨在教导个体改变自己的行为。

自尊：也称为自我价值或自我意象，是个体对自己的整体看法。

总结性评估：教学结束后进行的评估，目的是记录学生的表现，也叫做正式评估。

纵容型教养：一种父母高度参与儿童的生活，但对儿童的行为几乎不加限制或约束的教养方式；与儿童的社交无能有关。

组块：将信息分组或"打包"成"高阶"单元，以作为单个单元进行记忆。

组织：皮亚杰的概念，即将孤立的行为进行分组，使之成为一个更高层次的、运作更顺畅的认知系统；将物品分组或排列成不同类别。

最佳作品档案袋：展示了学生最优秀的作品。

最近发展区：维果茨基的术语，是指那些对儿童来说难以单独掌握，但在成年人或更有能力的儿童的指导和帮助下可以掌握的任务范围。

最少限制的环境：尽可能类似于正常儿童接受教育的环境。

# #

"大五"人格因素：开放性、责任心、外倾性、宜人性和神经质（情绪稳定性）。

《残疾人教育法案》：该法案明确规定了要为所有障碍儿童提供的服务，包括评估和确定受服务资格，适当的教育和个体化教育计划（IEP），以及在最少限制环境（LRE）下的教育。

《94-142 公法》：《全体障碍儿童教育法案》。该法要求为所有障碍学生提供免费的、适当的公共教育，并为实施这项教育提供了资金。

参考文献

A

Abbassi, E., & others (2015). Emotional words can be embodied or disembodied: The role of superficial vs. deep types of processing. *Frontiers in Neuroscience, 6,* 975.

ABC News (2005). *Larry Page and Sergey Brin.* Retrieved December 12, 2005, from http://abcnews.go.com?Entertainment/12/8/05

Abrami, P.C., & others (2015). Strategies for teaching students to think critically: A meta-analysis. *Review of Educational Research, 85,* 275–314.

Achieve, Inc. (2005). *Rising to the challenge: Are high school graduates prepared for college and work?* Washington, DC: Author.

Adams, A. (2015). A cultural historical theoretical perspective of discourse and design in the science classroom. *Cultural Studies of Science Education, 10,* 329–338.

Adams, R., & Biddle, B. (1970). *Realities of teaching.* New York: Holt, Rinehart & Winston.

Affrunti, N.W., & Woodruff-Borden, J. (2014). Perfectionism in pediatric anxiety and depression. *Clinical Child and Family Psychology Review, 17,* 299–317.

Ahrons, C. (2007). Family ties after divorce: Long-term implications for children. *Family Process, 46,* 53–65.

Airasian, P., & Walsh, M.E. (1997, February). Constructivist cautions. *Phi Delta Kappan,* pp. 444–450.

Akcay, N.O. (2016). Implementation of cooperative learning model in preschool. *Journal of Education and Learning, 5,* 83–93.

Akin, A., & Akin, U. (2014). Examining the relationship between authenticity and self-handicapping. *Psychology Reports, 115,* 795–804.

Alba-Fisch, M. (2016). Collaborative divorce: An effort to reduce the damage of divorce. *Journal of Clinical Psychology, 72,* 444–457.

Alberto, P.A., & Troutman, A.C. (2017). *Applied behavior analysis for teachers* (9th ed.). Upper Saddle River, NJ: Pearson.

Alberts, J.K., Nakayama, T.K., & Martin, J.N. (2016). *Human communication in society* (4th ed.). Upper Saddle River, NJ: Pearson.

Alderson-Day, B., & Fernyhough, C. (2014). More than one voice: Investigating the phenomenological properties of inner speech requires a variety of methods. *Consciousness and Cognition, 24,* 113–114.

Aleven, V., McLaughlin, E.A., Glenn, R.A., & Koedinger, K.R. (2017). Instruction based on adaptive learning technologies. In R.E. Mayer & P.A. Alexander (Eds.), *Handbook of research on learning and instruction* (2nd ed.). New York: Routledge.

Alexander, B.T., Dasinger, J.H., & Intapad, S. (2015). Fetal programming and cardiovascular pathology. *Comprehensive Physiology, 5,* 997–1025.

Alexander, P.A. (2003). The development of expertise. *Educational Researcher, 32*(8), 10–14.

Alexander, P.A., & Grossnickle, E.M. (2016). Positioning interest and curiosity within a model of academic development. In K. Wentzel & D. Miele (Eds.), *Handbook of motivation at school* (2nd ed.). New York: Routledge.

All Kinds of Minds (2009). *Learning Base: Self-regulating learning.* Retrieved August 15, 2009, from www.allkindsofminds.org/learning

Allington, R.L. (2015). *What really matters for middle school readers.* Upper Saddle River, NJ: Pearson.

Allyn, P. (2016). *Core ready lesson sets for grades 6–8.* Upper Saddle River, NJ: Pearson.

Alsaker, F.D., & Valanover, S. (2012). The Bernese Program Against Victimization in Kindergarten and Elementary School. *New Directions in Youth Development, 133,* 15–28.

Alverno College (1995). *Writing and speaking criteria.* Milwaukee, WI: Alverno Productions.

Amabile, T.M. (1993). Commentary. In D. Goleman, P. Kaufman, & M. Ray, *The creative spirit.* New York: Plume.

Ambrose, D., & Sternberg, R.J. (2016). *Creative intelligence in the 21st century.* Rotterdam, The Netherlands: Sense Publishers.

Ambrose, D., & Sternberg, R.J. (2016a). *Giftedness and talent in the 21st century.* Rotterdam, The Netherlands: Sense Publishers.

Ambrose, D., & Sternberg, R.J. (2016b). Previewing a collaborative exploration of giftedness and talent in the 21st century. In D. Ambrose & R.J. Sternberg (Eds.), *Giftedness and talent in the 21st century.* Rotterdam, The Netherlands: Sense Publishers.

Ambrose, L., & Machek, G.R. (2015). Identifying creatively gifted students: Necessity of a multi-method approach. *Contemporary School Psychology, 19,* 121–127.

American Psychiatric Association (2013). *DSM-V.* Arlington, VA: Author.

Anastasi, A., & Urbino, S. (1997). *Psychological testing* (11th ed.). Upper Saddle River, NJ: Prentice-Hall.

Anderman, E.M., & Anderman, L.H. (2010). *Classroom motivation.* Upper Saddle River, NJ: Merrill.

Anderman, E.M., Austin, C.C., & Johnson, D.M. (2002). The development of goal orientation. In A. Wigfield & J.S. Eccles (Eds.), *Development of achievement motivation.* San Diego: Academic Press.

Anderman, L.H., & Klassen, R.M. (2016). Being a teacher: Efficacy, emotions, and interpersonal relationships in the classroom. In L. Corno & E.A. Anderman (Eds.), *Handbook of educational psychology* (3rd ed.). New York: Routledge.

Anderson, L.W., & Krathwohl, D.R. (Eds.) (2001). *A taxonomy for learning, teaching, and assessing.* New York: Longman.

Anderson, S.B., & Guthery, A.M. (2015). Mindfulness-based psychoeducation for parents of children with attention-deficit/hyperactivity disorder: An applied clinical project. *Journal of Child and Adolescent Psychiatric Nursing, 28,* 43–49.

Anglin, D.M., & others (2016, in press). Ethnic identity, racial discrimination, and attenuated psychotic symptoms in an urban population of emerging adults. *Early Intervention in Psychiatry.* doi:10.1111/eip.12314

Annas, J., Narváez, D., & Snow, N. (Eds.) (2016). *Advances in virtue development.* New York: Oxford University Press.

Ansary, N.S., McMahon, T.J., & Luthar, S.S. (2012). Socioeconomic context and emotional-behavioral achievement links: Concurrent and prospective associations among low- and high-income youth. *Journal of Research on Adolescence, 22,* 14–30.

Ansary, N.S., McMahon, T.J., & Luthar, S.S. (2016, in press). Trajectories of emotional-behavioral difficulty and academic competence: A 6-year, person-centered, prospective study of affluent suburban adolescents. *Development and Psychopathology.* doi:10.1017/S0954579416000110

Appel, M., & Kronberger, N.   (2012). Stereotypes and the achievement gap: Stereotype threat prior to test taking. *Educational Psychology Review, 24,* 609–635.

Apple Computer   (1995). *Changing the conversation about teaching, learning and technology: A report on 10 years of ACOT research.* Retrieved April 8, 2005, from http://images.apple.com/education/k12/leadership/acot/pdf/10yr.pdf

Applebee, A., & Langer, J.   (2006). *The partnership for literacy: A study of professional development, instructional change and student growth.* Retrieved August 5, 2008, from http://cela.albany.edu/publication/IRAResearch

Arends, R.I.   (2004). *Learning to teach* (6th ed.). New York: McGraw-Hill.

Aries, R.J., & Cabus, S.J.   (2015). Parental homework involvement improves test scores? A review of the literature. *Review of Education, 3,* 179–199.

Arkes, J.   (2015). The temporal effects of divorces and separations on children's academic achievement and problem behavior. *Journal of Divorce and Remarriage, 56,* 25–42.

Arnett, J.J.   (2006). Emerging adulthood: Understanding the new way of coming of age. In J.J. Arnett & J.L. Tanner (Eds.), *Emerging adults in America.* Washington, DC: American Psychological Association.

Arnett, J.J.   (Ed.) (2012). *Adolescent psychology around the world.* New York: Psychology Press.

Arnett, J.J.   (2015). *Emerging adulthood* (2nd ed.). New York: Oxford University Press.

Aronson, E.E.   (1986, August). *Teaching students things they think they already know about: The case of prejudice and desegregation.* Paper presented at the meeting of the American Psychological Association, Washington, DC.

Aronson, E.E., Blaney, N., Stephan, C., Sikes, J., & Snapp, M.   (1978). *The jigsaw classroom.* Thousand Oaks, CA: Sage.

Aronson, E.E., & Patnoe, S.   (1997). *The jigsaw classroom* (2nd ed.). Boston: Addison-Wesley.

Aronson, J.   (2002). Stereotype threat: Contending and coping with unnerving expectations. *Improving academic achievement.* San Diego: Academic Press.

Arter, J.   (1995). *Portfolios for assessment and instruction.* ERIC Document Reproduction Service No. ED388890.

Ashcraft, M.H., & Radvansky, G.A.   (2016). *Cognition* (6th ed.). Upper Saddle River, NJ: Pearson.

Aslan, S., & Reigeluth, C.M.   (2015/2016). Examining the challenges of learner-centered education. *Phi Delta Kappan, 97,* 65–70.

Aspen Institute   (2013). *Two generations, one future.* Washington, DC: Aspen Institute.

Atkinson, J.W.   (1957). Motivational determinants of risk-taking behavior. *Psychological Review, 64,* 359–372.

Atkinson, R.C., & Shiffrin, R.M.   (1968). Human memory: A proposed system and its control processes. In K.W. Spence & J.T. Spence (Eds.), *The psychology of learning and motivation* (Vol. 2). San Diego: Academic Press.

Audesirk, G., Audesirk, T., & Byers, B.E.   (2017). *Biology* (11th ed.). Upper Saddle River, NJ: Pearson.

Azmitia, M.   (2015). Reflections on the cultural lenses of identity development. In K.C. McLean & M. Syed (Eds.), *Oxford handbook of identity development.* New York: Oxford University Press.

B

Babbie, E.R.   (2017). *The basics of social research* (7th ed.). Boston: Cengage.

Baddeley, A.   (2000). Short-term and working memory. In E. Tulving & F.I.M. Craik (Eds.), *The Oxford handbook of memory.* New York: Oxford University Press.

Baddeley, A.D.   (2007). *Working memory, thought and action.* Oxford: Oxford University Press.

Baddeley, A.D.   (2012). Prefatory. *Annual Review of Psychology* (Vol. 63). Palo Alto, CA: Annual Reviews.

Baddeley, A.D.   (2013). On applying cognitive psychology. *British Journal of Psychology, 104,* 443–456.

Baer, J.   (2015). The importance of domain-specific expertise in creativity. *Roeper Review, 37,* 165–178.

Baer, J.   (2016). Creativity doesn't develop in a vacuum. *New Directions in Child and Adolescent Development, 151,* 9–20.

Bain, R.B.   (2005). "They thought the world was flat?": Applying the principles of *How People Learn* in teaching high school history. In M.S. Donovan & J.D. Bransford (Eds.), *How students learn.* Washington, DC: National Academies Press.

Ballentine, J.H., & Roberts, K.A.   (2009). *Our social world* (2nd ed.). Thousand Oaks, CA: Sage.

Bandura, A.   (1965). Influence of models' reinforcement contingencies on the acquisition of imitative responses. *Journal of Personality and Social Psychology, I,* 589–596.

Bandura, A.   (1986). *Social foundations of thought and action.* Englewood Cliffs, NJ: Prentice Hall.

Bandura, A.   (1997). *Self-efficacy: The exercise of control.* New York: W.H. Freeman.

Bandura, A.   (2001). Social cognitive theory. *Annual Review of Psychology* (Vol. 51). Palo Alto, CA: Annual Reviews.

Bandura, A.   (2009). Social and policy impact of social cognitive theory. In M. Mark, S. Donaldson, & B. Campbell (Eds.), *Social psychology and program/policy evaluation.* New York: Guilford.

Bandura, A.   (2010). Self-efficacy. In D. Matsumoto (Ed.), *Cambridge dictionary of psychology.* Cambridge, UK: Cambridge University Press.

Bandura, A.   (2010). Self-reinforcement. In D. Matsumoto (Ed.), *Cambridge dictionary of psychology.* Cambridge, UK: Cambridge University Press.

Bandura, A.   (2012). Social cognitive theory. *Annual Review of Clinical Psychology* (Vol. 8). Palo Alto, CA: Annual Reviews.

Bandura, A.   (2015). *Moral disengagement.* New York: Worth.

Bangert, K., Kulik, J., & Kulik, C.   (1983). Individualized systems of instruction in secondary schools. *Review of Educational Research, 53,* 143–158.

Banks, J.A.   (2003). *Teaching strategies for ethnic studies* (7th ed.). Boston: Allyn & Bacon.

Banks, J.A.   (2006). *Cultural diversity and education* (5th ed.). Boston: Allyn & Bacon.

Banks, J.A.   (2008). *Introduction to multicultural education* (4th ed.). Boston: Allyn & Bacon.

Banks, J.A.   (2014). *Introduction to multicultural education* (5th ed.). Upper Saddle River, NJ: Pearson.

Banks, J.A.   (2015). *Cultural diversity and education* (6th ed.). Upper Saddle River, NJ: Pearson.

Banks, J.A., & others   (2005). Teaching diverse learners. In L. Darling-Hammond & J. Bransford (Eds.), *Preparing teachers for a changing world.* San Francisco: Jossey-Bass.

Barbarin, O.A., Chinn, L., & Wright, Y.F.   (2014). Creating developmentally auspicious school environments for African American boys. *Advances in Child Development and Behavior, 47,* 333–365.

Barber, W., King, S., & Buchanan, S.   (2015). Problem-based learning and authentic assessment in digital pedagogy: Embracing the role of collaborative communities. *Electronic Journal of e-Learning, 13,* 59–67.

Barbot, B., & Tinio, P.P.   (2015). Where is the "g" in creativity? A specialization-differentiation hypothesis. *Frontiers of Human Neuroscience.* doi:10.3389/fnhym.2014.01041

Barhight, L.R., Hubbard, J.A., Grassetti, S.N., & Morrow, M.T. (2015). Relations between actual group norms, perceived peer behavior, and bystander children's intervention to bullying. *Journal of Clinical Child and Adolescent Psychology.* doi:10.1080/15374416.2015.1046180.

Barlett, C.P. (2015). Predicting adolescents' cyberbullying behavior: A longitudinal risk analysis. *Journal of Adolescence, 41,* 86–95.

Barron, A.E., Dawson, K., & Yendol-Hoppey, D. (2009). Peer coaching and technology integration: An evaluation of the Microsoft Peer Coaching Program. *Mentoring and Tutoring: Partnership in Learning, 17,* 83–102.

Bart, W.M., & Kato, K. (2008). Normal curve. In N.J. Salkind (Ed.), *Encyclopedia of educational psychology.* Thousand Oaks, CA: Sage.

Bart, W.M., & Peterson, D.P. (2008). Stanford-Binet test. In N.J. Salkind (Ed.), *Encyclopedia of educational psychology.* Thousand Oaks, CA: Sage.

Bartlett, J. (2015, January). Personal conversation. Richardson, TX: Department of Psychology, University of Texas at Dallas.

Barton, J., & Collins, A. (1997). Starting out: Designing your portfolio. In J. Barton & A. Collins (Eds.), *Portfolio assessment: A handbook for educators.* Boston: Addison-Wesley.

Bassi, M., Steca, P., Della Fave, A., & Caprara, G.V. (2007). Academic self-efficacy beliefs and quality of experience on learning. *Journal of Youth and Adolescence, 36,* 301–312.

Batdi, V. (2014). The effects of a problem-based learning approach on students' attitude levels: A meta-analysis. *Educational Research and Reviews, 9,* 272–276.

Bates, J.E. (2012a). Behavioral regulation as a product of temperament and environment. In S.L. Olson & A.J. Sameroff (Eds.), *Biopsychosocial regulatory processes in the development of childhood behavioral problems.* New York: Cambridge University Press.

Bates, J.E. (2012b). Temperament as a tool in promoting early childhood development. In S.L. Odom, E.P. Pungello, & N. Gardner-Neblett (Eds.), *Infants, toddlers, and families in poverty.* New York: Guilford.

Bates, J.E., & Pettit, G.S. (2015). Temperament, parenting, and social development. In J.E. Grusec & P.D. Hastings (Eds.), *Handbook of socialization* (2nd ed.). New York: Guilford.

Bauer, P.J. (2009). Neurodevelopmental changes in infancy and beyond: Implications for learning and memory. In O.A. Barbarin & B.H. Wasik (Eds.), *Handbook of child development and early education.* New York: Guilford.

Bauer, P.J., & Larkina, M. (2016). Predicting remembering and forgetting of autobiographical memories in children and adults: A prospective study. *Memory, 24,* 1345–1368.

Baumann, Z.D., Marchetti, K., & Soltoff, B. (2015). What's the payoff? Assessing the efficacy of student response systems. *Journal of Political Science Education, 11,* 249–263.

Bauman-Waengler, J. (2016). *Articulation and phonology in speech sound disorders* (5th ed.). Upper Saddle River, NJ: Pearson.

Baumeister, R.F., Campbell, J.D., Krueger, J.I., & Vohs, K.D. (2003). Does high self-esteem cause better performance, interpersonal success, happiness, or healthier lifestyles? *Psychological Science in the Public Interest, 4*(1), 1–44.

Baumrind, D. (1971). Current patterns of parental authority. *Developmental Psychology Monographs, 4*(1, Pt. 2).

Baumrind, D. (1996, April). Unpublished review of J.W. Santrock's *Children* (5th ed.). New York: McGraw-Hill.

Bear, D.R., & others (2016). *Words their way* (6th ed.). Upper Saddle River, NJ: Pearson.

Beaty, J.J., & Pratt, L. (2015). *Early literacy in preschool and kindergarten* (4th ed.). Upper Saddle River, NJ: Pearson.

Becker, D.R., Miao, A., Duncan, R., & McClelland, M.M. (2014). Behavioral self-regulation and executive function both predict visuomotor skills and early academic achievement. *Early Childhood Research Quarterly, 29,* 411–424.

Bednar, R.L., Wells, M.G., & Peterson, S.R. (1995). *Self-esteem* (2nd ed.). Washington, DC: American Psychological Association.

Beebe, S.A., Beebe, S.J., & Ivy, D.K. (2016). *Communication* (6th ed.). Upper Saddle River, NJ: Pearson.

Beebe, S.A., Beebe, S.J., & Redmond, M. (2017). *Interpersonal communication* (8th ed.). Upper Saddle River, NJ: Pearson.

Beghetto, R.A., & Kaufman, J.C. (Eds.) (2017). *Nurturing creativity in the classroom* (2nd ed.). New York: Cambridge University Press.

Belsky, J., & Pluess, M. (2016). Differential susceptibility to context: Implications for developmental psychopathology. In D. Cicchetti (Ed.), *Developmental psychopathology* (3rd ed.). New York: Wiley.

Bem, S.L. (1977). On the utility of alternative procedures for assessing psychological androgyny. *Journal of Consulting and Clinical Psychology, 45,* 196–205.

Bendixen, L. (2016). Teaching for epistemic change in elementary school classrooms. In J. Greene & others (Eds.), *Handbook of epistemic change.* New York: Routledge.

Benner, A.D., Boyle, A.E., & Sadler, S. (2016). Parental involvement and adolescents' educational success: The roles of prior achievement and socioeconomic status. *Journal of Youth and Adolescence, 45,* 1053–1064.

Bennett, K., & Dorjee, D. (2016). The impact of a mindfulness-based stress reduction course (MBSR) on well-being and academic achievement of sixth-form students. *Mindfulness, 7,* 105–114.

Benson, P.L., Scales, P.C., Hamilton, S.F., & Sesma, A. (2006). Positive youth development. In W. Damon & R. Lerner (Eds.), *Handbook of child psychology* (6th ed.). New York: Wiley.

Berg, A.T., Rychlik, K., Levy, S.R., & Testa, F.M. (2014). Complete remission of childhood-onset epilepsy: Stability and prediction over two decades. *Brain, 137,* 3213–3222.

Berger, I., Remington, A., Leitner, Y., & Leviton, A. (2015). Brain development and the attention spectrum. *Frontiers in Human Neuroscience, 9,* 23.

Berk, L.E. (1994). Why children talk to themselves. *Scientific American, 271*(5), 78–83.

Berk, L.E., & Spuhl, S.T. (1995). Maternal interaction, private speech, and task performance in preschool children. *Early Childhood Research Quarterly, 10,* 145–169.

Berko, J. (1958). The child's learning of English morphology. *Word, 14,* 150–177.

Berko Gleason, J. (2009). The development of language: An overview. In J. Berko Gleason & N. Ratner (Eds.), *The development of language* (7th ed.). Boston: Allyn & Bacon.

Berko Gleason, J., & Ratner, N.B. (Eds.) (2009). *The development of language* (7th ed.). Boston: Allyn & Bacon.

Berndt, T.J. (1979). Developmental changes in conformity to peers and parents. *Developmental Psychology, 15,* 608–616.

Bernier, R., & Dawson, G. (2016). Autism spectrum disorders. In D. Cicchetti (Ed.), *Developmental psychopathology* (3rd ed.). New York: Wiley.

Berninger, V.W. (2006). A developmental approach to learning disabilities. In W. Damon & R. Lerner (Eds.), *Handbook of child psychology* (6th ed.). New York: Wiley.

Berninger, V., Nagy, W., Tanimoto, S., Thompson, R., & Abbott, R. (2015). Computer instruction on handwriting, spelling, and composing for students with specific learning disabilities in grades 4 to 9. *Computers and Education, 81,* 154–168.

Berninger, V.W., Raskind, W., Richards, T., Abbott, R., & Stock, P. (2008). A multidisciplinary approach to understanding developmental dyslexia within working-memory architecture: Genotypes, phenotypes, brain, and instruction. *Developmental Neuropsychology, 33,* 707–744.

Berninger, V.W., Richards, T., & Abbott, R.D. (2015). Differential diagnosis of dysgraphia, dyslexia, and OWL LD: Behavioral and neuroimaging evidence. *Reading and Writing, 8,* 1119–1153.

Bernthal, J.E., Bankson, N.W., & Flipsen, P. (2017). *Articulation and phonological disorders* (8th ed.). Upper Saddle River, NJ: Pearson.

Best, D.L. (2010). Gender. In M.H. Bornstein (Ed.), *Handbook of developmental cultural science.* New York: Psychology Press.

Betts, J., McKay, J., Maruff, P., & Anderson, V. (2006). The development of sustained attention in children: The effect of age and task load. *Child Neuropsychology, 12,* 205–221.

Bialystok, E. (2001). *Bilingualism in development: Language, literacy, and cognition.* New York: Cambridge University Press.

Bialystok, E. (2007). Acquisition of literacy in preschool children. A framework for research. *Language Learning, 57,* 45–77.

Bialystok, E. (2011, April). *Becoming bilingual: Emergence of cognitive outcomes of bilingualism in immersion education.* Paper presented at the meeting of the Society for Research in Child Development, Montreal.

Bialystok, E. (2014). Language experience changes language and cognitive ability: Implications for social policy. In B. Spolsky, O. Inbar-Lourie, & M. Tannenbaum (Eds.), *Challenges for language education and policy.* New York: Routledge.

Bialystok, E. (2015). The impact of bilingualism on cognition. In R. Scott & S. Kosslyn (Eds.), *Emerging trends in the social and behavioral sciences.* New York: Wiley.

Bianco, F., Lecce, S., & Banerjee, R. (2016). Conversations about mental states and theory of mind development during middle childhood: A training study. *Journal of Experimental Child Psychology, 149,* 41–61.

Biggs, D.A., & Colesante, R.J. (2015). The moral competence tests: An examination of samples in the United States. *Journal of Moral Education, 44,* 497–515.

Bigler, R.S., Hayes, A.R., & Liben, L.S. (2014). Analysis and evaluation of the rationales for single-sex schooling. *Advances in Child Development and Behavior, 47,* 225–260.

Bigorra, A., Garolera, M., Guijarro, S., & Hervas, A. (2016). Long-term far-transfer effects of working memory training in children with ADHD: A randomized controlled trial. *European Child and Adolescent Psychiatry, 25,* 853–867.

Bilen, D., & Tavil, Z.M. (2015). The effects of cooperative learning strategies on vocabulary skills of fourth-grade students. *Journal of Education and Training Studies, 6,* 151–165.

Bill and Melinda Gates Foundation (2008). *Report gives voice to dropouts.* Retrieved July 5, 2008, from www.gatesfoundation.org/ UnitedStates/Education/Transforming-HighSchools/Related.

Bill and Melinda Gates Foundation (2016). *College-ready education.* Retrieved January 6, 2016, from www.gatesfoundation.org

Birman, B.F., & others (2007). State and local implementation of the "No Child Left Behind Act." In *Volume II—Teacher quality under "NCLB": Interim report.* Jessup. MD: U.S. Department of Education.

Bjorklund, D.F. (2012). *Children's thinking* (5th ed.). Boston: Cengage.

Bjorklund, D.F., & Rosenblum, K. (2000). Middle childhood: Cognitive development. In A. Kazdin (Ed.), *Encyclopedia of psychology.* Washington, DC, & New York: American Psychological Association and Oxford University Press.

Blackwell, L.S., & Dweck, C.S. (2008). *The motivational impact of a computer-based program that teaches how the brain changes with learning.* Unpublished manuscript, Department of Psychology, Stanford University, Palo Alto, CA.

Blackwell, L.S., Trzesniewski, K.H., & Dweck, C.S. (2007). Implicit theories of intelligence predict achievement across an adolescent transition: A longitudinal study and an intervention. *Child Development, 78,* 246–263.

Blair, C., & Raver, C.C. (2015). School readiness and self-regulation: A developmental psychobiological approach. *Annual Review of Psychology* (Vol. 66). Palo Alto, CA: Annual Reviews.

Blair, C., Raver, C.C., & Finegood, E.D. (2016). Self-regulation and developmental psychopathology: Experiential canalization of brain and behavior. In D. Cicchetti (Ed.), *Developmental psychopathology* (3rd ed.). New York: Wiley.

Blakely-McClure, S.J., & Ostrov, J.M. (2016). Relational aggression, victimization, and self-concept: Testing pathways from middle childhood to adolescence. *Journal of Youth and Adolescence, 45,* 376–390.

Blakemore, J.E.O., Berenbaum, S.A., & Liben, L.S. (2009). *Gender development.* New York: Psychology Press.

Blankenship, T.L., & others (2015). Working memory and recollection contribute to academic achievement. *Learning and Individual Differences, 43,* 164–169.

Blood, J.D., & others (2015). The variable heart: High frequency and very low frequency correlates of depressive symptoms in children and adolescents. *Journal of Affective Disorders, 186,* 119–126.

Bloom, B. (1985). *Developing talent in young people.* New York: Ballantine.

Bloom, B.S. (1971). Mastering learning. In J.H. Block (Ed.), *Mastery learning.* New York: Holt, Rinehart & Winston.

Bloom, B.S., Engelhart, M.D., Frost, E.J., Hill, W.H., & Krathwohl, D.R. (1956). *Taxonomy of educational objectives.* New York: David McKay.

Bloom, L. (1998). Language acquisition in its developmental context. In W. Damon (Ed.), *Handbook of child psychology* (5th ed., Vol. 2). New York: Wiley.

Blumenfeld, P.C., Kempler, T.M., & Krajcik, J.S. (2006). Motivation and cognitive engagement in learning environments. In R.K. Sawyer (Ed.), *Cambridge handbook of learning sciences.* New York: Cambridge University Press.

Blumenfeld, P.C., Krajcik, J.S., & Kempler, T.M. (2006). Motivation in the classroom. In W. Damon & R. Lerner (Eds.), *Handbook of child psychology* (6th ed.). New York: Wiley.

Blumenfeld, P.C., Pintrich, P.R., Wessels, K., & Meece, J. (1981, April). *Age and sex differences in the impact of classroom experiences on self-perceptions.* Paper presented at the biennial meeting of the Society of Research in Child Development, Boston.

Boaler, J. (2016). *Mathematical mindsets.* San Francisco: Jossey-Bass.

Bodrova, E., & Leong, D.J. (2007). *Tools of the mind* (2nd ed.). Upper Saddle River, NJ: Prentice Hall.

Bodrova, E., & Leong, D.J. (2015). Vygotskian and post-Vygotskian views of children's play. *American Journal of Play, 7,* 371–388.

Boekaerts, M. (2009). Goal-directed behavior in the classroom. In K.R. Wentzel & A. Wigfield (Eds.), *Handbook of motivation at school.* New York: Routledge.

Bogart, L.M., & others (2014). Peer victimization in the fifth grade and health in the tenth grade. *Pediatrics, 133,* 440–447.

Bonney, C.R., & Sternberg, R.J. (2017). Learning to think critically. In R.E. Mayer & P.A. Alexander (Eds.), *Handbook of learning and instruction* (2nd ed.). New York: Routledge.

Bonvanie, I.J., & others (2015). Short report: Functional somatic symptoms are associated with perfectionism in adolescents. *Journal of Psychosomatic Research, 79,* 328–330.

Borich, G.D. (2017). *Effective teaching methods* (9th ed.). Upper Saddle River, NJ: Pearson.

Bostic, J.Q., & others (2015). Being present at school: Implementing mindfulness in schools. *Child and Adolescent Clinics of North America, 24,* 245–259.

Boud, D., Lawson, R., & Thompson, D.G. (2015). The calibration of student adjustment through self-assessment: Disruptive effects of assessment patterns. *Higher Education Research and Development, 34,* 45–59.

Boutot, E.A. (2017). *Autism spectrum disorder* (2nd ed.). Upper Saddle River, NJ: Pearson.

Bowman-Perrott, L. (2009). Classwide peer tutoring: An effective strategy for students with emotional and behavioral disorders. *Intervention in School and Clinic, 44,* 259–267.

Boyatzis, R.E., Batista-Foguet, J.M., Fernandez-I-Marin, X., & Truninger, M. (2015). EI competencies as a related but different characteristic than intelligence. *Frontiers in Psychology, 6,* 72.

Boyles, N.S., & Contadino, D. (1997). *The learning differences sourcebook.* Los Angeles: Lowell House.

Boynton, P.M. (2017). *Research companion.* New York: Routledge.

Brainerd, C.J., Forrest, T.J., Karibian, D., & Reyna, V.F. (2006). Fuzzy-trace theory and memory development. *Developmental Psychology, 42,* 962–979.

Brainerd, C.J., & Reyna, V.E. (2014). Dual processes in memory development: Fuzzy-trace theory. In P. Bauer & R. Fivush (Eds.), *Wiley-Blackwell handbook of children's memory.* New York: Wiley.

Brainerd, C.J., & others (2015). Episodic memory does not add up: Verbatim-gist superposition predicts violation of the additive law of probability. *Journal of Memory and Language, 84,* 224–245.

Brams, H., Mao, A.R., & Doyle, R.L. (2009). Onset of efficacy of long-lasting psychostimulants in pediatric attention-deficit/hyperactivity disorder. *Postgraduate Medicine, 120,* 69–88.

Branscum, P., & Crowson, H.M. (2016, in press). The association between environmental and psychosocial factors toward physical activity and screen time of children: An application of the Integrative Behavioral Model. *Journal of Sports Science.* doi: 10.1080/02640414.2016.1206666

Bransford, J., Darling-Hammond, L., & LePage, P. (2005). Introduction. In L. Darling-Hammond & J. Bransford (Eds.), *Preparing teachers for a changing world.* New York: Jossey-Bass.

Bransford, J., Derry, S., Berliner, D., Hammerness, K., & Beckett, K.L. (2005). Theories of learning and their role in teaching. In L. Darling-Hammond & J. Bransford (Eds.), *Preparing teachers for a changing world.* San Francisco: Jossey-Bass.

Bransford, J.D., & Stein, B.S. (1993). *The IDEAL problem solver.* New York: W.H. Freeman.

Bransford, J., & others (2006). Foundations and opportunities for an interdisciplinary science. In R.K. Sawyer (Ed.), *The Cambridge handbook of the learning sciences.* New York: Cambridge University Press.

Bredekamp, S. (2017). *REVEL for effective practices in early childhood education* (3rd ed.). Upper Saddle River, NJ: Pearson.

Brenner, J.D. (2016). Traumatic stress from a multi-level developmental psychopathology perspective. In D. Cicchetti (Ed.), *Developmental psychopathology* (3rd ed.). New York: Wiley.

Brewer, M.B., & Campbell, D.I. (1976). *Ethnocentrism and intergroup attitudes.* New York: Wiley.

Bridgeland, J.M., Dilulio, J.J., & Wulsin, S.C. (2008). *Engaged for success.* Washington, DC: Civic Enterprises.

Briggs, T.W. (1999, October 14). Honorees find keys to unlocking kids' minds. Retrieved March 10, 2000, from www.usatoday.com/education

Brock, R.L., & Kochanska, G. (2016). Interparental conflict, children's security with parents, and long-term risk of internalizing problems: A longitudinal study from ages 2 to 10. *Development and Psychopathology, 28,* 45–54.

Brody, N. (2000). Intelligence. In A. Kazdin (Ed.), *Encyclopedia of psychology.* Washington, DC, & New York: American Psychological Association and Oxford University Press.

Brody, N. (2007). Does education influence intelligence? In P.C. Kyllonen, R.D. Roberts, & L. Stankov (Eds.), *Extending intelligence.* Mahwah, NJ: Erlbaum.

Bronfenbrenner, U. (1995). Developmental ecology through space and time: A future perspective. In P. Moen, G.H. Elder, & K. Luscher (Eds.), *Examining lives in context.* Washington, DC: American Psychological Association.

Bronfenbrenner, U., & Morris, M.A. (2006). The ecology of developmental processes. In W. Damon & R. Lerner (Eds.), *Handbook of child psychology* (6th ed.). New York: Wiley.

Brookhart, S.M. (1997). A theoretical framework for the role of classroom assessment in motivating student effort and achievement. *Applied Measurement in Education, 10,* 161–180.

Brookhart, S.M. (2008). *Assessment and grading in classrooms.* Upper Saddle River, NJ: Prentice Hall.

Brookhart, S.M. (2015). Making the most of multiple choice. *Educational Leadership, 73,* 36–39.

Brookhart, S.M., & Nitko, A.J. (2015). *Educational assessment of students* (7th ed.). Upper Saddle River, NJ: Pearson.

Brookover, W.B., Beady, C., Flood, P., Schweitzer, U., & Wisenbaker, J. (1979). *School social systems and student achievement: Schools make a difference.* New York: Praeger.

Brooks, J.G., & Brooks, M.G. (1993). *The case for constructivist classrooms.* Alexandria, VA: Association for Supervision and Curriculum Development.

Brooks, J.G., & Brooks, M.G. (2001). *In search of understanding: The case for constructivist classrooms.* Upper Saddle River, NJ: Merrill.

Brophy, J. (1998). *Motivating students to learn.* New York: McGraw-Hill.

Brophy, J. (2004). *Motivating students to learn* (2nd ed.). Mahwah, NJ: Erlbaum.

Brown, A.L., & Campione, J.C. (1996). Psychological learning theory and the design of innovative environments. In L. Schauble & R. Glaser (Eds.), *Contributions of instructional innovation to understanding learning.* Mahwah, NJ: Erlbaum.

Brown, G.T.L., Andrade, H.L., & Chen, F. (2015). Accuracy in student self-assessment: Directions and cautions for research. *Assessment in Education: Principles, Policy, and Practice, 22,* 444-457.

Bruning, R., & Horn, C. (2001). Developing motivation to write. *Educational Psychologist, 35,* 25–37.

Bucher, R.D. (2015). *Diversity consciousness* (4th ed.). Upper Saddle River, NJ: Pearson.

Burchinal, M.R., & others (2015). Early child care and education. In R.M. Lerner (Ed.), *Handbook of child psychology and developmental science* (7th ed.). New York: Wiley.

Burden, P.R., & Byrd, D.M. (2016). *Methods for effective teaching* (7th ed.). Upper Saddle River, NJ: Pearson.

Burkart, J.M., Schubiger, M.N., & van Schaik, C.P. (2016, in press). The evolution of general intelligence. *Behavioral and Brain Sciences.* doi:10.1017/S0140525X16000959

Burke, K. (2010). *How to assess authentic learning* (5th ed.). Thousand Oaks, CA: Sage.

Burkham, D.T., Lee, V.E., & Smerdon, B.A. (1997). Gender and science learning early in high school: Subject matter and laboratory experiences. *American Educational Research Journal, 34,* 297–331.

Bursuck, W.D., & Damer, M. (2015). *Teaching reading to students who are at risk or have disabilities* (3rd ed.). Upper Saddle River, NJ: Pearson.

Burt, K.B., Coatsworth, J.D., & Masten, A.S. (2016). Competence and psychopathology in development. In D. Cicchetti (Ed.), *Developmental psychopathology* (3rd ed.). New York; Wiley.

Burz, H.L., & Marshall, K. (1996). *Performance-based curriculum for mathematics: From knowing to showing.* ERIC Document Reproduction Service No. ED400194.

Busching, R., & Krahe, B. (2015). The girls set the tone: Gendered classroom norms and the development of aggression in adolescence. *Personality and Social Psychology Bulletin. 41,* 659–676.

Buss, D.M. (2012). *Evolutionary psychology* (4th ed.). Boston: Allyn & Bacon.

Buss, D.M. (2015). *Evolutionary psychology* (5th ed.). Upper Saddle River, NJ: Pearson.

Busso, D.S., & Pollack, C. (2015). No brain left behind: Consequences of neuroscience discourse for education. *Learning, Media, and Technology, 40,* 168–186.

Butcher, K.R., & Jameson, J.M. (2016). Computer-based instruction (CBI) within special education. In J.K. Luiselli & A.J. Fischer (Eds.), *Computer-assisted instruction and web-based innovations in psychology, special education, and health.* New York: Elsevier.

C

Cain, M.S., Leonard, J.A., Gabrieli, J.D., & Finn, A.S. (2016, in press). Media multitasking in adolescence. *Psychonomic Bulletin & Review.* doi: 10.3758/s13423-016-1036-3

Cairncross, M., & Miller, C.J. (2016, in press). The effectiveness of mindfulness-based therapies for ADHD: A meta-analytic review. *Journal of Attention Disorders.* doi:10.1177/1087054715625301

Calet, N., Gutierrez-Palma, N., & Defior, S. (2015). A cross-sectional study of fluency and reading comprehension in Spanish primary school children. *Journal of Research in Reading, 38,* 272–285.

California State Department of Education (1994). *Golden State examination science portfolio.* Sacramento: California State Department of Education.

Calkins, S.D., & Perry, N.B. (2016). The development of emotion regulation. In D. Cicchetti (Ed.), *Developmental psychopathology* (3rd ed.). New York: Wiley.

Callan, M.J., Kay, A.C., & Dawtry, R.J. (2014). Making sense of misfortune: Deservingness, self-esteem, and patterns of self-defeat. *Journal of Personality and Social Psychology, 107,* 142–162.

Calvert, S.L. (2015). Children and digital media. In R.M. Lerner (Ed.), *Handbook of child psychology and developmental science* (7th ed.). New York: Wiley.

Camacho, D.E., & Fuligni, A.J. (2015). Extracurricular participation among adolescents from immigrant families. *Journal of Youth and Adolescence, 44,* 1251–1262.

Cameron, J.R. (2001). Negative effects of reward on intrinsic motivation—A limited

phenomenon. *Review of Educational Research, 71,* 29–42.

Cameron, J.R., & Pierce, D. (2008). Intrinsic versus extrinsic motivation. In N.J. Salkind (Ed.), *Encyclopedia of educational psychology.* Thousand Oaks, CA: Sage.

Campbell, D.T., & LeVine, D.T. (1968). Ethnocentrism and intergroup relations. In R. Abelson & others (Eds.), *Theories of cognitive consistency.* Chicago: Rand McNally.

Campbell, L., Campbell, B., & Dickinson, D. (2004). *Teaching and learning through multiple intelligences* (3rd ed.). Boston: Allyn & Bacon.

Cantone, E., & others (2015). Interventions on bullying and cyberbullying in schools: A systematic review. *Clinical Practice and Epidemiology in Mental Health, 11* (Suppl. 1), S58–S76.

Capar, G., & Tarim, K. (2015). Efficacy of the cooperative learning method on mathematics achievement and attitude: A meta-analysis research. *Educational Sciences: Theory and Practice, 15,* 553–559.

Cardelle-Elawar, M. (1992). Effects of teaching metacognitive skills to students with low mathematics ability. *Teaching and Teacher Education, 8,* 109–121.

Carey, D.P. (2007). Is bigger really better? The search for brain size and intelligence in the twenty-first century. In S. Della Sala (Ed.), *Tall tales about the mind and brain: Separating fact from fiction.* Oxford, UK: Oxford University Press.

Carlson, S.M., & White, R. (2013). Executive function and imagination. In M. Taylor (Ed.), *Handbook of imagination.* New York: Oxford University Press.

Carlson, S.M., Zelazo, P.D., & Faja, S. (2013). Executive function. In P.D. Zelazo (Ed.), *Oxford handbook of developmental psychology.* New York: Oxford University Press.

Carnegie Council on Adolescent Development (1995). *Great transitions.* New York: Carnegie Foundation.

Carnegie Foundation (1989). *Turning points: Preparing youth for the 21st century.* New York: Author.

Carpendale, J.I., & Chandler, M.J. (1996). On the distinction between false belief understanding and subscribing to an interpretive theory of mind. *Child Development. 67,* 1686–1706.

Carrell, S.E., Malmstrom, F.V., & West, J.E. (2008). Peer effects in academic cheating. *Journal of Human Resources, 43,* 173–207.

Carroll, J.B. (1963). A model of school learning. *Teachers College Record, 64,* 723–733.

Cartmill, E., & Goldin-Meadow, S. (2016). Gesture. In D. Matsumoto, H.C. Hwang, &

M.G. Frank (Eds.), *APA handbook of nonverbal communication.* Washington, DC: American Psychological Association.

Carver, C.S., & Scheier, M.F. (2017). *Perspectives on personality* (8th ed.). Upper Saddle River, NJ: Pearson.

Case, R. (2000). Conceptual structures. In M. Bennett (Ed.), *Developmental psychology.* Philadelphia: Psychology Press.

CASEL (2016). *Collaborative for Academic, Social, and Emotional Learning.* Retrieved August 12, 2016, from www.casel.org

Casey, B.J. (2015). The adolescent brain and self-control. *Annual Review of Psychology* (Vol. 66). Palo Alto, CA: Annual Reviews.

Casey, B.J., Galvan, A., & Somerville, L.H. (2016). Beyond simple models of adolescence to an integrated circuit-based account: A commentary. *Developmental Cognitive Neuroscience, 17,* 128–130.

Casey, E.C., & others (2016, in press). Promoting resilience through executive function training for homeless and highly mobile preschoolers. In S. Prince-Embury & D. Saklofske (Eds.), *Resilience intervention for diverse populations.* New York: Springer.

Cassidy, A.R. (2016). Executive function and psychosocial adjustment in healthy children and adolescents: A latest variable modeling investigation. *Child Neuropsychology, 22,* 292–317.

Ceci, S.J., & Williams, W.M. (1997). Schooling, intelligence, and income. *American Psychologist, 52,* 1051–1058.

Center for Instructional Technology (2006). Writing multiple-choice questions that demand critical thinking. Retrieved January 12, 2006, from http://cit.necc.mass.edu/atlt/TestCritThink.htm

Centers for Disease Control and Prevention (2007). *Autism and developmental disabilities monitoring (ADDM) network.* Atlanta: Author.

Centers for Disease Control and Prevention (2012). CDC estimates 1 in 88 children in the United States has been identified as having an autism spectrum disorder. *CDC Division of News & Electronic Media, 404,* 639–3286.

Centers for Disease Control and Prevention (2016). *ADHD.* Retrieved January 12, 2016, from www.cdc.gov/ncbddd/adhd/data.html

Cerillo-Urbina, A.J., & others (2015). The effects of physical exercise in children with attention deficit hyperactivity disorder: A systematic review and meta-analysis of randomized controlled trials. *Child Care, Health, and Development, 41,* 779–788.

Chai, C.S., & others (2015). Assessing multidimensional students' perceptions of twenty-first century learning practices. *Asia Pacific Education Review, 16,* 389–398.

Chall, J.S. (1979). The great debate: Ten years later with a modest proposal for reading stages. In L.B. Resnick & P.A. Weaver (Eds.), *Theory and practice of early reading.* Mahwah, NJ: Erlbaum.

Chance, P. (2014). *Learning and behavior* (7th ed.). Boston: Cengage.

Chang, M., Choi, N., & Kim, S. (2015). School involvement of parents of linguistic and racial minorities and their children's mathematics performance. *Educational Research and Evaluation, 21,* 209–231.

Chao, R.K. (2005, April). *The importance of Guan in describing control of immigrant Chinese.* Paper presented at the meeting of the Society for Research in Child Development, Atlanta.

Chao, R.K. (2007, March). *Research with Asian Americans: Looking back and moving forward.* Paper presented at the meeting of the Society for Research in Child Development, Boston.

Chapin, J.R. (2015). *Practical guide to middle and secondary social studies* (4th ed.). Upper Saddle River, NJ: Pearson.

Chaplin, T.M. (2015). Gender and emotion expression: A developmental contextual perspective. *Emotion Review, 7,* 14–21.

Chaplin, T.M., & Aldao, A. (2013). Gender differences in emotion in children: A meta-analytic review. *Psychological Bulletin, 139,* 735–765.

Chappuis, J., Stiggins, R.J., Chappuis, S., & Arter, J.A. (2017). *Classroom assessment for student learning.* Upper Saddle River, NJ: Pearson

Charney, R.S. (2005). *Exploring the first "R": To reinforce.* Retrieved October 26, 2006, from www.nea.org/classmanagement/ifc050201.html

Chatmon, C., & Gray, R. (2015). Lifting up our kings: Developing Black males in a positive and safe place. *Voices in Urban Education, 42,* 50–56.

Chavarria, M.C., & others (2014). Puberty in the corpus callosum. *Neuroscience, 265,* 1–8.

Checa, P., & Fernandez-Berrocal, P. (2015). The role of intelligence quotient and emotional intelligence in cognitive control processes. *Frontiers in Psychology, 6,* 1853.

Chen, C., & Stevenson, H.W. (1989). Homework: A cross-cultural comparison. *Child Development, 60,* 551–561.

Chen, X., & Liu, C. (2016). Culture, peer relationships, and developmental psychopathology. In D. Cicchetti (Ed.), *Developmental psychopathology* (3rd ed.). New York: Wiley.

Chess, S., & Thomas, A. (1977). Temperamental individuality from childhood to adolescence. *Journal of Child Psychiatry, 16,* 218–226.

Chevalier, N., & others (2015). Myelination is associated with processing speed in early childhood: Preliminary insights. *PLoS One, 10,* e139897

Chi, M.T.H. (1978). Knowledge structures and memory development. In R.S. Siegler (Ed.), *Children's thinking: What develops?* Hillsdale, NJ: Erlbaum.

Chiang, H.L., & others (2015). Altered white matter tract property related to impaired focused attention, sustained attention, cognitive impulsivity, and vigilance in attention-deficit/hyperactivity disorder. *Journal of Psychiatry and Neuroscience, 40,* 140106.

Chiappetta, E.L., & Koballa, T.R. (2015). *Science instruction in the middle and secondary schools* (8th ed.). Upper Saddle River, NJ: Pearson.

Child Trends Data Bank (2015, October). *Participation in school athletics.* Washington, DC: Child Trends.

Children's Defense Fund (1992). *The state of America's children.* Washington, DC: Author.

Chiou, W.B., Chen, S.W., & Liao, D.C. (2014). Does Facebook promote self-interest? Enactment of indiscriminate one-to-many communication on online social networking sites decreases prosocial behavior. *Cyberpsychology, Behavior, and Social Networking, 17,* 68–73.

Chomsky, N. (1957). *Syntactic structures.* The Hague: Mouton.

Choukas-Bradley, S., & Prinstein, M.J. (2016). Peer relationships and the development of psychopathology. In M. Lewis & D. Rudolph (Eds.), *Handbook of developmental psychopathology* (3rd ed.). New York: Springer.

Cianciolo, A.T., & Sternberg, R.J. (2016, in press). Practical intelligence and tacit knowledge: A prototype view of expertise. In K.A. Ericsson & others (Eds.), *Cambridge handbook on expertise and expert performance.* New York: Cambridge University Press.

Cicchetti, D., & Toth, S.L. (2015). A multi-level perspective on child maltreatment. In R.M. Lerner (Ed.), *Handbook of child psychology and developmental science* (7th ed.). New York: Wiley.

Cicchetti, D., & Toth, S.L. (2016). Child maltreatment and developmental psychopathology: A multi-level perspective. In D. Cicchetti (Ed.), *Developmental psychopathology* (3rd ed.). New York: Wiley.

Cil, E. (2015). Effect of two-tier diagnostic tests on promoting learners' conceptual understanding of variables in conducting scientific experiments. *Applied Measurement in Education, 28,* 253–273.

Cirit, N.C. (2015). Assessing ELT pre-service teachers via Web 2.0 tools: Perceptions toward traditional, online, and alternative assessment. *Turkish Online Journal of Educational Technology, 14*(3), 9–19.

Clark, B. (2008). *Growing up gifted* (7th ed.). Upper Saddle River, NJ: Prentice Hall.

Clark, D.A., Donnellan, M.B., Robins, R.W., & Conger, R.D. (2015). Early adolescent temperament, parental monitoring, and substance use in Mexican-origin adolescents. *Journal of Adolescence, 41,* 121–130.

Clark, E.V. (2014). Pragmatics in acquisition. *Journal of Child Language, 41* (Suppl. 1), S105–S116.

Clark, E.V. (2017). *Language in children.* New York: Psychology Press.

Clark, K.B., & Clark, M.P. (1939). The development of the self and the emergence of racial identification in Negro preschool children. *Journal of Social Psychology, 10,* 591–599.

Clark, L. (Ed.) (1993). *Faculty and student challenges in facing cultural and linguistic diversity.* Springfield, IL: Charles C. Thomas.

Clarke, A.J., Burgess, A., Menezes, A., & Mellis, C. (2015). Senior students' experience as tutors of their junior peers in the hospital setting. *BMC Research Notes, 8,* 743.

Clarke-Stewart, A.K., & Parke, R.D. (2014). *Social development* (2nd ed.). New York: Wiley.

Claro, S., Paunesku, D., & Dweck, C.S. (2016). Growth mindset tempers the effect of poverty on academic achievement. *Proceedings of the National Academy of Sciences USA, 113,* 8664–8868.

Clements, D.H., & Sarama, J. (2008). Experimental evaluation of the effects of a research-based preschool mathematics curriculum. *American Educational Research Journal, 45,* 443–494.

Cloud, J. (2007, August 27). Failing our geniuses. *Time,* 40–47.

Coe, R., Aloisi, C., Higgins, S., & Major, L.E. (2014). *What makes great teaching? Review of the underpinning research.* London: Sutton Trust.

CogMed (2013). *CogMed: Working memory is the engine of learning.* Upper Saddle River, NJ: Pearson.

Cohn, S.T., & Fraser, B.J. (2016). Effectiveness of student response systems in terms of learning environment, attitudes, and achievement. *Learning Environments Research, 19,* 153–167.

Colangelo, N.C., Assouline, S.G., & Gross, M.U.M. (2004). *A nation deceived: How schools hold back America's brightest students.* Retrieved October 16, 2006, from http://nation deceived.org/

Colby, A., Kohlberg, L., Gibbs, J., & Lieberman, M. (1983). A longitudinal study of moral judgment. *Monograph: The Society for Research in Child Development, 48* (21, Serial No. 201).

Colby, S.L., & Ortman, J.M. (2015, March). Projections of the size and composition of the U.S. population: 2014 to 2060. *Current Population Reports.* Washington, DC: United States Census Bureau.

Cole, M. (2006). Culture and cognitive development in phylogenetic, historical, and ontogenetic perspective. In W. Damon & R. Lerner (Eds.), *Handbook of child psychology* (6th ed.). New York: Wiley.

Cole, M.W., Yarkoni, T., Repovs, G., Anticevic, A., & Braver, T.S. (2012). Global connectivity of prefrontal cortex predicts cognitive control and intelligence. *Journal of Neuroscience, 32,* 8988–8999.

Cole, P.M. (2016). Emotion and the development of psychopathology. In D. Cicchetti (Ed.), *Developmental psychopathology* (3rd ed.). New York: Wiley.

Cole, P.M., & Tan, P.Z. (2015). Emotion socialization from a cultural perspective. In J.E. Grusec & P.D. Hastings (Eds.), *Handbook of socialization* (2nd ed.). New York: Wiley.

College Board (2015). *SAT.* Princeton, NJ: Educational Testing Service.

Collins, M. (1996, Winter). The job outlook for '96 grads. *Journal of Career Planning,* pp. 51–54.

Combs, D. (1997, September). Using alternative assessment to provide options for student success. *Middle School Journal,* pp. 3–8.

Comer, J.P. (1988). Educating poor minority children. *Scientific American, 259,* 42–48.

Comer, J.P. (2004). *Leave no child behind.* New Haven, CT: Yale University Press.

Comer, J.P. (2006). Child development: The underweighted aspect of intelligence. In P.C. Kyllonen, R.D. Roberts, & L. Stankov (Eds.), *Extending intelligence.* Mahwah, NJ: Erlbaum.

Comer, J.P. (2010). Comer School Development Program. In J. Meece & J. Eccles (Eds.), *Handbook of research on schools, schooling, and human development.* New York: Routledge.

Committee for Children (2016). *Second Step.* Retrieved August 12, 2016, from www.cf-children.org/second-step

Common Core State Standards Initiative (2016). *Common Core.* Retrieved February 25, 2016, from www.core standards.org/

Condition of Education (2015). *Participation in education.* Washington, DC: U.S. Department of Education.

Conley, M.W. (2008). *Content area literacy: Learners in context.* Boston: Allyn & Bacon.

Conn, K.M., Fisher, S.G., & Rhee, H. (2016, in press). Parent and child independent report of emotional responses to asthma-specific vignettes:

The relationship between emotional states, self-management behaviors, and symptoms. *Journal of Pediatric Nursing, 31,* e83–e90.

Connell, N.M., Morris, R.G., & Piquero, A.R. (2016). Predicting bullying: Exploring the contribution of negative life experiences in predicting adolescent bullying behavior. *International Journal of Offender Therapy and Comparative Criminology, 60,* 1082–1096.

Conti, E., & others (2015). The first 1000 days of the autistic brain: A systematic review of diffusion imaging studies. *Frontiers in Human Neuroscience, 9,* 159.

Cooper, H. (1998, April). *Family, student, and assignment characteristics of positive homework experiences.* Paper presented at the meeting of the American Educational Research Association, San Diego.

Cooper, H. (2006). *The battle over homework.* Thousand Oaks, CA: Corwin.

Cooper, H. (2007). *The battle over homework: Common ground for administrators, teachers, and parents* (3rd ed.). Thousand Oaks. CA: Corwin Press.

Cooper, H. (2009). Homework. In T. Bidell (Ed.), *Chicago companion to the child.* Chicago: University of Chicago Press.

Cooper, H., & Patall, E.A. (2007). Homework. In S. Mathison & E.W. Ross (Eds.), *Battleground schools* (pp. 319–326). Westport, CT: Greenwood Press.

Cooper, H., Robinson, J.C., & Patall, E.A. (2006). Does homework improve academic achievement? A synthesis of research, 1987–2003. *Review of Educational Research, 76,* 1–62.

Copeland, L. (2003, December). Science teacher just wanted to do some good, and he has. *USA Today.* Retrieved December 12, 2003, from www.usatoday.com/news/education/2003-12-30-laster-usal_x.htm

Corno, L. (1998, March 30). Commentary. *Newsweek,* p. 51.

Cornoldi, C., Carretti, B., Drusi, S., & Tencati, C. (2015). Improving problem solving in primary school students: The effect of a training program focusing on metacognition and working memory. *British Journal of Educational Psychology, 85,* 424–439.

Coronel, J.M., & Gomez-Hurtado, I. (2015). Nothing to do with me! Teachers' perceptions of cultural diversity in Spanish secondary schools. *Teachers and Teaching: Theory and Practice, 21,* 400–420.

Cossentino, J. (2008). Montessori schools. In N.J. Salkind (Ed.), *Encyclopedia of educational psychology.* Thousand Oaks, CA: Sage.

Cote, J.E. (2015). Identity-formation research from a critical perspective: Is a social science developing? In K.C. McLean & M. Syed (Eds.), *Oxford handbook of identity development.* New York: Oxford University Press.

Cote, K., & Emmett, T. (2015). Effective implementation of e-portfolios: The development of e-portfolios to support online learning. *Theory Into Practice, 54,* 352–363.

Council of Chief State School Officers (2005). *Marilyn Jachetti Whirry.* Retrieved February 8, 2006, from www.cesso.org

Courage, M.L. (2015). Translational science and multitasking: Lessons from the lab and everyday world. *Developmental Review, 35,* 1–4.

Courage, M.L., Bakhtiar, A., Fitzpatrick, C., Kenny, S., & Brandeau, K. (2015). Growing up multitasking: The costs and benefits for cognitive development. *Developmental Review, 35,* 5–41.

Covington, M.V., & Dray, E. (2002). The development course of achievement motivation: A need-based approach. In A. Wigfield & J.S. Eccles (Eds.), *Development of achievement motivation.* San Diego: Academic Press.

Covington, M.V., & Teel, K.T. (1996). *Overcoming student failure.* Washington, DC: American Psychological Association.

Cracolice, M.S., & Busby, B.D. (2015). Preparation for college general chemistry: More than just a matter of content knowledge acquisition. *Journal of Chemical Education, 92,* 1790–1797.

Craig, F., & others (2016). A review of executive function deficits in autism spectrum disorder and attention-deficit/hyperactivity disorder. *Neuropsychiatric Disease and Treatment, 12,* 1191–1202.

Craik, F.I.M., & Lockhart, R.S. (1972). Levels of processing: A framework for memory research. *Journal of Verbal Learning and Verbal Behavior, 11,* 671–684.

Crain, T.L., Schonert-Reichl, K.A., & Roeser, R.W. (2016, in press). Cultivating teacher mindfulness: Effects of a randomized controlled trial on work, home, and sleep outcomes. *Journal of Occupational Health Psychology.* doi:10.1037/ocp0000043

Crone, L.A. (2017). *The adolescent brain.* New York: Routledge.

Crosnoe, R. (2011). *Fitting in, standing out.* New York: Cambridge University Press.

Crosnoe, R., & Benner, A.D. (2015). Children at school. In R.M. Lerner (Ed.), *Handbook of child psychology and developmental science* (7th ed.). New York: Wiley.

Crosnoe, R., Bonazzo, C., & Wu, N. (2015). *Healthy learners: A whole child approach to disparities in early education.* New York: Teachers College Press.

Crosnoe, R., Riegle-Crumb, C., Field, S., Frank, K., & Muller, C. (2008). Peer group contexts of girls' and boys' academic experiences. *Child Development, 79,* 139–155.

Cross, C.T., Woods, T.A., & Schweingruber, H. (Eds.) (2009). *Mathematics learning in early*

childhood: Paths toward excellence and equity. Washington, DC: National Academies Press.

Cross, D., Lester, L., & Barnes, A. (2015). A longitudinal study of the social and emotional predictors and consequences of cyber and traditional bullying victimization. *International Journal of Public Health, 60,* 207–217.

Crouter, A.C. (2006). Mothers and fathers at work. In A. Clarke-Stewart & J. Dunn (Eds.), *Families count.* New York: Cambridge University Press.

Crowley, K., Callahan, M.A., Tenenbaum, H.R., & Allen, E. (2001). Parents explain more to boys than to girls during shared scientific thinking. *Psychological Science, 12,* 258–261.

Csikszentmihalyi, M. (1990). *Flow.* New York: Harper & Row.

Csikszentmihalyi, M. (1993). *The evolving self.* New York: Harper & Row.

Csikszentmihalyi, M. (1996). *Creativity.* New York: HarperCollins.

Csikszentmihalyi, M. (2000). Creativity: An interview. In A. Kazdin (Ed.), *Encyclopedia of psychology.* Washington, DC, & New York: American Psychological Association and Oxford University Press.

Csikszentmihalyi, M., & Csikszentmihalyi, I.S. (Eds.) (2006). *A life worth living.* New York: Oxford University Press.

Csikszentmihalyi, M., Rathunde, K., & Whalen, S. (1993). *Talented teenagers: The roots of success and failure.* Cambridge, UK: Cambridge University Press.

Cucina, J.M., Peyton, S.T., Su, C., & Byle, K.A. (2016). Role of mental abilities and mental tests in explaining school grades. *Intelligence, 54,* 90–104.

Cuevas, J. (2015). Is learning styles-based instruction effective? A comprehensive analysis of recent research on learning styles. *Theory and Research in Education, 13,* 308–333.

Cummings, E.M., & Miller, L.M. (2015). Emotional security theory: An emerging theoretical model for youths' psychological and physiological responses across multiple developmental contexts. *Current Directions in Psychological Science, 24,* 208–213.

Cummings, E.M., & Valentino, K.V. (2015). Developmental psychopathology. In R.M. Lerner (Ed.), *Handbook of child psychology and developmental science* (7th ed.). New York: Wiley.

Cunningham, B., Hoyer, K.M., & Sparks, D. (2015, February). Gender differences in science, technology, engineering, and mathematics (STEM) interest, credits earned, and NAEP performance in the 12th grade. *Stats in Brief,* National Center for Education Statistics 2015–075, pp. 1–27.

Cunningham, P.M. (2017). *Phonics they use* (7th ed.). Upper Saddle River, NJ: Pearson.

Cunningham, P.M., & Allington, R.L. (2016). *Classrooms that work* (6th ed.). Upper Saddle River, NJ: Pearson.

Curran, K., DuCette, J., Eisenstein, J., & Hyman, I.A. (2001, August). *Statistical analysis of the cross-cultural data: The third year.* Paper presented at the meeting of the American Psychological Association, San Francisco, CA.

Curtis, L.A., & Bandy, T. (2016). *The Quantum Opportunities Program: A randomized controlled evaluation.* Washington, DC: Milton S. Eisenhower Foundation.

Curtis, M.E., & Longo, A.M. (2001, November). *Teaching vocabulary development to adolescents to improve comprehension.* Retrieved April 26, 2006, from www.readingonline.org/articles/curtis

D

Dahl, R.E. (2004). Adolescent brain development: A period of vulnerabilities and opportunities. *Annals of the New York Academy of Sciences, 1021,* 1–22.

Dale, B., & others (2014). Utility of the Stanford-Binet Intelligence Scales, Fifth Edition, with ethnically diverse preschoolers. *Psychology in the Schools, 51,* 581–590.

Damasio, A.R. (1994). Descartes' error and the future of human life. *Scientific American, 271,* 144.

Damon, W. (2008). *The path to purpose: Helping our children find their calling in life.* New York: Free Press.

Dansereau, D.F. (1988). Cooperative learning strategies. In C.E. Weinstein, E.T. Goetz, & P.A. Alexander (Eds.), *Learning and study strategies.* Orlando, FL: Academic Press.

Dariotis, J.K., & others (2016). A qualitative evaluation of student learning and skills use in a school-based mindfulness and yoga program. *Mindfulness, 7,* 76–89.

Darling-Hammond, L. (2001, August). *What's at stake in high-stakes testing?* Paper presented at the meeting of the American Psychological Association, San Francisco.

Darling-Hammond, L. (2007). Race, inequality and educational accountability: The irony of "No Child Left Behind." *Race, Ethnicity, and Education, 10,* 245–260.

Darling-Hammond, L., & Baratz-Snowden, J. (Eds.) (2005). *A good teacher in every classroom: Preparing the highly qualified teachers our children deserve.* San Francisco: Jossey-Bass.

Darling-Hammond, L., & Bransford, J. (Eds.) (2005). *Preparing teachers for a changing world.* San Francisco: Jossey-Bass.

Darling-Hammond, L., & Falk, B. (2013). *Teacher learning through assessment.*

Washington, DC: Center for American Progress.

Darling-Hammond, L., & others (2005). Educational goals and purposes: Developing a curricular vision for education. In L. Darling-Hammond & J. Bransford (Eds.), *Preparing teachers for a changing world.* San Francisco: Jossey-Bass.

Davies, J., & Brember, I. (1999). Reading and mathematics attainments and self-esteem in years 2 and 6—an eight-year cross-sectional study. *Educational Studies, 25,* 145–157.

Davies, P.T., Martin, M.J., & Sturge-Apple, M.L. (2016). Emotional security theory and developmental psychopathology. In D. Cicchetti (Ed.), *Developmental psychopathology* (3rd ed.). New York: Wiley.

Davison, M.L., & others (2015). Criterion-related validity: Assessing the value of subscores. *Journal of Educational Measurement, 52,* 263–279.

De Castella, K., Byrne, D., & Covington, M. (2013). Unmotivated or motivated to fail? A cross-cultural study of achievement motivation, fear of failure, and student disengagement. *Journal of Educational Psychology, 105,* 861–880.

de Haan, M., & Johnson, M.H. (2016). Typical and atypical human functional brain development. In D. Cicchetti (Ed.), *Developmental psychopathology* (3rd ed.). New York: Wiley.

De La Paz, S., & McCutchen, D. (2017). Learning to write. In R.E. Mayer & P.A. Alexander (Eds.), *Handbook of research on learning and instruction* (2nd ed.). New York: Routledge.

Deary, I. (2012). Intelligence. *Annual Review of Psychology* (Vol. 63). Palo Alto, CA: Annual Reviews.

Deary, I.J., Strand, S., Smith, P., & Fernandes, C. (2007). Intelligence and educational achievement. *Intelligence, 35,* 13–21.

Decety, J., & Cowell, J. (2016). Developmental social neuroscience. In D. Cicchetti (Ed.), *Developmental psychopathology* (3rd ed.). New York: Wiley.

deCharms, R. (1984). Motivation enhancement in educational settings. In R. Ames & C. Ames (Eds.), *Research on motivation in education* (Vol. 1). Orlando: Academic Press.

Deci, E.I., Koestner, R., & Ryan, R.M. (2001). Extrinsic rewards and intrinsic motivation in education: Reconsidered once again. *Review of Educational Research, 71,* 1–28.

Decristan, J.K., & others (2015). Embedded formative assessment and classroom process quality: How do they interact in promoting science understanding? *American Educational Research Journal, 52,* 1133–1159.

Del Campo, L., Buchanan, W.R., Abbott, R.D., & Berninger, V.W. (2015). Levels of phonology related to reading and writing in middle and late childhood. *Reading and Writing, 28,* 183–198.

Delisle, J.R. (1987). *Gifted kids speak out.* Minneapolis: Free Spirit Publishing.

Dell, A.G., Newton, D.A., & Petroff, J.G. (2017). *Assistive technology in the classroom* (3rd ed.). Upper Saddle River, NJ: Pearson.

Demby, S.L. (2016, in press). Parenting coordination: Applying clinical thinking to the management of post-divorce conflict. *Journal of Clinical Psychology.* doi:10.1002/jclp.22261

Dempster, F.N. (1981). Memory span: Sources of individual and developmental differences. *Psychological Bulletin, 89,* 63–100.

DeNavas-Walt, C., & Proctor, B.D. (2015). *Income and poverty in the United States: 2014.* Washington, DC: U.S. Census Bureau.

Deng, Y., & others (2016). Gender differences in emotional response: Inconsistency between experience and expressivity. *PLoS One, 11*(6), e0158666.

Denham, S.A., Bassett, H.H., & Wyatt, T. (2015). The socialization of emotional competence. In J.E. Grusec & P.D. Hastings (Eds.), *Handbook of socialization* (2nd ed.). New York: Guilford.

Derman-Sparks, L., & The Anti-Bias Curriculum Task Force (1989). *Anti-bias curriculum.* Washington, DC: National Association for the Education of Young Children.

DeRosa, D.A., & Abruscato, J.A. (2015). *Teaching children science* (8th ed.). Upper Saddle River, NJ: Pearson.

DeRosier, M.E., & Marcus, S.R. (2005). Building friendships and combating bullying: Effectiveness of S.S. GRIN at one-year follow-up. *Journal of Clinical Child and Adolescent Psychology, 34,* 140–150.

Devito, J.A. (2017). *Essentials of human communication* (9th ed.). Upper Saddle River, NJ: Pearson.

Dewey, J. (1933). *How we think.* Lexington, MA: D.C. Heath.

DeZolt, D.M., & Hull, S.H. (2001). Classroom and school climate. In J. Worell (Ed.), *Encyclopedia of women and gender.* San Diego: Academic Press.

Diamond, A. (2013). Executive functions. *Annual Review of Psychology* (Vol. 64). Palo Alto, CA: Annual Reviews.

Diamond, A., & Lee, K. (2011). Interventions shown to aid executive function development in children 4 to 12 years old. *Science, 333,* 959–964.

Diaz, C. (2005). Unpublished review of J.W. Santrock's *Educational psychology* (3rd ed.). New York: McGraw-Hill.

Dickinson, D. (1998). *How technology enhances Howard Gardner's eight intelligences.*

Retrieved February 15, 2002, from www.america-tomorrow.com/ati/nhl80402.htm

Dickinson, D., Wolf, M., & Stotsky, S. (1993). "Words Move": The interwoven development of oral and written language in the school years. In Jean Berko Gleason (Ed.), *The development of language* (3rd ed.). New York: Macmillan.

Ding, X.P., & others (2014). Elementary school children's cheating behavior and its cognitive correlates. *Journal of Experimental Child Psychology, 121,* 85–95.

Dodge, K.A. (2010). *Current directions in child psychopathology.* Boston: Allyn & Bacon.

Doe, C. (2015). Student interpretation of diagnostic feedback. *Language Assessment Quarterly, 12,* 110–135.

Dohla, D., & Heim, S. (2016). Developmental dyslexia and dysgraphia: What can we learn from one about the other? *Frontiers in Psychology, 6,* 2045.

Domjan, M. (2015). *Principles of learning and behavior* (6th ed.). Boston: Cengage.

Dovis, S., Van der Oord, S., Wiers, R.W., & Prins, P.J. (2015). Improving executive functioning in children with ADHD: Training multiple executive functions within the context of a computer game. A randomized double-blind placebo controlled trial. *PLoS One, 10 (4),* e0121651.

Doyle, W. (1986). Classroom organization and management. In M.C. Wittrock (Ed.), *Handbook of research on teaching* (3rd ed.). New York: Macmillan.

Doyle, W. (2006). Ecological approaches to classroom management. In C.M. Evertson & C.S. Weinstein (Eds.), *Handbook of classroom management.* Mahwah, NJ: Erlbaum.

Duan, X., Dan, Z., & Shi, J. (2013). The speed of information processing of 9- to 13-year-old intellectually gifted children. *Psychology Reports, 112,* 20–32.

Duff, D., Tomblin, J.B., & Catts, H. (2015). The influence of reading on vocabulary growth: A case for a Matthew effect. *Journal of Speech, Language, and Hearing Research, 58,* 853–864.

Duggan, K.A., & Friedman, H.S. (2014). Lifetime biopsychosocial trajectories of the Terman gifted children: Health, well-being, and longevity. In D.K. Simonton (Ed.), *Wiley-Blackwell handbook of genius.* New York: Oxford University Press.

Duncan, G.J., Magnuson, K., & Votruba-Drzal, E. (2015). Children and socioeconomic status. In M.H. Bornstein & T. Leventhal (Eds.), *Handbook of child psychology and developmental science* (7th ed., Vol. 4). New York: Wiley.

Duncan, G.J., & others (2007). School readiness and later achievement. *Developmental Psychology, 43,* 1428–1446.

Dunlosky, J., & others (2013). Improving students' learning with effective learning

techniques: Promising directions from cognitive and educational psychology. *Psychological Science in the Public Interest, 14,* 4–58.

Dupere, V., & others (2015). Stressors and turning points in high school and dropout: A stress process, life course framework. *Review of Educational Research, 85,* 591–629.

Durston, S., & Casey, B.J. (2006). What have we learned about cognitive development from neuroimaging. *Neuropsychologia, 44,* 2149–2157.

Durston, S., & others (2006). A shift from diffuse to focal cortical activity with development. *Developmental Science, 9,* 1–8.

Dweck, C.S. (2006). *Mindset.* New York: Random House.

Dweck, C.S. (2012). Mindsets and human nature: Promoting change in the Middle East, the school yard, the racial divide, and willpower. *American Psychologist, 67,* 614–622.

Dweck, C.S. (2015a, September 23). Carol Dweck revisits the "growth mindset." *Education Week, 35*(5), 24–26.

Dweck, C.S. (2015b, December). The remarkable reach of "growth mindsets." *Scientific American, 27,* 36–41.

Dweck, C.S. (2016, March 11). *Growth mindset revisited.* Invited presentation at Leaders to Learn From. Washington, DC: Education Week.

Dweck, C.S., & Elliott, E. (1983). Achievement motivation. In P. Mussen (Ed.), *Handbook of child psychology* (4th ed., Vol. 4). New York: Wiley.

Dweck, C.S., & Master, A. (2009). Self-theories and motivation: Students' beliefs about intelligence. In K.R. Wentzel & A. Wigfield (Eds.), *Handbook of motivation at school.* New York: Routledge.

E

Eagly, A.H. (2012). Women as leaders: Paths through the labyrinth. In M.C. Bligh & R. Riggio (Eds.), *When near is far and far is near: Exploring distance in leader-follower relationships.* New York: Wiley Blackwell.

Eagly, A.H. (2013). Science and politics: A reconsideration. In M.K. Ryan & N.R. Branscombe (Eds.), *Sage handbook of gender and psychology.* Thousand Oaks, CA: Sage.

Eagly, A.H., & Crowley, M. (1986). Gender and helping behavior: A meta-analytic review of the social psychological literature. *Psychological Bulletin, 100,* 283–308.

Eagly, A.H., & Steffen, V.J. (1986). Gender and aggressive behavior: A meta-analytic review of the social psychological literature. *Psychological Bulletin, 100,* 309–330.

Ebadi, S., & Shakoorzadeh, R. (2015). Investigation of academic procrastination prevalence and its relationship with academic self-regulation and achievement motivation among high-school students in Tehran city. *International Education Studies, 8*(10), 193–199.

Eccles, J.S. (1987). Gender roles and women's achievement-related decisions. *Psychology of Women Quarterly, 11,* 135–172.

Eccles, J.S. (1993). School and family effects on the ontogeny of children's interests, self-perceptions, and activity choice. In J. Jacobs (Ed.), *Nebraska symposium on motivation, 1992; Developmental perspectives on motivation.* Lincoln, NE: University of Nebraska Press.

Eccles, J.S. (2004). School, academic motivation, and stage-environment fit. In R. Lerner & L. Steinberg (Eds.), *Handbook of adolescent psychology* (2nd ed.). New York: Wiley.

Eccles, J.S. (2007). Families, schools, and developing achievement-related motivations and engagement. In J.E. Grusec & P.D. Hastings (Eds.), *Handbook of socialization.* New York: Guilford.

Eccles, J.S., & Roeser, R.W. (2015). School and community influences on human development. In M.H. Bornstein & M.E. Lamb (Eds.), *Developmental science* (7th ed.). New York: Psychology Press.

Eccles, J.S., Wigfield, A., & Schiefele, U. (1998). Motivation to succeed. In W. Damon (Ed.), *Handbook of child psychology* (5th ed., Vol. 4). New York: Wiley.

Echevarria, J.J., Richards-Tutor, C., & Vogt, M,J. (2015). *Response to intervention (RTI) and English learners: Using the SIOP model* (2nd ed.). Upper Saddle River, NJ: Pearson.

Educational Cyber Playground (2006). *Ringleader Alan Haskvitz.* Retrieved July 1, 2006, from http://www.edu-cyberpg.com/ringleaders/al.html

Edwards, A.R., Esmonde, I., Wagner, J.F., & Beattie, R.C. (2017). Learning science. In R.E. Mayer & P.A. Alexander (Eds.), *Handbook of research on learning and instruction* (2nd ed.). New York: Routledge.

Egalite, A.J., Kisida, B., & Winters, M.A. (2015). Representation in the classroom: The effect of own-race teachers on student achievement. *Economics of Education Review, 44*(April), 44–52.

Eisenberg, N., Duckworth, A., Spinrad, L., & Valiente, C. (2014). Conscientiousness and healthy aging. *Developmental Psychology, 50,* 1331–1349.

Eisenberg, N., Fabes, R.A., & Spinrad, T.L. (2006). Prosocial development. In W. Damon & R. Lerner (Eds.), *Handbook of child psychology* (6th ed.). New York: Wiley.

Eisenberg, N., Smith, C.L., & Spinrad, T.L. (2016). Effortful control: Relations with emotion regulation, adjustment, and socialization in childhood. In K.D. Vohs & R.F. Baumeister (Eds.), *Handbook of self-regulation* (3rd ed.). New York: Guilford.

Eisenberg, N., & Spinrad, T.L. (2016). Multidimensionality of prosocial behavior: Rethinking the conceptualization and development of prosocial behavior. In L. Padilla-Walker & G. Carlo (Eds.), *Prosocial behavior.* New York: Oxford University Press.

Eisenberg, N., Spinrad, T.L., & Knafo-Noam, A. (2015). Prosocial development. In R.M. Lerner (Ed.), *Handbook of child psychology and developmental science* (7th ed.). New York: Wiley.

Eisenberg, N., Spinrad, T.L., & Valiente, C. (2016). Emotion-related self-regulation and children's social, psychological, and academic functioning. In L. Balter & C.S. Tamis-LeMonda (Eds.), *Child psychology* (3rd ed.). New York: Routledge.

Eisenhower Foundation (2010). *Quantum Opportunities program* . Retrieved June 26, 2010, from http://www.eisenhowerfoundation. org/qop.php

Eisenman, G., Edwards, S., & Cushman, C.A. (2015). Bringing reality to classroom management in teacher education. *Professional Educator, 39*(1).

Eklund, K., Tanner, N., Stoll, K., & Anway, L. (2015). Identifying emotional and behavioral risk among gifted and nongifted children: A multi-gate, multi-informant approach. *School Psychology Quarterly, 30,* 197–211.

Elam, K.K., Sandler, I., Wolchik, S., & Tein, J.Y. (2016). Non-residential father-child involvement, interparental conflict, and mental health of children following divorce: A person-focused approach. *Journal of Youth and Adolescence, 45,* 581–593.

Elkind, D. (1976). *Child development and education: A Piagetian perspective.* New York: Oxford University Press.

Elkind, D. (1978). Understanding the young adolescent. *Adolescence, 13,* 127–134.

Ellis, S., Klahr, D., & Siegler, R.S. (1994, April). *The birth, life, and sometimes death of good ideas in collaborative problem-solving.* Paper presented at the meeting of the American Educational Research Association, New Orleans.

Emmer, E.T., & Evertson, C. (2009). *Classroom management for middle and secondary teachers* (8th ed.). Boston: Allyn & Bacon.

Emmer, E.T., & Evertson, C.M. (2017). *Classroom management for middle and high school teachers* (10th ed.). Upper Saddle River, NJ: Pearson.

Emmer, E.T., Evertson, C.M., & Anderson, L.M. (1980). Effective classroom management at the beginning of the school year. *Elementary School Journal, 80,* 219–231.

Engler, B. (2009). *Personality theories* (8th ed.). Belmont, CA: Wadsworth.

Enright, M.S., Schaefer, L.V., Schaefer, P., & Schaefer, K.A. (2008). Building a just adolescent community. *Montessori Life, 20,* 36–42.

Entwisle, D.R., & Alexander, K.L. (1993). Entry into the school: The beginning school transition and educational stratification in the United States. *Annual Review of Sociology, 19,* 401–423.

Entwisle, D.R., Alexander, K.L., & Olson, L. (2010). The long reach of socioeconomic status in education. In J. Meece & J. Eccles (Eds.), *Handbook of research on schools, schooling, and human development.* New York: Routledge.

Epstein, J. (1998, April). *Interactive homework: Effective strategies to connect home and school.* Paper presented at the meeting of the American Educational Research Association, San Diego.

Epstein, J.L. (2001). *School, family, and community partnerships.* Boulder, CO: Westview Press.

Epstein, J.L. (2009). *School, family, and community partnerships* (3rd ed.). Thousand Oaks, CA: Corwin Press.

Ericson, N. (2001, June). *Addressing the problem of juvenile bullying.* Washington, DC: Office of Juvenile Justice and Delinquency Prevention, Office of Justice Programs, U.S. Department of Justice.

Ericsson, K.A. (2014). A view from the expert-performance approach. In D.K. Simonton (Ed.), *Wiley handbook of genius.* New York: Wiley.

Ericsson, K.A., Krampe, R.T., & Tesch-Romer, C. (1993). The role of deliberate practice in acquisition of expert performance. *Psychological Review, 100,* 363–406.

Ericsson, K.A., & Moxley, J.H. (2013). Experts' superior memory: From accumulation of chunks to building memory skills that mediate improved performance and learning. In T.J. Perfect & D.S. Lindsay (Eds.), *SAGE handbook of applied memory.* Thousand Oaks, CA: Sage.

Ericsson, K.A., & others (Eds.) (2016). *Cambridge handbook of expertise and expert performance.* New York: Cambridge University Press.

Erikson, E.H. (1968). *Identity: Youth and crisis.* New York: W.W. Norton.

Ernst, J.V., & Glennie, E. (2015). Redesigned high schools for transformed STEM learning: Performance assessment pilot outcome. *Journal of STEM Education: Innovations and Research, 16*(4), 27–35.

Espelage, D.L., & Colbert, C.L.   (2016). School-based interventions to prevent bullying and promote social behaviors. In K.R. Wentzel & G.B. Ramani (Eds.), *Handbook of social influences in school contexts.* New York: Routledge.

Estes, T.H., & Mintz, S.L.   (2016). *Instruction* (7th ed.). Upper Saddle River, NJ: Pearson.

Evans, G.W.   (2004). The environment of childhood poverty. *American Psychologist, 59*, 77–92.

Evans, G.W., & English, K.   (2002). The environment of poverty: Multiple stressor exposure, psychophysiological stress, and socioeconomic disadvantage. *Child Development, 73*, 1238–1248.

Evans, S.Z., Simons, L.G., & Simons, R.L.   (2016). Factors that influence trajectories of delinquency throughout adolescence. *Journal of Youth and Adolescence, 45*, 156–171.

Evans-Lacko, S., & others   (2016, in press). Childhood bullying victimization is associated with the use of mental health services over five decades: A longitudinal nationally representative study. *Psychological Medicine.* doi:10.1017/S0033291716001719

Evertson, C.M., & Emmer, E.T.   (2009). *Classroom management for elementary teachers* (8th ed.). Boston: Allyn & Bacon.

Evertson, C.M., & Emmer, E.T.   (2017). *Classroom management for elementary teachers* (10th ed.). Upper Saddle River, NJ: Pearson.

Evertson, C.M., & Harris, A.H.   (1999). Support for managing learning-centered classrooms: The classroom organization and management program. In H.J. Freiberg (Ed.), *Beyond behaviorism: Changing the classroom management paradigm.* Boston: Allyn & Bacon.

Evertson, C.M., & Poole, I.R.   (2008). Proactive classroom management. In T. Good (Ed.), *Twenty-first century education: A reference handbook.* Los Angeles, CA: Sage.

F

Fahey, P.F., Wu, H.C., & Hoy, W.K.   (2010). Individual academic optimism of teachers: A new concept and its measure. In W.K. Hoy & M. DiPaola (Eds.), *Analyzing school contexts.* Greenwich, CT: Information Age.

Fakhoury, M.   (2015). Autistic spectrum disorders: A review of clinical features, theories, and diagnosis. *International Journal of Neuroscience, 43*, 70–77.

Fazio, L.K., DeWolf, M., & Siegler, R.S.   (2016). Strategy use and strategy choice in fraction magnitude comparison. *Journal of Experimental Psychology, 42*, 1–16.

Feather, N.T.   (1966). Effects of prior success and failure on expectations of success and subsequent performance. *Journal of Personality and Social Psychology, 3*, 287–298.

Feeney, S., Moravcik, E., & Nolte, S.   (2016). *Who am I in the lives of children?* (10th ed.). Upper Saddle River, NJ: Pearson.

Feng, Y.   (1996). Some thoughts about applying constructivist theories to guide instruction. *Computers in the Schools, 12*, 71–84.

Fenzel, L.M., Blyth, D.A., & Simmons, R.G.   (1991). School transitions, secondary. In R.M. Lerner, A.C. Petersen, & J. Brooks-Gunn (Eds.), *Encyclopedia of adolescence* (Vol. 2). New York: Garland.

Ferguson, C.J.   (2013). Spanking, corporal punishment, and negative long-term outcomes: A meta-analytic review of longitudinal studies. *Clinical Psychology Review, 33*, 196–208.

Fernandez-Alonso, R., Suarez-Alvarez, J., & Muniz, J.   (2015). Adolescents' homework performance in mathematics and science: Personal factors and teaching practice. *Journal of Educational Psychology, 107*, 1075–1085.

Fernandez-Berrocal, P., & Checa, P.   (2016). Editorial: Emotional intelligence and cognitive abilities. *Frontiers in Psychology, 7*, 955.

Fernandez-Jaen, A., & others   (2015). Cortical thickness differences in the prefrontal cortex in children and adolescents with ADHD in relation to dopamine transporter (DAT1) genotype. *Psychiatry Research., 233*, 409–417.

Ferrer, E., & others   (2013). White matter maturation supports the development of reasoning ability through its influence on processing speed. *Developmental Science, 16*, 941–951.

Fidalgo, R., Harris, K.R., & Braaksma, M.   (2016). *Design principles for teaching effective writing.* Leiden, The Netherlands: Brill.

Fields, R.D.   (2015). A new mechanism of neural plasticity: Activity-dependent myelination. *Nature Reviews: Neuroscience, 16*, 756–767.

Finion, K.J., & others   (2015). Emotion-based preventive intervention: Effectively promoting emotion knowledge and adaptive behavior among at-risk preschoolers. *Development and Psychopathology, 27*, 1353–1365.

Fiorella, L., & Mayer, R.E.   (2015). *Learning as thinking and thinking as learning.* Washington, DC: American Psychological Association.

Fischer, K.W., & Immordino-Yang, M.H.   (2008). Introduction: The fundamental importance of the brain and learning for education. In *The Jossey-Bass reader on the brain and learning.* San Francisco: Jossey-Bass.

Fischhoff, B., Bruine de Bruin, W., Parker, A.M., Millstein, S.G., & Halpern-Felsher, B.L.   (2010). Adolescents' perceived risk of dying. *Journal of Adolescent Health, 46*, 265–269.

Fisher, B.W., Gardella, J.H., & Teurbe-Tolon, A.R.   (2016). Peer cybervictimization among adolescents and the associated internalizing and externalizing problems: A meta-analysis. *Journal of Youth and Adolescence, 45*, 1727–1743.

Fisher, D., & Frey, N.   (2016). *Improving adolescent literacy* (4th ed.). Upper Saddle River, NJ: Pearson.

Fitzpatrick, J.   (1993). *Developing responsible behavior in schools.* South Burlington, VT: Fitzpatrick Associates.

Fives, H., & Buehl, M.M.   (2016). Teaching motivation: Self-efficacy and goal orientation. In K. Wentzel & D. Miele (Eds.), *Handbook of motivation at school* (2nd ed.). New York: Routledge.

Flannery, D.J., & others   (2016). Bullying prevention: A summary of the report of the National Academies of Sciences, Engineering, and Medicine: Committee on the Biological and Psychological Effects of Peer Victimization: Lessons for bullying prevention. *Prevention Science, 17*, 1044–1053.

Flavell, J.H.   (2004). Theory-of-mind development: Retrospect and prospect. *Merrill-Palmer Quarterly, 50*, 274–290.

Flavell, J.H., Friedrichs, A., & Hoyt, J.   (1970). Developmental changes in memorization processes. *Cognitive Psychology, 1*, 324–340.

Flavell, J.H., Green, F.L., & Flavell, E.R.   (1995). The development of children's knowledge about attentional focus. *Developmental Psychology, 31*, 706–712.

Flavell, J.H., Green, F.L., & Flavell, E.R.   (1998). The mind has a mind of its own: Developing knowledge about mental uncontrollability. *Cognitive Development, 13*, 127–138.

Flavell, J.H., Miller, P.H., & Miller, S.   (2002). *Cognitive development* (4th ed.). Upper Saddle River. NJ: Prentice Hall.

Florez, M.A.C.   (1999). Improving adult English language learners' speaking skills. *ERIC Digest*, EDO-LE-99-01, 1–5.

Flower, L.S., & Hayes, J.R.   (1981). Problem-solving and the cognitive processes in writing. In C. Frederiksen & J.F. Dominic (Eds.), *Writing: The nature, development, and teaching of written communication.* Mahwah, NJ: Erlbaum.

Flynn, J.R.   (1999). Searching for justice: The discovery of IQ gains over time. *American Psychologist, 54*, 5–20.

Flynn, J.R.   (2007). The history of the American mind in the 20th century: A scenario to explain gains over time and a case for the irrelevance of g. In P.C. Kyllonen, R.D. Roberts, & L. Stankov (Eds.), *Extending intelligence.* Mahwah, NJ: Erlbaum.

Flynn, J.R. (2011). Secular changes in intelligence. In R.J. Sternberg & S.B. Kaufman (Eds.), *Cambridge handbook of intelligence.* New York: Cambridge University Press.

Flynn, J.R. (2013). *Are we getting smarter?* New York: Cambridge University Press.

Fogarty, R. (Ed.) (1993). *The multiage classroom.* Palatine, IL: IRI/Skylight.

Ford, D.Y. (2014). Why education must be multicultural: Addressing a few misperceptions with counterarguments. *Gifted Child Today, 37,* 59–62.

Ford, D.Y. (2015a). Multicultural issues: Recruiting and retaining Black and Hispanic students in gifted education: Equality versus equity in schools. *Gifted Child Today, 38,* 187–191.

Ford, D.Y. (2015b). Culturally responsive gifted classrooms for culturally different students: A focus on invitational learning. *Gifted Child Today, 38,* 67–69.

Ford-Brown, L.A., & Kindersley, D.K.D. (2017). *DK communication.* Upper Saddle River, NJ: Pearson.

Fox, E., & Alexander, R.A. (2017). Learning to read. In R.E. Mayer & P.A. Alexander (Eds.), *Handbook of research on learning and instruction* (2nd ed.). New York: Routledge.

Fox, E., & Dinsmore, D.L. (2016). Teacher influences on the development of students' personal interest in academic domains. In K.R. Wentzel & G.B. Ramani (Eds.), *Handbook of social influences in school contexts.* New York: Routledge.

Francks, C. (2016, in press). Exploring human brain lateralization with molecular genetics and genomics. *Annals of the New York Academy of Sciences.* doi: 10.1111/nyas.12770

Frankenberg, E., & Orfield, G. (Eds.) (2007). *Lessons in integration.* Charlottesville, VA: University of Virginia Press.

Frederikse, M., Lu, A., Aylward, E., Barta, P., Sharma, T., & Perlsons, G. (2000). Sex differences in inferior lobule volume in schizophrenia. *American Journal of Psychiatry, 157,* 422–427.

Freeman, J., & Garces-Bascal, R.M. (2015). Gender differences in gifted children. In M. Neihart & others (Eds.), *Social and emotional development of gifted children.* Waco, TX: Prufrock Press.

Frey, B. (2005). Standard deviation. In S.W. Lee (Ed.), *Encyclopedia of school psychology.* Thousand Oaks. CA: Sage.

Friedman, H.S., & Schustack, M.W. (2016). *REVEL for personality* (6th ed.). Upper Saddle River, NJ: Pearson.

Friedman, N.P., & others (2007). Greater attention problems during childhood predict poorer executive functioning in late adolescence. *Psychological Science, 18,* 893–900.

Fritz, K.M., & O'Connor, P.J. (2016). Acute exercise improves mood and motivation in young men with ADHD symptoms. *Medicine and Science in Sports and Exercise, 48,* 1153–1160.

Fuchs, D., Fuchs, L.S., & Burish, P. (2000). Peer-assisted strategies: An empirically-supported practice to promote reading. *Learning Disabilities Research and Practice, 9,* 203–212.

Fuchs, D., Fuchs, L.S., Mathes, P.G., & Simmons, D. C. (1997). Peer-assisted learning strategies: Making classrooms more responsive to diversity. *American Educational Research Journal, 34,* 174–206.

Fuchs, L.S., & others (2016a). Effects of intervention to improve at-risk fourth-graders' understanding, calculations, and word problems with fractions. *Elementary School Journal, 116,* 625–651.

Fuchs, L.S., & others (2016b). Pathways to third-grade calculation versus word-reading competence: Are they more alike or different? *Child Development, 87,* 558–567.

Fuchs, L.S., & others (2016c, in press). Supported self-explaining during fraction intervention. *Journal of Educational Psychology.*

Fuhs, M.W., Nesbitt, K.T., Farran, D.C., & Dong, N. (2014). Longitudinal associations between executive functioning and academic skills across content areas. *Developmental Psychology, 50,* 1698–1709.

Fuligni, A.J., & Tsai, K.M. (2015). Developmental flexibility in the age of globalization: Autonomy and identity development among immigrant adolescents. *Annual Review of Psychology* (Vol. 66). Palo Alto, CA: Annual Reviews.

Furth, H.G., & Wachs, H. (1975). *Thinking goes to school.* New York: Oxford University Press.

Fuson, K.C., Kalchman, M., & Bransford, J.D. (2005). Mathematical understanding: An introduction. In M.S. Donovan & J.D. Bransford (Eds.), *How students learn.* Washington, DC: National Academies Press.

G

Galambos, N.L., Berenbaum, S.A., & McHale, S.M. (2009). Gender development in adolescence. In R.M. Lerner & L. Steinberg (Eds.), *Handbook of adolescent psychology.* New York: Wiley.

Galdiolo, S., & Roskam, I. (2016). From me to us: The construction of family alliance. *Infant Mental Health, 37,* 29–44.

Galinsky, E. (2010). *Mind in the making.* New York: Harper Collins.

Gallant, S.N. (2016). Mindfulness meditation practice and executive functioning: Breaking

down the benefit. *Consciousness and Cognition, 40,* 116–130.

Gallo, E.F., & Posner, J. (2016). Moving towards causality in attention-deficit/hyperactivity disorder: Overview of neural and genetic mechanisms. *Lancet Psychiatry, 3,* 555–567.

Galvan, A., & Tottenham, N. (2016). Adolescent brain development. In D. Cicchetti (Ed.), *Developmental psychopathology* (3rd ed.). New York: Wiley.

Gambari, I.A., Yusuf, M.O., & Thomas, D.A. (2015). Effects of computer-assisted STAD, LTM, and ICI cooperative learning strategies on Nigerian secondary school students' achievement, gender, and motivation in physics. *Journal of Education and Practice, 19,* 16–28.

Gambrell, L.B., Morrow, L.M., & Pressley, M. (Eds.) (2007). *Best practices in literacy instruction.* New York: Guilford.

Gandara, P. (2002). *Peer group influence and academic aspirations across cultural/ethnic groups of high school students.* Santa Cruz, University of California, Center for Research on Education, Diversity & Excellence.

Garandeau, C.F., Vartio, A., Poskiparta, E., & Salmivalli, C. (2016). School bullies' intention to change behavior following teacher interventions: Effects of empathy arousal, condemning of bullying, and blaming the perpetrator. *Prevention Science, 17,* 1034–1043.

Garcia-Lopez, L.J., Diaz-Castela, M.D., Muela-Martinez, J.A., & Espinosa-Fernandez, L. (2014). Can parent training for parents with high levels of expressed emotion have a positive effect on their child's social anxiety improvement? *Journal of Anxiety Disorders, 28,* 812–822.

Gardner, H. (1983). *Frames of mind.* New York: Basic Books.

Gardner, H. (1993). *Multiple intelligences.* New York: Basic Books.

Gardner, H. (1998). Multiple intelligences: Myths and messages. In A. Woolfolk (Ed.), *Readings in educational psychology* (2nd ed.). Boston: Allyn & Bacon.

Gardner, H. (2002). The pursuit of excellence through education. In M. Ferrari (Ed.), *Learning from extraordinary minds.* Mahwah, NJ: Erlbaum.

Gardner, M., Brooks-Gunn, J., & Chase-Lansdale, P.L. (2016). The two-generation approach to building human capital: Past, present, and future. In E. Votruba-Drzal & E. Dearing (Eds.), *Handbook of early childhood development programs, practices, and policies.* New York: Wiley.

Gardner, M., & Steinberg, L. (2005). Peer influence and risk taking, risk preference, and psychology, *Developmental Psychology, 41,* 625–635.

Garmon, A., Nystrand, M., Berends, M., & LePore, P.C. (1995). An organizational analysis of the effects of ability grouping. *American Educational Research Journal, 32,* 687–715.

Gates, W. (1998, July 20). Charity begins when I'm ready [interview]. *Fortune* magazine.

Gauvain, M. (2016). Peer contributions to cognitive development. In K. Wentzel & G.B. Ramani (Eds.), *Handbook of social influences in school contexts.* New York: Routledge.

Gay, G. (1997). Educational equality for students of color. In J.A. Banks & C.M. Banks (Eds.), *Multicultural education* (3rd ed.). Boston: Allyn & Bacon.

Gelman, R. (1969). Conservation acquisition: A problem of learning to attend to relevant attributes. *Journal of Experimental Child Psychology, 7,* 67–87.

Gelman, S.A., & Opfer, J.E. (2004). Development of the animate-inanimate distinction. In U. Goswami (Ed.), *Blackwell handbook of childhood cognitive development.* Malden, MA: Blackwell.

Genesee, F., & Lindholm-Leary, K. (2012). The education of English language learners. In K. Harris, S. Graham, & T. Urdan (Eds.), *APA educational psychology handbook.* Washington, DC: American Psychological Association.

GenYes (2010). Retrieved January 14, 2010, from http: genyes.com

Gershoff, E.T. (2013). Spanking and development: We know enough now to stop hitting our children. *Child Development Perspectives, 7,* 133–137.

Gershoff, E.T., & Grogan-Kaylor, A. (2016). Spanking and child outcomes: Old controversies and new meta-analyses. *Journal of Family Psychology, 30,* 453–469.

Gerst, E.H., & others (2016, in press). Cognitive and behavioral rating measures of executive function as predictors of academic outcomes in children. *Child Neuroscience.* doi:10.1 080/09297049.2015.1120860

Geurten, M., Lejeune, C., & Meulemans, T. (2016). Time's up! Involvement of metamemory knowledge, executive functions, and time monitoring in children's prospective memory performance. *Child Neuropsychology, 22,* 443–457.

Gilligan, C. (1982). *In a different voice.* Cambridge, MA: Harvard University Press.

Gilligan, C. (1992, May). Joining the resistance: Girls' development in adolescence. Paper presented at the symposium on development and vulnerability in close relationships, Montreal, Quebec.

Gilligan, C. (1998). *Minding women: Reshaping the education realm.* Cambridge, MA: Harvard University Press.

Gilligan, C., Spencer, R., Weinberg, M.K., & Bertsch, T. (2003). On the listening guide: A voice-centered relational model. In P.M. Carnic & J.E. Rhodes (Eds.), *Qualitative research in psychology.* Washington, DC: American Psychological Association.

Ginsburg-Block, M. (2005). Peer tutoring. In S.W. Lee (Ed.), *Encyclopedia of school psychology.* Thousand Oaks, CA: Sage.

Glasser, W. (1969). *Schools without failure.* New York: Harper & Row.

Gleichgerrcht, E., & others (2015). Educational neuromyths among teachers in Latin America. *Mind, Brain, and Education, 9,* 170–178.

Glesne, C. (2016). *Becoming qualitative researchers* (5th ed.). Upper Saddle River, NJ: Pearson.

Gliner, J.A., Morgan, G.A., & Leech, N.L. (2017). *Research methods in applied settings.* New York; Routledge.

Globallab (2016). *Global student laboratory.* Retrieved August 21, 2016, from https://globallab.org/en/project/catalog/#.V7nsGal08kw

Gluck, M.A., Mercado, E., & Myers, C.E. (2016). *Learning and memory* (3rd ed.). New York: Worth.

Goddings, A-L., & Mills, K. (2017). *Adolescence and the brain.* New York: Routledge.

Godfrey, H.K., & Grimshaw, G.M. (2016, in press). Emotional language is all right: Emotional prosody reduces hemispheric asymmetry for linguistic processing. *Laterality.* doi 10.1080/1357650X.2015.1096940

Godfrey, K.E. (2011–12). *Investigating grade inflation and non-equivalence.* New York: College Board.

Goffin, S.G., & Wilson, C.S. (2001). *Curriculum models and early childhood education.* Upper Saddle River, NJ: Prentice Hall.

Gold, J., & Lanzoni, M. (Eds.) (1993). [Video] *Graduation by portfolio—Central Park East Secondary School.* New York: Post Production, 29th St. Video, Inc.

Goldberg, J.S., & Carlson, M.J. (2015). Patterns and predictors of coparenting after unmarried parents part. *Journal of Family Psychology, 29,* 416–426.

Goldberg, W.A., & Lucas-Thompson, R. (2008). Maternal and paternal employment, effects. In M.M. Haith & J.B. Benson (Eds.), *Encyclopedia of infant and early childhood development.* Oxford, UK: Elsevier.

Goldman-Rakic, P. (1996). *Bridging the gap.* Presentation at the workshop sponsored by the Education Commission of the States and the Charles A. Dana Foundation, Denver.

Goldner, L. (2016). Protégés' personality traits, expectations, the quality of the mentoring, and relationships and adjustment: A Big Five analysis. *Child & Youth Forum, 45,* 85–105.

Goleman, D. (1995). *Emotional intelligence.* New York: Basic Books.

Goleman, D., Kaufman, P., & Ray, M. (1993). *The creative spirit.* New York: Plume.

Gollnick, D.M., & Chinn, P.C. (2017). *Multicultural education in a pluralistic society* (10th ed.). Upper Saddle River, NJ: Pearson.

Gomez, K., & Lee, U-S. (2015). Situated cognition and learning environments: Implications for teachers online and offline in the new digital media age. *Interactive Learning Environments, 23,* 634–652.

Gong, Y., Ericsson, K.A., & Moxley, J.H. (2015). A refined technique for identifying chunk characteristics during recall of briefly presented chess positions and their relations to chess skill. *PLoS One, 10,* e0118756.

Gonzales, N.A., & others (2016). Culturally adapted preventive interventions for children and adolescents. In D. Cicchetti (Ed.), *Developmental psychopathology* (3rd ed.). New York: Wiley.

González, N., & Moll, L.C., & Amanti, C. (Eds.) (2005). *Funds of knowledge: Theorizing practices in households, communities, and classrooms.* Mahwah, NJ: Erlbaum.

Good, C., Rattan, A., & Dweck, C.S. (2012). Why do women opt out? Sense of belonging and women's representation in mathematics. *Journal of Personality and Social Psychology, 102,* 700–717.

Good, R.H., & Kaminski, R.A. (2003). Dynamic indicators of basic early literacy skills (6th ed.). Longmont, CO: Sopris West Educational Services.

Goodkind, S. (2013). Single-sex public education for low-income youth of color: A critical theoretical review. *Sex Roles, 69,* 363–381.

Goodlad, S., & Hirst, B. (1989). *Peer tutoring: A guide to learning by teaching.* New York: Nichols.

Gordon, T. (1970). *Parent effectiveness training.* New York: McGraw-Hill.

Gottfried, A.E., Marcoulides, G.A., Gottfried, A.W., & Oliver, P.H. (2009). A latent curve model of motivational practices and developmental decline in math and science academic intrinsic motivation. *Journal of Educational Psychology, 101,* 729–739.

Gottlieb, R., Jahner, E., Immordino-Yang, M.H., & Kaufman, S.B. (2017). How social-emotional imagination facilitates deep learning and creativity in the classroom. In R.A. Beghetto & J.C. Kaufman (Eds.), *Nurturing creativity in the classroom.* New York: Cambridge University Press.

Graham, S. (1986, August). *Can attribution theory tell us something about motivation in Blacks?* Paper presented at the meeting of the American Psychological Association, Washington, DC.

Graham, S. (1990). Motivation in African Americans. In G.L. Berry & J.K. Asamen (Eds.), *Black students.* Newbury Park, CA: Sage.

Graham, S. (2005, February 16). Commentary in *USA Today,* p. 2D.

Graham, S. (2017, in press). Writing research and practice. In D. Lapp & D. Fisher (Eds.), *Handbook of research on teaching the English language arts* (2nd ed.). New York: Routledge.

Graham, S., & Harris, K.R. (2016). Evidence-based practice and writing instruction. In C. MacArthur, S. Graham, & J. Fitzgerald (Eds.), *Handbook of writing research* (2nd ed.). New York: Guilford.

Graham, S., & Harris, K.R. (2017, in press). Self-regulated strategy development: Theoretical bases, critical instruction elements, and future research. In R. Fidalgo, K.R., Harris, & M. Braaksma (Eds.), *Design principles for teaching effective writing.* Hershey, PA: Brill.

Graham, S., Harris, K.R., McArthur, C., & Santangelo, T. (2017, in press). Self-regulation and writing. In D. Schunk & J. Greene (Eds.), *Handbook of self-regulation of learning and performance* (2nd ed.). New York: Routledge.

Graham, S., & Perin, D. (2007). A meta-analysis of writing instruction for adolescent students. *Journal of Educational Psychology, 99,* 445–476.

Graham, S., Rouse, A., & Harris, K.R. (2017, in press). Scientifically supported writing practices. In A. O'Donnell (Ed.), *Oxford handbook of educational psychology.* New York: Oxford University Press.

Graham, S., & Taylor, A.Z. (2016). Attribution theory and motivation in school. In K. Wentzel & D. Miele (Eds.), *Handbook of motivation at school* (2nd ed.). New York: Routledge.

Graham, S., & Weiner, B. (1996). Theories and principles of motivation. In D.C. Berliner & R.C. Calfee (Eds.), *Handbook of educational psychology.* New York: Macmillan.

Graham, S., & Williams, C. (2009). An attributional approach to motivation in school. In K. Wentzel & A. Wigfield (Eds.), *Handbook of motivation at school.* New York: Routledge.

Gravetter, F.J., & Forzano, L.B. (2016). *Research methods for the behavioral sciences* (5th ed.). Boston: Cengage.

Gravetter, F.J., & Wallnau, L.B. (2017). *Statistics for the behavioral sciences* (10th ed.). Boston: Cengage.

Gray, J. (1992). *Men are from Mars, women are from Venus.* New York: HarperCollins.

Gredler, M. (2009). *Learning and instruction* (6th ed.). Upper Saddle River, NJ: Merrill.

Green, C.G., Landry, O., & Iarocci, G. (2016). Developments in the developmental approach to intellectual disability. In D. Cicchetti (Ed.), *Developmental psychopathology* (3rd ed.). New York: Wiley.

Greenhow, M. (2015). Effective computer-aided assessment of mathematics: Principles, practice, and results. *Teaching Mathematics and Its Applications, 34,* 117–137.

Greenough, W.T. (1997, April 21). Commentary in article, "Politics of biology." *U.S. News & World Report,* p. 79.

Greenough, W.T. (2000). Brain development. In A. Kazdin (Ed.), *Encyclopedia of psychology.* Washington, DC, & New York: American Psychological Association and Oxford University Press.

Gregorson, M., Kaufman, J.C., & Snyder, H. (Eds.) (2013). *Teaching creativity and teaching creatively.* New York: Springer.

Gregory, A., & Huang, F. (2013). It takes a village: The effects of 10th grade college-going expectations of students, parents, and teachers four years later. *American Journal of Community Psychology, 52,* 41–55.

Gregory, A., & Korth, J. (2016). Teacher-student relationships and behavioral engagement in the classroom. In K.R. Wentzel & G.B. Ramani (Eds.), *Handbook of social influences in school contexts.* New York: Routledge.

Gregory, R.J. (2016). *REVEL for psychological testing* (7th ed.). Upper Saddle River, NJ: Pearson.

Grenell, A., & Carlson, S.M. (2016). Pretense. In D. Couchenour & K. Chrisman (Eds.), *Encyclopedia of contemporary early childhood education.* Thousand Oaks, CA: Sage.

Grenhow, C., & Askari, E. (2016). Peers and social media networks: Exploring adolescents' social functioning and academic outcomes. In K.R. Wentzel & G.B. Ramani (Eds.), *Handbook of social influences in school contexts.* New York: Routledge.

Gresalfi, M. (2015). Designing to support critical engagement with statistics. *ZDM: The International Journal of Mathematics Education, 47,* 933–946.

Gresalfi, M., Barab, S.A., Siyahhan, S., & Christensen, T. (2009). Virtual worlds, conceptual understanding, and me: Designing for consequential engagement. *On the Horizon, 17*(1), 21–34.

Grice, G.L., Skinner, J.F., & Mansson, D.H. (2016). *Mastering public speaking* (9th ed.). Upper Saddle River, NJ: Pearson.

Griffen, R. (2013). An analysis of student academic performance at Advancement Via Individual Determination (AVID) national

demonstration schools and AVID schools. *ERIC,* #ED561515.

Griffin, J.A., Freund, L.S., & McCardle, P. (Eds.) (2015). *Executive function in preschool age children.* Washington, DC: American Psychological Association.

Griffiths, H., & Fazel, M. (2016). Early intervention crucial in anxiety disorders in children. *Practitioner, 260,* 17–20.

Grigg, W.S., Lauko, M.A., & Brockway, D.M. (2006). *The nation's report card: Science, 2005* (NCES 2006-466). U.S. Department of Education, DC: U.S. Government Printing Office.

Grigorenko, E.L., & others (2016). The trilogy of G x E. Genes, environments, and their interactions: Conceptualizations, operationalization, and application. In D. Cicchetti (Ed.), *Developmental psychopathology* (3rd ed.). New York: Wiley.

Grindal, M., & Nieri, T. (2016). The relationship between ethnic-racial socialization and adolescent substance abuse: An examination of social learning as a causal mechanism. *Journal of Ethnicity in Substance Abuse, 15,* 3–24.

Grindstaff, K., & Richmond, G. (2008). Learners' perceptions of the roles of peers in a research experience: Implications for the apprenticeship process, scientific inquiry, and collaborative work. *Journal of Research in Science Teaching, 45,* 251–272.

Grolnick, W.S., Friendly, R.W., & Bellas, V.M. (2009). Parenting and children's motivation at school. In K.R. Wentzel & A. Wigfield (Eds.), *Handbook of motivation at school.* New York: Routledge.

Gronlund, N.E., & Waugh, C.K. (2009). *Assessment of student achievement* (9th ed.). Upper Saddle River, NJ: Prentice Hall.

Groppe, K., & Elsner, B. (2016, in press). Executive function and weight status in children: A one-year prospective investigation. *Child Neuropsychology.* doi:10.1080/09297049. 2015.1089981

Grunschel, C., & Schopenhauer, L. (2015). Why are students (not) motivated to change academic procrastination? An investigation based on the transtheoretical model of change. *Journal of College Student Development, 56,* 187–200.

Grunwald & Associates (2014). *Make assessment matter.* Bethesda, MD: Author.

Guastello, D.D., & Guastello, S.J. (2003). Androgyny, gender role behavior, and emotional intelligence among college students and their parents. *Sex Roles, 49,* 663–673.

Guilford, J.P. (1967). *The structure of intellect.* New York: McGraw-Hill.

Guillaume, A.M. (2016). *K-12 classroom teaching* (5th ed.). Upper Saddle River, NJ: Pearson.

Gur, R.C., & others (1995). Sex differences in regional cerebral glucose metabolism during a resting state. *Science, 267*, 528–531.

Gurol, M., & Kerimgil, S. (2010). Academic optimism. *Procedia—Social and Behavioral Sciences, 9*, 929–932.

Gurwitch, R.H., Silovksy, J.F., Schultz, S., Kees, M., & Burlingame, S. (2001). *Reactions and guidelines for children following trauma/disaster*. Norman, OK: Department of Pediatrics, University of Oklahoma Health Sciences Center.

H

Haines, S.J., & others (2015). Fostering family-school and community-school partnerships in inclusive schools: Using practice as a guide. *Research and Practice for persons with severe disabilities, 40*, 227–239.

Hakuta, K. (2001, April 5). *Key policy milestones and directions in the education of English language learners*. Paper prepared for the Rockefeller Foundation Symposium, Leveraging change: An emerging framework for educational equity, Washington, DC.

Hakuta, K. (2005, April). *Bilingualism at the intersection of research and public policy*. Paper presented at the meeting of the Society for Research in Child Development, Atlanta.

Hakuta, K., Butler, Y.G., & Witt, D. (2000). *How long does it take English learners to attain proficiency?* Berkeley, CA: The University of California Linguistic Minority Research Institute Policy Report 2000–1.

Hale-Benson, J.E. (1982). *Black children: Their roots, culture, and learning styles*. Baltimore: Johns Hopkins University Press.

Hall, G.S. (1904). *Adolescence* (Vols. 1 & 2). Englewood Cliffs, NJ: Prentice Hall.

Hallahan, D.P., Kauffman, J.M., & Pullen, P.C. (2015). *Exceptional learners* (13th ed.). Upper Saddle River, NJ: Pearson.

Halonen, J. (2010). Express yourself. In J.W. Santrock & J. Halonen, *Your guide to college success* (6th ed.). Belmont, CA: Wadsworth.

Halonen, J.A., & Santrock, J.W. (2013). *Your guide to college success* (7th ed.). Boston: Cengage.

Halpern, D.F. (2012). *Sex differences in cognitive abilities* (2nd ed.). New York: Psychology Press.

Halpern, D.F., & others (2011). The pseudoscience of single-sex schooling. *Science, 333*, 1706–1717.

Hambleton, R.K. (1996). Advances in assessment models, methods, and practices. In D.C. Berliner & R.C. Calfee (Eds.), *Handbook of educational psychology*. New York: Macmillan.

Hamilton, R., & Duschi, R. (2017). Teaching science. In R.E. Mayer & P.A. Alexander (Eds.), *Handbook of research on learning and instruction* (2nd ed.). New York: Routledge.

Hamilton, S.F., & Hamilton, M.A. (2004). Contexts for mentoring: Adolescent-adult relationships in workplaces and communities. In R. Lerner & L. Steinberg (Eds.), *Handbook of adolescent psychology* (2nd ed.). New York: Wiley.

Han, M. (2015). An empirical study on the application of cooperative learning to English listening classes. *English Language Teaching, 8*, 177–184.

Harley, T.A. (2017). *Talking the talk* (2nd ed.). New York: Routledge.

Harris, J., Golinkoff, R.M., & Hirsh-Pasek, K. (2011). Lessons from the crib for the classroom: How children really learn vocabulary. In S.B. Neuman & D.K. Dickinson (Eds.), *Handbook of early literacy research*. New York: Guilford.

Harris, K.R., & Graham, S. (2017, in press). Self-regulated strategy development: Theoretical bases, critical instructional elements, and future research. In R. Fidalgo, K.R. Harris, & M. Braaksma (Eds.), *Design principles for teaching effective writing*. Leiden, The Netherlands: Brill.

Harris, K.R., Graham, S., & Adkins, M. (2015). Practice-based professional development and self-regulated strategy development for tier 2, at-risk writers in second grade. *Contemporary Educational Psychology, 40*, 5–16.

Harris, K.R., Graham, S., Mason, L., & Friedlander, B. (2008). *Powerful writing strategies for all students*. Baltimore: Paul H. Brookes.

Harris, K.R., & others (2017, in press). Self-regulated strategy development in writing: A classroom example of developing executive functioning and future directions. In L. Meltzer (Ed.), *Executive functioning in education* (2nd ed.). New York: Guilford.

Harris, P.L. (2006). Social cognition. In W. Damon & R. Lerner (Eds.), *Handbook of child psychology* (6th ed.). New York: Wiley.

Harrison, F., & Craddock, A.E. (2016). How attempts to meet others' unrealistic expectations affect health: Health-promoting behaviors as a mediator between perfectionism and physical health. *Psychology, Health, and Medicine, 21*, 386–400.

Hart, B., & Risley, T.R. (1995). *Meaningful differences*. Baltimore: Paul H. Brookes.

Hart, C.H., Yang, C., Charlesworth, R., & Burts, D.C. (2003, April). *Early childhood teachers' curriculum beliefs, classroom practices, and children's outcome: What are the connections?* Paper presented at the biennial meeting of the Society for Research in Child Development, Tampa, FL.

Hart, D., Matsuba, M.K., & Atkins, R. (2014). The moral and civic effects of learning to serve. In L. Nucci, T. Krettenauer, & D. Narváez (Eds.), *Handbook of moral and character education* (2nd ed.). New York: Routledge.

Harter, S. (1981). A new self-report scale of intrinsic versus extrinsic orientation in the classroom: Motivational and informational components. *Developmental Psychology, 17*, 300–312.

Harter, S. (1996). Teacher and classmate influences on scholastic motivation, self-esteem, and level of voice in adolescents. In J. Juvonen & K.R. Wentzel (Eds.), *Social motivation*. New York: Cambridge University Press.

Harter, S. (2006). The self. In W. Damon & R. Lerner (Eds.), *Handbook of child psychology* (6th ed.) New York: Wiley.

Harter, S. (2016). I-self and me-self processes affecting developmental psychopathology and mental health. In D. Cicchetti (Ed.), *Developmental psychopathology*. New York: Wiley.

Hartshorne, H., & May, M.S. (1928–1930). *Moral studies in the nature of character: Studies in deceit, Vol. 1; Studies in self-control, Vol. 2; Studies in the organization of character, Vol. 3*. New York: Macmillan.

Hartup, W.W. (1983). The peer system. In P.H. Mussen (Ed.), *Handbook of child psychology* (4th ed., Vol. 4). New York: Wiley.

Hastings, P.D., Miller, J.G., & Truxel, N.R. (2015). Making good: The socialization of children's prosocial development. In J.E. Grusec & P.D. Hastings (Eds.), *Handbook of socialization* (2nd ed.). New York: Guilford.

Hawkins, G.E., Hayes, B.K., & Heit, E. (2016). A dynamic model of reasoning and memory. *Journal of Experimental Psychology: General. 145*, 155–180.

Hayes, J.R., & Flower, L.S. (1986). Writing research and the writer. *American Psychologist, 41*, 1106–1113.

Heath, S.B. (1989). Oral and literate traditions among Black Americans living in poverty. *American Psychologist, 44*, 367–373.

Heiman, G.W. (2015). *Behavioral sciences STAT* (2nd ed.). Boston: Cengage.

Heller, C., & Hawkins, I. (1994). Spring, Teaching tolerance. *Teachers College Record*. p. 2.

Helles, A., Gillberg, C.L., Gillberg, C., & Bilistedt, E. (2015). Asperger syndrome in males over two decades: Stability and predictors of diagnosis. *Journal of Child Psychology and Psychiatry, 56*, 711–718.

Henderson, V.L., & Dweck, C.S. (1990). Motivation and achievement. In S.S. Feldman & G.R. Elliott (Eds.), *At the threshold: The developing adolescent*. Cambridge, MA: Harvard University Press.

Hendricks, C.C. (2017). *Improving schools through action research* (4th ed.). Upper Saddle River, NJ: Pearson.

Hennessey, B. (2017). Intrinsic motivation and creativity: Have we come full circle? In R.A. Beghetto & J.C. Kaufman (Eds.), *Nurturing creativity in the classroom* (2nd ed.). New York: Cambridge University Press.

Henson, K. (1988). *Methods and strategies for teaching in secondary and middle schools.* New York: Longman.

Hertzog, N.B. (1998, January/February). Gifted education specialist. *Teaching Exceptional Children,* pp. 39–43.

Hetherington, E.M. (1995, March). *The changing American family and the well-being of others.* Paper presented at the meeting of the Society for Research in Child Development, Indianapolis.

Hetherington, E.M. (2006). The influence of conflict, marital problem solving, and parenting on children's adjustment in nondivorced, divorced, and remarried families. In A. Clarke-Stewart & J. Dunn (Eds.), *Families count.* New York: Oxford University Press.

Heward, W.L., Alber-Morgan, S., & Konrad, M. (2017). *Exceptional children* (11th ed.). Upper Saddle River, NJ: Pearson.

Hickok, G., & Small, S. (Eds.) (2016). *Neurobiology of language.* New York: Elsevier.

Hiebert, E.H., & Raphael, T.E. (1996). Psychological perspectives on literacy and extensions to educational practice. In D.C. Berliner & R.C. Calfee (Eds.), *Handbook of educational psychology.* New York: Macmillan.

Higgins, A., Power, C., & Kohlberg, L. (1983, April). *Moral atmosphere and moral judgment.* Paper presented at the biennial meeting of the Society for Research in Child Development, Detroit.

Hilgard, E.R. (1996). History of educational psychology. In D.C. Berliner & R.C. Calfee (Eds.), *Handbook of educational psychology.* New York: Macmillan.

Hill, E.M. (2016). The role of narcissism in health-risk and health-protective behaviors. *Journal of Health Psychology, 21,* 2021–3032.

Hill, K., & Roth, T.L. (2016). Epigenetic mechanisms in the development of behavior. In D. Cicchetti (Ed.), *Developmental psychopathology* (3rd ed.). New York: Wiley.

Hill, P.L., & Roberts, B.W. (2016). Personality and health: Reviewing recent research and setting a directive for the future. In K.W. Schaie & S. Willis (Eds.), *Handbook of the psychology of aging* (8th ed.). New York: Elsevier.

Hillman, C.H., & others (2014). Effects of the FITKids randomized controlled trial on executive control and brain function. *Pediatrics, 134,* e1063–e1071.

Hinduja, S.K., & Patchin, J.W. (2015). *Bullying beyond the schoolyard: Preventing and responding to cyberbullying* (2nd ed.). Thousand Oaks, CA: Corwin.

Hirsch, E.D. (1996). *The schools we need: And why we don't have them.* New York: Doubleday.

Hirsch, J.K., Wolford, K., Lalonde, S.M., Brunk, L., & Parker-Morris, A. (2009). Optimistic explanatory style as a moderator of the association between negative life events and suicide ideation. *Crisis, 30,* 48–53.

Hirsh-Pasek, K., & Golinkoff, R.M. (2016). Early language and literacy: Six principles. In S. Gilford (Ed.), *Head Start teacher's guide.* New York: Teacher's College Press.

Hirsh-Pasek, K., & others (2015). Putting education in educational apps: Lesson for the science of learning. *Psychological Science in the Public Interest, 16,* 3–34.

Hirsh-Pasek, K., & others (2015). The contribution of early communication to low-income children's language success. *Psychological Science, 26,* 1071–1083.

Hmelo-Silver, C.E., & Chinn, C.A. (2016). Collaborative learning. In L. Corno & E.M. Anderman (Eds.), *Handbook of educational psychology* (3rd ed.). New York: Routledge.

Hoachlander, G. (2014/2015). Integrating S, T, E, and M. *Educational Leadership, 72,* 74–78.

Hocutt, A.M. (1996). Effectiveness of special education: Is placement the critical factor? *Future of Children, 6*(1), 77–102.

Hofer, M., & Fries, S. (2016). A multiple goal perspective on academic motivation. In K. Wentzel & D. Miele (Eds.), *Handbook of motivation at school* (2nd ed.). New York: Routledge.

Hoff, E. (2015). Language development. In M.H. Bornstein & M.E. Lamb (Eds.), *Developmental science: An advanced textbook* (7th ed.). New York: Psychology Press.

Hoff, E., & others (2014). Expressive vocabulary development in children from bilingual homes: A longitudinal study from two to four years. *Early Childhood Research Quarterly, 29,* 433–444.

Hofmeister, P., & Vasishth, S. (2014). Distinctiveness and encoding effects in online sentence comprehension. *Frontiers in Psychology, 5,* 1237.

Hogan, J.M., Andrews, P.H., Andrews, J.R., & Williams. G. (2017). *Public speaking and civic engagement* (4th ed.). Upper Saddle River, NJ: Pearson.

Hollingworth, L.S. (1916). Sex differences in mental tests. *Psychological Bulletin, 13,* 377–383.

Holloway, S.D., & Jonas, M. (2016). Families, culture, and schooling: A critical review of theory and research. In K.R. Wentzel & G.B. Ramani (Eds.), *Handbook of social influences in school contexts.* New York: Routledge.

Holmes, C.J., Kim-Spoon, J., & Deater-Deckard, K. (2016). Linking executive

function and peer problems from early childhood through middle adolescence. *Journal of Abnormal Child Psychology, 44,* 31–42.

Holzman, L. (2017). *Vygotsky at work and play* (2nd ed.). New York: Routledge.

Homa, D. (2008). Long-term memory. In N.J. Salkind (Ed.), *Encyclopedia of educational psychology.* Thousand Oaks, CA: Sage.

Hooker, J.F., Derker, K.J., Summers, M.E., & Parker, M. (2016). The development and validation of the Student Response System Benefit Scale. *Journal of Computer Assisted Learning, 32,* 120–127.

Hooper, S., Ward, T.J., Hannafin, M.J., & Clark, H.T. (1989). The effects of aptitude composition on achievement during small group learning. *Journal of Computer-Based Instruction, 16,* 102–109.

Horowitz, F.D., & others (2005). Educating teachers for developmentally appropriate practice. In L. Darling-Hammond & J. Bransford (Eds.), *Preparing teachers for a changing world.* San Francisco: Jossey-Bass.

Horvat, E.M., & Baugh, D.E. (2015). Not all parents make the grade in today's schools. *Phi Delta Kappan, 96*(7), 8–13.

Howe, M.L. (2015). An adaptive view of memory development. In R.M. Lerner (Ed.), *Handbook of child psychology and developmental science* (7th ed.). New York: Wiley.

Howell, D.C. (2017). *Fundamental statistics for the behavioral sciences* (9th ed.). Boston: Cengage.

Howes, C., & Ritchie, S. (2002). *A matter of trust: Connecting teachers and learners in the early childhood classroom.* New York: Teachers College Press.

Howland, S.M., & others (2015). Educational technology research journals: "International Journal of Computer-Supported Collaborative Learning," 2006–2014. *Educational Technology, 55,* 42–47.

Hoy, A.W., Hoy, W.K., & Kurtz, N.M. (2008). Teacher's academic optimism: The development and test of a new construct. *Teaching and Teacher Education, 24,* 821–832.

Hoy, W.K., Tarter, C.J., & Hoy, A.W. (2006). Academic optimism in schools: A force for student achievement. *American Educational Research Journal, 43,* 425–446.

Huang, Y.-M. (2015). Exploring the factors that affect the intention to use collaborative technologies: The differing perspectives of sequential/global learners. *Australasian Journal of Educational Technology, 31,* 278–292.

Huerta, J., & Watt, K.M. (2015). Examining the college preparation and intermediate outcomes of college success of AVID graduates enrolled in universities and community colleges. *American Secondary Education, 43,* 20–35.

Huerta, J., Watt, K.M., & Butcher, J.T. (2013). Examining Advancement Via Individual Determination (AVID) and its impact on middle school rigor and student preparedness. *American Secondary Education, 41,* 24–37.

Hughes, C., & Devine, R.T. (2015). Individual differences in theory of mind: A social perspective. In R.M. Lerner (Ed.), *Handbook of child psychology and developmental science* (7th ed.). New York: Wiley.

Hughes, C., Marks, A., Ensor, R., & Lecce, S. (2010). A longitudinal study of conflict and inner state talk in children's conversations with mothers and younger siblings. *Social Development, 19,* 822–837.

Hulme, C., & Snowling, M.J. (2016, in press). Reading disorders and dyslexia. *Current Opinion in Pediatrics.* doi:10.1097/MOP.0000000000000411

Humphrey, N., Curran, A., Morris, E., Farrell, P., & Woods, K. (2007). Emotional intelligence and education: A critical review. *Educational Psychology, 27,* 235–254.

Hunt, E. (2006). Expertise, talent, and social encouragement. In K.A. Ericsson, N. Charness, P.J. Feltovich, & R.R. Hoff man (Eds.), *The Cambridge handbook of expertise and expert performance.* New York: Cambridge University Press.

Hunt, E.B. (1995). *Will we be smart enough? A cognitive analysis of the coming work force.* New York: Russell Sage.

Huston, A.C. (2015). Thoughts on "Probability values and human values in evaluating single-sex education." *Sex Roles, 72,* 446–450.

Huston, A.C., & Ripke, M.N. (2006). Experiences in middle childhood and children's development. In A.C. Huston & M.N. Ripke (Eds.), *Developmental contexts in middle childhood.* New York: Cambridge University Press.

Huttenlocher, P.R., & Dabholkar, A.S. (1997). Regional differences in synaptogenesis in human cerebral cortex. *Journal of Comparative Neurology, 37*(2), 167–178.

Hyde, J.S. (2007). *Half the human experience* (7th ed.). Boston: Houghton Mifflin.

Hyde, J.S. (2014). Gender similarities and differences. *Annual Review of Psychology* (Vol. 66). Palo Alto, CA: Annual Reviews.

Hyde, J.S., Lindberg, S.M., Linn, M.C., Ellis, A.B., & Williams, C.C. (2008). Gender similarities characterize math performance. *Science, 321,* 494–495.

Hyman, I., Eisenstein, J., Amidon, A., & Kay, B. (2001, August 28). An update on the cross-cultural study of corporal punishment and abuse. In F. Farley (Chair), *Cross cultural aspects of corporal punishment and abuse: A research update.* Symposium presented at the

2001 Annual Convention of the American Psychological Association, San Francisco, CA.

Hyson, M., Copple, C., & Jones, J. (2006). Early childhood development and education. In W. Damon & R. Lerner (Eds.), *Handbook of child psychology* (6th ed.). New York: Wiley.

I

Ibrahim, W., Atif, Y., Shualb, K., & Sampson, D. (2015). A web-based course assessment tool with direct mapping to student outcomes. *Educational Technology & Society, 18*(2), 46–59.

IDRA (2013, October). *The Valued Youth Program newsletter.* San Antonio, TX: IDRA.

Ikram, U.Z., & others (2016). Perceived ethnic discrimination and depressive symptoms: The buffering effects of ethnic identity, religion, and ethnic social network. *Social Psychiatry and Psychiatric Epidemiology, 51,* 679–688.

Imuta, K., Hayne, H., & Scarf, D. (2014). I want it all and I want it now: Delay of gratification in preschool children. *Developmental Psychobiology, 56,* 1541–1552.

International Montessori Council (2006). *Larry Page and Sergey Brin, founders of Google.com, credit their Montessori education for much of their success on prime-time television.* Retrieved March 24, 2006, from www.Montessori.org/enews/barbara_walters.html

Irvine, J.J. (1990). *Black students and school failure.* New York: Greenwood Press.

ISTE (2007a). *National educational technology standards for students* (2nd ed.). Eugene. OR: Author.

ISTE (2007b). *National educational technology standards for teachers.* Eugene, OR: Author.

ISTE (2016, June). *Redefining learning in a technology-driven world.* Arlington, VA: ISTE.

Izard, C.E., & others (2008). Accelerating the development of emotional competence in Head Start children: Effects on adaptive and maladaptive behavior. *Development and Psychopathology, 20,* 369–397.

J

Jachyra, P., Atkinson, M., & Washiya, Y. (2015). "Who are you, and what are you doing here?": Methodological considerations in ethnographic health and physical education research. *Ethnography and Education, 10,* 242–261.

Jackson, S.L. (2016). *Research methods* (5th ed.). Boston: Cengage.

Jacoby, N., Overfeld, J., Brinder, E.B., & Heim, C.M. (2016). Stress neurobiology and developmental psychopathology. In D. Cicchetti (Ed.), *Developmental psychopathology* (3rd ed.). New York: Wiley.

James, W. (1899/1993). *Talks to teachers.* New York: W.W. Norton.

Janssen, F.J., Westbroek, H.B., & van Driel, J.H. (2014). How to make guided discovery learning practical for student teachers. *Instructional Science, 42,* 67–90.

Jarjour, I.T. (2015). Neurodevelopmental outcome after extreme prematurity: A review of the literature. *Pediatric Neurology, 52,* 143–152.

Jaroslawska, A.J., & others (2016). Following instructions in a virtual school: Does working memory play a role? *Memory and Cognition, 44,* 580–589.

Jenkins, J., & Jenkins, L. (1987). Making peer tutoring work. *Educational Leadership, 44,* 68–74.

Jenkins, J.M., & Astington, J.W. (1996). Cognitive factors and family structure associated with theory of mind development in young children. *Developmental Psychology, 32,* 70–78.

Jennings, P.A. (2015). *Mindfulness for teachers.* New York: Norton.

Jeong, H., & Hmelo-Silver, C.E. (2016). Seven affordances of Computer-Supported Collaborative Learning: How to support collaborative learning? How can technologies help? *Educational Psychologist, 51,* 247–265.

Jiang, Y. (2014). Exploring teacher questioning as a formative assessment strategy. *RELC Journal, 45,* 287–304.

Jin, H., & Wong, K.Y. (2015). Mapping conceptual understanding of algebraic concepts: An exploratory investigation involving grade 8 Chinese students. *International Journal of Science and Mathematics Education, 13,* 683–703.

Job, V., Bernecker, K., Miketta, S., & Friese, M. (2015). Implicit theories about willpower predict the activation of a rest goal following self-control exertion. *Journal of Personality and Social Psychology, 109,* 694–706.

Job, V., Dweck, C.S., & Walton, G.M. (2010). Ego-depletion—Is it all in your head? Implicit theories about willpower affect self-regulation. *Psychological Science, 21,* 1686–1693.

Johns Hopkins University (2006). *Research: Tribal connection.* Retrieved January 31, 2008, from http://www.krieger.jhu.edu/research/spotlight/prabhakar.html

Johnson, D.W., & Johnson, R.T. (2002). *Multi-cultural and human relations.* Boston: Allyn & Bacon.

Johnson, D.W., & Johnson, R.T. (2009). *Joining together* (10th ed.). Upper Saddle River, NJ: Pearson.

Johnson, D.W., & Johnson, R.T. (2015). Cooperation and competition and intercultural competence. In J. Bennett (Ed.), *Encyclopedia of intercultural competence.* Thousand Oaks, CA: Sage.

Johnson, D.W., & others (2014). The relationship between motivation and achievement in interdependent situations. *Journal of Applied Social Psychology, 44,* 622–633.

Johnson, J.S., & Newport, E.L. (1991). Critical period effects on universal properties of language: The status of subjacency in the acquisition of a second language. *Cognition, 39,* 215–258.

Johnson, M.H. (2016). Developmental neuroscience, psychophysiology, and genetics. In M.H. Bornstein & M.E. Lamb (Eds.), *Developmental science* (7th ed.). New York: Psychology Press.

Johnson-Laird, P.N. (2008). Mental models and deductive reasoning. In J.E. Adler & L.J. Rips (Eds.), *Reasoning.* New York: Cambridge University Press.

Jonassen, D.H. (2006). *Modeling with technology: Mindtools for conceptual change.* Columbus, OH: Merrill/Prentice-Hall.

Jonassen, D.H. (2010). *Mindtools.* Retrieved February 11, 2010, from http://web.missouri.edu/jonassend/mindtools.html

Jonassen, D.H., & Grabowski, B.L. (1993). *Handbook of individual differences, learning, and instruction.* Mahwah, NJ: Erlbaum.

Jones, B.F., Rasmussen, C.M., & Moffitt, M.C. (1997). *Real-life problem solving.* Washington, DC: American Psychological Association.

Jones, S.M., Bub, K.L., & Raver, C.C. (2013). Unpacking the black box of the CSRP intervention: The mediating roles of teacher-child relationship quality and self-regulation. *Early Education Development,* 24, 1043–1064.

Jones, V., & Jones, L. (2016). *Comprehensive classroom management* (11th ed.). Upper Saddle River, NJ: Pearson.

Jordan, N.C., Glutting, J., & Ramineni, C. (2010). The importance of number sense to mathematics achievement in first and third grades. *Learning and Individual Differences, 20,* 82–88.

Josephson Institute of Ethics (2008). *The ethics of American youth, 2008.* Los Angeles: Josephson Institute.

Jouriles, E.N., McDonald, R., & Kouros, C.D. (2016). Interparental conflict and child adjustment. In D. Cicchetti (Ed.), *Developmental psychopathology* (3rd ed.). New York: Wiley.

Joyce, B.R., Weil, M., & Calhoun, E. (2015). *Models of teaching* (9th ed.). Upper Saddle River, NJ: Pearson.

Jung, I., & Suzuki, Y. (2015). Scaffolding strategies for Wiki-based collaboration: Action research in a multicultural Japanese language program. *British Journal of Educational Technology, 46,* 829–838.

Jurkowski, S., & Hanze, M. (2015). How to increase the benefits of cooperation: Effects of training in transactive communication on cooperative learning. *British Journal of Educational Psychology, 85,* 357–371.

Juvonen, J., & Knifsend, C. (2016). School-based peer relationships and achievement motivation. In K. Wentzel & D. Miele (Eds.), *Handbook of motivation at school* (2nd ed.). New York: Routledge.

K

Kaderavek, J.N. (2015). *Language disorders in children* (2nd ed.). Upper Saddle River, NJ: Pearson.

Kaendler, C., Wiedmann, M., Rummel, N., & Spada, H. (2015). Teacher competencies for the implementation of collaborative learning in the classroom: A framework and research review. *Educational Psychology Review, 27,* 505–536.

Kagan, J. (1965). Reflection-impulsivity and reading development in primary grade children. *Child Development, 36,* 609–628.

Kagan, J. (2002). Behavioral inhibition as a temperamental category. In R.J. Davidson, K.R. Scherer, & H.H. Goldsmith (Eds.), *Handbook of affective sciences.* New York: Oxford University Press.

Kagan, J. (2010). Emotions and temperament. In M.H. Bornstein (Ed.), *Handbook of developmental cultural science.* New York: Psychology Press.

Kagan, J. (2013). Temperamental contributions to inhibited and uninhibited profiles. In P.D. Zelazo (Ed.), *Oxford handbook of developmental psychology.* New York: Oxford University Press.

Kagan, S. (1992). *Cooperative learning.* San Juan Capistrano, CA: Resources for Teachers.

Kagitcibasi, C. (2007). *Family, self, and human development across cultures.* Mahwah, NJ: Erlbaum.

Kail, R.V. (2007). Longitudinal evidence that increases in processing speed and working memory enhance children's reasoning. *Psychological Science, 18,* 312–313.

Kamii, C. (1985). *Young children reinvent arithmetic: Implications of Piaget's theory.* New York: Teachers College Press.

Kamii, C. (1989). *Young children continue to reinvent arithmetic.* New York: Teachers College Press.

Kamps, D.M., & others (2008). The efficacy of ClassWide peer tutoring in middle schools. *Education and Treatment of Children, 31,* 119–152.

Kana, R.K., & others (2016, in press). Aberrant functioning of the theory-of-mind network in children and adolescents with autism. *Molecular Autism.* doi:10.1186/s13229-015-0052-x

Kara, F., & Celikler, D. (2015). Development achievement test: Validity and reliability study for achievement test on matter

changing. *Journal of Education and Practice, 6*(24), 21–26.

Karmiloff-Smith, A. (2017). *Thinking developmentally from constructivism to neuroconstructivism.* New York: Routledge.

Karniol, R., Grosz, E., & Schorr, I. (2003). Caring, gender-role orientation, and volunteering. *Sex Roles, 49,* 11–19.

Katz, L. (1999). Curriculum disputes in early childhood education. *ERIC Clearinghouse on Elementary and Early Childhood Education,* Document EDO-PS-99-13.

Kauffman, J.M., & Landrum, T.J. (2009). *Characteristics of emotional and behavioral disorders of children and youth* (9th ed.). Boston: Allyn & Bacon.

Kauffman, J.M., McGee, K., & Brigham, M. (2004). Enabling or disabling? Observations on changes in special education. *Phi Delta Kappan, 85,* 613–620.

Kavanaugh, R.D. (2006). Pretend play and theory of mind. In L.L. Balter & C.S. Tamis-LeMonda (Eds.), *Child psychology* (2nd ed.). New York: Psychology Press.

Kayaoglu, M.N. (2015). Teacher researchers in action research in a heavily centralized education system. *Educational Action Research, 23,* 140–161.

Kazdin, A.E. (2017). *REVEL for research design in clinical psychology* (5th ed.). Upper Saddle River, NJ: Pearson.

Keating, D.P. (1990). Adolescent thinking. In S.S. Feldman & G.R. Elliott (Eds.), *At the threshold: The developing adolescent.* Cambridge, MA: Harvard University Press.

Kellogg, R.T. (1994). *The psychology of writing.* New York: Oxford University Press.

Kelly, D., & others (2013). *Performance of U.S. 15-year-old students in mathematics, science, and reading literacy in an international context.* Washington, DC: National Center for Education Statistics.

Kelly, S. (2008). Tracking. In N.J. Salkind. (Ed.), *Encyclopedia of educational psychology.* Thousand Oaks, CA: Sage.

Kennedy, J. (2015). Using TPCK as a scaffold to self-assess the novice online teaching experience. *Distance Education, 36,* 148–154.

Keogh, B.K. (2003). *Temperament in the classroom.* Baltimore: Paul H. Brookes.

Kharitonova, M., Winter, W., & Sheridan, M.A. (2015). As working memory grows: A developmental account of neural bases of working memory capacity in 5- to 8-year-old children and adults. *Journal of Cognitive Neuroscience, 27,* 1775–1788.

Killen, M., & Smetana, J.G. (2015). Morality: Origins and development. In R.M. Lerner (Ed.), *Handbook of child psychology and developmental science* (7th ed.). New York: Wiley.

Kim, A-Y. (2015). Exploring ways to provide diagnostic feedback with ESL placement test: Cognitive diagnostic assessment of L2 reading ability. *Language Testing, 2,* 227–258.

Kim, H.J., Yang, J., & Lee, M.S. (2015). Changes in heart rate variability during methylphenidate treatment in attention deficit hyperactivity disorder children: A 12-week prospective study. *Yonsei Medical Journal, 56,* 1365–1371.

Kim, K.H. (2010, May). Unpublished data. School of Education, College of William & Mary, Williamsburg, VA.

Kim, M., & Covino, K. (2015). When stories don't make sense: Alternative ways to assess young children's narratives in social contexts. *Reading Teacher, 68,* 357–361.

Kindermann, T.A. (2016). Peer group influences on students' academic motivation. In K.R. Wentzel & G.B. Ramani (Eds.), *Handbook of social influences in school contexts.* New York: Routledge.

King, C.T., Chase-Lansdale, P.L., & Small, M. (Eds.) (2015). Two generations, one future: An anthology from the Ascend Fellowship. Washington, DC: Ascend at the Aspen Institute.

King, L. (2007, June 7). The standards complaint. *USA Today,* p. 11D.

Kirschner, P.A., Kreijns, K., Phielix, C., & Fransen, J. (2015). Awareness of cognitive and social behavior in a CSCL environment. *Journal of Computer Assisted Learning, 31,* 59–77.

Kitsantas, A., & Cleary, T.J. (2016). The development of self-regulated learning in secondary school: A social cognitive instructional perspective. In K. Wentzel & D. Miele (Eds.), *Handbook of motivation at school* (2nd ed.). New York: Routledge.

Kivel, P. (1995). *Uprooting racism: How White people can work for racial justice.* Philadelphia: New Society.

Klein, S. (2012). *State of public school segregation in the United States, 2007–2010.* Washington, DC: Feminist Majority Foundation.

Klimstra, T.A., Luyckx, K., Germeijs, V., Meeus, W.H., & Goossens, L. (2012). Personality traits and educational identity formation in late adolescents: Longitudinal associations and academic progress. *Journal of Youth and Adolescence, 41,* 346–361.

Klug, J., & others (2016). Secondary school students' LLL competencies and their relation with classroom structure and achievement. *Frontiers in Psychology, 7,* 680.

Kluhara, S.A., Graham, S., & Hawken, L.S. (2009). Teaching writing to high school students: A national survey. *Journal of Educational Psychology, 101,* 136–160.

Kobak, R.R., & Kerig, P.K. (2015). Introduction to the special issue: Attachment-based treatments for adolescents. *Attachment and Human Development, 17,* 111–118.

Koehler, M.J., & Mishra, P. (2010). Introducing technological pedagogical content knowledge (TPCK), AACTE's Committee on Innovation and Technology (Eds.), *The handbook of technological pedagogical content knowledge for educators.* New York: Routledge.

Koenig, M.A., & others (2015). Reasoning about knowledge: Children's evaluations of generality and verifiability. *Cognitive Psychology, 83,* 22–39.

Kohlberg, L. (1976). Moral stages and moralization: The cognitive-developmental approach. In T. Lickona (Ed.), *Moral development and behavior.* New York: Holt, Rinehart & Winston.

Kohlberg, L. (1986). A current statement of some theoretical issues. In S. Modgil & C. Modgil (Eds.), *Lawrence Kohlberg.* Philadelphia: Falmer.

Koppelman, K.L. (2017). *Understanding human differences* (5th ed.). Upper Saddle River, NJ: Pearson.

Kormi-Nouri, R., & others (2015). Academic stress as a health measure and its relationship to patterns of emotion in collectivist and individualist cultures: Similarities and differences. *International Journal of Higher Education, 4,* 92–104.

Kostons, D., & van der Werf, G. (2015). The effects of activating prior topic and metacognitive knowledge on text comprehension scores. *British Journal of Educational Psychology, 85,* 264–275.

Kounin, J.S. (1970). *Discipline and management in classrooms.* New York: Holt, Rinehart & Winston.

Kozol, J. (1991). *Savage inequalities.* New York: Crown.

Kozol, J. (2005). *The shame of the nation.* New York: Crown.

Krajcik, J.S., & Blumenfeld, P.C. (2006). Project-based learning. In R.K. Sawyer (Ed.), *The Cambridge handbook of learning sciences.* New York: Oxford University Press.

Krathwohl, D.R., Bloom, B.S., & Masia, B.B. (1964). *Taxonomy of educational objectives. Handbook II: Affective domain.* New York: David McKay.

Kreutzer, L.C., & Flavell, J.H. (1975). An interview study of children's knowledge about memory. *Monographs of the Society for Research in Child Development, 40* (1, Serial No. 159).

Kroger, J. (2015). Identity development through adulthood: The move toward "wholeness." In K.C. McLean & M. Syed (Eds.),

Oxford handbook of identity development. New York: Oxford University Press.

Kucian, K., & von Aster, M. (2015). Developmental dyscalculia. *European Journal of Pediatrics, 174,* 1–13.

Kuebli, J. (1994, March). Young children's understanding of everyday emotions. *Young Children,* pp. 36–48.

Kuhn, D. (2009). Adolescent thinking. In R.M. Lerner & L. Steinberg (Eds.), *Handbook of adolescent psychology* (3rd ed.). New York: Wiley.

Kuhn, D., & Franklin, S. (2006). The second decade: What develops (and how)? In W. Damon & R. Lerner (Eds.), *Handbook of child psychology* (6th ed.). New York: Wiley.

Kuhn, D., Katz, J., & Dean, D. (2004). Developing reason. *Thinking & Reasoning, 10*(2), 197–219.

Kuhn, S., & Lindenberger, U. (2016). Research on human plasticity in adulthood: A lifespan agenda. In K.W. Schaie & S.L. Willis (Eds.), *Handbook of the psychology of aging* (8th ed.). New York: Elsevier.

Kunzmann, R. (2003). From teacher to student: The value of teacher education for experienced teachers. *Journal of Teacher Education, 54,* 241–253.

Kyllonen, P.C. (2016). Human cognitive abilities. In L. Corno & E.M. Anderman (Eds.), *Handbook of educational psychology* (6th ed.). New York: Routledge.

L

Ladd, G.W., Birch, S.H., & Buhs, E.S. (1999). Children's social and scholastic lives in kindergarten: Related spheres of influence? *Child Development, 70*(6), 1373–1400.

Lai, Y., & others (2015). Effects of mathematics anxiety and mathematical metacognition on word problem solving in children with and without mathematical learning difficulties. *PLoS One, 10,* e0130570.

Laible, D., Thompson, R.A., & Froimson, J. (2015). Early socialization. In J.E. Grusec & P.D. Hastings (Eds.), *Handbook of socialization* (2nd ed.). New York: Guilford.

Lalley, J.P., & Gentile, J.R. (2009). Classroom assessment and grading to assure mastery. *Theory Into Practice, 48,* 28–35.

Lamela, D., Figueiredo, B., Bastos, A., & Feinberg, M. (2016). Typologies of post-divorce coparenting and parental well-being, parenting quality, and children's psychological adjustment. *Child Psychiatry and Human Development, 47,* 716–728.

Lanciano, T., & Curci, A. (2014). Incremental validity of emotional intelligence ability in predicting academic achievement.

American Journal of Psychology, 127, 447–461.

Landa, S. (2000, Fall). If you can't make waves, make ripples. *Intelligence Connections Newsletter of the ASCD, X* (1), 6–8.

Lane, J.D., Evans, E.M., Brink, K.A., & Wellman, H.M. (2016). Developing concepts of ordinary and extraordinary communication. *Developmental Psychology, 52,* 19–30.

Langbeheim, E. (2015). A project-based course on Newton's laws for talented junior high-school students. *Physics Education, 50,* 410–415.

Langel, N. (2015). Kent Intermediate School District, Kent Innovation High School. In S. Page (Ed.), *Connect* (Issue 2). Philadelphia: Center on Innovations in Learning, Temple University.

Langer, E. (1997). *The power of mindful learning.* Reading, MA: Addison-Wesley.

Langer, E. (2005). *On becoming an artist.* New York: Ballantine.

Lansford, J.E. (2013). Single- and two-parent families. In J. Hattie & E. Anderman (Eds.), *International guide to student achievement.* New York: Routledge.

Laranjo, J., Bernier, A., Meins, E., & Carlson, S.M. (2010). Early manifestations of theory of mind: The roles of maternal mind-mindedness and infant security of attachment. *Infancy, 15,* 300–323.

Larson, R.W. (2007). Development of the capacity for teamwork in youth development. In R.K. Silbereisen & R.M. Lerner (Eds.), *Approaches to positive youth development.* Thousand Oaks, CA: Sage.

Larson, R.W. (2014). Studying experience: Pursuing the "something more." In R.W. Lerner & others (Eds.), *The developmental science of adolescence: History through autobiography.* New York: Springer.

Larson, R.W., & Dawes, N.P. (2015). How to cultivate adolescents' motivation: Effective strategies employed by the professional staff of American youth programs. In S. Joseph (Ed.), *Positive psychology in practice.* New York: Wiley.

Larson, R.W., & Verma, S. (1999). How children and adolescents spend time across the world: Work, play, and developmental opportunities. *Psychological Bulletin, 125,* 701–736.

Larson, R., Wilson, S., & Rickman, A. (2009). Globalization, societal change, and adolescence across the world. In R.M. Lerner & L. Steinberg (Eds.), *Handbook of adolescent psychology* (3rd ed.). New York: Wiley.

Larzelere, R.E., & Kuhn, B.R. (2005). Comparing child outcomes of physical punishment and alternative discipline tactics: A meta-analysis. *Clinical Child and Family Psychology Review, 8,* 1–37.

Leaper, C. (2013). Gender development during childhood. In P.D. Zelazo (Ed.), *Oxford handbook of developmental psychology.* New York: Oxford University Press.

Leaper, C. (2015). Gender development from a social-cognitive perspective. In R.M. Lerner (Ed.), *Handbook of child psychology and developmental science* (7th ed.). New York: Wiley.

Leaper, C., & Brown, C.S. (2008). Perceived experiences with sexism among adolescent girls. *Child Development, 79,* 685–704.

Leaper, C., & Brown, C.S. (2015). Sexism in schools. In L.S. Liben & R.S. Bigler (Eds.), *Advances in Child Development and Behavior.* San Diego: Elsevier.

Leaper, C., & Farkas, T. (2015). The socialization of gender during childhood and adolescence. In J.E. Grusec & P.D. Hastings (Eds.), *Handbook of socialization* (2nd ed.). New York: Guilford.

Leary, M.R. (2017). *REVEL for introduction to behavioral research methods* (7th ed.). Upper Saddle River, NJ: Pearson.

Lee, C.D., & Slaughter-Defoe, D. (1995). Historical and sociocultural influences of African American education. In J.A. Banks & C.M. Banks (Eds.), *Handbook of research on multicultural education.* New York: Macmillan.

Lee, R., Zhai, F., Brooks-Gunn, J., Han, W.J., & Waldfogel, J. (2014). Head Start participation and school readiness: Evidence from the Early Childhood Longitudinal Study-Birth Cohort. *Developmental Psychology, 50,* 202–215.

Lee, T-W., Wu, Y-T., Yu, Y., Wu, H-C., & Chen, T-J. (2012). A smarter brain is associated with stronger neural interaction in healthy young females: A resting EEG coherence study. *Intelligence, 40,* 38–48.

Lehr, C.A., Hanson, A., Sinclair, M.F., & Christensen, S.I. (2003). Moving beyond dropout prevention towards school completion. *School Psychology Review, 32,* 342–364.

Lehrer, R., & Schauble, L. (2015). The development of scientific thinking. In R.M. Lerner (Ed.), *Handbook of child psychology and developmental science* (7th ed.). New York: Wiley.

Lepper, M.R., Corpus, J.H., & Iyengar, S.S. (2005). Intrinsic and extrinsic orientations in the classroom: Age differences and academic correlates. *Journal of Educational Psychology, 97,* 184–196.

Lepper, M.R., Greene, D., & Nisbett, R. (1973). Undermining children's intrinsic interest with intrinsic rewards: A test of the overjustification hypothesis. *Journal of Personality and Social Psychology, 28,* 129–137.

Lereya, S.T., Samara, M., & Wolke, D. (2013). Parenting behavior and the risk of becoming a victim and a bully/victim: A meta-analysis study. *Child Abuse and Neglect, 37*(12), 1091–1098.

Lerner, R.M., Boyd, M., & Du, D. (2008). Adolescent development. In I.B. Weiner & C.B. Craighead (Eds.), *Encyclopedia of psychology* (4th ed.). New York: Wiley.

Lesaux, N., & Siegel, L. (2003). The development of reading in children who speak English as a second language. *Developmental Psychology, 39,* 1005–1019.

Leslie, S.J., Cimpian, A., Meyer, M., & Freeland, E. (2015). Expectations of brilliance underlie gender distributions across academic disciplines. *Science, 347,* 262–265.

Leu, D.J., & Kinzer, C.K. (2017). *Phonics, phonemic awareness, and word analysis for teachers* (10th ed.). Upper Saddle River, NJ: Pearson.

Leung, K.C. (2015). Preliminary empirical model of crucial determinants of best practices for peer tutoring on academic achievement. *Journal of Educational Psychology, 107,* 558–579.

Lever-Duffy, J., & McDonald, J. (2015). *Teaching and learning with technology* (5th ed.). Upper Saddle River, NJ: Pearson.

Levin, J. (1980). *The mnemonics '80s: Key-words in the classroom.* Theoretical paper No. 86. Wisconsin Research and Development Center for Individualized Schooling, Madison.

Levin, J.A., Fox, J.A., & Forde, D.R. (2015). *Elementary statistics in social research* (12th ed.). Upper Saddle River, NJ: Pearson.

Levstik, L. (2017). Learning history. In R.E. Mayer & P.A. Alexander (Eds.), *Handbook of research on learning and instruction* (2nd ed.). New York: Routledge.

Lewanda, A.F., & others (2016). Preoperative evaluation and comprehensive risk assessment for children with Down syndrome. *Pediatric Anesthesia, 26,* 356–362.

Lewis, A.C. (2007). Looking beyond NCLB. *Phi Delta Kappan, 88,* 483–484.

Lewis, K.M., & others (2013). Problem behavior and urban, low-income youth: A randomized controlled trial of Positive Action in Chicago. *American Journal of Prevention, 44,* 622–630.

Lewis, M. (2016). Self-conscious emotions: Embarrassment, pride, shame, guilt, and hubris. In L.F. Barrett, M. Lewis, & J.M. Haviland-Jones (Eds.), *Handbook of emotion* (4th ed.). New York: Guilford.

Lewis, R.B., Wheeler, J.J., & Carter, S.L. (2017). *Teaching students with special needs* (9th ed.). Upper Saddle River, NJ: Pearson.

Liben, L.S. (1995). Psychology meets geography: Exploring the gender gap on the national geography bee. *Psychological Science Agenda, 8,* 8–9.

Liben, L.S. (2015). Probability values and human values in evaluating single-sex education. *Sex Roles, 72,* 401–426.

Lillard, A.S. (2017). *Montessori* (3rd ed.). New York: Oxford University Press.

Linnenbrink-Garcia, L., & Patall, E.A. (2016). Motivation. In L. Corno & E.M. Anderman (Eds.), *Handbook of educational psychology* (3rd ed.). New York: Routledge.

Lipsitz, J. (1984). *Successful schools for young adolescents.* New Brunswick, NJ: Transaction Books.

Litton, E.F. (1999). Learning in America: The Filipino-American sociocultural perspective. In C. Park & M.M. Chi (Eds.), *Asian-American education: Prospects and challenges.* Westport, CT: Bergin & Garvey.

Lockl, K., & Schneider, W. (2007). Knowledge about the mind: Links between theory of mind and later metamemory. *Child Development, 78,* 147–167.

Logan, J. (1997). *Teaching stories.* New York: Kodansha International.

Logie, R.H., & Cowan, N. (2015). Perspectives on working memory: Introduction to the special issue. *Memory and Cognition, 43,* 315–324.

Los, B. (2015). *A historical syntax of English.* New York: Oxford University Press.

Loughland, T., & Kilpatrick, L. (2015). Formative assessment in primary science. *Education 3–13, 43,* 128–141.

Lozano, E., & others (2015). Problem-based learning supported by semantic techniques. *Interactive Learning Environments, 23,* 37–54.

Lubinski, D. (2009). Exceptional cognitive ability: The phenotype. *Behavior Genetics, 39,* 350–358.

Luders, E., Narr, K.L., Thompson, P.M., & Toga, A.W. (2009). Neuroanatomical correlates of intelligence. *Intelligence, 37,* 156–163.

Luiselli, J.K., & Fischer, A.J. (Eds.) (2016). *Computer-assisted and web-based instruction in psychology, special education, and health.* New York: Elsevier.

Lunday, A. (2006). *Two Homewood seniors collect Marshall, Mitchell scholarships.* Retrieved January 31, 2008, from http://www.jhu.edu/~gazette/2006/04dec06/04schol.html

Luria, A., & Herzog, E. (1985, April). *Gender segregation across and within settings.* Paper presented at the biennial meeting of the Society for Research in Child Development, Toronto.

Luthar, S.S. (2006). Resilience in development: A synthesis of research across five decades. In D. Cicchetti & D.J. Cohen (Eds.), *Developmental psychopathology* (2nd ed.). Hoboken, NJ: Wiley.

Luthar, S.S., Barkin, S.H., & Crossman, E.J. (2013). "I can, therefore I must": Fragility in the upper-middle classes.

Development and Psychopathology, 25, 1529–1549.

Luthar, S.S., Crossman, E.J., & Small, P.J. (2015). Resilience in the face of adversities. In R.M. Lerner (Ed.), *Handbook of child psychology and developmental science* (7th ed.). New York: Wiley.

Lyon, T.D., & Flavell, J.H. (1993). Young children's understanding of forgetting over time. *Child Development, 64,* 789–800.

Lyytinen, H., & others (2015). Dyslexia—early identification and prevention: Highlights from the Jyvaskyla Longitudinal Study of Dyslexia. *Current Developmental Disorders Reports, 2,* 330–338.

M

Maccoby, E.E. (1998). *The two sexes: Growing up apart, coming together.* Cambridge, MA: Harvard University.

Maccoby, E.E. (2007). Historical overview of socialization research and theory. In J.E. Grusec & P.D. Hastings (Eds.), *Handbook of socialization.* New York: Guilford.

Maccoby, E.E., & Jacklin, C.N. (1974). *The psychology of sex differences.* Palo Alto, CA: Stanford University Press.

Madjar, N., Shklar, N., & Moshe, L. (2016). The role of parental attitudes in children's motivation toward homework assignments. *Psychology in the Schools, 53,* 173–188.

Mager, R. (1962). *Preparing instructional objectives* (2nd ed.). Palo Alto, CA: Fearon.

Magnusson, S.J., & Palincsar, A.S. (2005). Teaching to promote the development of scientific knowledge and reasoning about light at the elementary school level. In *How students learn.* Washington, DC: National Academies Press.

Mahlberg, J. (2015). Formative self-assessment college classes improves self-regulation and retention in first/second year community college students. *Community College Journal of Research and Practice, 39,* 772–783.

Mahoney, J., Parente, M.E., & Zigler, E. (2010). After-school program engagement and in-school competence: Program quality, content, and staffing. In J. Meece & J. Eccles (Eds.), *Handbook of schools, schooling, and human development.* New York: Routledge.

Malinin, L.H. (2016). Creative practices embodied, embedded, and enacted in architectural settings: Toward a model of creativity. *Frontiers in Psychology, 6,* 1978.

Maloy, R.W., Verock, R-E., Edwards, S.A., & Woolf, B.P. (2017). *Transforming learning with new technologies* (3rd ed.). Upper Saddle River, NJ: Pearson.

Mammarella, I.C., Hill, F., Devine, A., Caviola, S., & Szucs, D. (2015). Math

anxiety and developmental dyscalculia: A study of working memory processes. *Journal of Clinical and Experimental Neuroscience, 37,* 878–887.

Mandinach, E.B., & Lash, A.A. (2016). Assessment illuminating paths of learning. In L. Corno & E.M. Anderman (Eds.), *Handbook of educational psychology* (3rd ed.). New York: Routledge.

Mandler, G. (1980). Recognizing: The judgment of previous occurrence. *Psychological Review, 87,* 252–271.

Manis, F.R., Keating, D.P., & Morrison, F.J. (1980). Developmental differences in the allocation of processing capacity. *Journal of Experimental Child Psychology, 29,* 156–169.

Manning, J. (2017). *Practical approach to communication.* Upper Saddle River, NJ: Pearson.

Marchel, M.A., Fischer, T.A., & Clark, D.M. (2015). *Assistive technology for children and youth with disabilities.* Upper Saddle River, NJ: Pearson.

Marcia, J.E. (1980). Identity in adolescence. In J. Adelson (Ed.), *Handbook of adolescent psychology.* New York: Wiley.

Marcia, J.E. (1998). Optimal development from an Eriksonian perspective. In H.S. Friedman (Ed.), *Encyclopedia of mental health* (Vol. 2). San Diego: Academic Press.

Mares, M-L., & Pan, Z. (2013). Effects of *Sesame Street*: A meta-analysis of children's learning in 15 countries. *Journal of Applied Developmental Psychology, 34,* 140–151.

Margolis, A., & others (2013). Using IQ discrepancy scores to examine neural correlates of specific cognitive abilities. *Journal of Neuroscience, 33,* 14135–14145.

Marino, C., & others (2016). Modeling the contribution of personality, social identity, and social norms to problematic Facebook use in adolescents. *Addictive Behaviors, 63,* 51–56.

Marklein, M.B. (1998, November 24). An eye-level meeting of the minds. *USA Today,* p. 9D.

Marks, A.K., Ejesi, K., McCullough, M.B., & Garcia Coll, C. (2015). Developmental implications of discrimination. In R.M. Lerner (Ed.), *Handbook of child psychology and developmental science* (7th ed.). New York: Wiley.

Marshall Scholarships (2007). *Scholar profiles: 2007.* Retrieved January 31, 2008, from http://www.marshallscholarship.org/profles2007.html

Marshall, P.S., Hoelzle, J.B., Hyederdahl, D., & Nelson, D.W. (2016, in press). The impact of failing to identify suspect effort in patients undergoing adult attention-deficit/hyperactivity disorder (ADHD) assessment. *Psychological Assessment.* doi:10.1037/pas0000340

Martella, R.C., & Marchand-Martella, N.E. (2015). Improving classroom behavior through effective instruction: An illustrative example using SRA FLEX literacy. *Education and Treatment of Children, 38,* 241–271.

Martin, A.J., & Collie, R.J. (2016). The role of teacher-student relationships in unlocking students' academic potential: Exploring motivation, engagement, resilience, adaptability, goals, and instruction. In K.R. Wentzel & G.B. Ramani (Eds.), *Handbook of social influences in school contexts.* New York: Routledge.

Martin, C.L., & Ruble, D.N. (2010). Patterns of gender development. *Annual Review of Psychology* (Vol. 31). Palo Alto, CA: Annual Reviews.

Martin, C.L., & others (2013). The role of sex of peers and gender-typed activities in young children's peer affiliative networks: A longitudinal analysis of selection and influence. *Child Development, 84,* 921–937.

Martin, M.O., Mullis, I.V.S., Foy, P., & Stanco, G.M. (2012). *TIMSS 2011 international results in science.* TIMSS & PIRLS International Study Center, Boston College.

Marton, F., Hounsell, D.J., & Entwistle, N.J. (1984). *The experience of learning.* Edinburgh: Scottish Academic Press.

Mary, A., & others (2016). Executive and attentional contributions to theory of mind deficit in attention deficit/hyperactivity disorder (ADHD). *Child Neuropsychology, 22,* 345–365.

Maslow, A.H. (1954). *Motivation and personality.* New York: Harper & Row.

Maslow, A.H. (1971). *The farther reaches of human nature.* New York: Viking Press.

Masten, A.S. (2013). Risk and resilience in development. In P.D. Zelazo (Ed.), *Oxford handbook of developmental psychology.* New York: Oxford University Press.

Masten, A.S. (2014a). Global perspectives on resilience in children and youth. *Child Development, 85,* 6–20.

Masten, A.S. (2014b). *Ordinary magic: Resilience in development.* New York: Guilford.

Masten, A.S. (2016, in press). Pathways to integrated resilience science. *Psychological Inquiry.* doi:10.1080/1047840X.2015.1012041

Masten, A.S., & Cicchetti, D. (2016). Resilience in development: Progress and transformation. In D. Cicchetti (Ed.), *Developmental psychopathology* (3rd ed.). New York: Wiley.

Masten, A.S., & Labella, M.H. (2016). Risk and resilience in child development. In L. Balter & C.S. Tamis-LeMonda (Eds.), *Child psychology* (3rd ed.). New York: Taylor and Frances.

Masten, A.S., & others (2008). School success in motion: Protective factors for academic achievement in homeless and highly mobile children in Minneapolis. *Center for Urban and Regional Affairs Reporter, 38,* 3–12.

Mathes, P.G., Torgesen, J.K., & Allor, J. H. (2001). The effects of peer-assisted literacy strategies for first-grade readers with and without additional computer-assisted instruction in phonological awareness. *American Educational Research Journal, 38,* 371–410.

Matsumoto, D., & Juang, L. (2017). *Culture and psychology* (6th ed.). Boston: Cengage.

Matusov, E., Bell, N., & Rogoff, B. (2001). *Schooling as a cultural process: Working together and guidance by children from schools differing in collaborative practices.* Unpublished manuscript, Department of Psychology, University of California at Santa Cruz.

Maxim, G.W. (2014). *Dynamic social studies for constructivist classrooms* (10th ed.). Upper Saddle River, NJ: Pearson.

Maxwell, L.A. (2014, 08/20). U.S. school enrollment hits majority-minority milestone. *Education Week,* 1–7.

Mayer, R.E. (1997). Multimedia learning: Are we asking the right questions? *Educational Psychologist, 32,* 1–19.

Mayer, R.E. (2004). Should there be a three-strike rule against pure discovery learning? *American Psychologist, 59,* 14–19.

Mayer, R.E. (2004). Teaching of subject matter. *Annual Review of Psychology* (Vol. 55). Palo Alto, CA: Annual Reviews.

Mayer, R.E. (2008). *Learning and instruction* (2nd ed.). Upper Saddle River, NJ: Prentice Hall.

Mayer, R.E., & Alexander, P.A. (Eds.) (2017). *Handbook of research on learning and instruction* (2nd ed.). New York: Routledge.

McAllum, R. (2014). Reciprocal teaching: Critical reflection on practice. *Kairaranga, 15,* 26–35.

McCall, A. (2007). Supporting exemplary social studies teaching in elementary schools. *Social Studies, 97,* 161–167.

McClelland, M.M., Acock, A.C., Piccinin, A., Rhea, S.A., & Stallings, M.C. (2013). Relations between preschool attention span-persistence and age 25 educational outcomes. *Early Childhood Research Quarterly, 28,* 314–324.

McClelland, M.M., Diaz, G., & Lewis, K. (2016). Self-regulation. *In SAGE encyclopedia of contemporary early childhood education.* Thousand Oaks, CA: Sage.

McClelland, M.M., Wanless, S.B., & Lewis, K.W. (2016). Self-regulation. In H. Friedman (Ed.), *Encyclopedia of mental health* (2nd ed.). New York: Elsevier.

McCombs, B.L. (2001, April). *What do we know about learners and learning? The learner-centered framework.* Paper presented at the meeting of the American Educational Research Association, Seattle.

McCombs, B.L. (2010). Learner-centered practices: Providing the context for positive learner development. In J. Meece & J. Eccles (Eds.), *Handbook of research on schools, schooling, and human development.* New York: Routledge.

McCombs, B.I. (2015). Learner-centered online instruction. *New Directions for Teaching and Learning, 144,* 57–71.

McDonald, B.A., Larson, C.D., Dansereau, D., & Spurlin, J.E. (1985). Cooperative dyads: Impact on text learning and transfer. *Contemporary Educational Psychology, 10,* 369–377.

McDonnell, C.G., & others (2016). Mother-child reminiscing at risk: Maternal attachment, elaboration, and child autobiographical memory specificity. *Journal of Experimental Child Psychology, 143,* 65–84.

McGraw-Hill (2015). *Building blocks 2015.* New York: McGraw-Hill Higher Education.

McKay, R. (2008). Multiple intelligences. In N.J. Salkind (Ed.), *Encyclopedia of educational psychology.* Thousand Oaks, CA: Sage.

McKeown, M., & Beck, I.L. (2010). The role of metacognition in understanding and supporting reading comprehension. In D.J. Hacker, J. Dunlosky, & A.C. Graesser (Eds.), *Handbook of metacognition in education.* New York: Psychology Press.

McLean, K.C., & Breen, A.V. (2009). Processes and content of narrative identity development in adolescence: Gender and well-being. *Developmental Psychology, 45,* 702–710.

McLoyd, V., Purtell, K.M., & Hardaway, C.R. (2015). Race, class, and ethnicity as they affect emerging adulthood. In R.M. Lerner (Ed.), *Handbook of child psychology and developmental science* (7th ed.). New York: Wiley.

McMillan, J.H. (1997). *Classroom assessment.* Boston: Allyn & Bacon.

McMillan, J.H. (2002). *Essential assessment concepts for teachers and administrators.* Thousand Oaks, CA: Corwin Press.

McMillan, J.H. (2007). *Classroom assessment* (4th ed.). Boston: Allyn & Bacon.

McMillan, J.H. (2008). *Educational research: Fundamentals for the consumer* (5th ed.). Boston: Allyn & Bacon.

McMillan, J.H. (2011). *Classroom assessment* (5th ed.). Boston: Allyn & Bacon.

McMillan, J.H. (2014). *Classroom assessment* (6th ed.). Upper Saddle River, NJ: Pearson.

McMillan, J.H. (2016). *Fundamentals of educational research* (7th ed.). Upper Saddle River, NJ: Pearson.

McNally, D. (1990). *Even eagles need a push.* New York: Dell.

Meece, J.L., Anderman, E.M., & Anderman, L.H. (2006). Classroom goal structure, student motivation, and academic achievement.

Annual Review of Psychology (Vol. 57). Palo Alto, CA: Annual Reviews.

Meichenbaum, D., Turk, D., & Burstein, S. (1975). The nature of coping with stress. In I. Sarason & C. Spielberger (Eds.), *Stress and anxiety*: Washington, DC: Hemisphere.

Meins, E., & others (2013). Mind-mindedness and theory of mind: Mediating processes of language and perspectical symbolic play. *Child Development, 84,* 1777–1790.

Memari, A., Ziaee, V., Mirfaxeli, F., & Kordi, R. (2012). Investigation of autism comorbidities and associations in a school-based community sample. *Journal of Child and Adolescent Psychiatric Nursing, 25,* 84–90.

Menesini, E., Palladino, B.E., & Nocentini, A. (2016). Let's not fall into the trap: Online and school based program to prevent cyberbullying among adolescents. In T. Vollink, F. DeHue, & C. McGuckin (Eds.), *Cyberbullying.* New York: Psychology Press.

Merenda, P. (2004). Cross-cultural adaptation of educational and psychological testing. In R.K. Hambleton, P.F. Merenda, & C.D. Spielberger (Eds.), *Adapting educational and psychological tests for cross-cultural assessment.* Mahwah, NJ: Erlbaum.

Merrell, K.W., Carrizales, D., Feuerborn, L., Gueldner, B.A., & Tran, O.K. (2007). *Strong kids—grades 6–8: A social and emotional learning curriculum.* Baltimore: Brookes.

Metzger, M. (1996, January). Maintaining a life. *Phi Delta Kappan, 77,* 346–351.

Michaels, S. (1986). Narrative presentations: An oral presentation for literacy with first graders. In J. Cook-Gumperz (Ed.), *The social construction of literacy.* New York: Cambridge University Press.

Middleton, J., & Goepfert, P. (1996). *Inventive strategies for teaching mathematics.* Washington, DC: American Psychological Association.

Midgley, C., Anderman, E., & Hicks, L. (1995). Differences between elementary school and middle school teachers and students: A goal theory approach. *Journal of Early Adolescence, 15,* 90–113.

Miele, D.B., & Scholer, A.A. (2016). Self-regulation of motivation. In K. Wentzel & D. Miele (Eds.), *Handbook of motivation at school* (2nd ed.). New York: Routledge.

Miles, N.G., & Soares da Costa, T.P. (2016). Acceptances of clickers in a large multimodal biochemistry class as determined by student evaluations of teaching: Are they just an annoying distraction for distance students? *Biochemistry and Molecular Biology Education, 44,* 99–108.

Miller, E.B., Farkas, G., & Duncan, G.J. (2016). Does Head Start differentially benefit children with risk by the program's service model? *Early Child Research Quarterly, 34,* 1–12.

Miller, E.B., Farkas, G., Vandell, D.L., & Duncan, G.J. (2014). Do the effects of Head Start vary by parental preacademic stimulation? *Child Development, 85,* 1385–1400.

Miller, E.M., & others (2012). Theories of willpower affect sustained learning. *PLoS One, 7*(6),

Miller, G.A. (1956). The magical number seven, plus or minus two: Some limits on our capacity for information processing. *Psychological Review, 48,* 337–442.

Miller-Jones, D. (1989). Culture and testing. *American Psychologist, 44,* 360–366.

Mills, D., & Mills, C. (2000). *Hungarian kindergarten curriculum translation.* London: Mills Production.

Mills, G.E., & Gay, L.R. (2016). *Educational research* (11th ed.). Upper Saddle River, NJ: Pearson.

Mills, M.T. (2015). Narrative performance of gifted African American school-aged children from low-income backgrounds. *American Journal of Speech-Language Pathology, 24,* 36–46.

Miltenberger, R.G. (2016). *Behavior modification* (6th ed.). Boston: Cengage.

Minuchin, P.P., & Shapiro, E.K. (1983). The school as a context for social development. In P.H. Mussen (Ed.), *Handbook of child psychology* (4th ed., Vol. 4). New York: Wiley.

Mischel, W. (2014). *The marshmallow test: Mastering self-control.* Boston: Little Brown.

Mischel, W., Ebbesen, E.B., & Zeiss, A.R. (1972). Cognitive and attentional mechanisms in delay of gratification. *Journal of Personality and Social Psychology, 21,* 204–218.

Mischel, W., & Moore, B. (1973). Effects of attention to symbolically presented rewards on self-control. *Journal of Personality and Social Psychology, 28,* 172–179.

Mishra, P., & Koehler, M.J. (2006). Technological and pedagogical content knowledge: A new framework for teacher knowledge. *Teachers College Record, 108,* 1017–1054.

Mitchell, A.B., & Stewart, J.B. (2013). The efficacy of all-male academies: Insights from critical race theory (CRT). *Sex Roles, 69,* 382–392.

Mitee, T.L., & Obaitan, G.N. (2015). Effect of mastery learning on senior secondary school students' cognitive learning outcome in quantitative chemistry. *Journal of Education and Practice, 6*(5), 34–38.

Mizala, A., Martinez, F., & Martinez, S. (2015). Pre-service elementary school teachers' expectations about student performance: How their beliefs are affected by their mathematics anxiety and student's gender. *Teaching and Teacher Education, 50,* 70–78.

Moffitt, T.E. (2012). *Childhood self-control predicts adult health, wealth, and crime.* Paper presented at the Symposium on Symptom Improvement in Well-Being, Copenhagen.

Moffitt, T.E., & others (2011). A gradient of childhood self-control predicts health, wealth, and public safety. *Proceedings of the National Academy of Sciences U.S.A., 108,* 2693–2698.

Mohammadjani, F., & Tonkaboni, F. (2015). A comparison between the effect of cooperative learning teaching method and lecture teaching method on students' learning and satisfaction level. *International Education Studies, 9,* 107–112.

Mohammadzadeh, A., & others (2016). Understanding intentionality in children with attention-deficit/hyperactivity disorder. *Attention Deficit and Hyperactivity Disorders, 8,* 73–78.

Molinero, C., & others (2016, in press). Usefulness of the WISC-IV in determining intellectual giftedness. *Spanish Journal of Psychology.* doi:10.1017/sjp.2015.63

Moll, L.C., & González, N. (2004). Engaging life: A funds of knowledge approach to multicultural education. In J.A. Banks & C.A.M. Banks (Eds.), *Handbook of research on multicultural education* (2nd ed.). San Francisco: Jossey-Bass.

Monahan, K.C., & others (2016). Integration of developmental neuroscience and contextual approaches to the study of adolescent development. In D. Cicchetti (Ed.), *Developmental psychopathology* (3rd ed.). New York: Wiley.

Moore, D.S. (2013). Behavioral genetics, genetics, and epigenetics. In P.D. Zelazo (Ed.), *Handbook of developmental psychology.* New York: Oxford University Press.

Moore, D. (2015). *The developing genome.* New York: Oxford University Press.

Moore, M.W., Brendel, P.C., & Fiez, J.A. (2014). Reading faces: Investigating the use of a novel face-based orthography in acquired alexia. *Brain and Language, 129C,* 7–13.

Moran, S., & Gardner, H. (2006). Extraordinary achievements. In W. Damon & R. Lerner (Eds.), *Handbook of child psychology* (6th ed.). New York: Wiley.

Moriguchi, Y., Chevallier, N., & Zelazo, P.D. (2016). Editorial: Development of executive function during childhood. *Frontiers in Psychology, 7,* 6.

Moroni, S., & others (2015). The need to distinguish quantity and quality in research on parental involvement: The example of parental help with homework. *Journal of Educational Research, 108,* 417–431.

Morris, A., Cui, L., & Steinberg, L. (2013). Arrested development: The effects of incarceration on the development of psychosocial maturity. *Development and Psychopathology, 24*(3), 1073–1090.

Morris, A.S., & others (2013). Effortful control, behavioral problems, and peer relations: What predicts academic adjustment in kindergartners from low-income families? *Early Education and Development, 24*, 813–828.

Morrison, G.S. (2017). *Fundamentals of early childhood education* (8th ed.). Upper Saddle River, NJ: Pearson.

Mowbray, R., & Perry, B. (2015). Improving lecture quality through training in public speaking. *Innovations in Education and Teaching International, 52*, 207–217.

Moyer, J.R., & Dardig, J.C. (1978). Practical task analysis for teachers. *Teaching Exceptional Children, 11*, 16–18.

Mudigoudar, B., Weatherspoon, S., & Wheless, J.W. (2016). Emerging antiepileptic drugs for severe pediatric epilepsies. *Seminars in Pediatric Neurology, 23*, 167–179.

Müller, U., & Kerns, K. (2015). Development of executive function. In R.M. Lerner (Ed.), *Handbook of child psychology and developmental science* (7th ed.). New York: Wiley.

Mullis, I.V.S., Martin, M.O., Foy, P., & Arora, A. (2012). *TIMSS 2011 international results in mathematics.* TIMSS & PIRLS International Study Center, Boston College.

Mullis, I.V.S., Martin, M.O., Foy, P., & Drucker, K.T. (2012a). *PIRLS 2011: International results in reading.* Boston: TIMSS & PIRLS International Study Center, Boston College.

Mulvey, K.L., & Killen, M. (2016). Keeping quiet just wouldn't be right: Children and adolescents' evaluations of challenges to peer relational and physical aggression. *Journal of Youth and Adolescence, 45*, 1824–1835.

Murawska, J.M., & Zollman, A. (2015). Taking it to the next level: Students using inductive reasoning. *Mathematics Teaching in the Middle School, 20*, 416–422.

Murayama, K., & Elliott, A.J. (2009). The joint influence of personal achievement goals and classroom goal structures on achievement-relevant outcomes. *Journal of Educational Psychology, 101*, 432–447.

Murdock, T.B. (2009). Achievement motivation in racial and ethnic context. In K.R. Wentzel & A. Wigfield (Eds.), *Handbook of motivation at school.* New York: Routledge.

Murry, V.M., Hill, N.E., Witherspoon, D., Berkel, C., & Bartz, D. (2015). Children in diverse social contexts. In R.M. Lerner (Ed.), *Handbook of child psychology and developmental science* (7th ed.). New York: Wiley.

Myers, D.G. (2010). *Psychology* (9th ed.) New York: Worth.

Myerson, J., Rank, M.R., Raines, F.Q., & Schnitzler, M.A. (1998). Race and general cognitive ability: The myth of diminishing returns in education. *Psychological Science, 9*, 139–142.

N

NAASP (1997, May/June). Students say: What makes a good teacher. *Schools in the Middle,* pp. 15–17.

Nagel, M., & Scholes, L. (2017). *Understanding development and learning.* New York: Oxford University Press.

Naidoo, S., Satorius, B.K., de Vines, H., & Taylor, M. (2016). Verbal bullying changes among students following an educational intervention using the integrated model for behavior change. *Journal of School Health, 86*, 813–822.

Nam, C.S., Li, Y., Yamaguchi, T., & Smith-Jackson, T.L. (2012). Haptic user interfaces for the visually impaired: Implications for haptically enhanced science learning systems. *International Journal of Human-Computer Interaction, 28*, 784–798.

Nansel, T.R., & others (2001). Bullying behaviors among U.S. youth: Prevalence and association with psychosocial adjustment. *Journal of the American Medical Association, 285*, 2094–2100.

Narváez, D. (2014). *The neurobiology and development of human morality.* New York: Norton.

Narváez, D. (2015). The neurobiology of moral sensitivity: Evolution, epigenetics, and early experience. In D. Mowrer & P. Vanderberg (Eds.), *The art of morality.* New York: Routledge.

Narváez, D. (2016). The ontogenesis of moral becoming. In A. Fuentes & A. Visala (Eds.), *Verbs, bones, and brains.* Notre Dame, IN: University of Notre Dame Press.

Nash, J.M. (1997, February 3). Fertile minds. *Time,* pp. 50–54.

NASSPE (2012). *Single-sex schools/schools with single-sex classrooms/what's the difference?* Retrieved from www.singlesexschools. org/schools-schools.com

Nathan, M.J., & Petrosino, A.J. (2003). Expert blind spot among preservice teachers. *American Educational Research Journal, 40*(4), 905–928.

National Assessment of Educational Progress (2000). *Reading achievement.* Washington in National Center for Education Statistics.

National Assessment of Educational Progress (2007). *The nation's report card.* Washington, DC: National Center for Education Statistics.

National Assessment of Educational Progress (2015). *Nation's report card.* Washington, DC: U.S. Department of Education.

National Association for the Education of Young Children (1996). NAEYC position statement: Responding to linguistic and cultural diversity—Recommendations for effective early childhood education. *Young Children, 51*, 4–12.

National Association for the Education of Young Children (NAEYC) (2009). *Developmentally appropriate practice in early childhood programs serving children from birth through age 8.* Washington, DC: NAEYC.

National Center for Education Statistics (2008). *Children and youth with disabilities in public schools.* Washington, DC: U.S. Department of Education.

National Center for Education Statistics (2014). *School dropouts.* Washington, DC: Author.

National Center for Education Statistics (2015). *The condition of education.* Washington, DC: U.S. Department of Education.

National Center for Education Statistics (2016). *School dropouts.* Washington, DC: Author.

National Center for Education Statistics (2016). *Students with disabilities.* Washington, DC: U.S. Department of Education.

National Center for Learning Disabilities (2006). *Learning disabilities.* Retrieved March 6, 2006, from http://www.ncld.org/

National Council for the Social Studies (1994). *Expectations of excellence: Curriculum standards for social studies.* Waldorf, MD: NCSS.

National Council for the Social Studies (2000). *National standards for social studies teachers.* Baltimore: Author.

National Council of Teachers of English/ International Reading Association (1996). *Standards for the English Language Arts.* Urbana, IL: NCTE/IRA.

National Council of Teachers of English (2014). How standardized tests shape—and limit—student learning. A policy research brief. *ERIC,* #ED556345.

National Council of Teachers of Mathematics (2000). *Principles and standards for school mathematics.* Reston, VA: NCTM.

National Council of Teachers of Mathematics (2007a). *Navigating through number and operations in grades 3–5.* Reston, VA: NCTM.

National Council of Teachers of Mathematics (2007b). *Mathematics teaching today: Professional standards for teaching mathematics, revision.* Reston, VA: NCTM.

National Council of Teachers of Mathematics (2007c). *Making sense of mathematics: Children sharing and comparing solutions to challenging problems.* Reston, VA: NCTM.

National Institute of Mental Health (2016). *Autism spectrum disorder (ASD)*. Retrieved January 7, 2016, from http://www.nimh.nih.gov/health/topics/autism-spectrum-disorders-asd/index.shtml

National Institutes of Health (1993). *Learning disabilities* NIH publication (No. 93–3611). Bethesda, MD: Author.

National Reading Panel (2000). *Teaching children to read*. Washington, DC: National Institute of Child Health and Human Development.

National Research Council (1999). *How people learn*. Washington, DC: National Academies Press.

National Research Council (2001). *Knowing what students know*. Washington, DC: National Academies Press.

National Research Council (2005). *How students learn*. Washington, DC: National Academies Press.

Navsaria, D., & Sanders, L.M. (2015). Early literacy promotion in the digital age. *Pediatric Clinics of North America, 62*, 1273–1295.

Nel, N.M., Romm, N.R.A., & Tiale, L.D.N. (2015). Reflections on focus group sessions regarding inclusive education: Reconsidering focus group research possibilities. *Australian Educational Researcher, 42*, 35–53.

Nelson, C.A. (2011). Brain development and behavior. In A.M. Rudolph, C. Rudolph, L. First, G. Lister, & A.A. Gershon (Eds.), *Rudolph's pediatrics* (22nd ed.). New York: McGraw-Hill.

Nesbitt, K.T., Farran, D.C., & Fuhs, M.W. (2015). Executive function skills and academic gains in prekindergarten: Contributions of learning-related behaviors. *Developmental Psychology, 51*, 865–878.

Neugarten, B.L. (1988, August). *Policy issues for an aging society*. Paper presented at the meeting of the American Psychological Association, Atlanta.

Neumann, N., Lotze, M., & Eickhoff, S.B. (2016). Cognitive expertise: An ALE meta-analysis. *Human Brain Mapping, 37*, 262–272.

Neville, H.J. (2006). Different profiles of plasticity within human cognition. In Y. Munakata & M.H. Johnson (Eds.), *Attention and Performance XXI: Processes of change in brain and cognitive development*. Oxford. UK: Oxford University Press.

NICHD Early Child Care Research Network (2005). Predicting individual differences in attention, memory, and planning in first graders from experiences at home, child care, and school. *Developmental Psychology, 41*, 99–114.

Nichols, J.D., & Miller, R.B. (1994). Cooperative learning and student motivation.

Contemporary Educational Psychology, 19, 167–178.

Niess, M., & Gillow-Wiles, H. (2014). Transforming science and mathematics teachers' technological pedagogical knowledge using a learning trajectory instructional approach. *Journal of Technology and Teacher Education, 22*, 497–520.

Nikola-Lisa, W., & Burnaford, G.E. (1994). A mosaic: Contemporary schoolchildren's images of teachers. In P.B. Joseph & G.E. Burnaford (Eds.), *Image of schoolteachers in twentieth century America*. New York: St. Martin's Press.

Nilsson, K.K., & de Lopez, K.J. (2016). Theory of mind in children with specific language impairment: A systematic review and meta-analysis. *Child Development, 87*, 143–153.

Ning, L.F., & others (2015). Meta-analysis of differentially expressed genes in autism based on gene expression data. *Genetics and Molecular Research, 14*, 2146–2155.

Nisbett, R.E., & others (2012). Intelligence: New findings and theoretical developments. *American Psychologist, 67*, 130–159.

Nitecki, E. (2015). Integrated school-family partnerships in preschool: Building quality involvement through multidimensional relationships. *School Community Journal, 25*, 195–219.

Noddings, N. (2007). *When school reform goes wrong*. New York: Teachers College Press.

Noddings, N. (2008). Caring and moral education. In L. Nucci & D. Narváez (Eds.), *Handbook of moral and character education*. Clifton, NJ: Psychology Press.

Nolen-Hoeksema, S. (2011). *Abnormal psychology* (5th ed.). New York: McGraw-Hill.

Norris, K. & Soloway, E. (1999). *Teachers and technology: A snapshot survey*. Denton, TX: University of North Texas, Texas Center for Educational Technology.

North American Montessori Teachers' Association (2016). *Montessori schools*. Retrieved January 6, 2016, from www.montessori-namta.org

Novak, B.E., & Lynott, F.J. (2015). Homework in physical education: Benefits and implementation. *Strategies: A Journal for Physical and Sports Educators, 28*, 22–26.

Nucci, L. (2006). Education for moral development. In M. Killen & J. Smetana (Eds.), *Handbook of moral development*. Mahwah, NJ: Erlbaum.

Nunez, J.C., & others (2015). Relationships between perceived parental involvement in homework, student homework behaviors, and academic achievement: Differences among elementary, junior high, and high school students. *Metacognition and Learning, 10*, 375–406.

O

O'Brien, M., & others (2014). Women's work and child care: Perspectives and prospects. In E.T. Gershoff, R.S. Mistry, & D.A. Crosby (Eds.), *Societal contexts of child development*. New York: Oxford University Press.

O'Connor, T.G. (2016). Developmental models and mechanisms for understanding the effects of early experience on psychological development. In D. Cicchetti (Ed.), *Developmental psychopathology* (3rd ed.). New York: Wiley.

O'Shea, M. (2009). *Assessment throughout the year*. Upper Saddle River, NJ: Merrill.

Oakes, J., & Saunders, M. (2002). *Access to textbooks, instructional materials, equipment, and technology: Inadequacy of California's schools*. Los Angeles: Department of Education, UCLA.

Oakhill, J., Berenhaus, M.S., & Cain, K. (2016). Children's reading comprehension and comprehension difficulties. In A. Pollastek & R. Treiman (Eds.), *Oxford handbook of reading*. New York: Oxford University Press.

Obel, C., & others (2016). The risk of attention deficit hyperactivity disorder in children exposed to maternal smoking during pregnancy—a re-examination using a sibling design. *Journal of Clinical Psychology and Psychiatry, 57*, 532–537.

Odhiambo, E.A., Nelson, L.E., & Chrisman, K. (2016). *Social studies and young children*. Upper Saddle River, NJ: Pearson.

Ogbu, J., & Stern, P. (2001). Caste status and intellectual development. In R.J. Sternberg & E.L. Grigorenko (Eds.), *Environmental effects on cognitive abilities*. Mahwah, NJ: Erlbaum.

Olszewski-Kubilius, P., & Thomson, D. (2015). Talent development as a framework for gifted education. *Gifted Child Today, 38*, 49–59.

Olweus, D. (2003). Prevalence estimation of school bullying with the Olweus bully/victim questionnaire. *Aggressive Behavior, 29*(3), 239–269.

Olweus, D. (2013). School bullying: Development and some important challenges. *Annual Review of Clinical Psychology* (Vol. 9). Palo Alto, CA: Annual Reviews.

Oostdam, R., Blok, H., & Boendermaker, C. (2015). Effects of individualized and small-group guide oral reading interventions on reading skills and reading attitudes of poor readers in grades 2-4. *Research Papers in Education, 30*, 427–450.

Ornstein, P.A., Coffman, J.L., & Grammer, J.K. (2007, April). *Teachers' memory-relevant conversations and children's memory performance*. Paper presented at the biennial meeting of the Society for Research in Child Development, Boston.

Ornstein, P.A., Coffman, J.L., Grammer, J.K., San Souci, P.P., & McCall, L.E. (2010). Linking the classroom context and the development of children's memory skills. In J. Meece & J. Eccles (Eds.), *Handbook of research on schools, schooling, and human development.* New York: Routledge.

Orpinas, P., McNicholas, C., & Nahapetyan, L. (2015). Gender differences in trajectories of relational aggression perpetration and victimization from middle to high school. *Aggressive Behavior, 41,* 401–412.

Orrock, J., & Clark, M.A. (2016, in press). Using systems theory to promote academic success of African American males. *Urban Education.* doi:10.1177/0042085915613546

Osadebe, P.U. (2015). Construction of valid and reliable test for assessment of students. *Journal of Education and Practice, 6,* 51–66.

Ostrov, J.M., Keating, C.F., & Ostrov, J.M. (2004). Gender differences in preschool aggression during free play and structured interactions: An observational study. *Social Development, 13,* 255–277.

Owens, R.E., Farinella, K.A., & Metz, D.E. (2015). *Introduction to communication disorders* (5th ed.). Upper Saddle River, NJ: Pearson.

P

Pace, A., Hirsh-Pasek, K., & Golinkoff, R.M. (2016). How high quality language environments create high quality learning environments. In S. Jones & N. Lesaux (Eds.), *The leading edge of early childhood education.* Cambridge, MA: Harvard University Press.

Pace, A., Levine, D., Morini, G., Hirsh-Pasek, K., & Golinkoff, R.M. (2016). The story of language acquisition: From words to world and back again. In L. Balter & C. Tamis-LeMonda (Eds.), *Child psychology* (3rd ed.). New York: New York University Press.

Pahlke, E., Hyde, J.S., & Allison, C.M. (2014). The effects of single-sex compared with coeducational schooling on students' performance and attitudes: A meta-analysis. *Psychological Bulletin, 140,* 1042–1072.

Paivio, A. (1971). *Imagery and verbal processes.* Fort Worth, TX: Harcourt Brace.

Paivio, A. (1986). *Mental representations: A dual coding approach.* New York: Oxford University Press.

Paivio, A. (2013). Dual-coding theory, word abstractness, and emotion: A critical review of Kousta et al. (2011). *Journal of Experimental Psychology: General, 142,* 282–287.

Palincsar, A.S., & Brown, A.L. (1984). Reciprocal teaching of comprehension-fostering and comprehension-monitoring activities. *Cognition and Instruction, 1,* 117–175.

Pan, B.A., & Uccelli, P. (2009). Semantic development. In J. Berko Gleason & N. Ratner (Eds.), *The development of language* (7th ed.). Boston: Allyn & Bacon.

Pan, C.Y., & others (2016, in press). Effects of physical exercise intervention on motor skills and executive functions with ADHD: A pilot study. *Journal of Attention Disorders.* doi:10.1177/1087054715569282

Panayiotou, A., & others (2014). Teacher behavior and student outcomes: Results of a European study. *Educational Assessment, Evaluation, and Accountability, 26,* 73–93.

Pang, V.O. (2005). *Multicultural education.* (3rd ed.). New York: McGraw-Hill.

Papert, S. (1980). *Mindstorms, children, computers, and powerful ideas.* New York: Basic Books.

Park, K.M., & Park, H. (2015). Effects of self-esteem improvement program on self-esteem and peer attachment in elementary school children with observed problematic behaviors. *Asian Nursing Research, 9,* 53–59.

Parkay, F.W. (2016). *Becoming a teacher* (10th ed.). Upper Saddle River, NJ: Pearson.

Parker, W.C., & Beck, T.A. (2017). *Social studies in elementary education* (15th ed.). Upper Saddle River, NJ: Pearson.

Parsi, A., & Darling-Hammond, L. (2015). *Performance assessments: How state policy can advance assessments for 21st century learning.* White paper. ERIC, #ED562629.

Pascual, A., Extebarria, I., Ortega, I., & Ripalda, A. (2012). Gender differences in adolescence in emotional variables relevant to eating disorders. *International Journal of Psychology and Psychological Therapy, 12,* 59–68.

Patton, G.C., & others (2011). A prospective study of the effects of optimism on adolescent health risks. *Pediatrics, 127,* 308–316.

Paunesku, D., & others (2015). Mind-set interventions are a scaleable treatment for academic underachievement. *Psychological Science, 26,* 784–793.

Paus, T., & others (2008). Morphological properties of the action-observation cortical network in adolescents with low and high resistance to peer influence. *Social Neuroscience, 3,* 303–316.

Pavlov, I.P. (1927). *Conditioned reflexes.* New York: Dover.

Pawluk, D., & others (2015). Guest editorial: Haptic assistive technology for individuals who are visually impaired. *IEE Trans Haptics, 8,* 245–247.

Payne, D.A. (2003). *Applied educational assessment* (2nd ed.). Belmont, CA: Wadsworth.

Pearson, J., Nelson, P., Titsworth, S., & Hosek, A. (2017). *Human communication* (6th ed.). New York: McGraw-Hill.

Peets, K., Hodges, E.V.E., & Salmivalli, C. (2011). Actualization of social cognitions into aggressive behavior toward disliked targets. *Social Development, 20,* 233–250.

Peng, P., & Fuchs, D. (2016). A meta-analysis of working memory deficits in children with learning difficulties: Is there a difference between the verbal domain and numerical domain? *Journal of Learning Disabilities, 49,* 3–20.

Pennanen, M., & others (2016). What is "good" mentoring? Understanding mentoring practices of teacher induction through case studies of Finland and Australia. *Pedagogy, Culture, and Society, 24,* 27–53.

Pennington, C.R., Heim, D., Levy, A.R., & Larkin, D.T. (2016). Twenty years of stereotype threat research: A review of psychological mediators. *PLoS One, 11*(1), E0146487.

Perry, D.G., & Pauletti, R.E. (2011). Gender and adolescent development. *Journal of Research on Adolescence, 21,* 61–74.

Persky, H.R., Daane, M.C., & Jin, Y. (2003). *The nation's report card: Writing 2002.* Washington. DC: U.S. Department of Education.

Peterman, K., Cranston, K.A., Pryor, M., & Kermish-Allen, R. (2015). Measuring primary students' graph interpretation skills via a performance assessment: A case study in instrument development. *International Journal of Science Education, 37,* 2787–2808.

Peters-Burton, E.E., & others (2015). The effect of cognitive apprenticeship-based professional development on teacher self-efficacy of science teaching, motivation, knowledge, calibration, and perceptions of inquiry-based teaching. *Journal of Science Teacher Education, 26,* 525–548.

Peterson, E.R., Rayner, S.G., & Armstrong, S.J. (2009). Researching the psychology of cognitive style and learning style: Is there really a future? *Learning and Individual Differences, 19,* 518–523.

Philipsen, N.M., Johnson, A.D., & Brooks-Gunn, J. (2009). Poverty, effects on social and emotional development. *International Encyclopedia of Education* (3rd ed.). St. Louis: Elsevier.

Phye, G.D., & Sanders, C.E. (1994). Advice and feedback: Elements of practice for problem solving. *Contemporary Educational Psychology, 19,* 286–301.

Piaget, J. (1954). *The construction of reality in the child.* New York: Basic Books.

Piaget, J., & Inhelder, B. (1969). *The child's conception of space.* New York: Norton.

Pianta, R.C. (2016). Classroom processes and teacher-student interaction: Integrations with a developmental psychopathology perspective. In D. Cicchetti (Ed.),

Developmental psychopathology (3rd ed.). New York: Wiley.

Pisani, F., & Spagnoli, C. (2016). Neonatal seizures: A review of outcomes and outcome predictors. *Neuropediatrics, 47,* 12–19.

Plucker, J. (2010, July 19). Commentary in P. Bronson & A. Merryman, The creativity crisis. *Newsweek,* 45–46.

Pluess, M., & Bartley, M. (2015). Childhood conscientiousness predicts the social gradient of smoking in adulthood: A life course analysis. *Journal of Epidemiology and Community Health, 69,* 330–338.

Poehlmann-Tynan, J., & others (2016). A pilot study of contemplative practices with economically disadvantaged preschoolers: Children's empathic and self-regulatory behaviors. *Mindfulness, 7,* 46–58.

Pollack, W. (1999). *Real boys.* New York: Owl Books.

Polson, D. (2001). Helping children learn to make responsible choices. In B. Rogoff, C.G. Turkanis, & L. Lartlett (Eds.), *Learning together.* New York: Oxford University Press.

Popham, W.J. (2008). *Classroom assessment* (5th ed.). Boston: Allyn & Bacon.

Popham, W.J. (2017). *Classroom assessment* (8th ed.). Upper Saddle River, NJ: Pearson.

Poropat, A.E. (2016). The role of personality and temperament in learning. In L. Corno & E.M. Anderman (Eds.), *Handbook of educational psychology* (3rd ed.). New York: Routledge.

Posamentier, A.S., & Smith, B.S. (2015). *Teaching secondary mathematics* (9th ed.). Upper Saddle River, NJ: Pearson.

Posner, M.I., & Rothbart, M.K. (2007). *Educating the human brain.* Washington, DC: American Psychological Association.

Poulos, A.M., & Thompson, R.F. (2015). Localization and characterization of essential associative memory trace in the mammalian brain. *Brain Research, 1621,* 252–259.

Powell, R.A., Honey, P.L., & Symbaluk, D.G. (2017). *Introduction to learning and behavior* (5th ed.). Boston: Cengage.

Powers, C.J., Bierman, K.L., & Coffman, D.L. (2016). Restrictive educational placements increase adolescent risks for students with early-starting conduct problems. *Journal of Child Psychology and Psychiatry, 57,* 899–908.

Powers, K.E., Chavez, R.S., & Heatherton, T.F. (2016). Individual differences in response of dorsomedial prefrontal cortex predict daily social behavior. *Social Cognitive and Affective Neuroscience, 11,* 121–126.

Prabhakar, H. (2007). Hopkins Interactive Guest Blog: *The public health experience at Johns Hopkins.* Retrieved January 31, 2008, from http://hopkins.typepad.com/guest/2007/03/the_public_heal.html

Presidential Task Force on Psychology and Education (1992). *Learner-centered psychological principles: Guidelines for school redesign and reform* (draft). Washington, DC: American Psychological Association.

Pressley, M. (1983). Making meaningful materials easier to learn. In M. Pressley & J.R. Levin (Eds.), *Cognitive strategy research: Educational applications.* New York: Springer-Verlag.

Pressley, M. (2007). Achieving best practices. In L.B. Gambrell, L.M. Morrow, & M. Pressley (Eds.), *Best practices in literary instruction.* New York: Guilford.

Pressley, M., Allington, R., Wharton-McDonald, R., Block, C.C., & Morrow, L.M. (2001). *Learning to read: Lessons from exemplary first grades.* New York: Guilford.

Pressley, M., Borkowski, J.G., & Schneider, W. (1989). Good information processing: What it is and what education can do to promote it. *International Journal of Educational Research, 13,* 857–867.

Pressley, M., Cariliglia-Bull, T., Deane, S., & Schneider, W. (1987). Short-term memory, verbal competence, and age as predictors of imagery instructional effectiveness. *Journal of Experimental Child Psychology, 43,* 194–211.

Pressley, M., & Harris, K.R. (2006). Cognitive strategies instruction: From basic research to classroom instruction. In P.A. Alexander & P.H. Winne (Eds.), *Handbook of educational psychology* (2nd ed.). Mahwah, NJ: Erlbaum.

Pressley, M., & Hilden, K. (2006). Cognitive strategies. In W. Damon & R. Lerner (Eds.), *Handbook of child psychology* (6th ed.). New York: Wiley.

Pressley, M., Levin, J.R., & McCormick, C.B. (1980). Young children's learning of a foreign language vocabulary: A sentence variation of the keyword. *Contemporary Educational Psychology, 5,* 22–29.

Pressley, M., & McCormick, C.B. (2007). *Child and adolescent development for educators.* New York: Guilford.

Pressley, M., Mohan, L., Fingeret, L., Reffitt, K., & Raphael Bogaert, L. (2007). Writing instruction in engaging and effective elementary settings. In S. Graham, C.A. MacArthur, & J. Fitzgerald (Eds.), *Best practices in writing instruction.* New York: Guilford.

Pressley, M., Raphael, L., Gallagher, D., & DiBella, J. (2004). Providence-St. Mel School: How a school that works for African-American students works. *Journal of Educational Psychology, 96,* 216–235.

Pressley, M., Schuder, T., SAIL Faculty and Administration, German, J., & El-Dinary, P.B. (1992). A researcher-educator collaborative interview study of transactional

comprehension strategies instruction. *Journal of Educational Psychology, 84,* 231–246.

Pressley, M., & others (2001). A study of effective first grade literacy instruction. *Scientific Studies of Reading, 15,* 35–58.

Pressley, M., & others (2003). *Motivating primary grades teachers.* New York: Guilford.

Price, K.W., Meisinger, E.S., Louwerse, M.M., & D'Mello, S. (2016). The contributions of oral and silent reading fluency to reading comprehension. *Reading Psychology, 37,* 167–201.

Prinstein, M.J., & Giletta, M. (2016). Peer relations and developmental psychopathology. In D. Cicchetti (Ed.), *Developmental psychopathology* (3rd ed.). New York: Wiley.

PSU (2006). Anchored instruction. Retrieved January 6, 2006, from www.ed.psu.edu/nasa/achrtxt.html

Puhl, R.M., & King, K.M. (2013). Weight discrimination and bullying. *Best Practice and Research: Clinical Endocrinology and Metabolism, 27,* 117–127.

Putallaz, M., & others (2007). Overt and relational aggression and victimization: Multiple perspectives within the school setting. *Journal of School Psychology, 45,* 523–547.

Q

Qu, Y., & Pomerantz, E.M. (2015). Divergent school trajectories in early adolescence in the United States and China: An examination of underlying mechanisms. *Journal of Youth and Adolescence, 44,* 2095–2109.

Quality Counts (2001). *A better balance: Standards, tests, and the tools to succeed.* Bethesda, MD: Education Week on the Web.

Quinn, P.C. (2016). What do infants know about cats, dogs, and people? Development of a "like-people" representation for non-human animals. In L. Freund & others (Eds.), *Social neuroscience and human-animal interaction.* Washington, DC: American Psychological Association.

Quinn, P.C., & Bhatt, R.S. (2016). Development of perceptual organization in infancy. In J. Wagemans (Ed.), *Oxford handbook of perceptual organization.* New York: Oxford University Press.

Qvortrup, A., & Keiding, T.B. (2015). Portfolio assessment: Production and reduction in complexity. *Assessment & Evaluation in Higher Education, 40,* 407–419.

R

Rabiner, D.L., Murray, D.W., Skinner, A.T., & Malone, P.S. (2010). A randomized trial of two promising computer-based interventions for students with attention difficulties. *Journal of Abnormal Child Psychology, 38,* 131–142.

Raeff, C. (2017). *Exploring the dynamics of human development.* New York: Oxford University Press.

Raffaelli, M., & Ontai, L.L. (2004). Gender socialization in Latino families: Results from two retrospective studies. *Sex Roles, 50,* 287–299.

Rajiah, K., & Saravanan, C. (2014). The effectiveness of psychoeducation and systematic desensitization to reduce test anxiety among first-year pharmacy students. *American Journal of Pharmacy Education, 78,* 163.

Rakoczy, H., Warneken, F., & Tomasello, M. (2007). "This way!", "No! That way!"—3-year-olds know that two people can have mutually incompatible desires. *Cognitive Development, 22,* 47–68.

Ramey, C.T., Bryant, D.M., Campbell, F.A., Sparling, J.J., & Wasik, B.H. (1988). Early intervention for high-risk children. The Carolina Early Intervention Program. In R.H. Price, E.L. Cowen, R.P. Lorion, & J. Ramos-McKay (Eds.), *14 ounces of prevention.* Washington, DC: American Psychological Association.

Ramey, S.L., Ramey, C.T., & Lanzi, R.G. (2009). Early intervention: Background, research findings, and future directions. In J.W. Jacobson, J.A. Mulick, & J. Rojahn (Eds.), *Handbook of intellectual and developmental disabilities.* New York: Springer.

Ramirez, G., & others (2016). On the relationship between math anxiety and math achievement in early elementary school: The role of problem solving strategies. *Journal of Experimental Child Psychology, 141,* 83–100.

Randolph, C.H., & Evertson, C.M. (1995). Managing for learning: Rules, roles, and meanings in a writing class. *Journal of Classroom Instruction, 30,* 17–25.

Rapin, I. (2016). Dyscalculia and the calculating brain. *Pediatric Neurology, 61,* 11–20.

Rattan, A., Savani, K., Chugh, D., & Dweck, C.S. (2015). Leveraging mindsets to promote academic achievement: Policy recommendations. *Perspectives on Psychological Science, 10,* 721–726.

Rawson, K., Thomas, R.C., & Jacoby, L.L. (2015). The power of examples: Illustrative examples enhance concept learning of declarative concepts. *Educational Psychology Review, 27,* 483–504.

Razza, R.A., Martin, A., & Brooks-Gunn, J. (2012). The implications of early attentional regulation for school success among low-income children. *Journal of Applied Developmental Psychology, 33,* 311–319.

Re: Learning by Design (2000). *Design resource center.* Re: Learning by Design. Retrieved July 16, 2002, from http://www.relearning.org

Regalado, M., Sareen, H., Inkelas, M., Wissow, L.S., & Halfon, N. (2004). Parents' discipline of young children: Results from the National Survey of Early Childhood Health. *Pediatrics, Supplement, 113,* 1952–1958.

Regional Educational Laboratory Mid-Atlantic (2015). Engaging families in partnership programs to promote student success: Q & A for Dr. Joyce L. Epstein. *ERIC Number: ED562603.*

Reid, G., Fawcett, A., Manis, F., & Siegel, L. (2009). *The SAGE handbook of dyslexia.* Thousand Oaks, CA: Sage.

Reis, S.M., & Renzulli, J.S. (2014). Challenging gifted and talented learners with a continuum of research-based intervention strategies. In M.A. Bray & T.J. Kehle (Eds.), *Oxford handbook of school psychology.* New York: Oxford University Press.

Reksten, L.E. (2009). *Sustaining extraordinary student achievement.* Thousand Oaks, CA: Corwin Press.

Renne, C.H. (1997). *Excellent classroom management.* Belmont, CA: Wadsworth.

Renzulli, J.S. (1998). A rising tide lifts all ships: Developing the gifts and talents of all students. *Phi Delta Kappan, 80,* 1–15.

Renzulli, J.S. (2017). Developing creativity across all areas of the curriculum. In R.A. Beghetto & J.C. Kaufman (Eds.), *Nurturing creativity in the classroom* (2nd ed.). New York: Cambridge University Press.

Reyna, V.F., & Rivers, S.F. (2008). Current theories of risk and rational decision making. *Developmental Review, 28,* 1–11.

Reyna, V.F., Weldon, R.B., & McCormick, M.J. (2015). Educating intuition: Reducing risky decisions using fuzzy-trace theory. *Current Directions in Psychological Science, 24,* 392–398.

Reyna, V.F., & Zayas, V. (Eds.) (2014). *Neuroscience of risky decision making.* Washington, DC: American Psychological Association.

Reynolds, G.D., & Romano, A.C. (2016). The development of attention systems and memory in infancy. *Frontiers in Systems Neuroscience, 10,* 15.

Rhodes, J.E., & Lowe, S.R. (2009). Mentoring in adolescence. In R.M. Lerner & L. Steinberg (Eds.), *Handbook of adolescent psychology* (3rd ed.). New York: Wiley.

Ricco, R.B. (2015). The development of reasoning. In R.M. Lerner (Ed.), *Handbook of child psychology* (7th ed.). New York: Wiley.

Ristic, J., & Enns, J.T. (2015). Attentional development: The past, the present, and the future. In R.M. Lerner (Ed.), *Handbook of child psychology and developmental science.* New York: Wiley.

Rittle-Johnson, B. (2006). Promoting transfer: Effects of self-explanation and direct instruction. *Child Development, 77,* 1–15.

Roberts, B.W., Wood, D., & Caspi, A. (2008). Personality development. In O.P. John, R.W. Robins, & L.A. Pervin (Eds.), *Handbook of personality* (3rd ed.). New York: Guilford.

Robins, R.W., Trzesniewski, K.H., Tracey, J.L., Potter, J., & Gosling, S.D. (2002). Age differences in self-esteem from age 9 to 90. *Psychology and Aging, 17,* 423–434.

Robinson-Zanartu, C., Doerr, P., & Portman, J. (2015). *Teaching 21 thinking skills for the 21st century.* Upper Saddle River, NJ: Pearson.

Robitaille, Y.P., & Maldonado, N. (2015). Teachers' experiences relative to successful questioning and discussion techniques. *American Journal of Contemporary Research, 5,* 7–16.

Roblyer, M.D. (2016). *Integrating educational technology into teaching* (7th ed.). Upper Saddle River, NJ: Pearson.

Roche, S. (2016). Education for all: Exploring the principle and process of inclusive education. *International Review of Education, 62*(2), 131–137.

Rodriguez-Triana, M.J., & others (2015). Scripting and monitoring meet each other: Aligning learning analytics and learning design to support teachers in orchestrating CSCL situations. *British Journal of Educational Psychology, 46,* 330–343.

Roeser, R.W. (2016). Beyond all splits: Mindfulness in students' motivation, learning, and self/identity development in school. In K.R. Wentzel & D.B. Miele (Eds.), *Handbook of motivation at school* (2nd ed.). New York: Routledge.

Roeser, R.W., & Eccles. J.S. (2015). Mindfulness and compassion in human development: Introduction to the special section. *Developmental Psychology, 51,* 1–6.

Roeser, R.W., & Zelazo, P.D. (2012). Contemplative science, education and child development. *Child Development Perspectives, 6,* 143–145.

Roeser, R.W., & others (2014). Contemplative education. In L. Nucci & others (Eds.), *Handbook of moral and character education.* New York: Routledge.

Rogoff, B. (2003). *The cultural nature of human development.* New York: Oxford University Press.

Rogoff, B. (2015). Human teaching and learning involve cultural communities, not just individuals. *Behavioral and Brain Sciences, 38,* e60.

Rogoff, B., Turkanis, C.G., & Bartlett, L. (Eds.) (2001). *Learning together: Children and adults in a school community.* New York: Oxford University Press.

Rohrbeck, C.A., Ginsburg-Block, M.D., Fantuzzo, J.W., & Miller, T.R. (2003). Peer-assisted learning interventions with elementary school students: A meta-analytic review. *Journal of Educational Psychology, 95*, 240–257.

Rommel, A.S., & others (2015). Is physical activity causally associated with symptoms of attention-deficit/hyperactivity disorder? *Journal of the American Academy of Child and Adolescent Psychiatry, 54*, 565–570.

Rosander, P., & Backstrom, M. (2014). Personality traits measured at baseline can predict academic performance in upper secondary school three years later. *Scandinavian Journal of Psychology, 55*, 611–618.

Rosch, E.H. (1973). On the internal structure of perceptual and semantic categories. In T.E. Moore (Ed.), *Cognition and the acquisition of language*. New York: Academic Press.

Roscoe, J.L. (2015). Advising African American and Latino students. *Research and Teaching in Developmental Education, 31*(2), 48–60.

Roscoe, R.D., & Chi, M.T.H. (2008). Tutor learning: The role of explaining and responding to questions. *Instructional Science, 36*, 321–350.

Rosenblum, G.D., & Lewis, M. (2003). Emotional development in adolescence. In G. Adams & M. Berzonsky (Eds.), *Blackwell handbook of adolescence*. Malden, MA: Blackwell.

Roseth, C.J. (2016). Character education, moral education, and moral-character education. In L. Corno & E.M. Anderman (Eds.), *Handbook of educational psychology* (6th ed.). New York: Routledge.

Roth, B., & others (2015). Intelligence and school grades: A meta-analysis. *Intelligence, 53*, 118–137.

Rothbart, M.K. (2004). Temperament and the pursuit of an integrated developmental psychology. *Merrill-Palmer Quarterly, 50*, 492–505.

Rothbart, M.K., & Bates, J.E. (2006). Temperament. In W. Damon & R. Lerner (Eds.), *Handbook of child psychology* (6th ed.). New York: Wiley.

Rothbart, M.K., & Posner, M.I. (2015). The developing brain in a multitasking world. *Developmental Review, 35*, 42–63.

Rothman, R. (2016). Accountability for what matters. *State Education Standard, 16*, 10–13.

Rouse, A., & Graham, S. (2017, in press). Teaching writing to adolescents: The use of evidence-based practices. In K. Hinchman & D. Appelman (Eds.), *Adolescent literacy*. New York: Guilford.

Rowe, M. (1986). Wait time: Slowing down may be a way of speeding up! *Journal of Teacher Education, 37*, 43–50.

Rowe, M., Ramani, G., & Pomerantz, E.M. (2016). Parental involvement and children's motivation and achievement: A domain-specific

perspective. In K. Wentzel & D. Miele (Eds.), *Handbook of motivation at school* (2nd ed.). New York: Routledge.

Rowell, L.L., Polush, E.Y., Riel, M., & Bruewer, A. (2015). Action researchers' perspectives about the distinguishing characteristics of action research: A Delphi and learning circles mixed-methods study. *Educational Action Research, 23*, 243–270.

Rowley, S.J., Kurtz-Costes, B., & Cooper, S.M. (2010). The role of schooling in ethnic minority achievement and attainment. In J. Meece & J. Eccles (Eds.), *Handbook of research on school, schooling, and human development*. New York: Routledge.

Rowley, S.J., & others (2014). Framing Black boys: Parent, teacher, and student narratives of the academic lives of Black boys. *Advances in Child Development and Behavior, 47*, 301–332.

Rubie-Davies, C.M. (2007). Classroom interactions: Exploring the practices of high-and low-expectation teachers. *British Journal of Educational Psychology, 77*, 289–306.

Rubin, K.H., Bukowski, W.M., & Bowker, J. (2015). Children in peer groups. In R.M. Lerner (Ed.), *Handbook of child psychology and developmental science* (7th ed.). New York: McGraw-Hill.

Rubin, K.H., & others (2016). Peer relationships. In M.H. Bornstein & M.E. Lamb (Eds.), *Developmental science* (7th ed.). New York: Psychology Press.

Rueda, E. (2015). The benefits of being Latino: Differential interpretations of student behavior and the social construction of being well behaved. *Journal of Latinos and Education, 14*, 275–290.

Rumberger, R.W. (1995). Dropping out of middle school: A multilevel analysis of students and schools. *American Education Research Journal, 3*, 583–625.

Runco, M.A. (2016). Commentary: Overview of developmental perspectives on creativity and the realization of potential. *New Directions in Child and Adolescent Development, 151*, 97–109.

Russell, M.K., & Airasian, P.W. (2012). *Classroom assessment* (7th ed.). New York: McGraw-Hill.

Ryan, R.M., & Deci, E.L. (2009). Promoting self-determined school engagement, motivation, learning, and well-being. In K.R. Wentzel & A. Wigfield (Eds.), *Handbook of motivation at school*. New York: Routledge.

Ryan, R.M., & Deci, E.L. (2016). Facilitating and hindering motivation, learning, and well-being in schools: Research and observations from self-determination theory. In K.R. Wentzel & D.B. Miele (Eds.), *Handbook of motivation at school* (2nd ed.). New York: Routledge.

S

Saarento, S., Boulton, A.J., & Salmivalli, C. (2015). Reducing bullying and victimization: Student- and classroom-level mechanisms of change. *Journal of Abnormal Child Psychology, 43*, 61–76.

Saarni, C. (1999). *The development of emotional competence*. New York: Guilford.

Saarni, C., Campos, J., Camras, L.A., & Witherington, D. (2006). Emotional development. In W. Damon & R. Lerner (Eds.), *Handbook of child psychology* (6th ed.).

Sabers, D.S., Cushing, K.S., & Berliner, D.C. (1991). Differences among teachers in a task characterized by simultaneity, multi-dimensionality, and immediacy. *American Educational Research Journal, 28*, 63–88.

Sackett, P.R., Borneman, M.J., & Connelly, B.S. (2009). Responses to issues raised about validity, bias, and fairness in high-stakes testing. *American Psychologist, 64*, 285–287.

Sadker, D.M., & Zittleman, K. (2015). *Teachers, schools, and society* (4th ed.). New York: McGraw-Hill.

Sadker, M.P., & Sadker, D.M. (1994). *Failing at fairness: How America's schools cheat girls*. New York: Scribner.

Saenz, L.M., Fuchs, L.S., & Fuchs, D. (2005). Peer-assisted learning strategies for English language learners with learning disabilities. *Exceptional Children, 71*, 231–247.

Salk, R.H., Petersen, J.L., Abramson, L.Y., & Hyde, J.S. (2016). The contemporary face of gender differences and similarities in depression throughout adolescence: Development and chronicity. *Journal of Affective Disorders, 205*, 28–35.

Salkind, N.J. (2017). *Exploring research, books a la carte* (9th ed.). Upper Saddle River, NJ: Pearson.

Salmivalli, C., & Peets, K. (2009). Bullies, victims, and bully–victim relationships in middle childhood and adolescence. In K.H. Rubin, W.M. Bukowski, & B. Laursen (Eds.), *Handbook of peer interactions, relationships, and groups*. New York: Guilford.

Salomon, G., & Perkins, D. (1989). Rocky roads to transfer: Rethinking mechanisms of a neglected phenomenon. *Educational Psychologist, 24*, 113–142.

Salovey, P., & Mayer, J.D. (1990). Emotional intelligence. *Imagination, Cognition, and Personality, 9*, 185–211.

Salvia, J., Ysseldyke, J.E., & Witmer, S. (2017). *Assessment in special and inclusive education* (13th ed.). Boston: Cengage.

Samovar, L.A., Porter, R.E., McDaniel, E.R., & Roy, C.S. (2017). *Communication between cultures* (9th ed.). Boston: Cengage.

San, I. (2016). Assessment for learning: Turkey case. *Universal Journal of Educational Research, 4,* 137–143.

Sanger, M.N. (2008). What we need to prepare teachers for the moral nature of their work. *Journal of Curriculum Studies, 40,* 169–185.

Sanson, A.V., & Rothbart, M.K. (2002). Child temperament and parenting. In M.H. Bornstein (Ed.), *Handbook of parenting* (2nd ed.). Mahwah, NJ: Erlbaum.

Santarnecchi, E., Rossi, S., & Rossi, A. (2015). The smarter, the stronger: Intelligence level correlates with brain resilience to systematic insults. *Cortex, 64,* 293–309.

Santos, C.G., & others (2016). The heritable path of human physical performance from single polymorphisms to the "next generation." *Scandinavian Journal of Medicine and Science in Sports, 26,* 600–612.

Santrock, J.W., & Halonen, J.A. (2009). *Your guide to college success* (6th ed.). Belmont, CA: Wadsworth.

Sarraj, H., Bene, K., Li, J., & Burley, H. (2015). Raising cultural awareness of fifth-grade students through multicultural education: An action research study. *Multicultural Education, 22*(2), 39–45.

Sax, G. (1997). *Principles of educational and psychological measurement and evaluation* (4th ed). Belmont, CA: Wadsworth.

Say, G.N., Karabekirogiu, K., Babadagi, Z., & Yuce, M. (2016). Maternal stress and perinatal factors in autism and attention deficit/hyperactivity disorder. *Pediatrics International, 58,* 265–269.

Scarr, S., & Weinberg, R.A. (1983). The Minnesota Adoption Studies: Genetic differences and malleability. *Child Development, 54,* 253–259.

Schaefer, R.T. (2015). *Racial and ethnic groups* (14th ed.). Upper Saddle River, NJ: Pearson.

Schaie, K.W., & Willis, S.L. (Eds.) (2016). *Handbook of the psychology of aging* (8th ed.). New York: Elsevier.

Schauble, L., Beane, D.B., Coates, G.D., Martin, L.M.W., & Sterling, P.V. (1996). Outside classroom walls: Learning in informal environments. In L. Schauble & R. Glaser (Eds.), *Innovations in learning.* Mahwah, NJ: Erlbaum.

Schlam, T.R., Wilson, N.L., Shoda, Y., Mischel, W., & Ayduk, O. (2013). Preschoolers' delay of gratification predicts their body mass 30 years later. *Journal of Pediatrics, 162*(1), 90–93.

Schmidt, J., Shumow, L., & Kackar-Carm, H. (2007). Adolescents' participation in service activities and its impact on academic, behavioral, and civic outcomes. *Journal of Youth and Adolescence, 36,* 127–140.

Schneider, B., & Coleman, J.S. (1993). *Parents, their children, and schools.* Boulder, CO: Westview Press.

Schneider, W. (2004). Memory development in childhood. In U. Goswami (Ed.), *Blackwell handbook of childhood cognitive development.* Malden, MA: Blackwell.

Schneider, W. (2015). *Memory development from early childhood through emerging adulthood.* Zurich, Switzerland: Springer International Switzerland.

Schneider, W., & Pressley, M. (1997). *Memory development between 2 and 20* (2nd ed.). Mahwah, NJ: Erlbaum.

Schoffstall, C.L., & Cohen, R. (2011). Cyber aggression: The relation between online offenders and offline social competence. *Social Development, 20*(3), 587–604.

Schonert-Reichl, K.A., & others (2015). Enhancing cognitive and socio-emotional development through a simple-to-administer mindfulness-based school program for elementary school children: A randomized controlled trial. *Developmental Psychology, 51,* 52–56.

Schrum, L., & Berenfeld, B. (1997). *Teaching and learning in the information age: A guide to telecommunications.* Boston: Allyn & Bacon.

Schunk, D.H. (2001). Social cognitive theory and self-regulated learning. In B.J. Zimmerman & D.H. Schunk (Eds.), *Self-regulated learning and achievement* (2nd ed.). Mahwah, NJ: Erlbaum.

Schunk, D.H. (2008). *Learning theories: An educational perspective* (5th ed.). Upper Saddle River, NJ: Prentice Hall.

Schunk, D.H. (2016) *Learning theories: An educational perspective* (7th ed.). Upper Saddle River, NJ: Pearson.

Schunk, D.H., & DiBenedetto, M.K. (2016a). Expectancy-value theory. In K. Wentzel & D. Miele (Eds.), *Handbook of motivation at school* (2nd ed.). New York: Routledge.

Schunk, D.H., & DiBenedetto, M.K. (2016b). Self-efficacy theory in education. In K.R. Wentzel & D.B. Miele (Eds.), *Handbook of motivation at school* (2nd ed.). New York: Routledge.

Schunk, D.H., Pintrich, P.R., & Meece, J.L. (2008). *Motivation in education: Theory, research, and applications* (3rd ed.). Upper Saddle River, NJ: Prentice Hall.

Schunk, D.H., & Rice, J.M. (1989). Learning goals and children's reading comprehension. *Journal of Reading Behavior, 23,* 351–364.

Schunk, D.H., & Swartz, C.W. (1993). Goals and progressive feedback: Effects on self-efficacy and writing achievement. *Contemporary Educational Psychology, 18,* 337–354.

Schunk, D.H., & Zimmerman, B.J. (2006). Competence and control beliefs: Distinguishing the means and ends. In P.A. Alexander & P.H.

Winne (Eds.), *Handbook of educational psychology* (2nd ed.). Mahwah, NJ: Erlbaum.

Schwartz, D.L., Bransford, J.D., & Sears, D. (2005). Efficiency and innovation in transfer. In J. Mestre (Ed.), *Transfer of learning: Research and perspectives.* Greenwich, CT: Information Age Publishing.

Schwartz, S.E., Rhodes, J.E., Spencer, R., & Grossman, J.B. (2013). Youth initiated mentoring: Investigating a new approach to working with vulnerable adolescents. *American Journal of Community Psychology, 52,* 155–169.

Schwartz, S.J., & others (2015). Trajectories of cultural stressors and effects on mental health and substance use among Hispanic immigrant adolescents. *Journal of Adolescent Health, 56,* 433–439.

Schwartz-Mette, R.A., & Rose, A.J. (2016). Depressive symptoms and conversational self-focus in adolescents' friendships. *Journal of Abnormal Child Psychology, 44,* 87–100.

Schwinger, M., Wirthwein, L., Gunnar, L., & Steinmayr, R. (2014). Academic self-handicapping and achievement: A meta-analysis. *Journal of Educational Psychology, 106,* 744–761.

Scott, S.V., & Rodriquez, L.F. (2015). "A fly in the ointment": African American male preservice teachers' experiences with stereotype threat in teacher education. *Urban Education, 50,* 689–717.

Sears, D.A. (2006, June). Effects of innovation versus efficiency tasks on recall and transfer in individual and collaborative learning contents. In *Proceedings of the 7th International Conference on Learning Sciences,* pp. 681–687.

Sears, D.A. (2008). Unpublished review of J.W. Santrock's *Educational Psychology* (4th ed.). New York: McGraw-Hill.

Seesjarvi, E., & others (2016). The nature and nurture of melody: A twin study of musical pitch and rhythm perception. *Behavior Genetics, 46,* 506–515.

Seiler, W.J., Beall, M.L., & Mazer, J.P. (2017). *Communication* (10th ed.). Upper Saddle River, NJ: Pearson.

Seligman, M.E.P. (2007). *The optimistic child.* New York: Mariner.

Seligson, T. (2005, February 20). They speak for success. *Parade Magazine.*

Selkie, E.M., Fales, J.L. & Moreno, M.A. (2016). Cyberbullying prevalence among U.S. middle and high school-aged adolescents: A systematic review and quality assessment. *Journal of Adolescent Health, 58,* 125–133.

Senden, M.G., Sikstrom, S., & Lindholm, T. (2015). "She" and "he" in news media messages: Pronoun use reflects gender biases in semantic contexts. *Sex Roles, 72,* 40–49.

Senko, C. (2016). Achievement goal theory: A story of early promises, eventual discords, and future possibilities. In K.R. Wentzel & D.B. Miele (Eds.), *Handbook of motivation at school* (2nd ed.). New York: Routledge.

Serry, T., Rose, M., & Liamputtong, P. (2014). Reading Recovery teachers discuss Reading Recovery: A qualitative investigation. *Australian Journal of Learning Difficulties, 19,* 61–73.

Sezgin, F., & Erdogan, O. (2015). Academic optimism, hope, and zest for work as predictors of teacher self-efficacy and perceived success. *Educational Sciences: Theory and Practice, 15,* 7–19.

Shakeshaft, N.G., & others (2015). Thinking positively: The genetics of high intelligence. *Intelligence, 48,* 123–132.

Sharan, S. (1990). Cooperative learning and helping behavior in the multi-ethnic classroom. In H.C. Foot, M.J. Morgan, & R.H. Shute (Eds.), *Children helping children.* New York: Wiley.

Sharan, S., & Sharan, S. (1992). *Expanding cooperative learning through group investigation.* New York: Teachers College Press.

Sharan, S., & Shaulov, A. (1990). Cooperative learning, motivation to learn, and academic achievement. In S. Sharan (Ed.), *Cooperative learning.* New York: Praeger.

Shaul, M.S. (2007). *No Child Left Behind Act: States face challenges measuring academic growth that education's initiatives may help address.* Washington, DC: Government Accountability Office.

Shaw, P., & others (2007). Attention-deficit/hyperactivity disorder is characterized by a delay in cortical maturation. *Proceedings of the National Academy of Sciences, 104*(49), 19649–19654.

Shaywitz, S.E., Morris, R., & Shaywitz, B.A. (2008). The education of dyslexic children from childhood to young adulthood. *Annual Review of Psychology* (Vol. 59). Palo Alto, CA: Annual Reviews.

Shen, J., Poppink, S., Cui, Y., & Fan, G. (2007). Lesson planning: A practice of professional responsibility and development. *Educational Horizons, 85,* 248–258.

Shen, J., Zhen, J., & Poppink, S. (2007). Open lessons: A practice to develop a learning community for teachers. *Educational Horizons, 85,* 181–191.

Shenhav, A., & Greene, J.D. (2014). Integrative moral judgment: Dissociating the roles of the amygdala and the ventromedial prefrontal cortex. *Journal of Neuroscience, 34,* 4741–4749.

Shields, P.M., & others (2001). *The status of the teaching profession, 2001.* Santa Cruz, CA: The Center for the Future of Teaching and Learning.

Shields, S.A. (1991). Gender in the psychology of emotion: A selective research review. In K.T. Strongman (Ed.), *International review of studies on emotion* (Vol. 1). New York: Wiley.

Shiraev, E., & Levy, D.A. (2010). *Crosscultural psychology* (4th ed.). Boston: Allyn & Bacon.

Shirley, M.L., & Irving, K.E. (2015). Connected classroom technology facilitates multiple components of formative assessment practice. *Journal of Science Education and Technology, 24,* 56–68.

Shirts, R.G. (1997). *BaFa, BaFa, a crosscultural simulation.* Del Mar, CA: SIMILE II.

Sieberer-Nagler, K. (2016). Effective classroom—management and positive teaching. *English Language Learning, 9,* 163–172.

Siegel, L.S. (2003). Learning disabilities. In I.B. Weiner (Ed.), *Handbook of psychology* (Vol. 7). New York: Wiley.

Siegler, R.S. (1998). *Children's thinking* (3rd ed.). Upper Saddle River, NJ: Prentice Hall.

Siegler, R.S. (2016a). Continuity and change in the field of cognitive development and in the perspective of one cognitive developmentalist. *Child Development Perspectives, 10,* 128–133.

Siegler, R.S. (2016b). How does change occur? In R. Sternberg, S. Fiske, & D. Foss (Eds.), *Scientists make a difference: One hundred eminent behavioral and brain scientists talk about their most important contributions.* Cambridge, UK: Cambridge University Press.

Siegler, R.S., & Braithwaite, D.W. (2017). Numerical development. *Annual Review of Psychology* (Vol. 68). Palo Alto, CA: Annual Reviews.

Siegler, R.S., & Robinson, M. (1982). The development of numerical understandings. In H.W. Reese & L.P. Lipsitt (Eds.), *Advances in child development and behavior* (Vol. 12). New York: Academic Press.

Silinskas, G., & others (2015). The development of dynamics of children's academic performance and mothers' homework-related affect and practices. *Developmental Psychology, 51,* 419–433.

Silva, C. (2005, October 31). When teen dynamo talks, city listens. *Boston Globe,* pp. B1, B4.

Silva, K., Shulman, E., Chein, J., & Steinberg, L. (2016, in press). Peers increase late adolescents' exploratory behavior and sensitivity to positive and negative feedback. *Journal of Research on Adolescence.* doi:10.1111/jora.12219

Silvernail, D.L., & Lane, D.M.M. (2004). *The impact of Maine's one-to-one laptop program on middle school teachers and students.* (Report #1). Gorham, ME: Maine Education Policy Research Institute, University of Southern Maine Office.

Simmons, E.S., Lanter, E., & Lyons, M. (2014). Supporting mainstream educational success. In F.R. Volkmer & others (Eds.), *Handbook of autism and pervasive developmental disorders.* New York: Wiley.

Simmons-Reed, E.A., & Cartledge, G. (2014). School discipline disproportionality: Culturally competent interventions for African American males. *Interdisciplinary Journal of Teaching and Learning, 4,* 95–109.

Simons, J., Finlay, B., & Yang, A. (1991). *The adolescent and young adult fact book.* Washington, DC: Children's Defense Fund.

Simpkins, S.D., Fredricks, J.A., Davis-Kean, P.E., & Eccles, J.S. (2004). Healthy mind, healthy habits: The influence of activity involvement in middle childhood. In A.C. Huston & M.N. Ripke (Eds.), *Middle childhood: Contexts of development.* New York: Cambridge University Press.

Simpkins, S.D., Fredricks, J.A., & Eccles, J.S. (2015). Families, schools, and developing achievement-related motivation. In J.E. Grusec & P.D. Hastings (Eds.), *Handbook of socialization* (2nd ed.). New York: Guilford.

Singh, N.N., & others (2016). Effects of Samatha meditation on active academic engagement and math performance of students with attention/deficit/hyperactivity disorder. *Mindfulness, 7,* 68–75.

Sinha, S.R., & others (2015). Collaborative learning engagement in a computer-supported inquiry learning environment. *International Journal of Computer-Supported Collaborative Learning, 10,* 273–307.

Skiba, M.T., Sternberg, R.J., & Grigorenko, E.L. (2017). Roads not taken, new roads to take. In R.A. Beghetto & J.C. Kaufman (Eds.), *Nurturing creativity in the classroom* (2nd ed.). New York: Cambridge University Press.

Skinner, B.F. (1938). *The behavior of organisms.* New York: Appleton-Century-Crofts.

Skinner, B.F. (1954). The science of learning and the art of teaching. *Harvard Educational Review, 24,* 86–97.

Skinner, B.F. (1957). *Verbal behavior.* New York: Appleton-Century-Crofts.

Skinner, B.F. (1958). Teaching machines. *Science, 128,* 969–977.

Skotko, B.G., Levine, S.P., Macklin, E.A., & Goldstein, R.D. (2016). Family perspectives about Down syndrome. *American Journal of Medical Genetics A, 170A,* 930–941.

Slavin, R.E. (1995). *Cooperative learning: Theory, research, and practice* (2nd ed.). Boston: Allyn & Bacon.

Slavin, R.E. (2015). Cooperative learning in elementary schools. *Education, 43,* 5–14.

Slavin, R.E., Madden, N.A., Chambers, B., & Haxby, B. (2009). *2 million children* (2nd ed.). Thousand Oaks, CA: Sage.

Slavin, R.E., Madden, N.A., Dolan, L.L., & Wasik, B.A. (1996). *School: Success for all.* Newbury Park, CA: Corwin Press.

Sloutsky, V. (2015). Conceptual development. In R.M. Lerner (Ed.), *Handbook of child psychology and developmental science* (7th ed.). New York: Wiley.

Smith, A., Steinberg, L., Strang, N., & Chein, J. (2015). Age differences in the impact of peers on adolescents' and adults' neural responses to reward. *Developmental Cognitive Neuroscience, 11,* 75–82.

Smith, R.A., & Davis, S.F. (2016). *REVEL for the psychologist as a detective* (6th ed.). Upper Saddle River, NJ: Pearson.

Smith, R.L., Rose, A.J., & Schwartz-Mette, R.A. (2010). Relational and overt aggression in childhood and adolescence: Clarifying mean-level gender differences and associations with peer acceptance. *Social Development, 19,* 243–269.

Smith, T.E., & others (2016). *Teaching students with special needs in inclusive settings* (7th ed.). Upper Saddle River, NJ: Pearson.

Snell, M.E., & Janney, R.E. (2005). *Practices for inclusive schools: Collaborative teaming* (2nd ed.). Baltimore: Brookes.

Snow, C.E., & Kang, J.Y. (2006). Becoming bilingual, biliterate, and bicultural. In W. Damon & R. Lerner (Eds.), *Handbook of child psychology* (6th ed.). New York: Wiley.

Snow, R.E., Como, L., & Jackson, D. (1996). Individual differences in affective and conative functions. In D.C. Berliner & R.C. Calfee (Eds.), *Handbook of educational psychology.* New York: Macmillan.

Sobel, D.M., & Letourneau, S.M. (2016). Children's developing knowledge of and reflection about teaching. *Journal of Experimental Child Psychology, 143,* 111–122.

Soderqvist, S., & Bergman, N.S. (2015). Working memory training is associated with long-term attainments in math and reading. *Frontiers in Psychology, 6,* 1711.

Solano-Flores, G., & Shavelson, R.J. (1997, Fall). Development of performance assessments in science: Conceptual, practical, and logistical issues. *Educational Measurement,* pp. 16–24.

Soloman, H.J., & Anderman, E.M. (2017). *Learning with motivation.* In R.E. Mayer & P.A. Alexander (Eds.), *Handbook of research on learning and instruction* (2nd ed.). New York: Routledge.

Sommer, T.E., Sabol, T.J., Chase-Lansdale, P.L., & Brooks-Gunn, J. (2016). Two-generation education programs for parents and children. In S. Jones & N. Lesaux (Eds.), *The leading edge of early childhood education.* Cambridge, MA: Harvard Education Press.

Soravia, L.M., & others (2016, in press). Prestimulus default mode activity influences depth of processing and recognition in an emotional memory task. *Human Brain Mapping.* doi:10.1002/hbm.23076

Sousa, D.A. (1995). *How the brain learns: A classroom teacher's guide.* Reston, VA: National Association of Secondary School Principals.

Spence, J.T., & Buckner, C.E. (2000). Instrumental and expressive traits, trait stereotypes, and sexist attitudes: What do they signify? *Psychology of Women Quarterly, 24,* 44–62.

Spence, J.T., & Helmreich, R. (1978). *Masculinity and femininity: Their psychological dimensions.* Austin: University of Texas Press.

Spencer, S.J., Logel, C., & Davies, P.G. (2016). Stereotype threat. *Annual Review of Psychology* (Vol. 67), 415–437.

Spiegler, M.D. (2016). *Contemporary behavior therapy* (6th ed.). Boston: Cengage.

Sporer, N., Brunstein, J.C., & Kieschke, U. (2009). Improving students' reading comprehension skills: Effects of strategy instruction and reciprocal teaching. *Learning and Instruction, 19,* 272–286.

Spring, J. (2014). *American education* (16th ed.). New York: McGraw-Hill.

Sroufe, L.A., Cooper, R.G., DeHart, G., & Bronfenbrenner, U. (1992). *Child development: Its nature and course* (2nd ed.). New York: McGraw-Hill.

Stahl, S. (2002, January). *Effective reading instruction in the first grade.* Paper presented at the Michigan Reading Recovery conference. Dearborn, MI.

Stanford Center for Assessment, Learning, and Equity (SCALE) (2013). *edTPA.* Palo Alto, CA: Author.

Stanovich, K.E. (2013). *How to think straight about psychology* (10th ed.). Upper Saddle River, NJ: Pearson.

Starr, C. (2015). An objective look at early sexualization and the media. *Sex Roles, 72,* 85–87.

Steel, P. (2007). The nature of procrastination: A meta-analytic and theoretical review of quintessential self-regulatory failure. *Psychological Bulletin, 133,* 65–94.

Steele, C.M., & Aronson, J.A. (2004). Stereotype threat does not live by Steele and Aronson (1995) alone. *American Psychologist, 59,* 47–48.

Steinberg, L. (2015a). How should the science of adolescent brain pathology inform legal policy? In J. Bhabha (Ed.), *Coming of age.* Philadelphia: University of Pennsylvania Press.

Steinberg, L. (2015b). The neural underpinnings of adolescent risk-taking: The roles of reward-seeking, impulse control, and peers. In G. Oettigen & P. Gollwitzer (Eds.), *Self-regulation in adolescence.* New York: Cambridge University Press.

Steinberg, L.D. (2014). *Age of opportunities.* Boston: Houghton Mifflin Harcourt.

Steinmayr, R., Crede, J., McElvany, N., & Wirthwein, L. (2016). Subjective well-being, test anxiety, academic achievement: Testing for reciprocal effects. *Frontiers in Psychology, 6,* 1994.

Stephens, J.M. (2008). Cheating. In N.J. Salkind (Ed.), *Encyclopedia of educational psychology.* Thousand Oaks, CA: Sage.

Stephens, N.M., Hamedani, M.G., & Destin, M. (2014). Closing the social-class achievement gap: A difference-education intervention improves first-generation students' academic performance and all students' college transition. *Psychological Science, 25,* 943–953.

Sterling, D.R. (2009). Classroom management: Setting up the classroom for learning. *Science Scope, 32,* 29–33.

Sternberg, R.J. (1986). *Intelligence applied.* San Diego: Harcourt Brace Jovanovich.

Sternberg, R.J. (2004). Individual differences in cognitive development. In U. Goswami (Ed.), *Blackwell handbook of childhood cognitive development.* Malden, MA: Blackwell.

Sternberg, R.J. (2010). Componential models of creativity. In M. Runco & S. Spritzker (Eds.), *Encyclopedia of creativity.* New York: Elsevier.

Sternberg, R.J. (2012). Human intelligence. In V.S. Ramachandran (Ed.), *Encyclopedia of human behavior* (2nd ed.). New York: Elsevier.

Sternberg, R.J. (2013). Contemporary theories of intelligence. In I.B. Weiner & others (Eds.), *Handbook of psychology* (2nd ed., Vol. 7). New York: Wiley.

Sternberg, R.J. (2014). Teaching about the nature of intelligence. *Intelligence, 42,* 176–179.

Sternberg, R.J. (2015a). Competence versus performance models of people and tests: A commentary on Richardson and Norgate. *Applied Developmental Science, 19,* 170–175.

Sternberg, R.J. (2015b). Styles of thinking and learning: Personal mirror or personal image: A review of the malleability of intellectual styles. *American Journal of Psychology, 128,* 115–122.

Sternberg, R.J. (2016). Multiple intelligences in the new age of thinking. In S. Goldstein, D. Princiotta, & J. Naglieri (Eds.), *Handbook of intelligence.* New York: Springer.

Sternberg, R.J. (2016a). What does it mean to be intelligent? In R.J. Sternberg & others

(Eds.), *Scientists making a difference.* New York: Cambridge University Press.

Sternberg, R.J. (2016b). Theories of intelligence. In S. Pfeiffer (Ed.), *APA handbook of giftedness and talent.* Washington, DC: American Psychological Association.

Sternberg, R.J. (2016c). Wisdom. In S.J. Lopez (Ed.), *Encyclopedia of positive psychology* (2nd ed.). New York: Wiley.

Sternberg, R.J. (2017). Teaching for creativity. In R.A. Beghetto & J.C. Kaufman (Eds.), *Cambridge companion in nurturing creativity* (2nd ed.). New York: Cambridge University Press.

Sternberg, R.J., Jarvin, L., & Grigorenko, E.L. (2009). *Teaching for intelligence, creativity, and success.* Thousand Oaks, CA: Corwin.

Sternberg, R.J., & Spear-Swerling, P. (1996). *Teaching for thinking.* Washington, DC: American Psychological Association.

Sternberg, R.J., & Sternberg, K. (2017). *Cognitive psychology* (7th ed.). Boston: Cengage.

Stevenson, H.W. (1992, December). Learning from Asian schools. *Scientific American,* pp. 6, 70–76.

Stevenson, H.W. (1995). Mathematics achievement of American students: First in the world by 2000? In C.A. Nelson (Ed.), *Basic and applied perspectives in learning, cognition, and development.* Minneapolis: University of Minnesota Press.

Stevenson, H.W. (2000). Middle childhood: Education and schooling. In A. Kazdin (Ed.), *Encyclopedia of psychology.* Washington, DC, & New York: American Psychological Association and Oxford University Press.

Stevenson, H.W. (2001). *Commentary on NCTM standards.* Department of Psychology, University of Michigan, Ann Arbor.

Stevenson, H.W., & Hofer, B.K. (1999). Education policy in the United States and abroad: What we can learn from each other. In G.J. Cizek (Ed.), *Handbook of educational policy.* San Diego: Academic Press.

Stevenson, H.W., Lee, S., Chen, C., Stigler, J.W., Hsu, C., & Kitamura, S. (1990). Contexts of achievement. *Monographs of the Society for Research in Development, 55* (Serial No. 221).

Stiggins, R. (2008). *Introduction to student-involved assessment for learning* (5th ed.). Upper Saddle River, NJ: Prentice Hall.

Stipek, D.J. (2002). *Motivation to learn* (4th ed.). Boston: Allyn & Bacon.

Stipek, D.J. (2005, February 16). Commentary in *USA TODAY,* p. 1D.

Stipek, D.J., Feiler, R., Daniels, D., & Milburn, S. (1995). Effects of different instructional approaches on young children's achievement and motivation. *Child Development, 66,* 209–223.

Straus, M.A. (1991). Discipline and deviance: Physical punishment of children and violence and other crimes in adulthood. *Social Problems, 38,* 133–154.

Strentze, T. (2007). Intelligence and socioeconomic success: A meta-analytic review of longitudinal research. *Intelligence, 35,* 401–426.

Suad Nasir, N., Rowley, S.J., & Perez, W. (2016). Cultural, racial/ethnic, and linguistic diversity and identity. In L. Corno & E.M. Anderman (Eds.), *Handbook of educational psychology* (3rd ed.). New York: Routledge.

Sue, D., Sue, D.W., & Sue, D.M. (2016). *Understanding abnormal behavior* (11th ed.). Boston: Cengage.

Sue, D., Sue, D.W., & Sue, D.M. (2017). *Essentials of understanding abnormal behavior* (3rd ed.). Boston: Cengage.

Suen, H.K. (2008). Measurement. In N.J. Salkind (Ed.), *Encyclopedia of educational psychology.* Thousand Oaks, CA: Sage.

Sullivan, A.L., & Simonson, G.R. (2016). A systematic review of school-based social-emotional interventions for refugee and war-traumatized youth. *Review of Educational Research, 86,* 503–530.

Sutin, A.R., Robinson, E., Daly, M., & Terracciarno, A. (2016, in press). Parent-reported bullying and child weight gain between 6 and 15. *Child Obesity.* doi:10.1089/chi.2016.0185

Swan, K., Kratcoski, A., Schenker, J., & van't Hooft, M. (2009). Interactive whiteboards and student achievement. In M. Thomas and E.C. Schmid (Eds.), *Interactive whiteboards for education and training: Emerging technologies and applications.* Hershey, PA: IGI Global.

Swan, K., van't Hooft, M., Kratcoski, A., & Unger, D. (2005). Uses and effects of mobile computing devices in K-8 classrooms: A preliminary study. *Journal of Research on Technology and Education, 38*(1), 99–112.

Swan, K., & others (2006). Ubiquitous computing: Rethinking teaching, learning and technology integration. In S. Tettegah & R. Hunter (Eds.), *Education and technology: Issues in applications, policy, and administration.* New York: Elsevier.

Swanson, H.L. (1999). What develops in working memory? A life-span perspective. *Developmental Psychology, 35,* 986–1000.

Swanson, H.L. (2016). Cognition and cognitive disabilities. In L. Corno & E.M. Anderman (Eds.), *Handbook of educational psychology* (3rd ed.). New York: Routledge.

T

Tamis-LeMonda, C.S., & others (2008). Parents' goals for children: The dynamic coexistence of individualism and collectivism in cultures and individuals. *Social Development, 17,* 183–209.

Tannen, D. (1990). *You just don't understand: Women and men in conversation.* New York: Ballantine.

Tarhan, L., & Acar, B. (2007). Problem-based learning in an eleventh-grade chemistry class: "Factors affecting cell potential." *Research in Science & Technological Education, 25,* 351–369.

Tarman, B., & Kuran, B. (2015). Examination of the cognitive level of questions in social studies textbooks and the views of teachers based on Bloom taxonomy. *Educational Sciences: Theory and Practice, 15,* 213–222.

Taylor, B.G., & Mumford, E.A. (2016). A national descriptive portrait of adolescent relationship abuse: Results from the National Survey on Teen Relationships and Intimate Violence. *Journal of Interpersonal Violence, 31,* 963–988.

Taylor, B.K. (2015). Content, process, and product: Differentiated instruction. *Kappa Delta Pi Record, 51,* 13–17.

Taylor, C., & others (2016). Examining ways that a mindfulness-based intervention reduces stress in public school teachers: A mixed-methods study. *Mindfulness, 7,* 115–129.

Teixeira, M.D., & others (2016). Eating behaviors, body image, perfectionism, and self-esteem in a sample of Portuguese girls. *Revista Brasileira de psiquiatria, 38,* 135–140.

Tenenbaum, H.R., Callahan, M., Alba-Speyer, C., & Sandoval, L. (2002). Parent-child science conversations in Mexican-descent families: Educational background, activity, and past experience as moderators. *Hispanic Journal of Behavioral Science, 24,* 225–248.

Tennyson, R., & Cocchiarella, M. (1986). An empirically based instructional design theory for teaching concepts. *Review of Educational Research, 56,* 40–71.

Terman, D.L., Larner, M.B., Stevenson, C.S., & Behrman, R.E. (1996). Special education for students with disabilities: Analysis and recommendations. *Future of Children, 6*(1), 4–24.

Terwilliger, J. (1997). Semantics, psychometrics, and assessment reform: A close look at "authentic" assessments. *Educational Researcher, 26,* 24–27.

Theunissen, M.H., Vogels, A.G., & Reijneveld, S.A. (2015). Punishment and reward in parental discipline for children aged 5 to 6 years: Prevalence and groups at risk. *Academic Pediatrics, 15,* 96–102.

Thillay, A., & others (2015). Sustained attention and prediction: Distinct brain maturation trajectories during adolescence. *Frontiers in Human Neuroscience, 9,* 519.

Thomas, A., & Chess, S. (1991). Temperament in adolescence and its functional significance. In R.M. Lerner, A.C. Petersen, & J. Brooks-Gunn (Eds.), *Encyclopedia of adolescence* (Vol. 2). New York: Garland.

Thomas, M.S.C., & Johnson, M.H. (2008). New advances in understanding sensitive periods in brain development. *Current Directions in Psychological Science, 17,* 1–5.

Thomas, O.N., Caldwell, C.H., Fiason, N., & Jackson, J.S. (2009). Promoting academic achievement: The role of racial identity in buffering perceptions of teacher discrimination on academic achievement among African American and Caribbean Black adolescents. *Journal of Educational Psychology, 101,* 420–431.

Thomas, R.M. (2005). *Teachers doing research: An introductory guidebook.* Boston: Allyn & Bacon.

Thompson, P.A., & others (2015). Developmental dyslexia: Predicting individual risk. *Journal of Child Psychology and Psychiatry, 56,* 976–987.

Thompson, R.A. (2015). Relationships, regulation, and development. In R.M. Lerner (Ed.), *Handbook of child psychology* (7th ed.). New York: Wiley.

Tobias, E.S., Campbell, M.R., & Greco, P. (2015). Bringing curriculum to life. Enacting project-based learning in music programs. *Music Education Journal, 102,* 39–47.

Toldson, I.A., & Lewis, C.W. (2012). *Challenge the status quo: Academic success among school-age African-American males.* Washington, DC: Congressional Black Caucus Foundation.

Tompkins, G.E. (2015). *Literacy in the early grades* (4th ed.). Upper Saddle River, NJ: Pearson.

Tompkins, G.E. (2016). *Language arts* (9th ed.). Upper Saddle River, NJ: Pearson.

Trahan, L.H., Stuebing, K.K., Fletcher, J.M., & Hiscock, M. (2014). The Flynn effect: A meta-analysis. *Psychological Bulletin, 140,* 1332–1360.

Tran, T.D., Luchters, S., & Fisher, J. (2016, in press). Early childhood development: Impact of national human development, family poverty, parenting practices, and access to early childhood education. *Child Care and Human Development.* doi: 10.1111/cch.12395

Trochim, W., Donnelly, J.P., & Arora, K. (2016). *Research methods: The essential knowledge base* (2nd ed.). Boston: Cengage.

Troop-Gordon, W., & Ladd, G.W. (2015). Teachers' victimization-related beliefs and strategies: Associations with students' aggressive behavior and peer victimization. *Journal of Abnormal Child Psychology, 43,* 45–60.

Trzesniewski, K.H., & others (2006). Low self-esteem during adolescence predicts poor health, criminal behavior, and limited income prospects during adulthood. *Developmental Psychology, 42,* 381–390.

Tsal, Y., Shalev, L., & Mevorach, C. (2005). The diversity of attention deficits in ADHD. *Journal of Learning Disabilities, 38,* 142–157.

Tsang, C.L. (1989). Bilingual minorities and language issues in writing. *Written Communication, 9*(1), 1–15.

Tulving, E. (2000). Concepts of memory. In E. Tulving & F.I.M. Craik (Eds.), *The Oxford handbook of memory.* New York: Oxford University Press.

Turiel, E. (2015). Moral development. In R.M. Lerner (Ed.), *Handbook of child psychology and developmental science* (7th ed.). New York: Wiley.

Turnbull, A., Rutherford-Turnbull, H., Wehmeyer, M.L., & Shogren, K.A. (2016). *Exceptional lives* (8th ed.). Upper Saddle River, NJ: Pearson.

Tzeng, J-Y. (2014). Mapping for depth and variety: Using a "six W's" scaffold to facilitate concept mapping for different history concepts with different degrees of freedom. *Educational Studies, 40,* 253–275.

U

U.S. Department of Education (2000). *To assure a free and appropriate education of all children with disabilities.* Washington, DC: U.S. Office of Education.

U.S. Office for Civil Rights (2016). *Frequently asked questions about sexual harassment, including sexual violence.* Retrieved August 21, 2016, from www2.ed.gov/about/offices/list/ocr/qa-sexharass.html

U.S. Office of Education (1998). *The benchmark study.* Washington, DC: Office of Education & Minority Affairs.

Ugodulunwa, C., & Wakjissa, S. (2015). Use of portfolio assessment technique in teaching map sketching and location in secondary school geography in Jos, Nigeria. *Journal of Education and Practice, 6*(17), 23–30.

Underwood, M.K. (2011). Aggression. In M.K. Underwood & L. Rosen (Eds.), *Social development.* New York: Guilford.

Undheim, A.M. (2013). Involvement in bullying as predictor of suicidal ideation among 12- to 15-year-old Norwegian adolescents. *European Child and Adolescent Psychiatry, 22,* 357–265.

Ungar, M. (2015). Practitioner review: Diagnosing childhood resilience: A systematic diagnosis of adaption in diverse social ecologies. *Journal of Child Psychology and Psychiatry, 56,* 4–17.

UNICEF (2016). *The state of the world's children 2016.* Geneva, Switzerland: Author.

University of Buffalo Counseling Services (2016). *Procrastination.* Buffalo, NY: Author.

University of Illinois Counseling Center (2016). *Overcoming procrastination.* Urbana-Champaign, IL: Department of Student Affairs.

University of Texas at Austin Counseling and Mental Health Center (2016). *Perfectionism versus healthy striving: Coping strategies.* Austin, TX: Author.

Updegraff, K.A., & Umana-Taylor, A.J. (2015). What can we learn from the study of Mexican-origin families in the United States? *Family Process, 54,* 205–216.

USA Today (1999). All-USA TODAY Teacher Team. Retrieved January 15, 2004, from www.usatoday.com/news/education/1999

USA Today (2000, October 10). All-USA first teacher team. Retrieved November 15, 2004, from http://www.usatoday.com/life/teacher/teach/htm

USA Today (2003, October 15). From kindergarten to high school, they make the grade. Retrieved April 22, 2006, from www.usatoday.com/news/education/2003-10-15-2003-winners

V

Valle, A., & others (2015). Multiple goals and homework involvement in elementary school students. *Spanish Journal of Psychology, 18,* E81.

Vallone, R.P., Griffin, D.W., Lin, S., & Ross, L. (1990). Overconfident prediction of future actions and outcomes by self and others. *Journal of Personality and Social Psychology, 58,* 582–592.

Van de Walle, J.A., Karp, K.S., & Bay-Williams, J.M. (2016). *Elementary and middle school mathematics* (9th ed.). Upper Saddle River, NJ: Pearson.

Van Geel, M., Vedder, P., & Tanilon, J. (2014). Relationship between peer victimization, cyberbullying, and suicide in children and adolescents: A meta-analysis. *JAMA Pediatrics, 168,* 435–442.

Van Lamsweerde, A.E., Beck, M.R., & Johnson, J.S. (2016). Visual working memory organization is subject to top-down control. *Psychonomic Bulletin and Review, 23,* 1181–1189.

Van Tassel-Baska, J. (2015). Theories of giftedness: Reflections on James Gallagher's work. *Journal for the Education of the Gifted, 38,* 18–23.

Vandell, D.L., Larson, R.W., Mahoney, J.L., & Watts, T. (2015). Children in organized activities. In R.M. Lerner (Ed.), *Handbook of child psychology and developmental science* (7th ed.). New York: Wiley.

Vansteenkiste, M., Timmermans, T., Lens, W., Soenens, B., & Van den Broeck, A. (2008). Does extrinsic goal framing enhance extrinsic goal-oriented individuals' learning and performance? An experimental test of the match perspective versus self-determination theory. *Journal of Educational Psychology, 100,* 387–397.

Vargas, J. (2009). *Behavior analysis for effective teaching.* New York: Routledge.

Veenman, M.V.J. (2017). Learning to self-monitor and self-regulate. In R.E. Mayer & P.A. Alexander (Eds.), *Handbook of research on learning and instruction* (2nd ed.). New York: Routledge.

Veira, J.M., & others (2016). Parents' work-family experiences and children's problem behaviors: The mediating role of parent-child relationship. *Journal of Family Psychology, 30,* 419–430.

Verhagen, J., & Leseman, P. (2016). How do verbal short-term memory and working memory relate to the acquisition of vocabulary and grammar? A comparison between first and second language learners. *Journal of Experimental Child Psychology, 141,* 65–82.

Veronneau, M-H., Vitaro, F., Pedersen, S., & Tremblay, R.E. (2008). Do peers contribute to the likelihood of secondary graduation among disadvantaged boys? *Journal of Educational Psychology, 100,* 429–442.

Vollink, T., Dehue, F., & McGuckin, C. (Eds.) (2016). *Cyberbullying.* New York: Psychology Press.

Vukelich, C., Christie, J., Enz, B.J., & Roskos, K.A. (2016). *Helping young children learn language and literacy* (4th ed.). Upper Saddle River, NJ: Pearson.

Vygotsky, L.S. (1962). *Thought and language.* Cambridge, MA: MIT Press.

Vysniauske, R., Verburgh, L., Oosteriaan, J., & Molendijk, M.L. (2016, in press). The effects of physical exercise on functional outcomes in the treatment of ADHD. *Journal of Attention Disorders.* doi:10.1177/1087054715627489

W

Wadsworth, M.E., & others (2016). Poverty and the development of psychopathology. In D. Cicchetti (Ed.), *Developmental psychopathology* (3rd ed.). New York: Wiley.

Wagner, R.K., & Sternberg, R.J. (1986). Tacit knowledge and intelligence in the everyday world. In R.J. Sternberg & R.K. Wagner (Eds.), *Practical intelligence.* Cambridge, UK: Cambridge University Press.

Waiter, G.D., & others. (2009). Exploring possible neural mechanisms of intelligence differences using processing speed and working memory tasks. *Intelligence, 37,* 199–206.

Walsh, J. (2008). Self-efficacy. In N.J. Salkind (Ed.), *Encyclopedia of educational psychology.* Thousand Oaks, CA: Sage.

Walton, G.M., & Cohen, G.I. (2011). A brief social-belonging intervention improves academic and health outcomes of minority students. *Science, 331,* 1447–1451.

Walton, G.M., & others (2014). Two brief interventions to mitigate a "chilly climate" transform women's experience, relationships, and achievement in engineering. *Journal of Educational Psychology, 107,* 468–485.

Wang, C., & others (2016, in press). Longitudinal relationships between bullying and moral disengagement among adolescents. *Journal of Youth and Adolescence.* doi:10.1007/s10964-016-0577-0

Wang, Q., & Pomerantz, E.M. (2009). The motivational landscape of early adolescence in the United States and China: A longitudinal study. *Child Development, 86,* 1272–1287.

Wang, Z., Devine, R.T., Wong, K.K., & Hughes, C. (2016). Theory of mind and executive function during middle school across cultures. *Journal of Experimental Child Psychology, 149,* 6–22.

Wardlow, L., & Harm, E. (2015). Using appropriate digital tools to overcome barriers to collaborative learning in classrooms. *Educational Technology, 55,* 32–35.

Wasserberg, M.J. (2014). Stereotype threat effects on African American children in an urban elementary school. *Journal of Experimental Education, 82,* 502–517.

Waterman, A.S. (2015). Identity as internal processes: How the "I" comes to define the "me." In K.C. McLean & M. Syed (Eds.), *Oxford handbook of identity development.* New York: Oxford University Press.

Watson, D.L., & Tharp, R.G. (2014). *Self-directed behavior* (10th ed.). Boston: Cengage.

Waugh, C.K., & Gronlund, N.E. (2013). *Assessment of student achievement* (10th ed.). Upper Saddle River, NJ: Pearson.

Weaver. J.M., & Schofield, T.J. (2015). Mediation and moderation of divorce effects on children's behavior problems. *Journal of Family Psychology, 29,* 39–48.

Webb, L.D., & Metha, A. (2017). *Foundations of American education* (8th ed.). Upper Saddle River, NJ: Pearson.

Webb, N.M., & Palincsar, A.S. (1996). Group processes in the classroom. In D.C. Berliner & R.C. Calfee (Eds.), *Handbook of educational psychology.* New York: Macmillan.

Wei, R.C., Pecheone, R.L., & Wilczak, K.L. (2015). Measuring what really matters. *Phi Delta Kappan, 97*(1), 8–13.

Weiler, L.M., & others (2015). Time-limited, structured youth mentoring and adolescent problem behaviors. *Applied Developmental Science, 19,* 196–205.

Weiner, B. (1986). *An attributional theory of motivation and emotion.* New York: Springer.

Weiner, B. (1992). *Human motivation: Metaphors, theories, and research.* Newbury Park, CA: Sage.

Weinstein, C.S. (2007). *Middle and secondary classroom management* (3rd ed.). Boston: McGraw-Hill.

Weinstein, C.S. (2015). *Middle and secondary school classroom management* (5th ed.). New York: McGraw-Hill.

Weinstein, C.S., & Mignano, A. (2007). *Elementary classroom management* (4th ed.). Boston: McGraw-Hill.

Weinstein, C.S., & Novodvorsky, I. (2015). *Middle and secondary classroom management* (5th ed.). New York: McGraw-Hill.

Weinstein, C.S., & Romano, M. (2015). *Elementary classroom management* (6th ed.). New York: McGraw-Hill.

Weinstein, R.S. (2004). *Reaching higher: The power of expectations in schooling.* Cambridge, MA: Harvard University Press.

Weinstein, R.S., Madison, S.M., & Kuklinski, M.R. (1995). Raising expectations in schooling: Obstacles and opportunities for change. *American Educational Research Journal, 32*(1), 121–159.

Wellman, H.M. (2011). Developing a theory of mind. In U. Goswami (Ed.), *Wiley-Blackwell handbook of childhood cognitive development* (2nd ed.). New York: Wiley.

Wellman, H.M. (2015). *Making minds.* New York: Oxford University Press.

Wellman, H.M., Cross, D., & Watson, J. (2001). Meta-analysis of theory-of-mind development: The truth about false belief. *Child Development, 72,* 655–684.

Welshman, D. (2000). *Social studies resources.* St. Johns, Newfoundland: Leary Brooks Jr. High School.

Wendelken, C., Gerrer, E., Whitaker, K.J., & Bunge, S.A. (2016). Fronto-parietal network reconfiguration supports the development of reasoning ability. *Cerebral Cortex, 26,* 2178–2190.

Wenglinsky, H. (2002). The link between teacher classroom practices and student academic performance. *Education Policy Analysis Archives, 10*, 12.

Wentzel, K.R. (1997). Student motivation in middle school: The role of perceived psychological caring. *Journal of Educational Psychology, 89*, 411–419.

Wentzel, K.R. (2016). Teacher-student relationships. In K.R. Wentzel & D.B. Miele (Eds.), *Handbook of motivation at school* (2nd ed.). New York: Routledge.

Wentzel, K.R., Barry, C.M., & Caldwell, K.A. (2004). Friendships in middle school: Influences on motivation and school adjustment. *Journal of Educational Psychology, 96*, 195–203.

Wentzel, K.R., & Erdley, C.A. (1993). Strategies for making friends: Relations to social behavior and peer acceptance in early adolescence. *Developmental Psychology, 29*, 819–826.

Wentzel, K.R., & Miele, D.B. (Eds.) (2016). *Handbook of motivation at school.* New York: Routledge.

Wentzel, K.R., & Muenks, G.B. (2016). Peer influence on students' motivation, academic achievement, and social behavior. In K.R. Wentzel & G.B. Ramani (Eds.), *Handbook of social influences in school contexts.* New York: Routledge.

Wentzel, K.R., & Ramani, G.B. (Eds.) (2016). *Handbook of social influences in school contexts.* New York: Routledge.

What Works Clearinghouse (2007). *Peer-assisted learning strategies.* Rockville, MD: Author.

What Works Clearinghouse (2009, August). *Success for All.* Washington, DC: Institute of Education Sciences. Also available on ERIC, #ED506157.

What Works Clearinghouse (2012). *Success for All. What Works Clearinghouse intervention report.* Princeton, NJ: What Works Clearinghouse.

What Works Clearinghouse (2014). *WWC review of the report "Evaluation of the i3 scale-up of Reading Recovery year one report, 2011–2012." What Works Clearinghouse single study review.* Princeton, NJ: What Works Clearinghouse.

Wheeler, J.J., Mayton, M.R., & Carter, S.L. (2015). *Methods of teaching students with autism spectrum disorders.* Upper Saddle River, NJ: Pearson.

White, R.W. (1959). Motivation reconsidered: The concept of confidence. *Psychological Review, 66*, 297–333.

Widyatiningtyas, R., Kusumah, Y.S., Sumamo, U., & Sabandar, J. (2015). The impact of problem-based learning approach to senior high school students' mathematics critical thinking ability. *Indonesian Mathematical Society Journal on Mathematics Education, 6*, 30–38.

Wigfield, A., & Asher, S.R. (1984). Social and motivational influences on reading. In P.D. Pearson, R. Barr, M.L. Kamil, & P. Mosenthal (Eds.), *Handbook of reading research.* New York: Longman.

Wigfield, A., Tonks, S.M., & Klauda, S.L. (2016) Expectancy-value theory. In K.R. Wentzel & D.B. Miele (Eds.), *Handbook of motivation at school* (2nd ed.). New York: Routledge.

Wigfield, A., & others (2015). Development of achievement motivation and engagement. In R.M. Lerner (Ed.), *Handbook of child psychology and developmental science* (7th ed.). New York: Wiley.

Wiggins, G. (2013/2014). How good is good enough? *Educational Leadership, 71*(4), 10–16.

Wiggins, G., & Wilbur, D. (2015). How to make your questions essential. *Educational Leadership, 73*, 10–15.

Wilhelm, J.D. (2014). Learning to love the questions: How essential questions promote creativity and deep learning. *Knowledge Quest, 42*, 36–41.

Wilkinson, I.A.G., & Gaffney, J.S. (2016). Literacy for schooling. In L. Corso & E.M. Anderman (Eds.), *Handbook of educational psychology* (3rd ed.). New York: Routledge.

Willingham, D.T., Hughes, E.M., & Dobolyi, D.G. (2015). The scientific status of learning styles theories. *Teaching of Psychology, 42*, 266–271.

Willoughby, M.T., & others (2016, in press). Developmental delays in executive function from 3 to 5 years of age predict kindergarten academic readiness. *Journal of Learning Disabilities.* doi:10.1177/0022219415619754

Winfrey Avant, D., & Bracy, W. (2015). Teaching note—using problem-based learning to illustrate the concepts of privilege and oppression. *Journal of Social Work Education, 51*, 604–614.

Winn, I.J. (2004). The high cost of uncritical teaching. *Phi Delta Kappan, 85*, 496–497.

Winne, P.H. (2001). Self-regulated learning viewed from models of information processing. In B.J. Zimmerman & D.H. Schunk (Eds.), *Self-regulated learning and academic achievement.* Mahwah, NJ: Erlbaum.

Winne, P.H. (2005). Key issues in modeling and applying research on self-regulated learning. *Applied Psychology: An International Review, 54*, 232–238.

Winner, E. (1986, August). Where pelicans kiss seals. *Psychology Today*, pp. 24–35.

Winner, E. (1996). *Gifted children: Myths and realities.* New York: Basic Books.

Winner, E. (2006). Development in the arts. In W. Damon & R. Lerner (Eds.), *Handbook of child psychology* (6th ed.). New York: Wiley.

Winner, E. (2014). Child prodigies and adult genius: A weak link. In D.K. Simonton (Ed.), *Wiley-Blackwell handbook of genius.* New York: Wiley.

Winsler, A., Carlton, M.P., & Barry, M.J. (2000). Age-related changes in preschool children's systematic use of private speech in a natural setting. *Journal of Child Language, 27*, 665–687.

Wiske, M.S., Franz, K.R., & Breit, L. (2005). *Teaching for understanding with technology.* New York: Wiley.

Witelson, S.F., Kigar, D.L., & Harvey, T. (1999). The exceptional brain of Albert Einstein. *The Lancet, 353*, 2149–2153.

Wittmer, D.S., & Honig, A.S. (1994). Encouraging positive social development in young children. *Young Children, 49*, 4–12.

Wolfers, T., & others (2016). Quantifying patterns of brain activity: Distinguishing unaffected siblings from participants with ADHD and healthy individuals. *Neuroimage.Clinical, 12*, 227–233.

Wolke, D., & Lereya, S.T. (2015). Long-term effects of bullying. *Archives of Disease in Childhood, 100*, 879–885.

Wolke, D., Lereya, S.T., & Tippett, N. (2016). Individual and social determinants of bullying and cyberbullying. In T. Vollink, F. Dehue, & C. McGuckin (Eds.), *Cyberbullying.* New York: Psychology Press.

Wong, H., Wong, R., Rogers, K., & Brooks, A. (2012). Managing your classroom for success. *Science and Children, 49*(9), 60–64.

Wong, M.D., & others (2014). Successful schools and risky behaviors among low-income adolescents. *Pediatrics, 134*, e389–e396.

Wong Briggs, T. (1999, October 14). *Honorees find keys to unlocking kids' minds.* Retrieved March 10, 2000, from www.usatoday.com/education

Wong Briggs, T. (2004, October 14). Students embrace vitality of *USA Today's* top 20 teachers. *USA Today*, p. 7D.

Wong Briggs, T. (2005). Math teacher resets the learning curve. Retrieved March 6, 2006, from www.usatoday.com/news/education/2005-04-05-math-teacher_x.htm

Wong Briggs, T. (2007, October 18). An early start for learning. *USA Today*, p. 6D.

Work Group of the American Psychological Association Board of Educational Affairs (1997). *Learner-centered psychological principles: A framework for school reform and redesign.* Washington, DC: American Psychological Association.

Write: Outloud (2009). Retrieved January 16, 2009, from *USA Today* www.donjohnston.com/products/write_outloud/index.html

Wu, H-K., & Huang, Y-L. (2007). Ninth-grade student engagement in teacher-centered and student-centered technology-enhanced learning environments. *Science Education, 91,* 727–749.

Wu, L., Sun, S., He, Y., & Jiang, B. (2016). The effect of interventions targeting screen time reduction: A systematic review and meta-analysis. *Medicine, 95*(27), e4029.

Wu, W.C., Luu, S., & Luh, D.L. (2016). Defending behaviors, bullying roles, and their associations with mental health in junior high school students: A population-based study. *BMC Public Health, 16*(1), 1066.

Wubbels, T., & others (2016). Teacher-student relationships and student achievement. In K.R. Wentzel & G.B. Ramani (Eds.), *Handbook of social influences in school contexts.* New York: Routledge.

Wyatt, M. (2016) "Are they becoming more reflective and/or efficacious?" A conceptual model mapping how teachers' self-efficacy beliefs might grow. *Educational Review, 68,* 114–137.

X

Xing, S., & others (2016). Right hemisphere gray matter structure and language outcomes in chronic left hemisphere stroke. *Brain, 139*(Pt. 1), 227–241.

Xiong, Y., So, H-J., & Toh, Y. (2015). Assessing learners' perceived readiness for computer-supported collaborative learning (CSCL): A study on initial development and validation. *Journal of Computing in Higher Education, 27,* 215–239.

Xu, Y. (2015). Examining the effects of adapted peer tutoring on social and language skills of young English language learners. *Early Child Development and Care, 185,* 1587–1600.

Y

Yanchinda, J., Yodmongkol, P., & Chakpitak, N. (2016). Measurement of learning process by semantic association technique on Bloom's taxonomy vocabulary. *International Education Studies, 9,* 107–122.

Yasnitsky, A., & Van der Veer, R. (Eds.) (2016). *Revisionist revolution in Vygotsky studies.* New York: Psychology Press.

Yeh, Y-C. (2009). Integrating e-learning into the direction-instruction model to enhance the effectiveness of critical-thinking instruction. *Instructional Science, 37,* 185–203.

Yen, C.F., & others (2014). Association between school bullying levels/types and mental health problems among Taiwanese adolescents. *Comprehensive Psychiatry, 55,* 405–413.

Yeung, W.J. (2012). Explaining the black-white achievement gap: An international stratification and developmental perspective. In K.R. Harris, S. Graham, & T. Urdan (Eds.), *APA handbook of educational psychology.* Washington, DC: American Psychological Association.

Yinger, R.J. (1980). Study of teacher planning. *Elementary School Journal, 80,* 107–127.

Z

Zarefsky, D. (2016). *Public speaking* (8th ed.). Upper Saddle River, NJ: Pearson.

Zayas, V., Mischel, W., & Pandey, G. (2014). Mind and brain in delay of gratification. In V.F. Reyna & V. Zayas (Eds.), *The neuroscience of decision making.* Washington, DC: American Psychological Association.

Zelazo, P.D., & Lyons, K.E. (2012). The potential benefits of mindfulness training in early childhood: A developmental social cognitive neuroscience perspective. *Child Development Perspectives, 6,* 154–160.

Zelazo, P.D., & Muller, U. (2011). Executive function in typical and atypical children. In U. Goswami (Ed.), *Wiley-Blackwell handbook of childhood cognitive development* (2nd ed.). New York: Wiley.

Zeng, R., & Greenfield, P.M. (2015). Cultural evolution over the last 40 years in China: Using the Google Ngram viewer to study implications of social and political change for cultural values. *International Journal of Psychology, 50,* 47–55.

Zhang, L-F., & Sternberg, R.J. (2012). Learning in cross-cultural perspective. In T. Husen & T.N. Postlethwaite (Eds.), *International encyclopedia of education* (3rd ed.). New York: Elsevier.

Zhang, Q., & Sanchez, E.I. (2013). High school grade inflation from 2004 to 2011. *ACT Research Report Services 2013* (3). Iowa City, IA: ACT.

Zhong, P., Liu, W., & Yan, Z. (2016). Aberrant regulation of synchronous network activity by the attention deficit hyperactivity disorder-associated human dopamine D4 receptor variation D4.7 in the prefrontal cortex. *Journal of Physiology, 594,* 135–147.

Zhou, Q., Lengua, L.J., & Wang, Y. (2009). The relations of temperament reactivity and effortful control to children's adjustment problems in the United States and China. *Developmental Psychology, 45,* 724–239.

Zimmerman, B.J., Bonner, S., & Kovach, R. (1996). *Developing self-regulated learners.* Washington, DC: American Psychological Association.

Zirpoli, T.J. (2016). *Behavior management* (7th ed.). Upper Saddle River, NJ: Pearson.

Zosuls, K.M., Lurye, L.E., & Ruble, D.N. (2008). Gender: Awareness, identity, and stereotyping. In M.M. Haith & J.B. Benson (Eds.), *Encyclopedia of infancy and early childhood.* New York: Oxford University Press.

Zuberer, A., Brandeis, D., & Drechsler, R. (2015). Are treatments for neurofeedback training in children with ADHD related to successful regulation of brain activity? A review on the learning of regulation of brain activity and a contribution to the discussion on specificity. *Frontiers in Human Neuroscience, 9,* 135.

Zucker, A.A., & McGhee, R. (2005) *A study of one-to-one computer use in mathematics and science instruction at the secondary level in Henrico County Public Schools.* Washington, DC: SRI International.

Zusho, A., Daddino, J., & Garcia, C-B. (2016). Culture, race, ethnicity, and motivation. In K.R. Wentzel & G.B. Ramani (Eds.), *Handbook of social influences in school contexts.* New York: Routledge.